Einführung in die vergleichende Politikwissenschaft

Detlef Jahn

Einführung in die vergleichende Politikwissenschaft

2. Auflage

Springer VS

Prof. Dr. Detlef Jahn
Universität Greifswald, Deutschland

ISBN 978-3-531-19872-9 ISBN 978-3-531-19873-6 (eBook)
DOI 10.1007/978-3-531-19873-6

Die Deutsche Nationalbibliothek verzeichnet diese Publikation in der Deutschen Nationalbibliografie; detaillierte bibliografische Daten sind im Internet über http://dnb.d-nb.de abrufbar.

Springer VS

Lektorat: Verena Metzger, Stefanie Loyal

Gedruckt auf säurefreiem und chlorfrei gebleichtem Papier

Springer VS ist eine Marke von Springer DE. Springer DE ist Teil der Fachverlagsgruppe Springer Science+Business Media.
www.springer-vs.de

Für meine Mutter (1925–2006),
meinen Vater,
und meine Studierenden

„Too few studies are nomothetic, creatively combining theory and cases and developing general propositions. Too many studies are idiographic, offering no more than a wave to the systematic development and assessment of powerful explanatory arguments."

Mark Irving Lichbach und Alan Zuckerman
(1997b: ix)

Inhaltsverzeichnis

Abkürzungsverzeichnis

AG-Modell	Anderson/Gill-Modell (1982)
AkF	Analysen mit kleiner Fallzahl (*small-N analysis*)
APSA	*American Political Science Association*
APSR	*American Political Science Review*
ART	*Rule of Three* (Achen 2002)
ASEAN	*Association of Southeast Asian Nations*
B.A.	*Bachelor of Arts*
BIP	Bruttoinlandsprodukt
BLUE	*Best Linear Unbiased Estimators*
BSP	Bruttosozialprodukt
CARICOM	*Caribbean Community and Common Market*
CDA	*Christen Democratisch Appèl* (Niederlande)
CDU	Christlich Demokratische Union
CNN	*Cable News Network*
CoW	*Correlates of War*-Projekt
CSU	Christlich Soziale Union
DC	*Democrazia Christiana* (Italien)
DDR	Deutsche Demokratische Republik
DFG	Deutsche Forschungsgemeinschaft
DPI	*Database of Political Institutions*
DS-SO	*Different System with Similar Outcome*
DVPW	Deutsche Vereinigung für Politische Wissenschaft
EBRD	*European Bank for Reconstruction and Development*
ECLA	*United Nations Economic Commission for Latin America*
ECM-Modell	*Error Correction*-Modell
ECPR	*European Consortium for Political Research*
ED	Etablierte Demokratien nach Lijphart (1999)
EPI	*Environmental Performance Index*
ESI	*Environmental Sustainability Index*
ETA	*Euzkadi Ta Azkatasuna* – Baskische Heimat und Freiheit
EU	Europäische Union
EWG	Europäische Wirtschaftsgemeinschaft
FDP	Freie Demokratische Partei
FE-Modell	*Fixed Effects*-Modell
FPÖ	Freiheitliche Partei Österreichs
FPTP	*First-Past-The-Post*; relative Mehrheitswahl in Einerwahlkreisen
GDI	*Gender-Related Development Index* (der UNDP)
GDP	*Gross Domestic Product*
GEM	*Gender Empowerment Measure* (der UNDP)
GLS	*Generalized Least Squares*
GNI	*Gross National Income*
HDI	*Human Development Index* (der UNDP)
ILO	*International Labour Organization*

IMF	*International Monetary Fund*
IPSA	*International Political Studies Association*
KKV	King/Keohane/Verba (1994)
LI	*Level Importance*
LIS	*Luxembourg Income Study*
LISREL	*Linear Structural Relations* (Statistische Software)
LNA	*Large-N Analysis* (Analysen mit einer großen Fallzahl)
LPD	Liberale Partei Japans
M.A.	*Master of Arts*
MERCOSUR	*Mercado Común del Cono Sur* (Südamerikanische Zoll- und Wirtschaftsunion)
MTV	*Music Television*
N	*Number of cases/observations* (Anzahl der Fälle/Beobachtungen)
NAFTA	*North American Free Trade Agreement*
NGO	*Non-Governmental Organization*
NIC	*Newly Industrialized Countries*
NYU	*New York University*
OECD	*Organization for Economic Cooperation and Development*
OLS	*Ordinary Least Square*
PhD	Doktor der Philosophie
PPP	*Purchasing Power Parities*
PVS	Politische Vierteljahresschrift
PWP-Modell	Prentice/William/Peterson-Modell (1981)
QCA	*Qualitative Comparative Analysis*
R	Benannt nach den ersten Buchstaben der Vornamen der ersten Entwickler dieser Software (Robert Gentleman and Ross Ihaka) bzw. Teil einer Programmiersprache (Statistische Software)
RAF	Rote Armee Fraktion
SAS	*Software and Services* (Statistische Software)
SEE	*Standard Error of Estimate*
SFB	Sonderforschungsbereich
SOFI	*Swedish Institute for Social Research*
SPD	Sozialdemokratische Partei Deutschlands
SPPL	*Study of the Parliamentary Passage of Legislation*
SPSS	Statistische Software
SS-DO	*Similar Systems with Different Outcomes*
STATA	*Statistics/Data Analysis* (Statistische Software)
STV	*Single Transferable Vote*; Wahlsysteme mit übertragbarer Einzelstimmgebung
TRS	*Two Round System*; absolutes Mehrheitswahlrecht in Einwahlkreisen
TSCS	*Time-Series–Cross-Section Analysis*, Zeitreihen- und Querschnittsanalyse
UCLA	*University of California, Los Angeles*
UN	*United Nations*
UNDP	*United Nations Development Programme*
UNESCO	*United Nations Educational, Scientific and Cultural Organization*

USA	*United States of America*
USD	*United States Dollar*
WLW-Modell	Wei/Lin/Weissfeld-Modell (1989)
WTO	*World Trade Organization*
WWF	*World Wildlife Fund*
ZIB	Zeitschrift für Internationale Beziehungen
ZUMA	Zentrum für Umfragen, Methoden und Analysen

Verzeichnis der Tabellen

Verzeichnis der Abbildungen

Verzeichnis der Infokästen

Vorwort zur Ersten Auflage

Die vergleichende Politikwissenschaft ist eine auf die vergleichende Methode aufbauende Sozialwissenschaft – dies ist der Ausgangspunkt der vorliegenden Einführung. Die vergleichende Politikwissenschaft besitzt das Potenzial, soziale Phänomene ursächlich zu erklären, wenngleich die Frage der Kausalität zu einem gewissen Grade immer offen bleiben muss. Die vergleichende Methode hebt sich von vielen anderen Vorgehensweisen ab und bildet eine eigenständige wissenschaftliche Methode, die besonders für die Analyse politikwissenschaftlicher Gegenstandsbereiche geeignet ist. Denn Experimente können in der Politikwissenschaft aus ethischen und praktischen Gründen nur selten durchgeführt werden und für (zufalls-) statistische Verfahren ist die Anzahl der zu untersuchenden Länder oder Phänomene häufig zu klein. Was bleibt ist die bewusste Fallauswahl und der systematische Vergleich. Um dieses Potenzial der vergleichenden Methode zu nutzen, müssen jedoch einige Fertigkeiten erlernt werden, die nicht voraussetzungslos sind. Es ist sicherlich von Vorteil, wenn vor der Lektüre dieses Buches zunächst ein einführender Kurs in die Methoden der Politikwissenschaft absolviert wurde. Zwar wird auch in dieser Einführung auf methodologische Aspekte eingegangen, sie spezifizieren aber hauptsächlich die etablierten Konzepte und Verfahren für eine ländervergleichende Analyse.

Lehrbücher sollten nicht nur politikwissenschaftliche Begriffe und Forschungstechniken vermitteln, sondern vor allem eine „Botschaft“ von dem beinhalten, was zu einem gegebenen Zeitpunkt „gute Sozialforschung“ ausmacht.[1] Nur so verbinden sie Forschung und Lehre. Hierin ist der Erfolg der allgemeinen Einführungen von Przeworksi und Teune (1982), Lieberson (1985), Ragin (1987), Dogan und Pélassy (1990) und King, Keohane und Verba (1994) begründet. Die Botschaften dieser Einführung sind insgesamt nicht neu, doch meines Erachtens für die deutsche vergleichende Politikwissenschaft überfällig: vergleichende Politikwissenschaft verlangt – vielleicht mehr als andere Bereiche der Politikwissenschaft – nach Klarheit bei der Forschungsfrage und beim Gegenstandbereich sowie nach bewusstem vergleichenden Vorgehen. Die Instrumente der vergleichenden Politikwissenschaft sind Theorien, Konzepte, Vergleichskriterien und strategische Fallauswahl. Diese vier Elemente realisieren ihr analytisches Potenzial nur in einem adäquaten Forschungsdesign, weshalb in der vorliegenden Einführung auf diese Aspekte so viel Wert gelegt wird.[2]

---

[1] Umfassende begriffliche Erklärungen finden sich ohnehin vollständiger in den einschlägigen Lexika und eine solide umfassende Einführung in Forschungstechniken bleibt „Methodenbüchern“ vorbehalten, so dass eine Einführung in eine Teildisziplin vor allem die Aufgabe hat, diese beiden Aspekte, gepaart mit der Logik der Teildisziplin, zu verbinden und exemplarisch auf die Gegenstandsbereiche und Besonderheiten in der methodologischen Umsetzung einzugehen.

[2] In der vorliegenden Einführung liegt das Hauptgewicht auf der Erläuterung der Gegenstandsbereiche in einer variablenorientierten Darstellung. Das bedeutet, dass gewisse Aspekte aus ihrem Kontext isoliert dargestellt werden. Wesentlich ist jedoch auch ein kontextorientiertes Verständnis von politischen Phänomenen. Allerdings konnte dies – nicht zuletzt aus Platzgründen – hier nicht geleistet werden. Gerhard Loewenberg (2005: 29) stellt in seiner Übersicht der führenden amerikanischen Lehrbücher fest: “The dilemma between emphasizing concepts and methods for comparison, and providing detailed descriptions of a variety of political systems, is unresolved.” Allerdings findet man spezielle Sammelbände und Lehrbücher, die ein Kontextwissen durch Länderdarstellungen vermitteln und parallel zu dieser Einführung gelesen werden sollten. Besonders zu erwähnen sind: Ismayr (2002); (2003); Widmaier u.a. (1999); Lehner/Widmaier (2002); Almond u.a. (2004).

Die Teildisziplin vergleichende Politikwissenschaft ist in Deutschland inkohärent und fragmentiert. Als ein Sprecher der Sektion „Vergleichende Politikwissenschaft" stellte ich fest, dass es *die* vergleichende Politikwissenschaft nicht gab. Die „Großen" der Disziplin waren auf den Sektionstagungen meistens nicht präsent. Das lag daran, dass deren Bedürfnisse scheinbar besser in anderen Sektionen und *ad hoc*-Gruppen, etwa in der Verbände-, Parteien-, Wahlforschung etc. aufgehoben waren. Ein Phänomen, das man in den anderen Teilgebieten der Politikwissenschaft nicht im gleichen Ausmaß antrifft. Darüber hinaus wird der vergleichenden Politikwissenschaft ihre teildisziplinäre Identität abgesprochen; „Vergleichen tun wir doch alle, weshalb soll also eine Teildisziplin auf dem Vergleich aufbauen?" Dieses Unverständnis über das, was vergleichende Politikwissenschaft darstellt, begegnete mir selbst von wohl gesonnenen Kollegen, die der Überzeugung sind, dass die vergleichende Politikwissenschaft sich über den Untersuchungsgegenstand definiert. Selbst die elementare Unterscheidung zwischen *Vergleich* und *vergleichende Methode* scheint nicht in der deutschen Politikwissenschaft verwurzelt zu sein.

Was kann man tun, um die vergleichende Politikwissenschaft in Deutschland zu stärken? Die Gründung einer eigenen Spezialzeitschrift, ähnlich etwa der *Zeitschrift für Internationale Beziehungen,* erschien wenig geeignet, da der deutsche Markt zu klein ist und die international relevanten Ergebnisse besser in internationalen englischsprachigen Zeitschriften aufgehoben sind. Allerdings sollte sich auch die deutschsprachige Teildisziplin nicht isolieren, sondern sich im Konzert mit der gesamten Politikwissenschaft besser über ihre Entwicklung klar werden, wie dies in den USA etwa in der Fachzeitschrift PS (*Political Science*) und APSA-CP (*American Political Science Association – Comparative Politics*) häufig sehr kompetent und tief gehend praktiziert wird.[3] Spezielle Foren in den großen nationalen Fachzeitschriften wären hierfür besonders geeignet.[4]

Als erster Schritt einer (Selbst-)Reflexion der vergleichenden Politikwissenschaft soll diese Einführung gelten. Eine weitere Motivation für das Verfassen dieser Einführung erfuhr ich durch die vorgefundene Situation an der Universität Greifswald, die sich aber sicherlich nicht grundsätzlich von anderen Universitäten unterscheidet. Kollegen aus anderen Disziplinen und Politiker verleiten die Politikwissenschaft zu unwissenschaftlichem Vorgehen. Einerseits denken diese, dass Politikwissenschaft und Politik identisch seien und Politikwissenschaftler[5] zu jedem beliebigen Thema mehr oder weniger umgehend eine kompetente Fachanalyse darbieten können. Da die Orientierungslosigkeit groß ist, ist auch der Bedarf an politischen Kommentaren groß. Fundiertes politikwissenschaftliches Wissen kann jedoch nur durch eine längerfristige und oftmals kostenintensive systematische Forschung erreicht werden. Des Weiteren intervenierte die Politik in das Forschungsprogramm, indem sich die Universität Greifswald mit einem Schwerpunkt auf den „Ostsee-

---

[3] Zur aktuellen Entwicklung der Politikwissenschaft und der vergleichenden Politikwissenschaft in den USA siehe: Katznelson/Milner (2002); Laitin (2002).

[4] Anders als in den US-amerikanischen Spitzenfachzeitschriften ist in Deutschland eine Abneigung festzustellen, die methodische Entwicklung in der Politikwissenschaft zu diskutieren. Die *American Political Science Review* veröffentlicht regelmäßig Beiträge, die methodische Aspekte behandeln. Eine Studie der Aufsätze der *Politischen Vierteljahresschrift* (PVS) von 1988 bis 1992 ergibt, dass nur 1,25 Prozent (ein Beitrag) der Aufsätze die Methodologie zum Hauptgegenstand hatte (Alemann/Tönnesmann 1995: 23-27). An dieser Situation hat sich bis heute nur wenig geändert.

[5] Wenn in diesem Buch geschlechterspezifische Subjekte benutzt werden, so beziehen sich diese, falls nicht ausdrücklich anders darauf hingewiesen wird, auf beide Geschlechter. Da ich das Argument akzeptiere, dass durch die Kraft der Sprache Ungleichheit festgelegt wird, werde ich zufällig manchmal die männliche und manchmal die weibliche Form benutzen, um komplizierte Umschreibungen zu vermeiden.

raum“ festlegen will. Wie im Verlauf dieser Einführung dargelegt werden wird, fiele ein solcher Forschungsschwerpunkt in den Bereich der Regionalstudien (*area studies*); ein Aspekt, der nicht zentral für die vergleichende Politikwissenschaft ist und oftmals in den Zuständigkeitsbereich der Internationalen Beziehungen aufgenommen wird. Ähnliche Tendenzen zeigen sich allgemein in themenspezifischen B.A.- und M.A.-Studiengängen, die eine disziplinäre Ausbildung unterlaufen. Im Gegensatz dazu ist wissenschaftlicher Fortschritt disziplingebunden. Disziplinen vermitteln oftmals über Jahrhunderte entwickelte Theorien, Methoden und Lernprozesse, an die neue Wissensbestände anschließen. Durch eine themenspezifische Ausbildung *ohne* disziplinäre Anbindung käme der wissenschaftliche Fortschritt zum Erliegen.

Vor allen Dingen möchte diese Einführung aber den Studierenden eine Orientierung geben. Vergleichende Politik*wissenschaft* ist keine Meinungsäußerung zu den Verhältnissen und Ereignissen in anderen Ländern. Sie ist eine methodenorientierte Sozialwissenschaft mit hohem – für Sozialwissenschaften deutlich überproportionalem – wissenschaftlichen Potenzial. Die Faszination der vergleichenden Politikwissenschaft ergibt sich gerade aus dem Zusammenspiel von internationalen Forschungsgegenständen und der analytischen methodologischen Umsetzung einer Forschungsfrage.

Im deutschen Sprachraum existiert keine Einführung in die vergleichende Politikwissenschaft, die die Logik des Vergleichs mit methodologischer Reflexion, gegenstandsbezogen darstellt. Die meisten Einführungen konzentrieren sich vornehmlich auf bestimmte Forschungsgebiete, mit kurzen, zumeist unverbundenen methodologischen Diskursen. In den wenigsten Fällen sind es zusammenhängende Monographien (Ausnahmen: Naßmacher 1991; Hartmann 1995; Pelinka 2005),[6] sondern Aufsatzsammlungen von Autoren, die in bestimmten Gebieten eine Kompetenz besitzen (Beyme 1988; Lauth 2002; Berg-Schlosser/Müller-Rommel 2003c). Erst in jüngster Zeit wird versucht, in Aufsatzsammlungen auch vertieft methodologische Aspekte der vergleichenden Politikwissenschaft aufzunehmen (Pickel u.a. 2003; Kropp/Minkenberg 2005). Wenngleich die genannten Aufsatzsammlungen durchaus den Zweck erfüllen, dezidiert in verschiedene Forschungsbereiche der vergleichenden Politikwissenschaft einzuführen, so stellen sie nicht im ausreichenden Maße eine systematische zusammenhängende Vorstellung einer sozialwissenschaftlich orientierten Politikwissenschaft dar. Dies kann im Hinblick auf den Pluralismus von Ansätzen in der Politikwissenschaft begrüßt werden, jedoch verhindern solche Darstellungsweisen den systematischen Zugang zur vergleichenden Politikwissenschaft.

Die Monographie eines Autors kann natürlich nicht die Bandbreite in einzelne Gegenstandsbereiche vermitteln wie Aufsatzsammlungen, in denen verschiedene Wissenschaftlerinnen den Forschungsstand ihres Feldes zusammenfassen. Schon deshalb steht eine Monographie nicht in Konkurrenz zu Aufsatzsammlungen, sondern ergänzt diese vielmehr. Andererseits besitzt eine Monographie das Potenzial, das Programm und die wesentlichen Elemente der vergleichenden Politikwissenschaft systematisch zu entfalten. Was in der

[6] Die Einführung von Naßmacher stellt ein methodisches Kapitel isoliert an den Anfang und reiht in den weiteren Kapiteln unterschiedliche Ansätze aneinander. Dieses Buch kann damit eher als eine Einführung in ausgewählte Ansätze der vergleichenden Politikwissenschaft (Institutionalismus, Pluralismus, Behaviorismus, Systemtheorie, politische Ökonomie, politische Kulturforschung, Politikfeld- und Politikstilanalyse) gelten. Die Einführungen in die vergleichende Politikwissenschaft von Jürgen Hartmann (1995), Anton Pelinka (2005) und Hanspeter Kriesi (2007, 2008) behandeln kaum methodologische Aspekte. Gute analytische Einführungen in Teilbereiche der vergleichenden Politikwissenschaft sind dagegen die Monographien von Lehner/Widmaier (2002) für westliche Regierungssysteme und Widmaier u.a. (1999) für zentral- und osteuropäische Regierungssysteme.

deutschen Politikwissenschaft fehlt und was durch die vorliegende Monographie – zumindest ansatzweise – geleistet werden soll, ist eine methodenorientierte Einführung in die vergleichende Politikwissenschaft.

Die amerikanische Literatur zur vergleichenden Politikwissenschaft ist bei weitem methodenorientierter als die deutschen Beiträge. So verwundert es auch nicht, dass gerade im Bereich der vergleichenden Politikwissenschaft in den USA enorme Fortschritte erzielt worden sind. Besonders bedeutende Werke sind *The Study of Comparative Government* von Roy Macridis (1955), *The Logic of Comparative Social Inquiry* von Adam Przeworski und Henry Teune (1982; zuerst 1970) und *The Comparative Method* von Charles Ragin (1987). Die erste Monographie forderte eine systematisch vergleichende Analyse in der vergleichenden Politikwissenschaft. Przeworski und Teune entwickelten einen quantitativorientierten Ansatz des *most different systems design* und Ragin verbindet quantitative und qualitative Strategien zu einem konfigurativen Ansatz. Darüber hinaus sind die Aufsätze von Arend Lijphart (1971; 1975) besonders hervorzuheben, in denen der Autor die vergleichende Methode gegenüber anderen wissenschaftlichen Methoden abgrenzt und auf deren Besonderheit eingeht. David Collier (1991; 1993) hat diese Gedanken zusammengefasst und anhand der weiteren Entwicklung ausgeführt. Aber auch zwei Franzosen, Mattei Dogan und Dominique Pélassy (1990), haben zur vergleichenden Methode in ihrem Werk *How to Compare Nations* beigetragen. Darin, sowie in einem längeren Aufsatz des Italieners Giovanni Sartoris (1984), finden sich viele konzeptionelle Anregungen, wie ländervergleichende Forschung durchgeführt werden kann.

All diese Texte stellen Meilensteine der internationalen vergleichenden Politikwissenschaft dar, sind jedoch kaum im deutschsprachigen Raum rezipiert worden. Auch ist keiner dieser Texte bisher übersetzt worden, was gerade für die Grundausbildung in deutschsprachigen Universitäten ein Problem darstellt.[7]

Die Notwendigkeit einer neuen deutschsprachigen Einführung in die vergleichende Politikwissenschaft ergibt sich aber auch durch neuere Bemühungen in der amerikanischen Politikwissenschaft, Methoden und Forschungsdesign als integralen Bestandteil „guter“ Sozialwissenschaft aufzufassen. Spätestens seit dem bedeutenden Werk *Designing Social Inquiry* von Gary King, Robert O. Keohane und Sidney Verba (1994) (kurz: KKV) rückt die bewusste Beschäftigung mit einem Forschungsdesign in den Vordergrund. Wenngleich diese Einführung im Wesentlichen an die von KKV aufgestellten Anforderungen anschließt, so sind auch Reaktionen auf dieses Werk hier aufgenommen worden, die gegenwärtig die amerikanische Debatte beflügeln. Zu nennen sind unter anderen Charles Ragins (2000) *Fuzzy-Set Social Science*, James Mahoneys und Dietrich Rueschemeyers (2003b) Herausgabe zu *Comparative Historical Analysis in Social Sciences*, Henry Bradys und David Colliers (2004) *Rethinking Social Inquiry* sowie Alexander Georges und Andrew Bennetts (2005) *Case Study and Theory Development*. Vieles aus dieser Debatte, die natürlich an dieser Stelle nicht annähernd vollständig zusammengefasst werden kann, sollte auch in die Ausbildung deutscher Politologinnen einfließen, um zu einer besseren Forschungspraxis zu gelangen und die deutsche vergleichende Politikwissenschaft international besser zu verankern.

[7] Soweit möglich werde ich versuchen neben Illustrationen zu Deutschland auch auf die Verhältnisse in Österreich und der Schweiz einzugehen. Das eigene Land bildet oftmals Ausgangspunkt und Basis für das Verständnis anderer politischer Systeme, wenngleich eine solche Perspektive auch wieder eigene Probleme aufwirft, die im Text besprochen werden.

Ein weiteres Defizit der deutschen – zum Teil auch der internationalen – vergleichenden Politikwissenschaft besteht im Umgang mit Theorien. Zwar wird immer wieder auf die Bedeutung von forschungsleitenden Theorien hingewiesen, aber entweder fehlen Kapitel zu Theorien der vergleichenden Politikwissenschaft vollkommen in den Einführungswerken oder es wird auf die wenig analytische anspruchsvolle (und inzwischen veraltete) allgemeine Unterscheidung von normativ-ontologisch, kritisch-dialektisch und empirisch-analytisch hingewiesen (Beyme u.a. 1987; Berg-Schlosser/Stammen 1995; Berg-Schlosser 2003a).[8] Für einen Teilbereich der vergleichenden Politikwissenschaft – der Staatstätigkeit – hat Manfred G. Schmidt (1993; 2001a; 2003a) die wesentlichen theoretischen Ansätze zusammengefasst und verglichen und auch das von Herbert Obinger, Uwe Wagschal und Bernhard Kittel (2003) herausgegebene Werk füllt diese Lücke im Bereich der vergleichenden politischen Ökonomie. Hinsichtlich einer allgemeinen Darstellung und Systematisierung theoretischer Ansätze steckt jedoch auch die internationale vergleichende Politikwissenschaft noch in den Kinderschuhen. Zumeist werden verschiedene Ansätze nebeneinander dargestellt, ohne deren Unterschiede und Gemeinsamkeiten deutlich zu machen (siehe etwa Chilcote 1994; Kohli u.a. 1995). Einen wesentlichen Lichtblick in dieser Beziehung stellt das von Mark Irving Lichbach und Alan S. Zuckerman (1997b) herausgegebene Werk dar, auf das in dieser Einführung im theoretischen Teil aufgebaut wird.

Neuere englischsprachige Einführungstexte in die vergleichende Politikwissenschaft nehmen die Herausforderung einer zusammenfassenden Darstellung der vergleichenden Politikwissenschaft an. An dieser Stelle sei B. Guy Peters (1998) Einführung, die die verschiedenen Facetten der vergleichenden Politikwissenschaft beleuchtet und wichtige Hinweise für eine reflektierte vergleichende Forschung gibt, besonders hervorgehoben. Der vorliegende Text orientiert sich an Peters Einführung, geht allerdings über diesen Text hinaus, indem deutlicher auf empirische Arbeiten Bezug genommen wird. Unter diesem Aspekt ist der vorliegende Text als Kompromiss zwischen Peters brillanter Einführung und dem viel stärker auf Datenanalyse konzentrierten Text *Doing Research in Political Science: An Introduction to Comparative Methods and Statistics* der Holländer Paul Pennings, Hans Keman und Jan Kleinnijenhuis (1999) zu sehen.

Neueste amerikanische Einführungstexte versuchen das Spannungsfeld von Theorie-, Methoden- und Gegenstandsorientierung zu überwinden. Allerdings fällt bei solchen Einführungen auf, dass nicht das gesamte Spektrum von Theorien dargestellt wird. So orientiert sich Almond u.a. (2004) an dem in den 1950er und 1960er Jahren entwickelten Ansatz des strukturellen Funktionalismus. Von besonderem Interesse wird die Einführung in die vergleichende Politikwissenschaft von George Tsebelis und Amie Kreppel (im Erscheinen) sein, die anhand des *rational choice*-Institutionalismus verschiedene politische Systeme beschreiben.

Das vorliegende Buch entstand in den letzten fünf Jahren, in denen ich am Institut für Politikwissenschaft der Universität Greifswald tätig war. Die angenehme Atmosphäre und Unterstützung meiner Mitarbeiterinnen halfen mir viele Gedanken zu konkretisieren. Be-

[8] Diese Einteilung bezieht sich auf die Ausdifferenzierung der Politikwissenschaften in Deutschland an verschiedenen Orten (Freiburg: normativ-ontologisch, Frankfurt: kritisch-dialektisch und Mannheim: empirisch-analytisch). Sie beinhaltet keine analytischen Trennungskriterien, so dass die Traditionen in mancherlei Hinsicht große Überlappungen aufweisen. Aktuelle Theorien lassen sich nur schwer diesen drei Grundrichtungen zuweisen. Schließlich ist diese Unterteilung, da sie aus der Institutionalisierung der deutschen Politikwissenschaft abgeleitet wurde, im Ausland unbekannt. Klaus von Beyme (2000b: 14) nannte den Bezug auf diese drei Traditionen „Trias-Narretei".

sonders hervorheben möchte ich die zuverlässige und angenehme Zusammenarbeit mit Steffi Krohn, die nicht nur die Lesbarkeit dieser Einführung entscheidend verbesserte, sondern auch inhaltliche Anregungen gab. Für viele inhaltliche Hilfe und für die Zusammenstellung von Tabellen und Abbildungen möchte ich mich bei Susanne Pickel, Guido Tiemann, Kati Kuitto, Katrin Daedlow, Bertram Welker, Anja Förster, Robin Martens, Maren Acker, Christoph Oberst, Josephine Schwebler, Katja Staack und Meike Stommer bedanken. Einzelne Kapitel und längere Textpassagen wurden von Konstantin Baltz, Lena Habermann und Bernhard Kittel kommentiert. Ich bedanke mich sehr für die anregenden Bemerkungen, jedoch nicht ohne zu betonen, dass ich für alle Versäumnisse und Fehleinschätzungen selbst verantwortlich bin. Viele Aspekte wurden durch meine Gastaufenthalte am Europäischen Hochschulinstitut in Florenz, sowie den Universitäten New York (NYU) und Los Angeles (UCLA) vertieft und aufgearbeitet. Ohne diese Aufenthalte und die Unterstützung der DFG für zwei Forschungsprojekte, deren Arbeitsergebnisse einflossen, wäre dieses Buch nicht zustande gekommen. Dies veranlasst mich dazu, auf einen weiteren wunden Punkt der deutschen Bildungspolitik aufmerksam zu machen. Universitätsbibliotheken sind so stark unterausgestattet, dass eine sinnvolle systematische Lehr- und Forschungsarbeit kaum möglich ist. Im Gegensatz zu ausländischen Universitäten kann man bei einer solchen Ausstattung schwierig der aktuellen internationalen Debatte folgen.

Nicht jeder wird die Akzentuierung dieses Buchs vollständig mittragen können. Manche Punkte sind sicherlich überzeichnet. Dies ist eine Reaktion auf die fundamentalen methodologischen Defizite der deutschen Politikwissenschaft. Was diese Einführung letztendlich intendiert, ist nicht die „richtige“ vergleichende Politikwissenschaft darzustellen, sondern Anregung für den innerdisziplinären Diskurs zu geben und den Studierenden die Faszination des Vergleichs als Interaktion von Gegenstandsbereichen und Forschungsmethode zu vermitteln. Für viele Bereiche gilt, dass zunächst die wesentlichen Regeln erlernt werden müssen. Wenn man diese beherrscht, kann im konkreten Fall von diesen abgewichen werden. Denn es kann kein Rezeptbuch für sozialwissenschaftliche Forschung existieren, da der Forschungsbereich der vergleichenden Politikwissenschaft zu vielfältig ist.

Natürlich bedarf diese Einführung der ständigen Überarbeitung. Viele Kollegen und meine Mitarbeiterinnen haben einzelne Kapitel und Punkte kommentiert und Vorschläge zur Verbesserung unterbreitet, von denen ich auch viele übernommen habe. Inwieweit sich diese Einführung bewährt, hängt jedoch von deren Anwendbarkeit und Nützlichkeit für Studierende ab. Aus diesem Grunde bin ich für Kommentare, Verbesserungs- und Korrekturvorschläge vonseiten der Studierenden und Kollegen sehr dankbar (DJahn@uni-greifswald.de).

Greifswald, im Frühjahr 2006

Vorwort zur Zweiten Auflage

Die zweite Auflage der „Einführung in die vergleichende Politikwissenschaft" stellt eine korrigierte und aktualisierte Fassung der äußerst erfolgreichen ersten Auflage dar. Ich habe mich sehr über die positive Resonanz und die Rückmeldungen zum Erscheinen der ersten Auflage, die nun schon seit einiger Zeit vergriffen ist, gefreut. Eine positive Aufnahme fand das Buch nicht nur bei Studierenden, sondern auch bei Fachkollegen, die sich in ihren Publikationen auf die Einführung bezogen und Anleitung für ihre eigenen Untersuchungen erhielten. Damit hat das Buch die anvisierte Zielgruppe erreicht: sowohl Studienanfänger[9] als auch Fortgeschrittene konnten die praxisorientierte Einführung für ihre Zwecke nutzen.

Wenngleich sich in den Jahren seit dem Erscheinen der ersten Auflage viel in der deutschsprachigen Politikwissenschaft getan hat, was vor allem ein stärkeres Methodenbewusstsein und einen reflektierenden Umgang mit dem Forschungsdesign betrifft und sich in den Sammelbänden von Gschwend/Schimmelpfennig (2007), Pickel/Pickel/Lauth/Jahn (2009) und in der Einführung in die Politikwissenschaft von Bernauer/Jahn/Kuhn/Walter (2013) widerspiegelt, so bleibt die vorliegende Einführung immer noch die einzige Monographie, die ein gleich starkes Gewicht auf alle Elemente der vergleichenden Politikwissenschaft legt: Forschungsgegenstand, Theorien der vergleichenden Politikwissenschaft und die Logik und Methoden des Vergleichs. Deshalb füllt diese Einführung noch immer eine bedeutende Lücke im Kanon der Einführungswerke.

Der Fortschritt der empirischen vergleichenden Politikwissenschaft in den vergangenen Jahren hat sich – wie in der ersten Auflage bereits vermutet – stark auf Diffusionsprozesse und integrative Ansätze zwischen der vergleichenden Politikwissenschaft und der Subdisziplin Internationale Beziehungen bezogen. Waren räumliche Regressionsmodelle zur Erfassung von länderübergreifender Diffusion und Globalisierungsprozessen 2006 noch die Ausnahme, so hat sich nun eine sehr aktive Forschungstradition auf diesem Gebiet entwickelt. Weniger deutlich war zum Zeitpunkt des Erscheinens der ersten Auflage, dass sich die Erfassung von Forschungsgegenständen zunehmend auf analytisch und empirisch anspruchsvollere Variablen beziehen würde, die die statistische Erfassung von theoretisch-analytischen Modellen erlauben. Gerade in der makro-quantitativen Forschung werden isolierte Variablenanalysen (*horse racing approach*) durch integrative analytische Modelle abgelöst (de Marchi 2005; Jahn 2009a; siehe wegweisend Taagepera 2008). Hierzu bedarf es neuer Konzepte, die den politischen Prozess detailliert erfassen. Zu diesem Zweck hat mein Forscherteam in Greifswald eine Datenbank zusammengestellt, die solche Variablen erarbeitet und zur Verfügung stellt. Der Datenfundus wird kontinuierlich ergänzt und jeweils anhand von publizierten Artikeln analytisch untermauert. Momentan umfasst der Datensatz die Positionen der politischen Parteien auf der Links/Rechts-Achse (Jahn 2011a), die Erfassung von Vetospielern (Jahn 2010) und die programmatische Geschlossenheit von politischen Parteien (Jahn/Oberst 2012). Die Daten zu Parteien, Institutionen und Präferen-

[9] Für Studienanfänger, die noch unschlüssig sind, ob sie sich auf die etwas längere Reise in die faszinierende Welt der Methoden und Theorien der vergleichenden Politikwissenschaft einlassen wollen, habe ich kürzlich eine sehr komprimierte Zusammenfassung veröffentlicht, die vornehmlich für Grundkurse im B.A.- Studium konzipiert wurde (Jahn 2011b).

zen (PIP) werden als Download unter: http://comparativepolitics.uni-greifswald.de bereitgestellt, wo sich auch weitere Daten zur Entwicklung des Wohlfahrtsstaates in West- und Osteuropa sowie zur Umweltperformanz der etablierten OECD-Länder finden.

Ein Bereich, der in Zukunft größere Beachtung in der vergleichenden Politikwissenschaft als bisher finden wird, ist die Modellierung von Zeit in Kausalabläufen. Dies betrifft sowohl die eher qualitativ orientierten Traditionen, was in dieser Einführung in Kapitel 6 schon thematisiert wurde (siehe auch Goetz i.E.), es betrifft aber vor allem auch die quantitative Forschung, die anhand der Kombination von dem Vergleich von Fällen über Zeit dazu prädestiniert ist (Jahn 2012).

Auch für die zweite Auflage dieser Einführung bleibt festzuhalten, dass sich die vergleichende Politikwissenschaft rasant weiterentwickelt. Dies macht die Faszination jenes Teilgebietes der Politikwissenschaft aus und ich hoffe, dass trotz der manchmal trockenen Kost der methodologischen und analytischen Rigorosität doch der Funke der Begeisterung für die systematische vergleichende Politikwissenschaft überspringt.

Mein Dank bei der Überarbeitung richtet sich an mein Forscherteam in Greifswald. Darüber hinaus möchte ich mich bei Tanja Börzel und Thomas Risse bedanken, die mir während meines Fellowships am Kolleg Forschergruppe (KFG) an der Freien Universität Berlin die notwendige Zeit und Diskussionsforen verschafften, die zu dieser Überarbeitung geführt haben.

Berlin und Greifswald im Frühjahr 2013

Einführung

1 Entwicklung und Selbstverständnis der vergleichenden Politikwissenschaft

In der modernen Politikwissenschaft definiert sich die Subdisziplin der vergleichenden Politikwissenschaft nicht vornehmlich aus dem Untersuchungsgegenstand - etwa der Beschäftigung mit anderen Ländern oder Kulturen - sondern vielmehr ist deren konstitutives Element die Anwendung der vergleichenden Methode.[10] Durch den Vergleich soll über eine beschreibende Darstellung von sozialen Phänomenen hinausgegangen und sozialwissenschaftliche Erklärungen gegeben werden, warum sich die Sachverhalte so darstellen, wie sie es tun: "A consensus exists that comparative research consists not of comparing but of explaining.“ (Przeworski 1987: 35) Dieser Anspruch der vergleichenden Politikwissenschaft ist für Studienanfänger intuitiv nicht unmittelbar nachvollziehbar, denn um die vergleichende Methode nutzbringend anzuwenden bedarf es der Vermittlung von Grundbegriffen, die eine vergleichende Analyse ermöglichen. Sinn und Zweck dieser Einführung besteht darin, diese Grundbegriffe der Leserin näher zu bringen.

Die Teildisziplin des Vergleichs politischer Systeme kann auf eine lange Tradition zurückblicken (Wiarda 2000: Kapitel 2 und 3; Schmidt 2003a; Hartmann 2003). Schon Aristoteles (384-322 v. Chr.) analysierte und verglich 158 Stadtstaaten und entwickelte daraus Kategorien, die noch heute Anwendung finden und Orientierung geben (Aristoteles, in Höffe 2001). Plutarch (ca. 66 v. Chr.) verglich das Leben großer griechischer und römischer Persönlichkeiten, um daraus die gute Regierungsform abzuleiten (Plutarch 1991). Diese frühen Anfänge des systematischen Vergleichs als Erkenntnis schaffende Methode verlor allerdings in den folgenden 1.500 Jahren an Bedeutung. Zum einen verschwanden mit der Ausdehnung Makedoniens unter Alexander dem Großen und des Römischen Reiches die Stadtstaaten, die man hätte vergleichen können, zum anderen führte die Konzentration des Christentums auf das Geistliche dazu, dass empirisches Arbeiten im Sinne von säkularisiertem Forschen eines Aristoteles' nicht notwendig erschien, da die Antworten bezüglich der besten Staatsform von Gott vorgegeben waren.

Erst durch die Entstehung von Nationalstaaten, die Entdeckung „Neuer Welten“ sowie das Aufbrechen des monolithischen mittelalterlichen Katholizismus durch die protestantische Reformation im 16. Jahrhundert wuchs erneut das Interesse an vergleichenden politischen Studien. Mit Niccolò Machiavellis (1469-1527) säkularisierten Schriften, die sich wieder stärker auf politische Vergleiche – vor allem zwischen Italien und Spanien[11] – bezogen, nahm die moderne Wissenschaft ihren Anfang (Machiavelli 2001). Thomas Hobbes (1588-1679) untersuchte, unter welcher Staatsform der Schutz des Bürgers vor dem Bürgerkrieg und die Förderung des allgemeinen Wohles am besten gewährleistet werden könne (Hobbes 1984). Charles de Secondat, Baron de Montesquieu (1689-1755), stand in der

---

[10] Diese Auffassung wird explizit vertreten etwa von Holt/Turner (1970: 5); Lijphart (1971: 682); Sartori (1991: 243); Rose (1991).

[11] Machiavellis Anliegen bestand vor allem in der Vereinigung seines Heimatlandes Italien. Er sah insbesondere in der Politik Ferdinand von Aragons und Isabella von Kastiliens die erfolgreiche Vereinigung Spaniens erfüllt, deren Beispiel er für Italien als erstrebenswert erachtete.

Tradition der französischen Aufklärung und gilt als "wahrer" Komparativist (Montesquieu 1994): er beschrieb unter anderem die Beziehungen zwischen den klimatischen Verhältnissen und der Kultur einerseits, und deren Einfluss auf die Ausformung politischer Regimetypen andererseits. So hob er hervor, dass Despotismus eher unter tropischem Klima entstehe, der Liberalismus gedeihe dagegen am besten im ausgeglichenen Klima. In heißen Regionen dominiere der Autoritarismus. Wenngleich die Beziehung zwischen Klima und politischen Systemen heute keine Rolle mehr spielt (siehe aber die provokante These von Vanhanen 2004), so hatten weitere Gedanken Montesquieus prägende Wirkung. Denn anders als die bisher genannten Klassiker favorisierte Montesquieu nicht die Monarchie als beste Staatsform, sondern entwickelte ein Konzept der Gewaltenteilung, welches die Grundlage für die Verfassung der USA bildete. Das Konzept der Gewaltenteilung als praktikable weltliche Staatsform wurde in den USA in den *Federalist Papers* von Alexander Hamilton (1757-1804), James Madison (1751-1836) und John Jay (1745-1829) unter Bezug von impliziten Vergleichen zu anderen politischen Systemen (Schmidt 2003a: 182) dargelegt. Das Ziel eines Systems der Gewaltenteilung bestand darin, ein Regierungssystem zu entwickeln, welches Macht, die weder gottgegeben noch vererbt wurde, politischen Akteuren zuweist und zügelt.

Stärker empirisch orientierte Klassiker sind die Werke von Alexis de Tocqueville (1805-1859), der als Franzose an der Stabilität des demokratischen Systems der USA interessiert war und dieses mit dem fragilen System Frankreichs verglich (Tocqueville 1985), sowie Max Weber (1864-1920), in dessen Beiträgen zur Politikwissenschaft oftmals explizite Vergleiche vorgenommen werden, die in besonders produktiver Weise in seinen religionssoziologischen Arbeiten zu finden sind (Weber 2000). Durch den Vergleich unterschiedlicher religiöser Ausrichtungen entwickelte er Modelle der gesellschaftlichen Modernisierung und der Entstehung des Kapitalismus. Gilt Weber als ein Klassiker, der sich vornehmlich auf eine Akteurperspektive bezieht, so repräsentiert Karl Marx (1818-1883) einen Autor, der eine strukturalistische Perspektive in seiner gesellschaftspolitischen Analyse einnimmt. Er verglich die Entwicklung der Produktivkräfte und deren Spannungsverhältnis mit den Produktionsverhältnissen in verschiedenen Gesellschaften, um soziale Revolutionen und Veränderungen von politischen Systemen zu bestimmen.

Der Vergleich politischer Systeme im 20. Jahrhundert hatte seinen Ausgangspunkt in der vergleichenden Regierungslehre mit einem Schwerpunkt auf dem Vergleich von Institutionen (so genannter alter Institutionalismus) (Truman 1951; Friedrich 1953; Loewenstein 1969; als zeitgenössische Zusammenfassung: Neumann 1957), der auch heute noch eine Rolle in der vergleichenden Politikwissenschaft spielt (Duverger 1980; Steffani 1980; Wilson 2002). Später wurden dann politische Prozesse und politische Programme stärker in den Mittelpunkt der vergleichenden Analyse gestellt, was sich auch in der Umbenennung der gängigen Bezeichnung „vergleichende Regierungslehre" in „vergleichende Politikwissenschaft" niederschlug.

Die vergleichende Methode entwickelte sich erst im 19. Jahrhundert und war von der Etablierung der Statistik beeinflusst. Zuvor dominierte der Vergleich (zur Unterscheidung von Vergleich und vergleichende Methode siehe weiter unten). Wesentliche methodologische Impulse erhielt der sozialwissenschaftliche Vergleich durch die Arbeiten von John Stuart Mill (1806-1873), doch erst Mitte des 20. Jahrhunderts mit der Etablierung der sozialwissenschaftlichen Politikwissenschaft konnten systematisch vergleichende Analysen ihr

Erkenntnispotenzial voll entfalten.[12] Diese Entwicklung ging mit einem Perspektivenwechsel einher, der von Roy Macridis (1955; zusammengefasst 2000) pointiert formuliert wurde. Er kritisierte die bis dahin dominierende institutionelle staatswissenschaftliche und fallstudienorientierte, auf Regionen oder Länder beschränkte Tradition. Die sich daraus ergebenden Forderungen sind bis in die Gegenwart relevant geblieben und gehören zu den Grundforderungen moderner vergleichender Politikwissenschaft:

- Der europäische und nordamerikanische Fokus solle auf andere geographische Gebiete ausgedehnt werden,
- deskriptive Studien sollen durch analytische ersetzt werden,
- formalistische und legalistische Betrachtungsweisen sollen durch die Analyse von informellen und dynamischen Aspekten ergänzt werden,
- wirklich vergleichende Studien sollen Fall- und Länderstudien ersetzen,
- anekdotische Studien sollen durch systematische abgelöst werden.

Trotz dieser langen historischen Tradition und explizit gestellten Selbstansprüchen findet man heute kaum ein Gebiet in der Politikwissenschaft, das in der Praxis so ambivalent geblieben ist wie die vergleichende Politikwissenschaft. Viele Studien, die unter dem Begriff der vergleichenden Politikwissenschaft firmieren, erfüllen noch heute nicht die Kriterien, die Macridis einforderte (Mayer 1989). Dies trifft in besonderem Maße für die deutsche Politikwissenschaft zu, was vor allem in deren Tradition begründet ist (Berg-Schlosser/Stammen 1995: 14-20; Bleek 2001). So blieb die deutsche Politikwissenschaft im Gegensatz zur amerikanischen lange Zeit der politischen Philosophie verhaftet und öffnete sich nur zögerlich empirisch-analytischen Strömungen. Die empirische Betrachtung politischer Institutionen fiel in den Bereich der Staatswissenschaft. Im 19. Jahrhundert löste sich die Politikwissenschaft in Deutschland sogar weitgehend auf und deren angestammte Gegenstandsbereiche wurden von Geschichte, Philosophie, Staatswissenschaft und Wirtschaftswissenschaft besetzt.[13] Die führenden sozialwissenschaftlich orientierten Wissenschaftler waren dann auch vornehmlich Soziologen (Weber, Michels) oder politische Ökonomen (Marx, Schumpeter).

In den USA etablierte sich bereits zu Beginn des 20. Jahrhunderts eine empirisch-analytische Politikwissenschaft (Katznelson/Milner 2002). Dort kam es 1903 zur Gründung einer nationalen politikwissenschaftlichen Vereinigung (*American Political Science Association*, APSA) und 1906 zur Herausgabe einer politikwissenschaftlichen Fachzeitschrift (*American Political Science Review*, APSR). Die Jahrestagungen der APSA, die im Jahre 2004 zum 100. Mal durchgeführt wurde, zählen heute zu den wichtigsten Treffen der international arbeitenden Politologen. Weltweit von Bedeutung für die vergleichende Politik-

[12] Siehe allgemein zur Entwicklung der vergleichenden Politikwissenschaft auch: Cantori/Ziegler (1988); Scheuch (1990); Apter (1996); Mair (1996). Einen guten kurzen Überblick verschafft auch Birle/Wagner 2001. Henry Teune (1990) macht in seiner Review der Entwicklung der vergleichenden Länderforschung auf anhaltende konzeptionelle, methodologische und theoretische Defizite aufmerksam, die heute zwar besser verstanden werden, die aber bei weitem nicht alle gelöst wurden.

[13] Diese Entwicklung hatte für Karl Loewenstein, letzter Schüler Max Webers und deutscher Immigrant in den USA, tragische Konsequenzen. In Deutschland wurde er von den Rechtswissenschaftlern kritisiert, dass er sich zu sehr von der „reinen Theorie des Rechts" entferne und zu soziologisch sei. In den USA wurde ihm dagegen vorgeworfen, dass er zu legalistisch sei. Loewenstein war, im gewissen Sinn, zwischen zwei akademischen Kulturen gefangen (Wiarda 2000: 38-39).

wissenschaft sind auch die sich in den 1960er Jahren in den USA etablierten Fachzeitschriften *Comparative Politics* und *Comparative Political Studies.*

In Europa, wo sich die vergleichende Politikwissenschaft erst in der Zeit nach dem Zweiten Weltkrieg als eigenständige Teildisziplin der Politikwissenschaft ausformte (Berg-Schlosser 1998), bildete sich 1970 mit dem *European Consortium for Political Research* (ECPR) ein Verband, der jährlich eine *Joint Workshop Session* organisiert. Etablierte Politologinnen und Nachwuchswissenschaftler stellen dort eine Woche lang, thematisch gebunden, ihre Forschungsergebnisse vor. Dieses Format stellt neben dem seit 2001 eingerichteten ECPR-Kongress, der im Wesentlichen der Jahrestagung der APSA entspricht, eine sehr produktive alternative Arbeitsweise dar. Auch besitzt die ECPR mit der 1972 etablierten Fachzeitschrift *European Journal of Political Research* (EJPR) eine für die vergleichende Politikwissenschaft wichtige Zeitschrift.[14]

Neben der Entwicklung in den USA und Europa ist die Institutionalisierung der vergleichenden Politikwissenschaft auf der Weltebene eher schwach ausgeprägt. 1949 wurde die *International Political Studies Association* (IPSA), von der UNESCO unterstützt, gegründet, und in diesem institutionellen Rahmen finden alle drei Jahre Weltkongresse statt. Auch wurde mit der Fachzeitschrift *International Political Science Review* vor 25 Jahren ein einschlägiges Publikationsorgan aus der Taufe gehoben.

In Deutschland konnte sich bis nach dem Zweiten Weltkrieg keine eigenständige Politikwissenschaft etablieren.[15] Und auch in der Nachkriegszeit gelang dies nur unter dem starken Einfluss der Besatzungsmächte, deren Interesse in der Schaffung demokratischer bzw. sozialistischer Strukturen bestand. So gingen politikwissenschaftliche Aspekte in der DDR in der marxistisch-leninistischen Gesellschaftslehre auf, wodurch sich dort keine eigenständige Politikwissenschaft entwickeln konnte. In Westdeutschland dominierte dagegen eine Politikwissenschaft, die eine politisch-pädagogische Zielsetzung verfolgte und gewissermaßen als "Demokratiewissenschaft" fungierte. Wie in der politischen Philosophie standen auch hier eher normative als analytische Aspekte im Vordergrund. Dabei nahm die Suche nach einem adäquaten institutionellen Staatsaufbau der neuen Bundesrepublik einen breiten Raum ein.

Die beschriebenen allgemeinen Tendenzen der deutschen Politikwissenschaft betreffen die vergleichende Politikwissenschaft in besonderem Maße.[16] Der Vergleich von politi-

---

[14] Neben den im Text genannten allgemeinen Fachzeitschriften existiert noch eine Vielzahl von stärker spezialisierten Fachzeitschriften, die sich mit bestimmten Regionen und Forschungsschwerpunkten auseinander setzen. Besondere allgemeine Bedeutung für die vergleichende Politikwissenschaft besitzen jedoch noch die Fachzeitschriften *World Politics, International Organization* und das *British Journal of Political Science.* Auch erscheinen wichtige Artikel in Zeitschriften aus den Nachbardisziplinen der Politikwissenschaft, wie vor allem in der Soziologie und Geschichte.

[15] Auch heute noch erreicht die deutsche Politikwissenschaft nicht die gleiche Dynamik wie in vielen anderen Ländern. Wenngleich sich die Politikwissenschaft im deutschsprachigen Raum als Disziplin heute etabliert hat (Arendes/Buchstein 2004; zusätzlich für die Schweiz und Österreich siehe: Armingeon 1997), sind deutsche Politikwissenschaftler – in Bezug auf die Größe des Landes – relativ wenig an der internationalen Entwicklung des Faches beteiligt. Im internationalen Vergleich hinken die deutschen Institute der Politikwissenschaft hinterher (Hix 2004; Plümper 2003c) und im Gegensatz zu den USA, Großbritannien, Schweden und anderen Ländern, wo jährliche Politologentage einen Fachdiskurs ermöglichen und den wissenschaftlichen Nachwuchs integrieren, erfolgt in Deutschland die Fachdiskussion in fragmentierten Sondergruppen und auf im 3-Jahres-Turnus stattfindenden Kongressen.

[16] Die Institutionalisierung der vergleichenden Politikwissenschaft als Subdisziplin ist im internationalen Vergleich in Deutschland unterentwickelt. So gilt als die wesentliche Fachzeitschrift für vergleichende Studien die *Politische Vierteljahresschrift* (PVS), die die allgemeine Fachzeitschrift der Deutschen Vereinigung für Politische

schen Institutionen wurde vornehmlich in der Tradition einer formalisierten Staatswissenschaft vollzogen. Diese deskriptiven Betrachtungen ausländischer politischer Institutionen wurden unter einer normativen Perspektive mit dem Ziel, ein "gutes" Institutionensystem für die Bundesrepublik zu entwickeln, betrieben (Friedrich 1953; Fraenkel 1964; Ellwein 1966; Loewenstein 1969). Methodologische und methodische Aspekte spielten dabei eine untergeordnete Rolle. Selbst in der damaligen Rezeption[17] der amerikanischen politikwissenschaftlichen Debatte und deren Gegenüberstellung mit der deutschen normativen Beschreibung von Verfassungsinstitutionen waren die Prioritäten klar abgesteckt (Sontheimer 1971): „Die plausible Erkenntnis hat Vorrang vor der Methode" (Massing 1970: 318). Massing kam zu dieser Schlussfolgerung, obgleich er (1970: 286) einleitend feststellt: „Die Lehre von "comparative government" ist der Königsweg der Politikwissenschaft. ... wegen der ihr eigentümlichen und universellen Methode des sozialwissenschaftlichen Vergleichs ..."

2 Vergleichende Politikwissenschaft: Logik, Methode, Theoriebezug und Gegenstand

Allgemein gilt, dass der Untersuchungsgegenstand der vergleichenden Politikwissenschaft – wie der der Politikwissenschaft insgesamt – das "Politische" ist. Politisch sind all jene *öffentlichen* mit *Legitimität* verbundenen Entscheidungen, die Konsequenzen für eine *Vielzahl von Menschen* besitzen (Easton 1965; Patzelt 2003: 21-28). Politische Entscheidungen sind keine privaten Entscheidungen, sondern finden im *politischen System* statt oder werden in dieses getragen. Im Unterschied zu anderen politikwissenschaftlichen Bereichen behandelt die vergleichende Politikwissenschaft die Untersuchungsgegenstände systematisch vergleichend, d.h. mittels einer vergleichenden Methode.

Dabei ist der Gegenstandsbereich vielfältig. Mark Irving Lichbach und Alan S. Zuckerman (1997a: 4) fassen dies eindrucksvoll zusammen: "Comparative politics therefore asserts an ambiguous scope of inquiry. No political phenomenon is foreign to it; no level of analysis is irrelevant, and no time period beyond its reach." Sei es der Bürgerkrieg in Afghanistan und Sri Lanka, das Wahlverhalten in den USA und Frankreich, ethnische Konflikte in Quebec und Osteuropa, politische Prozesse in der Europäischen Union, Regierungsinstitutionen im antiken Rom, regionale oder kommunale Politik, die religiöse Basis der Politik im Iran, Israel oder Irland, die Entstehung von Demokratie in Afrika, Lateinamerika und Osteuropa oder der Regimezusammenbruch in Afrika, Militärdiktaturen in Lateinamerika, die Revolutionen in Frankreich, Russland, China oder Nicaragua und Grenada, der Einfluss der Globalisierung auf die nationale Staatstätigkeit, all dies gehört zum Gegenstandsbereich der vergleichenden Politikwissenschaft. Dabei kann der Fokus auf Detailfragen liegen wie auf dem Ausbruch des Zweiten Weltkrieges, den Unterschieden der Arbeitsmarktpolitik in Schweden und Deutschland, dem Status der Frau im Islam und Christentum. Oder es werden fundamentale Entwicklungen wie die Entstehung des Faschismus oder des Kapitalismus, der Zusammenbruch der Demokratien in der Zwischen-

Wissenschaft (DVPW) darstellt. Erst 2007 konnte sich mit der Zeitschrift für *Vergleichende Politikwissenschaft (ZfVP)* eine Fachzeitschrift der vergleichenden Politikwissenschaft in Deutschland etablieren.

[17] Zur zeitgeschichtlichen Aufarbeitung der vergleichenden Politikwissenschaft in Deutschland in der frühen Nachkriegszeit siehe z.B. Beyme (1966); Massing (1970); Sontheimer (1971).

kriegszeit oder des Sozialismus am Ende der 80er Jahre des 20. Jahrhunderts oder der Zusammenprall der Weltkulturen und der Einfluss des Neoliberalismus betrachtet. Gemeinsam ist diesen Studien jedoch, dass sie Antworten auf generelle Fragen, die über den konkreten Forschungsgegenstand hinausreichen, geben möchten. Um dies realisieren zu können, ist eine Kompetenz in wesentlichen methodologischen Aspekten der vergleichenden Methode und ein, zum Teil für die Teildisziplin der vergleichenden Politikwissenschaft ausdifferenzierter Theoriebezug notwendig. Die vergleichende Politikwissenschaft ist also ein sehr komplexes und voraussetzungsvolles Teilgebiet der Politikwissenschaft. Eine Einführung wie diese kann nur Anhalts- und Orientierungspunkte bieten und den Ansporn für eigene Recherchen und kreatives Weiterdenken geben.

Vergleich als Methode bedeutet, dass der Vergleich nicht unreflektiert durchgeführt wird, vielmehr gibt er ein gewisses logisches Vorgehen vor. Der eigentliche Kern der vergleichenden Politikwissenschaft besteht nämlich darin, durch einen systematischen Vergleich Tatbestände zu entdecken, die sonst verborgen geblieben wären. Die systematische Anwendung des Vergleichs als *Methode* dient dazu, Theorien zu testen und die politische Wirklichkeit besser erklären zu können. Die vergleichende Methode zählt damit – neben dem Experiment und der statistischen Methode - zu den wissenschaftlichen Methoden (Lijphart 1971).

Die Methodenlehre hinterlässt bei Studienanfängern oftmals einen negativen Beigeschmack. Wenn man sich für das Studium der Politikwissenschaft entschieden hat, möchte man sich mit den gesellschaftlichen Zusammenhängen beschäftigen und nicht mit teilweise stark formalisierten Methoden. Allerdings muss Wissenschaft verstanden werden als „... kritische Neugier, gebändigt durch nachvollziehbare Methodik ..." (Alemann/Tönnesmann 1995: 17). Nur wenn beide Aspekte auf effiziente Art und Weise zusammenkommen, können neue gesicherte Erkenntnisse gewonnen werden. Der wissenschaftliche Motor ist die Neugierde, die durch methodische und theoretische Überlegungen in eine disziplinäre Sprache übersetzt wird. In diesem Zusammenhang kann man durchaus Joseph Schumpeters (1987: 146) Metapher von der Regulierung von Wirtschaftsprozessen auf das Verhältnis von Erkenntnisinteresse (Geschwindigkeit) und Methode (Bremse) übertragen, nämlich „... daß Autos mit Bremsen schneller fahren als sie es sonst täten, *weil* sie mit Bremsen versehen sind."

Theoriegeleitetes empirisches Vorgehen schließt zwei wesentliche Elemente ein: Zum einen muss die soziale Realität möglichst genau in *wissenschaftlichen Kategorien* (Konzepte) erfasst werden. Das genaue empirische Erfassen ist immer ein Prozess des Messens, der gerade in der vergleichenden Politikwissenschaft problembehaftet ist. Die Erfassung der Realität in wissenschaftlichen Kategorien ist jedoch nur die Voraussetzung wissenschaftlichen Arbeitens. Zum anderen sind die durch wissenschaftliche Kategorien erfassten Erscheinungsformen der Realität in Verbindung zu bringen, um die Erscheinungsform zu *erklären*. Dieser zweite Aspekt wird in der vergleichenden Politikwissenschaft durch den systematischen Vergleich geleistet. Der systematische Vergleich ist vom Forschungsdesign abhängig. Theorien und Forschungsdesign stehen in der vergleichenden Politikwissenschaft im engen Zusammenhang: "Good theory without good research design is empty; good research design without good theory is blind" (Lichbach 1997: 240).[18]

[18] Dieses Zitat bezieht sich auf Immanuel Kants (1983: 98) Aussage: „Begriffe ohne Anschauung sind leer. Anschauung ohne Begriffe ist blind."

Allgemein lassen sich verschiedene Stufen wissenschaftlichen Arbeitens unterscheiden, die in einem hierarchischen Verhältnis zueinander stehen: *Deskription*, also Beschreibung, stellt die erste Stufe dar und hilft einen Gegenstand zu erfassen. Insbesondere politische Prozesse müssen zunächst beschrieben werden. Die Politik in der Bundesrepublik Deutschland wird z.B. durch besondere Ereignisse bestimmt, um nur einige zu nennen: die Niederlage im Zweiten Weltkrieg, den Mauerbau und die deutsche Wiedervereinigung. Die Erfassung dieser Ereignisse ist notwendig für das Verständnis der Politik in Deutschland. Allerdings sind solche Beschreibungen nicht voraussetzungslos. Was beschrieben wird und wie es dargestellt wird, unterliegt gewissen Wahrnehmungen und Auffassungen und ist von der Person, die die Beschreibung durchführt, nicht zu lösen. Man kann also davon ausgehen, dass es „objektive" Beschreibungen nicht gibt.[19] Jede selektive Beschreibung – und alle Beschreibungen sind selektiv – wenden Selektionskriterien an. Werden diese Selektionskriterien nicht wissenschaftlich abgeleitet und dargelegt, ist die Beschreibung wissenschaftlich wertlos. Damit begeben wir uns zum nächsten Schritt wissenschaftlichen Arbeitens, der Interpretation sozialer Phänomene.

Genau an dieser Stelle unterscheidet sich Wissenschaft von Alltagswissen. Entstehen im Alltagsbereich Interpretationen aus diffusen Wissensbeständen, etwa Gefühlen, Erfahrungen, Vorurteilen und Vorstellungen, so beziehen sich wissenschaftliche Interpretationen immer auf Theorien und Konzepte, eben wissenschaftliche Wissensbestände. *Deskriptive theorieorientierte Konzeptualisierung* stellt demnach den zweiten Schritt wissenschaftlichen Arbeitens dar.[20] Die dritte Stufe wissenschaftlichen Arbeitens besteht in einer *wissenschaftlichen Erklärung* von sozialen und politischen Phänomenen. Das Eintreten, Ausbleiben, sowie der Grad der Erscheinung dieser Phänomene soll auf deren Ursachen bezogen werden. Diese dritte Stufe wissenschaftlichen Arbeitens kann nur mit systematischen Methoden durchgeführt werden, zu denen bestimmte Formen des Vergleichs zählen. Ziel einer solchen Analyse ist die Entdeckung von Gesetzmäßigkeiten, was auch als nomologisches (nomos = das Gesetz) Erkenntnisinteresse bezeichnet wird.

Mit diesen Vorbemerkungen über das wissenschaftliche Arbeiten kann der bloße Vergleich von der vergleichenden Methode unterschieden werden (Nohlen 1994a: 507-517). Der Vergleich besteht in der Konfrontation von Wissens- und Erfahrungsbeständen in bekannten Kontexten mit (zunächst) unbekannten Kontexten. Natürlich verändert sich die Interpretation bekannter Dinge, wenn man Erfahrungen in anderen Kulturkreisen sammelt. Es mag ein einschneidendes Erlebnis sein festzustellen, dass der Straßenverkehr auch mit anderen Regeln funktional gelöst werden kann als in Deutschland, Österreich und der Schweiz. So verdeutlicht ein Besuch in Großbritannien, dass Verkehrsteilnehmer tatsächlich auf der linken Seite fahren können, ohne laufend desaströse Unfälle zu verursachen. Und es mag für den Einzelnen noch erstaunlicher sein, dass dieses „abnorme" Verhalten viel verbreiteter ist, als es aus der europäischen Perspektive erscheinen mag.[21] Doch die Beschreibung eines solchen Sachverhalts und die Erkenntnis, dass man Straßenverkehr auch anders organisieren kann, macht noch lange nicht die Anwendung der vergleichenden Methode aus. Allerdings bewegen sich viele landeskundliche deskriptive Berichte auf die-

---

[19] Eine „objektive Beschreibung" wäre eine Verdoppelung der Realität ohne Interpretation und Hervorhebungen.

[20] Eine besondere Art des wissenschaftlichen Arbeitens betont diesen Schritt und findet ihre Erfüllung in der theorieorientierten Konzeptualisierung, indem sie die politischen Phänomene *verstehen* will.

[21] So besteht Linksverkehr auch in Japan, Indonesien, Pakistan, Australien, Neuseeland, Südafrika und Indien etc., so dass es eher wahrscheinlich ist, dass der Linksverkehr – und nicht Rechtsverkehr – die Norm darstellt.

ser Ebene. In diesen wird dargelegt, dass politische Institutionen und Verfahren auch anders – oftmals mit der normativen Implikation von „besser" – organisiert werden können. Politiker beherrschen die „Kunst" dieses *ad hoc*-Vergleichs, indem behauptet wird, dass in Land X die Politik Y besser organisiert wird. Dabei werden beliebige Faktoren verglichen ohne Anspruch auf Systematik, die die Erkenntnisse des *ad hoc*-Vergleichs konterkarieren könnten. Durch diese Art des Vergleichens hat der Vergleich auch seinen schlechten Ruf: „Vergleiche hinken" (*une comparaison boiteuse*), sagt man im Volksmund zu diesen *ad hoc*-Vergleichen zu Recht. Frank Aarebrot und Pal Bakka (2003: 57) wissen auch zu berichten, dass Goethe behauptet haben soll, dass nur Dummköpfe vergleichen.

Dennoch kann auch der bloße Vergleich durchaus Gewinn bringend sein. Vor allem wird der Erfahrungshorizont erweitert. Durch den Vergleich können wir etwa feststellen, dass verschiedene Faktoren zu ähnlichen Resultaten führen, wie in den obigen Beispielen. Durch den Vergleich kann Unbekanntes durch Bekanntes verständlich gemacht werden oder das Besondere und Neue verortet werden. Der Vergleich kann auch als bewertende Interpretation empirischer Befunde fungieren, indem nach der „besten" Regierungsform gesucht wird, wie dies die Philosophen der Antike versuchten. Allerdings bleiben all diese Bemühungen willkürlich und hinterfragbar. Der Vergleich als Methode geht darüber hinaus, indem empirische Generalisierung und die Überprüfung von Hypothesen erreicht werden sollen. Die vorliegende Einführung befasst sich vornehmlich mit dem Vergleich als sozialwissenschaftliche Methode.

Ein systematischer Vergleich basiert auf klaren Regeln darüber, was und wie verglichen wird. Dabei besteht eine wesentliche Grundbedingung für die Anwendung der vergleichenden Methode darin, dass Kriterien gefunden werden, die einen Vergleich ermöglichen. Diese Kriterien können nicht aus der Betrachtung der Einzelphänomene unmittelbar abgeleitet werden. Können etwa Äpfel und Birnen verglichen werden? Um Vergleiche durchführen zu können, müssen Kriterien existieren, die die zu vergleichenden Phänomene gemeinsam besitzen und die vergleichbar erfasst werden können. Wenn wir also zwei Phänomene vergleichen wollen, müssen wir ein Kriterium (*tertium comparationis*)[22] finden, mit dem wir den Vergleich durchführen können. Vergleichskriterien für Äpfel und Birnen zu finden ist leicht: Beides sind Früchte und können gegessen werden. Daraus ergibt sich, dass Birnen und Äpfel hinsichtlich ihres Saftgehaltes pro Kilogramm und Vitamingehaltes verglichen werden können. In Teil 1 dieser Einführung werden *tertium comparationis* für verschiedene politikwissenschaftlich relevante Gegenstandsbereiche vorgestellt. Manche dieser Kriterien sind relativ direkt zu erfassen. So kann der unterschiedliche Reichtum von Nationen in US-Dollar (USD) erfasst werden. Schwieriger wird es, wenn wir Verhältniswahlsysteme mit Mehrheitswahlsystemen vergleichen wollen.

Die vergleichende Politikwissenschaft muss sich nicht ausschließlich auf einen Ländervergleich beziehen, wenngleich in dieser Einführung hier der Schwerpunkt liegt. Auch Ereignisse wie Wahlen, Revolutionen und einzelne Institutionen lassen sich vergleichen. Neben dem gleichzeitigen (synchronen) Vergleich zwischen politischen Gegenständen können Vergleiche über Zeit (diachron) angelegt werden, etwa die Wahlen der Nachkriegszeit in der Bundesrepublik Deutschland. Auch können beide Arten des Vergleichs auf vielfältige Art und Weise kombiniert werden. So kann die Entwicklung von Ereignissen, wie Revolutionen, in verschiedenen Epochen betrachtet werden oder es können mit statistischen

[22] *Tertium comparationis* [latein = das Dritte der Vergleichung] steht für das dritte Glied eines Vergleichs, das Gemeinsame (Dritte), in dem zu vergleichende Sachverhalte oder Begriffe übereinstimmen.

Verfahren der so genannten gepoolten Quer- und Längsschnittanalyse (siehe Kapitel 13) Studien durchgeführt werden.

3 Überblick über das weitere Vorgehen und den Aufbau der Einführung

Die vorliegende Einführung ist praxisorientiert und versucht einen Überblick über möglichst viele Gebiete und Anwendungsmethoden der vergleichenden Politikwissenschaft zu geben. Dabei ist es ein besonderes Anliegen des Autors, die Leserin zu ermutigen, die vergleichende Analyse systematisch und nomologisch, d.h. allgemein gültige Aussagen suchend, durchzuführen. Die meisten Studierenden neigen in den ersten Semestern dazu, möglichst wenige Länder zu vergleichen. Sie sehen darin eine Vereinfachung und Reduzierung des Arbeitsaufwandes.[23] Das Problem, welches hierdurch entsteht, ist jedoch, dass eine Untersuchung weniger Fälle viel schwieriger nomologisch und unter Anwendung der vergleichenden Methode durchführbar ist als eine Untersuchung mehrerer Fälle. Deshalb vertritt der Autor dieser Einführung die Auffassung, bereits zu einem möglichst frühen Zeitpunkt im Studium die vergleichende Methode vieler Länder anzuwenden.

Natürlich unterscheidet sich die Erklärungsperspektive einer Untersuchung vieler Fälle von der Untersuchung weniger Fälle. Vergleichbar ist dies mit dem Bergwandern in den Alpen einerseits und der Überquerung der Alpen im Düsenjet oder der Betrachtung der Erde aus dem Weltall andererseits. Im ersten Fall erkennen wir die Einzelheiten, wissen jedoch nicht, ob die Alpen unendlich sind oder eine Besonderheit. Im Jet dagegen sehen wir die Endlichkeit und die Abhebung der Alpen zu anderen Landschaften. Dieser globale Eindruck wird noch verstärkt, wenn wir uns mit dem Raumschiff ins Weltall begeben und die Endlichkeit unserer Erde erleben. Kaum ein Bild in der jüngsten Vergangenheit hat die Wahrnehmung unserer Existenz dermaßen verändert wie der Blick aus dem Weltraum auf die Erde. Ziel dieser Einführung ist es, im übertragenen Sinne Fliegen zu lernen, um die Welt des Politischen aus einer Distanz zu betrachten, die es uns erlaubt, verallgemeinerbare Aussagen zu treffen. Voraussetzung hierfür ist das Erlernen gewisser Techniken. Auch aus diesem Grund beinhaltet die vorliegende Einführung viele Definitionen und methodische Aspekte.

Der Forschungsprozess besteht aus wenigen Elementen: Forschungsfrage, Forschungsgegenstand, Theorie und Methode. Jedoch sind alle vier Elemente in der modernen Politikwissenschaft stark ausdifferenziert und die unterschiedlichen Kombinationsmöglichkeiten machen ein rezeptmäßiges Vorgehen unmöglich. Was bleibt ist eine exemplarische Einführung in die verschiedenen Gegenstandsbereiche, Theorien, Methoden und Analysetechniken, aus denen die kreativen Leser sich ihr eigenes Forschungsdesign zusammenstellen können.

Ausgangspunkt einer jeden politikwissenschaftlichen Untersuchung – ganz gleich ob Hausarbeit, Abschlussarbeit, Dissertation oder einer anderen wissenschaftlichen Arbeit – ist eine politikwissenschaftliche Fragestellung, die eine praktische Relevanz besitzt und an eine fachspezifische Debatte anschließt. Im nächsten Schritt muss ein theoretischer Ansatz benutzt oder entwickelt werden, der diese Fragestellung hypothetisch beantworten kann. Der theoretische Ansatz soll Orientierung geben und das Wesentliche vom Unwesentlichen

[23] Manche Autoren folgen dieser Überlegung und raten Studierenden zunächst mit dem Vergleich weniger Länder zu beginnen (Wiarda 2000). Diese Auffassung wird vom Autor jedoch nicht geteilt.

unterscheiden helfen. Des Weiteren sollte der Ansatz möglichst einfach, empirisch anwendbar und allgemein gültig sein. Die Methode sollte dem Forschungsgegenstand und der Theorie angemessen sein und sich auf verschiedene Formen des systematischen Vergleichs beziehen. Die Logik der vergleichenden Methode beruht auf der begründeten Fallauswahl und der vergleichbaren Erfassung der wesentlichen Aspekte. Eng verbunden mit der methodischen Perspektive sind die Analyseverfahren.

Alle diese Aspekte werden in dieser Einführung behandelt. Im ersten Teil werden die sozio-politischen Rahmenbedingungen dargestellt, die oftmals als erklärende Variablen fungieren. Sie können jedoch auch, wie etwa das Wirtschaftswachstum, durch politische Variablen erklärt werden. Vor allem werden im ersten Teil wesentliche Gegenstandsbereiche der Politikwissenschaft exemplarisch beschrieben. In allen Bereichen sollen weiterführende Literaturhinweise das eigenständige Studium fördern. Der zweite Teil bezieht sich auf die Logik des Vergleichs und wesentliche Elemente des Forschungsdesigns. Hier werden die Grundregeln und die spezifischen Probleme der vergleichenden Methode dargelegt. Der dritte Teil gibt einen Überblick über die gebräuchlichsten theoretischen Ansätze, die in der vergleichenden Politikwissenschaft Anwendung finden. Schließlich geht der letzte Teil auf die verschiedenen Analysetechniken und explizit auf die Bedeutung der Fall- und Länderstudie in der vergleichenden Politikwissenschaft ein. Neben der Fallstudie werden verschiedene statistische Methoden vorgestellt, die im Spannungsfeld zwischen Variablenorientierung und Fallorientierung oszillieren. Gerade in diesem Bereich sind gegenwärtig einschneidende Innovationen entwickelt worden. Im Schlussteil werden die wesentlichen Schritte im Forschungsprozess nochmals zusammengefasst und auf aktuelle Entwicklungen und Herausforderungen hingewiesen.

Ich hoffe, dass der Leser die Reise in die Gegenstandsbereiche, Logik, Theorie und Methode des Vergleichs anregend empfinden wird und es sich lohnt den „Flugschein" abzulegen. Wie auch das Fliegen oftmals im Simulator geübt wird, ohne mit dem „großen Blick" belohnt zu werden, ist auch diese Einführung zunächst eine Trockenübung. Ich hoffe aber, dass sie unmittelbar in die Praxis umgesetzt werden wird und dann das formale Wissen hilfreiche Stütze für die Aufdeckung vormals verborgener Wissensbestände wird.

Teil I:
Gegenstandsbereiche der vergleichenden Politikwissenschaft

Die Darstellung der Gegenstandsbereiche der vergleichenden Politikwissenschaft kann hier nicht umfassend erfolgen. Zu weit gefächert ist das Feld, um auch nur annähernd das gesamte Gegenstandsspektrum abdecken zu können. Selbst umfangreiche Handbücher und Einführungstexte, die Informationsmaterial zu den Arbeitsgebieten der vergleichenden Politikwissenschaft zusammenfassen, beschränken sich auf Ausschnitte und darüber hinaus oftmals auf geographisch begrenzte Gebiete (Lane u.a.1997; Lane/Ersson 1999; Ismayr 2002; 2003 für Europa; Tetzlaff u.a. 1995; Tetzlaff/Jakobeit 2005; Thomson 2000; Smith 2003 für Afrika; Vanden/Prevost 2002; Skidmore/Smith 2001; Foweraker u.a. 2003 und Werz 2005 für Lateinamerika; Fallows 1995; Simone 2001; Derichs/Heberer 2003 für Asien). Besonders umfassend, jedoch vornehmlich deskriptiv, sind die Darstellungen der politischen Systeme der Welt von Denis und Ian Derbyshire (1996), das Kompendium der Weltpolitik von Joel Krieger (1993), die Darstellungen der Wahlsysteme von Richard Rose (2000), die der Parlamente von George Thomas Kurian (1998), die Beschreibungen der Staatsoberhäupter und Regierungschefs von John Da Graça (2000) und Jean Blondel (1980) oder die Darstellung von Parteien und Parteiensystemen von Georg Delury (1999). Von hohem dokumentarischen Wert, wenngleich nicht unproblematisch hinsichtlich der Zuverlässigkeit der erhobenen Informationen, ist das *Keesing's World Archive*, welches sowohl in gedruckter Form als auch im Internet vorliegt. Ein Datensatz für 177 Länder, der 113 politikwissenschaftlich relevante Variablen über einen Zeitraum von 21 Jahren (1975-2000) erfasst, wurde von Mitarbeitern der Weltbank (Beck u.a. 2001) erarbeitet und ist frei verfügbar zu nutzen (siehe Anhang). Überhaupt bietet das Internet in vielen Bereichen hilfreiche Informationen.[24]

Die Fülle der Gegenstandsbereiche ergibt sich daraus, dass jeweils sehr unterschiedliche geographische und inhaltliche Aspekte im Mittelpunkt politikwissenschaftlicher Analysen stehen können. Relativ gut erforscht sind z.B. die entwickelten, hoch industrialisierten Länder, die – mit Ausnahme Japans – zur europäischen Staatstradition gehören. Hierzu zählen die westeuropäischen Staaten und deren „Ableger" in Nordamerika (USA und Kanada) sowie im pazifischen Raum (Australien und Neuseeland). Aus inhaltlicher Perspektive können viele Länder Südamerikas, Osteuropas (zum Teil auch der asiatische Teil der früheren Sowjetunion), Südostasiens und Afrikas unter dem Aspekt der Transformationsgesellschaften betrachtet werden. Andere asiatische Länder können – wie auch die Mehrheit der afrikanischen Länder – unter dem Aspekt der Entwicklungsländer erforscht werden, wobei die so genannten Tigerstaaten Singapur, Taiwan und Südkorea herausfallen, die zusammen mit Brasilien und Mexiko als neu industrialisierte Länder gelten (Haggard 1990).[25] Gleichwohl soll in diesem Teil der Versuch unternommen werden, einige Kernbe-

[24] Allerdings sind dabei immer die Quellen zu prüfen und bei Angaben das Abrufdatum anzugeben, sowie eine Kopie der Webseite (elektronisch oder auf Papier) zu dokumentarischen Zwecken zu archivieren. Einen Überblick über relevante Webseiten geben Wolfgang Muno (2010b) und James Danziger (2005).

[25] Eine ausdifferenzierte Klassifikation der Länder der Welt wird in Kapitel 8 vorgestellt.

reiche[26] zu veranschaulichen, wobei zwei Ziele im Mittelpunkt der Darlegungen stehen: Einmal sollen die eher deskriptiven Erläuterungen auf die enorme Variation von politikwissenschaftlichen Bedingungen hinweisen. Sie sollen die Phantasie der Leser wecken, Arbeiten zu spezifischen Gebieten durchzuführen und natürlich mit dem Hinweis versehen werden, dass eine nähere Beschäftigung die weitere Lektüre zu den ausgewählten Gebieten erfordert. Zum anderen werden politikwissenschaftliche Schlüsselkonzepte vorgestellt werden. In Teil III wird auf einige dieser Konzepte nochmals aus theoretisch-analytischer Sicht eingegangen werden.

Besonderes Augenmerk wird auf die Vergleichbarkeit politikwissenschaftlicher Konzepte, entweder durch Klassifikationen und Typologien (zumeist nominal und ordinal), oder spezifische Indices (oftmals metrisch), gelegt (Bebler/Seroka 1990; Lauth 2003). Dabei wird die Frage nach dem *tertium comparationis* von unterschiedlichen politikwissenschaftlichen Konzepten aufgeworfen.

Die Darstellungen orientieren sich an der etablierten Einteilung *polity, politics* und *policy*. *Polity* bezieht sich auf den Bereich, der im deutschen Sprachgebiet durch die einflussreiche legalistische Staatswissenschaft betont wurde und konkrete politische Einheiten und Institutionen zum Forschungsgegenstand hat. Untersuchungsbereiche in diesem Gebiet sind der Aufbau und das Regelsystem von politischen Institutionen, wie etwa Parlamente, Staatsoberhäupter und Wahlsysteme. *Politics* konzentriert sich auf spezifische politische Prozesse und Abläufe im Innern des politischen Systems und schließt auch andere gesellschaftliche Bereiche ein. Dieser Aspekt baut auf die Analyse von dynamisch-partizipatorischen Prozessen, etwa der politischen Willensbildung und Interessenvermittlung, auf. Forschungsschwerpunkte, die hauptsächlich diesen Aspekt betonen, untersuchen die Ausformung und Veränderung von Parteien und Parteiensystemen, das Funktionieren von Regierungsformen (Koalitions-, Minderheits- und Mehrheitsregierungen), das Verbändesystem und den Einfluss von Nichtregierungsorganisationen (*Non-Governmental Organizations* (NGOs)) oder die Bedingungen der Entstehung und Funktion sozialer Bewegungen. Unter *Policy* wird die Erfassung einzelner Politikfelder und konkreter Politik gefasst. Forschungstätigkeiten, die sich stärker auf diesen Aspekt konzentrieren, behandeln verschiedene Politikfelder, wie etwa die Wirtschafts-, Sozial-, Bildungs- oder Umweltpolitik. Diese analytische Trinität wird in konkreten Untersuchungen zumeist durchbrochen, doch ist oftmals erkennbar, aus welcher Perspektive eine Untersuchung angeleitet worden ist.[27]

Neben diesen genuin politikwissenschaftlichen Gegenstandsbereichen sind auch die Rahmenbedingungen bedeutsam, wie die Wirtschaftskraft eines Landes, die Religion, die geographische Lage etc. Beginnen möchte ich diesen Teil mit einer näheren Erläuterung der Begriffe Staat und Nation. Wenngleich diese Begriffe grundsätzlich Konzepte der verglei-

---

[26] Gänzlich ausgeklammert bleiben Studien, die nicht primär Länder vergleichend angelegt sind. Wenngleich auch Arbeiten, die andere Analyseeinheiten vergleichen, einen wichtigen Platz in der vergleichenden Politikwissenschaft besitzen können. Hierzu ist beispielsweise die vergleichende Kommunalforschung zu rechnen, die sich auf die klassische Studie von Robert Dahl (1961) zur Kommunalpolitik in den USA bezieht. Kommunal- und regionalpolitische Studien erlangen gerade in Zeiten zunehmender Globalisierung einen höheren Stellenwert (Keating/Loughlin 1997; Sellers 2002). Denn die These des nationalstaatlichen Bedeutungsverlustes geht nicht nur von trans- und supranationalen Vernetzungen aus, sondern sieht auch ähnliche Tendenzen auf der Ebene unterhalb des Nationalstaates (Zürn 1998a; Jahn 2002c). Institutionell haben sich die Lokalverwaltungen in der *International Union for Local Authorities* zusammengeschlossen.

[27] Zu verschiedenen Gegenstandsbereichen existieren bereits aktuelle deutschsprachige Einführungstexte (Lauth 2002; Berg-Schlosser/Müller-Rommel 2003c, Pelinha 2005; Kries 2008), die ergänzend zu der gegebenen Ausführung konsultiert werden sollten.

chenden Politikwissenschaft sind, bilden sie in konkreten vergleichenden Analysen den sozio-historischen Kontext und können somit auch als Rahmenbedingungen für Politik betrachtet werden. Darüber hinaus fungieren Staaten in ländervergleichenden Analysen oftmals als Fälle, das heißt Beobachtungseinheiten, die selbst häufig – jedoch keineswegs immer – nicht besonders hervorgehoben problematisiert, sondern als gegeben vorausgesetzt werden.

Kapitel 1: Sozio-politische Rahmenbedingungen

Die sozio-politischen Rahmenbedingungen, wie etwa die Konfliktstrukturen (*cleavages*), Nationalität und Staatlichkeit, Größe eines Landes, etc., besitzen unmittelbare Relevanz für die politikwissenschaftliche Analyse. Weitere Faktoren spielen auch eine Rolle, z.B. die geographische Lage eines Landes oder die Region, in der es sich befindet. Zwar sind die Behauptungen von Przeworski und Kollegen (2000), dass sich Demokratien nur in Ländern, wo Schnee fällt, etablieren können, lediglich eine Anekdote, doch spielen geographische Faktoren eine Rolle.[28] Der Energiebedarf ist sicherlich vom Klima abhängig, und die Insellage Großbritanniens und Japans beeinflusst die Politik dieser Länder. Ebenso bestimmen Bodenschätze und die Produktionsstruktur den materiellen Reichtum eines Landes. Diffusionsprozesse, das heißt, die „Ansteckung" von politischen Prozessen im Nachbarland, sind in Ländern mit ähnlichen kulturellen Hintergründen oder einer ähnlichen Sprache wahrscheinlicher als zwischen Ländern, die geographisch und kulturell weit entfernt sind. Untersuchungen über die Wirtschaftskraft oder die politischen Bedingungen und Veränderungen berücksichtigen deshalb auch die jeweiligen Verhältnisse in den Nachbarländern, die durchaus aussagekräftig sein können (Ross/Homer 1976; Fish 1998; Li/ Reuveny 2003).[29]

Im Folgenden soll zunächst ein Überblick über die Entwicklung von Staaten und Nationen sowie unterschiedlichen innerstaatlichen gesellschaftlichen Konfliktlinien gegeben werden. Im darauf folgenden Komplex wird die Wirtschaftskraft von Gesellschaften, die als ein wesentlicher Aspekt der gesellschaftlichen Entwicklung angesehen wird, behandelt. Dies führt uns zu der Frage, inwieweit wirtschaftliche Indikatoren ein Maßstab für den Entwicklungsgrad von Gesellschaften sein können. Der nächste Bereich bezieht sich auf die Rolle von Produktions- und Beschäftigungssektoren, die unter anderem auch mit dem Bestand von sozialen Klassen im Zusammenhang stehen. Des Weiteren wird der Fokus auf die Bevölkerungsentwicklung und Urbanisierung gelenkt, die gerade in weniger entwickelten Ländern als eines der dringlichsten Probleme erachtet wird.

1 Staaten und Nationen

Die Analyseebene der ländervergleichenden Politikwissenschaft sind politische Systeme. *Politische Systeme* sind abstrakte Gebilde, in denen gewisse Funktionen erbracht werden, nämlich allgemein gültige, gesellschaftlich relevante Entscheidungen. Politische Systeme besitzen, wie Systeme insgesamt, (a) interne interdependente Teile und (b) Grenzen mit ihrer Umwelt, mit der sie interagieren (näher hierzu Kapitel 9). In modernen Gesellschaften sind Regierungen der Hauptakteur im politischen System. Das politische System selbst

[28] In der Wirtschaftwissenschaft wird die Rolle des Klimas für den Reichtum einer Gesellschaft durchaus ausführlich diskutiert: Kamarck (1976); Landes (1999).

[29] Diffusionsprozesse sind jedoch nicht nur auf geographische Nähe begrenzt, was in Kapitel 13 näher dargelegt wird.

setzt sich aus verschiedenen politischen Institutionen zusammen, beispielsweise Parlamenten, Verwaltungen und Gerichten.

Staaten stellen allgemein eine empirische Erscheinungsform von politischen Systemen dar. Sie sind *souveräne*, unabhängige Einheiten und besitzen rechtliche Autorität in ihrem Geltungsbereich. Dabei wird zwischen *interner* und *externer* Souveränität unterschieden. Interne Souveränität bezieht sich auf die eigenen Staatsbürger, externe Souveränität auf die Fähigkeit, mit anderen souveränen Staaten verbindliche Vereinbarungen abzuschließen. Die Mitgliedschaft in den Vereinten Nationen und vor allem in der Europäischen Union hat diese staatliche Souveränität in gewissen Aspekten zurückgenommen. Überhaupt wird unter der Überschrift Globalisierung und *global governance* in der Politikwissenschaft gegenwärtig debattiert, inwieweit transnationale und internationale Interaktionen die nationalstaatliche Handlungsfähigkeit untergraben (siehe Kapitel 3). *Governance* bezeichnet dabei politische Steuerungsprozesse, die nicht primär auf langfristig institutionalisierte zentralstaatliche Staatsorganisationen angewiesen sind. Wie *global governance* deutlich macht, kann dies durch zwischen- oder überstaatliche Regime geschehen (Rosenau/ Czempiel 1992). Ebenso können sich politische Steuerungsarrangements auf der subnationalen Ebene oder zwischen subnationalen Gebilden ergeben (Städtepartnerschaften, *Union of the Baltic Cities*). Wenngleich Staaten einen Hauptbereich der vergleichenden Politikwissenschaft darstellen, wird dieses Konzept nur selten problematisiert, sondern als gegeben vorausgesetzt (Nettl 1968; Levi 2002; Kahler 2002; Spruyt 2002; Thies 2004).

Auch wenn die Bedeutung von Staaten seit einiger Zeit durch die Globalisierungsdebatte hinterfragt wird, zeigt die Entwicklung der letzten Jahrhunderte eine Bedeutungszunahme von Staaten: Die Zahl der unabhängigen Staaten ist in den letzten Jahrhunderten stark angewachsen. Überhaupt sind sie eine Kreation neueren Datums. Als Folge der Vereinbarung zum Westfälischen Frieden (1648) bildeten sich nach der Französischen Revolution von 1789 territoriale Nationalstaaten in Europa und Nordamerika heraus. Als die Vereinigten Staaten von Amerika 1776 ihre Unabhängigkeit erklärten, existierten bereits 21 selbständige Staaten. Die anderen Länder waren größtenteils Kolonien der europäischen Staaten. Zu Beginn des 20. Jahrhunderts verdoppelte sich die Anzahl der Staaten, insbesondere in Lateinamerika nach dem Zusammenbruch der spanischen und portugiesischen Weltreiche. Auch in Europa entstanden neue Länder auf dem Balkan, in Skandinavien sowie den Niederlanden. Zwischen den Weltkriegen errangen in Zentralosteuropa Polen, die Tschechoslowakei und Jugoslawien sowie in Skandinavien Finnland ihre Unabhängigkeit von Russland beziehungsweise Österreich-Ungarn. Auch die baltischen Republiken Estland, Lettland und Litauen waren für kurze Zeit unabhängig, bis sie 1939 von der Sowjetunion annektiert wurden.

Nach dem Zweiten Weltkrieg stieg die Zahl der selbständigen Staaten stark an, in erster Linie durch die Entkolonialisierung in Afrika und Asien in den 1950er und 1960er Jahren und dann erneut durch den Zusammenbruch der kommunistischen Staaten – allen voran der Union der Sozialistischen Sowjetrepubliken (UdSSR) – in den 1990er Jahren. Gegenwärtig existieren ca. 200 Staaten, von denen 191 Mitglied der Vereinten Nationen (*United Nations*) sind. Nichtmitglieder sind unter anderem Taiwan, das 1971 auf Grund politischen Drucks der Volksrepublik China aus den Vereinten Nationen ausgeschlossen wurde, der türkische Teil Zyperns und der Vatikan (siehe auch Tabelle 8-2). Die Schweiz wurde erst 2002 Mitglied der Vereinten Nationen.

Abbildung 1-1: Entwicklung der Anzahl der Staaten von 1776 bis 2005

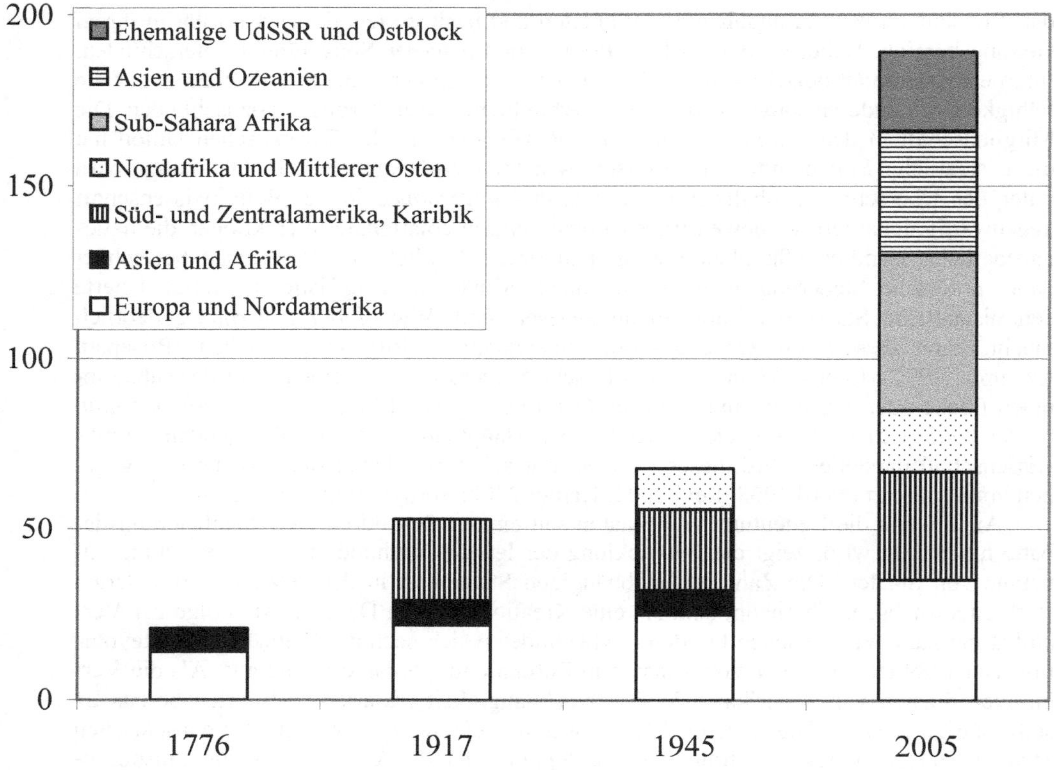

Quelle: Almond u.a. (2004: 14) und Angaben der Vereinten Nationen für 2005.

Die Größe der Staaten variiert vom flächenmäßig größten, Russland mit 17 Mio. Quadratkilometern und dem bevölkerungsmäßig größten, der Volksrepublik China mit 1,3 Milliarden Einwohnern bis zum Vatikan, der noch nicht mal einen halben Quadratkilometer groß ist und weniger als tausend Einwohner besitzt. Die Bundesrepublik Deutschland gehört mit ca. 350.000 Quadratkilometern zu den mittelgroßen Ländern. Bezogen auf die Bevölkerung ist die Bundesrepublik mit 82 Mio. Menschen nach Russland (144 Mio.) das zweitgrößte Land in Europa.[30] Größe und Bevölkerungszahl sind – neben der Wirtschaftskraft, gemessen durch das Bruttoinlandsprodukt – wesentliche Faktoren für die Einschätzung der Stärke eines Landes. Ein Index, der diese drei Indikatoren gleich gewichtet berücksichtigt, kommt zu dem Ergebnis, dass China, die USA, Indien, Russland und Brasilien das höchste Machtpotenzial besitzen (Perry/Robertson 2002: 130). Deutschland rangiert hier auf Platz zehn.

[30] Österreich mit 82.520 km^2 und 8,2 Mio. Einwohnern und die Schweiz mit 39.560 km^2 und 7,3 Mio. Einwohnern gehören zu den eher kleinen Ländern. Die genannten Zahlen entstammen Informationsquellen der OECD und beziehen sich auf das Jahr 2000.

Für andere Zwecke ist es wichtig, nicht nur die Anzahl der Menschen, die in einem Land leben, zu berücksichtigen, sondern diese auf die Größe des Landes zu beziehen. So variiert die Bevölkerungsdichte in den Ländern der Erde beträchtlich. Während in Singapur 4.370 Menschen pro Quadratkilometer, in Taiwan 565, in Bangladesh und Südkorea 431 leben, sind in Europa die Niederlande am dichtesten besiedelt (357 Menschen pro Quadratkilometer). In der Bundesrepublik leben im Durchschnitt etwa 250 Menschen auf einem Quadratkilometer.[31] Im Gegensatz dazu lebt in der Mongolei ca. ein Mensch pro Quadratkilometer, in Namibia, Mauretanien, Australien, Botswana und Libyen leben durchschnittlich zwei und in Kanada drei Menschen auf einem Quadratkilometer (Lane/Ersson 1996). Bevölkerungsdichte und Größe eines Landes beeinflussen unter anderem die Transport- und Infrastruktur sowie die Umweltbelastung beträchtlich.

Staaten werden vor allem durch Charakteristika bestimmt, die sich nicht auf geopolitische Gesichtspunkte beziehen (siehe jedoch Parker 1998). Ein wesentlicher Aspekt, der Länder zusammenhält, ist die Herausbildung und Stabilisierung einer nationalen Identität (Marx 2003). Wenn Konflikte über nationale, ethnische und religiöse Identitäten entbrennen, können fundamentale Probleme wie in Nordirland, im ehemaligen Jugoslawien und Ruanda entstehen. Dagegen gilt Japan als ein homogenes Land mit einer homogenen Bevölkerung, die die gleiche Sprache spricht und durch eine lange gemeinsame politische Geschichte geprägt wurde. Die große Mehrheit ist dem buddhistischen und shintoischen Glauben verbunden, außerdem wird Japan durch das Meer von seinen Nachbarn getrennt.

In diesem Zusammenhang ist es notwendig, auf die Unterscheidung zwischen Nation und Staat hinzuweisen. Der Begriff *Nation* kennzeichnet eine Gruppe von Menschen mit einer gemeinsamen Identität bezogen auf historische, kulturelle, sprachliche und ethnische Verbundenheiten. In manchen Fällen besteht ein starker Zusammenhang zwischen Staat und Nation, wie in Japan, Schweden oder Frankreich. Diese Länder nennt man auch Nationalstaaten. In anderen – multinationalen – Staaten sind mehrere Nationen in einem Staat vereint. Beispiele hierfür sind die Sowjetunion, Jugoslawien und die Tschechoslowakei, die jedoch alle in den letzten Jahren auseinander gebrochen sind. Andere Nationen sind oder waren geteilt wie etwa Korea und Deutschland, oder verfügen über keinen Staat wie beispielsweise die Kurden, Basken, die Juden in der Vergangenheit und die Palästinenser.

2 Ethnische Gruppen, Sprachen, Religionen und cleavage-Strukturen

Eng mit der nationalen Identität verbunden sind ethnische Konflikte. *Ethnische Gruppen* definieren sich durch gemeinsame Herkunft, Gewohnheiten und Erinnerungen in Bezug auf Kolonialisierung und Migration. In vielen afrikanischen Ländern haben die Kolonialmächte die Grenzen ohne Rücksicht auf ethnische Gruppen gezogen, was fundamentale Konflikte in diesen Ländern hervorruft oder verstärkt (Touval 1972; Griffiths 1995: 84-98; Thomson 2000: 11-13; siehe auch Posner 2005). Die Entstehung regionaler Identität ist im Allgemeinen von Wanderungsprozessen großer Gruppen von Menschen bestimmt, die oftmals mit gewaltsamen Konflikten einhergehen. Unter Migration versteht man die Ein- und Abwanderung von Menschen in beziehungsweise aus einem Lande, Immigration und Emigration.

[31] In Österreich leben ca. 98 Menschen auf dem Quadratkilometer und in der Schweiz ca. 180. Natürlich sind bei diesen Zahlen die unwegsamen Gelände der Alpen zu beachten, so dass die Bevölkerungsdichte in den Wohngebieten bedeutend höher liegt.

Migration entstand durch imperialistische Besitzergreifung der Kolonialländer Großbritannien, Frankreich, Spanien, Portugal, Niederlande und Russland. So wurden Menschen aus ihren Lebensräumen vertrieben, um andere ansiedeln zu können. Die USA, Kanada, Australien und Neuseeland sind das Ergebnis von Abwanderungen aus Europa in zuvor dünn besiedelte Gebiete. Dabei wurden die Ureinwohner, Indianer, Inuit, Aborigines, Maoris dezimiert und an den Rand der Gesellschaft gedrängt. Durch ihre europäische Herkunft gehören die oben genannten Staaten oftmals zur gleichen Staatenfamilie, obgleich diese Länder über den ganzen Erdball verteilt sind. Ähnliche Verdrängungsprozesse fanden auch in Lateinamerika, Afrika und Teilen Asiens statt. Andere Ursachen der Migration stellen weniger unmittelbar gewaltsame politische und wirtschaftliche Gründe dar. Das Phänomen der „Gastarbeiter" ergab sich aus dem Arbeitskräftebedarf nordeuropäischer Industrienationen. Ein weiteres Beispiel für die politisch motivierte Migration sind die Russifizierung der baltischen Staaten zur Zeit der Sowjetunion oder die Expansion jüdischer Siedler im Nahen Osten.

Infokasten 1-1: Ethnische Diversität

Die ethnische Diversität ist in den Ländern der Erde sehr unterschiedlich ausgeprägt (Fearon 2003). Unter den Industrienationen sind besonders Kanada, die Schweiz, Belgien, Spanien und die USA ethnisch fragmentiert, Portugal, Italien und vor allem Japan gelten hingegen als sehr homogen. In Osteuropa sind Bosnien und Lettland stark fragmentiert. Durch die staatliche Neuorientierung verloren die UdSSR und Jugoslawien ihre Spitzenplätze. Während Russland nunmehr auf Platz 20 der 31 osteuropäischen und früheren Länder der Sowjetunion (zuvor Platz 2) fiel, macht die Veränderung für Jugoslawien sieben Rangplätze aus. Dagegen galten und gelten Polen und Albanien als homogen. Weltweit nehmen Indien, der Libanon, Indonesien und Afghanistan hohe Fragmentierungswerte an. Übertroffen werden diese jedoch von zahlreichen afrikanischen Staaten, allen voran der Kongo, Kamerun, Liberia, Uganda, die Demokratische Republik Kongo und vor allem Tansania. Zu den homogensten Ländern der Welt zählen Tunesien, Japan und vor allem Nord- und Südkorea. Dabei trägt die Größe eines Landes nicht zwangsläufig zur ethischen Fragmentierung bei, etwa gilt China als eines der homogensten Länder der Erde.

Kontinent	*Homogene Staaten*	*Heterogene Staaten*
Afrika	Tunesien, Jemen, Libyen, Ägypten, Ruanda	Tansania, Kongo, Uganda, Liberia, Kamerun
Amerika	Haiti, Paraguay, Jamaika, Honduras, El Salvador	Bolivien, Kolumbien, Ecuador, Kanada, USA
Asien	Nordkorea, Südkorea, Japan, China, Philippinen, Kambodscha	Papua-Neuguinea, Indien, Indonesien, Afghanistan, Nepal
Europa (Ost)	Polen, Albanien, Ungarn, Slowenien	Bosnien-Herzegovina, Estland, Lettland, Jugoslawien, Mazedonien
Europa (West)	Italien, Portugal, Griechenland, Niederlande, Deutschland	Belgien, Schweiz, Spanien

Identität und Zusammengehörigkeitsgefühl werden durch kulturelle Aspekte geschaffen und verstärkt. Die *Sprache*, die in einem Land oder einer Region gesprochen wird, ist dabei ein wesentlicher Faktor. Auf der Welt existieren gegenwärtig ca. 5.000 Sprachen, 200 Sprachen werden von mehr als einer Million Menschen gesprochen (Almond u.a. 2004: 18). Englisch wird von ca. 350 Mio. Muttersprachlern und ca. 1,8 Milliarden Nicht-Muttersprachlern gesprochen. Weitere weit verbreitete Sprachen sind Spanisch (300 Mio. Muttersprachler), Arabisch (200 Mio.), Russisch (165 Mio.), Portugiesisch (165 Mio.), Französisch und Deutsch (je 100 Mio.). Die Sprache mit den meisten Muttersprachlern, wenn auch in unterschiedlichen Variationen, ist Chinesisch (1,2 Milliarden). In manchen Ländern wird nur eine Sprache gesprochen, in anderen existieren mehrere. Die offizielle Legitimation einer Sprache in einem Staat drückt sich durch deren Anerkennung als Amtssprache aus.

Tabelle 1-1: Anhänger aller Religionen in sieben Kontinentalgebieten

	Afrika	**Asien**	**Europa**	**Lateinamerika**	**Nordamerika**	**Ozeanien**	***Summe Anzahl***	***Prozentanteil***
Christen	351,3	306,4	559,2	473,7	258,8	24,8	*1974,2*	*33,0*
Muslime	310,5	807,0	31,2	1,6	4,4	0,3	*1155,1*	*19,3*
Ungläubige und Atheisten	5,3	724,5	130,6	18,5	29,8	3,7	*912,3*	*15,3*
Hindus	12,3	792,9	1,4	0,8	1,3	0,3	*799,0*	*13,4*
Buddhisten	0,1	351,0	1,5	0,6	2,6	0,3	*356,3*	*6,0*
Stammesreligionen	94,6	507,6	1,6	1,5	1,2	0,4	*607,0*	*10,2*
Sikhs	0,1	22,0	0,2	0,0	0,5	0,0	*22,8*	*0,4*
Juden	0,2	4,3	2,5	1,1	6,0	0,1	*14,3*	*0,2*
Andere	2,5	118,6	,07	13,5	2,6	0,8	*137,4*	*2,2*
Insgesamt	*766,6*	*3634,3*	*728,9*	*511,3*	*307,2*	*30,0*	*5978,4*	*100,0*

Quelle und *Erklärung*: Almond u.a. (2004: 23), eigene Übersetzung; Anhänger definiert nach Barrett (1982).

Religion ist ein weiterer Faktor, der Identität stiften, aber auch Konflikte verursachen kann (Barrett u.a. 2001). Religion determiniert Weltanschauungen zu sehr verschiedenen Aspekten, so auch den Stellenwert der Politik in einer Gesellschaft. In Gebieten mit mehrheitlich christlich Gläubigen hat sich die Trennung von Staat und Kirche in den letzten Jahrhunderten durchgesetzt, in den islamischen Ländern gibt es diese Trennung nach wie vor nicht. Dennoch spielt Religion auch in hochmodernen Gesellschaften eine nicht unwesentliche Rolle in der Politik (Castles 1994; Minkenberg 2002; Minkenberg/Willems 2003; Lane/Ersson 2003: 107-121). Das Christentum in seinen Hauptausprägungen der römisch-katholischen, protestantischen und orthodoxen Glaubensgemeinschaften bildet die größte Religionsgemeinschaft der Erde, gefolgt vom Islam, Hinduismus und Buddhismus. Auf den einzelnen Kontinenten haben sich unterschiedliche Religionen gefestigt. Religiöse Auseinandersetzungen können zu gewalttätigen Konflikten führen (Appleby 2000). Im Zeitalter der Globalisierung, das mit gegenseitigen kulturellen und religiösen Vermischungen einhergeht, können – unterstützt durch wirtschaftliche Ungleichheit - Konflikte zwischen den Weltreligionen entstehen, die große Sprengkraft in sich bergen und den Ost-West-Konflikt als dominante Konfliktdimension der Vergangenheit ersetzen können. Samuel Huntington (1996) spricht daher vom „Kampf der Kulturen" (siehe Infokasten 10-2). Einige Wissenschaftler sind der Meinung, dass die Auswirkungen dieses Konfliktes zum Ausbrechen des so genannten „Mega-Terrorismus" (Almond u.a. 2004: 21), mit der Zerstörung des *World Trade Centers* in New York am 11. September 2001, geführt haben.

Die identitätsschaffenden Faktoren – ethnische Gemeinsamkeiten, Sprache und Religion – haben sich durch lange historische Traditionen gefestigt. Diese Faktoren können zum Entstehen politischer Spannungsfelder führen. In der Politikwissenschaft bezeichnet man diese als *Cleavage*-Strukturen, zu denen unter anderem auch der Unterschied zwischen sozialen Klassen, Interessen und Ideologien zählt (z.B. Links/Rechts-, Stadt/Land-, Wirtschaftswachstum/Umweltschutz-Konflikt) (Lipset/Rokkan 1967; Bartolini 2000; Rokkan 2000; Lipset 2001; mehr zu diesem Ansatz siehe Kapitel 10). Man unterscheidet Länder danach, ob eine Konfliktstruktur dominiert oder ob weitere mit dieser konkurrieren (Kitschelt 1997, Lijphart 1999: 78-87; Lane/Ersson 1999: Kapitel 9). Unter den hoch entwickelten Industrienationen gelten z.B. Großbritannien, Schweden und die Tschechische Republik als politische Systeme mit eindimensionaler Konfliktstruktur. In Norwegen spielt neben dem Links-Rechts-Konflikt auch der territoriale Konflikt zwischen Stadt und Land eine Rolle, der immer wieder im Zusammenhang mit der europäischen Integration virulent wird. Wenn mehrere Konfliktstrukturen in einem Land existieren, ist von Bedeutung, ob sich die Konfliktstrukturen verstärken, sich also kumulativ verhalten, oder ob sie unabhängig voneinander sind. Im letzten Fall spricht man von *cross-cutting cleavages*. Beispiele für politische Systeme, in denen der Klassenkonflikt und Konflikte um Religion eine Rolle spielen und quer zueinander liegen (*cross-cutting*), sind Österreich, Deutschland, die Niederlande, die Schweiz, Italien, Ungarn, Polen und die baltischen Staaten. Auch in anderen Teilen der Erde spielen diese beiden Konfliktdimensionen eine wesentliche Rolle, z.B. in Indien, Israel, Costa Rica und Venezuela. Multidimensionale Konfliktstrukturen, die meist durch das Hinzutreten ethnischer Konflikte ergänzt werden, bestehen in Ländern wie Belgien, Spanien, Nordirland und Finnland. Auch viele zentralosteuropäische Länder besitzen eine multi-dimensionale Konfliktstruktur. Hier wird neuerlich der Konflikt zwischen Marktliberalismus und Verteidigung des kommunistischen Systems als eine eigene Konfliktstruktur gesehen (Kitschelt u.a. 1999b; Berndt 2001; Lindström 2001; Whitefield 2002).

In manchen Ländern sind inzwischen einige der Konfliktstrukturen befriedet. So spielt das ethnische *cleavage* in Finnland momentan keine konfliktträchtige Rolle mehr. Dagegen sind diese Probleme in Ländern wie etwa in Spanien und Israel virulent. In anderen Ländern brechen befriedete *cleavages* nach einer Zeit erneut auf, wie dies die jüngste Geschichte Belgiens zeigt.

Cleavages strukturieren viele Bereiche der Politik. Parteien, Parteiensysteme und Interessenverbände haben sich entlang von *cleavages* gebildet (Lipset/Rokkan 1967). Die Zuordnung von *cleavage*-Struturen nichteuropäischer Länder fällt dagegen oftmals schwer (Karvonen/Kuhnle 2001; Eith/Mielke 2001; Geddes 2003: 152-173; Thomson 2000: Kapitel 4 und 5). Häufig ist in diesen Ländern der Links/Rechts-Konflikt weniger stark ausgeprägt, während andere Konflikte stärkeren Einfluss haben oder ebenbürtig nebeneinander existieren. So ist in Kanada der ethnische Konflikt zwischen frankophonen Quebecern und der übrigen Bevölkerung beherrschend (Landes 1995: 303-307), während in den USA ethnische Auseinandersetzungen zwischen Weißen und Schwarzen sowie der Spanisch sprechenden Bevölkerung von Bedeutung sind. Diese *cleavages* dominieren über den Klassenkonflikt, der in den USA einen wesentlich geringeren Stellenwert besitzt als in Europa. Auf dem afrikanischen Kontinent spielen die prä- und kolonialistische Vergangenheit sowie territoriale Konflikte eine große Rolle (Taylor 1998; Emizet 1999; Emminghaus 2003: 247-248).

3 Wirtschaftskraft und Entwicklung von Gesellschaften

Ein wesentlicher Faktor, dem besondere Aufmerksamkeit in der Politikwissenschaft gilt, welcher selbst aber eher zu den Rahmenbedingungen zählt, ist die Wirtschaftskraft und das Wirtschaftswachstum eines Landes. Gemessen wird dieser Aspekt am Bruttosozialprodukt (BSP) und dessen Veränderungen. Es existiert wohl kaum ein Index, der eine solche gesellschaftspolitische Bedeutung besitzt, wie das BSP beziehungsweise dessen Wachstum. Schon die Andeutung seiner Veränderung verursacht oftmals fundamentale politische Maßnahmen und entscheidet nicht unwesentlich über das Überleben von Regierungen und ganzen politischen Systemen. Im Folgenden soll deshalb ausführlicher auf diesen nicht genuin politikwissenschaftlichen Aspekt eingegangen werden.

Wenngleich Bruttosozialprodukt (BSP) und Bruttoinlandsprodukt (BIP)[32] heute etablierte Größen darzustellen scheinen, wurden sie erst nach dem Zweiten Weltkrieg entwickelt und seit den frühen 1960er Jahren als internationale Indikatoren der Wirtschaftskraft eingeführt. Ihre Berechnung ist jedoch nicht unproblematisch. Als Maß des Wohlstandes eines Landes sind beide nur bedingt geeignet, weil die Einkommens- und Vermögensverteilung nicht berücksichtigt wird. Darüber hinaus fließt der Verbrauch von Kapital nicht in die Berechnung ein. Ressourcen, Grund und Boden sowie Humankapital werden folglich nicht in ihrer Bestandsveränderung bewertet. Kritisch anzumerken ist ferner, dass das BSP und BIP selbst als „rein" wirtschaftliche Maße nicht zwischen wohlfahrtssteigernden und -mindernden Gütern und Dienstleistungen unterscheiden können. Selbst Reparatur- oder Unfallkosten erscheinen bei dieser Rechnung als „Wohlfahrtssteigerung". Eine ökologische Katastrophe wie der Reaktorunfall von Tschernobyl bedeutet demnach unter einer gewissen Perspektive eine „Wohlfahrtssteigerung", da Spezialisten beschäftigt und Krankenhausdienste bezahlt werden müssen, wodurch der Wert des BSP beziehungsweise BIP steigt.[33] Trotz dieser Mängel in der Berechnung dieser wirtschaftlichen Kennziffern, derer man sich

---

[32] Das Bruttoinlandsprodukt erfasst die Summe des Geldwertes aller innerhalb eines Jahres von Inländern gefertigten Waren und Dienstleistungen. Werden die Geldwerte der Exporte und Importe einbezogen, so erhält man das Bruttosozialprodukt. Werden hiervon die Abschreibungen abgerechnet, so spricht man vom Nettosozialprodukt (Hofmann 1954; Stobbe 1994; ZUMA 2003).

[33] Natürlich ist die Steigerung des BIP durch die kurativen Maßnahmen im Verhältnis zu den destruktiven Konsequenzen durch die Zerstörung von Humankapital und Infrastruktur zu sehen, so dass der Gesamteffekt der Katastrophe von Tschernobyl wohl einen negativen Einfluss auf das BIP hat.

durchaus bewusst sein sollte, stellen BSP und BIP eine nicht wegzudenkende Orientierungsgröße für moderne Gesellschaften dar.

Die wirtschaftliche Leistung eines Landes stand lange Zeit nicht im Mittelpunkt des gesellschaftlichen Interesses. Natürlich war die Befriedigung der Grundbedürfnisse auch für traditionale Gesellschaften wichtig, doch die primäre Orientierung der sozialen und politischen Ordnung sowie des Wertesystems an der wirtschaftlichen Leistungskraft einer Gesellschaft begann erst im späten 16. und frühen 17. Jahrhundert. Zuvor bestimmte der Glaube an einen Gott und die davon abgeleitete Gesellschaftsordnung den Bezugspunkt für gesellschaftliches Handeln, wie dies auch heute in Gesellschaften, die nicht so stark wie westliche Nationen säkularisiert sind, der Fall ist. Säkularisierung beschreibt den Prozess, in dem Gesellschaften sich weniger an Mythen und nicht hinterfragten Traditionen, sondern an innerweltlichen Standards ausrichten. Die modernen Gesellschaften bezeichnet man als Industriegesellschaften.[34] Der Übergang von traditionalen Gesellschaften zu Industriegesellschaften fiel nicht leicht, was klassische Analysen dieses Übergangs belegen (Weber 2000; Marx 1979; Rostow 1990). Max Weber betrachtet dabei insbesondere die Veränderung des sozialen Handelns und den Umgang der Gesellschaftsmitglieder untereinander. Im Rahmen seiner Handlungstheorie beschreibt er den Prozess der Modernisierung als einen Wandel von traditionalen und affektiven Handlungsorientierungen zu rational-instrumentellen. Karl Marx und Friedrich Engels legen stärkeres Gewicht auf die Industrialisierung, also auf die zunehmende gewerbliche Gewinnung von Rohstoffen und deren Be- und Verarbeitung. Dieser Prozess veränderte die Produktionsweisen (Arbeitsteilung und Zerlegung der Arbeitsschritte), welche wiederum Konsequenzen für die Organisation sozial-ökonomischer Umgangsformen hatten (Produktionsverhältnisse). Rostow untersucht in seiner historischen Analyse der Modernisierung die fünf Phasen der gesellschaftlichen Transformation von der traditionalen zur Hochkonsumgesellschaft. Diese Entwicklung brachte enorme wirtschaftliche Leistungssteigerungen, die vor allem nach dem Zweiten Weltkrieg zum Tragen kamen (Maddison 1991; 2001; 2003).

Wie in Abbildung 1-2 zu erkennen, hat sich die wirtschaftliche Effektivität in den letzten hundert Jahren radikal erhöht, allerdings existieren auch heute noch beträchtliche Unterschiede zwischen den Ländern der Erde hinsichtlich ihrer Wirtschaftskraft. Der Vergleich der Wirtschaftsleistung einzelner Länder kann zum einen auf der Grundlage des Bruttonationalproduktes dividiert durch die Bevölkerungszahl erfolgen. Dieser standardisierte Index (bezogen auf die Einwohnerzahl) wird entweder auf die gegenwärtigen oder aber auf zu einem bestimmten Zeitpunkt festgelegte Wechselkurse bezogen. Die zweite Berechnungsart berücksichtigt die unterschiedlichen inflationären Entwicklungen in einem Land und ist besser zum Vergleich unterschiedlicher Länder und/oder über einen längeren Zeitraum hinweg geeignet.[35]

[34] Der lateinische Begriff *industria* bedeutet „Fleiß" und „Betriebsamkeit."

[35] Angus Maddison (2003) publiziert in regelmäßigen Abständen Wirtschaftsdaten für die meisten Länder der Welt, die in besonderer Weise für den historischen und Ländervergleich geeignet sind. Diese Daten werden auf entsprechenden Webseiten ständig aktualisiert (http://www.ggdc.net/).

Abbildung 1-2: Produktivitätsanstieg der führenden Wirtschaftsnationen, 1580-1989

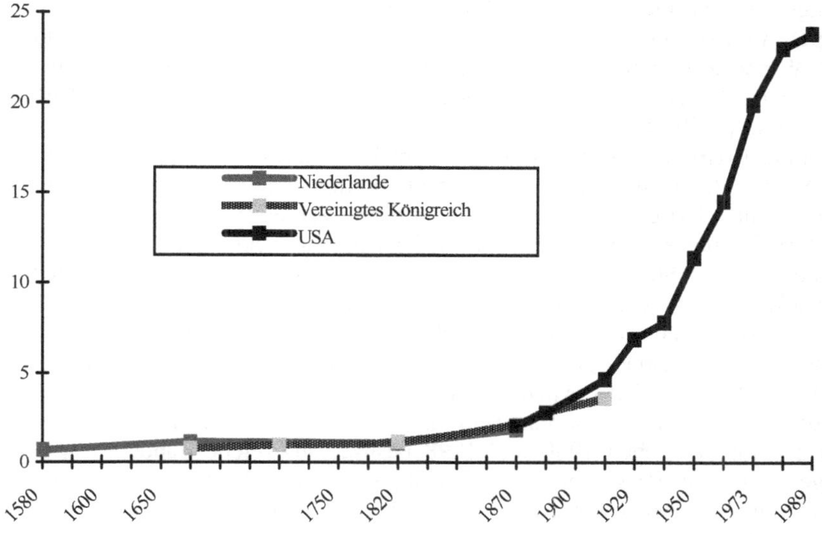

Quelle und *Erklärungen*: Maddison (1991: 31; Abbildung 2.1); die Daten stammen aus den Tabellen: C11, C12 und C13. Bruttoinlandsprodukt pro Arbeitsstunde in 1985er USD. Die Daten sind bereinigt, so dass die territorialen Veränderungen Berücksichtigung finden. Die Daten für das Vereinigte Königreich beinhalten nicht Nordirland.

Im Jahr 2004 lag das Bruttonationaleinkommen (GNI = Gross National Income)[36] pro Kopf in den reichsten Ländern bei über 40.000 USD (Luxemburg, Norwegen, Schweiz, USA Dänemark, Island und Japan); zum Vergleich lag es bei etwa 30.100 USD in Deutschland (Platz 18) und in Österreich bei 32.300 (Platz 15). Dagegen betrug das durchschnittliche Jahreseinkommen im ärmsten Land der Erde, Burundi, 90 USD.[37] Allerdings spiegelt diese Berechnungsart nicht die Kaufkraft in den einzelnen Ländern wider. Deshalb wird in den letzten Jahren zunehmend ein kaufkraftbereinigtes Bruttoinlandseinkommen pro Kopf benutzt. Dieser Index orientiert sich an der Kaufkraft eines Dollars in den USA und verringert die enormen Unterschiede.[38] So reduziert sich das BIP pro Kopf in Japan, wo das Preisniveau enorm hoch ist, von über 37.180 USD auf 30.040 USD im Jahr 2004, ähnlich verhält es sich mit Norwegen und der Schweiz, wo es um mehr als 10.000 USD sinkt. In anderen Ländern steigt das kaufkraftbereinigte Bruttonationaleinkommen pro Kopf dagegen, bei-

---

[36] Die folgenden Daten sind von der Webseite der Weltbank entnommen und sind am 15. Juli 2005 erhoben worden (http://www.worldbank.org/data/databytopic/GNIPC.pdf; 28. August 2005). Die Daten sind anhand der Atlasmethode erhoben worden, die sich auf einen Dreijahresdurchschnitt beziehen. Das *Gross National Income* (GNI) ersetzt bei der Weltbank das Bruttoinlandsprodukt (*Gross Domestic Product*; GDP) als Indikator der wirtschaftlichen Leistung.

[37] Für eine Übersicht der aktuellen Wirtschafts-, Umwelt-, Bevölkerungs-, Handels- und Finanz- sowie Technologiedaten für alle Länder der Erde siehe: *http://www.worldbank.org/data/countrydata/countrydata.html.*

[38] Für einen Vergleich verschiedener Berechnungsarten des BIP für die globale Gleichheit siehe Passé-Smith (2003a). Wade (2001) macht darauf aufmerksam, dass die kaufkraftbereinigten BIP ärmere Länder reicher erscheinen lassen, als sie tatsächlich sind.

spielsweise in Kanada, Australien und vor allem in den zentralosteuropäischen Ländern. Überhaupt wird das GNI in ärmeren Ländern aufgewertet, die enormen Unterschiede werden allerdings nur marginal verringert. Burundi kommt auf ein kaufkraftbereinigtes GNI von 660 USD, während die reichsten Länder, immer noch bei etwas mehr als 30.000 USD liegen. Das Wirtschaftswachstum entwickelt sich ebenfalls recht unterschiedlich. In den gesättigten reichen Ländern stieg es von 1985 bis 1995 um etwa 1,9 Prozent jährlich, im ostasiatischen und pazifischen Raum um 7,2 Prozent, dagegen verringerte es sich auf dem ärmsten Kontinent Afrika im Subsahara-Gebiet um 1,1 Prozent (Thomson 2000: 166; siehe auch Passé-Smith 2003a), was Afrika von der internationalen Entwicklung abkoppelt und zu einer permanenten Krise auf diesem Kontinent führt (Van de Walle 2001).

Inwieweit die unterschiedlichen wirtschaftlichen Entwicklungen zu mehr globaler Gleichheit oder Ungleichheit führen, ist in der politik- und wirtschaftswissenschaftlichen Debatte umstritten. Entwicklungsmodelle gehen von einer umgekehrten U-Kurve (Kuznets-Kurve) aus, wobei zunächst wirtschaftlicher Wohlstand mit mehr Ungleichheit verbunden ist, diese Beziehung ab einem gewissen Punkt des Wohlstandes umschlägt und zu mehr Gleichheit führt (Kuznets 1955). Allerdings weisen viele Untersuchungen auf eine größere globale Ungleichheit hin (Seligson/Passé-Smith 2003). Selbst ärmere Länder, die eine höhere Wachstumsrate zwischen 1960 und 1998 besitzen als reiche Länder, würden nach Berechnungen von John Passé-Smith (2003b: 26) viele Jahrzehnte benötigen, um an die reichen Länder anschließen zu können. So würde das arme Land Botswana mit der größten Wachstumsrate in der Zeit von 1960 bis 1998 von 7,7 Prozent 38 Jahre benötigen, um in die Gruppe der reichen Länder zuzustoßen. China würde dafür 87 Jahre benötigen und die Türkei müsste fast 700 Jahre warten. Wenngleich diese Hochrechnungen lediglich lineare Trends fortschreiben und die Entwicklungen anders verlaufen können, weisen viele Ergebnisse der Nachkriegszeit auf eine zunehmende globale soziale Ungleichheit hin (Wade 2001; Geddes 2002).

Die Wirtschaftskraft oder das wirtschaftliche Wachstum eines Landes fließen ebenfalls in viele vergleichende politikwissenschaftliche Studien als wichtige, meist als unabhängige Variable ein,[39] die beispielsweise politische Stabilität oder Regierungsformen erklären soll. Manchmal stellt das Wirtschaftswachstum oder die Wirtschaftskraft jedoch auch die abhängige Variable dar, jenen Aspekt also, der durch politikwissenschaftliche Faktoren erklärt werden soll (Schmidt 1986; Lane/Ersson 1996; Granato u.a. 1996; Przeworski u.a. 2000; Plümper 2001; Franzese 2002b). Jedoch sollte der sozialwissenschaftliche Bezug auf die Wirtschaftskraft und das Wirtschaftswachstum nicht unreflektiert, das heißt lediglich auf die wirtschaftlichen Aspekte beschränkt bleiben. Manche der folgenden Indices nehmen in unterschiedlichem Ausmaß sozialpolitische Aspekte auf.

Indices reduzieren die Wirklichkeit und ermöglichen die vergleichende Erfassung von sozialen Phänomenen. Jedoch entstehen dann inhaltliche Probleme, wenn ein Index die Wirklichkeit nicht adäquat widerspiegelt. Denn was sagt das durchschnittliche BIP überhaupt aus? Ist es wirklich ein Maß für den Reichtum einer Gesellschaft? Diese Frage wurde

[39] Wissenschaftstechnisch wird der Forschungsprozess in „abhängige" und „unabhängige" Variablen eingeteilt. Die abhängige Variable wird in einer Untersuchung erklärt. Sie ist dabei abhängig von der Erklärungskraft einer Reihe von unabhängigen Variablen, die vermutlich für ein Ergebnis verantwortlich sind. Regen (unabhängige Variable) führt dazu, dass das Auto nass wird (abhängige Variable). Dabei ist es wichtig zu erfassen, dass abhängige und unabhängige Variablen für die jeweilige Untersuchung als solche definiert werden. Das bedeutet, dass eine unabhängige Variable in einer Untersuchung zur abhängigen in einer anderen werden kann. Etwa was (unabhängige Variablen) verursacht Regen (abhängige Variable) (siehe mehr hierzu in Teil 2 und 4).

von durchaus einflussreicher Seite gestellt und im Ergebnis wurden alternative Orientierungsmaße vorgeschlagen. Die Vereinten Nationen haben einen *Human Development Index* (HDI) erstellt, der die Lebenserwartung, Bildungsstand und das BIP berücksichtigt. In neueren Publikationen werden darüber hinaus auch ein geschlechtsbezogener Entwicklungsindex (*Gender-related Development Index GDI*), sowie ein Index, welcher den gesellschaftlichen Status der Frau indiziert (*Gender Empowernment Measure GEM*) aufgenommen.[40]

Infokasten 1-2: Human Development Index (HDI)

Der HDI setzt sich zusammen aus drei Dimensionen, die durch vier Indikatoren gemessen werden. Für jede Dimension wird der Landeswert minus dem Minimumwert dividiert durch das Produkt von Maximumwert minus Minimumwert berechnet.[41] Alle drei Dimensionswerte werden aufaddiert und durch drei dividiert (UNDP 2004: 258-259).

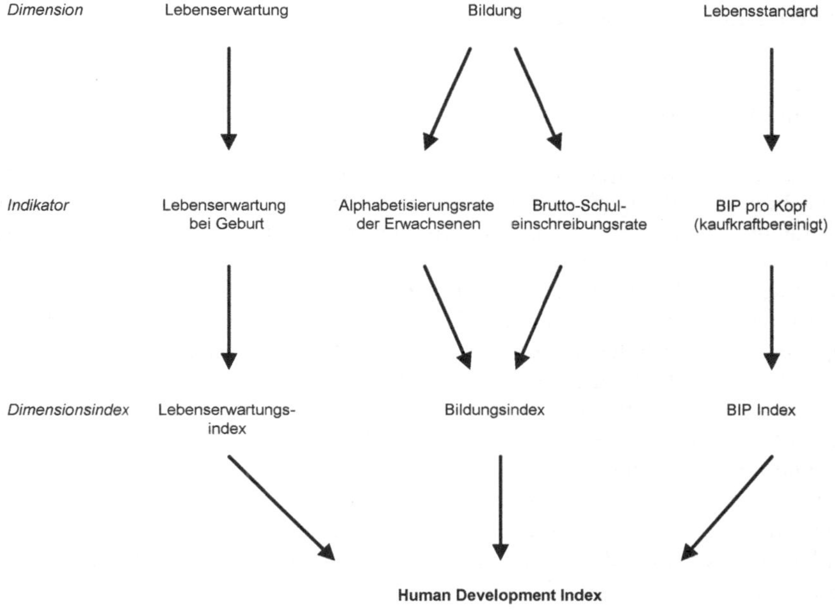

Dieser Index, der ab 1975 berechnet wurde und heute für 177 Länder vorliegt, zeigt, dass 2004 Norwegen den höchsten HDI hatte, gefolgt von Schweden, Australien und Kanada, während Deutschland auf Platz 19, die Schweiz auf Platz 11 und Österreich auf Platz 14 liegen. Schwarzafrikanische Staaten rangieren bei diesem Index auf den letzten Plätzen. Der Unterschied zwischen dem HDI-Rangplatz und dem Rangplatz hinsichtlich des BIP

[40] Diese Indizes werden im Zusammenhang mit der Darstellung verschiedener aktueller Probleme jährlich in *Human Development Reports* der UNDP veröffentlich, die auch über *www.hdr.undp.org* abrufbar sind.
[41] Dabei wird die Alphabetenrate mit 2/3 gewichtet und der GDP (kaufkraftbereinigt) logarithmisiert.

(kaufkraftbereinigt) fällt für manche Länder gravierend aus. So stehen Australien und Schweden deutlich höher in der Rangordnung nach HDI als nach BIP. Noch auffälliger ist dieser positive Unterschied für viele Länder der früheren Sowjetunion. Auf der anderen Seite schneiden viele afrikanische Staaten bedeutend schlechter ab. Auch in vielen arabischen Staaten sind die Unterschiede zwischen BIP und HDI gravierend. Bei den hoch entwickelten Ländern ist die Diskrepanz zwischen HDI und BIP für Luxemburg, Irland (-11) und Dänemark (-7) recht auffällig. Auch Österreich büßt sechs Rangplätze ein, während Deutschland um drei Plätze nach unten rutscht. Abbildung 1-3 gibt einen Überblick über die Rangplatzverschiebungen anhand unterschiedlicher Indices.[42]

Der Gesundheitszustand einer Bevölkerung ist ein weiterer wichtiger Indikator für den Zustand einer Gesellschaft. Als besonders umfassende und weltweit zur Verfügung stehende Indikatoren zu diesem Bereich wird auf die Säuglingssterblichkeit und die Lebenserwartung Bezug genommen. Beide Indikatoren korrelieren stark mit dem Modernisierungsgrad und den Wohlstand einer Gesellschaft. So hat die Lebenserwartung in den hoch entwickelten Ländern ständig zugenommen.

Infokasten 1-3: AIDS

Epidemien und Krankheiten, die den gesellschaftlichen Bestand eines Landes gefährden, sind am Ende des 20. Jahrhunderts selten geworden. Allerdings spielen Hungersnöte in vielen Ländern und vor allem im afrikanischen Kontinent eine gravierende Rolle. Eine relativ neue Krankheit, die durchaus das Charakteristikum einer gesellschaftlich bestandsgefährdeten Krankheit erfüllt, ist AIDS (*acquired immunodeficiency syndrome*). Ganz Subsahara Afrika ist von dieser Krankheit in besonderem Maß betroffen (Gehler 2000). So sind nach Schätzungen der Vereinten Nationen (UNDP 2004) in Swasiland 2003 39 Prozent (2002 waren es noch 33 Prozent) von HIV (*human immunodeficiency virus*) betroffen. Ähnlich sieht es in Botswana (37), Lesotho (30) und Simbabwe (25) aus. Selbst im relativ reichen Südafrika sind 22 Prozent von HIV betroffen. Diese Zahlen sind beunruhigend, wenn man die Medienwirksamkeit von AIDS in den reichen Nationen in Betracht zieht, wo die Ansteckungsrate bei unter 0,5 Prozent liegt. Allerdings erreicht diese Krankheit auch zunehmend diese Länder, allen voran die USA (0,6), Spanien (0,7), Frankreich und die Schweiz (0,4). In Österreich liegt die Ansteckungsrate bei 0,3 und in Deutschland bei 0,1 Prozent.

[42] Es existieren noch weitere Indices, die die soziale und wirtschaftliche Entwicklung bemessen. Diese sind aber weitgehend auf Einzelländer oder sehr wenige Länder beschränkt und können deshalb nur bedingt für eine Analyse in der vergleichenden Politikwissenschaft verwendet werden.

Abbildung 1-3: Rangordnungsdifferenz unterschiedlicher Entwicklungsindizes

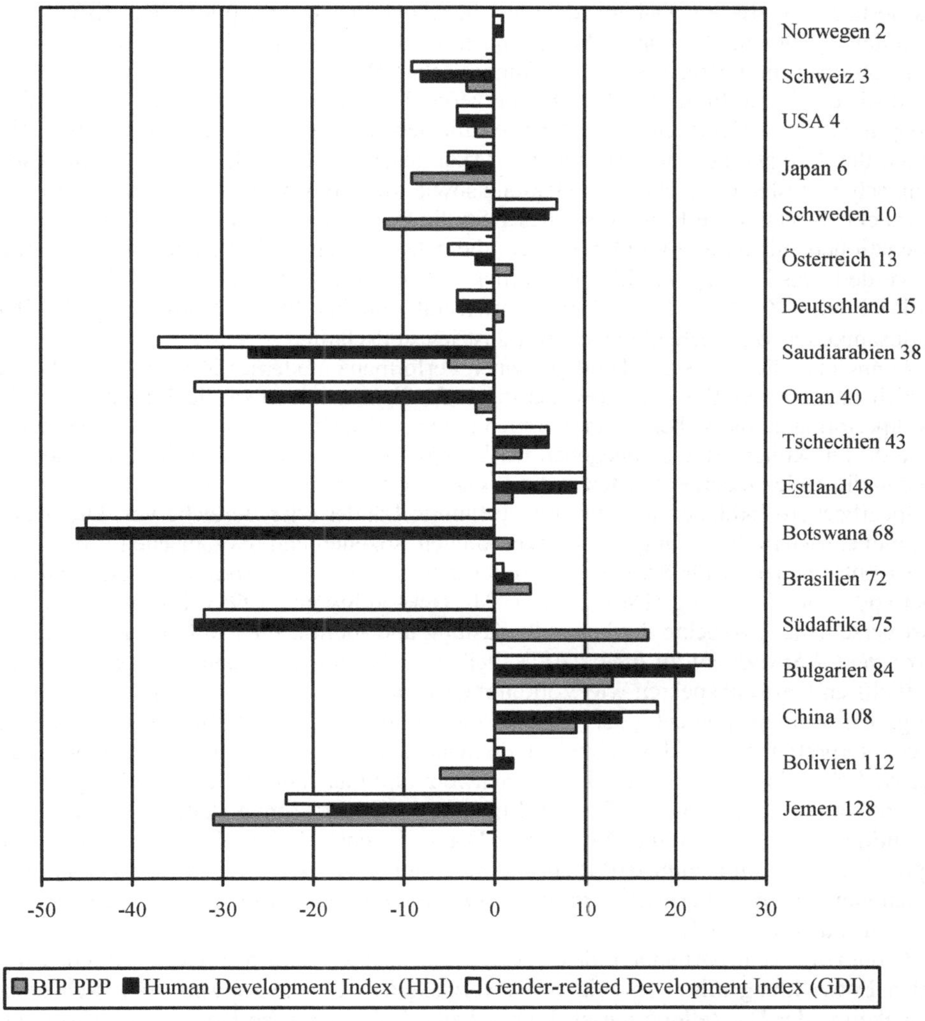

Quelle und *Erklärung*: UNDP Human Development Report 2004. Die Zahlen hinter den Ländernamen sind die Rangordnungsplätze der Länder hinsichtlich des BIP pro Kopf (in USD 2002). Das Ranking wurde für 144 Länder, für die Daten für alle vier Indices existieren, berechnet. Die Balken drücken die Differenz zwischen dem Rangordnungsplatz hinsichtlich des BIP pro Kopf und des jeweils anderen Indices im Jahr 2002 aus.

In jüngster Zeit haben sich Studien entwickelt, die die Leistungsfähigkeit (Performanz) von Staaten erfassen (Schmidt 1998a; 2002a; Lijphart 1999: Kapitel 15 und 16; Lane/Ersson 2000; Wilensky 2002; Roller 2002; Armingeon 2002b). Besonders umfassend ist Edeltraud

Rollers (2005) Untersuchung, in der sie Daten zur inneren Sicherheit, wirtschaftlichen Entwicklung, sozialen Wohlfahrt und zum Umweltschutz zwischen 1974 und 1995 in 21 Industriestaaten analysiert. Dabei ordnet sie die Staaten nach ihrer politischen Effektivität bestimmten Typen zu. Der klassische sozialdemokratische Typ ist durch überdurchschnittliche Leistungen im wirtschafts- und sozialpolitischen Bereich gekennzeichnet, vernachlässigt jedoch die Umweltpolitik. Das liberale Modell ordnet alle anderen Ziele dem Wirtschaftsprimat unter. Der nachhaltige Staat erfüllt neben wirtschaftlichen und sozialen Zielen auch die Aufgabe des Umweltschutzes. Dazu gesellen sich noch Typen der am besten und am schlechtesten möglichen Entwicklung sowie Mischtypen von Nachzüglerstaaten.

Tabelle 1-2 fasst die Ergebnisse dieser Studie zusammen, indem die untersuchten Industrienationen anhand von Länderfamilien, die näher in Kapitel 4 erläutert werden, dargestellt werden. Das Konzept der Länderfamilien wurde von dem australischen Politikwissenschaftler Francis Castles (1993; 1998) entwickelt und beruht auf historisch-kulturellen Gemeinsamkeiten von hochentwickelten Industriegesellschaften.

Wenngleich die Erfassung der allgemeinen Performanz moderner Staaten in Tabelle 1-2 sicherlich in manchen Bereichen revidierungsbedürftig ist, wie etwa die Einschätzung der Umweltperformanz, die sicherlich in den mediterranen Staaten nicht so positiv zu beurteilen ist, wie dies in Rollers Studie angegeben wird, so gibt diese Studie doch sehr hilfreiche Einsichten in die Ziele moderner Staaten und die Spannungsverhältnisse zwischen diesen Zielen.

Spezifischere Indikatoren liegen für bestimmte Länder oder Bereiche vor. Die detaillierte, monetarisierte Erfassung der wirtschaftlichen, sozialen und ökologischen Produktivität steht unter anderem für Schweden, Großbritannien, USA, Österreich, Deutschland und Niederlande zur Verfügung (Daly/Cobb 1994; Jackson/Stymne 1996). Ein anderer Index erfasst verschiedene Aspekte der Umweltbelastung und -politik für 146 Länder.[43] In diesen *Environmental Sustainability Index* (ESI) fließen 21 Nachhaltigkeitsindikatoren zu unterschiedlichsten Umweltaspekten wie Vorkommen von Bodenschätzen, konkrete Umweltbelastung, Umweltmanagement oder Beitrag zum globalen Umweltschutz ein. In diesem schwer interpretierbaren Index schneidet Finnland am besten ab, gefolgt von Norwegen, Uruguay, Schweden, Island, Kanada, der Schweiz und Guayana. Deutschland liegt hinter Japan und vor Namibia auf Platz 31. Am Ende der Skala findet man Haiti, Usbekistan, den Irak, Turkmenistan, Taiwan und Nordkorea. Der ESI steht dabei in einem statistisch deutlich positiven Verhältnis zum BIP (kaufkraftbereinigt) und HDI.[44] Ein weiteres Maß, welches den Umweltzustand erfasst, liegt mit den *Ecological Footprints* vor (Wackernagel u.a. 2002; siehe auch Kapitel 4).

Wenngleich kein perfekter Index existiert, der den Zustand der wirtschaftlichen und sozialen Entwicklung misst, so zeigen die vorgestellten Orientierungsmaße verschiedene Möglichkeiten der Darstellung dieses Sachverhalts. Dabei wird die Konzentration auf aus-

[43] Siehe z.B.: *World Economic Forum* 2005; http://www.ciesin.columbia.edu/indicators/ESI).

[44] Um die Beziehungen zweier Variablen darzustellen, kann ein Beziehungsmaß (hier Pearsons r) benutzt werden. Diese Koeffizienten variieren in der Regel zwischen –1, was einem perfekten negativen Zusammenhang entspricht, bis 1, was einen perfekten positiven Zusammenhang beschreibt (vgl. Wagschal 1999b: Kapitel 10; Gehring/Weins 2004: Kapitel 7). Mit * und ** wird das Signifikanzniveau angegeben. Dieses besagt, dass man mit einer Fehlerwahrscheinlichkeit von weniger als 5 (*) bzw. einem (**) Prozent davon ausgehen kann, dass die Beziehung in der Stichprobe auch in der Grundgesamtheit aufzufinden ist. In unserem behandelten Zusammenhang beträgt die Korrelation zwischen dem ESI und dem BIP 0.76** und zum HDI 0.67**, was darauf hindeutet, dass reiche Nationen (BIP) und solche mit einem hohen HDI umweltfreundlicher sind als arme Länder oder Länder mit einem niedrigen HDI.

schließlich (ambivalent gemessene) wirtschaftliche Aspekte zunehmend unnötig. Nur weil eine Maßzahl wie das BSP oder BIP leicht zugänglich ist, sollte die Mühe nicht gescheut werden, für spezifische Fragestellungen auch andere Indikatoren zu verwenden.

Tabelle 1-2: Typen politischer Effektivität, 1974 - 1995

	Innere Sicherheit[b]	Ökonomie	Sozialpolitik	Ökologie	Typ politischer Effektivität
Australien	57,6 (-)	53,1 (-)	52,2 (-)	38,9 (--)	Schlechtest möglicher Fall 1
Kanada	53,7 (-)	56,6 (+)	55,0 (-)	24,7 (--)	Libertäres Modell
Irland	77,2 (+)	34,2 (--)	57,7 (-)	84,4 (+)	Ökon. & sozialpol. Nachzügler[+]
Neuseeland	51,8 (-)	52,5 (-)	47,8 (--)	69,5 (+)	Ökon. & sozialpol. Nachzügler
Großbritannien	60,2 (-)	49,0 (-)	58,6 (-)	70,8 (+)	Ökon. & sozialpol. Nachzügler
USA	12,4 (--)	67,6 (++)	26,4 (--)	7,8 (--)	Libertäres Modell
Durchschnitt	*52,2*	*52,2*	*49,6*	*49,4*	
Dänemark	55,0 (-)	57,1 (+)	72,4 (+)	66,2 (-)	Klassische Sozialdemokratie
Finnland	50,8 (-)	53,1 (-)	92,3 (++)	73,3 (+)	Ökonomischer Nachzügler
Norwegen	93,4 (++)	65,2 (+)	86,0 (++)	81,7 (+)	Bestmöglicher Fall 1a
Schweden	59,5 (-)	61,8 (+)	88,1 (++)	87,2 (++)	Nachhaltigkeit
Durchschnitt	*64,7*	*59,3*	*84,7*	*77,1*	
Belgien	78,0 (+)	55,9 (+)	86,9 (++)	56,4 (-)	Klassische Sozialdemokratie[+]
Deutschland	62,2 (-)	62,9 (+)	79,7 (+)	68,1 (0)	Klassische Sozialdemokratie
Frankreich	74,3 (+)	54,9 (0)	75,1 (+)	70,5 (+)	Nachhaltigkeit[+]
Italien	68,4 (+)	46,7 (-)	54,2 (-)	72,4 (+)	Ökon. & sozialpol. Nachzügler[+]
Niederlande	50,1 (-)	59,5 (+)	89,8 (++)	57,8 (-)	Klassische Sozialdemokratie
Österreich	75,9 (+)	66,9 (+)	75,7 (++)	88,0 (++)	Bestmöglicher Fall 1b
Durchschnitt	*68,2*	*57,8*	*76,9*	*68,9*	
Griechenland	95,5 (++)	32,5 (--)	47,8 (--)	86,5 (++)	Ökon. & sozialpol. Nachzügler[+]
Portugal	91,6 (++)	32,7 (--)	41,4 (--)	89,4 (++)	Ökon. & sozialpol. Nachzügler[+]
Spanien	63,0 (-)	26,6 (--)	59,2 (-)	74,4 (+)	Ökon. & sozialpol. Nachzügler
Durchschnitt	*83,4*	*30,6*	*49,5*	*83,4*	
Schweiz	75,8 (+)	79,5 (++)	76,3 (+)	91,6 (++)	Bestmöglicher Fall 1c
Japan	94,5 (++)	68,7 (++)	79,3 (+)	80,4 (+)	Bestmöglicher Fall 1d
Durchschnitt	*85,2*	*74,1*	*77,8*	*86,0*	
Durchschnitt aller Länder	**66,7**	**54,1**	**67,5**	**68,6**	

Quelle und *Erklärungen*: Roller (2004: 562) und (2005: 211). Politikfeldspezifische Performanzindizes mit Ausprägungen von 0 bis 100. Effektivität: (++) = stark überdurchschnittlich, (+) = überdurchschnittlich, (0) = durchschnittlich, (-) = unterdurchschnittlich, (--) = stark unterdurchschnittlich (Definition stark über- bzw. unterdurchschnittlicher Werte: 25 Prozent über bzw. unter dem Mittelwert).

4 Produktionssektoren und gesellschaftlicher Entwicklungsgrad

Ein weiterer sozialstruktureller Aspekt, der für die vergleichende politikwissenschaftliche Analyse von besonderem Belang ist, ist die Größe der Beschäftigungs- oder Produktionssektoren. Dabei hat sich in der sozialwissenschaftlichen Diskussion die Unterteilung in drei Sektoren etabliert: (primärer) landwirtschaftlicher Sektor, (sekundärer) Industriesektor und (tertiärer) Dienstleistungssektor. Aus Sicht der Modernisierungstheorie besitzen traditionelle Gesellschaften einen hohen Beschäftigungsanteil in der Landwirtschaft. Darauf folgte dann im Zuge der Industrialisierung die Expansion des industriellen Sektors, der schließlich durch die wachsende Bedeutung des Dienstleistungssektors von diesem abgelöst worden ist. 1870 war in den 16 am weitesten entwickelten Industrienationen der Erde fast die Hälfte der Bevölkerung im Landwirtschaftsektor beschäftigt, 1950 fiel dessen Anteil auf ein Viertel, 1960 auf unter ein Fünftel und in dem darauf folgenden Jahrzehnt auf ca. zehn Prozent (Maddison 1991: 73). Im Jahr 2000 lag der Anteil der Bevölkerung, der im Landwirtschaftssektor dieser 16 Länder beschäftigt war, bei unter fünf Prozent. Die Industriearbeiter machten 1870 ein Viertel der Beschäftigten aus, ihr Anteil erreichte in den 60er Jahren des 20. Jahrhunderts seinen Höhepunkt mit etwa 40 Prozent und fiel dann bis zum Jahre 2000 auf unter 30 Prozent. Der Dienstleistungssektor wuchs kontinuierlich, wenngleich darauf hingewiesen werden muss, dass dieser Sektor in sich äußerst heterogen ist und eine starke Verschiebung innerhalb dieses Sektors von privaten Dienstleistungen auf Transport, Finanzen und vor allem soziale Dienstleistungen (Ärzte, Lehrer etc.) stattgefunden hat.[45]

Diese Entwicklung hatte weit reichende gesellschaftliche Konsequenzen (Touraine 1971; Bell 1975). Mit der Ausdifferenzierung der Dienstleistungsgesellschaft ging eine Bildungsexpansion[46] einher, welche wiederum für einen allgemeinen Wertewandel in den westlichen Gesellschaften mitverantwortlich gemacht wird (Inglehart 1977; Dalton 2003).[47] Dieser Wertewandel vollzog sich von einer eher wirtschaftlichen Orientierung hin zu ästhetischen und partizipatorischen Bedürfnissen, die in ihrer Konsequenz Auswirkungen auf neue politische Beteiligungsformen – Proteste und soziale Bewegungen – (Barnes/Kaase 1979; Topf 1995) sowie für die Entstehung neuer Parteien, beispielsweise der Grünen, verantwortlich gemacht werden (Müller-Rommel 1993). Der sozialstrukturelle Wandel in postindustriellen Gesellschaften führt zudem zu einer Erodierung der Klassenpolitik (Clark/Lipset 2001), das heißt die Bindungsfähigkeit von Organisationen nimmt ab (Streeck 1987; Eder 1993). Dies hat insbesondere in der Wahlforschung Konsequenzen. Die Klassenwahl, das heißt dass Arbeiter zu Gunsten linker Parteien abstimmen, scheint abzunehmen (Clark u.a. 2001; kritisch Goldthorpe 2001). Während dieser Zusammenhang in der unmittelbaren Nachkriegszeit in Großbritannien und den skandinavischen Ländern noch deutlich zu Tage trat, war die Bedeutung der Klassenwahl in den USA und Kanada schon damals gering. Anhand des Alford-Indexes (Alford 1962), der durch die Subtraktion des Prozentanteils der Linkswähler in der Mittelschicht (als nicht der Arbeitklasse angehörig) vom Prozentanteil der Linkswähler in der Arbeiterklasse ermittelt wird und zwischen 0 (keine Klassenwahl) und 100 (perfekte Klassenwahl) variiert, wird eine starke Abnahme der Klassenwahl in allen industriellen Ländern festgestellt (Falter u.a. 1994; Nieuwbeerta

---

[45] Der Anteil stieg von 1870 von einem Viertel der Beschäftigten auf heute über zwei Drittel.

[46] Es wird vermutet, dass 1820 die durchschnittliche schulische Ausbildung in westlichen Industriegesellschaften etwa zwei Jahre betrug; 1990 waren dies über elf Jahre (Maddison 1991: 63-65).

[47] Zu den Werten in den postkommunistischen Ländern Europas siehe: Miller u.a. (1998).

2001; Dalton 2002).[48] Lag dieser Index für 20 Industriegesellschaften im Zeitraum 1945 bis 1960 bei 32, so fiel er kontinuierlich auf 26,5 (1961-1979), 22,2 (1971-1980) und 16,6 (1981-1990). Die Klassenwahl hat in der letzten Periode weiterhin – wenngleich auf niedrigerem Niveau – die größte Bedeutung in Finnland (35,7), Schweden (32,7) und Großbritannien (23,4). In Kanada (4,0), Irland (7,3)[49] und den USA (8,1) ist die Klassenwahl am niedrigsten.[50]

5 Bevölkerungswachstum und Urbanisierung

Weltweit, und in besonderem Maße in den Entwicklungsländern, stellt das rasante Bevölkerungswachstum den entscheidenden Aspekt gesellschaftlicher Entwicklung dar. Auf die gegenwärtigen Unterschiede der Bevölkerungszahlen in einzelnen Ländern ist schon eingegangen worden. Diese Zahlen erhalten jedoch in der historischen Perspektive erst ihre dramatische Bedeutung. Zu Beginn der christlichen Zeitrechnung lebten 230 Mio. Menschen auf der Erde.[51] Diese Zahl erhöhte sich im ersten Jahrtausend nur leicht. Bis zur Mitte des zweiten Jahrtausends lag die Bevölkerungswachstumsrate bei 0,1 Prozent. Die Weltbevölkerung verdoppelte sich in diesem Zeitraum. Danach stieg die Wachstumsrate deutlich und erreichte im Zeitraum zwischen 1950 und 1973 ihren Höhepunkt (1,92), wobei die europäische Entwicklung unterdurchschnittlich und die asiatische, afrikanische und vor allem die lateinamerikanische Entwicklung überdurchschnittlich verlief. Mexiko verzeichnete in dieser Zeit mit 3,11 Prozent die höchste Wachstumsrate. In absoluten Zahlen ausgedrückt bedeutet dies, dass die Weltbevölkerung im Jahr 1000 268 Mio. Menschen betrug und bis zum Jahr 1500 auf etwa 440 Mio. anstieg. Die Milliardengrenze wurde zu Beginn des 19. Jahrhunderts und die Zwei-Milliardengrenze Mitte des 20. Jahrhunderts erreicht. Danach gestaltete sich die Bevölkerungsentwicklung dramatisch: Mitte der 1970er Jahre wurde die Vier- und zur Jahrtausendwende die Sechs-Milliardengrenze überschritten. Auch wenn die Wachstumsrate der Bevölkerung nach 1970 etwas sank (1,66), hat sie zwischen 1973-1998 in Afrika mit 2,73 ihren vorläufigen Höhepunkt erreicht.

Mit den gravierenden Konsequenzen dieses Bevölkerungsanstiegs für die Nahrungsversorgung, Bekämpfung von Krankheiten sowie der Sicherung des Lebensunterhalts geht auch ein wichtiger Urbanisierungsprozess einher (The World Resources Institute u.a. 1996-97: Kapitel 1), der wiederum enorme verwaltungstechnische und ökologische Probleme nach sich zieht. Schon heute existieren Mega-Cities, allen voran Tokio mit über 26 Mio. Einwohnern. Andere Städte mit über 10 Mio. Einwohnern wie Bombay, Jakarta und Lagos haben jährliche Zuwachsraten von über vier Prozent. Nach Schätzungen der Vereinten Nationen werden im Jahre 2015 mehr als 33 Mega-Cities mit über 8 Mio. Einwohnern weltweit existieren, davon allein 27 in den Entwicklungsländern.

Die Entwicklung der Bevölkerungszahl hat auch für moderne Industriestaaten besondere Bedeutung. Die meisten dieser Länder haben umfangreiche Sozialprogramme (Arbeitslosen-, Gesundheits-, Altenversicherungsprogramme; siehe auch Kapitel 4) entwickelt

[48] Dieser Trend lässt sich auch anhand anderer Indexzahlen erkennen (Nieuwbeerta 2001).

[49] Für Irland zeigen andere Indices der Klassenwahl einen bedeutend höheren Wert (vgl. Nieuwbeerta 2001).

[50] Die Werte für Deutschland sind 36,0 (1945-60), 24,8 (1961-70), 14,9 (1971-80) und 13,4 (1981-90); für Österreich: 27,4 (1961-70), 28,9 (1971-80) und 18,3 (1981-90); die Schweiz: 17,6 (1971-80) und 12,8 (1981-90).

[51] Zur Darstellung der Entwicklung der Weltbevölkerung und zum Vergleich zwischen verschiedenen Quellen siehe: Maddison (2001).

und damit die Wohlfahrt gesteigert. Leistungen und Ausgaben dieser Staaten sind zu einem nicht unbeträchtlichen Teil von der Demographie des einzelnen Landes abhängig. Allgemein betrachtet fließen älteren Menschen Ressourcen von aktiv im Arbeitsleben stehenden Menschen zu. Aus diesem Grund ist es für ein so organisiertes Sozialsystem entscheidend, dass möglichst viele aktive Personen möglichst wenigen inaktiven Personen gegenüberstehen. In 18 untersuchten etablierten OECD-Ländern kamen 1960 auf einen Rentner 6,7 Erwerbstätige. Diese Zahl verringerte sich bis 1990 auf 3,9 Erwerbstätige und soll im Jahr 2020 nur noch 3,3 betragen (Huber/Stephens 2001: 238). Besonders alarmierend ist die demographische Entwicklung in Italien, Finnland und Schweden. Deutschland, Österreich und die Schweiz nehmen mittlere Plätze ein.

Wie zuvor erwähnt, lassen sich viele weitere Faktoren finden, die die Rahmenbedingungen für politische Aspekte schaffen. Wertvolle vergleichbare Daten lassen sich in Publikationen und auf Webseiten internationaler Organisationen wie den Vereinten Nationen, Weltbank, Internationaler Währungsfond, der OECD und der Europäischen Union finden.

Kapitel 2: Politische Institutionen (*Polity*)

1. Regierungen und Regierungsformen
2. Die empirische Erfassung von Demokratien und Nicht-Demokratien
3. Verfassungen
4. Nationale Machtverteilung
5. Wahlsysteme
6. Zusammenfassende *polity*-Indices

Die Untersuchung politischer Institutionen stellt ein klassisches Forschungs- und Betätigungsfeld der vergleichenden Politikwissenschaft dar. Unter Institutionen werden in den Sozialwissenschaften allgemein all jene auf Dauer gestellten Regelmäßigkeiten sozialen Handelns gefasst.[52] Die Festigung von sozialen Bewegungen in Verbänden und Parteien (Arbeiterbewegung in Gewerkschaften und sozialdemokratischen Parteien oder die Umweltbewegung in grünen Parteien) stellt beispielsweise eine typische Entwicklung dar. Demgegenüber existieren jedoch auch institutionalisierte Verhaltensweisen, die Traditionen und „ungeschriebene Gesetze" repräsentieren. Unter politischen Institutionen werden dann jene sozialen Handlungen verstanden, die das politische Leben strukturieren.

Es existieren viele politische Institutionen, von denen hier lediglich einige wichtige näher vorgestellt werden können. So fehlt z.B. der Bezug auf Verwaltungen (Lane 1987; Peters 2001), Gerichte (Landfried 1988; Cappelletti u. a. 1989; Tate/Vallinder 1995; Alivizatos 1995), und Zentralbanken (Cukierman 1992; Bernhard 1998), um nur einige Auslassungen zu nennen, die wesentliche politische Institutionen darstellen und im Blickpunkt umfangreicher politikwissenschaftlicher Analysen stehen. Im Folgenden werden die Verfassungen, die Konzentration nationaler Machtverteilung sowie Wahlsysteme als grundlegende Institutionen, die den politischen Prozess vor allem in modernen Demokratien strukturieren, vorgestellt. Zunächst soll jedoch auf zwei zentrale, allgemeine Gegenstandsbereiche der vergleichenden Politikwissenschaft eingegangen werden, den Funktionsbereich von Regierung und Regierungsformen und die Erfassung von Demokratie.

1 Regierungen und Regierungsformen

Regierungen erfüllen, insbesondere wenn sie im weiteren Sinn – wie sie im angelsächsischen Raum mit dem Begriff *government* – als Leistungs- und Lenkungsfunktion der Exekutiven (vollziehende Gewalt) und Legislativen (gesetzgeberische Gewalt) begriffen wer-

---

[52] Das Wort Institutionen stammt vom lateinischen *institutio* ab und bedeutet Einrichtung, das Hineinstellen, Brauch. Der Begriff der Institution wird in den einzelnen Sozialwissenschaften mit unterschiedlichen Schwerpunkten versehen. In der Kulturanthropologie und Soziologie richtet sich der Fokus auf Normen und Werte, die sich in formellen oder informellen Rechten und Pflichten äußern. In der traditionellen Politikwissenschaft gilt das Interesse vor allem den Staatsorganen (Verfassung, Wahlsysteme, Parlamente, Staatsoberhaupt etc.). Neuere Ansätze betrachten darüber hinaus Organisationsnetzwerke gesellschaftlicher Interessenvermittlung zwischen Gesellschaft, Wirtschaft und Staat als Institutionen (Schmidt 2004a: 320-322).

den (Gallagher u.a. 2001; Schmidt 2004a: 599), elementare Aufgaben innerhalb eines politischen Systems. Den grundlegendsten politisch-institutionellen Rahmen für die Regierungstätigkeit bildet in diesem Zusammenhang die Herrschafts- oder Regierungsform.

Funktionsbereich von Regierungen

Regierungen sind Organisationen von Individuen, die typischerweise mit der *Macht* ausgestattet sind, verbindliche Entscheidungen zu treffen.[53] Auf Dauer müssen sie aber über Autorität verfügen, so dass ihre Entscheidungen als *legitim* in ihrem Wirkungskreis anerkannt werden. David Easton (1975) unterscheidet zwischen *diffuser* und *spezifischer* Unterstützung des politischen Systems (siehe Kapitel 9). Die spezifische Unterstützung bezieht sich auf bestimmte politische Programme (*output*) und Ergebnisse (*outcome*), die von der Bevölkerung anerkannt werden müssen. Denn werden zu viele politische Vorhaben einer Regierung abgelehnt, wird sie nur schwer überleben können. Die diffuse Unterstützung geht über die spezifische Unterstützung hinaus, indem sie nicht primär die Regierungstätigkeit betrifft, sondern das politische System und ihre normative Grundlage insgesamt. Probleme im Bereich der diffusen Unterstützung des politischen Systems wirken sich als Legitimationsentzug aus, der unter anderem mit Begriffen wie *Legitimations-* oder *Motivationskrise* erfasst werden kann. Probleme der Legitimation können zu krisenhaften Entwicklungen ganzer Gesellschaftssysteme führen, die beispielsweise in den 1970er und 1980er Jahren als Kapitalismuskritik vorgetragen wurden (Offe 1972; Habermas 1973; 1981b; weniger ideologisch auch Lutz 1984). Ebenso ist der Zusammenbruch vieler kommunistischer Staaten in den 1980er und 1990er Jahren darauf zurückzuführen.

Regierungen haben ein breites Aufgabenspektrum: Sie können Kriege führen oder Frieden schließen; sie können ihre Grenzen öffnen oder schließen; sie können den internationalen Handel forcieren oder unterbinden. Ebenso sind sie in der Lage, ihre Bevölkerung hoch oder niedrig zu besteuern. Und sie können die Erziehung, Ausbildung, Gesundheit und den Verkehr mehr oder weniger beeinflussen. Zu den Funktionen, die Regierungen im weiteren Sinne ausüben können, zählen z.B. (Almond u.a. 2004: 3-6): (a) Die Förderung eines Gemeinschaftsgefühls durch die Schaffung und Unterstützung von Symbolen, Werten und Normen, Mythen und einer nationalen Identität. (b) Die Herstellung und Aufrechterhaltung von Sicherheit, Recht und Ordnung. (c) Die Garantie von Eigentumsrechten, Rechten der Rede- und Versammlungsfreiheit und des Schutzes vor Diskriminierung und Verfolgung. Neben diesen Grundaufgaben staatlicher Tätigkeit können sie (d) die Wirtschaftseffizienz durch Regulierungen wie Anreize (vor allem Subventionen) und Steuern fördern. Sie können auch Aufgaben erfüllen, die der Markt vernachlässigt. So können Regierungen das Marktversagen ausgleichen, indem sie sich der Problematik der öffentlichen Güter und der Externalitäten von Kosten annehmen.[54] Regierungen können (e) den gesellschaftlichen Reichtum umverteilen und somit soziale Gerechtigkeit fördern und sie können (f) die Inte-

[53] Der hier aus der amerikanischen Politikwissenschaft übernommene Begriff von „Regierungen" (*government*) umfasst neben den aktuellen Regierungen den gesamten Staatsapparat (*administration*).

[54] *Öffentliche Güter* sind dadurch definiert, dass sie, wenn sie einmal existieren, für alle zugänglich sind und ihr Konsum nicht auf wenige beschränkt ist. Dies führt oftmals dazu, dass sich niemand für die Bereitstellung oder den Erhalt von öffentlichen Gütern verantwortlich fühlt, da das Kosten-Nutzen-Verhältnis nicht offensichtlich ist. Eine saubere Umwelt stellt ein solches öffentliches Gut dar. *Externalitäten* sind Produkte, die als Nebeneffekte des Produktionsprozesses entstehen. Umweltbelastungen stehen für die Externalisierung der Produktionskosten.

ressen von Schwachen und Minderheiten vertreten. Hierzu zählen junge und alte Menschen, Behinderte, zukünftige Generationen und nichtmenschliches Leben.

In welchem Umfang Regierungen diese Aufgaben übernehmen, wird von vielen Faktoren beeinflusst. Historisch haben sich die westlichen Gesellschaften von einem „Nachtwächterstaat" des 19. Jahrhunderts, der hauptsächlich die physische Sicherheit nach innen und außen sowie das Eigentum schützte, im 20. Jahrhundert zu Wohlfahrtsstaaten entwickelt. Später kam in den modernen Staaten der Umweltschutz als Aufgabe hinzu (Dryzek u.a. 2003). Diese Entwicklung war jedoch in einigen Staaten weniger umfassend ausgeprägt als in anderen. So beschritten die skandinavischen Staaten einen sehr weiten Weg hin zum Wohlfahrtsstaat, während andere Länder, etwa die USA oder Brasilien, eher verhalten im Ausbau des Wohlfahrtsstaates blieben. Nur sehr wenige Staaten bringen sämtliche Ziele in Einklang. So besteht oftmals ein *trade-off*[55] zwischen den genannten Zielen (Roller 2005; Jahn/Kuitto 2005). Auch ist seit den 1980er Jahren allgemein ein Rückgang der wohlfahrtsstaatlichen Tätigkeit erkennbar (*retrenchment*) (Pierson 1994; Yergin/Stanislaw 1998; Huber/Stephens 2001; Korpi/Palme 2003).

Regierungsform

Die allgemeinste Organisationsform der Regierungstätigkeit stellt das Herrschaftssystem oder die Regierungsform eines Staates dar. Hierfür wird auch der Begriff des politischen Regimes verwendet.[56] Die analytische und vergleichende Darstellung von Regierungsformen geht auf Aristoteles zurück, der bereits ca. 350 v. Chr. die griechischen Stadtstaaten untersuchte. Er unterschied die 158 Stadtstaaten seiner Zeit zum einen anhand der Zahl der Herrscher, zum anderen anhand der Ausrichtung der Herrschaft am Gemeinwohl bzw. Eigennutz. Auf dieser Basis entwickelte er sechs Kategorien, in die er die Stadtstaaten seiner Zeit einordnete.

Tabelle 2-1: Typologisierung der griechischen Stadtstaaten durch Aristoteles

		Zahl der Herrscher		
		Einer	*Wenige*	*Viele*
Qualität der Herrschaft	*Gemeinwohl*	Monarchie	Aristokratie	„Politie" oder Timokratie
	Eigennutz	Tyrannei	Oligarchie	Demokratie

[55] *Trade-offs* behandeln Dilemmasituationen, in denen das Erreichen des einen Zieles mit der Aufgabe eines anderen Zieles zusammenhängt. In den Wirtschaftswissenschaften wird davon ausgegangen, dass die Ziele der Wachstumssteigerung, Vollbeschäftigung und Inflationssicherung schwer zu vereinbaren sind. Vollbeschäftigung führt zur Ineffizienz und Inflation; Inflationsbekämpfung führt zur Arbeitslosigkeit.

[56] Unter Regime (französisch: Regierung, Regierungsform) wird in der vergleichenden Politikwissenschaft – anders als im Fachgebiet internationale Beziehungen, wo internationale Regime als ein besonderes Regelwerk der Kooperation verstanden werden (Krasner 1983; Rittberger 1993; Sprinz 2003) – die Herrschaftsordnung oder Staatsform definiert. In der neueren vergleichenden Staatstätigkeitsforschung erfassen Regime entwicklungsgeschichtlich angelegte Muster von Staatstätigkeit mit hoher Pfadabhängigkeit (Schmidt 2004a: 603).

Die „guten" Regierungsformen der Monarchie, Aristokratie und der Timokratie (Vermögensherrschaft) stellte er jeweils den „entarteten" Formen der Tyrannei, Oligarchie und Demokratie gegenüber. Der Begriff der Demokratie wurde also nicht schon seit jeher mit jener positiven Einschätzung belegt, wie dies heute der Fall ist (Schmidt 2010).

Die Erfassung der politischen Realität durch Klassifikationen und Typologien (siehe zu diesen Begriffen Kapitel 7) ist von der Auswahl und dem Charakter der Einteilungskriterien abhängig. Andererseits werden durch die Einteilungskriterien gewisse Aspekte und Perspektiven hervorgehoben und andere ausgeschlossen. So könnte Aristoteles' Kategorienschema fundamental verändert werden, wenn man nicht nach der Zahl der Herrschenden fragen würde, sondern nach der Legitimation und der Rekrutierung der Herrscher. Deshalb ist die theoretische Ableitung und die detaillierte Begründung der Einteilungskriterien für die Bildung von Typologien überaus wichtig.

Heutige Klassifikationen von Regierungsformen bauen vor allem auf der Unterscheidung zwischen Demokratie und Diktatur auf. Allerdings variieren auch hier die Kriterien, die für eine Bestimmung von Demokratie herangezogen werden. Jean-Jacques Rousseau (1712-1778) sah etwa in der (ungewichteten) Summe der Wünsche der Mitglieder einer Gesellschaft den allgemeinen Willen (*volonté générale*). Joseph Schumpeter (1883-1950) setzte dieser Auffassung eine minimalistische Definition von Demokratie gegenüber, indem er einen Elitenwettbewerb um Wählerstimmen als entscheidendes Kriterium hervorhob. Robert Dahl wiederum stellt ein umfassendes Demokratiekonzept dagegen. Er schlägt (Dahl 1956: 63-81; 1971: 3; 1982: Kapitel 2; 2000: Kapitel 4) acht Bedingungen vor, die Demokratien erfüllen müssen:

1. Assoziations- und Koalitionsfreiheit
2. Recht auf freie Meinungsäußerung
3. Recht zu wählen (aktives Wahlrecht)
4. Recht in öffentliche Ämter gewählt zu werden (passives Wahlrecht)
5. Recht der politischen Eliten, um Wählerstimmen zu konkurrieren
6. Existenz alternativer, pluralistischer Informationsquellen (Informationsfreiheit)
7. Freie und faire Wahlen
8. Institutionen, die die Regierungspolitik von Wählerstimmen und anderen Ausdrucksformen der Bürgerpräferenz abhängig machen.

Während Schumpeter die Minimalanforderungen an eine Demokratie hervorhebt, erweist sich Dahls Anspruchskatalog als eine Maximaldefinition, dem heute kein Staat entspricht. So benutzt Dahl den Begriff der Polyarchien (Herrschaft der Vielen) für jene Länder, die den demokratischen Forderungen am nächsten kommen. Allerdings lassen sich empirisch verschiedene Demokratien und Nicht-Demokratien unterscheiden. Neben dem Demokratisierungsgrad, auf dessen Erfassung noch näher eingegangen wird, existieren weitere Unterscheidungen, die sich auf die institutionelle Verfassung (parlamentarische und präsidentielle Demokratien), Entscheidungsfindung (Mehrheits- und Konsensusdemokratien) oder Entscheidungseffizienz (Anzahl der Vetospieler) beziehen. Nicht-Demokratien lassen sich als Monarchien, Theokratien, Militärregime, Einparteiensysteme und personalistische Regime unterscheiden. Im Gegensatz zu konstitutionellen Demokratien, wie Großbritannien, Schweden, die Niederlande usw., wo die Monarchen lediglich symbolische Aufgaben erfüllen, stellen „absolute" Monarchien, wie Saudi Arabien und Bahrain, politische Systeme dar, in welchen der König und seine Ratgeber die politische Macht ausüben und durch Geburt bestimmt werden. Theokratien stellen Staatsformen dar, in denen die politische Führung sich auf den Willen Gottes beruft und legitimiert. Diese Staatsform existiert heute lediglich in der Islamischen Republik Iran und im Vatikan. Die weiteren drei Staatsformen gehen empirisch häufig ineinander über. Militärregierungen entstehen oft als Reaktion auf politische Unruhen oder politische und wirtschaftliche Krisen (Geddes 2003: 50-62). Diese Staatsform legitimiert sich aus der außergewöhnlichen Lage, in der sich ein Land gerade befindet. Auch Einparteienregierungssysteme nehmen unterschiedliche Formen an. Die Vorherrschaft der Kommunistischen Partei in sozialistischen Systemen stellte bis 1990 ein typisches Einparteiensystem dar, welches heute nur noch in wenigen Ländern existiert (Kuba, Nordkorea, Laos, China, Vietnam). Einparteiensysteme sind zusätzlich oft mit personalistischen Systemen identisch, in denen die Staatsführung durch einen charismatischen Führer gestellt wird. In den meisten Fällen enden die politischen Regime mit dem Tod des charismatischen Führers, wie das Beispiel Spanien nach dem Tod Francos 1975 zeigt. In Portugal versuchte Marcelo Caetano das Regime von António de Oliveira Salazar, der von 1932 bis 1968 Portugal regierte, fortzuführen, scheiterte 1974 aber an einer unblutigen Militärrevolte, die die Demokratisierung Portugals einleitete. Der Zusammenbruch Jugoslawiens war mit dem Tod Titos eng verbunden. Heute existieren z.B. noch in Kuba mit Fidel Castro und Libyen mit Muammar Gaddafi zwei personalistische Regime. Für eine extreme Form der personalisierten Diktatur wird der Begriff „Sultanismus“ (Weber 1976: 134; Linz 1975: 259-263; Chehabi/Linz 1998) benutzt, in der staatliche Karrieren mit persönlichen Dienstleistungen für den Herrscher zusammenfließen. Beispiele für sultanistische Regime stellen etwa Haiti unter François und Jean-Claude Duvalier, die Philippinen unter Ferdinand Marcos, der Iran unter dem Schah, Nordkorea unter Kim Il Sung und Rumänien unter Nicolae Ceauşescu dar.

Eine aktuelle empirische Untersuchung fast aller Staaten der Erde unterscheidet zwischen fünf Regierungsformen, drei Demokratie- und zwei Diktaturtypen (Przeworski u.a. 2000).[57] Bei der institutionellen Klassifikation demokratischer Staaten unterteilt man in präsidentielle und parlamentarische Demokratien. Die präsidentielle Demokratie zeichnet sich durch einen direkt gewählten Präsidenten aus, der vom Parlament nicht abgesetzt werden kann. Es existiert eine exekutive Doppelspitze (Präsident und Regierungschef). Dagegen wird die parlamentarische Demokratie durch eine vom Parlament gewählte Regierung geführt (Steffani 1979; 1995). Neben diesen beiden reiht sich noch ein Mischtyp ein, bei dem zwar ein Präsidentenamt existiert, der Präsident allerdings nicht vom Parlament unabhängig ist. Man spricht daher meist von semi-präsidentiellen Demokratien (Duverger 1980; als Überblick: Lijphart 1992; Elgie 1999; Schmidt 2000: 295-298). Andere klassifizierende Begriffe sind parlamentarisch-präsidentielle oder präsidentiell-parlamentarische Systeme (je nachdem welches Element dominiert).[58] Für die Regierungspraxis in diesen Mischsys-

[57] Diese Studie geht von den Minimalanforderungen an Demokratien aus und operationalisiert diese anhand der folgenden Kriterien: (a) die Exekutive und (b) die Legislative müssen durch Wahlen ermittelt werden, und (c) mehr als eine Partei muss an den Wahlen teilnehmen.

[58] Andere Klassifikationen betrachten, inwieweit sich die Staaten den normativen Kriterien einer Demokratie annähern. In diesem Zusammenhang wird von idealen Demokratien, Polyarchien und defekten Demokratien ausgegangen (Merkel 1999). Da ideale Demokratien in der Realität nicht vorkommen, verkörpern sie einen Idealtyp (siehe Kapitel 7). Polyarchien (Vielherrschaft) beziehen die Forderungen Robert Dahls ein und bezeichnen nach Merkel die so genannten „real existierenden Demokratien”, die diese Kriterien mehr oder weniger erfüllen. Defekte Demokratien existieren in der Grauzone zwischen autoritären Systemen und intakten Polyarchien. Wie für

temen ist entscheidend, ob der Regierungschef und der Präsident der gleichen Partei angehören. Ist dies der Fall, besitzt der Präsident ähnlichen Machteinfluss wie ein Präsident in einem präsidentiellen System. Repräsentieren Präsident und Regierungschef jedoch unterschiedliche Parteien (*cohabitation*), kommt es zu unüberschaubaren Strategien, die die Effizienz der Regierung erheblich einschränken können.

Parlamentarische Systeme sind unter den Demokratien geographisch und von ihrer Anzahl her gleichmäßig verteilt und sind die am weitesten verbreitete Regierungsform (Shugart/Carey 1992: 41). Mischtypen konzentrieren sich auf Lateinamerika sowie West- und Osteuropa, während die präsidentielle Regierungsform auf dem amerikanischen Kontinent überwiegt. Bis auf einige Karibikstaaten besitzen die kontinental-lateinamerikanischen Länder präsidentielle Systeme. Auffallend ist, dass lediglich die USA als hoch entwickeltes Land ein reines präsidentielles System besitzt.

Allerdings unterscheiden sich präsidentielle Systeme auch untereinander. Ein wesentlicher Indikator ist hierbei die Stärke des Präsidenten, die nicht leicht zu ermitteln ist. Matthew Soberg Shugart und John M. Carey (1992: Kapitel 8) haben ein sehr ausdifferenziertes Erfassungssystem entwickelt, in dem sie legislative (Vetorecht, Erlasse, gesetzgeberische Rechte, Haushaltsrechte, das Recht auf die Durchführung von Volksbefragungen) und nicht-legislative Merkmale (Einfluss auf die Regierungsbildung und Entlassung der Regierung, Auflösung des Parlaments, parlamentarisches Einspruchsrecht) zusammenfassen. Demnach besitzen viele Präsidenten in Lateinamerika (wie auch in der Weimarer Republik) in beiden Dimensionen eine starke Machtposition (Linz/Valenzuela 1994; siehe auch: Alemán/Tsebelis 2005). Der stärkste Präsident in den etablierten westlichen Demokratien ist in den USA zu finden, gefolgt von den semi-präsidentiellen Systemen in Frankreich, Island, Finnland, Portugal, Österreich und Irland.

Die Stellung des Präsidenten und die Ausformung der Regierungssysteme spielen gerade in Bezug auf die Konsolidierung der post-kommunistischen Staaten eine wichtige Rolle, die aber kontrovers diskutiert wird (Taras 1997). Empirisch werden viele der ehemaligen Sowjetrepubliken als präsidentielle, aufgrund ihrer ausgeprägten Machtzuweisung und -praxis auch als „superpräsidentielle" Systeme bezeichnet (Rüb 2001: 98-122; Beichelt 2001: Kapitel 3). Hierzu zählen Turkmenistan, Usbekistan, Kasachstan, Weißrussland, Russland und Armenien, während die Ukraine, Kroatien und bis 1997 auch Polen zu den semi-präsidentiellen Systeme gerechnet werden. Gerade in Polen hat sich die Macht des Präsidenten deutlich verringert, so dass Polen heute als parlamentarisch-präsidentielles System gelten kann.

Bei der Einschätzung der Stärke des Präsidenten ist neben den institutionellen Faktoren auch ausschlaggebend, wie die konkrete Person dieses Amt ausübt (Taras 1997). Da sie eine große Machtfülle auf sich vereint, ist dieser kontingente Faktor nicht unwesentlich, jedoch äußerst schwierig empirisch zu erfassen. Auch kann die faktische Macht eines Präsidenten zu unterschiedlichen Konsequenzen führen, die gegebenenfalls sowohl positive als auch negative Effekte auf die wirtschaftliche Effizienz oder politische Stabilität haben können (Kitschelt 2000).

Demokratien schlägt Wolfgang Merkel auch eine Ausdifferenzierung der autoritären und totalitären Systeme vor. Er erreicht damit eine Typologie, die 13 Typen (zwei Demokratien, neun autoritäre und drei totalitäre Systeme) umfasst. Diese Bemühungen führen jedoch schnell zu einer Überkomplexität für empirische Analysen, so dass die forschungspragmatischen Überlegungen von Przeworski u.a. (2000) weniger Ambivalenzen beinhalten als die anspruchsvollere Klassifikation Merkels.

Im parlamentarischen System übernimmt die Exekutive, also die Regierung, die Initiative Gesetze einzubringen und kontrolliert somit in der Regel die politische Agenda. Die Legislative (Parlament) muss den Vorschlägen der Regierung zustimmen oder lehnt diese ab. In präsidentiellen Systemen geht die Gesetzesinitiative dagegen von der Legislativen aus, und die Exekutive (Präsident) unterstützt diese oder legt ihr Veto ein. Folglich haben in präsidentiellen Systemen die Parlamente einen höheren Stellenwert als Regierungen (Tsebelis 1995: 325).[59]

Neben Demokratien lassen sich Nicht-Demokratien untersuchen, die nach einem groben Muster in Bürokratien und Autokratien eingeteilt werden können (Przeworski u.a. 2000). Andere bevorzugen die Dichotomie (Zweiteilung) von autoritären und totalitären Systemen (Merkel 1999). Bürokratien verfügen über gewisse Regeln, wie die Regierungsform organisiert ist. Sie stellen sozusagen institutionalisierte Diktaturen dar. Autokratien haben keine festgelegten Regeln, sondern sind despotisch. Diktaturen sind heterogener als Demokratien und werden deshalb auch oft in ausdifferenzierten Kategorien untersucht (Linz/Stepan 1996: 38-55; Merkel 1999: 34-56).

Eine weitere, sehr heterogene Klassifikation von Ländern besteht in den *Transitionsländern*. Diese Länder befinden sich im Prozess der Umwandlung von Diktaturen zu Demokratien (O'Donnell u.a. 1986a,b,c; Linz/Stepan 1996; Anderson 1999; Diamond 2002). In der Transitionsforschung spricht man von drei Wellen der Demokratisierung (Huntington 1991; Jaggers/Gurr 1995; Diamond 1999): Die erste lange Welle der Demokratisierung fand von 1828 bis 1922 statt. Ihr folgte eine Gegenwelle, in deren Verlauf zuvor demokratische Staaten wieder zu Diktaturen wurden. Die zweite, kürzere Demokratisierungswelle vollzog sich zwischen 1943 und 1962. Auch hier setzte anschließend eine Gegenwelle von 1962 bis 1974 ein. Die dritte Welle wurde 1974 durch Portugal, Spanien und Griechenland eingeleitet, der ebenfalls eine kleine Gegenbewegung folgte. Uneinig ist man sich in der Literatur bislang, ob die Demokratisierung Osteuropas als eine eigene vierte Welle bezeichnet werden kann oder ob dieser Prozess noch der dritten Welle zugerechnet werden sollte. Je nach Forschungsinteresse und Aussagehorizont können diese Länder insgesamt oder innerhalb gewisser Wellen untersucht werden. Dabei müssen je nach Fokus unterschiedliche Theorien und Methoden angewendet werden.

[59] Studien, die den Gesetzgebungsprozess im präsidentiellen System der USA in dieser Hinsicht analysieren, betrachten das Verhältnis und die Abstimmungsregeln zwischen dem Repräsentantenhaus, dem Senat und dem Präsidenten. Dabei fällt insbesondere dem Vetorecht des Präsidenten, sowie der Sperrmajorität des Senats besonderes Gewicht zu. Im Senat benötigt ein Gesetz eine Dreifünftel-Mehrheit, da die Senatoren durch endlose Redebeiträge (*filibuster*) die Verabschiedung eines Gesetzes verhindern können (Kreihbiel 1998; Cameron 2000). Das heißt, dass eine Rede im Senat nur durch eine Abstimmung, in der sich mehr als 60 Prozent (vor 1975 Zweidrittel-Mehrheit) der Senatoren für einen Redestopp (*closure*) aussprechen, beendet werden kann. Die USA bedarf in vergleichenden Analysen hoch entwickelter Länder einer besonderen Beachtung, da sie das einzige rein präsidentielle System in den etablierten Demokratien darstellt. Ansonsten finden sich präsidentielle Systeme vor allem in Lateinamerika, wo dann die Einschätzung des Einflusses des Präsidenten eine besonders wichtige Rolle spielt (Alemán/Tsebelis 2005).

Tabelle 2-2: Demokratisierungswellen und Gegenwellen

1.Welle 1828-1922/26	**1.Gegenwelle 1922/26-1942**	**2.Welle 1943-1962**	**2.Gegenwelle 1958/62-1974**	**3.Welle 1974 -**	**3.Gegenwelle**
Argentinien	Argentinien	Argentinien	Argentinien	Albanien	Albanien
Australien	Belgien	Belgien	Bolivien	Argentinien	Nigeria
Belgien	Dänemark	Bolivien	Brasilien	Tschechoslowakei	Sudan
Chile	Deutsches Reich	Brasilien	Chile	DDR	Surinam
Dänemark	Frankreich	BRD	Ecuador	Bolivien	Weißrussland
Deutschland	Italien	Dänemark	Griechenland	Brasilien	
Estland	Japan	Ecuador	Indien	Bulgarien	
Finnland	Kolumbien	Frankreich	Indonesien	Ecuador	
Frankreich	Niederlande	Griechenland	Nigeria	El Salvador	
Großbritannien	Norwegen	Indonesien	Pakistan	Griechenland	
Irland	Österreich	Indien	Peru	Guatemala	
Island	Polen	Italien	Philippinen	Haiti	
Italien	Portugal	Israel	Südkorea	Honduras	
Japan	Spanien	Jamaika	Tschechoslowakei	Indien	
Kanada	Tschechoslowakei	Japan	Türkei	Mongolei	
Kolumbien	Ungarn	Kolumbien	Ungarn	Namibia	
Litauen	Uruguay	Niederlande	Uruguay	Nigeria	
Lettland		Nigeria		Nicaragua	
Neuseeland		Norwegen		Pakistan	
Niederlande		Österreich		Panama	
Norwegen		Pakistan		Peru	
Österreich		Peru		Philippinen	
Polen		Philippinen		Polen	
Portugal		Sri Lanka		Portugal	
Schweden		Südkorea		Spanien	
Spanien		Trinidad und Tobago		Rumänien	
Schweiz		Tschechoslowakei		Sudan	
Tschechoslowakei		Türkei		Südkorea	
Ungarn		Ungarn		Surinam	
Uruguay		Uruguay		Türkei	
USA		Venezuela		Ungarn	
				Uruguay	

Quelle: Huntington (1991: 14-15); Merkel (1999: 175) mit eigenen Ergänzungen.

Die Entwicklungen verdeutlichen, dass demokratische Staaten zwar zahlenmäßig zunehmen, dieser Prozess jedoch wellenförmig verläuft. Existierten im Jahre 1922 29 Demokratien, so stieg die Zahl auf ca. 60 Staaten um 1990. Anteilmäßig sieht diese Entwicklung jedoch nicht so positiv für Demokratien aus. Die 29 demokratischen Staaten machten 1922 45 Prozent aller Staaten aus. Diese Zahl nahm bis in die 1940er Jahre stark ab und betrug nur knapp 20 Prozent. Bis in die 1970er Jahre hinein waren nicht mehr als ein Drittel der Staaten demokratisch. Erst zu Beginn der 1990er Jahre wurde die 45 Prozent-Grenze wieder erreicht (Huntington 1991; Przeworski u.a. 2000). In den 1990er Jahren selbst hielt die Demokratisierungswelle an und erfasste vor allem den afrikanischen Kontinent (in Tabelle

2-2 nicht berücksichtigt). In 29 von 47 Ländern wurden Anfang der 1990er Jahre die ersten Wahlen seit Generationen oder überhaupt durchgeführt. Diese Demokratisierungswelle stellt den fundamentalsten Wandel in Afrika seit der Unabhängigkeitswelle dar (Bratton/Van de Walle 1997; Chazan u.a. 1999; Thomson 2000: Kapitel 11). Zuvor fanden lediglich in Botswana (seit 1966), Simbabwe, Mauritius (seit dessen Unabhängigkeit 1968) und Senegal (seit 1979) regelmäßig Mehrparteienwahlen statt. In Gambia (1994) und der Elfenbeinküste (1999) beendeten Militärputsche eine demokratische Phase.

Zu den ältesten modernen Demokratien zählen – je nachdem welche Kriterien herangezogen werden – Australien und Neuseeland (Therborn 1977: 11-17; Dahl 1989: Kapitel 17; Lijphart 1999: Kapitel 4; Schmidt 2010). Doch auch andere Länder können auf eine lange, ununterbrochene demokratische Tradition zurückblicken. Dazu zählen die USA und Kanada, in Europa Finnland, Großbritannien und Schweden, sowie Belgien, Dänemark, die Niederlande und Norwegen, die allerdings zeitweise eine besatzungsbedingte Demokratiesuspendierung im Zweiten Weltkrieg erfuhren. Wie schwer es ist, selbst mit einfachen Indikatoren demokratische Staaten zu erfassen, zeigt das schweizerische Beispiel. In der Schweiz gibt es seit 1848 ununterbrochen Volkswahlen. Sie gehört auch zu den ersten Ländern, die ein allgemeines Wahlrecht für Männer einführte. Wenngleich also diese beiden Indikatoren der Schweiz eine lange demokratische Tradition bescheinigen, stellt die Betrachtung der späten Einführung des Frauenwahlrechts das Bild auf den Kopf. Dieses Recht wurde in der Schweiz bundesweit erst 1971 eingeführt. Damit liegt das Land weit abgeschlagen auf dem letzten Platz der etablierten Demokratien, die das Wahlrecht für Frauen zumeist nach dem Ersten Weltkrieg realisiert hatten. Im Halbkanton Appenzell-Innerrhoden sind Frauen sogar erst seit 1990 wahlberechtigt.

Empirische Untersuchungen zeigen, dass die verschiedenen Regierungsformen zu unterschiedlichen Transformationen neigten. Nutzen wir die Klassifikation der parlamentarischen, präsidentiellen und semi-präsidentiellen Demokratien und bürokratischen und autoritären Diktaturen als Analysekriterien, so zeigen sich verschiedene Häufungen der Transformationsmuster.

Tabelle 2-3: Systemtransformationen zwischen politischen Regierungsformen (1950-1990)

Nach: / *Von:*	**Parlamentarisch**	**Semi-Präsidentiell**	**Präsidentiell**	**Bürokratisch**	**Autoritär**	***Insgesamt***	***Jahre***
Parlamentarisch	-	1	0	6	12	*19*	*1085*
Semi-Präsidentiell	0	-	1	1	2	*4*	*150*
Präsidentiell	0	1	-	7	17	*25*	*488*
Bürokratisch	8	4	10	-	65	*87*	*2117*
Autoritär	9	0	21	64	-	*94*	*890*
Insgesamt	*17*	*6*	*32*	*78*	*96*	*223*	*4730*

Quelle: Przeworski u.a. (2000: 51).

Innerhalb der demokratischen Staaten vollzogen sich nur drei Veränderungen: 1958 wechselte Frankreich von einem parlamentarischen System der Vierten Republik zu einem semipräsidentiellen System der heutigen Fünften Republik. In Brasilien wandelte sich das präsidentielle System 1961 zu einem semi-präsidentiellen und 1963 zurück zu einem präsidentiellen. Zusätzlich entwickelte sich Brasilien von einem demokratischen zu einem diktatorischen System, um dann erneut in der dritten Demokratisierungswelle demokratisch zu werden.

Autoritäre Diktaturen wandelten sich ebenso häufig zu weniger radikalen Diktaturen wie umgekehrt (siehe als Überblick auch Geddes 1999). Der häufigste Transitionstyp von Diktaturen zu Demokratien bestand in präsidentiellen Demokratien. Ein Präsident scheint somit am ehesten mit diktatorischen Staatsstrukturen zu räsonieren. Andererseits sind aber auch präsidentielle Demokratien am anfälligsten, wieder Diktaturen zu werden. Dieser empirische Befund hat oftmals unmittelbar praktische Implikationen, wenn es z.B. um die Institutionenbildung in Transformationsländern geht, wie die politische Beratung im Zuge der Veränderungen in Osteuropa gezeigt hat.

Studien zu den post-kommunistischen Transformationsgesellschaften weisen auf die Bedeutung der kommunistischen und vorkommunistischen Vergangenheit hin (Kitschelt u.a. 1999b). Diese *legacies*[60] werden im Wesentlichen durch den Grad der bürokratischen Herrschaftsstrukturen der kommunistischen Systeme, die demokratischen Erfahrungen in der Zwischenkriegszeit, die geographische Zugehörigkeit zu Preußen, Russland, Habsburg oder zum Osmanischen Reich sowie durch das Verhältnis der kommunistischen Machthaber zu oppositionellen Gruppen bestimmt. Diese Faktoren haben einen nicht zu unterschätzenden Einfluss auf den Transitionstyp. Sie gelten als wesentlicher Erklärungsfaktor für den Grad der wirtschaftlichen Reformen und der institutionellen Ausgestaltung des Präsidentenamts (Kitschelt 2001).

Es stehen noch weitere Differenzierungskriterien von Herrschafts- und Regierungsformen zur Verfügung. So können Demokratien weiterhin in repräsentative und plebiszitäre Demokratien unterschieden werden. In der ersten Form sind die Beherrschten nicht direkt am gesellschaftlichen Entscheidungsprozess beteiligt, sondern lediglich in der Lage, jene zu bestimmen, die dann Entscheidungen treffen. Diese repräsentativen Demokratien dominieren in der Realität eindeutig. Die Alternative einer Rätedemokratie oder Direktdemokratie gab oder gibt es nur in Ausnahmefällen. Die Räterepublik, das heißt die direkte Wahl und Kontrolle aller Amtsinhaber durch die Beherrschten ist auf längere Zeit nur in kleinräumigen, überschaubaren Gemeinwesen denkbar (Naschold 1969; Bermbach 1991). Die historischen Beispiele, etwa die Arbeiterräte in der deutschen Novemberrevolution 1918/19 und die Räte der Russischen Revolution von 1905 und der Oktoberrevolution 1917, waren äußerst instabil. Direktdemokratisch verfasste Staaten sind ebenfalls eine Seltenheit. Zwar besitzen viele Staaten der Erde die Möglichkeit, ihre Bevölkerung durch Referenden direkt zu bestimmten Themen zu befragen, jedoch kann höchstens die Schweiz als ein Land mit einem starken direktdemokratischen Element gelten (Schmidt 2010: 44-356). Von den ungefähr 800 nationalen Referenden, die von David Butler und Austin Ranney (1994; siehe auch LeDuc 2002; Hug/Tsebelis 2004) bis 1993 weltweit untersucht wurden, entfällt mehr als die Hälfte allein auf die Schweiz. Die anderen Länder mit relativ häufigen Volksbefra-

[60] *Legacy* bezieht sich auf Hinterlassenschaften im Sinne eines politischen Erbes, welches folgenreiche Weichenstellungen für weitere politisch-institutionelle Entscheidungen besitzt (Schmidt 2004a: 410) und mit dem Konzept der Pfadabhängigkeit in Verbindung gebracht werden kann (Pierson 2004).

gungen liegen deutlich dahinter: Italien 31, Frankreich 22, Ägypten 19, Irland 18 und Dänemark 16, und auch Australien mit etwa 40 subnationalen Referenden könnte noch zu dieser Gruppe gezählt werden.[61] Im Vergleich dazu wurden in Deutschland lediglich sechs Referenden durchgeführt: zwei in der Weimar Republik, drei im Dritten Reich und eines in der Deutschen Demokratischen Republik. In der Bundesrepublik Deutschland ist die Durchführung nationaler Referenden nicht vorgesehen. Auch in Österreich wird die Volksbefragung nur selten praktiziert. Lediglich zur Frage des „Anschlusses" an das Deutsche Reich 1938, zur Entscheidung über die Inbetriebnahme des Kernkraftwerkes in Zwentendorf 1978 sowie zum Beitritt zur Europäischen Union wurden Volksbefragungen durchgeführt. Neben Verfassungsänderungen oder -annahmen waren Referenden zur Europäischen Union bzw. zu deren Vorläufern besonders häufig (19 Referenden in elf Ländern; Jenssen u.a. 1998).

Mehrere politikwissenschaftliche Vorschläge sind gemacht worden, wie Referenden zu klassifizieren sind (Smith 1976; Suksi 1993; Uleri 1996; Mueller 1996; Hug/Tsebelis 2004), wobei nach notwendigen und freiwilligen, verpflichtenden und beratenden, geregelten und offenen Verfahren, sowie aktiver und passiver Rolle der Bürger unterschieden wird.

Demokratische Staaten sind vor allem repräsentative Demokratien. Die Durchführung von Referenden in repräsentativen Demokratien erfüllt dann meistens die Funktion des „Blitzableiters" oder des Schlichters von Differenzen zwischen den politischen Akteuren in einem Land (Bjørklund 1982). Sie können ebenso eingesetzt werden, wenn politische Entscheidungen eine breite Legitimität erhalten sollen. Allerdings sind Referenden auch populistische Instrumente, weshalb sie gerade in Deutschland, wegen der Erfahrung in der Weimarer Republik, keine Anwendung finden. Konkrete Referenden unterliegen oftmals strategischen Überlegungen der etablierten politischen Akteure, die bis hin zu internationalen manipulativen Beeinflussungen reichen können (Jahn/Storsved 1995; Dahl 1999).

Wenngleich bisher einige wesentliche Trends und Charakteristika von Demokratien und Nicht-Demokratien vorgestellt wurden, so ist die empirische Erfassung von Demokratien nicht ohne weiteres möglich. Bevor im weiteren Verlauf einige konstitutive Merkmale von Demokratien erläutert werden, soll zunächst auf das Problem der empirischen Erfassung von Demokratien eingegangen werden.

2 Die empirische Erfassung von Demokratien und Nicht-Demokratien

Die Messung von Demokratie ist ein komplexes Feld, dessen Inhalte und Probleme hier nur kurz angerissen werden können (siehe ausführlicher: Collier/Adcock 1999; Schmidt 2010; Lane/Ersson 2003; Mahoney 2003a; Lauth u.a. 2000; Lauth 2004; Pickel/Pickel 2006). Es haben sich vor allem drei Maßzahlen in diesem Bereich der vergleichenden Politikwissenschaft etabliert, die von einer stärkeren formalen Erfassung bis hin zu qualitativen Aspekten reichen: (a) Der Demokratieindex von Jaggers und Gurr, (b) Vanhanens Demokratieindex und (c) der Freiheitsindex des *Freedom House*. Neuere Studien, die auch die *Qualität* von Demokratie stärker berücksichtigen, werden gegenwärtig von der *World Bank* entwickelt

[61] Auch in Kalifornien und anderen Staaten der USA werden Referenden häufig durchgeführt. Zur Übersicht in Europa siehe auch Luthardt (1994); Luthardt/Waschkuhn (1997); Schmidt (2000: 358-361).

(Kaufmann u.a. 2004).[62] Dieser Aspekt steht auch in den Arbeiten von Arend Lijphart (1999) im Vordergrund, der sich jedoch – anders als die 199 Länder umfassende Untersuchung der Weltbank – lediglich auf die 36 etablierten Demokratien konzentriert.

Ted Robert Gurr, Monty G. Marshall und Keith Jaggers haben einen Demokratieindex entwickelt, der eine Demokratie- und Autokratieskala mit den Dimensionen (a) Wettbewerbsgrad der politischen Beteiligung, (b) Regulierung der politischen Partizipation, (c) Wettbewerbsgrad der Rekrutierung der Exekutiven, (d) Offenheit der Rekrutierung der Exekutiven und (e) Begrenzung der Regierungsspitze erfasst. Dieser Index liegt seit kurzem für 161 Länder vor, wobei für manche Länder Daten für den Zeitraum von 1800 bis zum Jahr 2003 erfasst wurden.[63]

Wenngleich dieser Index den Grad der Demokratie auf dem Kontinuum einer 11er-Skala von 0 bis 10 erfasst, weisen die Autoren darauf hin, dass ein Wert größer als 7 eine Demokratie ausmacht. Der Grad der Demokratie wird bei diesem Index auf formale Weise erfasst, ohne dabei die tatsächlichen sozialen und politischen Gegebenheiten zu berücksichtigen. Diese formale Erfassung erlaubt von evaluativen und preskriptiven Aspekten abzusehen. Damit erhöht der Index die Reliabilität, weist jedoch einige Schwächen bezüglich der Validität auf (siehe zu diesen Begriffen Kapitel 7). Neben den beschriebenen Problemen wird dem Polity-Index auch eine gewisse amerikanische Voreingenommenheit (*bias*) attestiert, da er politische Systeme mit einer strikten Gewaltenteilung bevorzugt. Insgesamt werden mit diesem Index 88 Demokratien im Jahre 2002 identifiziert.

Der finnische Politikwissenschaftler Tatu Vanhanen (1984, 1990, 1997, 2003) entwickelte einen Demokratieindex, der gegenwärtig 184 Länder, zum Teil ab der Mitte des 19. Jahrhunderts, erfasst. Dieser Index zeichnet sich durch seine klare Operationalisierung aus, indem Wahlbeteiligung (P)[64] und Wahlwettbewerb (C),[65] zwei klassische Aspekte der Demokratie, miteinander multipliziert werden (P * C / 100). Durch die Multiplikation beider Variablen können Schauwahlen, in denen nur eine Partei zur Wahl steht, als nicht-demokratisch abgetan werden (C = 0). Insgesamt erhält man ein kontinuierliches Maß auf einer Skala zwischen 0 und 100, wobei 100 einem absoluten, in der Realität nicht vorkommenden Idealtyp entspricht.[66] Vanhanen gibt einen Wert von größer als 5 als Kriterium einer Demokratie an. Weiterhin müssen Länder nach Vanhanen bestimmte Grenzwerte in beiden der Teilkomponenten seines Indexes erreichen, um als demokratisch zu gelten (Wettbewerbskomponente größer als 30 Prozent, Wahlbeteiligung größer als 10 Prozent). Insgesamt identifiziert Vanhanen im Jahr 2003 132 Demokratien.

Doch auch dieser Index weist einige Schwächen auf. Zum einen unterbewertet er den Demokratiegrad von Staaten mit einer jungen Bevölkerung, da nicht die wahlberechtigte Bevölkerung in die Berechnung einfließt, sondern die Gesamtbevölkerung. Vanhanen legitimiert dieses Vorgehen mit dem Argument, dass Informationen über die Gesamtbevölkerung zuverlässiger zu erfassen sind als Angaben über die Größe der wahlberechtigten Bevölkerung. Der Index ist auch anfällig gegenüber der Wahlpflicht oder Pflichtregistrierung, die in Ländern wie Australien, Belgien, den Niederlanden (bis 1970) und Brasilien besteht, wodurch für diese Länder ein höherer Demokratiewert identifiziert wird. Darüber hinaus

[62] Dieser Datensatz, der 199 Länder der Welt umfasst, kann von der folgenden Webseite abgerufen werden: http://info.worldbank.org/governance/kkz2002/.

[63] Dieser Datensatz ist abrufbar unter: http://www.cidcm.umd.edu/inscr/polity/, 2. November 2005.

[64] Wahlbeteiligung nach Vanhanen = (Zahl der aktiven Wähler/ Bevölkerungszahl) * 100.

[65] Wettbewerb = 100 - Sitzanteil der stärksten Partei in Wahlen zur nationalen Volksvertretung.

[66] Im Jahr 2000 erreichte Italien mit 47,08 Indexpunkten den höchsten Wert.

bevorteilt dieser Index fragmentierte Parteiensysteme, in denen die stärkste Partei relativ klein ist. So wurde Vanhanen vorgeworfen, dass sein Index weniger Demokratie als vielmehr die Eigenschaft von Parteiensystemen misst.

Der dritte hier vorgestellte Index, der sogenannte *Freedom House*-Index, erfasst nicht primär Demokratie, sondern Freiheitsrechte. Er wird seit 1972 jährlich erhoben und umfasst heute 192 Länder und 18 Territorien. Der Index setzt sich aus umfangreichen Checklisten zur Verwirklichung politischer Rechte und bürgerlicher Freiheiten zusammen, die von Experten auf einer Skala von jeweils 1 (bester Wert) bis 7 (schlechtester Wert) erfasst werden. Anhand von Schwellenwerten werden die Länder als „frei", „teilweise frei" und „nicht frei" eingestuft.

Wenngleich der *Freedom House*-Index die faktische und inhaltliche Seite am stärksten betont und damit die Validität steigert, basieren die Werte auf zum Teil nicht nachvollziehbaren subjektiven Einschätzungen von Experten (Problem der Reliabilität). In den ersten Jahren wurde die Kodierung ausschließlich von einem einzelnen Forscher, Raymond Gastil, vorgenommen. Im Laufe der Zeit wurde die Datenerfassung jedoch elaborierter. Beim *Freedom House*-Index steht weniger der Demokratiegrad im Vordergrund, vielmehr sind es politische Rechte und bürgerliche Freiheiten, die allerdings einen wesentlichen Aspekt von Demokratien ausmachen.

Ein Vergleich dieser quantitativen Indices deutet darauf hin, dass jeder Index unterschiedliche Aspekte betont, ohne jedoch eine allumfassende Einschätzung der Demokratie wiederzugeben (Schmidt 2010: Kap. 22; Lauth u.a. 2000; Munck/Verkuilen 2002; Munck 2003; Lauth 2004). Tabellarisch lassen sich die Unterschiede und Ähnlichkeiten wie in Tabelle 2-4 darstellen (siehe auch Vanhanen 2000; bedeutend umfassender siehe auch Lauth 2004: Tabelle 6).

Tabelle 2-4: Die Messkonzepte von Jaggers/Gurr, Vanhanen und *Freedom House* im Überblick

	Jaggers/Gurr	**Vanhanen**	**Freedom House**
		Fallauswahl	
Länderauswahl	161 unabhängige Staaten mit > 500.000 Einwohnern	184 unabhängige Staaten mit > 100.000 Einwohnern	192 (2005) Staaten und „related territories"
Messzeitpunkte	1850-2000 jährlich	1810-2000 dekadenweise[1]	seit 1972 jährlich
		Konzeptspezifikation	
Gegenstand	Demokratie	Demokratie	Freiheit
Messkonstrukt	Autoritätsstruktur von Regimen (Wahlen, Machtbeschränkung)	kompetitive Mobilisierung (Wahlen)	Freiheitsrechte (politisch, zivil)
Anzahl theoretischer Dimensionen	zwei: Autoritäts-/ Demokratieskala	zwei: Mobilisierung/ Wettbewerb	zwei: politische Rechte/ bürgerliche Freiheiten
Betrachtungsebene[2]	**Polity**/Politics	Polity/Politics	**Politics** /Polity

Konzeptionalisierung	kontinuierlich	kontinuierlich	kontinuierlich
Demokratieschwellenwert	ja (>7 auf einer Skala von 0 bis 10)	ja (>5 auf einer Skala von 0 bis 100)	ja (< 3.0 auf einer Skala von 1.0 bis 7.0; von 3.0 bis 5.5 „partly free“, von 5.5 bis 7.0 „not free“)
Operationalisierung			
Messkomponenten	Wahlen, Machtbeschränkung	Wahlen	Wahlen, Freiheitsrechte, Machtbeschränkung
Betrachtungsgegenstand	Ermöglichungsstruktur	faktische Ausschöpfung	Ermöglichungsstruktur
Indexbildung	additiv	multiplikativ	additiv
Messung			
Messniveau[2]	**ordinal**/nominal	metrisch	**nominal**/ordinal
Datengrundlage	qualitativ	quantitativ	qualitativ
Erhebungsverfahren	subjektiv	objektiv	subjektiv
Messdimensionen (Index)	eine	zwei	eine
Quellen	Statesman's Yearbook, Annual Register, Encyclopaedia of World History, Bank's Cross-Polity Time Series Data	Keesings Contemporary Archives, Chronicle of Parliamentary Elections and Development	Menschenrechtsberichte des State Department's Bureau of Human Rights, Jahresberichte von Amnesty International später: Experteneinschätzungen
Quelle			
Webseite	www.cidcm.umd.edu/inscr/polity/	www.prio.no/page/Project_detail//9244/42472.html	www.freedomhouse.org

Quelle und *Erklärungen*: In Anlehnung an Gaber (2000: 120); aktualisiert und eigene Ergänzungen. [1] Für den Zeitraum von 1980 bis 2000 wurden die Länder jährlich eingestuft. [2] Fettgedruckte dominiert.

Neben der Unterscheidung der Regierungsform lassen sich auch innerhalb demokratischer Staaten weitere wesentliche Unterschiede finden, von denen im Folgenden einige wichtige kurz dargestellt werden. Zu den wichtigen Institutionen, die teilweise erheblich zwischen den einzelnen demokratischen Staaten variieren, zählen die Verfassungen, die nationale Machtverteilung, die Organisation von Parlamenten sowie die Wahlsysteme.

3 Verfassungen

Verfassungen verkörpern mehr oder weniger allgemeine Grundsätze einer staatlichen Organisation. Sie gelten gemeinhin als eine allgemeine Ausrichtung gesellschaftlicher Organisation (Sunstein 2001). Die meisten Verfassungen beinhalten vier Schwerpunkte, von denen zwei substanzieller und zwei prozessualer Natur sind. Zu den Ersteren gehört die Festlegung der Struktur des Regierungssystems - dazu zählt die Festlegung der Staatsform (Monarchie oder Republik), die Gewaltenteilung und die Repräsentativverfassung - sowie ein Katalog von Grund- und Menschenrechten. Zu den Zweiten zählt man Verfahren zur Verfassungsänderung und zur Bestimmung der Umstände der temporären Suspension der Verfassung im Ausnahmezustand (Krieg, Notstand etc.). Die Bestimmung der Grundrechte und Staatsziele ist offener und unverbindlicher geregelt als die Verfahren zur Verfassungsänderung und -suspendierung. Die Verfassungen Italiens, Portugals und Spaniens betonen z.B. das Sozialstaatpostulat, vor allem das Recht auf Arbeit. Doch sind dies lediglich Absichtserklärungen, die individuell nicht einklagbar sind.

Empirische Befunde zu den einzelnen Verfassungen machen auf gravierende Unterschiede aufmerksam (Kimmel 1994; Lijphart 1999; Ismayr 2002; 2003). Großbritannien, Israel und Neuseeland besitzen keine schriftlich fixierten Verfassungen, wobei die Gründe hierfür recht unterschiedlich sind. In Großbritannien hielt man es für nicht notwendig, eine geschriebene Verfassung zu verabschieden, da über die gesellschaftlichen Grundwerte Einvernehmen zu herrschen scheint. Die britische „Verfassung" ist eher informell institutionalisiert und hat ihre historischen Wurzeln in der *Magna Carta* von 1215, die als ältester demokratischer Verfassungstext gilt. Auch für Neuseeland wird der Wertekonsens als Grund für eine fehlende Verfassung angegeben. Dagegen ist es in Israel umgekehrt; die unterschiedlichen gesellschaftlichen Gruppen konnten sich nicht auf eine Verfassung einigen (Zamir/Zysblat 1996).

In den meisten Ländern stammen die Verfassungen aus dem 19. Jahrhundert. Allerdings sind nur die Verfassungen Norwegens (1814) und Luxemburgs (1868) heute noch in ihrer ursprünglichen Form gültig. Die Verfassungen der anderen Länder wurden mehr oder weniger umfassend revidiert und neu verabschiedet. Die schwedische Verfassung von 1974 und vor allem die belgische Verfassung von 1993 unterscheiden sich deutlich von ihren Vorgängerinnen aus den Jahren 1866 bzw. 1831. Die neue belgische Verfassung legt den föderativen Charakter Belgiens dezidiert fest (Woyke 2003). In der schwedischen Verfassung von 1974 und in der im Jahre 2000 in Kraft getretenen schweizerischen Verfassung wurde die gängige Praxis lediglich festgeschrieben (Jahn 2003a; Lindner 2003).

Die Verfassungen vieler mittel- und osteuropäischer Länder leiden an einer wenig präzisen Festschreibung des Regierungssystems und einer Konzentration auf (unverbindliche) Menschen- sowie soziale, ökonomische und ökologische Rechte (Rüb 2001: 64; Beyme 2003; Bos 2004). Diese Form des *negative constitutionalism* (Holmes 1993: 23) wird durch die Abgrenzung gegenüber den zuvor existierenden kommunistischen Verfassungen und den von ihnen negierten demokratischen Freiheiten erklärt.

Ähnlich wie die Verfassung der Vereinigten Staaten sehen fast alle lateinamerikanischen Verfassungen eine Dreiteilung in Exekutive, Legislative und Judikative vor. Allerdings sind die drei Gewalten nicht gleichberechtigt. Der Exekutiven, in Form eines Präsidenten, werden dominierende Rechte zugewiesen, wohingegen der Legislativen und der Judikativen wenige bedeutende Einflussrechte eingeräumt werden (Vanden/Prevost 2002:

179-180). Diese Machtverteilung beruht auf der Tradition der lateinamerikanischen Kolonialzeit, in der die Machtsicherung der Eliten und der nationale Zusammenhalt garantiert werden sollten (Wiarda 2001: 127-144).

In Demokratien haben Verfassungen einen unterschiedlichen Stellenwert in Bezug auf Verfassungsänderungen und Verfahren zur Einhaltung der Verfassungen. In manchen Ländern können die Verfassungen mit einfacher Mehrheit geändert werden. In dieser Hinsicht unterscheiden sich Verfassungstexte nicht von gewöhnlichen Gesetzen. In anderen Ländern ist eine Zweidrittelmehrheit – oder ähnliche Verfahren – zur Verfassungsänderung notwendig. In Australien, Kanada, Japan, der Schweiz und der Bundesrepublik Deutschland liegen die Hürden für eine Verfassungsänderung weitaus höher; entweder werden in beiden Kammern Zweidrittelmehrheiten verlangt oder es wird, wie in den USA, darüber hinaus eine Zustimmung von drei Viertel der Staaten verlangt. Das deutsche Grundgesetz ist einzigartig, da für manche Aspekte (Artikel 1 und 20) eine Ewigkeitsklausel gilt, die eine Änderung kategorisch untersagt.

Auch die Einhaltung der Verfassung ist in demokratischen Ländern unterschiedlich geregelt. Nur wenige Länder haben ein Verfassungsgericht. Und selbst wenn ein solches existiert, sind die Befugnisse recht unterschiedlich. So gilt das Verfassungsgericht in Portugal beispielsweise als äußerst schwach. Auch die Verfassungsgerichte in Italien, Spanien, Frankreich, Belgien und Österreich besitzen nicht den gleichen Status wie das Bundesverfassungsgericht in der Bundesrepublik Deutschland, dessen Stellung am ausgeprägtesten ist. Aber auch Länder ohne explizites Verfassungsgericht verfügen über starke judikative Eingriffsmöglichkeiten in die Politik. Die Rolle des *Supreme Court* in den USA ist hier ebenso wie die gerichtlichen Interventionen in Indien und Kanada zu nennen.

Arend Lijphart (1999: Kapitel 12) klassifiziert die 36 etablierten Demokratien, also Länder, die vor dem Abschluss seiner Datenerhebung 1996 mindestens fünfzehn Jahre ununterbrochen demokratisch waren, bezüglich der Möglichkeit einer Verfassungsänderung und der judikativen Intervention in die Politik.

Tabelle 2-5 veranschaulicht, dass in einem Drittel der Länder die Verfassungen nicht in besonderem Maße geschützt sind. In diesen Ländern besteht eine mäßige oder keine Intervention der Judikativen in die Politik. In Ländern, die ihre Verfassung durch qualifizierte Mehrheiten vor Veränderungen schützen, scheint kein Zusammenhang zur judikativen Intervention zu bestehen.[67] Allerdings ist in jenen Staaten, in denen sowohl die Verfassung stark geschützt ist als auch eine häufige judikative Intervention besteht, der Autonomiespielraum der aktuellen Regierung stark eingeschränkt, was vor allem in Indien, Australien, Deutschland, Kanada und den USA ausgeprägt ist.

Ein weiterer Aspekt, der für die staatliche Handlungsfähigkeit von herausragender Bedeutung ist, bezieht sich auf die nationale Machtverteilung, die im Wesentlichen zentralisiert oder dezentralisiert organisiert sein kann.

[67] Insgesamt stellt Lijphart (1999: 229) eine mäßige, wenngleich signifikante, Korrelation zwischen beiden Variablen fest (r =0,39).

Tabelle 2-5: Status der Verfassung in etablierten demokratischen Staaten

		Verfassungsänderung		
		Leicht	*Mittel*	*Schwer*
Judikative Intervention	*Häufig*		Indien	Deutschland, Kanada, USA
	Mäßig	Italien	Mauritius, Österreich, Papua-Neuguinea, Spanien	Australien
	Selten oder keine	Barbados, Botswana, Dänemark, Frankreich, Griechenland, Irland, Island, Kolumbien, Schweden, Venezuela	Bahamas, Belgien, Costa Rica, Finnland, Jamaika, Luxemburg, Malta, Niederlande, Norwegen, Portugal, Trinidad	Japan, Schweiz

Quelle: Eigene Zusammenstellung aus Lijphart (1999: Kapitel 12).

4 Nationale Machtverteilung

Die politische Macht ist in den Staaten der Erde unterschiedlich verteilt. Eine klassische Einteilung der Gewaltenteilung unterscheidet zwischen horizontaler (Exekutive, Legislative, Judikative) und vertikaler (Föderalismus, Dezentralisierung) Ebene. Dabei ist insbesondere die erste Unterteilung für empirische Studien wenig hilfreich. Wenngleich die generelle Unterscheidung zwischen präsidentiellen und parlamentarischen Systemen weiterhin erhellend ist, so existiert insbesondere in parlamentarischen Systemen eine Gewaltenverschränkung, indem „das Prinzip der strikten Gewaltentrennung der älteren Gewaltentrennungslehre vollständig durchbrochen" (Schmidt 2004a: 275; siehe auch Gallagher u.a. 2001) wird. Dagegen rücken andere funktionale Gewaltenverschränkungen, wie die Rolle der Opposition, der Massenmedien oder die Struktur von Vetopunkten, in den Vordergrund. Auch die vertikale Gewaltenteilung ist in den demokratischen Ländern sehr unterschiedlich organisiert. Zwei Aspekte sollen in diesem Zusammenhang näher betrachtet werden. Staaten unterscheiden sich hinsichtlich der Zentralisierung von Macht, wobei föderative Systeme in besonderem Maße Teile der Zentralgewalt auf Untereinheiten übertragen haben. Ein weiterer Aspekt der Machtverteilung bezieht sich auf die Existenz und den Status einer zweiten Kammer. Beide Faktoren sind für den Entscheidungsfluss von grundlegender Bedeutung.

a. Föderalismus

Die institutionellen Beziehungen zwischen einer zentralstaatlichen Ebene und der Selbständigkeit subnationaler, geographisch gefasster Teile wird in der Kategorie des Grades des Föderalismus erfasst. In seiner klassischen Definition beschreibt William H. Riker (1975: 101) Föderalismus wie folgt: "Federalism is a political organization in which the activities of government are divided between regional governments and a central government in such a way that each kind of government has some activities on which it makes final decisions." Ein hoher Grad von Föderalismus erschwert einen geradlinigen Entscheidungsprozess, da neben der zentralstaatlichen Ebene weitere Akteure, so genannte Vetogruppen, am Entscheidungsprozess beteiligt sind (Scharpf 1985; 1994; Filippov u.a. 2004).[68] Trotz dieser Tendenz zur Ineffizienz der Entscheidungsprozesse verfügen föderative Staaten über erhebliche Vorteile, gerade wenn Gesellschaften heterogene Bevölkerungsgruppen und regionale Unterschiede aufweisen. Aber auch aus demokratietheoretischer Sicht kann eine Machtteilung als wünschenswert betrachtet werden, um politische Macht aufzugliedern und im Zaum zu halten.

Die empirische Erfassung des Föderalismusgrades verschiedener Länder hat jedoch zu einer anhaltenden Diskussion darüber geführt, welche Indikatoren zur Bestimmung föderativer Eigenschaften hinzugezogen werden sollten (vergleiche z.B. Riker 1975; Duchacek 1987; Frenkel 1984; Braun 2000; Wibbels 2000; Wachendorfer-Schmidt 2000; Wälti 2004; Obinger u.a. 2005). Die Erklärungskraft der oberflächlichen verfassungsrechtlichen Einteilung in föderale und unitaristische Länder wurde seit jeher als unzureichend empfunden. So hat sich eine analytische Trennung in der Erfassung politischer Systeme dahingehend ergeben, zwischen den rechtlich-formalen Aspekten, die etwas darüber aussagen, welche Ebene welche Kompetenzen „innehat", und den ressourcenbezogenen Aspekten, die Auskunft geben, welche Ebene über welchen Handlungsspielraum verfügt, zu unterscheiden. Letzterer Aspekt bezieht sich auf die Zentralisierung bzw. Nicht- oder Dezentralisierung, die nicht nur auf föderative Systeme angewendet werden kann, sondern auch den Dezentralisierungsgrad von unitaristischen Systemen erfasst.

[68] Vetogruppen sind Gruppen, denen es möglich ist, von anderen geplante oder in Gang gesetzte politische Maßnahmen zu verhindern oder zu unterbinden (Schmidt 2004a: 764).

Infokasten 2-1: Arend Lijpharts Föderalismus-Index

Die jüngste systematische Anstrengung wurde von Arend Lijphart (1999: Kapitel 10) unternommen, dessen Index den Grad des Föderalismus und des Dezentralismus in 36 Demokratien, gemittelt für den Zeitraum von 1945 bis 1996, misst. Dabei sind föderalistische Elemente in der Verfassung eine Grundvoraussetzung für einen faktisch föderativen Staatsaufbau. Darüber hinaus unterteilt er den Zentralisierungsgrad in je zwei Unterkategorien. Schließlich fügt er die Kategorie der halb- oder quasi-föderativen Systeme ein. Die Länder werden dementsprechend auf einer Skala von 1.0 bis 5.0 eingeteilt: unitaristisch und zentralisiert (1.0), unitaristisch und dezentralisiert (2.0), quasi-föderativ (3.0), föderativ und zentralisiert (4.0), föderativ und dezentralisiert (5.0). Damit fallen die Schweiz, die Bundesrepublik Deutschland, die USA, Kanada und Australien in die Kategorie der Staaten mit den stärksten Föderalismusstrukturen (5.0). Österreich und Indien liegen als föderative Länder mit zentralistischen Tendenzen kurz dahinter (4.5). Nur Venezuela stellt ein Land dar, das trotz seiner verfassungstechnischen Terminologie als zentralistisches Land gilt (Levine 1989: 273). Semiföderal schätzt Lijphart die Niederlande, Spanien und Belgien ein. Diese Länder erhalten, mit Ausnahme von Belgien (3.1), welches seit 1993 einem föderativen System entspricht, einen Wert von 3.0. Unitaristische Staaten unterscheidet Lijphart zusätzlich danach, ob sie eher dezentral oder zentral organisiert sind. In die erste Kategorie fallen Japan und die skandinavischen Staaten Dänemark, Finnland, Norwegen, Schweden (2.0). Am weitesten entfernt vom Föderalismus sind die Länder der letzten Kategorie (1.0), zu denen Griechenland, Irland, Neuseeland, Portugal, Großbritannien, Frankreich und Italien zählen. Die beiden letzten Staaten erhalten einen etwas höheren Wert, da sich hier seit 1970 (Italien 1.3) bzw. seit der Wahl Präsident Mitterands 1981 (1.2) leichte Dezentralisierungstendenzen bemerkbar gemacht haben. Auch in Großbritannien lassen sich spätestens seit Mitte der 1990er Jahre Tendenzen der Dezentralisierung (*devolution*) erkennen, die dem walisischen und vor allem schottischen Parlament größere Rechte und Freiheiten einräumt.

Francis Castles (1999) stellte kürzlich die Erfassung des Zentralisierungs- bzw. Dezentralisierungsgrads anhand von fiskalischen Daten der OECD vor. Dabei wird zwischen fiskalischer Dezentralisierung (Summe von subnationalen Steuereinnahmen als Anteil der gesamten Einnahmen) und Zentralisierung (Gesamteinnahmen der Zentralregierung ohne Sozialversicherungsanteil und supranationale Steuern) unterschieden. Beide Indikatoren korrelieren zwar miteinander, sind jedoch keineswegs kongruent. Einen hohen Grad der fiskalischen Zentralisierung wiesen z.B. Neuseeland, Irland, Australien und das Vereinte Königreich auf. Niedrig lag dieser in föderativen Staaten wie der Schweiz, Deutschland und den USA. Besonders ausgeprägt ist die fiskalische Dezentralisierung in Kanada, in der Schweiz, in Schweden und Deutschland, besonders unterdurchschnittlich dagegen in Griechenland und Irland. In einigen Ländern fanden elementare Restrukturierungen der Steuereinnahmen statt. Durch die Stärkung föderativer Strukturen fiel der Anteil zentraler Steuereinnahmen in Belgien von über 90 Prozent auf etwas mehr als 50 Prozent. In anderen Ländern wurde die regionale Ebene gestärkt, wie in Korea, Italien und den Ländern der iberischen Halbinsel. Es fanden allerdings in Griechenland und dem Vereinten Königreich auch gegenläufige Prozesse statt.

Ein hoher Zusammenhang besteht zwischen niedrigen zentralstaatlichen Steuereinnahmen und einem föderalistischen Staatsaufbau. Ausnahmen sind hier Mexiko und Australien, wo die zentralen Steuereinnahmen bei über vier Fünftel liegen. Auch Österreich bewegt sich in diese Richtung. In manchen unitaristischen Staaten besitzt die regionale Ebene einen hohen Stellenwert hinsichtlich der Steuereinnahmen. Dies trifft auf die skandinavischen Staaten (mit Ausnahme Norwegens), Polen, Spanien und vor allem Japan zu. Kontraintuitiv ist die kontinuierliche anteilsmäßige Abnahme des Steuersatzes supranationaler Steuern. Diese Abnahme fällt besonders deutlich in Irland und Deutschland auf. Anhand der Identifizierung des staatlichen Levels der Steuereinnahmen lassen sich also verlässliche Aussagen über den Zentralisierungsgrad von Ländern machen. Die folgende Tabelle stellt eine Auswahl von föderativen und unitaristischen Ländern dar und unterscheidet dabei zwischen supranationalen Steuern (EU), zentralstaatlich, gliedstaatlich und lokal erhobenen Steuern. In ihr werden auch Länder außerhalb der OECD aufgenommen, deren Daten vom IMF stammen.

Tabelle 2-6: Anteilsmäßige Steuereinnahmen in OECD- und weiteren ausgewählten Ländern

	Supranational			**Zentralstaatlich**			**Länder**			***Lokal und regional***		
	1975	1985	2001	1975	1985	2001	1975	1985	2001	1975	1985	*2001*
Föderale Länder												
Australien				80,10	81,40	82,80	15,70	14,90	14,00	4,20	3,70	*3,20*
Belgien	2,10	2,32	1,84	91,44	90,72	54,36			36,75	6,45	6,96	*7,04*
Brasilien*					60,99	58,74		36,34	35,62		2,68	*5,64*
Deutschland	1,82	1,57	0,66	50,76	49,76	50,83	33,79	34,65	36,54	13,64	14,02	*12,13*
Indien*				64,52	61,27	62,65	35,48	38,73	37,35	--	--	--
Kanada				52,89	47,63	48,42	36,11	41,62	41,47	11,00	10,75	*9,96*
Mexiko**				80,80	98,87	96,27	17,60	0,45	2,65	1,60	0,68	*1,08*
Österreich			0,41	69,21	67,17	74,05	14,19	17,99	12,23	16,60	14,70	*13,45*
Schweiz				38,54	42,95	45,77	34,04	33,76	31,95	27,57	23,29	*22,28*
USA				57,11	56,28	57,96	24,53	27,01	25,73	18,49	16,48	*16,31*
Ungewichteter Durchschnitt	*1,96*	*1,95*	*0,97*	*65,04*	*65,70*	*63,19*	*26,43*	*27,27*	*27,43*	*12,44*	*10,36*	*10,12*
Unitaristische Länder (zentral)												
Frankreich	1,18	1,06	2,48	86,20	83,54	79,62				12,79	15,40	*17,71*
Griechenland		1,24	0,58	95,18	96,60	98,13				4,82	2,01	*1,44*
Irland	2,65	2,31	0,57	89,07	95,02	97,15				8,40	2,66	*2,17*
Israel*				96,55	94,82	92,00				3,45	5,18	*8,00*
Italien		0,92	0,42	98,34	95,41	82,54				1,66	3,52	*17,18*
Korea				89,81	-	78,24				10,19	-	*17,80*
Luxemburg	1,13	2,96	1,77	89,58	88,14	90,45				9,44	8,89	*7,64*
Neuseeland				92,30	93,50	94,40				7,70	6,50	*5,60*
Niederlande	2,44	2,69	1,72	95,62	93,18	92,81				1,95	4,31	*5,47*
Portugal			0,56	100,00	95,28	90,25				0,00	4,72	*9,05*
Slowakei						93,15						*6,85*
Thailand*				93,05	94,53	91,40				6,95	5,47	*8,59*
Tschecho-slowakei						80,87						*19,13*
Türkei					88,10	83,69					11,90	*16,31*
Ungarn*					84,36	84,33					15,64	*15,67*
Großbritannien	1,21	3,28	1,81	85,45	84,43	93,13				13,45	12,41	*4,94*
Ungewichteter Durchschnitt	*1,72*	*2,07*	*1,24*	*92,60*	*91,30*	*88,89*				*6,73*	*7,59*	*10,22*
Unitaristische Länder (dezentral)												
Dänemark	0,51	0,82	0,42	69,33	70,15	64,23				30,16	29,13	*35,36*
Finnland			0,27	70,61	71,36	69,99				29,39	28,64	*29,75*
Island				81,30	81,40	75,70				18,70	18,60	*24,30*
Japan				63,94	62,70	58,43				36,06	37,30	*41,57*
Norwegen				69,32	77,23	79,75				30,68	22,90	*20,25*
Polen*					87,18	72,91					12,82	*27,09*
Russland*						61,51						*38,49*
Schweden			1,25	63,73	64,10	63,72				36,27	36,02	*34,92*
Spanien			0,62	91,81	81,02	73,64				8,19	18,98	*25,58*
Ungewichteter Durchschnitt	*0,51*	*0,82*	*0,64*	*72,86*	*74,39*	*68,88*				*27,06*	*25,54*	*30,81*

Quelle und Erklärung: Steuereinnahmen ohne Sozialversicherungsfonds als Prozentanteil der gesamten Steuereinnahmen (OECD 2003c: 25, Tabelle E), eigene Berechnungen.

* Daten stammen vom IMF 2004 und 2005; eigene Berechnungen.

** Daten für Mexiko stammen für das Jahr 1975 vom IMF 2004 und für die Jahre 1985 und 2001 von der OECD 2003; eigene Berechnungen.

In den Transformationsdemokratien Mittel- und Osteuropas und den Nachfolgestaaten der Sowjetunion spielt der Unterschied zwischen föderativen und unitaristischen Staaten nur eine untergeordnete Rolle. Mit Ausnahme der Russischen Föderation gehören alle osteuropäischen Länder in die Kategorie der unitaristischen Staaten. In diesen ist der Dezentralismusgrad bei weitem schwerer zu bestimmen als in den etablierten Demokratien.

Eng mit der Dimension Zentralismus/Dezentralismus verbunden, wenngleich nicht deckungsgleich, ist die Konzentration des legislativen Systems.[69] Unter diesem Begriff verbirgt sich vor allem die funktionale Aufteilung der Legislative in einem Ein- oder Zweikammersystem.

b. Ein- und Zweikammersysteme

Die Betrachtung des Verhältnisses zwischen verschiedenen nationalen Kammern stellt einen zentralen Gegenstandsbereich der vergleichenden Parlamentarismusforschung dar (Döring 1995a; Schüttemeyer 2003). Weltweit besitzt etwa ein Drittel aller Länder ein Zweikammersystem (Tsebelis/Money 1997: 1).[70] Zweikammersysteme findet man vor allem in Südamerika, im Karibikraum sowie in den Ländern am Atlantik. Sie sind weniger häufig in Zentralamerika, Schwarzafrika und in den früheren kommunistischen Staaten anzutreffen. Zweikammersysteme sind vermehrt in heterogenen Gesellschaften angesiedelt und treten oftmals – wie oben erwähnt – in föderativen Systemen auf. Historisch zeichnet sich ein Trend zur Abwendung vom Zweikammersystem in etablierten Demokratien ab. So schafften Neuseeland 1950, Dänemark 1953, Schweden 1970 und Island 1991 die zweite Kammer ab (Longley/Olson 1991; Eythórsson/Jahn 2003).

Unter den etablierten Demokratien besitzen neben den bereits erwähnten Ländern auch Costa Rica, Finnland, Griechenland, Israel, Luxemburg, Malta, Mauritius, Papua-Neuguinea und Portugal ein Einkammersystem. Gemeinsam ist diesen Ländern, dass sie relativ klein sind. So ist Griechenland mit knapp über zehn Mio. Einwohnern das größte Land mit nur einer Kammer.

Der Bikameralismus erfüllt im Wesentlichen zwei Funktionen (Tsebelis/Money 1997: 15-16): Einmal sollen durch eine zweite Kammer die politischen Entscheidungen eine bessere Qualität erlangen, da in der zweiten Kammer die Themen nochmals unter anderen Perspektiven und Prämissen reflektiert werden können (Effizienzkriterium). Im politisch-strategischen Alltag der Politik kann dies natürlich auch zur Behinderung von Reformen und der Wahrung des *status quo* führen. Die zweite Funktionaldimension umfasst die Berücksichtigung unterschiedlicher Interessen, die durch die zweite Kammer gesichert werden sollen. Diese politische Dimension kann unterschiedliche Kriterien erfüllen, etwa die systematische Vertretung von Statusgruppen, regionalen Einheiten oder ethnischen Gruppen.

Die Zweikammersysteme der Länder zeigen eine deutliche Varianz in ihrer institutionellen Ausprägung (Tsebelis/Money 1997: 165-185; Taagepera/Recchia 2002). Ursprüng-

---

[69] Unter den 36 Demokratien, die von Arend Lijphart (1999: 213-215) untersucht wurden, besteht ein signifikanter Zusammenhang (auf dem Einprozentniveau) zwischen Föderalismus/Dezentralismus und Bikameralismus (Pearson r = .64).

[70] Andere schätzen das Verhältnis zwischen Ein- und Zweikammersystemen etwa gleich groß (Blondel 1990: 243/4).

lich bestand die Funktion der zweiten Kammer[71] in einem konservativen Korrektiv zur „exzessiven Politik“ direkt gewählter Volksvertreter. In Anlehnung an die klassischen Regierungsinstitutionen im antiken Griechenland und Rom entwickelte sich eine funktionale Ausprägung des Bikameralismus nach sozialen Klassen und Statusgruppen. Aristoteles erfasste in seiner Analyse duale Regierungsberatungssysteme (Legislativen) in Athen, Sparta, Kreta und Karthago, die sich in den drei zuletzt genannten Stadtstaaten zu unterschiedlichen Kammern ausdifferenzierten (Tsebelis/Money 1997: 17-21). Ähnlich wie im antiken Griechenland entwickelte auch das antike Rom ein Zweikammersystem (Fritz 1954). Hier ernannten die frühen Könige einen Ältestenrat, den Senat, der vielen heutigen Oberhäusern seinen Namen gab. Eine zweite beratende Institution stellte der *comitia curiata* dar, in dem wie in den griechischen Stadtstaaten die unterschiedlichen Stämme repräsentiert wurden. Die griechischen Philosophen Plato und Aristoteles favorisierten „gemischte Regierungen” gegenüber einfachen, und auch die römischen Philosophen sahen hierin eine Lösung für die praktische Politik, wenngleich sie wie Cicero die Stärken der einzelnen einfachen Regierungsformen sahen: “Thus I prefer monarchy for the love which the king bears to his subjects; aristocracy for its wisdom in counsel; and democracy for its freedom.“ (zitiert nach Tsebelis/Money 1997: 20). Diese ideengeschichtliche Tradition war dann auch wegweisend für die Konzeption Montesquieus (1994, zuerst 1784) und die praktische Verwirklichung der Gewaltenteilung, vor allem durch John Adams (Walsh 1915)[72] in den USA.

Die historische, statusorientierte Verwurzelung der zweiten Kammer wird im modernen Parlamentarismus in Großbritannien (*House of Lords*) und Botswana (*House of Chiefs*) noch heute sehr deutlich. Die Mitglieder des *House of Lords* werden zu einem großen Teil durch Erbrecht rekrutiert und repräsentieren damit ein eindeutig konservatives Element. Gerade am britischen Beispiel lässt sich die Machtverschiebung von der Monarchie zur Aristokratie und zur allgemeinen Bevölkerung erkennen. Durch die Unterzeichnung der *Magna Carta* durch König John 1215 wandelte sich der „Große Rat” mit der Zeit von einer Institution der Beratung zu einer Legislativen moderner Prägung. In diesem waren die drei Statusgruppen vertreten: der Klerus, die *Lords* und andere privilegierte Gesellschaftsgruppen. Später zog sich die Kirche aus dem Parlament zurück, wodurch eine Trennung zwischen jenen, die sich selbst vertraten (*Lords*) und jenen, die ihre Gemeinden vertraten (*Commons*), zustande kam. Diese Teilung institutionalisierte sich mit der Zeit und ab 1339, als die Ritter und *burgesses* (Bürger) sich über die königlichen Zuwendungen separat trafen, war das britische Zweikammersystem installiert. Die politische Macht verschob sich graduell vom König zum *House of Lords* und mit der Ausweitung des Wahlrechts auf das *House of Commons*. In den 1880ern wurde die Rolle bzw. die Existenzberechtigung des *Upper House* diskutiert und 1911 die Entscheidungsmacht dem *Lower House* zugeschrieben. Das wesentliche Machtinstrument, das dem *House of Lords* blieb, war die Herauszögerung von Gesetzesvorhaben, deren Zeitspanne 1949 von drei auf ein Jahr reduziert wurde. An diesem Beispiel wird deutlich, dass die zweiten Kammern „institutionalisierte Kom-

---

[71] Allgemein gilt die bedeutungsvollere, zumeist direkt gewählte Kammer, als zweite Kammer (nach dem britischen Vorbild das Unterhaus oder *House of Commons* genannt) und die nach anderen Kriterien zusammengestellte Kammer (Oberhaus oder *House of Lords*) als erste Kammer. Dies hat historische Ursachen, da die erste Kammer zumeist aus spezifischen Bevölkerungsgruppen rekrutiert wurde und erst später von der gewählten „zweiten Kammer” funktional ersetzt wurde. Im Text bezeichne ich als erste Kammer die funktional wichtigere, allgemein gewählte Kammer und als zweite Kammer jene Kammer, die nach anderen Kriterien zusammengestellt ist.

[72] John Adams (1735-1826) war ein großer politischer Denker seiner Zeit und der erste Vize- und zweite Präsident der USA.

promisse zwischen alten und neuen Legitimationsüberzeugungen darstellen“ (Schüttemeyer/Sturm 1992: 517). Wenngleich die Abgeordneten in Botswana in das *House of Chiefs* gewählt werden, dominiert auch hier noch stark das Erbrecht. Neben den ernannten Mitgliedern der zweiten Kammer in Großbritannien, Kanada, den karibischen *Commonwealth*-Staaten und Irland werden die Mitglieder der zweiten Kammer zumeist indirekt gewählt, indem sie als Repräsentanten bestimmter geographischer Einheiten fungieren. Diese Form der funktionalen Machtteilung ist neueren Datums und oftmals mit dem Föderalismus verbunden.

Im Gegensatz zum Statusprinzip des Bikameralismus besitzt der territoriale Bikameralismus eine auch heute noch anerkannte Legitimation. Hier wird die Bevölkerung allgemein im Unterhaus (Parlament) vertreten und die territorialen Einheiten im Oberhaus (Senat, Bundesrat). Gilt Großbritannien als Prototyp des statusbezogenen Bikameralismus, so gilt die USA als Prototyp bezüglich des territorialen Bikameralismus. Das territoriale Zweikammersystem der Staaten der USA entstand durch die dualistische Vertretung des Mutterlandes einerseits, und durch die Kolonialisten andererseits. So besaßen nach der Unabhängigkeitserklärung alle Staaten bis auf Georgia, Pennsylvania und Vermont ein Zweikammersystem, die dieses erst 1789, 1790 bzw. 1830 einführten. In der *Constitutional Convention* (Verfassungskonvent 1787) wurde festgelegt, dass die neue Legislative der USA auf der nationalen Ebene aus zwei Kammern bestehen soll. Insbesondere James Madison begründete die Einführung des Zweikammersystems in *The Federalist Papers* (insbesondere Nummer 62). Von nun an galt die erste Kammer als Vertretungsorgan der einzelnen Bundesstaaten der USA, die im Senat gleichgewichtet (jeweils zwei Senatoren) präsent sein und ihre spezifischen Interessen dort vorbringen und vertreten sollten. In der zweiten Dekade des 20. Jahrhunderts wurde in den USA über eine mögliche Abschaffung des Zweikammersystems diskutiert. Allerdings wurde der *status quo* nicht verändert. Lediglich der Staat Nebraska rückte 1937 von seinem Zweikammersystem ab.

Der erwähnte Zusammenhang zwischen Föderalismus und Zweikammersystem bezieht sich weniger auf den statusorientierten Bikameralismus, sondern eher auf das territoriale Zweikammersystem, welches sich aus unikameralen Systemen entwickelt hat. So besaßen die konföderativen politischen Systeme des Deutschen Staatenbundes (1815-1866), der Schweizer Konföderation (1291-1798) und der Vereinten Provinzen der Niederlande (1579-1795) zunächst Einkammersysteme. Wenngleich das Schweizer Modell den USA als Vorbild diente, wurde in der Schweiz erst 1848 bzw. 1874, nun nach dem praktischen Vorbild der USA, ein Zweikammersystem aufgebaut. Deutschland folgte dem Beispiel der Schweiz und etablierte zunächst im deutschen Staatenbund (1866) und dann im Deutschen Reich (1871) ein Zweikammersystem. Die Niederlande beschritten einen zentralstaatlichen Weg, führten jedoch nach politischen Protesten 1848 eine zweite Kammer ein, durch die eine Repräsentanz der Provinzen gewährleistet werden sollte.

Durch die starke Legitimität des territorialen Bikameralismus sind die zweiten Kammern in föderalen Staaten besonders einflussreich, so vor allem der Senat in den USA und Australien, der Ständerat in der Schweiz und der Bundesrat in Deutschland. Kanada und Österreich bilden als föderative Staaten mit schwachen zweiten Kammern eine Ausnahme.

Norwegen stellt insofern eine weitere Ausnahme dar, als hier zwar die gesamte Legislative gleichzeitig gewählt wird, diese sich aber aufteilt: ein Viertel der Mitglieder bildet die zweite Kammer (*Lagting*). Beide Kammern besitzen gemeinsame Ausschüsse. Konflikte beider Kammern werden in Plenarsitzungen aller Abgeordneten geregelt. Bis 1991 hatte auch Island einen ähnlichen Aufbau der Legislative.[73]

Die Kammern unterscheiden sich ebenfalls sehr stark in ihrer Größe und Funktion. Im Jahr 2000 variierte in Zweikammersystemen die Größe der zweiten Kammer zwischen 662 Abgeordneten in Deutschland, 659 in Großbritannien und 630 in Italien bis hin zu 16 in Palau (Taagepera/Recchia 2002). Die durchschnittliche Größe der ersten Kammer lag in den 56 Zweikammersystemen bei 234 Abgeordneten. Die zweite Kammer ist meistens kleiner, ihre Größe variiert zwischen 321 in Frankreich und 315 in Italien sowie 334 in Taiwan bis hin zu 11 Abgeordneten in St. Lucia. Großbritannien stellt hier einen extremen Ausreißer mit 1.200 Abgeordneten dar. Durchschnittlich umfasst die zweite Kammer 106 Abgeordnete und lediglich in Großbritannien und Taiwan ist die zweite Kammer größer als die erste.[74]

Die ersten Kammern sind in parlamentarischen Demokratien entscheidend an der Regierungsarbeit beteiligt. Allerdings unterscheiden sich die Einflussmöglichkeiten des Parlaments auf die Regierungsarbeit im internationalen Vergleich erheblich (Döring 1995a; Döring/Hallerberg 2004; siehe allgemein auch Döring 1994).[75] Betrachtet man die Einflussmöglichkeiten des Plenums (Anteil am Präsidium, Minderheitenveto für die Geschäftsordnung oder Verfassungsänderung, Häufigkeit der Plenarsitzungen pro Jahr) und der ständigen parlamentarischen Ausschüsse, so ergibt sich, dass in den westeuropäischen Ländern diese Möglichkeiten in Finnland, Griechenland, Italien, Island,[76] Österreich, Portugal, Schweden und Spanien in beiden Dimensionen besonders hoch sind (siehe auch Powell 2000: 31-36). In Frankreich und vor allem Großbritannien und Irland wird der Einfluss als äußerst gering eingeschätzt.

Ausschüsse spielen in den meisten parlamentarischen Demokratien eine große Rolle, um zu Entscheidungen zu gelangen. Von den 18 untersuchten Ländern gibt es lediglich in Irland und Großbritannien keine ständigen parlamentarischen Ausschüsse (Mattson/Strøm 1995; 2004). In den anderen Ländern variiert die Anzahl der ständigen Ausschüsse von 6 bis 9 in Frankreich, Griechenland und Island bis hin zu 29 in den Niederlanden. Die Stellung der ständigen Ausschüsse ist besonders ausgeprägt in Island, Schweden, der Schweiz, Österreich, Spanien und Deutschland. Wenig Einfluss haben sie in Italien und Griechenland. Wenngleich Ausschüsse die Kanalisierung von Konflikte ermöglichen (Sartori 1987), wird dadurch der politische Prozess verzögert. Durchschnittlich werden Gesetzesvorlagen 113 Tage in den 18 untersuchten Ländern behandelt (Mattson/Strøm 2004: 105-109). Dabei nehmen sich die Ausschüsse in der Schweiz (470 Tage), Luxemburg (321) und Italien (267) besonders viel Zeit. In der Untersuchung hält Luxemburg mit der Behandlung eines Antrages über mehr als fünf Jahre den Rekord. Deutschland nimmt bei der Behandlung von Anträgen zur Arbeitsmarktpolitik einen durchschnittlichen Wert an und in Österreich (19),

---

[73] In Island wurde die zweite Kammer von einem Drittel der Abgeordneten gebildet (Eythórsson/Jahn 2003). Eine Besonderheit besteht darin, dass die Abgeordneten gleichzeitig gewählt wurden, das Parlament jedoch als ein Dreikammernsystem fungierte (Arter 2000). Neben den beiden genannten Aufteilungen in Erste und Zweite Kammer, fungierte das gesamte Parlament als eine Art dritte Kammer.

[74] Errechnet aus Taagepera/Recchia 2002: 170/1. Dabei wurden Nigeria (109 oder 91) und Äthiopien (117 oder 120) nicht berücksichtigt, da hierfür keine eindeutigen Daten vorlagen.

[75] Unter der Leitung von Herbert Döring wurde ein umfangreicher Datensatz (SPPL: *Study of the Parliamentary Passage of Legislation*) erstellt, der 650 Regierungsanträge zur Sozial- und Arbeitsmarktpolitik anhand von 130 Variablen in 18 Ländern erfasst. Das Codebuch, sowie der Datensatz kann von folgender Webseite heruntergeladen werden: http://www.uni-potsdam.de/u/ls.

[76] Für Island, das nicht in Dörings (1995b; 2004) Studie berücksichtigt ist, siehe Eythórsson/Jahn (2003).

Schweden (38), Norwegen (45), Irland (50) und vor allem in Griechenland (3) ist die Verweildauer besonders niedrig. Wenngleich in der Literatur zur Ausschussarbeit und Verhandlungstheorie (Sartori 1987; Scharpf 1994) davon ausgegangen wird, dass die Behandlung von kontroversen Themen in Ausschüssen zu konsensusorientierten Verfahren führt, zeigen die empirischen Befunde widersprüchliche Ergebnisse (Damgaard/Mattson 2004). Nur in Italien, Spanien, Portugal und Irland war die Konfliktrate in Ausschüssen niedrig.[77] Dagegen ist der Konfliktgrad in Großbritannien, Belgien und vor allem in den Niederlanden, Deutschland und Griechenland besonders hoch.

Darüber hinaus bestehen jedoch auch unterschiedliche Einflussmöglichkeiten der zweiten Kammer auf die Politik (Schüttemeyer/Sturm 1992; Tsebelis/Money 1997; Riescher u.a. 2010). Je nach demokratischer Legitimation und funktionaler Ausstattung der zweiten Kammer kann von starken und schwachen zweiten Kammern gesprochen werden. Für die etablierten Demokratien sei wieder auf die Untersuchung von Arend Lijphart (1999: 211-213) hingewiesen, der die zweite Kammer in Australien, Deutschland, der Schweiz und den USA als stark einstuft. Weniger stark sind die zweiten Kammern in Belgien, Italien, Japan und den Niederlanden. Schwache zweite Kammern existieren in Österreich, auf den Bahamas, in Barbados, Irland, Jamaika und Trinidad, sowie in Botswana und Großbritannien. In Bezug auf die institutionalisierten Vermittlungsverfahren (Zuständigkeiten, inhaltliche und quantitative Lesungen in beiden Häusern, Vermittlungsausschuss, Neuwahlen etc.) beider Kammern im Konfliktfall kommen Tsebelis und Money (1997) zu einer Modifikation der Einflussmöglichkeiten und politischen Optionen beider Kammern.

5 Wahlsysteme

Die Wahl ist eines von mehreren Selektionsverfahren (Erbfolge, Ernennung, kraft Amtes, etc.), durch das eine Körperschaft gebildet oder eine Person mit einer Führungsposition betraut wird. Im politischen System besitzen Wahlen unterschiedliche funktionale Schwerpunkte und Praktiken. In Demokratien sind Wahlen wettbewerbsorientiert (kompetitiv) und legitimieren das gesamte politische System. Es wurde bereits verdeutlicht, dass kompetitive Wahlen ein konstitutives Merkmal einer Demokratie sind (Katz 1997). Deshalb wird der Zeitpunkt der Einführung des Wahlrechts auch als eine „Messlatte der Demokratie" bezeichnet (Schmidt 2010: 370-373). Allerdings muss hierbei beachtet werden, dass es durchaus unterschiedliche Aspekte bei der Einführung des Wahlrechts gab. Einmal kann der Fokus auf den Beginn ununterbrochener Volkswahlen gerichtet werden. In dieser Hinsicht nehmen die USA unangefochten den ersten Platz ein. Hier wurden seit 1788 durchgängig Volkswahlen durchgeführt und erst 1814 (Norwegen), 1831 (Belgien), 1832 (Großbritannien) folgten weitere Länder diesem Beispiel. Diese Wahlen waren allerdings nicht geheim

[77] Die Erfassung von Konflikten in der Ausschussarbeit ist nicht einfach zu operationalisieren (Damgaard/Mattson 2004: 118-119). Für die einzelnen Länder wurden verschiedene Indikatoren benutzt. Siehe unter methodologischen Gesichtpunkten Kapitel 6 zum *kontextualisierten Vergleich*. In diesem Zusammenhang muss auch auf die Besonderheit der Arbeitsmarktgesetze in Italien und zum Teil in Spanien hingewiesen werden. Dort spielte deren parlamentarische Verabschiedung vornehmlich eine formale Rolle, da die Konflikte durch außerparlamentarische Kompromisse von Gewerkschaften und Arbeitgebern erfolgten. In dieser Hinsicht ist dieses Politikfeld für die genannten Länder nicht repräsentativ (Damgaard/Mattson 2004: 121-122). Für eine politikfeldübergreifende Analyse, die auch auf den bedeutenden Einfluss der Opposition auf den Gesetzgebungsprozess hinweist, jedoch nur die Niederlanden und die Bundesrepublik untersucht, siehe: Martin/Vanberg (2004).

und allgemein, was heute zu den selbstverständlichen Charakteristika demokratischer Wahlen zählt. Geheime Wahlen setzten sich zunächst in Frankreich von 1820 bis 1830 durch, andere Länder folgten etwa 30 bis 80 Jahre später diesem Beispiel (Buchstein 2000).

Das allgemeine Wahlrecht kann wiederum in das allgemeine Wahlrecht für Männer und für Frauen unterteilt werden. Letzteres wurde im 19. und frühen 20. Jahrhundert in Europa durch die Arbeiterparteien und liberale Honoratioren in den Parlamenten gegen den Widerstand konservativer Kräfte erstritten. 1848 besaßen Männer das allgemeine Wahlrecht in Frankreich und der Schweiz. In Deutschland, Spanien, den USA und Neuseeland wurde das allgemeine Wahlrecht für Männer ebenfalls im 19. Jahrhundert eingeführt. Australien (1902) war das erste Land, in dem auch Frauen wahlberechtigt waren. 1906 folgte Finnland als erstes europäisches Land diesem Beispiel, und Dänemark, Island, Norwegen (alle 1915), Deutschland, Österreich, Estland und Polen (1918), die im Zuge des Ersten Weltkrieges das allgemeine Frauenwahlrecht einführten, zogen nach. Manche Länder führten das allgemeine Wahlrecht für Männer und Frauen gleichzeitig ein: Dänemark, Island, Kanada (1915), Polen und die Tschechische Republik (1920). Dies trifft vor allem auf die spätentwickelten Demokratien (Israel 1949, Indien 1950, Südkorea 1988, Slowenien 1992 und Südafrika 1994) zu. In anderen Ländern war die Zeitspanne zwischen der Einführung des Männer- und Frauenwahlrechts jedoch erheblich größer (Frankreich 96 Jahre, Griechenland 75 Jahre, Portugal 65 Jahre, Spanien 62 Jahre und USA 50 Jahre). In Deutschland vergingen 47 Jahre, bis es 1918 auch den Frauen gestattet war zu wählen. In Österreich waren es elf Jahre. Unangefochtener Spitzenreiter ist jedoch die Schweiz, die als eines der ersten Länder ein allgemeines Männerwahlrecht eingeführt hat, aber erst 123 Jahre später, nämlich 1971, auch den Frauen dieses Recht auf nationaler Ebene einräumte (Forstmoser 2003: § 12 N 25-51). Wolfgang Merkel (1999: 33-34) bezeichnet die Schweiz bis 1971 deshalb auch als „defekte Demokratie."

Tendenziell existierte eine Art Stufenfolge, so dass sich zunächst die geheime Wahl, dann das allgemeine Wahlrecht für Männer und schließlich das allgemeine Frauenwahlrecht durchsetzte (z.B. in England, Schweden, Norwegen, Belgien, Australien und Kanada) (Rokkan 1961). Preußen und Dänemark stellen hierbei Ausnahmen dar, da sie zunächst das allgemeine Männerwahlrecht und dann die geheime Wahl einführten. Dagegen beschränkten Russland und Ungarn das allgemeine Männerwahlrecht mit der Einführung des geheimen Wahlrechts, was Rokkans These zuwiderläuft (Buchstein 2000: 387-389).

Die Etablierung von Wahlen ist nicht gleichbedeutend mit der Etablierung von Demokratien. In den ehemals sozialistischen Ländern leitete sich der Führungsanspruch der kommunistischen Parteien nicht durch Wahlen ab. Vielmehr bestand die Legitimität des Herrschaftssystems in der historischen Mission der Arbeiterklasse. Innerhalb dieses Rahmens waren Wahlen in sozialistischen Ländern ein Instrument der Herrschaftsausübung, das heißt der Justierung innerhalb eines festgelegten Systems. Aus diesem Grund waren diese Wahlen auch keine kompetitiven Wahlen, sondern *semi-kompetitive*: die Auswahl und Wahlfreiheit waren eingeschränkt, jedoch nicht aufgehoben (Nohlen 2000: 23-25). Auch andere autoritäre Staaten versuchen durch semi-kompetitive Wahlen die Machtverhältnisse zu legitimieren und diese nicht zur Disposition zu stellen. *Nicht-kompetitive* Wahlen finden in totalitären Systemen statt. Hier besteht keine Wahlfreiheit, und die Machtfrage wird ebenso wenig gestellt. Dennoch kommen auch nicht-kompetitiven Wahlen gewisse gesellschaftspolitische Funktionen zu, etwa politische Mobilisierung, Dokumentation der Geschlossenheit etc.

In politischen Systemen, in denen semi-kompetitive und nicht-kompetitive Wahlen abgehalten werden, haben Wahlen nicht den gleichen hohen Stellenwert wie in demokratischen Staaten. In demokratischen Staaten wird die Machtfrage gestellt und die Regierung auf Grundlage der Wahlergebnisse gebildet. Allerdings besteht auch in demokratischen Staaten die Einschränkung, dass durch Wahlen nicht die Demokratie an sich abgeschafft werden darf.

Insgesamt können zwei Funktionen von Wahlen in demokratischen Staaten unterschieden werden: (1) Wahlen können so organisiert sein, dass die Abgeordneten verschiedene Bevölkerungsgruppen eines Landes möglichst genau repräsentieren. In heterogenen Staaten mit vielen gesellschaftlichen Konflikten und Gruppen steht dieser Repräsentationsgedanke an erster Stelle. (2) In homogenen Gesellschaften dienen Wahlen vor allem dem Ziel, durch Parteienkonkurrenz eine eindeutige, klare Regierung zu bestellen. Bevor auf diese unterschiedlichen Funktionen von Wahlsystemen detaillierter eingegangen wird, sollen zunächst die wesentlichen institutionellen Verfahren von verschiedenen Wahlsystemen vorgestellt werden.

a. Institutionelle Merkmale von Wahlsystemen

Wahlsysteme umfassen verschiedene technische Elemente, die wiederum bedeutende Auswirkungen haben können. Führende Wahlforscher gehen davon aus, dass Wahlsysteme die am leichtesten zu verändernden Elemente eines politischen Systems sind und somit besonders für die Justierung eines politschen Systems geeignete sind (Sartori 1997: Teil 1, insbesondere Kapitel 3; Lijphart 1994a: Kapitel 7; Grofman/Lijphart 1994; Powell 2000). Deshalb ist es nicht verwunderlich, dass Wahlsysteme einen hohen Differenzierungsgrad aufweisen und keine zwei Länder existieren, die das gleiche Wahlsystem praktizieren (Nohlen 2000; Rose 2000; Farrell 2001). Auf der technischen Ebene lassen sich die folgenden wesentlichen Variablen des Wahlsystems nennen, die Einfluss auf die Rekrutierung der politischen Führungsschicht nehmen.

Wahlkreiseinteilung: Wahlkreise stellen die räumliche Unterteilung eines Wahlgebietes dar, innerhalb derer die Übertragung von Stimmen auf Mandate erfolgt. Entscheidend sind hier drei Fragen: (1) Wie viele Wahlkreise gibt es in einem Land, (2) wie viele Mandate werden in einem Wahlkreis vergeben und (3) wie viele Wähler sind in einem Wahlkreis wahlberechtigt? Nur zwei Länder (Niederlande und Israel) haben nur einen Wahlkreis. Ansonsten variiert die Anzahl der Wahlkreise im internationalen Vergleich beträchtlich (Nohlen 2000: Kapitel 7; LeDuc u.a. 2002). So besteht die USA aus 435, Frankreich aus 577 und Großbritannien aus 659 Wahlkreisen. Die Bundesrepublik Deutschland ist in 299 Einzelwahlkreise, Österreich in 9 und die Schweiz in 26 aufgeteilt.

Die Anzahl der zu vergebenden Mandate gilt als wichtigster Faktor der Wahlkreiseinteilung (Taagepera/Shugart 1989: 112). Neben Einerwahlkreisen unterscheidet man kleine Wahlkreise, in denen zwei bis fünf Mandate vergeben werden, Wahlkreise mittlerer Größe mit sechs bis zehn zu vergebenen Mandaten und große Wahlkreise, die mehr als zehn Mandate umfassen (Nohlen 2000: 82-88). Die zu erringende Mandatszahl pro Wahlkreis besitzt natürlich wahltaktische Konsequenzen. In den Wahlkreisen Frankreichs, Großbritanniens und der USA wird nur ein Mandat vergeben, was für große Parteien vorteilhaft ist und es kleinen Parteien unmöglich macht, im Parlament vertreten zu sein, beziehungsweise ihre

Chancen bei der Mandatsvergabe erheblich schmälert. Stehen dagegen in einem Wahlkreis zehn Mandate zur Disposition, haben auch kleine Parteien entsprechend größere Chancen. Im niederländischen Wahlkreis sind 150 Mandate zu vergeben, womit kleinen Parteien der Einzug in das Parlament im besonderen Maße ermöglicht wird. Es existieren jedoch verschiedenste Zwischenkombinationen, und in vielen Ländern variieren selbst die Wahlkreisgrößen innerhalb eines Landes. So werden im größten Wahlkreis Österreichs 102 Mandate vergeben, im kleinsten sechs. In Argentinien ist das Verhältnis 70/2, in Dänemark 16/2, in Finnland 30/1, in Tschechien 41/14, um nur einige Beispiele zu nennen. Bei kleinen Wahlkreisen spielen zusätzlich die geraden und ungeraden Zahlen von Mandaten eine Rolle: Einer- und Dreierwahlkreise begünstigen die stimmenstärksten Parteien, Zweier- und Viererwahlkreise die zweitstärksten Parteien.

Auch die Zahl der Wahlberechtigten pro Wahlkreis variiert stark. Dieser Unterschied hat geringere Konsequenzen, wenn mit der Anzahl der berechtigten Wähler auch die Anzahl der zu vergebenen Mandate ansteigt. Dennoch ist die Varianz nicht zu unterschätzen. So verändert sich die Anzahl der benötigten Stimmen für ein Mandat durch demographische Faktoren oder Mobilität (Zuzug und Abwanderung). In manchen Ländern existieren bewusst akzeptierte oder herbeigeführte Unterschiede. Besonders eklatante Missverhältnisse traten 1986 in Brasilien zutage, wo in manchen Wahlkreisen 4.500 Stimmen genügten, um ein Mandat zu erhalten, während in anderen fast eine halbe Mio. Stimmen nötig waren (Verhältnis 1:107). Missverhältnisse, wenngleich nicht so extrem wie in Brasilien, beschränken sich aber nicht nur auf weniger entwickelte Demokratien. Auch in Frankreich lag dieses Missverhältnis bei 1:6 (Nohlen 2000: 79). Zudem findet dort extreme Wahlkreismanipulation statt, die als *gerrymandering* bezeichnet wird. Dieser Begriff bezieht sich auf einen Wahlkreiszuschnitt, durch den eine Partei favorisiert oder benachteiligt wird. Er geht zurück auf den Gouverneur von Massachusetts, Elbridge Gerry, der sich einen solchen Wahlkreis 1812 herausschnitt, welcher in der Form einem Salamander (Gerry-mander-ing) glich und im Wesentlichen solche Bezirke verband, die Gerry unterstützten. Ähnlich wurde in Frankreich gegen die Kommunisten und zugunsten der Gaullisten in der Wahl von 1978 verfahren (Woyke/Steffens 1980: 99). In einer weniger ausgeprägten Form führt die Nichtanpassung der Wahlkreise an die Bevölkerungsentwicklung oder historische Kompromisse zum *malapproachment*. Insbesondere ländliche Gebiete werden dabei gegenüber urbanen Zentren oftmals überrepäsentiert.

Wahlbewerbung und Stimmgebung: Unter Wahlbewerbung versteht man die Aufstellung der Kandidaten für Wahlen. Dabei unterscheidet man zwischen Einzelkandidatur und Listenwahl. Bei der Einzelkandidatur stehen sich verschiedene Kandidaten gegenüber, während bei der Listenwahl die Kandidaten eine weniger exponierte Rolle einnehmen. Bei der Listenwahl unterteilt man nach starrer Liste, lose gebundener Liste und freier Liste. Bei der starren Liste wird die vorgestellte Liste gewählt. Die lose gebundene Liste erlaubt dem Wähler, innerhalb der Liste seine Präferenzen für einen Kandidaten kundzutun. Freie Listen ermöglichen dem Wähler die selbstständige Erstellung einer eigenen Liste aus Kandidaten verschiedener politischer Couleur. Von 123 Ländern[78] bevorzugen 53 Länder die individuelle Kandidatur (unter anderen die USA, Großbritannien, Frankreich), 45 die starre Liste (darunter die Niederlande, Norwegen, die Bundesrepublik Deutschland und Russland), 20 die lose gebundene Liste (z.B. Belgien, Dänemark, Estland, Finnland, Italien) und nur Ecu-

[78] Manche Länder fließen doppelt in die Zählung ein, da sie sowohl die individuelle Kandidatur als auch die Listenbewerbung praktizieren.

ador, Irland, Luxemburg, Malta und die Schweiz die freie Liste (Nohlen 2000: 95). Darüber hinaus können zwei oder mehrere Listen eine gemeinsame Liste bilden. Diese Listenverbindung (*apparentment*) bietet kleineren Parteien durch Paktierung die Chance zu überleben. Listenverbindungen haben beträchtlichen Einfluss auf das Wahlsystem, da sie die Proportionalität und die effektive Anzahl der parlamentarischen Parteien erhöhen und die Entstehung „künstlicher Mehrheiten" (siehe weiter unten) verringern (Lijphart 1994b: 15). Listenverbindungen werden z.B. in einigen post-sozialistischen Ländern praktiziert (Nohlen/Kasapovic 1996; Ishiyama 1997; Tucker 2002; Ziemer 2003).

Auch die Stimmengebung unterscheidet sich und verlangt von den Wählern in manchen Ländern eine genaue Kenntnis des Stimmabgabeverfahrens. Die einfachste Stimmengebung liegt bei der Einzelstimmabgabe vor, bei der der Wähler eine Stimme hat, die er einem Kandidaten oder einer starren Liste geben kann. Bei der Präferenzstimmgebung kann der Wähler auf einer losen Liste seine Präferenz für einen Kandidaten abgeben. Dieses Verfahren wird ausdifferenzierter, wenn der Wähler mehrere Stimmen zur Verfügung hat. In manchen Wahlsystemen ist auch das Kumulieren und Panaschieren erlaubt. Im ersten Fall können einem Kandidaten mehrere Stimmen gegeben werden. Stehen einem Wähler beispielsweise zehn Stimmen zur Verfügung, so kann er diese unterschiedlich auf die Kandidaten verteilen, etwa sieben auf Kandidat A, zwei auf Kandidat B und eine auf Kandidat C. Panaschieren hingegen bedeutet, dass der Wähler seine Stimmen auf Kandidaten mehrerer Listen verteilen kann. Das Zweistimmensystem erlaubt dem Wähler eine Stimme für einen Wahlkreiskandidaten abzugeben und die andere für eine Parteiliste auf Wahlkreisebene, wie es in der Bundesrepublik Deutschland und Neuseeland praktiziert wird.

Stimmenverrechnung: Die Komplexität der Wahlsysteme endet auch bei der Stimmenverrechnung nicht. Unter Stimmenverrechnung versteht man den Prozess, bei dem die Wählerstimmen auf Mandatssitze übertragen werden. Der wesentliche Unterschied besteht hier zwischen der Majorz- und der Proporzregel. Bei der Majorzregel entscheidet die Mehrheit der Stimmen in einem Wahlbezirk über die Vergabe des Mandats. Die restlichen Stimmen gehen bei diesem Verfahren verloren. Diese Wahlsysteme werden Mehrheitswahlsysteme genannt. Bei Wahlsystemen, die die Mandate im Verhältnis zu den abgegebenen Stimmen vergeben, spricht man von Verhältniswahlsystemen, die sich wiederum durch unterschiedliche Verrechnungsformen voneinander unterscheiden (Nohlen 2000: 104-117). Hinter diesen Stimmenverrechnungsregeln stecken weitreichende Überlegungen mit nicht zu unterschätzenden Konsequenzen.

Daneben stellen die Sperrklauseln einen Eingriff in die Verrechnung von Wählerstimmen auf Mandate dar. Außer der natürlichen oder mathematischen Sperrklausel, die sich daraus ergibt, dass für ein Mandat eine bestimmte Anzahl von Wählerstimmen benötigt wird,[79] existieren gesetzte Sperrklauseln. Diese gesetzten Sperrklauseln variieren von zwei Prozent in Dänemark und Mexiko, zwischen zwei und vier Prozent in Bolivien, Griechenland und Japan, vier Prozent in Schweden, Österreich, der Ukraine, fünf Prozent in Deutschland, Neuseeland und Russland bis zu zehn Prozent in der Türkei. In manchen osteuropäischen Staaten existieren gestaffelte Sperrklauseln nach Parteien und Wahlbünd-

[79] Diese natürliche oder mathematische Sperrklausel lässt sich am niederländischen Beispiel am besten demonstrieren, wo 150 Mandate in einem einzigen nationalen Wahlkreis vergeben werden. Um eines der 150 Mandate zu erhalten benötigt man 0,67 Prozent der Stimmen. In der Dominikanischen Republik, El Salvador, Finnland, Honduras, Irland, Nikaragua, Portugal, Südafrika, in der Schweiz und Uruguay gibt es keine gesetzte Sperrklausel (Blais/Massicotte 2002: 51-53).

nissen, die zwischen drei und fünf Prozent für Parteien und sieben bis 15 Prozent für Wahlbündnisse liegen.

Wahl- und Meldepflicht: Manche demokratisch verfasste Länder wie Belgien, Italien, Australien und bis 1970 die Niederlande besitzen eine Wahlpflicht. Dies führt natürlich zu einer hohen Wahlbeteiligung. In anderen Ländern besteht dagegen eine Meldepflicht als Voraussetzung für die Teilnahme an Wahlen, wie z.B. in den USA, was die Wahlbeteiligung drückt. In den USA lag die Wahlbeteiligung in den 1990er Jahren bei ca. 45 Prozent, was einen Rückgang von ca. 20 Prozent seit den 1960er Jahren bedeutete (Nohlen 2000: 42). Die sinkende Wahlbeteiligung lässt sich in allen Industrieländern – außer Island – beobachten. Die höchsten Wahlbeteiligungen wurden in den 1970er und 1980er Jahren erreicht. Spitzenreiter waren Schweden, Irland, Dänemark, die Bundesrepublik Deutschland, Neuseeland und Österreich mit etwa 90 Prozent Wahlbeteiligung. Besonders niedrig war die Wahlbeteiligung in den 1990er Jahren neben den USA in Frankreich (60 Prozent), Japan (57 Prozent) und vor allem der Schweiz (38 Prozent). Durchschnittlich gehen drei Viertel bis vier Fünftel der Wahlberechtigten in westlichen Demokratien zu Nationalwahlen. Obwohl die Wahlbeteiligung ein wesentlicher Faktor für die politische Mitwirkung der Bevölkerung ist, ist es nicht zulässig, unmittelbare Rückschlüsse auf die Verankerung der Demokratie zu ziehen. Institutionelle und historische Gründe mögen für die unterschiedlichen Wahlbeteiligungen verantwortlich sein.

b. Klassifikationen von Wahlsystemen

Die existierenden Klassifikationen von Wahlsystemen in der Literatur reflektieren den vielschichtigen Charakter des Forschungsgegenstandes. Verschiedene Autoren betonen unterschiedliche Aspekte und kommen somit zu abweichenden Klassifikationen (Sartori 1997: Teil 1; Lijphart 1999: 144-150; Nohlen 2000: Kapitel 5 und 6; Blais/Massicotte 2002). Der wesentliche Unterschied besteht sicherlich in den Mehrheitswahlsystemen einerseits und den Verhältniswahlsystemen andererseits. Beide Wahlpraktiken beziehen sich auf unterschiedliche Ziele von Wahlen, die unterschiedliche Auswirkungen auf das politische System haben können (Powell 2000) (s. Tabelle 2-7).

Der entscheidende Vorteil, den die Mehrheitswahlsysteme für sich beanspruchen, besteht in stabilen Mehrheiten und der eindeutigen Zurechnungsfähigkeit (*accountability*) der politischen Verantwortung. Dies leitet sich daraus ab, dass Mehrheitswahlsysteme zu eindeutigen, meist Einparteienregierungen führen, die dann ihre politischen Vorstellungen ohne koalitionstaktische Verwässerungen verwirklichen können. Durch den polarisierten Wahlkampf (nur einer kann gewinnen, was sich auch in der Bezeichnung „*first-past-the-post*“ widerspiegelt) identifiziert sich der Wähler mit dem Abgeordneten und dieser mit seinem Wahlkreis, so dass die Zurechenbarkeit und das politische Interesse verstärkt werden. Großbritannien gilt hier als Vorbild. Die Stärken des Verhältniswahlsystems liegen dagegen vor allem auf der gerechten Repräsentation vieler Parteien und der Chance für neue politische Strömungen (Responsivität).

Tabelle 2-7: Mehrheitswahl und Verhältniswahl: Hypothetische Auswirkungen im Vergleich

Tendenzielle Auswirkungen	Mehrheitswahl	Verhältniswahl
Zweiparteiensystem	Ja	Nein
Parteiliche Mehrheitsbildung	Ja	Nein
Stabile Regierungen	Ja	Nein
Eindeutige Zurechnungsfähigkeit der politischen Verantwortung	Ja	Nein
Koalitionsregierungen	Nein	Ja
Gerechte Repräsentation	Nein	Ja
Chancen für neue politische Strömungen	Nein	Ja

Quelle: Nohlen (2000: 146).

Der Einfluss des Wahlsystems auf stabile Mehrheiten lässt sich empirisch durch den Begriff der „geschaffenen Mehrheiten" (*manufactured majorities*) beschreiben (Rae 1967: 74-77). Sie entstehen, wenn das Wahlsystem große Parteien über Gebühr bevorzugt, so dass diese Parteien eine parlamentarische Mehrheit der Sitze erlangen, obgleich ihr Stimmenzuspruch unter 50 Prozent liegt. In einer extremen Form ist dies bei der Unterhauswahl 1983 in Großbritannien der Fall gewesen, als die Konservative Partei mit 42,4 Prozent der Stimmen 61,6 Prozent der Mandate erhielt (Sturm 2003). In manchen Wahlsystemen entsteht sogar ein „perverser" Effekt, indem nicht die stärkste, sondern die zweitstärkste Partei die absolute Mehrheit der Sitze im Parlament erlangt und damit eine „scheinbare Mehrheit" (*spurious majority*) entsteht (Siaroff 2003). Neben Australien[80] trat dieses Phänomen unter anderem auch in Neuseeland (1978 und 1981), Belize (1993), Malta (1981) sowie in Großbritannien (1951 und im Februar 1974) auf. Ähnliche Effekte, wenngleich nicht unmittelbar auf präsidentielle Systeme übertragbar, ergaben sich bei den Präsidentschaftswahlen in den USA 1876, 1888, 1960 und zuletzt 2000, als Al Gore zwar die Mehrheit der Stimmen auf sich vereinen konnte, jedoch nicht die Mehrheit der Wahlmänner, die als Vertreter der Staaten entsandt wurden (Longley/Peirce 1999: 27-31; Siaroff 2003: 159, Fn 12). In Griechenland existieren „Überhangmandate", die als Mehrheitsverstärker dienen, indem sie der stärksten Partei zugerechnet werden und damit zu einer eindeutigen parlamentarischen Mehrheit führen, was in relativ stabilen Einparteien-Mehrheiten resultiert (Zervakis 2003: 706-707). Darüber hinaus zeichnet sich Griechenland dadurch aus, dass der Gesetzgeber den Wahlmodus relativ leicht verändern kann, was fast alle bisherigen Regierungen zu ihren Gunsten genutzt haben.

Neben dieser geschaffenen Mehrheit (*manufactured majority* bzw. *spurious majority*) unterscheidet man die „verdiente Mehrheit" (*earned majority*), von der dann gesprochen wird, wenn die Partei neben der Mehrheit der Sitze im Parlament auch die Mehrheit der Stimmen auf sich vereinigt. Schließlich unterscheidet man noch die „natürliche Minorität"

[80] „Scheinbare Mehrheiten" entstanden in Australien bei den nationalen Wahlen von 1954, 1961 und 1969, wo die Siegerpartei nur 47,1, 42,1 bzw. 43,3 Prozent der Stimmen erreichen konnte, jedoch 52,9, 50,8 und 52,8 Prozent der Sitze erhielt, obwohl eine andere Partei 2,9, 5,8 bzw. 3,7 Prozentpunkte mehr Stimmen bekam.

(*natural minority*), die entsteht, wenn Parteien weder die Sitz- noch die Stimmenmehrheit besitzen.

Betrachten wir die Wahlergebnisse in 36 Demokratien zwischen 1945 und 1996, so wird deutlich, dass Mehrheitswahlsysteme wesentlich häufiger Mehrheiten „schaffen" und natürliche Minderheiten zu verhindern wissen. Diese Beziehung ist bei der Verhältniswahl genau umgekehrt.

Tabelle 2-8: Der Einfluss von Wahlsystemen auf die parlamentarischen Mehrheiten

	Hergestellte Mehrheit	**Verdiente Mehrheit**	**Natürliche Minderheit**	**Insgesamt**	**Wahlen (N)**
Mehrheitswahlsysteme (14 Länder)	43,7	39,1	17,2	100,0	151
Verhältniswahlsysteme (22 Länder)	9,4	8,3	82,3	100,0	265
Sämtliche Parlamentswahlen (36 Länder)	21,9	19,5	58,6	100,0	416

Quelle: Lijphart (1999: 166) und eigene Berechnungen. Angaben in Prozent.

Wahlsysteme fallen jedoch nicht eindeutig in die Kategorien von Mehrheits- und Verhältniswahlsystemen. Einerseits existieren verschiedene Ausprägungen innerhalb dieser Kategorien, andererseits versuchen manche Länder, beide Wahlsysteme zu kombinieren.

Infokasten 2-2: Unterschiedliche Wahlsysteme

Die relative Mehrheitswahl in Einerwahlkreisen (first-past-the-post, FPTP)
Das FPTP-System ist die klassische Form des Mehrheitswahlsystems, wonach das Mandat derjenige gewinnt, der die *relative* Mehrheit der Stimmen in einem Wahlkreis auf sich vereinen kann. Die Partei, die die meisten Wahlkreise für sich gewinnen kann, stellt die Regierung. Dieses Wahlsystem existiert in Großbritannien und in Teilen der Welt mit angelsächsischem Einfluss (Karibik, viele afrikanische Länder, Indien, Pakistan). Auch die Wahlen in den USA und Kanada folgen der Formel der relativen Mehrheitswahl.

Die absolute Mehrheitswahl in Einerwahlkreisen (two round systems, TRS)
Bei diesem Wahlsystem ist die *absolute* Mehrheit (das heißt mehr als 50 Prozent der abgegebenen Stimmen) notwendig, um ein Mandat zu erhalten. Gelingt dies keinem der Kandidaten im ersten Anlauf, werden die schwächsten Kandidaten eliminiert (etwa solche unter fünf oder zwölf Prozent) und der Rest der Kandidaten tritt erneut an, oder es wird eine Stichwahl zwischen den beiden stimmenstärksten Kandidaten durchgeführt. Dieses *two-ballot-system* wird heute in parlamentarischen Systemen nur noch in Frankreich praktiziert. Jedoch findet es bei Präsidentschaftswahlen in vielen Ländern Anwendung.

Die absolute Mehrheitswahl mit alternativer Stimmgebung (alternative vote)
Diese ist eine Variante der absoluten Mehrheitswahl und wird vor allem bei der Unterhauswahl in Australien angewandt. Zur Vermeidung eines zweiten Wahlgangs werden vom Wähler die weiteren Präferenzen angeben, die dann zur Anwendung kommen, wenn der Kandidat mit der ersten Präferenz ausscheidet.

Die Verhältniswahl nach Listen
Dieses ist das am weitesten verbreitete Wahlsystem. In diesem Wahlsystem wird versucht, eine möglichst proportionale Stimmen-/Sitz-Verteilung zu erlangen. Vor allem in Skandinavien, Österreich, Spanien, Portugal, den Niederlanden, Israel und vielen anderen Ländern wird die Verhältniswahl praktiziert.

Wahlsysteme mit übertragbarer Einzelstimmgebung (single transferable vote, STV)
In diesem Wahlsystem werden die ranggeordneten Stimmen nicht für Listen, sondern für Einzelkandidaten abgegeben. Es ähnelt dem *alternative vote system.* Hat ein Kandidat die erforderlichen Stimmen erhalten, fallen dem Zweitplatzierten die Stimmen zu. Alternativ werden die schwächsten Kandidaten eliminiert und diese Stimmen den stärkeren Kandidaten zugeschlagen. Dieses System kombiniert eine Kandidatenwahl mit hoher Proportionalität, was jedoch ein kompliziertes Auszählungsverfahren zur Folge hat. Praktiziert wird dieses System auf nationaler Ebene lediglich in Ländern mit verhältnismäßig wenigen Einwohnern wie Irland, Malta und Australien (Senat), (Bowler/Grofman 2000).[81]

Gemischte Wahlsysteme
Gemischte Systeme finden sich z.B. in der Bundesrepublik Deutschland, Neuseeland, Italien und Russland. Dabei unterscheiden sich die personalisierten Verhältniswahlen dadurch, dass eine Erst- und Zweitstimme vergeben wird. Die Erststimme folgt dabei dem Mehrheitswahlsystem und die Zweitstimme der Verhältniswahl. Anschließend wird die Proportionalität dadurch erreicht, dass die Mandate angeglichen werden (Überhangmandate). In Italien (seit 1994) und in mehreren osteuropäischen Ländern wird das so genannte Grabenwahlsystem oder segmentierte Wahlsystem praktiziert. Hierbei wird ein Teil der Sitze nach dem Verhältniswahl- und ein anderer Teil nach dem Mehrheitswahlsystem vergeben.

Die einmal etablierten Wahlsysteme sind relativ stabil in den einzelnen Ländern, wenngleich kleinere Veränderungen immer wieder vorgenommen werden. Allerdings ergaben sich in den 1990er Jahren Verschiebungen über Wahlsystemgrenzen hinweg. Zu den wesentlichsten Veränderungen gehören jene in Neuseeland von der Mehrheitswahl zur personalisierten Verhältniswahl deutschen Vorbilds und in Italien von der Listenverhältniswahl zu einem Grabenwahlsystem. Auch in der Konsolidierungsphase Osteuropas wurden viele Wahlsysteme verändert.

Ein allgemeines *tertium comparationis* von Wahlsystemen bezieht sich auf den Grad der Disproportionalität zwischen Wählerstimmen und Parlamentssitzen. Ein hoher Proportionalitätsgrad ist vor allem ein Gütekriterium für Verhältniswahlen. Wie oben bereits dargelegt wurde, gehorchen Mehrheitswahlsysteme einer anderen Logik, weshalb es unfair erscheinen mag, Mehrheitswahlsysteme mit der Messlatte der Verhältniswahlsysteme zu messen. Trotz dieser Bemerkung könnte es interessant sein, den Disproportionalitätseffekt zu messen. Denn hier fließen nicht nur die Effekte von Mehrheits- und Verhältniswahl ein, sondern auch die Sperrklauseln und andere hier bereits beschriebene Effekte. Zur Feststellung der Disproportionalität wird oftmals der Gallagher-Index (G) herangezogen, der sich aus der Differenz des Stimmenanteils (v_i) und des Sitzanteils (s_i) für jede Partei ergibt:

[81] In Australien wird das STV-System bei der gegenüber der Unterhauswahl weniger wichtigen Senatswahl benutzt, ebenso in einigen Bundesstaaten (vor allem Tasmanien). Bei Lokalwahlen wird das STV-System auch in einigen Staaten der USA genutzt. Dänemark (1850er) und Estland (1989-1992) (Taagepera 1996) experimentierten mit dem STV für eine kurze Übergangszeit.

$$G = \sqrt{\frac{1}{2}\sum (v_i - s_i)^2}$$

Infokasten 2-3: Grad der Disproportionalität in etablierten Demokratien

Nach dieser Berechnung (Lijphart 1999: 162; Farrell 2001: 157-158) zeigt sich für die Parlamentswahlen in der Nachkriegszeit in etablierten Demokratien, dass die höchste Proportionalität in den Niederlanden existiert, wo die Abweichung zwischen Stimmen- und Sitzanteilen bei etwa 1,3 Prozent liegt. Auch Dänemark (1,8), Schweden (2,1) und Israel (2,3) verfügen über einen hohen Proportionalitätsgrad. All diese Systeme sind Verhältniswahlsysteme. Malta (2,4) besitzt mit einem *single transferable vote system* einen hohen Proportionalitätsgrad, ebenso wie andere Länder mit einem Verhältniswahlsystem, z.B. Österreich, die Bundesrepublik und die Schweiz (2,5). Die höchste Disproportionalität der Verhältniswahlsysteme weisen Griechenland (8,1) und Spanien (8,2) auf. Erwartungsgemäß schneiden Mehrheitswahlsysteme weniger gut ab, wobei die Disproportionalität in Großbritannien (10,3) noch im unteren Bereich liegt. Diese steigt in anderen Ländern mit Mehrheitswahlsystemen bis zu annähernd 20 Prozent (Jamaika, Mauritius, Barbados, Bahamas). Frankreich hält mit 21,1 den Spitzenplatz.[82]

Wenden wir ein Vergleichskriterium an, das die Intention der Mehrheitswahl zur Grundlage macht, etwa die Regierungsstabilität, so ergibt sich ein ganz anderes Bild. Regierungsstabilität kann anhand der Dauer (Jahre, Monate, Tage etc.), die eine Regierung in der gleichen Parteienkombination im Amt bleibt, gemessen werden (Dodd 1976: 121-123).[83] In hoch entwickelten Industrienationen verweilen Regierungen unter Mehrheitswahlsystemen mit 6,8 Jahren durchschnittlich fast doppelt so lange im Amt wie unter Verhältniswahlsystemen.[84] Dieses Ergebnis zeigt, dass beide Wahlsysteme (Verhältniswahlsystem = Proportionalität; Mehrheitswahlsystem = stabile Regierungen) durchaus ihren unterschiedlichen Zielsetzungen gerecht werden (siehe auch Warwick 1994).

[82] David Farrell (2001: 157-158) berechnete den Gallagher-Index für 59 Länder in den 1990er Jahren, die im Großen und Ganzen Lijpharts Ergebnisse bestätigen. Das proportionalste Wahlsystem haben hiernach die Republik Südafrika, Benin, Dänemark und die Niederlande. Österreich liegt auf Platz 6, Deutschland und die Schweiz auf den Plätzen 14 und 15. Auf den letzten Plätzen sind wieder Jamaika und Frankreich sowie die Mongolei, Kanada, Großbritannien und Litauen zu finden.

[83] Es haben sich auch alternative Kriterien in der politikwissenschaftlichen Forschung für die Einschätzung der Regierungsdauer etabliert. Danach handelt es sich um ein neues Kabinett, wenn (a) eine parlamentarische Wahl stattfindet, (b) der Regierungschef wechselt oder (c) eine Veränderung hinsichtlich der Koalitionsgröße besteht (siehe Näheres hierzu im nächsten Kapitel).

[84] Beachtet wurden nur ähnlich hoch entwickelte Länder. Neuseeland blieb unberücksichtigt. Auch die Schweiz wurde wegen ihres kollegialen Regierungssystems nicht in die Berechnungen aufgenommen. Länder mit Mehrheitswahlen sind demnach: USA (7,07 Jahre durchschnittliche Regierungsdauer), Kanada (7,26), Australien (8,28), Frankreich (2,88), Großbritannien (8,49). Die berücksichtigten Länder mit Verhältniswahlen sind: Italien (1,28), Finnland (1,31), Israel (1,69), Belgien (2,29), Portugal (2,32), Dänemark (2,81), Island (2,78), die Niederlande (2,94), Deutschland (3,60), Griechenland (3,60), Norwegen (4,22), Schweden (4,77), Spanien (6,35), Luxemburg (5,62) und Österreich (8,42). Daten von Lijphart (1999: 132-133).

6 Zusammenfassende *polity*-Indices

Die beschriebenen *polities* können zu Indices zusammengefasst werden, die zur Erklärung von *politics* oder *policies* genutzt werden können. So wird im Zusammenhang der Transformationsländer herausgestellt, dass parlamentarische Regierungssysteme gewisse ökonomische Vorteile gegenüber präsidentiellen Systemen aufweisen bzw. starke Präsidenten einen verstärkenden Einfluss auf positive oder negative Entwicklungen nehmen (Kitschelt 2000). Für etablierte Demokratien wurden aus einem Set von *polity*-Variablen verschiedene Indices institutioneller Barrieren der zentralstaatlichen Exekutive entwickelt, die Einfluss auf die Entscheidungsprozesse haben (zur Übersicht und für eine Aktualisierung der unten vorgestellten Indices siehe Schmidt 2010: 330-334). Erwähnenswert ist in diesem Zusammenhang der Index zur *constitutional structure* (Huber u.a. 1993), der einen additiven Index von Föderalismus (0 = kein Föderalismus, 1 = schwacher Föderalismus, 2 = starker Föderalismus), parlamentarischem Regierungssystem (= 0) versus Präsidentialismus (= 1), Verhältniswahlrecht (= 0) versus Mehrheitswahlrecht (= 1), Bikameralismus (1 = schwach, 2= stark) und Referendum (0 = selten, 1 = häufig) darstellt. Josep Colomer (2002) entwickelte einen ähnlichen Index, in den die effektive Anzahl der Parteien (siehe hierzu Kapitel 3), der Bikameralismus, ein gewählter Präsident und der Dezentralismusgrad einfließen. Manfred G. Schmidt (1996; 2002b) stellt einen Index zur institutionellen Begrenzung der zentralstaatlichen Legislativen und Exekutiven vor, in den er neben Föderalismus, Bikameralismus, Schwierigkeitsgrad der Verfassungsrevision und Referendumshäufigkeit noch die Autonomie der Zentralbanken und die Mitgliedschaft in der Europäischen Union aufnimmt. Am umfassendsten ist in diesem Kontext der Index von André Kaiser (1997, siehe auch 1998), der neben institutionellen Faktoren zusätzlich den Minderheitenschutz und die Regierungsform (Einparteien- und Koalitionsregierung) in seinen Index von Vetopunkten einbezieht. Im Gegensatz zu den anderen Indices vermischt Kaiser damit die institutionelle und Prozessebene (Regierungsform und Minderheitenschutz), was unter gewissen analytischen Perspektiven problematisch sein könnte.

Alle Indices kommen zu recht ähnlichen Aussagen:[85] Institutionelle Barrieren sind in der Bundesrepublik Deutschland, den USA und der Schweiz besonders ausgeprägt. Lediglich in Kaisers Index schafft es Österreich noch in diese Gruppe. In einer ganzen Reihe von Ländern sind die Barrieren dagegen besonders niedrig. Zu diesen zählen Barbados, Botswana, Costa Rica, Finnland, Griechenland, Island, Israel, Neuseeland, Norwegen, Portugal und Schweden. Politische Institutionen können jedoch nicht losgelöst von politischen Prozessen und Programmen gesehen werden. Alle drei Bereiche beeinflussen sich gegenseitig. Deshalb sollen als nächstes wesentliche Aspekte von politischen Prozessen erläutert werden.

---

[85] Nach Manfred G. Schmidt (2000: 354) korrelieren die Indices für 36 Demokratien signifikant.

Kapitel 3: Politische Prozesse (*Politics*)

1. Parteien und Parteiensysteme
2. Regierungstypen
3. Außerparlamentarische Interessenvermittlung
4. Regimewechsel und politische Gewalt

Die Beziehung zwischen politischen Institutionen und politischen Prozessen ist nicht eindeutig. Dies gilt vor allem in kausaler Hinsicht. Dass sich eine politische Institution aus dem Macht- oder Konkurrenzkampf, also aus dem politischen Prozess, ergeben hat, oder die Auffassung, dass sich die Austragung politischer Auseinandersetzungen durch das Gefüge von politischen Institutionen entwickelt, sind beide plausibel. Auch besteht eine Grauzone, ab wann politische Prozesse Institutionen schaffen. Einzig zutreffend scheint die vage Feststellung, dass Institutionen stabiler sind als politische Prozesse.

Insbesondere beim Parteiensystem wird dieses Verhältnis deutlich. Parteiensysteme sind in modernen Demokratien offen für Veränderungen. Mit dem Auftauchen neuer Ansprüche entstehen häufig auch neue Parteien. Sind Parteien nicht responsiv, verlieren sie Wählerstimmen. Jedoch basiert die Grundannahme Seymour Lipsets und Stein Rokkans gerade darauf, dass sich Parteiensysteme im 20. Jahrhundert institutionalisiert haben. Unterstreicht die These, dass Parteiensysteme gefestigt („eingefroren") sind, den institutionellen Charakter, so konzentrieren sich wettbewerbsorientierte Betrachtungen des Parteiensystems (Downs 1968) auf den *politics*-Aspekt. Die folgende Darstellung der Parteiensysteme in demokratischen Staaten wird beide Seiten gleichermaßen beleuchten.[86]

Neben dem Parteiensystem sind noch andere politische Institutionen und Prozesse, die die Interessen der Bevölkerung eines Landes in politische Handlungen übersetzen, von Bedeutung (Rucht 1993; Armingeon 2003b). In einer systemtheoretischen Perspektive (siehe Kapitel 9) spricht man vom intermediären System. In modernen Staaten nehmen verschiedene kollektive Akteure die Aufgabe wahr, Interessen der Bevölkerung zu aggregieren und zu artikulieren. Sie sollen garantieren, dass ein politisches System einerseits stabil bleibt, anderseits jedoch auch auf neue Aufgaben reagiert. Die folgende Abbildung gibt die unterschiedliche Verankerung und Reichweite der kollektiven Akteure in modernen Demokratien wieder.

---

[86] Der wichtige Bereich der politischen Repräsentation wird im Folgenden nicht explizit beleuchtet. Einen aktuellen Überblick über den Forschungsstand geben: van Deth (2003); Powell (2004).

Abbildung 3-1: Das System der Interessenvermittlung in modernen Demokratien

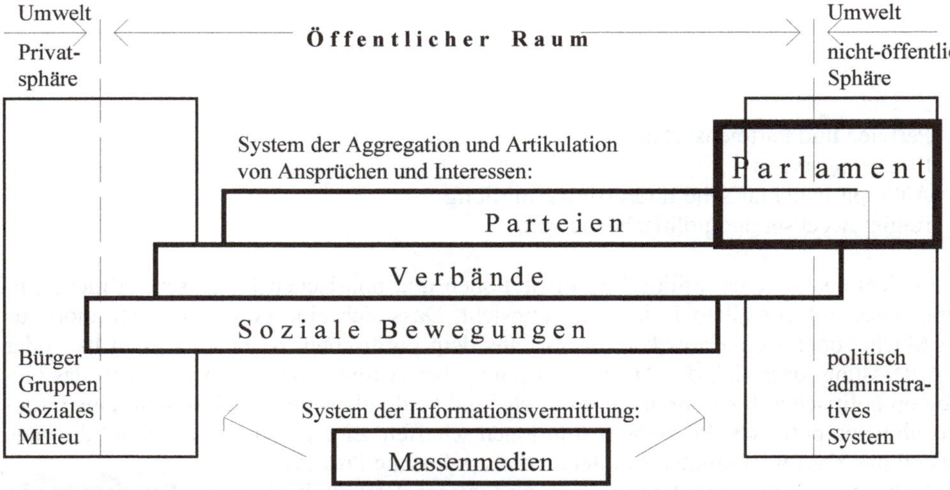

Quelle: Die Abbildung bezieht sich auf Arbeiten von Easton (1979: 374), Katz/Mair (1995) und vor allem Rucht (1993: 262). Sie wurde durch eigene Überlegungen modifiziert und ergänzt (Jahn 2000: 71).

Politische Parteien erfüllen hierbei eine wesentliche Aufgabe, indem sie die Interessen der Bevölkerung am nachhaltigsten in den parlamentarischen Raum, der für politische Entscheidungen zuständig ist, übertragen. Im parlamentarischen Bereich sind die Regierungstypen ein bedeutender Aspekt eines politischen Systems. Diese variieren international in nicht unerheblichem Maße. Neben den Regierungstypen (Einparteien-, Koalitions- und Minderheitenregierungen) und den Parteiensystemen sollen als wichtige Elemente des intermediären Systems auch die internationalen Unterschiede weiterer Prozesse der Interessenvermittlung betrachtet werden. Hierzu zählt vor allem die Organisation der Interessenverbände, die als alternative Kanäle der Interessenvermittlung fungieren. In modernen Gesellschaften sind dies vor allem Verbandssysteme, die durch ihre Lobbyarbeit den politischen Prozess zu beeinflussen suchen. In anderen Gesellschaften treten jedoch auch andere Akteure, wie Klangruppen und ähnliche, hervor.

Soziale Bewegungen sind relativ fluide Organisationsgebilde, die sich mit zumeist unkonventionellen Aktionen darum bemühen, einen sozialen Wandel herbeizuführen, zu verhindern oder rückgängig zu machen (Raschke 1988; Rucht 1994a). Sie können ganz unterschiedlicher Natur sein, als Beispiele seien hier nur religiöse Bewegungen oder die Arbeiterbewegung genannt. Oftmals institutionalisieren sich soziale Bewegungen zu Organisationen (Kirche, Parteien, Gewerkschaften, Verbände etc.). In manchen Staaten bilden sich auch regionale Bewegungen. Aktuelle soziale Bewegungen in modernen Gesellschaften umfassen unter anderem die Anti-Globalisierungs-, Umwelt- und Frauenbewegung, aber auch nationalistische Bewegungen.

Die meisten Beispiele in diesem Kapitel beziehen sich auf demokratische Staaten mit ausdifferenzierten politischen Systemen. Abschließend soll in diesem Kapitel auch auf politische Prozesse eingegangen werden, die vornehmlich, wenngleich nicht ausschließlich, weniger entwickelte Gesellschaften betreffen. Wesentliche Aspekte für den Wandel solcher

Gesellschaften stellen verschiedene Formen gewaltsamer Politik wie Staatsstreiche und vor allem Revolutionen dar, deren Charakteristika abschließend diskutiert werden sollen.

1 Parteien und Parteiensysteme

Politische Parteien und Parteiensysteme stellen Kernbereiche des politikwissenschaftlichen Interesses dar.[87] Die Definition, wonach Parteien als „... organisierte Zusammenschlüsse gleichgesinnter Staatsbürger zur Förderung gemeinsamer politischer Anliegen in Willensbildungs- und Entscheidungsprozessen über öffentliche Angelegenheiten, vor allem durch Meinungsäußerung, direkte oder indirekte Einflussnahme auf die Regierungspolitik, Ämtererwerb (engl. *office seeking*, Patronage) und politische Gestaltung (engl. *policy pursuit*)" (Schmidt 2004a: 514-516) bezeichnet werden können, umschreibt treffend die politische Reichweite von Parteien. Ähnlich wie Interessenorganisationen, jedoch auf einem breiteren Themenspektrum, vermitteln politische Parteien die Bevölkerungsinteressen aus dem privaten Bereich in das politische System im engeren Sinne.

Die Bedeutung von Parteien ergibt sich daraus, dass vielerlei Aspekte der Organisation, Willensbildung, Finanzierung etc. in mehr oder weniger vergleichender Perspektive behandelt werden können.[88] Die äußerst heterogene Erscheinungsform politischer Parteien erfordert es, Kriterien zu finden, die die politischen Parteien in unterschiedlichen Ländern strukturieren. Es gilt also, sinnvolle *tertium comparationis* zum systematischen Vergleich von Parteien zu finden. So verwundert es nicht, dass die Klassifikation und Typologisierung von politischen Parteien eine lange Tradition in der Politikwissenschaft besitzt.

Klassifikationen von Parteien

Die meisten Klassifikationen und Typologien von Parteien beziehen sich auf deren organisatorische bzw. programmatische Erscheinungsform. So unterschied Max Weber (1976: 857-868) die *Honoratiorenpartei* von der *Massenpartei*. Die Honoratiorenpartei stellt die ursprüngliche Form politischer Parteien dar, in der sich Parlamentarier in locker verbundenen Gruppierungen ohne außerparlamentarische Anbindung zusammenschlossen. Honoratiorenparteien, die den Liberalismus vertraten, waren in vielen europäischen Parlamenten zu Beginn des 19. Jahrhunderts Gruppierungen von Parlamentariern, die sich gegen das alte, zumeist monarchische oder aristokratische Regime wandten. Ähnliche konservative parlamentarische Gruppen bildeten sich als Reaktion auf diese liberalen Strömungen und vertraten das alte Regime. Damit manifestieren liberale und konservative parlamentarische Gruppen die erste Form politischer Parteien, die nicht auf einer außerparlamentarischen Massenbasis aufbauten, sondern sich auf Zusammenschlüssen von Parlamentariern gründeten. Als erste Parteien, die von einer Massenbasis getragen wurden, formierten sich in der

[87] Als umfassender Überblick der Literatur siehe: Bartolini u.a. (1998).

[88] Die Literatur zu diesen Bereichen ist unüberschaubar und sehr ausdifferenziert. Einige Werke, die erwähnt werden sollen, sind etwa: Duverger (1959); Bartolini/Mair (1984; 1990); Panebianco (1988); Katz/Mair (1995); Ware (1996). Gute Sammlungen von Schlüsseltexten zur Parteienforschung beinhalten die von Peter Mair (1990) bzw. Susan Scarrow (2002) zusammengestellten Reader. Aktuelle Zusammenfassungen der Parteienforschung finden sich bei Winkler (2002); Luther/Müller-Rommel (2002); Payne u.a. (2002); Lewis (2003) und Poguntke (2000; 2003).

Mitte des 19. Jahrhunderts die Arbeiterparteien, die zudem eng mit den Gewerkschaften verbunden waren. In vielen europäischen Parlamenten nahmen sie zu Beginn des 20. Jahrhunderts dominante Stellungen ein und justierten sich in der Folgezeit oftmals neu im Parteiensystem (Padgett/Paterson 1991; Esping-Andersen/van Kersbergen 1992; Kitschelt 1994; Jahn/Henn 2000). Weitere Massenparteien sind Bauernparteien, die in der außerparlamentarischen Bauernbewegung Unterstützung fanden. Jedoch war der Erfolg der Bauernparteien in den einzelnen Ländern recht unterschiedlich. Lipset und Rokkan (1967) identifizierten vier Faktoren für die Existenz relevanter Bauernparteien: Einmal waren Städte und industrielle Zentren zur Zeit der Einführung des allgemeinen Wahlrechts relativ unbedeutend. Außerdem bestand die Bauernbevölkerung weitgehend aus unabhängigen Bauernfamilien, was sie zu einer unabhängigen politischen Kraft machte. Ferner dominierte der Kulturkonflikt zwischen marktkapitalistischen Städten und traditionell-landwirtschaftlichen Peripherien, und schließlich kam die Schwäche der katholischen Kirche der Bildung von Bauernparteien zugute. Starke Bauernparteien entwickelten sich vor allem in den skandinavischen Ländern, in Osteuropa sowie in den kalvinistischen Kantonen der Schweiz (Gollwitzer 1977).

Zur Mitte des 20. Jahrhunderts untersuchte Sigmund Neumann (1956) *Massenintegrationsparteien* hinsichtlich ihres demokratischen Selbstverständnisses. Er identifiziert einerseits die kommunistische bzw. faschistische totalitäre oder absolutistische Massenintegrationspartei, die die vollständige Dominanz der Partei über die politischen und privaten Aktivitäten ihrer Mitglieder einfordert und eine gesellschaftliche Gleichschaltung verfolgt. Die demokratische Massenintegrationspartei andererseits gewährt dem Bürger seine Freiheit, verkörpert aber auch ein Dienstleistungsangebot in Form von parteinahen Bewegungen und Organisationen (Konsum-, Sport- und Freizeitverbände, Gewerkschaften etc.), so dass eine Betreuung, „von der Wiege bis zur Bahre" garantiert wurde. Insbesondere traditionelle sozialdemokratische Parteien beschritten diesen Weg. Auch Maurice Duverger (1959) hat die Verbindung zwischen Organisationsstruktur und Programmatik in seiner Parteientypologie benutzt. Er unterscheidet die *Kader-* und die *Massenpartei*. Die Massenpartei zieht ihre Effektivität durch die Anzahl ihrer Mitglieder, die Kaderpartei dagegen durch die Auslese von Aktivisten.

Besonders einflussreich waren in der frühen Nachkriegszeit Otto Kirchheimers (1965) Thesen zur *Catch-All-Party*, deren Charakteristik mit der deutschen Übersetzung in ‚Allerweltspartei' oder ‚Volkspartei' nur unzureichend beschrieben wird. Dieser Parteientyp ist bestrebt, seine eigenen Klientelgruppen auszuweiten. Hinderliche programmatische Konzentrationen werden hierzu aufgeweicht. Das Abrücken der SPD von der marxistischen Doktrin im Godesberger Programm von 1959 wird als ein solcher Schritt der programmatischen Öffnung und damit Klientelsausweitung angesehen. Die CDU galt als Prototyp der Volkspartei, da sie als erste deutsche Partei die beiden großen Konfessionen in sich binden konnte. Ähnliche Entwicklungen gab es in den Niederlanden, wo die CDA (*Christen Democratisch Appel*) die drei vormals konkurrierenden religiösen Parteien in sich vereinigen konnte (Daalder 1987; Lepszy 2003) oder in Italien, wo sich die DC (*Democrazia Christiana*) zu einer über die christlichen Werte fixierten Massenpartei entwickelte (Panebianco 1988; Trautmann/Ullrich 2003). Das Hauptziel einer strategisch-programmatischen Öffnung der Parteien besteht in der Maximierung von Wählerstimmen. Dies führt dazu, dass nicht mehr die programmatischen Aspekte und deren Verwirklichung im Zentrum parteipolitischer Entscheidungen stehen, sondern wahlstrategische Aspekte. Damit lösten sich Parteien von der inhaltlichen Politik und wurden zunehmend zu ‚professionellen Wählerparteien' (Panebianco 1988). Wenn die so agierenden Parteien ihren ideologischen Kern öffnen, besteht die Gefahr der Profillosigkeit oder eines programmatischen Überziehens des Integrationsspektrums. Mit solchen Problemen scheinen die „neue" *Labour Party* in Großbritannien und die SPD unter Gerhard Schröder konfrontiert zu sein, wo die Orientierung hin zu neuen Wählergruppen gleichzeitig zur Frustration des klassischen Wählerstamms führt.

Bei einem neuen Typ der Parteienklassifikation, der *Kartellpartei*, verliert die Bindung zwischen Partei und Mitgliedern noch weiter an Bedeutung. Richard Katz und Peter Mair (1995; siehe auch Helms 2001) argumentieren, dass die etablierten Parteien ihre Existenz durch staatliche Unterstützung sichern und weniger auf ihre Mitglieder angewiesen sind. Um den staatlichen finanziellen Zufluss zu garantieren, schotten sich die etablierten Parteien ab. Dies führt zu einem begrenzten politischen Wettbewerb dieser Parteien untereinander und zu einer Benachteiligung neuer Herausforderer.

Um den Einfluss von politischen Parteien auf politische Ergebnisse zu untersuchen, hat es sich bewährt, sich auf die programmatischen Standpunkte zu konzentrieren. Verfolgen z.B. sozialdemokratische Parteien im internationalen Vergleich eher eine wohlfahrtsstaatliche Politik als konservative Parteien? Und in welchem Ausmaß nehmen liberale Parteien neue politische Ansprüche in ihre Programmatik auf? Um sich der Untersuchung dieser Fragen anzunähern, bedarf es zunächst einmal einer Bestimmung der Kategorien „sozialdemokratischer Parteien", „konservativer Parteien" oder „liberale Parteien." Schon dieser Schritt ist nicht so einfach, wie vielleicht vermutet werden könnte. Ausgehend von den Eigennamen der Parteien stößt man sehr schnell an Grenzen. Abgesehen von schwer zuordnungsfähigen Parteiennamen, wie etwa die *Moderaten* in Schweden oder die „Partei der Institutionalisierten Revolution" in Mexiko, firmieren viele Parteien mit recht unterschiedlichen programmatischen Standpunkten unter ähnlichen Namen. Die „Volkspartei" ist in Schweden (sozial-)liberal ausgerichtet. Die „Österreichische Volkspartei" ist jedoch eine christdemokratische Partei und hinter der „Portugiesischen Sozialdemokratischen Partei" verbirgt sich eine stark konservative Gruppierung (Beyme 2000a: 75). Um diese Unübersichtlichkeit zu reduzieren, wurden Parteien in unterschiedlichen Parteienfamilien zusammengefasst (Beyme 1984; 2000a; Ware 1996; Caramani 2004). Das Konzept der Parteienfamilien verbindet eine historische Analyse mit der Zuschreibung von programmatischen Standpunkten. Wenngleich auch dieses Konzept nicht alle Probleme lösen kann und innerhalb der Parteienfamilien recht erhebliche programmatische Unterschiede bestehen, stellt es doch eine Basis für die vergleichende Parteienforschung dar (Jun/Höhne 2012). Klaus von Beyme (2000a: 70-71) entwickelte das folgende Schema der Ausdifferenzierung von Parteien:

1. Liberale Parteien, die sich als Reaktion gegen das alte Regime bildeten (zwischen ca. 1810-1848).
2. Konservative Parteien, die für das alte Regime eintraten.
3. Arbeiterparteien, die sich gegen das bürgerliche System aussprachen (seit ca. 1848).
4. Agrarparteien, die sich gegen die Industrialisierung wandten.
5. Regionale Parteien, die sich gegen den Zentralismus richteten.
6. Christliche Parteien, die die Säkularisierung der Gesellschaft kritisierten.
7. Kommunistische Parteien, die sich gegen den „Sozialdemokratismus" stemmten.
8. Faschistische Parteien, die sich gegen das demokratische System aussprachen.

9. Rechtspopulistische Parteien, die das bürokratisch-wohlfahrtsstaatliche System kritisierten.
10. Ökologische Parteien, die sich gegen die Wachstumsgesellschaft richten.

Wenngleich sich die Bestimmung der Parteienfamilien vor allem an den europäischen Ausdifferenzierungsprozessen orientiert, können ähnliche Familien auch in anderen Kontexten identifiziert werden. Allerdings müssen bei diesen Analysen die spezifischen historischen und ideengeschichtlichen Kontexte berücksichtigt werden (Emminghaus 2003; Vanden/Prevost 2002: 203-213; Werz 2005: 292-297). Dies gilt auch für die Parteiensysteme in Zentralosteuropa, die durch die kommunistische Phase einen Kontinuitätsbruch der Entwicklung der Parteienfamilien erlebt haben (Lewis 2003).

Als ein Maß für die Bestimmung der Stärke der Parteienfamilien können deren Stimmen bei Wahlen genutzt werden. Liegt der Fokus der Analyse stärker auf der Einflussnahme von Parteien auf die Politik, so wird als Indikator die anteilsmäßige Regierungsbeteiligung genutzt. Beide Indikatoren können je nach Forschungsinteresse für bestimmte Zeiträume erhoben werden. Für eine Auswahl der OECD-Länder ergibt sich das folgende Ergebnis, welches in Tabelle 3-1 zusammengefasst wird.

Die stärksten Parteien lassen sich unter sozialdemokratischen und konservativen bzw. christdemokratischen Parteienfamilien finden. Dabei fällt auf, dass starke konservative Parteien in Länder existieren, in denen keine bzw. schwache christdemokratische Parteien vorhanden sind und umgekehrt. Angelsächsische Länder zählen zu den Staaten, die die stärksten konservativen Parteien besitzen. In diesen Ländern erhalten diese Parteien – bis auf Kanada – durch mehrheitsschaffende Mehrheitswahlsysteme einen weitaus höheren Regierungsanteil als Wählerzuspruch. Besonders ausgeprägt ist dies in Neuseeland, Großbritannien, Irland und den USA. Übertroffen wird dieses Ungleichgewicht jedoch in Japan, wo die konservative Liberale Partei Japans (LPD) ca. 60 Prozent der Stimmen, jedoch über 95 Prozent der Regierungssitze innehat. Besonders starke christdemokratische Parteien existieren in Italien, den Niederlanden, Belgien und Deutschland, wobei in den drei zuerst genannten Ländern auch eine große Diskrepanz zwischen Wählerzuspruch und Regierungsbeteiligung besteht.

Sozialdemokratische Parteien sind in allen Ländern bis auf die USA und Kanada eine etablierte politische Kraft. Besonders starken Regierungseinfluss besitzen sozialdemokratische Parteien in Skandinavien, allen voran in Schweden, Österreich, Spanien und Griechenland. In diesen Ländern liegt der Regierungseinfluss deutlich über dem Wählerzuspruch. In Neuseeland, Australien, Großbritannien und in Deutschland ist dieses Verhältnis umgekehrt.

Liberale Parteien sind in Kanada, Portugal und den USA stark, wenn man in den USA die *Democrats* als eine liberale Partei betrachtet. Weniger stark sind liberale Parteien in Dänemark, Spanien, der Schweiz und Deutschland, wobei für die FDP ein großer Unterschied zwischen Wählerzuspruch (ca. 9 Prozent) und Regierungsanteil (ca. 22 Prozent) zu konstatieren ist.

Tabelle 3-1: Stärke von Parteienfamilien in OECD-Ländern in Prozent (Wähler- und Regierungsanteil) 1960-2000

	Grüne		Sozialisten		Sozialdemokraten		Liberale		Christdemokraten		Konservative		Nationalisten		Agrarparteien		Ethnische und regionale Parteien		Parteien mit speziellen Interessen		Unabhängige Minister
	W	R	W	R	W	R	W	R	W	R	W	R	W	R	W	R	W	R	W	R	R
Australien					46,4	39,8					39	47,2			14,3	12,8					0,25
Kanada					8,55	0	43,3	67			42,8	33					2,59	0	1,68	0	
Irland	0,2	0	1,1	0	12,1	15,1	1,64	2,02	33,3	16,4	48,4	66,5	0,16	0	0,21	0					
Neuseeland	0,01	0			46,6	25,7	0,02	0			52,2	74,3							0,48	0	
Großbritannien					45	33,8	2,33	0			50,2	66,2									
USA[1]							58,7	47,4			41,3	52,6									
Durchschnitt	*0,11*	*0*	*1,1*	*0*	*31,7*	*22,9*	*21,2*	*23,3*	*33,3*	*16,4*	*45,7*	*56,6*	*0,16*	*0*	*7,24*	*6,42*	*2,59*	*0*	*1,08*	*0*	*0,25*
Dänemark			10,3	0	39,6	55,7	25,3	26,9	1,65	1,5	16,5	14,8							6,1	0,33	0,81
Finnland	1,36	0,62	16,4	6,48	26,9	27	2,58	3,03	2,3	0,44	19,3	11,9			25,2	29,2	5,88	8,14			13,2
Norwegen			4,23	0	44,4	64,2	4,14	4,54	10,3	7,85	22,7	15,8			10,6	7,62			3,45	0	
Schweden	1,09	0	4,89	0	45,8	76,7	12,2	8,69	1,4	0,52	18,4	4,99			15,2	7,46			0,54	0	1,68
Durchschnitt	*1,23*	*0,31*	*8,95*	*1,62*	*39,2*	*55,9*	*11,1*	*10,8*	*3,92*	*2,58*	*19,2*	*11,9*			*17*	*14,7*	*5,88*	*8,14*	*3,36*	*0,11*	*5,24*
Belgien[2]	2,31	0			30,7	29,8	19,6	14,6	33,7	53,1							11,8	2,46			
Deutschland	2,4	0,63	0,86	0	40,4	29,1	9	21,8	47,2	47,7	0,15	0,13									0,67
Frankreich	0,09	0,61	8,59	2,18	26,9	25,9	2,2	0,26	4	4,54	56,9	52	0,38	0					0,09	0	14,5
Italien[3]	0,64	0,27	29	2,43	15,1	22,1	4,87	7,66	36,8	58,7	2,08	0,64	8,71	0,92					0,56	0	7,33
Niederlande	1,1	0			37	24,8	16,3	21,9	36,9	53,3											
Österreich[4]	1,69	0			46,4	63	4,15	2,35	42,1	33			5,69	0							1,7
Durchschnitt	*1,37*	*0,25*	*12,8*	*1,54*	*32,7*	*32,4*	*9,35*	*11,4*	*33,5*	*41,7*	*19,7*	*17,6*	*4,93*	*0,31*			*11,8*	*2,46*	*0,33*	*0*	*6,05*
Griechenland[5]			4,45	0,11	43,4	55,7			51,1	42,8	0,26	0									1,35
Portugal[6]	0,14	0	9,5	0	36,7	28,4	50,6	59,3					0,34	0,45					2,45	0	11,9

Spanien[7]			4,4	0	45,7	54,3	11,9	23,2	1,54	0	29	15,5			2,33	0	2,58	0			7,03
Durchschnitt	*0,14*	*0*	*6,12*	*0,04*	*41,9*	*46,1*	*31,2*	*41,3*	*26,3*	*21,4*	*14,6*	*7,76*	*0,34*	*0,45*	*2,33*	*0*	*2,58*	*0*	*2,45*	*0*	*6,76*
Schweiz	1,82	0			29,1	28,3	24,6	28,9	21,6	29,5			0,25	0	11,8	13,3			0,75	0	
Japan			3,85	0	26,3	2,41			6,62	0,43	59,3	96					0,82	0,79			0,4
Durchschnitt	*1,82*	*0*	*3,85*	*0*	*27,7*	*15,4*	*24,6*	*28,9*	*14,1*	*15*	*59,3*	*96*	*0,25*	*0*	*11,8*	*13,3*	*0,82*	*0,79*	*0,75*	*0*	*0,4*
Durchschnitt alle Länder	**1,07**	**0,18**	**8,13**	**0,93**	**34,7**	**35,1**	**16,3**	**18,9**	**22**	**23,3**	**31,2**	**34,5**	**2,59**	**0,23**	**11,4**	**10,1**	**4,73**	**2,28**	**1,79**	**0,04**	**5,07**

W = Wähleranteil in % gemittelt 1960 bis 2000. Der Index wurde berechnet anhand des Sitzanteil im Parlament gewichtet mit den Tagen der Legislaturperiode, geteilt durch die Gesamttage der Legislaturperioden.
R = Regierungsbeteiligung in % gemittelt 1960 bis 2000. Der Index wurde berechnet anhand der Anzahl der Tage der Regierungsbeteiligung gewichtet mit dem Anteil der Ministerposten, geteilt durch die Regierungstage insgesamt.
[1] die „Midterm-Wahlen" wurden einberechnet.
[2] für Belgien bis 1999
[3] für Italien bis 1998
[4] Die FPÖ wurde ab 1986 der Parteienfamilie der Nationalisten zugeordnet.
[5] für Griechenland ab 1974
[6] für Portugal ab 1976
[7] für Spanien ab 1977

Quelle: Budge u.a. 2001, Armingeon u.a. 2004; eigene Berechnungen.

Die anderen Parteienfamilien clustern weniger konzentriert und besitzen durchweg einen höheren Wähler- als Regierungsanteil. Dies trifft insbesondere für sozialistische, grüne und nationalistische Parteien zu. Relativ starke sozialistische Parteien existieren in Italien und Finnland, wobei jedoch nur das finnische Linksbündnis nennenswert an Regierungen beteiligt war (Jahn u.a. 2006). Vom Wählerzuspruch noch stärker vertreten sind die italienischen Kommunisten (annähernd 30 Prozent), die jedoch kaum an der Regierung beteiligt waren (2,4 Prozent). Grüne Parteien finden den höchsten Wählerzuspruch in Deutschland, Neuseeland, Belgien, Schweden, der Schweiz und in Finnland. Doch nur in Deutschland, Finnland, Frankreich und mit Abstrichen in Italien waren sie an Regierungen beteiligt. Nationalistische Parteien sind in Portugal und vor allem Italien regierungsfähig (Kitschelt/McGann 1997), sie haben jedoch, ähnlich wie regionalistische Parteien in Belgien, einen bedeutend höheren Wählerzuspruch als Regierungspräsenz. In diesem Zusammenhang stellt Finnland eine Ausnahme dar, denn hier bekommt die liberale Partei der schwedischen Minderheit mehr Stimmen als der Bevölkerungsanteil der schwedischen Minderheit in Finnland ausmacht. Zudem ist diese Partei gegenüber den Wählerstimmen in der Regierung überrepräsentiert.

Schließlich verzeichnen in Australien und der Schweiz Bauernparteien einen gewissen Zuspruch. Dieser ist in der Wählergunst noch ähnlich hoch in Schweden und Norwegen, wo diese Parteien allerdings regierungsmäßig unterrepräsentiert sind. Eine Hochburg der Agrarparteien ist Finnland, hier besitzt die Zentrumspartei mit fast 30 Prozent den höchsten Regierungsanteil von allen Parteien.

In manchen Ländern hat sich eine Tradition von Expertenregierungen etabliert, etwa in Italien und Finnland. Aber auch in anderen Ländern werden oftmals parteilose Regierungsmitglieder in die Kabinette aufgenommen, beispielsweise in Frankreich und Spanien. In Deutschland, Österreich und der Schweiz sind parteilose Regierungsmitglieder, wenn überhaupt, wie in den meisten anderen Ländern die Ausnahme.

Klassifikationen von Parteiensystemen

Betrachtet man die Gesamtheit der politischen Parteien eines Landes, so liegt der Forschungsschwerpunkt auf dem Parteiensystem (Merkl 1980; Ware 1996; Pennings/Lane 1998; Siaroff 2000; Mair 2002; Niedermayer u.a. 2006; für Osteuropa: Segert u.a. 1997; Lewis 2000). Parteiensysteme können – wie andere Elemente des politischen Systems auch – als abhängige oder unabhängige Variable betrachtet werden. Vor allem *Cleavage*-Strukturen und Wahlsysteme beeinflussen wesentliche Faktoren des Parteiensystems, beispielsweise welche Parteienfamilien in einem Land besonders relevant sind oder ob wir es mit Zwei- oder Mehrparteiensystemen zu tun haben. Andererseits wirken Parteiensysteme auch entscheidend auf die Regierungszusammensetzung, Regierungsstabilität, die Stabilität und Effektivität des politischen Systems überhaupt sowie auf unterschiedliche Politikfelder ein. Es kursieren eine ganze Reihe verschiedenartiger Vorschläge, wie die Charakteristika der Parteiensysteme erfasst werden können.

Einen ersten Eindruck von einem Parteiensystem bekommt man, wenn man die Anzahl der Parteien betrachtet. Parteiensysteme, die sich aus vielen Parteien zusammensetzen, gelten als stärker fragmentiert als Parteiensysteme, die aus wenigen Parteien bestehen. Dem Fragmentierungsgrad des Parteiensystems kommen unterschiedliche Funktionen zu. Allgemein gelten wenig fragmentierte Parteienysteme als stabil. Die klassische Auffassung geht davon aus, dass Systeme, in denen nur zwei Parteien um die Macht kämpfen, am effizientesten sind. Abbott Lawrence Lowell (1896: 70; 73-74) drückte dies in seinem Diktum in prägnanter Weise aus, indem er postulierte, dass die Legislative "… two parties, and two parties only…" benötigt, "… in order that the parliamentary form of government should permanently produce good results."[89] Einerseits formulieren diese Parteien klar abgrenzbare Alternativen, die bei der Wahlentscheidung helfen. Andererseits führen Zweiparteiensysteme zu einer ausgeglichenen Politik, da beide Parteien um die Wähler der politischen Mitte konkurrieren (Downs 1968). Darüber hinaus führen sie zu eindeutigen Regierungsbildungen einer Partei. Mehrheitswahlsystemen wird nachgesagt, dass sie zu einer geringen Anzahl von Parteien neigen. Maurice Duverger (1959) bezeichnete es sogar als ein politikwissenschaftliches Gesetz, dass relative Mehrheitswahlsysteme zu Zweiparteiensystemen führen. Des Weiteren führte er aus, dass bei absoluten Mehrheitswahlsystemen, wie etwa in Frankreich, ein Trend zu Vielparteiensystemen vorliegt, indem die Parteien voneinander abhängig sind und zur Kooperation gezwungen sind. Im Verhältniswahlsystem mit relativen Mehrheitsanforderungen kommt es auch zu einem Vielparteiensystem, jedoch sind hier die starken Parteien voneinander unabhängig (siehe auch Rae 1967; kritisch hierzu: Nohlen 2000: 396-397).

Den Vorteilen stehen allerdings auch einige Nachteile des Mehrheitswahl- und des Zweiparteiensystems gegenüber. Zweiparteiensysteme nehmen weniger neue Einflüsse aus der Gesellschaft auf als Mehrparteiensysteme. Zwar sind auch in Zweiparteiensystemen diverse gesellschaftliche Interessen repräsentiert, doch können Mehrparteiensysteme einzelne Interessen (Umwelt, Bauern, Region, etc.) unverfälschter in „eigenen" ausdifferenzierten Parteien darstellen. So konstatiert Arend Lijphart (1999: 87-89) einen deutlichen, hoch signifikanten Zusammenhang (r = .84) zwischen der Anzahl der virulenten Interessen einer Gesellschaft (*cleavages*) und der Anzahl der Parteien.

Eine komparative Erfassung der Fragmentierung eines Parteiensystems ist jedoch nicht ganz unproblematisch. Vergleicht man ein Dreiparteiensystem mit gleich großen Parteien und ein Dreiparteiensystem mit zwei großen Parteien (jeweils etwa 45 Prozent) und einer kleinen Partei (etwa 10 Prozent), so ist es offensichtlich, dass beide Parteiensysteme in unterschiedlicher Weise fragmentiert sind. Drei gleich große Parteien haben eine stärkere Zentrifugalkraft als ein Parteiensystem mit zwei großen Parteien und einer kleinen Partei. Aus diesem Grund haben sich unterschiedliche Klassifizierungen durchgesetzt. Zunächst hat Giovanni Sartori (1976: 122-123) darauf hingewiesen, dass nur solche Parteien für die Einschätzung des Parteiensystems herangezogen werden sollen, die auch über parlamentarische Sitze verfügen. Um die Bedeutung der einzelnen Parteien und den Grad der Fragmentierung einschätzen zu können, trennt er zwischen Parteien mit einem Koalitionspotenzial und Parteien mit einem „Erpressungspotenzial" (*blackmailing potential*). Parteien mit Koalitionspotenzial sind unmittelbar für die Regierungspolitik relevant, dagegen können Parteien mit Erpressungspotenzial Regierungsmehrheiten unterbinden, wenn ohne sie keine stabile Regierung gebildet werden kann. Die FDP in den 1960er und 1970er Jahren war

[89] Er führt aus: "A division into two parties is not only the normal result of the parliamentary system, but also an essential condition of its success." Denn: "… the larger the number of discordant groups that form the majority the harder the task of pleasing them all, and the more feeble and unstable the position of the cabinet." Zitiert aus Lijphart (1999: 64) und Scarrow (2002: 215).
Abbott Lawrence Lowell (1856-1944) war einer der ersten systematisch vergleichenden Politikwissenschaftler. Er war von 1909 bis 1933 Präsident der Harvard Universität, wo er seit 1897 Professor in Government war.

eine solche Partei, ebenso die italienischen Republikaner oder die kleinen religiösen Parteien in Israel. Jean Blondel (1968: 184-187) liefert eine alternative Klassifikation, indem er stärker vom Charakter der einzelnen Parteien abstrahiert und zwischen Zweiparteiensystemen, Zweieinhalbparteiensystemen, Multiparteiensystemen mit einer dominanten Partei und Multiparteiensystemen ohne dominante Partei unterscheidet. Blondels Klassifikation eignet sich für quantitative Analysen, da seine Typen ordinal skaliert sind. Noch einen Schritt weiter gehen jedoch andere Maßzahlen, die den Charakter von Parteiensystemen metrisch erfassen. Hierfür hat sich der Fraktionalisierungsindex (F) von Rae (1967) und der Index der Anzahl effektiver Parteien (N) durchgesetzt.[90] Beide Indices lassen sich auf alle am Wahlkampf beteiligten Parteien beziehen oder auch nur auf jene Parteien, die Parlamentssitze errangen. Der zweite Weg bietet einige Vorteile, da beide Indices im ersten Fall die Vielzahl der „sonstigen" Parteien beachten müssen. Der Rae-Index erfasst auf einer Skala von 0 bis 1, wie wahrscheinlich es ist, dass zwei Abgeordnete nicht zur gleichen Partei gehören. Der Nachteil dieses Indexes besteht darin, dass er die großen Parteien überbewertet und den Einfluss der kleineren Parteien nicht gleichermaßen erfasst. Der von Markku Laakso und Rein Taagepera (1979) entwickelte Index der effektiven Anzahl der Parteien ist anschaulicher, weil er die in einem Parlament vertretenen Parteien nach ihrer Stärke gewichtet beschreibt. Beide Indices sagen jedoch im Grunde das Gleiche aus, da ein Index aus dem anderen berechnet werden kann.[91]

Der Vorteil metrischer Indices von Parteiensystemen besteht in deren eindeutiger Erfassung. Auch sind sie präziser als die Klassifikation der Parteiensysteme durch Blondel. Allerdings können diese Indices nicht die qualitativen Kriterien erfassen, die bei Sartori beleuchtet werden. Die folgende Tabelle liefert einen Überblick über die genannten Indikatoren der Parteiensysteme.

Tabelle 3-2: Klassifikation von Parteiensystemen

Hypothetisches Beispiel (Prozentualer Anteil der Parteien):	**Parteiensystem (Blondel)**	**Effektive Anzahl der Parteien**	**Fragmentierungsindex**
50-50	Zweiparteiensystem	2,00	0,50
33-33-33	Dreiparteiensystem	3,06	0,67
45-45-10	Zweieinhalbparteiensystem	2,41	0,59
45-20-15-10-10	Multiparteiensystem mit dominanter Partei	3,50	0,72
25-25-25-15-10	Multiparteiensystem ohne dominante Partei	4,50	0,78

[90] Raes Index der Fragmentierung berechnet sich aus 1 minus der Summe der quadrierten Sitzanteile (s) (in Prozent dividiert durch 100) (bzw. Wählerstimmenanteile): $F = 1 - \Sigma s_i^2$. Die Berechnung der effektiven Anzahl der Parteien errechnet sich aus 1 dividiert durch die Summe der quadrierten Sitzanteile (Prozent): $N = \frac{1}{\sum s_i^2}$.

[91] $N = \frac{1}{1-F}$ bzw. $F = 1 + \frac{1}{N}$.

Infokasten 3-1: Empirische Ausprägungen der effektiven Anzahl der Parteien

Betrachten wir die konsolidierten Demokratien über die Nachkriegsjahre hinweg, so besitzen Neuseeland (1,96), Malta (1,99) und das Vereinte Königreich (2,11) die niedrigsten Werte für die effektive Anzahl der parlamentarischen Parteien. Die USA (2,40), Österreich (2,48), Deutschland (2,93), Schweden, Portugal (3,33) und Norwegen (3,35) liegen im Mittelfeld, während Italien (4,91), Finnland (5,03) und die Schweiz (5,24) die höchsten Werte verzeichnen. Kanada (1,54) besitzt dabei bei der Wahl von 1958 den niedrigsten Wert der etablierten hoch industrialisierten Demokratien. Die höchsten Werte traten 1992 in Italien (6,97) und 1973 in Dänemark (6,86) auf.[92]
In Zentralosteuropa variiert die Anzahl der effektiven Parteien noch sehr stark, da sich die Parteiensysteme noch nicht vollkommen gefestigt haben. 1998 waren eher wenige Parteien in den Parlamenten in Bulgarien (2,5), Litauen (2,8) und Polen (3,1) zu finden. In der Ukraine (7,0) und Russland (6,0) lagen die Werte dagegen sehr hoch. Zu gewissen Zeitpunkten schlug der Index der effektiven Anzahl der parlamentarischen Parteien in der Russischen Föderation (1999 = 8,32) und der Ukraine (1994 = 23,85) besonders hoch aus, da hier eine Vielzahl von unabhängigen Abgeordneten in die Parlamente einzogen, was allerdings die Anwendung dieser Indices für diese Länder als fragwürdig erscheinen lässt (Segert u.a. 1997; Beichelt 2001).
In Afrika existieren Parteiensysteme mit extrem wenigen Parteien (Mauritius 1,2; Mali und Seychellen 1,3) sowie mit mehreren Parteien (Zentralafrikanische Republik und Benin 4,2; Guinea-Bissau 3,7; Niger 3,3). Insgesamt liegt der Durchschnittswert der 20 von Christoph Emminghaus (2003: 110-113) untersuchten Wahldemokratien Afrikas mit 2,3 „effektiven Parteien" relativ niedrig. In Lateinamerika ist der Durchschnittswert dagegen entschieden höher (4,02). Insbesondere für die Unterhauswahlen in Brasilen (6,7), Ecuador (5,7) und Bolivien (4,6) erhält man sehr hohe Werte (Payne u.a. 2002: 73; allgemein zum Parteiensystem in Lateinamerika siehe auch: Mainwaring/Scully 1995; Bendel 1996; Werz 2005: Kapitel 10).

Ein weiterer entscheidender Aspekt für die Stabilität eines Parteiensystems ist die Bindungsfähigkeit (*alignment*) der Parteien. Darunter wird der Umstand verstanden, dass Parteien sich ihre Wählerschaft über einen längeren Zeitraum sichern – an sich binden – können. Sie hängt ebenfalls mit der Relevanz von *Cleavage*-Strukturen zusammen (Lipset/Rokkan 1967). Sind die Konfliktstrukturen stark ausgeprägt und bilden Parteien in vielen Bereichen ihre Programmatik anhand dieser Strukturen aus, so können sie mit einer nachhaltigen Bindungsfähigkeit rechnen. Lösen sich die Konfliktstrukturen auf, leidet darunter auch die Bindungsfähigkeit der Parteien und es kommt zur Auflösung (*dealignment*) einer deutlich abgrenzbaren Wählerschaft einer Partei. Der in Kapitel 1 genannte Prozess der Auflösung des Klassenbewusstseins und der Wahl nach Klassenzugehörigkeit fallen in diesen Bereich. Der Prozess des *dealignment* ist mit einem erhöhten Anteil an Wechselwählern verbunden. Auch kann es zu einem Prozess des *realignments* kommen. Bei *realignments* fühlt sich die Wählerschaft nach Zeiten starker Wechselwählerschaft wieder an eine Partei gebunden. Dieser Prozess kann dadurch gekennzeichnet sein, dass die alten Parteien in der Lage sind, die „verlorenen" Wähler wiederzugewinnen oder dass sich die Wähler nun von anderen Parteien besser vertreten fühlen und zu Stammwählern dieser Parteien werden.

Die Wechselwähler bzw. die Volatilität von Parteiensystemen kann auf unterschiedliche Art berechnet werden (Lane/Ersson 1999: 123-131). Zum einen kann durch Befragung der Wähler ermittelt werden, wie hoch der Bruttoanteil der Wechselwähler ist. Dabei wer-

[92] Diese Informationen sind dem *Detailed Data Used in Patterns of Democracy* entnommen, den Arend Lijphart dem Autor dankenswerter Weise zur Verfügung gestellt hat.

den jene Wähler erfasst, die von Wahl zu Wahl die Partei wechseln. Dieser Anteil der Parteiwechsler (*party switching*) kann vom allgemeinen Anteil der Wechselwähler (*overall volatility*) abgegrenzt werden, in den außerdem noch die Nicht-Wähler einfließen. Schließlich spricht man von der Gesamtvolatilität (*total volatility*), wenn auf die gesamte Wählerschaft Bezug genommen wird, also auch Neuwähler und nicht mehr Wählende (etwa durch Tod oder Entzug des Wahlrechts) einbezogen werden.

Für die Aggregatdatenanalyse hat sich eine Maßzahl etabliert, die die Nettovolatilität eines Parteiensystems erfasst. Dieser Index wurde von Mogens Pedersen (1979: 4) vorgeschlagen und berechnet sich wie folgt:

$$V_t = 1/2 * \sum_{i=1}^{n} | \Delta p_{i,t} |$$

Dabei steht n für die Anzahl der Parteien, die zu den Zeitpunkten t und t-1 an Wahlen teilgenommen haben. Delta (Δ) p repräsentiert den absoluten (ohne Berücksichtung des Vorzeichens) Betrag des Unterschieds der Stimmen einer Partei p in zwei Wahlen. Dieser Index kann einmal auf die Wahlen (*net volatility*) bezogen werden, wobei oftmals eine Identifizierung sämtlicher „sonstiger" Parteien schwierig ist, die für die Berechnung *V*s notwendig wären, so dass als Maß oftmals die Volatilität der Sitze (*seat volatility*) betrachtet wird. Der Unterschied zwischen beiden Indices fällt natürlich größer bei disproportionalen Wahlsystemen (etwa Frankreich, Griechenland und Großbritannien) aus als in proportionalen.

Infokasten 3-2: Empirische Ausprägungen der Nettovolatilität

In westeuropäischen Ländern lag die Nettovolatilität im Zeitraum von 1950 bis 1997 relativ stabil bei 9,6 (Lane/Ersson 1999: 128-129; siehe auch Mair 2002: 130-133). Zwar stieg dieser Index bis Mitte der 1990er Jahre leicht an, nahm danach aber wieder ab. Besonders niedrig war die Nettovolatilität in Österreich (4,7), der Schweiz (5,2), Großbritannien (6,5) und Schweden (6,6). Westeuropäische Länder, die eine hohe Volatilität besitzen, sind Griechenland (14,4), Frankreich, Spanien (14,3) und Portugal (13,6). Allerdings variiert dieser Index im Zeitverlauf in manchen Ländern stark. So lag dieser in Österreich zwischen 1975 und 1979 bei einem Tiefpunkt von 0,9 und 1990 bis 1994, im Zuge des Erfolges der FPÖ, bei 11,1. In Dänemark und Norwegen stieg die Volatilität vor dem Hintergrund intensiver EWG- bzw. EU-Debatten in den 1970er und 1990er Jahren auf über 15 an (Jahn 2002b). Einen absoluten Spitzenwert in den westeuropäischen Ländern stellt die Volatilität in Griechenland in den frühen 1970er Jahren dar (34,1). Aber auch im Frankreich der Vierten Republik betrug dieser Index über 20.

In postkommunistischen Ländern liegt der Index Ende der 1990er Jahre bei über 30 (Beichelt 2001: 267-277), wenngleich darauf hingewiesen werden muss, dass er durch Parteispaltungen und -zusammenschlüsse für die Länder Mittel-Osteuropas schwer zu ermitteln ist. In Afrika ist der Volatilitätsindex in den 1990ern mittelstark ausgeprägt (Emminghaus 2003: 114-117). Tendenziell geht die Volatilität mit der Etablierung von Wahlen dort zurück. In Lateinamerika liegt der Volatilitätsindex allgemein jedoch bedeutend höher (Payne u.a. 2002: Kapitel 6). In der Zeit der demokratischen Konsolidierung bis zum Ende des letzten Jahrhunderts betrug der Durchschnittswert von 18 lateinamerikanischen Ländern 22,1. Besonders hoch ist dieser Wert für Peru (49,68) und Guatemala (43,56). Niedrige Werte finden sich dagegen in Chile (1,67) und Honduras (7,67).

Eine weitere Modifikation dieses Indikators für die Stabilität eines Parteiensystems besteht darin, inwieweit sich die Wechselwählerschaft auf Wechselwähler innerhalb verwandter Parteien bezieht - der Wechsel also innerhalb programmatischer Parteienblöcke stattfindet, beispielsweise zwischen sozialdemokratischem und sozialistischem Block einerseits oder konservativen und liberalen Parteien andererseits - oder inwieweit der Parteienwechsel über diese Blockgrenzen hinweg erfolgt (Mair 1997: 79-81). Letzteres deutet sicherlich auf eine stärkere Instabilität des Parteiensystems hin als der Wechsel zwischen Parteien innerhalb eines Blocks. Empirische Befunde westeuropäischer Länder lassen darauf schließen, dass die Volatilität zwischen den Blöcken äußerst gering ist und bei 2,9 liegt (Mair 1997: 81).

2 Regierungstypen

In demokratischen Staaten gab und gibt es eine Vielzahl von Regierungen, die sich sowohl programmatisch als auch in der Parteienzusammensetzung deutlich unterscheiden.

Regierungen demokratischer Staaten können in mehrere Typen unterteilt werden (Döring 1995b; Woldendorp u.a. 2000).[93] Vor allem zwei Dichotomien beherrschen die politikwissenschaftliche Debatte in diesem Bereich: einmal die Dichotomie zwischen Mehrheits- und Minderheitsregierungen und zum anderen die zwischen Einparteien- und Koalitionsregierungen. Alle vier Kombinationstypen sind in der politischen Wirklichkeit anzureffen.

Mehrheitsregierungen verfügen über die Mehrheit der Parlamentarier (Legislative) und werden daher häufig als stabile Regierungen angesehen. Minderheitsregierungen besitzen dagegen keine parlamentarische Mehrheit und sind von der punktuellen Kooperation mit den Oppositionsparteien abhängig. Allerdings können hier Verfahrensregeln hilfreich sein, die die Regierungsarbeit unterstützen. So herrscht in vielen skandinavischen Ländern der „negative Parlamentarismus" (Jahn 2002a: 53) vor, bei dem eine Regierung nicht die Mehrheit der Stimmen im Parlament benötigt, um ihre Vorstellungen durchzusetzen oder im Amt bestätigt zu werden. Vielmehr gilt die Regel, dass sich keine Mehrheit *gegen* den Regierungsvorschlag bilden darf. Während sich Stimmenthaltungen im positiven Parlamentarismus gegen eine Regierung richten, unterstützen sie im negativen Parlamentarismus die Regierung.

Einparteienregierungen sind in der Regel äußerst homogen, da alle Regierungsmitglieder einer Partei angehören.[94] Sie verfügen über eine hohe Stabilität, selbst wenn es sich um Minderheitsregierungen handelt, wie das Beispiel der skandinavischen Staaten (vor allem Norwegen und Schweden) zeigt. Mehrparteienregierungen entstehen durch den Zusammenschluss mehrerer Parteien zu einer Koalition (Kropp u.a. 2002; Müller/Strøm 2004; Strøm u.a.: 2008). Koalitionsregierungen sind instabiler, da die beteiligten Parteien in vielen Sachfragen und auch in der gesellschaftlichen Ausrichtung höchst abweichende Auffassungen vertreten können. Daher sind diese Regierungen von verschiedenen taktischen Überlegungen abhängig, was insbesondere spieltheoretische Ansätze der vergleichenden Politikwissenschaft stark beflügelt hat und zu unterschiedlichen Modellen zur Erklärung der Bildung

---

[93] Umfangreiche und detaillierte Informationen über die Kabinettzusammensetzung in West- und Osteuropa sind in Blondel und Müller-Rommel (1997; 2001) zu finden.

[94] Allerdings bilden sich in vielen großen Parteien Gruppen von verschiedenen Strömungen, so dass diese innerparteiliche Fragmentierung zu einem gewissen Grad ein funktionales Äquivalent für eine Koalitionsregierung darstellen kann (Raschke 1977). Ähnlich betrachtet auch Tsebelis (2002: 45-51) die Funktion der parteiinternen (In-)Kohärenz.

und Stabilität solcher Regierungstypen geführt hat (Laver/Schofield 1990). Hauptkoalitionstypen sind die *minimal-winning coalition*, die *minimum size coalition*, *smallest number of parties coalition*, *minimal-range/policy viable coalition*, und *die minimal-connected coalition* sowie die *oversized coalition*. In Tabelle 3-3 werden in der oberen Hälfte die Positionen der Parteien von Links nach Rechts sowie deren hypothetischer Stimmenanteil in einem 100 Sitze umfassenden Parlament dargestellt. Die untere Hälfte der Tabelle fasst dann die typischen Koalitionskonstellationen nach den unterschiedlichen Koalitionstypen zusammen.

Tabelle 3-3: Formen von Regierungskoalitionen

Stärke und programmatische Position der Parteien:

Parteien	A (Links)	B	C	D	E (Rechts)
Sitze	8	21	26	12	33

Koalitionsformen:

Minimal winning	ABC	ADE	BCD	BE	CE
Minimum size		ADE			
Smallest number of parties				BE	CE
Minimal range/Policy-viable	ABC		BCD		CE
Minimal connected winning	ABC		BCD		CDE

Quelle: Lijphart (1999: 93).

Minimal-winning coalitions bestehen aus jenen Parteien, die zusammen knapp die parlamentarische Mehrheit hinter sich vereinen können. William H. Riker (1962: 32-46) begründet das Zustandekommen solcher Koalitionsregierungen damit, dass die Parteien auf diese Weise den für sie optimalen Machtgewinn (Anteil an Kabinettssitzen) erzielen können. Wenn nämlich mehr als die für eine Mehrheit erforderlichen Parteien in eine Koalition aufgenommen würden, hätte eine solche *oversized* Koalition die Macht unnötig auf mehrere Akteure aufgesplittet und ließe damit weniger Einfluss für jede einzelne Partei zu. Allerdings ist die Koalitionsvorhersage nach dem Kriterium der *minimal-winnig coalition* sehr weit, so dass in dem oben dargestellten Beispiel fünf solcher Koalitionen möglich wären. Die *minimum size coalition* spitzt dieses Argument zu und geht davon aus, dass die kleinste *minimal-winning coalition* die größten Machtpotenziale für die an ihr mitwirkenden Parteien beinhaltet und sich deshalb die politischen Akteure nach diesem Kriterium ausrichten. In dem obigen Beispiel stellt die Koalition ADE mit 53 von 100 Sitzen diesen Koalitionstypus dar. Eine Variation dieses Arguments besteht in der *smallest number of parties coalition* (Leiserson 1970: 90). Hier geht man davon aus, dass wenige Parteien eher zu einem Verhandlungsergebnis gelangen als viele Parteien. Darüber hinaus sind Koalitionen mit wenigen Parteien leichter kontrollierbar als Koalitionen mit vielen Parteien. Als Konsequenz würden sich deshalb vornehmlich solche Koalitionen bilden, die mit der geringsten Anzahl von Parteien die parlamentarische Mehrheit erringen können. In dem vorliegenden Beispiel sind dies die Koalitionen BE und CE.

Die bisher dargestellten Koalitionstheorien beziehen sich lediglich auf die Sitzanteile der Parteien und vernachlässigen die programmatischen Ausrichtungen. Im Vetospieler-Ansatz von George Tsebelis (2002) kommt der programmatischen Bandbreite der Koalitionsparteien jedoch eine wesentliche Rolle zu. Solange die Koalitionspartner eng beieinander liegen (etwa Partei B und C), wird die Regierung als konzentriert bezeichnet.[95] Liegen die Positionen weit auseinander (etwa B und E), erhöht sich das Vetospielerpotenzial, welches eine Veränderung des politischen *status quo* behindern oder verzögern kann.[96] Der *minimal-range*-Ansatz geht dagegen davon aus, dass sich jene Parteien in Koalition zusammenfinden, die die größten programmatischen Berührungspunkte besitzen. In diesen Fällen schließen sich Parteien in einer Koalition zusammen, die sich programmatisch nahe stehen und eine parlamentarische Mehrheit besitzen, wie im Beispiel die Koalitionen ABC, BCD und CE. In Form des *policy viable*-Ansatzes wird jener Partei eine besondere Rolle zugeschrieben, die den Median-Parlamentarier[97] auf der programmatischen Hauptlinie – meistens der Links/Rechts-Dimension – besitzt. Diese Schlüsselpartei (*pivotal party*) ist in der Lage eine Koalition zu bestimmen, da weder die Parteien links wie rechts von ihr eine Mehrheit ohne diese Partei erzielen können. Im bundesdeutschen Kontext besaß die FDP lange Zeit die Rolle der *pivotal party*, ohne die SPD bzw. CDU/CSU nicht regieren konnten, so dass sich die FDP den Koalitionspartner aussuchen konnte (Saalfeld 1997). Eine weitere Variation der programmatisch orientierten Koalitionstheorien vertritt die Auffassung, dass die Parteien programmatisch verbunden sein müssen und so lange weitere Partner in die Koalition aufnehmen, bis sie die parlamentarische Mehrheit erlangen (Axelrod 1970: 165-87). Dies bedeutet, dass im Beispiel CDE Partei D in die Koalition aufgenommen wird, obgleich sie nicht für die parlamentarische Mehrheit notwendig ist, da sie die Parteien C und E programmatisch verbindet. Somit stellt die Koalition CDE eine *oversized coalition* dar. Insgesamt haben die policy-basierenden Koalitionstheorien die Koalitionen besser vorhersagen können als die programmatisch blinden Ansätze (de Swaan 1973).

Neben Koalitionsregierungen kann die Regierung aus nur einer Partei bestehen. Einparteienregierungen sind relativ häufig in parlamentarischen Demokratien anzutreffen (Müller/Strøm 1997: 10; Strøm u.a. 2009: 8; Lijphart 1999: 110-111). Insgesamt sind etwa die Hälfte der Regierungen (sowohl Mehrheits- als auch Minderheitsregierungen) in etablierten Demokratien Einparteienregierungen. Vor allem in Großbritannien, Neuseeland, Kanada, Spanien und Malta existierte ausschließlich dieser Regierungstyp. Aber auch in Griechenland, Norwegen, Schweden, Portugal und Irland sind Einparteienregierungen, wenngleich oftmals als Minderheitsregierung, dominierend. Dagegen bestanden alle bisherigen Regierungen in der Schweiz, den Niederlanden und Luxemburg aus Koalitionen.

Bezüglich der Regierungsdauer sind zum Teil gravierende Unterschiede zwischen den Regierungstypen identifizierbar. Insgesamt überwiegen die Einparteienmehrheitsregierungen, die auch am langlebigsten sind. Zur Messung der Regierungsdauer werden hier zwei Verfahren vorgestellt. Zum einen geht Dodd (1976: 122-123) davon aus, dass eine Regierung so lange besteht, sowie die gleichen Parteien kontinuierlich an der Macht sind (I). Dagegen definieren andere Autoren (Lijphart 1999: 131-132) eine neue Regierung, wenn Wahlen stattgefunden haben, der Premierminister gewechselt hat oder ein Wechsel der Koalitionsform stattgefunden hat (II).

---

95 Allerdings hätten wir es in diesem Fall mit einer Minderheitsregierung zu tun, die für ihre Mehrheitsbeschaffung auf andere Parteien angewiesen ist.

96 Siehe mehr zur Vetospielertheorie in Kapitel 10.

97 Der Median-Parlamentarier ist jener Abgeordnete, zu dessen programmatischem Standpunkt auf einer Links/Rechts-Achse gleich viele Abgeordnete zur Linken wie zur Rechten zu finden sind.

Tabelle 3-4: Regierungstyp und Regierungsdauer

	Kabinetts-typen (Prozent)	Anzahl der Regierun-gen (I)	Durchschnittliche Regierungsdauer in Jahren (I)	Anzahl der Regierun-gen (II)	Durchschnittliche Regierungsdauer in Jahren (II)
Einparteien-Mehrheits-regierung	37,1	45	8,01	142	3,00
Einparteien-Minderheits-regierung	11,4	38	2,24	76	1,64
Minimal Win-ning Coalition	24,7	71	3,28	107	2,41
Minderheits-koalition	5,8	52	1,01	59	0,91
Oversized Coalition	21,0	91	2,07	120	1.71
Insgesamt	*100,0*	*297*	*3,09*	*504*	*2,12*

Quelle und *Erklärung*: Lijphart (1999: 98 und 137). Die Kabinettstypen beziehen sich auf 32, die restlichen Angaben auf 31 etablierte Demokratien.

Der zweithäufigste und zweitstabilste Regierungstyp ist die *minimal-winning coalition*. Ein Viertel aller Regierungstypen entsprechen dieser Kategorie. Wenngleich diese Regierungen nur etwa halb so lange überdauern wie Einparteienmehrheitsregierungen, sind sie dennoch relativ stabil. Während Einparteienmehrheitsregierungen typischerweise in Mehrheitsdemokratien anzutreffen sind, stellen *minimal-winning coalitions* die typische Regierung in Konsensusdemokratien dar, obwohl es auch hier zu relativ stabilen Einparteienminderheitsregierungen und *oversized coalitions* kommt. Im ersten Fall sind Einparteienminderheitsregierungen auf die temporäre Unterstützung von anderen Parteien angewiesen. Die Regierungen werden toleriert, da die oppositionellen Parteien sich eine bessere Einflussnahme unter einer schwachen Regierung versprechen, als wenn die Regierung über die Mehrheit verfügen würde (Strøm 1990; Jahn 2002b). Empirisch sind Minderheitsregierungen häufiger anzutreffen als oftmals vermutet wird, denn etwa ein Drittel aller Regierungen der Nachkriegszeit in 12 westeuropäischen Ländern waren Minderheitsregierungen, wobei der Anteil in Skandinavien besonders hoch ist (Laver/Schofield 1990). *Oversized coalitions* können nur bedingt durch Faktoren wie die Notwendigkeit von Supermehrheiten zur Verfassungsänderung, als Resultat einer niedrigen Parteiendisziplin oder der Notwendigkeit der nationalen Einheit, etwa in Krisenzeiten, erklärt werden. Vielmehr ermöglicht auch dieser Regierungstyp eine breite Konsenspolitik, indem viele Parteien am Entscheidungsprozess mitwirken. Insofern bieten sowohl Minderheitsregierungen als auch *oversized coalitions* die Möglichkeit, viele Akteure in den Entscheidungsprozess einzubeziehen. Die funktionale Äquivalenz stellen Michael Laver and Norman Schofield (1990: 87) heraus: "In this important sense, minority and surplus majority governments are two sides of the same coin and both may be more likely to occur when there is a single dominant party." *Surplus majority governments* oder *oversized coalitions* bildeten sich besonders häufig in Finnland, Italien und den Niederlanden (Jungar 2000; Jahn u.a. 2006). Am instabilsten sind Minderheitsregierungen, die – je nachdem ob es sich um Einparteienregierungen oder Koalitionen handelt – durchschnittlich ein bis zwei Jahre überleben. Dabei sind Minderheitskoalitionen in westlichen parlamentarischen Demokratien äußerst selten anzutreffen.

Für weniger etablierte Demokratien liegen zwischenzeitlich auch erste Untersuchungen vor (Taras 2003; Kopecky 2003 für Osteuropa; Foweraker u.a. 2003 für Lateinamerika) oder es werden gegenwärtig entsprechende Informationen gesammelt (Müller-Rommel u.a. 2004; Payne u.a. 2002).

3 Außerparlamentarische Interessenvermittlung

Außerhalb des parlamentarischen Systems existieren weitere Kanäle, mit deren Hilfe die Interessen der Bürger in politische Aktionen übersetzt werden können. Die politischen Prozesse sind mehr oder weniger stark institutionalisiert und umfassen somit entsprechend greifbare Indikatoren. Zu den eher institutionalisierten Formen der außerparlamentarischen Interessenvermittlung zählt vor allem der Pluralismus/Neokorporatismusgrad.[98] Schwieriger zu fassen sind Indikatoren, die den „politischen Stil" umfassen (Richardson 1982) und auf Aspekten der politischen Verwaltungskultur eines Landes aufbauen (Anton 1980; Pierre 2000; Peters 2000). Ein Bereich, der darüber hinaus näher betrachtet werden soll und in jüngster Zeit erhöhte Aufmerksamkeit erfahren hat, ist der Grad der Korruption in verschiedenen Ländern. Schließlich wird noch ein Blick auf Aspekte der informellen Politik geworfen. In diesen Bereich gehören Untersuchungen zu sozialen Protesten und Bewegungen, aber auch andere verdeckte mehr oder weniger formale politische Umgangsformen.

a. Pluralismus und Neokorporatismus

Das Konzept des *Pluralismus* stammt aus den USA und betrachtet die Interessendurchsetzung als einen dynamischen politischen Wettbewerb (Bentley 1949; Truman 1951). Dabei gilt der Staat als der Adressat für widerstreitende Interessen, die von kollektiven Akteuren geäußert werden. Kollektive Akteure sind, im Gegensatz zu Individuen, eine mehr oder weniger organisierte Ansammlung von Menschen, die sich zum Zwecke der Durchsetzung von Interessen zusammenfinden. Diese umfassen fest gefügte Organisationen (z.B. Interessenverbände und Parteien) oder eher lose Verbindungen von Individuen (z.B. soziale Bewegungen und Bürgerinitiativen). Philippe Schmitter (1974: 96) führt aus: "Pluralism can be defined as a system of interest representation in which the constituent units are organized into an unspecified number of multiple, voluntary, competitive, nonhierachically ordered and self-determined (as to type or scope of interest) categories which are not specially licensed, recognized, subsidized, created or otherwise controlled in leadership selection or interest articulation by the state and which do not exercise a monopoly of representational activity within their respective categories."

Im Grunde genommen überträgt der Pluralismus das Konzept eines funktionierenden Marktes auf die Politik. Politik wird zum Prozess des Gruppenwettbewerbs bei der Durch-

---

[98] Es existieren ähnliche Konzepte der Interessensvermittlung in modernen Demokratien, die mit den Begriffen „Proporz- und Konkordanzdemokratie" oder „Verhandlungsdemokratie" beschrieben werden. Als aktuellen Überblick siehe: Czada (2002); Armingeon (2003b); Kenworthy (2003).

setzung von Interessen. Die politische Willensbildung ist dann ein fortwährender Prozess wechselseitig ausgeübten Drucks und Gegendrucks von Interessengruppen. Der Staat ist Empfänger der Impulse und fungiert letztendlich als Schiedsrichter. Wie auf dem wirtschaftlichen Markt wird auch auf dem politischen Markt davon ausgegangen, dass dieser Prozess schließlich alle sozialen Bedürfnisse der Mitglieder eines Gemeinwesens befriedigt. Wenn neue Bedürfnisse entstehen, bilden sich neue Interessengruppen, und wenn Interessen vernachlässigt werden, erhöhen die dafür formierten Interessengruppen den Druck auf den Staat.

Ein alternatives Konzept, die politischen Prozesse außerhalb des parlamentarischen Raumes zu erklären, ist der *Korporatismus*.[99] Im Korporatismus wird die Interessensvermittlung anhand von Statusgruppen gebündelt und Interessenskonflikte werden unter diesen ausgehandelt. Historisch reichen die Wurzeln korporatistischer Arrangements bis in die griechische Philosophie zurück und das europäische Mittelalter war anhand korporatistischer Verfahren strukturiert (Black 1984). Insbesondere das mittelalterliche Zunftwesen gilt als ein Vorläufer korporatistischer Interessenvermittlung. Am Ende des 19. Jahrhunderts artikulierten sich korporatistische Interessensvermittlungskonzepte, oftmals in Abgrenzung an marxistische und liberale Auffassungen, im Verbund mit dem Katholizismus. In der Enzyklika *Rerum Novarum* von 1891 wurden die organisierte Arbeiterschaft und deren Gewerkschaften als eine korporative Gruppe der Gesellschaft anerkannt (Moody 1953). In der Zwischenkriegszeit breiteten sich korporatistische Gesellschaftsorganisationen in Europa und Lateinamerika aus.

Es lassen sich verschiedene Formen des Korporatismus unterscheiden (Wiarda 1997). Einmal existieren „natürliche, gewachsene“ korporatistische Systeme, die sich aus der historischen Entwicklung ableiten lassen. Diese basieren auf Familien-, Klan- und Statusgruppen oder regionalen und anderen Zugehörigkeiten. Diese Form war vor allem im mittelalterlichen Spanien und Portugal, aber auch im kolonialistischen Lateinamerika, sowie im Zunftwesen zu Hause. Der „programmatische Korporatismus“ erhielt, wie oben ausgeführt, durch die kirchliche Reorientierung am Ende des 19. Jahrhunderts Gestalt. Als eine dritte Form des Korporatismus betrachtet Wiarda (1997) den *„corporatism in power“*, der statischer, bürokratischer und autoritärer auftritt als er programmatisch konzipiert ist. Insbesondere die Inkorporation des korporatistischen Konzepts durch die faschistischen Regime Mussolinis und Hitlers ließen dieses Konzept in Misskredit fallen. Allerdings haben sich in der Zwischenkriegszeit in Lateinamerika viele politische Systeme anhand korporatistischer Prinzipien organisiert, die keine faschistischen Systeme darstellen. Jedoch sind auch in diesen Ländern autoritäre und *top-down* Entscheidungsstrukturen erkennbar, die sowohl von linken als auch rechten Regierungen unterstützt werden. Überhaupt scheinen korporatistische Verfahren in Südamerika mit der politischen Kultur zu räsonieren und durchaus auch funktionale Elemente zu beinhalten (Wiarda 2001: Kapitel 9). Die vierte Form des Korporatismus wird als Neokorporatismus (auch sozialer oder liberaler Korporatismus) beschrieben und behandelt vor allem die freiwilligen Interessenvermittlungen von Verbänden und Staat in modernen Gesellschaften.

Das Konzept des Neokorporatismus entwickelte sich in Abgrenzung zum Konzept des Pluralismus und geht davon aus, dass der Interessenwettbewerb nicht offen, sondern durch Interessenübereinkommen kollektiver Akteure bestimmt ist. Damit sind natürlich die de-

---

[99] Neben dem Pluralismus und Korporatismus bestehen noch etatistisch marxistisch-leninistische Gesellschaftskonzepte, sowie religiöse Organisationsformen.

mokratiekritischen Aussagen über die Marginalisierung von schwer organisierbaren Interessen und marginalisierten Gruppen nicht aufgehoben (Offe 1981), sondern eher explizit anerkannt. Der Neokorporatismus geht von einem koordinierten Zusammenspiel von staatlichen und nicht-staatlichen Akteuren aus. Dieses theoretische Konzept erlebte in den 1970er und 1980er Jahren einen Aufschwung, als man feststellte, dass auch moderne Staaten zu korporatistischen Arrangements neigten (Molina/Rhodes 2002). Diese Arrangements waren jedoch – im Gegensatz zum Korporatismus im Faschismus und in Lateinamerika – freiwillig und unterschieden sich von daher fundamental vom korruptiven Korporatismus (Adams 2002). Die Kooperation zwischen staatlichen Instanzen und vor allem den Gewerkschaften und den Arbeitgebern äußerte sich in modernen Gesellschaften in Form der Sozialpartnerschaft. In seiner allgemeinen Form wird Neokorporatismus definiert als "... a system of interest representation in which the constituent units are organized into a limited number of singular, compulsory, noncompetitive, hierarchally ordered and functionally differentiated categories, recognized or licensed (if not created) by the state and granted a deliberate representational monopoly within their respective categories in exchange for observing certain controls on their selection of leaders and articulation of demands and supports." (Schmitter 1974: 93/94).

Die funktionalen Implikationen des Neokorporatismus werden kontrovers behandelt. Einerseits wird darauf hingewiesen, dass korporative Engagements effizienzsteigernd sind, da sie die Interessen im Vorfeld parlamentarischer Entscheidungen abwägen und austarieren. Demokratietheoretisch wird darauf hingewiesen, dass korporative Arrangements das *Intensitätsproblem* einer modernen Gesellschaft lösen können (Kendall/Carey 1968). Ausgehend von der von Stein Rokkan (1966) formulierten Prämisse, dass „Stimmen zählen, aber Ressourcen entscheiden", führt Leif Lewin (1992, 1994) aus, dass die einfache Auszählung von Stimmen, z.B in Wahlen, blind für die Gewichtung der individuellen Bedeutung einer politischen Frage ist. Dieses Problem können Organisationen aufheben: „Organisationen sind die praktische Lösung des Intensitätsproblems der Demokratie. Wir können den parlamentarischen Kanal nicht so ausformen, dass alle befriedigt werden. Deshalb öffnen wir einen weiteren Kanal für den Einfluss der Mitbürger über den politischen Entscheidungsprozeß - einen korporativen Kanal. ... Der Frieden in der Gesellschaft wird dadurch bewahrt, dass der Korporatismus als Sicherheitsventil für die intensiv Engagierten fungiert." (Lewin 1992: 22, Übersetzung aus dem Schwedischen, DJ)[100] Auf der anderen Seite wird hervorgebracht, dass korporatistische Arrangements zur Marginalisierung von Interessen, die am Rand einer Gesellschaft liegen (Offe 1981) und zur Kartellisierung führen (Alemann 1983).

Empirisch werden Gesellschaften auf dem Kontinuum von Pluralismus zum Korporatismus erfasst, wozu unterschiedliche Indices entwickelt werden. Am verbreitetsten ist die Zusammenfassung verschiedener Expertenaussagen von Lijphart und Crepaz (1991), die Siaroff (1999) aktualisiert und von 18 auf 24 OECD-Länder erweitert hat (siehe auch Armingeon 2002a und Kenworthy 2003). Alan Siaroff entwickelte darüber hinaus einen ähn-

[100] Andere Autoren erweitern dieses Argument, indem sie weitere kollektive Akteure als Interessensvermittler und Entscheidungsträger in ihre Modelle aufnehmen. Sie sehen in einer aggregierten Interessenvertretung, die durch fortwährende zentrumslose Diskurse bestimmt ist, ein Modell der „permanenten Demokratie" (Burns 1994: 174-177; Giddens 1994: 246-253). Eine ähnliche Entwicklung, in der jedoch anstelle der Organisationen kurzlebige soziale Bewegungen einen hohen gesellschaftlichen Stellenwert erhalten, haben Friedhelm Neidhardt und Dieter Rucht (1993) diskutiert (siehe auch Tarrow 1994: 187-198) und unter dem Begriff "Bewegungsgesellschaft" dargestellt (siehe auch: Meyer/Tarrow 1997).

lichen Index, der die wirtschaftliche Integration anhand von weiteren Indikatoren misst und für unterschiedliche Zeitperioden (1960er, 1970er, 1980er und 1990er Jahre) zur Verfügung steht, was für viele empirische Untersuchungen, die Zeitvergleiche anstellen, von Nutzen ist.[101] Außerdem basiert sein Index nicht auf Experteneinschätzungen, sondern auf nachvollziehbaren *policy*-Indikatoren. Nach diesem Index zeigt sich, dass Österreich, Schweden und Norwegen zu den Ländern mit dem höchsten Korporatismusgrad zählen. Auf der pluralistischen Seite finden sich das Vereinte Königreich, Kanada, Griechenland, Spanien und die USA. Wenngleich der durchschnittliche Korporatismusgrad in den 1980ern im Vergleich zu den 1970er Jahren gesunken ist, stieg er insgesamt wieder an, insbesondere in Finnland in den 1990er Jahren. Österreich nimmt in dieser Hinsicht einen Spitzenplatz ein, die Bundesrepublik und die Schweiz befinden sich auf der Skala im oberen Drittel. Es zeigte sich, dass Länder mit neokorporativen Verfahren niedrigere Arbeitslosigkeit und wirtschaftlichen Erfolg (Schmitter 1981; Schmidt 1986; Hicks 1999; Wilensky 2002) sowie erfolgreiche Umweltpolitik aufweisen (Crepaz 1995; Jahn 1998; Scruggs 1999; siehe jedoch auch: Neumayer 2003).[102]

Franz Traxler (1998) hat mit den Kategorien Korporatismus, Neoliberalismus und Etatismus die Entwicklungstendenzen der Interessenvermittlung zwischen 1970-80 und 1981-90 näher untersucht.[103] Dabei stellen für Traxler Neokorporatismus und Neoliberalismus zwei Kategorien dar, in denen der Staat nicht in die Lohnbildung des privaten Sektors eingreift. Allerdings bestehen im ersten Fall umfangreiche Selbstregulierungsmechanismen von Arbeitgeber- und Arbeitnehmerseite. Etatistische Lohnpolitik ist durch staatliche Eingriffe wie Zwangsschlichtung, Lohnführerschaft des öffentlichen Sektors und Lohnkontrolle gekennzeichnet. Nach dieser Einteilung fallen manche Länder, die in anderen Studien als eher neokorporatistisch bezeichnet werden, in die Kategorie etatistisch (z.B. Norwegen, Dänemark, Niederlande). Traxler berechnet die Zughörigkeit zu der einen oder anderen Form differenziert, indem er die Länder auf Grund von jährlichen Zuweisungen der einen oder anderen Verhandlungsform zuschlägt.[104] Im Ergebnis der Analyse wird deutlich, dass autonome Tarifverhandlungen im Zuge neoliberaler Deregulierung in den OECD-Ländern erheblich zugenommen haben (von 8,5 auf 14,5 Prozent), und dies vor allem auf Kosten staatlicher Eingriffe. Gerade die Zahl der staatlichen Zwangsschlichtungen verringerte sich in den 1980er Jahren stark (von 18,7 auf 8,8 Prozent). Damit lassen sich in den 1980er Jahre lediglich 19 Prozent der Perioden als „etatistisch", im Vergleich zu 33 Prozent in den 1970er Jahren, klassifizieren. Allerdings verursachte der staatliche Rückzug auch eine Zunahme korporatistischer Regulierungsformen, die von 58 auf 66 Prozent anstiegen und mit Abstand die gebräuchlichste Form der tariflichen Konfliktregulierung unter hoch entwickelten Industrienationen ausmachen.

---

[101] Dabei korrelieren Siaroffs Indices und der zeitinvariante Korporatismusindex sehr hoch miteinander: 0,914 für die 1960er, 0,907 für die 1970er, 0,911 für die 1980er und 0,924 für die 1990er Jahre (Siaroff 1999: 199).

[102] Wenngleich der Ansatz des Neokorporatismus hauptsächlich im Bereich der industriellen Beziehungen entwickelt wurde (Schmitter 1974; Lehmbruch 1977; Katzenstein 1985), finden sich ähnliche Arrangements auch in anderen Politikbereichen, wie Beispiele aus der Landwirtschaftspolitik (Heinze 1981), Gesundheitspolitik (Wiesenthal 1981) und Umweltpolitik (Vogel 1986; Scruggs 2003: 219-228). Allerdings liegen die meisten dieser Indices nicht für vergleichende Analysen vor.

[103] Die Indices von Siaroff sind für viele vergleichende Studien vorteilhafter als Traxlers Kategorisierung, da sie eindimensional skaliert sind. Jedoch besitzt Traxlers Darlegung unter inhaltlichen Aspekten Vorteile.

[104] Norwegen fällt somit für die Periode 1981-90 für 1981-82, 1984, 1986 und 1990 in die etatistische Kategorie, da in diesen Jahren eine staatliche Zwangsschlichtung stattgefunden hat. Für 1983, 1985 und 1987 fällt es dagegen in die Kategorie „korporatistisch".

b. Korruption

Ein – nicht unumstrittenes – Maß für die politischen Abläufe ist der Korruptionsindex. Er ordnet ungefähr 100 Länder der Erde in einer Rangliste nach dem Grad, in dem dort Korruption bei Amtsträgern und Politikern wahrgenommen wird, wobei ein hoher Zahlenwert einem niedrigen Korruptionsgrad entspricht.[105] Es ist ein zusammengesetzter Index, in dem die Ergebnisse aus 14 Untersuchungen verarbeitet worden sind. Diese Untersuchungen wurden von sieben unabhängigen Einrichtungen, von Geschäftsleuten, professionellen Risikoanalysten und Staatsbürgern, die im Inland wie auch im Ausland leben, durchgeführt. Der Index konzentriert sich auf Korruption im öffentlichen Sektor und definiert Korruption als den Missbrauch von Macht zum privaten Nutzen. Besonderer Wert wird dabei unter anderen auf die Problemfelder Bestechung von Amtsträgern bzw. die Schmiergeldzahlung und -annahme bei der Vergabe von öffentlichen Aufträgen gelegt. Der Korruptionsgrad scheint von historischen Phasen der Massendemokratisierung abhängig zu sein (Manow 2002a). So ist der Korruptionsgrad in Skandinavien nach diesem Index am geringsten. Im Jahre 2000 erreichte Finnland den höchsten Indexwert von 10, gefolgt von Dänemark (9,8), Schweden, Neuseeland (9,4) und Kanada (9,2). Am unteren Ende befinden sich, neben vielen afrikanischen und lateinamerikanischen Staaten, die Ukraine (1,7) und die Russische Föderation (2,1). Viele zentralosteuropäische Staaten haben Werte zwischen 3,4 (Lettland) und 5,7 (Estland), hier ordnen sich auch Polen, Ungarn und Litauen ein. Während die Schweiz (8,7) im oberen Feld angesiedelt ist, liegen Österreich (7,7) und Deutschland weiter zurück (7,6). Gerade für die Bundesrepublik ist eine deutliche Zunahme der Korruption seit Mitte der 1990er Jahre erkennbar. Belegte die Bundesrepublik 1996 noch Platz 13, rangiert sie im Jahre 2001 auf Platz 20. Die jüngsten Trends zeigen allgemein eine Zunahme der Korruption in den meisten westeuropäischen Ländern (Heywood u.a. 2002) und eine Abnahme in den Ländern Osteuropas.

Empirische Untersuchungen (Treisman 2000; Manow 2002a), die weitere Korruptionsindices berücksichtigen und feststellen, dass diese zu relativ konsistenten Ergebnissen kommen, illustrieren, dass protestantische Länder, Länder mit einer britischen Vergangenheit sowie stärker entwickelte Wirtschaften weniger anfällig für Korruption sind. Weltweit sind föderative Länder korrupter als andere. Interessant ist die Feststellung, dass der gegenwärtige Demokratiegrad (*Freedom House*-Messung der politischen Rechte) in keinem Zusammenhang mit dem Korruptionsgrad steht, allerdings sind etablierte Demokratien weniger korrupt als neue Demokratien.

Korruption hat einen gravierenden Einfluss auf die politischen Prozesse, volkswirtschaftliche Effizienz und das politische Vertrauen der Bevölkerung (Rose-Ackerman 1999). Dabei ist Korruption nicht nur auf autoritäre Staaten beschränkt, sondern lässt sich auch in den etablierten europäischen Staaten finden (della Porta/Mény 1997; Mény/Rhodes 1997; Alemann 2005). Besonders schädlich für die Demokratie ist der Zusammenhang zwischen Korruption und dem Vertrauen in die staatlichen Institutionen (della Porta 2000). Vertrauen in politische Institutionen trägt zu einem großen Teil zum „sozialen Kapital" einer Gesell-

[105] Die Kritik am Korruptionsindex bezieht sich vornehmlich auf die subjektive Erfassung des Korruptionsgrades durch Umfragen. So kann nicht zwischen „wahrgenommener" und „tatsächlicher" Korruption unterschieden werden. Auch wird nicht zwischen privater und öffentlicher sowie geringer und großer Korruption unterschieden. Ausführliche Aspekte zur Methodik können unter der folgenden Webseite nachgelesen werden: http://www.transparency.org/cpi/index.html.

schaft bei, das eine stabile Demokratie erst ermöglicht. Zu diesem fundamentalen Schluss kommt Robert D. Putnam (1993) in seinem Vergleich zwischen Nord- und Süditalien. Die Erosion des sozialen Kapitals durch Korruption gefährdet die politischen Abläufe in modernen Demokratien. Das Vertrauen in politische Institutionen, vor allem in das Parlament, hat sowohl in etablierten westlichen Demokratien (Putnam 1993; Newton/Norris 2000) als auch in osteuropäischen Transformationsländern (Pickel 2001) abgenommen. In Deutschland besteht ein gravierender Unterschied zwischen West- und Ostdeutschland. Wenngleich in Westdeutschland das Vertrauen in Institutionen ebenfalls sinkt, liegt es doch auf dem Niveau der anderen westlichen Demokratien. Ostdeutschland nähert sich eher dem Niveau anderer zentralosteuropäischer Staaten an (Pickel 2002).

c. Informelle Politik

Aspekte der informellen Politik vergleichend zu behandeln, stößt an spezifische Grenzen bei der Verfügbarkeit von Daten. Durch den informellen Charakter solcher Aktivitäten stehen nur selten verlässliche Daten zur Verfügung. Am weitgehendsten sind Statistiken zum sozialen Protest.

Untersuchungen zum sozialen Protest beziehen sich oftmals auf soziale Bewegungen als den gesellschaftlichen Akteur des sozialen Protests. In seiner Einführung in die Soziologie des sozialen Wandels weist Piotr Sztompka (1993: 274-278) auf die potenzielle gesellschaftsverändernde Kraft von sozialen Bewegungen hin (als Klassiker siehe auch: Blumer 1951).[106] Diese wurden ebenfalls in Studien zu neuen sozialen Bewegungen (Friedens-, Umwelt-, Frauenbewegungen etc.) von Alberto Melucci (1989: 29; siehe auch: Offe 1985; Dalton/Kuechler 1990) herausgestellt: "... a social movement *breaks the limits of compatibility of a system*. Its actions violate the boundaries or tolerance limits of a system, thereby pushing the system beyond the range of variations that it can tolerate without altering its structure." In einer umfassenden Variante sind neue soziale Bewegungen auch als Bewegungen einer gegen die Moderne gerichteten Kultur beschrieben worden (Eder 1993: 119-140; Rucht 1994a). Wenngleich die Reichweite des potenziellen sozialen Wandels, der von neuen sozialen Bewegungen ausgeht, kontrovers betrachtet wird, so ist man sich darin einig, dass soziale Bewegungen Interpretationsspielräume erschließen, die zuvor von anderen Akteuren nicht ausreichend besetzt waren: "Social movements are thus best conceived of as temporary public spaces, as moments of collective creation that provide societies with ideas, identities, and even ideals" (Eyerman/Jamison 1991: 4; siehe auch: Tarrow 1994). Diese Perspektive impliziert, dass soziale Bewegungen temporär sind und einem Veränderungsprozess unterliegen, der durch die Interaktion oder den „kulturellen Wettkampf“ be-

[106] Joachim Raschke (1988: 76-83) präsentiert einige Aspekte, die wesentlich für eine Definition von sozialen Bewegungen sind: „Soziale Bewegung ist ein mobilisierender kollektiver Akteur, der mit einer gewissen Kontinuität auf der Grundlage hoher symbolischer Integration und geringer Rollenspezifikation mittels variabler Organisations- und Aktionsformen das Ziel verfolgt, grundlegenderen sozialen Wandel herbeizuführen, zu verhindern oder rückgängig zu machen" (Raschke 1988: 77). Dieter Rucht (1994a: 76-77; siehe auch Rucht 1994b: 338-339 und Neidhardt/Rucht 1991: 450) fügt dieser Definition noch die Aktionsform „... Protest - notfalls bis hin zur Gewaltanwendung..." hinzu. Neidhardt (1985) weist in seiner Definition sozialer Bewegungen als „Netzwerk von Netzwerken" auf den fluiden und milieuhaften Charakter sozialer Bewegungen hin, und Alberto Melucci (1989) führt aus, dass Bewegungen nicht immer aktiv oder manifest sein müssen, um von ihrer Existenz reden zu können, sondern dass diese auch latent als "networks of meaning" fortbestehen können. Dieser fluide Charakter bringt natürlich erhebliche Probleme für die empirische Erfassung von sozialen Bewegungen mit sich.

stimmt wird (Eyerman/Jamison 1991: 65; Jahn 2000: Kapitel 3; siehe als Klassiker auch: Mannheim 1929). So entwickelten sich aus der Arbeiterbewegung des 19. Jahrhunderts Gewerkschaften und linke Parteien (Bartolini 2000). Dabei verblasste der Bewegungscharakter mit der Zeit. Mit der Formalisierung (Streeck 1981) etablierte sich die Arbeiterbewegung und es kam unter anderem zur Institutionalisierung des Klassenkonflikts (Dahrendorff 1959; Touraine 1971), zur Entschärfung und Kanalisierung von Interessensgegensätzen zwischen Kapital und Arbeit. Als Ergebnis dieses Prozesses bildete sich der moderne Wohlfahrtsstaat heraus (Korpi 1983; Lutz 1984).

Soziale Bewegungen entstehen in unterschiedlichen gesellschaftlichen Bereichen, in verschiedenen Regionen und in den verschiedensten historischen Epochen (McAdam u.a. 1996; 2001; Rucht u.a. 1999). In westlichen Industrienationen waren es in den 1970er und 1980er Jahren vor allem die Anti-Atomkraft-, die Umwelt- und die Friedensbewegung. Später gesellte sich noch die neue Frauenbewegung hinzu.[107] Heute steht die Anti-Globalisierungsbewegung als ein typisches Beispiel für eine von transnationalen NGOs getragene Protestbewegung im Vordergrund (della Porta u.a. 1999; Andretta u.a. 2003; Conway 2004). Aufgrund der schwierigen empirischen Erfassung solcher Bewegungen liegen bislang nur wenige umfassend vergleichende Studien vor. Ausnahmen bilden die Untersuchungen zum Kernenergiekonflikt von Wolfgang Rüdig (1990), zur Umweltbewegung von Russell Dalton (1994) und Dieter Rucht (1996) sowie zur Frauenbewegung (Banaszak u.a. 2003). Todd Landman (2000) vergleicht den Einfluss der „grünen Bewegung" mit jenem der anderen Bewegungen in verschiedenen politischen Kulturen. Wenngleich die Einschätzung der Stärke, Mobilisierung und des Effekts von sozialen Bewegungen nicht leicht zu bestimmen ist, stellt Dieter Rucht für die Umweltbewegung die folgende Bewertung vor (siehe Tabelle 3-5).

Seit den 1990er Jahren spielt der Begriff „Nichtregierungsorganisationen" (*non-governmental organizations*, NGOs) eine stärkere Rolle in der Analyse politischer Prozesse.[108] Ähnlich wie die sozialen Bewegungen engagieren sich viele NGOs für gesellschaftliche Werte, grenzen sich aber von diesen durch ihren höheren Organisationsgrad ab. Organisationen im Sportbereich oder Literatur- und Künstlerverbände zählen ebenfalls zu den NGOs. NGOs sind zivilgesellschaftliche (*nicht* staatliche) Akteure, die primär im öffentlichen Raum agieren und primär immaterielle (*nicht* profitorientierte) Ziele verfolgen. Sie sind unabhängig von staatlicher Finanzierung und staatlichem Einfluss auf ihre Aktionsprogramme. NGOs verfügen im Allgemeinen über eine feste Organisationsstruktur, d.h. einen Hauptsitz, einen festen Stab von Mitarbeitern für die organisatorischen Belange und eine offiziell verabschiedete Satzung (Martens 2002). Damit liegen sie in vielerlei Hinsicht sowohl im Bereich der sozialen Bewegungen als auch dem von Verbänden. Mehr als soziale Bewegungen und klassische Verbände agieren NGOs im internationalen Kontext.[109] Zu

[107] Man spricht von neuer Frauenbewegung, da schon eine Frauenbewegung um die Jahrhundertwende zum 20. Jahrhundert existierte. Auch die Friedensbewegung erlebte mehrere Mobilisierungswellen.

[108] Im deutschsprachigen Raum hat sich zunehmend eine gemischte Begriffsverwendung des deutschen Wortes „Nichtregierungsorganisationen" und des englischen Akronyms "NGOs" (*non-governmental organizations*) eingebürgert. Der Begriff NGOs lässt sich auf den Artikel 71 der UN-Charta zurückführen, in dem auf *non-governmental organisations* verwiesen wird. Gelegentlich findet man auch die dem deutschen Begriff entsprechende Abkürzung "NRO".

[109] Wenngleich sich viele klassische Verbände wie Gewerkschaften, Arbeitgeber-, Verbraucherschutzverbände etc. auch zunehmend international betätigen, stammen diese – oftmals im Gegensatz zu NGOs –anfänglich zumeist aus nationalen Kontexten und stellen Zusammenschlüsse von verschiedenen nationalen Verbänden dar.

den bekanntesten Vertretern gehören Organisationen aus dem Menschenrechtsbereich, der humanitären Hilfe, dem Umweltschutz und der Entwicklungshilfe, wie z.B. *Amnesty International*, *Greenpeace* oder CARE. Viele von ihnen sind international vernetzt und interagieren mit zwischenstaatlichen Organisationen wie den Vereinten Nationen (Martens 2005). Wenngleich NGOs zumeist transnationale Organisationen darstellen (Smith u.a. 1997; Keck/Sikkink 1998; Boli/Thomas 1999), unterscheiden sie sich in ihren nationalen Ausprägungen und Aktionen (Take 2002).[110]

Tabelle 3-5: Stärke, Mobilisierung und Effekt von Umweltbewegungen in hoch industrialisierten Ländern

	Intensität		
	stark	*mittel*	*schwach*
Druck von Umweltbewegungen	Deutschland, Schweiz, Österreich, Niederlande, Dänemark, Schweden, Luxemburg, Finnland, USA	Frankreich, Belgien, Großbritannien, Italien, Spanien, Irland, Kanada	Griechenland, Portugal
Öffentliche Meinung	Deutschland, Schweiz, Niederlande, Österreich, Dänemark, Schweden, Finnland, Luxemburg	Großbritannien, USA, Belgien, Kanada, Italien, Spanien, Irland	Frankreich, Portugal
Individuelle Einstellungen	Dänemark, Luxemburg, Niederlande	Deutschland, Österreich, Italien, USA, Frankreich, Spanien, Finnland, Kanada, Schweden, Schweiz	Großbritannien, Belgien, Griechenland, Portugal, Irland
Grüne Parteien	Belgien, Deutschland, Niederlande, Luxemburg, Schweiz, Italien, Frankreich, Österreich	Schweden, Großbritannien	Finnland, Irland, Dänemark, Spanien, Griechenland, Portugal, USA, Kanada
Umfang staatlicher Umweltpolitik	Niederlande, Dänemark, Schweden, Finnland, Deutschland, Österreich, Luxemburg, Schweiz	Frankreich, Belgien, Großbritannien, USA, Italien, Irland, Kanada	Griechenland, Portugal, Spanien
Veränderungen der Umweltqualität	Niederlande, Luxemburg, Schweden, Schweiz, Österreich, Dänemark	USA, Deutschland, Finnland, Belgien, Frankreich, Großbritannien, Kanada	Italien, Portugal, Irland, Spanien, Griechenland

Quelle: Rucht (1996: 24).

d. Massenmedien

Die Massenmedien, zu denen vor allen die Print- (Wochen- und Tageszeitungen etc.), die Rundfunk- (Hörfunk und das Fernsehen) sowie die Netzmedien (Telefon, Online-Dienste und politische Internetangebote etc.) gehören,[111] finden in der systematisch vergleichenden Politikwissenschaft nur wenig Beachtung (Kaase 1998; Hague/Harrop 2004: 1051-21). Überhaupt findet man kaum Untersuchungen, die die politische Kommunikation ländervergleichend betreiben (Schönbach 1998; Gurevitch/Blumler 2003). Erst in den letzten Jahren

[110] Die *Union of International Associations* publiziert in ihren Jahrbüchern seit 1909 aktuelle Daten zu internationalen Organisationen.

[111] Zu den weniger bedeutsamen Massenmedien gehören außerdem Bücher, Schallplatten, CDs und Plakate.

sind vermehrte Anstrengungen in diesem Bereich erkennbar (Gunther/Mughan 2000; Esser/Pfetsch 2003; Kaid 2004; Holtz-Bacha 2004; Weaver u.a. 2004).[112]

Die geringe komparative Erforschung der Massenmedien steht in einem erstaunlichen Gegensatz zu der Bedeutung der Massenmedien im politischen Prozess. Manche bezeichnen sie sogar als die „vierte politische Gewalt“ (neben Exekutive, Legislative und Judikative) (Bergsdorf 1980) und andere sehen in den Massenmedien einen Hauptakteur in der Restrukturierung der Öffentlichkeit (Habermas 1991). Massenmedien sind nicht nur ein „Spiegel der Wirklichkeit“, sondern gelten als gesellschaftliches Kommunikationsforum oder gar „Weltbildungsapparat“ (Gitlin 1980; Kaase/Schulz 1989; Faulstich 1991; Keane 1991; Sarcinelli 1998; Alemann/Marschall 2002). In nicht-demokratischen Staaten und defekten Demokratien spielen Massenmedien eine bedeutende Rolle im Demokratisierungsprozess. Insbesondere schwer steuerbare Kommunikationsflüsse im Internet erleichtern den Demokratisierungsprozess in autoritären Regimen (Asante 1997; Kalathil/Boas 2001).

Am ehesten ist der Einfluss der Medien auf die Wahlentscheidungen in nationalen Studien untersucht worden (Farrell 1996; Norris 2002). Doch wurde nur selten eine systematische vergleichende Analyse hierzu durchgeführt (Schmitt-Beck 2000). Eher als Ausnahme anzusehen ist die Studie von Pippa Norris (2003), die den Zusammenhang zwischen politischer Kommunikation und der Qualität von Demokratien in über 170 Ländern untersucht. Die Mediensysteme der Welt unterscheidet sie mittels zweier Aspekte: einmal die Freiheit der Presse und zum anderen den Zugang zu den Massenmedien. Als Datengrundlage benutzt sie das Item des *Freedom House Index*, das sich auf die Freiheit der Presse bezieht. Bei dem Aspekt Zugang zu den Massenmedien betrachtet sie den Anteil von Zeitungen, Radios, Fernsehgeräten (jeweils pro 1000 Einwohner) und den Prozentanteil von Internetnutzern. Diese Indikatoren fasst sie zu einem Medienzugangsindex zusammen, der wiederum in Kombination mit dem Index der Pressefreiheit zu einem aggregierten Kommunikationsindex zusammengefasst wird.

In Bezug auf die Pressefreiheit nehmen etablierte Demokratien, allen voran Norwegen, Island, die Schweiz, Belgien und Dänemark, die alle Werte über 90 auf diesem Index erhalten haben, Spitzenpositionen ein. Österreich (88) und Deutschland (87) bilden zusammen mit den USA (87) eine zweite Gruppe. In Italien (73) ist die Medienfreiheit schon deutlich eingeschränkt, unterscheidet sich jedoch erheblich von Ländern, in denen keine oder kaum Medienfreiheit herrscht, wie beispielsweise in Myanmar (0), Tadschikistan und Kuba (6). Einen besonders offenen Medienzugang haben die Vereinigten Staaten (73), Finnland (60) und Australien (55). Die Schweiz (42), Deutschland (40) und Österreich (33) liegen hier deutlich zurück, unterscheiden sich jedoch beträchtlich von Ländern wie Bangladesch, Mali, Mosambik, Nepal (1) und vielen anderen afrikanischen Ländern, die kaum einen Medienzugang zu verzeichnen haben. In dem aggregierten Kommunikationsindex erreichen dann Länder wie Norwegen (163), die USA (162) und Australien (157) Spitzenwerte. Auch die Schweiz (149) befindet sich noch im oberen Feld und setzt sich von Deutschland (140)

[112] Kurze deskripte Darstellungen der Medienstruktur in den Ländern Europas sind in den Sammelbänden zu West- und Osteuropa von Wolfgang Ismayr (2002; 2003) zu finden. Stärker kommunikationswissenschaftliche Überblicke über die west- und osteuropäischen Massenmedien geben Østergaard (1997), Milton (2000) und Thomaß/Tzankoff (2001). Pippa Norris (2000) gibt einen Überblick über Massenmedien in postindustriellen Gesellschaften; Daniel Hallin und Stylianos Papathanassopoulos (2002) vergleichen das Verhältnis von Politik und Medien in Südeuropa und Lateinamerika und Holli Smetkos (1996) Übersicht umfasst Westeuropa, Lateinamerika und Russland. Für Asien siehe etwa McCargo (2003) und für Subsaharaafrika Bourgault (1995).

und Österreich (134) ab. Italien (111) ordnet sich auf dem Niveau der meisten neuen Demokratien in Osteuropa ein, noch weiter zurück liegen die lateinamerikanischen Länder, die Schlussgruppe bilden die afrikanischen Staaten. Am Ende des Kommunikationsindex stehen Burkino Faso (-3,8), Mosambik (-0,6), Myanmar (0) und Nepal (1,9).

Im Ergebnis zeigt sich, dass eine hohe Korrelation zwischen der Offenheit der politischen Kommunikation und der Qualität der Demokratie existiert. Allerdings beruhen diese Ergebnisse auf vorläufigen Analysen und es ist noch weiterer Forschungsbedarf auf diesem Gebiet vonnöten.

Weitere wichtige Themen der vergleichenden Kommunikationsforschung sind die Veränderung der nationalen Medienstruktur durch Amerikanisierung, Globalisierung und Modernisierung. Inhaltlich wird dabei der politische Öffentlichkeitsprozess untersucht, zu dem die Medienstrukturen, Prozesse, Akteure sowie politische Medieninhalte und die Wirkung der politischen Kommunikation gehören (Pfetsch/Esser 2003: 17-25; Esser 2003).

Bezogen sich viele der vorgestellten politischen Prozesse hauptsächlich auf etablierte Demokratien, so sind die folgenden Faktoren vor allem in nicht-demokratischen oder sich verändernden Gesellschaften von Belang.

4 Regimewechsel und politische Gewalt

Analysen von Regimewechseln stellen einen weiteren Schwerpunkt der vergleichenden Politikwissenschaft dar (Linz/Stepan 1996; Merkel 1999; Zimmermann 1999; 2003). Regimewechsel vollziehen sich in höchst unterschiedlichen Formen. Es können friedliche Transformationen sein, in denen ein Regime das andere ablöst. Es können jedoch auch gewaltsame Umwälzungen sein, die die wirtschaftliche, politische und soziale Ordnung verändern. Als Beispiele von Regimewechseln sollen im Folgenden die friedlichen Veränderungen in Osteuropa und den ehemaligen Ländern der Sowjetunion betrachtet werden. Jedoch fanden und finden auch in anderen geographischen Regionen Regimewechsel statt, und diese verlaufen, wie in Kapitel 2 dargelegt, keineswegs ausschließlich in Richtung Diktatur-Demokratie, sondern oftmals in die umgekehrte Richtung. Eine wesentliche Frage in diesem Kontext, die nicht nur Regimewechsel, sondern auch sozialen Wandel insgesamt betrifft, ist die politische Gewalt (*political violence*). Wie manche Autoren betonen (Hague/Harrop 2004: 135), stellt politische Gewalt – wenngleich normativ kritisch zu beurteilen – eine Subkategorie des politischen Handelns und der Partizipation dar. Sie bedarf ebenso wie andere Formen der politischen Auseinandersetzung einer wissenschaftlichen Analyse, die nicht a priori irrationalen Fanatismus als ausschließliches Kriterium berücksichtigen sollte. Überhaupt stellen die gleichen Autoren heraus, dass politische Gewalt häufiger von Staaten ausgeht als dass sie auf diese gerichtet ist.

Regimewechsel in Osteuropa und Zentralasien

In Osteuropa und der Sowjetunion hat sich, neben China, Kuba, Laos, Vietnam und Nordkorea, der Staatssozialismus am nachhaltigsten etabliert. Spätestens seit 1989 haben sich diese Länder vermehrt gegenüber marktwirtschaftlichen Elementen geöffnet. Allerdings ist der Regimewechsel in diesen Ländern recht unterschiedlich ausgefallen. Dies wiederum zeigt eine enge Verbindung zu den zuvor existierenden Ausformungen des „real existierenden Sozialismus." In dieser Hinsicht wird zwischen einem bürokratisch-autoritären, national-zugänglichem (*national-accommodative*) und patrimonalistischem Kommunismus unterschieden. Im patrimonalistischen System ist die Herrschaftsorganisation durch Vetternwirtschaft und einen hohen Grad an Korruption geprägt. In extremen Fällen führt dieses System zu „sultanistischen" Herrschaftsformen von Einzelnen oder Klans (Linz/Stepan 1996: 51-54). Das bürokratisch-autoritäre System unterdrückt oppositionelle Gruppen und kommt einem Einparteiensystem nahe. Die Partei kontrolliert einen bürokratischen Apparat, der hierarchisch durchorganisiert ist und die technische und wirtschaftliche Entwicklung planwirtschaftlich zu kontrollieren versucht. Diese Herrschaftsform existierte in relativ hoch entwickelten sozialistischen Industriegesellschaften. Die letzte Herrschaftsform baut auf formal-rationale, bürokratische Regierungsstrukturen auf, in denen der Parteiapparat – zumindest teilweise – von der staatlichen Verwaltung getrennt ist. Die Dominanz der kommunistischen Parteien war in diesen Ländern verstärkt auf eine breite gesellschaftliche Unterstützung angewiesen, so dass – bis zu einem bestimmten Grade – auch systeminterne Opposition geduldet wurde. In diesem Zusammenhang spielte die Kirche bei der Bündelung der oppositionellen Kräfte eine entscheidende Rolle. Auch diese Form des Sozialismus hatte vor allen in hoch entwickelten Gesellschaften Bestand. Die Ausformung des real existierenden Sozialismus war von weiteren historischen Bedingungen abhängig, wie sie in Kapitel 2 im Zusammenhang mit der Darstellung von *legacies* postkommunistischer Staaten beschrieben wurden.

Auch die Regimewechseltypen lassen sich verschiedenen Kategorien zuordnen, die in der Literatur nicht einheitlich benutzt werden.[113] Kitschelt u.a. (1999b) unterscheiden zwischen folgenden vier Typen: Zunächst haben in manchen Ländern die kommunistischen Führungseliten versucht, durch punktuelle Reformen auf die Reformbewegungen einzugehen. Diese präventiven Reformen wurden vorwiegend in patrimonial-kommunistischen Regimes praktiziert. In *national-accommodative* Regimen dominierte dagegen die ausgehandelte Transition, da sich die politische Elite hier in „Hardliner" und „Reformer" einteilen lässt und damit die Macht der herrschenden Elite eingeschränkt war. Der interne Zusammenbruch (Implosion) der kommunistischen Ordnung geschah vor allem in Regimen, in denen die politische Elite nicht ihre Macht teilen wollte und versuchte, das Regime durch repressive Strategien zu retten. Nach ihrer Niederlage hatten die politischen Eliten in diesen bürokratisch-autoritären Regimes die geringsten Chancen, nach der Transition einen nennenswerten Einfluss auf die Geschicke des Landes zu nehmen. Schließlich existiert noch jener Fall, indem es nicht zu einem unmittelbaren Regimwechsel gekommen ist. Länder, die diesem Typus entsprechen, haben sich generell nur wenig für demokratische Elemente geöffnet. Ausnahmen stellen Albanien und Serbien dar. Die folgende Tabelle fasst die kommunistischen Regimetypen und die Typen des Regimewechsels mit dem Hinweis auf die sich ausgebildeten unmittelbaren, sowie zu Beginn des 21. Jahrhunderts etablierten post-kommunistischen Regimetypen zusammen.

[113] Es sind z.B. von Huntington (1991); Karl/Schmitter (1991); Beyme (1994); Linz u.a. (1995); Merkel u.a. (1996) sowie Nohlen/Kasapovic (1996) verschiedene Klassifikationen von Regimewechseltypen vorgenommen worden. Je nach Schwerpunktlegung weichen diese Klassifikationen voneinander ab. Ein vergleichender Überblick ist zu finden in: Beichelt (2001: 69-79).

Tabelle 3-6: Kommunistische Regimetypen, Regimewechseltypen und post-kommunistische Regimeformen

	Bürokratisch-autoritärer Kommunismus		**National-gefälliger Kommunismus**		**Patrimonialischer Kommunismus**
Implosion	Tschechische Republik (a) A (1919-39; 1945-48) DDR (a) A (1919-33)			Slowakei (a) A (1919-39; 1945-48)	
Aushandlung		Polen (a) A (1918-26)	Ungarn (a) A (1920-32) Slowenien (a) A (-) Kroatien (b) A (-)	Estland (a) A (1920-34) Lettland (a) A (1920-34) Litauen (a) A (1920-26)	Moldawien (a) B (1923-38) Armenien (b) B (-) Georgien (b) B (-) Makedonien (a) B (-)
Präventive Reformen					Bulgarien (a) A (1879-34) Rumänien (a) A (1919-38) Russland (a) C (-) Ukraine (a) B (-)
Kontinuität				Serbien (c) A (-)	Albanien (b) B (-) Azerbaijan (c) C (-) Weißrussland (c) C (-) Kazakhstan (c) C (-) Kyrgyzstan (c) C (-) Tadschikistan (c) C (-) Turkmenistan (c) C (-) Usbekistan (c) C (-)

Quelle und Erklärung: Die Tabelle wurde von Kitschelt u.a. (1999b: 39) übernommen und mit weiteren Ergänzungen versehen. Post-kommunistische Regimeformen: (a) demokratisch; (b) semi-autoritär und (c) autoritär. Kleinbuchstaben beschreiben die unmittelbaren Regimeformen nach Kitschelt u.a., Großbuchstaben beziehen sich auf den *Freedom House Index* 2005 (http://www.freedomhouse.org/), wobei A „frei," B „teilweise frei" und C „nicht frei" bedeutet. Zahlen in Klammern stellen die vorkommunistische Erfahrung mit demokratischen Regierungsformen dar.

Politische Gewalt

Die Untersuchung von politischer Gewalt, die in der internationalen vergleichenden Politikwissenschaft auch unter dem Begriff *contentious politics* behandelt wird, stellt einen weiteren Schwerpunkt der vergleichenden politikwissenschaftlichen Forschung dar (Kaase/Neidhardt 1990; McAdam u.a. 1997; Tilly 2004). Es existiert wohl kaum ein Staat, der nicht in der einen oder anderen Form politische Gewalt in seiner Geschichte erfahren oder ausgeübt hat. Allerdings nimmt politische Gewalt viele unterschiedliche Formen an. Um diese verschiedenen Ausprägungen systematisch zu erfassen, kann vom Initiator und vom Adressat, unterschieden in Staat auf der einen Seite und anderen Gruppen oder Individuen auf der anderen, ausgegangen werden. Die folgende Tabelle gibt dabei einen Überblick über die häufigsten Formen von politischer Gewalt.

Tabelle 3-7: Typen von politischer Gewalt

Adressat / *Initiator*	**Staat**	**Gruppen oder Individuen**
Staat	I. Krieg	II. Legitime Anwendung von Staatsgewalt Demozide Genozide
Gruppen oder Individuen	III. Sozialer Protest Aufstände Staatsstreiche Revolutionen Terrorismus Politische Attentate	IV. Politische Kriminalität Terrorismus

Typ I von politischer Gewalt betrifft jenen gewaltsamen Konflikt zwischen Staaten, der als *Krieg* bezeichnet wird (zum aktuellen Forschungsüberblick siehe: Schlichte 2002; Daase 2003).[114] Dabei gehen die Meinungen über den besonderen Status von Kriegen in interstaatlichen Beziehungen auseinander. Carl von Clausewitz (1966) bezeichnet Kriege als ein politisches Instrument unter anderen und als eine Fortsetzung politischer Aktivität mit anderen Mitteln. Andere Autoren sehen in der Anwendung von Gewalt eine neue Dimension, bei der ein Staat seine politischen Ziele gewaltsam auf Kosten eines anderen Staates durchzusetzen trachtet. Wenngleich die Untersuchung von Kriegen einen Kernbereich der Teildisziplin „Internationale Politik und Beziehungen“ ausmachen, können auch vergleichende Studien zu diesem Thema durchgeführt werden. So existiert eine umfangreiche Datenbank im Rahmen des *Correlates of War Project* (COW, siehe Anhang), das zunächst an der Universität Michigan begonnen wurde und inzwischen als COW2 an der Pennsylvania State University fortgesetzt wird (Sarkees u.a. 2003). Des Weiteren liegen Informationen über internationale Konflikte (Gleditsch u.a. 2002) an den Universitäten Oslo und Uppsala

[114] Zum Teil werden auch gewaltsame Auseinandersetzungen zwischen erheblichen Teilen der Bevölkerung als Bürgerkrieg bezeichnet (Krumwiede/Waldmann 1998). Weitere ausdifferenzierte Typologien von Krieg sind in der Literatur vertreten (Daase 2003: 163-176).

vor,[115] sowie die Informationssammlung der Arbeitsgemeinschaft Kriegsursachenforschung an der Universität Hamburg (Gantzel/Schwinghammer 1995). Innerhalb dieser Forschung (Gochman/Maoz 1984) wurde herausgestellt, dass manche Länder häufiger Kriege austragen als andere. Besonders populär ist in diesem Bereich das politikwissenschaftliche Gesetz, dass Demokratien gegeneinander keine Kriege führen (Russett 1993; Oneal/Russett 1997; als Überblick siehe George/Bennett 2005: 37). Neben diesem bisher empirisch untermauerten Befund existieren jedoch zahlreiche Erklärungsansätze, unter welchen Bedingungen es zu Kriegen kommt (Hasenclever 2002; Daase 2003: 176-184). Wenngleich drei Viertel aller Kriege der Nachkriegszeit zwischen nicht-demokratischen Staaten ausgetragen wurden, so waren und sind Demokratien durchaus an Kriegen in den so genannten Dritte-Welt-Ländern beteiligt. Insbesondere die USA, Großbritannien und Frankreich sind in dieser Hinsicht besonders aktiv.

Empirische Befunde der Kriegsursachenforschung weisen darauf hin, dass neue Staaten und solche, die einen wirtschaftlichen Aufschwung auf niedrigem Niveau erfuhren, sowie wertvolle Rohstoffe besitzen und weniger im globalen Wirtschaftshandel eingebunden sind, besonders in Kriege verwickelt sind (Kegley/Wittkopf 2004: 411-418). Eine Studie, die zwischenstaatliche Konflikte untersuchte, kam zu dem Ergebnis, dass von den mehr als hundert untersuchten Länder 30 für 70 Prozent der Dispute zwischen 1816 und 1976 verantwortlich waren (Gochman/Maoz 1984). Dabei sind mächtige Staaten eher an Kriegen beteiligt als weniger einflussreiche Staaten. Unter den zehn konfliktträchtigsten Staaten sind Israel, das Vereinte Königreich, Indien, die USA, Pakistan, Deutschland, Russland/Sowjetunion, Frankreich, China und Italien zu finden.

Eine weitere Form politischer Gewalt besteht in der staatlichen Gewaltausübung gegenüber Menschen, die im Staatsgebiet leben (Typus II). Die anhaltende Aufrechterhaltung der politischen Ordnung geht davon aus, dass Staaten auch in der Lage sein müssen, ihre Gesetze durchsetzen zu können. Von daher ist die Inhaftierung von Straftätern eine Gewaltausübung des Staates. Dieses *legitime Gewaltmonopol des Staates* wurde schon von Max Weber (1976: 519; 821-824) als für einen Staat konstitutiv bezeichnet. Beschränken wir uns jedoch auf politisch motivierte Straftaten, so liegt staatliche Gewaltausübung dann vor, wenn Menschen aufgrund ihrer politischen Auffassungen und Aktionen inhaftiert, gefoltert oder getötet werden. Ohne auf die normativen Aspekte in diesem Bereich ausführlich einzugehen, deutet die Kategorie der politischen Gefangenen auf diese Problematik hin. Auch zeigen die Aktivitäten von *Amnesty International,* dass dieses Problem nicht nur auf die weniger demokratischen Länder begrenzt bleibt, sondern durchaus auch in hoch entwickelten Demokratien eine gewisse Brisanz besitzt. Extreme Fälle von staatlich initiierter Gewalt unter Einsatz von Waffen gegen die eigene Bevölkerung werden als *Demozide* bezeichnet (Gurr 2000). Besonders extreme Formen nennt man *Genozid.* In diesem Fall werden im Namen der Staatsmacht Massenmorde durchgeführt. Dabei sind oftmals bestimmte ethnische Bevölkerungsgruppen das Ziel. Genozide führen zu traumatischen Staatsgeschichten, wie etwa die Massenmorde an sechs Millionen Juden in der deutschen Vergangenheit, die eine besonders einschneidende Erfahrung für die Bundesrepublik Deutschland darstellen. Jedoch fanden solche staatlich initiierten Horroraktionen auch in anderen Ländern statt (Rummel 1997). In Kambodscha wurden zwischen 1975 bis 1979 zwei Mio. Menschen (zumeist aus der städtischen Elite) ermordet, in Uganda waren es 300.000 Gegner von Idi Amin. In den 1990er Jahren fand ein verheerender Genozid in Burundi und Ruanda statt,

[115] http://www.prio.no/page/CSCW_research_detail/Programme_detail_CSCW/9649/45925.htm.

bei dem 800.000 Tutsi und Hutu umgebracht wurden. Dieser Konflikt hat seine Ursachen zu einem Teil in der Kolonialpolitik Belgiens, die durch ungleich gewichtete Privilegienzuweisungen die soziale Balance in dieser Region nachhaltig störte (Prunier 1997). Aber auch andere Länder hatten Genozide zu beklagen: die Türkei (1909-18), Jugoslawien (1941-45 sowie in der jüngsten Vergangenheit), Polen (1945-49), die Tschechoslowakei (1945-48), Mexiko (1900-20), China (1950/51 und 1966-75) und der Irak (1984-91). In der Sowjetunion fielen zwischen 1917 und 1987 etwa 55 Mio. Menschen staatlich initiierten Morden zum Opfer (Rummel 2004; Jackson/Jackson 2000: 452). Insgesamt kamen im 20. Jahrhundert 170 Mio. Menschen durch die eigne Regierung um und 34 Mio. starben in Kriegen (Rummel 2004; siehe auch Harff 2003).

Ein weiterer, gut erforschter Bereich gewalttätiger Politik betrifft den Typus III, in dem Einzelne oder Gruppen sich in ihren Aktionen gegen den Staat richten. Formen dieses Typus von politischer Gewalt sind vor allem sozialer Protest, Aufstände, Staatsstreiche, Revolutionen, Terrorismus und politisch motivierte Attentate auf Regierungsangehörige.

Sozialer Protest in Form von Streiks und Demonstrationen ist zumindest in etablierten Demokratien zumeist friedlicher Natur. Streiks stellen vor allem ein Durchsetzungsmittel von Gewerkschaften dar. Die Intensität von Streiks wird gemessen durch die Teilnehmerzahl und die Länge des Streiks. Diese beiden Indikatoren werden zu einem Index des Streikvolumens multipliziert. Ein weiteres Maß die Intensität von Streiks zu messen, besteht in der Anzahl verlorener Arbeitstage. Aussperrungen gelten als Gegenmaßnahmen der Arbeitgeber. Die Geschichte von Streiks ist eng mit der Geschichte der Arbeiterbewegung verbunden.

Streiks erstrecken sich zumeist auf den Arbeitsbereich und nur unter besonderen Bedingungen auf allgemeine politische Ziele. In Deutschland sind etwa politische Streiks, Solidaritätsstreiks und nicht von Gewerkschaften organisierte „wilde Streiks" untersagt. Allerdings spielten gerade in der Vergangenheit politisch motivierte Streiks eine große Rolle für die Entwicklung von Gesellschaften.

Seit den 1960er Jahren haben sich in vielen westlichen Gesellschaften *Großdemonstrationen* und andere Protestformen etabliert. Diese hatten oftmals in den Studentenprotesten ihren Ausgangspunkt. Später waren „unkonventionelle" Protestformen eine Begleiterscheinung der neuen sozialen Bewegungen. Diese Proteste wurden mit dem Wertewandel in hochindustrialisierten Gesellschaften in Verbindung gebracht (Barnes/Kaase 1979; Rüdig 1990; Flam 1994; van Deth/Scarbrough 1995).

Aufstände (*riots*) stellen sporadische, nicht-organisierte Formen der politischen Gewalt dar. Sie können sich aus Demonstrationen und Streiks entwickeln oder durch bestimmte politische Maßnahmen oder Ereignisse provoziert worden sein. Wenn größere Bevölkerungsgruppen an Aufständen beteiligt sind, spricht man von Aufruhr. Eine umfassende vergleichende Studie zu politischer Aufruhr deutet auf wesentliche Unterschiede selbst in den hoch entwickelten Industrienationen hin (Taylor/Jodice 1983). In der Nachkriegzeit bis 1977 waren die Zahlen für Italien, Spanien, Japan, Belgien und Irland besonders hoch, wogegen Schweden, Norwegen und die Schweiz nur wenige Aufstände zu verzeichnen hatten. In jüngster Zeit finden sporadisch Aufstände in Südkorea statt und in Indonesien wurde Suharto nach einer 30jährigen Amtszeit durch anhaltende Aufstände 1998 gestürzt.

Infokasten 3-3: Historische Entwicklung von Streikaktivitäten in Industriegesellschaften

Arbeitskämpfe hängen stark mit der Organisation der Arbeitsbeziehungen zusammen und haben sich im Laufe der Zeit verändert (Crouch 1993; Armingeon 1994). Auch existieren große Unterschiede in den Streikaktivitäten in sowohl historischer als auch ländervergleichender Hinsicht. Um die Jahrhundertwende zum 20. Jahrhundert waren von den fünf von Colin Crouch zu diesem Zeitpunkt untersuchten Ländern besonders Dänemark (ca. 1080 verlorene Arbeitstage), Großbritannien (567) und Österreich (210) von Streiks betroffen. In den zwölf europäischen Ländern, die für die Jahre von 1910 bis 1914 untersucht werden konnten, war die Streikaktivität in Großbritannien, Norwegen und Deutschland besonders hoch. In den 1920er Jahren waren Arbeitskämpfe besonders häufig, vor allem in Norwegen (ca. 2.500 verlorene Arbeitstage), Schweden und Großbritannien. In der Zeit nach dem Zweiten Weltkrieg nahmen Streiks stark ab. Insbesondere wurden Streiks selten in den skandinavischen Ländern und anderen Ländern mit einem stark ausgebildeten neokorporatistischen Verhandlungssystem sowie in der Schweiz durchgeführt. Seit den 1970er Jahren ist wieder ein Anstieg der Streikaktivitäten zu erkennen. Für die späten 1980er Jahre stellt Italien mit fast 2.500 verlorenen Arbeitstagen den unangefochtenen Spitzenreiter dar. Aber auch Spanien, Finnland und Irland streikten in dieser Phase überdurchschnittlich, während die Schweiz mit 0,36 Tagen die wenigsten Streiks erfuhr und Österreich (1,42) und auch Deutschland (ca. fünf Tage) am Ende der Skala zu finden sind.

Wenn Aufstände eine längere Zeit regelmäßig auftreten, spricht man von Rebellionen. In dieser Situation haben viele, die in gewalttätigen Auseinandersetzungen involviert sind, die Hoffnung auf die Responsivität des politischen Systems aufgegeben. In einem solchen Fall kann es zu einer Eskalation kommen, in denen Aufstände mit anderen Protestformen verschmelzen (Terrorismus, Bürgerkrieg, etc.). Ein Beispiel einer solchen Rebellion stellt die palästinensische *Intifada* dar, die 1987 einsetzte, um einen eigenständige Staat zu errichten. Als die israelische Kontrolle über Palästina nicht nachließ, wurde die *Intifada* im Jahr 2000 wieder ausgerufen und mit terroristischen Aktionen kombiniert.

Dass Aufstände als eine Form des politischen Protests auch in hochentwickelten Industrienationen nicht zur Vergangenheit gehören, zeigen die Aufstände in Los Angeles im April 1992 und die landesweiten Aufständen im Herbst 2005 in Frankreich.

Unter *Staatsstreichen (coup d'état)* fasst man in der Regel einen plötzlichen, gewaltsamen Umsturz einer Regierung durch eine kleine Gruppe. Dabei spielt die Kontrolle der Armee, der Polizei und anderer militärischer Einheiten eine wesentliche Rolle. Anders als bei Revolutionen ist die gesellschaftliche Veränderung nur gering. Zumeist wird nicht das Wirtschafts- oder Sozialsystem verändert, und auch die nationale Machtverteilung bleibt meistens unangetastet. Allerdings bestehen auch hier Ausnahmen, als etwa einer der ältesten modernen Staatsstreiche durch Napoleon 1799 die Früchte der Französischen Revolution zunichte machte bzw. zumindest für eine gewisse Zeit aussetzte, oder der Staatsstreich von Louis Napoleon 1851, der zur Auflösung der Nationalversammlung der Zweiten Französischen Republik führte. In der modernen Politik spielen Staatsstreiche im 19. und 20. Jahrhundert in Lateinamerika und Afrika eine bedeutende Rolle, nachdem die Kolonien in den 1960er Jahren ihre Unabhängigkeit erlangten.

In der 180-jährigen Geschichte Boliviens fanden etwa 200 Staatsstreiche statt. Für Afrika wurden in einer statistischen Analyse zwischen 1956 und 2001 188 militärische Staatsstreiche gezählt, von denen 80 (43 Prozent) erfolgreich verliefen (Schraeder 2004: Kap. 9;

siehe auch: Thomson 2000: 122-133). Besonders betroffen waren Benin (vor allem zwischen 1963 und 1972), Burkina Faso und Ghana. Stellen für diese Länder Staatsstreiche Erfahrungen der Vergangenheit dar, so erlebte Nigeria über alle Jahrzehnte eine erhebliche Zahl von Staatsstreichen (zuletzt 1993). In Sierra Leone häuften sich diese in den 1990er Jahren (1992, 1996, 1997). Wenngleich Staatsstreiche in Afrika tendenziell abnehmen und in den 1960ern und 1970ern ihren Höhepunkt hatten, gehören sie auch in der jüngsten Vergangenheit noch zur politischen Tagesordnung in Algerien, Burundi, auf den Komoren, an der Elfenbeinküste, in Gambia, Guinea-Bissau, Lesotho, Mali, Niger, Nigeria und São Tomé und Principe. Manche sprechen in diesem Zusammenhang sogar von einem „Trend zur Renaissance des Staatsstreichs“ (Körner 2004: 128). Auf der anderen Seite gab es in 19 der 53 afrikanischen Staaten keine Staatsstreiche, so auch in der seit 1965 etablierten Demokratie Botswana. Dagegen beendete ein Staatsstreich 1994 die fast 30-jährige demokratische Tradition in Gambia.

Erklärungsfaktoren für die Entstehung von Staatsstreichen findet man in der „Staatsstreichstradition”, im wirtschaftlichen Niedergang und in inneren Unruhen (Zimmermann 2003: 315-316). Vor allem die Verletzung von Interessen des Militärs scheint einen großen Einfluss auf das Zustandekommen von Staatsstreichen zu haben (Janowitz 1977). Darüber hinaus spielt die Kolonialvergangenheit eine gewisse Rolle, wobei Länder mit einer britischen Kolonialvergangenheit weniger zu Staatsstreichen neigen als andere. Ein nicht zu unterschätzender Faktor ist auch die Einflussnahme westlicher Nationen (Thomson 2000: 129 und Kapitel 8). Wenngleich die USA in Afrika weniger aktiv Staatsstreiche unterstützten als in Lateinamerika, so darf deren Rolle nicht unterschätzt werden. Mehr noch haben jedoch britische Truppen in Ostafrika in der unmittelbaren postkolonialen Zeit Einfluss genommen. Am aktivsten hat Frankreich Staatsstreiche in Afrika unterstützt.

Revolutionen stellen fundamentale wirtschaftliche, politische und soziale Umwälzungen einer Gesellschaft dar (Goodwin 2001: 8-10). Dabei lassen sich *politische* Revolutionen, in denen ein politisches Regime gestürzt wird, von *sozialen* Revolutionen, in denen noch fundamentale sozio-ökonomische und kulturelle Veränderungen hinzutreten, unterscheiden. Revolutionen gehen von einer größeren Gruppe der Bevölkerung aus, die als „revolutionäre Bewegung” bezeichnet werden kann (Tilly 1993: 10). Kontrovers wird der Aspekt der politischen Gewalt diskutiert (Walt 1992; Hague/Harrop 2004: 134-141).[116] So sehen manche auch in den friedlichen Revolutionen in Osteuropa und 1974 in Portugal die Kriterien einer Revolution erfüllt, wobei andere den Begriff Revolution nur für gewaltsame Umstürze in Anwendung bringen wollen. Stephen Walt (1996) untersucht in seinem Werk die Beziehungen zwischen Revolutionen und Krieg.

Historisch betrachtet wurden Revolutionen vom klassischen Griechenland bis weit hinein in das Mittelalter als äußerst destruktive Kraft verstanden. Im 16. Jahrhundert stellte Niccolò Machiavelli die wesentliche Bedeutung von stabilen Staaten dar, die sich gegenüber Revolutionen schützen mussten. In seinen detaillierten Studien zur Macht machte er jedoch auf die Notwendigkeit der strukturellen Veränderungen der Regierungsformen aufmerksam. Diese Legitimation des Wandels, die im krassen Widerspruch zur zuvor etablierten Achtung der Stabilität, nicht zuletzt durch die religiöse Ordnung, stand, machte Machi-

[116] Eine noch weitere Fassung von Revolutionen versteht auch relativ kurzfristige, soziale Veränderungen als Revolutionen, wie die industrielle Revolution, feministische Revolution, Computerrevolution oder die „stille” Revolution des Wertwandels nahe legen (vgl. auch Schmidt 2004a: 619-620). Allerdings weichen solch weitgefassten Definitionen die analytische Schärfe des Begriffs auf (Lachmann 1997).

avelli – wenngleich er niemals das Wort Revolution in seinen Arbeiten benutzte – zu einem der klassischen Referenzpunkte der modernen Revolutionstheorie. Im 17. Jahrhundert hob John Milton die positiven Aspekte von Revolutionen für die Entwicklung von Gesellschaften hervor. Revolutionen stellten einen Weg dar, sich von staatlicher Unterdrückung zu befreien und die bürgerliche Freiheit zu erlangen. Immanuel Kant ging gar noch einen Schritt weiter, indem er in Revolutionen die Kraft für das Entwicklungspotenzial der Menschheit sah, durch die die Gesellschaften auf eine höhere moralische Basis gelangen könnten. Diese Gedanken fanden ihre praktische Bestätigung in der Französischen und der Amerikanischen Revolution.

Im 19. Jahrhundert wurde die positive Bewertung von Revolutionen durch Hegel und Marx, die als Vordenker der Revolutionen des 20. Jahrhunderts gelten können, weiter vorangetrieben. Während Hegel Revolutionen als die Erfüllung menschlichen Daseins ansah, übersetzte Marx viele dieser Gedanken auf die konkrete Ebene und skizzierte die Notwendigkeit von Revolutionen im Klassenkampf, durch die die Arbeiterklasse als revolutionäre Bewegung die Kontrolle über die wirtschaftlichen Prozesse einer Gesellschaft erreichen und damit gesellschaftliche Gegensätze endgültig auflösen könne.

Eine Darstellung der wichtigsten Revolutionen seit der Französischen Revolution zeigt den Stellenwert von Revolutionen für die Etablierung sozialistischer Herrschaftsformen. Allerdings haben Revolutionen auch zu religiös determinierten Gesellschaften in der arabischen Welt und zu bürgerlichen oder marktwirtschaftlichen Gesellschaftsordnungen geführt.

Tabelle 3-8: Die wichtigsten sozialen Revolutionen seit 1789

Jahr	Land oder Region	„Alte Ordnung“	„Neue Ordnung“	Bestand
1789	Frankreich	Aristokratie, Monarchie	Bürgerliche Gesellschaft	Bis 1799
1910	Mexiko	Diktatur	Sozialismus	Bis 1917
1917	Russland	Monarchie	Sozialismus	Bis 1989
1945	Jugoslawien	Übergangsperiode	Sozialismus	Bis 1991
1945	Vietnam	Kolonie	Sozialismus	Dauert an
1949	China	Übergangsperiode	Sozialismus	Dauert an
1952	Bolivien	Oligarchischer Kapitalismus	Sozialismus	Bis 1964
1959	Kuba	Diktatur	Sozialismus	Dauert an
1962	Algerien	Kolonie	Sozialismus	Bis 1965
1974	Äthiopien	Kaiserreich	Sozialismus	Bis 1991
1975	Angola	Kolonie	Sozialismus	Bis 1992
1975	Mozambique	Kolonie	Sozialismus	Bis 1990
1975	Kambodscha	Bürgerkrieg	Sozialismus	Bis 1981
1975	Südvietnam	Kolonie	Sozialismus	Dauert an
1979	Iran	Monarchie (Schah)	Religion (Islam)	Dauert an
1979	Nicaragua	Diktatur	Sozialismus	Bis 1990
1979	Grenada	Demokratie*	Sozialismus	Bis 1983
1989	Osteuropa	Sozialismus	Marktwirtschaft	Dauert an

Quelle und *Erklärung*: Die Auswahl der Revolutionen und Jahreszahlen wurden entnommen aus Goodwin (2001: 4). * = Die Regierung von Eric Gary wurde von Przeworski u.a. (2000: 63) als parlamentarische Demokratie beurteilt, von anderen jedoch als Diktatur mit Scheinwahlen (Eisenbürger 2004).

Die vergleichende Analyse von Revolutionen deutet darauf hin, dass Faktoren wie die Stärke des Staates, Wettbewerb unter den Eliten und Lebensstandard der Massen eine Rolle spielen (Goldstone 1991; 2001; 2003; Zimmermann 2003: 317-320). Darüber hinaus beeinflussen ausländische Interventionen Revolutionen ebenfalls (Katz 2001). Insbesondere in der Zeit des Kalten Krieges waren viele instabile Regime ein Aktionsfeld der Supermächte. Afghanistan, Angola und Nicaragua sind nur einige Beispiele. Allerdings bestehen bei der Interpretation der Ursachen von Revolutionen auch gewisse Paradoxien. Denn der einfache Zusammenhang, dass Revolutionen durch Armut oder Mangelsituationen (Deprivation) entstehen, wird durch die empirische Analyse nicht betätigt. So stellte schon Alexis de Toqueville (1978) fest, dass die Französische Revolution zu einem Zeitpunkt begann, als die wirtschaftliche Situation sich verbesserte und die meisten Revolutionäre in Gebieten Frankreichs lebten, die die größten wirtschaftlichen Verbesserungen erfuhren. Diese spezielle Erkenntnis übertrug Crane Brinton (1965) auf die Revolutionen in England, den USA, Frankreich und Russland, wo er dieses Phänomen überall bestätigt fand. Er betonte weitere Gemeinsamkeiten wie Klassengegensätze, Finanzprobleme der Regierungen, Abwendung der Intellektuellen vom Regime und den Verlust der Selbstsicherheit der herrschenden Klasse.

Der Frage, warum Menschen rebellieren, wurde von Ted Gurr (1970; siehe auch das Vorwort zur vierzigsten Neuauflage 2011) nachgegangen und anhand eines 114 Länder umfassenden Datensatzes untersucht. Drei Faktoren scheinen dabei einen besonderen Einfluss zu haben: (a) An erster Stelle stehen soziale und strukturelle Faktoren, die sozialen Protest unterstützen. Hierzu gehören der Umfang und die Qualität des Organisationspotenzials kollektiven Handelns sowie die externe Unterstützung, sei diese symbolischer oder konkreter Natur (Finanzunterstützung und Waffenlieferung). (b) An zweiter Stelle steht eine anhaltende *relative* wirtschaftliche Deprivation. Während eine absolute Deprivation (etwa Armut) zur politischen Apathie führt, provoziert die relative Deprivation Protest (siehe Kapitel 10). Der dritte Faktor (c) betrifft die Legitimation des Regimes. Je weniger das Regime legitimiert ist, desto höher ist die Wahrscheinlichkeit, dass es durch politischen Protest abgelöst wird. Faktoren wie Zwangsausübung und eine Protesttradition haben keinen großen Einfluss auf das Ausmaß, die Größe und die Intensität des politischen Protests.

Wenngleich oftmals Revolutionen als ein Relikt der Vergangenheit betrachtet werden, so betont Goodwin (2001) in seiner Untersuchung, dass die Periode von 1945 bis 1991 als ein Zeitalter der Revolution bezeichnet werden kann. Insbesondere frühere Kolonien, personenorientierte, „über den Klassen stehende" Diktaturen sowie von der Sowjetunionen abhängige kommunistische Regime waren von Revolutionen in der Nachkriegszeit betroffen. Andererseits kann auch festgehalten werden: "*No popular revolutionary movement ... has ever overthrown a consolidated democratic regime*" (Goodwin 2001: 300; kursiv im Original). Für die Zukunft sind auch weiterhin revolutionäre Entwicklungen in vielen Staaten der Welt zu erwarten. Wenngleich es den Anschein hat, dass diese Tendenzen im letzten Jahrzehnt in Lateinamerika abgenommen haben und lediglich in Kolumbien, Mexiko und Peru noch eine gewisse Relevanz besitzen, sind in anderen Teilen der Welt auch weiter Proteste gegen Regierungen zu beobachten (Indonesien, Nigeria, Madagaskar, Kenia, China etc., vgl. Goodwin 2001: 293-306).

Unter *Terrorismus* ist der systematische Gebrauch von Gewalt gegen Individuen und den Staat, mit dem Ziel politische Konzessionen zu erzwingen (Jackson/Jackson 2000: 447), zu verstehen. Die Forschung in diesem Bereich ist äußerst umfangreich. Schon vor dem Anschlag auf das *World Trade Center* in New York zählten Robert und Doreen Jackson (2000: 447) weit über 6.000 Bücher zu diesem Thema. Internationale terroristische Anschläge nehmen weltweit seit den 1960er Jahren kontinuierlich zu, wobei sich die Strategie des politisch motivierten Terrorismus häufig wandelt (Laqueur 1998). Hielten sich Terroristen zunächst oftmals an bestimmte Regeln, die vor allem darin bestanden, das Leben Unschuldiger zu schonen und vor allem Vertreter eines Regimes zu treffen, so nahm im Laufe der Zeit der Massenterrorismus zu, dessen Hauptziel nicht in der Ermordung von Regimeangehörigen bestand, um Angst und Schrecken in dieser Gruppe zu verbreiten, sondern sich der Terror vielmehr gegen die physische Sicherheit der Bevölkerung richtete, um dadurch Unsicherheit zu schüren und das Regime zu destabilisieren. Die Terroranschläge der Roten Armee Fraktion (RAF) oder Brigade Rosso in Deutschland und Italien stellten solche Aktionen dar. Heute praktiziert unter anderen die baskische Separatistengruppe ETA (*Euzkadi Ta Azkatasuna*, Baskische Heimat und Freiheit) solche Terrorakte in Spanien und in Japan versuchten 1995 religiös motivierte Gruppen durch Giftgas die Bevölkerung zu treffen. Eine weitere Gewichtsverlagerung des Terrorismus fand in den 1990er Jahren und nach der Jahrtausendwende statt, als sich die Terroranschläge ausländischer Gruppen gegen Staatsregierungen durch Massenterrorismus richten. Hiervon sind vor allem Israel und die USA betroffen. Dabei geht die Initiative von fundamentalistisch-islamischen Attentätern aus. Durch die weitere Verbreitung von Massenvernichtungswaffen kann diese Art des Terrorismus, der als Mega-Terrorismus bezeichnet wird (Almond u.a. 2004: 21), neue Dimensionen der politischen Gewalt erhalten.

Zu dem Typus politischer Gewalt von Gruppen oder Einzelnen (Typus IV), die sich gegen den Staat richten, zählen auch *politisch motivierte Attentate* auf Regierungsmitglieder, wenngleich sich die konkrete Aktion auf Individuen bezieht. Von den demokratisch etablierten Staaten kann vor allem die USA auf eine Tradition politischer Attentate zurückblicken, denen bisher vier Präsidenten zum Opfer fielen. In nicht-demokratischen Staaten liegt diese Zahl bei weitem höher.

Politische Kriminalität ist eine Form illegaler Aktivitäten, die sich gegen den Staat richten. Häufig steht bei diesen Aktionen nicht der Umsturz eines Regimes im Vordergrund, sondern die Bevorzugung von bestimmten Gruppen auf Kosten anderer Gruppen. In diesen Bereich gehören auch die weiter oben beschriebene politische Korruption und mehr oder weniger umfassende Unregelmäßigkeiten in der Finanzierung von politischen Organisationen und Entscheidungen. Diese Aktivitäten haben sich im Zuge der Globalisierung verstärkt und oftmals sind kriminelle Aktionen mit religiösen Motiven verbunden (Mincheva/Gurr 2013).

Kapitel 4: Politikfelder (*Policy*)

1. Allgemeine Staatstätigkeit
2. Wirtschaftspolitik
3. Wohlfahrtsstaatliche Politik
4. Umweltpolitik
5. Globalisierung

Policy bezieht sich auf den Inhalt politischer Entscheidungen. Manfred G. Schmidt (1997: 207-208; siehe allgemein auch Schmidt 2003b: 261-262) definiert die zentrale Fragestellung der *Policy*-Forschung wie folgt: „Wann, wie, warum, über welche Materien und mit welchem Effekt treffen politische Instanzen verbindliche Entscheidungen über die Verteilung begehrter Güter und Werte – beispielsweise mittels Gesetzgebung, Verordnung, Ausgaben, Steuersätze und dergleichen mehr." Dabei ist *policy* vor allem mit dem Tun und Lassen von Regierungen verknüpft. In einer weiteren Perspektive können jedoch auch die Entscheidungen anderer kollektiver Akteure in die Analyse einfließen (Faust/Lauth 2001; Schubert/Bandelow 2003; Nullmeier/Wiesner 2003). Dabei unterscheidet sich die Analyseperspektive dadurch, inwieweit der Prozess der Politikformulierung im Mittelpunkt des Interesses steht. Bei einer differenzierten Perspektive stehen unterschiedliche Phasen der Politikfeldanalyse im Vordergrund. Die wichtigsten Phasen sind die Definitionsphase, in der die politischen Akteure ein Problem näher bestimmen, die Konzeptualisierungsphase, in der politische Programme konzipiert und entschieden werden, sowie schließlich die Implementationsphase, in der die Programme eingeführt und gegebenenfalls evaluiert werden. Während sich diese Analysen in vergleichenden Fallstudien hauptsächlich auf die Interaktionen der beteiligten Akteuren stützen (Scharpf 2000), wird in der ländervergleichenden Forschung vorrangig auf *output*, etwa verschiedene Programme und Strategien, und *outcome*, also Politikergebnisse, Bezug genommen. Dabei erweist es sich häufig als Problem, dass sich die Wirkungen von *outputs* nicht unmittelbar anhand der *outcomes* messen lassen. Denn *outcomes* können von vielen, nicht unmittelbar mit den politischen Programmen verbundenen Faktoren, abhängig sein. Gerade bei der Messung der Staatstätigkeit auf der Grundlage von Staatsausgaben können diese einmal durch politische Programme oder aber durch demographische (z.B. Rentenpolitik) oder strukturelle (z.B. Arbeitslosigkeit) Faktoren beeinflusst sein.

Die aggregatdatenorientierte ländervergleichende *Policy*-Forschung selbst durchlief bisher fünf Phasen und gilt als ein relativ junger Zweig der vergleichenden Politikwissenschaft, der in den 1960er Jahren im angloamerikanischen Kontext entwickelt wurde (Schmidt 2003b; Franzese/Hays 2004, Jahn 2009a). Zunächst stand die Frage im Vordergrund: *Does politics matter*? Es wurde also untersucht, ob Aspekte der *politics* Einfluss auf *policies* besitzen (Wilensky 1975; Castles 1982; Roubini/Sachs 1989b; Schmidt 1996; 2002a; 2002b). Diese Frage wurde in der zweiten Phase dadurch modifiziert, dass die Gewichtung auf eine Abwägung von sozioökonomischen und politischen Variablen geschoben wurde. Diese beiden Phasen, in denen nur innerstaatliche Einflussfaktoren berücksichtigt wurden, bezeichnen Robert Franzese und Jude Hays (2004) als geschlossene vergleichende politische Ökonomie. Exemplarische Studien in dieser Tradition betrafen die Finanzpolitik (Tufte 1978; Hibbs 1987), Lohnpolitik und Neokorporatismus (Cameron 1984; Lange 1984; Lange/Garrett 1985); Sozialpolitik (Castles 1998; Schmidt 2001c) sowie Bankenpolitik (Cukierman 1992; Alesina/Summers 1993). In der dritte Phase wurde die Fragestellung differenzierter: „Auf welche Weise und unter welchen Handlungszwängen und -grenzen wird Politik (im Sinne von *policy*) durch Politik (im Sinne von *politics* und *polity*) geprägt?" (Schmidt 1997: 213). Diese Studien berücksichtigten, neben den nationalen Aspekten, zunehmend den Einfluss internationaler Bedingungen. Allerdings wurde dessen Wirkung als gleichbedeutend für alle Länder modelliert, in dem Perioden oder bestimmte Ereignisse (Ölpreisschock) betrachtet wurden (Alvarez u.a. 1991; Powell/Whitten 1993; Alesina u.a. 1997). Seit den 1990er Jahren, dem Beginn der vierten Phase der *Policy*-Forschung, nahm neben sozioökonomischen und nationalstaatlichen Variablen vor allem der Einfluss von internationalen Beziehungen (internationale Mitgliedschaften wie EU, internationale Handelsströme, Globalisierung etc.) einen größeren Raum ein. In neueren Untersuchungen werden die Einflüsse internationaler Effekte nicht mehr gleichbedeutend, sondern konditional betrachtet. Das bedeutet, dass gewisse internationale Einflüsse in manchen Kontexten (Ländern) verschiedene Wirkungen haben können (Garrett 1998; Burgoon 2001; Franzese 2002b; Castles 2004). In der aktuellen fünften Phase werden Diffusionsprozesse stärker in die Analysen aufgenommen. Ausgangspunkt hierbei ist der Grad der Kontaktintensität zwischen den einzelnen Ländern und deren Wirkung auf die Effekte von nationalen und internationalen Bedingungen. Studien hierzu beziehen sich auf die Liberalisierung der Wirtschaftspolitik (Simmons/Elkins 2004), die Veränderung von Kapitalsteuern (Basinger/Hallerberg 2004) oder die Entwicklung des Sozialstaates (Jahn 2006).

An dieser Stelle kann nur ein sehr grober Überblick über die vielfältigen Aspekte der Politikfelder gegeben werden. Dabei soll auf Indikatoren für die allgemeine Staatstätigkeit sowie wirtschaftspolitische und wohlfahrtsstaatliche Programme eingegangen werden. Darüber hinaus wird auf verschiedene Ansätze der Umweltpolitik Bezug genommen. Eine umfassende aktuelle Analyse der reichen Demokratien, die eine Vielzahl von Aspekten und Politikfeldern übergreifend behandelt, liegt mit Harold Wilenskys (2002; siehe auch Tsebelis/Chang 2004; Roller 2005) Studie vor. Wie diese Studie, so konzentrieren sich die Ausführungen in diesem Kapitel vor allem auf hoch entwickelte demokratische Industrienationen, wenngleich auch Anmerkungen zur Staatstätigkeit in anderen Ländern gemacht werden.

1 Allgemeine Staatstätigkeit

Die allgemeine Staatstätigkeit ist unmittelbar mit der Entstehung des Nationalstaates und der industriellen Revolution verbunden (Flora 1986; Schmidt 1998b). Ab der zweiten Hälfte des 19. Jahrhunderts veränderte sich das Aufgabenfeld des Staates. Nahm er früher als so genannter „Nachtwächterstaat" vornehmlich ordnungspolitische und militärische Aufgaben wahr, so intervenierte er nunmehr in andere Politikfelder, vor allem zunächst im wohlfahrtsstaatlichen Bereich. Wenngleich es auch zu Zeiten der Industrialisierung starke Stimmen für eine Ausgrenzung des Staates aus marktwirtschaftlichen Prozessen gab, die besonders an den Namen des „Manchester-Kapitalismus" geknüpft waren, so bildete sich vornehmlich in Kontinentaleuropa – und hier vor allem in Deutschland und Österreich, innerhalb der deutschen historischen Schule, die mit den Namen Friedrich List, Adolph Wagner und Gustav Schmoller verbunden ist – die Auffassung heraus, dass der Markt die soziale Absicherstellung der Bevölkerung und Arbeiter nicht garantieren könne. Der Staat übernahm somit zunehmend Aufgaben zur sozialen Sicherung der Bürger und die Staatsausgaben in diesem Bereich nahmen zu. Inzwischen gehören weitere Bereiche, etwa der Umweltschutz, zu den zentralen Aufgabenbereichen des Staates (Dryzek u.a. 2003: 2).

Bei einer Betrachtung der allgemeinen Staatstätigkeit anhand der Staatsausgaben muss jedoch darauf hingewiesen werden, dass Staatstätigkeit sehr unterschiedliche Aufgabenbereiche erfasst. So werden Staatsausgaben in sieben Kategorien erfasst: (1) Sozialtransfers an Haushalte und private *non-profit*-Organisationen, (2) Ausgaben für zivile Güter und Dienstleitungen, (3) Subventionen, (4) öffentliche Investitionen, (5) externe Transferzahlungen, (6) militärische Ausgaben und (7) Zinszahlungen auf Staatsschulden (Cusack/Fuchs 2003: 329).[117] Die sozialen Transferzahlungen und nicht-militärischen Güter und Dienstleitungen verdoppelten sich in den OECD-Ländern von ca. 18 Prozent 1960 auf etwa 35 Prozent 1996. Obwohl die Militärausgaben im gleichen Zeitraum durchschnittlich sehr stark reduziert wurden, bestehen zwischen den Ländern große Unterschiede. So entfielen auf die Verteidigungsausgaben in den USA 1993 14 Prozent der Staatsausgaben. Es folgten Griechenland mit 12 und Großbritannien mit acht Prozent. Durchschnittlich machten die Verteidigungsausgaben 1993 nur noch ein Drittel der Verteidigungsausgaben des Jahres 1960 aus, als die USA und Griechenland fast ein Drittel der Staatsausgaben für Verteidigungszwecke banden.[118]

Den Ausgaben des Staates stehen die Staatseinnahmen gegenüber, die in der vergleichenden Politikwissenschaft weit weniger erforscht werden (Peters 1991; Steinmo 1993; Wagschal 2003a; Ganghof 2004). Neben dem wichtigsten Instrument der Finanzbeschaffung, der Steuereinnahme, wird die Staatstätigkeit durch Nettokreditaufnahme und sonstige Einnahmen finanziert. Zu den sonstigen Einnahmen zählen Verwaltungseinnahmen (z.B. Gebühren und Entgelte), die Gewinnabführung der Zentralbank durch wirtschaftliche Tätigkeit und Vermögen und die Erlöse aus Vermögensveräußerung etwa durch Privatisierungen. Zusätzlich üben Steuern auch Lenkungsfunktionen aus, etwa im Hinblick auf den Umweltschutz in Form von Ökosteuern. Sie können in Form von direkten (z.B. Einkommens- und Körperschaftssteuern) und indirekten Steuern (z.B. Umsatz- und Verbrauchersteuern, wie etwa die Mehrwertsteuer) erhoben werden.

Die Steuerquote, also der Anteil der gesamten Steuern am Bruttoinlandsprodukt, liegt in den OECD-Staaten - ohne Beiträge zur sozialen Sicherheit - durchschnittlich bei knapp unter 30 Prozent. Länder mit sehr hohen Steuern sind die skandinavischen Staaten, allen voran Dänemark mit ca. 48 Prozent (2001) (OECD 2003c). Die niedrigsten Steuerquoten unter den OECD-Ländern findet man in Mexiko (15,7 Prozent), Japan (17,0) und der Slowakei (17,9). Deutschland (22,2) und die Schweiz (22,8) nehmen im Gegensatz zu Österreich (30,6) unterdurchschnittliche Werte an. Nimmt man jedoch die Sozialausgaben (Beitragssätze für Kranken-, Renten-, Arbeitslosen- und Pflegeversicherung) mit in einen Index der Gesamtabgabenquote auf, verändert sich das Bild: Für Deutschland steigt diese Quote

[117] Für den internationalen Vergleich fast aller Länder der Welt bietet sich auch die neun Kategorien umfassende Ausgabenstatistik des *Government Finance Statistics Yearbook* des International Monetary Fund an. Untersuchungen, die diese Daten nutzen, sind etwa Tsebelis/Chang (2004) und Bräuninger (2004).

[118] In Deutschland sanken die Verteidigungsausgaben von 1960 bis 1993 von zwölf auf vier Prozent, in Österreich von 3,4 auf 1,7 und in der Schweiz von 14,5 auf 4,6 Prozent.

auf über 36,8 Prozent, was in etwa dem Durchschnitt der OECD-Länder entspricht. Österreich kommt auf 45,4 Prozent. Die skandinavischen Staaten stehen wiederum an der Spitze, wohingegen Japan, die USA, Australien und Mexiko am Ende rangieren. Auch die Schweiz nimmt mit 30,6 Prozent einen Platz im unteren Drittel ein. Aber gerade am Fall der Schweiz zeigt sich die Problematik, die Gesamtabgabenquote korrekt zu erfassen. Neben der statistischen Abgrenzungs- und Doppelzählungsproblematik hat Willem Adema (1997) darauf hingewiesen, dass staatlich veranlasste, tatsächlich aber privatwirtschaftlich organisierte Sozialversicherungsprogramme den Umfang der „Staatsabgaben" in Ländern wie der Schweiz und den USA bedeutend vergrößern (siehe auch Howard 1997). Insgesamt lassen sich verschiedene Steuerstaatstypen identifizieren (Peters 1991; Wagschal 2001): ein liberal-konservativer (USA, Kanada, Japan), ein sozialdemokratischer (Schweden, Dänemark, Finnland), ein christdemokratischer (Deutschland, Österreich, Frankreich) und ein peripher-residualer (Italien, Spanien, Griechenland).

In den letzten 35 Jahren stiegen die gesamten Staatseinnahmen durchschnittlich um sieben Prozentpunkte in den OECD-Ländern an. Andererseits verringerten sich die Spitzensteuersätze der Einkommenssteuer von 1980 auf 1997 von durchschnittlich 57,3 auf 43,5 Prozent und für Unternehmen von 42 auf 33 Prozent.[119] Der höchste Spitzensteuersatz auf Einkommen lag 1997 in Dänemark und Belgien bei 60 Prozent, der niedrigste in der Schweiz bei 11,5 und Schweden, wo dieser von 1980 (58) auf 1997 (25) um 33 Prozentpunkte fiel. In Deutschland beträgt der Spitzensteuersatz für die Einkommensteuer 53 und in Österreich 50 Prozent. Der höchste Unternehmenssteuersatz fiel 1997 in Deutschland auf 45 Prozent, in Frankreich auf 41,7 und in Belgien auf 41 Prozent, in Österreich lag er etwa beim Durchschnitt von 34 Prozent und in der Schweiz bei 9,8 Prozent. Unterboten wird diese Zahl von Norwegen, wo gar keine Unternehmenssteuer erhoben wird.

In anderen Ländern, vor allem in Lateinamerika, Afrika und in Asien stellen Steuern einen geringeren Anteil an den Staatsfinanzen dar. Oftmals verfügen solche Länder auch nicht über die Möglichkeit, die Steuerhöhe festzustellen oder diese dann effizient einzutreiben. Die Steuerquote liegt in vielen Ländern Afrikas bei weniger als zehn Prozent (Stotsky/WoldeMariam 1997).

Das Verhältnis von Staatseinnahmen und Staatsausgaben führt entweder zu einem Haushaltsüberschuss oder zur Staatsverschuldung. Wenngleich ein ausgeglichener Haushalt angestrebt wird, kommt es in den meisten Ländern zu einer wachsenden Verschuldung. Die Staatsverschuldung ergibt sich aus der akkumulierten jährlichen Nettokreditaufnahme und den Tilgungen. Auch in den Ländern der OECD hat die Staatsverschuldung in den letzten 30 Jahren stark zugenommen (Wagschal 2003b). Betrug diese 1970 noch ca. 35 Prozent des Bruttoinlandsproduktes der OECD-Länder, so waren es am Ende des 20. Jahrhunderts annähernd 68 Prozent. Allerdings sind die Entwicklung und der Grad der Verschuldung in den einzelnen Ländern sehr unterschiedlich. Italien (117 Prozent), Belgien (114), Japan (105) und Griechenland (104) sind die am höchsten verschuldeten Industrieländer mit deutlichen Wachstumsraten. Australien (26), Norwegen (35) und Neuseeland (38) konnten ihre Staatsverschuldung senken und sind die am wenigsten verschuldeten Länder. Die Schweiz (51) liegt an viertbester Stelle, Österreich (65) und Deutschland (64) nehmen dagegen Mittelplätze ein.

---

119 Die Daten sind Wagschal (2003a) entnommen und beziehen sich auf Coopers/Lybrand (1998) *1998 International Tax Summaries: A Guide for Planning and Decisions*. New York.

Die finanzwirtschaftlichen Konvergenzkriterien der EU, die im Vertrag von Maastricht festgelegt wurden (3-prozentige jährliche Defizitquote, 60 Prozent Staatsschuldenquote), führten tatsächlich zu geringeren Nettokreditaufnahmen und einer Konvergenz der EU-Länder (Wagschal 2003b: 311). Überhaupt scheinen sich auf finanzpolitischem Gebiet am deutlichsten internationale Konvergenztrends bemerkbar zu machen, die auch Entwicklungsländer betreffen (Mosley 2003).

Bedingt durch viele Faktoren, wie Missmanagement, Militärausgaben, Katastrophen und wirtschaftliche Abhängigkeit sind viele weniger entwickelte Länder stark verschuldet. Die Verschuldungsspirale wurde durch den Kapitalbedarf für die Produktion in multinationalen Unternehmen schon in den 1960er und 1970er Jahren vorangetrieben, so dass von einem schuldengelenkten Wirtschaftswachstum in diesen Ländern, allen voran in Lateinamerika, gesprochen werden konnte. Die Situation verschärfte sich durch die Ölpreiserhöhung zu Beginn der 1970er Jahre. Dieses Problem bedeutet insbesondere in Südamerika, wo die Staatsverschuldung von 30 Milliarden Dollar 1970 auf über 230 Milliarden Dollar 1980 und 700 Milliarden Dollar 1997 anstieg, sowie Afrika, wo der Anstieg von 1980 von 84 auf knapp 200 Milliarden Dollar 1997 betrug, für viele Staaten eine existenzielle Gefahr (Vanden/Prevost 2002: 163-165; Van de Walle 2001: 221).

Steuer- und Finanzpolitik gehören zu den klassischen nationalstaatlichen Politikinstrumenten von Regierungen. Durch Steuereinnahmen – oder den Verzicht darauf – sowie durch Staatsverschuldung können Regierungen ihre Politikvorstellungen realisieren und ihre Chance zur Wiederwahl beeinflussen. Von daher liegt eine Vielzahl von Erklärungsansätzen, die Steuer- und Finanzpolitik zum Gegenstand haben, vor (als Überblick siehe Wagschal 2003b: 294-308). Nach einer klassischen Auffassung erheben bürgerliche Regierungen geringere Steuern (niedrigere Steuersätze) (Buchanan/Wagner 1977). Dies führt paradoxerweise zu höheren Staatsschulden. Unter den OECD-Ländern ist die Staatsverschuldung in bürgerlich regierten Ländern signifikant höher als in Ländern unter Linksregierungen. Die Ursache scheint darin zu liegen, dass das Ziel Steuersenkung dem Ziel der Reduktion des Haushaltdefizits übergeordnet wird. Linksregierungen geben zwar mehr Geld aus, sorgen aber durch höhere Steuern auch für höhere Einnahmen, was unter Umständen wiederum zu geringeren Schulden führt. Viele Ansätze bemühen sich, die unterschiedlichen politisch-institutionellen Effekte, wie strategisches Regierungsverhalten (de Wolff 1998; Alesina/Tabellini 1990; Persson/Svensson 1989), strukturelle „Schwächen" von Regierungen bedingt durch Verhältniswahl, fraktionalisierte und polarisierte Parteiensysteme, Koalitionsregierungen und politische Instabilität (Roubini/Sachs 1989a,b; Grilli u.a. 1991; Alesina/Perotti 1994), auf die Staatsschulden zu untersuchen. Mancur Olson (1991) sieht die Ursache höherer Staatsverschuldung außerhalb des primär parlamentarischen Bereichs, indem er sich auf die Verbändepolitik konzentriert. Interessenverbände bilden gut organisierte Verteilungskoalitionen, die ihre Sonderinteressen gegenüber Marktanforderungen durchsetzen und somit das wirtschaftliche Wachstum behindern können. Im Laufe der Zeit machen sich diese Verteilungskoalitionen den Staat zu Nutze, um eine Umverteilungspolitik zu ihren Gunsten betreiben zu können, was die Staatsschuld in die Höhe treibt. Olson stellt die Hypothese auf, dass umso mehr Verteilungskoalitionen existieren, je länger ein Land demokratisch regiert wurde. Daraus schlussfolgert er, dass moderne demokratische Staaten zunehmend ineffizient werden.

Viele der politikwissenschaftlichen Ansätze gehen von einem strategischen Einsatz der Staatsverschuldung für die Wiederwahl aus. Besonders populär sind dabei die Modelle des politischen Konjunkturzyklus (Downs 1968; Nordhaus 1975; Gärtner 1989; Frey/Kirchgässner 1994). Dabei wird von einer Beziehung zwischen Arbeitslosigkeit und Inflationsrate anhand einer Phillips-Kurve ausgegangen.[120] Beide Größen müssen in ein optimales Verhältnis gebracht werden. Um dies für Wahljahre zu erreichen, wird zwischen den Wahlen die Inflationsrate gesenkt; damit erhöht sich die Arbeitslosenrate, um dann wieder beide Größen zur Wahl optimal für die Wiederwahl zu gestalten. Instrumentarien dieser Zykluspolitik sind die Steuer- und Finanzpolitik (als Forschungsüberblick siehe Franzese 2002a).

Die meisten politikwissenschaftlichen Analysen zur Staatstätigkeit haben sich auf die Ausgabenseite, und hierbei auf unterschiedliche Gebiete oder Politikfelder wie die Wirtschafts-, Renten-, Arbeits-, Bildungs-, Gesundheits-, Wohnungs- und Umweltpolitik konzentriert.[121] Im Folgenden sollen – mit dem Hinweis der selektiven Darstellung – einige Arbeiten in den genannten Bereichen näher beschrieben werden.

2 Wirtschaftspolitik

Die Wirtschaftspolitik eines Landes hat gravierenden Einfluss auf den Wohlstand der Bevölkerung. Deshalb nimmt die Analyse der wirtschaftlichen Performanz einen breiten Raum in der vergleichenden Wirtschaftswissenschaft ein. In der politikwissenschaftlichen Perspektive und der vergleichenden politischen Ökonomie, wie dieser Zweig der vergleichenden Politikwissenschaft häufig auch bezeichnet wird, steht das Verhältnis zwischen den politischen Institutionen und Prozessen und der wirtschaftlichen Effizienz im Vordergrund (Hibbs 1977; Boix 1998; Garrett 1998; Busch/Plümper 1999; Franzese 2002b; Obinger u.a. 2003; Keefer 2004). Auch die politische Gestaltung der wirtschaftlichen Abläufe selbst bildet einen wesentlichen Aspekt in politikwissenschaftlichen Analysen. Die Klassiker der Sozialwissenschaft hatten ein besonderes Interesse an der Untersuchung dieses Verhältnisses. So beschäftigten sich Karl Marx oder Max Weber bis hin zu Joseph Schumpeter – um nur einige zu nennen – mit dem Verhältnis von Politik und Wirtschaft. Dabei geht es vor allem um den Grad, in dem der Staat auf die Wirtschaft Einfluss nehmen soll. Jedoch sind die enormen, oben beschriebenen wirtschaftlichen Kräfte durch soziostrukturelle und politische Faktoren entfesselt worden, die anhand von – heute nicht mehr kritiklos akzeptierten – Phasenmodellen beschrieben werden (Rostow 1990; 1971).

Besondere Indices, die im Interesse der Politikwissenschaft stehen, sind das Bruttosozialprodukt eines Landes, zumeist auf den Pro-Kopf-Anteil bezogen, und die damit verbundene Rate des Wirtschaftswachstums (siehe Kapitel 1). Des Weiteren sind für die Politikwissenschaft Arbeitslosenquote und Inflationsrate wichtige wirtschaftliche Indices. Die beiden zuletzt genannten Indices stehen oftmals in einem negativen Zusammenhang, das heißt, wenn ein Land eine hohe Arbeitslosenquote aufweist, hat es häufig einen niedrigen

[120] Die Phillips-Kurve ist ein einfaches ökonomisches Modell, das 1958 vom englischen Statistiker und Ökonomen Alban William Housego Phillips publiziert wurde. In ihrer Originalversion modelliert sie den negativen Zusammenhang zwischen Wachstumsrate der Nominallöhne und Arbeitslosigkeit. Da zwischen Lohnwachstum und Inflationsrate im Allgemeinen ein enger Zusammenhang vermutet wird, wird anhand der Phillips-Kurve in den meisten Anwendungen der *trade-off* zwischen Inflation und Arbeitslosigkeit modelliert (Schmidt 2004a: 531).

[121] Zunächst wurden wirtschaftliche Daten durch internationale Organisationen, wie die OECD, die Vereinten Nationen und die Weltbank erhoben, die dann auch von Politikwissenschaftlerinnen benutzt wurden. Die Konzentration auf diese wirtschaftlichen Daten führte dazu, dass nicht soziale und kulturelle Faktoren beachtet wurden, sondern vor allem wirtschaftliche. Dies nannte Stein Rokkan (1970: 49) den *„economic-growth bias"*.

Inflationsgrad und umgekehrt. Die folgende Abbildung veranschaulicht die Entwicklung der Arbeitslosenquote und der Inflationsrate der hoch entwickelten OECD-Länder seit der Nachkriegszeit.

Abbildung 4-1: Durchschnittliche Inflations- und Arbeitslosenraten in 21 OECD-Staaten von 1961-2000 (in Prozent)

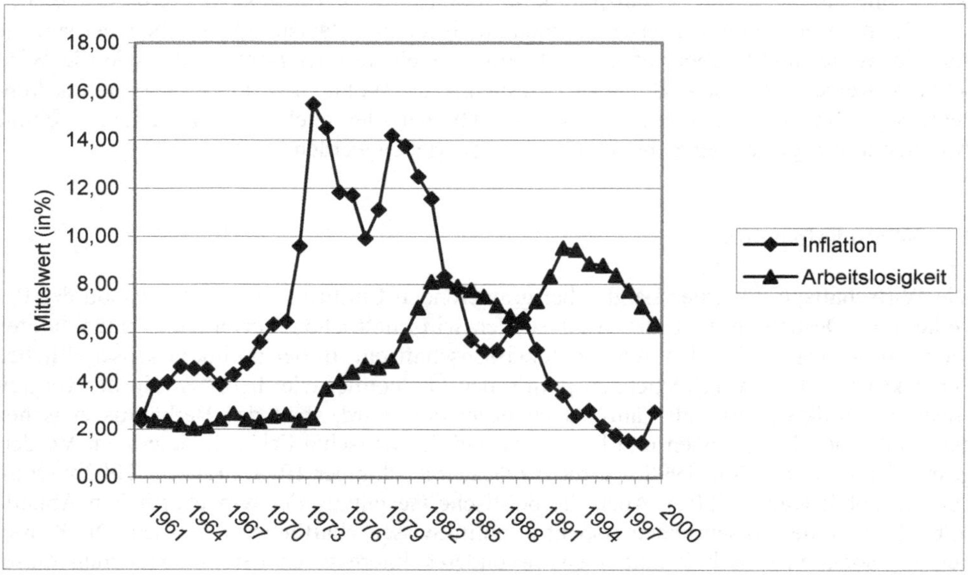

Quelle: OECD Economic Outlook (2003b); World Development Indicators (2001).

Der *trade-off* (wenn das eine fällt, steigt das andere und umgekehrt) zwischen Arbeitslosigkeit und Inflation wird, wie bereits oben angedeutet, mit Hilfe der Phillips-Kurve modelliert. Um die negativen Wirkungen von Arbeitslosenquote und Inflation zu berücksichtigen, wird in politikwissenschaftlichen Analysen häufig mit einem, allerdings nicht unumstrittenen, Maß des *Misery*-Index gearbeitet, der eine einfache Aufsummierung der Arbeitslosenquote und der Inflationsrate eines Landes darstellt (Okun 1962; 1975; Barro 1998: 69-77).[122] Die folgende Tabelle fasst die genannten Maßzahlen für die hoch entwickelten Industrienationen am Ende des 20. Jahrhunderts zusammen.

[122] Der *Misery-Index* wurde in den 1970ern entwickelt, um die wirtschaftliche „Misere" der Bürger aufgrund von Inflation und Arbeitslosigkeit im Allgemeinen zu messen. Die der Rechnungsformel des *Misery-Index* zugrunde liegende Annahme, ein Zuwachs der Inflationsrate von einem Prozent würde den Bürgern genau so negative Konsequenzen hervorrufen wie ein Zuwachs von Arbeitslosigkeit um einen Prozentpunkt, wird an diesem Index kritisiert.

Tabelle 4-1: Wirtschaftsdaten für 21 OECD-Staaten am Ende des 20. Jahrhunderts

Länder	**Wachstums-rate**	**Bruttoinlands-produkt pro Kopf**	**Arbeitslosen-quote**	**Inflations-rate**
Australien	3,8	24.399	8,08	1,88
Kanada	3,3	25.405	8,97	1,49
Irland	7,6	23.705	9,64	3,98
Neuseeland	3,4	18.919	7,06	1,90
Großbritannien	2,6	22.670	7,36	2,66
USA	3,3	31.851	5,42	1,91
Durchschnitt	*4,0*	*24.492*	*7,76*	*2,30*
Dänemark	2,3	27.160	6,36	1,99
Finnland	2,7	22.528	12,47	2,07
Norwegen	3,4	32.359	4,35	2,97
Schweden	2,2	22.499	7,73	1,74
Durchschnitt	*2,7*	*26.137*	*7,73*	*2,19*
Belgien	1,9	24.484	8,34	1,93
Deutschland	1,4	24.672	8,32	1,74
Frankreich	1,9	23.794	10,96	1,53
Italien	1,5	23.674	10,82	3,35
Niederlande	2,6	24.999	4,93	2,52
Österreich	2,1	25.851	3,89	1,82
Durchschnitt	*1,9*	*24.579*	*7,88*	*2,15*
Griechenland	2,6	15.358	9,77	7,58
Portugal	2,3	15.607	5,49	5,11
Spanien	2,6	18.248	18,15	3,92
Durchschnitt	*2,5*	*16.404*	*11,14*	*5,54*
Schweiz	1,2	28.105	3,30	0,87
Japan	1,0	25.119	3,78	-0,45
Durchschnitt	*1,1*	*26.612*	*3,54*	*0,21*
Durchschnitt aller Länder	**2,7**	**23.876**	**7,87**	**2,50**

Erklärungen: durchschnittliches Wachstum des BIP von 1992 bis 2002 in Prozent; Bruttoinlandsprodukt pro Kopf auf Basis von Kaufkraftparität in konstanten Internationalen Dollar 2000 von 1992-2002; durchschnittliche nationale Arbeitslosenquote von 1992-2002 in Prozent; Inflationsrate = BIP Deflator: durchschnittliche Änderung von 1992 bis 2002 in Prozent.
Quelle: The World Bank World Development Indicators CD-ROM (2005)

Inhaltlich steht in politikwissenschaftlichen Analysen das Verhältnis von Staatstätigkeit und wirtschaftlichen Faktoren im Vordergrund. Bis zum Beginn der 1990er Jahre war die Trennung zwischen Plan- und Marktwirtschaft für Industrienationen bestimmend. Doch auch nach der Transformation der meisten Planwirtschaften in Marktwirtschaften beherrscht das Verhältnis zwischen Wirtschaft und Staat die sozialwissenschaftlichen Analysen. Alle politischen Programmatiken (Liberalismus, Konservatismus, Kommunismus, Sozialdemokratie, Feminismus, Ökologie etc.) haben ihre eigenen wirtschaftspolitischen Konzepte entwickelt.

Staatliche Tätigkeit im Bereich der Wirtschaftspolitik reicht heute von der Marktorientierung und dem dynamischen Rückzug des Staates aus der Wirtschaft bis hin zur staatlichen Intervention in die wirtschaftlichen Abläufe eines Landes. Als Indikatoren für die wirtschaftspolitischen Instrumente einer vergleichenden empirischen Untersuchung dienen etwa die Staatsausgaben für Bruttoanlageinvestitionen (niedrige versus hohe öffentliche Investitionen), die Organisation des Humankapitals Bildung (private versus öffentliche Ausgaben für Bildung und Ausbildung), der Umfang des öffentlichen Wirtschaftssektors (klein versus groß) sowie die Steuerpolitik (niedrige Steuern versus hohe Steuern und regulative Mechanismen der Investitionssteuerung) (Boix 1998: Kapitel 3 und 4). Die skandinavischen Länder sind führend bezüglich des Staatsinterventionismus, die angelsächsischen Länder (Großbritannien, USA, Australien), Japan und die Schweiz gehören zu den marktwirtschaftlich orientierten Ländern. Insgesamt zeichnet sich ein Trend der nachlassenden staatlichen Intervention ab.

Für Transformationsstaaten bieten sich andere Kategorien zur Erfassung der wirtschaftlichen und politischen Entwicklung an (Offe 1994; Ágh 1998; Elster u.a. 1998; Zielonka 2001; Blazyca 2003). Hier stehen der Übergang und die Reformen für eine marktwirtschaftliche Liberalisierung im Vordergrund (Stark/Bruszt 1998; Horowitz 2004). Dabei wird zwischen „weichen" und „harten" Reformen unterschieden (Fish 1998). Weiche Reformen schließen die Freigabe von Handel und Preisen sowie kleinere Liberalisierungen im Wirtschaftsbereich ein. Harte Reformen hingegen beziehen sich auf den Aufbau marktwirtschaftlicher Institutionen.

Für viele afrikanische und südamerikanische Länder dagegen ist die Produktionsstruktur ein wesentlicher Indikator für die Volkswirtschaft, da davon Rückschlüsse auf die Auslandsabhängigkeit eines Landes getroffen werden können. So wirkten viele Kolonialmächte auf eine Monoproduktion hin, die auch heute noch in vielen Entwicklungsländern größtenteils Bestand hat. Länder mit einer geringen Produktionsvarianz sind im besonderen Maße von Konjunkturschwankungen und Käuferländern abhängig. So basiert der Export in nur 15 von 52 afrikanischen Ländern auf mehr als drei Produkten (Brown 1995: 28).[123] Besonders ausgeprägt ist dies für Länder wie Algerien, Angola, Kongo, Libyen, Gabun (Öl), Burundi, Ruanda, Uganda (Kaffee), Botswana (Diamanten), Niger (Uranium), São Tomé (Kakao) und Sambia (Kupfer). In Südamerika produzieren und exportieren vor allem Venezuela (Öl), Kuba (Zucker) und Bolivien (Naturgas und Zinn) nur wenige Produkte (Vanden/Prevost 2002: 147-151). Allerdings ist in den südamerikanischen Ländern ein deutlicher Trend zur Produkterweiterung erkennbar. So machten in Paraguay Baumwolle und Sojabohnen 1985 noch über 80 Prozent des Exports aus, 1998 betrug der Anteil nur noch 50 Prozent.

[123] Die Einschätzung beruht darauf, welche Produkte zwischen 1982 und 1986 75 Prozent der Exporteinnahmen erbrachten.

Infokasten 4-1: Transition und Transformationsindices

In jährlichen *Transition Reports* veröffentlicht die *European Bank for Reconstruction and Developement* (EBRD) acht *transition indicators*, die die Entwicklung der Reformen beim Umbau der Wirtschaftsordnung hin zu einer funktionierenden Marktwirtschaft in zentralen Bereichen beschreibt. Diese Indikatoren liegen für 26 Länder Mittel- und Osteuropas seit 1991 vor.

Sie werden auf einer elfstufigen Intervall-Skala von 1 bis 4+ erfasst. 1 bedeutet jeweils keinerlei Fortschritte in dem Bereich, während 4+ dem entsprechenden Niveau einer entwickelten, funktionierenden Marktwirtschaft in hochindustrialisierten Ländern entspricht.

Die Indikatoren erfassen drei Dimensionen einer Marktwirtschaft: die Privatisierung von Unternehmen und marktwirtschaftlich-orientierte Ordnungspolitik (*large-scale privatisation, small-scale privatisation, governance & enterprise restructuring*), die Liberalisierung des Marktes (*price liberalisation, trade & foreign exchange system, competition policy*) und den Aufbau eines funktionierenden Finanzsektors (*banking reform & interest rate liberalisation, securities markets & non-bank financial institutions*) (EBRD 1999: 22-25).

Neben der Betrachtung von einzelnen Aspekten marktwirtschaftlicher Reformen kann aus diesen Indikatoren ein Gesamtindex der marktwirtschaftlichen Reformen berechnet werden. Somit ist eine Beurteilung der Gesamtreformen für den Zeitraum ab 1991 möglich (Jahn/Kuitto 2005: 18).[124] Der Gesamtindex betrug 1995 durchschnittlich 3.07 für die 10 mittel- und osteuropäischen EU-Beitrittskandidaten. Dabei waren die reformstärksten Länder die Tschechische Republik und Ungarn (jeweils 3.46) und Bulgarien (2.50) bildete das Schlusslicht. Bis zum Jahr 2003 haben sich alle 10 Ländern kontinuierlich dem Standard entwickelter Marktwirtschaften angenähert (Durchschnitt 3.56). Ungarn hält dabei die Spitzenposition (3.87), Rumänien (3.04) und Bulgarien (3.33) weisen noch stärkeren Reformbedarf auf.

Die Bertelsmannstiftung (2004)[125] hat ein eigenes, sehr umfangreiches Forschungsprojekt durchgeführt und einen Transformationsindex für 116 Länder vorgestellt, die eine Demokratisierung erfahren. Damit fallen etablierte Demokratien aus der Untersuchung heraus. Hierzu wird ein Index zum Status der Demokratie aus fünf Indikatoren und zum Status der Marktwirtschaft aus sieben Indikatoren ermittelt. Darüber hinaus erfasst ein Managementindex aus einem Set von 20 Indikatoren bis zu welchem Grad Regierungen und wichtige politische Akteure den Weg zur Marktwirtschaft und Demokratie beschritten haben. Im Jahr 2003 sind Ungarn (9,7), Litauen, die Slowakei, Slowenien und Tschechien (9,6) mit einem besonders hohen Demokratiewert ausgewiesen. Niedrig ist dieser für Somalia (2,2), die Demokratische Republik Kongo (2,1), Afghanistan und Liberia (1,9). Der Mangementindex fällt besonders positiv für Estland (7,9), Litauen (7,7), Chile (7,6), Botswana und Mali (7,5) aus. Die negativste Einschätzung erhalten in diesem Bereich der Irak, Liberia, Nordkorea, Simbabwe, Somalia, Togo und Turkmenistan (alle 1,0). Für den Untersuchungszeitraum von 1998 bis 2003 zeigen insbesondere Litauen, die Slowakei, Tschechien, Estland, Südkorea und Taiwan einen positiven Trend. Negativ fällt dieser für Togo, Äthiopien, Simbabwe, Myanmar und vor allem für die Demokratische Republik Kongo aus. Insgesamt sind 71 der 116 Länder demokratisch und sechs (Indonesien, Kenia, Niger, Nigeria, Peru, Serbien und Montenegro) von ihnen sind im Untersuchungszeitraum von autoritären Regimen zu Demokratien übergegangen. Dagegen hat sich in 18 Ländern, am deutlichsten in Nepal, Venezuela, Georgien und der Elfenbeinküste, das Demokratieniveau verschlechtert.

---

[124] Für den hier vorgestellten Gesamtindex werden die Werte der Einzelindikatoren pro Land und Jahr aufaddiert und dann mit der Anzahl der Einzelindikatoren geteilt. Somit variiert der Gesamtindex der Einzelindikatoren zwischen 1 (keine/kaum Progress) bis 4+ (Niveau entwickelter Marktwirtschaften) (Jahn/Kuitto 2005, siehe auch Falcetti u.a. 2005). Andere Autoren trennen zwischen leichten Reformen wie beispielsweise die Liberalisierung der Preise und harten Reformen wie beispielsweise die Bildung von Finanzinstitutionen und bilden einen einfachen additiven Index für die jeweilige Reformdimension (Kitschelt 2001).

3 Wohlfahrtsstaatliche Politik

Die politikwissenschaftlichen Analysen der Wirtschaftspolitik behandeln im größeren Ausmaß als volkswirtschaftliche Makroanalysen sozio-politische Aspekte. Auch stehen oftmals weitere Aspekte der Staatstätigkeit im Vordergrund. Ein wesentliches Gebiet der politikwissenschaftlich vergleichenden Staatstätigkeitsforschung stellt die Entwicklung des Wohlfahrtsstaates dar, auf deren wesentliche Aspekte im Folgenden ausführlicher eingegangen werden soll (als Überblick siehe: Schmidt u.a. 2007).

Eine erste Sozialgesetzgebung entstand in autokratischen Staaten, wobei Deutschland unter Bismarck eine Führungsrolle einnahm. Von 1900 bis 1915 schlossen die europäischen parlamentarischen Demokratien, zumeist initiiert von liberalen Kräften, zum Vorbild der autokratischen Pionierländer auf. In Australien war die weltweit erste Linksregierung für die Konstituierung des Sozialstaates verantwortlich. Während die *Konstituierungsphase* eine Sozialpolitik von „oben“ darstellte, in der die autoritär-konservative bzw. liberale politische Elite die Initiative für die Bildung sozialstaatlicher Maßnahmen übernahm, ist die *Ausbauphase* zwischen den Weltkriegen als eine Sozialpolitik von „unten” gekennzeichnet, in der die Arbeiterbewegung durch parlamentarische und außerparlamentarische (vor allem Gewerkschaften) Initiativen für den Ausbau des Sozialstaates verantwortlich zeichnete (Alber 1987; für einen Vergleich von Europa und Lateinamerika siehe auch Collier 1999). Bis zum Ausbruch des Zweiten Weltkrieges lagen die Staatsausgaben der skandinavischen Länder eher im unteren Durchschnitt und waren zum Teil deutlich niedriger als jene von Frankreich, Großbritannien oder auch Deutschland (Cusack/Fuchs 2003: 322-323).

Frühzeitig wurde die Altersvorsorge, Schutz im Krankheitsfall und bei Arbeitsunfällen relativ umfassend und gesetzlich verbindlich implementiert (Flora 1986; Flora/Heidenheimer 1987). Sozialprogramme, die der Absicherung von Arbeitslosigkeit und vor allem der Unterstützung von Familien dienen sollten, kamen erst später hinzu. Die folgende Tabelle gibt einen groben Überblick über die Etablierung solcher Programme in entwickelten westlichen Industrienationen.[126]

Nach dem Zweiten Weltkrieg setzte, begleitet durch das enorme wirtschaftliche Wachstum, das „goldene Zeitalter” des Wohlfahrtsstaates in den westlichen Industrieländern ein. Innerhalb dieser Expansionsphase wurden die Sozialleistungen umfassender und der Kreis der Zuwendungsbedürftigen vergrößerte sich dramatisch. Die allgemeine Staatstätigkeit, die oftmals über die Staatsausgaben gemessen als Anteil am Bruttoinlandsprodukt (BIP) erfasst wird, verdoppelte sich fast, von 27 Prozent 1960 auf annähernd 50 Prozent 1995 (Castles 1998). Das Wachstum in dieser Zeit war besonders markant in Dänemark (38 Prozentpunkte), Schweden (35) und Finnland (31), wo die Staatsausgaben Spitzenwerte erreichten und bei 62, 66 und 58 Prozent lagen. Zur Spitzengruppe gehört außerdem Österreich (53 Prozent). Deutschland liegt mit 49 Prozent etwas über dem Durchschnitt. Länder wie die USA (33), Japan (36) und die Schweiz (37) bilden die Schlusslichter.

[125] Siehe auch: www.bti-project.de.

[126] Es existierten des Weiteren sozialstaatliche Maßnahmen in Griechenland, Japan, Luxemburg und Portugal sowie in den zentral-osteuropäischen Ländern Ungarn, Polen und Russland. Selbst in Lateinamerika (Argentinien, Brasilien, Chile, Kolumbien, Kuba, Panama und Peru) wurden solche Programme durch die korporatistische Politik schon vor 1920 eingeführt, die jedoch nicht zur Entwicklung umfangreicher Wohlfahrtsstaaten dort führten.

Tabelle 4-2: Die Implementation von sozialstaatlichen Programmen in 15 kapitalistischen Demokratien

	Alters-, Behinderungs-, Überbliebenenhilfe	**Krankheits- und Mutterschaftsunterstützung**	**Arbeiterunterstützung**	**Arbeitslosenhilfe**	**Familienunterstützung**
Deutschland	1889	1883	1884	1927	1954
Österreich	1927	1888	1887	1920	1948
Schweden	1913	1891	1916	1934	1948
Neuseeland	1898	1938	1908	1930	1941
Norwegen	1936	1909	1895	1938	1946
Dänemark	1922	1933 (1892)	1916 (1890)	1907	1952
Australien	1908	1944	1902	1944	1941
Niederlanden	1913	1930	1913	1949 (1916)	1939
Großbritannien	1925 (1908)	1911	1946 (1897)	1920	1945
Italien	1945 (1919)	1946 (1928)	1898	1919	1943
Kanada	1927	1971	1908	1940	1944
Frankreich	1946	1930	1946	1967	1938
Schweiz	1972 (1946)	1911	1911	1976 (1924)	1960
Belgien	1924	1945 (1894)	1971 (1903)	1945 (1920)	1948
USA	1935	Keine	1912	1935	Keine

Quelle und Erläuterungen: Hicks (1999: 51); Hicks unterscheidet zwischen dem Zeitpunkt, zu dem entweder verbindliche *oder* umfassende bzw. verbindliche *und* umfassende Sozialprogramme eingeführt wurden. In der Tabelle wurden die Zeitpunkte angeben, als beide Kriterien zutrafen und bei erheblichen Zeitdifferenzen wurde als Angabe der ersten Initiative das Jahr der verbindlichen *oder* umfassenden Sozialmaßnahme in Klammern angegeben. Die Länder sind nach der durchschnittlichen Einführung der Maßnahmen aufgeführt.

Wenngleich die Wachstumsgrenzen schon seit den 1970er Jahren erkennbar wurden und sich der Ausbau des Sozialstaates verlangsamte bzw. stagnierte (Flora 1986), spricht man seit den 1980er und vor allem 1990er Jahren von einer *Austeritätsphase*, in der sozialstaatliche Leistungen zurückgenommen werden (*retrenchment*) (Pierson 1994; 2001; Huber/ Stephens 2001).

Die Sozialleistungsquote (Anteil der staatlichen Sozialleistung am BIP) in den OECD-Ländern hat sich von 1960 bis 1995 verdreifacht (Castles 1998: Kapitel 5; Schmidt 2001c). Durchschnittlich werden in den westlichen OECD-Ländern 19 Prozent des BIP für öffentliche Sozialleistungen ausgegeben (2007). Frankreich, Schweden, Österreich, Belgien und Dänemark sind hierbei mit über 26 Prozent führend, wohingegen Island, Irland, Australien, die USA und Kanada mit weniger als 17 Prozent auf den letzten Plätzen rangieren.[127]

Die inhaltliche Untersuchung von Wohlfahrtsstaaten bezieht sich auf verschiedene sozialstaatliche Programme, wobei Arbeitslosigkeit, Altersvorsorge und Gesundheit im Vordergrund stehen (Esping-Andersen 1990; Castles 1998; Schmid 2002; zur Übersicht Amenta 2003; Siegel 2002b). Bildungspolitik, soziale Dienstleistungen, aktive Arbeitsmarktpolitik und Gleichstellungspolitik spielen eine zunehmend wichtigere Rolle in der Forschung zum Wohlfahrtsstaat (Pierson 2000a; Schmidt 2002c; Sainsbury 1996; 1999; Esping-Andersen 2002; Morel et al. 2012; Bonoli und Natali 2012).

[127] Deutschland liegt mit 25,2 Prozent deutlich über dem Durchschnitt, die Schweiz mit knapp 18,5 Prozent darunter. In der Schweiz nehmen die privaten Pflichtleistungen im internationalen Vergleich eine hohen Stellenwert ein, so dass die Schweizer Sozialleistungsrate mit den Pflichtleistungen zusammengenommen auf über 25 Prozent ansteigt (Schmidt 2001b: 35).

Die Ausdehnung der Berechtigungsgruppen sowie die Kompensationsleistungen variierten jedoch sehr stark zwischen den einzelnen Ländern. Zur Blütezeit der Wohlfahrtsstaaten in den 1980er Jahren erhielten beispielsweise alle Schweden eine Rente, die durchschnittlich 90 Prozent des Einkommens betrug (Hicks 1999: 3). In der Bundesrepublik empfingen dagegen zur gleichen Zeit nur etwa drei Viertel der Bevölkerung eine Rente, die sich auf etwa 61 Prozent des Einkommens belief. Ähnlich sieht es bei der Arbeitslosenversicherung aus, die 1980 87 bzw. 81 Prozent der Beschäftigten in den Niederlanden und Schweden erhielten, in den USA jedoch waren es weniger als zwei Drittel.

Allein diese Hinweise deuten auf die Komplexität der Erfassung von wohlfahrtsstaatlichen Leistungen hin, die auch von den sozio-politischen Rahmenbedingungen, insbesondere dem demographischen Wandel, beeinflusst werden, weswegen auf diesem Gebiet eine Fülle von Erklärungsansätzen existiert (als Überblick der neueren Diskussion siehe etwa: Skocpol 1992; Hicks 1999: 14-31; Huber/Stephens 2001: 14-17; Schmidt 1993; 2001a; Amenta 2003; siehe auch Kapitel 10).

Die Messung der Sozialstaatstätigkeit über Sozialausgaben ist allerdings problematisch, da nicht alle Ausgaben politisch intendiert sind und auch tatsächlich als Sozialstaatstätigkeit interpretiert werden können; so führt etwa eine hohe Arbeitslosigkeit zu hohen Sozialausgaben. Dies belegen die ersten Jahre der Thatcher-Regierung, in denen die Sozialausgaben aufgrund der damals hohen Arbeitslosigkeit anstiegen. Daraus zu schließen, dass die Thatcher-Regierung den Wohlfahrtsstaat ausgebaut hätte, wäre irreführend. Ähnlich verhält es sich mit Rentenausgaben, die von demographischen Faktoren beeinflusst werden. Allerdings lässt sich dieses Problem durch die (statistische) Berücksichtigung solcher Faktoren kontrollieren (Siehe Kapitel 13; Kuitto 2011). Gewichtiger ist die Kritik, dass Sozialausgaben alle Ausgaben als gleichbedeutend werten, indem sie ungewichtet in die Gesamtausgaben einfließen, und keine Rückschlüsse auf die Intention von Sozialprogrammen erlauben. Dieser Aspekt stand im Mittelpunkt des Interesses von Esping-Andersen (1990: 19-20), als er sein Konzept der drei Welten des Wohlfahrtskapitalismus entwickelte.

Analytisch werden in dieser Perspektive Wohlfahrtsstaaten nicht nur nach dem Ausgabevolumen und den sozialstaatlichen Programmen klassifiziert, sondern nach der Art der Bereitstellung sozialstaatlicher Maßnahmen. Der dänische Sozialwissenschaftler Gøsta Esping-Andersen (1990) entwickelte eine Klassifikation für Wohlfahrtsstaaten, die neben den Staatsausgaben auch die Reichweite des Sozialschutzes, den Umverteilungsgrad und die egalisierende Wirkung von Sozialpolitiken berücksichtigt. Dabei ergeben sich drei Modelle des Wohlfahrtsstaates. Im Modell des sozialdemokratischen Wohlfahrtsstaates sind die staatlichen Sozialleistungen universalistisch, umfassend und nicht an Bedarfsüberprüfung orientiert (*means testing*). Ziel dieses wohlfahrtsstaatlichen Typus ist es, den Einzelnen möglichst von den Widrigkeiten des Arbeitsmarktes zu entlasten (Dekommodifizierung). Schweden entsprach bis zum Beginn der 1990er Jahre am ehesten diesem Modell, aber auch die anderen skandinavischen Länder und die Niederlande kamen ihm nahe. Diesem Modell steht der liberale Wohlfahrtsstaat entgegen, der durch ein schwaches Netz sozialer Sicherung und eine lückenhafte Sozialpolitik gekennzeichnet ist. Die Sozialleistungen sollen in diesen Wohlfahrtsstaatsregimen durch private Eigenleistung für Kranken- und Altersvorsorge etc. erzielt werden. Staatliche Mittel sind in diesen Bereichen sowie im Fall der Arbeitslosigkeit gering und sehen nicht vor, dass der Einzelne davon leben kann. Um die Mittel zu erhalten, ist die Bedürftigkeit nachzuweisen. Die USA, Japan, Kanada, die Schweiz und zunehmend auch Großbritannien repräsentieren dieses Modell. Zwischen diesen beiden Modellen existiert der konservative Wohlfahrtsstaat, der zwar eine Bedarfsprüfung vorsieht, dessen Mittelzuweisung jedoch umfangreicher als in liberalen Wohlfahrtsstaatsregimen ist. Hinzu kommt, dass der konservative Wohlfahrtsstaat seine Leistungen an Statusgruppen (Beamte, Angestellte, Arbeiter) orientiert und keine egalitären Ziele (Umverteilung von den Wohlhabenden einer Gesellschaft zu den materiell weniger Bemittelten) wie der sozialdemokratische Wohlfahrtsstaat verfolgt. Diesem Typus entsprechen die Bundesrepublik Deutschland, Österreich, Belgien, Frankreich und Italien. Wenngleich das Konzept von Esping-Andersen nicht ohne Widersprüche blieb (Lessenich/Ostner 1998; Arts/Gelissen 2002; Gelissen 2002) und weiterentwickelt wurde (van Kersbergen 1995; Esping-Andersen 1999; Huber/Stephens 2001; Manow 2002b), stellt es doch einen wesentlichen Meilenstein in der Wohlfahrtsstaatsforschung dar.

Ein Problem bei dieser Erfassung von Wohlfahrtsstaaten anhand der Kategorien von Esping-Andersen besteht vor allem darin, dass die Datenerhebung sehr mühevoll ist und ein Forscherteam mehrere Jahrzehnte beschäftigte.[128] Ein weiteres Problem in der Erfassung von Sozialstaatstätigkeit mittels Sozialprogrammen ist mit dem Messniveau der Daten verbunden. Prinzipiell vergleicht Esping-Andersen die Inhalte und den Umfang von Sozialprogrammen. Diese nominal und ordinal skalierten Informationen, sowie die drei Welten selbst, entziehen sich vielen statistischen Behandlungen. Als Hilfskonstrukt wurden Esping-Andersens Dekommodifikationsindex oder die zwei jüngst von Hicks und Kenworthy (2003) errechneten Faktorscores benutzt. Allerdings beziehen sich alle diese Informationen auf die Zeit um 1980. Ein neuer Datensatz zur Arbeitslosenunterstützung, Krankengeld, Alters- und Mindestrenten wurde von Lyle Scruggs (2004) erstellt, der die Entwicklung von Sozialprogrammen anhand von der Höhe der Ersatzzahlungen ermittelt (siehe auch OECD 1999).[129]

Während Esping-Andersen Ursachen, Institutionen und Programme sowie *outcomes* in seinen Welten des Wohlfahrtstaates vermischt, wird von Korpi und Palme (2003) ein Index vorgeschlagen, der lediglich institutionelle Aspekte betrachtet. Auf der Grundlage der Strukturierung der Altersicherung und Krankenversicherung entwickeln beide Autoren fünf Idealtypen. Ihr „punktuelles Wohlfahrtsstaatsmodell" (*targeted model*) gewährt nach einem Bedürftigkeitstest ein Minimum an Sozialleistungen, diesem Typus entspricht Australien. Das „freiwillige staatsunterstützte Modell" (*voluntary state-supported model*) organisiert eine Anzahl freiwilliger Versicherungssysteme, von denen der Einzelne auf Basis seiner Einzahlungen zumeist geringe Sozialleistungen erhält. Damit verkörpert es ein „Grundsicherheitsmodel" (*basic security model*), das ein universalistisches Sozialsystem darstellt und alle Versicherten innerhalb eines Programms mit derselben – normalerweise niedrigen – Pauschalzuwendung einschließt. Großbritannien, die USA, aber auch die Schweiz und die Niederlanden praktizieren dieses System. Das „staatlich-korporatistische Modell" (*state corporatist model*) wurde ursprünglich im Deutschland Bismarcks eingeführt. Es ist ein obligatorisches Mitgliedssystem nach Berufsgruppen für die arbeitende Bevölkerung. Die Sozialleistungen sind an den vorherigen Verdienst angepasst, jedoch zum Teil mit erheblichen Unterschieden zwischen den Statussystemen. Anders als bei den anderen Systemen sind in dem staatlich-korporatistischen System Arbeitgeber und Arbeitnehmer involviert.

[128] Hinzu kommt, dass das *Swedish Institut for Social Research* (SOFI) die erhobenen Daten erst kürzlich öffentlich zugänglich machte (https://dspace.it.su.se/dspace/handle/10102/7), was für die Nachprüfbarkeit der Ergebnisse und für Replikationen lange Probleme aufwarf.

[129] Dieser Datensatz ist unter der folgenden Webseite abrufbar: http://sp.uconn.edu/~scruggs/.

Länder, die diesem Modell heute entsprechen, sind unter anderen Deutschland, Österreich, Frankreich und Japan. Das „umfassende Modell" (*encompassing model*) kombiniert das staatlich-korporatistische und das Grundsicherheitsmodel durch einkommensorientierte Universalleistungen und findet in Finnland, Norwegen und vor allem Schweden Anwendung.

Die sozialwissenschaftlich fundierte Erfassung der Wohlfahrtsstaaten stellt sicherlich einen bedeutenden Schritt für die Analyse der Entwicklung und auch den gezielten Abbau von modernen Sozialstaaten dar. Allerdings stößt man bei dieser Untersuchung, ebenso wie bei der Untersuchung von Esping-Andersen, auf Probleme in der Datenbeschaffung für Replikationen. Eine Lösung für die zukünftige Sozialstaatsforschung könnte die differenzierte Erfassung der Sozialausgaben durch die OECD sein, da durch die statistische Umstellung nunmehr detaillierte Daten des Sozialausgabenprofils seit 1980 vorliegen, die unterschiedliche Typen von Sozialstaaten durch bestimmte Ausgabenmuster identifizierbar machen (Burgoon 2001; Castles 2002; 2004: Kapitel 3; Kuitto 2011). Durch die ausdifferenzierte Erfassung der Sozialausgaben in (1) Renten (*old age cash benefits*), (2) Behindertenunterstützung (*disability cash benefits*), (3) berufliche Unfall- und Krankenkosten (*occupational injury and disease*), (4) Krankheit (*sickness*), (5) Dienstleitungen für Ältere und Behinderte (*services for the elderly and disabled*), (6) Witwenunterstützung (*survivors*), (7) Familienunterstützung (*family cash benefits*), (8) Familiendienstleistungen (*family services*), (9) aktive Arbeitsmarktprogramme (*active labour market programmes*), (10) Arbeitslosigkeit (*unemployment*), (11) öffentliche Ausgaben für Gesundheit (*public expenditure on health*), (12) Wohnung (*housing*) und (13) andere Bedürftigkeit (*contingencies*) lassen sich nun Indices bilden, die z.B. die Arbeitslosenausgaben oder noch zusätzlich Rentenausgaben nicht berücksichtigen und somit auf „wirkliche" Sozialstaatstätigkeit Rückschlüsse zulassen. Castles geht sogar so weit, anhand dieser Daten verschiedene Typen von Wohlfahrtsstaaten, die Esping-Andersens ähneln, zu entwickeln:

- Die Erfassung des Anteils von Lohnersatzausgaben (1; 2; 3; 4; 6) an den gesamten Sozialausgaben (ohne Arbeitslosenausgaben). Diese Ausgaben kommen dem konservativen Wohlfahrtsstaat nahe.
- Die Erfassung des Anteils von Gesundheits- und Armenunterstützung (4; 7; 12; 13) an den gesamten Sozialausgaben (ohne Arbeitslosenausgaben). Diese Ausgaben kommen dem rudimentären liberalen Wohlfahrtsstaat nahe.
- Die Erfassung des Anteils von staatlichen Sozialdienstleistungsausgaben (5; 8) an den gesamten Sozialausgaben (ohne Arbeitslosenausgaben). Solche Ausgaben entsprechen dem skandinavischen Wohlfahrtsstaat.

Falls nun (A) mehr als 50 Prozent der Sozialausgaben Lohnersatzkosten und etwa 40 Prozent Gesundheits- und Armenunterstützung darstellen, spricht Castles von einem sozialen Sicherungsstaat (*social security state*). Hierzu gehören die kontinentaleuropäischen Länder, einschließlich Südeuropa. Wenn (B) mehr als 50 Prozent der gesamten Sozialausgaben nach dem Bedürftigkeitskriterium vergeben werden, spricht Castles von einem Staat der Armenunterstützung (*poverty alleviation state*). Dieser ist in den angelsächsischen Ländern stark ausgeprägt. Die Schweiz und Japan positionieren sich zwischen den Kategorien A und B. Schließlich (C) stellen die skandinavischen Länder staatliche Dienstleitungsstaaten (*state service state*) dar, in denen zwischen 10 und 20 Prozent der gesamten Sozialausgaben staatliche Dienstleistungsausgaben sind. Finnland stellt einen Fall zwischen A und C dar und Großbritannien ist jenes Land, welches außerhalb Skandinaviens die höchsten staatlichen Dienstleistungsausgaben besitzt.

Bei dieser Klassifikation muss allerdings berücksichtigt werden, dass sich die Prozentausgaben auf die gesamten Sozialausgaben (ohne Ausgaben für Arbeitslosigkeit) beziehen. Hierbei müssen natürlich auch die Gesamtausgaben berücksichtigt werden, die den Unterschied der skandinavischen Wohlfahrtsstaaten und Großbritannien verdeutlichen.

Ein weiterer Vorteil beim Arbeiten mit den neuen OECD-Informationen ist, dass nun auch die Untersuchung weiterer Länder, vor allem in Osteuropa (Polen, Tschechische Republik, Ungarn, Slowakische Republik, Estland und Slowenien), aber auch Mexiko und Südkorea, möglich ist. Auch Eurostat bietet ähnliche programmspezifische Ausgabendaten für die EU-Mitgliedstaaten an.

Mit diesen disaggregierten Sozialausgabendaten lassen sich differenziertere Analysen über die Zukunft des Wohlfahrtsstaates anstellen. So kann konstatiert werden, dass internationale Handlungszwänge, die anhand des Begriffes Globalisierung behandelt werden, unterschiedlich starken Einflüsse auf verschiedene Wohlfahrtsprogramme nehmen (Burgoon 2001). Werden diese mit den wohlfahrtsstaatlichen Regimen verbunden, zeigt sich, dass insbesondere der konservative Wohlfahrtsstaat (beispielsweise in Österreich, Deutschland, Frankreich und Italien) stärker von substanziellen Transformationen betroffen ist als der liberale oder sozialdemokratische Wohlfahrtsstaat.

Einen alternativen historisch-kulturellen Ansatz, der sich aufgrund der Auseinandersetzung mit der Regimetheorie von Wohlfahrtsstaaten auch auf dem Gebiet der Sozialpolitik entwickelt hat, stellte Castles (1993; 1998) vor. Er geht von dem besonderen Einfluss ähnlicher historischer und geographischer Gegebenheiten aus und fasst die hoch entwickelten Industrienationen in Länderfamilien zusammen. Länder mit einer ähnlichen Geschichte und einer gewissen geographischen Nähe verfolgen auf unterschiedlichen Gebieten auch ähnliche Politiken. So fasst Castles eine skandinavische (Schweden, Norwegen, Dänemark, Finnland), eine zentraleuropäische (Deutschland, Niederlande, Belgien, Luxemburg, Österreich, Frankreich), eine südeuropäische (Spanien, Portugal, Griechenland) und eine anglosächsische Nationenfamilie (Großbritannien, Irland, Kanada, die USA, Australien, Neuseeland) zusammen. Nur die Schweiz und Japan werden von Castles zu keiner eigenen Nationenfamilie gerechnet, obwohl Japan zusammen mit Südkorea einer nipponischen Tradition zugewiesen werden könnte. Anhand der Sozialpolitiken kann Castles (1998) zeigen, dass diese Länderfamilien jeweils spezifische Wohlfahrtsstaaten entwickelt haben. Der Nachteil dieses Konzepts besteht darin, dass es zeitinvariant ist und lediglich nominal erfasst wird. Tabelle 4-3 stellt die wesentlichen Indikatoren und Kategorien der Erfassung von hoch entwickelten Wohlfahrtstaaten gegenüber.

Als Grundlage für die Berechnung von Einkommensverteilung werden aufgrund von nationalen Umfragen Informationen zu Einkommensstrukturen vieler hoch industrialisierter Länder im Rahmen der *Luxembourg Income Study*, LIS erhoben. Diese Daten werden für 29 Länder in Wellen erfasst und hinsichtlich ihrer zeitlichen und länderspezifischen Vergleichbarkeit bearbeitet. Die erste Welle fand Ende der 1970er Jahre statt – für einige wenige Länder stehen sogar noch ältere Informationen zur Verfügung. Die bisher letzte, fünfte, Welle fand um das Jahr 2000 statt. Problematisch an diesem Datensatz ist, dass nicht alle Länder zu allen Zeitpunkten erfasst werden und somit sich der Vergleich immer nur auf eine Auswahl beziehen kann oder mit Einschränkungen der Aussagekraft verbunden ist.

Tabelle 4-3: Unterschiedliche Erfassung von Wohlfahrtsstaaten geordnet nach Länderfamilien

	Castles Klassifikation anhand von OECD Daten				**Indikatoren aus Esping-Andersens Studie**			**Korpi/Palme**
	Soziale Sicherung*	**Armut***	**Staatliche DL***	**Ausgaben insgesamt ****	**Wohlfahrtsregime**	**Dekommodifizierung**	**Hicks 1. Faktor**	
Australien	41,4	51,9	6,8	17,6	Liberal	13,0	-0,58	Punktuell
Kanada	37,8	61,7	0,5	16,5	Liberal	22,0	-0,88	Grundsicherh.
Irland	38,6	57,4	4,0	16,2	-	23,3	0,17	Grundsicherh.
Neuseeland	46,6	52,8	0,6	20,0	Liberal***	17,1	0,63	Grundsicherh.
UK	49,0	41,8	9,2	21,2	Liberal****	23,4	0,03	Grundsicherh.
USA	50,7	47,0	2,3	15,8	Liberal	13,8	-1,83	Grundsicherh.
Durchschnitt	*44,0*	*52,1*	*3,9*	*17,9*		*18,8*	*-0,41*	
Dänemark	38,4	40,7	20,8	28,9	Sozialdem.	38,1	0,98	Grundsicherh.
Finnland	51,2	36,4	12,5	27,8	Sozialdem.	29,2	0,81	Umfassend
Norwegen	40,5	41,0	18,5	24,4	Sozialdem.	38,3	1,89	Umfassend
Schweden	42,8	37,1	20,1	31,2	Sozialdem.	39,1	1,88	Umfassend
Durchschnitt	*43,2*	*38,8*	*18,0*	*28,1*		*36,2*	*1,39*	
Belgien	52,6	44,7	2,7	26,1	Konservativ	32,4	0,35	Korporatistisch
Deutschland	53,4	40,1	6,5	25,4	Konservativ	27,7	0,04	Korporatistisch
Frankreich	53,5	39,1	7,5	28,3	Konservativ	27,5	-0,73	Korporatistisch
Italien	72,9	25,0	2,1	25,8	Konservativ	24,1	-0,90	Korporatistisch
Niederlande	59,6	37,3	3,1	23,7	Sozialdem.	32,4	0,20	Grundsicherh.
Österreich	61,4	34,3	4,3	25,0	Konservativ	31,1	-0,13	Korporatistisch
Durchschnitt	*58,9*	*36,7*	*4,4*	*25,7*		*29,2*	*-0,20*	
Griechenland	61,9	33,6	4,5	21,8	-	-	-	-
Portugal	61,6	35,3	3,1	18,1	-	-	-	-
Spanien	64,2	33,2	3,6	20,3	-	-	-	-
Durchschnitt	*62,6*	*34,0*	*3,4*	*20,0*				
Schweiz	51,2	47,5	1,4	21,6	Liberal	29,8	-0,88	Grundsicherh.
Japan	51,7	44,3	4,0	14,3	Liberal	27,1	-1,04	Korporatistisch
Durchschnitt	*51,5*	*45,9*	*2,7*	*18,0*		*28,5*	*-0,96*	
Durchschnitt aller Länder	**51,5**	**42,0**	**6,6**	**22,4**		**27,2**	**0,00**	

Quelle und *Erklärungen*: Spalte 2 bis 5: OECD-Daten entnommen aus Castles (2002): Tabelle 1 und 3; Spalte 6: aus Esping-Andersen (1990: 74); (1999: 85-86; Spalte 7): Esping-Andersen (1990: 52; Spalte 8): Hicks/Kenworthy (2003: 33; Spalte 9): Korpi/Palme (2003: 431 und 435). * Anteil an den gesamten Sozialausgaben 1997; ** Anteil am Bruttoinlandsprodukt 1997; *** 1990 nicht klassifiziert, jedoch 1999 als residualer Wohlfahrtsstaat; **** Großbritannien gilt als Mischtyp zwischen residualen und universalistischen Wohlfahrtsstaaten.

Im Zuge der Rücknahme von Programmen (*welfare state retrenchment*) werden neuerlichst Wohlfahrtsstaaten verstärkt in ihrer historischen Entwicklung untersucht (Pierson 1994; Hicks 1999; Scharpf/Schmidt 2000a,b; Siegel 2001; 2002a; Huber/Stephens 2001; Swank 2002; Wintermann 2006). Dabei deutet sich in den Befunden eine Kontinuität an, das heißt, dass stark ausgebildete Wohlfahrtsstaaten ihre sozialstaatlichen Programme weniger zurücknehmen als geringer ausgebildete Wohlfahrtsstaaten. Ausnahmen stellen in dieser Hinsicht Neuseeland, Australien und Großbritannien dar. Die beiden zuerst genannten Länder gehörten zu den führenden Wohlfahrtsstaaten in den 1950er Jahren. In Großbritannien wurden in den 1960er und 1970er Jahren umfangreiche staatliche Sozialprogramme ausgebaut. Am Ende der 1990er Jahre gehörten Großbritannien und vor allem Neuseeland aber bereits zu den Schlusslichtern. Dabei besteht eine Verbindung zwischen geringer Lohngleichheit und der Zunahme von Beschäftigung in privaten Dienstleitungsbereichen, die als Motor des wirtschaftlichen Aufschwungs gerade in liberalen Wohlfahrtsstaaten (USA, Großbritannien) gelten können (Iversen 1999).

Evelyn Huber und John Stephens (2001) erklären den dramatischen Wandel in Neuseeland und Großbritannien damit, dass dort die Politik relativ leicht verändert werden kann, da wenige Vetopunkte existieren. In beiden Ländern bestand das Mehrheitswahlsystem (in Neuseeland bis 1996), welches zu hergestellten Mehrheiten und unanfechtbaren Einparteienregierungen führte, die durch wenige konstitutionelle Barrieren in ihrer Politik eingeschränkt wurden. Darüber hinaus stellen sie für alle Staaten fest, dass der langfristige parteipolitische Einfluss groß ist: Sozialdemokratische Regierungen garantieren wohlfahrtsstaatliche Leistungen und im höheren Maße die Vorraussetzung für eine ausgeprägtere Emanzipation der Frau als andere Regierungen.

Insgesamt bildet die vergleichende Wohlfahrtsstaatsforschung einen Schwerpunkt des OECD-Ländervergleichs in der vergleichenden Politikwissenschaft (als Überblick: Schmidt 2001c; Kersbergen/Becker 2002; Obinger u.a. 2003), in dem in den jüngsten Untersuchungen neben neuen Befunden auch innovative methodologische Pfade beschritten werden (Hicks 1999; Huber/Stephens 2001; siehe auch Teil 3).

Vergleichende sozialstaatliche Forschung befasst sich, wenngleich weniger intensiv, auch mit anderen Regionen und Ländergruppen. So liegen elaborierte Untersuchungen für Lateinamerika (Kaufman/Segura-Ubiergo 2001) und Osteuropa (Götting 1998; Kornai u.a. 2001; Cox 2003; Inglot 2008; Kuitto 2012) vor. Manfred G. Schmidt (2004b) untersucht in einer global vergleichenden Perspektive die wohlfahrtsstaatliche Politik in jungen Demokratien und Kuitto, Jahn und Düpont (2012; siehe auch Kuitto 2012) betrachten in einer Analyse west- und osteuropäischer Länder wohlfahrtsstaatliche Muster und deren Entwicklung.

Bildungspolitik

Die international-vergleichende Forschung zur Bildungspolitik steckt noch in den Kinderschuhen. Nicht zuletzt durch die verheerende Beurteilung des Zustandes der deutschen Bildung im internationalen Vergleich durch die PISA (*Programme for International Student Assessment*)-Studie erlangte dieses Politikfeld in Deutschland erhöhte Aufmerksamkeit (OECD 2003a). Ein Vergleich der Bildungspolitik in den OECD-Ländern deutet auf eine erhebliche Unterfinanzierung der öffentlichen Ausgaben in diesem Bereich in Deutschland hin. Die skandinavischen Staaten gaben 1998 etwa sieben Prozent des Bruttoinlandsproduktes für Bildung aus und stehen damit an der Spitze. Die Türkei und Griechenland stehen mit drei Prozent am Ende der Skala, wovon sich Deutschland mit vier Prozent nicht gerade deutlich abhebt (Schmidt 2002c).

Erste Ergebnisse einer Studie über die Internationalisierung der Bildungspolitik identifizieren anhand einer Clusteranalyse wesentlicher Bildungsindikatoren der OECD (2002a;

b; c) sechs Bildungsregime: ein skandinavisches (Norwegen, Schweden, Dänemark, Finnland), ein flämisches (Belgien, Niederlanden), ein kontinentaleuropäisches (Frankreich, Türkei, Irland, Mexiko, Deutschland, Schweiz, Österreich), ein südeuropäisches (Italien, Portugal, Spanien, Griechenland), ein angelsächsisches/osteuropäisches (Australien, Vereintes Königreich, USA, Ungarn, Neuseeland, Tschechische Republik) und ein ostasiatisches (Japan, Südkorea) (Windzio u.a. 2005).[130] Dabei schälen sich besondere Charakteristika dieser sechs Bildungsregimetypen heraus. Das angelsächsische/osteuropäische Cluster zeichnet sich dadurch aus, dass talentierte Schüler und Studierende in besonderem Maße gefördert werden. Wenngleich auch weniger begabte Schüler gefördert werden, ist das angelsächsische/osteuropäische Cluster äußerst ungleich und festigt die bestehenden sozialen Klassenunterschiede. Insgesamt bewerten die PISA-Performanztests die Leistungen der Schüler und Studierenden als gut. In diesem Cluster ist die private Finanzierung des Bildungswesens überdurchschnittlich hoch, wenngleich auch hohe Subventionen aus den öffentlichen Kassen fließen.

Das kontinentaleuropäische Cluster wird vornehmlich durch öffentliche Institutionen getragen. Der private Bildungsbereich besitzt einen nur geringen Stellenwert. Es herrscht ein relativ autoritärer Unterrichtsstil vor, der allerdings im Gegensatz zu einem niedrigen Leitungsniveau steht. Die bestehende Ungleichheit in diesen Bildungssystemen ist moderat, wenngleich die Klassenreproduktion nur hinter dem angelsächsischen/osteuropäischen Cluster an zweiter Stelle steht.

Im Gegensatz zum kontinentaleuropäischen Cluster ist die Bedeutung des privaten Sektors im flämischen Modell am höchsten, wobei allerdings auch ein großer Anteil öffentlicher Gelder an private Institutionen geht. Das flämische Modell kennt kaum Förderungsmaßnahmen, weder für besonders Begabte noch für Nachzügler. So besitzt dieses Bildungssystem die meisten Nachzügler. Das flämische Bildungssystem ist das ungleichste von allen hier untersuchten Clustern.

Das skandinavische Bildungswesen wird sehr stark vom Staat gefördert. Durch eine starke Förderung sowohl guter als auch schlechter Schüler und Studenten ist das skandinavische Modell sehr egalitär. Neben dem ostasiatischen Modell verkörpert das skandinavische Modell das leistungsstärkste Bildungssystem und erreicht dies mit einem wenig autoritären Bildungsstil.

Im südeuropäischen Bildungscluster spielt der private Sektor eine geringe Rolle. Allerdings wendet auch der öffentliche Sektor nur wenige Ressourcen für die Bildung auf. Die Leistungsbilanz ist sehr niedrig, wenngleich viele Schüler individuelle Nachhilfe erhalten. Auffallend ist, dass die Förderung von weniger begabten Schülern und Studierenden zwar durchschnittlich ist, Begabte jedoch wenig Unterstützung erhalten und deren Leistungsprofil im Vergleich zu den anderen Clustern am geringsten ist. Hinsichtlich der Ungleichheit rangiert das südeuropäische Bildungssystem im Mittelfeld, allerdings bei einem stark unterdurchschnittlichen Leistungsprofil.

Das ostasiatische Bildungsmodell kann auf die beste Leistungsbilanz verweisen. Diese hohe Leistungsbilanz wird durch ein sehr egalitäres Bildungssystem erreicht, in dem fast alle Schüler im primären Bildungsbereich (Grundschule) in öffentlichen Institutionen ausgebildet werden. Dies nimmt mit höheren Bildungsstufen ab und beträgt im tertiären Bildungsbereich (Hochschulen) nur noch ein Drittel. Die egalitäre Bildungsstruktur des ostasi-

---

[130] An diesem Projekt wird im Rahmen des Sonderforschungsbereichs (SFB) „Staatlichkeit im Wandel" gearbeitet (http://www.state.uni-bremen.de).

atischen Bildungssystems führt zu der niedrigsten Klassenreproduktionsrate von allen Clustern. Im Gegensatz zu dem Bildungssystem mit dem zweitbesten (Skandinavien) Leistungsprofil baut das ostasiatische Bildungssystem auf einem autoritären Unterrichtsstil auf. Die folgende Tabelle fasst wesentliche Indikatoren der Bildungssysteme zusammen.

Tabelle 4-4: Bildungsmodelle im Vergleich

	Skandinavisch	**Ostasiatisch**	**Angelsächsisch**	**Flämisch**	**Kontinental**	**Südeuropäisch**
Leistung[1]	Hoch	Hoch	Mittel	Mittel	Niedrig	Niedrig
Egalitär[2]	Hoch	Hoch	Niedrig	Mittel	Niedrig	Mittel
Leistungsförderung[3]	Hoch	Mittel	Hoch	Niedrig	Mittel	Niedrig
Finanzierung[4]	Hoch	Hoch	Mittel	Niedrig	Mittel	Niedrig
Privat[5]	Niedrig	Mittel	Hoch	Hoch	Niedrig	Mittel
Autoritär[6]	Niedrig	Hoch	Mittel	Mittel	Hoch	Niedrig

Quelle: Die Informationen beruhen auf OECD-Daten (2002a; 2002b) und sind der Studie von Windzio u.a. (2005) entnommen. Die beiden Cluster mit den höchsten Werten werden als „hoch", die beiden folgenden als „mittel" und die Schlussgruppe als „niedrig" bezeichnet.

1) Leseleistung; 2) Klassenreproduktion; 3) Leistungsförderung begabter Studenten (in der Kategorie „hoch" liegt diese im angelsächsischen Modell etwa doppelt so hoch wie im skandinavischen Modell); 4) private und öffentliche Bildungsausgaben für alle Bildungseinrichtungen am Bruttoinlandsprodukt (OECD 2003a: 243), dabei geben die angelsächsischen Länder bedeutend mehr Mittel aus und erreichen mit den skandinavischen Ländern die höchsten Werte. Die osteuropäischen Länder, die sich im angelsächsischen Cluster befinden, und die beiden ostasiatischen Länder unterscheiden sich innerhalb ihrer Cluster wesentlich; 5) Relevanz und Subventionen des privaten Sektors; 6) *Disciplinary Climate*.

Es zeigt sich, dass verschiedene Wege zu hohen Bildungsleistungen führen können und hohe Bildungsleistungen verschiedentlich erreicht werden können. So gilt das skandinavische Bildungsmodell als sehr effizient und egalitär. Es unterscheidet sich von dem ostasiatischen Modell, das ebenfalls sehr effizient und egalitär ist, darin, dass es dies durch einen relativ wenig autoritären Stil erreicht. Das ostasiatische Bildungssystem erreicht die hohe Leistung durch Disziplin. Das angelsächsische Modell, das auch noch als erfolgreich hinsichtlich einer überdurchschnittlichen Leistung gewertet werden kann, beschreitet einen anderen, stärker marktwirtschaftlich orientierten Weg. Im Gegensatz zu den beiden anderen erfolgreichen Modellen setzt es stärker auf Elitenförderung und nimmt in höherem Maße eine Ungleichheit der Bildungschancen in Kauf. Den schlecht performierenden Modellen Kontinental- und Südeuropas ist eine notorische Unterfinanzierung eigen.[131]

Insgesamt lassen sich bisher wenige erklärende Faktoren für die Clusterbildungen finden. Der oftmals vermutete Zusammenhang zwischen privater und öffentlicher Finanzierung hat ebenso wenig Einfluss auf die Leistungsbilanz von Bildungssystemen wie die föderative oder zentralistische Verfassung der Länder (siehe auch Heidenheimer 1992; Green u.a. 1999).

[131] Das kontinentaleuropäische Modell unterscheidet sich in seiner Finanzierung nur unwesentlich vom flämischen Modell, welches als „niedrig" klassifiziert wurde.

Auch die internationale Angleichung der universitären Bildungsabschlüsse wie B.A. (*Bachelor of Arts*) und M.A. (*Master of Arts*) sowie der Karrierestufen für den wissenschaftlichen Nachwuchs und der damit verbundenen Ablösung der Habilitation durch Junior-Professuren erhöhen die Aktualität dieses Politikfeldes in Deutschland (siehe allgemein auch: J. Enders 2004; Teichler 2004). Es ist fraglich, wie auch bei anderen sozialpolitischen Reformen, inwieweit Elemente aus anderen Bildungssystemen in das deutsche System implementiert werden können und ob diese Mischung die Effizienz tatsächlich erhöht. Wahrscheinlich lassen sich durch diese Transformation des deutschen Bildungssystems die Defizite der mageren Bildungsausgaben jedoch nicht ausgleichen.

Bildung und Wissen werden in der vergleichenden Politikwissenschaft neuerdings auch als ein wesentlicher Aspekt für die Qualität der Demokratie betrachtet (Milner 2002). In Anlehnung an kulturalistische Ansätze des sozialen Kapitals (Putnam 1993; 2000) wird demonstriert, dass Wissen und Bildung zu einer höheren politischen Beteiligung in den hoch entwickelten Industriegesellschaften führt.

4 Umweltpolitik

Die international vergleichende Umweltforschung ist ein relativ junges Feld in der vergleichenden *Policy*-Forschung, welches bislang von wenig analytischer und stark deskriptiver Fallstudienforschung gekennzeichnet ist (als Überblick: Prittwitz 2001; Müller-Rommel 2001; Muno 2010a). Viele Ergebnisse aus den verschiedenen Fallstudien sind widersprüchlich und kontextgebunden. Führende Wissenschaftler auf diesem Gebiet sehen aber in letzter Zeit einen fundamentalen Wandel der Umweltpolitikforschung: "... the first generation of environmental *policy* studies had been fairly descriptive and, while the second generation consisted of somewhat more analytical work, proper third generation studies, that present or use a comparative theoretical framework, remain relatively rare" (Andersen 2000: 106; Lafferty/Meadowcroft 2000: 8). Manfred G. Schmidt (1998a: 195) nennt die gegenwärtig defizitäre Datenlage für die vergleichende Umweltpolitik als einen Grund für schleppende Entwicklung dieses Forschungszweigs im Vergleich zu den bisher behandelten *Policy*-Bereichen. Allerdings sind seit Mitte der 1990er Jahre vermehrt Forschungsaktivitäten auf diesem Gebiet erkennbar (Crepaz 1995; Binder 1996; Jahn 1998; Scruggs 2003; Neumayer 2003; Wälti 2004). Diese Studien weisen politischen Faktoren durchaus einen Einfluss auf die politischen *outputs* und *outcomes* zu, wobei vor allem dem Grad des Korporatismus eine positive Wirkung zugeschrieben wird. Gerade im Bereich der Umweltpolitik spielt die Unterscheidung von *outputs* und *outcomes* eine wesentliche Rolle. Während *outputs* konkrete politische Entscheidungen sind und mit der Beschreibung unterschiedlicher *Policy*-Instrumente erfasst werden, stellen *outcomes* die Auswirkungen dar (Umweltverschmutzung und -belastung). Die *outcomes* sind jedoch nur zu einem bestimmten Grad von den *outputs* abhängig. Der Grad von Luftemissionen wird zusätzlich beispielsweise von Klima, industrieller Struktur, Größe des Landes und Bevölkerungsdichte beeinflusst.

Im Bereich der *outputs* können in der Umweltpolitik verschiedene Aspekte genannt werden. Der Kanon der *Policy*-Instrumente für Umweltpolitik bezieht sich, ähnlich wie in anderen Bereichen, auf unterschiedliche Anreizstrukturen. So lassen sich *command- and control*-Instrumente identifizieren. Hier werden Gebote oder Verbote gesetzlich ausgesprochen und verfolgt, ob diese eingehalten werden. Da sich ihre Kontrolle in der Umweltpolitik als äußerst schwierig erweist, wurde schon bald auf andere Instrumente zurückgegriffen. Vor allem haben sich Anreizsysteme bewährt, die das umweltpolitische Verhalten beeinflussen. Als Beispiel kann die Einführung der Öko-Steuer in einigen Ländern angeführt werden. Auch wurden symbolische und diskursive Wege der Überzeugung beschritten, die in einem medienwirksamen Bereich wie der Umweltpolitik nicht wirkungslos bleiben (Tews u.a. 2003). Schweden hat so seine Bemühungen um eine ökologische Kreislaufgesellschaft, in der die Herstellung, der Gebrauch und die Entsorgung integriert betrachtet werden, forciert (Konsell 1997).

Zu den wesentlichen umweltpolitischen Maßnahmen zählt die Etablierung verschiedener Organisationen, Institutionen und Verfahren. In diesem Zusammenhang erwähnenswerte Institutionen sind Umweltministerien, nationale Umweltämter, nationale Umweltberichte, Umweltrahmengesetze, umweltrelevante Verfassungsartikel, Umwelträte, nationale Umweltpläne und die Einführung von Umweltsteuern. Helge Jörgens (1996; siehe auch Jänicke/Weidner 1997, Holzinger u.a. 2008) hat die Einführung solcher Institutionen für ca. 30 ausgewählte Länder zusammengetragen.

Bei der Betrachtung der Institutionalisierung der umweltpolitischen Maßnahmen, sind verschiedene Phasen erkennbar (Jörgens 1996; Tews u.a. 2003). In der „Initialphase" (1967 bis 1970) können sieben Länder als Vorreiter gelten, allen voran Japan, Schweden und die USA. Schon zu dieser Zeit wurde in diesen Ländern das gesamte Spektrum der umweltpolitischen Institutionalisierung genutzt, mit der Ausnahme von nationalen Umweltplänen und Öko-Steuern. In der zweiten, der „Konsolidierungsphase" (1971 bis 1980) folgte die Institutionalisierung umweltpolitischer Maßnahmen in den meisten Industrienationen. In der „Phase der ergänzenden und nachholenden Institutionalisierung" (1980 und bis in die 1990er Jahre) schlossen dann auch die anderen Länder auf. Zusätzlich kann man ab den 1990er Jahren noch eine „Phase der zweiten Generation" der umweltpolitischen Maßnahmen ausmachen, die sich mit der Einführung von nationalen Umweltplänen und der Öko-Steuer umschreiben lässt.

Infokasten 4-2: Umweltindices und empirische Beispiele zur Umweltbelastung

Es ist oftmals schwer, die Umweltbelastung (*outcomes*) zuverlässig und ländervergleichend zu erfassen. Sie variiert stark von Medium zu Medium (Luft-, Wasser-, Bodenbelastung, Abfall, Sondermüll, Artenschutz etc.) und ist von vielen Faktoren, z.B. von der Weltwirtschaft und strengen oder milden Wintern, abhängig (Meadowcroft 2013; Jahn i.E.).

Die etablierten Umweltbelastungsindices unterscheiden sich darin, inwieweit sie sich auf den Zustand der Umwelt insgesamt beziehen und inwiefern sie einen Performanzindex im engeren Sinne darstellen. Der Umweltzustand hat oftmals nicht unmittelbar mit dem Einfluss von gesellschaftlichen Entscheidungen zu tun und hängt vom Umweltcharakter eines Landes ab (Biodiversität, geographische Lage, Bevölkerungsdichte, Zeitpunkt der Industrialisierung, etc.).

Am deutlichsten wird dies bei dem Index des *World Wildlife Fund* (WWF) zu den *Ecological Footprints* (Wackernagel u.a. 2002). Hier wird von einer gewissen Biokapazität eines Landes ausgegangen. Diese ist beispielsweise in Neuseeland durch Artenvielfalt und klimatische Bedingungen im Vergleich zu anderen OECD-Ländern sehr hoch, in Großbritannien dagegen sehr niedrig. Um den *Ecological Footprint* zu ermitteln werden die menschlichen Eingriffe (als *ecological deficits*) erfasst und von der Biokapazität abgezogen. Der gesamte Index bleibt dennoch stark von der Biokapazität abhängig. So erhält Portugal den niedrigsten, d.h. den umweltfreundlichsten Wert unter den OECD-Ländern. Lane und Ersson (2003) benutzen diesen Index als einen ihrer Umweltperformanzindices. Daneben benutzen sie den *Environmental Sustainability Index*

(ESI) des *World Economic Forum* (2005), der eine umfangreiche Variablenliste (20 Indikatoren und 68 Variablen) umfasst. Dieser Index berücksichtigt etwa den Zustand der Umweltbelastung, die Veränderung des Umweltzustandes, die soziale und institutionelle Kapazität mit Umweltproblemen umzugehen, sowie die internationale Einbindung der Länder in umweltpolitische Abkommen.

In diesem Ranking nimmt Finnland den ersten Platz ein, gefolgt von Norwegen, Uruguay, Schweden, Island, Kanada und der Schweiz. Deutschland liegt auf Platz 31 noch hinter Albanien, Panama und Slowenien. Weit abgeschlagen auf Platz 112 befindet sich Belgien und auf Platz 122 Südkorea als die schlechtesten OECD-Länder. Problematisch ist jedoch, dass die Datenqualität des ESI sehr stark zwischen den einzelnen Ländern und innerhalb der Indikatoren variiert. So stehen für manche Indikatoren nur für sehr wenige Länder Informationen zur Verfügung. Diese werden dann durch Indexbildung geschätzt, was bei der oftmals sehr hohen Anzahl fehlender Werte höchst problematisch ist. Beide Indices haben den Nachteil, dass sie nicht Umweltperformanz, sondern Umweltzustand messen.

Diesem Aspekt haben Experten der Yale und Columbia Universitäten mit der Entwicklung eines Environmental Performace Index (EPI) entsprochen, in dem weniger Indikatoren aufgenommen wurden und der eine direktere Beziehung zu staatlichen Politiken besitzen (www.epi.gate.edu). Dieser Index bezieht sich auf 22 Indikatoren, die die Luft- und Wasserqualität, sowie Variablen zum Klimawandel und Naturschutz berücksichtigen. Darüber hinaus wird, wenn möglich, die Veränderungsrate über die letzte Dekade berücksichtigt. Allerdings stößt auch dieser Index an Reliabilitätsgrenzen, da für manche Indikatoren die Informationen zwar für über 130 Länder vorliegen, für andere Indikatoren aber nur für wenige Länder. Auch hat sich die Methodologie der Indexerstellung mehrfach verändert, so dass die früheren Indices nicht mit den neusten von 2012 vergleichbar sind. Gemäß des EPI sind die stärksten Performer Norwegen, Lettland und vor allem die Schweiz. Österreich liegt auf Platz sieben, die Bundesrepublik auf Platz 11. Das Schlusslicht bilden der Irak, Turkmenistan und Usbekistan. Schlechtestes OECD-Land ist die Türkei auf Platz 109. Lettland nimmt – gefolgt von Aserbaidschan und Rumänien – den Spitzenplatz unter den Ländern mit den größten Fortschritten ein. Deutschland erreicht im Trendindex lediglich Platz 56, Österreich Platz 71 und die Schweiz Platz 89, was sicherlich dem bereits hohen erreichten Niveau zuzuschreiben ist.

Umweltperformanzindices, die sich in der vergleichenden Politikwissenschaft etabliert haben, bauen vor allem auf OECD-Daten auf. Dabei benutzt Lyle Scruggs (2003) ausschließlich Veränderungen von Luftemissionen, Wassernutzung, Abfall und andere Indikatoren, Jahn (2013) gewichtet diese mit den Ausgangsniveaus. Die Muster, die sich anhand dieser Indices erkennen lassen, zeigen, dass innerhalb der OECD-Länder die USA, Kanada und Australien zu den Ländern mit einem hohen Niveau der Umweltbelastung gehören. Länder mit sehr niedrigem Umweltbelastungsniveau wie Griechenland, Portugal und Neuseeland weisen sehr hohe Wachstumsraten der Umweltbelastung auf. Zu den erfolgreichen Ländern mit relativ geringen Umweltbelastungen und rückläufigen Trends sind vor allem Schweden, die Schweiz, Deutschland, Finnland, Norwegen und Österreich zu zählen (Hermanson/Jahn 1998; Lafferty/Meadowcroft 2000). Dabei wechselten häufig die Länder in der Gruppe der führenden Länder. Waren in den 1960er und frühen 1970er Jahren die USA, Schweden und Japan Vorreiter (*pioneers*), lösten die Niederlande und die Bundesrepublik Deutschland diese Gruppe zu Beginn der 1980er Jahre ab. In den 1990er Jahren stießen Österreich und Norwegen hinzu und die Bundesrepublik verlor an Boden.

Auch die Nachzügler (*laggards*) wechselten mit der Zeit. Großbritannien galt lange als der *Dirty Man of Europe* (Rose 1990), hat sich aber in den letzten Jahren gerade auf dem Gebiet des lokalen Umweltschutzes enorm verbessert. Die USA verlor ihr positives Umweltimage der 1960er und 1970er Jahre und gehört gegenwärtig wohl eher zu den umweltpolitischen Nachzüglern. Vor allem die südeuropäischen Länder des Mittelmeerraumes, deren Problemhaushalt und Verwaltungsstruktur sich von den nordeuropäischen Ländern unterscheidet und eine Blockade für deren umweltpolitische Integration darstellt, hinken ständig hinter den anderen Ländern her (Börzel 2003).

Ein wesentlicher Faktor, der die umweltpolitische Performanz eines Landes beeinflusst, ist die Wirtschaftskraft. Allerdings variiert deren Einfluss über unterschiedliche Belastungsmedien und Wirtschaftsniveaus (Jänicke u.a. 1996). So besteht durchaus eine Art „Wohlfahrtsverschmutzung". Zunehmender Konsum und Produktion wirken sich negativ auf die Umweltbelastung aus. Allerdings haben sich gerade in den hoch entwickelten Industrienationen auch „Wohlstandsentlastungen" ergeben, die durch technologische Innovationen (Windenergie, umweltfreundlichere Automobile und Produktionstechnologien) sowie ein gestiegenes Umweltbewusstsein erreicht wurden. In vielen Bereichen ist darüberhinaus eine „Wohlstandswende" zu erkennen. Wachsender Wohlstand lässt zunächst die Umweltbelastung ansteigen, um dann, wenn ein gewisses Niveau erreicht ist, zur Verminderung der Umweltbelastung zu führen. Solche Entwicklungen lassen sich beim Düngemittelverbrauch und der Kohlenmonoxidemissionen erkennen.

Die Entkopplung von wirtschaftlichem Wachstum und erhöhter Umweltbelastung ist für die hoch entwickelten Industrienationen ausschlaggebend für eine positive Umweltperformanz. Sie lässt sich anhand einer ökologischen Kuznets-Kurve erfassen und stellt die Entwicklung in einer umgekehrten U-Kurve dar. Kuznets (1955) stellte für den Bereich der Sozialpolitik fest, dass sich die soziale Ungleichheit mit zunehmendem Reichtum einer Gesellschaft zunächst erhöht, um dann an einer bestimmten Stelle (gewisses Maß an Reichtum) umzukehren, so dass sehr reiche Nationen durch eine ausgeglichenere Einkommensverteilung charakterisiert sind als mittelreiche Nationen. Die Entkopplung von Wirtschaftswachstum und erhöhter Umweltbelastung hat durchaus in einigen hochentwickelten Industrieländern in den 1980er Jahren stattgefunden. Seit den 1990er Jahren ist jedoch für viele Ländern wieder ein linearer Trend zwischen wirtschaftlicher Entwicklung und Umweltbelastung zu beobachten (Jahn 2003b).[132] Ähnliches gilt auch für die Entwicklungs- und Schwellenländer, wo ca. 90% des Artensterbens, der Bodenerosion, der Waldvernichtung und der Wüstenbildung stattfinden (Muno 2010a). Die Verbindung zwischen Wirtschaftsleistung und Umweltbelastung erhält somit für die weltweite Entwicklung ausschlaggebende Bedeutung, was anhand des Konzeptes der „nachhaltigen Entwicklung" starke Beachtung erfahren hat. Allerdings ist die vergleichende Umweltforschung für weniger hoch industrialisierte Länder äußerst lückenhaft. In den Ländern Zentralosteuropas besteht eine Entkopplung zwischen wirtschaftlicher Entwicklung und Umweltbelastung (Jahn 2003b). Diese basiert vor allem auf dem Wegfall der Schwerindustrie und der Nutzung neuer Technologien, sowie auf dem Druck, den die EU den neuen Betrittsländern hinsichtlich ihrer Umweltpolitiken auferlegte. Allerdings sind für viele osteuropäische Länder die Entwicklungen noch nicht deutlich einzuschätzen. Viele dieser Länder haben

[132] Diese Aussage trifft natürlich nicht auf „die" Umweltbelastung zu. Dieses Gebiet ist weit gefächert und die genannten Entwicklungen gelten vor allem für die Kohlendioxidemissionen, ein Element, das bisher einen typischen Kuznets-Kurven-Verlauf zeigte.

immer noch mit einem Niedergang ihrer Wirtschaftskraft zu kämpfen, die als eine Begleiterscheinung auch eine geringere Umweltbelastung impliziert (*misery cleaning-up*; Jahn 2003b). Allerdings ist diese Entwicklung sowohl wirtschaftlich, sozial als auch ökologisch nicht nachhaltig.

Die Umweltforschung hochindustrialisierter Länder ist weiterentwickelt, wenngleich auch auf diesem Gebiet noch erhebliche Informationslücken bestehen. Bei der umweltpolitischen Entwicklung hoch entwickelter Industrienationen können unterschiedliche Pfade beschritten werden. Neben der umweltbelastenden Hochkonsumgesellschaft, vor allem US-amerikanischen Zuschnitts (produktionistischer Entwicklungspfad), sind die umweltfreundlichen Entwicklungen dahingehend zu beurteilen, ob sie sich hauptsächlich auf zentralisierte Hochtechnologien wie die Kernenergie (öko-produktionistischer Entwicklungspfad) beziehen oder stärker auf alternative Energiequellen und einen rückläufigen Energieverbrauch (ökologischer Entwicklungspfad). In der ersten Variante ist kein Abrücken von dem umweltbelastenden Wachstumspfad zu erkennen, in der zweiten Variante werden stärker die Forderungen der ökologischen Programmatik berücksichtigt, wenngleich gegenwärtig keine Gesellschaft eine ökologisch motivierte Konsumbeschränkung propagiert (Dryzek u.a. 2003). Teilen wir die hoch entwickelten Industrienationen nach diesem Unterscheidungskriterium ein, so ergibt sich das in Tabelle 4-5 wiedergegebene Bild.

Tabelle 4-5: Umweltperformanz und Entwicklungspfade der OECD-Länder

	Relativ negative Umweltperformanz	**Relativ positive Umweltperformanz**
Produktionistischer Entwicklungspfad	*Produktionistischer Entwicklungspfad:* Australien, Belgien, Frankreich, Griechenland, Großbritannien, Irland, Italien, Japan, Kanada, Neuseeland, Niederlande, Portugal, Spanien, USA	*Öko-produktionistischer Entwicklungspfad:* Schweden, Finnland, Norwegen
Ökologischer Entwicklungspfad		*Ökologischer Entwicklungspfad:* Dänemark, Österreich, Schweiz, Deutschland

Quelle: Jahn 2013.

Die vergleichende Umweltpolitikforschung befindet sich noch an ihren Anfängen. Erst ab der zweiten Hälfte der 1990er Jahre wurden auf diesem Gebiet ähnliche umfangreiche Studien durchgeführt wie zu Beginn der 1970er Jahre auf dem Gebiet der Wirtschafts- und Sozialstaatsforschung, und bis heute existieren nur wenige umfassende, systematisch vergleichende Monographien, in die viele Länder integriert sind (Scruggs 2003; Li/Reuveny 2009). Neben der Konsolidierung dieses Forschungszweiges bedarf es jedoch einer Integration dieser Befunde in die Analysen zum Wohlfahrtsstaat, um diese Forschungslücke zu schließen. Analysen in der Tradition der politischen Ökonomie haben sich in den letzten Jahrzehnten als besonders innovativ erwiesen. Es wurden analytische Konzepte entwickelt, in denen wirtschaftspolitische und sozialstaatliche Aspekte einflossen. Auch öffnete sich die Forschung zum Wohlfahrtsstaat für neue Problemlagen, etwa der Emanzipation zwischen den Geschlechtern. Zukünftige Studien müssen sicherlich wirtschaftliche Aspekte, die Verwirklichungschancen von verschiedenen Bevölkerungsgruppen (Frauen, Ausländer etc.) und ökologische Faktoren integrierend erfassen. Wie weiter oben dargelegt, existieren bereits erste Untersuchungen, die sich um eine Einbeziehung dieser Elemente bemühen (Lijphart 1999; Wilensky 2002; Roller 2005; Jahn/Kuitto 2011). Diese integrierende Betrachtungsweise der gesellschaftlichen Entwicklung in den Dimensionen Wirtschaft, Soziales, Ökologie und Sicherheit hat insbesondere für die europäische Integration und die weltweite Entwicklung fundamentale Bedeutung. Somit eröffnet sich auf dem Gebiet der vergleichenden politikwissenschaftlichen *Policy*-Forschung ein Bereich für innovative Untersuchungen. Bei dieser Forschung muss jedoch berücksichtigt werden, dass die internationale Entwicklung auch von länderübergreifenden Einflüssen abhängig ist, die in der politikwissenschaftlichen Debatte meistens unter dem Begriff Globalisierung zusammengefasst werden.[133]

5 Globalisierung

Unter Globalisierung werden vor allem Prozesse verstanden, die nationale Märkte für Waren, Dienstleistungen und Produktionsfaktoren zusammenwachsen lassen (Keohane/Milner 1996; Busch/Plümper 1999). Doch auch auf kulturellem Gebiet (Filme, Musik, Bücher etc.) und in anderen Bereichen (Sport, Nahrung etc.) sind Globalisierungstendenzen zu beobachten. Hollywood-Filme werden überall auf der Welt gezeigt und Musikstars haben oftmals ein Weltpublikum. Der Sport entwickelt sich von nationalen Bundesligen zu einer europäischen Liga (*Champions' League*). In Restaurants kann man nicht nur Weine und Speisen aus Europa, sondern aus der ganzen Welt genießen. Auf dem Gebiet der Sicherheitspolitik wächst durch technische Innovation die Effektivität von Waffensystemen, so dass lokale Konflikte durchaus globale Auswirkungen haben können und Umweltbelastungen machen vor nationalen Grenzen nicht halt.

Globalisierung findet also in unterschiedlichen Bereichen statt: Wirtschaft, Sicherheit, Umwelt, Kultur, Freizeit und Sport (als Überblick siehe: Lechner/Boli 2000; Held/McGrew 2000; Held u.a. 1999; 2003; Guillén 2001; Zürn 1998a; 2002). In der ländervergleichenden Forschung wird die Globalisierung anhand von internationalen Handels-, Technologie- und Finanzströmen sowie anhand von Reisegewohnheiten, Migration und transnationaler Umweltverschmutzung erfasst. Darüber hinaus etablieren sich mehr oder weniger formalisierte transnationale Institutionen wie die Europäische Union (EU), das Nordamerikanische Freihandelsabkommen (NAFTA),[134] MERCOSUR,[135] das Pazifisches Inselforum[136] und die

[133] Insbesondere im Bereich der ländervergleichenden Umweltforschung ist der Zusammenhang zwischen nationalen und internationalen Einflüssen nicht systematisch untersucht worden und die im Text genannten vergleichenden Untersuchungen, sowie Studien im Bereich der internationalen Umweltpolitik (Zürn 1998b; Mitchell 2002) sind relativ isoliert. Dieser Aspekt wird durch die Forschung zur Diffusion von Umweltpolitik gegenwärtig zunehmend behandelt (Tews u.a. 2003; Jahn 2005b).

[134] Zum *North American Free Trade Agreement* (NAFTA) gehören Kanada, die USA und Mexiko: http://www.nafta-sec-alena.org.

[135] Die MERCOSUR (*Mercado Común del Cono Sur*) wurde als Gegengewicht zur Handelsintegration mit den USA von Argentinien, Brasilien, Paraguay und Uruguay ins Leben gerufen. Seit Ende der 1990er Jahre gelten

Vereinigung der Südostasiatischen Nationen (ASEAN).[137] Die OECD (Organisation für wirtschaftliche Zusammenarbeit und Entwicklung) fördert die Information und wirtschaftliche Zusammenarbeit der am höchsten entwickelten Länder der Erde. Zusammenfassend kann resümiert werden: “There was a huge increase in international travel, communication and other service transactions. These improved the international division of labour, facilitated the diffusion of ideas and technology, and transmitted high levels of demand from the advanced capitalist group to other areas of the world” (Maddison 2001: 125).

Die Globalisierung hat sich keinesfalls überall gleichermaßen durchgesetzt. Hauptsächlich fanden solche Prozesse innerhalb der OECD-Länder und der EU statt (Jahn 2009b); andere Teile der Erde waren von diesen Prozessen nur wenig betroffen. Michael Zürn (1998a: 67) neigt bei dieser Datenlage dazu nicht von Globalisierung, sondern von „gesellschaftlicher Denationalisierung” und „Verdichtung internationaler Handlungszusammenhänge” zu sprechen.

Betrachtet man die Entwicklung der Exportraten über knapp 200 Jahren als einen groben Indikator für eine Verdichtung der wirtschaftlichen Handlungszusammenhänge, so wird eine deutliche Verdichtung im Zeitverlauf sichtbar. Anders als Keohane/Milner darlegen, (1996: 12; siehe auch Zevin 1992: 51-52; Busch 1999: 28) verdeutlichen neue Daten (Maddison 1995; 2001; 2003), dass die Exporttätigkeit gerade in der Nachkriegszeit enorm zugenommen hat (s. Abbildung 4-2).[138]

Die Abbildung zeigt, dass eine erste internationale Handelsverschränkung in der zweiten Hälfte des 19. Jahrhunderts einsetzte und bis zum Ersten Weltkrieg rasant zunahm. Diese „Globalisierung” fand weltweit statt und ist unter anderen mit den Handelsströmen zwischen Europa und Lateinamerika zu erklären. In der Zwischenkriegszeit stagnierte das Exportvolumen und sank nach dem Zweiten Weltkrieg auf einen Tiefpunkt. In der Zeit nach dem Zweiten Weltkrieg nahm der Export in allen betrachteten Ländern rasant zu. Weltweit erreichte das Exportniveau um 1990 den Stand von 1913. Allerdings deutete sich schon zu Beginn der 1970er Jahre eine deutliche weltweite Entkopplung der Verdichtung der Handelsströme an, die sich in der Folgezeit aufgrund der stark expandierenden Außenhandelsströme der OECD- und vor allem EU-Länder verschärfte. Die Schere der Exportrate zwischen den OECD- und EU-Ländern einerseits und den restlichen Ländern andererseits wurde größer. Die vorgestellten Daten machen deutlich, dass die Exportraten, relativ gesehen zu dem Bruttoinlandsprodukt der Länder, bisher ungeahnte Ausmaße annehmen und die wirtschaftliche Handlungsdichte ein zuvor nicht erreichtes Niveau aufweist. Welche Konsequenz ergibt sich aus dieser Entwicklung?

Bolivien und Chile als assozierte Mitglieder. Siehe http://www.mercosur-info.com/al/index.shtml, 23.August 2005. Neben MERCOSUR existiert seit 1968 in Lateinamerika noch der Andenpakt (Bolivien, Ecuador, Kolumbien, Peru, Venezuela), seit 1990 die „Gruppe der Drei“ (Mexiko, Kolumbien und Venezuela), die zur Realisierung einer gemeinsamen Freihandelszone gebildet wurde, sowie die 1973 gegründete *Caribbean Community and Common Market* (CARICOM), der heute 16 Karibikstaaten angehören: http://www.caricom.org.

[136] Zum *Pacific Islands Forum* (vormals bekannt als Südpazifik-Forum; Namensänderung seit dem 27.10.2000) gehören Australien, Cook-Inseln, Fidschi, Kiribati, Mikronesien, Nauru, Neuseeland, Niue, Palau, Papua-Neuguinea, Marshall-Inseln, Samoa, Solomon-Inseln, Tonga, Tuvalu und Vanuatu (siehe: http://www.forumsec.org.fj/).

[137] Zur *Association of Southeast Asian Nations* (ASEAN) gehören Brunei Darussalam, Kambodscha, Indonesien, Laos, Malaysia, Myanmar, Philippinen, Thailand, Singapur und Vietnam: http://www.aseansec.org.

[138] Die zum Teil gravierenden Unterschiede der Daten bestehen vor allem darin, dass Maddison in jüngerer Zeit die Daten inflationsbereinigt wiedergibt. Zum Unterschied der Berechnungsarten siehe Maddison (2001).

Abbildung 4-2: Exportanteile am Bruttoinlandsprodukt 1820-1998

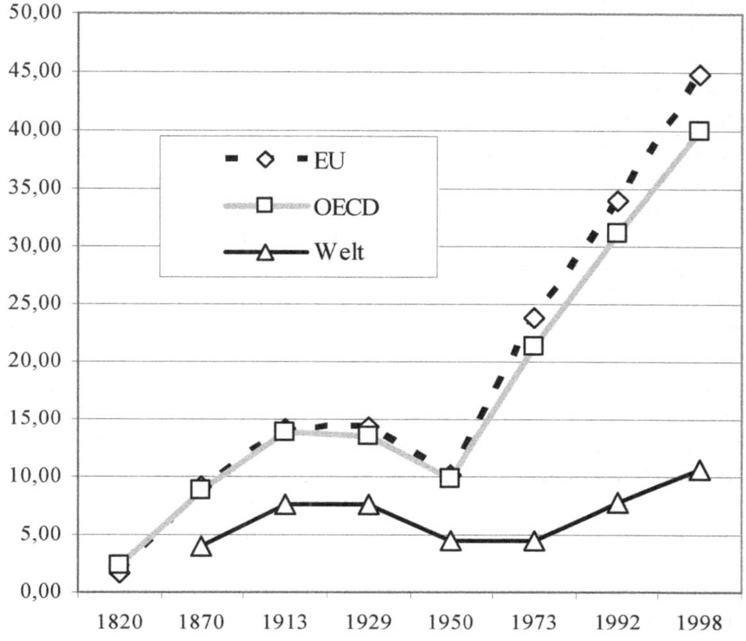

Quelle und *Erklärungen*: Eigene Berechnungen auf Grundlage von Maddison (1995 und 2001, diverse Tabellen). Als EU-Länder wurden 15 westeuropäische Länder, bis auf Griechenland, Irland, Luxemburg und Portugal aufgenommen, zu denen keine Zeitreihen vorlagen. OECD-Länder sind hier die genannten EU-Länder, sowie die etablierten OECD-Länder, die schon vor 1990 Mitgliedsland waren. Unter „Welt" wurden 35 Länder, für die Zeitreihen zur Verfügung standen, zusammengefasst. Hierzu zählen neben den OECD-Ländern noch: Argentinien, Bangladesh, Brasilien, Burma, Chile, China, Indien, Indonesien, Kolumbien, Mexiko, Pakistan, Peru, Philippinen, Südkorea, Taiwan, UdSSR bzw. Russland und Venezuela.

Die politikwissenschaftlich wichtige Debatte über die Globalisierung kreist vor allem darum, inwieweit internationale und transnationale Prozesse Einfluss auf die nationale Staatstätigkeit nehmen (Evans u.a. 1985; Risse-Kappen 1995; Zürn 1998a; Bernauer 2000; Grande/Risse 2000; Zohlnhöfer, 2009; siehe auch Kapitel 10). Ist der Staat noch souverän und unabhängig in seinen Entscheidungen oder unterliegt er immer mehr dem Primat internationaler Prozesse? Hierzu geben mehrere konkurrierende Theorien, die in Kapitel 10 näher erläutert werden, unterschiedliche Antworten.

Empirisch zeigt sich, dass bis weit in die 1990er Jahre hinein keine überzeugenden Indizien für ein nennenswertes „Regieren jenseits des Nationalstaates" festgestellt werden konnte (Busch/Plümper 1999, sowie die Literaturübersicht darin; Schulze/Ursprung 1999: 82; siehe auch Oatley 1999; Bernauer 2000; Swank 2002; Genschel 2003; Busch 2003: 3-32; Castles 2004), was nicht bedeutet, dass transnationale Institutionen wie die EU, NAFTA etc. einen wachsenden Einfluss auf die nationalstaatliche Politik nehmen, sondern dass letztendlich die Nationalstaaten weiterhin die Geschicke in ihren Territorien bestimmen. Darüber hinaus entscheiden nationalstaatliche Regierungen, wenn es um die Schaffung und

Steuerung internationaler Institutionen geht, selbst indirekt den Prozess der internationalen Verdichtung von Handlungsspielräumen mit. Allerdings zeigen die aktuellsten Studien, dass die internationale Einbindung von Staaten durchaus messbaren Einfluss auf die Politik einzelner Staaten nehmen kann. Dabei wird deutlich, dass staatliche Politik bis zu Beginn der 1990er Jahre primär am nationalstaatlichen Interessenausgleich orientiert war. Seit Mitte der 1990er Jahre ist jedoch eine Umorientierung dahingehend erkennbar, dass sich nationalstaatliche Politik zunehmend an internationalen Faktoren wie z.B. den Haupthandelspartnern orientiert (Kurzer 1993; Mosley 2003; Jahn 2006). Nationale Akteure bilden darüber hinaus zunehmend strategische Allianzen mit internationalen Akteuren, um die nationale Politik zu beeinflussen (Downs/Rocke 1995; Putnam 1998; Martens/Wolf 2006).[139] Insofern wird eine zunehmende Berücksichtigung der Interaktion zwischen nationalstaatlichen und internationalen Faktoren für die Analyse von Politikfeldern notwendig (Frieden/Martin 2002). Eine solche Analyse bedarf dann auch eines Bezugs auf theoretische und konzeptionelle Erklärungen (Elkins/Simmons 2004; Jahn 2006; Braun/Gilardi 2006; Plümper/Neumeyer 2010).

Eine der wenigen Studien, die den Einfluss sozialstaatlicher Politik auf Globalisierungsprozesse untersuchte, kam zu dem Ergebnis, dass moderne Staaten sich weltwirtschaftlich öffneten, nachdem sie eine gewisse nationale Sozialpolitik ausgebaut haben. Dies bedeutet, dass die Kausalität zwischen Globalisierung und Sozialpolitik durchaus auch umgekehrt verlaufen kann (Rieger/Leibfried 2001; siehe auch: Garrett 2000).

Über die inhaltlichen Aspekte hinaus implizieren die internationalen Verdichtungen von Handlungskontexten das methodologische Problem, dass die untersuchten Fälle (Länder) nicht mehr unabhängig voneinander sind. In diesem Zusammenhang wird vom „Ende des methodologischen Nationalismus"[140] gesprochen (Zürn 2001). Dieses methodologische Problem wird nochmals im Zusammenhang der interkulturellen Diffusion und dem Galton-Problem in Kapitel 6 und unter analysetechnischem Aspekt in Kapitel 13 aufgenommen.

***

Die dargestellten empirischen Beispiele aus dem Gegenstandsbereich der vergleichenden Politikwissenschaft repräsentieren lediglich einen kleinen Ausschnitt und dienen dem Überblick über die Unterschiede der politischen Rahmenbedingungen, Institutionen, Prozesse und Politikfelder. Dabei ist die Abgrenzung zwischen den drei Bereichen nicht zweifelsfrei möglich. Inwieweit etwa die Lebensbedingungen, die durch den HDI gemessen werden können, sozialpolitische Rahmenbedingungen oder Ergebnisse politischer Programme sind, bleibt der jeweiligen Perspektive und dem Forschungsinteresse überlassen. Auch ist offensichtlich, dass wohlfahrtsstaatliche Regime sowohl das Resultat politischer Prozesse als auch einen Aspekt von Institutionen und Institutionalisierung darstellen.

---

[139] Unter organisationstheoretischer Perspektive siehe auch Pfeffer/Salancik (1978) and DiMaggio/Powell (1983).

[140] Der Begriff „methodologischer Nationalismus" ist unglücklich gewählt, da er eine negative Konnotation eines nationalistischen Politikprogramms beinhaltet. Auch ist er sachlich unrichtig, da nicht Nationen, sondern Staaten verglichen werden. Was die Autoren, die diesen Begriff benutzen, hingegen hinterfragen, ist, inwieweit die ländervergleichende Forschung unter dem Einfluss internationaler Interaktionen noch Sinn macht (Jahn 2003c: 66). Aber selbst unter diesem Aspekt werden Analyseverfahren, die die Berücksichtigung von Diffusionsprozessen erlauben, nicht hinreichend berücksichtigt (siehe Kapitel 13).

Die politische Wirklichkeit stellt sich als äußerst komplex dar und die empirischen Kategorien und Indices beziehen sich zum Teil nur auf spezifische Regionen. Dies liegt zum einen daran, dass die Konzepte nur für bestimmte Länder Gültigkeit besitzen, zum anderen stehen Daten nicht für alle Länder und Regionen im gleichen Umfang zur Verfügung. Deshalb musste in der vorliegenden Darstellung auch von der Idee abgerückt werden, einen Datensatz für alle Länder zu entwickeln, wie dies an anderer Stelle – dann allerdings weit weniger umfassend – versucht wurde (Perry/Robertson 2002).

Die beschränkte Validität von unterschiedlichen theoretischen Konzepten wird im weiteren Verlauf noch analytisch aufgearbeitet (Kapitel 7). Die Untersuchung des Zusammenhangs zwischen Staatstätigkeit und Globalisierung führt zu dem angesprochenen methodischen Problem, dass die Länder nicht mehr als unabhängig voneinander betrachtet werden können. Anstatt Staatstätigkeit als Funktion von nationalen Eigenschaften (Demographie, politische Institutionen, Stärke von bestimmten politischen Parteien etc.) zu analysieren, muss auch der Prozess der Diffusion (gegenseitiges Lernen und Einfluss länderübergreifender Phänomene) von Werten, Normen, Politiken, etc. in die Untersuchung aufgenommen werden. Die vielfältigen und nicht universellen Kategorien führen schließlich dazu, dass sich in der vergleichenden Politikwissenschaft nur wenige Gegenstände mit universalistischen Ansätzen und Theorien bearbeiten lassen. Für die verschiedenen Gebiete haben sich zahlreiche so genannte Theorien mittlerer Reichweite entwickelt, die das theoretische Hauptinstrumentarium in der vergleichenden Politikwissenschaft ausmachen (Kapitel 10).

Teil II: Logik und Methode des Vergleichs

Nachdem einige Gegenstandsbereiche der vergleichenden Politikwissenschaft im ersten Teil vorgestellt worden sind, sind wir nunmehr in der Lage Untersuchungsanordnungen zu behandeln, wie diese sozialen Phänomene analysiert werden können. Dabei spielt das Forschungsdesign eine wichtige Rolle, da es der Strukturierung des wissenschaftlichen Vorgehens dient und durch das die Logik der vergleichenden Methode Anwendung findet. Zur Unterstützung existieren einschlägige Einführungen zu allgemeinen Aspekten des Forschungsprozesses, die an dieser Stelle nicht zusammengefasst werden können und es wird dringend geraten, diese Bücher parallel zu dieser Einführung in die vergleichende Politikwissenschaft zu lesen.[141] Die Kapitel dieses Teils konzentrieren sich auf die wesentlichen Aspekte des Forschungsprozesses, wie Forschungsfrage, Hypothesen, Theorien, Validität und Reliabilität unter dem Aspekt einer vergleichenden Analyse. Dabei wird davon ausgegangen, das die vergleichende Methode zur nomothetischen Wissenschaft gehört, die allgemeine Gesetzmäßigkeiten aufspürt und dabei von den konkret analysierten Fällen abstrahiert (Kapitel 5).

Die Verknüpfung von vergleichender Methode und vergleichender Politikwissenschaft ist in der Politikwissenschaft – insbesondere in Deutschland – bislang nicht hinreichend umgesetzt worden. Roy Macridis Forderungen, die bereits in der Einleitung angesprochen wurden, sind bis in die Gegenwart hinein nicht ausreichend berücksichtigt worden (Mayer 1989), so dass Mark Irving Lichbach und Alan Zuckerman (1997b: ix) erst kürzlich zu der Schlussfolgerung kommen: “Too few studies are nomothetic, creatively combining theory and cases and developing general propositions. Too many studies are idiographic, offering no more than a wave to the systematic development and assessment of powerful explanatory arguments.” Um nomothetische Studien durchführen zu können sind bestimmte Kenntnisse von Konzepten und Verfahren unabdingbar, die in diesem und den folgenden Kapiteln vermittelt werden.

Die Entwicklung und Ausdifferenzierung der vergleichenden Methode erlaubt es, verschiedene Forschungsstrategien zu verfolgen. Um den analytischen Nutzen und das wissenschaftliche Potenzial, aber auch die analytischen Grenzen der vergleichenden Methode zu erkennen und anwenden zu können, wird sie im Kontext zu anderen wissenschaftlichen Forschungsstrategien vorgestellt. Des Weiteren bedarf es besonderer Anstrengungen bei der Erfassung von sozialen Phänomenen (Kapitel 7) und vor allem der Fallauswahl (Kapitel 8). Bevor jedoch auf diese Aspekte eingegangen wird, sollen einige wichtige Grundbegriffe und Datenerhebungsverfahren (Kapitel 6), die in der vergleichenden Politikwissenschaft Anwendung finden, vorgestellt werden.

---

[141] Um ein Forschungsdesign für eine Untersuchung zu entwickeln, sollte über die hier dargelegten Aspekte hinaus auch auf die allgemeine Darstellung des Forschungsprozesses zurückgegriffen werden (siehe z.B. Creswell 2008; Denscombe 1998; Babbie 2001; Johnson/Reynolds 2005). Diese amerikanischen Texte sind aktueller und umfassender als deutschsprachige Einführungen (siehe etwa: Alemann 1977; Friedrichs 1981; Alemann/ Forndran 2002).

Kapitel 5: Zur Logik des Vergleichs

1. Wissenschaftstheoretische Aspekte
2. Logik des Vergleichs
3. Die vergleichende Methode im Kontext zu anderen wissenschaftlichen Methoden

Dem Vergleich kommt in der vergleichenden Politikwissenschaft ein hoher Stellenwert zu. Das Vergleichen an sich stellt jedoch noch kein methodisches Vorgehen dar, denn auf irgendeine Art und Weise ist jedes Erfassen der Realität vergleichend. Auch im Alltagsleben vergleichen wir ständig. Durch den Vergleich mit bekannten Dingen schätzen wir neue Situationen ein und passen unser Verhalten dementsprechend an. Wie schon in der Einleitung beschrieben, sind Vergleiche allgegenwärtig. Dies trifft auch auf die Politikwissenschaft zu (Grosser 1973: 19). Jedoch sind allgemeine Vergleiche kein Synonym für die vergleichende Methode. Empirische Tatbestände können durch den Vergleich auf analytische Konzepte bezogen werden, bisher Unbekanntes kann mit Hilfe des Vergleichs mit Bekanntem eingeschätzt und das Besondere hervorgehoben werden, Tatbestände können systematisiert werden (Nohlen 1994a: 507-509; Almond u.a. 2004: 31-34). Vergleiche führen darüber hinaus zur Erfahrungserweiterung (Stretton 1969: 245-247). Der Vergleich macht auf weitere Möglichkeiten der Realitätsgestaltung aufmerksam und dient der Erweiterung der Vorstellungskraft. Er unterstützt die Suche nach funktionalen Äquivalenten, rationalen Modellen, Idealtypen, Utopien usw. Diese allgemeine Form des Vergleichs beschränkt sich nicht auf die vergleichende Politikwissenschaft, sondern findet sich auch in Studien der internationalen Beziehungen, politischen Theorie und Ideengeschichte und im Bereich der Untersuchung der politischen Systeme. Was macht also die Besonderheit der vergleichenden Methode in der Politikwissenschaft aus?

Im Gegensatz zum Vergleich im Allgemeinen, kann die vergleichende Methode zu generalisierbaren Ergebnissen gelangen, indem sie aufgestellte Hypothesen empirisch überprüft. Die vergleichende Methode lenkt den Schwerpunkt des Interesses von den Fällen hin zu Beziehungen zwischen Variablen. Führende Wissenschaftler im Bereich der vergleichenden Politikwissenschaft gehen davon aus, dass die vergleichende Politikwissenschaft sich nicht dadurch auszeichnet, dass die Forschungsgegenstände länderübergreifend sind, sondern vor allem durch die Anwendung der vergleichenden Methode (Holt/Turner 1970: 5; Lijphart 1971: 682; Sartori 1991: 243; Rose 1991; Tsebelis/Kreppel i.E.).[142] Damit gehört die vergleichende Methode zu den wissenschaftlichen Methoden im engeren Sinn (Lijphart 1975). Diese Auffassung basiert auf bestimmten wissenschaftstheoretischen Überlegungen, die im Folgenden näher dargestellt werden.

---

[142] Andere Autoren sehen nicht die Besonderheit eines vergleichenden Teilbereichs in der Sozialwissenschaft. Émile Durkheim (1976: 216) betrachtet die vergleichende Soziologie nicht als eine Subdisziplin der Soziologie, sondern als deren integralen Bestandteil; Gabriel Almond erkennt in der vergleichenden Politikwissenschaft eine disziplinäre Strömung, wie den Behaviorismus, die alle Bereiche der Politikwissenschaft betrifft, während Kurt Sontheimer (1971: 112) allgemein konstatiert: der Politikwissenschaftler „... *muß* vergleichen."

1 Wissenschaftstheoretische Aspekte

Die Erkenntnistheorie (Epistemologie) beschäftigt sich mit der Erörterung wissenschaftlicher Aspekte, wie dem Ziel wissenschaftlichen Arbeitens im Allgemeinen und der prinzipiellen Aneignung von Wissen. Sie stellt somit eine meta-wissenschaftliche Erläuterung wissenschaftlicher Begriffe, Methoden und Erkenntnisinteressen dar. Politikwissenschaft entstammt der Philosophie, hat sich in ihrer Geschichte jedoch zunehmend sozialwissenschaftlich entwickelt. Damit schlagen in der Politikwissenschaft zwei „epistemologische Herzen" (Mayer 1989: Kapitel 2). Diese Traditionen spiegeln sich im Gegensatz zwischen nomothetischem und idiographischem Vorgehen wider, die von Heinrich Rickert (1921: 35-51) und Wilhelm Dilthey (1922: 68-69; 169ff.) vor etwa 100 Jahren mit den Begriffen Erklären (nomothetisch) und Verstehen (idiographisch) verbunden wurden (siehe auch Windelband 1894; aktuell: Meinefeld 1995; Patzelt 2005: 19-20). Naturwissenschaften gehen im Wesentlichen nomothetisch vor, indem sie versuchen allgemein gültige Gesetze zu ermitteln. Die Geschichtswissenschaft wird oftmals als Beispiel für den Gegenpol herangezogen, da in ihr vor allem das Verstehen des Besonderen im Mittelpunkt steht: "Natural science seeks for law, history for the particular." (Aron 1959: 157) Ernst Nagel (1959: 203-204)[143] illustriert das Vorgehen der Naturwissenschaft und der Geschichte, indem er herausstellt, dass in einer typischen naturwissenschaftlichen Abhandlung die Darstellungsweise allgemein ist und selten Bezug genommen wird auf spezifische Gegenstände, Orte und Perioden. Der Untersuchungsgegenstand wird durch Begriffe erfasst, die nicht dem Alltagsleben entstammen. Geschichtswissenschaftliche Analysen beziehen sich dagegen zumeist auf spezifische Gegenstände und operieren mit realen Namen, Zeitpunkten oder geographischen Gebieten.

Die Unterscheidung zwischen idiographischem und nomothetischem Vorgehen führt in den Sozialwissenschaften zu zwei unterschiedlichen Erkenntnisinteressen (Smelser 1976: 203):[144] Auf der einen Seite die erkennende und erklärende und auf der anderen Seite die verstehende und erlebende Forschungspraxis. Mit Erklärung ist dabei die logische Ableitung eines Satzes aus singulären Randbedingungen und allgemeinen Aussagen, im besten Fall (Kausal-) Gesetzen, gemeint. Carl G. Hempel (1977) gilt als Begründer des deduktiv-nomologischen Erklärungsmodells. Bei seinem Modell wird von einer Hypothese ausgegangen, die sich aus einer Theorie ableiten lässt (Deduktion). Beispielsweise kann formuliert werden, dass demokratische Staaten so verfasst sind, dass sie durch rationale Entscheidungsprozesse und internationale Eingebundenheit keinen Krieg gegeneinander führen. Daraus lässt sich die Hypothese ableiten: Demokratische Staaten führen gegeneinander keinen Krieg. Um diese Hypothese zu überprüfen, werden einzelne Staaten untersucht. Von der Hypothese wird deduziert (abgeleitet von einer allgemeinen Aussage auf eine spezifische), dass Frankreich und Deutschland keinen Krieg miteinander führen (seitdem diese Länder demokratisch sind).[145] Formal kann man das deduktive Vorgehen wie folgt darstellen:

---

[143] Siehe zu dieser Problematik aktuell auch Lustick (1996); Elman/Elman (2001).

[144] Über das methodologische Verfahren und das Erkenntnisinteresse ist in den Sozialwissenschaften heftig gestritten worden. Exemplarisch siehe etwa: Adorno u.a. (1980); Falter (1982). Zusammenfassend siehe auch Welzel (2001).

[145] Es wird noch zwischen Induktion und Abduktion als Beweisführung unterschieden. Das induktive Schließen geht von den Erkenntnissen des Einzelnen aus und versucht auf dieser Grundlage auf allgemein gültige Gesetzmäßigkeiten zu schließen. Die Abduktion leitet von einer unerwarteten Abweichung allgemeine Gesetzmäßigkeiten ab (Bernstein 1965).

Tabelle 5-1: Die Logik des deduktiv-nomologischen Vorgehens

Explanans (Gesetzesaussage)	Demokratische Staaten führen untereinander keinen Krieg
Antezedenz- oder Rahmenbedingungen	Frankreich und Deutschland sind demokratisch
Deduktiver Schluss: Explanandum (zu erklärender Sachverhalt)	Frankreich und Deutschland führen keinen Krieg gegeneinander (seitdem diese Länder demokratisch sind)

Allerdings sind in den Sozialwissenschaften die deduktiven Schlüsse meist nicht deterministisch (trifft immer zu), wie in vielen Fällen der naturwissenschaftlichen Forschung, sondern lediglich probabilistisch (trifft meistens zu). Dies liegt zum einen daran, dass sozialwissenschaftliche Erklärungen zumeist nicht monokausal (nur eine Bedingung – unabhängige Variable – ist für das Ergebnis – abhängige Variable – verantwortlich) sind, sondern eine Fülle von Ursachen und Interaktionen umfassen, die nicht alle in einer Untersuchung beachtet werden können.[146] Zum anderen haben es Sozialwissenschaften mit Akteuren zu tun, die bewusst oder unbewusst gegen „soziale Regeln" verstoßen können. So bleibt in jeder Studie immer ein Teil unerklärt (unerklärte Varianz). Die Folge ist, dass sozialwissenschaftliche Aussagen dahingehend abgeschwächt werden müssen, dass ein Zusammenhang nur bis zu einem gewissen Grade identifizierbar ist. Damit entstehen in der deduktiv-nomologischen Wissenschaftsauffassung Hypothesen, die als (relative) wenn-dann-Aussagen (wenn Bedingung A erfüllt ist, dann meistens Ereignis X) oder je-desto-Aussagen (je mehr von B, desto weniger von Y) bezeichnet werden können.

Das verstehende/erlebende Erkenntnisinteresse stellt ein methodisches Verfahren dar, bei dem der Forschungsgegenstand im Lichte der Intention des Handelnden gedeutet werden soll. „Verstehen" heißt hierbei, dass Deutungshypothesen, die anhand bewährter Prüfkriterien, die ihrerseits theoretisch abgeleitet sein müssen, auf ihre Gültigkeit hin kritisch kontrolliert werden. Hierzu dient das hermeneutische Verfahren, dessen Eigenart unter anderem darin besteht, dass es unmittelbar mit den Erfahrungen des Forschers zusammenhängt und sich zumindest teilweise intersubjektiven Prüfverfahren entzieht. Soziale Realität wird dabei als soziales Konstrukt aufgefasst und interpretiert. Das tiefere Verständnis einer Sache wird durch das Defizit der Nachvollziehbarkeit, eine zentrale Forderung der empirischen Sozialforschung, erkauft. Darüber hinaus wird der Begriff des heuristischen Verständnisses in Untersuchungen oftmals auch missbraucht, wenn die Ergebnisse einer Untersuchung nicht wissenschaftlich belegt werden können, sondern auf *ad hoc*-Interpretationen und den Bezug auf alltägliche Klischees angewiesen sind. Hermeneutik ist sicherlich einer der am meisten missbrauchten Begriffe in den Sozialwissenschaften (Mayer 1989: 284). In Anlehnung an Neil Smelser (1976: 204; siehe auch Mayer u.a. 1996: 1-10) lassen sich zusammenfassend idiographisches und nomothetisches Vorgehen in seinen grundsätzlichen Positionen wie folgt gegenüberstellen:

[146] Das auch die Naturwissenschaften nur begrenzte Aussagen treffen können, wenn Faktoren komplex und interaktiv sind, zeigt sich in der Wettervorhersage.

Tabelle 5-2: Grundprinzipien idiographischer und nomothetischer Forschung

Idiographisches Vorgehen	**Nomothetisches Vorgehen**
Wenige Fälle	Viele Fälle
Verstehen des Falles, oftmals ohne Kausalitäten zu ermitteln, auch unter ästhetischen Aspekten analysierend	Erklärendes Vorgehen; an Kausalitäten interessiert; Bezug auf Variablen
Am Einzelfall interessiert, Erklärung zielt typischerweise darauf ab, warum ein Ereignis eingetreten ist oder nicht	Ermittlung von allgemein gültigen Aussagen; Fokus auf statistische Zusammenhänge zwischen Ursache und Effekten
Integration von vielen Faktoren, die unterschiedlich wirken können; auch Zufällen wird ein Erklärungswert zugeschrieben	Versucht außergewöhnliche Faktoren auszublenden, um möglichst klare Kausalbeziehungen darzustellen, die prinzipielle Gültigkeit besitzen
Kontrolle über die Variablen erfolgt durch „anderes" Wissen, welches jenseits der Untersuchung zu suchen ist (Theorie, hypothetische Gedankenexperimente), impressionistisches Verständnis	Kontrolle durch Kovarianz und partielle Korrelation
Beobachtung von vielen Aspekten	Quantitative Erfassung von Indices

Auch wenn dieser Gegensatz in der modernen Politikwissenschaft nicht mehr im gleichen Maße wie in der Vergangenheit polarisierend wirkt und es durchaus anerkannt ist, dass beide Wissenschaftsverfahren ihre Berechtigung haben und sich sogar ergänzen können (Kohli u.a. 1995: 15; Bennett 2004; siehe auch Kapitel 14), hilft uns diese analytische Unterscheidung bei der näheren Beschreibung der vergleichenden Politikwissenschaft. Vergleichende Politikwissenschaft neigt sicherlich stärker zum nomothetischen Vorgehen als zum idiographischen; dies umso mehr, wenn sie auf der vergleichenden Methode aufbaut. Wie wir später noch sehen werden, sind fallorientierte Analysen weniger nomothetisch und eher idiographisch. Die Ambivalenz, die in der vergleichenden Politikwissenschaft vorliegt, besteht in Bezug auf den Gegenstandsbereich einerseits und den Bezug auf Variablenbeziehungen andererseits. Ist für manche der Gegenstand (geographische Einheiten) ausschlaggebend für die Identifikation, was vergleichende Politikwissenschaft darstellt, liegt bei anderen der Schwerpunkt auf der vergleichenden Methode beziehungsweise der Erfassung von Gesetzen, die die verschiedenen Variablen verbinden (Erklärung). Im ersten Fall gilt alles als vergleichende Politikwissenschaft, was mit anderen Ländern, Kulturen und Regionen zu tun hat. In diesem Sinne gehört ein deutscher Frankreichexperte in die Rubrik vergleichender Politikwissenschaftler. Über diese Zuweisung hat Giovanni Sartori (1991: 243) sein Unverständnis geäußert. Er fragt, warum ein Forscher, der den amerikanischen Präsidenten als amerikanischer Politikwissenschaftler untersucht, ein Amerikanist ist, während ein anderer Forscher, der das Gleiche mit dem französischen Präsidenten macht, ein Komparativist ist. Seine Antwort auf diese Frage ist eindeutig: "Do not ask me how this makes sense – it does not."

Sicherlich kann ein Länderexperte, der nicht explizit und systematisch vergleicht, nicht als Komparativist bezeichnet werden (Lichbach/Zuckerman 1997a: 4-5), selbst wenn eine Region wie Ostasien oder die Globalisierung in der Welt beschrieben wird. Ohne systematische Vergleiche durchzuführen, kann dies nicht als vergleichende Politikwissenschaft betrachtet werden. So gilt in der vergleichenden Politikwissenschaft tendenziell die Teilung in Regionalforscher, die empirisch-historisch (idiographisch) arbeiten, und Komparativisten, die empirisch-analytisch (nomothetisch) interessiert vorgehen (vgl. auch: Welzel 2001: 407).

Wenn die vergleichende Methode und das Aufspüren von allgemein gültigen Aussagen im Vordergrund stehen, geht man davon aus, dass die Untersuchungsfälle weniger zentral in der Analyse sind. Der Vergleich als nomologische Methode rückt Variablen, und vor allem deren Verhältnis zueinander, in den Vordergrund und vernachlässigt die Besonderheit der Fälle. In einer extremen Fassung verlangen Przeworski und Teune (1982: 26-30), dass man in nomothetischen Analysen die Namen der Fälle vergessen und sie durch Variablenkombinationen ersetzen soll. Wenn wir also das Wahlverhalten in Frankreich untersuchen und feststellen, dass junge Arbeiter eher links wählen als ältere, Angestellte und Frauen und wir diesen Zusammenhang auch in Chile und Italien, nicht aber in Norwegen feststellen, wo Frauen genauso häufig links wählen wie Männer, dann soll dieser Sachverhalt nicht so beschrieben werden, dass Frauen in Frankreich, Italien, Chile eher rechts, in Norwegen aber eher links wählen. Vielmehr sollten wir uns auf die Variablen konzentrieren und zu dem Schluss kommen, dass Alter und Beruf in allen vier Ländern die Wahl linker Parteien erklärt. Für Norwegen müssen wir die Variable identifizieren, die für das abweichende Verhalten verantwortlich ist, beispielsweise säkularisierte Frauen. Daraus können wir weiter schlussfolgern, dass religiöse Frauen eher rechts wählen, nicht-religiöse dagegen links. Auf diese Art und Weise haben wir von den Fällen abstrahiert und einen sozialen Zusammenhang identifiziert.[147]

Was bedeutet nun Vergleich als Methode? Dieser Aspekt soll mit der Beantwortung von drei spezifischen Fragen geklärt werden (Sartori 1991).

1. *Warum vergleichen?*

Vergleich als Methode bedeutet, dass man den Vergleich zur Kontrolle verwendet. Durch den Vergleich soll überprüft werden (verifiziert oder falsifiziert), ob eine Generalisierung über mehrere Fälle (Länder) hinaus einer Prüfung standhält. Der Vergleich ist also kein Ziel an sich, sondern vielmehr Mittel zum Zweck, wie das Wort *methodos* (der Weg) nahe legt. Adam Przeworski (1987: 35) komprimiert diese Auffassung, wie schon in der Einleitung dargestellt, in der Bemerkung, dass vergleichende Forschung nicht aus Vergleichen, sondern Erklärungen besteht. Durch Vergleiche wird getestet, ob etablierte Erklärungen sich bewähren oder modifiziert werden müssen.

2. *Was vergleichen?*

Was kann verglichen werden? Es wird behauptet, Äpfel und Birnen könne man nicht vergleichen, oder Deutschland und Bolivien seien nicht vergleichbar. Inwieweit treffen diese Behauptungen zu? Um Vergleiche durchführen zu können, müssen (a) Kriterien existieren, die die zu vergleichenden Phänomene gemeinsam besitzen. Darüber hinaus müssen diese Phänomene (b) in ihren Vergleichskriterien Varianz besitzen.

---

[147] Dieses Beispiel wurde aus Mayer (1989: 44-46) entnommen.

In der Einleitung wurde schon erwähnt, dass Vergleichskriterien definiert werden müssen, die jenseits der Erscheinungsform der Einzelphänomene liegen und als ein weiteres Kriterium gelten (*tertium comparationis*). Aus dieser Perspektive ist es leicht, Vergleichskriterien für Äpfel und Birnen zu finden. Beide Gegenstände gehören einer gemeinsamen Klasse (Früchte) an und können hinsichtlich ihres Saft-, Vitamingehalts, Geschmacks etc. verglichen werden. Im zweiten Beispiel sind sowohl Deutschland als auch Bolivien Staaten, die hinsichtlich ihrer Regierungsform, Wirtschaftskraft, Rechtsstaatlichkeit, etc. unterschieden werden können. Dagegen sind Affen und Steine oder Platon und die Insel Rügen nicht sinnvoll vergleichbar. Zwischen den Phänomenen dieser beiden Paare existieren keine Gemeinsamkeiten (keine gemeinsame Klasse) und somit auch keine Vergleichskriterien.

Das Problem der Varianz besteht darin, ab wann Dinge tatsächlich gleich sind und wann ihre Unterschiedlichkeit wirklich beginnt (Osgood 1967: 7). Dabei liegen die beiden Extrempunkte außerhalb der Logik des Vergleichs. Sind zwei Phänomene in allen Punkten gleich, so sind sie identisch und es existiert keine Grundlage für einen Vergleich. Gleiches gilt, wenn sich beide Phänomene fundamental voneinander unterscheiden und keine Vergleichskriterien besitzen. Dazwischen liegt das Feld für systematische Vergleiche, wenngleich auch hier noch genügend konzeptionelle Hürden und Messprobleme auftauchen können, die im weiteren Verlauf dargestellt werden sollen.

Varianz stellt einen Schlüsselbegriff der vergleichenden Methode dar und soll dem Umstand zugeschrieben werden, in dem vergleichbare Phänomene sich *graduell* in ihrer Unterschiedlichkeit bestimmen lassen. Auf diesen Aspekt wird im Folgenden noch ausführlich eingegangen.

Die Art des Vergleichs bezieht sich jedoch auf weitere Aspekte, wobei die Zeitdimension einen sehr wesentlichen Aspekt ausmacht (Pierson 2004). So können verschiedene Untersuchungseinheiten zu einem Zeitpunkt verglichen werden. In diesen synchronen oder Querschnittsvergleichen werden z.B. mehrere Länder zum Zeitpunkt t_1 verglichen. Ein anderer Vergleichsfokus liegt vor, wenn ein Fall über mehrere Zeitpunkte (t_1, t_2, t_3, t_4, t_5, ... t_n) hinweg verglichen wird, z.B. die Sozialpolitik Deutschlands unter christdemokratischen und sozialdemokratischen Regierungen. Diese diachronen oder intertemporalen Vergleiche können auch mit Querschnittsvergleichen verbunden werden.

Vergleiche müssen sich nicht ausschließlich auf Länder beziehen. Ebenso können die Bundesländer in Deutschland, die Staaten in den USA oder die Kantone in der Schweiz verglichen werden. Auch können Wahlen zu unterschiedlichen Zeitpunkten verglichen werden oder die Bundeskanzler der Bundesrepublik Deutschland. In der hier vorliegenden Einführung wird vergleichende Politikwissenschaft als methodenorientierter Vergleich von länderübergreifenden Phänomenen betrachtet. Der Vergleich der Bundesländer gehört also in diesem Sinne nicht in das Gebiet der länder-vergleichenden Politikwissenschaft. Allerdings könnten die regionalen Einheiten, z.B. Bundesländer (in verschiedenen Staaten) durchaus als Analyseeinheit einer ländervergleichenden Untersuchung gewählt werden.

3. *Wie vergleichen?*

Die Beantwortung der Frage, wie verglichen werden kann, ist sicherlich weit reichend und wird uns in dieser Einführung immer wieder beschäftigen. Es existieren mehrere Strategien, wie methodische Vergleiche durchgeführt werden können. Von entscheidender Bedeutung sind dabei die Fälle, die verglichen werden. Die Fallanordnung und die Ähnlichkeit oder Verschiedenheit der Fälle machen einen wesentlichen Aspekt des Forschungsdesigns aus, das in Kapitel 8 beschrieben wird. Wichtig ist hierbei, inwieweit fallspezifische und generalisierende Aussagen getroffen werden sollen. Hier besteht ein Dilemma, das Sidney Verba (1967: 113) treffend zusammenfasst hat:

> „Um vergleichend zu sein, wird uns gesagt, dass wir nach Generalisierungen oder umfassenden Gesetzen suchen sollen, die sich auf alle Fälle eines besonderen Typus beziehen. ... Aber wo sind diese allgemeinen Gesetze? Generalisierung verschwindet, wenn wir besondere Fälle betrachten. Wir nehmen eine intervenierende Variable[148] nach der anderen auf. Da wir nur wenige Fälle zur Verfügung haben, enden wir bald mit Erklärungen, die für jeden Fall zugeschnitten sind. Das Resultat wird dadurch sehr idiographisch oder konfigurativ. ... Wenn wir mehr und mehr Variablen in die Analyse aufnehmen, um eine Generalisierung zu erreichen, die für eine Reihe von politischen Systemen Gültigkeit besitzt, dann bringen wir so viele Aspekte in die Untersuchung ein, dass wir einen ‚einzigartigen' Fall in seinem konfigurativen Ganzen erhalten." (eigene Übersetzung, DJ)

Das Dilemma zwischen der Konzentration auf Variablen (nomothetisch) und Fälle (idiographisch) ist in der vergleichenden Politikwissenschaft besonders prekär. Einerseits müssen die Aussagen vom Fall abstrahieren, um nomothetische Aussagen treffen zu können. Andererseits stellen Fälle bedeutende Elemente in der vergleichenden Politikwissenschaft dar, so dass zumindest auf deren abweichende Besonderheiten (idiographisch) eingegangen werden muss. Die unterschiedliche Lösung dieses Problems wird durch verschiedene Forschungsdesigns erreicht, die im folgenden Kapitel und in Teil 4 näher beschrieben werden. Um die Frage, wie verglichen werden kann, zu beantworten, soll zunächst auf die Logik des Vergleichs näher eingegangen werden.

2 Logik des Vergleichs

Der wesentliche Aspekt des Vergleichs besteht in der Identifikation der Kovarianz. Wenngleich diese Terminologie eher der quantitativen Sozialforschung entnommen ist, so kann sie aber ebenso gut auf Forschungsdesigns übertragen werden, die sich auf qualitative Erhebungsmethoden beziehen (King u. a. 1994: 80-81; Peters 1998: 30-31; Gerring 2001). Kovarianz bedeutet, dass ein Effekt (abhängige Variable) mit einer Ursache oder mehreren ursächlichen Bedingungen systematisch variiert. So steigt mit zunehmendem gesellschaftlichen Wohlstand die durchschnittliche Lebenserwartung. Es können auch komplizierte konfigurative Zusammenhänge entstehen, wenn beispielsweise ein Ereignis nur unter Bedingung A *und* B auftritt. Man kommt z.B. nur pünktlich zur Vorlesung, wenn man selbst rechtzeitig zum Bus geht und dieser dann auch pünktlich ist. Schließlich können unterschiedliche Bedingungen zum gleichen Ergebnis führen. So beziehen manche Menschen im Alter eine private Rentenversicherung, andere leben von ihrem Vermögen. Weitere dieser Zusammenhänge ließen sich sicher finden. Das wesentliche Ziel besteht jedoch darin, bei

[148] Unter „intervenierender Variable" versteht man eine Variable, die die Beziehung zwischen einer unabhängigen und einer abhängigen Variable verändert.

allen verschiedenartigen Zusammenhängen die systematische Varianz, die zwischen Effekt und Ursache besteht, zu identifizieren.

Die klassische Darlegung der Logik der wissenschaftlichen Methode des Vergleichs, die durch das Aufspüren von Kovarianz durch eine entsprechende Fallanordnung besteht, wurde von John Stuart Mill in seinem Werk „A System of Logic: Ratiocinative and Inductive" insbesondere im dritten Buch zusammengefasst.[149] In dieser Abhandlung stellt Mill vier Methoden der vergleichenden (quasi-)experimentellen Methode dar: die Konkordanzmethode, die Differenzmethode, die indirekte Differenzmethode und die Variationsmethode (Methode der Begleiterscheinungsvarianz).[150] Wenngleich Mill betonte, dass die Differenzmethode und die Variationsmethode sich nicht in den Sozialwissenschaften anwenden lassen, so stellen seine Überlegungen in den modernen Sozialwissenschaften den Ausgangspunkt für die vergleichende Methode dar.

1. Konkordanzmethode (*Method of Agreement*): Die Konkordanzmethode geht davon aus, dass ein Ereignis in jedem Untersuchungsfall mit dem zu erklärenden Ereignis auftritt. Dabei ist das zu erklärende Ereignis immer anwesend, so dass keine Varianz hinsichtlich des zu erklärenden Phänomens besteht. Bei der Betrachtung der kausalen Bedingungen wird jenes als ursächlich betrachtet, was ebenfalls *in jedem* Untersuchungsfall auftritt. Alle anderen Faktoren, die in manchen Untersuchungsfällen auftreten, in anderen aber nicht, werden als ursächliche Bedingungen aus der Untersuchung ausgeschlossen. Mill selbst drückt es anhand seines ersten Kanons wie folgt aus:

> "If two or more instances of the phenomenon under investigation have only one circumstance in common, the circumstance in which alone all the instances agree, is the cause (or effect) of the given phenomenon." (Mill 1890: 280)

Dies bedeutet also: Wenn in einem Fall A, B und C für a, b, und c verantwortlich sind, wobei Großbuchstaben für die Antezedenzen[151] und Kleinbuchstaben für die Konsequenzen stehen, und in einem nächsten Fall A, D, und E für a, d und e verantwortlich sind, dann ist nur A für a verantwortlich und B,C, D und E können als Ursache für a ausgeschlossen werden. Formal:

$$A, B, C \Rightarrow a, b, c$$
$$A, D, E \Rightarrow a, d, e$$

Daraus folgt: A ist eine Ursache für a.

[149] Im Folgenden werden die Textpassagen aus der achten Auflage von 1890 zitiert.
[150] Diese Namen sind der deutschen Übersetzung von 1872 entnommen worden.
[151] Antezedenzen sind Gründe und Ursachen. Sie stellen die Prämissen eines Schlusses, im Gegensatz zu Konsequenzen, dar.

Infokasten 5-1: Vollbeschäftigung (Konkordanzmethode)

Es existieren vier unterschiedliche Gesellschaften mit dem gleichen Merkmal Vollbeschäftigung (V+). Die erste Gesellschaft ist gekennzeichnet durch eine sozialdemokratische Regierung (S+), ausgeprägte Auslandsabhängigkeit (A+), schwache Gewerkschaften (G-) und hohe Bildung (B+); die zweite Gesellschaft besitzt eine sozialdemokratische Regierung (S+), ausgeprägte Auslandsabhängigkeit (A+), starke Gewerkschaften (G+) und niedrige Bildung (B-); in einer dritten Gesellschaft wird eine sozialdemokratische Regierung (S+), wenig ausgeprägte Auslandsabhängigkeit (A-), ein niedriger Gewerkschaftsgrad (G-) und ein niedriges Bildungsniveau (B-) identifiziert; und schließlich finden wir eine vierte Gesellschaft vor, in der eine sozialdemokratische Regierung (S+), ausgeprägte Auslandsabhängigkeit (A+), hoher Gewerkschaftsgrad (G+) und hoher Bildungsgrad (B+) existieren. Daraus ergibt sich, dass nur eine sozialdemokratische Regierung im positiven Zusammenhang mit Vollbeschäftigung steht. Alle anderen Variablen haben keinen eindeutigen Einfluss auf Vollbeschäftigung und können als Kausalfaktoren eliminiert werden.

Allgemeine Unterschiede			entscheidende Übereinstimmung	
A	G	B	S	V
+	+	+	+	+
+	+	-	+	+
+	-	-	+	+
-	-	-	+	+
+	-	+	+	+

Die entscheidende Übereinstimmung (Konkordanz) besteht zwischen S und V. Daraus folgt also, dass S eine Ursache für V ist und somit A, G und B als Erklärung ausscheiden.

2. Differenzmethode (*Method of Difference*): Wenn ein Phänomen (abhängige Variable) in einem Paarvergleich einmal auftritt und einmal nicht auftritt und die Bedingungen, unter denen dies geschieht (unabhängige Variablen), jeweils die gleichen sind, bis auf eine Variable, die sich in beiden Fällen unterscheidet, so ist die unabhängige Variable, die mit der abhängigen Variable variiert (kovariiert), die Ursache oder ein unerlässlicher Teil der Ursache der abhängigen Variable. In Mills Worten:

> "If an instance in which the phenomenon under investigation occurs, and an instance in which it does not occur, have every circumstance in common save one, that one occurring only in the former; the circumstances in which alone the two instances differ, is the effect, or the cause, or an indispensable part of the cause, of the phenomenon." (Mill 1890: 280)

A, B, C	$\Rightarrow$	a, b, c
B, C	$\Rightarrow$	b, c

A ist die Ursache oder eine Bedingung für das Auftreten von a. B und C können als erklärende Faktoren für a ausgeschlossen werden.

Infokasten 5-2: Vollbeschäftigung (Differenzmethode)

Im Beispiel der Vollbeschäftigung wird deutlich, dass die sozialdemokratische Regierung mit der Vollbeschäftigung variiert (wenn S dann V, wenn nicht S dann nicht V).

Allgemeine Übereinstimmung		entscheidender Unterschied	
A	G	S	V
+	+	+	+
+	+	-	-

Dies bedeutet: nur S kovariiert mit V (wenn S dann V; wenn nicht S dann nicht V). A und G können als Erklärungsfaktoren ausgeschlossen werden.

Sowohl Konkordanz- als auch Differenzmethoden sind Methoden der Eliminierung. Die Konkordanzmethode beruht auf der Logik, dass alles, was mit der Erscheinung der abhängigen Variable nicht auch in Erscheinung tritt, als Ursache für diese ausgeschlossen werden kann. Der Differenzmethode liegt die Logik zugrunde, dass alles, was nicht mit der abhängigen Variable kovariiert (tritt auf – tritt auf; tritt nicht auf – tritt nicht auf), eliminiert werden kann. Mill betont, dass die Differenzmethode eine experimentelle Methode ist, da sie auf „künstliche" Eingriffe (Versuch) angewiesen ist und die einzige Methode sei, „... that we can ever, in the way of direct experience, arrive with certainty at causes." (Mill 1890: 282). Dagegen ist die Konkordanzmethode ein Hilfsverfahren, bei der keine Experimente durchgeführt werden können, beziehungsweise die Voraussetzung für die Differenzmethode nicht vorhanden ist.

Die Konkordanzmethode kann aber bei doppelter Anwendung ihre Analysekraft erhöhen[152] und für den systematischen Vergleich in den Sozialwissenschaften von großem Nutzen sein. Mill nannte die doppelte Anwendung der Konkordanzmethode indirekte Differenzmethode.

3. Indirekte Differenzmethode (*Indirect Method of Difference* oder *Joint Method of Agreement and Difference*): Die indirekte Differenzmethode oder die verbundene Übereinstimmungs- und Differenzmethode, wie Mill sie auch nannte, besteht aus einer doppelten Anwendung der Konkordanzmethode, in der für einige Fälle das Ereignis zutrifft, für andere Fälle jedoch nicht. Diese Methode lässt sich durch den dritten Millschen Kanon wiedergeben:

> "If two or more instances in which the phenomenon occurs have only one circumstance in common, while two or more instances in which it does not occur have nothing in common save the absence of that circumstance, the circumstance in which alone the two sets of instances differ, is the effect, or the cause, or an indispensable part of the cause, of the phenomenon." (Mill 1890: 284)

Im Lichte dieser Strategie würden also zunächst Fälle identifiziert werden, in denen Vollbeschäftigung existiert, und dann untersucht werden, ob diese Fälle übereinstimmen, indem sie eine sozialdemokratische Regierung besitzen. Wenn dies der Fall sein sollte, werden

[152] Allerdings bleibt sie der Differenzmethode auch dann unterlegen (Mill 1890: 284).

Gesellschaften betrachtet, in denen keine Vollbeschäftigung vorhanden ist. Diese werden dahingehend überprüft, dass sie *keine* sozialdemokratische Regierung besitzen. Faktisch wird die Abwesenheit und Präsenz von Vollbeschäftigung mit der Abwesenheit und Präsenz einer sozialdemokratischen Regierung kreuztabelliert. Wenn alle Fälle in die Präsenz /Präsenz- oder Abwesenheit/Abwesenheit-Zellen einer 2 x 2 Matrix fallen, dann ist das Argument, dass sozialdemokratische Regierungen Vollbeschäftigung bedingen, bestätigt.

Im nächsten Schritt werden weitere unabhängige Variablen sukzessiv paarvergleichend mit der abhängigen Variable kreuztabelliert. Schlussendlich werden dann alle Variablen ausgeschlossen, die nicht mit der abhängigen Variable kovariieren.

Die indirekte Differenzmethode umfasst also drei unterschiedliche Phasen (Ragin 1987: 40): zwei Anwendungen der Konkordanzmethode (einmal beim Eintreten des Ereignisses und einmal bei dessen Ausbleiben) und eine dritte Phase, durch die die unterschiedlichen Einzelerklärungseffekte durch paarweisen Vergleich reduziert werden. Mill stellt außerdem die Variationsmethode vor, die für eine differenzierte Erfassung von Kausalität äußerst hilfreich ist und als Vorläufer der statistischen Methode gelten kann (George/ Bennett 2005: 154).

4. Die Variationsmethode oder Methode der Begleiterscheinungsvariation (*Method of Concomitant Variation*): Neben der Restmethode (*Method of Residues*), die in unserem Kontext weniger wichtig ist,[153] beschreibt Mill noch die Methode der Begleiterscheinungsvariation oder Variationsmethode. Diese besagt, dass, wenn zwei Variablen in gleicher Weise variieren, diese Variablen in irgendeiner Weise verbunden sind, sei es kausal oder durch andere Art und Weise (etwa durch eine dritte Variable).

> "Whatever phenomenon varies in any manner whenever another phenomenon varies in the same particular manner, is either a cause or an effect of that phenomenon, or is connected with it through some fact of causation." (Mill 1890: 287)

Die Methode ist so angelegt, dass eben nicht nur absolute Variation beziehungsweise qualitative Merkmale von entweder anwesend oder abwesend erfasst wird, sondern auch graduelle. In Kombination mit der Differenzmethode kann sie eingesetzt werden, um eine durch die Differenzmethode erzielte Lösung noch genauer zu erfassen. Wenn durch die Differenzmethode zunächst festgestellt wurde, dass ein gewisser Gegenstand eine gewisse Wirkung hervorbringt, kann mit der Methode der Begleiterscheinungsvariation ermittelt werden, nach welchem Gesetz die Größe der Varianz zwischen beiden Faktoren im Zusammenhang steht.

John Stuart Mill hat durch seine Kausalgesetze die Logik der vergleichenden Methode beschrieben, indem er die Interaktion (Kovarianz) zwischen unabhängigen und abhängigen Variablen betont. Dabei beruhen seine Verfahren – mit Ausnahme der hier nicht näher besprochenen Restmethode – auf einer induktiven Vorgehensweise, die sicherlich ihre Grenzen besitzt.[154] Dies erkannte schon Mill, der seine Methoden als ein Element im Konzert der empirischen Methoden betrachtete: "These, then, with the assistance as can be

---

[153] In Mills Worten (Kanon 4) lässt sich die Restmethode wie folgt erfassen: "Subtract from any phenomenon such part as is known by previous inductions to be the effect of a certain antecedents, and the residue of the phenomenon is the effect of the remaining antecedents." (Mill 1890: 285).

[154] Zu den klassischen Kritikern gehören etwa Durkheim (1976) und Cohen/Nagel (1934: Kapitel 13).

obtained from Deduction, compose the available resources of the human mind for ascertaining the laws of the succession of phenomena." (Mill 1890: 291)

Mills methodologische Darlegung erfüllt wichtige illustrative Zwecke, ist jedoch nur in äußerst einfachen Forschungszusammenhängen in den modernen Sozialwissenschaften anwendbar (Bennett 2004: 32; George/Bennett 2005: 153-160). Denn, wie Stanley Lieberson (1992) deutlich macht, Mills Methoden versagen, wenn wir mit multikausalen probabilistischen Aussagen konfrontiert werden, die im Bereich der Politikwissenschaft jedoch häufig anzutreffen sind. Selten haben wir es mit deterministischen Zusammenhängen zu tun: nur ein Teil der Arbeitnehmer wählt Arbeiterparteien, nicht alle. Und sozialwissenschaftliche Hypothesen sind bestätigt, wenn ein signifikanter Anteil der Arbeiter von diesem Zusammenhang nicht abweicht. Auch sind fast alle politikwissenschaftlichen Phänomene von vielen verschiedenen Faktoren abhängig. Darüber hinaus baut Mills Logik auf einer (willkürlichen) Betrachtung einer geringen Anzahl von Fällen auf. Die Anforderung an die Fallauswahl basiert darauf, dass wir Fälle benötigen, die hinsichtlich der Variablenkombination entsprechend variieren. Sicherheit kann nur bestehen, wenn alle verfügbaren Kombinationen auch tatsächlich empirisch auftreten (in unserem Beispiel zur Konkordanzmethode fehlen noch zwei). Lieberson (1992: 114) kritisiert Mills Methode wie folgt:

> "... obviously the small-N application of Mill's method cannot be causally used with all macrosocietal data sets. The method requires very strong assumptions: a deterministic set of force; the existence of only one cause; the absence of interaction effects; confidence that all possible causes are measured; the absence of measurement errors; and the assumption that the same 'clean' pattern would occur if data were obtained for all cases in the universe of relevant cases."

Mills Überlegungen zur induktiven Erfassung von Kausalität durch Methoden des Vergleichs fließen jedoch auch in die modernen Sozialwissenschaften ein. Dabei werden die deterministischen Ausprägungen in Mills Methoden (mit Ausnahme der Methode der Begleiterscheinungsvariation) durch probabilistische Ausprägung und moderne statistische Verfahren ersetzt. Damit rückt die graduelle Varianz von Ausprägungen in den Mittelpunkt des Interesses. Auch Mills Vorschlag der systematischen Eliminierung von nicht relevanten Bedingungen wurde in viele moderne Forschungsdesigns aufgenommen. Insbesondere die an Mills Methoden orientierte Fallauswahl wird für verschiedene vergleichende Strategien genutzt, die in den Kapiteln 12 und 14 näher beschrieben werden. Schließlich muss auch beachtet werden, dass Mill die technischen Aspekte des Vergleichs theorielos betrachtet hat. Er selbst hat darauf hingewiesen, dass die Deduktion als zusätzliches Instrument benutzt werden muss, um zuverlässige Aussagen treffen zu können. Und Deduktion, also das Schließen vom Allgemeinen auf das Besondere, nimmt in der modernen Sozialwissenschaft die Form von theoriegeleiteter Forschung an. Theorien stellen die Axiome,[155] die eine empirische Arbeit leiten. Mit diesen Anmerkungen können wir auf Mills Überlegungen aufbauen und die fundamentale Maxime für vergleichende Analysen mit dem folgenden Leitsatz aus dem Lehrbuch von Guy Peters (1998: 30) zusammenfassen:

[155] Ein Axiom (griechisch: *axioma* = Geltung, Forderung) stellt wissenschaftstheoretisch einen Grundsatz für andere Sätze auf, der in der gegebenen Untersuchung selbst nicht in Frage gestellt wird.

Maximiere die experimentelle Varianz, minimiere die Fehlervarianz und kontrolliere die externe Varianz.

Die *experimentelle Varianz* besteht aus der beobachtbaren, systematischen Varianz der abhängigen Variable, die als Resultat des systematischen Einflusses der in die Analyse einbezogenen unabhängigen Variablen gewertet werden kann.

Ein wesentliches Kriterium für die vergleichende Analyse ist die Forderung, dass die abhängige Variable in den untersuchten Fällen unterschiedliche Werte annehmen kann (Geddes 1990: 132-133; King u.a. 1994: 129-134). Wenngleich Analysen existieren, die dieses Kriterium missachten, wie etwa Bovas (1991) Untersuchungen über Demokratien, implizieren diese Untersuchungen eine Varianz, dass nicht-demokratische System sich von demokratischen in ihren Ursachen unterscheiden. Solche Untersuchungen können z.B. die anspruchs- und voraussetzungsvolle Analyse von kontrafaktischen Gedankenspielen anwenden (Fearon 1991; Tetlock/Belkin 1996). Auch das Forschungsdesign des später genauer dargestellten (Kapitel 8) *different systems with similar outcomes* Designs (DS-SO) stellt eine Forschungsstrategie dar, in der die abhängige „Variable"[156] konstant gehalten wird. Jedoch bedeutet dies oftmals nicht, dass die abhängige Variable konstant ist, sondern nur, dass die abhängige Variable in einer ihrer möglichen Ausprägungen untersucht wird. Untersuchungen ohne Varianz auf der abhängigen Variablen können allerdings unter explorativen Gesichtspunkten sinnvoll sein (Collier/Mahoney 1996: 74).[157] Im Allgemeinen sollte in einer vergleichenden Analyse die abhängige Variable explizit in ihren Ausprägungen variieren. Denn ohne Varianz auf der abhängigen Variablen kann keine Kovarianz mit unabhängigen Variablen entstehen. Das Gleiche gilt übrigens auch umgekehrt, dass nämlich die unabhängigen Variablen Varianz besitzen müssen (King u.a. 1994: 146). Das bedeutet, wenn wir das Besondere von Demokratie gegenüber anderen Regierungsformen erfassen wollen, müssen wir auch nicht-demokratische Systeme in die Untersuchung aufnehmen. Wenn uns nur die Unterschiede innerhalb demokratischer Systeme interessieren, können wir uns in unserem Untersuchungsdesign auf Demokratien beschränken. Darüber hinaus sollen sich die Variablen möglichst deutlich voneinander unterscheiden (*maximiere* die experimentelle Varianz), um die Effekte erkennbar erfassen zu können. Auf weitere Probleme bezüglich der Fallauswahl, mit der wir unter anderem in der Lage sind, die experimentelle Varianz zu bestimmen und die externe Varianz zu kontrollieren, wird in Kapitel 8 noch ausführlich eingegangen.

Die *Fehlervarianz* ist ein Resultat von zufälligen Ereignissen und Fehlern bei der Erfassung der Ausprägung von Variablen. Darunter fallen alle Aspekte, die durch die unsystematischen Komponenten eines Konzepts in die Untersuchung eingeflossen sind. Neben trivialen Fehlern wie falsche Dateneingabe, Missverständnisse im Interview, Fehler bei der Informationssammlung etc. können auch systematische Fehler zur Fehlinterpretation führen. Diese Art von systematischen Fehlern ist gravierender, da sie zu systematischen Ver-

---

[156] Genau genommen sollte man dann von einer Konstanten sprechen, da eine Variable *per definitionem* variieren muss. Von einer Variablen in diesem Zusammenhang zu sprechen, macht nur Sinn, wenn das Phänomen außerhalb der Untersuchung auch andere Werte annehmen kann.

[157] Etwa können notwendige Ursachen, die mit der abhängigen Variable zusammen auftreten, identifiziert werden (Collier 1995; Dion 1998; Goertz/Starr 2003: 30), oder solche Studien können als heuristische Vorstudien für potenzielle Zusammenhänge und Kausalpfade genutzt werden, die dann in der weiteren Untersuchung anhand anderer Fälle getestet werden (Bennett 2004: 40). Auf jeden Fall sollten Studien mit einer konstanten abhängigen „Variable" diesen Aspekt ausführlich reflektieren.

zerrungen und damit Fehlinterpretationen führt. In unseren obigen Beispielen wäre zu hinterfragen, ab wann etwa der Gewerkschaftsgrad als hoch oder niedrig eingestuft werden kann. Würde dieses Kriterium zu anderen Kategorisierungen führen, könnte das Ergebnis durchaus darin bestehen, dass ein „hoher" Gewerkschaftsgrad und sozialdemokratische Regierungen in Vollbeschäftigung resultieren. In der qualitativen Forschung beispielsweise kann die Fehlervarianz durch Fehlinterpretationen von Verhaltensweisen in fremden kulturellen Rahmenbedingungen verursacht sein.

Für die vergleichende Analyse ist die Kontrolle der *externen Varianz* noch wichtiger als die Fehlervarianz, da diese eher zu systematischen als zufälligen Fehlinterpretation führt. Ein Fall der externen Varianz tritt beispielsweise dann auf, wenn die Varianz der abhängigen Variable nicht durch die untersuchten unabhängigen Variablen erklärt werden, sondern durch einen nicht in die Untersuchung aufgenommen Faktor. Z.B. könnte festgestellt werden, dass demokratische Staaten mehr Mittel für wohlfahrtsstaatliche Leistungen ausgeben als nicht-demokratische. Diese Kausalbeziehung kann jedoch dadurch unterlaufen werden, dass der Reichtum einer Nation wesentlich mit dem Demokratisierungsgrad und der wohlfahrtsstaatlichen Leistung zusammenhängt. Dies würde bedeuten, dass reiche Nationen eher Demokratien sind und eher wohlfahrtsstaatliche Leistungen bereitstellen. Wenn in der entsprechenden Untersuchung Wohlstand der Nation nicht berücksichtigt wird, kann die Schlussfolgerung, dass der Demokratisierungsgrad für wohlfahrtstaatliche Leistungen verantwortlich ist, nur einen Teil der Varianz erklären oder sogar gänzlich falsch sein. Dieser Fehlschluss, der aus der Nichtberücksichtigung einer wesentlichen Variable besteht, wird *omitted variable bias* genannt.

Das Problem der externen Varianz, also die Nicht-Aufnahme aller relevanten Erklärungsfaktoren (unabhängige Variablen), kann nur durch das Zusammenspiel von Theorie und Empirie gelöst werden. Wie die meisten Methoden ist auch die vergleichende Methode von pre-existenten Relevanzkriterien abhängig, die durch analytische Konzepte, Thesen und Theorien vorgegeben werden. Diese können von der Methode getestet, von dieser selbst aber nicht entdeckt werden (Faure 1994: 313). Allerdings können durch empirische Analysen etablierte Konzepte, Thesen und Theorien ausgefeilt, verändert und gar falsifiziert werden.

Andere Möglichkeiten, die externe Varianz zu minimieren, können im Forschungsdesign angelegt werden, etwa durch die Analyse von Zeitreihen oder die Untersuchung ähnlicher Fälle. So bietet beispielsweise eine Untersuchung auf der subnationalen Ebene, etwa der Vergleich der Bundesländer, eine Möglichkeit, viele Aspekte – unter anderem politische Kultur, Sprache, Verständnis von Begriffen – auszublenden, da diese konstant sind. Diese Logik wird im *most similar systems design* angewandt (siehe Kapitel 8). Durch dieses Vorgehen reduziert sich die Zahl der zu berücksichtigenden Variablen. Allerdings kann sich die Forscherin bei einer intra-national-vergleichenden Untersuchung auch in einer trügerischen Sicherheit wähnen und Unterschiede auf der subnationalen Ebene übersehen. Die enormen Unterschiede zwischen Nord- und Süditalien mögen hier exemplarisch genannt werden (Putnam 1993).

3 Die vergleichende Methode im Kontext zu anderen wissenschaftlichen Methoden

Die vergleichende Methode gehört in die Gruppe von *wissenschaftlichen Methoden*. Das bedeutet, dass die Wissensaufnahme an bestimmten Kriterien orientiert ist (Manheim u.a. 2002; Johnson/Reynolds 2005: 27-40; Danziger 2005: 8-22). Andere Wege, sich Wissen anzueignen, bestehen etwa in dem Glauben an Mythen, Intuitionen und Religionen oder in dem Bezug auf den „gesunden Menschenverstand" (*common sense*), oder unsystematischen Beobachtungen und Erfahrungen (Zeitungslesen). Bei all diesen Formen von Wissensaneignung ist es schwer zu entscheiden, wie unterschiedliche Auffassungen von Realität unter Rückgriff der genannten Kriterien entschieden werden sollen. Die sozialwissenschaftlichen Methoden beinhalten dagegen objektive Kriterien, an denen die Wissensaneignung gemessen werden kann. Das heißt nicht, dass Uneinigkeiten zwischen verschiedenen Wissenschaftlerinnen in dieser Tradition nicht entstehen können, sondern nur, dass explizite Kriterien existieren, diese auszutragen. Die wesentlichen Kriterien sozialwissenschaftlichen Arbeitens sind:

- Sozialwissenschaftliches Aneignen von Wissen besteht in der *empirischen Verifikation*. Das bedeutet, dass Aussagen durch objektive Beobachtung als wahr gelten. Wenngleich dieses Kriterium niemals für ewig gelten kann, so soll es zumindest für eine bestimmte Zeit Gültigkeit besitzen, bis etwa die Aussage als falsch (falsifiziert) identifiziert wird. Empirisch bedeutet dies, dass das Wissen auf Beobachtungen basiert.
- Sozialwissenschaftliches Arbeiten beruht auf *überprüfbaren Aussagen*. Dieses Kriterium verlangt, dass Andere die Ergebnisse rekonstruieren und überprüfen können. Um dieses Kriterium zu erfüllen, müssen sozialwissenschaftliche Arbeiten die Arbeitsschritte, Informationsquellen und Analyseverfahren offen legen.
- Sozialwissenschaftliche Erklärungen basieren auf beobachtbaren Regelmäßigkeiten, die über den untersuchten Fall hinaus Gültigkeit besitzen sollen. Dieses Kriterium der *empirischen Generalisierung* macht es möglich, dass Wissen kumulativ innerhalb einer *scientific community* weiterentwickelt werden kann.
- Sozialwissenschaftliches Vorgehen ist *nicht normativ*. Normativ bedeutet, dass Wissen bewertend, wertgeladen oder mit Anleitung, wie etwas zu sein hat, assoziiert ist. Sozialwissenschaftliches Arbeiten erklärt Zusammenhänge und stellt die Konsequenzen dieser Zusammenhänge dar, es bewertet diese jedoch nicht. Wenngleich der Forschungsprozess nicht wertfrei ablaufen kann, denn schon allein die Entscheidung für eine Forschungsfrage hängt von Werteinstellungen ab, so sollen Werteinstellungen nicht den Forschungsprozess leiten und möglichst wenig Einfluss auf ihn nehmen.

Die Politikwissenschaft ist keine Disziplin, die sozialwissenschaftliche Methoden in allen Bereichen anwendet. Vor allem im Teilgebiet der „Politischen Theorie" werden Methoden „... of rationality or authority or an appeal to moral truths, rather than on the scientific method" häufig angewendet (Danziger 2005: 17). Auch ist zu fragen, in wie weit die Politikwissenschaft selbst als eine ausgereifte Wissenschaft gelten kann. Thomas Kuhn (1976) bezeichnet eine ausgereifte Wissenschaft als solche, die mit zentralen gemeinsamen (a) Konzepten, (b) Theorien, (c) Interpretationsregeln und (d) Themen arbeitet. In allen diesen Bereichen besteht in der Politikwissenschaft keine Einigkeit, so dass Mattei Dogan (2001) der Politikwissenschaft lediglich einen vorwissenschaftlichen Status zubilligt.

Die vergleichende Politikwissenschaft besitzt jedoch in einem besonderen Maße die Fähigkeit, sozialwissenschaftlich vorzugehen. Um das Ziel sozialwissenschaftlichen Arbeitens zu erreichen, existieren verschiedene wissenschaftliche Methoden, auf die bereits in der Einleitung kurz hingewiesen wurde. Arend Lijphart (1971; 1975), Neil Smelser (1976) und David Collier (1991; 1993) fassen unter wissenschaftlichen Methoden das Experiment, die statistische Methode und die vergleichende Methode. Die Fallstudie wird noch unter gewissen Umständen als weitere Methode mit wissenschaftlichen Potenzialen aufgenommen. Dabei erfüllt das Experiment die wissenschaftlichen Ansprüche am deutlichsten, gefolgt von der statistischen und der vergleichenden Methode und schließlich der Fallstudie. Arend Lijphart stellt die unterschiedlichen wissenschaftlichen Methoden wie folgt graphisch dar:

Abbildung 5-1: Typologie wissenschaftlicher Methoden nach Lijphart

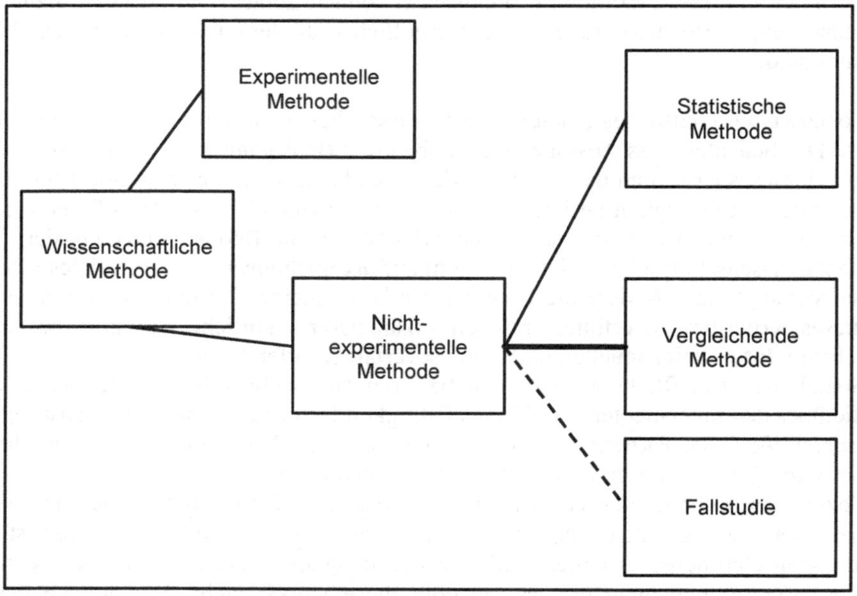

Quelle: Auszug aus Lijphart (1975: 162) mit eigenen Veränderungen

In einem kontrollierten Experiment wird bewusst *eine* unabhängige Variable verändert, die in einer Kontrollgruppe oder in einem vorhergehenden Experiment konstant gehalten wurde. Eine solche experimentelle Versuchsanordnung entspricht in vergleichender Perspektive der Differenzmethode John Stuart Mills. Die experimentelle Varianz unterliegt damit der Kontrolle der Forscherin. Bei der Durchführung eines Experiments wird eine Versuchssituation geschaffen, die sicherstellt, dass keine anderen Störfaktoren (externe Varianz) mit dem Versuchsablauf intervenieren können. Dies geschieht etwa durch eine Abschottung gegenüber der Umwelt, indem der Versuch in einem Labor durchgeführt wird. Zwar weist auch das Experiment noch Mängel auf, da die externe und die Fehlervarianz nicht völlig ausgeschlossen werden können – so sind selten zwei Versuchsgruppen identisch (externe Varianz) und die Laborsituation kann Verhalten manipulierenden Einfluss besitzen (Fehlervarianz) –, doch ist so die Versuchsanordnung wesentlich einfacher kontrollierbar als die Komplexität einer sozialen Umwelt. Allerdings kann diese Art der Forschung in der Politikwissenschaft aus ethischen oder praktischen Gründen nur sehr selten angewandt werden (als Überblick siehe McDermott 2002; Green/Gerber 2002; Kraemer/Schneider 2003).

Die statistische Methode „schafft" eine „Versuchsanordnung", indem die Variablen durch gesonderte Auswertungen untersucht werden. Während also beim Experiment eine Variable kontrolliert durch die Forscherin verändert wird – z.B. werden für eine Untersuchung der Wahlpräferenz einer Versuchsgruppe Wahlinformationen einer Partei zu Sachthemen vorgelegt, einer anderen nicht –, werden in der statistischen Methode die Befragten (oder auch andere Einheiten) in Subgruppen eingeteilt. Vermutet man beispielsweise einen Zusammenhang zwischen Bildungsstand und Wahlverhalten, so werden die Befragten statistisch (nicht faktisch) in eine Gruppe mit hoher Bildung und eine mit niedriger Bildung eingeteilt. Unterscheiden sich die Wahlabsichten – erhält beispielsweise die Grüne Partei im ersten Fall drei Prozent, im zweiten Fall 15 Prozent – kann davon ausgegangen werden, dass Bildung einen Einfluss auf die Wahlentscheidung für grüne Parteien hat. Die technischen Kriterien, um diesen Zusammenhang einschätzen zu können, sind die partielle Korrelation und die Signifikanz bzw. Streuung (t-Werte), die Aussagen darüber treffen, dass die Unterschiede zwischen den beiden Subgruppen groß genug sind, um von einem Zusammenhang in der Gesamtbevölkerung ausgehen zu können. Das bedeutet, dass die Ergebnisse einer Stichprobe, in der ein Zusammenhang gefunden worden ist, auch für die Population (Gruppe, auf die der Zusammenhang zutreffen soll, auch Grundgesamtheit oder Universum genannt) zutreffen.

In der vergleichenden Politikwissenschaft stehen oftmals Länder, Parteien, Wahlen oder andere Einheiten im Mittelpunkt des Interesses, die maximal etwa 200 bis 500 Fälle umfassen. Meistens ist die Fallzahl aber viel geringer. Arend Lijphart (1971: 684) grenzt deshalb die statistische und die vergleichende Methode nur dadurch von einander ab, dass die Fallzahl der vergleichenden Methode zu gering ist, um (wahrscheinlichkeits-)statistische Verfahren durchzuführen. Auch könnte man noch anführen, dass es wenig Sinn macht, aus den 200 Ländern der Erde eine Stichprobe zu ziehen. Denn Länder sind heterogener als Individuen und eine Aussage auf Grundlage von 50 Ländern, bei der die USA nicht berücksichtigt wird, könnte problematisch werden.

Dies führt uns zu einem weiteren Kriterium, welches die statistische von der vergleichenden Methode unterscheidet und welches hier als das wesentliche betrachtet wird: *die Fallauswahl.* Während bei der statistischen Methode die Fälle nach dem Zufallsprinzip ausgewählt werden, wird die Fallauswahl bei der vergleichenden Methode bewusst getroffen. Deshalb nimmt die Fallauswahl in der vergleichenden Politikwissenschaft eine herausragende Bedeutung ein (siehe Kapitel 8).

Diese Unterscheidungskriterien verdeutlichen, dass die Terminologie statistische versus vergleichende Methode irreführend ist, weil auch die vergleichende Methode ebenso wie das Experiment statistische Auswertungsverfahren anwendet (Tufte 1974). So betrachtet z.B. Neil Smelser (1976: 158) die vergleichende und statistische Methode als identisch hinsichtlich ihrer vergleichenden Logik (das Aufspüren von Kovarianz). Da die vergleichende Methode jedoch nicht auf eine Grundgesamtheit zurück schließt, sondern nur Aussagen über die ausgewählten Fälle trifft, braucht sie streng genommen keine Signifikanztests. Diese können dann lediglich als Gütekriterien für die Stärke eines Zusammenhangs herangezogen werden (Wagschal 1999b: 223).

Die Fallstudie unterscheidet sich am deutlichsten von den anderen Methoden, weil sie nicht nomothetisch, sondern vornehmlich idiographisch orientiert ist. Im Mittelpunkt von Fallstudien steht das intensive Verstehen des Falles. Durch die Erfassung eines Prozesses wird versucht, die abhängige Variable zu erklären. Im Gegensatz zur atomisierten Betrachtungsweise der variablenorientierten Forschung stehen hier Konfigurationen – also das Zusammenspiel von unabhängigen Variablen – im Vordergrund. Allerdings existieren verschiedene Variationen von Fallstudien und unter gewissen Aspekten können Fallstudien stärker nomothetisch orientiert sein (siehe Kapitel 11).

Die Fallstudie gehört stärker in den Bereich der vergleichenden Politikwissenschaft, wenn mehrere Fälle verglichen werden. Wahrscheinlich ist die vergleichende Fallstudie die am häufigsten genutzte Forschungsstrategie in der vergleichenden Politikwissenschaft. Allerdings werden vergleichende Fallstudien oftmals ohne ausreichende methodologische Reflexion durchgeführt und sind somit wenig aussagekräftig. Überhaupt wenden nur die wenigsten vergleichenden Fallstudien die vergleichende Methode an, sondern stellen lediglich Vergleiche an. Viele vergleichende Fallstudien bauen auf der idiographischen Forschungslogik auf, um dann allerdings nomothetische Aussagen zu treffen. Ein wesentliches Problem von vergleichenden Fallstudien besteht in der engen Begrenzung der Generalisierbarkeit der Ergebnisse. Die Reichweite der Aussagen kann erhöht werden, indem viel Mühe auf die Fallauswahl verwendet wird, sie bleibt aber dennoch stärker eingegrenzt als in Studien, die viele Fälle in die Analyse aufnehmen. Auf diesen Aspekt wird im weiteren Verlauf noch näher eingegangen werden (Kapitel 8, 11, 12 und 14).

In der folgenden Tabelle werden die unterschiedlichen Methoden hinsichtlich ihrer wissenschaftstheoretischen Logik, ihrer Vor- und Nachteile sowie ihrer verschiedenen Strategien zusammengefasst.

Tabelle 5-3 zeigt anschaulich, dass sich die vergleichende Methode zwischen der Fallstudie und der statistischen Methode bewegt. Von der Fallstudie hat die vergleichende Methode vor allem die bewusste Auswahl der Fälle übernommen. Diese lassen sich anhand verschiedener Strategien klassifizieren (Kapitel 8). Somit hat für alle Formen der vergleichenden Methode die bewusste Fallauswahl entscheidende Bedeutung für die Ergebnisse der Untersuchung. Muss in Fallstudien die Frage „wofür ist der Fall ein Fall" beantwortet werden, wird diese Frage für die vergleichende Methode noch komplexer. Da mehrere Fälle untersucht und verglichen werden, ergeben sich mehrere Fragen. Ausgehend von der Forschungsfrage ist zu bestimmen, was als *Grundgesamtheit* zu betrachten ist. Etwa könnte die Fragestellung lauten, in wie weit sozialdemokratische Parteien einen Einfluss auf die Arbeitslosigkeit haben. Diese Frage kann sich sowohl innerhalb eines Landes über Zeit, etwa der Vergleich der Bundesländer (Schmidt 1980), oder zwischen verschiedenen Staaten (und über Zeit) ergeben (Allan/Scruggs 2004). Des Weiteren könnte das Interesse, diese Forschungsfrage zu bearbeiten, über Industrieländer oder Demokratien ausgedehnt werden (Collier 1999). Innerhalb dieses Rahmens ist dann zu bestimmen, welche Fälle aus der Grundgesamtheit ausgewählt werden sollen, um die Forschungsfrage zu behandeln. Es ist also zunächst nach den möglichen Bedingungsursachen zu fragen, die einen Einfluss sozialdemokratischer Parteien auf Arbeitslosigkeit besitzen (etwa Regierungsbeteiligung, Regierungsform, gesellschaftlicher Entwicklungsgrad etc.).

Tabelle 5-3: Forschungsstrategien im Vergleich

	Experiment	Statistische Methode	Vergleichende Methode	Fallstudie
Logik	nomothetisch Rivalisierende Erklärungen werden durch experimentelle Kontrolle eliminiert.	nomothetisch Bewertung von rivalisierenden Erklärungen durch statistische Kontrolle der Kovarianz (partielle Korrelation und statistische Signifikanz)	nomothetisch Bewertung von rivalisierenden Erklärungen durch die Erfassung von Kovarianz, bedingt durch die Fallauswahl	vorwiegend idiographisch; auch begrenzt nomothetisch Interpretation durch hermeneutische Verfahren
Reichweite	allgemein gültige Aussagen	Bezug auf eine definierte Grundgesamtheit	Bezug auf ausgewählte Fälle	Bezug auf einen Fall
Vorteil	hoher Grad der Generalisierbarkeit durch starke Kontrolle der Versuchssituation, d.h. Reduktion der externen und Fehlervarianz	hoher Grad der Generalisierbarkeit der Ergebnisse durch repräsentative Stichproben und hohe Fallzahlen	hoher Grad der Generalisierbarkeit der Ergebnisse für die ausgewählten Fälle	wenig Ressourcen; intensives „Verstehen" eines Falles
Nachteil	Die experimentelle Versuchs-anordnung ist für die meisten politikwissenschaftlichen Fragestellungen ungeeignet.	Die Fallzahl ist für die meisten politikwissenschaftlich relevanten Untersuchungen zu niedrig. Untersuchungsfälle (z.B. Länder) sind zu heterogen um Zufallsauswahlen durchzuführen.	unterdeterminiert: zu viele Variablen – zu wenig Fälle	kaum generalisierbare Aussagen möglich, begrenzte Möglichkeit Theorien zu testen
Strategien	- Laborexperiment - Gruppenexperiment	inferenzstatistische Verfahren (schließen von der Stichprobe auf eine Grundgesamtheit)	- Konkordanzmethode - Differenzmethode - *most similar systems design* - *most different systems design* - *Similar systems with different outcomes* (SS-DO) - *Different systems with similar outcomes* (DS-SO)	- konfigurativ-idiographisch - theorieorientiert - heuristisch - sondierend - theoriebestätigend oder -widerlegend - Analyse abweichender Fälle

Daraus ergibt sich die Frage, *welche Fälle welche Kausalbeziehungen* belegen können. Dies wird umso komplizierter, je mehr Kombinationen entstehen können. Schließlich ist in diesem Zusammenhang die *Repräsentativität* der untersuchten Fälle zu berücksichtigen. Besitzen wir etwa für verschiedene Kausalbeziehungen die entsprechenden Fälle, so wissen wir noch nicht, ob manche Fälle nur für wenige, andere wiederum für viele *nicht* untersuchte Fälle stehen.

Von der statistischen Methode hat die vergleichende Methode ihre Konzentration auf nomothetische Aspekte übernommen. Dabei unterscheidet sich die statistische von der vergleichenden Methode nicht primär hinsichtlich der Anwendung von statistischen Verfahren. Auch in Untersuchungen der vergleichenden Methode werden – ebenso wie in manchen Fallstudien – Statistiken benutzt. Insofern ist die Unterscheidung zwischen vergleichender und statistischer Methode irreführend. Der wesentliche Punkt besteht darin, dass die statistische Methode wahrscheinlichkeitstheoretische Verfahren des Schließens von einer Stichprobe auf eine Grundgesamtheit benutzt, die auf Gesetzen des Zufalls beruht.[158] Nur diese Art der Statistik (Inferenzstatistik) ist der statistischen Methode eigen und unterscheidet sie von den anderen Methoden. Beschreibende (deskriptive) und erklärende (analytische) Statistik ist ein effizientes Analyseinstrumentarium, welches auch in allen anderen Forschungsstrategien angewendet werden kann und gerade für die vergleichende Methode einen hohen Stellenwert besitzt. Allerdings benötigen auch deskriptive und vor allem analytische statistische Verfahren eine große Fallzahl, was sie dem (inferenz-) statistischen Verfahren näher bringt. Ähnlich wie bei inferenzstatistischen Verfahren, wo Fälle zufällig ausgewählt werden und keine oder kaum Bedeutung besitzen, verschwimmt auch in manchen Untersuchungen, die die vergleichende Methode anwenden, bei hohen Fallzahlen die Bedeutung des Einzelfalles.[159] Das heißt aber nicht, dass der Einzelfall in Analysen der vergleichenden Methode zufällig in die Untersuchung aufgenommen werden kann und damit durch einen anderen Fall ersetzbar ist. In der vergleichenden Methode besitzt jeder Fall eine Bedeutung und muss dementsprechend interpretiert werden.

Um näher auf die verschiedenen Strategien der vergleichenden Methode eingehen zu können, müssen zunächst einige Grundbegriffe des Forschungsdesigns unter der Perspektive der Anwendung der vergleichenden Methode betrachtet werden. Das Forschungsdesign ist die entscheidende Größe für die Qualität einer vergleichenden Analyse und muss in jeder komparativen Untersuchung ausführlich reflektiert und dokumentiert werden.

---

[158] Zur Unterscheidung von verschiedenen Auffassungen von Statistik und deren politikwissenschaftliche Relevanz siehe Wagschal (1999b: Kapitel 2).

[159] Dieses Unbehagen, wenn die Eigenschaften der Fälle vollkommen außer Acht gelassen werden (Peters 1998: 208), hat in der vergleichenden Politikwissenschaft zu innovativen Analysetechniken geführt, die in Teil 4 vorgestellt werden sollen.

Kapitel 6: Grundbegriffe und Datenerhebung

1. Grundlegende Begriffe
2. Datenerhebungsverfahren

Wissenschaftliches Vorgehen baut auf einer Reihe von Begriffen auf, die der Strukturierung des Forschungsprozesses dienen. Ohne die Übertragung der empirischen Gegenstände auf diese Begriffe kann nicht wissenschaftlich systematisch gearbeitet werden. Wenngleich keine grundsätzlichen Unterschiede zwischen den Datenerhebungsverfahren in der vergleichenden Politikwissenschaft und den allgemeinen Datenerhebungsverfahren in den Sozialwissenschaften bestehen, so sind doch auch auf diesem Gebiet gewisse Schwerpunktlegungen und Besonderheiten erkennbar, die im zweiten Teil dieses Kapitels näher beleuchtet werden.

1 Grundlegende Begriffe

Das Hauptelement des Forschungsprozesses besteht in der Übertragung der Forschungsfrage in ein Modell von unabhängigen Variablen (A, B, C, D …), die die abhängige Variable (Y) erklären. In der einfachsten Form steht die Beziehung zwischen einer unabhängigen Variable (A) und einer abhängigen Variable (Y) im Mittelpunkt des Forschungsinteresses. Da zwei Variablen aufeinander bezogen werden, nennt man diese Zusammenhangsuntersuchung auch bivariate Analyse. Ihr Pendant ist die multivariate Analyse, bei der mehrere unabhängige Variablen in die Untersuchung einfließen. Doch selbst ein einfaches bivariates Modell ist bereits komplex, da die Konzepte A und Y nicht unmittelbar erfasst werden können, sondern lediglich über Indikatoren (a und y) erschlossen werden. Graphisch lässt sich dieser Sachverhalt wie folgt erfassen:

Abbildung 6-1: Eine einfache Forschungssituation

Quelle und Erklärung: Smelser (1976: 163) mit eigenen Modifikationen. Gestrichelte Linie bezeichnet Inferenzen; fette Linie beobachtbare Zusammenhänge.

Um etwas über die Beziehung zwischen A $\Rightarrow$ Y aussagen zu können, untersuchen wir die Beziehung zwischen a $\Rightarrow$ y, über die wir Daten erheben können. Wir schließen also von a auf A und von y auf Y, um durch die Beziehung a $\Rightarrow$ y Aussagen über die Beziehung A $\Rightarrow$

Y treffen zu können. Die beiden Ebenen machen unterschiedliche Argumentationssprachen erforderlich: eine theoretisch-analytische (A ⇒ Y) und eine empirisch-operationale Sprache (a ⇒ y) (Blalock 1968; Costner 1969/70), die voneinander unterscheidbar sein müssen (Adcock/Collier 2001: 533).

In der vergleichenden Politikwissenschaft verkompliziert sich dieser Zusammenhang dadurch, dass systematische Vergleiche zwischen verschiedenen Fällen oder Beobachtungen stattfinden. Für zwei Beobachtungen ergibt sich schon folgendes Bild:

Abbildung 6-2: Forschungssituation in der vergleichenden Politikwissenschaft

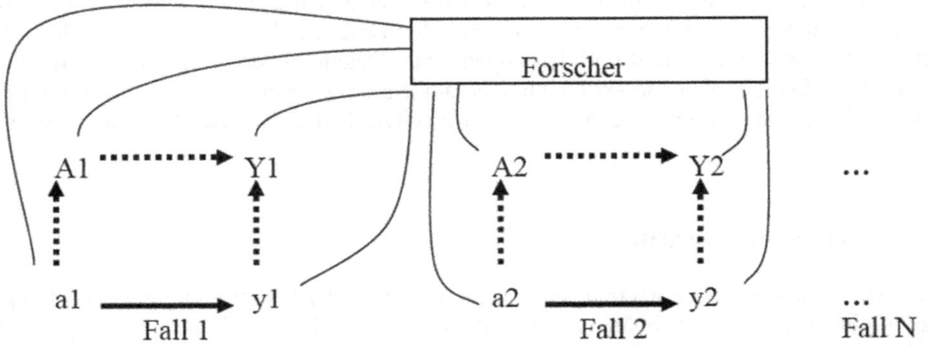

Quelle und Erklärung: Smelser (1976: 164) mit eigenen Modifikationen. Gestrichelte Linie bezeichnet Inferenzen; fette Linie beobachtbare Zusammenhänge. Dünne Linien bezeichnen Einflussnahme des Forschers auf die Vergleichbarkeit der Konzepte.

Neben dem bisher behandelten Inferenzproblem von a ⇒ y auf A ⇒ Y ergibt sich nun zusätzlich die Aufgabe, die konzeptionelle Ähnlichkeit zwischen A1/A2; Y1/Y2; a1/a2 und y1/y2 zu gewährleisten. Das analytische Konzept (A und Y) und seine Operationalisierung (a und y) müssen also die gleiche Bedeutung in Beobachtung (oder Fall) 1 und 2 besitzen. Die Komplexität der Forschungspraxis wird in der vergleichenden Politikwissenschaft erhöht, indem meistens nicht nur zwei, sondern mehrere Fälle betrachtet werden und auch oft nicht nur zwei, sondern mehrere Variablen untersucht werden. Um den Forschungsprozess zu strukturieren, spielen verschiedene Aspekte eine bedeutende Rolle.

a. Untersuchungsebenen

In der vergleichenden Politikwissenschaft erfordern die Untersuchungsebenen besondere Aufmerksamkeit, weil sich die Aussageebene (Analyseebene A ⇒ Y) häufig von der Datenerhebungsebene (Beobachtungsebene a ⇒ y) unterscheidet. Die Analyseebene (*level of analysis*) ist jener Bereich, auf den sich eine Untersuchung in ihren Hypothesen und Ergebnissen bezieht. Die Beobachtungsebene (*level of observation*) bezieht sich auf die Ebene auf der Informationen für die Untersuchung gewonnen werden.

Der Rückschluss von unterschiedlichen Beobachtungs- und Analyseebenen (*cross-level-analysis*) kann zu spezifischen Fehlschlüssen führen. Dieses Problem wird mit den

Begriffen *individualistischer* und *ökologischer Fehlschluss* erfasst. Robinson (1950) hat dies in seiner klassischen Studie anhand eines Beispiels verdeutlicht. In seiner Untersuchung stellte sich heraus, dass in Bezirken der USA (Aggregatebene) mit einem hohen Ausländeranteil die englische Lesefähigkeit besser war als in Bezirken mit weniger Ausländern. Daraus jedoch zu schließen, dass Ausländer (individuelle Ebene) besser die englische Sprache beherrschen als Einheimische wäre ein „ökologischer Fehlschluss". In der Untersuchung von Robinson ergab sich lediglich der Tatbestand, dass Immigranten es vorzogen, in solche Bezirke der USA zu ziehen, die eine höhere Lese- und Schreibfähigkeit im Englischen aufwiesen als andere, weil diese Bezirke wohlhabender waren und sich die Immigranten davon bessere Beschäftigungsmöglichkeiten versprachen. Für die *cross-level analysis* vom Aggregat auf die individuelle Ebene sind in den letzten Jahren statistische Lösungsvorschläge angeboten worden, die solche Untersuchungen beachten sollten (Achen/ Shively 1995; King 1997).

Eine weniger deutliche Version dieses Problems besteht darin, dass wir einen Fall oder ein Land als relativ homogen wahrnehmen. Dabei werden aber oft interne Unterschiede vernachlässigt. So haben die USA eine im Vergleich mit den entwickelten europäischen Staaten hohe Säuglingssterblichkeit. Disaggregieren wir diese Säuglingssterblichkeit in den USA jedoch für Weiße und Schwarze, zeigt sich, dass die Säuglingssterblichkeit unter Weißen dem europäischen Standard nahe kommt, die der Schwarzen jedoch auf dem Niveau von vielen Entwicklungsländern liegt.[160] Auf regionaler Ebene hat der Bundesstaat New Hampshire eine halb so hohe Säuglingssterblichkeitsrate wie der Staat Mississippi. Noch größer sind die regionalen Unterschiede in der Volksrepublik China, wenn man das Pro-Kopf-Einkommen betrachtet. Insgesamt gilt China mit einem Bruttoinlandsprodukt von 840 USD pro Kopf (3.920 USD kaufkraftbereinigt) im Jahre 2000 als armes Land (The World Bank 2002). In der Provinz Guizhou beträgt es jedoch nur etwas mehr als ein Drittel, während es in Beijing dreimal und in Shanghai viermal so hoch ist (National Bureau of Statistics of China 2004: 61-63). Der Umstand, dass nur das Land in seiner Gesamtheit mit anderen Ländern verglichen wird und nicht wesentliche Unterschiede innerhalb der Länder berücksichtigt werden, wird in der Literatur als der *whole nation bias* bezeichnet (Rokkan 1970: 49; Lijphart 1975: 166-169; Scheuch 1990: 28-29).

Auf der anderen Seite finden wir den *individualistischen Fehlschluss*, in dem Kollektiven die Eigenschaft von Individuen zugeschrieben wird. In diesem Fall wird fälschlicherweise von der individuellen Ebene auf eine größere Einheit (Aggregat), etwa Organisation oder Land, geschlossen. Man kann z.B. mit den beiden Indikatoren Religiosität und Wahlteilnahme feststellen, dass religiöse Menschen, die regelmäßig in die Kirche gehen, häufiger zur Wahl gehen als nicht-religiöse. Ein individualistischer Fehlschluss wäre nun daraus zu schließen, dass Länder mit höherer Religiosität eine höhere Wahlbeteiligung haben als säkularisierte Länder. Es liegt eine falsche Schlussfolgerung vor, welche vom Individualverhalten auf einen Zusammenhang auf der Aggregatebene schließt.

---

[160] Im Jahr 2000 betrug die Säuglingssterblichkeit unter Schwarzen in den USA 14,1 auf 1.000 Lebendgeborene, wobei besonders Arizona (22,8) und Kansas (20,5) herausstachen. Unter den Weißen lag diese Zahl bei 5,7 für die gesamte USA, wobei Oklahoma und Delaware mit 7,9 Promille die höchste Rate zu verzeichnen hatten. Der niedrigste Wert (4,0) ist bei Weißen in Massachusetts anzutreffen, bei Schwarzen (9,4) im Staat Washington (U.S. Census Bureau 2003: Tabelle 114). In weniger entwickelten Ländern – Panama (20,0), Paraguay (23,0), Samoa (22,0) und Tonga (20,0) (The World Bank 2002) – lag die Säuglingssterblichkeit auf dem Niveau der schwarzen Bevölkerung in den besonders schlecht abschneidenden Staaten.

Einige Politikwissenschaftler, wie z.B. Guy Peters (1998: 44-46), sind der Meinung, dass die berühmte *Civic Culture* Studie von Almond und Verba (1963) unter dem Problem des individualistischen Fehlschlusses leidet. Um die demokratische Verfestigung von politischen Systemen zu erfassen, wurden Bürger von fünf Staaten befragt, inwieweit sie das politische System unterstützen. Die Antworten wurden dann als Indiz dafür genommen, dass die Demokratie in den USA und Großbritannien gefestigter war als etwa in Westdeutschland, Mexiko und Italien. Ähnliche Fehlschlüsse werden oftmals in der Wahlforschung gezogen, indem man die zusammengefassten Daten der Wähler einer Partei als ein Charakteristikum der Partei selbst behandelt. Häufig wird die Position einer Partei auf der Links/Rechts-Achse durch die entsprechende Antwort der Wähler bestimmt, was natürlich wenig mit tatsächlichen Stellungsnahme, Programmen und Strategien der Parteiorganisation zu tun haben muss.[161]

Man sollte sich also bei der Interpretation von länderspezifischen Daten im Klaren darüber sein, auf welche Ebene sich die Aussagen beziehen und nicht allzu leichtfertig Ergebnisse von einer auf die andere Ebene übertragen.[162] Will man die programmatischen Positionen von politischen Parteien untersuchen, so sollten eher Parteiprogramme und -beschlüsse untersucht werden (Budge u.a. 1987; Klingemann u.a. 1994; Jahn/Henn 2000; Budge u.a. 2001; Volkens 2001) als Rückschlüsse von den Wählern auf die Parteien zu ziehen. Die aggregierten Einstellungen von Wählern können dabei allerdings wichtige Informationen über die Responsivität von Parteien geben, sie sind jedoch kein unmittelbarer Indikator für Parteipositionen selbst (Klingemann 1995; Stimson 1999). Zum Vergleich verschiedener Analysetechniken zur Ermittlung programmatischer Standpunkte von Parteien kann auf die Arbeiten von Michael McDonald und Silvia Mendes (2000) sowie von Peter Mair (2001) Bezug genommen werden. Jan Kleinnijenhuis und Paul Pennings (2000: 84) kommen in ihrem Vergleich der Messung von Parteipositionen zwischen Parteiprogrammen, Medienberichterstattung und Wählereinschätzung zu einem interaktiven Schluss: „Demnach scheinen Parteien die Medien zu beeinflussen, die wiederum Einfluss auf die Wähler ausüben. Umgekehrt spiegeln Parteiprogramme eindeutig Veränderungen in der öffentlichen Meinung wider."

b. Forschungsfrage

Die *Forschungsfrage* ist das wichtigste Element jedes Forschungsprozesses. Sie stellt eine übergeordnete These dar, die den Forschungsprozess leitet. Im angelsächsischen Sprachraum wird die Magister- oder Doktorarbeit als M.A.- oder Ph.D.-*Thesis* bezeichnet, was die Bedeutung einer zugespitzten Fragestellung deutlich macht. Während eine Untersuchung mehrere Hypothesen testen kann, behandelt sie grundsätzlich nur *eine* Forschungsfrage. Diese muss klar, kurz und präzise am Anfang einer Untersuchung formuliert werden. Durch die Forschungsfrage wird das Untersuchungsfeld definiert, das Thema von anderen Themen abgegrenzt und die Reichweite der Untersuchung bestimmt. Mit ihr wird das Erkenntnisinteresse festgelegt und der Fokus für die Untersuchung determiniert. Ohne Forschungsfrage bleibt der gesamte Forschungsprozess unbestimmt und beliebig. Bei ihrer Formulierung

---

[161] Allgemein siehe zum ökologischen Fehlschluss auch: Erwin Scheuch (1966). Zum problematischen Verhältnis von aggregierter Datenanalyse und Survey-Forschung siehe auch Linz (1969).

[162] Zur aktuellen Debatte siehe Seligson (2002); Inglehart/Welzel (2003); Welzel (2003).

sollten vor allem zwei Kriterien berücksichtigt werden: (a) Zum einen sollte das Thema eine gewisse Relevanz in der realen Welt besitzen. (b) Zum Zweiten sollte die Forschungsfrage an die fachwissenschaftliche Literatur anschließen. Denn nur durch den Bezug auf vorhandene Forschung im Feld einer Disziplin kann die neue Untersuchung innerhalb dieser Disziplin behandelt werden. Damit verbindet die Forschungsfrage das konkrete Forschungsvorhaben mit theoretisch-analytischen Aspekten einer Disziplin. Ist es nicht möglich, die Untersuchung an eine Fachdiskussion anzubinden, dann ist die Forschungsfrage mit dem gegenwärtigen Forschungsstand dieser Disziplin nicht zu behandeln. King u.a. (1994: 16-17) geben die folgenden exemplarischen Ratschläge zur Formulierung einer Forschungsfrage:

- Wähle eine Forschungsfrage, die in der Literatur als wichtig angesehen wird, für die bisher aber keine systematische Studie existiert.
- Wähle eine anerkannte Hypothese, von der vermutet wird, dass sie falsch ist oder inkorrekt bestätigt wurde.
- Versuche einen Aspekt einer wissenschaftlichen Kontroverse zu stärken oder demonstriere, dass die gesamte Kontroverse unnötig ist.
- Führe eine Forschung durch, die unbeantwortete Fragen beleuchtet oder beurteilt. Argumentiere, dass ein wichtiges Thema bisher in der Literatur übersehen wurde und führe dann eine systematische Studie zu diesem Thema durch.
- Demonstriere, dass eine Theorie oder Lösungsansätze, die für andere Forschungsbereiche entwickelt wurden, auch in bisher nicht behandelten Gebieten Lösungen anbieten können.

Ungeachtet der Art der Forschungsfrage ist es wichtig, dass die Forschungsfrage einen Zusammenhang, ein ungelöstes Problem oder ein soziales Phänomen behandelt, welches über die ausgewählten Fälle hinaus Relevanz besitzt. Der innovative Charakter ist in Hausarbeiten nicht von so großer Bedeutung wie in Doktorarbeiten, wissenschaftlichen Aufsätzen und Büchern. Allerdings bedeutet das nicht, dass sich Studierende keine Gedanken über die hier behandelten Aspekte machen müssen. Auch wenn in Hausarbeiten nicht der gesamte Forschungsstand zu einem Thema erfasst werden kann und muss, sollte man sich trotzdem bemühen, einen Ausschnitt des Forschungsstandes zu reflektieren und die betrachtete Fragestellung darin zu verorten.[163] Dabei stellen Replikationen von etablierten Studien einen guten Ausgangspunkt dar (King 1995). Aufbauend auf einer Replikation können dann neue Daten oder Fälle analysiert werden.

Ein schlechter Einstieg in eine Arbeit ist es, wenn man von einem Interesse an einem Fall motiviert wird. Solche Studien besitzen zumeist keinen besonderen theoretischen Wert (Mitchell/Bernauer 2004: 90; George/Bennett 2005: 83). Es ist dann oftmals auch ein müh-

---

[163] Die Forschungsfrage sollte auch motivierend sein (Geddes 2003: 28-35), denn ohne Involviertheit wird gerade bei langen Arbeiten nicht der notwendige Biss vorhanden sein, die Mühen bis zum Ende auch durchzustehen. Schon Max Weber hat auf diesen Aspekt hingewiesen: "Without this strange intoxication, ridiculed by every outsider; without this passion … you have *no* calling for science and you should do something else." (Geddes 2003: 30 zitiert Max Weber aus Gerth/Wright Mills 1958: 135). Allerdings sollte dieser Aspekt nicht überbetont werden. Eine starke Nähe zur Forschungsfrage kann auch dazu führen, dass normative Aspekte durch die persönliche Involviertheit in die Studie einfließen. Somit ist ein gewisser Abstand zur Untersuchung sicherlich aus forschungspragmatischen Gründen begrüßenswert.

samer Weg zu bestimmen, welche Fragestellung mit dem interessierenden Fall denn nun tatsächlich sinnvoll behandelt werden kann (siehe auch Kapitel 8).

c. Inferenz und Kausalität

Das wesentliche Element der empirischen Sozialforschung besteht aus einem Prozess, in dem wir mit Hilfe uns bekannter Fakten etwas über Sachverhalte aussagen wollen, die wir nicht kennen (siehe oben). Dieser Prozess wird *Inferenz* genannt (King u.a. 1994: 46; siehe auch: Lieberman 2001; Gerring 2005). Um die Vielfalt der sozialen Wirklichkeit in überschaubaren analytischen Kategorien zu erfassen, bedarf es einer Orientierung, die uns die Theorien weisen. Theorien strukturieren den Forschungsprozess. Ohne sie wäre wissenschaftliches Arbeiten beliebig und orientierungslos (Haftendorn 1990). Theorien liefern uns zudem Kriterien für die Auswahl der zu untersuchenden Aspekte (Variablen). Prinzipiell sind in der Politikwissenschaft unendlich viele Variablen potenziell wichtig für die Erklärung politischer Phänomene. Um die wesentlichen Variablen für eine spezifische Untersuchung zu erfassen, brauchen wir Hilfestellungen, die selbst nicht aus der empirischen Untersuchung abgeleitet werden können. Mit der Ausnahme von heute kaum noch angewandten atheoretischen Untersuchungen, die die Wichtigkeit von Variablen durch die Korrelation aller verfügbaren Informationen beurteilen (als Überblick siehe Holt/Richardson 1970: 58-69) oder in denen durch dichte Beschreibung (*Thick Description*) detailverliebte Darstellungen und Interpretationen des Untersuchungsgegenstandes erreicht werden sollen (Geertz 1973b), erfüllen Theorien diese Aufgabe. Dieser Selektionsmechanismus von Theorien ist ein entscheidendes Kriterium für jede Untersuchung.[164]

Der Forschungsprozess beinhaltet vor allem die Erfassung von Kausalität. *Kausalität* bedeutet, dass die unabhängige Variable die abhängige Variable ursächlich bedingt. Dieser einfache Sachverhalt ist in den Sozialwissenschaften jedoch äußerst schwierig nachzuweisen: "Our uncertainty about causal inference will never be eliminated" (King u.a. 1994: 76; siehe auch Holland 1986). Das liegt daran, dass Kausalität viele Formen annehmen kann (King u.a. 1994: 85-99; Wagschal 1999b: 203-208; Pierson 2004) und man *Kovarianz* und *Korrelation*, also den Zusammenhang zwischen zwei Variablen, nicht mit Kausalität gleichsetzen kann. Kovarianz bedeutet, dass ein Phänomen mit einem anderen auftritt bzw.

---

[164] King u.a. (1994: 50) ist der Auffassung, dass ein gutes Buch sich sowohl dadurch auszeichnet, was es beinhaltet als auch, was es nicht beinhaltet. Gerade unerfahrene Forscher sind in ihren ersten Arbeiten so von ihrem Thema angetan, dass sie es in allen Verästelungen darstellen und interpretieren möchten. Doch sollte schon bei einer deskriptiven Darstellung deutlich werden, dass keine Beschreibung den Gegenstand im Maßstab 1:1 wiedergeben kann: "*Indeed, the difference between the amount of complexity in the world and that in the thickest of decriptions is still vastly larger than the difference between this thickest of descriptions and the most abstract quantitative analysis.*" (King u.a. 1994: 43) Auch sollte nicht vergessen werden, dass jede nicht vollständige Beschreibung (also jede) bewusst oder unbewusst Kriterien anwendet, welche Aspekte in der Beschreibung aufgenommen werden und welche nicht. Allein aus diesem Grund ist es notwendig, nachvollziehbare (wissenschaftliche) Kriterien für die selektive Beschreibung anzugeben. Darüber hinaus: Selbst wenn es gelingen sollte, ein soziales Phänomen perfekt zu beschreiben, wäre die Abbildung der Realität im Maßstab 1:1 analytisch wenig sinnvoll, da wir keinen Informationsgewinn durch die Verdopplung der Realität erhalten würden. Informationsgewinn entsteht nur durch die interpretative (d.h. selektive) Aufbereitung eines Sachverhaltes. Auch ist die Länge eines Mauskriptes kein Gütekriterium von wissenschaftlicher Abhandlung. Im Gegenteil sind meistens kurze Arbeiten anspruchsvoller als lange Detailstudien.

sich gemeinsam verändert.[165] Qualitative Unterschiede, wie sie im letzten Kapitel anhand von Mills Lehrsätzen dargestellt wurden, gehen davon aus, dass ein Ereignis mit einem anderen auftritt. In statistischen Analysen kann der Zusammenhang anhand von verschiedenen Assoziations- oder Korrelationsmaßen erfasst werden.[166]

Kausalität nimmt in den seltensten Fällen die Form A bedingt Y an. Selbst bei dieser einfachen Kausalität wäre noch zu klären, ob die Kausalität irreversibel (wenn A dann Y, aber nicht wenn Y dann A) und synchron (Beeinflussung findet zum gleichen Zeitpunkt statt) ist. Oftmals ist Kausalität diachron (zeitlich versetzt). Wenngleich eine kurze zeitliche Verschiebung zwischen Ursache und Ereignis für Kausalbeziehungen normal sind, so können längere Zeitverschiebungen dazu führen, dass die Kausalbeziehung schwer erkennbar wird (struktureller Determinismus oder Pfadabhängigkeit; Pierson 2003: 192-198). Auch können Zusammenhänge reversibel sein (wenn A dann Y und wenn Y dann A), was zur Endogenität des Forschungsdesigns führt, so dass die unabhängige Variable nicht wirklich unabhängig von der abhängigen Variable ist. Paul Pierson (2003; siehe für den Einfluss von Zeit in der sozialwissenschaftlichen Forschung umfassend auch Pierson 2004) hat die Problematik von Langzeiteffekten unabhängiger und abhängiger Variablen herausgearbeitet.

Tabelle 6-1: Zeiteffekte zwischen Bedingungen und Effekte

		Zeithorizont der Effekte (abhängige Variable)	
		Kurz	*Lang*
Zeithorizont der Bedingungen (unabhängige Variable)	*Kurz*	**I** Tornado (unmittelbare Effekte)	**II** Meteorit/Ausrottung (Kumulative Effekte)
	Lang	**III** Erdbeben (Schwellenwerte, Kausalketten)	**IV** Globale Erwärmung (Kumulative Bedingungen und Effekte)

Quelle: Pierson (2003: 179; 192) und eigene Ergänzungen.

---

165 Der Begriff Kovarianz beschreibt den statistischen Zusammenhang, während mit Korrelation die standardisierte Messweise von Kovarianz zur besseren Interpretation gemeint ist.

166 Die Maßzahlen sind von dem Skalenniveau (siehe Kapitel 7) abhängig. Sie variieren in der Regel zwischen -1 (perfekter negativer Zusammenhang) bis 1 (perfekter positiver Zusammenhang). Nominale Zusammenhangsmaße (Kontingenzmaße) erfassen lediglich positive Zusammenhänge, während ordinale Assoziationsmaße und metrische Korrelationsmaße auch negative Werte annehmen können. Je nach Skalierungsniveau der unabhängigen und abhängigen Variable stehen die folgenden Maßzahlen zur Verfügung (Wagschal 1999b: Kapitel 10):

Messniveau des Merkmals A	Messniveau des Merkmals B		
	Nominalskala	Ordinalskala	metrische Skala
Nominalskala	d%, Phi φ, Yules Q, Cramers V, Tschuprows T, Kontingenz C, Lambda λ	Biseriale Rangkorrelation (falls A dichotom)	Eta η, Punktbiseriale Rangkorrelation (falls A dichotom)
Ordinalskala	Biseriale Rangkorrelation (falls B dichotom)	Spearmans ρ, Kendalls τ (3 Varianten), Goodman und Kruskals γ	
metrische Skala	Eta η, Punktbiseriale Rangkorrelation (falls A dichotom)		Pearsons r

Die meisten Forschungen gehen von einer direkten Abfolge der Ereignisse aus (Zelle I). Viele Forschungsdesigns sind wie ein Tornado aufgebaut. Er entwickelt sich schnell und seine Effekte (Zerstörung) zeigen sich ebenfalls schnell. In der Sozialwissenschaft dominieren jedoch meistens langfristige Prozesse. Wie bei einem Erdbeben oder auch Vulkanausbruch kann der Erddruck über Jahrzehnte oder länger entstehen und entlädt sich plötzlich und hat dann – ebenso wie ein Tornado – relativ unmittelbare Effekte (Zelle III). Langfristige Entwicklungen wie der techn. Fortschritt o.ä. können zu einer gesellschaftlichen Veränderung führen, wie es Daniel Bell (1999) anhand der Entwicklung der postindustriellen Gesellschaft dargestellt hat. Den Effekten liegen verschiedene Prozesse (Erfindungen, Produktionstechniken, Konsumverhalten), d.h. Kausalketten zugrunde, die, nachdem ein Schwellenwert überschritten wird, sich in Effekten auswirken. Eine solche Entwicklungslogik wurde von der Revolutionstheorie vertreten. Lang andauernde Prozesse (Entwicklung der Produktivkräfte bzw. demographischer Wandel) führen zu plötzlichen Veränderungen der Herrschaftsverhältnisse (Revolution). Anders verhält es sich mit einem Meteoriteneinschlag, der plötzlich und kurz auftritt, dessen Folgen aber langfristig sind. Etwa kann der Meteoriteneinschlag zu einer Klimaveränderung führen, die die Ausrottung von Spezies zur Folge hat, durch die wiederum die Entwicklung von Säugetieren ermöglicht wird (Zelle II). Eine soziale Revolution kann Ausgangspunkt für eine neue Gesellschaftsordnung sein, die sich dann von mehr Gleichheit zum Totalitarismus entwickeln kann. Auch der Terroranschlag auf das *World Trade Center* (plötzliches Ereignis) hat lang anhaltende Kausalketten hervorgerufen (neue Sicherheitspolitik, Krieg im Irak und Spannungen mit anderen Ländern, verändertes Reiseverhalten etc.). Schließlich können Zusammenhänge von langfristigen Prozessen bestimmt werden, wie etwa die andauernde Klimaerwärmung durch Umweltbelastungen, welche zu einer allmählichen globalen Erwärmung führt (Zelle IV). Die Gesellschaftsanalyse von Habermas (1981b) oder Lutz (1984) beleuchtet den Prozess der Erosion traditioneller Umgangsformen, die eine langfristige Unterminierung der Legitimation und des Wachstumspotenzials moderner Gesellschaften nach sich zieht (siehe auch Putnam 2000). Auch Max Webers (2000) Studien zur Entstehung des Kapitalismus gehen von langfristigen Sozialisationsprozessen (innerweltliche Askese) aus, die dann allmählich zu Verhaltensveränderungen mit gesellschaftspolitischen Konsequenzen führen (kapitalistisches Verhalten). Weber betont in seiner Analyse, dass die ursächlichen Kausalketten (religiöse Motive) längst abgestorben sein können, während sich die Kausalkette der abhängigen Variable (gewinnorientiertes Handeln) noch – bis hin zur Perversion – fortsetzt („Genussmensch ohne Herz").

Wie schon angedeutet, ist Kausalität oftmals nicht bivariat (eine unabhängige Variable übt Einfluss auf die abhängige Variable aus), sondern multivariat (mehrere unabhängige Variable wirken in unterschiedlichem Ausmaß auf die abhängige Variable ein). Einflüsse können auch indirekt stattfinden, z.B. dass A kaum Einfluss auf Y hat, aber A Einfluss auf B nimmt und B wiederum starken Einfluss auf Y hat. Dieser Zusammenhang kann sich auch als eine *Scheinkorrelation* erweisen, dass also A hoch mit Y korreliert, aber Y eigentlich durch B verursacht wird, mit dem A ebenfalls korreliert. Finden wir einen Zusammenhang zwischen hohem Storchenaufkommen (A) und hoher Geburtenrate von Menschenkindern (Y), bedeutet das nicht zwangsläufig, dass Störche Kinder zur Welt bringen oder auf andere Art und Weise in diesen Prozess involviert sind. Es könnte auch daran liegen, dass ein besonders warmer Sommer (B) zu beiden Ereignissen geführt hat oder dass in ländlichen Gebieten (B') sowohl das Storchenaufkommen höher liegt als auch die Verhütungsmethoden weniger verbreitet sind, was die höhere Geburtenrate dort gegenüber anderen Gebieten erklären würde.

Kausalität kann unterschiedlichen konfigurativen Bedingungen unterliegen. („Viele Wege führen nach Rom.“). Das bedeutet, dass in einem Fall eine bestimmte Kausalität zugrunde liegt, im anderen Fall jedoch eine andere. Dieser Sachverhalt der Äquifinalität oder multiple Kausalitäten kann durch das Nachverfolgen von Ereignisketten (*process tracing*) und der Wirkung verschiedener Kombinationen von Einflussfaktoren analysiert werden (George/Bennett 2005; Ragin 1987; 2000; King u.a. 1994: 87-89).

Eine besondere Schwierigkeit des Vergleichs besteht darin, dass nicht immer die gleichen Phänomene als Ursache für ein Ereignis verantwortlich sind. So kann in einem politischen System der Monarch das repräsentierende Staatsoberhaupt sein und in einem anderen der – dann zumeist indirekt – gewählte Präsident. Der Präsident wäre ein *funktionales Äquivalent* zum Monarchen und umgekehrt. Beim Vergleich von komplexeren politischen Prozessen bedeutet dies, dass sichergestellt werden muss, dass die analytischen Konzepte (siehe mehr hierzu in Kapitel 7) ähnliche Bedeutungen und Wirkungskraft in verschiedenen Kontexten besitzen. Dieser Sachverhalt wird von Robert Locke und Kathleen Thelen (1995; 1998) mit dem Begriff *analytische Äquivalenz* erfasst. So kann eine Untersuchung, die einen Indikator für alle Länder gleichgerichtet benutzt, irreführend sein. Beispielsweise stellt in der Umweltpolitik der Indikator Wasserverbrauch eine Umweltbelastung dar. Allerdings hat dieser Aspekt in wasserarmen Regionen (Südeuropa; Afrika) eine andere Bedeutung als in Regionen, in denen Wasser fast unbegrenzt zur Verfügung steht (Kanada; Skandinavien). Andererseits ist die umweltfreundliche Energiegewinnung in Kanada und Skandinavien wichtiger als der Wasserverbrauch, da strenge Winter einen hohen Energieverbrauch verursachen. Dieser kann durch effiziente und umweltschonende Energienutzung oder andere Maßnahmen (Isolation etc.) erbracht werden. Dieses Beispiel verdeutlicht, dass in einem Fall die Reduzierung des Wasserverbrauchs als Hauptindikator für eine erfolgreiche Umweltperformanz gelten kann und im anderen Fall die Reduzierung der Schadstoffe durch effiziente Energienutzung. So kann ein Vergleich von gleichen Dingen weniger aussagekräftig sein als ein Vergleich von verschiedenen Dingen. Locke und Thelen führen weitere Bespiele an und nennen einen Vergleich, der auf die fallspezifischen Umstände eingeht, *kontextualisierten Vergleich* (*contextualized comparison*).[167] Ein kontextualisierter Vergleich kann dazu führen, dass in manchen Fällen empirisch äußerst unterschiedliche Phänomene für den Vergleich analytisch ähnlicher Konzepte herangezogen werden müssen. Er deutet auch auf das Problem hin, das entsteht, wenn Veränderungen auf Grundlage von unterschiedlichen Ausgangsbedingungen untersucht werden. Beispielsweise ist die Steigerung des Bruttosozialproduktes einer kleineren, noch wachsenden Volkswirtschaft anders zu bewerten als die Wachstumsrate in sehr reichen Ländern. Ähnliches gilt, wenn die Wachstumsraten verglichen werden und in einem Land dies nach einem Krisenjahr geschieht und in einem anderen innerhalb eines Wachstumszirkels. Die *Fuzzy*logik, die in Kapitel 14 näher beschrieben wird, macht auf solche Unstimmigkeiten in der Messung von gleichen Konzepten aufmerksam und gleicht diese durch eine Bestimmung der Zugehörigkeit zu einem Set aus. Der kontextualisierte Vergleich geht jedoch noch einen Schritt wei-

[167] Richard Locke und Kathleen Thelen (1998: 11) definieren den kontextualisierten Vergleich mit den folgenden Worten: "What we have called “contextualized comparison“ is a strategy which self-consciously seeks to address the issue of equivalence by searching for *analytical equivalent* phenomena – even if expressed in substantively different terms – across different contexts.”

ter, indem nicht nur die unterschiedliche Bedeutung der Erfassung eines Konzeptes unter unterschiedlichen Bedingungen problematisiert wird, sondern die Adäquanz des Vergleichs des Konzepts selbst.

Eine weitere wesentliche Unterscheidung von Kausalität besteht in der Art der Ursache. In diesem Bereich lassen sich Funktion, Diffusion und Übernahme unterscheiden (Ross/Homer 1976; Jahn 2003c: 67-69). Die meisten ländervergleichenden Studien in der Politikwissenschaft gehen von *funktionalen* Zusammenhängen aus. Das bedeutet, dass Institutionen, Prozesse und Rahmenbedingungen der jeweiligen Fälle (etwa Länder) Einfluss auf die abhängige Variable haben. Dieser funktionale Zusammenhang wird in voneinander unabhängigen Fällen untersucht. Allerdings sind die Zusammenhänge nicht immer funktional. Manche Phänomene können durch Übernahme installiert werden. Wesentliche Aspekte des politischen Systems der Bundesrepublik Deutschland der Nachkriegszeit sind nicht das Ergebnis funktionaler Zusammenhänge innerhalb des politischen Systems der Bundesrepublik, sondern das Ergebnis der Nachkriegspolitik der Alliierten. Eine *Übernahme* von politischen Phänomenen besteht, wenn diese durch Kontakt zwischen Gesellschaften entstehen und *keine* funktionale Grundlage besitzen. Die Einrichtung von politischen Systemen nach dem Westminsterprinzip durch die britische Kolonialmacht in afrikanischen Staaten ist ein Beispiel für eine solche Übernahme (Young 1994). Zwischen der Übernahme und dem funktionalen Zusammenhang steht noch die *Diffusion*. Sie stellt die Verbreitung von politischen Phänomenen durch Kontakt auf der Grundlage von funktionalen Zusammenhängen dar. Beispielsweise kann Demokratie durch Kontakt von einer Gesellschaft auf die andere übertragen werden. Dies ist jedoch nur dann erfolgreich, wenn die übernehmende Gesellschaft gewisse, dann funktionale, Bedingungen erfüllt, wie etwa hoher Bildungsgrad, ein gewisses Wohlstandsniveau oder politische Traditionen (Lipset 1959). Diese Art von Zusammenhängen trifft man in der gegenwärtigen vergleichenden Politikwissenschaft wohl am häufigsten an.

Diffusion ist eine Herausforderung für die vergleichende Politikwissenschaft, da sie funktionale Zusammenhänge unterläuft. Das klassische Beispiel findet sich in der anthropologischen Studie von Edward Tylor (1889) über Eherecht und Abstammungsregeln in unterschiedlichen Kulturen. Sir Francis Galton (1822-1911) bemerkte, dass die hohen Korrelationen, die Tylor in seiner Untersuchung zwischen verschiedenen Volksstämmen identifizierte, keine unabhängigen Funktionszusammenhänge waren, sondern auf einer gemeinsamen Ursache beruhten und damit duplizierte Kopien des Originals seien (Tylor 1889: 272). Dieses Problem wurde fortan als *Galton-Problem* diskutiert.[168]

Um das Galton-Problem zu umgehen, wurde in vielen Textbüchern geraten, nur wirklich unabhängige Fälle (Länder) in eine Untersuchung aufzunehmen (Ember/Ember 2001). Das *most different systems design* (siehe Kapitel 8) kommt dieser Forderung nach, indem möglichst unterschiedliche Gesellschaften untersucht werden, die vermutlich keinen engen Kontakt miteinander haben. Allerdings nehmen die Diffusionsprozesse weltweit immer weiter zu. Die neuerlich diskutierte Globalisierung verstärkt dieses Problem. Schon die Erfahrungen mit Fernsehprogrammen wie MTV und CNN machen deutlich, dass die Welt Globalisierungstendenzen unterworfen ist. Erfahrungen und Ansichten sind nicht mehr regional begrenzt, sondern verbreiten sich schnell über den ganzen Erdball. Diese Globalisierungstendenzen bestehen natürlich auch in der Politik. Methodisch wird dies zum Prob-

[168] In Sir Francis Galtons Worten: "It might be that some of the tribes had derived [the traits being studied, DJ] from a common source, so that they were duplicate copies of the same original." (Tylor 1889: 272)

lem, da nicht mehr uneingeschränkt davon ausgegangen werden kann, dass gewisse Veränderungen der abhängigen Variablen von fallimmanenten Faktoren funktional verursacht werden, sondern vielmehr das Ergebnis globaler Prozesse sind. Der Einfluss neoliberaler Konzepte, wie Privatisierung und Deregulierung, der in den frühen 1980er Jahren von den USA und Großbritannien ausging und zunächst vor allem in konservativen Parteien zu Hause war, hat heute fast alle westlichen Länder erfasst, ganz gleich welche Regierung an der Macht ist (Jahn/Henn 2000). Wenngleich Diffusionen einer funktionalen Erklärung entgegenstehen, können sie dennoch empirisch auf unterschiedliche Art und Weise untersucht werden. So kann z.B. der Diffusionsprozess nachgezeichnet werden. Dieser Weg lässt sich vor allem mittels idiographischer Fallstudien beschreiten.[169]

Neben dem schon genannten *most different systems design* ist es ebenfalls möglich, Diffusionseinflüsse in statistischen Zusammenhangsanalysen zu berücksichtigen, indem zusätzliche Variablen zur Erfassung der Diffusion einbezogen werden (Goldthorpe 1997). Dies können Informationen über die Kontakte zwischen Nachbarländern oder über die Intensität von Handelsbeziehungen sein (Ross/Homer 1976; Boix 1998; Garrett 1998; Swank 2002). Eine weitere Möglichkeit, Diffusionsprozesse zu erfassen, besteht darin, die Ausprägung einer wesentlichen Variablen – etwa der abhängigen Variable – in einem eng verbundenen Land (mit dem das Fokusland beispielsweise einen hohen Handelsaustausch besitzt) als unabhängige Variable in das Analysemodell aufzunehmen (Putnam 1967; Klingman 1980; Simmons/Elkins 2004; Jahn 2006). Je nach Fragestellung sind auch andere Variablen zu berücksichtigen: etwa die Länderfamilien von Francis Castles (1993), durch die man kulturelle Nähe mit politischen Konsequenzen in Beziehung setzen kann, die Mitgliedschaft in internationalen Organisationen (UN, EU, OECD usw.) oder die Partizipation an internationalen Abkommen. Andere Studien messen die Diffusion von Demokratie, indem sie die Weltregionen anhand der Anzahl der Demokratien als unabhängige Variable benutzen (Li/Reuveny 2003). In der Transformationsforschung postkommunistischer Staaten hat sich ein Index etabliert, der die kulturelle und wirtschaftliche Nähe dieser Staaten zu Westeuropa erfasst. Dieser bezieht sich auf die Entfernung der Hauptstädte der postkommunistischen Staaten zu Brüssel (EU) oder Wien (östlichste westeuropäische Hauptstadt) (Fish 1998; Kopstein/Reilly 2000; Lane/Ersson 2003: 147-157) oder zur nächsten westeuropäischen Hauptstadt (Kitschelt 2001). In seiner klassischen Untersuchung zur geopolitischen Landkarte Europas hat Stein Rokkan (1994: 33; 2000: Teil A) die Entfernung von Rom als Indikator des Einflusses der katholischen Kirche als Variable integriert. Wenngleich diese Maßzahlen sehr grob sind, zeigen sie Wege auf, wie Diffusionsprozesse in der vergleichenden Politikwissenschaft in das Forschungsdesign aufgenommen werden können. Insgesamt kann die vergleichende Analyse den Grad des Einflusses von Diffusionsprozessen als Ursache für Veränderung durch systematische Analysen bestimmen (siehe auch Kapitel 13).[170]

---

[169] Vermeulen und de Ruijter (1975) postulieren, dass funktionale Erklärungen der nomothetischen Forschung näher stehen und die Untersuchung von Diffusion eher historisch-idiographische Untersuchungen verlangen. Dem widersprechen jedoch Ross und Homer (1976), indem sie nomothetische Wege aus dem Galton-Problem aufführen. Siehe auch mehr hierzu in Kapitel 13.

[170] Für weitere Aspekte von Kausalität und Inferenz siehe auch George/Bennett (2005: Kapitel 5). Dabei ist das sehr unterschiedliche Erkenntnisinteresse in der Geschichts- und Politikwissenschaft zu beachten, das unterschiedliche Analyseverfahren anwendet (Lustick 1996).

d. Theorien und Hypothesen

Um kausale Inferenz, also das Schließen von bekannten auf unbekannte Kausalitäten, zu erreichen, sind wir auf kausale Theorien angewiesen. Theorien (griechisch: *theoria* = das Schauen, Betrachtung) haben in der Politikwissenschaft eine gewisse Mehrdeutigkeit (siehe Teil 3 für die Darstellung verschiedener Theorien). Einerseits stellen Theorien ein Gebäude von systematisch in Beziehung stehenden Begriffen, Ideen und Aussagen dar. In der politischen Philosophie behandelt Theorie darüber hinaus normative Aspekte wie Gerechtigkeit und Legitimität, die über die politische Anthropologie eine Weltdeutung der Ordnung menschlichen Zusammenlebens anbieten. Theorien können auch als wissenschaftstheoretische Grundposition verstanden werden, die die Erfassung der Realität mit bestimmten Methoden und Hypothesen vorgibt (Becker 2001; Mols 2001). Im Vordergrund der vergleichenden Politikwissenschaft stehen jedoch die so genannten *empirisch-analytischen* Theorien und Modelle (*approaches*), mit denen die komplexe politische Realität erfasst, geordnet und erklärt werden soll. Gütekriterien sind dabei: logische Konsistenz, Widerspruchsfreiheit, Informationsgehalt, Erklärungskraft, Prognosefähigkeit, Eignung für die Aufstellung und Überprüfung von Hypothesen und Sparsamkeit im Sinne eines optimalen Mischungsverhältnisses von Aufwand und Ertrag (*parsimonious*) (Schmidt 2004a: 712). Theorien sollen die empirische Arbeit erleichtern und nicht erschweren oder vernebeln.

> „Eine gelungene Erklärung bedeutet die Einordnung eines Rätsels in im Prinzip bereits *bekannte* Zusammenhänge. Darin liegt ihre besondere Leistung: Die Reduktion und *nicht* die Vermehrung von Komplexität ist das Ziel der wissenschaftlichen Theoriebildung. Viele, auch gut verwendbare Erklärungen sind gleichwohl oft noch sehr komplex – im Sinne von aufwendig und unübersichtlich. Wenn die explanative Leistung aber mit besonders einfachen Mitteln möglich wird, dann verbessert sich das Verhältnis von Erklärungskraft und theoretischem Aufwand. Und um dieses Verhältnis geht es bei wissenschaftlichen Analysen nicht zuletzt auch: mit möglichst sparsamen Mitteln ein Höchstmaß an Aufklärung zu erreichen. Insoweit liegt in der *Vereinfachung* von Theorien ein wichtiges, eigenständiges Ziel. Genau hierin liegt der Wert von erklärenden Modellen." (Esser 1999: 119)

Die theoriegeleitete Forschung sieht sich jedoch mit dem Problem konfrontiert, dass kausale Theorien letztendlich selbst auch nicht Kausalität beweisen, so dass wir deshalb selbst der Theorie gegenüber skeptisch eingestellt sein müssen, die uns doch gleichzeitig Orientierung geben soll. Allerdings brauchen Theorien in einer gewissen Weise nicht einmal richtig zu sein, solange sie wissenschaftlich sinnvolle Orientierung geben (LaPalombara 1974: 60). Durch das Zusammenspiel zwischen theoretischer Orientierung und empirischer Überprüfung wird schließlich auch die Theorie weiterentwickelt. Donald Campbell (1977/1988: 477; eigene Übersetzung DJ) hat das Problem zwischen Vertrauen und Zweifel im theoretischen Bezug anschaulich mit einer Metapher beschrieben: „Wir sind wie Seeleute, die ein heruntergekommenes Schiff auf hoher See reparieren müssen. Wir vertrauen der großen Anzahl der Balken, während wir die besonders schwachen austauschen. Jeden Balken, dem wir jetzt vertrauen, werden wir später ersetzen. Jedoch sollte jedes Mal der Anteil der Balken, die wir austauschen, bedeutend geringer sein als der Anteil der Balken, denen wir vertrauen." King u.a. (1994: 99-114) raten bei der Anwendung von Theorien in empirischen Studien Folgendes zu beachten:

1. Theorien müssen falsifizierbar sein

Wenngleich uns Theorien leiten und in die Lage versetzen, gesellschaftliche Zusammenhänge zu deuten, sollten sie nicht als Dogma betrachtet werden, sondern als vorläufige Realitätsinterpretation. Jeder Bezug auf Theorien muss die Grenzen der theoretischen Ableitungen darlegen und genaue Kriterien angeben, *unter welchen Umständen eine Theorie als falsifiziert gilt*. Oftmals wird viel Aufwand aufgewendet, eine Theorie so zu modifizieren, dass sie für eine Untersuchung erklärungskräftig wird oder bleibt. Man bemüht sich, konkurrierende Theorien zu falsifizieren und die eigene Theorie zu bestätigen. Allerdings lernen wir genauso viel oder gar mehr, wenn wir die Grenzen einer Theorie deutlich machen, als wenn wir eine passende Theorie für unseren Forschungsgegenstand entwickeln.

Wie oben erwähnt, sollen Theorien effizient sein (*parsimonious*). Mit möglichst wenig Aufwand soll viel gesagt werden. Wenn wir eine komplexe, höchst ausdifferenzierte Theorie verwenden, kann es vorkommen, dass diese „Theorie" nur noch für diesen speziellen Forschungsgegenstand oder gar nur für einen Fall Gültigkeit besitzt. Damit verliert die Theorie ihre Eigenschaft, universale Orientierung für alle oder für einige soziale Phänomene zu geben, und ist damit eigentlich nutzlos. Bei der Ausformulierung von Theorien für die Analyse von empirischen Sachverhalten kommt es häufig vor, dass die Theorie zum Selbstzweck wird. Auch in diesem Fall wäre die Theorie für eine empirische Analyse sinnlos. Schließlich bedeutet *parsimony* auch, dass wir uns hinsichtlich unseres Forschungsgegenstandes bescheiden sollten. Manchmal sind Erklärungen, die relativ übersichtlich einen Teil des politischen Systems beschreiben, allumfassenden Theorien überlegen (siehe Teil 3).

2. Theorien sollen in sich konsistent sein

Aus Theorien sollen Hypothesen abgeleitet werden können, die nicht im Gegensatz zueinander stehen. Tautologische oder ambivalente Theorien haben keinen analytischen Wert, da sie Kausalität nicht spezifisch und eindeutig vorhersagen können. Die höchste Eindeutigkeit besitzen formale Modelle, die insbesondere in der Wirtschaftswissenschaft angesiedelt sind und auf mathematischen Spezifikationen beruhen. Auch in der Politikwissenschaft findet man solche Modelle in der Tradition des *rational choice* Ansatzes. Wenngleich Modelle in der Politikwissenschaft meistens nicht formalisiert sind, können Modelle auf Inkonsistenzen aufmerksam machen und sollten auch in weniger formalisierter Form, als Gedankenspiele, Eingang in den Forschungsprozess finden.

3. Wähle die abhängige Variable mit Bedacht

Ein wesentliches Element im Forschungsprozess stellt jenes soziale Phänomen dar, welches erklärt werden soll. Dieses wird wissenschaftstheoretisch als *Explanandum* bezeichnet und in methodologischer Hinsicht *abhängige Variable* genannt. Die abhängige Variable ist entscheidend für den Forschungsprozess, denn sie soll erklärt oder verstanden werden. Allerdings wird in vielen Untersuchungen zu wenig Aufwand betrieben, die abhängige Variable zu spezifizieren. Dies ist unverständlich, gehört doch die Erfassung der abhängigen Variablen, neben deren Erklärung, zu der wichtigsten und am längsten andauernden Wirkung einer Untersuchung (George/Bennett 2005: 247-248). Zumindest drei Aspekte sind hierbei zu beachten:

- Die abhängige Variable soll abhängig sein. So einleuchtend diese Forderung erscheinen mag, wird doch oftmals dagegen verstoßen. Häufig hat die abhängige Variable Einfluss auf die unabhängigen Variablen und „erklärt" sich somit selbst. Dieses Phänomen der *Endogenität* der Erklärungsmodelle tritt bei sozialwissenschaftlichen Untersuchungen des Öfteren auf, da Kausalität nicht eindeutig erfassbar und reversibel ist.
- Die abhängige Variable soll so ausgewählt werden, dass sie nicht konstant ist. Wenn wir es mit einer Konstanten zu tun haben - was ja *per definitionem* keine Variable ist - können wir nicht den graduellen Effekt der unabhängigen Variablen auf die abhängige Variable erfassen.[171]
- Wähle eine abhängige Variable, die die Variation repräsentiert, die wir erklären wollen. Wollen wir den Einfluss der Demokratie auf den Wohlstand der Bürger messen, dürfen wir nicht nur demokratische Länder auswählen, sondern müssen, um Varianz in der abhängigen Variable zu erzeugen, auch nicht-demokratische Länder in die Untersuchung einbeziehen. Die Fallauswahl beeinflusst also unmittelbar die Ergebnisse (siehe Kapitel 8).

4. Maximiere die Konkretheit

Theorien sollten genügend beobachtbare Aspekte beinhalten. Wenn eine Theorie in sich hoch komplex ist und wir nur eine Beobachtung nutzen können, z.B. das Ergebnis, so ist diese Theorie weniger zuverlässig als eine Theorie, die uns auf einzelnen Etappen bereits Hinweise liefert, dass sie zutreffend sein könnte. Im letzten Fall lassen sich mehrere Indikatoren für die Überprüfung einer Theorie finden.

5. Wähle allgemeine Theorien

Theorien besitzen unterschiedliche Abstraktionsniveaus (siehe Teil 3). Manche Theorien versuchen allgemein gültig zu sein und Zusammenhänge für alle Orte der Erde und zu allen Zeiten zu erklären. Andere Theorien sind dagegen eher spezifisch und beziehen sich größtenteils auf ausgewählte geographische Gebiete oder zeitliche Epochen oder Gegenstandsbereiche. Das Extrem bestünde darin, dass eine „Theorie" nur für einen Fall Gültigkeit besäße. Auf diesem Kontinuum zwischen singulärer und universeller Gültigkeit sollte jene Theorie gewählt werden, die für den interessierenden Zusammenhang möglichst allgemein gültig ist.

Aus den Theorien lassen sich in einem nächsten Schritt Hypothesen ableiten, die sich auf die Forschungsfrage beziehen. Dabei repräsentieren die aus den Theorien abgeleiteten

[171] King u.a. (1994: 80-81) beschreiben die Identifizierung von Kausalität wie folgt: "... *the causal effect is the difference between the systematic component of observations made when the explanatory variable takes one value and the systematic component of comparable observations when the explanatory variable takes on another value.*"

Hypothesen in den meisten Fällen einen Ausschnitt aus dem Hypothesenangebot, welches sich aus einer Theorie ergibt (Mayer 1989: 28-59). Wir testen also in den meisten Untersuchungen nicht Theorien an sich, sondern lediglich einzelne Elemente, d.h. Hypothesen, die sich aus Theorien ableiten lassen. Die Hypothesen sind umso erklärungskräftiger, je stärker die Hypothese den Kernbereich der Theorie ausmacht. Hypothesen und Theorien stehen in einem hierarchischen Verhältnis, wobei Theorien abstrakter und umfassender sind und Hypothesen bereits den ersten Schritt zur konkreten Forschungsarbeit darstellen.

Bei der Bearbeitung der Forschungsfrage kann man sich auf unterschiedliche Theorien beziehen, die dann in entsprechenden Hypothesen zusammengefasst werden. Ein Aspekt der Forschungsfrage kann mit Theorie A, ein anderer mit Theorie B bearbeitet werden. Im Gegensatz zu diesem kombinierenden Theoriebezug ist es oftmals besonders Gewinn bringend, konkurrierende Hypothesen aus unterschiedlichen Theorien abzuleiten. In diesen Arbeiten wird dann entschieden, welche Theorie für die gestellte Forschungsfrage aussagekräftiger ist. Diese Perspektive fördert in besonders effektiver Weise den Diskurs zwischen Theorie und Empirie.

Theorien arbeiten auf einem abstrakten Niveau und sind nicht unmittelbar für empirische Arbeit nutzbar. Wenngleich theoretische Hypothesen schon einen für die Forschungsfrage relevanten Ausschnitt aus der Theorie – und somit eine Komplexitätsreduzierung – bedeuten, sind auch diese Hypothesen noch zu abstrakt für eine empirische Analyse. Durch die Operationalisierung der theoretischen Konzepte (siehe Kapitel 7) entstehen aus den theoretischen Hypothesen operationale Hypothesen, die dann in der Untersuchung geprüft werden können. Diese entspricht den beiden Ebenen (theoretisch-analytisch und empirisch-operational), die zu Beginn des Kapitels dargestellt wurden und im nächsten Kapitel noch ausgeführt werden.

Theorie, Hypothesen und die empirische Erfassung von sozialen Phänomenen stehen im Forschungszusammenhang in einem interaktiven Verhältnis zueinander. Carl G. Hempel (1952: 36) hat das Zusammenspiel der verschiedenen Elemente des Forschungsprozesses eindrucksvoll anhand eines plastischen Netzwerkes dargestellt:

> „Ihre Begriffe [der Theorie; DJ] sind durch Knoten repräsentiert, wobei die sie verbindenden Fäden zum Teil den Definitionen und zum Teil den fundamentalen und den abgeleiteten Hypothesen, die die Theorie enthält, entsprechen. Das ganze System schwebt über der Ebene der Beobachtung und ist in ihr verankert durch Regeln der Interpretation. Diese lassen sich als Bänder bezeichnen, sie sind keine Bestandteile des Netzwerkes, sondern verbinden bestimmte Punkte hiervon mit bestimmten Stellen der Beobachtungsebene. Mit Hilfe dieser interpretativen Verbindungen kann das Netzwerk als wissenschaftliche Theorie funktionieren: Von gewissen Beobachtungsdaten kann man über ein Band der Interpretation zu einem Punkt des theoretischen Netzwerkes aufsteigen, von dort aus durch Definitionen und Hypothesen zu anderen Punkten gelangen, von denen aus ein anderes Interpretations-Band einen Abstieg auf die Ebene der Beobachtung gestattet.“[172]

Bevor auf die Verbindung von Theorie und Beobachtung im folgenden Kapitel näher eingegangen wird, sollen im nächsten Abschnitt Verfahren vorgestellt werden, mit denen die notwendigen Informationen systematisch erfasst werden können.

---

[172] Zitiert nach Friedrichs (1981: 62).

2 Datenerhebungsverfahren

Durch die Datenerhebung wird eine zweite, vereinfachte Realität geschaffen, die wissenschaftlich leichter zu analysieren ist als die Realität selbst. Der Forschungsprozess findet vor allem in dieser „Kunstwelt“ statt. Zwar werden Inferenzen zwischen der „Kunstwelt“ und der „Realität“ angestellt, jedoch verlässt man dann die „kontrollierbare“, also analysierbare „Kunstwelt“. Damit die „Kunstwelt“, die durch das Forschungsdesign geschaffen wird, gültige Aussagen über die Realität zulässt, müssen die Informationen (Daten) systematisch und nachvollziehbar erhoben werden. Die Datenerhebungsverfahren in der vergleichenden Politikwissenschaft unterscheiden sich nicht wesentlich von denen der Sozialwissenschaften insgesamt (siehe etwa: Alemann/Forndran 2002; Alemann 1977; Alemann 1995; Diekmann 2001; Atteslander 2003; Behrens 2003; Behnke u.a. 2006). Allerdings finden hier einige Verfahren eine häufigere Anwendung als in den anderen Gebieten der Sozialwissenschaft. In der vergleichenden Politikwissenschaft werden die Expertenbefragung, die Sekundäranalyse von Länderstatistiken, die Inhalts- und Dokumentenanalyse, die Umfrageforschung sowie Meta-Analysen besonders häufig angewandt.

Expertenbefragung

Die Expertenbefragung nimmt in der praktischen vergleichenden Sozialforschung einen hohen Stellenwert ein. Es existieren nur wenige Untersuchungen, die nicht das Experteninterview zumindest als begleitende Informationsquelle nutzen. Auch wenn in jüngster Zeit einige neue handlungsleitende Einführungen zur Anwendung von Experteninterviews (Bogner u.a. 2002; Meuser/Nagel 1991; 2002; Schmid 2002; Gläser/Laudel 2004; Martens/Brüggemann 2005) erschienen sind, besteht auf diesem Gebiet noch ein Nachholbedarf. Insbesondere für die Auswertung von Experteninterviews existieren bisher nur wenige Anleitungen. Oftmals wird davon ausgegangen, dass Experteninterviews ohne großen Aufwand betrieben werden können und diese Datenerhebungsmethode deshalb besonders einfach anwendbar ist. Jedoch zeigt sich, dass das Experteninterview sein Potenzial nur entwickeln kann, wenn es sorgfältig vorbereitet, durchgeführt und ausgewertet wird (Bogner/Menz 2002). Es existiert eine Fülle von verschiedenen Spielarten des Experteninterviews. Eine der gebräuchlichsten Versionen der Expertenbefragung in der vergleichenden Politikwissenschaft stellt das fokussierte Interview dar (Merton/Kendall 1979; Meuser/Nagel 2002). Ein Leitfaden strukturiert die wesentlichen Fragenkomplexe für die interessierenden Variablen, lässt aber noch genügend Freiraum, um auf weitere Themen eingehen und das Gespräch situationsspezifisch gestalten zu können: „Der Leitfaden schneidet die interessierenden Themen aus dem Horizont möglicher Gesprächsthemen heraus und dient dazu, das Interview auf diese Themen zu fokussieren“ (Meuser/Nagel 2002: 81-82) und systematisch vergleichbare Informationen aus jedem durchgeführten Interview zu erhalten. Dabei besteht das Forschungsinteresse – im Gegensatz zu anderen Interviewarten, in denen Informationen über den Befragten gesammelt werden – darin, den Befragten als Informant zur Erfassung der Zusammenhänge sozialer Phänomene zu nutzen. Die Interviews müssen so angelegt sein, dass die Informationen über das soziale Ereignis aus unterschiedlichen Perspektiven gesammelt werden, so dass sich ein möglichst intersubjektives

Bild ergibt. Dies erreicht man durch die Befragung unterschiedlicher Experten zu dem gleichen sozialen Phänomen.

Natürlich spielt hierbei die Auswahl der interviewten Experten eine wesentliche Rolle. Experten gelten allgemein als Personen, die über ein spezifisches Wissen verfügen. Die Identifikation von Experten ist keine voraussetzungslose Angelegenheit. Wer ist in einer Organisation der Entscheidungsträger, wer besitzt die umfangreichste Kompetenz (Hitzler 1994)? Oftmals ist es hilfreich, nicht die Führungsgruppen einer Organisation zu befragen, sondern jene, die die Informationen für Entscheidungen sammeln und aufbereiten (George/Bennett 2005: 103). Dies kann in einzelnen Ländern und Organisation stark voneinander abweichen, weshalb es unabdingbar ist, Informationen über die konkreten Entscheidungs- und Informationsprozesse in den zu untersuchenden Organisationen zu sammeln.

Das Vorwissen ist für ein erfolgreiches Experteninterview sehr entscheidend. Da Experten wichtige Schlüsselpositionen einnehmen, haben sie nur begrenzte Zeit für Interviews zur Verfügung. Der Interviewende sollte diese Zeit nicht mit dem Erfragen von Informationen vergeuden, die auch mit Hilfe anderer Quellen erschlossen werden können. Man kann durchaus verlangen, dass die Forscherin selbst zu einer „Quasi-Expertin“ wird (Pfadenhauer 2002). Experteninterviews sollen Insiderwissen ermitteln, das deutlich tiefer gehend ist als Informationen, die aus anderen Quellen gewonnen werden können.

Neben dem Vorwissen und dem Experten kommt für den Verlauf des Interviews natürlich auch dem Interviewer selbst eine wesentliche Rolle zu. Als reaktive Methode entsteht zwischen dem Interviewten und dem Interviewer ein Interaktionsverhältnis. Nationale, schichtspezifische und vor allem auch geschlechterspezifische Aspekte sind hierbei nicht zu unterschätzende Faktoren (Abels/Behrens 2002).

Darüber hinaus bedarf es Analysetechniken, die Informationen aus den Einzelinterviews zusammentragen und für einen Vergleich nutzbar machen. Dies kann durch das systematische Verdichten der Informationen geschehen. Hierfür werden sechs Schritte vorgeschlagen (Meuser/Nagel 2002: 80-91):

a. Transkription: Zusammenfassung der für die Forschungsfrage (Variablen) wesentlichen Textpassagen.
b. Paraphrase: „Übersetzen“ des Interviews aus der konkreten Interviewsprache in zusammenfassende und vergleichbare Inhaltselemente.
c. Informationskondensierung: Bilden von Überschriften der Einzelinterviews; weitere Verdichtung der Informationen der Einzelinterviews zu Informationsblöcken.
d. Thematischer Vergleich: An dieser Stelle werden thematische Vergleiche über das Einzelinterview hinausgehend zwischen den Interviews gezogen. Wie haben Experte X und Experte Y über die Situation gesprochen? Welche Übereinstimmungen und Abweichungen ergaben sich? Dabei kann das Ergebnis durchaus zur Identifizierung unterschiedlicher Deutungsmuster der beteiligten Akteure führen.
e. Analytische Konzeptionalisierung: An dieser Stelle werden die interviewübergreifenden Informationen zu Variablen zusammengefasst, die eine Zusammenhangsanalyse erlauben. Dabei können sowohl Variablenausprägungen als auch Prozessabläufe (*process tracing*), Pfadabhängigkeiten und die Identifizierung von Mustern (*pattern matching*) erfasst werden (siehe hierzu Kapitel 11 und 12).

f. Theoretische Schlussfolgerungen: Schließlich wird diese Zusammenhangsanalyse mit den Untersuchungshypothesen in Verbindung gebracht und diese auf ihre Plausibilität eingeschätzt.

In Einzelfallstudien ist damit das Ende der Analyse erreicht und das Ereignis lässt sich im Rahmen einer Theorie interpretieren. In der ländervergleichenden Politikwissenschaft stellt jedoch das Ergebnis dieses Verfahrens einen Zwischenschritt dar, da die gleiche Forschungsleistung auch für die weiteren Fälle erbracht werden muss. Erst danach können systematische Vergleiche der Variablen, Prozesse und Muster zwischen den Fällen erbracht werden, indem die in Teil 4 dargestellten Vergleichsmethoden angewendet werden können.

Experteninterviews können auch als Gruppeninterviews durchgeführt werden (Bogner/Leuthold 2002). Durch Experten-Fokusgruppen können differenzierte und umfangreiche Informationen gesammelt werden, die durch interaktive Prozesse in der Gruppe auf ihre Gültigkeit hin diskutiert werden können. Alain Touraine u.a. (1987) haben diese Methode angewendet, um das Selbstverständnis der französischen Arbeiterbewegung offen zu legen und deren Handlungsbereitschaft einzuschätzen. Allerdings sind die Anforderungen an den Interviewer in Gruppeninterviews mit Experten weitaus höher als bei Einzelinterviews. Es ist ratsam, solche Interviews mit mehreren Forscherinnen oder Forschern zu führen, damit die einzelnen Interviewer nicht permanent im Mittelpunkt des Interviews stehen.

Als qualitative Datenerhebungsmethode dient das Experteninterview dazu, weniger repräsentative Ergebnisse zu erlangen (siehe zur Rolle des Forschers in solchen Zusammenhängen auch Kapitel 11). Jedoch können mit dieser Technik durchaus valide Informationen zu bestimmten Ereignissen, Organisationen oder Politiken zusammengefasst werden. Insbesondere im „Methodenmix" spielt das Experteninterview eine wichtige Rolle, um die Arbeiten mit weniger flexiblen Methoden wie der repräsentativen Umfrage, der Aggregatdatenanalyse oder der Inhalts- und Dokumentenanalyse vorzubereiten oder deren Ergebnisse begleitend zu überprüfen (methodologische Triangulation, siehe Kapitel 7.3). Es muss allerdings darauf hingewiesen werden, dass das Experteninterview zu den systematischen Datenerhebungsmethoden gehört und keineswegs ein nur relativ bedingungsloses Informationsgespräch darstellt. Dabei können auch informelle Informationsgespräche wichtig für die Vorbereitung von empirischen Studien sein, sie verkörpern jedoch selbst keine empirische Datenerhebungsform.

In der ländervergleichenden Forschung muss dem Sprachfaktor große Aufmerksamkeit beigemessen werden. Oftmals werden Interviews in einer der beteiligten Person fremden Sprache geführt, wodurch Informationsverluste und -verzerrungen entstehen können. Gerade bei Untersuchungen zu verschiedenen Ländern und internationalen Organisationen ist oft Englisch die Interviewsprache. Da Experten meistens über einen hohen Bildungsgrad verfügen, ist dies durchaus möglich. Allerdings muss man sich bei der Expertenbefragung darüber im Klaren sein, dass in unterschiedlichen Kulturen bestimmte Frageformen unterschiedlich bewertet werden. So akzeptieren Experten in den USA standardisiertes Vorgehen eher als Experten in Europa, die sich in ihren Antwortmöglichkeiten zu sehr eingeschränkt fühlen (Hunt u.a. 1964: 65). Auch neigen manche Kulturen stärker zu Andeutungen. In Großbritannien schreckt man z.B. davor zurück, deutlich negative Aussagen zu treffen. Höflichkeitsformen und Humor können interkulturell ebenfalls stark voneinander abweichen. Wie bereits angedeutet, spielen nationale und ethnisch-kulturelle Aspekte eine nicht zu unterschätzende Rolle. Es ist ein Unterschied, ob eine islamische Frau mit Kopftuch einen amerikanischen Unternehmer befragt oder ein Interview von einem Schwarzen oder einem Franzosen mit beschränkten englischem Wortschatz geführt wird. Gleiches gilt für unterschiedliche Expertentypen, die für verschiedene Informationen genutzt werden können. All diese sind in ihrer Wirkung schwer einschätzbare Faktoren, die bei einem Experteninterview allerdings unbedingt reflektiert werden müssen.

Eine Forschungstechnik, die zwischen dem Experteninterview und einer standardisierten Befragung liegt, ist die Expertenbeurteilung (*expert judgements*), die gerade im Bereich der Parteienforschung Anwendung gefunden hat (Castles/Mair 1984; Laver/Hunt 1992; Warwick 1994; Huber/Inglehart 1995). In diesen Expertenbefragungen werden Experten über die programmatische Stellung von Parteien anhand eines standardisierten Fragebogens schriftlich befragt. Als Experten werden häufig Wissenschaftlerinnen in diesem Bereich befragt, etwa Professorinnen der Politikwissenschaft. Hubers und Ingleharts Studie umfasst mit 42 Ländern eine große Anzahl von Ländern. Dagegen wurde die methodisch anspruchsvollste Arbeit zu diesem Bereich von Michael Laver und Ben Hunt (1992) verfasst, die anhand dieser Expertenbefragungen Rückschlüsse auf Koalitionsbildungen und Problemhaushalte in den verschiedenen Gesellschaften gezogen haben. Neben den programmatischen Positionen der Parteien wurde die eingeschätzte Wichtigkeit von politischen Institutionen erfragt. So sollen die Experten auf einer Skala von 0 bis 20 die Positionen der Parteien ihres Landes zu verschiedenen Themen einschätzen. Insgesamt wurden 355 Experten in 25 hoch entwickelten Demokratien befragt. Dabei wurden neben der Links/Rechts-Achse auch weitere gesellschaftliche Konfliktlinien wie Umweltpolitik/Wirtschaftswachstum, Zentralismus/Dezentralismus, Stadt/Land-Konflikt und die Bedeutung (Intensität) der Religion erhoben. Die Daten beziehen sich auf das Jahr 1989. Die Studie zeichnet sich dadurch aus, dass nicht nur die programmatischen Positionen in ihren Ausprägungen erfasst wurden, sondern auch die Bedeutung der einzelnen Dimensionen für die einzelnen Parteien.[173]

Michael Laver und Ben Hunt verdeutlichten jedoch auch die Probleme ihrer Expertenbefragung. Der Fragebogen lag nur in englischer Sprache vor, was in manchen Ländern (Japan) zu einer sehr geringen Rücklaufquote führte. Auch kann die Sprachbarriere zu systematischen Verzerrungen geführt haben. Um dem Einfluss solcher Effekte entgegenzuwirken, führten Laver und Hunt unterschiedliche Tests durch, die die Position der Experten selbst in der Analyse berücksichtigen. Auch bei dieser Methode ist es nicht unproblematisch, die nationalen Expertenurteile für eine länder- oder parteienvergleichende Analyse zu übertragen. Dies wird in der Skalierung der Variablen deutlich, die z.B. von Links (Wert 0) bis Rechts (Wert 20) reicht. Die differenzierte Skalierung ermöglicht für Länder mit vielen Parteien eine detaillierte Erfassung der programmatischen Unterschiede, während es bei Ländern mit wenigen Parteien dadurch zu Orientierungsproblemen kommen kann. Denn wo genau ist der Standpunkt der Demokraten in den USA auf einer solchen Skala? Daher können systematische Unterschiede zwischen Zwei- und Vielparteiensystemen auftreten. Die Daten aus Expertenbeurteilungen bieten dennoch insgesamt eine hilfreiche Orientierung für die Einschätzung programmatischer Standpunkte von Parteien.

[173] Diese Studie wurde zwischen 1999 und 2004 in 47 Ländern erneut durchgeführt und findet sich auf der folgenden Webseite: http://www.politics.tcd.ie/ppmd/, 1. November 2005.

Inhalts- und Dokumentenanalyse

Inhalts- und Dokumentenanalysen gehören zu den gebräuchlichsten Analyseverfahren in der vergleichenden Sozialforschung (Krippendorff 2004; Weber 1985; Früh 2001; Merten 1983). Ziel der Inhalts- oder Dokumentenanalyse ist die systematische Informationssammlung aus einem Text. "Content analysis is a research technique for making replicable and valid inferences from text (or other meaningful matters) to the context of their use" (Krippendorff 2004: 18). Dabei existiert ein breites Spektrum von qualitativen (Mayring 2003) bis hin zu quantitativen Verfahren.[174] Das grundsätzliche Vorgehen besteht in einer Vorgabe, welche Information aus einem Text herausgefiltert werden soll. Ähnlich wie beim Fragebogen in der Umfrageforschung oder dem Leitfaden im Experteninterview wird für eine Inhaltsanalyse ein Kategoriensystem entwickelt, welches hilft, Informationen gezielt aus dem Text zu ziehen. Das Kategoriensystem ist das wesentliche Element einer Inhaltsanalyse (Berelson 1952: 147).

Mit Hilfe des Kategoriensystems soll die Informationsfülle unter analytischen Aspekten minimiert werden: "A central idea of content analysis is that many words of the text are classified into much fewer content categories." (Weber 1985: 12) Dabei müssen die Texte nicht vollständig in Kategorien übertragen werden, sondern können durch ein Kategoriensystem systematisch selektiv untersucht werden. So ist es möglich, große Textmengen, die für ein Thema repräsentativ sind, betrachten zu können.

Ein nicht zu unterschätzender Aspekt bei der Datenerhebung aus Texten ist der Interpretationsgrad, der bei der Datenerfassung zugelassen wird. Texte sind immer an den Kontext und die jeweilige Kultur gebunden. Der konkret geschriebene, *manifeste* Inhalt mag oftmals nur einen Teil der Nachricht beinhalten. Häufig wird die Information in einem Text „zwischen den Zeilen" vermittelt und der *latente* Inhalt einer Nachricht ist bedeutungsvoller. Die Gegenüberstellung zwischen manifestem und latentem Inhalt lässt sich in die Kategorien von Reliabilität und Validität übertragen. Studien, die sich sehr stark auf den manifesten Inhalt beziehen, erreichen eine hohe Reliabilität, weisen jedoch Defizite bezüglich der Validität auf. In Studien, die sich stärker auf den latenten Inhalt kaprizieren, ist das Verhältnis genau umgekehrt.

Inhaltsanalysen können sich auf verschiedene Aspekte beziehen. Harold Lasswell und Kollegen (1952) haben den Einsatz von Inhaltsanalysen prägnant zusammengefasst: „Wer sagt was zu wem, wie, warum und mit welchem Effekt?" *„Wer"* bezieht sich auf den Sender einer Nachricht. Mit diesem Fokus kann man Informationen über den Verfasser einer Botschaft ermitteln. Da Zeitschriften und Dokumente oftmals Ergebnis kollektiver Verhandlungen sind, können die Aussagen auf kollektive Akteure bezogen werden. Eine Analyse der Bundestagsanträge kann beispielsweise auf die einzelnen Bundestagsfraktionen bezogen werden. *„Sagt was"* bezieht sich auf die Nachricht selbst. Mit diesem Schwerpunkt können Fakten erfasst werden, etwa Zeitungsmeldungen zur Gewaltbereitschaft auf Demonstrationen oder zur Teilnehmerzahl bei Streiks. *„Wie"* gibt Auskunft über den „Kanal", der für die Nachrichtenübermittlung gewählt wurde. Handelt es sich um Tageszeitungen, Urkunden, Dokumente oder andere Aufzeichnungen? Auch Wahlprogramme oder Internetpräsentationen zählen zu den Informationsquellen für Inhaltsanalysen. Zudem kann in diesem Zusammenhang der Kommunikationsstil analysiert werden. Werden die Inhalte

---

[174] Es existieren zunehmend computergestützte Inhaltsanalysen sowohl für qualitative (Kuckartz 2005) als auch quantitative Daten (Krippendorff 2004).

sachlich, populistisch, dogmatisch etc. übermittelt? *„Zu wem"* fokussiert sich auf den Empfänger. Analysen über Werbung sowohl im kommerziellen als auch politischen Bereich, z.B. im Wahlkampf, können einen solchen Schwerpunkt nahe legen. Die Frage nach dem Motiv (*„warum"*) bezieht sich vor allem auf latente Aspekte von Botschaften. *„Mit welchem Effekt"* bezieht sich auf die Wirkung von Aussagen. Bei der Analyse der Effekte können dabei inhaltliche und rhetorische Einflüsse auf den Empfänger im Mittelpunkt stehen. Wie wirkte etwa eine bestimmte Rede eines Politikers (beispielhaft etwa die Reden Göbbels' zur Kriegsmobilisierung)? Natürlich können Inhaltsanalysen auch mehrere Schwerpunkte gleichzeitig untersuchen.

Der große Vorteil von Dokumenten- und Inhaltsanalysen besteht darin, dass die Daten im natürlichen Kontext entstanden sind und robuste, non-reaktive Informationen darstellen. Gerade historische Analysen finden in Dokumenten, die zu einem bestimmten Zeitpunkt entstanden sind und nicht auf nachfolgende Ereignisse reagieren, eine wertvolle Informationsquelle. Informationen aus Interviews über vergangene Ereignisse unterliegen beim Interviewten oftmals der retrospektiven Sinndeutung. Dieser Begriff bezieht sich auf den sozialpsychologischen Drang, vergangene Ereignisse vom gegenwärtigen Standpunkt aus zu interpretieren. Ein Nachteil von Inhaltsanalysen besteht darin, dass ein Nachfragen an den Text nicht möglich ist und man mit den vorgegebenen Informationen arbeiten muss.

Die Inhaltsanalysen variieren recht stark, man unterscheidet unter anderem Autoren- und Persönlichkeitsstrukturanalysen, Dogmatismusanalysen, Traum- und Verständlichkeitsanalysen (Merten 1983). Im Folgenden sollen einige Verfahren mit besonderer Relevanz für die vergleichende Politikwissenschaft etwas genauer betrachtet werden.

Die inhaltsanalytische Analysetechnik kann sich auf die Erfassung von Interpretationsschemata von politischen Akteuren oder Kulturkreisen (*warum*) konzentrieren. Anhand von *Causal Maps* werden Interpretationsmuster auf ihren kognitiven Kern bezogen. Gerbner und Marvanyi (1977) identifizierten Weltinterpretationen in den USA, Ost- und Westeuropa, der Sowjetunion und einigen anderen Ländern anhand von Inhaltanalysen aus nationalen Tageszeitungen. Diese Analysetechnik ist darüber hinaus im Kontext von Entscheidungsprozessen in unterschiedlichen Bereichen (Axelrod 1976) oder in Analysen über das Verhalten von Organisationen (Weick 1985; Weick/Bougon 1986; Jahn 1993a) angewandt worden.

Eine weitere Version schätzt die Bewertung von spezifischen Begriffen durch bestimmte Akteure ein. Bewertungsanalysen stellen eine sehr aufwändige Methode dar (Osgood u.a. 1956; Merten 1983: 192-197) und wurden beispielsweise für die Analyse der Bewertung der Kernenergie in deutschen und schwedischen Gewerkschaften genutzt (Jahn 1993a).

Inhaltsanalytische Verfahren können jedoch auch für den Vergleich von vielen Ländern benutzt werden. So haben Weaver u.a. (1985) 134 Länder hinsichtlich der Bedingungsfaktoren der Pressefreiheit untersucht. Ein besonders eindrucksvolles Beispiel der kontextspezifischen Analyse zeigt sich in historischen Untersuchungen, in denen inhaltsanalytische Verfahren benutzt werden. Etwa konnten die Reden des britischen Thrones von 1689 bis 1972 (Namenwirth/Weber 1987) oder die Parteiprogramme der US-amerikanischen Parteien von 1828 bis 1996 untersucht werden (Gerring 1998).

Eine Variation der Inhaltsanalyse – manche behaupten, es sei eine neue Form der Dokumenten- oder Inhaltsanalyse – besteht in der Diskursanalyse. Diese versucht die Informationen nicht in einzelnen Kategorien, sondern in konfigurativen Argumentationsmustern zu erfassen. In diesen Analysen, die sich häufig mit gesellschaftlichen Konflikten beschäftigen, wird gefragt, welche Argumentationen die einzelnen Akteure vertreten, wie sich diese verändern und welches die in einer Gesellschaft dominanten Argumentationsmuster sind. Diese Technik wurde mit unterschiedlichen Standardisierungsgraden in der Behandlung von ökologischen Problemen angewendet. Maarten Hajer (1995) untersuchte anhand einer Diskursanalyse die Argumentationsverläufe (*story lines*, *process tracing*) in der Debatte über den sauren Regen in den Niederlanden und Großbritannien. David Snow und Robert Benford (1988; 1992) beziehen sich auf die Grundprämissen des symbolischen Interaktionismus (Goffman 1974) und untersuchen, wie spezifische Themen in einen breiteren Interpretationsrahmen eingebettet werden (*frame* und *framing*) und welche Interpretation gesellschaftliche Gültigkeit erhält und zum *master frame* aufsteigt. Ein ähnliches inhaltsanalytisches Forschungsdesign wurde für die Analyse des Kernenergiekonflikts in Schweden und Deutschland benutzt (Jahn 2000). John Dryzek und Leslie Holmes (2002) analysieren Diskurse über die Demokratie in 13 neuen Demokratien und Diktaturen.

Die bekannteste und umfangreichste Inhaltsanalyse im Bereich der vergleichenden Politikwissenschaft ist das *Comparative Manifesto Project*, eine internationale Analyse von Wahlprogrammen (Budge u.a. 1987; Klingemann u.a. 1994; Budge u.a. 2001). In dieser Untersuchung werden sämtliche relevanten Parteien von 1945 bis 1998 in 25 Demokratien nach verschiedenen Themenbereichen (Außenbeziehungen, Freiheit und Demokratie, politisches System, Wirtschaft, Wohlfahrt und Lebensqualität) untersucht.[175] Insgesamt wurden über 1.800 Wahlprogramme analysiert. Mit dieser Methode können unter anderem die programmatischen Positionen der Parteien auf einer Links/Rechts-Skala erfasst oder die Positionsveränderungen von Parteien im Zeitverlauf untersucht werden (s. für neue Berechnungsverfahren: Huber/Gabel 2000; Franzmann/Kaiser 2006). Andere inhaltsanalytische Untersuchungen von Wahlprogrammen betrachten die veränderte Wahlrhetorik von sozialdemokratischen Arbeiterparteien in Schweden, Großbritannien und Deutschland im Lichte neoliberaler und wohlfahrtsstaatlicher Bezüge und stellen eine (rhetorische) De-Radikalisierung fest (Jahn/Henn 2000).

Vergleichende Umfrageforschung

Die Umfrageforschung ist eine der etabliertesten und am weitestgehenden erforschten Untersuchungstechniken in den Sozialwissenschaften (Bürklin 1995; Schumann 2000; Diekmann 2001: Kapitel 10; Porst 2000), mit deren Hilfe vor allem repräsentative Informationen über Bevölkerungseinstellungen erhoben werden. Neben dem Bereich der Meinungsforschung allgemein wird die Umfrageforschung auch in der Wahl-, Markt-, Konsum- und Werbeforschung genutzt. Das Grundprinzip besteht darin, dass mit einem standardisierten Fragebogen durch bestimmte Auswahlverfahren (repräsentative Stichproben) verallgemeinerbare Informationen erhoben werden können. Man unterscheidet die Umfragen danach, ob die Interviews durch die Versendung von Briefen oder in einer *face to face*-Situation, in

[175] Die Daten liegen dem Buch von Budge u.a. (2001) als CD-ROM bei. Darüber hinaus können sie, verbunden mit weiteren wesentlichen Daten über die Stärke von Parteien von der Webseite von Thomas Cusack (Wissenschaftszentrum Berlin) heruntergeladen werden (siehe Anhang). Auch wurden die Analysen im Rahmen des Parteienmanifestoprojekts intenisv diskutiert. Siehe z.B.: King/Laver (1993); Thome (1999). Neue computerunterstützte Arbeiten in dieser Tradition werden darüber hinaus entwickelt (Laver/Garry 2000). Zum Vergleich verschiedener Methoden der Einschätzung von Parteipositionen siehe auch Laver (2001).

der sich der Interviewte und der Interviewer gegenüber sitzen, durchgeführt werden. Gegenwärtig nimmt die Telefonbefragung einen immer breiteren Raum in der Umfrageforschung ein. Auch können für bestimmte Bereiche Umfragen über E-Mail und Internet organisiert werden.

In der international vergleichenden Politikwissenschaft sind vergleichende Umfragen seltener. Aufgrund der hohen Kosten sind nur wenige Wissenschaftler in der Lage, diese Datenerhebungstechnik anzuwenden (Almond/Verba 1963; Inglehart 1977; Inglehart 1998). Allerdings kann man für weniger Geld (aber immer noch mehrere tausend Euro) als Einzelwissenschaftler einige Fragen in Großumfragen plazieren (Eurobarometer, Gallup). Für die vergleichende Surveyforschung spielt neben den Genannten auch das *World Value Survey* eine herausragende Rolle (Inglehart 1998), von diesem existieren bisher vier Wellen (siehe auch Sekundärdatenanalysen).

In der Methodologie der vergleichenden Umfrageforschung findet man mehrere Einführungen, die hilfreiche Orientierung geben, jedoch zum Teil älteren Datums sind (Rokkan u.a. 1969; Szalai/Petrella 1977; für eine aktuelle Übersichten siehe Niedermayer 1997; Niedermayer/Widmaier 2003: 84; 93-100; Harkness u.a. 2003; Westle 2005). Neben den weiter oben angesprochenen Problemen des Auseinanderklaffens von Datenerhebungs- und Analyseebene stellt sich das Problem der Übersetzung von Fragen in noch gravierendem Ausmaß als bei der Expertenbefragung. Führt man eine Bevölkerungsbefragung in mehreren Ländern durch, werden die Fragebögen in die entsprechenden Landessprachen übersetzt und Interviews von Muttersprachlern durchgeführt.

Darüber hinaus liegen aber auch unterschiedliche konzeptionelle Bedeutungsübersetzungen vor. So mögen manche Wörter in unterschiedlichen nationalen Kontexten mit verschiedenen Konnotationen belegt sein. Eine Veränderung der Bedeutung bestimmter Konzepte und Begriffe ist auch bei der temporal-vergleichenden Umfrageforschung zu beachten. Begriffe können im Zeitverlauf unterschiedlich betrachtet werden. Bei länder- und zeitvergleichenden Sekundäranalysen müssen diese Aspekte ebenfalls berücksichtigt werden.

Die Art und Weise der Lösung dieser Probleme lässt sich nicht einfach verallgemeinern. Beispielsweise könnte man Plausibilitätstests durchführen, um zu prüfen, inwieweit relativ robuste Zusammenhänge auch mit den neu gestellten Fragen korrelieren. Diese Art des Validitätstests ist natürlich relativ vage. Andere Verfahren zum Testen der Validität von Umfragen über Länder- oder Kulturgrenzen können sich auch auf die im nächsten Kapitel genannten Validitätstests beziehen.

Sekundäranalysen

Primärdatenerhebungen sind in der vergleichenden Politikwissenschaft eher die Ausnahme, denn der Aufwand und die Kosten für die Erhebung ländervergleichender Daten sind beträchtlich. Damit nehmen Sekundärdatenanalysen einen hohen Stellenwert gerade in Studien, die viele Länder in die Untersuchung einbeziehen, ein. In Sekundäranalysen werden die Daten, die bereits für einen bestimmten Zweck erhoben worden sind, unter einer anderen Perspektive nochmals analysiert (Stewart/Kamins 1993). Diese Art der Forschung erspart den ressourcenintensiven Prozess der Datenerhebung. Nachteilig wirkt sich hierbei jedoch aus, dass die Forscher der Primärerhebung die Daten unter anderen Aspekten und Forschungsinteressen erhoben haben, als dies in der Sekundäranalyse der Fall ist.

Viele sozialwissenschaftliche Datensätze liegen im Kölner Zentralarchiv für empirische Sozialforschung vor. So werden regelmäßig im Rahmen des Eurobarometers Umfragedaten in allen EU-Ländern erhoben. Neueren Datums sind ähnliche Umfragen, die sich auf Mittelosteuropa (*Central and Eastern Eurobarometer*) beziehen. Analoge Umfragen existieren auch für Lateinamerika und Afrika (*Latinobarometer* und *Afrobarometer*). Diese Studien bieten vergleichbare, repräsentative Umfragedaten der Bevölkerungen der EU-Länder, die erworben und für einen spezifischen Zweck ausgewertet werden können. Auch politikwissenschaftliche Handbücher bieten mannigfaltige Informationen für Sekundäranalysen.

Neben diesen sozialwissenschaftlichen Datensätzen spielen in der vergleichenden Politikwissenschaft Publikationen und Datensätze internationaler Organisationen wie der EU, OECD, *Weltbank*, UN, ILO, IMF und so weiter, sowie aus nationalen Datenhandbüchern und offiziellen Statistiken eine wesentliche Rolle. Der Vorteil der Daten von internationalen Organisationen besteht darin, dass diese viel Mühe verwendet haben, die individuellen Länderinformationen in vergleichbaren Kategorien zu erheben. Allerdings sehen manche Autoren gerade darin einen Nachteil (Glover 1996). Denn die bereitgestellten Daten der Organisationen basieren oftmals auf Verhandlungen und Kompromissen zwischen verschiedenen statistischen Erfassungsmethoden der einzelnen Länder. Auch spielen oftmals nationale Interessen eine Rolle, welche Informationen wie weitergegeben werden. Dies führt dazu, dass die Datenqualität genuine Defizite aufweist.

So lassen auch die umfänglichen Fußnoten, die oftmals diese Daten begleiten, erkennen, dass der Prozess der Datenangleichung für diese internationalen Organisationen nicht einfach ist. Selbst so einfache Kennzahlen wie die Arbeitslosigkeit werden in den einzelnen Ländern unterschiedlich erhoben oder die Definitionskriterien verändern sich, so dass Ländervergleiche und Zeitreihenanalysen schwierig werden.

Neben den bereitgestellten Daten großer internationaler Organisationen existiert eine Reihe von Handbüchern, die länderaggregierte Daten zur Verfügung stellen. Allerdings stellen die Handbücher oftmals auch lediglich die Daten der Organisationen zusammen. Auch veralten die Daten in Handbüchern sehr schnell, so dass diese Datenquellen nicht mehr den gleichen Stellenwert besitzen wie noch vor wenigen Jahren. Zunehmend gewinnen die Zusammenstellungen von Daten durch einzelne Wissenschaftler auf ihren Webseiten an Bedeutung. Diese Informationen werden dann oftmals in vergleichbarer Form zur Verfügung gestellt und regelmäßig aktualisiert (siehe Anhang). Allerdings ist auch bei solchen Informationen ein sorgfältiges Vorgehen erforderlich, da sich in manchen Datensätzen Fehler eingeschlichen haben und die Operationalisierungen nicht immer in der gewünschten Weise durchgeführt wurden.

Besonders fruchtbar ist das Zusammenspiel zwischen Primär- und Sekundäranalysen, wenn man die eigenen Daten mit Daten anderer Untersuchungen verbindet. So kann ein neues Land untersucht und anschließend vergleichbaren Daten aus anderen Ländern gegenübergestellt werden. Oder es können Zeitreihenanalysen erstellt werden, indem man eine neue Untersuchung auf der Grundlage von schon vorliegenden Studien durchführt. Auch können verschiedene Datensätze zusammengebracht und neue Fragestellungen erarbeitet werden.

Die Sekundäranalyse von Aufsätzen in Fachzeitschriften oder Büchern ist bereits für Studierende als Einstieg in Sekundäranalysen geeignet. Zunächst können die Studien repliziert werden, um dann mit Variablen anderer Studien ergänzend betrachtet zu werden (King 1995; King i.E.). Diese Art der Sekundäranalyse führt intensiv in die gängige Datenanalyse der Forschungspraxis ein, da die einzelnen Schritte etablierter Studien nachvollzogen werden können. Auch kann in solchen Studien eruiert werden, inwieweit sich die etablierten Studien an das Kriterium der Nachvollziehbarkeit der Untersuchung gehalten haben. Vor allem in amerikanischen Fachzeitschriften wird in den letzten Jahren großer Wert auf die Dokumentation der Datenanalyse gelegt, so dass diese Veröffentlichungen Anfängern besonders zu empfehlen sind. Auch Einführungstexte enthalten heute zunehmend Datensätze als Übungsmaterial, die auf CDs oder Webseiten zusammengestellt sind.

Sekundäranalysen können somit in idealer Weise als Einstieg in die empirische vergleichende Politikwissenschaft dienen. Zudem ermöglichen sie, das „Trockenschwimmen" der Konzeptionalisierung und die Theoretisierung mit ersten „Schwimmbewegungen" der Datenanalyse zu kombinieren, und sie lassen sich ohne größere Schwierigkeiten in studentischen Hausarbeiten oder Abschlussarbeiten durchführen. Ähnliches gilt für Meta-Analysen.

Meta-Analysen

Meta-Analysen (Cook u.a. 1992; Geddes 2003: Kapitel 4 sowie Anhang A und B; Hunter/Schmidt 2004; Petticrew/Roberts 2006) sind eine formalisierte Art der Kumulation von Fall- und anderen Studien. In diesen Analysen werden aus eher deskriptiven Fallstudien oder auch *Area Studies* systematisch Informationen gewonnen, die unter theoretisch-analytischer Anleitung erhoben werden. Anders als Sekundäranalysen, die zuvor erhobene Daten nochmals unter einer anderen Fragestellung analysieren und somit die entsprechenden Rohdatensätze beschaffen müssen, basieren Meta-Analysen auf Publikationen. Meta-Analysen gehen jedoch über eine Literaturübersicht hinaus, weil die Forschungsergebnisse von anderen Untersuchungen systematisch zusammengefasst werden. Auch diese Art von Studien eignet sich ausgezeichnet für Hausarbeiten im Grund- und Hauptstudium, da sie zwar den theoretisch-analytischen Ansprüchen einer vergleichenden Studie entspricht, jedoch keinen allzu großen methodischen Aufwand bei der Datenerhebung verlangt.

Die Datenerhebung orientiert sich im Wesentlichen an den Kriterien, die im Zusammenhang der Inhalts- und Dokumentenanalyse vorgestellt wurden. Anhand von standardisierten Kodierplänen können systematisch Informationen aus Publikationen erhoben und in einem weiteren Schritt analysiert werden. Eine Art der Meta-Analyse sind Untersuchungen, die Informationen nur von Studien aufnehmen, die selbst quantitatives Material zur Verfügung stellen. Diese Annäherung an andere Studien impliziert natürlich, dass der Maßstab der Datenerfassung in sämtlichen Untersuchungen vergleichbar ist. Auch wenn dies durchweg nicht als gegeben angesehen werden kann, stehen doch einige Informationen zur Verfügung, die für vergleichbare Zwecke genutzt werden können. So behandeln mehrere Untersuchungen Parteienpräferenz, soziale Klasse und das Bildungsniveau als unabhängige Variable für Wahlverhalten. Die Studien über die Zusammenhänge dieser Aspekte könnten dann in einer Meta-Analyse zusammengetragen werden und hinsichtlich ihrer Generalisierbarkeit überprüft werden.

Die einfachste Art der Datenanalyse in Meta-Analysen ist die Zusammenfassung der Ergebnisse zu einer Beziehung mittels einer Tabelle. So kann beispielsweise davon ausgegangen werden, dass sozialdemokratische Regierungen die Arbeitslosenrate vermindern. Dann können verschiedene Studien aus unterschiedlichen Ländern betrachtet werden, in denen Arbeitslosigkeit im Vordergrund des Interesses gestanden hat. Unter der Perspektive verschiedener Länder und Zeitpunkte kann eine einfache Strichliste angefertigt werden, ob der Zusammenhang positiv oder negativ war. Diese Strichliste kann ausdifferenziert werden, indem man sich auf spezifische Aspekte konzentriert, etwa Koalitionsregierungen, Stärke der Opposition und die weltwirtschaftliche Situation.

Diese Art der Untersuchungen kann zu neuen theoretischen Einsichten führen, da sie die vereinzelten Befunde zu einem Themenbereich unter einem analytischen Rahmen zusammentragen und untersuchen. Viele Sammelbände arbeiten mit dieser Methode.[176] Hierfür werden einzelne Länderexperten gebeten, einen Aufsatz über ihr Land unter Erfüllung bestimmter Kriterien zu verfassen. Z.B. müssen bestimmte Themenbereiche abgehandelt werden und die Ergebnisse mit einem vorgegebenen Analyseraster bestimmt werden. Es existieren Studien, die politische Aspekte anhand von Länderstudien darstellen. Zu nennen sind die beiden Bände von Wolfgang Ismayr (2002; 2003), die die politischen Systeme Ost- und Westeuropas behandeln. Andere Arbeiten beschäftigen sich mit sozialdemokratischen (Ladrech/Marlière 1999), christdemokratischen (Hanley 1994), liberalen (Kirchner 1988), rechten (Betz/Immerfall 1998) oder grünen Parteien (Richardson/Rootes 1995), oder es werden Fallstudien über erfolgreiche umweltpolitische Maßnahmen erfasst und dann anhand eines analytischen Rahmens zusammengefasst (Jänicke/Weidner 1997; Weidner/Jänicke 2002). Andere Herausgeber vereinen vergleichende Analysen zu spezifischen Unterthemen eines Forschungsfeldes. So untersuchen die Beiträge in Lawson/Merkl (1988) die Gründe für das Scheitern von Parteien. Herbert Döring (1995a) stellt Arbeiten zu westeuropäischen Parlamenten zusammen und Jean Blondel und Ferdinand Müller-Rommel (1993) lassen in den Beiträgen ihre Autoren die Entscheidungsprozesse und Außenbeziehungen von Regierungskabinetten darstellen. Robert Elgie (1999; 2001) trägt Beiträge zu semi-präsidentiellen Systemen und geteilten Regierungen (*divided governments*) zusammen, Philip Norton (1999) sammelt Beiträge zu dem Einfluss von Interessensgruppen auf die Parlamente in Europa und Oscar Gabriel und Frank Brettschneider (1994) sowie Stefan Hradil und Stefan Immerfall (1997) betrachten unterschiedliche Aspekte der Länder der Europäischen Union (Gemeinschaft). Die genannten Herausgeber repräsentieren nur einen kleinen Ausschnitt der eher systematischen Bände.

Die Meta-Analyse lässt sich auch auf Studien übertragen, die selbst schon vergleichenden Charakter tragen, aber zu unterschiedlichen Ergebnissen gelangen. So trägt ein OECD-Bericht (1997) die Ergebnisse von Studien zusammen, die die wirtschaftliche Situation und die Bereitschaft zur friedlichen Beilegung von Tarifkonflikten betrachten. Es wird davon ausgegangen, dass diese Beziehung in einer umgekehrten U-Form verläuft. Von 15 Untersuchungen wurde diese Beziehung in fünf Fällen bestätigt, in sechs widerlegt und in vier Fällen wurden uneindeutige Ergebnisse ermittelt. In einem weiteren Schritt werden

[176] Leider muss darauf hingewiesen werden, dass viele der herausgegebenen Bände lediglich eine Aneinanderreihung einzelner Länderstudien darstellen, die einen äußerst geringen Wert für die vergleichende Politikwissenschaft haben. In diesen Studien sind dann oftmals die Qualität der Einleitung oder eines Schlussteils für den komparativen Ertrag der gesamten Studie verantwortlich. Auch spielen die Herausgeber solcher Bände selber eine wesentliche Ergebnis bestimmende Rolle, so dass manche behaupten, dass diese die wichtigste „unabhängige Variable“ in solchen Arbeiten darstellen (Peters 1998: 53).

dann die unterschiedlichen Grundannahmen der verschiedenen Untersuchungen beleuchtet und daraus neue Einsichten abgeleitet.

Eine Studie, die eine Mischung aus Sekundäranalyse, Meta-Analyse und neu erhobenen Daten darstellt, liegt mit der *Beliefs in Government*-Studie, der größten sozialwissenschaftlichen Untersuchung Europas, vor, die in fünf Bänden veröffentlicht wurde. In diesen Bänden wird etwa das Verhältnis von Bürgern und Staat (Klingemann/Fuchs 1995), die öffentliche Meinung und internationalisiertes Regieren (Niedermayer/Sinnott 1995), die Reichweite von Regierungen (Borre/Scarbrough 1995) und der Einfluss von Werten (van Deth/Scarbrough 1995) untersucht. Der Band von Max Kaase und Kenneth Newton (1995) gibt einen Überblick über die gesamte Studie. Auch Russell Dalton (2005) gründet seine komparative Untersuchung über die USA, Großbritannien, Westdeutschland und Frankreich auf das Zusammentragen anderer, oftmals nationaler Untersuchungen.

Natürlich birgt die Meta-Analyse viele methodologische Probleme in sich. Vor allem ist man von zuvor publizierten Daten abhängig, deren Vergleichbarkeit jedoch keineswegs gewährleistet ist. Auch werden meistens positive Zusammenhänge zwischen Variablen in den einzelnen Fallstudien beschrieben, weshalb diese stärker in eine Meta-Analyse aufgenommen werden. Dagegen werden negative oder nicht existente Zusammenhänge häufig systematisch vernachlässigt.[177] Auf die geographischen Schwerpunkte wurde bereits eingegangen. So sind manche Länder – etwa die skandinavischen, die großen europäischen Demokratien und die USA – häufiger untersucht worden als etwa Portugal und Neuseeland. Dieses Problem trifft auch auf die Transformationsforschung zu, wo meist Ungarn, Polen und die Tschechische Republik im Mittelpunkt des Interesses stehen (Elster u.a. 1998; Kitschelt u.a. 1999b; Rüb 2001). Das bedeutet, dass wir zwar für idiographische Zwecke viele Informationen über einige Länder besitzen, die Möglichkeit daraus nomothetische Aussagen zu treffen, ist jedoch äußerst begrenzt.

Da neue Erhebungen meist sehr teuer und aufwändig sind, sollte die Meta-Analyse, trotz der genannten Probleme, nicht vorschnell unberücksichtigt bleiben. Insbesondere wenn neue Regionen erschlossen werden sollen, können Meta-Analysen eine sinnvolle Unterstützung sein. So kann die Untersuchung der Länder des Ostseeraums auf metaanalytischer Forschung aufbauen, da hier die Ergebnisse der skandinavischen Forschung mit der Forschung zu Osteuropa zusammengetragen und gegebenenfalls mit neuen Daten der baltischen Staaten ergänzt werden können.

[177] Berichten mehrere Fallstudien von einem Zusammenhang zwischen sozialdemokratischer Regierungsinitiative und geringer Arbeitslosigkeit, wird dieses Thema jedoch nicht in Land X aufgenommen, wissen wir nicht, ob der Zusammenhang vielleicht doch besteht oder ob er negativ oder neutral ist.

Kapitel 7: Erfassung sozialer Phänomene

1. Die empirische Erfassung theoretischer Konzepte
2. Variablen und Operationalisierung
3. Validität und Reliabilität
4. *Travelling* und *stretching* von Konzepten
5. Indices, Skalen und Typologien

1 Die empirische Erfassung theoretischer Konzepte

Eine wesentliche Rolle in der vergleichenden Politikwissenschaft spielt die Erfassung sozialer Tatbestände und die Vergleichbarkeit unterschiedlicher Konzepte (Goertz, 2005). Damit ein politikwissenschaftlicher Vergleich sinnvoll durchgeführt werden kann, müssen wir in einem gewissen Maße sicher sein, dass die gleichen Konzepte auch das Gleiche in unterschiedlichen Kontexten bedeuten, wie dies in Abbildung 6-2 dargestellt wurde. Vor allem gilt es herauszufinden, welche Institutionen und Verfahren in verschiedenen Kontexten ähnliche Aufgaben übernehmen. Begriffe und Institutionen, die in einem Kontext mit einer bestimmten Bedeutung verbunden sind, können in einem anderen Land oder Kulturkreis ganz andere Bedeutungen besitzen oder gar bedeutungslos sein. So gilt der Begriff „Staat" für viele Europäer als ein reales, manchmal metaphysisches Gebilde, während es für viele Amerikaner lediglich eine Komponente des föderativen Systems darstellt. Föderalismus wird meistens nur von Bürgern und teilweise auch von Sozialwissenschaftlerinnen aus Staaten mit einem föderativen Aufbau verstanden (z.B. Deutschland, Österreich, Belgien, der Schweiz, USA und Kanada). Auch die Idee des Föderalismus kann in Nordamerika und Europa sehr unterschiedlich verstanden werden. In anderen Ländern, in denen dieses System des Staatsaufbaus ebenfalls existiert (Brasilien, Nigeria und Indien), können die unterschiedlichen Auffassungen noch ausgeprägter ausfallen. Diese unterschiedliche Wahrnehmung und Auffassung von ähnlichen oder gleichnamigen Konzepten hat auch praktische politische Konsequenzen, wenn man sich vor Augen führt, dass die Europäische Union föderativ aufgebaut werden sollte, die Auffassung von Föderalismus sich aber zwischen den Mitgliedsstaaten stark unterscheidet und der Begriff Föderalismus in Großbritannien z.B. eher negativ besetzt ist.

Bei der empirischen Erfassung von Konzepten kann das Zwei-Ebenen-Modell Smelsers weiter ausdifferenziert werden, so dass dann vier Ebenen unterschieden werden können: (a) die begriffliche Ebene der theoretischen Bestimmung der Begriffe, (b) die konzeptionelle Ebene der systematisierten Konzepte, (c) die operationale Ebene der Bestimmung von Indikatoren und (d) die empirische Ebene der Messung von Beobachtungen (siehe Abbildung 7-1).

Abbildung 7-1: Konzeptionalisierung und empirische Erfassung von sozialen Phänomenen

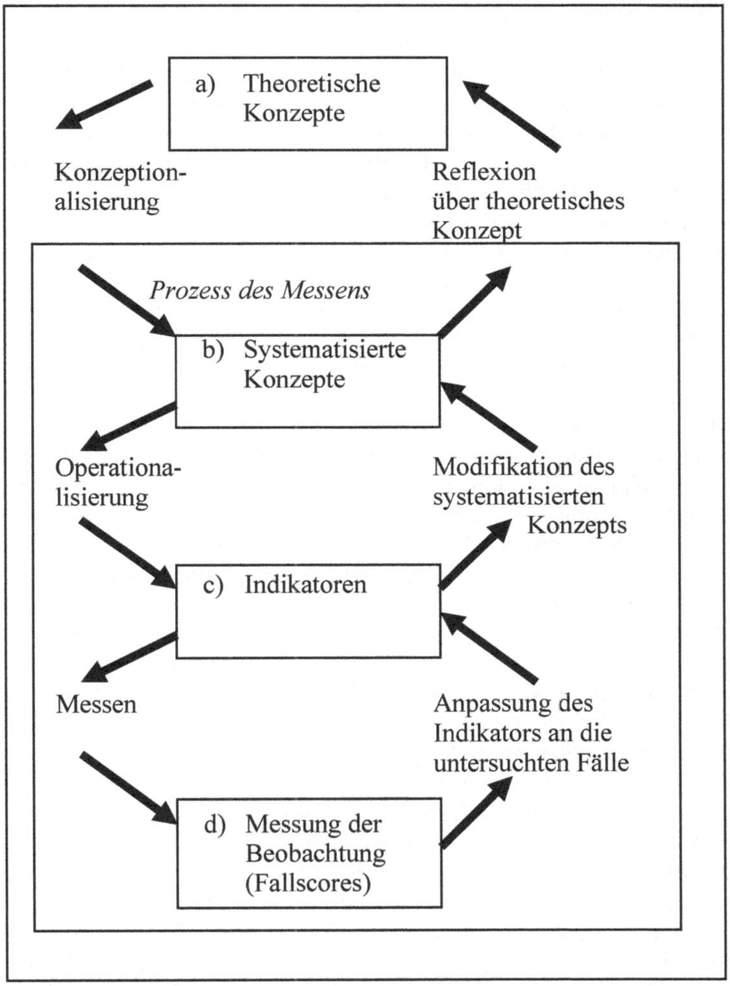

Quelle: Adcock/Collier (2001: 531) mit eigenen Veränderungen

Zunächst einmal gilt es, (a) die Ebene der begrifflichen Erfassung eines sozialen Phänomens zu konkretisieren. „Demokratie" kann als Staatsform aufgefasst werden, die sich aus Demos = Volk und Kratos = Herrschaft zusammensetzt.[178] Diese Volksherrschaft bedarf einer weiteren Spezifikation, z.B. dass politische Entscheidungsprozesse, wenn sie nicht vom Volk ausgehen, so doch von diesem beeinflusst werden können. Es muss definiert

[178] Das theoretische Konzept von Demokratie ist alles andere als eindeutig bestimmt. Für einen Überblick über verschiedene Definitionen und Auffassungen von Demokratie siehe etwa die Texte in Dahl u.a. (2003: 1-54).

werden, wer das „Volk“ ist. Sind es Menschen, die in einem Land leben, oder Menschen, die einer gewissen Nationalität angehören? Und was sind politische Entscheidungsprozesse? Ist die repräsentative Demokratie noch mit den Grundprinzipien der Volksherrschaft vereinbar oder haben wir es schon mit einer anderen Staatsform zu tun? Oder beinhaltet das Konzept von Demokratie auch soziale Gleichheit und Emanzipation?

Nachdem diese Fragen geklärt sind, können wir uns auf die nächste Ebene begeben und fragen, wie (b) Demokratie als systematisiertes Konzept erfasst werden kann. Welche Regeln können wir anwenden, um Demokratie in der Realität zu erfassen? Als operationale Regel könnte angegeben werden, dass der einzelne Bürger durch Wahlen in den politischen Prozess eingreifen kann. Die problematischen Aspekte der Volksbefragung haben wir schon in Kapitel 2 diskutiert. Soll auch dies in das systematisierte Konzept aufgenommen werden? Die Medienfreiheit kann als ein weiterer Aspekt für „Demokratie” gewertet werden. Auch könnte man davon ausgehen zu sagen, dass die Bürgerinnen und Bürger aktiv am politischen Geschehen teilnehmen müssen und somit ein gewisser Grad politischer Partizipation zum Demokratiekonzept gehört. Auf der dritten Ebene (c) müssen die Indikatoren für das systematisierte Konzept gefunden werden. Diese werden im nächsten Abschnitt ausführlich behandelt.

Auf der vierten Ebene müssen (d) solche Prozesse dann empirisch erfasst werden. Sie gehen also über die Operationalisierung hinaus. Gibt man im Prozess der Operationalisierung Wege an, wie ein systematisiertes Konzept empirisch durch Indikatoren erfasst werden könnte, muss dies auf der empirischen Ebene auch umgesetzt werden. Die Wahlbeteiligung, als ein Aspekt, kann durch amtliche Statistiken erfasst werden. Schwieriger ist dies bei Aspekten wie „Medienfreiheit” und „politische Partizipation”. Auch hierzu liegen operationale Indikatoren vor, etwa der *Freedom House*-Index oder Informationen zur Wahlbeteiligung. Überhaupt sollte man in einer Analyse zunächst immer prüfen, ob nicht bereits Indikatoren und Daten für die in die Arbeit aufgenommenen Variablen zugänglich sind. Ausgehend von solchen Indikatoren sollen dann bei Bedarf eigene entwickelt werden. Es ist vorteilhafter mit etablierten Indikatoren zu arbeiten, weil die eigene Arbeit dann leichter mit vorliegenden Studien vergleichbar ist und somit den gesamten Forschungsstand unmittelbar bereichern kann. Der Nachteil besteht darin, dass etablierte Indikatoren oftmals die eigenen Forschungsinteressen nicht vollständig widerspiegeln.

Man unterscheidet insgesamt drei Arten von Konzepten: *einfache* Konzepte (a), die sich durch einen *Indikator* messen lassen. Ein Indikator ist ein erfassbarer, relativ repräsentativer Aspekt eines systematisierten Konzepts. So kann, um das Einkommen eines Haushalts zu erfassen, das Gehalt in Euro oder Dollar als Indikator verwendet werden. Dabei ist ein Indikator immer nur ein reduzierter Aspekt des Konzepts. Je komplexer und theoretisch anspruchsvoller ein Konzept wird, desto schwieriger wird es, einen gültigen Indikator zu finden. *Komplexe* Konzepte (b) lassen sich aus einer Anzahl von Indikatoren zusammensetzen. Das Bruttosozialprodukt erfasst etwa verschiedene gesellschaftliche Tätigkeiten und summiert diese in einen Index auf. *Multidimensionale* Konzepte (c), die dritte Art von Konzepten, beziehen unterschiedliche Aspekte ein. Als Beispiel sei hier das Konzept der „menschlichen Entwicklung” (*human development*) genannt, welches sich sowohl auf die „materielle Lebensqualität”, die Bildungsrate als auch auf die Lebenserwartung bezieht (Morris 1979).

In der vergleichenden Politikwissenschaft ist es notwendig, vergleichbare Indikatoren zu ermitteln. Eines der Probleme, warum Konzepte nicht einfach von einem politischen

System auf das andere übertragbar sind, besteht in der Sprache bzw. Übersetzung eines Begriffs. "[T]hinking is language-wrapped" (Sartori 1984: 21). Das bedeutet, dass verschiedene Sprachen für unterschiedliche Themen „spezialisiert" sind bzw. Interpretationsmuster vorgeben. So hat die englische Sprache mehrere Begriffe für Politik (*polity, politics, policy*), die im Deutschen durch Ausführungen umschrieben werden müssen. Die Übersetzung von Begriffen ist sicherlich nicht trivial, sondern weist auf unterschiedliche kulturelle Voraussetzungen und Erfahrungen hin. Das einfache Beispiel, dass Eskimos viele unterschiedliche Wörter für die Beschreibung von verschiedenen Arten von Schnee haben, verdeutlicht diesen Punkt. Diese Ausdifferenzierung des Begriffs „Schnee" wäre sicherlich unter Völkern, die Schnee nicht kennen, gar nicht möglich gewesen. Für einen Thailänder wird ein solcher Begriff sogar unvorstellbar sein. Ähnlich verhält es sich mit deutschen Begriffen, die in der Sozialwissenschaft häufig ohne Übersetzung übernommen werden, wie etwa das Begriffspaar „Gesellschaft und Gemeinschaft", „Weltanschauung" oder „Zeitgeist". Die Anglizismen in der Wissenschaftssprache weisen darauf hin, dass viele Begriffe einfach nicht ohne weiteres übersetzbar sind.

Das Problem der Sprache und Übersetzung tangiert die Sozialwissenschaft auf zwei Ebenen. Einmal geht es um die begriffliche Erfassung in der Beschreibung und Bestimmung von sozialen Tatbeständen und wissenschaftlichen Ergebnissen. Dabei steht ein adäquates Verständnis der Tatbestände durch die Wissenschaftlerin im Vordergrund. Es ist allerdings auch für den Leser einer wissenschaftlichen Abhandlung von Bedeutung, die kulturellen Konnotationen bestimmter Begriffe einschätzen zu können. Das Sprachproblem berührt zum anderen auch die Ebene der Datenerhebung, wie im vorherigen Kapitel dargelegt wurde. Der gleiche Wortlaut einer Frage mag in unterschiedlichen Ländern sehr unterschiedliche Assoziationen wecken. So enthält etwa die Fragebatterie zum Wertwandel den Aspekt, ob die Befragten „Recht und Ordnung" unterstützen. Dieses Begriffspaar räsoniert – begründet in der deutschen Geschichte – mit den „deutschen Tugenden" und wird in der Gegenwart in der Bundesrepublik anders bewertet als in anderen Ländern. Dieser Umstand könnte den Anteil an Postmaterialisten in Westdeutschland mit beeinflusst haben.

Bei der Erfassung sozialer Phänomene ist jeder Schritt durch Rückversicherungen auf seine Gültigkeit zu kontrollieren. Die Messung von Indikatoren muss für die Untersuchungsfälle geeicht werden, die Indikatoren selbst müssen auf die systematisierten Konzepte bezogen und unter dem Aspekt geprüft werden, ob sie diese auch hinreichend erfassen. Auch sollte darüber nachgedacht werden, inwieweit die theoretischen Konzepte hinsichtlich einer empirischen Studie adäquat sind.

2 Variablen und Operationalisierung

Ein wichtiges Element jedes Forschungsdesigns zur Erfassung der Gegenstandsbereiche stellt die Übersetzung (Operationalisierung) von Konzepten in Variablen dar. Dabei gilt, dass die Güte der Variablen von der Güte der Konzepte abhängig ist (Sartori 1984: 10; Rose 1991: 447-449). Die Erfassbarkeit der Variation der Merkmalsausprägung einer Variablen ist für die Genauigkeit der Untersuchung und die Anwendung von Analyseverfahren von Bedeutung. Die empirische Erfassung der Variablen wird als „Messen" bezeichnet. Dabei ergibt sich eine Hierarchie der Erfassung oder des Messens von Konzepten (Skalenniveaus), welche unterschiedliche Auswertungsverfahren erlaubt: Auf der ersten Ebene finden wir die *nominale*, klassifizierende Erfassung von Daten in unterschiedlichen Kategorien, die in keinem hierarchischen Verhältnis stehen. Solche qualitativen Unterschiede stellt z.B. die Variable „Geschlecht" dar, die in den Kategorien männlich und weiblich erfasst werden kann. Dabei ist keine Ausprägung der Variable größer oder kleiner. Ihre Erfassung ist darüber hinaus ausschließlich, es existieren also keine anderen Werte, und alle Werte lassen sich eindeutig zuweisen. Schließlich ist die Variable Geschlecht dichotom: Sie besitzt zwei Ausprägungen. Jedoch sind nicht alle nominalen Variablen ausschließlich und dichotom. Das nominale Skalenniveau kann unter anderem auch die Variable „Nationalität" mit mehreren Ausprägungen wie z.B. türkisch, französisch, polnisch, schwedisch oder finnisch erfassen. Um dem Kriterium der Ausschließlichkeit zu entsprechen, wird oftmals die Ausprägung „sonstige" benutzt. Der Vorteil, alle Ausprägungen zu erfassen, besteht darin, dass dadurch die relativen Häufigkeiten der einzelnen Ausprägungen erfasst werden können.

Das nächst höhere Messniveau ist erreicht, wenn wir Variablen untersuchen, die sich quantitativ unterscheiden, wir aber nichts Genaues über den Unterschied aussagen können. So kann man davon ausgehen, dass ein Hauptschulabschluss weniger umfassend ist als ein Realschulabschluss und ein Abitur umfassender als ein Realschulabschluss. Aber man kann die Abstufungen nicht derart quantifizieren, dass ein Abitur dreimal umfassender ist als ein Hauptschulabschluss. Diese Erfassung von Varianz bezeichnet man als *ordinal*. Ordinal skalierte Daten finden wir oftmals in Umfragen, wenn die Antworten in „stimme voll zu", „stimme zu", „lehne ab" und „lehne vollkommen ab" bestehen. Auch die Erfassung des Freiheitsgrades des *Freedom House*-Index in „frei", „teilweise frei" und „unfrei" ist ordinal skaliert.

Variablen, die genauer messbar sind, sind *intervall-* oder *rational*skaliert. Intervallskalierte Daten besitzen festgelegte Unterschiede zwischen den Messpunkten. Allerdings haben sie keinen absoluten, sondern einen nur willkürlich festgelegten Nullpunkt. Die Temperaturmessung in Celsius oder Fahrenheit ist eine solche Intervallskala. Wir wissen zwar, dass 15 Grad 15 Grad weniger als 30 Grad sind. Deshalb ist es aber nicht richtig zu sagen, dass 30 Grad doppelt so warm sind wie 15 Grad. Dies ist leicht nachvollziehbar, wenn man die Temperatureinteilung von Celsius, Fahrenheit und Kelvin vergleicht. 20 Grad Celsius sind 68 Grad Fahrenheit und 293 Grad Kelvin. 40 Grad Celsius („doppelt so hoch") sind dagegen 104 Grad Fahrenheit (1,53 mal so hoch) und 313 Grad Kelvin (1,07 mal so hoch). Nur die Kelvin-Temperaturskala besitzt einen absoluten Nullpunkt (bei -273 Grad Celsius bzw. -459 Grad Fahrenheit) und nur in dieser Hinsicht ist es korrekt zu sagen, 313 Grad Kelvin sind etwa 7 Prozent wärmer als 293 Grad Kelvin. Rationale Skalen wie Einkommen, Alter, Größe etc. besitzen einen absoluten Nullpunkt und genau erfassbare Abstufungen wie Euro, Jahre, Zentimeter etc. Diese Daten erfassen die Phänomene am präzisesten und erlauben, sämtliche statistische Verfahren anzuwenden. Es ist dabei immer möglich, höher skalierte Daten in niedrigeren Kategorien zu erfassen. So können wir die rationale Skala Alter in eine ordinale übertragen, indem wir sagen, dass Menschen bis 30 Jahre „jung", zwischen 31 und 69 „mittelalt" und ab 70 „alt" sind oder dass Personen, die weniger als 300 Euro verdienen, kein Einkommen im Sinne der Kategorisierung besitzen und erst darüber hinaus über ein nennenswertes Einkommen verfügen. In neueren Analysen werden die theoretisch abgeleiteten Einteilungen von Variablen auf einer Skala von 0 bis 1 anhand einer *Fuzzy Set*-Logik (Ragin 2000) vorgenommen, die eine Erweiterung des Erfassungsbereiches darstellt (siehe mehr hierzu in Kapitel 14).

3 Validität und Reliabilität

Validität und Reliabilität sind zwei Grundbegriffe, die im Zusammenhang mit der Erfassung von Konzepten von großer Bedeutung sind. Die Validität oder Gültigkeit umfasst den Umstand, dass wir tatsächlich das durch unsere Instrumente erfassen, was wir erfassen wollen. Reliabilität oder Zuverlässigkeit bedeutet, dass wir Erhebungsverfahren anwenden, die die Konzepte zuverlässig erfassen. Das bedeutet, dass ein empirisch erfasstes Konzept zu verschiedenen Zeitpunkten oder von verschiedenen Forschern gleich erfasst wird. Reliabilität ist somit ein Kriterium, welches im Zentrum wissenschaftlichen Arbeitens steht. Die Reliabilität erhöht sich, wenn die Forschungsarbeiten nicht auf den alleinigen Bemühungen einer Forscherin beruhen. Sinnvoll ist es etwa, wenn die Datenerhebung von anderen Personen durchgeführt wird als die Datenanalyse. Erheben mehrere Personen die Daten, können Reliabilitätstests durchgeführt werden, indem die Abweichungen im Datenerhebungsprozess von zwei oder mehreren Personen zum gleichen Material verglichen werden. Insbesondere für Untersuchungen, die qualitative Datenerhebungs- und -analysetechniken benutzen, stellt die Überprüfung der Reliabilität eine große Herausforderung dar.

Die Validität ist bei weitem komplexer. Es liegen unterschiedliche Begriffe zu deren Spezifizierung vor. Zunächst kann zwischen *interner* und *externer Validität* unterschieden werden. Die interne Validität beschreibt den Umstand, dass die identifizierten Zusammenhänge innerhalb einer Untersuchung valide ermittelt werden. Formalisierte Verfahren besitzen eine hohe interne Validität. Die externe Validität bezieht sich dagegen auf die Schlussfolgerung, ob das, was wir in unserer Untersuchung identifiziert haben, auch tatsächlich in der Realität so anzutreffen ist. Unter diesem Aspekt besitzen formalisierte Verfahren gewisse Defizite. Das Problem besteht darin, ob das, was diese Modelle hoch zuverlässig analysieren, auch tatsächlich Relevanz in der Wirklichkeit besitzt.

Im Folgenden sollen in diesem Abschnitt einige Aspekte der internen Validität betrachtet werden, die eine wesentliche Rolle im politikwissenschaftlichen Kontext besitzen können: (a) inhaltliche Validität, (b) Konvergenz-/Diskrepanzvalidität und (c) Konstruktvalidität. Im nächsten Abschnitt wird dann unter Rückgriff auf die Begriffe *travelling* und *stretching* auf die externe Validität eingegangen.

In Abbildung 7-1 bezieht sich die *inhaltliche Validität*[179] darauf, inwieweit ein Indikator Ebene b und Ebene c adäquat überbrückt. Die Frage besteht also zum einen darin, ob alle notwendigen Elemente des systematisierten Konzepts in die Operationalisierung aufgenommen worden sind und zum anderen, ob vielleicht Elemente aufgenommen wurden, die nicht in das Konzept passen. In der Demokratieforschung hat z.B. Pamela Paxton (2000) etablierte Demokratieindices verglichen und festgestellt, dass diese in ihrer Betrachtung des allgemeinen Wahlrechts lediglich das Männerwahlrecht berücksichtigt haben. Daraus schließt sie, dass durch die Nichtberücksichtigung des Frauenwahlrechts eine wichtige Komponente von Demokratie vernachlässigt wurde. Auf der anderen Seite wird dem Demokratieindex von Vanhanen (1990) vorgeworfen, dass er durch die Betrachtung des Prozentanteils der Stimmen, die die anderen Parteien außer der größten Partei erhalten, nicht Demokratie misst, sondern die Struktur des Parteiensystems (Bollen 1990: 13 und 15; Coppedge 1997: 6).

[179] Was hier unter inhaltlicher Validität behandelt wird, firmiert oftmals auch unter Plausibilität oder *face validity*. Da zu diesem Begriff aber sehr viele, häufig sich widersprechende Vorstellungen existieren, schließe ich mich der Terminologie von Adcock/Collier (2001) an.

Die inhaltliche Validität kann auch durch die Betrachtung der individuellen Fallscores konkretisiert werden, was insbesondere in fallorientierten Studien Anwendung findet. Als ein Kriterium für Konsolidierung der Demokratie gilt, dass die demokratischen Regime gegenüber Krisen resistent sind. O'Donnell (1996) stellt fest, dass nach diesem Kriterium viele lateinamerikanische Länder konsolidierter sind als südeuropäische. Er empfindet diese Einschätzung als *reductio ad absurdum* und schlägt weitere Indikatoren vor. Das letzte Beispiel zeigt, wie durch eine Interaktion zwischen den verschiedenen Ebenen des Messens die systematisierten Begriffe für eine spezifische Untersuchung geeicht werden müssen.

Die *Konvergenz-/Diskrepanzvalidität* betrachtet, ob die Fallscores (Ebene d), die durch alternative Indikatoren entstehen (Ebene c), empirisch zusammenhängen bzw. ob sich diese von anderen systematischen Konzepten deutlich unterscheiden. Um diese Analysen durchzuführen, müssen natürlich mindestens zwei alternative Indikatoren für das Konzept vorliegen. In der Demokratieforschung hat es sich z.B. eingespielt, dass neue Indikatoren hinsichtlich ihrer Übereinstimmung mit etablierten Indikatoren getestet werden (Bollen 1980: 380-382; Coppedge/Reinicke 1990: 61; Przeworski u.a. 2000: Appendix 1.1; Mainwaring u.a. 2001; Munck/Verkuilen 2002). So wird der neu entwickelte Transformationsindex, der von der Bertelsmannstiftung vorgelegt wurde, mit etablierten Transformationsindices verglichen (Brusis 2005). Der alternative Weg (Diskrepanzvalidität) besteht in der gegenseitigen Abgrenzung der Konzepte. So zeigt Bollen (1980: 373-374), dass die Wahlbeteiligung nicht in ein Konzept von Demokratie gehört und es mit den restlichen Demokratieindices nicht kovariiert.

Die Konvergenzvalidität kann durch Triangulation unterstützt werden. Unter Triangulation versteht man die Strategie, mittels unterschiedlicher Verfahren den gleichen Forschungsgegenstand zu untersuchen (Webb u.a. 1966). Es existieren verschiedene Formen der Triangulation (Daten-, Forscher-, theoretische und methodologische Triangulation) (Denzin 1970). Am häufigsten wird unter diesem Begriff die methodologische Triangulation verstanden. Diese kann eine produktive Strategie sein, um qualitative und quantitative Forschungsmethoden zu kombinieren (Jick 1983; Deacon u.a. 1998; Bryman 2001: 447-449). Z.B. können verschiedene Indikatoren, basierend auf verschiedenartigen Datenquellen, das gleiche Konzept erfassen. Nur wenn man auf unterschiedlichen Wegen zum gleichen Ergebnis kommt, kann das Konzept Gültigkeit beanspruchen. Triangulation bietet sich oftmals für tabuisierte Aspekte an. Ist man etwa an der Steuermoral interessiert, sind direkte Fragen nach der Zahlungsbereitschaft, wie etwa „Hinterziehen Sie Steuern?“ wenig hilfreich. Als zuverlässiger erwiesen sich dagegen Fragen, ob die entsprechende Person glaubt, dass der Nachbar Steuern hinterzieht. Wenn dieses Ergebnis dann noch mit offiziellen Statistiken verglichen wird und sich die Ergebnisse ergänzen, können wir von einer erfolgreichen Triangulation ausgehen. Allerdings birgt die Triangulation die Gefahr der Verwässerung von Konzepten und von logischen „Fehlschlüssen“ (Blaikie 1991; Massey 1999). Philippe Schmitter (2003) hat verschiedene Erhebungsmethoden angewandt, um einen Index zur Qualität von Demokratien zu erfassen.

In quantitativen Analysen können besondere Verfahren (z.B. LISREL) angewendet werden, die über latente Variablen Konvergenzen von Variablen ermitteln. Solche Analysen zeigen beispielsweise, dass manche Demokratieindices (Gastil 1988) einen konservativen Bias besitzen. Katholische Länder, traditionelle Monarchien und nicht sozialistische

Länder werden hierbei systematisch als demokratischer bewertet (Bollen 1993: 1221; Bollen/Paxton 2000: 73).

Die *Konstruktvalidität* baut darauf auf, dass eine etablierte Hypothese durch den Fallscore (Ebene d) des Indikators (Ebene c) für das systematisierte Konzept (Ebene b) bestätigt wird. Voraussetzung für die Konstruktvalidität ist die Existenz von „kausalen“ Beziehungen zwischen verschiedenen Konzepten und den dazu gehörenden Indikatoren. Dazu bedarf es allgemein anerkannter Hypothesen zwischen dem uns interessierenden Konzept und anderen Konzepten. Wenn sich die Beziehung zwischen den Indikatoren beider Konzepte bestätigt, gewinnt das Konzept an Glaubwürdigkeit.

Der Test der Konstruktvalidität macht nur Sinn, wenn die anderen Validitätstests keine Zweifel an der Gültigkeit des Indikators ergeben haben. In diesem Fall kann die Konstruktvalidität weitere Einsichten erbringen. Selbst wenn ähnliche alternative Indikatoren eines systematisierten Konzepts korrelieren, können sie dennoch unterschiedlich mit anderen Konzepten assoziiert sein.

Allerdings unterliegt der Test von Konstruktvalidität oftmals dem Zirkelschluss. Wenn man einen Zusammenhang zum Test der Konstruktvalidität benutzt, kann man die Beziehung der entsprechenden Konzepte nicht mehr für weitere Hypothesen benutzen. Des Weiteren ist beim Test der Konstruktvalidität nicht sichergestellt, dass man tatsächlich die angenommene Hypothese als gültig werten darf. Schließlich liegen oftmals gar nicht genügend etablierte Hypothesen vor, um diese für die Konstruktvalidität zu nutzen.

Die drei vorgestellten Validitätstests untersuchen unterschiedliche Aspekte. Die inhaltliche Validität beleuchtet das Verhältnis zwischen systematisiertem Konzept und Indikator. Die Konvergenz-/Diskrepanzvalidität betrachtet empirische Aspekte der Übereinstimmung und Unterscheidung von Schlüsselkonzepten in einer Untersuchung. Die Konstruktvalidität führt diesen Aspekt weiter, indem weitere Facetten und Paradoxien der Validität aufgedeckt werden können.

Zusätzlich ist es notwendig, einige Faktoren zu erwähnen, die Einfluss auf die Validität und Reliabiliät einer Untersuchung haben können. Zum Ersten ist die „Zeit” ein wesentlicher Aspekt, der zu falschen Rückschlüssen führen könnte. Der Untersuchungsgegenstand kann sich nämlich im Zeitverlauf selbst verändern. Schweden galt z.B. lange Zeit als vorbildlicher Wohlfahrtsstaat mit niedriger Arbeitslosigkeit. Dies hat sich aber seit den 1990er Jahren geändert. Wird Schweden heute also als typischer Wohlfahrtsstaat untersucht, ist diese Ausgangsvermutung nicht mehr genauso valide wie noch vor zwanzig Jahren. Das Problem besteht demnach darin, dass nicht eine Variable für eine unterschiedliche Ausprägung der abhängigen Variable verantwortlich ist, sondern die abhängige Variable durch Prozesse, die sich verändern, beeinflusst wird. Diese Art von Problemen ist besonders gravierend für formalisierte ländervergleichende Studien.

4 *Travelling* und *stretching* von Konzepten

Ein wichtiger Aspekt für die externe Validität der Erfassung von sozialen Phänomenen in der vergleichenden Politikwissenschaft besteht in dem begrifflichen und konzeptionellen *travelling*. Dieser Begriff kennzeichnet das Ausmaß, in dem analytische Konzepte sich von einem auf einen anderen Kulturkreis übertragen lassen (gleiche Bedeutung von A1 und A2, sowie a1 und a2 und Y1 und Y2, sowie y1 und y2 in Abbildung 6-2). Um Konzepte vergleichbar anzuwenden, müssen Konzepte „reisen“, was bedeutet, dass sie auch in anderen kulturellen Kontexten Gültigkeit besitzen. Manche Begriffe müssen „ausgedehnt“ (*stretching*) werden, damit sie nicht nur für spezifische Aspekte zutreffen, sondern auch für allgemeinere Aspekte. Von daher besteht ein Kontinuum vom Pol der spezifischen Gültigkeit (passt nur für einen Fall) bis zum Pol der „Überdehnung“, zwischen denen sich die vergleichende Forschung bewegen sollte. Die spezifische Gültigkeit macht keinen Sinn für einen Vergleich, da sie zum *travelling* eines Konzepts zu eng ist. Durch *stretching* lässt sich zunehmend Vergleichbarkeit erzielen, allerdings besteht dabei die Gefahr der „Überdehnung“, durch die das Konzept inhaltsleer und unbrauchbar wird.

Konzeptionelles *stretching* kann sowohl auf der Bedeutungsebene als auch auf der operationalen Ebene nötig sein. Im ersten Fall bezieht es sich auf die inhaltliche Ausgestaltung und Definition von Konzepten. In diesen Bereich gehören auch die oben erwähnten Übersetzungsprobleme. Problematisch wird konzeptionelles *stretching* immer dann, wenn ein Land implizit oder explizit als Vorbild für andere Länder dienen soll. Ein wesentlicher Aspekt in diesem Zusammenhang ist die Entwicklung der modernen Politikwissenschaft in den USA. Viele Begriffe und analytische Konzepte sind von amerikanischen Politikwissenschaftlern entwickelt worden und wurden dann häufig ohne weitere Reflexion auf andere Gesellschaften übertragen (Ethnozentrismus; siehe mehr hierzu im Zusammenhang mit der Bildung von Idealtypen weiter unten). So spielte die Tradition des Pluralismus, die mit dem amerikanischen liberalen Freiheitsgedanken räsoniert, eine wesentliche Rolle für vergleichende Untersuchungen. Etwa legt die *Civic Culture* Studie von Almond und Verba das angelsächsische Demokratieideal als Maßstab für die Einschätzung des Demokratiegrades anderer Länder an. Es dauerte einige Zeit, bis andere Wissenschaftler darlegen konnten, dass Pluralismus nicht in jeder Gesellschaft positiv gesehen werden muss und dass auch andere Umgangsformen – etwa korporatistische Verfahren – in anderen, vor allem europäischen Gesellschaften, von Vorteil sind (Lijphart 1968). Ähnliche Aussagen treffen auch für den lateinamerikanischen Korporatismus zu (Wiarda 2001).

Bezogen auf Abbildung 6-2 bedeutet dies, dass sichergestellt werden muss, dass die Aussagen (Definition, Funktion, Bedeutung, etc) über A für alle Beobachtungen zutreffen, also A1, A2, A3 … AN ähnlich sind. Gleiches gilt für die operationale Ebene a1, a2, a3 … aN. Auf der begrifflichen Ebene kann in Bezug auf die Erfassung von Konzepten von der *Extension* und der *Intension* gesprochen werden. Extension bezeichnet die Ausdehnung des Konzepts. Gilt das Konzept nur für eine oder einige wenige Gesellschaften oder ist es universal? Der Begriff des „korporativen Pluralismus” wurde z.B. im Kontext der norwegischen Politik entwickelt (Rokkan 1966) und dürfte wahrscheinlich nur dort uneingeschränkte Gültigkeit besitzen. Wenn ein solches Konzept auf andere Staaten übertragen werden soll, erhöht sich der Grad der Generalisierung bzw. Abstraktion.[180] Einige Aspekte des Konzepts, die insbesondere auf den norwegischen Kontext zutreffen, müssen so formuliert werden, dass sie auch in anderen nationalen Kontexten wiedergefunden werden können. Es werden also spezifische Aspekte des Konzepts (S) aufgegeben und dabei versucht, den Kernbereich des Konzepts (K) freizulegen. Durch dieses Verfahren steigern wir die Generalisierung des Konzepts und damit auch dessen Anwendbarkeit. Mit steigender Generalisierung verlieren Konzepte aber meistens gleichzeitig an analytischer Schärfe und Ein-

[180] Sartori (1970; 1991) spricht von Abstraktion. In Anlehnung an Collier/Mahon (1993: 853) benutze ich den Begriff Generalisierung, da das Gegenteil von „abstrakt“ mit „konkret“ beschrieben werden kann und nicht – was eigentlich im Mittelpunkt des Interesses steht – mit „spezifisch“.

deutigkeit (Sartori 1970: 1040-1046; 1984: 44-46; Pennings u.a. 1999: 60-68). Wenn Konzepte so weit ausgedehnt werden, dass sie empirische Sachverhalte nicht mehr erfassen können oder alle Einheiten die Kriterien erfüllen, sprechen wir von *concept stretching* oder besser *overstretching* (Sartori 1970; 1991: 249). Gilt beispielsweise der Begriff „Verfassung“ für alle Staatsformen, dann macht die Aussage „Verfassungen verhindern Tyrannei“ keinen Sinn, da auch tyrannische Systeme eine Staatsform, d.h. eine Verfassung in diesem weit gefassten Sinn, besitzen. Somit besteht ein wesentlicher Aspekt der vergleichenden Politikwissenschaft darin, die Konzepte so auszutarieren, dass sie sowohl konkret genug sind, um sie empirisch unmissverständlich zu erfassen, als auch allgemein genug sind, um sie in möglichst allen, für die Untersuchung empirisch relevanten Fällen wiederzufinden. Giovanni Sartori hat dieses Dilemma in folgenden Kategorien erfasst:

Tabelle 7-1: Generalisierungsniveaus in Studien der vergleichenden Politikwissenschaft

Generalisierungsniveau	**Hauptsächliche Anwendungsbereiche**	**Logische und empirische Eigenschaft des Konzepts**
Hoch-abstrakte Kategorien: Universalistische Konzeptionalisierung	*Cross-Area* Vergleich zwischen heterogenen Kontexten (globale Theorien)	Maximale Extension Minimale Intension Negative Definitionen
Mittel-abstrakte Kategorien: Allgemeine Konzeptionalisierung und Taxonomien	*Intra-Area* Vergleiche zwischen relativ homogenen Kontexten (Theorien mittlerer Reichweite)	Balance zwischen maximaler und minimaler Extension und Intension Definitionen durch Analyse
Spezifische Konzepte: Konfigurative Konzeptionalisierung	Länderspezifische Analysen (spezifische Theorien)	Maximale Intension Minimale Extension Kontextabhängige Definition

Quelle: eigene Zusammenfassung von Sartori (1970: 64)

Zwischen dem Abwägen zwischen Extension und Intension entsteht ein Gesetz der inversen Variation (Angeles 1981: 141), was Sartori als „Abstraktionsleiter“ bezeichnete. Im Folgenden soll diese als Generalisierungsleiter bezeichnet werden. Abbildung 7-2 zeigt deutlich das Verhältnis zwischen der Anzahl der definierenden Attribute (Intension) und die Anzahl der Fälle, auf die das Konzept zutrifft (Extension).

Abbildung 7-2: Generalisierungsleiter von Konzepten

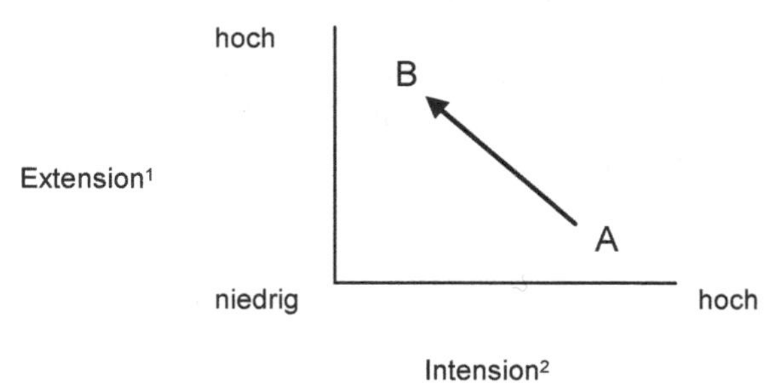

Quelle und Erklärung: Collier/Mahon (1993: 846); eigene Übersetzung. A = Ursprüngliche Kategorie; B = Erweiterte Kategorie für weitere Fälle; [1] Fallbreite; [2] Anzahl der Definitionsattribute.

Der Begriff der Intension erfasst die Anzahl der Attribute, mit denen ein Konzept oder eine Variable erfasst wird. Als allgemeine Regel kann festgestellt werden, dass je mehr Attribute in eine Definition aufgenommen werden, desto weniger generell ist das Konzept und trifft infolgedessen auf weniger Fälle zu. Das bedeutet: Je mehr Attribute in eine Definition aufgenommen werden, desto spezifischer ist das Konzept, wodurch es an Generalität (Abstraktion) verliert. Dies wiederum führt dazu, dass die Extension und Intension von Konzepten in ein gewisses Gleichgewicht gebracht werden müssen. Allgemein gilt, dass je konkreter ein Konzept gemessen wird, desto weniger Fälle können gefunden werden, für die dieses Konzept zutrifft. Auf der anderen Seite bedeutet dies, dass je größer die Reichweite des Konzepts und je mehr Fälle in eine Untersuchung aufgenommen werden, desto weniger Attribute können für die Erfassung der Konzepte verwendet werden. Dieser prinzipielle Zusammenhang zwischen Konkretisierung und Reichweite bedarf jedoch noch einiger Ergänzungen, auf die im Folgenden eingegangen werden soll.

Hinsichtlich des konzeptionellen *stretchings* haben David Collier und James Mahon (1993) wesentliche Ausführungen gemacht. Sie verweisen darauf, dass nicht alle Begriffe der gleichen Generalisierungslogik unterliegen und unterscheiden zwischen klassischen und radialen Begriffen sowie „ersatzähnlichen Kategorien" (*family resemblance categories*). Die letzte Kategorie geht nicht davon aus, dass Kategorien klare Grenzen besitzen, sondern dass diese sich durch mehrere Attribute zusammensetzen, die nicht im gleichen Maße für alle Beobachtungen existent sein müssen und sich gegenseitig ersetzen können. Besitzen wir etwa fünf Attribute, etwa A, B, C, D, E, um eine Kategorie zu bezeichnen, so können manche Beobachtungen die Attribute A, C, D, E, andere B, C, D, E oder A, B, C, E etc. besitzen. Auf der Generalisierungsleiter würden diese Attribute hierarchisch zueinander stehen und wenn Attribut D nicht anwesend ist, fallen auch die Beobachtungen mit Attribut E aus. Besonders gravierend ist der Effekt, wenn Attribut A nicht anwesend ist, da wir dann die Beobachtung ignorieren, obgleich doch vier von fünf Attributen für die Beobachtung zutreffen. Finden wir also ersatzähnliche Kategorien vor, sollte nicht die Generalisierungsleiter angewendet werden, sondern eine Betrachtung der Beobachtungen, inwieweit sie im genügenden Ausmaß die Schlüsselattribute erfüllen.

Ähnlich verhält es sich mit radialen Kategorien. Radiale Kategorien besitzen eine zentrale Subkategorie und weitere Spezifikationen. Z.B. stellt „Demokratie" eine solche zentrale Subkategorie dar. Wenn man in einer vereinfachten Form Demokratie mit den Begriffen (a) politische Partizipation, (b) eingeschränkte Staatsmacht und Schutz der Individualrechte sowie (c) Gleichheit und Gerechtigkeit auffasst, können wir von „partizipatorischer Demokratie", „liberaler Demokratie" und „egalitärer Demokratie" sprechen.

Betrachten wir dagegen „Autoritarismus" als eine klassische Kategorie und „bürokratischen Autoritarismus" als eine besondere Form, so besteht der Unterschied zu der radialen Kategorie „Demokratie" darin, dass die Attribute für Demokratie dem Begriff Demokratie inhärent sind, dem Begriff Autoritarismus dienen die Attribute als zusätzlich weiterführende Bestimmungen.

Abbildung 7-3: Unterscheidung klassischer und radialer Kategorien: Beispiele aus der Analyse politischer Regime

Klassische Kategorie: Autoritarismus

	Kategorie	Bestandteile			
Primäre Kategorie	Autoritarismus	A	B		
Sekundäre Kategorie	Populistischer Autoritarismus	A	B	C	
	Bürokratischer Autoritarismus	A	B		D

Anmerkung: Die Unterscheidungsmerkmale der sekundären Kategorie *ergänzen* die der primären Kategorie

A = Eingeschränkter Pluralismus
B = Charakteristische Mentalität statt leitender Ideologie
C = Beträchtliche Mobilisierung der Arbeiterklasse und/oder Mittelklasse
D = Allianz von Militär, Technokraten und transnationalem Kapital gegen bereits mobilisierte Klassen

Radiale Kategorie: Demokratie

	Kategorie	Bestandteile		
Primäre Kategorie	Demokratie	A	B	C
Sekundäre Kategorie	Partizipatorische Demokratie	A		
	Liberale Demokratie	A	B	
	Egalitäre Demokratie	A		C

Anmerkung: Die primäre Kategorie *beinhaltet* die Unterscheidungsmerkmale der sekundären Kategorie

A = Effektive politische Partizipation
B = Beschränkung staatlicher Macht
C = Relative soziale und wirtschaftliche Gleichheit

Quelle: Collier/Mahon (1993: 850); eigene Übersetzung.

Dies bedeutet, dass wir bei klassischen Konzepten Attribute auf der Generalisierungsleiter aufgeben (von „bürokratischer Autoritarismus“ zu „Autoritarismus“), bei den radialen Konzepten jedoch Kategorien hinzufügen. Der Begriff „Wahldemokratien“ oder „defekte Demokratien“ dehnt den Begriff der „wahren“ Demokratie weiter aus, die aus den oben beschriebenen Attributen bestimmt wird, um weitere Länder in die Kategorie „Demokratien“ aufzunehmen. Klassische und radiale Kategorien benutzen also Attribute auf gegensätzliche Art und Weise, um das Konzept zu generalisieren. Für radiale Kategorien führt die Extension oftmals zu wissenschaftlichen Disputen, inwieweit die „*Democracy with Adjectives*“ (Collier/Levitsky 1997) noch zur „wahren“ Demokratie gehört. Auch existiert eine Vielzahl solcher „*Democracies with Adjectives*“ für spezifische Forschungsfragen. Das Problem, adäquate Konzepte und Vergleichsmaßstäbe zu entwickeln, ist natürlich nicht auf die Regierungsform beschränkt, sondern betrifft alle vergleichenden politikwissenschaftlichen Gegenstände (Bebler/Seroka 1990; van Deth 1998).

Das „*travelling* Problem" begegnet uns zudem in der Form, dass ähnliche Konzepte nicht gleiche Aufgaben übernehmen und die Aufgabe von manchen Konzepten in anderen sozialen Kontexten durch andere Konzepte erfüllt wird. Für den ersten Fall kann beispielsweise die Rolle von Staatspräsidenten betrachtet werden. In den USA, Russland, Frankreich und in vielen lateinamerikanischen Ländern besitzen Staatspräsidenten im politischen System eine umfangreiche Machtposition, wogegen sich beispielsweise in der Bundesrepublik Deutschland und in Österreich ihre Funktion vornehmlich auf repräsentative Aufgaben beschränkt. Es kann aber auch der Fall eintreten, dass unterschiedliche Institutionen vergleichbare Funktionen erfüllen. Die USA können beispielsweise als Nachzügler betrachtet werden, wenn es um die sozialstaatlichen Leistungen geht. Betrachtet man allerdings nicht nur direkte staatliche Maßnahmen in der Sozialpolitik, sondern auch indirekte – etwa Steuererleichterungen –, so haben auch die USA eine „Sozialpolitik". In diesem Falle wäre die Steuerpolitik ein *funktionales Äquivalent* für staatliche Ausgabenpolitik.

5 Indices, Skalen und Typologien

In der Politikwissenschaft werden viele Aspekte und Konzepte durch einzelne Indikatoren erfasst. Andere soziale Phänomene werden durch eine Kombination von zwei oder mehreren Aspekten beschrieben und können anhand von Indices und Skalen erfasst werden. Ist ein Gegenstandsbereich multidimensional, kann ein Index erstellt werden, indem die einzelnen Elemente anhand von Indikatoren zusammengefasst werden. Diese Möglichkeit wurde schon im Zusammenhang der Darstellung der Gegenstandsbereiche anhand des *Human Development Index, Freedom House Index* etc. dargestellt, aber auch das Bruttosozialprodukt stellt einen Index dar. Ein Problem bei der Erstellung eines Index besteht darin, dass oftmals keine klaren Vorstellungen für die Gewichtung der einzelnen Indikatoren zur Verfügung stehen. Auch können sich die einzelnen Indikatoren eines Index aufheben oder durch Extremwerte in einer Dimension inflationieren und damit verfälschte Ergebnisse hervorbringen. Dieses Problem wird bei der Entwicklung von Skalen berücksichtigt, die sich bei der Analyse sozialer Phänomene auf eine eindimensionale Erfassung des Gegenstandsbereiches konzentrieren (Friedrichs 1981: 172-188; Gehring/Weins 2004: 38-49). Oftmals ist es jedoch erwünscht, analytische Konzepte mehrdimensional und eindeutig zu erfassen. Die Faktorenanalyse ist eine solche Technik, mit deren Hilfe aus verschiedenen

Indikatoren gleichgerichtete Indices gewonnen werden können (zur Anwendung siehe Kapitel 13).

Eine weitere analytisch anspruchsvolle mehrdimensionale Erfassung der Realität stellen *Typologien* dar (Bebler/Seroka 1990; Lauth 2003; Aarebrot/Bakka 2003: 71-74). Typologien beruhen auf der Gegenüberstellung von mindestens zwei analytischen Konzepten. Voraussetzung hierfür ist die dimensionale *Klassifizierung*. Die Zuweisung soll eindeutig (disjunkt) sein, es sollen keine Überlappungen oder Doppelklassifizierungen entstehen, und sie soll vollständig sein, so dass alle betrachteten Phänomene einer Klasse zugewiesen werden können. Durch Klassifizierungen entsteht eine Komplexitätsreduzierung. Klassifikationen und vor allem Typologien bilden einen ersten Schritt zur Theorienbildung (Marradi 1990).

Wenngleich Typologien zur empirischen Theoriebildung beitragen können, ist dies nicht ohne Abstriche und Probleme möglich. Die Ausprägungen von Typologien arbeiten zumeist mit Dichotomien oder Trichotomien. Dies führt zum Problem des Grades des Messniveaus. Wo fängt eine politische Kultur an, fragmentiert zu sein? Und wie schätzt man unterschiedliche Grade der Fragmentierung ein? Falls man das Problem der Dichotomisierung durch ein genauer ausdifferenziertes Erfassungsschema ersetzen möchte, erliegt man sehr schnell der Versuchung, die Komplexität derart zu steigern, dass die Typologie unübersichtlich wird. Anhand eines sehr einfachen Beispiels soll dies hier verdeutlicht werden: Bei zwei dichotomisierten Variablen erhalten wir eine Vierfeldertabelle. Haben wir zwei trichotomisierte Variablen erhalten wir schon neun Zellen in einer Tabelle. Kommt hierzu noch eine dritte Dimension mit einer trichotomisierten Variable hinzu, erhalten wir 27 theoretische Ausprägungen. Nehmen wir die OECD-Länder als Untersuchungsfälle, so werden wir sehr bald mit dem Problem konfrontiert, dass unsere theoretischen Ausprägungen die Fallzahl übersteigen und somit viele Zellen nicht besetzt sind.

Eine weitere wichtige Messtechnik in der vergleichenden Politikwissenschaft ist der Gebrauch von *Idealtypen*. Anstelle des Vergleiches von Fällen werden mit dieser Methode empirisch vorfindbare Fälle – oder auch nur ein Fall – mit einem intellektuellen Standard verglichen. Die Logik, die in dieser Methode angewendet wird, besteht darin, dass real existierende Fälle mit einem „Ideal" verglichen werden. „Ideal“ wird hierbei nicht im Sinne von perfekt benutzt, sondern bedeutet vielmehr, dass das Konstrukt eine intellektuelle Überzeichnung ist, die in dieser Form in der Realität nicht vorzufinden ist.

Infokasten 7-1: Max Webers Idealtypen

Die Technik der Idealtypen hat Max Weber angewendet und spezifiziert.[181] Insbesondere seine Studien zum sozialen Handeln,[182] zur Herrschaftssoziologie (legale/rationale, traditionale und charismatische)[183] und zur Bürokratie und Bürokratisierung stellen sehr bekannte Beispiele seiner Analysen mit Idealtypen dar. Weber zeichnet dabei das Modell einer Bürokratie, welches folgende Elemente enthält: (1) eine Hierarchie von Ämtern, (2) eine Aufteilung von offiziellen Rollen, (3) eine festgelegte Verteilung von Kompetenzen, (4) eine Ernennung auf der Grundlage von Kompetenz, (5) ein formalisiertes Vergütungsschema und (6) eine formalisierte Karrierestruktur.

Wenngleich diese Kriterien zur Zeit des Wilhelminischen Reiches von Max Weber entwickelt wurden und deshalb stärker die Aspekte jener Zeit widerspiegeln, war es auch damals schon keine Beschreibung der Realität, sondern eine überspitzte Ausformulierung von Bürokratie, die es erlaubte, die tatsächliche Gegenwartssituation zu beschreiben und die folgenden Entwicklungen zu erfassen. Max Weber wollte damit auch demonstrieren, dass die damals modernen Gesellschaften einen Prozess der Bürokratisierung durchlaufen. Um den *Grad* der Bürokratisierung, entweder historisch oder ländervergleichend, einschätzen zu können, musste der Idealtyp in dem Maße überzeichnet sein, dass die Realität sich dem Idealtyp annähert, dessen Kriterien jedoch nicht vollkommen erfüllen. Wären nämlich alle Kriterien erfüllt, wären weitere Entwicklungen mit diesem Instrument nicht mehr erfassbar gewesen.

Die Anwendung von Idealtypen wurde auch für andere vergleichende Untersuchungen benutzt, beispielsweise für die Entwicklung von Gesellschaften hin zur Demokratie. Insbesondere der amerikanische Sozialwissenschaftler Harold Lasswell (1950) entwickelte eine Art von Idealtypuntersuchung, in der er ein „Entwicklungskonstrukt" beschreibt, welches in der Realität nicht anzutreffen ist, auf das sich jedoch existierende Gesellschaften zubewegen. Ähnlich arbeitete auch Robert Dahl (1971), indem er „Demokratie" als einen Idealtyp auffasst und den Begriff Polyarchie (Vielherrschaft) für „real existierende Demokratien" reservierte.

Ein Problem bei der Anwendung von Idealtypen stellen normative Implikationen dar. Normativ bedeutet in diesem Zusammenhang, dass analytische Konzepte von bestimmten Werten abhängig sind. Die normativen Implikationen vieler amerikanischer Demokratiestudien sahen die USA, wenn nicht als Idealtyp, so doch als jenen empirischen Fall, der sich dem Idealtyp am stärksten angenähert hat und dem die anderen Fälle mit der Zeit folgen müssten. Ein weiteres Beispiel einer problematischen Ausdehnung von analytischen Begriffen von einem Land auf andere Länder findet sich in der Forschung über Wohlfahrtsstaaten, wo

---

[181] Max Weber (1988: 191) selbst beschreibt die Logik der Bildung von Idealtypen wie folgt: Der Idealtyp „wird gewonnen durch einseitige Steigerung eines oder einiger Gesichtspunkte und durch Zusammenschluss einer Fülle von diffus oder diskret, hier mehr, dort weniger, stellenweise gar nicht vorhandenen Einzelerscheinungen, die sich jenen einseitig herausgehobenen Gesichtspunkten fügen, zu einem in sich einheitlichen Gedankengebilde. In seiner begrifflichen Reinheit ist dieses Gedankenbild nirgends in der Wirklichkeit empirisch vorfindbar ... und ... es erwächst die Aufgabe, in jedem einzelnen Falle festzustellen, wie nah oder wie fern die Wirklichkeit jenem Idealbild steht."

[182] Weber (1976: 11-13) unterscheidet (a) zweckrationales Handeln, welches am Erfolg, erstrebte Zwecke zu erreichen, orientiert ist und einen Schlüsselbegriff des modernen *rational choice*-Ansatzes ausmacht, (b) wertrationales Handeln, welches sich an ethischen, ästhetischen, religiösen etc. Eigenwerten, unabhängig vom Erfolg orientiert, (c) affektives Handeln, welches durch Emotionen und Gefühlslagen bestimmt ist und schließlich (d) traditionales Handeln, welches durch eingelebte Gewohnheit geleitet ist.

[183] Die rationale Herrschaft beruht auf dem Glauben an die Legalität gesatzter Ordnung und stellt die moderne Herrschaftsform dar. Traditionale Herrschaft beruht auf dem Glauben an die Gültigkeit von eingespielten Riten und Umgangsweisen (Traditionen). Die charismatische Herrschaft beruht auf dem Glauben an die Fähigkeit einer Führungsperson oder eines Idols (Weber 1976: Kapitel 3).

ein Hang zur „Skandinavisierung" oder „Schwedenisierung" feststellbar ist (Korpi 1983; Esping-Andersen 1985; 1990).

Diese Art der normativen Orientierung wird als *Ethnozentrismus* bezeichnet. Er beschreibt den Umstand, dass die Forscher Aspekte der eigenen Gesellschaft oftmals als impliziten Idealtyp auffassen und die Untersuchung an dieser Auffassung messen. Die Tendenz zum Ethnozentrismus haben wir schon in der Studie von Almond und Verba über die bürgerliche Gesellschaft und die Gültigkeit von analytischen Konzepten über Ländergrenzen und Kulturbereiche hinaus angesprochen. Gerade ältere Untersuchungen zur Entwicklung von nichtindustriellen Staaten orientierten sich häufig an einem Evolutionsmodell, an dessen Ende – als der Idealtyp – die hoch industrialisierte Gesellschaft steht. Das Problem des Ethnozentrismus trifft natürlich nicht nur auf die vergleichende Politikwissenschaft zu. Auch Fallstudien und andere sozialwissenschaftliche Disziplinen sind mit diesem Problem konfrontiert. Man kann sogar so weit gehen zu sagen, dass die vergleichende Methode dazu führt, den Ethnozentrismus zu überwinden (Dogan/Pélassy 1990: 5-14), da im Vergleich die Besonderheiten und Gemeinsamkeiten deutlicher zu Tage treten und die Grenzen der eigenen persönlichen Erfahrungen bewusst werden.

Kapitel 8: Strategien zur Auswahl von Fällen

Die Fallauswahl stellt ein wichtiges Instrument der Analyse in der vergleichenden Politikwissenschaft dar (Jahn 2005a). Durch die bewusste Auswahl von Fällen können verschiedene Forschungsfragen behandelt werden. In gewisser Hinsicht übernimmt die Fallauswahl die Kontrollfunktion, die im Experiment durch die bewusste und kontrollierte Manipulation einer unabhängigen Variable geschaffen wird und in der statistischen Methode die partielle Korrelation darstellt: „... the selection of cases acts as a partial substitute for statistical or experimental control“ (Collier 1993: 106). Damit ist die Fallauswahl das wesentliche analytische Element des Forschungsdesigns in der vergleichenden Politikwissenschaft, um den Forschungsprozess zu steuern.

Bei der Fallauswahl gilt es daher viele Aspekte zu berücksichtigen. Neben den Auswahlstrategien der Fälle, die in diesem Kapitel unter den Überschriften „negative und positive Fallauswahl“ allgemein erklärt werden und dann in Form der global-vergleichenden Analyse, des *most similar systems* und *most different systems designs*, sowie der Konkordanz- und Differenzmethode ausgeführt werden, verkörpert der *selection bias* ein wesentliches zu beachtendes Problem für die Fallauswahl. Dieses Problem wird anhand des Vergleichs der Verzerrung einer positiven und einer negativen Fallauswahl in räumlicher und zeitlicher Hinsicht demonstriert. Das Kapitel schließt mit einer Darstellung verschiedener Strategien mit einer unterschiedlichen Anzahl von Fällen. Die Konsequenzen und Potenziale der unterschiedlichen Auswahlverfahren werden von verschiedenen wissenschaftstheoretischen Standpunkten abweichend bewertet. Insbesondere unterscheiden sich die Auffassungen, die sich an der Forschungslogik quantitativer Analysen orientieren (King u.a. 1994) auf der einen Seite, und jene, die sich von einem Interpretationsschema der qualitativen Forschung leiten lassen, andererseits (Brady/Collier 2004; George/Bennett 2005; siehe auch Patzelt 2005: 20). Deshalb wird in diesem Kapitel auch auf besondere Probleme innerhalb dieser Denktraditionen hingewiesen. Bevor jedoch Auswahlstrategien behandelt werden können, muss zuvor noch auf die Analyseeinheiten, auf die sich die Untersuchung bezieht, eingegangen werden. Hierzu ist eine Diskussion über das Konzept der Grundgesamtheit eine wesentliche Grundbedingung, die in diesem Kapitel zunächst erfolgen wird.

1 Bestimmung der Grundgesamtheit

Unter dem Begriff Grundgesamtheit (auch: Population oder Universum) versteht man die Gesamtheit jener Einheiten, auf die sich eine Untersuchung beziehen soll. In der Wahlforschung stellen etwa alle wahlberechtigten Bundesbürger die Grundgesamtheit dar. Jedoch sind nicht alle Grundgesamtheiten vorgegeben oder leicht identifizierbar. Oftmals müssen sie erst definiert werden (Ragin 2000: 43-63).[184]

Grundgesamtheiten können beispielsweise alle demokratischen Staaten oder alle Transformationsgesellschaften sein. In diesen Fällen muss dann zunächst bestimmt werden, welche Länder in die entsprechenden Kategorien fallen. Hierfür werden operationalisierbare Konzepte von Demokratie und Transformation benötigt. Manche Grundgesamtheiten können kaum genau erfasst werden. Charles Ragin (2000: 47-49) verweist auf die Schwierigkeiten bei der Bestimmung der Grundgesamtheit von Aufständen und sozialem Protest. Was gilt als Aufstand? Streiks, Demonstrationen, Sitzblockaden, Bürgerkrieg? Neben der analytischen Erfassung bestehen auch Schwierigkeiten in empirischer Hinsicht. Selbst wenn bestimmt werden kann, dass alle Staaten der Erde eine umfassende Grundgesamtheit der ländervergleichenden Politikwissenschaft ist, so ist damit immer noch nicht ein Rückschluss auf alle Gesellschaften möglich. Denn für allgemein gültige Aussagen, die alle Länder umfassen, besteht die Grundgesamtheit nicht nur aus allen gegenwärtigen und in der Vergangenheit existierenden Staaten, sondern auch aus allen zukünftigen. Es ist offensichtlich, dass wir bei einer solchen Definition der Grundgesamtheit schnell an Grenzen stoßen, da es unmöglich ist, eine repräsentative Auswahl aus allen Ländern (in Raum und Zeit) zu erhalten.

Trotz dieser Schwierigkeiten muss die Grundgesamtheit einer Untersuchung möglichst präzise analytisch bestimmt werden.[185] Dies ist notwendig, weil die Grundgesamtheit die Reichweite der Aussagen (Repräsentativität) festlegt, die aus einer Untersuchung abgeleitet werden kann. Auch kann die Wahl der Grundgesamtheit die Ergebnisse einer Studie wesentlich bestimmen. Z.B. können Studien der hoch entwickelten Industrienationen ergeben, dass linke Regierungen zu hohen wohlfahrtsstaatlichen Ausgaben neigen (Cameron 1978; Stephens 1979; Esping-Andersen 1990). In Studien, die „alle" Länder der Erde untersuchten (Cutright 1965; Wilensky 1975), wurde dagegen festgestellt, dass wirtschaftlich entwickelte Länder zu hohen Sozialausgaben tendieren. Das heißt, einmal waren linke Regierungen und einmal wirtschaftliche Entwicklung Haupterklärungsfaktoren (vgl. auch *selection bias*). Die Definition der Grundgesamtheit sollte deshalb zu Beginn einer Untersuchung sorgfältig durchgeführt werden.

Die folgende Tabelle vermittelt einen Überblick über alle Gegenwartsgesellschaften der Erde und weist sie unterschiedlichen Grundgesamtheiten zu (McCormick 2001; Danziger 2005).[186] Dabei bezieht sich die Einteilung auf drei Kriterien (McCormick 2001: 5-12;

---

[184] In vielen Einführungswerken werden Grundgesamtheiten lediglich im Zusammenhang mit Auswahlverfahren und Stichproben (*samples*) erwähnt. Dabei wird die Problematik der Definition von Grundgesamtheiten vernachlässigt. Johnson und Reynolds (2005: 239) weisen zu Recht darauf hin, dass es wichtig ist „... that populations be carefully and fully defined and that it be relevant to the research question." Ragin (2000:48) macht darauf aufmerksam, dass zu „... a very large degree all populations are socially constituted."

[185] Es existieren auch Studien, in denen die Fallbestimmung – oder das *casing*, wie Ragin dies nennt (Ragin 1992) – das Ziel der Untersuchung darstellt (Wieviorka 1992; siehe auch Kapitel 11).

[186] Früher unterschied man die erste (westliche marktwirtschaftliche), zweite (real existierender Sozialismus) und dritte Welt (Entwicklungsländer). Manchmal wurde noch eine vierte Welt der am wenigsten entwickelten (ärms-

siehe auch Boeckh 2003): (a) wirtschaftliche Aspekte, unter denen nicht nur das Bruttosozialprodukt, sondern auch der Produktionssektor und die Organisation der Wirtschaft (freie oder eingeschränkte Marktwirtschaft, Planwirtschaft) zu verstehen sind; (b) soziale Aspekte wie Bevölkerungsentwicklungstrends, Bildungsniveau, Gesundheitsfürsorge; und (c) politische Variablen wie die Einhaltung der Menschenrechte und die Freiheit der Bürger. Nach dieser Klassifikation ergeben sich dann sechs Ländergruppen.

Tabelle 8-1: Ländergruppen der Welt

Hochentwickelte Staaten (32)

Andorra (westlich)	Italien (westlich) ED, OECD	Portugal (westlich) ED, OECD
Australien (westlich) ED, OECD	Japan (japanisch) ED, OECD	*San Marino* (westlich) D
Belgien (westlich) ED, OECD	Kanada (westlich) ED, OECD	Schweden (westlich) ED, OECD
Dänemark (westlich) ED, OECD	Liechtenstein (westlich, Fürstentum)	Schweiz (westlich) ED, OECD
Deutschland (westlich) ED, OECD	Luxemburg (westlich) ED, OECD	Singapur (buddhistisch)
Finnland (westlich) ED, OECD	Malta (westlich) ED	Spanien (westlich) ED, OECD
Frankreich (westlich) ED, OECD	*Monaco* (westlich)	Südkorea (chinesisch) D, OECD
Griechenland (orthodox) ED, OECD	Neuseeland (westlich) ED, OECD	*Vatikan** („westlich", Theokratie)
Irland (westlich) ED, OECD	Niederlande (westlich) ED, OECD	Vereinigtes Königreich (westlich) ED, OECD
Island (westlich) ED, OECD	Norwegen (westlich) ED, OECD	Vereinigte Staaten (westlich) ED, OECD
Israel (sonstige) ED	Österreich (westlich) ED, OECD	

Postkommunistische Staaten (29)

Albanien (orthodox)	Kirgisistan (islamisch)	Slowakei (westlich) D, OECD
Armenien (orthodox)	Kroatien (orthodox) D	Slowenien (westlich) D
Aserbaidschan (islamisch)	Lettland (westlich) D	Tadschikistan (islamisch)
Bosnien-Herzegowina (orthodox)	Litauen (westlich) D	Tschechien (westlich) D, OECD
Bulgarien (orthodox) D	Mazedonien (orthodox) D	Turkmenistan (islamisch)
Estland (westlich) D	Moldawien (orthodox) D	Ukraine (orthodox) D
Georgien (orthodox)	Mongolei (buddhistisch) D	Ungarn (westlich) D, OECD
Jugoslawien (orthodox)	Polen (westlich) D, OECD	Usbekistan (islamisch)
Kambodscha (buddhistisch)	Rumänien (orthodox) D	Weißrussland (orthodox)
Kasachstan (orthodox)	Russland (orthodox) D	

Kommunistische Staaten (5)

VR China (chinesisch)	Laos (buddhistisch)	Vietnam (chinesisch)
Kuba (lateinamerikanisch)	Nordkorea (chinesisch)	

ten) Länder hinzugefügt. Diese Kategorisierung vermischt Systemunterschiede (erste und zweite Welt) und Entwicklungsstand (erste und dritte Welt). Über die Problematik dieser Einteilung siehe: Nohlen/Nuschler (1992).

„Neue" Industriestaaten und Schwellenländer (31)

Antigua und Barbuda (sonstige, Monarchie)
Argentinien (lateinamerikanisch) D
Bahamas (sonstige) ED
Barbados (sonstige) ED
Brasilien (lateinamerikanisch) D
Chile (lateinamerikanisch) D
Costa Rica (lateinamerikanisch) ED
Dominikanische Republik (sonstige)
Fidschi (sonstige)
Grenada (sonstige, Monarchie)
Indien (hinduistisch) ED
Indonesien (islamisch) D
Jamaika (sonstige) ED
Kolumbien (lateinamerikanisch) ED
Malaysia (islamisch)
Mauritius (afrikanisch) ED
Mexiko (lateinamerikanisch) D, OECD
Peru (lateinamerikanisch) D
Philippinen (sonstige) D
Sri Lanka (buddhistisch)
St. Kitts und Nevis (sonstige, Monarchie)
St. Vincent und die Grenadinen (sonstige, Monarchie)
Südafrika (afrikanisch) D
Taiwan* (chinesisch) D
Thailand (buddhistisch) D
Trinidad und Tobago (sonstige) ED
Türkei (islamisch), OECD
Uruguay (lateinamerikanisch)
Venezuela (lateinamerikanisch)
Zypern (sonstige) D

Entwicklungsländer (55)

Ägypten (islamisch)
Algerien (islamisch)
Bahrain (islamisch, Monarchie) $
Belize (lateinamerikanisch, Monarchie)
Bolivien (lateinamerikanisch) D
Botswana (afrikanisch) ED
Brunei (islamisch, Monarchie)
Dom. Republik (lateinamerikanisch) D
Ecuador (lateinamerikanisch)
Elfenbeinküste (afrikanisch)
El Salvador (lateinamerikanisch) D
Gabun (afrikanisch)
Ghana (afrikanisch) D
Guatemala (lateinamerikanisch) D
Guyana (lateinamerikanisch)
Honduras (lateinamerikanisch) D
Irak (islamisch)
Iran (islamisch)
Jordanien (islamisch)
Kamerun (afrikanisch)
Kenia (islamisch/afrikanisch) D
Kiribati (sonstige)
Komoren (afrikanisch)
Kongo (afrikanisch)
Kuwait (islamisch, Monarchie) $
Libanon (islamisch)
Libyen (islamisch) $
Marokko (islamisch, Monarchie)
Marshallinseln (sonstige)
Mikronesien (sonstige)
Namibia (afrikanisch)
Nauru (sonstige)
Nicaragua (lateinamerikanisch) D
Nigeria (islamisch/afrikanisch)
Oman (islamisch, Monarchie) $
Pakistan (islamisch)
Palau (sonstige)
Panama (lateinamerikanisch) D
Papua-Neuguinea (westlich) ED
Paraguay (lateinamerikanisch) D
Salomonen (sonstige, Monarchie)
Samoa (sonstige)
Sâo Tomé und Principe (afrikanisch)
Saudi-Arabien (islamisch, Monarchie) $
Senegal (islamisch) D
Seychellen (afrikanisch)
Simbabwe (afrikanisch)
Sudan (islamisch)
Surinam (lateinamerikanisch)
Swasiland (afrikanisch)
Syrien (islamisch)
Tonga (sonstige, Monarchie)
Tunesien (islamisch, Monarchie)
Vanuatu (sonstige)
Vereinte Arabische Emirate (islamisch, Monarchie) $

Rand-Staaten (40)

Afghanistan (islamisch)
Angola (afrikanisch)
Äquatorialguinea (afrikanisch)
Haiti (Lateinamerikanisch)
Jemen (islamisch)
Kapverde (afrikanisch)
Niger (islamisch)
Ruanda (afrikanisch)
Sambia (afrikanisch)

Äthiopien (afrikanisch)	Kongo, Dem. Rep. (afrikanisch)	Sierra Leone (afrikanisch)
Bangladesch (islamisch)	*Lesotho* (afrikanisch) D	Somalia (islamisch)
Benin (sonstige)	Liberia (afrikanisch)	Tansania (islamisch/afrikanisch)
Bhutan (buddhistisch)	Madagaskar (afrikanisch) D	Togo (afrikanisch)
Burkina Faso (islamisch)	Malawi (afrikanisch) D	Tschad (islamisch/afrikanisch)
Burundi (afrikanisch)	Malediven (islamisch)	Tuvalu (sonstige, Monarchie)
Eritrea (islamisch)	Mali (islamisch)	Uganda (afrikanisch)
Dschibuti (afrikanisch)	Mauretanien (islamisch)	Zentralafrikanische Republik (afrikanisch)
Gambia (islamisch)	Mosambik (afrikanisch)	
Guinea (islamisch)	Myanmar (buddhistisch)	
Guinea-Bissau (islamisch)	Nepal (hinduistisch)	

Erklärungen: Wo vorhanden, ist in Klammern Huntingtons Zuordnung zu einer Zivilisation angegeben. Das Staatsgebiet *kursiv* gesetzter Staaten wird vollständig von einem anderen Staat umschlossen. Mit * gekennzeichnete Staaten sind nicht Mitglied der Vereinten Nationen. ED = Etablierte Demokratien nach Lijphart (1999). D = Demokratien 2004 nach Jaggers/Gurr (1995). $ = Länder mit verhältnismäßig hohem Bruttosozialprodukt. OECD = OECD Mitglieder.

Es existieren 32 hoch entwickelte Staaten, die vor allem in Europa, Nordamerika und Australien angesiedelt sind. Mit Ausnahme von Japan, Südkorea und Singapur zählen alle zum „westlichen" Kulturkreis (Huntington 1996; siehe auch Kapitel 9). Und bis auf die Kleinstaaten gehören sie auch fast alle der OECD an. Viele Studien zur Staatstätigkeit moderner Wohlfahrtsstaaten beziehen sich auf diese Länder (oder auf eine Auswahl dieser).[187]

Die nächste Gruppe bilden die postkommunistischen Länder, die vor allem in Osteuropa und Asien anzutreffen sind und auf eine kommunistische Vergangenheit zurückblicken. Diese Ländergruppe ist äußerst heterogen hinsichtlich des *Human Development Index*, der Wirtschaftskraft und der Freiheitsrechte. Allgemein weisen diese Länder im Verhältnis zur Wirtschaftskraft eine ausgeprägte soziale Leistungsbilanz auf. Sie haben sehr verschiedene kulturelle Wurzeln, so dass bei manchen Ländern gegenwärtig noch unklar ist, ob sie sich stärker in die islamische oder die demokratische Welt integrieren werden.

Die heute existierenden kommunistischen Staaten China, Kuba, Laos, Nordkorea und Vietnam sind durch eine Einparteienregierung und durch starke planwirtschaftliche Steuerung geprägt, unterscheiden sich jedoch hinsichtlich des sozialen Entwicklungsgrades und der Öffnung ihrer Volkswirtschaften.

Die nächste größere Ländergruppe stellen die Schwellenländer oder auch *newly industrialized countries* (NICs) dar. Auch hier herrscht keine Einigkeit darüber, ab wann Länder in diese Kategorie aufgenommen werden können. Diese Länder sind über den gesamten Erdball verteilt, häufen sich jedoch in Südost- und Südasien, in der Karibik und in Lateinamerika. Seit den 1970er Jahren vollziehen sie eine rapide politische, wirtschaftliche, soziale und technologische Entwicklung, die in Europa und Nordamerika bereits im 18. und 19. Jahrhundert stattfand. Auch wenn in diesen Ländern die Demokratiewerte nicht an jene der liberalen Demokratien heranreichen, so sind viele Länder in dieser Gruppe auf dem

[187] Singapur wird meistens nicht in diese Gruppe aufgenommen und zählt oftmals als Schwellenland. Wenngleich Singapur wirtschaftlich und sozial hoch entwickelt ist, beschreitet es einen Entwicklungspfad, der vom demokratischen Ideal bewusst abweicht (Hague/Harrop 2004: 48). Auch der Vatikan ist kein demokratischer Staat, sondern stellt, wie der Iran, eine Theokratie dar (Waschkuhn 2003: 774-776).

Weg dorthin, wenngleich die wirtschaftliche Deregulierung oftmals weiter fortgeschritten ist als die Umsetzung von sozialen und politischen Zielen.

Die weniger entwickelten Länder weisen signifikante politische, soziale und/oder wirtschaftliche Nachteile auf und besitzen eine geringe politische Stabilität. Allerdings haben sie durchaus das Potenzial sich zu festigen und positive Leistungsbilanzen zu erreichen. Manche dieser Länder haben in einigen Aspekten zu den stärker konsolidierten Staaten aufgeschlossen, zeigen aber in anderen Aspekten fundamentale Defizite. Korruption, militärische Intervention und starke Ungleichheit sind in vielen dieser Länder präsent, die sich vor allem in Zentralamerika, in Subsahara-Afrika und im Pazifik befinden.

Schließlich fallen die so genannten Randstaaten (*marginal states*) in die wirtschaftliche Kategorie der „am wenigsten entwickelten Länder" der Vereinten Nationen. Allerdings deckt der Begriff „Randstaaten" auch die sozialen und politischen Probleme wie beispielsweise notorische politische Instabilität, lang andauernde Militärregierungen und gelegentliche Staatszusammenbrüche begleitet von Anarchie und Völkermord ab. Diese Länder sind oftmals tief gespalten und werden häufig von Bürgerkriegen heimgesucht. Menschenrechte und individuelle Freiheitsrechte besitzen eine niedrige Priorität und die Wirtschaftskraft dieser Länder gehört zu den niedrigsten der Welt. Des Weiteren blühen in diesen Ländern ein extensiver Schwarzmarkt und Korruption. Ihre Wirtschaft konzentriert sich vor allem auf den Landwirtschaftssektor und weist eine unterentwickelte Infrastruktur auf, sodass sie fast immer auf die Entwicklungshilfe anderer Länder angewiesen sind. Häufig werden diese Länder von katastrophalen Hungersnöten und Epidemien heimgesucht und besitzen einen niedrigen *Human Development Index*. Randstaaten findet man hauptsächlich im Afrika südlich der Sahara.

Weitere Grundgesamtheiten können anhand der angegebenen und anderer Kriterien für eine Untersuchung zusammengestellt werden. So untersucht Arend Lijphart (1999) die 36 etablierten Demokratien (ED), die den Kategorien hoch entwickelter Staaten, Schwellenländer und Entwicklungsländer entstammen. Weniger etablierte Demokratien (D) finden sich in allen Kategorien, bis auf jener der kommunistischen Staaten.

Eine zunehmend wichtige Gruppe von Ländern, die in mehreren Kategorien zu finden sind, stellen die islamischen Staaten dar (Fuller 2003). Die islamische Welt kann in einer eigenen Grundgesamtheit zusammengefasst werden, da der Islam die einzige monotheistische Religion der Welt darstellt, die ihren Gläubigen eine kohärente Lebensordnung einschließlich eines politischen und rechtlichen Systems anbietet und vorgibt (Danziger 1996: 439-448; Nasr 2002). Dabei ist der religiöse Aspekt besonders dominant im Iran, der als Theokratie bezeichnet werden kann. Ein Beispiel für ein stärker säkularisiertes islamisches Land stellt die Türkei dar. Innerhalb der islamischen Welt lassen sich sechs Zonen identifizieren, die unterschiedliche kulturelle Mischungen implizieren (Nasr 2002: 87-100): einmal die arabischen Staaten, die sich von Mauretanien in Westafrika bis hin zum Irak strecken und ca. 220 Mio. Menschen umfassen. In allen diesen Ländern wird arabisch gesprochen. Auch die persische Zone wird durch eine Sprache (persisch), die ca. 100 Mio. Menschen sprechen, verbunden und umfasst den Iran, Afghanistan und Tadschikistan. Die schwarzafrikanische islamische Zone, die 150 Mio. Menschen umfasst, ist dagegen nicht durch eine gemeinsame Sprache verbunden. Als eine vierte Zone lässt sich der türkische Islam identifizieren, der mit dem ottomanischen Reich historisch verbunden ist. Die 150 Mio. türkischen Muslime sind die am weitesten verstreute islamische Gruppe und leben nicht nur in der Türkei, sondern auch in Mazedonien, Turkmenistan, Usbekistan, Kirgisistan, Kasachstan und Teilen von Russland bis hin nach Sibirien. Auch leben sie als islamische Minderheiten(unter)gruppe in Afghanistan, Ägypten, Jordanien und Syrien. Die ethnisch homogenste islamische Gruppe sind die 400 Mio. Muslime, die auf dem indischen Subkontinent leben. Eine besonders integrative Form des Islam stellt der malaysische Islam dar. Die 220 Mio. malaysischen Muslime leben in Indonesien, Malaysia, Brunei und stellen bedeutende Minderheiten in Thailand, auf den Philippinen, in Kambodscha und Vietnam dar. Neben diesen sechs Zonen existieren noch kleinere Gruppen wie der chinesische Islam und – neben den Enklaven türkischer Muslime in Bulgarien, Griechenland und Mazedonien – der europäische Islam, der sich einmal in Form des albanischen Islams präsentiert, der vor allem in Albanien, Kosovo und Mazedonien vertreten ist, und andererseits der bosnische Islam in Bosnien, der auch zu einem gewissen Grade in Kroatien und Serbien anzutreffen ist. Schließlich müssen in diesem Zusammenhang auch die neueren islamischen Gemeinschaften in Frankreich, Deutschland und Großbritannien sowie Nordamerika genannt werden.

Unter wirtschaftlichen Aspekten umfassen die islamischen Länder ein breites Spektrum, welches von den hyperreichen Erdöl produzierenden Ländern (Vereinte Arabische Emirate, Oman, Saudi-Arabien, etc.) bis zu den ärmeren Staaten in Afrika (z.B. Ägypten, Tunesien) reicht. Gemeinsam ist diesen Staaten, dass sie keine Demokratie etabliert haben, weil das dem islamischen Glauben zu großen Teilen widerstrebt. Auch ist die Stellung der Frau in islamischen Gesellschaften, gemessen an westlichen Kriterien, deutlich der des Mannes untergeordnet. Ein tieferes Verständnis der Funktionsweise islamischer Staaten ist sicherlich eine bedeutende Herausforderung für die zukünftige vergleichende Politikwissenschaft.

Ein weiteres Phänomen stellt die Europäische Union (EU) für die vergleichende Politikwissenschaft dar. Mit der zunehmenden Institutionalisierung lässt sich die EU als ein eigenes politisches System untersuchen (Hix 2005; Hix/Høyland 2011; als deskriptiver Überblick: Wessels 2003; siehe auch Tömmel 2006). Arend Lijphart (1999: 42-47) betrachtet das politische System der EU als ein besonders ausgeprägtes Modell einer Konsensusdemokratie, wenngleich dabei eher die Kriterien eines konsensualen Politikstils erfüllt sind als die Grundbedingungen eines demokratischen Systems (Hix/Høyland 2011: 132-137). Allerdings verkörpert die EU eine herausragende Besonderheit, da sie zwar durchaus ein politisches System darstellt, selbst jedoch keinen Staat bildet. Und anders als Staaten wird die EU in der Regel nicht als ein weiteres politisches System in eine vergleichende Analyse eingehen, welches mit anderen (nationalstaatlichen) Systemen gleichgewichtet verglichen wird, sondern es wird als ein System, das den Mitgliedsländern übergeordnet ist, betrachtet.[188]

Neben der Literatur zu den Analysekonzepten und Theorien (Rosamond 2000; Holzinger et al. 2005) und den institutionellen Grundlagen und Besonderheiten des politischen Systems der EU (Nugent 2002; Kohler-Koch u.a. 2004; Jachtenfuchs/Kohler-Koch 2003) untersucht eine wachsende Zahl von Studien die vielfältigen Wechselwirkungen zwischen

[188] Wenngleich Lijphart auf das politische System der EU als ein Beispiel einer Konsensusdemokratie eingeht, benutzt er es nicht als einen weiteren Fall in seinen folgenden vergleichenden Analysen. Simon Hix (2005) dagegen stellt einen historischen Vergleich der Kompetenzübertragung zwischen den Mitgliedsländern der EU und dem politischen System der EU einerseits und der einzelnen Staaten in den USA und der Zentralregierung andererseits an. Von daher gehört die EU-Forschung, sofern sie die EU nicht in vergleichender Perspektive behandelt, nicht in das Teilgebiet der vergleichenden Politikwissenschaft, sondern stellt einen Spezialfall der Regierungslehre dar.

der Ebene der Mitgliedsländer oder untergeordneter Ebenen und der EU-Ebene. Die Analysen werden unter Begriffen wie europäisches „Mehrebenensystem“ oder „Regieren im europäischen Mehrebenensystem“ (König u.a. 1996; Kohler-Koch/Eising 1999; Hooghe/Marks 2001; Kohler-Koch 2003; Sturm 2004) oder „Europäisierung“ (Knodt/Kohler-Koch 2000; Heritier 2001; Knill/Lehmkuhl 2004) durchgeführt. Der erste Strang zum Regieren im Mehrebenensystem der EU analysiert die Bedingungen für das *policy-making* im Rahmen der EU unter den gegebenen institutionellen und spezifischen Charakteristika der Mitgliedsländer. Damit erhält das Forschungsgebiet zur „Staatstätigkeit“ eine weitere Dimension. Denn ähnlich wie Nationalstaaten nimmt auch das politische System der EU zunehmend die Aufgaben der Gesetzgebung wahr. Dieser Tatsache nimmt sich die „Europäisierungsliteratur“ explizit an, indem sie sich weitgehend mit den Auswirkungen der Mitgliedschaft in der EU befasst und der Frage nachgeht, ob und inwiefern die politischen Systeme der Mitgliedsländer dadurch beeinflusst und verändert werden oder ob nationale Charakteristika trotz EU-Mitgliedschaft weiterhin bestehen bleiben und sich als resistent gegenüber Veränderungsversuchen erweisen. Somit fällt dieser Forschungsbereich in das Gebiet der Globalisierungs- und Diffusionsforschung. In diesem Zusammenhang existieren u.a. zahlreiche komparative Analysen zur Interessenvermittlung auf den verschiedenen Ebenen (europäisch, national, subnational), in denen die vielfältigen Erscheinungen in und die Wechselwirkungen zwischen diesen Ebenen thematisiert und analysiert werden (Mazey/Richardson 1993; Greenwood/Aspinwall 1998; Pedler/van Schendelen 1994; Gorges 1996; Moser 2000; Greenwood 2003; Eising/Kohler-Koch 2005; Baltz u.a. 2005). Die Entscheidungsprozesse innerhalb des politischen Systems der EU haben zunehmend Bedeutung gefunden (siehe Thomson 2006).

2 Negative und positive Fallauswahl

Oftmals können jedoch nicht ganze Grundgesamtheiten untersucht werden. Dann ist es notwendig eine Auswahl von Fällen zu treffen. Bei der Fallauswahl können zwei wesentliche Strategien unterschieden werden: (a) die Auswahl der Fälle unter räumlichen bzw. geographischen Aspekten und (b) eine analytische Auswahl der Fälle (Aarebrot/Bakka 2003: 67-68).

Eine Auswahl der Länder nach geographischen Aspekten richtet sich danach, welche Länder in einem räumlichen Gebiet zusammenliegen. Dies können die Länder West- oder Osteuropas, die Länder des Ostseeraumes oder die Länder Afrikas oder Lateinamerikas sein. Allgemein gehen räumliche Taxonomien davon aus, dass benachbarte Länder auch eine ähnliche Geschichte durchlebt haben und somit viele Gemeinsamkeiten besitzen. Diese Gemeinsamkeiten schränken dann die Variablenzahl ein, da jene Aspekte, die für alle Fälle die gleiche Ausprägung besitzen, keine Variablen, sondern Konstanten sind. Allerdings ist eine räumliche Länderauswahl unbefriedigend, solange nicht auch analytische Aspekte angegeben werden, warum eine regionale Auswahl politikwissenschaftlich sinnvoll ist.

Eine analytische Auswahl der Länder richtet sich nach den Kriterien, die im Mittelpunkt der Untersuchung stehen, die jedoch nicht die abhängige Variable ausmachen. Diese Kriterien legen dann die Grundgesamtheit der zu untersuchenden Einheiten fest. Dies könnten z.B. demokratische Staaten oder Transformationsgesellschaften sein, aber auch Schwellenländer, Entwicklungsländer oder Industrienationen.

Neben der räumlichen und analytischen Fallauswahl ist zwischen positiver und negativer Fallauswahl zu unterscheiden, die entscheidend für die Repräsentativität einer vergleichenden Untersuchung ist. Von einer positiven Fallauswahl spricht man, wenn Fälle unter bestimmten Aspekten herausgegriffen werden (Einschlussverfahren). Bezogen auf eine räumliche Auswahl wählt man beispielsweise Frankreich als ein westeuropäisches Land aus. Wenn zu dieser Auswahl keine analytischen Aspekte hinzukommen, dann ist diese Art der Auswahl äußerst willkürlich. Denn man hätte genauso gut Spanien oder Großbritannien als westeuropäisches Land auswählen können. Ein erstes schwaches analytisches Auswahlkriterium besteht z.B. darin, dass man die wichtigsten Länder Europas einbezieht oder Länder, die eine Mischung aus Bedeutung und Besonderheit repräsentieren. Viele amerikanische Einführungen in die vergleichende Politikwissenschaft verfolgen diese Strategie (Theen/Wilson 1996; Roskin 1998; Almond u.a. 2004; siehe auch: Lehner/Widmaier 2002; Widmaier u.a. 1999). In Einführungstexten und Lehrbüchern bietet dieses Vorgehen den Vorteil, dass Länder exemplarisch vorgestellt werden. Für wissenschaftliche Arbeiten ist es jedoch weniger effizient, da die Auswahl sehr beliebig bleibt. Eine Konzentration auf die wichtigen Länder einer Region, etwa eine Untersuchung der wichtigen EU-Staaten Deutschland, Großbritannien und Frankreich, mag unter politischen Aspekten sinnvoll sein, unter methodologischen Aspekten ist es aber weniger instruktiv. Es liegt nämlich kein Anhaltspunkt dafür vor, dass die wichtigsten Länder einer Region auch die gesamte Varianz der Länder der Region hinsichtlich analytischer Kriterien abbilden. Stein Rokkan (1970: 49) nannte den ungerechtfertigten Bezug auf große Länder den *large-nation bias*. Falls Fälle positiv ausgewählt werden, muss dies anhand ihrer spezifischen Ausprägungen in Bezug auf die Forschungsfrage geschehen (George/Bennett 2005: 83-84; siehe auch Kapitel 11).

Die negative Auswahl (Ausschlussverfahren) basiert indes zunächst auf der Festlegung, was überhaupt die Grundgesamtheit ausmacht. So könnten dies bei allgemeinen Fragestellungen alle Länder der Erde sein oder auch nur demokratische Staaten oder nur Entwicklungsländer etc. (siehe unter 8.1) Untersucht man die demokratischen Länder der Welt, scheiden alle nichtdemokratischen Länder für die Untersuchung aus.[189] Nach der Bestimmung der Grundgesamtheit versucht man, alle Länder dieser Grundgesamtheit in die Untersuchung aufzunehmen. Dieser Aspekt ist Bedingung für die Repräsentativität der Untersuchung. Falls nun aus forschungspragmatischen Gründen (Aufwand, Finanzen, Qualifikation, Kapazität etc.) nicht alle Länder der Grundgesamtheit untersucht werden können, sollten grundlegende analytische Kriterien zur Eingrenzung der Fallzahl genutzt werden. Das besondere Charakteristikum der negativen Fallauswahl besteht darin, dass begründet werden muss, warum bestimmte Fälle der Grundgesamtheit *nicht* in die Untersuchung eingehen (Ausschlussverfahren). Etwa wird bei der Untersuchung hochentwickelter Demokratien zunächst die Grundgesamtheit der hochentwickelten Länder betrachtet (siehe Tabelle 8.1). Aus dieser Gruppe fallen dann der Vatikan und Singapur heraus, da beide Länder keine Demokratien sind, wobei klare Kriterien angegeben werden müssen, wie „Demokratien" bestimmt werden. Sodann könnte auch begründet werden, dass Kleinstaaten (Andorra, Monaco, Liechtenstein, San Marino) weniger ausdifferenziert sind als größere Länder und

[189] An dieser Stelle ist es wichtig, darauf hinzuweisen, dass in einer Untersuchung, die alle demokratischen Länder berücksichtigt, *nicht* der Einfluss der Demokratie untersucht werden kann; hierzu benötigt man als Abgrenzung auch nicht-demokratische Staaten. Demokratie stellt lediglich ein Homogenisierungskriterium für die Fallauswahl im Sinne des *most similar systems designs* dar.

somit hier andere politische Mechanismen dominieren (Dahl/Tufte 1974; Waschkuhn 2003). Auch hier müssen klare Trennpunkte angegeben werden, ab wann ein Staat analytisch als Kleinstaat gilt. Etwa könnten Island, Luxemburg und Malta auch als solche betrachtet werden.[190] Nachdem die Grundgesamtheit „hochentwickelte Demokratien" bestimmt ist, können Länder noch durch fehlende Informationen herausfallen. Dies ist oftmals der Fall für die Kleinstaaten und für Südkorea und Israel. Auch bei einer negativen Fallauswahl kommt es zu verzerrten Ergebnissen und einer verminderten Repräsentativität der Aussagen, wenngleich diese prinzipiell geringer sind als bei der positiven Fallauswahl.

Hinsichtlich der Reichweite und analytischen Aussagekraft vergleichender Studien können Untersuchungen auf einem Spektrum von global-vergleichender bis hin zur Fallstudie durchgeführt werden. Im Allgemeinen gilt, dass eine große Fallzahl mehr Spielraum für die fallvergleichende Analyse lässt und zu repräsentativeren Ergebnissen führt. Allerdings zeigen andere Studien auch, dass selbst mit Fallstudien fundamentale Ergebnisse erzielt werden können (George/Bennett 2005). Es muss jedoch dabei hervorgehoben werden, dass Fallstudien nicht zum genuinen Kanon der vergleichenden Politikwissenschaft gehören (was ja nicht ausschließt, dass auch außerhalb der vergleichenden Politikwissenschaft wissenschaftliche Ergebnisse erbracht werden können). Im Folgenden werden verschiedene Auswahlstrategien von Fällen aufgezeigt. Auf den Aspekt der (vergleichenden) Fallstudie wird dann näher in den Kapiteln 11 und 12 eingegangen werden.

3 Global-vergleichende Analysen

In Bereichen der Sozialwissenschaft, die mit großen Fallzahlen arbeiten, ist das einschlägige Auswahlkriterium für eine repräsentative Subgruppe die Zufallsauswahl, wobei jeder Fall die gleiche Chance haben muss, in die Untersuchung aufgenommen zu werden. Allerdings ist dieser Weg für die vergleichende Politikwissenschaft meistens nicht realisierbar. Ländervergleichende Untersuchungen abstrahieren nicht in gleichem Maße vom einzelnen Fall wie z.B. repräsentative Bevölkerungsumfragen. Auch bei der Untersuchung aller Länder der Welt ist das Variablenprofil der USA noch erkennbar und nur wenige ländervergleichende Studien abstrahieren völlig von den Fällen oder Beobachtungen. Eine Untersuchung, die auf einer stratifizierten Zufallsauswahl von politischen Parteien basiert, ist Kenneth Jandas *International Comparative Party Project* (Janda 1980).[191] Aus zehn Weltregionen wurden 92 Länder mit funktionierenden Parteiensystemen ermittelt. Anschließend wurden daraus pro Weltregion jeweils fünf Länder ausgewählt, deren 147 Parteien untersucht wurden. Allerdings durchbrach das Forscherteam die Zufallsauswahl, indem die USA, Großbritannien und Kanada aus inhaltlichem Interesse „gesetzt" wurden. Damit entstand eine Verzerrung der Untersuchung. Dieser Regelverstoß deutet wieder auf die Wichtigkeit der Fälle in der vergleichenden Politikwissenschaft hin. So sind ländervergleichende Studien, in denen manche Schlüsselländer vertreten sind, etwa alle wohlhabenden Nationen

[190] Unter anderen analytischen Gesichtspunkten könnte gerade die Größe eines Landes wesentlich sein für eine Untersuchung, etwa wenn das Interesse in der Untersuchung der „Qualität von Demokratien" besteht. Kleinstaaten besitzen „kürzere Entscheidungswege" und könnten somit politische Partizipation eher gewährleisten als große Länder.

[191] Diese Studie wird gegenwärtig von Janda fortgeführt: http://www.janda.org/ICPP/ICPP2000/index.htm, 18. Juli 2004.

ohne die USA, wenig instruktiv.[192] Auch verlangt die Wahrscheinlichkeitsrechnung eine gewisse Größe der Stichprobe. Diese ist nicht von der Größe der Grundgesamtheit abhängig, sondern von deren Homogenität.[193]

Um dennoch ein für alle Länder geltendes Forschungsdesign entwickeln zu können, schlagen Robert Perry und John Robertson (2002: 14-18) folgende Kriterien für die Auswahl der Untersuchungsländer vor: (a) Bevölkerungsgröße, (b) Verfügbarkeit von Daten und (c) geopolitische und regionale Verteilung. Das Hauptkriterium ist dabei die Verfügbarkeit von Daten, die eine Selektion von Ländern begründet. Die Bevölkerungsgröße stellt eine Variable dar, die die Aufnahme der bedeutendsten Länder der Welt in die Untersuchung garantieren soll. Mit diesen beiden Kriterien würde jedoch ein Zerrbild entstehen, weil manche Regionen (Afrika, vor allem Sub-Sahara-Afrika) unterrepräsentiert und andere Regionen, wie etwa Europa, überrepräsentiert werden. Deshalb schlagen die Autoren vor, drei Länder (Belgien, Ungarn und Portugal) aus der Untersuchung auszugliedern. Sie gelangen damit zu einer Stichprobe von 50 Ländern, die als repräsentativ für alle Länder der Welt gelten sollen. Anhand einer Schlüsselvariable (sechs Regionen der Erde) und einem Chi-Quadrat-Test stellen sie fest, dass die Grundgesamtheit und die Stichprobe nicht signifikant verschieden sind. Im weiteren Verlauf führen die Autoren Analysen mit den gleichen Statistiken durch, die auch auf Individualdatenebene angewendet werden, um Rückschlüsse von der Stichprobe auf die Grundgesamtheit zu ziehen, um so die Allgemeingültigkeit ihrer Ergebnisse zu belegen. Die Logik einer solchen Fallauswahl liegt also zusammenfassend darin, dass die ausgewählten Länder, für die Daten vorliegen, an die Charakteristika der Grundgesamtheit durch eine negative Auswahl angepasst werden. Es muss an dieser Stelle hervorgehoben werden, dass eine solche Länderauswahl nur auf der Ebene der fehlenden Daten ihren Ausgangspunkt nehmen kann. Jede andere Auswahl von Ländern bleibt suspekt.[194]

Viele Forscher beziehen sich jedoch nicht auf alle Länder. Bezogen auf das Forschungsinteresse können analytisch zu spezifizierende Grundgesamtheiten definiert werden oder man wählt bewusst eine Reihe von Ländern aus. Die etabliertesten Auswahlverfahren sind: das *most similar systems design*, das *most different systems design* und Auswahlverfahren bezogen auf die Konkordanz- und Differenzmethode.

4 Most similar und most different systems design

Im Gegensatz zu der im nächsten Abschnitt dargestellten Auswahlmethode orientiert an der Konkordanz- und Differenzmethode wählt man im *most similar* und *most different systems design* auf der Basis der unabhängigen Variablen die Fälle aus. Wie im Abschnitt 8.6 näher dargestellt wird, ist dies eine wesentliche Bedingung dafür, den *selection bias* in Grenzen zu halten.

---

[192] In der vorliegenden Untersuchung verlangte der US-amerikanische Förderer des Projektes, dass die USA in die Untersuchung aufgenommen werden soll.

[193] Für Untersuchungen mit Individualdaten wird folgende Regel angegeben (Alemann 1977: 91): 100-200 Befragte für sehr spezifische Grundgesamtheiten (einzelne Berufe), bis 100 für homogene Grundgesamtheiten, 1000 bis 2000 Personen für eine heterogene Grundgesamtheit. Da Länder jedoch bei weitem heterogener als Individuen sind, kommt eine Zufallsstichprobe eigentlich nicht in Betracht. Allerdings könnte man für homogenere Fälle (etwa Parteien) eine solche Auswahl unter Umständen durchführen.

[194] Die Reduktion der drei europäischen Länder hätte allerdings durch eine Zufallsauswahl erfolgen müssen.

Das *most similar systems design*

Das *most similar systems design* stellt für Lijphart die vergleichende Methode *par excellence* dar. Auch für ihn ist die Fallauswahl ein wesentliches Kriterium: Lijphart (1975: 164) definiert die vergleichende Methode als die „method of testing hypothesized empirical relationships among variables on the basis of the same logic that guides the statistical method, but in which the cases are selected in such a way as to maximize the variance of the independent variables and to minimize the variance of the control variables".[195] Die Logik, die hinter dieser Definition steht, beinhaltet die Forderung, dass die Fälle möglichst ähnlich sein sollen, um die externe Varianz zu minimieren. Untersucht man westeuropäische Länder, ähneln sich diese stärker, als wenn zusätzlich noch osteuropäische Länder aufgenommen würden. Im ersten Fall könnten Faktoren wie nicht-christliche Religionen, nicht-demokratische Vergangenheit in der Nachkriegszeit etc. ausgeblendet werden. Innerhalb dieser homogenen Gruppe sollten die Fälle jedoch hinsichtlich der unabhängigen Variablen, die Eingang in die Untersuchung finden, möglichst stark variieren (maximiere die experimentelle Varianz), z.B. hinsichtlich der Stärke von Parteien und Regierungszusammensetzungen. Dabei entsteht ein Dilemma zwischen homogener Fallauswahl und begrenzter Varianz der unabhängigen Variablen und der Maximierung der Varianz der unabhängigen Variablen und heterogenen Fälle. Lijpharts Forderung zielt auf die Reduzierung der Variablen ab. Aspekte, die ignoriert werden können, fließen nicht als zusätzliche Variable in die Untersuchung ein. Allerdings kann man niemals ganz sicher sein, ob die kontrollierten Variablen nicht doch Einfluss auf die abhängige Variable ausüben.

Tabelle 8-2: Die Logik des *Most Similar Systems Designs*

Länder	Kontrollierte Variablen *(externe Varianz)*				Experimentelle Variablen *(experimentelle Varianz)*			Abhängige Variable
	X1	X2	…	Xk	Xk+1	…	Xn	Y
A	1	1	…	0	1	…	1	1
B	1	1	…	0	0	…	0	0
C	1	1	…	0	1	…	1	1
D	1	1	…	0	1	…	1	1
E	1	1	…	0	1	…	1	1
F	1	1	…	0	0	…	0	0

Das *most similar systems design* kann sowohl für Studien mit einer kleinen als auch mit einer großen Fallzahl angewendet werden. Führt es für Untersuchungen mit einer kleinen Fallzahl zu eher weniger generalisierbaren Ergebnissen und nähert sich dem Auswahlkriterium der Differenzmethode Mills an, so kann es mit einer größeren Fallzahl zu einer sehr effektiven Strategie werden. Hervorzuheben ist jedoch, dass sich die Ergebnisse in der

[195] Über die Klassifikation und Zugehörigkeit verschiedener Forschungsdesigns zur vergleichenden und statistischen Methode besteht Uneinigkeit. Lijphart (1975: 164) weist das *most different systems design* der statistischen Methode zu. Dagegen bestreiten Przeworski und Teune (1982: 37), dass das *most similar systems design* der vergleichenden Methode zuzurechnen ist: „... a study conducted exclusively at the level of countries is not comparative."

Tradition des *most similar systems designs* auf die ausgewählten Fälle beziehen und *keine* Schlüsse auf eine größere Grundgesamtheit gezogen werden können. Das *most similar systems design* bietet sich für relativ homogene Ländergruppen an, wie sie in Tabelle 8-1 dargestellt wurden.

Das *most different systems design*

Das *most different systems design* ist eine Multi-Ebenenanalyse, das trotz einer positiven Fallauswahl hohe nomothetische Ansprüche zu erfüllen vermag. Für Adam Przeworski und Henry Teune (1982: 34-39) stellt dieses Forschungsdesign die vergleichende Forschung dar: "Comparative research is inquiry in which more than one level of analysis is possible ..." (ebenda: 36). Die Logik des *most different systems designs* geht davon aus, dass zunächst Hypothesen gebildet werden, die für *eine* Population zutreffen sollen. Beispielsweise wird davon ausgegangen, dass Arbeiter linke Parteien wählen. Diese Hypothese wird auf der Systemebene, z.B. für Deutschland, getestet. Stellt sich ein positiver Zusammenhang heraus, wird diese Hypothese auch für Großbritannien überprüft. Solange sich die Hypothese bestätigt, sind keine expliziten Vergleiche zwischen Deutschland und Großbritannien notwendig. Wenn die Hypothese nun nicht für beide Länder zutrifft, wird die nächst höhere Ebene untersucht und der Grund für die Varianz im Ländervergleich gesucht. Da bei der Bestimmung des *most different systems designs* oftmals fundamentale Missverständnisse existieren, soll an dieser Stelle die Definition von Adam Przeworski und Henry Teune (1982: 36) zitiert werden:

> "In the most different systems design, the question of at which level the relevant factors operate remains open throughout the process of inquiry. *The point of departure of this design is the population of units at the lowest level observed in the study, most often the individuals.* The design calls for testing whether this population is homogeneous. If subgroups of this population that correspond to some identifiable levels of social systems can be distinguished empirically, then factors operating at this level of systems will be considered. If a population of individuals is sampled from several countries, then differences among individuals will be tested both within and across communities and within and across countries. If communities differ, national factors will be examined; if neither countries nor communities differ, the entire analysis will remain at the individual level and no systemic factors will be considered. The level that reduces to the greatest extent the within-group variance will be considered."

Wenn wir also an der Entdeckung von allgemein gültigen Gesetzen interessiert sind, sollte sich der Zusammenhang in möglichst vielen Systemen bestätigen. Ideal wäre, wenn er sich in jedem System bestätigen würde. Jedoch sind auch hier forschungspragmatische Gründe dafür verantwortlich, dass nicht alle Systeme – etwa alle Länder der Erde oder alle jemals abgehaltenen Wahlen – untersucht werden können. Deshalb spielt die Fallauswahl auch im *most different systems design* eine Schlüsselrolle. So ist es nicht verwunderlich, wenn sich das Wahlverhalten von Arbeitern in Deutschland und Großbritannien ähnelt. Beide Länder haben eine ähnliche Kultur, ähnliche gesellschaftliche Organisation und sogar starke gemeinsame historische Verbindungen. Eine Hypothese wird einem rigiden empirischen Test unterzogen, wenn sie sich in höchst unterschiedlichen Systemen (*most different*) bewähren muss. Wenn also Arbeiter linke Parteien sowohl in Deutschland als auch in Japan, Mosambik, Chile und Costa Rica wählen, ist die Wahrscheinlichkeit groß, dass es eine soziale Gesetzmäßigkeit ist, dass Arbeiter linke Parten wählen.

Ein expliziter Ländervergleich findet im *most different systems design* nur dann statt, wenn die Zusammenhänge *nicht* innerhalb aller Fälle auftreten. Wählen beispielsweise die Arbeiter in Japan keine linke Partei, so müssen die Ursachen hierfür im politischen System oder in der japanischen Gesellschaft gesucht werden. Man sollte sich bei der Erklärung nicht damit begnügen, dass Japan anders ist als andere Länder, sondern es müssen diejenigen Variablen identifiziert werden (etwa hohe Fürsorge der Betriebe für ihre Angestellten), die für das abweichende Verhalten verantwortlich sind.

Die Analyse auf der höheren Ebene ist dann allerdings problematisch, weil nur eine sehr begrenzte Fallzahl für den Ländervergleich zur Verfügung steht. Insofern ist das *most different systems design* bei der Bestätigung von Hypothesen effizienter als bei der Suche nach Lösungen, nachdem die Grundhypothese falsifiziert wurde.

Diese anspruchsvolle Art des Mehrebenenvergleichs ist in der Sozialwissenschaft nur selten systematisch durchgeführt worden. Auch werden wenige Hinweise dafür angegeben, wie viele Länder in eine Untersuchung des *most different systems designs* eingehen sollen. Meistens handelt es sich um Untersuchungen von bis zu sechs Ländern. Die Auswahl der Länder in *most different systems designs* besteht in einer positiven Auswahl der Fälle. Das Kriterium hierfür ist, dass die Länder wichtige Einsichten für die Untersuchungsfragen geben und möglichst unterschiedlich sein sollen.

Die Analysemethoden im *most different systems design* bestehen vor allem in Mittelwert- oder Varianztests, die ein Kriterium dafür sind, ob die Unterschiede in den verschiedenen Systemen signifikant sind. Werden nicht-metrische Analyseverfahren angewendet, müssen deutliche Kriterien entwickelt werden, wann die Unterschiede den Systemvarianzen zugeschrieben werden können.

Insgesamt kann konstatiert werden, dass der Ansatz des *most different systems design* zu sehr starken Bestätigungen von Hypothesen führen kann, wenn sich diese in höchst verschiedenen Systemen bewähren. Allerdings kann keine absolute Bestätigung der Hypothesen aus diesem Ansatz gewonnen werden. Das *most similar systems design* kann bei einer Untersuchung (fast) aller Untersuchungsfälle einer Grundgesamtheit, auf die die Analyse zutreffen soll, zu sehr validen Ergebnissen führen. Das *most different systems design* ist sicherlich besser geeignet für die Untersuchung von Mikrotheorien. Die Stärke des *most similar systems design* liegt eher in Verbindung mit Theorien mittlerer Reichweite.

5 Konkordanz- und Differenzmethode

Die Konkordanz- und Differenzmethode sollten nicht mit dem *most similar* und *most different systems design* verwechselt werden.[196] Die beiden zuletzt genannten Forschungsstrate-

[196] Oftmals wird in der Literatur behauptet, dass das *most similar systems design* mit Mills Differenzmethode übereinstimmt und das *most different systems design* mit der Konkordanzmethode (siehe etwa: George/Bennett 2005: 165). In vielen Abhandlungen werden die Begriffe zudem noch verwechselt, da sich Mill bei der Bezeichnung der Forschungsdesigns auf die abhängige Variable bezieht und Przeworski und Teune auf die unabhängigen Variablen. Allerdings haben Mills Methoden nur indirekt mit den *most similar* und *most different systems designs* zu tun. Während Mill Analyseverfahren des Vergleichs darlegt, stellen die *most similar* und *most different systems designs* Fallauswahlverfahren dar. In ihren Darlegungen zum *most different systems design* nehmen Przeworski

gien dienen der analytisch effizientesten (*unbiased*) Fallauswahl, während sich die Konkordanz- und Differenzmethode auf Mills Kategorien einer Analysemethode beziehen (siehe Kapitel 5). Zwar können Forschungsdesigns hinsichtlich des Millschen Kanons konstruiert werden, wie etwa die Forschungsdesigns des *similar system* mit *different outcome* (SS-DO) oder des *different systems* mit *similar outcome* (DS-SO),[197] doch leiden solche Forschungsdesigns stark unter dem *selection bias* (siehe mehr unten 8.6), da in ihnen sowohl auf der abhängigen Variablen als auch aufgrund einer wesentlichen Kausalbeziehung die Fälle ausgewählt werden (King u.a. 1994: 142-144; 147). Freilich können durch solche Forschungsdesigns gewisse „politikwissenschaftliche Rätsel" untersucht werden, die zum Teil auch von analytischem Wert sind, jedoch ist die Generalisierbarkeit solcher Untersuchungen stark eingeschränkt. Allerdings ist man in der qualitativen Forschungslogik weniger daran interessiert, ob die Ergebnisse tatsächlich repräsentativ sind, sondern vielmehr daran, unter welchen Bedingungen und mit welchen Mechanismen ein Ereignis eintritt (George/Bennett 2005: 31).

Klassische Studien, die auf der Konkordanzmethode aufbauen, sind Barrington Moores (1966) Analysen über die Entstehung von Diktaturen und Demokratien sowie Theda Skocpols (1979) Arbeit über soziale Revolutionen. Beide Studien wenden als Analysemethoden ebenfalls die Differenzmethode an, um die Anzahl von alternativen Erklärungsmustern zu reduzieren. Allerdings sind damit die Fallauswahlstrategien eng mit der Analysemethode verknüpft, was die Generalisierbarkeit der Ergebnisse einschränkt (siehe auch Kapitel 12).

Dennoch beziehen sich viele vergleichende Studien bei der Fallauswahl auf die Analysemethoden von Mill. Bezogen auf die Differenzmethode werden ähnliche unabhängige Variablen und stark variierende abhängige Variablen untersucht. Dieses Forschungsdesign der ähnlichen Fälle und unterschiedlichen Ergebnisse (*similar systems with different outcomes*, SS-DO) ist jedoch nur eine sehr grundsätzliche Ausrichtung einer Untersuchung. Fehleinschätzungen in der Fallauswahl zu Beginn der Studie, also einem Zeitpunkt, zu dem relativ wenige Informationen über die Fälle vorliegen, können nur selten wieder ausgeglichen werden. Im Forschungsverlauf einer solchen Studie gilt es dann jene Variablen aufzuspüren, die für die Unterschiede in der abhängigen Variable verantwortlich sind. Weil aber viele Variablen im Spiel sind, die dann noch in bestimmten Beziehungen zueinander und in Prozessen gefiltert sein können, besteht bei dieser Art von Untersuchung die Schwierigkeit, die externe Varianz zu kontrollieren.

Eine Variante des SS-DO Designs ist das *Before-After Research Design* (George/Bennett 2005: 166-167). Dieses Forschungsdesign erfüllt die Kriterien der Gleichheit der Systeme im höchsten Maß, da der gleiche Fall einmal vor und einmal nach einem Ereignis verglichen wird. Indem das neuseeländische Parteiensystem einmal vor und einmal nach der Wahlrechtsreform verglichen wird, können viele Faktoren vernachlässigt werden. Denn Neuseeland ist sicherlich in den meisten Punkten unverändert geblieben: Das Neuseeland zum Zeitpunkt vor der Wahlrechtsreform ähnelt in sehr hohem Maße dem Neuseeland nach der Wahlrechtsreform. Dieses Ereignis stellt also die Grundlage für ein „natürliches" oder Quasi-Experiment dar (Campbell u.a. 1963; Campbell/Ross 1968). Ein ähnliches For-

und Teune nicht einmal Bezug auf den Text von Mill. Daher ist es sinnvoll, die Konkordanz- und Differenzmethode vom *most similar* und *most different systems design* zu unterscheiden.

[197] Oftmals werden diese Forschungsdesigns auch noch mit dem Zusatz *most* beschrieben. Allerdings wird dieses Kriterium meistens nicht auf eine Grundgesamtheit bezogen und entsprechend angewendet.

schungsdesign wählte Robert Putnam (1993), indem er Italien einmal vor und einmal nach der Einführung von Regionalregierungen 1970 verglich.

Umgekehrt können auch Ähnlichkeiten der abhängigen Variablen in sehr unterschiedlichen Systemen (Ländern) die Untersuchung leiten (Konkordanzmethode). Selbst Forschungsdesigns, die sehr unterschiedliche Systeme mit ähnlichen Ereignissen (*different systems with similar outcomes*, DS-SO) betrachten, stehen vor dem gleichen Problem, dass die externe Varianz schwer kontrollierbar ist. Das Ziel solcher Untersuchungen ist die Suche nach gemeinsamen – oder unterschiedlichen – Gründen, die für die ähnlichen Ereignisse verantwortlich sind. Durch die geringe Fallzahl des SS-DO- und DS-SO-Forschungsdesigns ist ihre Allgemeingültigkeit begrenzt. Guy Peters (1998: 65; siehe auch Collier u.a. 2004: 100) verweist auf die Gefahr bei vergleichenden Studien mit sehr kleinem N, ihre Ergebnisse gerade durch dieses bewusste Forschungsdesign als valider zu betrachten, als dies durch die geringe Fallzahl und die begrenzte Kontrolle der externen Varianz gerechtfertigt wäre.

Es soll nochmals betont werden, dass die SS-DO- und DS-SO-Forschungsdesigns mit extrem niedriger Anzahl nicht mit dem *most similar* oder *most different systems design* verwechselt werden dürfen. Die Stärke des *most similar systems design* besteht darin, dass (fast) alle Länder, die den Kriterien entsprechen, in die Untersuchung aufgenommen werden (negative Fallauswahl). Nur dadurch lässt sich die externe Varianz kontrollieren. Das *most different systems design*, welches von Adam Przeworski und Henry Teune (1982) *ohne* Rückgriff auf John Stuart Mill entwickelt wurde, bezieht seine analytische Stärke durch die Mehrebenenanalyse.

6 Selection bias

Ein besonderes Problem der Fallauswahl, die *systematische* Verzerrung der Ergebnisse durch die Fallauswahl, hat Barbara Geddes (1990; siehe auch 2003: Kapitel 3) unter dem Titel: „How the Cases You Choose Affect the Answers You Get“ behandelt. Wenn das Ergebnis durch die Fallauswahl bestimmt oder beeinflusst wird, spricht man von *selection bias*. David Collier und James Mahoney (1996: 59; siehe auch Winship/Mare 1992: 328) definieren dieses Phänomen wie folgt: “Selection bias is commonly understood as occurring when some form of selection process in either the design of the study or the real-world phenomena under investigation results in inference that suffer from systematic error.“ Insbesondere kommt es bei der positiven Fallauswahl vor, dass die Fallauswahl anhand der abhängigen Variablen durchgeführt wird. Aber auch bei der negativen Fallauswahl treten – wenngleich oftmals abgemildert – ähnliche Effekte auf.

Abbildung 8-1 zeigt den bivariaten Zusammenhang zwischen dem gesellschaftlichen Entwicklungsgrad und der wirtschaftlichen Freiheit. Der Entwicklungsgrad wurde mittels des *Human Development Index* (HDI) aus dem Jahre 1998 gemessen (UNDP 1999: 127-133). Der Index der wirtschaftlichen Freiheit wird anhand von 50 Indikatoren erfasst und umfasst die Handelspolitik, Staatsverschuldung, staatliche Intervention in die Wirtschaft, Geldpolitik, Kapitalströme und Auslandsinvestitionen, Banken und Finanzpolitik, Löhne und Preise, Eigentumsrechte, Regulierungen und Schwarzmarktaktivitäten. Wirtschaftliche Freiheit wird definiert als „... the absence of government coercion or constraint on the production, distribution, or consumption of goods and services beyond the extent necessary for citizens to protect and maintain liberty itself' (The Heritage Foundation 2000: 71).

Der Zusammenhang dieser beiden Variablen ist zunächst für 155 Länder, für die diese Informationen verfügbar waren, berechnet worden.[198] Dabei wird die wirtschaftliche Freiheit als abhängige Variable betrachtet, wenngleich sich auch plausibel die umgekehrte Kausalannahme formulieren lässt. Dies würde sich in der Hypothese niederschlagen, dass hoch entwickelte Länder eine freie Wirtschaft ermöglichen. Die bivariate Korrelation deutet auf einen signifikanten Zusammenhang zwischen beiden Variablen hin (r = 0,609; p = 0,000). Führen wir die gleiche Analyse mit den 34 Ländern durch, deren wirtschaftlicher Freiheitsgrad hoch ist (*cut-off point* von 2,5),[199] also eine positive Fallauswahl anhand der abhängigen Variable, so verändert sich der Zusammenhang gravierend. Pearsons r nimmt einen insignifikanten Wert von 0,245 (p = 0,163) an. Bei einer negativ gewichteten Fallauswahl, wie sie von Robert Perry und John Robertson (2002: 14-18) vorgeschlagen und die weiter oben dargestellt wurde, fällt die Verzerrung weitaus geringer aus (r = 0,698; p = 0,000).

Zwei Schlussfolgerungen lassen sich aus diesem Beispiel beim Vergleich der negativen (durchgezogene und Strich-Punkt-Linie) mit der positiven Fallauswahl (gepunktete Linie) ableiten. Zum einen unterschätzen quantitative Forscher den Zusammenhang zwischen zwei Variablen, wenn sie nur einen Teil der Varianz der abhängigen Variable berücksichtigen. So schlussfolgert Todd Landman (2003: 61-93) in seiner Übersicht von Studien über den Zusammenhang von Demokratie und wirtschaftlicher Entwicklung, dass Untersuchungen mit einer großen Fallzahl (zwischen 48 und 135) einen Zusammenhang dieser beiden Aspekte identifizieren (Lipset 1959; Dahl 1971; Jackman 1973; Bollen 1979; Przeworski/Limongi 1997). Studien mit geringer Fallzahl (6 bis 23) können den Zusammenhang dagegen nicht identifizieren (Neubauer 1967; Landman 2003).

Zum anderen entsteht eine Fehlinterpretation durch die Fallauswahl anhand der abhängigen Variable, die darin besteht, dass die vermutete Beziehung der ausgewählten Fälle auf die Population der Fälle ausgedehnt (generalisiert) wird. Mit diesem Problem ist man vor allem bei qualitativen Studien konfrontiert, die vermuten, dass sich ihre Fälle im oberen rechten Quadranten der Abbildung 8-2 befinden und die anderen nicht untersuchten Fälle im unteren linken. Tatsächlich stellt sich die Beziehung aber (veranschaulicht im Oval der Abbildung) so dar, dass kein Zusammenhang in den ausgewählten Fällen besteht.

---

198 Die Daten wurden der CD-ROM des Einführungswerkes von Perry und Robertson (2002) entnommen, wobei der Index der wirtschaftlichen Freiheit so umcodiert wurde, dass hohe Werte eine große wirtschaftliche Freiheit bedeuten.

199 Die Variable wirtschaftliche Freiheit variiert über die 155 Länder empirisch zwischen 3,55 für Singapur mit dem höchsten Grad einer freien Wirtschaft und dem Irak mit 0,1 als der unfreiesten Wirtschaft. Das arithmetische Mittel liegt bei 1,90 mit einer Standardabweichung von 0,75. Betrachten wir die 34 Länder mit der höchsten wirtschaftlichen Freiheit, so erhalten wir einen Mittelwert von 2,90 und eine Standardabweichung von 0,23. In diesem Teildatensatz besitzt Peru mit 2,55 die unfreieste Wirtschaft.

Abbildung 8-1: Darstellung des *selection bias*

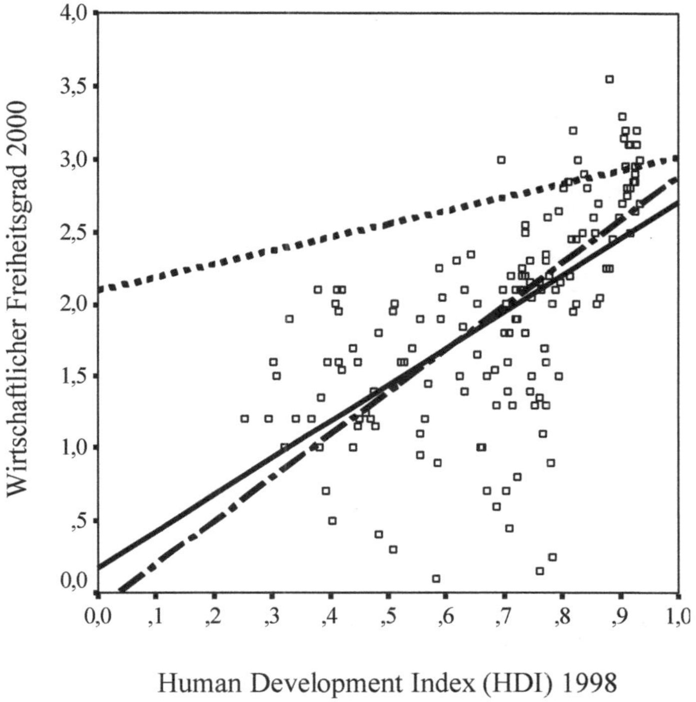

Stärke des Zusammenhangs:

Über alle Fälle mit verfügbaren Daten
(N = 155) (schwarze durchgezogene Linie)
y = 0.169 + 2.539x
r = 0.609 (t = 9.494); R^2 = 0.371

Fälle, die eine wirtschaftliche Freiheit von > 2,5 besitzen
(N = 34) (gestrichelte Linie)
y = 2.095 + 0.923x
r = 0.245 (t = 1.426); R^2 = 0.06

Für 50 Fälle nach Perry/Robertsons Auswahlkriterium
(N = 50) (Strich-Punkt-Linie)
y = -0.1 + 2.984
r = 0.698 (t = 6.748); R^2 = 0.487

Quelle: UNDP (1999); The Heritage Foundation (2000). Benutzte Daten stammen von der CD-Rom zu Perry/Robertson (2002).

Abbildung 8-2: Die Beziehung zwischen der Regulierung der politischen Partizipation und dem gesellschaftlichen Entwicklungsgrad

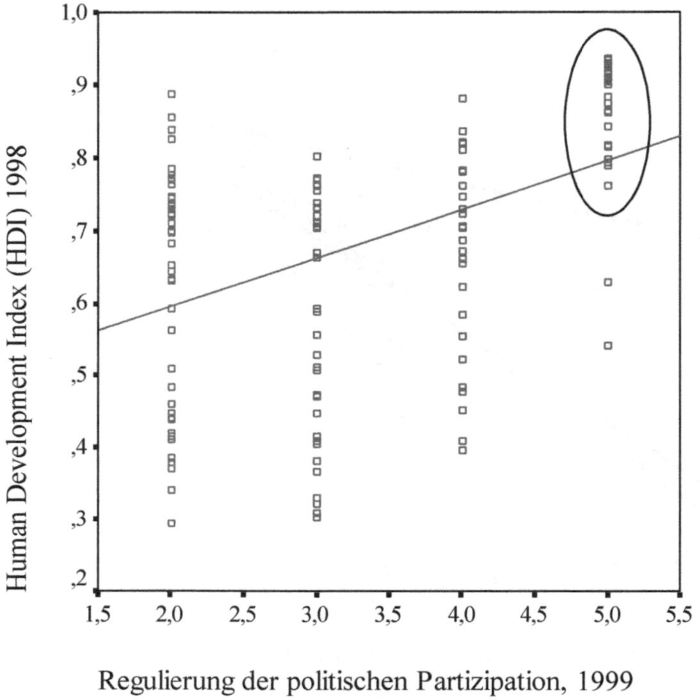

Quelle: UNDP (1999); Marshall, Monty G./Jaggers, Keith (2000). Benutzte Daten stammen von der CD-Rom zu Perry/Robertson (2002).

In der in Abbildung 8-2 dargestellten Beziehung zwischen der Regulierung der politischen Partizipation und der Entwicklung einer Gesellschaft der im Oval zusammengefassten Länder würde der unreflektierte quantitative Forscher zu der Schlussfolgerung kommen, dass zwischen beiden Variablen kein Zusammenhang besteht, da dies aus seinem Sample nicht deutlich hervorgeht. Der qualitativ vergleichende Forscher dagegen kommt zu dem Ergebnis, dass sich die beiden Variablen bedingen und kausal voneinander abhängig sein müssen, da beide Variablen eine hohe Ausprägung besitzen. Das bedeutet, dass „… whereas for the quantitative researcher the most commonly discussed risk deriving from *selection bias* lies in *underestimating* the importance of the main causal factors that are relevant for the larger frame of comparison, for the qualitative researcher an important part of the risk may also lie in *overestimating* the importance of explanations discovered in case studies of extreme observations" (Collier/Mahoney 1996: 71-72).

Allerdings kann durch die dargestellte Konstellation im Oval keine Schlussfolgerung gezogen werden, weil zu wenige Informationen vorliegen. Betrachten wir den Rest der Abbildung, so erkennen wir, dass durchaus ein Zusammenhang zwischen der Regulierung der politischen Partizipation und dem Entwicklungsgrad einer Gesellschaft besteht. Je offener der Zugang zur politischen Beteiligung, desto höher entwickelt ist eine Gesellschaft (Eta = 0,61). Allerdings erkennen wir auch gravierende Ausnahmen in beiden Dimensionen. Die beiden Einträge unter dem Oval (Mongolei und Papua-Neuguinea) verdeutlichen, dass die gesellschaftliche Entwicklung trotz politischer Offenheit nicht weitreichend sein muss. Andererseits demonstrieren die Länder oben links in der Abbildung, dass gesellschaftliche Entwicklung auch ohne politische Zugangschancen für eine große Zahl von Ländern hoch ausgeprägt sein kann.

Einen starken *selection bias* verursachen die Strategien der Fallauswahl, die sich an der Konkordanzmethode bzw. dem DS-SO-Design orientieren. Sie verstoßen eklatant gegen die Forderung, dass die abhängige Variable eine möglichst deutliche Varianz aufweisen muss. Wenngleich die Konkordanzmethode wertvolle Hinweise für die Eliminierung von ursächlichen Faktoren geben kann, so ist sie nicht für die Verifizierung von Theorien geeignet: "We can also learn nothing about a causal effect from a study which selects observations so that the dependent variable does not vary" (King u.a. 1994: 147). Das Problem der Invarianz trifft – im Gegensatz zum *selection bias* – auch auf die unabhängigen Variablen zu (Collier/Mahoney 1996: 74). Ein schlechtes Auswahlkriterium ist es ebenfalls, die Fälle anhand von vermuteten Kausalitäten auszuwählen. In dieser Situation werden die Fälle nach der abhängigen und einer wesentlichen unabhängigen Variable ausgewählt und es ist fast unmöglich, eine Hypothese auf Grundlage einer solchen Fallauswahl zu falsifizieren (King u.a. 1994: 142-144). Die Erzeugung von Varianz durch das Forschungsdesign ist die wesentliche Voraussetzung, um Kovarianz und damit Zusammenhänge zu erfassen. Ohne die Beurteilung von Kovarianz kann keine Hypothese falsifiziert und noch viel weniger verifiziert werden. Deshalb ist die im Kapitel 5 erwähnte Maxime von Guy Peters so bedeutungsvoll in der vergleichenden Sozialforschung.[200]

Auch im Bereich von Zeitreihen kann ein *selection bias* auftreten, wenn nicht auf neutrale Weise der Endpunkt festgelegt werden kann. Erscheint z.B. ein Wert auf der abhängigen Variable als besonders interessant und möchte man diesen erklären, wählt man auf der abhängigen Variable aus. Geddes (1990: 146-148; 2003: 117-123) bezieht sich in ihrem Beispiel auf Albert Hirschmans (1973) Studie der Inflationsbekämpfung in Chile. Er stellt die Hypothese auf, dass Inflation einen pazifizierenden Einfluss hat, da sie allen Beteiligten den Eindruck vermittelt, einen größeren Teil vom gesamten Kuchen abzubekommen. Wenn die gesellschaftlichen Gruppen dieses „Spiel" lange genug gespielt haben, entsteht ein Lerneffekt über die Nutzlosigkeit dieses Spiels und die Inflation nimmt ab. Hirschman belegt diesen Zusammenhang, indem er die Inflation in Chile von 1930 bis 1961, die in dieser Zeit zwischen -5 und 84 Prozent schwankte, betrachtet. Er beendet seine Analyse mit der Stabilisierungspolitik von Jorge Allessandri, der die Inflation bei etwa 10 Prozent halten konnte. Geddes hebt hervor, dass dieser Rückgang der Inflation nur eine Episode der chilenischen Inflation darstellt und schon zwei Jahre danach keine Gültigkeit mehr besitzt, wie dies auch aus Abbildung 8-3 deutlich hervorgeht.

---

[200] Allerdings kann durch eine intensive methodische Reflexion eine solche Untersuchung durchgeführt werden. Etwa die vergleichende Forschung mit *most likely cases*, die in Kapitel 11 vorgestellt wird, kann trotz dieses Regelverstoßes zu sinnvollen Ergebnissen führen (Rogowski 2004; Collier u.a. 2004: 99-100; George/Bennett 2005). Allerdings weisen auch neueste Studien in dieser Tradition auf die sehr begrenzte Verallgemeinerungsfähigkeit solcher Untersuchungen hin (Ross 2004).

Abbildung 8-3: Inflationsrate in Chile, 1930 – 1972

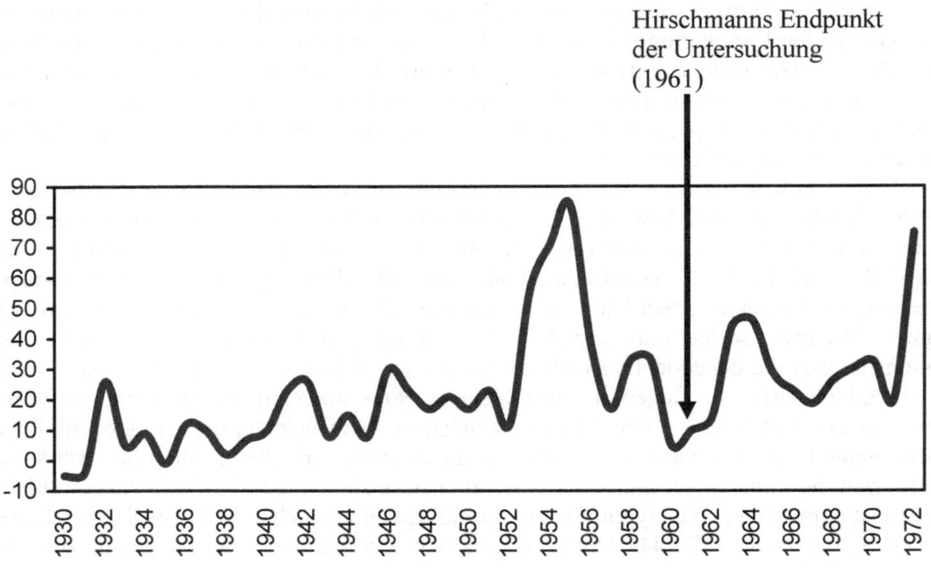

Quelle: 1930 bis 1961 von Hirschman (1973: 160); 1962 bis 1972 von The World Bank (2002).

Selbst wenn man die Hyperinflation Mitte der 1970er Jahre, als diese auf über 500 Prozent anstieg, ausklammert, zeigt sich, dass die Inflation nach dem Endpunkt von Hirschmans Studie eher über der Inflationsrate von 1930 bis 1950 lag. Geddes (1990: 147) schlussfolgert daraus: "Even with the hyperinflation of 1973-76 excluded, the figure shows no evidence that groups had learned the futility of pressing inflation demands or that political leaders had learned to solve the problem. Rather, 1960 and 1961 appear to be unusual years, best explained by the orthodox stabilization policies of Chile's last conservative administration before the military seized power in 1973."

Eine Lösung des Problems besteht darin, nicht auf Grundlage der abhängigen Variable – oder einer Variablen, die unmittelbar mit der abhängigen Variable zusammenhängt, – die Fallauswahl zu treffen, da dies zu verfälschten Ergebnissen führt (Achen 1986; King 1989a: Kapitel 9): "In short, selecting cases on the dependent variable entails the high probability of getting the wrong answer" (Geddes 1990: 149). Selbst wenn solche Studien durchaus einen idiographischen Nutzen besitzen und detailliert Prozesse nachzeichnen können, vermögen sie nicht Theorien oder Hypothesen zu testen (Achen/Snidal 1989). Vielmehr sollten auf Grundlage einer möglichst irrelevanten unabhängigen Variable die Fälle ausgewählt werden. Geschieht die Auswahl der Fälle aufgrund einer unabhängigen Variable, also sozusagen durch eine vertikale Trennlinie wie in Abbildung 8-1, ist die abhängige Variable immer noch frei, um über das gesamte Spektrum zu variieren. Solange wir es mit einem linearen, homogenen Zusammenhang zu tun haben, beeinträchtigt die Auswahl auf der unabhängigen Variable den Steigungsgrad der Geraden nicht (King u.a. 1994: 137). Dies wird in Abbildung 8-1 an der Fallauswahl nach dem Auswahlkriterium von Perry und Robertson deutlich.[201]

Eine analytisch anspruchsvollere und zuverlässigere Möglichkeit der Fallauswahl ist der Rückgriff auf Theorien, wobei sich besonders Theorien mittlerer Reichweite für Analysen in der vergleichenden Politikwissenschaft eignen. Bevor im nächsten Teil eine Auswahl relevanter Theorien vorgestellt wird, sollen in diesem Kapitel abschließend Forschungsstrategien mit unterschiedlichen Fallzahlen skizziert werden.

7 Untersuchungen mit unterschiedlicher Anzahl von Fällen

Vergleichende Studien lassen sich mit verschiedenen Anzahlen von Fällen (Ländern) durchführen. Dabei neigen Anfänger meist dazu, möglichst wenige Fälle zu vergleichen, da davon ausgegangen wird, dass bei einem Vielländervergleich mehr Wissen nötig sei. Allerdings soll an dieser Stelle betont werden, dass der Vielländervergleich eine andere Logik des Vergleichs (nomothetisch) anwendet als ein Vergleich weniger Länder (idiographisch). Da jedoch die nomothetische Forschungslogik in der vergleichenden Politikwissenschaft dominiert, sollte man sich im Verlaufe seines Studiums möglichst früh auf den Vielländervergleich einlassen. Zum Abschluss dieses Kapitels sollen deshalb nochmals einige Untersuchungen anhand der Fallzahl dargestellt werden, um die Möglichkeiten und Grenzen der vergleichenden Strategien aufzuzeigen. Die Übersicht von Untersuchungen mit unterschiedlichen Fallzahlen orientiert sich an der Einteilung von Guy Peters (1998: 61-79) und ist weniger analytisch als illustrativ. Es lassen sich im Wesentlichen die folgenden Studien unterscheiden:

- Einzelfallstudien
- Paarvergleich
- Studien mit kleiner Fallzahl
- Der Vergleich von natürlichen Ländergruppen
- Der Vergleich von Grundgesamtheiten
- Globale Vergleiche
- Weltgesellschaft

Einzelfallstudien

Es scheint inadäquat zu sein, eine Einzelfallstudie der vergleichenden Politikwissenschaft zuzuschreiben. Jedoch können verschiedene Argumente angeführt werden, unter welchen Umständen Einzelfallstudien als vergleichende Analysen zu betrachten sind. Der besondere Wert der Einzelfallstudie liegt in der Erfassung detaillierter Informationen über eine Gesellschaft oder ein bestimmtes Phänomen. Zwar sind diese Studien oftmals relativ theorielos und deskriptiv, werden sie jedoch sorgfältig durchgeführt, können sie als wichtiger erster Schritt für weiterreichende Schlussfolgerungen dienen. Doch es lassen sich auch andere,

---

[201] Wenn aus forschungspragmatischen Gründen dennoch aufgrund der abhängigen Variable ausgewählt wird, gilt, dass die Fälle möglichst repräsentativ das Spektrum der Ausprägung der abhängigen Variablen abdecken müssen (King u.a. 1994: 141).

eher analytische Argumente finden, warum Einzelfallstudien einen Wert in der Komparatistik haben (siehe auch Kapitel 11). Z.B. können Einzelfallstudien zur Verdeutlichung von Entwicklungen dienen. So sah Alexis de Tocqueville die Entwicklung der Demokratie in den USA als „Prototyp" für den Rest der Welt. Er führt aus: „...ich habe dort (in Amerika, DJ) ein Bild der reinen Demokratie gesucht, ein Bild ihrer Neigungen, Besonderheiten, ihrer Vorurteile und Leidenschaften; ich wollte sie kennenlernen, und sei es nur, um wenigstens zu erfahren, was wir von ihr zu erhoffen oder zu befürchten haben" (Tocqueville 1985: 31).[202] Andere Autoren wählten die USA als Untersuchungsgegenstand, um die Entwicklung zur Dienstleistungsgesellschaft zu belegen (Bell 1999). Schweden wurde des Öfteren als Beispiel für die Durchsetzung sozialdemokratischer Politik herangezogen (Korpi 1983; Milner 1990; Tilton 1990).

Eine weitere Anwendung von Einzelfallstudien besteht darin, dass ein Land Aspekte verkörpert, die allgemeine Gültigkeit zu besitzen scheinen und somit besondere Entwicklungen und Tatbestände gut illustriert. Stein Rokkan und Henry Valen (1964) haben das Modell der *Cleavage*-Strukturen am Beispiel Norwegens illustriert, weil in Norwegen die meisten Konfliktstrukturen einen manifesten Zustand haben, der in anderen Ländern latent ist. Später wurde dieses Konzept dann für sämtliche westeuropäische Nationen verallgemeinert (Lipset/Rokkan 1967). Gleiches trifft auf die Studie von Arend Lijphart (1968) über die Versäulung von Konfliktlinien zu, die sich anschaulich in der niederländischen Gesellschaft – zumindest bis in die 1960er Jahre hinein – verfolgen lässt. In seinen späteren Arbeiten (1999) über Demokratiemuster finden sich noch wesentliche Elemente aus dieser Fallstudie.

Schließlich werden Einzelfallstudien durchgeführt, weil der Fall einfach existiert. Diese Begründung der Fallauswahl ist sicherlich am wenigsten überzeugend. Jedoch können auch hieraus wichtige proto-theoretische Elemente abgeleitet werden. So entwickelte Samuel Beer (1982) in seiner Untersuchung der destruktiven Politik Großbritanniens in den 1970er Jahren jene Aspekte, die Mancur Olson (1991) in seiner These vom Aufstieg und Fall der Nationen in komparativer Perspektive verwenden konnte.

Paarvergleich

Wenn wir die Fallzahl verdoppeln und zwei Fälle vergleichen, können wir eher von einem Vergleich sprechen als in der Einzelfallstudie. In einem Paarvergleich können *fokussierte Vergleiche* angestellt werden (Rokkan 1970; Hague/Harrop 2004: 82-83). Trotz des Vorteils, nun explizit einen Vergleich in einer Untersuchung durchführen zu können, ist das Vorgehen im Paarvergleich mit ähnlichen Problemen behaftet wie die auf den Vergleich orientierte Einzelfallstudie. In mancherlei Hinsicht kann sich der Vergleich sogar als schwieriger erweisen, weil man sich in der trügerischen Sicherheit wähnt, nun explizit einen Vergleich durchzuführen. Doch auch beim Paarvergleich kann es schnell zu Fehlschlüssen kommen, wenn Auswahl und Analyse der beiden Fälle nicht mit größter Sorgfalt organisiert werden.

[202] Tocqueville beurteilt in seinen Werken die amerikanische Demokratie vor dem Hintergrund der französischen Verhältnisse äußerst positiv, was häufig als Indiz der Überlegenheit der amerikanischen Demokratie gewertet wird. Allerdings zeigen neuere Studien, dass Tocqueville später in seinem Leben die amerikanische Demokratie zunehmend kritisch betrachtete (Craiutu/Jennings 2004).

Bei Paarvergleichen und anderen Analysen mit wenigen Fällen sind wir in besonders hohem Maße mit dem Problem konfrontiert, dass mit einer relativ geringen Fallzahl viele Variablen untersucht werden (Lijphart 1971: 686). Wenn ein Land in die Untersuchung aufgenommen wird, bringt es eine Reihe von Variablen in die Analyse ein: Geschichte, Kultur, Wirtschaft und Gesellschaft werden simultan mit den interessierenden Variablen, z.B. Regierungsform, aufgenommen. Der Vergleich des Zusammenhangs zwischen sozialdemokratischen Regierungen und niedriger Arbeitslosigkeit, der vor allem in den skandinavischen Ländern und Österreich identifiziert wird, wird durch die Aufnahme Spaniens bedeutend komplexer. Obgleich Spanien in der Ausprägung der unabhängigen Variable (sozialdemokratische Regierung) den oben genannten Ländern ähnelt, unterscheiden sich die wirtschaftlichen, politischen und sozialen Bedingungen in Spanien deutlich. Dies bedeutet, dass die abweichende Ausprägung der abhängigen Variable (hohe Arbeitslosigkeit) durch viele Faktoren erklärt werden könnte. Somit existiert eine Vielzahl von Faktoren, die die externe Varianz erhöhen. In der technischen Sprache heißt das, dass die abhängige Variable unterdeterminiert ist und Zusammenhänge kaum zuverlässig identifiziert werden können.

Im Paarvergleich ist es unerlässlich, sich über die Frage im Klaren zu sein: Welche beiden Fälle und warum gerade diese? Im Prinzip kann man alle Fälle im Paarvergleich vergleichen, denn alle Länder haben politische Institutionen in der einen oder anderen Form oder treffen politische Entscheidungen. Jedoch sollte beim Paarvergleich äußerst gründlich der Frage nachgegangen werden, welche Fälle für das Erkenntnisinteresse am besten geeignet sind.

Studien mit kleiner Fallzahl

Auch bei Studien, die mehr als zwei Fälle berücksichtigen, jedoch immer noch nur wenige Fälle in die Untersuchung aufnehmen (bis etwa zehn Fälle), bestehen ähnliche Probleme wie beim Paarvergleich. Allerdings können in solchen Studien unterschiedliche Strategien angewendet werden. So können Untersuchungen mit einer kleinen Fallzahl in der Tradition des *most different systems design* durchgeführt werden. Auch Studien im Sinne des *most similar systems design* sind mit einer kleinen Fallzahl möglich.

Die Aussagekraft kleiner N-Studien kann durch die Reduzierung von unabhängigen Variablen und die künstliche Erhöhung der Fallzahl jedoch gestärkt werden (Lijphart 1971: 686-687). Durch den Bezug auf eine Theorie kann die Anzahl der Variablen reduziert werden. Es werden dann nur jene Aspekte genauer untersucht, auf die die Theorie hinweist. Auf der anderen Seite stehen Verfahren zur Verfügung, die die Fallzahl künstlich erhöhen. Eines dieser Verfahren ist die Berücksichtigung von Gegensätzen, die in der Realität nicht existieren mögen. Dieses Verfahren geht von kontrafaktischen Gedankenspielen aus (Tetlock/Belkin 1996; George/Bennett 2005: 167-170). Dieser Rückschluss, dass etwas anders gewesen wäre, wenn nicht zu einem gewissen Zeitpunkt etwas Spezifisches geschehen wäre, wird oftmals in hermeneutischen und *rational choice*-Untersuchungen ausgenutzt. Dieses Verfahren sollte natürlich über reine Spekulationen hinausreichen und von theoretischen Begründungen ausgehen (King/Zeng 2005). Eine weitere Form, die Anzahl der Fälle zu erhöhen, besteht in der Anwendung von Analogien. Anstatt, wie bei der Nutzung von Gegensätzen von „was wenn" auszugehen, wird in diesem Fall von „als ob"-Sätzen ausgegangen. Die Anwendung von Analogien ist eher im Bereich der internationalen politischen

Beziehungen als in der vergleichenden Politikwissenschaft verbreitet. So können z.B. Analogien herangezogen werden, um politische Entscheidungen in der Außenpolitik (Khong 1992; Houghton 1998) zu erklären. Diese Verfahren können auch in historischer Perspektive genutzt werden, wenn gezeigt werden kann, dass ein Land zuvor ähnliche Phasen durchlaufen hat, wie ein anderes Land dies zu einem späteren Zeitpunkt tut. Durch den Vergleich dieser beiden Entwicklungen können wichtige Rückschlüsse gezogen werden. Beispielsweise wurde die Fallzahl in einer Untersuchung über schwache Staaten (Halperin 1997) erhöht, indem die gegenwärtigen Staaten des Mittleren Ostens mit den mittelalterlichen Staaten Europas verglichen wurden. Allerdings entstehen bei solchen Vergleichen auch enorme Probleme mit der externen Varianz sowie die Gefahr des Ethnozentrismus.

Eine sehr brauchbare Strategie der Fallauswahl in Studien mit einer kleinen Fallzahl stellt die Vierfeldertabelle dar. Anhand der Kreuztabellierung von zwei wesentlichen, unabhängigen Variablen ergeben sich vier Falltypen, denen dann empirische Fälle zugeordnet werden können. Dieses Verfahren hat unter anderen Herbert Kitschelt im Zusammenhang mit den Kernenergieprotesten in westlichen Industrienationen (1983; 1986) und anhand der Entwicklung der postkommunistischen Parteiensysteme in Osteuropa (Kitschelt u.a. 1999b) angewandt.

Der Vergleich von „Natürlichen Ländergruppen"

Eine Strategie zur Kontrolle der externen Varianz besteht im Vergleich natürlicher Gruppen von Ländern, die im Wesentlichen in der Tradition des *most similar systems designs* oder der Differenzmethode stehen und eine Untergruppe der Studien mit einer kleinen Fallzahl bilden. Dieser Ansatz geht davon aus, dass manche Länder in „Länderfamilien" zusammengefasst werden können (Castles/Mitchell 1993), da sie eine Reihe von ähnlichen sozialen, politischen, wirtschaftlichen und vor allem geschichtlichen Erfahrungen und Institutionen aufweisen. Oftmals bestehen zwischen diesen Ländern auch enge Kontakte. Studien, die eine solche Fallauswahl zum Ausgangspunkt ihrer Analyse machen, beziehen sich z.B. auf die Länder des Commonwealth und vergleichen Großbritannien, die USA, Kanada, Australien und Neuseeland (Orlof 1993; Landes 1995). Andere Studien betrachten so genannte Entwicklungs- oder Schwellenländer, die eine britische Vergangenheit besitzen (Braibanti 1966). Auch die skandinavischen Staaten wurden oftmals gerade aufgrund ihrer Ähnlichkeit im Bezug auf die unabhängigen Variablen verglichen. Studien befassten sich unter anderem mit der Konsensfähigkeit der skandinavischen Staaten (Elder u.a. 1988), der Mobilisierungsfähigkeit der Arbeiterbewegung und deren Machtstabilisierung (Esping-Andersen 1985), mit der Einstellung der politischen Parteien zum EU-Beitritt (Jahn 1999) oder der Praxis von Minderheitsregierungen (Särlvik 1983; Jahn 2002b). Solche Studien werden auch für deutschsprachige Länder (Österreich, Schweiz, Deutschland) durchgeführt (Armingeon/Freitag 1997).

Der Vorteil, dass viele Variablen konstant gehalten werden, wird natürlich damit „erkauft", dass wir bei der Untersuchung von Länderfamilien mit dem Galton-Problem, also mit der Diffusion von Institutionen und Programmatiken über Ländergrenzen hinweg, in besonders hohem Ausmaß konfrontiert werden. Darüber hinaus beschränkt die Untersuchung ähnlicher Länder die Varianz der untersuchten Variablen, was schon im Zusammenhang mit der Darstellung des *selection bias* demonstriert wurde. Ein weiteres Problem bei diesen Vergleichen besteht darin, dass manche Länder sich so entwickelt haben, dass viele vermeintliche Ähnlichkeiten nicht oder nicht mehr gegeben sind. So scherte Neuseeland durch die Wahlrechtsreform im Jahre 1996 aus der Gruppe typischer „Westminsterdemokratien" aus und unterscheidet sich nun deutlich von Großbritannien (Kaiser 2000a,b).

Der Vergleich von Grundgesamtheiten

Studien, die sich mit einer Grundgesamtheit von Ländern beschäftigen, nehmen im Allgemeinen zwischen 12 (etwa die etablierten EU-Länder bis 1995) und 50 Länder in die Untersuchung auf. Diese Fallzahl ermöglicht keine ausschließlich fallorientierte Analyse und bewegt sich damit in Richtung einer statistischen Analyse. Auf der anderen Seite können solche Untersuchungen nicht von den einzelnen Fällen abstrahieren und beziehen somit fallspezifische Informationen in ihre Interpretationen ein. Der Vorteil dieser Studien besteht darin, dass die Aussagen, die über die untersuchten Länder getroffen werden, sich auf eine Grundgesamtheit beziehen. Damit lassen sich dann auch statistische Auswertungsverfahren anwenden, ohne auf die sonst anspruchsvollen Voraussetzungen der schließenden Statistik angewiesen zu sein (siehe Kapitel 13).

Besonders hervorzuheben ist, dass sich jene Untersuchungen, die sich auf die Grundgesamtheit beziehen, über die Fähigkeit der Hypothesenbildung und Theorieentwicklung auch auf höchst zuverlässige Art und Weise mit der Hypothesen- und Theorieprüfung beschäftigen können. Damit entsprechen diese Untersuchungen den höchsten Standards, die an sozialwissenschaftliche Untersuchungen gestellt werden können. Des Weiteren besteht ein Vorteil dieser Studien darin, dass die Ergebnisse genau für jene Länder ohne Einschränkung gültig sind, die in die Untersuchung aufgenommen wurden und Abweichungen nicht als Anomalie, wie in der schließenden Statistik gewertet werden, sondern als Ausnahmen, die es innerhalb des Analyserahmens zu erklären gilt. Gerade die Beschäftigung mit diesen „Ausreißern" hat die konzeptionelle und theoretische Debatte innerhalb dieser Studien beflügelt und zu neuen Ergebnissen geführt. Oft benutzte Grundgesamtheiten für ländervergleichende Studien, die allerdings immer von der Fragestellung vorgegeben werden, sind die EU-, OECD-, lateinamerikanischen Staaten oder Ländergruppen, die in Tabelle 8-1 dargestellt wurden.

Globale Vergleiche

Globale Untersuchungen versuchen, so viele Länder wie möglich in eine Untersuchung einzubeziehen. Die Grundgesamtheit dieser Studien sind beispielsweise alle Länder der Erde. Dabei wird meist die statistische Analyse angewendet, indem man von dem einzelnen Land abstrahiert und dieses als Datenpunkt benutzt – wie bei Umfrageuntersuchungen von Individuen. Im Zentrum des Interesses stehen Zusammenhänge zwischen Variablen, die für alle Länder Gültigkeit besitzen. Eine frühe Arbeit in dieser Tradition stellt die Studie von Arthur Banks und Robert Textor (1971) dar, die alle um 1970 bestehenden Länder der Welt anhand einer Anzahl politischer Variablen klassifizierten. Solche Studien, die nach der ersten computergestützten Euphorie in den 1960er und frühen 1970er Jahren (Banks 1971) in den Hintergrund gedrängt wurden, erfreuen sich in jüngster Zeit wieder größerer Beliebtheit. Auch die neuen Untersuchungen in diesem Bereich konzentrieren sich oftmals auf sehr allgemeine, wenngleich fundamental wichtige Forschungsfragen wie Demokratisierung (Vanhanen 1990; 1997), wirtschaftliche Liberalisierung (Simmons/Elkins 2004), politische Stabilität und wirtschaftliche Performanz (Lane/Ersson 1996; Przeworski u.a. 2000). Diese Art der vergleichenden Forschung ist in der Politikwissenschaft in Deutschland eher unterentwickelt (siehe jedoch: Weede 1986; 2000; Obinger 2001; Plümper/Martin 2003).

In jüngster Zeit sind durch die systematische Aufbereitung von Daten und Informationen sowie die rasante Entwicklung der Computertechnik weitere Studien auf diesem Gebiet zu erwarten. Besonders hilfreich sind in diesem Zusammenhang die Publikationen und CDs der Vereinten Nationen, des Internationalen Währungsfonds und anderer internationaler Organisationen (siehe auch Anhang).

Der Wert dieser Studien für die vergleichende Politikwissenschaft wird unterschiedlich eingeschätzt. Perry und Robertson (2002) sehen in ihnen die eigentliche vergleichende Analyse von Nationen. Nur durch diese globalen Analysen könnten repräsentative Ergebnisse erreicht werden und der Kanon des wissenschaftlichen Arbeitens in Form von hypothesegeleiteter Forschung sei hier am wirkungsvollsten. Andere (Scheuch 1990: 30; Peters 1998: 78) fragen sich, ob solche statistischen Analysen, in denen Länder lediglich als Datenpunkte dargestellt und als *black boxes* behandelt werden, überhaupt noch zur vergleichenden Politikwissenschaft zu rechnen sind. Gerade im Zusammenspiel zwischen allgemeinen Aussagen zwischen Variablen und dem Bezug auf länderspezifische Aspekte sieht Peters das Charakteristikum der vergleichenden Politikwissenschaft.

Die Analyse der Weltgesellschaft

Die letzte Analyseart, die nur indirekt mit der vergleichenden Methode in Verbindung gebracht werden kann, ist die Analyse der Weltgesellschaft. Indem die Weltgemeinschaft als Ganzes betrachtet wird, ähneln solche Untersuchungen der Einzelfallstudie. Wenngleich solche Untersuchungen auf globale Trends (Modernisierung, Globalisierung, Weltordnung etc.) hinweisen, bedienen sie sich selbst nicht der vergleichenden Methode. Allerdings haben die Ergebnisse solcher Studien (Wallerstein 1980; Toffler 1980; Beck 1986; Huntington 1996; Castells 1996; Zürn 1998a) häufig Analysen stark beeinflusst, die eher dem Bereich der vergleichenden Politikwissenschaft zugerechnet werden können.

8 Schluss

Die Strategie der Fallauswahl bestimmt zu einem hohen Maße das Analysepotenzial einer Studie. Dabei lassen sich im Hinblick auf die nomothetischen Ansprüche einer Untersuchung die folgenden Schlussfolgerungen ziehen: Von diesem Anspruch aus betrachtet sind global vergleichende Studien und Untersuchungen in der Tradition des *most similar systems designs* am besten geeignet, diese Aufgaben zu erfüllen. In beiden Studien wird die Grundgesamtheit selbst, oder eine (große) Anzahl von Fällen durch eine negative Fallauswahl ermittelt und untersucht. Bei der global vergleichenden Strategie ist die Grundgesamtheit durch alle Länder der Erde vorgegeben. Im *most similar systems design* wird dies durch Theorien mittlerer Reichweite erreicht.

Studien, die das *most different systems design* anwenden, erfüllen die Kriterien der Hypothesenfalsifikation und -verifikation unter gewissen Umständen und z.B nutzen die analytisch stärkste Methode mit einer positiven Fallauswahl. Werden die Zusammenhänge zwischen den unterschiedlichen Systemen nicht bestätigt, ist die Hypothese eindeutig falsifiziert. Bestätigt sich die Hypothese über unterschiedliche Systeme, ist sie mit Einschränkungen bestätigt. Diese Einschränkungen beziehen sich auf die Unterschiedlichkeit der Fälle und die Möglichkeit, doch noch widersprechende Fälle zu entdecken.

Werden Fälle anhand der Konkordanz- und Differenzmethode ausgewählt, entsteht ein hoher *selection bias* und die Untersuchung erlangt nicht die analytisch-nomothetische Schärfe, wie die zuvor genannten Fallauswahlstrategien. Auch wenn solche Untersuchungsdesigns gegenwärtig durchaus noch angewendet werden, sollten sie doch häufiger zugunsten von Strategien mit einer negativen Fallauswahl zurücktreten. Alternativ sollten solche Untersuchungen stärker fallimmanente Aspekte systematisch untersuchen (George/Bennett 2005; siehe auch Kapitel 11 und 12).

In den letzten vier Kapiteln wurde eine Fülle von Konzepten vorgestellt, die in einer vergleichenden Analyse berücksichtigt werden müssen. Oftmals haben wir es mit Dilemmata zu tun, d.h. wenn wir versuchen einen Aspekt zu optimieren, vernachlässigen wir einen anderen. Das darf allerdings nicht dazu führen, dass wir die Augen vor den verschiedenen Problemen verschließen. Die optimale Fallauswahl ist wohl kaum zu verwirklichen, aber eine bewusste Auseinandersetzung mit den wesentlichen Elementen vergleichender Forschung trägt zur Steigerung der Effizienz bei.

Fälle stellen die Träger von Informationen dar, durch die die Varianz erzeugt wird, um zu Aussagen zu gelangen. Fälle und Fallauswahl sind zentrale Begriffe der vergleichenden Politikwissenschaft. Die Fallauswahl determiniert die Ausprägung der Variablen. Deshalb ist es notwendig, sich innerhalb eines Forschungsdesigns ausgiebig Gedanken über die Fallauswahl zu machen. Sie muss zumindest begründet werden, und es muss sichergestellt werden, für was der Fall einen Fall darstellen soll. Diese Frage bezieht sich auch auf die Grundgesamtheit, zu der der Fall oder die Fälle gehören. Wenn Aussagen gemacht werden, die über den untersuchten Fall oder die untersuchten Fälle hinausreichen, muss zumindest der Status des Falles oder der Fälle im Rahmen einer definierten Grundgesamtheit geklärt werden.

Schließlich spielen Theorien in jedem Forschungsdesign eine wesentliche Rolle. Durch Theorien lassen sich bestimmte Hypothesen formulieren, Variablen und Fälle auswählen und bestimmen. Theorien geben dem Forschungsprozess Orientierung. Allerdings ist auch das Gebiet der Theorien nicht eindeutig und unmittelbar auf empirische Studien übertragbar. Deshalb soll im folgenden Teil auf die wesentlichen Theoriebereiche der vergleichenden Politikwissenschaft näher eingegangen werden.

Teil III: Theorien der vergleichenden Politikwissenschaft

In Kapitel 6 wurden die Funktionen von Theorien im Forschungsprozess vorgestellt. Dabei wurde hervorgehoben, dass Theorien Sätze von Aussagen sind, die in einem logischen Zusammenhang stehen (Schlangen/von Stähr 1980: 33-35; Haftendorn 1990: 480-481). Allgemein dienen Theorien als analytischer Bezugsrahmen und ermöglichen eine begrifflich-systematische Ordnung von Daten und Informationen: "Theory, after all, should be about data" (Mayer u.a. 1996: 3). Darüber hinaus gestatten sie, die Ergebnisse einer Untersuchung im Kontext des Faches zu bewerten und einzuschätzen. Im Einzelnen haben Theorien folgende Funktionen:[203]

- Selektionsfunktion: Theorien helfen, aus einer Vielzahl von Informationen relevante Fakten auszuwählen. Dazu zählt die Variablenauswahl ebenso wie die Fallauswahl.
- Ordnungsfunktion: Theorien helfen, die relevanten Daten zu strukturieren und anhand von Hypothesen in Beziehung zu setzen.
- Erklärungsfunktion: Theorien helfen, Schlüsse zu ziehen und Einsichten zu vermitteln.
- Operative Funktion: Theorien geben Anhaltspunkte, um theoretische mit empirischen Aspekten zu verbinden.

Theorien sind das Ergebnis wissenschaftlicher Aktivität und stellen eine gefestigte Form fluider Einzelerklärungen dar. Sie stehen am Endpunkt von akkumulativen Wissensbeständen vieler Einzeluntersuchungen und sind somit Produkt einer gesamten *scientific community*, oder zumindest eines relevanten Teils dieser. Plakativ gesprochen können Theorien als das Gedächtnis einer Wissenschaft angesehen werden. Neue Ereignisse werden unter Zuhilfenahme des in diesem Gedächtnis bereits abgespeicherten Wissens interpretiert. Und, wie im alltäglichen Leben auch, können neue Ereignisse in der Wissenschaft zu neuen Einsichten und Erfahrungen führen, die dann in einer zukünftigen Situation mit den alten Erfahrungen zur Anwendung kommen (vgl. auch Mayer 1989: 46).

Allerdings herrscht in der Politikwissenschaft nicht immer nur eine Theorie vor, an der sich die empirischen Arbeiten orientieren können. Für die meisten Gegenstandsbereiche existieren mehrere – zum Teil gar konkurrierende – Theorien nebeneinander. Die Konkurrenz der Theorien verdeutlicht, dass es nicht einfach ist, soziale Tatbestände eindeutig zu erfassen und zu interpretieren. Auch in den Naturwissenschaften bestehen mehrere Theorien nebeneinander, wenngleich deren Gegenstandsbereiche berechenbarer sind als in den Sozialwissenschaften. Hinzu kommt, dass sich die Haupttheorien eines Faches (*main stream*) permanent weiterentwickeln. So stellte Thomas Kuhn (1976) in seiner Arbeit über die Entwicklung von Theorien fest, dass wissenschaftlicher Fortschritt kein fortwährender

---

[203] In der empirischen Politikwissenschaft wird oftmals der Begriff „Forschungsansatz" als Synonym für Theorie benutzt. Der Begriff „Forschungsansatz" (*approach*) wird in der vergleichenden Politikwissenschaft häufig dem Begriff „Theorie" vorgezogen, da ein Forschungsansatz eine Kombination von wissenschaftstheoretischer Grundposition, Forschungsdesign, Methoden und materialer Theorie darstellt, die den Forschungsprozess und die Darstellung der Forschungsergebnisse anleiten (Schmidt 1995b: 310). Diese kombinierte Perspektive wurde im vorherigen Teil dieser Einführung eingenommen, in diesem Teil soll der Fokus stärker auf dem vierten Element, der materialen Theorie, liegen.

akkumulierender Prozess von immer mehr Wissen ist, was dann zu einem besseren Verstehen des Gegenstandsbereiches führt. Obwohl diese Logik zu einem gewissen Grad für eine gewisse Zeit Gültigkeit besitzt, wird wissenschaftlicher Fortschritt oftmals durch revolutionäre Sprünge erreicht. Kuhn bezeichnet dies als Paradigmenwandel. Die klassische Astronomie entwickelte sich beispielsweise innerhalb eines allgemein anerkannten Paradigmas, welches unter anderem postulierte, dass die Erde sich im Mittelpunkt des Universums befindet. Innerhalb dieses Paradigmas wurden große wissenschaftliche Fortschritte erreicht, und eine andere Platzierung der Erde erschien unsinnig; in der Forschung wurde meist nicht einmal darüber nachgedacht, diese grundlegende Prämisse zu hinterfragen. Erst als Nikolaus Kopernikus (1473-1543) und Galileo Galilei (1564-1642) versuchten, dieses Weltbild zu revidieren, konnten die bisher geschaffenen Wissensbestände innerhalb dieses neuen Paradigmas neu interpretiert, verfeinert und modifiziert werden.[204] Dabei wurde nicht alles Bisherige umgestoßen und das Rad neu erfunden, sondern bis dahin etablierte Wissensbestände wurden im Lichte einer neuen Theorie geprüft. Allerdings zeigt dieses Beispiel auch, wie schmerzhaft und widerspenstig ein Paradigmenwandel sein kann, denn für lange Zeit fand das neue Paradigma keine Anerkennung, sondern wurde vehement bekämpft. Und es zeigt, wie eng Politik und Wissenschaft verbunden sind. Die Kirche, als eine der stärksten Institutionen jener Zeit, war gegen einen Paradigmenwandel, weil sie um ihre Machtstellung fürchtete.

Theorien konkurrieren also miteinander, indem sie unterschiedliche Interpretationen ähnlicher Fragestellungen und Gegenstandsbereiche anbieten. Die gleichen Tatbestände können unter Bezug auf verschiedene Theorien unterschiedlich – zum Teil gar gegensätzlich – interpretiert werden.

Darüber hinaus sind die meisten Theorien nicht universal, also allgemeine Theorien, sondern beziehen sich auf bestimmte Elemente eines Forschungsgegenstandes. Die Situation stellt sich sogar noch komplizierter dar, weil häufig mehrere Theorien für unterschiedliche Aspekte einer Forschungsfrage Gültigkeit besitzen können. Dies führt dazu, dass aus unterschiedlichen Theorien jene auszuwählen und zu kombinieren sind, die am adäquatesten die Forschungsfrage behandeln lassen. So ist es für bestimmte Untersuchungen dienlich, zwei oder mehrere Theorieansätze zu kombinieren oder gegenüberzustellen. Dann wird der Untersuchungsgegenstand zunächst anhand einer bestimmten Theorie betrachtet. Ergeben sich Defizite in der Erklärungskraft der Theorie, weil diese etwa wichtige Aspekte nicht einschließt, kann eine andere Theorie an diesem Punkt ansetzen und die Analyse

[204] Das bedeutet nicht, dass die Revolution plötzlich und unverhofft ausbricht und nur von einer Person initiiert wurde. Schon Archimedes (212 v. Chr.) bezog sich auf Gedanken von Aristarchus von Samos (ca. 310-230 v. Chr.), der Überlegungen anstellte, in denen die Erde nicht im Mittelpunkt des Universums stand. Dennoch prägten die Auffassung Aristoteles' (384-322 v. Chr.) und Ptolemäus' (ca. 150 v. Chr.) das europäische Weltbild des späten Mittelalters (ab dem 12. Jahrhundert). Erst als Georg Peurbach (1423-1461) und sein Schüler Johannes Regiomontanus (1436-1476) auf Unstimmigkeiten (im Bereich der Navigation, Kalender) in den erdzentrierten Berechnungen stießen, führte dies zu tief greifenden Zweifeln, die Kopernikus veranlassten, seine Gedanken durch eine Neuinterpretation dieser Berechnungen anhand eines alternativen Bildes des Universums zu entwickeln. Darin bildete nicht die Erde, sondern die Sonne den Mittelpunkt des Universums. Die Interpretation der erdzentrierten und der sonnenzentrierten Auffassung des Universums bestanden bis 1610 relativ konfliktlos nebeneinander, bis Galileo Galilei (1564-1642) die Auffassung Kopernikus' populär machte und darauf hinwies, dass die Bibel von einem Menschen geschrieben wurde, der offenbar eine falsche (erdzentrierte) Auffassung vom Aufbau des Universums vertrat. Die Kirche bekämpfte über Jahrhunderte die Interpretation Kopernikus' fundamental. Allerdings erzielte die Naturwissenschaft bessere Ergebnisse mit dem kopernikanischen Weltbild. Johannes Kepler (1571-1630) legte neue und vor allem präzisere Berechnung als je zuvor vor, so dass es Mitte des 17. Jahrhunderts kaum noch Astronomen gab, die nicht das kopernikanische Weltbild anerkannten.

weiterentwickeln. Eine weitere Strategie der Theoriennutzung besteht darin, dass zwei oder mehrere konkurrierende Theorien als Orientierungspunkte für die Erklärung benutzt werden. Darüber hinaus existieren jene Studien, die primär theorietestend sind. In diesen Arbeiten orientiert sich der Aufbau der Studie nicht an einem sozialen Phänomen, sondern vielmehr daran, die Untersuchung so zu gestalten, dass dadurch die verschiedenen Theorien getestet werden können (siehe etwa: Opp/Wippler 1990).

Die Orientierungshilfe von Theorien ist jedoch auch mit gewissen Nachteilen verbunden. Indem Theorien den Weg durch das Dickicht der empirischen Welt weisen, machen sie auch blind für Aspekte, die die Theorie nicht berücksichtigt. Thomas Kuhn (1976) verdeutlichte dies im Zusammenhang mit seiner Betrachtung der wissenschaftlichen Paradigmen. Wenngleich die Politikwissenschaft nicht in so förmlichen und strikten Paradigmen gefangen ist wie die Naturwissenschaften – Mattei Dogan (2001) bezeichnet die Politikwissenschaft im Sinne Kuhns als „vorwissenschaftlich" –, so findet man auch in der Politikwissenschaft dominante Interpretationsschemata bzw. Ansätze. In der Nachkriegszeit dominierten systemtheoretische Ansätze (Easton 1953; 1965; 1979; Almond 1956; 1960; Deutsch 1963), die dann durch stärker verhaltensorientierte Ansätze (*Behaviorismus*) in den 1960er Jahren ergänzt und zum Teil ersetzt wurden (Dahl 1961; Eulau 1963). Parallel existierten in dieser Zeit aber auch immer noch andere theoretische Ansätze, die zum Teil in den Phasen, in denen sie weniger Zuspruch fanden, reformuliert wurden. So erfährt der Institutionalismus, der in der Frühzeit der Politikwissenschaft die handlungsleitende Perspektive darstellte, seit den späten 1980er Jahren in Form des Neo-Institutionalismus eine Renaissance. Spätestens seit den 1970er Jahren spricht man von einem Theoriepluralismus (Wiarda 2002a; c), der detaillierte Untersuchungen in verschiedensten gesellschaftlichen Bereichen erlaubt, der allerdings der Wissensakkumulation im Wege steht, da sich voneinander abgeschottete „Schulen" bilden. Die Toleranz für einen Theoriepluralismus kann jedoch nicht über das Manko hinwegtäuschen, dass kaum forschungsleitende Theorien in den Sozialwissenschaften existieren (Scheuch 1990: 27-30; Øyen 1990: 8-10; Rueschemeyer 2003: 327) und dass der Theorienpluralismus in eine gewisse Beliebigkeit der sozialwissenschaftlichen Forschung münden kann. Diese Unübersichtlichkeit des Theorieangebots[205] bereitet vor allem Anfängern Probleme und so schlägt die Ordnungsfunktion von Theorien schnell um, indem die Theorienvielfalt zur Desorientierung führt.

Die Situation wird noch dadurch verschärft, indem gegenwärtig nur wenige Übersichtswerke zu den Theorien der vergleichenden Politikwissenschaft vorliegen. Erst in letzter Zeit wurde dieses Defizit punktuell ausgeglichen (Chilcote 1994; Lane/Ersson 1996; Lichbach/Zuckerman 1997b; Wiarda 2000; 2002b). Ein Problem stellt dabei die Suche nach einem geeigneten Ordnungssystem für die sehr unterschiedlichen theoretischen Ansätze dar. Die Darstellung der Ansätze anhand ihrer Entstehung und Dominanz (Chilcote 1994; Wiarda 2000; 2002b) hat den Vorteil, die ideengeschichtliche Genese darzulegen. Der Nachteil besteht jedoch darin, dass eine solche Darstellung oftmals redundant und thematisch unsystematisch ist. Anspruchsvollere Klassifikationen werden damit konfrontiert, dass sich theoretische Ansätze oftmals aus verschiedenen Traditionen zusammensetzen und somit schwer in einer Klasse zu subsumieren sind.

[205] Das Theorieangebot in der Politikwissenschaft ist groß und unüberschaubar. Eine neuere Zusammenfassung der politischen Theorien der Gegenwart, von denen die meisten auch eine Relevanz für die vergleichende Analyse besitzen, finden sich in der zweibändigen Herausgabe von André Brodocz und Gary S. Schaal (2002).

In dieser Einführung werden die theoretischen Ansätze anhand eines Kompromisses zwischen historischer und klassifikatorischer Darstellung beschrieben. Zunächst werden in diesem Kapitel die umfassenden Theorien der Nachkriegszeit nachgezeichnet. Im nächsten Kapitel werden dann anhand des von Mark Lichbach und Alan Zuckerman (1997b) vorgeschlagenen Klassifikationsschemas „Struktur, Kultur, Rationalität" weitere Theorien dargestellt. Dabei bleibt die Darstellung kursorisch. Für die weitere Arbeit sollten spezifischere Werke, auf die im Text hingewiesen wird, genutzt werden.

Kapitel 9: Theoretische Fundamente der vergleichenden Politikwissenschaft

1. Systemtheorie
2. Struktureller Funktionalismus
3. Materialistische Theorien
4. Behaviorismus und politische Kulturforschung
5. Alternative Theorien

Im Allgemeinen operiert die vergleichende Politikwissenschaft auf der Makroebene und vergleicht politische Systeme. Bevor Theorien auf dieser Ebene entwickelt wurden, bestand ein Großteil der vergleichenden Politikwissenschaft in deskriptiven Darstellungen politischer Institutionen oder landeskundlichen Abhandlungen. Diese Studien kamen aber oft nicht über *ad hoc*-Erklärungen und Pauschalisierungen hinaus. Wenngleich solche Analysen wichtige Informationen liefern und auch heute noch bedeutsam sind (Wilson 2002), bedürfen fundierte politikwissenschaftliche Untersuchungen eines theoretischen Interpretationsschemas. In der Zeit um den Zweiten Weltkrieg entwickelten sich in den USA vor allem zwei theoretische Ansätze, die den Versuch unternahmen, ganze Gesellschaftssysteme miteinander analytisch zu vergleichen: die Systemtheorie und der strukturelle Funktionalismus. Eine weitere Variante der strukturellen Gesellschaftsanalyse repräsentieren materialistische Theorien, die vor allem auf Arbeiten von Karl Marx aufbauen. Neben diesen strukturalistischen Ansätzen entwickelte sich in den 1960er Jahren ein Ansatz, der stärker auf Verhaltenstheorien (*Behaviorismus*) Bezug nahm und eine Akteursperspektive, aufbauend auf gesellschaftspolitisch relevanten Normen und Einstellungen, einnahm. Dieser Ansatz der politischen Kultur war eine erste Herausforderung für die strukturalistischen Ansätze. Später bildeten sich dann neue Ansätze heraus, die bestimmte Ausdifferenzierungen der bestehenden Ansätze ausmachten oder sich gegen die Grundprämissen jener Ansätze wendeten. Dabei bezogen sie sich zumeist auf bestimmte Forschungsgegenstände und Regionen. Die Spezialisierung solcher Theorien wurde unter dem Begriff der „Theorien mittlerer Reichweite“ gefasst, die im nächsten Kapitel näher dargestellt werden.

1 Systemtheorie

Die älteste Gesellschaftstheorie mit einem fundamentalen Einfluss auf die vergleichende Politikwissenschaft ist die Systemtheorie. Sie entwickelte sich in den 50er und 60er Jahren des 20. Jahrhunderts und löste den Institutionalismus ab, der als Klassifikation die bis dato dominante Forschungsperspektive darstellte. Die Theorie richtete sich gegen die zuvor dominierenden, rein beschreibenden Ansätze und stand unter dem Einfluss der „handlungstheoretischen Revolution”, die die Sozialwissenschaften insgesamt ergriff und nicht nur auf die Politikwissenschaft beschränkt blieb.

Ein besonderes Verdienst der Systemtheorie bestand in der Bereitstellung eines allgemeinen Analyseinstrumentariums, welches über die damals vorherrschenden Untersuchungen von Ländern in Europa und Nordamerika hinausreichte. Dieses Bemühen war besonders wichtig in einer Zeit, in der viele ehemalige Kolonien unabhängig wurden und eine Entwicklung einschlugen, die sich in Geschichte und Kultur zum Teil fundamental von den Kolonialmächten unterschied. Deshalb strebten die Ansätze in der Tradition der Systemtheorie ein hohes Abstraktionsniveau an, so dass diese sowohl für moderne Gesellschaften als auch für Stammesgesellschaften gleichermaßen angewendet werden konnte.

David Easton (1965; 1979) war einer der einflussreichsten Analytiker innerhalb der politikwissenschaftlichen Systemtheorie. Seine Theorie wurzelte in der offenen Systemtheorie, die aus der Biologie stammte und über die Soziologie Talcott Parsons' in die Politikwissenschaft gelangte. Die Grundelemente einer solchen Theorie bestanden darin, dass ein System durch die Interaktion mit seiner Umwelt verstanden werden muss (siehe als Übersicht auch Fuchs 2002). In diesem Bild waren *input*, *throughput* und *output* die wesentlichen analytischen Kategorien. Der Motor, der das politische System in einen dynamischen Austausch mit der Umwelt brachte, bestand aus (a) Forderungen (*demands*) und (b) Unterstützung (*support*).

Der *input* verkörpert die Ansprüche, die die gesellschaftlichen Mitglieder zu befriedigen suchen und an das politische System richten. Sind diese Ansprüche befriedigt, so wird das politische System unterstützt bzw. anerkannt. Für seine Existenz ist das politische System selbst auf diese beiden Inputs, Ansprüche und Unterstützung, angewiesen. Die gesellschaftspolitischen *inputs* werden durch eine Vielzahl von Faktoren bestimmt, die Easton mit den Begriffen der innergesellschaftlichen und außergesellschaftlichen Umwelten erfasst. Diese beiden Umwelten für das politische System werden wiederum durch zahlreiche gesellschaftliche Subsysteme konstituiert, wie dies in Abbildung 9-1 verdeutlicht wird. Das politische System verarbeitet diese unterschiedlichen *inputs* und produziert *outputs* in Form von verbindlichen Entscheidungen, die im Allgemeinen als *policies* bezeichnet werden können. Diese werden dann durch eine Rückkopplungsschleife wieder mit den Ansprüchen und dem Unterstützungspotenzial der Mitglieder der Gesellschaft in Verbindung gebracht. Der politische Prozess ist durch endlose *input-output*-Prozesse gekennzeichnet.

David Easton (1975) unterscheidet zwischen diffuser und spezifischer Unterstützung. Die spezifische Unterstützung betrifft konkrete *policies* oder politische Akteure. Die Ablehnung spezifischer politischer Aspekte kann zu einer Korrektur von *policies* führen und ist somit unmittelbar verantwortlich für die Reaktion des politischen Systems auf gesellschaftspolitische Ansprüche (Responsivität). Der Begriff der Responsivität stammt aus der amerikanischen Demokratietheorie (Etzioni 1975) und lässt sich als „... das Antworten, das Eingehen auf Bedürfnisse, die von der Gesellschaft artikuliert werden" beschreiben (von Alemann 1990: 113; siehe auch Brettschneider 1995: 18-21). David Easton (1979: 434) selbst definiert Responsivität als „... first, that the authorities are willing to take information into account and give it consideration in their outputs and second, that they do so positively in the sense that they seek to use it to help avert discontent or to satisfy grievances over initial outputs or some unfulfilled demands. Responsiveness of authorities will vary from extreme sensitivity to stony impermeability to the wants and demands of the politically relevant members of the system." Die diffuse Unterstützung dagegen richtet sich auf das gesamte politische System und dessen Akzeptanz. Der Entzug der diffusen Unterstützung hat unmittelbar bestandsgefährdende Auswirkungen auf das politische System. Gemessen wird die spezifische Unterstützung mittels *Survey*-Befragung der Bevölkerung eines Landes nach bestimmten Politiken, etwa der Wirtschaft-, Bildungs- oder Ausländerpolitik. Fragen, die sich auf die diffuse Unterstützung konzentrieren, beziehen sich auf die Akzeptanz der Demokratie oder wesentlicher politischer Institutionen wie Parteien in ihrer Gesamtheit, Polizei, Gerichte etc. Eine Schlüsselfrage zur empirischen Erfassung der diffusen politischen Unterstützung stellt die Frage nach dem Vertrauen in das Parlament dar. Eine graphische Zusammenfassung des politikwissenschaftlichen Modells der Systemtheorie ist in Abbildung 9-1 wiedergegeben:

Ein Problem der Ansätze in der Tradition der Systemtheorie bestand darin, dass Regierungen selbst eine nicht weiter untersuchte *black box* darstellen, deren Institutionen und Prozesse keine besondere Beachtung erfuhren und lediglich als Agent betrachtet wurden, der *inputs* mit *outputs* verband. Dieser Bereich wurde auch als *throughput* bezeichnet. Eine solche Perspektive war vorteilhaft, weil Regierungen oder andere Entscheidungsinstanzen ideologiefrei und ohne kulturelle Voreingenommenheiten betrachtet werden konnten. Nachteilig wirkte sich hierbei natürlich aus, dass das Zustandekommen der *outputs* nicht näher untersucht wurde und somit Defizite in der Erklärungskraft systemtheoretischer Analysen entstanden.

Trotz dieser Defizite erreichten systemtheoretische Ansätze häufig ihre Ziele. Die systemtheoretische Perspektive ermöglichte beispielsweise den Vergleich und die Analyse sehr unterschiedlicher Gesellschaften. Die Systemtheorie unterstrich auch die Bedeutung der Umwelt für ein System. Damit verdeutlichte sie die wesentliche Rolle von sozialen und wirtschaftlichen Faktoren für das politische System. Indem die Systemtheorie auf diese Elemente aufmerksam machte, wurde auch klar, dass politische Systeme, egal wie totalitär sie waren, auf Bedürfnisse eingehen müssen und dass zwischen Wirtschaft, Gesellschaft und dem politischen System ein Zusammenhang besteht. Wesentlich ist die Erkenntnis der Rückkopplungsschleifen (*feedback loops*), dass also die Produkte des politischen Systems selbst wieder als *input* auf das System einwirken. Dabei wird deutlich, dass politische „Lösungen" oftmals zugleich Ursache für Folgeprobleme sind, auf die das politische System dann wieder reagieren muss. Neben diesen Negativschleifen können politische Systeme sich aber auch selbst unterstützen, wenn dem politischen System die Etablierung von Positivschleifen gelingt. So stärkt erfolgreiches wirtschaftliches Handeln die Unterstützung des politischen Systems, was das politische System dazu veranlassen könnte, stärker noch als bisher die Voraussetzungen für eine Erhöhung des wirtschaftlichen Wohlstandes zu schaffen. Diese Positivschleife kann jedoch unterlaufen werden, wenn das Anspruchsniveau der Mitglieder einer Gesellschaft in dem Maße steigt, dass das politische System immer größere Zuwachsraten erreichen muss, um seine Unterstützung zu sichern und schon ein Rückgang des Erfolges als Misserfolg gewertet wird. Eine Auflösung dieser Positivschleife kann ihre Ursachen aber auch darin haben, dass die Erfolge auf der einen Ebene mit Misserfolgen auf einer anderen Ebene verbunden sind. In dem obigen Beispiel könnte der Erfolg in wirtschaftlicher Hinsicht mit einem Misserfolg in umweltpolitischer Hinsicht in Verbindung stehen und somit auch mit einem Entzug an Unterstützung einhergehen.

Ein wesentliches Verdienst der Systemtheorie besteht darin, solche Prozesse zu verdeutlichen und verschiedene Regierungen hinsichtlich ihrer Kapazität effektiv und effizient auf Umweltanreize zu reagieren zu vergleichen. Gerade im Bereich der Forschung zur osteuropäischen Systemtransformation erlangten systemtheoretische Erklärungen wieder eine höhere Bedeutung (siehe Kapitel 10).

Abbildung 9-1: Dynamisches Reaktionsmodell eines politischen System nach Easton

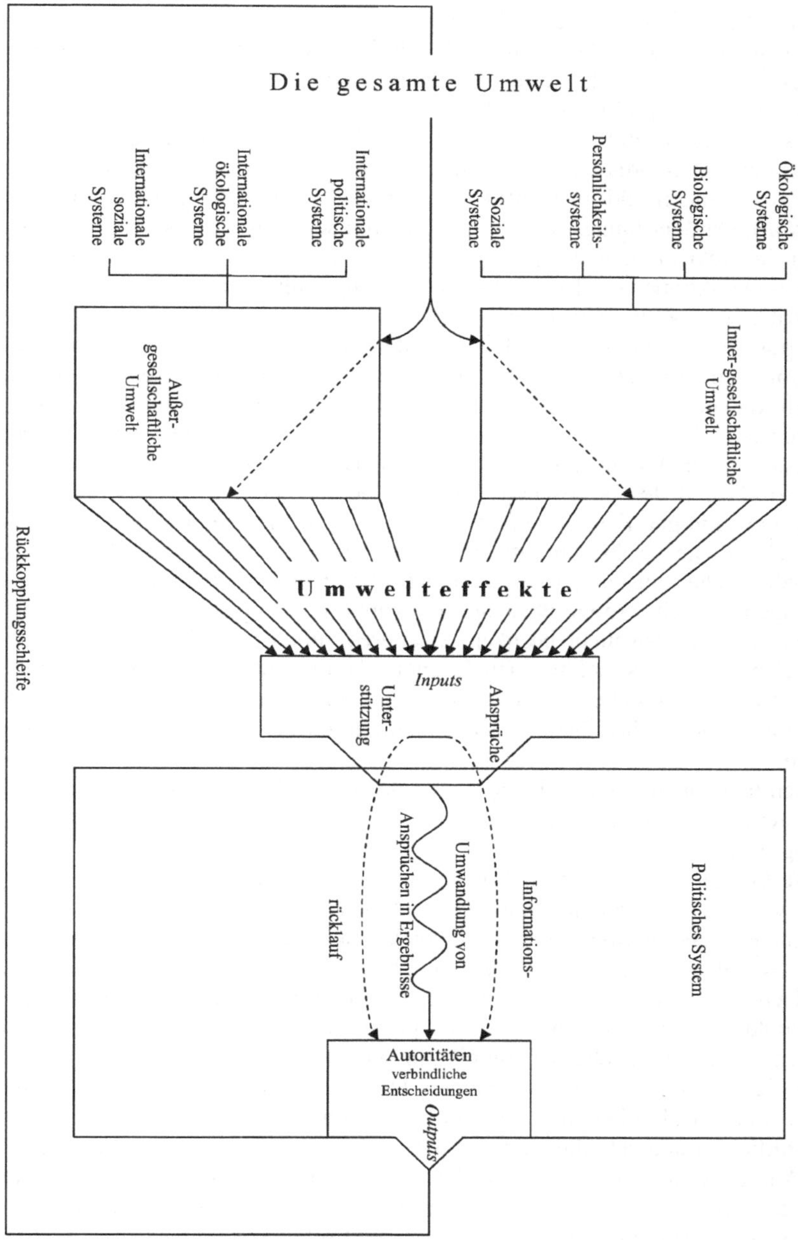

Quelle: Easton (1979: 30); eigene Übersetzung mit Ergänzungen.

2 Struktureller Funktionalismus

Der strukturelle Funktionalismus stellt eine spezielle Ausdifferenzierung der Systemtheorie dar und entstammt der Anthropologie (Radcliffe-Brown 1952; Stocking 1984). Grundgedanke dieses Ansatzes ist, dass alle politischen Systeme bestimmte Funktionen zu erfüllen haben. Die führenden politikwissenschaftlichen Vertreter dieses Ansatzes, Gabriel Almond und James Coleman (1960), stellen die folgende Liste auf: Ein politisches System muss in der Lage sein, (a) Interessen zu artikulieren und zu aggregieren, (b) ein Regelwerk zu schaffen, anzuwenden und im Konfliktfall seine adäquate Ausübung zu garantieren (*rule-adjudication*). Darüber hinaus muss es (c) die politische Kommunikation und Sozialisation sowie (d) die Rekrutierung der politischen Eliten garantieren. Ergänzt wurde diese Liste durch (e) die Funktionen der Ressourcengenerierung, -verteilung und -regulierung sowie (f) Responsivität (Almond/Powell 1966).

Das politische System setzt sich aus Strukturen und Funktionen zusammen, die für die Formulierung und Implementierung kollektiver Ziele einer Gesellschaft konstitutiv sind. Dabei steht das politische System in Interaktion mit sowohl inländischen Elementen (z.B. Volkswirtschaft, Kultur und Gesellschaft) als auch mit anderen Staaten und internationalen und transnationalen Organisationen (Europäische Union, Vereinte Nationen etc.).

Die Strukturen des politischen Systems übernehmen die für das politische System überlebensnotwendigen Funktionen. Dabei können verschiedene politische Systeme durchaus unterschiedliche Strukturen aufweisen; oder die Einzelelemente erfüllen unterschiedliche Aufgaben. Die meisten Staaten verfügen über politische Parteien, Interessengruppen, Verwaltungen, Gerichte sowie über eine Exekutive und Legislative. Wenn politische Systeme diese Institutionen nicht besitzen, existieren zumeist ähnliche Institutionen, die die gleichen Funktionen übernehmen (funktionale Äquivalente). So erfüllt in den USA das Umweltbundesamt ähnliche Aufgaben wie Umweltministerien in anderen Ländern. Auch diese Elemente des politischen Systems interagieren mit nationalen und internationalen Umwelten.

Wesentlich für das politische System sind dessen Funktionen, die von jedem politischen System – ganz gleich welche Strukturen es besitzt – erfüllt werden müssen (siehe Abbildung 9-2).

Diese Funktionen sind von nationalen und internationalen Faktoren abhängig. In der aktuellen Version unterscheiden Almond u.a. (2004: 36-40) drei Funktionsbündel: Systemfunktionen, Prozessfunktionen und *Policy*funktionen. Die *Systemfunktionen* umfassen die politische Sozialisation in Familien, Schulen, Kirchen und durch Medien etc., die wesentliche politische Einstellungen entwickeln, verstärken und verändern. Politische Rekrutierung ist jene Funktion, die für die Auswahl der politischen Führungsschicht eines Landes verantwortlich ist. Die politische Kommunikation bezeichnet schließlich die Informationsflüsse, durch die sich die Strukturen verbinden. Die Systemfunktionen selbst sind nicht direkt für Herstellung und Implementierung von öffentlichen Politiken zuständig, stellen jedoch eine wesentliche Rahmenbedingung dar. Die politischen *Prozessfunktionen* differenzieren Eastons Ansatz weiter aus. Der *input*, der auf das politische System einwirkt, wird durch die Interessenartikulation in eine „Sprache" übersetzt, die das politische System versteht. Beispielsweise existieren Probleme, die das politische System nicht als Problem wahrnimmt (Luhmann 2001; 2004). Umweltfragen oder die Gleichheit zwischen den Geschlechtern wurden lange Zeit nicht als politische Probleme erkannt. Erst als sie in Form von Protesten artikuliert wurden, hatten sie eine Chance, in den politischen Prozess aufgenommen zu werden. Doch nicht immer sind es Proteste, die neue Probleme in das politische System einfließen lassen. Bei normalem Verlauf übernehmen etablierte Institutionen, z.B. politische Parteien, die Funktion der Interessenartikulation. In den nächsten Schritten wird die Information für den Entscheidungsprozess reduziert. Zunächst werden Informationen zusammengefasst, es kommt zur Interessenaggregation, deren Ziel die Bereitstellung entscheidbarer politischer Alternativen ist. Solche Alternativen könnten die Erhöhung von Steuern oder die Steigerung der sozialen Sicherheit sein. Mit der politischen Entscheidung entsteht der Prozess des *policy making*, der in Programmen, Anweisungen oder Gesetzen seinen Ausdruck findet. In der Implementierungsphase, in der Programme, Anweisungen und Gesetze dieser Politik durchgesetzt werden, ist wieder eine Vielzahl von Akteuren beteiligt, etwa die Verwaltung, Gerichte und andere Institutionen. Manche dieser Akteure waren schon zuvor in die Interessenartikulation und -aggregation integriert.

Abbildung 9-2: Das politische System und seine Funktionen

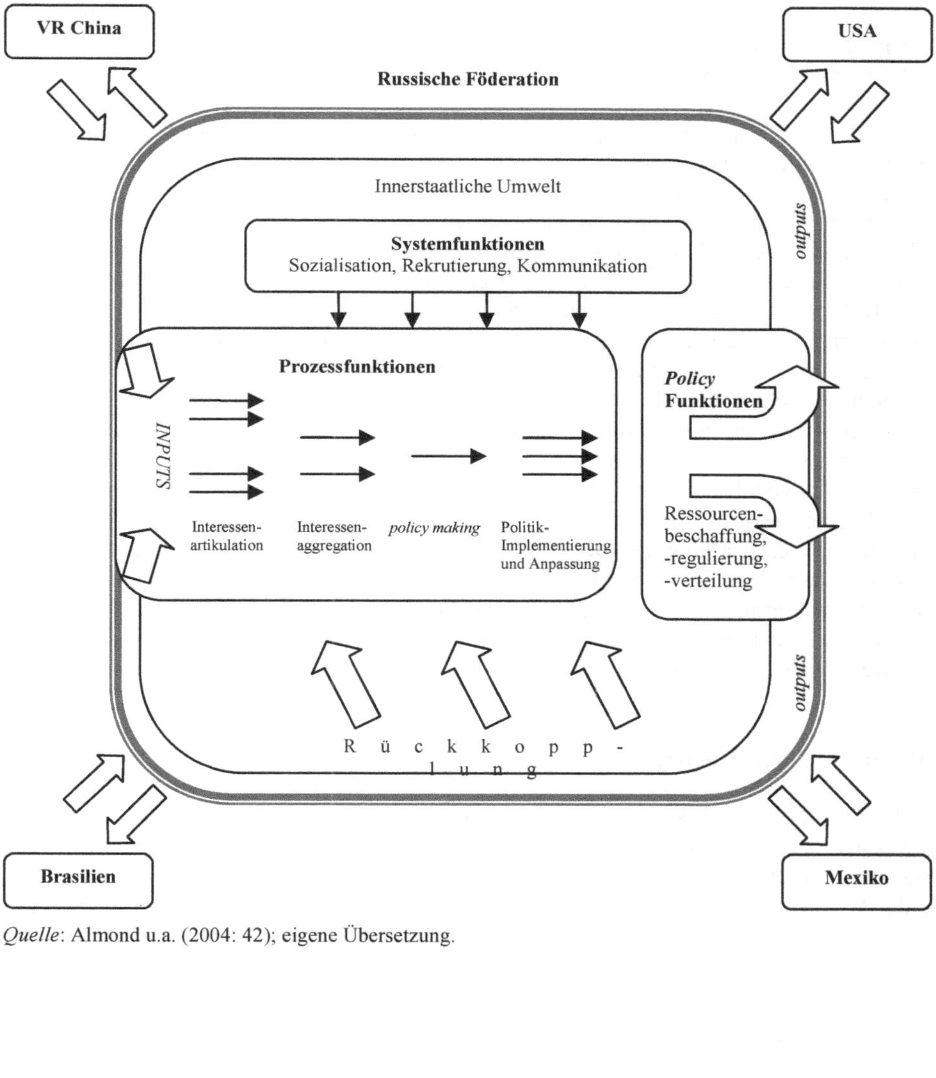

Quelle: Almond u.a. (2004: 42); eigene Übersetzung.

Der *output* des politischen Systems besteht aus *Policy*funktionen, die einen *impact* auf Gesellschaft, Kultur und Wirtschaft besitzen. Die *Policy*funktionen umfassen die Regulierung von Verhalten (z.B. durch Gesetze), die Ressourcenbeschaffung (z.B. durch Steuern) und die Verteilung von Vorteilen und Dienstleistungen für bestimmte Bevölkerungsgruppen. Der *output*, also die intendierte Einflussnahme mittels Verfahren, Verordnungen, Gesetzen etc., wird durch andere Umweltfaktoren und interne Ereignisse ebenfalls beeinflusst, die zusammengenommen das *outcome* bilden, das dann durch die Rückkopplungsschleifen auf die *inputs* und auf den politischen Prozess selbst Einfluss (*impact*) nimmt. Die *Policy*funktionen machen die Performanz eines politische Systems aus, die entweder positiv sein kann und die anderen Systeme und die Gesellschaftsmitglieder befriedigt und somit zur Unterstützung des politischen Systems beiträgt, oder aber negativ ausfällt, was letztendlich zu Legitimitätseinbußen führen kann.

Der Grundgedanke des strukturellen Funktionalismus besteht darin, dass, ganz gleich wie entwickelt eine Gesellschaft ist, das politische System die oben genannten Funktionen erfüllen muss, um überleben und reibungslos fortbestehen zu können. Wenngleich diese Liste der für das System lebensnotwendigen Funktionen nicht weiter theoretisch abgeleitet wurde und etwas willkürlich erscheint, so ist die Forscherin nun in der Lage, verschiedene politische Systeme hinsichtlich der effektiven und effizienten Erfüllung dieser Funktionen zu untersuchen.

Ähnlich wie die Systemtheorie vermochte auch der strukturelle Funktionalismus aus der ethnozentrischen Perspektive auszubrechen, indem den analytischen Elementen universalen Charakter zugesprochen wurde. Eine wesentliche Einsicht dieses Ansatzes besteht darin, dass eine bestimmte Funktion nicht durch eine bestimmte Instanz erfüllt werden muss. In zwei unterschiedlichen Gesellschaften kann beispielsweise eine lebensnotwendige Funktion durch unterschiedliche Institutionen geleistet werden. Dieser Sachverhalt ist durch den Begriff des funktionalen Äquivalents beschrieben worden.

Die theoretischen Elemente des strukturellen Funktionalismus, die Entwicklungen erklären sollen, sind jedoch problematischer. Diese Elemente bauen auf Arbeiten des Soziologen Talcott Parsons (1937, 1951) auf und beziehen sich auf die Säkularisierung, Rollendifferenzierung und Autonomie von Subsystemen. Folge dieser Entwicklung ist, dass politische Systeme sich zunehmend von religiösen und traditionellen Elementen lösen und selbstständiger gegenüber anderen gesellschaftlichen Teilbereichen werden (gesellschaftliche Ausdifferenzierung). Man hat dem strukturellen Funktionalismus vorgeworfen, durch die Einführung dieser Elemente, die Entwicklung erfassen sollen, wieder auf ein ethnozentrisches Vorurteil zurückzufallen. Denn die Variablen Säkularisierung, Rollendifferenzierung und Autonomie von Subsystemen beziehen sich vor allem auf westliche Gesellschaften. Um also als entwickeltes Land zu gelten, müssten sich weniger entwickelte Länder dem westlichen Ideal angleichen.

3 Materialistische Theorien

Neben der amerikanischen Systemtheorie und dem Funktionalismus existierten auch schon zuvor Ansätze der politischen Ökonomie, die die politischen Prozesse aus der Sozialstruktur ableiteten. Durch die Konzentration auf das Zusammenspiel von Wirtschaft und Politik wurde der Einfluss der Umwelt (Wirtschaftssystem) intensiver betrachtet als in den relativ ideologiefreien amerikanischen Ansätzen. Nachdem die ideologisierte Phase strukturalistischer Ansätze nach dem Ende des Kalten Krieges vorüber ist, werden sie in jüngster Zeit wieder als effiziente Ansätze in der vergleichenden Politikwissenschaft betrachtet.

Wenngleich der Marxismus durch den Zusammenbruch der Sowjetunion in Misskredit geraten ist und manche Autoren darin ein Ende der programmatischen Auseinandersetzungen sehen (Fukuyama 1992), stellen die Analysekategorien, die sich aus dem Marxismus ableiten lassen, hilfreiche Elemente für die Analyse moderner Gesellschaften dar. Auch passen sich Marx und Engels in die funktionalistische Schule ein. Manche Autoren bezeichnen sie als „... the two most famous structural-functionalist analysts..." (Sanford 1971: 7; siehe auch Szymanski 1972; Friedman 1974). Die Tradition marxistischer und strukturalistischer Gesellschaftsanalysen ist umfangreich, nuanciert und von heftigen programmatischen Auseinandersetzungen geprägt (Chilcote 1994: 303-366). In neuerer Zeit werden diese Analysen jedoch zunehmend wieder in die vergleichenden Analysen eingebracht (Hall 1997; Chilcote 2000). Anders als die oben genannten Schulen haben materialistische Analysen ihren Ausgangspunkt im Wirtschaftssystem und erklären hieraus die Handlung von kollektiven Akteuren. Der ökonomische Bereich bildet das Fundament der Gesellschaft, das sich aus dem Zusammenspiel der Produktivkräfte und der Produktionsmittel in Form der Produktionsverhältnisse zusammensetzt.[206] Besteht ein Konflikt zwischen diesen materialistischen Elementen (der Basis) und der Programmatik einer Gesellschaft, die zusammen mit politischen und juristischen Institutionen den Überbau bilden, so wirkt sich dies auf die politischen Prozesse aus und verändert die Problemwahrnehmung. In diesem Zusammenhang ist es wichtig, dass sich kollektive Akteure angesprochen fühlen, die Rahmenbedingungen des Überbaus an die materialistischen Abläufe der Basis anzupassen. Marx und Engels sahen in der Arbeiterklasse den historischen kollektiven Akteur, der den Kapitalismus abschafft und sodann ein sozialistisches und dann später kommunistisches Gesellschaftssystem errichtet. Karl Marx (1961: 9) fasst diesen Verlauf wie folgt zusammen:

> „Auf einer gewissen Stufe ihrer Entwicklung geraten die materiellen Produktivkräfte der Gesellschaft in Widerspruch mit den vorhandenen Produktionsverhältnissen oder, was nur ein juristischer Ausdruck dafür ist, mit den Eigentumsverhältnissen, innerhalb deren sie sich bisher bewegt hatten. Aus Entwicklungsformen der Produktivkräfte schlagen diese Verhältnisse in Fesseln derselben um. Es tritt dann eine Epoche sozialer Revolution ein. Mit der Veränderung der ökonomischen Grundlage wälzt sich der ganze ungeheure Überbau langsamer oder rascher um. In der Betrachtung solcher Umwälzungen muß man stets unterscheiden zwischen der materiellen, naturwissenschaftlich treu zu konstatierenden Umwälzung in den ökonomischen Produktionsbedingungen und den juristischen, politischen, religiösen, künstlerischen oder philosophischen, kurz, ideologischen Formen, worin sich die Menschen dieses Konflikts bewußt werden und ihn ausfechten. ... Eine Gesellschaftsformation geht nie unter, bevor alle Produktivkräfte entwickelt sind, für die sie weit genug ist, und neue höhere Produktionsverhältnisse treten nie an die Stelle, bevor die materiellen Existenzbedingungen derselben im Schoß der alten Gesellschaft selbst ausgebrütet worden sind."

[206] Produktionsmittel sind Werkzeuge und Techniken, mit denen Waren und Dienstleistungen produziert werden und die zusammen mit der Qualifikation der Arbeitskräfte und dem Stand von Wissenschaft und Technik die Produktivkraft einer Gesellschaft ausmachen. Die Produktionsverhältnisse sind die Beziehungen zwischen den Menschen im Prozess der Produktion und der Verteilung von materiellen und immateriellen Gütern. Sie werden durch den Besitz an den Produktionsmitteln, also durch die Eigentumsverhältnisse, bestimmt.

Wenn man diese Dynamik weniger umfassend betrachtet und auch eine evolutionäre, d.h. nicht revolutionäre gesellschaftliche Entwicklung zulässt, kann dieser Analyserahmen für spezifische politische Prozesse genutzt werden. Durch die technologische Entwicklung der Produktivkräfte entstehen Spannungen in den Produktionsverhältnissen, die dann durch die Auseinandersetzung von Akteuren ausgetragen werden. Für Marx war die Arbeiterklasse der historische Akteur, der den Kapitalismus zu Fall bringen sollte. In einer breiteren Perspektive können aber auch durchaus andere Akteure Ressourcen mobilisieren und partikulare Interessen vertreten. So können durch den Produktionsprozess entstandene Umweltprobleme durch Akteure, die sich in neuen sozialen Bewegungen zusammenfinden, beseitigt oder zumindest eingedämmt werden.

Für Marx und Engels besaß ihre Theorie einen Allgemeinheitsanspruch. Ihr universalistischer Charakter wird in dem folgenden Zitat aus dem Kommunistischen Manifest deutlich: „Die Geschichte *aller* bisheriger Gesellschaften ist die Geschichte von Klassenkämpfen." (Marx/Engels 1959: 462; eigene Hervorhebung, DJ) Allerdings erreichte die Universalität ihre Grenzen im Kommunismus, wo sich die Klassengegensätze aufheben und somit die Notwendigkeit eines weiteren Regimewechsels entfällt. Analysen, die im Wesentlichen eine materialistische Gesellschaftsanalyse anwenden, finden sich in den Arbeiten von Jürgen Habermas (1973) und Claus Offe (1972). In vergleichenden Arbeiten wurden wesentliche Elemente materialistischer Theorien von John Stephens (1979), Walter Korpi (1983; 1989), Gøsta Esping-Andersen (1985; 1990) und von Alexander Hicks und Duane Swank (1984) aufgegriffen. Auch die neuen, im nächsten Kapitel näher dargestellten Produktionsregimeanalysen integrieren strukturell-materialistische Elemente (Kitschelt u.a. 1999a; Hall/Soskice 2001).

4 Behaviorismus und politische Kulturforschung

In den Mikroebenentheorien dient das Individuum als Analyseeinheit (methodologischer Individualismus). Damit bilden diese Theorien das Gegenstück zu Makroebenentheorien, die vornehmlich die sozialstrukturelle Ebene als Analyseebene benutzen. Während Makroebenentheorien einen *top down*-Ansatz verfolgen und Politik zumeist als eine Angelegenheit überindividueller Strukturen und Prozesse verstehen, bauen Mikroebenentheorien auf der sozialen Einstellungsebene auf und versuchen so, Unterschiede im politischen System zu erfassen. Die Mikrofundierung dieser Theorien bedeutet jedoch auch, „... dass der Zusammenhang auf der Makroebene nur auf dem „Umweg" über die handelnden Individuen erklärt werden kann" (Pappi 2003: 82). Damit stellen sie „... microfoundations of macroprocesses ..." (Levi 1997: 23) dar. Dies trifft auf alle politikwissenschaftlich relevanten Mikrotheorien, wie beispielsweise den Behaviorismus und den *rational choice*-Ansatz, zu (Pappi 2003). Während der *rational choice*-Ansatz erst seit kurzem in der vergleichenden Politikwissenschaft an Bedeutung gewonnen hat (siehe Kapitel 10), stellen kulturell-behavioristische Ansätze einen traditionellen Schwerpunkt in der vergleichenden Politikwissenschaft dar.

Eine klassische Studie, die die internalisierten religiösen Werte als Grundlage zur Erklärung des Aufkommens des Kapitalismus nutzt, ist Max Webers (2000; zuerst 1905) Studie über die protestantische Ethik und den Geist des Kapitalismus. Das makrotheoretische „Gesetz", welches für Weber im Mittelpunkt seines Interesses stand, stellte die Verbindung zwischen dem Aufkommen der Doktrin der protestantischen Religion und dem Entstehen des Kapitalismus dar. Dieser Zusammenhang konnte nicht direkt auf der Makroebene erfasst werden. Vielmehr ging Weber den „Umweg“ über die Mikroebene, indem er für einen relevanten Teil der Akteure einen Wertwandel feststellte (innerweltliche Askese). Diese Einstellung hatte dann wiederum Einfluss auf das Verhalten. Im ökonomischen Bereich führte es zu einer „protestantischen Arbeitsethik“, die in einem prinzipiell grenzenlosen Arbeitsverhalten bestand. In aggregierter Form führt dieses ökonomische Verhalten zu einem Wandel der Gesellschaftsordnung von einer traditionalen (Subsistenzwirtschaft) zu einer kapitalistischen Gesellschaft. Weber sieht also im Bestreben der Menschen nach innerweltlichem Erfolg, welches als ein Zeichen, von Gott ausgewählt zu sein, z.B. gedeutet wird, den Grundstein des kapitalistischen Wirtschaftshandelns. Nur durch dieses Anreizsystem war es möglich, Menschen dazu zu bewegen, mehr zu arbeiten als für die Sicherung des Lebensunterhalts notwendig war. Diese Arbeitsmotivation war wiederum für das Funktionieren eines kapitalistischen Systems grundlegend. Anhand dieser Studie kann das Makro-Mikro-Makro-Modell mikrotheoretischer Analysen dargestellt werden.

Abbildung 9-3: Das Makro-Mikro-Makro-Modell mikrotheoretischer Analysen mit Bezug auf Max Webers Theorie der Entstehung des Kapitalismus

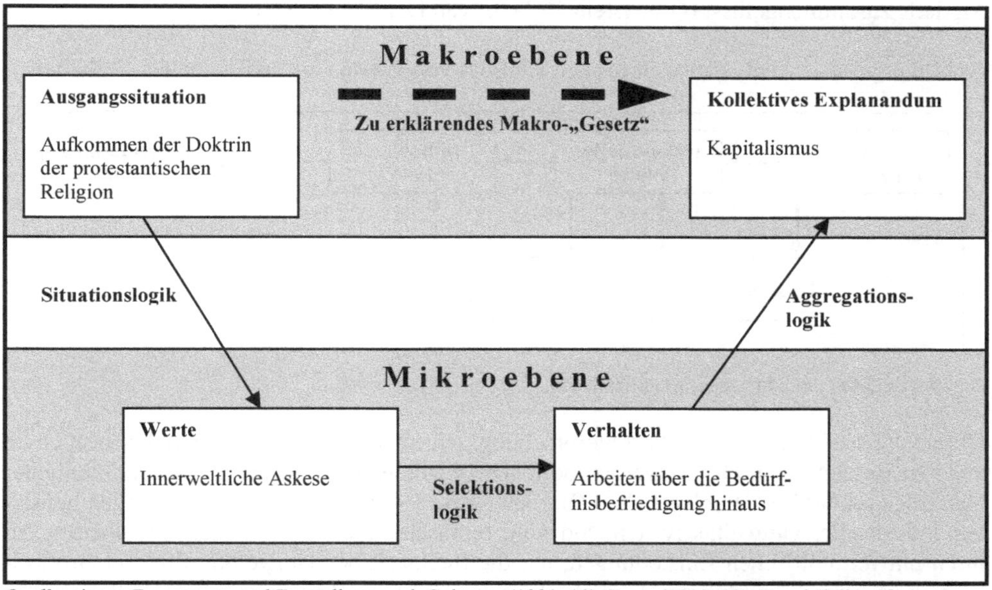

Quelle: eigene Zusammen- und Darstellung nach Coleman (1991: 10); Esser (1999: 98); Pappi (2003: 83).

Für die Interpretation der gesellschaftlichen Entwicklung ist in Webers Analysen der nicht-intendierte Aspekt individuellen Handels wesentlich. Die primären Motivationsgründe (innerweltliche Askese) geraten im historischen Verlauf in Vergessenheit, und es wird ein Verhalten (übermäßiges Arbeiten) internalisiert, welches unhinterfragt praktiziert wird. Damit macht er auf die Dynamik, aber auch die Absurdität scheinbar rationalen Handelns aufmerksam.

Moderne Mikroebenentheorien der Nachkriegszeit besitzen vor allem in der Wahlforschung einen bedeutenden Stellenwert (Campbell u.a. 1960; zuvor schon Lazarsfeld u.a. 1944). Diese Untersuchungen betrachten z.B. die Wahlentscheidung einer Partei als abhängige Variable und sammeln Informationen über unabhängige Variablen, die diese Wahlentscheidung erklären können (Dalton 2002). So spielen die sozio-ökonomische Position des Einzelnen oder sozialpsychologische Aspekte eine wesentliche Rolle für die Wahlentscheidung (Parteienidentifikation, Kandidatenwirkung, Bewertung von Sachfragen). Diese Variablen werden durch die Berufszugehörigkeit und das Einkommen oder die schulische Bildung und das familiäre Milieu erfasst. Darüber hinaus werden Variablen wie Geschlecht und Alter hinzugenommen. In jüngerer Zeit werden auch die Bekanntenkreise des Einzelnen in die Untersuchung einbezogen und anhand dieser Netzwerke dann die individuellen Wahlentscheidungen erklärt.

Im Wesentlichen erklären kulturalistische Theorien Wahlentscheidungen und sozialen Wandel als Reaktion auf Einstellungen zu einem Objekt (Parteien, Kandidaten etc.) oder als Folge eines Wertewandels (Knutsen 1995; Knutsen/Scarbrough 1995; Dalton 2002). Das Modell geht davon aus, dass Entwicklungen auf dem Makrolevel zu veränderten individuellen Werten geführt haben, die wiederum die individuellen Ziele und das Verhalten beeinflussen. Dieser Zusammenhang wird anhand eines Umwelt-Prädisposition-Responz-Modells zusammengefasst (Greenstein 1975: 6; van Deth 1995: 5-8).

Abbildung 9-4: Analysemodell für den Einfluss von Werten auf individuelles Verhalten

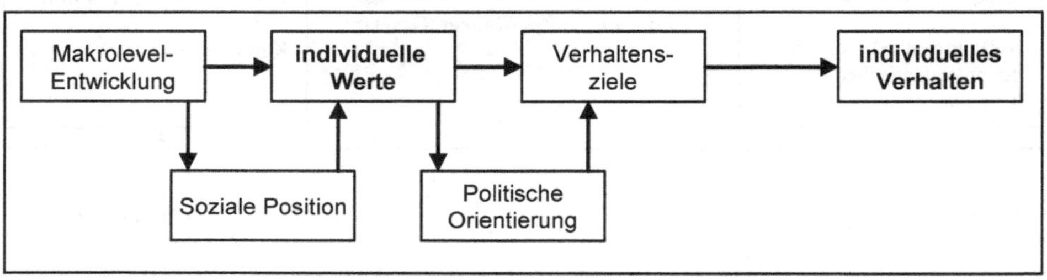

Quelle: van Deth (1995: 6); eigene Modifikationen.

Durch die Etablierung der Umfrageforschung setzen sich Mikroebenenanalysen auch in anderen Bereichen durch. So werden politische Partizipation und Protest anhand ähnlicher Variablen erklärt wie Wahlverhalten (Barnes/Kaase 1979). Andere Untersuchungen befragten Industrielle, Umweltaktivisten und eine repräsentative Auswahl der Bevölkerung zu ihren umweltpolitischen Einstellungen, um die Intensität des Umweltkonflikts in Großbritannien, den USA und Deutschland abschätzen zu können (Cotgrove 1982; Weßels 1991). Im europäischen Kontext werden ähnliche Fragen in einem so genannten Eurobarometer an die Bürger der EU-Staaten gerichtet. So lassen sich dann vergleichende Informationen zu aktuellen Themen des Tagesgeschehens erheben. Auf der Weltebene wurde in den letzten Jahren das so genannte *World Value Survey* durchgeführt, welches sich zur Aufgabe gestellt hat, Werte zur Demokratie und zum wirtschaftlichen Handeln für verschiedene Weltregionen zu erheben (siehe mehr hierzu im nächsten Kapitel).

Die meisten der genannten Studien besitzen keinen expliziten vergleichenden Charakter oder bieten keine theoretische Interpretation der Einstellungsunterschiede in den verschiedenen Ländern. Eine etablierte Forschungstradition, die die individuelle Ebene systematisch mit der länder*vergleichenden* Ebene verbindet, ist die vergleichende politische Kulturforschung (Pickel/Pickel 2006).

Politische Kultur kann man grundsätzlich als die gebündelten Einstellungen der Bürger gegenüber ihrem politischen System verstehen. Die klassische Studie in dieser Tradition ist die in den 1960er Jahren durchgeführte Studie über die *Civic Culture* (Almond/Verba 1963; 1980), die politische Kultur wie folgt definiert: "When we speak of a political culture of a society, we refer to the political system as internalized in the cognitions, feelings and evaluations of its population“ (Almond/Verba 1963: 14). *Kognitionen* beziehen sich auf das Wissen und die Vorstellungen (*beliefs*) des Einzelnen über das politische System. Die *affektive Orientierung* (*feelings*) umfasst die Akzeptanz des politischen Systems, beispielsweise ob man stolz darauf ist oder ob man sich entfremdet fühlt. Die *evaluative Ebene* bezieht sich auf die Beurteilung des politischen Systems und umfasst auch Aspekte der Wertvorstellungen und die Internalisierung von Demokratie. Die Akzeptanz von demokratischen Institutionen spielt eine wesentliche Rolle in der Einschätzung der demokratischen Verankerung. Die *Civic Culture*-Studie untersuchte die Einstellung der Bürger in Deutschland, Großbritannien, Italien, den USA und Mexiko zu politischen Institutionen und zur Demokratie. Im Ergebnis zeigte sich, dass die Demokratie lediglich in den beiden angelsächsischen Ländern voll ausgebildet war und durch eine partizipative bürgerliche (*civic*) Kultur getragen wurde. In den anderen Ländern bestanden wesentliche Defizite: In Italien und Deutschland dominierte eine „Untertanenkultur“ (*subject political culture*), in der sich die Bürger über die Existenz eines politischen Systems klar sind, selbst aber nicht am politischen Geschehen teilnehmen. In der „parochialen politischen Kultur“ (*parochial political culture*) leben die Menschen vor allem in kleinen Einheiten (z.B. Familie, Dorf oder Stamm) und sind sich kaum eines übergeordneten politischen Systems bewusst, wie dies in weiten Bevölkerungskreisen in Mexiko der Fall war.

Wenngleich das Konzept der politischen Kultur in verschiedenen Bereichen der Politikwissenschaft inhaltlich unterschiedlich gefüllt wird, so besteht es in der empirischen Sozialforschung aus drei Elementen (Almond/Powell 1966: 43-47): Einmal sollen auf der Systemebene die Werte und die Institutionen erfasst werden, die in den Augen der Bürgerinnen und Bürger sowie der politischen Führungsschicht das politische System zusammenhalten (Wie soll die politische Führungsschicht ausgewählt werden und unter welchen Umständen sollen die Bürgerinnen und Bürger den Gesetzen eines Landes folgen?). Der zweite Aspekt der politischen Kultur bezieht sich auf die Prozesse und geht der Frage nach, auf welche Weise die Bürgerinnen und Bürger im politischen System integriert sind (Inwieweit und in welcher Form äußern sie ihre Bedürfnisse und durch welche Kanäle nehmen sie am politischen Geschehen teil, sind sie Mitglieder von Parteien oder Organisationen oder nehmen sie an politischen Protestaktionen teil oder sind sie lediglich apathische Beobachter der Politik?). Drittens werden die Erwartungen der Bürgerinnen an die Regierungen ihres Landes untersucht (Welche Ziele sollen verfolgt und wie sollen diese Ziele erreicht werden?).

5 Alternative Theorien

Als eine Reaktion auf die oben beschriebenen Modernisierungstheorien entwickelten sich in den 1960er und 1970er Jahren Ansätze, die eine Orientierung an westlichen Gesellschaften und vor allem an den USA kritisch betrachteten. Diese Ansätze entwickelten sich vornehmlich anhand der Lateinamerikaforschung und außerhalb der USA oder Europas. In diesem Zusammenhang lassen sich neben den Abhängigkeitstheorien und Weltmodellen, die durchaus einen Einfluss auf die *main stream* Diskussion nahmen, auch solche Theorien identifizieren, die die Entwicklung der Länder der Dritten Welt aus der Perspektive dieser Länder (*indigenous theories*) betrachteten.

Wenngleich die Theorien in dieser Phase durchaus alternative Interpretationsmöglichkeiten für die Entwicklung der Länder der Dritten Welt bereitstellten, so besaßen und besitzen diese Ansätze nicht die Ressourcen und das Potenzial, eine Alternative für die empirisch-analytische Komparatistik darzustellen. Die wesentlichen Konzepte blieben oftmals zu unklar und entzogen sich einer Operationalisierung für eine umfassende empirisch-vergleichende Analyse (Chilcote 1994: 245). Die alternativen Theorien werden zumeist von ideologischen, d.h. anti-westlichen oder marxistischen Elementen getragen, und wenn empirische Belege geliefert werden, geschieht dies vor allem anhand von Fallstudien. Selbst wenn die Orientierungskraft dieser Theorien begrenzt ist, werden sie im Folgenden kurz skizziert, da ihre alternativen Interpretationsperspektiven für manche Fragestellungen durchaus fruchtbar sein können. Denn mit diesen Theorien rückten zuvor wenig beachtete Aspekte wie internationale Verflechtungen, die Rolle von multinationalen Unternehmen und die Abhängigkeit von Ländern untereinander in den Vordergrund.

Dependenztheorien und Weltmodelle

Dependenztheorien (Abhängigkeitstheorien) wurden schon seit den 1950er Jahren entwickelt, hatten aber erst in den späten 1960er Jahren einen gewissen Einfluss in der internationalen vergleichenden Politikwissenschaft (zur Übersicht: Caporaso 1980; Chilcote 1994: 230-283; Wiarda 2000: 80-84; Smith 2002; Vanden/Prevost 2002: Kapitel 7). Diese Ansätze machten unterschiedliche Formen des Imperialismus, d.h. des Einwirkens höher entwickelter Gesellschaften auf weniger entwickelte Gesellschaften, zu ihrer Kernkategorie. Unterteilen lassen sich diese Theorien in eine marxistische (Frank 1967; Rodney 1972; Dos Santos 1970) und eine nicht-marxistische Tradition (ECLA 1956; 1963; Gonzáles Casanova 1969; Galtung 1971).

Die Grundprämisse der Abhängigkeitstheorien besteht in der Interaktion einer „dualen Ökonomie“. Danach ist die Welt in ein industrialisiertes Zentrum und eine Peripherie eingeteilt. Die Peripherie liefert das Rohmaterial für die industrialisierte Welt. Diese Entwicklung führte dazu, dass die Länder Lateinamerikas, Asiens und Afrikas Zulieferer der Ersten und Zweiten Welt in Nordamerika und West- und Osteuropa wurden. Das bedeutet, dass die Entwicklung der industrialisierten Welt auf der Unterentwicklung der Peripherien gegründet ist. Dadurch werden die unterentwickelten Länder von den entwickelten Ländern abhängig. Unterentwickelte Gesellschaften sind von nicht-entwickelten Gesellschaften zu unterscheiden. Während nicht-entwickelte Gesellschaften eine Entwicklung noch vor sich haben, ist Unterentwicklung ein Zustand, in dem eine Gesellschaft durch den Einfluss der entwickelten Länder unter ihren Möglichkeiten bleibt. Das heißt, dass die Probleme der Dritten Welt aus dem Wachstum der Ersten und Zweiten Welt unmittelbar resultieren: "Underdevelopment is a product of development" (Smith 2002: 49-50).

In den unterentwickelten Ländern führt die Abhängigkeit von den entwickelten Regionen zu einem strukturellen Dualismus zwischen Akteuren, die mit dem internationalen Kapital interagieren und besser gestellt sind, und solchen, die marginalisiert werden (Cardoso/Faletto 1979). Damit wird in den abhängigen Ländern der bedeutsame traditionelle Sektor durch den internationalisierten Sektor geschwächt. Billig produzierte Erzeugnisse zerstören das traditionelle Handwerk, großbetriebliche und monokulturelle Landwirtschaft vertreibt die traditionellen Bauern von ihrem Land in weniger fruchtbare Gebiete.

Das Abhängigkeitsverhältnis zwischen Peripherie und industriellem Zentrum führt, wie der ehemalige Präsident Brasiliens (1995-2002) Fernando Henrique Cardoso (1972) in seinen früheren Arbeiten als einer der führenden politikwissenschaftlichen Vertreter der Abhängigkeitstheorie darlegte, nicht dazu, dass wirtschaftliches Wachstum in den abhängigen Staaten ausbleibt, sondern dass dieses strukturell innerhalb der abhängigen Gesellschaften ungleich verteilt bleibt. Diese Entwicklung führt zu einer instabilen politischen Situation.

Analysen in dieser Tradition wurden für Lateinamerika von André Gunder Frank (1967), Fernando Henrique Cardoso (1971; 1972) und Philippe Schmitter (1972) vorgelegt. Walter Rodney (1972; siehe auch Nkrumah 1965) führte eine ähnliche Analyse durch, in der er darlegte, dass Europa für die Unterentwicklung Afrikas verantwortlich ist. Malcolm Caldwell (1977) verfolgte vergleichbare Studien mit dem Fokus auf Asien. Am umfassendsten sind in dieser Tradition die Arbeiten von Immanuel Wallerstein (1980; siehe auch: Hopkins/Wallerstein 1982), der die gesamte Welt als ein Weltsystem auffasst, welches durch Ausbeutung, Imperialismus und Neokolonialismus bestimmt ist. Auch neuere Studien belegen, dass die zunehmende Globalisierung und der ansteigende Einfluss des Neoliberalismus eine ungleichheitssteigernde Wirkung in vielen weniger entwickelten Ländern besitzt (Biglaiser/DeRouen 2004; Rudra 2004). Selbst die Art der wirtschaftlichen Unterstützung von weniger entwickelten Ländern beinhaltet Elemente, die die bestehende Ungleichheit festschreiben (Stone 2004).

Die Dependenztheorien haben seit Ende der 1980er Jahr an Einfluss verloren. Insbesondere die 1990er Jahren haben ihre ideologische Stoßkraft verblassen lassen, und pragmatische Erklärungsansätze nahmen in der Bedeutung zu. Allerdings könnte ein verschärfter Interessenkonflikt zwischen bestimmten Regionen der Erde im Zuge der Globalisierung eine neue Phase der Theorienentwicklung in der Tradition der Abhängigkeitstheorien erwarten lassen. Eine Einschätzung einer solchen Entwicklung kann jedoch gegenwärtig noch nicht abgegeben werden (Smith 2002: 54-59).

Nicht-westliche Theorien

Stärker noch als die Abhängigkeitstheorien, die vor allen von lateinamerikanischen Sozialwissenschaftlern stark beeinflusst wurden, bauen *indigenous theories* auf Studien nichteuropäischer und nicht-amerikanischer Autoren auf (zur Übersicht siehe Wiarda 1999; Wiarda 2000: 93-95; Somjee 2002). Und stärker als die Abhängigkeitstheorien lehnen die *indigenous theories* neben den westlichen Theorien amerikanischer oder westeuropäischer

Provenienz auch die marxistisch beeinflussten Theorien als einen Fremdkörper für die Analyse der Entwicklung von Ländern der Dritten Welt ab. Sie setzen ein konfuzianisches, afrikanisches oder ähnliches Entwicklungsmodell an die Stelle von Rationalität und Modernisierung. Dabei wird beispielsweise das indische Kastensystem nicht als eine traditionelle Institution betrachtet, die, wie in den westlichen Entwicklungstheorien beschrieben, im Zuge der Modernisierung an Bedeutung verliert. Stattdessen wird das Kastensystem als intermediäre Institution zwischen Staat und Gesellschaft gesehen (Rudolph/Rudolph 1967). Die Stammesgesellschaften in Afrika werden nicht als rückschrittlich angesehen, sondern als Möglichkeit, soziale Sicherung, Schutz und Geborgenheit zu vermitteln. Auch in Lateinamerika wurden die historischen Institutionen des Korporatismus als eigenständiges lateinamerikanisches Entwicklungsmodell betrachtet (Véliz 1980). Nicht zuletzt durch die Iranische Revolution von 1979 wuchs die Bedeutung des islamischen Gesellschaftsmodells (Said 1978; Schuon 1994; Nasr 2002: Kapitel 4; Fuller 2003) für die islamische Welt. Im Gegensatz zu anderen Religionen, in denen eine Trennung von Religion und Politik toleriert, wenn nicht gar propagiert wird, bietet der Islam politische Handlungsanweisungen, indem er ein Rechtssystem bereitstellt (Khadduri 1984; Sivan 1985; Kamali 1991). Wenngleich diese Modelle keine Alternative zu westlichen Entwicklungsmodellen darstellen und durch die Demokratisierung vieler Länder in den 1980er und 1990er Jahren an Glaubwürdigkeit verloren haben, so fließen doch immer wieder Aspekte und Elemente in moderne Theorien ein.

Kapitel 10: Theorien der Gegenwart

1 Reichweiten von Theorien

Die allgemeinen Theorien, die im letzten Kapitel beschrieben wurden, bewegen sich auf einem hohen Abstraktionsniveau, was ihre empirische Anwendung oftmals vor Schwierigkeiten stellt (LaPalombara 1974: 59-60, Fn 44). Analytische Konzepte müssen in dieser Hinsicht erheblich gedehnt werden (*stretching*), um vergleichbare Kategorien herzustellen. Darüber hinaus erwiesen sich viele dieser Theorien als inadäquat für den spezifischen Forschungsgegenstand und ließen eine Fallsensibilität vermissen. Dieses Defizit wurde durch Theorien angegangen, die ein spezifisches Erkenntnisinteresse in den Vordergrund stellen. Ansätze, die spezifische Fragestellungen analytisch eingegrenzt betrachten, werden unter dem Begriff Theorien mittlerer Reichweite zusammengefasst (Merton 1996; LaPalombara 1974: 60-66): "Middle-range theory commends itself as attractive and manageable precisely because it does not purport to be a *complete* explanation of phenomena“ (LaPalombara 1974: 63).

Theorien mittlerer Reichweite versuchen, die Nachteile von allgemeinen Theorien auszugleichen und konzentrieren sich deshalb auf *bestimmte* Funktionen von *spezifischen* Institutionen, Prozessen oder auch Gruppen von Ländern. Damit wird natürlich die Universalität der Erklärungskraft aufgegeben. Die theoretischen Aussagen sind nicht mehr allgemein gültig, sondern beziehen sich auf die untersuchten Aspekte. Im Gegenzug sind Theorien mittlerer Reichweite jedoch für den untersuchten Forschungsbereich präziser und bilden somit eine bessere Orientierung für die vergleichenden Studien als hoch abstrakte generelle Theorien.

Theorien mittlerer Reichweite setzen sich aus Elementen der im vorherigen Kapitel beschriebenen allgemeinen Theorien zusammen und stellen eine „Mischung“ dieser Ansätze für konkrete Forschungsbereiche dar. Darüber hinaus werden aber auch „neue“ Elemente in die Theorien aufgenommen, die den spezifischen Forschungsgegenstand präziser erfassen. Im Verlauf der Theorieentwicklung haben sich neue Theorien mittlerer Reichweite aus Elementen etablierter Theorien mittlerer Reichweite herausgebildet, was die Zuordnung und Orientierung komplizierter macht. Als Konsequenz entstand eine Reihe verschiedener theoretischer Ansätze für fast alle Regionen der Erde, und für viele Strukturen und Prozesse des politischen Systems wurden Theorien mittlerer Reichweite entwickelt. Dieser Umstand führt dazu, dass es fast unmöglich ist, alle Entwicklungen der Theorienbildung zu erfassen, geschweige denn hier vorzustellen. Vielmehr soll hier eine Auswahl von Theorien mittlerer Reichweite präsentiert werden, die als „Werkzeugkiste“ für die eigene Arbeit dienen und einen groben Überblick über das Theorieangebot geben kann. In diesem Zusammenhang kann auch darauf hingewiesen werden, dass deutschsprachige Zusammenfassungen zu den Forschungsansätzen in spezifischen Bereichen wie der Parteien-, Wahl-, Parlaments-, Umwelt-, Transformations- und Staatstätigkeitsforschung existieren, die die angewendeten Ansätze in den behandelten Bereichen zusammenfassen (Schmidt 1993; 2001a; Schmidt u.a. 2003, 2007; Lauth 2002; Berg-Schlosser/Müller-Rommel 2003c).

Den genannten Vorteilen in der Anwendung von Theorien mittlerer Reichweite stehen jedoch auch fundamentale Nachteile gegenüber. Die für einen spezifischen Forschungsgegenstand kombinierten Theorieelemente geben zwar relativ konkrete Anleitung und Orientierung und erfüllen damit die meisten Kriterien, die an Theorien gestellt werden. Sie weisen jedoch gravierende Defizite hinsichtlich der Erklärungsreichweite auf, wenn sich die Theorien nur auf sehr spezifische Fälle anwenden lassen. Darüber hinaus neigen viele Untersuchungen, die Theorien mittlerer Reichweite anwenden, zu einer Überbetonung von Deskriptionen. Verbunden mit der beschränkten Gültigkeit der Aussagen und der Überbetonung von Deskriptionen lassen sich für Untersuchungen, die Theorien mittlerer Reichweite anwenden, oftmals nicht genügend Fälle finden, um die Theorien einem ernsthaften Test unterziehen zu können (Popper 1994: 77-78; Stinchcombe 1968: 17-22; Heckathorn 1984: 297).

Ein weiteres analytisches Problem besteht darin, dass Theorien mittlerer Reichweite so auf den Forschungsgegenstand zugeschnitten werden, dass Anomalien in den Erklärungsbereich einbezogen und damit eliminiert werden. Anomalien sind jedoch Forschungsergebnisse, die nicht mit der Theorie übereinstimmen und somit die Grenzen der angewendeten Theorie aufzeigen. Viele Klassiker der Wissenschaftstheorie betonen den herausragenden Wert von Anomalien für den wissenschaftlichen Fortschritt (Popper 1994; Kuhn 1976; Lakatos 1978). Insofern nutzen viele Forscherinnen Theorien lediglich, um ihren Forschungsgegenstand theoretisch zu verorten. Dies führt dazu, dass viele Studien die Anforderung einer nomothetischen Weiterentwicklung der Disziplin nur unzureichend erfüllen. Um dieses Problem zumindest ansatzweise zu beheben, verlangt Barbara Geddes (2003: 141; George/Bennett 2005: 76), dass die an einem Fall entwickelte Theorie an mindestens einem weiteren Fall getestet werden soll, der in die gleiche Erklärungskategorie wie der Originalfall gehört.

Um einen Überblick über die diversen Theorien mittlerer Reichweite zu geben, werden diese (a) anhand von Forschungsbereichen und (b) auf Grundlage verschiedener Forschungslogiken dargestellt. Zur Erfassung der Forschungslogiken bedarf es eines Ordnungssystems von Theorien der vergleichenden Politikwissenschaften.

2 Ordnungssysteme von modernen Theorien der vergleichenden Politikwissenschaft

Der Bedeutung von Theorien in der modernen vergleichenden Politikwissenschaft steht ein erstaunliches Literaturdefizit gegenüber. Zwar beziehen sich die meisten Einführungen in die Politikwissenschaft oder in die vergleichende Politikwissenschaft auf einzelne theoretische Ansätze, doch sind diese Darstellungen unsystematisch und eher willkürlich. Überhaupt existiert nur eine Monographie (Chilcote 1994), die in ihrem Titel die Begriffe „Theorie“ und „vergleichende Politikwissenschaft“ führt.[207] Ebenso fehlt ein allgemein akzeptiertes Ordnungsschema zur Erfassung von Theorien, so dass sich die meisten Darstellungen mit einer historischen Darstellung führender Ansätze (Wiarda 2000; 2002b; Lauth/ Wagner 2002: 32-37; Berg-Schlosser/Müller-Rommel 2003a: 19-26) oder einer Aufzählung von Ansätzen begnügen (Chilcote 1994; Lane/Ersson 1996: Kapitel 1; Naßmacher 1991).

Eine systematische Erfassung von Theorieströmungen der Gegenwart in der vergleichenden Politikwissenschaft leisteten kürzlich Mark Irving Lichbach und Alan S. Zuckerman (1997b). Zusammen mit anderen namhaften amerikanischen Politikwissenschaftlern stellen sie anhand der Begriffe „Rationalität“, „Kultur“ und „Struktur“ die Theorietraditionen in unterschiedlichen Bereichen dar.[208]

Als illustrativen Ausgangspunkt benutzt Lichbach (1997: 260-267) das Individuum, welches danach trachtet, Wünsche (*desires*) zu befriedigen, Interpretationseinstellungen (*beliefs*) (Informationen und Wissen) zu besitzen und Entscheidungen (*choices*) zu treffen (Elster 1989). Auf der individuellen Ebene steuern Wünsche und Interpretationseinstellungen die Handlung.

Abbildung 10-1: Theorieansätze der vergleichenden Politikwissenschaft

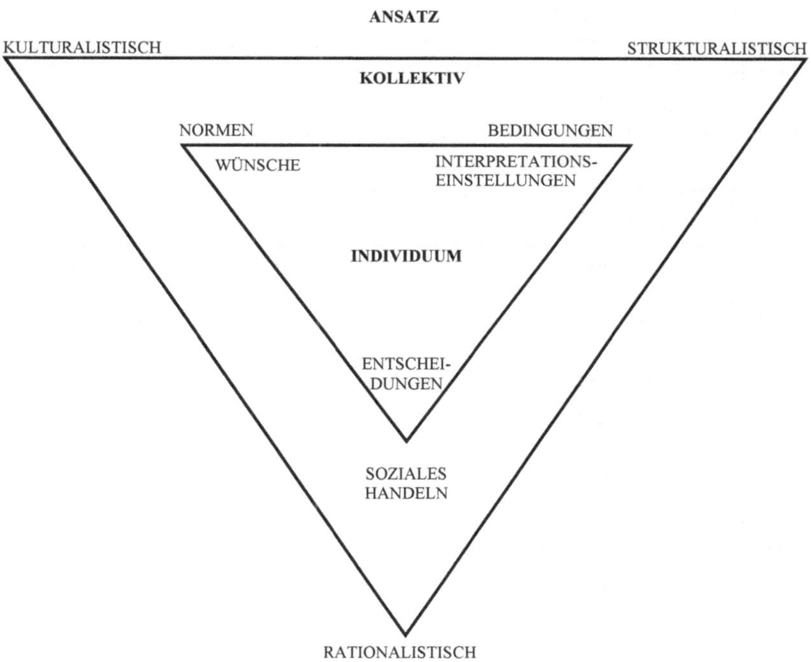

Quelle: Lichbach (1997: 262), eigene Übersetzung.

[207] Auch wenn die Literatursuche auf „Ansätze“ oder „*approaches*“ ausgedehnt wird, ist die Lage nicht viel besser.
[208] Allerdings besticht dieses Buch auch durch unverständliche und gravierende Auslassungen. So wird etwa die Systemtheorie ebenso wenig gewürdigt wie die vergleichenden Arbeiten von Arend Lijphart.

Individuelle Wünsche werden auf der kollektiven Ebene als Normen gesellschaftlich aggregiert, und Interpretationseinstellungen vergegenständlichen sich auf der kollektiven Ebene als materiale Bedingungen. Die drei oben genannten Theorietraditionen bestimmen im Wesentlichen und idealtypisch die theoretische Debatte der Nachkriegszeit in der vergleichenden Politikwissenschaft und strukturieren unterschiedliche Analysestrategien. Die theoretischen Ansätze können strukturalistisch (Katznelson 1997), kulturalistisch (Ross 1997) und rationalistisch (Levi 1997) unterteilt werden. Der Analysefokus liegt damit auf Kultur, Struktur und Kontext (Bedingungen und Beziehungen), sowie Entscheidungen. Die Ontologie[209] der Analysen ist entweder durch Regeln, gesellschaftspolitische Beziehungen oder Begründungen bestimmt. Als wesentliche Faktoren (Variablen) für die Erklärung politischer Phänomene gelten sodann Identitäten, Institutionen und Interessen. Die zugrunde liegenden Theorien sozialer Ordnung basieren auf dem Prinzip von Symbolen (gemeinsamen Werten), Strukturen (Hierarchien, Klassen) oder Strategien (rationale Entscheidungen). Aus den Elementen zur Erklärung sozialer Ordnung lassen sich die Prinzipien vom sozialen Wandel ableiten. In der kulturalistischen Perspektive wird das Spannungsfeld zwischen institutionalisierten Regeln und neuen Wünschen problematisiert, die zu Dysfunktionen von Institutionen und somit zu sozialem Wandel führen können. In der strukturalistischen Perspektive verändern dynamische Prozesse die sozialstrukturellen Bedingungen und entfremden die davon abhängenden Interpretationseinstellungen von den strukturellen Kontexten. Schließlich betrachten rationalistische Theorien die Reaktion von Individuen auf nicht-intendierte Folgen rationalen Handelns, die dann zu neuen Entscheidungsgrundlagen führen. Die folgende Tabelle fasst die wesentlichen Aspekte dieser drei Theorietraditionen der vergleichenden Politikwissenschaft zusammen.

Tabelle 10-1: Schwerpunktlegungen verschiedener theoretischer Ansätze in der vergleichenden Politikwissenschaft

	Strukturalistisch	**Kulturalistisch**	**Rationalistisch**
Prinzip sozialer Ordnung	Strukturen	Symbole	Strategien
Ontologie	Gesellschaftliche Bedingungen	Regeln und Normen	Begründungen
Analysefokus	Kontext und Beziehungen	Kultur	Entscheidungen
Variablen	Institutionen	Identitäten	Interessen
Wesentliche politikwissenschaftliche Ansätze	System- und Regimeanalyse	Politische Kultur	Rational Choice
Klassiker	Marx	Montesquieu, Mosca, Weber	Hobbes, Smith, Pareto
Gegenwärtige Hauptvertreter	Moore, Lijphart, Skocpol, Esping-Andersen, Korpi	Huntington, Inglehart, Putnam	Bates, Downs, Tsebelis, Scharpf

Quelle: In Anlehnung an Lichbach (1997: 245) mit eigenen Veränderungen und Ergänzungen.

[209] Der Begriff Ontologie stammt aus der Philosophie und bezieht sich auf die Lehre des Seins, die in der Erforschung dessen, was ist und wie es ist, besteht.

Wenngleich einzelne Ansätze durchaus Elemente dieser drei Traditionen kombinieren, überwiegt zumeist eine der Traditionen mehr oder weniger in den einzelnen Ansätzen. Exemplarisch wurde dies in Aufsätzen in dem Band von Lichbach und Zuckerman im Bereich Wahlverhalten (Barnes 1997), soziale Bewegungen (McAdam u.a. 1997), politische Ökonomie (Hall 1997) und Staat (Migdal 1997) herausgearbeitet (siehe auch Landman 2003: 232-238). Wenn man einzelne Ansätze den Theorietraditionen zuweisen möchte, so fallen Studien im Bereich der politischen Kultur dem kulturalistischen Bereich und der *rational choice*-Ansatz dem rationalen zu. In strukturalistischer Tradition steht vor allem der klassische Marxismus. Jedoch hat sich gerade der Marxismus in Form neomarxistischer Ansätze und durch die Aufnahme kulturalistischer Elemente in diesem Bereich weiterentwickelt (Habermas 1981b). In gewisser Weise können Systemtheorie und Funktionalismus als strukturalistische Ansätze betrachtet werden, wenngleich auch Varianten dieser Tradition Normen und Werte in ihr Analyseprogramm aufnehmen.

Die Zuweisung der Theorien in eine der oben genannten Traditionen schließt die Betrachtung ein, ob kollektives politisches Handeln sich von Strukturen, Werten und Kulturtraditionen ableiten lässt oder ob es eher direkt durch Akteure beeinflusst werden kann. Die Dichotomie zwischen Struktur- und Akteursbezug lässt sich anhand der Analyseebene erfassen, die einmal in der Makro- und zum anderen in der Mikroebene besteht. Makroebenentheorien gehen von gesamtgesellschaftlichen Elementen aus, während Mikroebenentheorien den Einzelnen als Ausgangspunkt der Analyse betrachten. Die Unterscheidung in Makro- und Mikrotheorien beinhaltet unter anderem auch eine Spiegelung eines der ungelösten und am heftigsten debattierten Auffassungsgegensätze in den gesamten Sozialwissenschaften. Sind soziale und politische Tatbestände hauptsächlich durch strukturelle oder handlungsorientierte Aspekte zu erklären? Makroanalytische Theorien betonen strukturelle Erklärungsansätze (*structure*), während mikroanalytische sich auf verhaltensorientierte Erklärungsmodelle und die Rolle von Akteuren (*agency*) beziehen. Viele kulturalistische Ansätze versuchen beide Aspekte zu verbinden, indem sie das Zusammenspiel von Traditionsbeständen mit Verhaltenstheorien verbinden. Ähnlich wie andere Theorien des methodologischen Individualismus gehen sie davon aus, dass Makrophänomene einer Mikrofundierung bedürfen (Pappi 2003: 98; Welzel 2003; siehe auch: Berejikian 1992). Allerdings bildet in dieser Ansicht die Mikroebene die Analyseebene und die Makroebene die Erklärungsebene, was bei dieser Art von Studien zu Fehlschlüssen führen kann (siehe auch Kapitel 9).

Diese gegenteiligen Auffassungen haben unter anderem auch ihren klassischen Ursprung in den unterschiedlichen Betrachtungsweisen der gesellschaftlichen Entwicklung bei Karl Marx und Max Weber. Karl Marx erarbeitete eine makroanalytische Theorie der Entwicklung von Gesellschaften. Gemeinsam mit Friedrich Engels ging er davon aus, dass die Produktionsweise einer Gesellschaft die Herrschaftsverhältnisse bestimmt. Veränderungen in der Produktionsweise führen dann auch zu einer Veränderung der Herrschaftsverhältnisse und beeinflussen die Wahrnehmung der gesellschaftlichen Entwicklung. Die „Akteure", die den sozialen Wandel umsetzen, sind soziale Klassen, die durch ihre Position im Produktionsprozess konstituiert werden. Der strukturanalytische Erklärungsansatz wird von Marx (1961: 9) im Vorwort „Zur Kritik der Politischen Ökonomie" in der prägnanten Aussage zusammengefasst: „Es ist nicht das Bewußtsein der Menschen, das ihr Sein, sondern umgekehrt ihr gesellschaftliches Sein, das ihr Bewußtsein bestimmt."[210]

Max Weber war der zweite große deutsche Theoretiker, der versuchte, die Entstehung der kapitalistischen Gesellschaft zu erklären. Seine Theorie baut auf einer verhaltenstheoretischen Perspektive auf. Er verbindet religiöse Aspekte mit wirtschaftlichem Handeln. In der Praxis der protestantischen Erlösungsethik sieht er die Triebkraft für ein wirtschaftliches Handeln des Einzelnen, welches in aggregierter Form das kapitalistische System ausmacht. Anders als Karl Marx geht Weber vom Einzelnen aus, um gesellschaftlichen Wandel zu erklären.

Bevor die einzelne Anwendungsbereiche anhand des Ordnungssystems strukturell, kulturalistisch und rationalistisch dargestellt werden, sollen anhand besonders einflussreicher Studien innerhalb dieser Paradigmen die spezifischen Analyselogiken der verschiedenen Traditionen in ihren elementaren Schlüsselbegriffen näher vorgestellt werden.

a. Strukturalistische Ansätze

Das wesentliche Merkmal strukturalistischer Ansätze besteht darin, dass soziales Verhalten und (kollektive) Identität durch strukturelle, relativ stabile *Makrofundierungen* begründet sind (Katznelson 1997: 102). Die meisten einflussreichen strukturalistischen Ansätze haben ihren Ausgangspunkt in der materialistischen Gesellschaftsanalyse von Karl Marx und haben sich zunächst auch in dieser Tradition weiterentwickelt. In der vergleichenden Politikwissenschaft war Barrington Moores (1966) *Social Origins of Dictatorship and Democracy* ein Meilenstein innerhalb der strukturalistischen Tradition. In dieser Studie untersuchte er die Entwicklung Großbritanniens, Frankreichs, der USA, Chinas, Japans und Indiens in die Modernität. Sein Erkenntnisinteresse bestand in der Erklärung der Bedingungen, unter denen Staaten sich demokratisch bzw. diktatorisch entwickeln. Dabei verband er eine materialistische Klassenanalyse in der marxistischen Tradition mit den Folgen verschiedener Typen von Staaten und Regimen. Seine Analyse diente der Ermittlung spezifischer Konfigurationen, die eine demokratische Entwicklung förderten.

Moores Doktorandin Theda Skocpol (1973) kritisierte seine Analyse, indem sie auf einen zu einseitigen, d.h. marxistischen Klassenbegriff hinwies. Sie insistierte, dass jegliche Art von Gesellschaftsstruktur einer politischen Grundlage bedürfe. Eine marxistische Klassenanalyse stelle dabei jedoch lediglich eine Art der Analyse von Herrschaftsverhältnissen dar. Andere Klassenverhältnisse könnten ebenso zur Erklärung herangezogen werden. Auch andere Autoren demonstrierten, dass eine strukturalistische Analyse ohne eine marxistische Orientierung möglich ist (Dahrendorf 1959; Hirschman 1982).

Skocpol verdeutlicht, dass der Prozess der Modernisierung zu einer Veränderung der ursprünglichen wirtschaftlichen Institutionen und politischen Prozesse führt. Sie wies dabei auf den Einfluss von internationalen Faktoren hin, die neben dem nationalen Veränderungsdruck Bedeutung besitzen. In ihrer Arbeit zu *States and Revolutions* (1979) ersetzte sie die marxistische Klassenanalyse durch eine Analyse des Staates. Damit fasste sie Staa-

[210] Dabei bleibt allerdings oftmals offen, inwieweit die Akteure sich ihrer Rolle bewusst sind. Dies wird mit dem Konzept „Klasse an sich" und „Klasse für sich" von Marx und Engels (1959) erfasst. Das erste Konzept geht dabei darauf ein, dass ein Akteur überhaupt aus der Sozialstruktur ableitbar ist, während beim zweiten Konzept der strukturell abgeleitete Akteur auch ein entsprechendes Bewusstsein entwickelt.

ten als Makrostrukturen auf, die den Handlungsrahmen vorgeben (siehe auch: Evans u.a. 1985). Methodologisch entwickelte sie den strukturalistischen Ansatz weiter, indem sie eine explizite variablenorientierte makrokausale Analyse anstrebte.

Das Bindeglied zwischen Strukturen und Handlung bilden Institutionen, definiert als Regeln und formale Organisationen. In dieser Hinsicht stellen das Konzept das Neokorporatismus und die Parteienherrschaftsthese Erklärungsansätze einer (nicht-marxistischen) Strukturanalyse dar. Allerdings wurde darauf hingewiesen, dass einzelne Institutionen oder Organisationen nicht den Staat in seiner Komplexität widerspiegeln können (Nettl 1968). Vielmehr spielen mehrere Faktoren eine wesentliche Rolle, die sich im historischen Ablauf durch das Zusammenspiel von Institutionen und Machtkämpfen von gesellschaftlichen Akteuren zu identifizierbaren Konfigurationen verdichten. Diese Erkenntnis ist präsent in Studien, die solche Konfigurationen zur Erklärung von verschiedenen Politiken nutzen. Die Arbeiten von Esping-Andersen (1990) und Lijphart (1999) können als Meilensteine im Bereich der Sozialpolitik moderner Gesellschaften sowie der Demokratieforschung gewertet werden, weil in ihnen unterschiedliche wohlfahrtsstaatliche Regime oder Demokratiemuster identifiziert werden. Gegenwärtig bemüht man sich intensiv, solche Konzepte auch auf andere Bereiche zu übertragen und anzuwenden, wie beispielsweise in Bezug auf den Arbeitsmarkt (Armingeon 2003a), die Finanzpolitik (Iversen 1999; Wagschal 2001) und die Umweltpolitik (Jahn 1998). Am umfassendsten sind dabei aktuelle Bemühungen, über einzelne Bereiche hinweg die staatlichen Regimetypen zu erfassen (Kitschelt u.a. 1999a; Hall/Soskice 2001).

Strukturalistische Ansätze stehen im Fokus einer vergleichenden politikwissenschaftlichen Analyse. Durch den unmittelbaren Bezug auf Staaten als Analyseeinheit sind Erklärungen der Wirksamkeit von Staatsstrukturen und Regimen nur durch den Vergleich bzw. die vergleichende Analyse möglich. Anders als die folgenden Ansätze, die auf individuellem Verhalten aufbauen und einen Systemvergleich anhand von Kontextvariablen durchführen können, ergibt sich der Ländervergleich im strukturalistischen Ansatz unmittelbar, sodass das Problem des individualistischen Fehlschlusses ausgeschlossen ist.

b. Kulturorientierte Ansätze

Kultur stellt einen der ältesten Erklärungsfaktoren für politische Phänomene dar. Allerdings führen die Unbestimmtheit des Konzeptes „Kultur" und die Komplikationen seiner Operationalisierung dazu, dass kulturorientierte Ansätze in der modernen vergleichenden Politikwissenschaft – mit der Ausnahme des empirisch-analytischen Ansatzes der „politischen Kultur" – nur selten angewandt werden und nicht sehr weit entwickelt worden sind (Ross 1997). Allgemein gefasst bedeutet *Kultur* ein Interpretationssystem, mit dem Menschen ihr tägliches Leben strukturieren und das die Basis sozialer und politischer Identität bildet, welche wiederum Handeln in verschiedensten Lebensbereichen beeinflusst (Ross 1997: 42). Kultur ist somit ein Orientierungsrahmen für die Interpretation von Motiven anderer und bildet die Grundlage einer Analyse von Interessen, kollektiven Identitäten und Verhalten. Allerdings – und das macht kulturalistische Analysen so kompliziert – wirkt Kultur indirekt, sodass es notwendig ist, den Einfluss der Kultur auf Interessen und Institutionen zu spezifizieren.

Kultur lässt sich nicht statisch erfassen, sondern besitzt ihre Wurzeln in der historischen Genese. So definiert Clifford Geertz (1973a: 89) Kultur als „... an historically transmitted pattern of meaning embodied in symbols, a system of inherited conceptions expressed in symbolic forms by means of which men communicate, perpetuate, and develop their knowledge about and attitudes towards life."

Kultur definiert ein Wir-Gefühl und grenzt die eigene Gruppe von anderen ab. Durch Kultur wird die Interpretation der Vergangenheit, Gegenwart und Zukunft geleitet. Sie bildet damit also eine Orientierung für konkrete Handlungen. Das bedeutet allerdings nicht, dass Menschen, die eine gemeinsame Kultur besitzen, auch zu gleichen Auffassungen in konkreten Themengebieten kommen. Kultur bestimmt lediglich die Spielregeln, auf deren Grundlage sich dann die Meinungsunterschiede austragen lassen (Scott 1985) bzw. definiert die Themen, die gesellschaftlich als konfliktrelevant betrachtet werden (Laitin 1988: 589).

Finden allerdings Konflikte zwischen verschiedenen Kulturen statt, stehen selbst die zur Konfliktaustragung wesentlichen Spielregeln nicht zur Verfügung, und die Konfliktaustragung wird für alle Beteiligten irrational und unverständlich, da sich die eine kulturelle Gruppe auf ihre Spielregeln bezieht und die andere auf die ihrigen. Die Verbitterung, dass sich der Widersacher nicht einmal an die (eigenen) Spielregeln hält, führt in interkulturellen Konflikten zu Fanatismus und schwer beizulegenden Konflikten (Avruch 1991; Ross 1993).

Innerhalb eines Kulturkreises stellt Religion ein wesentliches Element von Kultur dar. Religion fungiert als ein Orientierungsschema für die Mitglieder einer Gesellschaft und mobilisiert weitreichende Gefühle, die mit der menschlichen Existenz verbunden sind. Religion legitimiert politisches Verhalten bis hin zu Kriegen und fördert politische Stabilität. Selbst in hochmodernen Gesellschaften, die einen langen Prozess der Säkularisierung durchlaufen haben, verkörpern religiöse Elemente immer noch ein wesentliches Ordnungssystem, das politisches Verhalten erklären kann (Castles 1994; Minkenberg 2002).

Obgleich Kultur eine relativ stabile Größe ist, kann sich Kultur durchaus verändern (Eckstein 1988). Die Entwicklung der Gesellschaft durch eine Eigenlogik der kulturellen Weltbilder und Weltbildentwicklung geht auf Ansätze zurück, die die Selbsterzeugung der Gesellschaft durch Gesellschaft betonen (Touraine 1977; Giddens 1995). Diese Selbsterzeugung der Gesellschaft baut auf *kollektiven Lernprozessen* auf. „Kollektive Lernprozesse sind dadurch definiert, daß die Beiträge der einzelnen Akteure zu einem kulturellen Interpretations- und Wissenszusammenhang die Struktur dieses Zusammenhangs aus dem ‚Gleichgewicht' bringen und zu Restrukturierungen der Kultur zwingen. Dieser Prozeß der Restrukturierung läßt die soziale Struktur des Kommunikationszusammenhanges, in dem diese Reequilibrierung vorgenommen wird, nicht unberührt. Es findet ein *kollektiver Lernprozeß* statt" (Eder 1988: 298). Die kollektiven Lernprozesse finden auf der Grundlage eines kognitiven Wettbewerbs statt, in dem verschiedene Ideen und Überzeugungen miteinander konkurrieren (Münch 1992; Eder 1995; siehe auch schon Mannheim 1929). Ulrich Beck (1988: 211-216) nimmt diesen Gedanken auf, wenn er den *Definitionsverhältnissen* in modernen (Risiko-)Gesellschaften eine Schlüsselposition zuspricht. Vereinfacht kann die Interaktion und Evolution der Kultur über Weltbilder, die über Institutionen bzw. konkrete Akteure ausgetragen werden (Weick 1985; Lepsius 1995), wie folgt dargestellt werden.

Abbildung 10-2: Kognitive Entwicklung von Weltbildern

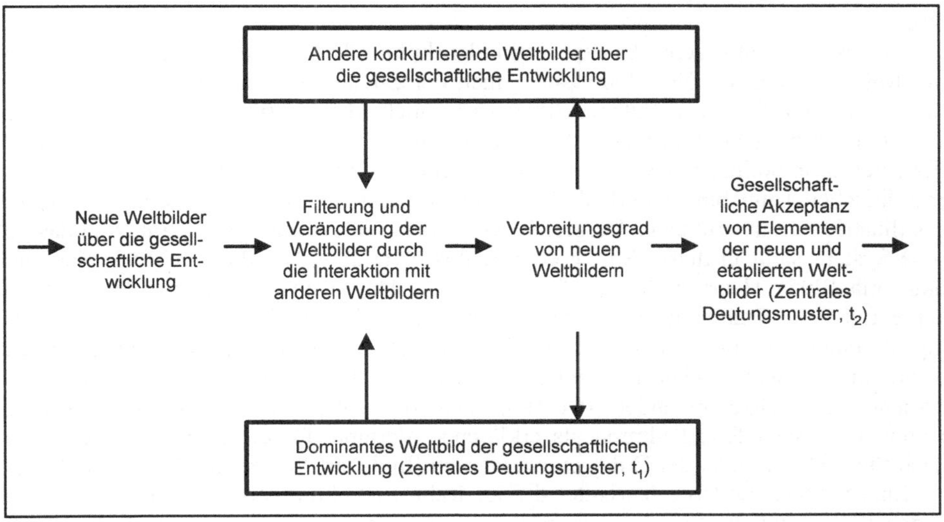

Die bisher aufgezeigten kulturalistischen Gesellschaftsanalysen stammen vornehmlich aus der Soziologie und Anthropologie, haben jedoch durchaus auch in der Politikwissenschaft ihre Anwendung gefunden (z.B. Shonfield 1969; Hall 1989; 1993; Jahn 2000). Weitere, weniger prozessorientierte Ansätze finden sich in Form der schon in Kapitel 9 dargestellten *Civic Culture*-Tradition und den geo-kulturalistischen Ansätzen.

Eine Weiterentwicklung des Ansatzes der politischen Kultur ist die Wertewandelforschung, die vor allem mit dem Namen Ronald Inglehart verbunden ist (Inglehart 1977; 1981; 1997; 2003; siehe auch zusammenfassend Dalton 2003). Dieser Ansatz geht von einem allgemeinen Wandel von materialistischen zu postmaterialistischen Werten in prosperierenden Gesellschaften aus. Dies wird anhand zweier Hypothesen spezifiziert: zunächst eine Mangelhypothese, die auf der sozialpsychologischen Bedürfnishierarchie von Abraham Maslow (1954) fußt. Diese besagt, dass zunächst die physischen Bedürfnisse (materialistische Werte) nach Sicherheit und Versorgung grundsätzlich gesichert sein müssen, bevor der Wunsch nach der Befriedigung sozialer Bedürfnisse (postmaterialistische Werte), nach Zugehörigkeit und Achtung sowie nach intellektuellen und ästhetischen Ansprüchen entsteht. Allein aus der Mangelhypothese lässt sich jedoch kein lang anhaltender Wertewandel ableiten. Deshalb benutzt Inglehart zusätzlich die Sozialisationshypothese, die davon ausgeht, dass sich die Werte eines Menschen in seiner „formativen Phase des Lebens" (im zweiten Lebensjahrzehnt) verfestigen. Danach nehmen Bevölkerungskohorten, die in prosperierenden Gesellschaften zu Zeiten ihrer formativen Jahre leben, eher postmaterialistische Werte an als Menschen, die zunächst ihre physischen Bedürfnisse befriedigen müssen. Anhand einer etablierten Fragebatterie[211] hat Inglehart für die letzten 30 Jahre einen

[211] Dabei erfassen die folgenden Fragen die materialistische Dimension: (a) Sicherung von starken Verteidigungskräften für das Land; (b) Kampf gegen Verbrechen; (c) Aufrechterhaltung der Ordnung in der Nation; (d) eine stabile Wirtschaft; (e) Erhaltung eines hohen Grades von wirtschaftlichem Wachstum; (f) Kampf gegen steigende

Wertwandel identifiziert, der – zumindest bis in die 1990er Jahre – besonders ausgeprägt in Österreich, Kanada, Westdeutschland und vor allem in den Niederlanden war (Dalton 2003: 160).[212]

Andere kulturalistische Ansätze verbinden kulturelle Faktoren mit Institutionen, wie etwa Robert Putnams (1993; 2000; siehe auch Pérez-Días 1993; internationale Vergleiche finden sich zum Thema in Putnam 2002; siehe auch Milner 2002) Studien zum *sozialen Kapital*. Putnam geht davon aus, dass Demokratie und demokratische Entwicklung am effizientesten in politischen Systemen sind, in denen eine lange und umfangreiche Tradition der politischen Teilnahme außerhalb der Familie besteht, sei es in Parteien oder Verbänden. Dies illustriert er anhand eines Vergleichs von Nord- und Süditalien. Vertrauen in das politische System stellt in dieser Studie eine Schlüsselvariable dar (Putnam 1993; siehe auch Fukuyama 1995). Henry Milner (2002) hat diesen Ansatz für den Vielländervergleich für hoch entwickelte Staaten ausgearbeitet, indem er die politische Informiertheit der Bevölkerung als einen wesentlichen Faktor für die Qualität der Demokratie und der politischen Performanz betrachtet. Aber auch außerhalb hoch industrialisierter Länder lassen sich kulturorientierte Ansätze anwenden (Pye 1985; Diamond 1993; Plasser/Pribersky 1996), oder es können verschiedene Kulturen als erklärende Variable für einen systematischen Vergleich sämtlicher Länder der Erde genutzt werden (Inglehart/Welzel 2002; Welzel 2002).[213]

Eine weitere moderne Variante, die im Rahmen kulturalistischer Ansätze betrachtet werden kann, sind die historisch orientierten geo-kulturalistischen Ansätze. Diese gehen davon aus, dass sich politische Verfahren und Ergebnisse durch globale kulturelle Faktoren erklären lassen. Einen klassischen sozio-historischen Ansatz in dieser Tradition stellt Stein Rokkans geopolitische Landkarte Europas dar. Ein für entwickelte Wohlfahrtsstaaten weltweiter Ansatz in dieser Hinsicht ist das Konzept der Länderfamilien des australischen Politikwissenschaftlers Francis Castles. Ein weiterer klassischer Ansatz für eine weltweite Bestimmung von kulturellen Einflüssen findet sich in den religionssoziologischen Arbeiten Max Webers (1976: 245-381). Aufbauend auf Webers Überlegungen hat Samuel Huntington (1996) neun unterschiedliche „Zivilisationen" auf der Welt identifiziert.

Preise. Die postmaterialistische Dimension wird durch die folgenden Fragen erfasst: (a) Versuch, unsere Städte und Gemeinden zu verschönern; (b) Schutz der freien Meinungsäußerung; (c) Fortschritt auf eine Gesellschaft hin, in der Ideen mehr zählen als Geld; (d) Fortschritt auf eine humanere, weniger unpersönliche Gesellschaft hin; (e) verstärktes Mitspracherecht der Menschen an ihrem Arbeitsplatz und in Gemeinden; (f) verstärktes Mitspracherecht der Menschen bei wichtigen Regierungsentscheidungen (Dalton 2003: 157). Die Befragten wurden gebeten, die Statements nach ihrer Wichtigkeit zu ordnen. Für die Bildung des Indexes wird anschließend die Gesamtzahl der postmaterialistischen Statements, denen die oberste Priorität eingeräumt wurde (z.B. die in der Gruppe der vier Items als wichtigstes oder zweitwichtigstes eingestuft wurden), aufsummiert. Dementsprechend reichen die Werte von Null (keinem der sechs postmaterialistischen Items wurde die oberste Priorität eingeräumt) bis sechs (allen sechs postmaterialistischen Items wurde die oberste Priorität eingeräumt) (Inglehart 1998: 491).

[212] Die Daten für die Zeit um das Jahr 2000 stützen Ingleharts Thesen nicht mehr so gut. Denn in Westdeutschland hat sich der Anteil von Postmaterialisten von 1990 von 28 Prozent auf 17 Prozent verringert. (Für Ostdeutschland liegen diese Zahlen bei 23 bzw. 12 Prozent). Für das Jahr 2000 sind Österreich, Italien und Kanada jene Länder mit dem höchsten Anteil an Postmaterialisten.

[213] Entsprechende Fragen zum Wertewandel im Rahmen des *World Value Surveys* und des *European Value Surveys* werden gegenwärtig in 68 Nationen gestellt.

Infokasten 10-1: Rokkans geopolitische Landkarte

Die „geopolitische Landkarte" beinhaltet eine geopolitische, geo-ökonomische und geo-ethnische Perspektive auf Grundlage der historischen Entwicklungen, um eine topographische Typologie von Gebieten entlang zweier Achsen zu entwerfen: „Die Nord-Süd-Achse misst das Ausmaß der Abhängigkeit von Rom als dem Mittelpunkt einer transterritorialen Vernetzung durch die mittelalterliche Kirche; die Ost-West-Achse stellt Unterschiede bezüglich der für den Prozess der Staatenbildung notwendigen wirtschaftlichen Ressourcen dar" (Rokkan 1994: 31; siehe auch Rokkan 2000). Während die Nord-Süd-Achse eindimensional ist und durch die Reformation und die Religionskriege bestimmt wird, stellt die Ost-West-Achse eine zweidimensionale Ebene dar. Zum einen stehen hier die Stärke der Städtebünde und zum anderen der Grad der Zentralisierung durch die Ausbeutung der Naturschätze der Peripherien im Zentrum der Analyse.

Die Entfernung von Rom als Indikator für die Nord-Süd-Achse bedeutete, dass sich in den Ländern Skandinaviens, die niemals unter der Kontrolle des Heiligen Römischen Reiches standen und 1517 schnell und vollständig mit der römisch-katholischen Kirche brachen, schon früh eigenständige kulturelle Institutionen herausbildeten. Aus diesem Grund wuchsen in diesen Regionen religiös homogene Gesellschaften, die auf der frühen Vereinheitlichung der geschriebenen Sprache aufbauen konnten. Territorien, die ähnliche, wenngleich weniger extreme Positionen in dieser Dimension vertraten, waren Schottland, Wales und England, außerdem Preußen und die norddeutschen Gebiete der Hanse. Auf der anderen Seite waren große Teile Europas stark an die Kirche gebunden, wie die Gebiete in Irland und Britannien, Frankreich, Lothringen, das Burgund und Arelat, Bayern und Polen. Auch war der Einfluss der Kirche besonders groß in Gebieten, in denen die Gegenreformation erfolgreich war, wie beispielsweise in Spanien, Portugal, Katalonien, Italien, Österreich und Ungarn.

Besonders wichtig für die frühe Phase der territorialen Konsolidierung war jedoch die wirtschaftliche Ressourcenausstattung, die sich auf der Ost-West-Achse bestimmen lässt. Hier existieren fünf Typen: (1) die wirtschaftlich starken, aber politisch zersplitterten Städtegürtel in der Mitte. In diesem Gebiet, zu dem Deutschland, die Niederlande, die Schweiz, Italien, Katalonien, Lothringen, Burgund und Arelat gehörten, war eine nationalstaatliche Einigung am unwahrscheinlichsten. Des Weiteren existierten zwei sich zentralisierende Königreiche, von denen das eine (2) meerwärts und das andere (3) landwärts des mittleren Gürtels lagen. Zur ersten Gruppe zählten Gebiete des heutigen Dänemarks, Englands, Frankreichs, Spaniens und Portugals. Zur zweiten Gruppe wurden Schweden, Preußen, Bayern und Österreich gerechnet. Die letzten zwei Gruppen befinden sich in einer weiteren Ausprägung noch weiter (4) westlich bzw. (5) östlich und umfassen Island, Norwegen, Schottland, Wales, Irland und Britannien bzw. Finnland, die baltischen Territorien, Böhmen, Polen sowie Ungarn.

Erfolgreiche Staatengründungen der meerwärts gelegenen Territorien basierten auf bürgerlich-städtischen Bürokratien, und die spätere Staatengründung basierte auf kapitalistischem und monetaristischem Wirtschaften. Die erfolgreiche Staatenbildung der landwärts gerichteten Gebiete war ein Ergebnis des Grundbesitzes und der in der Ritterschaft verankerten Bürokratie, während sich die erfolgreichen Unternehmen im Osten in erster Linie auf Arbeitskräfte in der Landwirtschaft und die Ausbeutung einer unterworfenen Landbevölkerung oder auf das Vasallentum gründeten.

Mit diesem geopolitischen Koordinatensystem können auch aktuelle politische Themen untersucht werden, wie dies Rokkan (1994: 51-52) am Beispiel der Frage der europäischen Integration Norwegens sowie des Umweltkonfliktes in Schweden dargestellt hat.

Während sich Rokkans Konzept auf Europa bezieht und für die Forschung eines geeinten Europas wieder einen höheren Stellenwert einnehmen könnte, umfasst das Konzept der

Länderfamilien zwar die ganze Welt, beansprucht aber, nur für die hochentwickelten Wohlfahrtsstaaten gültig zu ein. Dieses Konzept wurde schon in Kapitel 4 näher dargestellt.

Infokasten 10-2: Huntingtons Konzept der Weltzivilisationen

Huntingtons Konzept der Weltzivilisationen ist am umfassendsten, indem es weltweite Gültigkeit beansprucht und keinerlei Einschränkungen vornimmt. Mit dem Begriff „Zivilisation" erfasst Huntington die relevanten Werte, Normen, Institutionen und Denkweisen in verschiedenen Gesellschaften, wobei Religion eine Schlüsselposition innehat. Zu den wichtigen Zivilisationen der Welt zählen:

Die *sinische Zivilisation* ist mindestens 3.500 Jahre alt und setzt sich aus mehreren Strömungen zusammen, zu denen auch die Lehren von Konfuzius gehören. Der Sinismus hat sich in China und Südostasien sowie in den verwandten Kulturen in Vietnam und Korea ausgebreitet (für einen länderspezifischen Überblick siehe auch Tabelle 8-1). Huntington fasst die *japanische* Zivilisation als eine eigene Untergruppe auf, die sich aus der sinischen zwischen 100 und 400 n. Chr. entwickelte. Die *hinduistische* Zivilisation besitzt eine ebenso lange Tradition wie die sinische, die bis in das 15. Jahrhundert vor unserer Zeitrechnung zurückreicht. Zu den neueren Zivilisationen zählt der *Islam,* der auf der arabischen Halbinsel entstand und sich im siebten Jahrhundert schnell über Nordafrika, die iberische Halbinsel und Zentralasien ausbreitete. Durch die rasante Ausbreitung ergaben sich zum Teil deutlich unterscheidbare Subzivilisationen des Islam wie der arabische, türkische, persische oder malaysische Islam (siehe Kapitel 8). Auch die *westliche* Zivilisation, die sich ebenfalls im 7. Jahrhundert durchsetzte, kann als jung eingestuft werden. Sie ist stark durch das Christentum geprägt und umfasst heute vor allem große Teile Europas und Amerikas sowie Australiens. Huntington kategorisiert in dieser Tradition auch die *lateinamerikanische* Zivilisation, die zwar eine christliche Tradition besitzt, wo sich jedoch eine korporatistische, autoritäre Kultur entwickelte, die Europa in dieser Form niemals besaß und die auch Nordamerika und Australien nicht kennen (Wiarda 2001). Auch die *orthodoxe* Zivilisation besitzt starke Verbindungen zum westlichen Christentum. Allerdings wurde sie stark durch den byzantinischen Einfluss und die 200jährige tatarische Herrschaft geprägt. Auch trägt sie eine stark bürokratisch-despotische Ausprägung, da sie nur wenig den Einflüssen der Renaissance, Reformation und Aufklärung ausgesetzt war. Huntington weist auch vielen afrikanischen Staaten eine eigene *afrikanische* Zivilisation zu. Diese baut auf Stammesidentitäten auf und ist mit europäischen und christlichen Elementen gepaart. Länder, die dieser Zivilisation entsprechen, sind die nicht-islamischen Sub-Saharagebiete, wobei Äthiopien historisch einen anderen Weg beschritt. Der Buddhismus hat sich als Religion in verschiedenen Gebieten Ostasiens etablieren können, so in Sri Lanka, Burma, Thailand, Kambodscha, Tibet, der Mongolei und in Bhutan, war jedoch nach Huntington (1996: 47-48) nicht in der Lage, eine eigenständige Zivilisation auszuformen. Ähnliche Probleme findet man in der *jüdischen* Zivilisation, die nicht zu den Hauptzivilisationen der Welt gezählt werden kann und aus einer Mischung christlicher, islamischer und orthodoxer Elemente besteht. Der Staat Israel kann aufgrund der relativ weit verbreiteten Säkularisierung als ein westlicher Staat bezeichnet werden.

Religion ist auch heute noch für viele politikwissenschaftliche Fragen von Bedeutung. Dies trifft insbesondere für Studien zu, die verschiedene Kulturkreise betrachten. In einer global vergleichenden Analyse von 150 Ländern zeigt sich etwa, dass der Protestantismus signifikant positiv mit Demokratie korreliert. Islamische Länder weisen einen signifikant negativen Zusammenhang mit dem Freiheitsgrad auf. Der Zusammenhang zwischen Buddhismus und Demokratie erweist sich als nicht signifikant (Lane/Ersson 2003: Kapitel 5; siehe auch Lipset 1994). Auch im Zusammenhang mit der wirtschaftlichen Liberalisierung stellt sich heraus, dass Religion – im Gegensatz zu gemeinsamen Sprachen oder einer gemeinsamen Kolonialerfahrung – am aussagekräftigsten ist: "The most conspicuous finding here is that the policies of countries with similar dominant religion are remarkably influential" (Simmons/Elkins 2004: 185).

c. *Rational Choice*-Ansatz

Der *rational choice*-Ansatz wurde in den Wirtschaftswissenschaften entwickelt und erklärt gesellschaftliche Entscheidungen anhand der Interpretation von Individualentscheidungen. In der Politikwissenschaft wurde er vor allem in der Wahlforschung, Koalitionsforschung und der Forschung kollektiven Handelns von Anthony Downs (1968), William Riker (1962) und Mancur Olson (1992) bekannt gemacht. Wenngleich *rational choice*-Ansätze schon früh in bestimmten politikwissenschaftlichen Bereichen präsent waren (Morrow 1994; Hinich/Munger 1997; Braun 1999; Gates/Humes 2000; Behnke 2001; Snidal 2004), erlangten sie erst seit den 1990er Jahren einen höheren Stellenwert in der vergleichenden Politikwissenschaft (Bates 1988; Tsebelis 1990).[214] Und auch dann wurde die Aufnahme dieses Ansatzes in den Kanon komparativer Theorien kritisiert und führte zu einer gewissen Polarisierung (als Überblick siehe etwa: Levi 1997; 2000; Munck 2002; Geddes 2003: 175-211; Mahoney/Rueschemeyer 2003a: 19-20; Skocpol 2003: 414-415).

Wenngleich der *rational choice*-Ansatz, der hier in Form der Spieltheorie dargestellt wird, vom Individuum ausgeht (methodologischer Individualismus), erklärt er kollektive Entscheidungen. Im Wesentlichen basiert der *rational choice*-Ansatz bei aller Ausdifferenziertheit auf vier zentralen Elementen:

- Rationalitätsannahme: In der reinsten Form geht der *rational choice*-Ansatz von der Nutzenmaximierung des Einzelnen aus. Jedem einzelnen Akteur wird unterstellt, dass er in Anbetracht der Situation seinen eigenen Nutzen steigert. In den Sozialwissenschaften ist rationales Verhalten nicht ebenso eindeutig bestimmbar wie in der Wirtschaftswissenschaft, wo Profitmaximierung die entscheidende Prämisse darstellt. In den Sozialwissenschaften kann rationales Verhalten sich auf andere individuelle Ziele (Selbstverwirklichung, Akzeptanz etc.) beziehen oder sogar Kollektivziele (Frieden, Stabilität, Vorteile einer politischen Partei oder Programmatik etc.) beinhalten. Für politikwissenschaftliche Analysen wird oftmals der Machterhalt als Rationalitätskriterium für Politiker betrachtet. Diese Einschränkung des Rationalitätsbegriffs wird mit Konzepten der *bounded rationality* (begrenzte oder eingeschränkte Rationalität) oder *appropriateness* (Angemessenheit) erfasst. Einschränkungen im Sinne der *bounded rationality* können z.B. Informationsdefizite, Wahrnehmungs- und Kapazitätsbegrenzungen, kognitive Dissonanzen und Abweichungen vom Rationalverhalten bei Unsicherheit sein (Nohlen 1998: 81; siehe auch Taylor 1988; Berejikian 1992; Lichbach 1995). Einschränkung im Sinne der *appropriateness* meint das Streben von Akteuren nach dem sozial Angemessenen (March/Olsen 1984: 741). Allerdings führt diese Erweiterung rationalen Verhaltens zu einer Komplexitätssteigerung und zu Schwierigkeiten

[214] Erste Studien in der Tradition des *rational choice*-Ansatzes in der vergleichenden Politikwissenschaft bezogen sich auf Fallstudien. Ein Klassiker in dieser Hinischt ist Samuel Popkins (1979) Analyse, die darlegte, dass die bäuerliche Ökonomie in Vietnam nicht von moralischen Werten, sondern Nutzenkriterien gesteuert ist.

der Analyse und entfernt sich so von der *parsimony* und Generalität der Nutzenmaximierungsprämisse. Von daher ist der *rational choice*-Ansatz umso angebrachter, je stärker man von einer eindeutigen Nutzenmaximierungsprämisse ausgehen kann. *Rational choice*-Analysen lassen sich am besten durchführen, wenn man die relevanten Akteure und deren Ziele sowie die Kontextbedingungen identifizieren kann, in denen die Akteure ihre Entscheidungen treffen (Tsebelis 1990: 32). Dagegen sind *rational choice*-Analysen nicht sinnvoll, wenn Heldentum, Dummheit oder Grausamkeiten untersucht werden sollen (Geddes 2003: 181). *Rational choice*-Analysen sind auch eher dann durchführbar, wenn die Entscheidungen wichtig für die Beteiligten sind, da unter diesen Umständen eher Entscheidungen rational getroffen werden, als wenn die Betroffenen der Sache gegenüber gleichgültig sind.

- Bedingungsfaktoren: Wesentliche Grundlage der Nutzenmaximierungsprämisse sind die Rahmenbedingungen, in denen der Einzelne seine Nutzenmaximierung verfolgt. Zum einen spielen die Ressourcen des Einzelnen eine wesentliche Rolle. Der Besitz von Geld, Ämtern, Informationen oder Macht beeinflusst die Durchsetzungschancen fundamental. Zum anderen haben die institutionellen und organisatorischen Rahmenbedingungen, die die „Spielregeln" ausmachen, einen großen Einfluss. Das bedeutet also, dass der Einzelne jeweils im Rahmen der Bedingungsfaktoren seinen Nutzen zu maximieren sucht. Vor allem ist das institutionelle Umfeld von Bedeutung (Tsebelis 1990: 40). Wo die „Spielregeln" sich häufig ändern oder unvorhersehbar sind, wie etwa in manchen Diktaturen, sind *rational choice*-Analysen weniger aussagekräftig (Geddes 2003: 187-188).
- Strategische Interaktion: Die Nutzenmaximierung ist des Weiteren von der Möglichkeit der Nutzenmaximierung der anderen Akteure in der Entscheidungssituation abhängig. Der Einzelne wägt seine Entscheidung im Hinblick auf die Ziele und Ressourcen der anderen Akteure ab, die an der Entscheidung mitbeteiligt sind oder dafür in Rechnung gestellt werden müssen. Verkompliziert wird diese Annahme, weil häufig keine vollständigen Informationen über die Präferenz der anderen Akteure vorliegen bzw. diese nicht bekannt sind (siehe unten). In diesem Zusammenhang sind Analysen im Rahmen des *rational choice*-Ansatzes umso effizienter, je mehr davon ausgegangen werden kann, dass die Akteure zutreffende Informationen über die Ziele der anderen Akteure und der Bedingungsfaktoren besitzen. Wo Informationen geheim gehalten werden, ist der *rational choice*-Ansatz weniger effizient anwendbar. Erschwert wird die Identifizierung von Nutzenmaximierungskriterien auch dann, wenn nicht Individuen, sondern individuelle Analogien in Form von kollektiven Akteuren, z.B. Parteien, Organisationen und Parlamente, untersucht werden (Tsebelis 2002: 38-63). Prinzipiell gilt, je weniger hierarchisch oder strukturiert ein kollektiver Akteur ist, desto schwieriger sind Handlungen rational nachvollziehbar (Geddes 2003: 191, Fn 6).[215]
- Lösungsgleichgewicht: Schließlich geht der *rational choice*-Ansatz in Form der Spieltheorie von einem Lösungsgleichgewicht[216] aus. Die Entscheidungen, die unterschied-

[215] Falls kollektive Akteure wenig strukturiert sind, muss auf die Ebene der Einzelakteure (bis hin zu Individuen) zurückgegangen werden, um die Analyse durchzuführen.

[216] John Nash hat diesen Begriff für die mathematische Lösung von Spielen eingeführt und gezeigt, dass für jedes endliche Spiel ein Lösungsgleichgewicht existiert. Ihm zu Ehren wurde es das Nash-Gleichgewicht genannt. Das Prinzip schließt jedoch nicht aus, dass für ein Spiel auch mehrere Gleichgewichte existieren können. Die weitere Forschung bemühte sich, die Zahl der möglichen Gleichgewichte zu reduzieren (Holler/Illing 2003). 1994 wurde die Forschung zur Spieltheorie mit dem Nobelpreis für Ökonomie gewürdigt (Nash, Selten, Harsanyi). Auch die

liche Akteure durch Interaktion gemeinsam treffen, besitzen also ihren Ressourcen und den Rahmenbedingungen entsprechend einen Balancepunkt. Jeder Entscheidungsteilnehmer kann seinen Nutzen demnach nur bis zu einem gewissen Punkt maximieren, der in der Summe für jeden ein „Optimum" bedeutet. Lösungsgleichgewichte sind im besonderen Maß stabil, wenn alle beteiligten Akteure einen Zielgewinn in der neuen Situation gegenüber der vorherigen erkennen (Pareto-Kriterium).[217] Das bedeutet aber nicht, dass ein Lösungsgleichgewicht effizient oder insgesamt optimal sein muss. Auf dieses Problem der Präferenzaggregation wird nochmals eingegangen, nachdem das Problem der „Entscheidung unter Unsicherheit" diskutiert wurde.

Das folgende Beispiel (Bates u.a. 1998: 239-241) beschreibt ausführlich ein Spiel mit vollständiger Information für beide Spieler und erklärt die Begriffe des Lösungsgleichgewichts, des Lösungspfads und einer glaubwürdigen Drohung. Für weiterführende Informationen zum Thema Spieltheorie werden die Werke von Hamburger (1979), Ordeshook (1986), Morrow (1994), Axelrod (1997), Gates/Humes (2000) und Holler/ Illing (2003) empfohlen.

Infokasten 10-3: Rüstungsspiel mit vollständiger Information

Die Abbildung beschreibt ein Rüstungsspiel zu Friedenszeiten: Der Heimatstaat (H) entscheidet sich für eine große (G) oder eine kleine (K) Armee. Der Nachbarstaat (N) entscheidet zwischen einer Fortsetzung der friedlichen Beziehungen (F) oder einem Angriff (A). Die Kosten/Nutzenwerte (*payoffs*) werden anhand von Punktezuweisungen wie folgt festgelegt:

Für den Heimatstaat:

a) Eine Armee kostet 10 Punkte.
b) Leben, ohne erobert zu werden, ist 25 Punkte wert.
c) Verteidigung im Krieg kostet 5 Punkte, falls eine große Armee existiert.
d) Falls eine kleine Armee existiert, wird H überrannt, wenn N Krieg erklärt. H erhält in diesem Fall 0 Punkte.

Für den Nachbarstaat:

a) Besetzung von H im Krieg ist 10 Punkte wert.
b) Kriegserklärung ohne Besetzung von H kostet 20 Punkte.
c) Ansonsten ist der Nutzen 0.

Die Entscheidungspfade lassen sich anhand der folgenden Graphik sowie anhand der Kosten/Nutzentabelle zusammenfassen:

Vergabe des Nobelpreises im Jahre 2005 an Thomas Schelling u.a. basiert auf den grundlegenden Beiträgen von Konflikt und Kooperation in Politik, Wirtschaft und Gesellschaft, die auf der Spieltheorie aufbauen.

[217] Dieses Kriterium geht auf den italienischen Ökonomen und Soziologen Vilfredo Pareto (1848-1923) zurück, der in seinem Hauptwerk (Pareto 1906) die wohlfahrtsstaatlichen Prozesse anhand einer ökonomischen Theorie der Bedürfnisbefriedung darlegte. Man spricht von einem „pareto-optimalen" Zustand, wenn die gesellschaftlichen Ressourcen so verteilt sind, dass mindestens ein Akteur den Eindruck gewinnt, dass die gegenwärtige Situation für ihn besser ist als die vorherige und dass alle anderen den Eindruck besitzen, dass sich ihre Situation nicht verschlechtert hat (siehe auch Schmidt 2004a: 508). Er entwickelte in dieser Abhandlung auch die „Indifferenzkurven".

Abbildung 10-3: Entscheidungspfade eines Rüstungsspiels zu Friedenszeiten

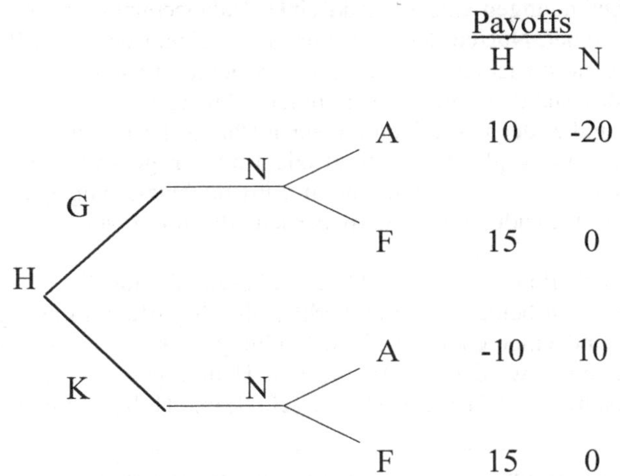

Tabelle 10-2: Kosten/Nutzentabelle eines Rüstungsspiels zu Friedenszeiten

Ergebnis (H Zug, N Zug)	**Kosten/Nutzen-Rechnung für H**	**Kosten/Nutzen-Rechnung für N**
Große Armee, Angriff (G, A)	10 Punkte	-20 Punkte
Große Armee, Frieden (G, F)	15 Punkte	0 Punkte
Kleine Armee, Angriff (K, A)	- 10 Punkte	10 Punkte
Kleine Armee, Frieden (K, F)	15 Punkte	0 Punkte

Quelle: Bates u.a. (1998: 240); eigene Übersetzung.

Die Kosten/Nutzen werden in Abbildung 10-3 und Tabelle 10-2 dargestellt, die die Kosten/Nutzen für jede Kombination möglicher Handlungen anzeigt. D.h. in der ersten Zeile wählt H eine große Armee (G) und der Gegner wählt den Angriff (A). Unter den vorher genannten Annahmen wird der Angriff abgewehrt und der Nutzen für H und N beträgt 10 bzw. –20 Punkte.

Um das Spiel zu analysieren, muss man die Logik des *Lösungspfades* in Abbildung 10-3, die die Kosten/Nutzen der zwei Spieler zeigt, zurückverfolgen. Da N als Letzter zieht, wird N zwischen den Alternativen A und F auswählen, die seine beste Antwort auf die Wahl, die H getroffen hat (G oder K), darstellen. Sollte H sich für G, also für eine große Armee, entscheiden, wäre F, also Frieden, die beste Wahlmöglichkeit für N. Wählt H jedoch K, also eine kleine Armee, so ist die beste Wahlmöglichkeit für N die Kriegserklärung, also A. F und A stellen dementsprechend jeweils die besten Antworten zu G und K dar.

Spieler H weiß, was Spieler N als rational wählender Spieler machen wird. Indem er die Logik weiter rückwärts verfolgt, kann Spieler H nun die für ihn beste Wahlmöglichkeit entsprechend der von ihm antizipierten Handlung von N suchen. Spieler H weiß jetzt, dass er zwischen einer großen Armee (G) und einer kleinen Armee (K) wählen muss. Im ersten Fall wird N F wählen mit einem Nutzen von 15 für H. Im zweiten Fall wird N A wählen mit einem Nutzen von 0 für H. Da die Kosten/Nutzen, die durch die Wahl von G entstehen, die von K übersteigen, ist die beste Wahl für H die große Armee (G).

An diesem Beispiel zeigt sich, wie ein Spiel mit vollständiger Information in erweiterter Form logisch nachvollziehbar ist. Das *Lösungsgleichgewicht* bei der Wahl der Strategien zeigt sich an folgendem Entscheidungspaar:

Für H: G
Für N: wenn H G wählt, wählt N F; wenn H K wählt, wählt N A.

Der jeweilige Lösungsgleichgewichtspfad besteht aus der bestmöglichen Antwort jedes Spielers auf die antizipierten Handlungen des anderen Spielers. Die Erwartungen werden durch die tatsächlich getroffenen Wahlen bestätigt. Das Lösungsgleichgewicht der Strategien bestimmt ein Resultat mit entsprechenden Kosten/Nutzen für beide Spieler (15 für H und 0 für N). Das Lösungsgleichgewicht stellt die bestmöglichen Entscheidungen für beide Spieler unter den gegebenen Umständen dar.

In diesem Spiel ist jede Schnittstelle einzigartig und stellt somit ein Teilspiel dar. Ein Teilspiel besteht aus einer einzigen Schnittstelle und ihren Nachfolgern. Die Ausgangsschnittstelle ist einzigartig hinsichtlich der Informationssammlung, und keiner ihrer Nachfolger ist mittels einer Informationssammlung mit einer Schnittstelle verbunden, die sich nicht im Teilspiel befindet. Folglich weiß der Spieler, der an dieser Schnittstelle eine Entscheidung treffen muss, dass er sich an dieser und an keiner anderen Schnittstelle befindet.

Die Strategiekombinationen des Lösungspfades setzen sich dementsprechend aus mehreren Teilspielen mit vollständiger Information zusammen. Wie wichtig diese Eigenschaft ist, zeigt sich, wenn wir die niedrigeren Zweige des Lösungspfades anhand der Abbildung 10-3 betrachten. Der eigentliche Lösungspfad ist (G, F). H würde nicht K wählen, weil dann N A wählen würde. Ein größerer Nutzen für N wäre möglich, wenn N angreifen würde, wenn H von der ausgeglichenen Strategie abweichen würde. Ns Wahl unter der Bedingung K H anzugreifen ist glaubwürdig, weil H weiß, dass N vom Krieg profitieren würde, wenn H sich für eine kleine Armee entschiede (Ns Nutzen von A ist 10; der von F ist 0). Die Glaubwürdigkeit, dass N angreifen würde, sollte H K wählen, verstärkt das oben identifizierte Lösungsgleichgewicht; weder H noch N haben einen Grund, von ihrer Strategie abzuweichen oder ihre Annahmen bezüglich des Verhaltens des anderen zu revidieren.

Dieses Beispiel macht auf ein Interpretationsdilemma aufmerksam. Betrachtet man ein Land mit einer großen Armee, das bisher nicht angegriffen wurde, so mögen manche Bürger dieses Landes argumentieren, dass die Gelder, die an die Armee gehen, sinnlos verbraucht werden, da das Land eben noch nie angegriffen wurde. Andere behaupten genau das Gegenteil: Das Land ist noch nie angegriffen worden, eben weil es eine große Armee hat. Die gleiche Beobachtung impliziert damit zwei sehr unterschiedliche Entscheidungsmöglichkeiten.

Um eine Erklärung zu finden, muss aus dem Spiel ausgebrochen werden und weiteres empirisches Material untersucht werden, anhand dessen die Überzeugungen der Spieler und deren Konsequenz für ihr Verhalten untersucht werden. Diese Mischung aus strategischer Logik anhand der Spieltheorie und empirischen Untersuchungen anhand von Kontextwissen steht in der Analyse der analytischen Narrative im Vordergrund, die in Kapitel 12 näher beschrieben werden.

Allerdings werden in vielen Entscheidungssituationen Lösungen gesucht, ohne dass die Akteure über vollständige Informationen verfügen. Ein prominentes Beispiel des *rational choice*-Ansatzes unter der Bedingung imperfekter Information ist die Darstellung des Gefangenendilemmas (siehe etwa: Munck 2002: 184-185).[218]

Infokasten 10-4: Gefangenendilemma mit imperfekter Information

Im Gefangenendilemma werden zwei Komplizen von der Polizei festgenommen, ohne dass ausreichende Beweise gegen beide vorliegen. Die Festgenommenen werden in zwei separaten Zellen festgehalten, und es wird ihnen von ihren Rechtsanwälten mitgeteilt, dass sie folgende Optionen besitzen: (a) Wenn keiner der beiden den anderen beschuldigt, werden beide bald freigelassen oder bekommen höchstens leichte Strafen. (b) Wenn beide sich gegenseitig mit „hineinziehen", das heißt sich selbst und den anderen beschuldigen, bekommen beide eine moderate Gefängnisstrafe, weil sie kooperiert haben. (c) Wenn einer die Straftat zugibt und den anderen gleichzeitig verrät, der andere jedoch nicht, so wird der mit der Polizei Kooperierende sofort entlassen, und der andere bekommt die Höchststrafe von 10 Jahren. Es entsteht also die folgende Situation:

Tabelle 10-3: Das Gefangenendilemma

Gefangener B **Gefangener A**	**gibt die Tat zu und beschuldigt den anderen**	**streitet die Tat ab**
gibt die Tat zu und beschuldigt den anderen	A: 5 Jahre B: 5 Jahre	A: frei B: 10 Jahre
streitet die Tat ab	A: 10 Jahre B: frei	A: 3 Monate B: 3 Monate

Diese Situation zeigt, dass die Nutzenmaximierung (sofort frei) auf dem Bekennen der Tat und der gleichzeitigen Beschuldigung des anderen Spielers beruht. Dies beinhaltet auch die Möglichkeit der zweithöchsten Strafe (5 Jahre). Die optimale Lösung für beide wäre gegeben, wenn beide abstreiten. Hier besteht aber auch das Risiko der höchsten Strafe (10 Jahre), nämlich dann, wenn der andere Spieler mit der Polizei kooperiert. Das Nash-Gleichgewicht liegt vor, wenn beide gestehen. Dieses Beispiel zeigt, dass ein Gleichgewichtszustand nicht einer optimalen Lösung entsprechen muss.

Die Präferenzaggregation (Elster 1989; Pappi 2003: 85-90; Geddes 2003: 189-205), d.h. die logische Verbindung zwischen individuellen Präferenzen und durch Interaktion zwischen Individuen (oder deren Analogien) getroffenen Entscheidungen stellt einen wesentlichen

[218] Es kann zwischen unvollständiger und imperfekter Information unterschieden werden. Unvollständige Information liegt vor, wenn einem oder mehreren Spielern Informationen über die Kernelemente des Spiels fehlen (Anzahl der Spieler, Präferenzzuordnung, Handlungsalternativen etc.). Bei imperfekter Information sind die Informationen über die Kernelemente des Spiels vorhanden, jedoch besteht Unsicherheit über die konkrete Präferenzordnung der Spieler.

Schritt in *rational-choice*-Ansätzen dar und macht deren analytischen Wert vor allem aus. Das Beispiel des Gefangenendilemmas verdeutlicht dieses Spannungsverhältnis. Andere „perverse" Effekte von individuell rationalen, aber kollektiv schädlichen Verhalten haben die Forschung über bestimmte politische Ergebnisse revolutioniert. Denn unter bestimmten Bedingungen kann es zu Entscheidungsblockaden (Unmöglichkeitstheorem von Arrow 1951; Eisenführ/Weber 1994: 313-315) oder zu kollektiven Ergebnissen kommen, die nicht im Sinne aller am Entscheidungsprozess Beteiligten sind (Guggenberger/Offe 1984). Es kann dabei gezeigt werden, dass nicht nur die Präferenzen selbst, sondern zum Teil die Sequenz von Entscheidungen für das Ergebnis ausschlaggebend sind (Condorcet-Paradoxon).[219] Dies bedeutet, dass das *Agendasetting* eine hervorgehobene Bedeutung besitzt. Ein weiteres Problem, was anhand des *rational choice*-Ansatzes erklärt werden kann, ist das Trittbrettfahrertum (Olson 1992). Anhand der Unterscheidung von Privat- und Kollektiv- oder öffentlichen Gütern wird gezeigt, dass es individuell irrational ist, Ressourcen aufzuwenden für Dinge, die man sowieso auch ohne eigenen Einsatz erhalten würde. Dies betrifft z.B. Gewerkschaften, deren tarifliche Abschlüsse sowohl Mitgliedern, die die Ressource des Mitgliedsbeitrages aufbringen, als auch Nichtmitgliedern, die dies nicht tun, zu gleichen Maßen zugute kommen (Streeck 1981). Ähnlich verhält es sich mit der Bereitstellung anderer Gemeingüter, beispielsweise einer sauberen Umwelt (Ostrom 1990) oder der Teilnahme an öffentlichen Protesten (Opp 1989). Damit hat die Analyse individueller Akteure unmittelbare Konsequenzen für die gesellschaftliche Entwicklung (siehe auch Olson 1991).

Rational-choice-Ansätze können eine theoretische Orientierung für viele Politikbereiche geben. Insbesondere in Form von mehr oder weniger formalisierten Modellen (Morton 1999) lassen sich politische Prozesse in bestimmten Entscheidungssituationen in überprüfbare Hypothesen übertragen. Dabei können hoch formalisierte Entscheidungsmodelle entwickelt oder die Hypothesen durch analytische Narrative (*story line*) interpretiert werden, in denen mit gedanklichen Konterfakten operiert werden kann (Levi 1997: 29-31; Bates u.a. 1998; Geddes 2003).[220] Als Bedingungsfaktoren fließen in vergleichenden Studien des *rational choice*-Ansatzes auch oftmals kritische oder formative Momente und *legacies* in die Analyse ein, die dann die Entwicklung anhand eines vorgegebenen Pfades interpretieren lassen. Die Interpretation mit Hilfe formativer Momente und der Pfadabhängigkeit wurde von Bo Rothstein (1987; 1996) – wenngleich stärker unter einem institutionalistischen Ansatz – für die Entstehung und Entwicklung des schwedischen Wohlfahrtsstaates dargestellt. Paul Pierson (1994; siehe auch 2004) interpretiert auf dieser Grundlage die Entwicklung der Rücknahme wohlfahrtsstaatlicher Leistungen in Großbritannien und den USA.

Der *rational choice*-Ansatz geht von einer deduktiven Perspektive von allgemein gültigen Entscheidungsmechanismen aus, die ebenso in afrikanischen wie in hoch entwickelten Industrieländern Gültigkeit besitzen. Die verschiedenen Bedingungsfaktoren und Ressourcenausstattungen der Akteure führen zur notwendigen Varianz für vergleichende Studien. Somit stellt der *rational choice*-Ansatz eine äußerst effektive Möglichkeit theoriegeleiteter Sozialwissenschaft dar. Positiv hervorzuheben ist, dass relativ klare Grenzen dieses

---

[219] Dieses Ergebnis geht auf den französischen Mathematiker, Philosophen und Politiker Marie-Jean-Antoine-Nicolas de Caritat Marquis de Condorcet (1743-1794) zurück (Schmidt 2004a: 139).

[220] Barbara Geddes (2003: 204; siehe auch Snidal 2004: 231; 260), eine Vertreterin des *rational choice*-Ansatzes, beklagt die Mathematisierung von Modellen in dieser Tradition: „... they are heavy on mathematical theorizing and short on credible empirical results."

Ansatzes, auf die schon zum Teil im Text hingewiesen wurde, bestimmt werden können, die eine Überinterpretation (Determinismus) vermeiden helfen: "The most useful way to think of rational choice arguments is as if-then statements with the following form: *if* the actors have the goals the observer claims, and *if* the information and calculation requirements are plausible …, and *if* the actors actually face the rules and payoffs the observer claims they do, *then* certain behaviour will occur. Some slippage can occur at each *if* without necessarily eviscerating the whole argument. … In other words, the argument results in probabilistic predictions and explanations, just as other social science arguments do" (Geddes 2003:189-190).

Besonders einflussreich für die vergleichende Politikwissenschaft sind George Tsebelis' Arbeiten (1990; 1995; 1999; 2000; 2002), die den institutionalistischen Ansatz von Veto*punkten* mit dem *rational choice*-Ansatz zu einem Veto*spieler*ansatz verbinden. Vetospieler sind Akteure, deren Einwilligung notwendig ist, wenn der *status quo* verändert werden soll. Für eine realistische Perspektive von Entscheidungssituationen erweitert er den *rational choice*-Ansatz für kollektive Akteure. Tsebelis geht davon aus, dass politische Entscheidungen auf einem Kontinuum von politischer Innovation zu politischer Stabilität erfasst werden können. Damit rückt für ihn der *status quo* als ein zentraler Aspekt in den Mittelpunkt seiner Analysen. Die entscheidende Frage besteht darin, wie und unter welchen Bedingungen der *status quo* verändert werden kann. Tsebelis geht davon aus, dass die Akteure eine Kernposition (*ideal points*) vertreten. Bis zu einem gewissen Grade sind die Akteure bereit, von dieser Position abzurücken, um Kompromisse zu schließen. Den Grad erfasst Tsebelis als einen Kreis, in dessen Mittelpunkt die Kernposition steht. Diesen Bereich nennt er den Gleichgültigkeitsbereich (*circular indifference curves*). Solange eine Verschiebung innerhalb dieses Bereichs stattfindet, ist prinzipiell eine Veränderung des *status quo* möglich.[221] Die Schnittmenge der Indifferenzkurven aller Akteure nennt Tsebelis das *winset*, das den Veränderungsbereich definiert. Allgemein gilt: Je mehr Vetospieler an einer Entscheidung beteiligt sind, desto kleiner wird der Veränderungsbereich und desto schwerer ist es, substanziell vom *status quo* abzurücken (siehe Abbildung 10-4).

Abbildung 10-4 verdeutlicht die Verkleinerung des Veränderungsbereichs durch die Aufnahme des Akteurs D in einer Entscheidungssituation, die zuvor durch die Akteure A, B und C bestimmt war. Zwar können Situationen entstehen, in denen ein weiterer Vetospieler nicht zur Verkleinerung des Veränderungsbereichs führt, jedoch wird ein solcher diesen niemals vergrößern. Auch macht die Abbildung deutlich, dass es umso schwerer ist, den *status quo* zu verändern, je dichter dieser an der Kernposition eines Akteurs angesiedelt ist.

[221] Hinzu tritt noch der Kernbereich (*core*), der je nach Entscheidungsregel (Einstimmigkeit, einfache und qualifizierte Mehrheit) den Veränderungsbereich (*winset*) einschränkt. Um die Darstellung übersichtlich zu gestalten, wird dieser Aspekt hier nicht weiter problematisiert.

Abbildung 10-4: Veränderungsbereiche (*winsets*) des *status quo* und Anzahl von Vetospielern

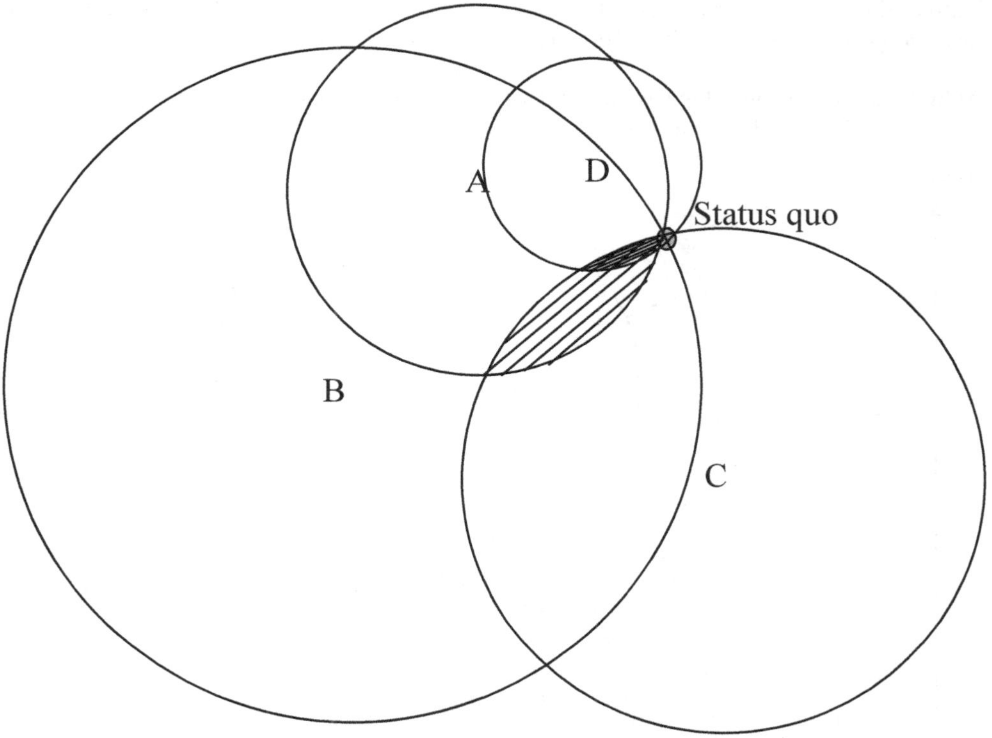

Quelle und *Erklärung*: Tsebelis (2002: 22 und 23 mit eigenen Veränderungen). Die grob schraffierte Fläche stellt das *winset* für die Akteure A, B und C dar. Tritt Akteur D hinzu, verringert sich das *winset* (doppelt schraffierte Fläche).

Wenngleich die Analyselogik für kollektive Akteure jener von individuellen ähnelt, ist folgender Faktor wesentlich: Da sich kollektive Akteure aus mehreren individuellen Akteuren zusammensetzen, ist deren Kernposition nicht so eindeutig bestimmbar wie bei individuellen Akteuren (Tsebelis 2002: 45-47).[222] Kollektive Vetospieler verkörpern ein Zusammenspiel von individuellen Vetospielern, die innerhalb des Kollektivs auch über Kernpositionen und Gleichgültigkeitskurven verfügen. Der gemeinsame Bereich, der die Kernposition eines individuellen Vetospielers ausmacht und dort als ein Punkt dargestellt werden kann, ist bei kollektiven Vetospielern weiter und kann als Kreis bestimmt werden, der als *yolk* (Eigelb) bezeichnet wird. Je enger das *yolk*, desto größer die „Kohärenz" (Einigkeit) des Vetospielers und desto eingeschränkter die Veränderungsbereitschaft.[223] Prinzipiell

[222] Das Beispiel bezieht sich auf kollektive Vetospieler, die durch einfache Mehrheitsentscheidungen operieren. Werden andere Entscheidungsregeln angewendet, verändert sich das Modell (Tsebelis 2002: 39-41 und 51-55), was unterschiedliche Konsequenzen mit sich bringt (siehe nächste Fußnote).

[223] In Entscheidungssituationen unter Berücksichtigung der einfachen Mehrheitsregel steigt die politische Stabilität mit der Kohärenz; bei qualifizierten Mehrheiten allerdings sinkt die politische Stabilität mit der Kohärenz. Es

verringern die uneindeutigen Kernpositionen der kollektiven Akteure die politische Stabilität, da die Positionen um den Radius von individuellen Akteuren streuen. So können kollektive Akteure eine Veränderung des *status quo* erreichen, wo dies individuellen Akteuren nicht möglich ist. Die Abbildung 10-5 verdeutlicht diese Situation.

Abbildung 10-5: Unterschied zwischen der Entscheidungssituation von individuellen und kollektiven Akteuren

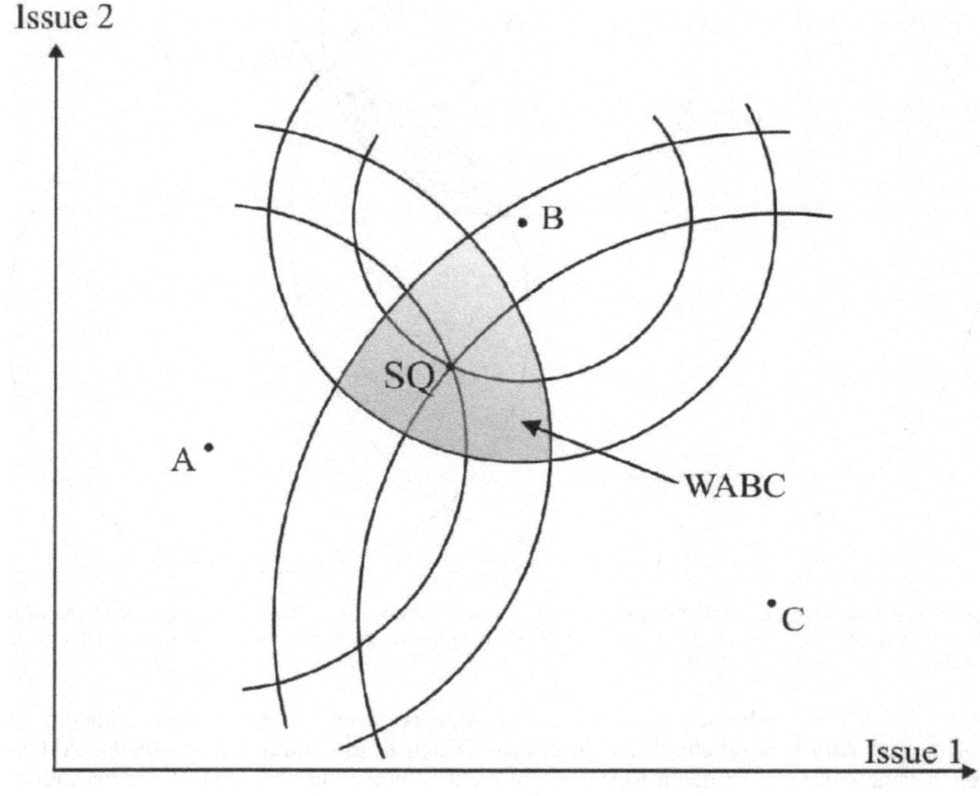

Quelle und *Erklärung*: Tsebelis (1995: 300). A, B und C sind die Mittelpunkte der Akteure, deren engere individuelle Indifferenzkurve sich im *status quo* (SQ) trifft, jedoch kein *winset* für eine *status quo*-Verschiebung bietet. Dies ergibt sich jedoch (WABC), wenn die kollektiven Akteure mit dem entsprechenden *yolk* (äußere Indifferenzkurven der drei Akteure) berücksichtigt werden (grau unterlegter Bereich).

Die Darlegungen über die Entscheidungslogik von kollektiven Akteuren führen Tsebelis zu der folgenden allgemeinen Schlussfolgerung: Die Stabilität steigt, wenn (a) die Anzahl der Vetospieler hoch ist, (b) deren Kernpositionen nahe beieinander liegen und (c) wenn die Kohärenz der Vetospieler hoch ist. Hinsichtlich der Identifikation von Vetospielern in ver-

liegen wenige empirische und ländervergleichende Studien vor, die die Kohärenz kollektiver Akteure berücksichtigen. Warwick (2006) erfasst „Politikhorizonte" anhand von Expertenbefragungen. Jahn und Oberst (2012) konstruieren einen Index der programmatischen Kohärenz von Parteien in 23 Ländern von 1950 bis 2010.

schiedenen Gesellschaften und für verschiedene Politikbereiche bedarf es einer institutionellen Analyse der relevanten Akteure (Tsebelis 2002: Teil II).

3 Integration von theoretischen Strömungen

Die Darstellung der theoretischen Ansätze und Traditionen der gegenwärtigen vergleichenden Politikwissenschaft trägt einen idealtypischen Charakter, indem die Ausrichtungen der Theorien jeweils überspitzt und isoliert dargestellt worden sind. In der empirischen Praxis haben sich Ausdifferenzierungen der jeweiligen Ansätze ergeben, und es gehört zu jeder empirisch orientierten Arbeit, sich einen Mix aus theoretischen Elementen widerspruchsfrei zusammenzustellen (Wiarda: 2002b: 221-222). Jedoch birgt die Kombination von Ansätzen auch Gefahren. Deshalb soll an dieser Stelle auf die Vor- und Nachteile der Integration verschiedener theoretischer Strömungen eingegangen werden.

Der Wunsch nach Integration von theoretischen Strömungen besteht darin, den Forschungsgegenstand möglichst differenziert zu erfassen. Für die meisten Bereiche gilt, dass sie sowohl strukturell beeinflusst sind als auch auf kulturelle Tatbestände Bezug nehmen und von rationalen Akteuren geformt werden. Um also ein politikwissenschaftliches Phänomen adäquat zu erfassen, sollten möglichst viele Aspekte theoriegeleitet betrachtet werden. Diese durchaus berechtigte Bestrebung stößt an Grenzen, weil Analysen schnell zu überkomplexen Erklärungen neigen. Dies steht im Gegensatz dazu, dass gute Theorien „*parsimonious*“ sein sollen. Außerdem verwässern Theorien, wenn mehrere Traditionen verbunden werden. Zu komplexe Theoriegebäude neigen ferner dazu, dass sie nur noch für sehr spezifische Untersuchungsfälle gelten. Die Bestrebung, die Theorie an die Untersuchung anzupassen, führt dann dazu, dass die aus dem Ansatz abgeleiteten Hypothesen nicht mehr falsifizierbar und zum Teil tautologisch werden. In konkreten Analysen muss also immer wieder zwischen den Anforderungen, der geeigneten Erfassung von Komplexität durch komplexe Ansätze bzw. Reduzierung der Komplexität auf wesentliche Prinzipien entschieden und ein Kompromiss gefunden werden. Dabei ist besonders wichtig, sich vor Augen zu führen, dass eine Untersuchung immer nur einen Teilaspekt eines sozialen Phänomens beleuchten kann und nicht „die ganze Welt“ erklären muss.

Ohne eine gewisse integrative Perspektive kommen wohl nur wenige Analysen aus. Besonders stark für eine integrative Strategie machen sich etwa Doug McAdam, Sidney Tarrow und Charles Tilly (1997) in ihrer Darstellung der Forschung zu sozialen Protesten.[224] Wenngleich ihr Ansatz, der im Verlauf dieses Kapitels noch im Zusammenhang des Ansatzes der politischen Gelegenheitsstruktur ausführlicher behandelt wird, von den sozialen Strukturen ausgeht, sehen sie Ansatzpunkte in *rational choice*-Erklärungen und vor allem in kulturellen Interpretationsschemata. Skeptischer sieht Peter Hall (1997: 188-195) die Integration verschiedener Ansätze im Bereich der politischen Ökonomie. Allerdings plädiert auch er für eine integrative Perspektive im Forschungsprozess.

[224] Die Forderung von Berg-Schlosser und Müller-Rommel (2003b: 338-342) verschiedenste Theorien zu verbinden, dabei sowohl die Mikro-, Meso- und Makroebene zu betrachten und dies auch noch unter Rückgriff auf qualitative und quantitative Methoden durchzuführen, scheint unter dieser Perspektive unrealistisch und stellt nicht nur eine Überforderung des einzelnen Wissenschaftlers oder des Forscherteams dar, sondern führt auch zu wenig *parsimonious* Erklärungen.

4 Anwendungsbereiche

Im Folgenden sollen einige Problemfelder unter den Perspektiven strukturalistischer, kulturalistischer und rationalistischer Ansätze dargestellt werden. Wenngleich sich Theorien mittlerer Reichweite für viele Bereiche ausdifferenziert haben, so sind manche Theorien mittlerer Reichweite in mehreren Bereichen gültig oder haben gemeinsame Wurzeln, was in diesem Absatz gelegentlich zu Wiederholungen führt. Auch soll an dieser Stelle wieder der Hinweis gegeben werden, dass die Darlegungen einen selektiven Überblick geben und für konkrete Arbeiten die Literatur in der entsprechenden Theorietradition und zum Forschungsgegenstand aufgearbeitet werden muss. Die dort gegebenen Literaturhinweise sollen den Einstieg erleichtern.[225]

Die ausgewählten Bereiche repräsentieren unterschiedliche Schwerpunkte in der vergleichenden Politikwissenschaft. Die Untersuchung der Staatstätigkeit macht einen wesentlichen Aspekt der modernen vergleichenden *Policy*forschung aus. Wenngleich bei der Darstellung hauptsächlich ein Bezug auf die reichen OECD-Länder besteht, spielt dieser Bereich auch in anderen Länderklassen eine wichtige Rolle. Der Bereich der Partei-en(system)forschung ist ein Kernbereich der Politikwissenschaft. Auch hier sind die dargestellten Theorien vor allem für Demokratien, die einen politischen Wettbewerb zulassen, geeignet. Der Bereich der Transformationsforschung bezieht sich auf den Übergang von nicht-demokratischen zu demokratischen Systemen und hat sich in der vergleichenden Politikwissenschaft in den letzten 25 Jahren zu einem wesentlichen Tätigkeitsbereich entwickelt. Weniger stark im Mittelpunkt der vergleichenden Politikwissenschaft steht die vergleichende Analyse zu Protestereignissen. Nichtsdestotrotz sind hier besonders kreative konzeptionelle Innovationen entstanden, so dass auch dieser Bereich hinsichtlich der gängigen Theorien dargestellt werden soll.

Theorien der Staatstätigkeit (*Policy*-Forschung)

Die Theorien der vergleichenden *policy*-Forschung, die auch die Erklärung der Staatstätigkeit umfassen, beziehen sich auf unterschiedliche Aspekte der politischen Inhalte in verschiedenen Politikfeldern, die zum Teil in Kapitel 4 vorgestellt wurden. Einen wesentlichen Bereich der *policy*-Forschung stellt der Strang der politischen Ökonomie dar, die sich mit dem Zusammenhang von Politik und Wirtschaft beschäftigt (Hall 1997; Obinger u.a. 2003). Ferner existieren Theorien, die sich stärker auf die konstituierenden Elemente des Staatsgefüges konzentrieren (als Übersicht: Migdal 1997; 2001: Kapitel 7) und mit den Arbeiten von Moore (1966) und Skocpol (1979) als strukturalistische, Geertz (1980) als kulturalistische sowie Bates (1981; 1988) und Tsebelis (2002) als rationalistische Ansätze verbunden sind.

In der Politikfeldanalyse lassen sich deskriptive, explanatorische, normative, evaluative und präskriptive Elemente unterscheiden. Deskriptive Aspekte versuchen, den politischen Prozess, der zum Erfolg oder Misserfolg einer Politik geführt hat, anhand von Typo-

[225] Die Darlegungen orientieren sich an dem vorgestellten Schema und mögen manche Ansätze überpointiert der einen oder anderen Perspektive zuweisen. Dies ergibt sich aus Gründen der Übersichtlichkeit. Wie so oft im Forschungsprozess kann man die Grenzen durchlässiger gestalten, wenn die Grundprinzipien deutlich geworden sind.

logien, Analyseschemata oder Ablaufmodellen wie etwa das des Policy-Zyklus zu erfassen (Windhoff-Héritier 1987; Schubert 1991; Héritier 1993; Parsons 1995). In der Politikfeldanalyse werden dabei Steuerungsprinzipien wie Gebote und Verbote, negative und positive Anreize, staatliche Anreize, Überzeugung und Information oder auch Diskurse und Steuerung durch Vorbildfunktionen unterschieden. Im Gegensatz zu evaluativen und präskriptiven Elementen, die vorrangig im Bereich der Politikberatung eine große Rolle spielen, fließen normative Elemente weniger in Analysen der vergleichenden Politikwissenschaft ein, wenngleich sie in interdisziplinären Vorbereitungen von Politiken von großer Bedeutung sind. Evaluative und präskriptive Aspekte werden durch den Vergleich bestimmt und finden sich in vergleichenden Performanzanalysen, die im internationalen Bereich die Möglichkeiten für den politischen Spielraum abstecken. Der Schwerpunkt der politikwissenschaftlichen vergleichenden *Policy*-Analyse liegt jedoch in der explanatorischen Perspektive, die auch zumeist Ausgangspunkt für die Bewertung und für Veränderungsvorschläge ist.

Forschung zur Staatstätigkeit rückt das Konzept der Performanz (Leistungsfähigkeit) in den Mittelpunkt der Analyse. Dieses Konzept bezieht sich auf unterschiedliche Aspekte wie der wirtschaftlichen (Wachstum, Beschäftigung, Inflation, etc.), sozialen (wohlfahrtsstaatliche Programme, Emanzipation, etc.), sicherheitspolitischen (Kriminalitätsraten) und umweltpolitischen (Umweltbelastung und Ressourcennutung) Leistungsbilanz eines Landes (Schmidt 1998a; Roller 2004).[226] Performanz wird dabei als ein evaluativer Prozess verstanden, der entweder auf einen gesetzten Standard oder relativ zu anderen Fällen oder Zeitpunkten bezogen wird (Eckstein 1971: 8). Performanzkonzepte mit politikwissenschaftlicher Relevanz müssen dabei die folgenden Kriterien erfüllen:

- Der Leistungsaspekt muss den politischen Akteuren bekannt bzw. bewusst sein. Reagiert werden kann nur auf Faktoren, die auch bekannt sind und als potenziell beeinflussbar gelten. So waren Umweltprobleme den politischen Akteuren lange Zeit nicht bewusst. Erst als Umweltbelastung als Problem wahrgenommen wurde, konnte auf diese Probleme auch reagiert werden.
- Performanz kann nur mit solchen Indikatoren gemessen werden, die ein Eingreifen von politischer Seite möglich machen. Auch ein Vulkanausbruch kann zu einer enormen Umweltbelastung führen, jedoch sind politische Akteure normalerweise nicht in der Lage, auf dieses Ereignis Einfluss zu nehmen. Konsequenterweise dürfen die Belastungen durch dieses Ereignis nicht in einen Umweltperformanzindikator einfließen. Ähnlich verhält es sich mit demographischen Faktoren, die eine wesentliche Rolle in der Sozialpolitik (etwa Renten) spielen können.
- Schließlich müssen Performanzindices über Länder (Einheiten) und Zeit vergleichbar sein. Dies ist wichtig, um positive und negative Performanz voneinander abgrenzen zu können.

Während Performanz in Studien der Staatstätigkeit als abhängige Variable betrachtet wird, beziehen sich die verschiedenen Ansätze auf die wesentlichen unabhängigen Variablen, die die Unterschiede in den Leistungsbilanzen erklären können. Performanzmaße können unter anderem sein: das Bruttosozialprodukt und dessen Veränderung, die Arbeitslosenquote und

[226] Erste Konzepte zur Evaluation der Leistungsfähigkeit von Demokratien und deren Operationalisierung entwickelten Eckstein (1971), Gurr/McClelland (1971), Almond/Powell (1978), Powell (1982).

die Inflationsrate als ökonomische Performanzindices; der Gesundheitszustand (Säuglingssterblichkeit, Lebenserwartung), Reichtumsverteilung, Bildungschancen, etc. als sozialpolitische Performanzmaße; Mord, Raub und andere Verbrechen als sicherheitspolitische Performanzmaße; und Schadstoffimmissionen und -emissionen, Ressourcenausbeutung sowie Umweltschutz- und Umweltentlastungsmaßnahmen als Umweltperformanzmaße. In anderen Studien stehen die politische Regimestabilität und -unterstützung, die Sicherung von Frieden und Ähnlichem als Maßzahlen der politischen Performanz.

Strukturalistische Ansätze

Manfred G. Schmidt (1993; 2001a; Schmidt u.a. 2003; 2007; siehe auch Obinger/Kittel 2003: 361-363) unterscheidet verschiedene Erklärungsmodelle zur Erfassung von Staatstätigkeit, die im Großen und Ganzen alle der strukturalistischen Perspektive angehören. Dieser Ansatz (Heidelberger Schub) hat einen großen Einfluss auf die Analyse der ländervergleichenden Politikwissenschaft in Deutschland.

- Zunächst zählen *sozio-ökonomische* Theorien zu den ältesten Theorien auf diesem Gebiet (Wagner 1911; Zöllner 1963; Cutright 1965) und gehen zum Teil direkt auf Karl Marx' (1979) Analysen zurück. Neuere Studien in dieser Forschungstradition setzen an der Darstellung der Ausdehnung des Wohlfahrtsstaates durch die Deindustrialisierung und den daraus entstehenden Bedürfnisanstieg an (Iversen/Cusack 2000). Im Allgemeinen besagen diese Ansätze, dass der Industrialisierungs- und Urbanisierungsgrad sowie der Reichtum einer Gesellschaft im funktionalen Verhältnis zum Ausbau der Staatstätigkeit und, als Konsequenz, zum Wohlfahrtsstaat stehen. Deuten diese Ansätze zunächst auf einen positiven Zusammenhang zwischen Wohlstand und Ausbau des Sozialstaates hin, so werden diese im Zeitverlauf modifiziert. Erreicht der Sozialstaat eine Größe, die immer mehr Ressourcen verlangt, so stößt dieser an seine Grenzen und es entsteht ein „growth to limits" (Flora 1986). Inwieweit der Abbau des Wohlfahrtsstaates durch eine Umkehrung des Kausalzusammenhangs erklärt werden kann – etwa je höher die Finanzzwänge, desto eher wird der Sozialstaat abgebaut –, ist dagegen in der vergleichenden Politikwissenschaft umstritten (Pierson 1994; 1996; Huber/Stephens 2001; Hichs/Zorn 2005).
- Der akteurszentrierte *Machtressourcenansatz* beleuchtet die Ressourcenmobilisierung von sozialen Klassen und Gruppen, wobei sowohl die endogene Mobilisierung innerhalb einer sozialen Gruppe als auch die Koalitionsfähigkeit im Mittelpunkt der Analyse stehen (Korpi 1983; Esping-Andersen 1985; 1990; Stephens 1979; O'Connor/Olsen 1998; Korpi/Palme 2003; siehe jedoch auch: McCarthy/Zald 1977). Indikatoren der Ressourcenmobilisierung der Arbeiterklasse sind beispielsweise der gewerkschaftliche Organisationsgrad und der Stimmenanteil bzw. Regierungsanteil linker Parteien. Obwohl dieser Ansatz vor allem anhand der Arbeiterbewegung entwickelt wurde, lässt er sich auch auf andere gesellschaftliche Gruppen wie religiöse Bewegungen (Wilensky 2002; Kersbergen 1995; Manow 2002b) oder Umweltbewegungen (Jahn 1993b; 1998) übertragen. Der Ressourcenmobilisierungsansatz besitzt auch eine starke Affinität zur *rational choice*-Theorie. Zum einen wird davon ausgegangen, dass die Akteure ihre

Machtressourcen zur Durchsetzung ihrer Interessen einsetzen, zum anderen stellen die Koalitionsbemühungen Strategien rationalen Handelns dar.

- Eng mit dem Machtressourcenansatz verbunden ist die *Parteidifferenzhypothese*, die der relativen Stärke politischer Parteien einen fundamentalen Einfluss auf die Ausformung von konkreten Politiken zuweist (Hibbs 1977; Castles 1982; Blais u.a. 1993; Schmidt 1982; 1996; 2002b; Garrett 1998; Milner/Judkins 2004). Auch hier sind die Bezüge zum *rational choice*-Ansatz unverkennbar. Allgemein wird davon ausgegangen, dass sich sozialdemokratische Regierungen hauptsächlich für die Sicherung von Arbeitsplätzen auf Kosten eines Preisanstieges einsetzen; bei bürgerlichen Regierungen ist dies genau umgekehrt. Allerdings ist dieser Zusammenhang nicht unmittelbar und, in Verbindung mit wahlstrategischen Überlegungen, die diesen Ansatz noch stärker mit *rational choice*-Elementen verbinden, höchst komplex (Zohlnhöfer 2003). In den Bereich der Parteidifferenzhypothese fällt die Frage, ob verschiedene Parteien an der Regierung tatsächlich einen Unterschied bezüglich der verfolgten Politiken in einem Land ausmachen (*do parties matter*-Debatte).
- Die Theorienfamilie, die Staatstätigkeit in Form einer *Pfadabhängigkeit* bestimmt, steht in enger Verbindung mit dem Institutionalismus. Auch hier sind verschiedene Formen zu unterscheiden. Eine Variante betont die mittel- und langfristigen Nachwirkungen von früher getroffenen Entscheidungen (Rose/Davis 1984). Eine andere Variante geht von dem Problem aus, Politiken zu verändern. Ist erst einmal ein bestimmter Pfad eingeschlagen worden, sind die Ausstiegskosten oftmals sehr hoch, so dass die Folgeentscheidungen im Rahmen der zuvor getroffenen Logiken verharren. Dabei stellt sich heraus, dass frühe Entscheidungen häufig eine formative Wirkung auf Folgeentscheidungen besitzen können (Rothstein 1987; 1996; Pierson 2000b).
- Eine weitere strukturalistische Theorienfamilie im Bereich der Staatstätigkeit betont inter- und transnationale Beziehungen und geht davon aus, dass nationale Politiken zunehmend von *internationalen Prozessen* bestimmt werden und nationalstaatliche Faktoren in den Hintergrund treten (Zürn 1998a; Leibfried/Pierson 2001; Frieden/Martin 2002; Held u.a. 2003). In diesen Bereich fällt die äußerst umfangreiche Debatte über den Einfluss der Globalisierung auf nationalstaatliche Politik. Hierzu existieren verschiedene Hypothesen. Zum einen wird davon ausgegangen, dass sich die Staaten durch die Globalisierung in ihrer Politik aneinander annähern (Konvergenzhypothese). Dies geschieht dadurch, dass Staaten einerseits durch supranationale Organisationen (EU, NAFTA, WTO etc.) zu einer Politikharmonisierung veranlasst werden. Zum anderen entsteht durch die Globalisierung ein stärkerer Wettbewerb zwischen den Staaten, und diese orientieren ihre eigene Politik an anderen relevanten Staaten (Kurzer 1993; Gruber 2000; Jahn 2006).

Die Richtung dieser Konvergenz und der Grad des internationalen Einflusses auf die Nationalstaaten werden jedoch von den verschiedenen Ansätzen konträr diskutiert. Auf der einen Seite finden wir Autoren, die dem Nationalstaat eine rasant abnehmende Handlungskapazität bescheinigen (Strange 1996; Cerny 1994; 1995; Ohmae 1995). Michael Zürn (1998a) konstatiert z.B. ein Regieren jenseits des Nationalstaates und spricht von einer „Denationalisierung“ der Politik. Andere schreiben dem Nationalstaat auch weiterhin eine wesentliche Kompetenz zu, seine Geschicke selbst zu regeln (Migdal 1997; 2001; Gilpin 2003). Hinsichtlich des Einflusses der Globalisierung (definiert als verdichtete Handlungszusammenhänge zwischen Nationalstaaten) haben sich darüber hinaus vor allem zwei konkurrierende Hypothesen etabliert: die Effizienzhypothese und die Kompensationshypothese (als Überblick siehe: Schulze/Ursprung 1999: 44-56; Garrett/Mitchell 2001: 149-153).

Die *Effizienzhypothese* besagt, dass die voranschreitende internationale Vernetzung zu einer Zunahme des Wettbewerbs zwischen den Staaten (und Regionen) führt, die sich wiederum auf eine Effizienzsteigerung in den einzelnen Ländern auswirkt. Insbesondere wird davon ausgegangen, dass die von manchen (Pierson 1991; Pfaller u.a. 1991) postulierte Ineffizienz des Wohlfahrtstaates unter Druck steht. Um auf dem Weltmarkt überleben zu können, müssen hoch entwickelte Wohlfahrtsstaaten, wie auch andere Staaten, die Steuereinnahmen reduzieren, um dadurch die Produktionskosten zu veringern. Damit sinken die Staatseinnahmen, die durch Steuern erbracht werden. Hat der Staat jedoch weniger Einnahmen, führt dies zu einem Rückzug des Staates (*retrenchment*) aus verschiedenen Politikfeldern. Gerade Sozialausgaben für Gesundheit, Arbeitslosigkeit, Altersvorsorge etc. können nicht mehr ausschließlich durch staatliche Maßnahmen gewährleistet werden. Der Rückzug des Staates aus diesen Bereichen führt schließlich zu einem allgemeinen Rückgang der Staatstätigkeit insgesamt.

Die *Kompensationshypothese* prognostiziert eine gegenteilige Reaktion des Staates. Anstatt die Sozialausgaben zu reduzieren (*race to the bottom*), wird davon ausgegangen, dass der Staat die sich aus der Internationalisierung ergebenden Risiken für Individuen ausgleicht (Cameron 1978; Katzenstein 1985; Rodrik 1997; Garret 1998). Je größer das Ausmaß der internationalen Vernetzung, desto größer die individuellen Risiken, desto größer die Kompensationsleistungen des Staates, das heißt desto höher die Staatseinnahmen (Steuern) und Ausgaben und damit die Staatstätigkeit.

Neben den bisher genannten Theorieelementen sind in jüngster Zeit weitere Ansätze entwickelt worden, die verschiedene Aspekte in einen kohärenten Theorierahmen zusammenführen. Hervorzuheben sind dabei verschiedene Ansätze von Vetopunkten und -spielern, der Ansatz von Demokratiemustern und der Ansatz von Produktionsregimen.

Vetopunkte und Vetospieler

Eine heterogene Theoriefamilie betont den Einfluss von institutionellen Faktoren.[227] Zum einen werden staatliche Institutionen wie Föderalismus und Zentralisierung (Wilensky

[227] Die Entwicklung neoinstitutionalistischer Ansätze steht quer zur Logik der Darstellung in diesem Kapitel. Ausgehend vom klassischen Institutionalismus, der sich mit den wesentlichen staatlichen Institutionen meistens statisch und deskriptiv befasst, verbindet der Neoinstitutionalismus eine institutionelle Analyse mit weiteren Elementen, die jeweils in den Bereich der kulturalistischen und rationalistischen Perspektive gehören (Hall/Taylor 1996; Aspinwall/Schneider 2000). So konzentrieren sich James March und Johan Olsen (1989; 1994), die wesentlich zur Entwicklung des Neoinstitutionalismus in den Sozialwissenschaften beigetragen haben, auf die Organisationskultur und die Werte, die durch Institutionen vermittelt werden. Sie behaupten, dass Institutionen durch eine „Logik der Angemessenheit" gesteuert werden, die definiert, was die Mitglieder von Institutionen tun oder lassen sollen. Andere neoinstitutionelle Ansätze verbinden *rational choice* und strategische Aspekte mit strukturellen Aspekten des Regierungssystems (Tsebelis 1990; Weaver/Rockman 1993; Laver/Shepsle 1996; Grofman 2001; Weingast 2002). Auch hat sich eine historische Variation des Neoinstitutionalismus entwickelt (Steinmo u.a. 1992; Rothstein 1996; Thelen 1999; Pierson/Skocpol 2002), die davon ausgeht, dass die initiale Formation von Institutionen und Politiken überleben und Politik somit pfadabhängig ist. So wurde dargestellt, dass sich die gegenwärtigen Wohlfahrtsstaaten durch Ereignisse zur Zeit ihres Entstehens erklären lassen (Leibfried/Pierson 1995; Manow 2002b). Dieser Sachverhalt wurde auch in Bezug auf die Entstehung und Entwicklung von politischen Parteien (Panebianco 1988) und die Aufnahme von neuen Politikinhalten in Gewerkschaften und anderen politischen Institutionen erfolgreich angewendet (Jahn 1993a; 2000).

1975; Cameron 1978; Castles 1999) oder die Direktdemokratie (Wagschal/Obinger 2000) als wesentliche Bestimmungsfaktoren für die Ausgestaltung und Durchsetzungsfaktoren von Politik betrachtet. Zum anderen verbinden umfassendere Ansätze weitere Faktoren wie die Autonomie von Zentralbanken, die EU-Mitgliedschaft und die Schwierigkeiten der Verfassungsänderungen zu einem institutionalistischen Ansatz von Veto*punkten* (Huber u.a. 1993; Colomer 2002; Kaiser 1998; Schmidt 2010: 330-335; 2002b; siehe auch Kapitel 2). Die statische Analyse von Vetopunkten erfasst deren funktionale Effekte jedoch nur sehr grob. Vetopunkte oder verfassungsmäßige Barrieren, wie sie auch genannt werden (Schmidt 2010), variieren mit dem Untersuchungsgegenstand und auch über Zeit (Wagschal 1999a: 230).

Auf diesen Überlegungen baut dann eine weitere Unterscheidung zwischen institutionellen Veto*punkten* und parteipolitischen Veto*spielern* auf (Jahn 2010).[228] Neuere Ansätze zu Vetopunkten betonen die unterschiedlichen Funktionen von Institutionen und Akteuren. Aufbauend auf das im Folgenden dargestellte Modell der Demokratiemuster von Lijphart unterscheidet Markus Crepaz (2002; siehe auch Birchfield/Crepaz 1998; Crepaz/Moser 2004) zwischen unterstützenden (*collective*) und blockierenden (*competitive*) Vetopunkten. Unterstützende Vetopunkte sind unter anderem ein proportionales Wahlsystem, eine hohe Anzahl von effektiven Parteien sowie ein hoher Korporatismusgrad, während Bikameralismus und Föderalismus als kompetitive Vetopunkte angesehen werden. Uwe Wagschal (1999a) geht von einer ähnlichen Unterscheidung aus und identifiziert kompetitive und konsensuale Vetopunkte. Zur ersten Gruppe gehören die Zentralbankautonomie, der Föderalismus, die EU-Mitgliedschaft, die Direktdemokratie, ein starker Bikameralismus, Präsidentialismus und ein Verhältniswahlsystem. Zu den konsensualen Vetopunkten zählt Wagschal ein starkes Verfassungsgericht und mehrere Koalitionspartner.

Die Unterscheidung zwischen konsensualen und kompetitiven Vetopunkten erscheint intuitiv sinnvoll. Allerdings ist die Funktion der verschiedenen Vetopunkte nur bedingt theoretisch abgeleitet. So spielt der Korporatismusgrad eine unterschiedliche Rolle, je nachdem ob eine konservative oder sozialdemokratische Regierung an der Macht ist oder um welches Politikfeld es sich handelt. George Tsebelis (2002) hat den Ansatz von Veto*punkten* entscheidend weiterentwickelt, indem er von Veto*spielern* spricht. Er verbindet eine institutionelle Analyse mit einem *rational choice* Ansatz (siehe oben). Die verschiedenen Ansätze der Vetopunkte lassen sich in Anbetracht dieser Dimensionen anhand von Tabelle 10-4 annäherungsweise darstellen.

[228] In der Datenbank PIP (Parties, Institutions, Prefences) pip.uni-greifswald.de finden sich jährliche Daten zu verschiedenen Vetospielern und Velopunkten.

Tabelle 10-4: Konsensuale und kompetitive Vetopunkte und Vetospieler

	Konsensual	**Kompetitiv**
institutionelle Vetopunkte	Verfassungsänderung [L, S, W]	Föderalismus [Co, Cr, F, H, L, S, W] Starker Bikameralismus [Co, Cr, F, H, L, S, T, W] Präsidentialismus [Co, F, H] EU-Mitgliedschaft [S, W] Direktdemokratie [H, S, T] Unabhängige Zentralbank [L, S, T] Wahlrecht [H, W]
partei-bezogene Vetospieler	Starkes Verfassungsgericht [L, W] Mehrere Koalitionspartner [L, T] Disproportionalität des Wahlsystems [Cr, L] Effektive Anzahl parlamentarischer Parteien [Cr, L] Korporatismus [Cr, L]	

Erklärung: Co = Colomer, Cr = Crepaz, F = Fuchs, H = Huber u.a., L= Lijphart, S = Schmidt, T = Tsebelis, W = Wagschal.

Die Tabelle zeigt, dass bei einigen Autoren die Zahl der genannten Vetopunkte stark variiert (siehe Crepaz, Huber u.a., Lijphart, Schmidt, Wagschal für viele Vetopunkte; Tsebelis für wenige). Dieter Fuchs (2000: 43-45) vertritt die extremste Position, da er sich für seinen minimalen Regierungssystem-Index (Version A) lediglich auf die Aspekte Föderalismus und Bikameralismus konzentriert. Dies entspricht genau der Gruppe kompetitiver Vetospieler bei Crepaz. Auffallend ist auch, dass die Autoren, die eine Klassifikation der Vetopunkte in die Kategorien konsensual/kompetitiv vornehmen (Crepaz, Wagschal und Lijphart, der jedoch selbst nicht diese Terminologie benutzt), zu dem Ergebnis kommen, dass parteibezogene Vetospieler eher konsensuale und institutionelle Vetopunkte eher kompetitive Auswirkungen haben. Wie schon weiter oben erwähnt, ist Tsebelis Ansatz richtungsweisend, da er eine stärkere Theorieanbindung als die anderen Ansätze besitzt. Darüber hinaus ist er auch universeller. Anders als die Ansätze zu Vetopunkten, die sich auf hochentwickelte Demokratien konzentrieren, lässt sich der Ansatz von Vetospielern auch auf andere Gesellschaften übertragen. Allerdings besteht ein Defizit des Vetospieleransatzes darin, dass in diesem Ansatz lediglich zwischen dem Erhalt (Stabilität) versus der Veränderung des *status quo* unterschieden wird. Die Richtung des sozialen Wandels kann anhand dieser Erfassung von Politik nur unzureichend erfasst werden (O'Reilly 2005: 657). Dieser Aspekt steht jedoch im Zentrum des Interesses des Ansatzes von Demokratiemustern.

Demokratiemuster

Ein überaus umfassendes Analysekonzept zur Unterscheidung demokratischer Staaten, mit dem unterschiedliche Aspekte der Staatstätigkeit erklärt werden können, ist Arend Lijpharts Analyse von Demokratiemustern. Arend Lijphart (1999) geht davon aus, dass sechs institutionell-strukturalistische und vier prozessorientierte Faktoren die Unterschiede von Demokratien erfassen. Zur ersten Gruppe zählen (a) die Disproportionalität von Stimmen- und Sitzverteilungen, (b) der Föderalismusgrad, (c) der Schwierigkeitsgrad der Verfassungsänderung, (d) das Letztentscheidungsrecht über Gesetzgebung (Parlament oder Verfassungsgerichtsbarkeit), (e) der Grad der Zentralbankautonomie und (f) der Aufteilungsgrad der Legislativmacht (Einkammer- bzw. Zweikammersystem). Zu den prozessorientierten Elementen gehören (g) der Fraktionalisierungsgrad des Parteiensystems, (h) das Kräfteverhältnis zwischen Exekutive und Legislative, (i) die Konzentration der Exekutivmacht (gemessen anhand der Regierungsdauer eines Kontinuums von *minimal-winning coalition* bis hin zu Einparteienregierungen) und (j) der Korporatismusgrad. Lijphart identifiziert zwei Dimensionen, die demokratische Staaten unterscheidbar machen: zum einen eine Exekutiv/Parteiendimension (Variablen a, g, h, i, j) und zum anderen eine Föderalismus/Unitarismus-Dimension (Variablen b, c, d, e, f). Anhand dieser Dimensionen ist Lijphart in der Lage, zwischen Mehrheitsdemokratien und Konsensusdemokratien zu unterscheiden. Der erste Demokratietyp zeichnet sich durch Zurechenbarkeit (*accountability*) und eine konfliktorientierte Politik aus, bei der der Wahlsieger das Sagen hat. Zu den Mehrheitsdemokratien sind vor allem Großbritannien und neuere Demokratien mit britischer Kolonialerfahrung und bis zu den Wahlreformen 1993 auch Neuseeland zu rechnen. Die Konsensdemokratie basiert dagegen auf Absprachen und Kompromissen. Sie besitzt im Gegensatz zu Mehrheitsdemokratien auch oftmals mehr Vetopunkte. Dem Typ der Konsensusdemokratie kommen vor allem die Schweiz, Belgien und die EU sehr nahe.

Mit dieser Unterscheidung von demokratischen Staaten zeigt Lijphart (1999: Kapitel 15 und 16; siehe auch Schmidt 2002a: 148-152), dass Konsensusdemokratien wirtschaftspolitisch den Mehrheitsdemokratien ebenbürtig sind und darüber hinaus zu einer *kinder, gentler* (freundlichere und sanftere) Demokratie führen. Gerade der zweite Aspekt bezieht sich auf verschiedene Politikfelder wie die wohlfahrtsstaatliche Politik, Umweltpolitik, Gleichberechtigungspolitik zwischen den Geschlechtern, Delinquenzpolitik und der Entwicklungshilfepolitik.

Produktionsregime

Mit Blick auf die OECD-Länder ist in jüngster Zeit das Konzept der Produktionsregime entwickelt worden, welches deutliche Bezüge zu den in Kapitel 4 dargestellten wohlfahrtsstaatlichen Regimen von Esping-Andersen aufweist (Thelen 1994; Soskice 1999; Kitschelt u.a. 1999a; Hall/Soskice 2001). Im Gegensatz dazu baut dieses Konzept jedoch primär nicht auf Charakteristika der organisierten Arbeiterschaft (Goldthorpe 1984; Esping-Andersen 1990) auf, sondern auf die Koordination von Firmen. Peter Hall und David Soskice (2001: 4) spezifizieren ihren Analysefokus: "We want to bring firms back into the center of the analysis of comparative capitalism and, without neglecting trade unions, highlight the role that business associations and other types of relationships among firms play in the political economy." Die hierzu verwendeten Indikatoren umfassen fünf Bereiche: die Beziehung zwischen Gewerkschaften und Industrie, berufliche Aus- und Weiterbildung, Unternehmensführung, die Beziehung zwischen Firmen sowie die Personalentwicklung (Hall/ Soskice 2001: 7).

Regime stellen dabei entwicklungsgeschichtliche Muster mit hoher Pfadabhängigkeit dar. Produktionsregime unterscheiden verschiedene Ausprägungen von Markwirtschaften: die *liberalen Marktwirtschaften*, die sich in Ländern etablierten, wo keine bedeutenden sozio-kulturellen *cleavages* existierten und wo das Zunftsystem sich nicht etablieren konnte oder schon früh abgeschafft wurde (Crouch 1993). In diesen Ländern gab es starke marktwirtschaftliche liberale Parteien, und der politische Kampf wurde um die Eigentumsverteilung ausgetragen und spaltete Berufsgruppen, Sektoren und Klassen. Auch heute noch existieren in diesen Staaten zumeist zwei polarisierende Parteien, und individualistische Werte dominieren. Die staatliche Intervention in das Wirtschaftsleben ist eingeschränkt, und dem Staat wird keine wirtschaftspolitische Koordination – bis auf die Schaffung von Rahmenbedingungen – zugestanden. Großbritannien und – mit ein paar Abstrichen – die USA gehören in diese Gruppe von Ländern. Im Laufe der Zeit reihten sich auch Australien und Neuseeland sowie Kanada und Irland hier ein.

Produktionsregime, die interventionistische Aufgaben übernehmen, werden als koordinierte Marktwirtschaften beschrieben und lassen sich zwei Typen zuweisen: einem *national koordinierenden Interventionsstaat* mit einer starken, fast hegemonialen Arbeiterpartei und fragmentierten bürgerlichen Parteien. Dieser Typ entstand in Ländern, die eine späte Industrialisierung erfuhren und in denen egalitäre und kollektivistische Werte dominierten. Wenngleich auch in diesen Ländern wirtschaftliche Themen die Tagesordnung beherrschen, versuchte man, diese kompromissorientiert zu lösen. Ein ausgeprägtes korporatistisches Interessenausgleichssystem hat sich in diesen Ländern insbesondere im Arbeitsbereich entwickelt. Die skandinavischen Länder entsprechen diesem Produktionsregime.

Im Gegensatz zum national koordinierenden Wirtschaftssystem, das durch zentrale nationalstaatliche Kooperation gekennzeichnet ist, stellt die *sektoral-koordinierende Marktwirtschaft* eine zweite, schwächere Form der Koordinierung dar. In diesen Ländern bestand eine starke Ausprägung von kulturellen *cleavages,* und das Zunftwesen führte zu einem nichtsozialistischen und nichtegalitären, jedoch kommunitären Koordinierungsprinzip, welches zudem stark durch die christliche Soziallehre unterstützt wurde. In diesen Systemen, die die Autoren auch als „Rheinkapitalismus" bezeichnen, existieren große kommunitäre christliche Volksparteien. Sozialdemokratische Parteien leiden in diesen Ländern oftmals darunter, dass sozio-kulturelle Cleavages die Arbeitnehmerschaft entzweien (*cross cutting cleavages*). Hier hatte auch der Konflikt zwischen autoritären und libertären Positionen einen größeren Einfluss, da dieser durch die kommunitäre Spaltung von Katholizismus und Liberalismus verstärkt wurde. Länder, in denen diese Art des Produktionsregimes dominiert, sind Deutschland, Österreich, Belgien, die Niederlande und die Schweiz. Auch Frankreich und Italien können dieser Kategorie zugewiesen werden, jedoch besitzen diese auch Charakteristika des liberalen Modells.

Schließlich existiert noch die *gruppenkoordinierte Marktwirtschaft* Ostasiens, die in Japan und Südkorea zu finden ist. Auch in diesen Ländern dominieren bürgerliche Parteien, aber die Firmenstruktur ist nach einem patriarchalischen Prinzip strukturiert, in dem das Unternehmen als „Familie" betrachtet wird und viele Sozialleistungen durch informelle Aufgabenübernahmen des Unternehmers erbracht werden. Formal ist ein Wohlfahrtsstaat in diesen Ländern nur sehr marginal ausgebaut. Zusammenfassend können die verschiedenen Produktionsregime wie in Tabelle 10-5 dargestellt werden:

Tabelle 10-5: Produktionsregime in entwickelten kapitalistischen Systemen

Kapitalismustyp	**Ausprägung des Parteiensystems**	**Organisation des Klassenkompromisses**	**Länder**
Unkoordinierter liberaler Marktkapitalismus	Bi-polares Parteiensystem; Dominanz eines wirtschaftlichen Verteilungs*cleavages*	Wenig ausgebauter Wohlfahrtsstaat mit Sozialprogrammen mit vielen Bedürftigkeitstests	Großbritannien, USA, Australien, Neuseeland, Kanada, Irland
National koordinierte Marktwirtschaften (korporatistisch)	Hegemonische sozialdemokratische Parteien und gespaltenes nicht-sozialistisches Lager; Bedeutungszunahme von linkslibertären und rechts-populistischen Parteien	Umfassender, egalitärer und umverteilender Wohlfahrtsstaat; hohe Dekommodifizierung; direkte öffentliche Dienstleistungen	Schweden, Norwegen, Finnland, Dänemark
Sektor-koordinierte Marktwirtschaften („Rheinkapitalismus")	Tripolares Parteiensystem; liberale, katholische und sozialdemokratische Parteien; Bedeutungszunahme von starken linkslibertären und rechts-autoritären Parteien	Beschäftigungs- und einkommensbezogene Ansprüche auf Sozialleistungen; mäßige Dekommodifizierung; wenige öffentliche Dienstleistungen	Deutschland, Österreich, Belgien, Niederlande, Schweiz, Frankreich*, Italien*
Gruppen-koordinierte Marktwirtschaften des pazifischen Raumes	Hegemonische bürgerliche Parteien; nicht-ideologischer klientelistischer Parteienwettbewerb	Wenig ausgebauter und patriarchalischer Wohlfahrtsstaat	Japan, Südkorea

Quelle und *Erklärungen*: Kitschelt u.a. (1999a: 434); eigene Übersetzung. * Fallen zum Teil auch in die Kategorie der unkoordinierten liberalen Marktwirtschaft.

Kulturorientierte Theorien

Kulturorientierte Theorien der vergleichenden *Policy*forschung betonen, dass politische Entscheidungen durch kulturelle Deutungsmuster, normative Standpunkte, grundlegende Überzeugungen und Wissensbestände individueller Akteure geprägt sind (Hall 1989; 1993; Sikkink 1991; Weir 1992; Sabatier/Jenkins-Smith 1993; Sabatier 1999). Personen aus verschiedenen Organisationen und Institutionen bilden dabei „Überzeugungskoalitionen" (*advocacy coalition*), um ihre Anschauungen durchzusetzen. In einer Variante werden auch Kollektivakteure (soziale Bewegungen, Parteien, Interessenverbände etc.) hinsichtlich ihrer Auffassung zu verschiedenen Politiken und ihrer weltanschaulichen Nähe untersucht (Jahn 2000). Die Auseinandersetzung, die über diese Überzeugungskoalitionen ausgetragen werden, führen zu Lernprozessen. In dieser Perspektive nehmen gesellschaftliche Diskurse eine prominente Rolle in der Analyse von Politikentscheidungen ein (Jenson 1989; Hajer 1995; Poferl u.a. 1997; Schmidt 2002).

In einer stärker auf die politische Kultur des Landes orientierten Form werden einzelne Politiken anhand von „Politikstilen" (Richardson 1982; siehe auch Ziegler 1997) analysiert. Diese Theorie soll erklären, wie unterschiedliche Länder Politiken durchsetzen. Dabei werden zwei Dimensionen in Verbindung gebracht. Einmal wird die Beziehung zwischen Staat und organisierten Gruppen in den Kategorien konsensorientiert und obrigkeitsstaatlich erfasst. Die zweite Dimension bezieht sich auf den Problemlösungsstil. In dieser Dimension wird zwischen antizipatorischer und reaktiver Praxis unterschieden. Es ergeben sich vier Typen von Politikstilen: antizipatorisch/konsensorientiert, antizipatorisch/obrigkeitsstaatlich, reaktiv/konsensorientiert und reaktiv/obrigkeitsstaatlich. Fallstudien, die mit diesem Ansatz gearbeitet haben, kommen zu dem Schluss, dass in einem Land verschiedene Politikstile in unterschiedlichen Politikfeldern nebeneinander existieren können. Allerdings dominiert oftmals in einem Land ein Politikstil. Schweden verfolgt beispielsweise eine antizipatorisch-konsensorientierte Politik. Allerdings haben verschiedene Politikstile nicht unbedingt unterschiedliche Politikergebnisse zur Folge. Im Bereich der Umweltpolitik konnte festgestellt werden, dass sowohl konsensorientierte als auch regulative Politikstile über einen gewissen Zeitraum betrachtet recht ähnliche Ergebnisse zeigten, was sowohl im Vergleich zwischen Schweden und den USA (Lundqvist 1980) als auch zwischen den USA und Großbritannien (Vogel 1986) nachgewiesen wurde. Schließlich betonen kulturalistische Theorien die Bedeutung von Werteinstellungen für die politische und wirtschaftliche Performanz (Granato u.a. 1996; siehe auch Inglehart 1998).

Rationalistische Ansätze

Der rationalistische Ansatz wird insbesondere durch den akteurszentrierten Institutionalismus vertreten (Scharpf/Mayntz 1995; Scharpf 2000). Dieser Ansatz, zu dem auch der oben dargestellte Vetospieleransatz gezählt werden kann, geht davon aus, dass zweckrational handelnde Akteure durch Interaktionsformen und Akteurskonstellationen, die jeweils durch institutionelle Kontexte bedingt werden, den *policy*-Prozess bestimmen. Thomas Plümper (2003a) stellt ein Modell der Staatsausgaben und der Ressourcenverteilung eines formalisierten *rational choice*-Ansatzes vor. Ausgangspunkt dieses Modells sind rational handelnde Individuen, die durch unterschiedliche institutionelle Kanäle (Wahl, Lobbyismus, Parteimitgliedschaft) auf die Politik Einfluss nehmen können. Die Regierungspolitik ist dann eine Reaktion auf die Summe dieser Ressourcenmobilisierung. Andere Ansätze erklären durch interessenorientierte rationale Entscheidungen die Außenhandelspolitik (Rogowski 1989; Frieden 1991a; Grossman/Helpman 2002), die Finanzpolitik (Frieden 1991b; Mosley 2003), verschiedene Aspekte der industriellen Beziehungen (Swenson 1989; 1991; Fulcher 1991; Pontusson/Swenson 1996) oder der Sozialpolitik (Pierson 1994; Martin 1995). Dabei integrieren viele dieser Studien internationale Entwicklungen und zeigen, wie diese einen Einfluss auf die Interessen von Schlüsselgruppen nehmen und bestimmte Koalitionen unterstützen (Gourevitch 1989; Milner 1988; Pontusson 1995; Pontusson/Swenson 1996).

Wenngleich sich die meisten hier vorgestellten Ansätze auf demokratische Staaten bezogen haben, so lassen sich diese durchaus auch auf andere Regierungsformen anwenden, wobei dann allerdings andere Schlüsselvariablen (funktionale Äquivalente) in die Analyse einfließen müssen.

Parteien und Parteiensysteme

Strukturalistische Theorien

Der *strukturalistische Ansatz* der Konfliktstrukturen nimmt insbesondere in der europäischen Parteien- und Wahlforschung einen hohen Stellenwert ein und geht auf die Arbeiten von Seymour Lipset und Stein Rokkan (1967; siehe auch Kapitel 1) zurück. Konfliktstrukturen sind dabei die Ursache für die Entstehung von langfristigen Auffassungsunterschieden und für die Entscheidungen von Parteien und Verbänden. Konfliktstrukturen können aufgrund sozio-ökonomischer Stellungen, ethnischer Position, Religion und/oder Sprache entstehen. Diese Konfliktstrukturen werden dann durch eine historische Analyse konkretisiert. Die Autoren behaupten, dass die Nationenbildung und die industrielle Revolution fundamentalen Einfluss auf die Bildung von Konfliktlinien in den entsprechenden Gesellschaften hatten, die bis heute ihre Gültigkeit besitzen.

Durch die Bildung von Nationen entstanden Zentralisierungsprozesse, die zu Konfliktlinien zwischen den urbanen Zentren und der ländlichen Peripherie geführt haben. Diese stehen auch in engem Zusammenhang mit ethnischen Unterschieden, da in einer Nation oftmals eine ethnische Gruppe gegenüber einer anderen dominierte. Die nationale Revolution führte zudem zu einem Konflikt zwischen Staat und Kirche und wirkte sich in den Konfliktlinien zwischen Religion und Säkularisierung sowie Katholizismus und Protestantismus aus. Die industrielle Revolution offenbarte einen Konflikt zwischen landwirtschaftlichen und industriellen Interessen und später den Klassengegensatz von Kapital und Arbeit oder Unternehmern und Arbeitern.

Nach dieser Theorie haben die Konfliktlinien zur Bildung von Parteien geführt, die bis zum heutigen Tag Einfluss auf die Strukturierung der Politik ausüben. In der Politikwissenschaft wird eine wichtige Debatte geführt, inwieweit der Konflikt zwischen Wachstum und Umweltschutz zu einer neuen Konfliktlinie beigetragen hat, die unter anderem mit der Etablierung von grünen Parteien in Zusammenhang gebracht wird.

Abbildung 10-6: Konfliktstrukturen und Entwicklungssequenzen fortgeschrittener kapitalistischer Demokratien

„Differenzierung" der Ökonomie	**„Staatliche" Kapazitäten**	**Rechtsforderungen sozialer Akteure**	**Gesellschaftliche Konfliktachsen**	**Entstehung von Parteienfamilien**
Auflösung vorkapitalistischer Sozialformen		Auflösung vorkapitalistischer Rechtsansprüche und -pflichten		
	Zentralstaaten (stehende Heere, Bürokratie, Steuersysteme)		*Zentrum versus Peripherie:* ethnische, regionale, linguistische Konflikte	Ethnisch und sprachlich basierte Parteien
merkantile Sozialformationen (Kommodifizierung von Land und Kapital)		Anspruch auf negative bürgerliche Freiheiten *		
	Nationenbildung (formelle Rechtsgarantien, Erziehungswesen, Wehrpflicht)		*Zentralstaat versus organisierte Religion*	Religiöse Parteien
liberaler Kapitalismus (freie Arbeitsmärkte, Zollfreiheit)		Anspruch auf politische Partizipation		
	Demokratisierung (Wahlrecht, Parteien, demokratische Regierungsbildung)		*industrielle versus agrarische Klassen*	Bauern-, konservative und liberale Parteien
Monopolkapitalismus (Selbstorganisation von Kapital und Arbeit)		Anspruch auf soziale Bürgerrechte / minimaler Lebensstandard	*Arbeiterklasse versus Kapital*	sozialistische und kommunistische Parteien
	Sozialstaat (Sozialversicherung, Erziehung, Einkommensgarantie, ökonomische Staatsintervention)		*Produktion versus soziale Konsumtion*	Umweltparteien
politischer Kapitalismus (politische Stützung des Akkumulationsprozesses)		Anspruch auf „Produktionsrechte", materiale Politisierung der Produktion		
	?			

Quelle und *Erklärung*: Kitschelt (1985: 192) und Klingemann u.a. (1994: 6); mit eigenen Ergänzungen.*= Die Unterscheidung „positiver" und „negativer" Freiheiten geht zurück auf Isaiah Berlin (1995; zuerst 1958), der unter „negativer Freiheit" die Abwesenheit von Zwang (vor allem von staatlichen Übergriffen) versteht. Für einen Überblick über den Freiheitsbegriff siehe Ladwig (2004).

Abbildung 10-6 zeigt die gesellschaftlichen Konfliktachsen, die bereits in Kapitel 1 beschrieben wurden, und stellt deren Ursachen (Differenzierung der Ökonomie und Rechtsordnung) sowie deren Konsequenzen (staatliche Kapazität) dar. Dieser letzte Aspekt deutet auf die Entwicklung vom „Nachtwächterstaat“ zum Sozialstaat. Manche sehen als Folge des Konflikts zwischen Produktion und Konsumtion die Entstehung eines partizipativen „Grünen Staates“ (Dryzek u.a. 2003). Andere prognostizieren keine weitere Ausweitung der Staatstätigkeit, sondern eher einen Rückzug (Pierson 1994; Yergin/Stanislaw 1998). Diese zweite Entwicklung würde einen Richtungswandel der letzten Jahrhunderte bedeuten und könnte zur Wiederbelebung alter Konflikte sowie zur relativen Deprivation mit ihrer schwer kalkulierbaren Konsequenz führen.

Die gesellschaftlichen Konfliktachsen bestimmen ebenfalls die Struktur des Parteiensystems insgesamt. Da sich Parteien anhand der Konfliktachsen formieren, ist deren Anzahl mit der Menge der in einer Gesellschaft virulenten Konfliktstrukturen eng verbunden. In diesem Zusammenhang haben Rein Taagepera und Bernard Grofman (1985) unter der Aufnahme weiterer relevanter Themenkonflikte die Formel entwickelt, dass Parteiensysteme jeweils eine Partei mehr als relevante Konfliktthemen besitzen (Anzahl der Parteien = Konfliktthemen + 1). Arend Lijphart (1999: 87-89) konnte diese These anhand seiner Untersuchung von 36 Demokratien bestätigen.

Die *cleavage*-Theorie wurde neben der Erklärung der Herausbildung von Parteien und Interessenorganisationen auch für die Erklärung des Wandels von Parteiensystemen (Kitschelt 1997) und Positionen von Parteien zu neuen Themen (Jahn 1999) herangezogen. Darüber hinaus lassen sich gesellschaftliche Konflikte, Koalitionsbildungen und die Durchsetzung von unterschiedlichen Politiken unter Zuhilfenahme dieser Theorie genauer bestimmen. In Kapitel 1 wurde die Übertragbarkeit des *cleavage*-Modells auf andere Kulturbereiche angesprochen.

Kulturorientierte Theorien

Die *kulturorientierten Theorien* der Wahlentscheidung und der Stärke von politischen Parteien beziehen sich auf das in Kapitel 9 beschriebene Umwelt-Prädisposition-Response-Modell (Dalton 2002). Die Makrolevelentwicklungen können als Modernisierungsprozess bezeichnet werden, zu dem zunehmender Wohlstand, Arbeitsteilung, Abnahme der landwirtschaftlichen Beschäftigung, Urbanisierung, Anstieg des Bildungsniveaus, Anstieg der Mobilität, Verbreitung von Massenmedien, Abnahme der Säuglingssterblichkeit und Erhöhung der Lebensdauer etc. zählen. All diese Entwicklungen haben zur Individualisierung geführt, die wiederum eine Abnahme struktureller Bindungen bewirkt hat (Streeck 1987). Für das Parteiensystem bedeutet dies, dass die Wechselwählerschaft zunimmt und etablierte Parteien sich nicht mehr auf eine „mechanische“ oder „organische Solidarität“ (Durkheim 1977) verlassen können, sondern Wähler ihre Stimmabgabe nach Themen (*issue voting*), Kandidatenimage und dem Erfolg – zumeist dem wirtschaftlichen Erfolg – bemessen. Eine Konsequenz der Themenwahl besteht darin, dass nicht mehr sozialstrukturelle Bindungen (Klasse, Schicht, Beruf, Herkunft, Wohnort etc.) oder Religionszugehörigkeit wahlentscheidend sind, sondern die Werteeinstellung. So spielen Einstellungen zum Umweltschutz, zu Frauenrechten und zur Lebensqualität eine größere Rolle als zuvor. Diese Entwicklung lässt sich auch daran erkennen, dass in vielen hoch entwickelten Ländern die Werteeinstellung eine große, wenn nicht gar vorherrschende Bedeutung für die Wahlentscheidung besitzt (Dalton 2002).

Rationalistische Ansätze

Rational choice-Modelle des Parteienwettbewerbs gehen auf die Überlegungen von Anthony Downs (1968) zurück, der das Verhalten von Parteien und Wählern auf einer eindimensionalen Konfliktachse (z.B. links versus rechts) darstellt. Er geht dabei von einem ökonomischen Modell des Wettbewerbs aus, welches von Harold Hotelling (1929) für die Platzierung von Läden auf einer Straße entwickelt wurde. Dabei wird davon ausgegangen, dass sich auf einer geraden Straße 100 Häuser im gleichen Abstand zueinander befinden und die Bewohner dieser Häuser den kürzesten Weg zum Einkauf nutzen. Zwei Ladenbesitzer konkurrieren um diese Einwohner. Für die Gesamtheit der Kunden wäre die Platzierung der Läden zwischen den 33. und 34. bzw. 66. und 67. Haus am vorteilhaftesten. Für die Ladenbesitzer hieße dies jedoch, dass derjenige mehr Kunden erhält, der dichter an den anderen Laden heranrückt. Um diesen Wettbewerb aufzufangen und zu einem Wettbewerbsgleichgewicht zu gelangen, werden sich die Läden zwischen dem 49. und 50. und 50. und 51. Haus platzieren. Dieses einfache Beispiel zeigt, dass das Marktgleichgewicht nicht auch den größten Vorteil für die Kunden bedeutet.

Downs' Theorie des ökonomischen Wettbewerbsverhaltens von Parteien auf einer eindimensionalen Konfliktachse kommt dementsprechend zu dem Schluss, dass politische Parteien im Wettbewerbsverlauf zur politischen Mitte tendieren. (Die Häuser entsprechen etwa einer Links-Rechts-Skala von 0 (links) bis 100 (rechts)). Dies umso mehr, wenn davon ausgegangen werden kann, dass radikale Positionen von Wählern weniger häufig auftreten als die moderaten Positionen, das heißt, dass sich die Wähler einer programmatischen Normalverteilung gemäß platzieren. Entscheidend ist also die Position des Medianwählers, der sich in diesem Modell in der Mitte befindet. Dieses Modell wurde vor allem für Zweiparteiensysteme (insbesondere für das der USA) entwickelt.

In Mehrparteiensystemen wird die Situation komplizierter. Falls die Wähler gleich verteilt (also nicht normalverteilt) sind, finden zwei Parteien ein Gleichgewicht bei 49/51, in einem Vierparteiensystem bei 12,5/37,5/62,5/87,5 usw.[229] Was würde aber bei normalverteilter Wählerschaft in einem Vielparteiensystem passieren? Shepsle (1991) geht davon aus, dass in dieser Situation kein Gleichwicht gefunden werden kann. Wenn die großen Parteien sich in Richtung Mitte bewegen, bilden sich radikale Parteien an den Rändern, die durch die Normalverteilung der Wähler wiederum in die Mitte gezogen werden usw. In der Mitte verschmelzen diese Parteien dann, so dass von einem „schwarzen Loch" des Medianwählers gesprochen werden kann (Rabinowitz u.a. 1991: 155). Allerdings treten in Mehrparteiensystemen Dynamiken auf, die eine andere Schlussfolgerung zulassen.

[229] In einem Dreiparteiensystem ist kein Gleichgewicht zu erreichen (Shepsle/Cohen 1990). In einem Vierparteiensystem gruppieren sich die Parteien um die Positionen 25 und 75 bei den im Text angegebenen Werten (Kitschelt 1994: 118).

Infokasten 10-5: Parteienwettbewerb nach Kitschelt

Abbildung 10-7: Rationaler Mehrparteienwettbewerb innerhalb einer symmetrischen unimodalen und eindimensionalen Wählerverteilung

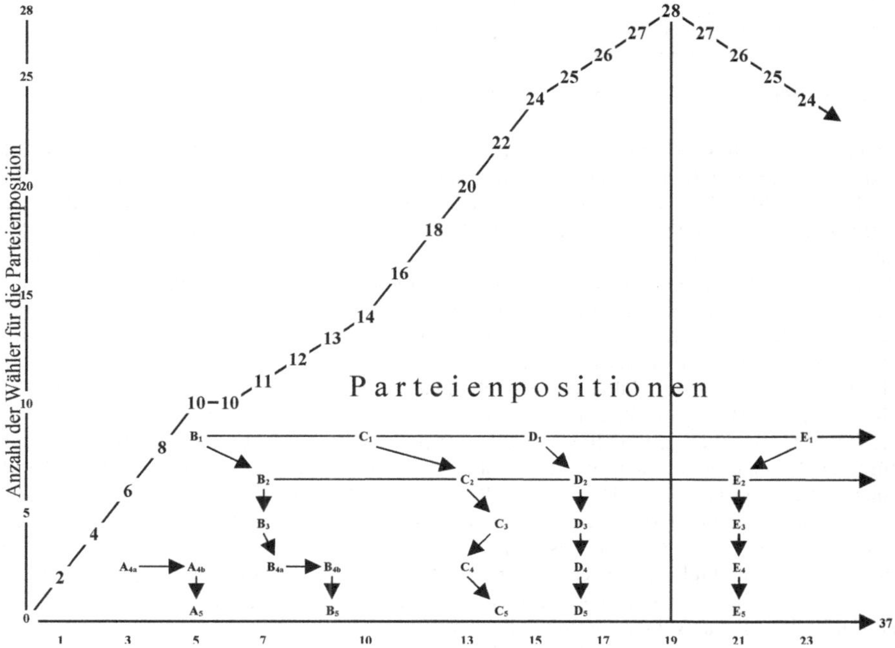

Ideologischer Standpunkt von „links“ (= 1) nach „rechts“ (= 37). Arithmetisches Mittel und Median = 19

	„Radikale Linke" PARTEI A	„Linke" PARTEI B	„Moderate Linke" PARTEI C	„Mitte-Links" PARTEI D	„Mitte-Rechts" PARTEI E
SZENARIO I: Marktanteil	Unter 5 % [< 29]	B_1 : 5 1-7=51	C_1 : 10 8-12=73	D_1 : 15 13-19/2=158	E_1 : 23 19/2-25=158
SZENARIO II: Marktanteil:	**Unter 5 % [< 29]**	**B_3: 7 1-10/2=83**	**C_2 : 13 10/2-15/2=95**	**D_2 : 17 15/2-19/2=104**	**E_2 : 21 19/2-23/2=104**
SZENARIO III: Marktanteil:	Unter 5 % [< 29]	B_2: 7 1-10=90	C_3 : 14 11-15=100x.75 =75	D_3 : 17 16-19/2=92x.75 =69	E_3 : 21 19/2-23=92x.75 =69

SZENARIO IV: Marktanteil 4a: Marktanteil 4b:	A_{4a} : 4; A_{4b} : 5; 1-6/2=35 1-7/2=45	B_{4a} : 8; B_{4b} : 9; 6/2-10=55 7/2-11/2=53	C_4 : 13 11-15/2=88 11/2-15/2=80	D_4 : 17 15/2-19/2=104	E_4 : 21 19/2-23/2=104
SZENARIO V: Marktanteil:	A_5 : 5; 1-7/2=45	B_5 : 9 7/2-11=61	C_5 : 14 12-15=84x.75	D_5 : 17 16-19/2=92x.75	E_5 : 21 19/2-23=92x.75

Quelle: Kitschelt (1994: 122); eigene Übersetzung mit Ergänzungen.

Die Abbildung zeigt die linke Hälfte einer unimodalen, symmetrischen und eindimensionalen Wählerverteilung, die von zwei Wählern auf der Extremposition 1, 4 Wählern auf der Position 2 über 28 Wähler auf der Medianposition 19 usw. reicht, insgesamt 564 Wähler auf 37 Positionen. Drei Bedingungen steuern dieses Modell: (a) eine Partei muss mehr als fünf Prozent der Stimmen erhalten (29 Wähler), um im Parlament vertreten zu sein, (b) die Parteien müssen mindestens vier Positionen auseinander liegen, da sie andernfalls ihre Wähler nicht mehr eindeutig binden können. Ansonsten erhalten sie 25 (bei drei Positionen), 33 (bei zwei Positionen) oder 50 Prozent der Wähler (bei einer Position). Neue Parteien müssen zumindest vier Positionen zur Linken oder Rechten von ihrer programmatischen Kernposition besetzen. Beginnen wir nun im Szenario I mit den linken Parteien B (5), C (10), D (15) in gleichen Positionsabständen auf der linken Hälfte des Modells und der Mitte-Rechtspartei E auf Position 23. In diesem Fall erhält Partei B 51 (alle Wähler der Position 1 bis 7; also 2 + 4 + 6 + 8 + 10 + 10 + 11), Partei C 73, Partei D und E 158 Wähler. Eine linksradikale Partei A hat keinen Platz links von B, um die Fünfprozent-Hürde zu überspringen. Allerdings herrscht bei diesem Szenario kein Gleichgewicht. Partei B und C können auf Kosten von Partei D, die unter Wahrung des Vier-Positionen-Abstandes nach rechts zu Partei E gezwungen werden kann, weitere Stimmen erwerben (Szenario II). Unter dieser Bedingung kann sich weder zur Linken von B noch zwischen B und C bzw. D und E eine neue Partei mit genügend Stimmen bzw. Positionen etablieren. Auch kann keine Partei durch eine Positionsverschiebung weitere Stimmen gewinnen. Es liegt ein Gleichgewicht vor, ohne dass eine Entwicklung zur Mitte bzw. zum „schwarzen Loch" des Medianwählers stattgefunden hat.

Betrachten wir z.B. Partei D. Diese kann weder zu E noch zu C rücken, ohne den Vier-Positionen-Abstand zu verletzen. Falls C nach rechts rückt und dabei den Vier-Positionen-Abstand verletzt, würde C Stimmen verlieren und B Stimmen gewinnen (Szenario III). Auch Partei B hätte keinen Grund, weiter nach rechts zu rücken, da sich dann eine Partei zur Linken bilden könnte und insgesamt die Stimmen für B dramatisch abnehmen würden (Szenario IVa und IVb). Selbst wenn Partei C irrational wäre und sich nach rechts bewegen würde, wären die Stimmen für Partei B in Szenario V weniger, als wenn B auf der Position in Szenario II bleiben würde.

Das Modell des rationalen Verhaltens von Parteien in einem Mehrparteiensystem von Kitschelt zeigt, dass in einem solchen System kein Trend zur Mitte auftritt und dass auch in einem Vielparteiensystem ein hypothetisches Gleichgewicht erreicht werden kann. Allerdings geht dieses Modell von vielen Vereinfachungen aus. So bewegen sich die Parteien lediglich in einem eindimensionalen Ideologieraum, was nur selten in Vielparteiensystemen der Fall ist. Das Modell wird komplizierter, wenn mehrere programmatische Dimensionen beachtet werden müssen. Darüber hinaus wird davon ausgegangen, dass die Parteien vor allem nach einer Maximierung der Wählerstimmen trachten. Andere Autoren betonen jedoch, dass sich Parteien auch an weiteren Rationalitätskriterien orientieren können, etwa der Maximierung von Ämtern (*office seeking*) oder der Durchsetzung der eigenen politischen Programme (*policy seeking*) (Strøm 1990). Schließlich kann das politische System polarisiert sein, so dass mehr Wähler an den Rändern als in der Mitte existieren (bimodale oder mehrmodale Systeme), was die Berechnung des Verhaltens der Parteien erheblich erschwert. Peter Lange und Geoffrey Garrett (1985: 678-679) weisen auf weitere Einschränkungen des Modells des Medianwählers hin. Dennoch kann das vorgestellte Modell als Ausgangspunkt für eine Analyse von Parteiverhalten in Wettbewerbsdemokratien mit mehr als zwei Parteien dienen.

Transformationstheorien

Theorien, die die Transformation von politischen Systemen untersuchen, konzentrieren sich zumeist auf die Transformation von autoritären hin zu demokratischen Systemen (besonders geeignete Überblicke verschafft Merkel 1999; 2003). Nur selten wird die gegenteilige Perspektive eingenommen (Linz/Stepan 1978; Berg-Schlosser/Mitchell 2000). Ein Systemwechsel gilt „... als das Intervall zwischen einem alten und einem neuen politischen System.... Es umfasst die Auflösung der alten und den Aufbau einer neuen politischen Herrschaftsstruktur“ (Merkel 2003: 222-223). Er endet mit der Konsolidierung eines neuen politischen Ordnungssystems.

Strukturalistische Theorien

Strukturalistische Theorien nehmen die wirtschaftliche und sozialstrukturelle Verankerung der politischen Akteure als Ausgangspunkt ihrer Analysen an.[230] Sie weisen darauf hin, dass sich das Wirtschaftssystem von Gesellschaften erst bis zu einem gewissen Grade entwickelt haben muss, damit sich eine Demokratisierung durchsetzen kann. Dies hat Lipset (1959: 75) prägnant zusammengefasst: "The more well-to-do a nation, the greater the chances that it will sustain democracy.“ Bei den kommunistischen Staaten wird in Bezug auf die Systemtheorie von Niklas Luhmann (2001) ausgeführt, dass dort das Wirtschaftssystem durch systemfremde Codes zu steuern versucht wurde, was dysfunktionale Effekte beinhaltete und schließlich zum Systemwechsel führte (Pollack 1990). Andere strukturalistische Ansätze betrachten den Einfluss von Machtstrukturen einer Gesellschaft und deren Auswirkung auf die Machtverteilung innerhalb der Eliten, der ökonomischen Basis der agrarischen
Oberschicht, der Konstellation von Klassenkoalitionen, der Machtverteilung zwischen den sozialen Klassen und der Autonomie des Staates gegenüber den dominanten Klassen (Moore 1966: 495; Rueschemeyer u.a. 1992).

Kulturorientierte Theorien

Kulturorientierte Theorien ziehen Religion und soziales Kapital als wesentliche Größen für die Erklärung der Etablierung von Demokratien heran. Samuel Huntington (1991) weist darauf hin, dass der westliche Protestantismus besonders geeignet sei für die Etablierung

[230] Wolfgang Merkel (1999: 77-169; 2003: 210-222) unterteilt die strukturalistischen Theorien noch in Systemtheorien und Strukturtheorien.

einer Wettbewerbsdemokratie. Auch der Katholizismus und die „japanische Kultur" sind durchaus kompatibel mit demokratischen Regierungsformen, während die slawisch-orthodoxe, die hinduistische und die afrikanische Kultur weniger förderlich für die Demokratie sind. Im Gegensatz hierzu beinhalten die konfuzianische (sinische) und die islamische Kultur demokratiefeindliche Elemente. Wenngleich Demokratie durchaus in konfuzianisch geprägten Ländern wie Südkorea und Taiwan anzutreffen ist, so „... steht der Islamismus in seiner fundamentalistischen Zuspitzung im Widerspruch zur Demokratie. ... Kein Land der arabisch-islamischen Welt ist gegenwärtig demokratisch" (Merkel 2003: 217-218; siehe auch: Esposito/Voll 1996; Lane/Ersson 2003: 107-121).

Andere wesentliche Erklärungselemente kulturalistischer Ansätze betonen die Bedeutung von gesellschaftlichen Werten, sozialen Traditionen und die historische Erfahrung mit Gemeinschaft und Kooperation (Putnam 1993). Unter dieser Perspektive nimmt das Vertrauen in politische Institutionen und zwischen den Gesellschaftsmitgliedern eine wesentliche Rolle ein, was zur Stabilisierung der Demokratie führen kann.

In einer besonders eindrucksvollen Studie zeigt Howard J. Wiarda (2001) den kulturellen Einfluss der Kolonialmächte in Amerika. Während Nordamerika von Ländern wie Großbritannien, Frankreich und den Niederlanden beeinflusst wurde, die zur Zeit der Kolonisierung den Feudalismus und die mittelalterlichen Strukturen schon hinter sich gelassen hatten und von der Aufklärung stark bestimmt waren, wurde die Entwicklung in Südamerika von Spanien und Portugal bestimmt, deren feudale Strukturen in Auflösung begriffen waren, aber durch die südamerikanischen Eroberungen restauriert wurden. Diese autoritären Strukturen wurden auf Südamerika übertragen. Während also die nordamerikanische Entwicklung durch den stark von John Locke inspirierten Liberalismus auf individuelle Freiheitsrechte und einem eingeschränkten Staat, der auf der Idee der Gewaltenteilung von Montesquieu fußte, strukturiert wurde, waren in Lateinamerika die Neoscholastiker, vor allem die Apostel der Gegenreformation, einflussreich. Der spanische und portugiesische Feudalismus aus der Zeit vor 1500 lebte in Südamerika erneut auf, und die Lehren von Augustinus und Thomas von Aquin bildeten das Fundament des religiösen Glaubens und der Institutionen in Südamerika. Das, was für Nordamerika John Locke war, war für Südamerika der Jesuit Francisco Suárez, der eine autoritäre, organisch-korporatistische, Zweiklassen-Gesellschaft propagierte. Im Gegensatz zum Konzept eines schwachen Staates war in Südamerika das organische Staatskonzept Rousseaus bestimmend. Dieser Unterschied in der formativen Phase Nord- und Südamerikas ist auch heute noch für beide Gesellschaften und die Politik bestimmend. Den Unterschied zwischen Nord- und Südamerika hat der mexikanische Literaturnobelpreisträger Octavio Paz prägnant beschrieben: "To cross the border between the [United States and Mexico] is to change civilizations. Americans are the children of the Reformation and their origins are those of the modern world; we Mexicans are the children of the Spanish empire, the champion of the Counter-reformation, a movement that opposed the new modernity and failed." (Paz 1982: 42, zitiert nach Wiarda 2001: 9).

Rationalistische Ansätze

Auf der Akteursebene wenden Theoretiker den *rational choice*-Ansatz in unterschiedlichen Variationen an. Zum einen gehen so genannte deskriptiv-empirische Akteurstheorien (Merkel 1999: 103-105) von der Zusammensetzung des Lagers des alten Regimes und der Regimegegner aus. Sofern sich diese in Hard- und Softliner aufteilen und die jeweiligen Softliner in Verhandlung treten, kommt es zu einem relativ geregelten und erfolgreichen Systemübergang (O'Donnell/Schmitter 1986; Di Palma 1990). Diese Theorien gehen vom Kosten-Nutzen-Kalkül der am Transformationsprozess beteiligten Akteure aus. Zum anderen betrachten die Theorien der formalisierten *rational choice*-Tradition strategische Aktionen enger (Przeworski 1986; 1991; 1992; Colomer 1995). Diese stellen Modelle einer Abfolge von wechselnden strategischen Situationen auf, an deren Ende Demokratie als Ergebnis politischer Konflikte stehen kann.

Protest und Revolutionen (*contentious politics*)

Die theoretischen Ansätze zu *contentious politics* umfassen Revolutionen, Rebellionen, Kriege, soziale Bewegungen, industrielle Konflikte, Aufstände und viele weitere kollektive Protestformen (McAdam u.a. 1997; 2001; Zimmermann 2003). Wenngleich Kenneth Boulding (1962) eine umfassende Theorie für diesen Bereich vorgelegt hat, differenzierte sich die Entwicklung in unterschiedlichen Schulen aus, zumeist ohne nähere Beziehung zueinander.

Strukturalistische Theorien

Revolutionen werden in *strukturalistischer* Hinsicht zumeist in der Tradition der Modernisierungstheorie, des Marxismus oder des staatsorientierten Strukturalismus behandelt (Goodwin 2001: 16-30). Erstere identifiziert Revolutionen in traditionellen Gesellschaften, die einen schnellen Modernisierungsprozess erfahren. Revolutionen selbst beschleunigen diesen Modernisierungsprozess (Huntington 1968). Marxistische Ansätze begründen Revolutionen mit der unterschiedlichen Entwicklung von Produktivkräften und -verhältnissen. Der staatsorientierte Strukturalismus (Skocpol 1979; Goodwin 2001: Kapitel 2) prognostiziert Revolutionen in Staaten, die relativ geschlossen sind und keine gesellschaftlichen Verbindungen zu systemkritischen Gruppen unterhalten. Diese Situation spitzt sich zu, wenn diese Staaten durch internen (z.B. wirtschaftliche Krise) oder externen (z.B. Kriege) Druck in ihren Grundfesten erschüttert werden.

Strukturalistische Ansätze zu Protestereignissen, insbesondere im Bereich der Forschung zu sozialen Bewegungen, lassen sich in eine europäische und nordamerikanische Tradition unterteilen. Die europäische neo-marxistische Tradition identifizierte als Ergebnis der strukturellen Veränderungen neue soziale Akteure, die die Mission der gesellschaftlichen Entwicklung von der Arbeiterklasse ablöste. Alain Touraine (1971; 1981) sah in der Studentenbewegung der späten 1960er Jahre eine neue Basis für soziale Bewegungen. In der deutschen neo-marxistischen Debatte wurden Koalitionen von Akteuren mit objektiv ähnlichen Lebenschancen ausgemacht (Habermas 1981a; Offe 1985; 1990). In den USA entwickelte sich der Ansatz der politischen Gelegenheitsstruktur, welcher erstmals implizit von Michael Lipsky (1968), Samuel Huntington (1968: 275) sowie dann explizit von Peter Eisinger (1973) eingeführt und von Charles Tilly (1978), Doug McAdam (1982), Herbert Kitschelt (1986) und vor allem von Sidney Tarrow (1983; 1989; 1991a; 1991b) und Hanspeter Kriesi u.a. (1995) ausgearbeitet wurde. Die Gelegenheitsstruktur eines Landes wird durch vier Charakteristika definiert. Als erstes ist die Offenheit bzw. Geschlossenheit der politischen Systeme zu nennen (Eisinger 1973: 17-19). Allerdings bedeutet dies nicht, dass jene politischen Systeme die höchsten Protestraten besitzen, die repressiv gegenüber neuen Ansprüchen auftreten, oder dass zugängliche politische Institutionen auch immer politische Innovationen im Sinne der neuen Ansprüche garantieren. Vielmehr konstatiert Eisinger (1973: 15), dass Protest am wahrscheinlichsten in solchen Systemen ist, welche eine Mischung aus Offen- und Geschlossenheit besitzen. Zu offene Systeme inkorporieren Protest und verhindern dadurch fundamentalen Wandel; zu geschlossene Systeme unterdrücken Protest. Jedoch ist die für erfolgreiches Protestverhalten „richtige Mischung" schwer bestimmbar (Kriesi u.a. 1992: 224-225). Zweitens werden bei den Systemeigenschaften weitere Faktoren unterschieden, wobei die Stabilität der politischen Bindungsfähigkeit (*alignments*) von politischen Parteien und Interessenverbänden eine wesentliche Rolle spielt. Ist die Bindefähigkeit hoch, haben neue Ansprüche, die jenseits einer Anschlusslogik der etablierten organisatorischen Ziele stehen, kaum eine Möglichkeit, Gültigkeit zu erlangen. Ist sie niedrig, sehen sich Organisationen genötigt, den Ressourcenfluss durch verstärkte Interaktion mit anderen Organisationen in ihrer Umwelt zu garantieren. Diese Konstellation kann die Gelegenheitsstruktur für neue kollektive Akteure und Ansprüche verbessern. Der dritte Aspekt schließt unmittelbar hieran an und bezieht sich auf die Bündnispartner der Protestakteure (Gamson 1975). So gelten insbesondere politische Akteure des linken Spektrums (Parteien und Gewerkschaften) als mögliche Bündnispartner neuer sozialer Bewegungen (Kriesi/Praag 1987; Kriesi 1989; Dalton 1992; Kriesi u.a. 1992; 1995: 53-81; della Porta/Rucht 1995). Viertens wird noch der Konflikt zwischen den oder innerhalb der politischen Eliten betont. Es wird davon ausgegangen, dass solche Konflikte die Möglichkeit für neue Akteure eröffnen, sich mit Teilen der Eliten zusammenzuschließen und dadurch neue Einflüsse leichter Gehör finden.

Kulturorientierte Theorien

Kulturorientierte Theorien zum sozialen Protest gehen auf Studien von E.P. Thompson (1966; 1971) zurück, der kulturelle Faktoren für die Entstehung von sozialen Klassen verantwortlich machte. In neueren Untersuchungen zu sozialen Konflikten wird der Wettbewerb um die Durchsetzung von Weltbildern betont. "Every policy issue is contested in a symbolic arena. Advocates of one or another persuasion attempt to give their own meaning to the issue and to events that may affect the outcome. Their weapons are metaphors, catchphrases, and other condensing symbols that frame the issue in a particular fashion" (Gamson/Modigliani 1987: 143; Gamson 1988; 1992; Donati 1992; als Klassiker siehe auch Karl Mannheim 1929). Insgesamt wird der Institutionalisierungsprozess von Weltbildern als fortwährender, sich wiederholender Kreislauf von Mobilisierungswellen verstanden. Dies betrifft sämtliche Formen von *contentious politics* (Porter 1994; Shorter/Tilly 1974; Cohn 1993; Starr 1994; Goodwin 1994; Joppke 1991): „Mobilisierungswellen sind die Schmelzöfen, in denen neue Deutungen kollektiven Handelns entstehen, getestet und verfeinert werden. Sie können dann in einer diffuseren und weniger militanten Form in die politische Kultur einsickern und als eine Quelle für die Symbole künftiger Bewegungsunternehmer dienen" (Tarrow 1991a: 660). Die Weltbilder werden von den kollektiven Akteuren in Form von Interpretationsrahmen (*frames* or *packages*) kommuniziert, das heißt bestimmte

Themen werden ideologisch eingerahmt. Die zu einem Zeitpunkt dominanten Weltbilder werden als „Master-Frame" bezeichnet (Snow/Benford 1992: 138-141). In dieser konstruktivistischen Auffassung sind Protestakteure sowohl Träger als auch Produzenten von Weltdeutungen (Melucci 1989; Eyerman/Jamison 1991; Jasper 1997; Jamison 2001). Auch im Bereich der Erklärung von Revolutionen nehmen kulturalistische Interpretationen einen zunehmend breiteren Raum ein (Selbin 1993; Foran 1997), und vor allem der Religion wird hierbei ein hoher Stellenwert zugewiesen (Moaddel 1992).

Rationalistische Ansätze

Die *rational choice*-Ansätze zu sozialen Protesten gehen von objektiven Benachteiligungen bestimmter Bevölkerungsgruppen aus. Die empfundene Benachteiligung führt zur Deprivation, die durch sozialen Protest eine Änderung ihrer Benachteiligung erwarten (Gurr 1968; Gamson 1975). Wenngleich diese direkte Kausalbeziehung heute in den meisten Studien nicht mehr ohne Einschränkungen aufrechterhalten wird – der Ansatz der politischen Gelegenheitsstruktur stellt eine solche Ergänzung in etwa dar – so sind auch heute noch die individuellen Beweggründe eine wesentliche Ursache für Protestverhalten (Opp 1989; Lohmann 1994). Albert Hirschman (1970) stellt ein Modell vor, indem die Akteure sich zwischen Loyalität zu einer Gruppe oder Organisation, der politischen Teilnahmen bis hin zum Protest oder für einen Ausstieg aus der Gruppe oder Organisation entscheiden können.

Im Zusammenhang der Ursachen politischen Protests wird das Konzept der Deprivation durch ein Konzept der *relativen* Deprivation erweitert. Dabei wird nicht von einer objektiven Benachteiligung ausgegangen, wie dies in ähnlicher Weise auch in marxistischen Revolutionstheorien der Fall ist. Vielmehr wird postuliert, dass Unzufriedenheit entsteht, wenn die Deprivation subjektiv empfunden wird. Dies geschieht oftmals nicht durch eine objektive Situation, sondern relativ zu anderen Personengruppen und zu vergangenen Erfahrungen oder Erwartungen (siehe auch Kapitel 3). Die folgende Abbildung verdeutlicht diesen Zusammenhang anhand von James Davies' J-Kurve der relativen Deprivation.

Das Konzept der relativen Deprivation von Davies (1962; 1971) hat für die Erklärung von Revolutionen und anderen Protesten eine große Aussagekraft.

Abbildung 10-8: Davies J-Kurve der relativen Deprivation

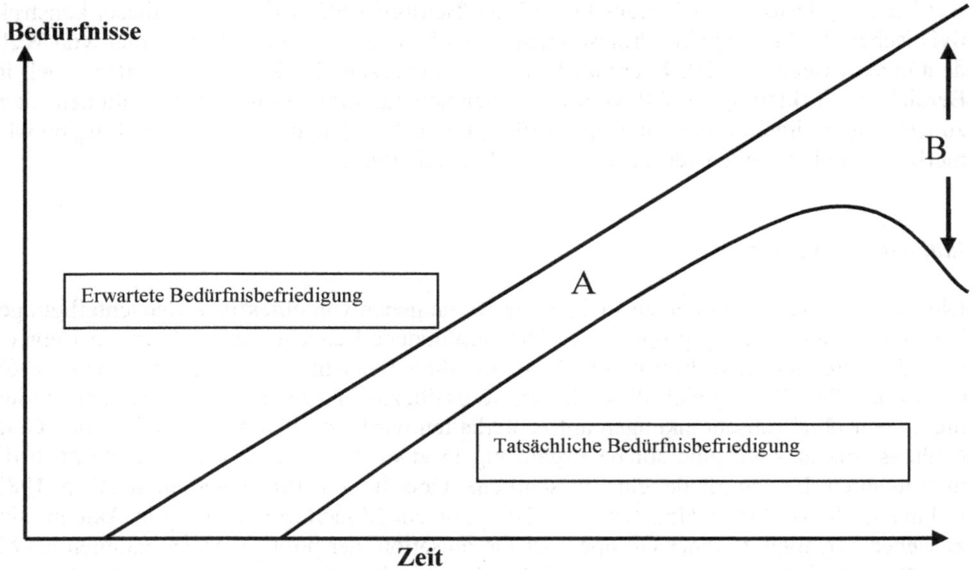

Quelle und *Erklärungen*: Davies 1962: 5. A = tolerierte Lücke zwischen Ansprüchen und Bedürfnisbefriedigung; B = intolerable Lücke zwischen Ansprüchen und Bedürfnisbefriedigung.

5 Schluss

In diesem Teil wurden Theorien aus verschiedenen Epochen und zu unterschiedlichen Bereichen dargestellt. Dabei ist es für eine Untersuchung oder wissenschaftliche Arbeit wichtig, einen theoretischen Ansatz zu entwickeln. Neben Darstellungen in diesem Teil ist es wichtig, die entsprechende Literatur zu konsultieren. Um den Einstieg zu erleichtern, führt die folgende Tabelle exemplarisch weitere wesentliche Arbeiten in den genannten Forschungstraditionen auf.

Tabelle 10-6: Theorien der vergleichenden Politikwissenschaft: Themenbereiche und Beispiele

	Rationalistisch/ Individualistisch	←→	**Strukturalistisch**	←→	**Kulturalistisch**
Ökonomische Entwicklung und Demokratie			Lipset (1959) Cutright (1963) Moore (1966) Neubauer (1967) Cutright/Wiley (1969) Dahl (1971) Jackman (1973) Bollen (1979) Waisman (1989) Helliwell (1994) Burkhart/Lewis-Beck (1994) Rueschemeyer u.a. (1992) Landman (1999)	Lerner (1958) De Schweinitz (1964) Putnam (1993) Holm (1996) Moon/Kim (1996) Kaviraj (1996)	
Gewalttätige politische Auseinandersetzung/ soziale Revolution		Womack (1969) Gurr (1968) Hibbs (1973) Sigelman/Simpson (1977) Muller/Seligson (1987) Nugent (1993) Harvey (1998) Parsa (2000)	Wolf (1969) Hibbs (1973) Paige (1975) Skocpol (1979) Parsa (2000)	Hibbs (1973) Scott (1976) Wickham-Crowly (1993) Nugent (1993) Harvey (1998) Parsa (2000)	
Politische Auseinandersetzung/ soziale Bewegungen	Gamson (1975)	Dalton (1988) Tarrow (1989) Costain (1992) Gurr (1993) Foweraker/Landman (1997) Bashevkin (1998)	Powell (1982) Haas/Stack (1983) Kitschelt (1986) Kriesi u.a. (1995)	Gurr (1993) Inglehart (1997)	
Übergänge zur Demokratie	Colomer/Pascual (1994)	O'Donnell u.a. (1986a-c) Foweraker (1989) Peeler (1992) Maxwell (1995) Linz/Stepan (1996) Bratton/van de Walle (1997)	Jaggers/Gurr (1995) Linz/Stepan (1996) Vanhanen (1997) Bratton/van de Walle (1997)	Huntington (1991) Linz/Stepan (1996)	

Institutionelle Ausgestaltung und demokratische Leistungsfähigkeit			Shugart/Carey (1992) Mayhew (1993) Peterson/Greene (1994) Stepan/Skach (1993) Lijphart (1994a) Lijphart (1994b) Lijphart (1999) Jones (1995) Mainwaring/Scully (1995) Fiorina (1996)		
Menschenrechte		Hayner (1994) Risse u.a. (1999) Barahona de Brito (1997) Guest (1990) Weissbrodt/Bartolomei (1991) Brysk (1994)	Strouse/Claude (1976) Mitchell/McCormick (1988) Poe/Tate (1994) Poe u.a. (1999) Zanger (2000) Hayner (1994) Risse u.a. (1999) Barahona de Brito (1997) Guest (1990) Weissbrodt/Bartolomei (1991) Brysk (1994)	Hayner (1994) Risse u.a. (1999) Barahona de Brito (1997) Brysk (1994)	

Quelle: Landman (2003: 236-237) mit eigenen Modifikationen.

Teil IV: Analysestrategien der vergleichenden Politikwissenschaft

Die in der vergleichenden Politikwissenschaft Anwendung findenden Analysestrategien spiegeln das weite wissenschaftstheoretische Spektrum wider. Die Kausalitäts- und Inferenzannahmen, die in Kapitel 5 beschrieben wurden, haben dabei einen hohen Stellenwert. Ausgehend von der Prämisse, dass vergleichende Analysen vor allem nomothetischen Charakter aufweisen sollen, lassen sich auch innerhalb dieser Perspektive sehr unterschiedliche Annahmen ableiten. Es besteht ein Kontinuum von fallorientierten bis hin zu variablenorientierten Analysetechniken. Da in der vergleichenden Politikwissenschaft beide Aspekte eine Rolle spielen – so stellen Länder oftmals die Fälle dar und Variablen erfassen politikwissenschaftliche Konzepte –, lassen sich die meisten Analysetechniken in ihrer Betonung der einen oder der anderen Seite zuordnen. Diese reichen von Fallstudien, die vornehmlich an einem Fall orientiert sind und wenig variablenbezogene Generalisierungen vornehmen können, bis hin zur statistischen Analyse vieler Fälle, die nicht oder nur sehr wenig an der Eigenart von Fällen interessiert ist. Das Hauptgebiet der vergleichenden Politikwissenschaft liegt zwischen diesen beiden Strategien (Jackman 1985; Bollen u.a. 1993).

Neben den in der modernen vergleichenden Politikwissenschaft am weitesten verbreiteten funktionalen Betrachtungsweisen, die von der Unabhängigkeit der Fälle und dem gleichgewichteten Einfluss von gleichen Faktoren ausgehen (Homogenität der Analyseeinheiten), die zumeist in Regressionsanalysen unterstellt werden, existieren Analysestrategien, die eine andere Ontologie unterstellen (Hall 2003: 381-388). So gehen *rational choice*-Ansätze von Entscheidungsketten aus, die in nicht gleichgewichteten Einflussgrößen in allen Kontexten resultieren. Ähnlich verhält es sich mit Analysen von Pfadabhängigkeiten. Solche Analysen betonen beispielsweise Kausalzusammenhänge von gleich starken Einflüssen, die in einem Fall einen starken, im anderen keinen bzw. einen gänzlich anderen Einfluss besitzen. Dabei werden nicht gleichgewichtete funktionale Zusammenhänge betrachtet, sondern – durchaus alternative – konfigurative Zusammenhänge, oder ob der Einfluss eines Faktors zeitabhängig ist. So sind sechs Jahre sozialdemokratische Regierungsbeteiligung in den 1930er Jahren einflussreicher als sechs Jahre in den 1990ern, da sie die formative Phase des Wohlfahrtstaates umfassen. Auch können Ereignisse von vielen zusammenhängenden Faktoren gemeinsam bedingt sein oder „unabhängige Variablen“ (z.B. Unterstützung der Demokratie) können wechselseitig von der „abhängigen Variable“ (z.B. Stabilität der Demokratie) abhängen.

Einige Analysetechniken legen ein großes Gewicht auf fallinterne Entwicklungen und Prozesse (Fallstudien, Ereignisanalysen, Zeitreihenanalysen), wobei oftmals fundamentale Defizite im Bereich des fallübergreifenden Vergleichs und der Generalisierbarkeit der Ergebnisse auftreten (Janoski/Hicks 1994: 13-21). Andere Analysestrategien betonen hingegen den fallübergreifenden Vergleich, vernachlässigen jedoch die fallinterne Analyse (*cross-section* Analysen, QCA und Fuzzy Set, siehe Kapitel 14). Analysen, die beide Aspekte verbinden (vergleichende Fallstudien, *pooled time-series–cross-section*-Analysen) erreichen dabei schnell eine hohe Komplexität, so dass nur wenige Fälle betrachtet werden können (vergleichende Fallstudien) oder die Analyse technisch unübersichtlich und stark variablenorientiert (*pooled time-series–cross-section*) wird.

Die folgenden vier Kapitel geben eine Übersicht über verschiedene Analysestrategien in der vergleichenden Politikwissenschaft. Das Feld ist jedoch sehr ausdifferenziert, daher können lediglich einige wesentliche Aspekte genannt werden. Bei der Durchführung konkreter Analysen sollte die zitierte Literatur konsultiert werden. Die Darstellung bezieht sich zunächst auf die Fallstudie als eine Methode, die bis heute „... often practiced but little understood“ (Gerring 2004) wird und selbst nicht zur vergleichenden Politikwissenschaft gehört. Sie schafft jedoch die Voraussetzung für vergleichende Fallstudien, die in einem zweiten Kapitel dargestellt werden. Gerade im Bereich der makro-historischen vergleichenden Fallstudien sind Systematisierungen vorgelegt worden, die diese Analysestrategien näher in das Zentrum der vergleichenden Politikwissenschaft rücken. In Kapitel 13 werden dann die statistisch-vergleichenden Analysestrategien vorgestellt, in deren Zentrum die Regressionsanalyse steht. Auch in diesem Bereich haben sich fundamentale Innovationen in den letzten zehn Jahren durchsetzen können, die eine effizientere Analyse von kleinen Fallzahlen ermöglichen und in Form der Zeitreihen- und Ereignisanalyse auch stärker fallinterne Faktoren betonen. Insbesondere die gepoolten Zeitreihenanalysen, in denen simultan Zeitreihen und Länder vergleichend analysiert werden, haben sich in den letzten Jahren auf diesem Gebiet etabliert. Schließlich werden Analysestrategien erläutert, die mehrere Aspekte der Fallorientierung und Variablenorientierung miteinander verbinden wollen. Insbesondere ist auf diesem Gebiet die qualitativ-vergleichende Analyse (QCA; *Qualitative Comparative Analysis*) mit ihrer Weiterentwicklung der *Fuzzy Set*-Analyse und des schrittweisen Ansatzes der Differenzmethode zu nennen.[231]

[231] Eine aktuelle Einführung in die Methoden der internationalen Beziehungen unterscheidet zwischen Fallstudien, statistischen Analysen und formalen Modellen (Sprinz/Wolinsky-Nahmias 2004). Wenngleich in diesem Werk weniger auf vergleichende Studien eingegangen wird, ist es in vielerlei Hinsicht eine sehr wertvolle Ergänzung zu den Ausführungen dieses Teils der Einführung.

Kapitel 11: Die Bedeutung der Fallstudie für die vergleichende Politikwissenschaft

1. Vor- und Nachteile von Fallstudien
2. Fälle und Fallstudien
3. Typen von Fallstudien
4. Exkurs: *Area Studies* und vergleichende Politikwissenschaft
5. Fallstudien und vergleichende Politikwissenschaft
6. Fallinterne Vergleichsanalysen
7. Die Rolle der Forscherin und des Forschers in Fallstudien

Nachdem wir uns durch die Betrachtung von Theorien im Bereich der vergleichenden Politikwissenschaft ein konzeptionelles Instrumentarium für die Analyse einzelner Länder und für den Vergleich von mehreren Ländern angeeignet haben, können wir nun die am häufigsten angewendeten Forschungsstrategien in der vergleichenden Politikwissenschaft in einem neuen Licht betrachten. In diesem Kapitel soll nochmals intensiver auf die Fallstudie (Yin 2002; 2003; Gerring 2004; 2007; George/Bennett 2005), insbesondere auf ihren Wert für die vergleichende Politikwissenschaft, eingegangen werden.

Die Fallstudie stellt keine genuine Untersuchungsmethode der vergleichenden Politikwissenschaft dar. Sie ist jedoch ein oft benutztes Instrument, das auch für die vergleichende Politikwissenschaft angewendet werden kann. Deshalb soll sie an dieser Stelle auch ausführlicher behandelt werden. Eine besondere Betrachtung der Fallstudie ist zudem ratsam, da diese Art der Forschung bei weitem immer noch den größten Beitrag in der vergleichenden Politikwissenschaft leistet. Dies liegt unter anderem daran, dass Fallstudien relativ weniger materieller Ressourcen bedürfen und durchaus von einer Person durchgeführt werden können. Ein vermeintlicher Vorteil von Fallstudien, der auch zur wesentlichen Nutzung dieser Untersuchungsstrategie führt, besteht in der Annahme, dass eine Fallstudie relativ voraussetzungslos sei. Diese Auffassung wird durch die Praxisnähe der Fallstudie gefördert. Oftmals steht ein diffuses Interesse an einem konkreten Fall am Anfang der Studie und es wird versucht, durch ein laienhaftes, wenig theorie- oder hypothesengeleitetes Spekulieren den Fall „zu verstehen“. Dieser unsystematische Zugriff wird dann noch durch eine so genannte „qualitative” Methodenwahl unterstützt. Qualitative Methoden sind eigentlich sehr anspruchsvolle, „einfühlsame” Datenerhebungstechniken, doch auch diese können an dem Problem kranken, dass sie der laienhaften Interpretation von politischen Ereignissen sehr nahe stehen. Beide Faktoren addieren sich in manchen Studien dermaßen, dass dann wenig brauchbare Ergebnisse für den wissenschaftlichen Fortschritt erzielt werden.

Die umfangreiche Auseinandersetzung mit dieser vermeintlich „einfachen” Methode soll das Problembewusstsein schärfen und die Tücken der Fallstudienforschung offen legen. In diesem Zusammenhang sei auch auf das theoretische und analytische Potenzial von reflektiert durchgeführten Fallstudien aufmerksam gemacht. In keinem Gebiet der Sozialwissenschaft sind die Qualitätsunterschiede zwischen guter und schlechter Sozialforschung so groß wie in Studien, die sich einer Falluntersuchung zuwenden.

1 Vor- und Nachteile von Fallstudien

Fallstudien besitzen eine Reihe von Vorteilen. Wie schon erwähnt, verlangen Fallstudien nur wenige Ressourcen, was durchaus von Vorteil für die Praktikabilität von Forschungsprojekten ist. Auch sollte der Praxisbezug nicht *per se* negativ bewertet werden. Im Gegenteil: Ein Praxisanschluss der Forschung garantiert einen Einfluss der Wissenschaft auf die Politik oder andere Problemfelder. Des Weiteren sind Fallstudien flexibel. Die Vorgehensweise kann kurzfristig verändert werden, wenn sich im Forschungsprozess neue Erkenntnisse ergeben oder nicht antizipierte Probleme auftauchen. Fallstudien sind deshalb gerade für explorative Studien eine wichtige Forschungsstrategie. Sie ermöglichen einen intensiven Dialog zwischen Ideen, Hypothesen und empirischen Beweisen.

Ein weiterer forschungsstrategischer Vorteil von Fallstudien besteht in der holistischen Betrachtungsweise. Fälle werden in ihrem Kontext betrachtet. Darüber hinaus können historische Entstehungsgründe sowie kulturspezifische Aspekte in die Untersuchung einfließen. Fallstudien nehmen die Komplexität eines Falles auf und erlauben besser als andere Forschungsstrategien, Interpretationen durchzuführen, in denen bestimmte Einflüsse (Variablen) unterschiedliche Folgen haben können. Solche Ereignisse werden Äquifinalitäten oder multiple Kausalitäten genannt (George/Bennett 2005: 161-162; King u.a. 1994: 87-89).

Die Nachteile der Fallstudienuntersuchungen ergeben sich vor allem aus der Konzentration auf den besagten *einen* Fall. Es existieren keine wissenschaftlichen Kriterien dafür, dass Ergebnisse, die durch einen Fall entdeckt und an ihm beschrieben werden, auch Gültigkeit für andere Fälle haben. Der Generalisierungsgrad von Fallstudien ist damit sehr begrenzt.

Das Modell, an dem sich die etablierte Forschung in den Sozialwissenschaften orientiert, ist die variablenbezogene Forschung, die mannigfaltige Ursachen und komplexe Interaktionen zwischen den Variablen untersucht. Diese Komplexität kann durch statistische Verfahren geordnet werden, sofern eine ausreichend große Fallzahl verfügbar ist. Dieses sozialwissenschaftliche Modell ist ein schwer zu erreichender Standard für die vergleichende Forschung, da meistens zu wenige Fälle vorliegen, um statistische Verfahren anzuwenden. Übertragen auf die Einzelfallstudie bedeutet die Logik der variablenorientierten Forschung, dass jede Variable, die in eine Einzelfallstudie aufgenommen worden ist, potenziell die gleiche Voraussetzung mitbringt, um das Ergebnis zu determinieren. Ohne irgendeine Art von Vergleich besteht keine Möglichkeit, näher zu bestimmen, welche die für das Ergebnis notwendige Bedingung ist. Zwar können „plausible Geschichten" geschrieben werden, welche Faktoren für ein Ereignis wesentlich waren, doch lassen sich aus unterschiedlichen Perspektiven auch unterschiedliche „plausible Geschichten" ableiten. Ohne einen Vergleich ist es kaum möglich zu bestimmen, welche von ihnen glaubwürdiger ist. Die Einzelfallstudien-Strategie leidet darunter, dass keine experimentelle Varianz vorhanden ist und die externe Varianz und die Fehlervarianz unkontrollierbar sind.

Oftmals ist auch die Auswahl der vermeintlich relevanten Variablen ausschlaggebend für die Auswahl des Falles überhaupt. Die meisten Forscher wählen Fälle nicht nach dem Zufallsprinzip aus (was sich auch unter forschungsstrategischen Aspekten verbietet), und so wird häufig das Interesse an dem Fall, welches zur Auswahl des Falles geführt hat, auch den weiteren Forschungsprozess bestimmen. Diese Festlegung zu Beginn einer Fallstudie wird höchstwahrscheinlich auch die Forschungsergebnisse beeinflussen, selbst wenn der

Forscher sich um Objektivität bemüht. Es ist ein kostspieliger und zeitintensiver Prozess, im Verlauf des Forschungsprozesses den Fall durch einen anderen zu ersetzen. Dies müsste aber geleistet werden, wenn man im Forschungsprozess feststellt, dass der Fall nicht in die Untersuchung passt.

Das problematische Verhältnis zwischen untersuchtem Fall und Theorie entsteht auch dadurch, dass bei vielen durchgeführten Fallstudien der Forscher an einem sozialen Phänomen in einem bestimmten Land interessiert ist, ohne dies theoretisch reflektiert zu haben. Die Bezugnahme auf theoretische Ansätze erfolgt bei diesen Fallstudien viel zu spät oder der theoretische Bezug wird *ad hoc* hergestellt. Eng damit verknüpft ist das Problem eines nicht ausgearbeiteten Forschungsdesigns. Der Forschungsprozess ist durch den Erkenntnisgewinn im Verlauf des „Einarbeitens" in einen Themenbereich gekennzeichnet und von spontanen Strategiewahlen und -wechseln charakterisiert. Dies führt dann zu einer unwissenschaftlichen Annäherung an den Forschungsgegenstand. Nur wenn wesentliche Bedingungen erfüllt sind, können Untersuchungen, die primär durch ein Interesse an einem sozialen Phänomen durchgeführt werden, sinnvoll sein (George/Bennett 2005: 83-84).

Die Fallstudie kann einen höheren Stellenwert innerhalb der vergleichenden Politikwissenschaft erreichen, wenn in eine Untersuchung nicht nur ein Fall, sondern mehrere Fälle aufgenommen und miteinander verglichen werden (siehe Kapitel 12). Eine solche vergleichende Fallstudie geht dann auch in das Gebiet der vergleichenden Politikwissenschaft ein und kann eine hohe theoretische Bedeutung erlangen. Damit unterscheiden sich vergleichende Fallstudien in ihrer Systematik und ihrer theoretisch-analytischen Schärfe deutlich von Einzelfallstudien, die einen Fall isoliert betrachten.

2 Fälle und Fallstudien

Was ist aber nun eigentlich ein Fall? Obgleich wir uns schon längere Zeit mit diesem Begriff beschäftigt haben, ist bisher noch unbeachtet geblieben, was denn eigentlich ein Fall ist. Zwar kann man davon ausgehen, dass, wann immer ein einzelnes Ereignis (politisches Programm oder *outcome*, Wahl, Revolution etc.) innerhalb seines Kontextes betrachtet wird, wir von einer Fallstudie sprechen können. Das bedeutet, dass eine Fallstudie sich auf eine Analyseeinheit (*unit of analysis*) bezieht (Gerring 2004: 342). Doch bleiben bei dieser Definition noch weitere Fragen offen: Wenn ein Forscher z.B. Informationen über verschiedene Entscheidungen innerhalb des gleichen Themenbereiches über eine kurze Zeitspanne von der gleichen politischen Institution zusammenträgt, haben wir es dann mit einer oder mehreren Fallstudien zu tun? Und wenn er dann unterschiedliche Entscheidungstypen innerhalb dieses Rahmens untersucht, wurde dann die Fallzahl erhöht? Und wenn der Forscher eine Entscheidung innerhalb eines Landes auf unterschiedlichen Ebenen untersucht, etwa innerhalb von Interessenorganisationen, Parteien, Länder- oder Bundesregierungen, hat er dann schon ein vergleichendes Untersuchungsdesign angewandt? Harry Eckstein (1975: 85) definiert die Fallstudie sehr eng, wenn er betont, dass eine Fallstudie eine einzelne Beobachtung darstellt. Damit wäre eine Fallstudie eher ein Datenpunkt als ein Fall. Wenngleich die Beantwortung der oben gestellten Fragen abstrakt nicht eindeutig sein und nur in Verbindung mit dem Erkenntnisinteresse bestimmt werden kann, so besteht ihr Ziel darin, dass der Forscher sich über die Tragweite seiner Fallstudie *vor* ihrer Durchführung im Klaren ist. Es müssen wichtige Definitionsprobleme gelöst werden, da diese das methodische Herangehen und die Perspektive der Interpretationen beeinflussen (Ragin/Becker 1992; Gerring 2004). Nur wenn diese intellektuelle Arbeit zu Beginn einer Fallstudie geleistet wird, kann das gesamte Spektrum und die Stärke der Fallstudienforschung voll ausgeschöpft werden.

Ganz gleich welche Form von Fallstudie Anwendung findet, es müssen verschiedene fundamentale methodische Aspekte betrachtet werden. Diese fallen in die Kategorie der Varianz, die in Kapitel 5 ausführlich erläutert wurde. Die Schaffung der externen Varianz – also jene Varianz, die im Forschungsprozess kontrolliert werden soll – ist auf das Engste mit der Auswahl der Fälle verbunden, weil die Fälle im Lichte des theoretischen Rahmens die experimentelle Varianz erhöhen. In der Einzelfallstudie wird diese Varianz vermutet, da sie nicht durch einen expliziten Vergleich beobachtet werden kann. Der Vergleich geschieht indirekt, entweder in Bezug auf eine Theorie oder andere Fallstudien, die von anderen Forschern durchgeführt wurden, oder durch Bezug auf andere Forschungsergebnisse.

Die Kontrolle der externen Varianz und die Reduktion der Fehlervarianz sind wichtige Begriffe, die sich auf den Forschungsprozess einer Fallstudie beziehen. In Fallstudien ist der Forscher selbst eine wesentliche Quelle für diese beiden Fehlertypen. Ein Hauptproblem der Fallstudien besteht darin, dass es – wenn überhaupt – wenige Überprüfungsmöglichkeiten für die Beobachtungen des einzelnen Forschers gibt. Damit wird der Beobachter selbst zur Quelle der externen Varianz. Während des Forschungsprozesses erfährt der Forscher immer mehr über den Gegenstandsbereich, so dass die Interpretation von Beobachtungen zum Ende der Untersuchung sich deutlich von denen zu Beginn einer Untersuchung unterscheiden kann. Darüber hinaus bringen Forscher theoretische und empirische Erfahrungen in die Forschung ein, welche ebenfalls die Interpretation und die Wahrnehmung des Gegenstandsbereiches beeinflussen.

Wie zu Beginn des Kapitels dargelegt wurde, intensiviert sich dieses Problem meistens noch, da in Fallstudien oftmals so genannte qualitative Methoden angewendet werden, die unter anderen dadurch gekennzeichnet sind, dass sie eher von subjektiven als von objektiven Faktoren geleitet werden. Deshalb ist die Verwendung von quantitativen Methoden in Fallstudien sicherlich eine gute Empfehlung (Tarrow 2004). Selbst wenn diese Methoden nicht zur primären Erhebungsmethode avancieren, können sie als Rückversicherung für essenzielle Aussagen genutzt werden. Experteninterviews, die zu den grundlegenden qualitativen Erhebungsmethoden gehören, können beispielsweise mit einer formalisierten, quantitativen Inhaltsanalyse von Dokumenten verbunden werden.

Fallstudien können nach ihrer Herkunft, dem Zweck und der Art der verfügbaren Informationen klassifiziert werden. Charles Ragin (1992: 8-9) unterscheidet zwischen *gefundenen* und *geschaffenen* Fällen. Diese Unterscheidung ist mit dem Theoriebezug auf das Engste verknüpft. Im ersten Fall existieren die Fälle einfach und werden unter Zuhilfenahme einer Theorie näher erfasst. „Geschaffene“ Fälle haben eine Theorie als Ausgangspunkt und man versucht, passende Fälle zu finden. So wollte der amerikanische Soziologe Charles Perrow (1987) zeigen, dass Hochtechnologien wie die Atomenergie prinzipiell nicht beherrschbar sind, da ihre Komplexität zu inhärenten Unfällen führe, die er als „normale Katastrophen“ bezeichnet. Er entwickelte einen theoretischen Rahmen, in dem die Komplexität und die Abhängigkeit von einzelnen Abläufen (Kopplung) aufeinander bezogen wurden. Dieser theoretische Rahmen wurde dann zur Erklärung des Zwischenfalls im Atomkraftwerk in Harrisburg angewendet und verfeinert. Um die Gültigkeit des Ansatzes zu testen, untersuchte Charles Perrow weitere Hochtechnologien, z.B. Flugverkehr und

Hochseeschifffahrt als Nachweis dafür, dass auch diese Systeme den gleichen Unsicherheitsrisiken unterliegen, weil sie ähnliche Charakteristika (Komplexität und enge Kopplung) wie die Kernenergie aufweisen.

Ragin unterscheidet Fälle zudem noch auf der Grundlage ihrer Generalität. Unter Generalität versteht er das Ausmaß, in dem der Forscher *a priori* weiß, für was der Fall ein Fall ist. Oftmals ist gerade für die Untersuchung der „vorgefundenen" Fälle ein beträchtlicher Forschungsaufwand nötig, um herauszufinden, für was der Fall ein Fall ist. Graham Allison (1971) untersuchte z.B. die Kubakrise durch die Perspektive dreier unterschiedlicher Theorien, um zu zeigen, für was diese Krise einen Fall darstellt.

Egal welcher Falltyp untersucht wird, der wesentliche Aspekt einer analytischen Fallstudie besteht in der Identifizierung, *wofür der Fall ein Fall ist.* Ein Forschungsgegenstand kann für verschiedene analytische Fälle stehen. Schweden kann beispielsweise einmal unter dem Aspekt eines neokorporatistischen Landes gesehen werden, zum anderen als ein Land mit einer langen sozialdemokratischen Tradition, des Weiteren als ein Land, das seit über zweihundert Jahren keinen Krieg mehr hatte. Darüber hinaus kann es als ein Wohlfahrtsstaat betrachtet werden oder als ein Fall, bei dem Umweltprobleme schon früh auf der politischen Tagesordnung standen. Schweden kann als ein Land gelten, in dem die Rechte der Frauen frühzeitig durchgesetzt wurden. Der Forscher hat nun die Aufgabe aufzuzeichnen, welche Aspekte Schwedens oder Teile der schwedischen Politik das Land als Fall für eine bestimmte Forschungsfrage exemplarisch machen.

Sozialwissenschaftler nähern sich ihrem Forschungsgegenstand immer mit einem Vorwissen und gewissen Standpunkten an. Zu oft sind diese Aspekte nur implizit in Untersuchungen zu erkennen. So spielt es beispielsweise eine wesentliche Rolle bei der Analyse von Wohlfahrtsstaaten, ob der Forscher sich selbst eher links oder rechts auf dem Parteienspektrum einordnet. Dementsprechend wurde in einer Untersuchung über die programmatischen Positionen von politischen Parteien der Bewertende selbst befragt, welche Position er auf verschiedenen ideologischen Dimensionen einnimmt (Laver/Hunt 1992). Die Standpunkte der Befragten wurden dann mit den zugeschriebenen Standpunkten der Parteien korreliert und ggf. korrigiert. Ähnliche Mechanismen wirken in Fallstudien, in denen der Forscher entweder eine affektive – positive oder negative – Position gegenüber dem Forschungsgegenstand vertritt. Wichtig für eine Fallstudienuntersuchung ist jedoch, dass der Forscher deutlich macht, welche Position er in wesentlichen, den Forschungsfall betreffenden Aspekten einnimmt. Die inhärente Subjektivität der Fallstudien macht diesen Punkt unerlässlich.

3 Typen von Fallstudien

Fallstudien können einen sehr unterschiedlichen analytischen Wert besitzen. Arend Lijphart (1971) und Harry Eckstein (1975) identifizieren dementsprechend unterschiedliche Strategien der Fallstudien, die sie mit Bezug auf die vergleichende Methode darstellen. Beide legen gewisse Schwerpunkte auf die unterschiedlichen Arten der Fallstudien, wobei sich Ähnlichkeiten und Unterschiede ergeben. Diese können wie folgt dargestellt werden (siehe auch George/Bennett 2005: 213):

Abbildung 11-1: Gegenüberstellung von verschiedenen Fallstudienstrategien bei Arend Lijphart und Harry Eckstein

Lijphart		*Eckstein*
atheoretische Fallstudien	←→	konfigurativ-idiographische
interpretative Fallstudien	←→	diszipliniert-konfigurative Fallstudien
hypothesengenerierende Fallstudien	←→	heuristische Fallstudien
?	←→	sondierende Fallstudien
theoriebestätigende Fallstudien	↖	
theoriewiderlegende Fallstudien	←→	entscheidende (*crucial*) Fallstudien
Analysen abweichender Fälle	←→	?

Basierend auf den beiden genannten Autoren lassen sich die folgenden Fallstudien unterscheiden:

- konfigurativ-idiographische Fallstudien
- theorieorientierte interpretative Fallstudien
- heuristische Fallstudien
- sondierende Fallstudien
- theoriebestätigende und theoriewiderlegende Fallstudien
- Analysen abweichender Fälle

a. Konfigurativ-idiographische Fallstudien

Konfigurativ-idiographische Studien sind bemüht, den Fall in seiner Gestalt oder Gesamtheit zu erfassen. Idiographisch bedeutet im Gegensatz zu nomothetisch (generalisierend, nach Regeln suchend), dass man sich in der Interpretation auf den Einzelfall konzentriert (idiographisch = das Eigentümliche, Einmalige singulär beschreibend). Fallstudien in dieser Tradition dienen vor allem der Informationsbeschaffung. Dieses Anliegen ist durchaus legitim, besonders wenn ein Prozess noch im Fluss ist. So ist die Sammlung von Informationen über frühere kommunistische Staaten in Osteuropa bis heute nicht abgeschlossen, und im Vergleich zu westeuropäischen Staaten haben wir es in dieser geographischen Region noch mit fundamentalen Wissensdefiziten zu tun. Ein Vorteil solcher Untersuchungen besteht auch darin, dass deskriptive prozessbegleitende Untersuchungen weniger den Prozessen einer retrospektiven Sinndeutung unterliegen als Studien, die nach Abschluss eines Prozesses durchgeführt werden. In diesem Zusammenhang soll auf einen Vorteil hingewiesen werden, der für manchen als Nachteil gelten kann: In vielen Studien, die einen sich gerade entwickelnden Prozess untersuchen oder von ausländischen Beobachtern durchgeführt werden, ist nur ein begrenztes Wissen über den Kontext oder die Geschichte des Falles vorhanden. Deshalb konzentriert sich der Forscher auf die wichtigsten, offensichtlichsten Aspekte und beleuchtet vielleicht solche, die ein Forscher, der mehr in den Fall involviert ist, nicht mehr zu erkennen vermag. Konfigurativ-ideographische Fallstudien sind jedoch theorielos. Lijphart (1971: 691) nennt sie „atheoretical case studies“, deren theoretischer Nutzen gleich null ist (George/Bennett 2005: 75).

b. Theorieorientierte interpretative Fallstudien

Wie bei der konfigurativ-idiographischen Fallstudie erfolgt auch in der theorieorientierten, interpretativen Fallstudie die Auswahl des Falles danach, welches Interesse an ihm besteht und nicht an der Formulierung einer allgemeinen Theorie. Bei diesem Typ von Fallstudie wird der Fall jedoch anhand einer Theorie interpretiert. Somit wird dargelegt, dass sich ein Ereignis eben nur unter Berücksichtigung einer bestimmten Theorie interpretieren lässt. Da in diesen Fallstudien nicht versucht wird, theoretische Generalisierungen durchzuführen, sondern eben Theorie benutzt wird, um einem Fall Sinn zu verleihen, ist der Nutzen für die Entwicklung von Theorien gering (wie bei der konfigurativ-idiographischen Fallstudie).

Allerdings dokumentieren diese Studien auch die Tragweite von Theorien. Die Interpretation einzelner Ereignisse durch allgemeine Regeln (Theorie) ist schließlich eine der vordringlichsten Aufgaben der Theorie. Besonders interessant wird eine solche Fallstudie, wenn unterschiedliche Theorien anhand des Falles „getestet" werden. Ein systematisches Verfahren Theorien auf verschiedene Aspekte eines Falles zu beziehen wird von George und Bennett (2005: Kapitel 9) anhand einer Kongruenzmethode dargelegt. Auch in dieser Hinsicht ist die zuvor erwähnte Studie von Graham Allison (1971) über die Kubakrise oder die Untersuchung von Khong (1992) zu Kriegsentscheidungen beispielhaft.

Auf ein Problem solcher Analysen machen jedoch George und Bennett (2005: 188) aufmerksam. Sie weisen darauf hin, dass der Zusammenbruch der Sowjetunion und das Ende des Kalten Krieges von kaum jemand vorhergesagt wurden. Nachdem diese Ereignisse jedoch stattgefunden hatten, standen zugleich mehrere theoretische Erklärungen bereit, warum diese Ereignisse zwingend eintreffen mussten. Da theoretische Erklärungen, zumindest bedingt, eine Vorhersage ermöglichen sollten, sind solche Erklärung zu einem gewissen Maß suspekt.

c. Heuristische Fallstudien

Heuristische Fallstudien versuchen anhand eine Falles (Ablauf-)Muster herauszufinden und sind somit theorieschaffende Fallstudien. Ein Bereich der qualitativen Sozialforschung, der dieses Verfahren in den Vordergrund des Interesses stellt, ist die *Grounded Theory* (Glaser/Strauss 1979). In der Entdeckung einer gegenstandsbezogenen Theorie wird durch die fortlaufende Interaktion zwischen der Aufdeckung empirischer Fakten und der Konsultation einer Theorie die Theorie selbst weiterentwickelt.

Aber auch in stärker theorievoraussetzenden Studien kann dieses Vorgehen Anwendung finden. Ausgehend von einer Theorie wird ein Fall gewählt, an dem dann die Theorie verfeinert wird. Lijphart nennt diese Art von Fallstudien auch hypothesengenerierende Fallstudien. Wenngleich dieser Typus einen bedeutenden theoretischen Nutzen haben kann, basiert auch er nur auf einem einzigen Fall, was Generalisierungen problematisch macht. Es ist allerdings möglich, die entwickelten Ergebnisse mit weiteren Fällen zu konfrontieren, um die gefundenen Theorieelemente weiter zu verfeinern (Geddes 2003: Kapitel 4). Die oben erwähnte Untersuchung von Perrow beschreitet einen solchen Weg. Dieses Vorgehen unterscheidet sich von dem der vergleichenden Methode dadurch, dass eine Theorie eben nicht durch den Vergleich getestet wird, sondern vielmehr andere Fälle zur Verfeinerung der Theorie herangezogen werden. Die Fälle werden sukzessiv auf Grundlage der Bedürfnisse einer Theorie ausgewählt und nicht anhand einer Population. In diesem Sinne handelt es sich um eine Akkumulation von Fällen im Gegensatz zu einer parallelen Untersuchung von Fällen. Eine weitere Möglichkeit besteht auch darin, gewisse Kausalbeziehungen innerhalb eines Falles anhand von isolierten Bereichen zu überprüfen (George/Bennett 2005: 76).

Problematisch wirkt sich bei solchen Untersuchungen aus, dass der Forscher vorher nicht wissen kann, ob der Fall tatsächlich für die Entwicklung einer Theorie brauchbar ist. Insofern bleibt diese Forschungsstrategie ein Glücksspiel. Da oftmals die wissenschaftliche Qualifikation oder Reputation des Wissenschaftlers auf dem Spiel steht, bemüht sich dieser auf jeden Fall, einen theoretischen Beitrag zu leisten, was oftmals zu gewagten Schlüssen führt. Dieses Verhalten wird dadurch verstärkt, dass eher Artikel publiziert werden, die eine Theorie bestätigen als solche, die eine Theorie widerlegen. Denn es erscheint sinnvoller, etwas positiv erklären zu können als nur destruktiv darzulegen, dass etwas durch gewisse Instrumente nicht erklärt werden kann. Diese Strategie hat allerdings zur Folge, dass in den Sozialwissenschaften zu viele „bestätigende" Theorien nebeneinander existieren und ein Selektionsprozess der Theorien, wie er in den Naturwissenschaften eher üblich ist, in den Sozialwissenschaften ausbleibt. Dadurch entsteht ein Überangebot an Theorien (Peters 1998: 150; siehe auch: Achen 2002; Castles 2004: 9-10; siehe hierzu auch das Problem von *non-results*, auf das in Kapitel 14 näher eingegangen wird).

d. *Sondierende Fallstudien (Plausibility Probes)*

Bei diesen Fallstudien existieren noch keine bewährten Theorien für den untersuchten Forschungsgegenstand. Anhand eines Falles soll eine „Proto-Theorie" „getestet" werden. Die Fallstudie bildet hier eine Art „Pretest" für Theorien. Auch diese Art der Fallstudie dient der Schaffung oder Konkretisierung einer Theorie, der Fall wird theoriegeleitet ausgewählt, eben um eine „Proto-Theorie" zu festigen.

Ein Grund für die Nutzung der sondierenden Fallstudie ist, dass es kostengünstiger ist, eine Theorie zunächst an einem Fall zu testen, als ein aufwendigeres Instrumentarium der vergleichenden Methode anzuwenden. Bewährt sich die Theorie bereits am ersten Fall nicht, so ist es nicht unbedingt sinnvoll, sie an weiteren Fällen zu testen. Ebenso kann die sondierende Fallstudie zur Überarbeitung der Proto-Theorie führen, bevor jene dann anhand einer vergleichenden Analyse getestet wird. So wurde das Modell der Konfliktstrukturen von Stein Rokkan und Henry Valen (1964) zunächst am Beispiel Norwegens dargelegt, bevor es dann von Lipset und Rokkan (1967) auf weitere Länder Europas ausgedehnt wurde. Ähnlich lassen sich auch Arend Lijpharts Arbeiten interpretieren, der zunächst am Fall der Niederlande das Konzept der Versäulung und Kompromissfindung darstellte (Lijphart 1968), was später ein wesentliches Element seiner 36 Länder vergleichenden Studie zu Demokratiemustern wurde (1999).

e. *Theoriebestätigende und theoriewiderlegende Fallstudien*

Obgleich eine Fallstudie niemals eine Theorie endgültig bestätigen oder widerlegen kann, kann sie doch eine Theorie stärken oder hinterfragen. Natürlich ist es relativ belanglos, wie

Lijphart (1971: 692) betont, ob eine Theorie an einem Fall mehr oder weniger bestätigt oder widerlegt wird. Eine Bestätigung der Theorie am Fall X bedeutet wenig, wenn man davon ausgehen kann, dass mehrere hundert andere Fälle die Theorie falsifizieren könnten. Umgekehrt sind die Kriterien in der empirischen Sozialwissenschaft oftmals nicht so streng, dass schon ein einziger Fall die Theorie zu Fall bringen kann. Dies wurde zwar von Wissenschaftsphilosophen wie Karl Popper (1994; zuerst 1934) behauptet, in der sozialwissenschaftlichen Realität haben wir es aber meistens mit Wahrscheinlichkeiten zu tun. Auch unter diesen Umständen bedeutet also die Falsifikation einer Theorie an einem Fall X wenig, wenn noch hundert oder tausend andere Fälle existieren.

Auch für solche „theorietestenden" Untersuchungen besteht jene Einschränkung, dass es schwer bestimmbar ist, ab wann eine Theorie verifiziert oder falsifiziert ist. Dies bleibt dann der Argumentationskraft der einzelnen Autoren[232] und der *scientific community* überlassen.

Allerdings lässt sich diese Art der theoriebestätigenden und theoriewiderlegenden Fallstudie noch etwas verfeinern. Eckstein (1975: 118-123) schlägt in seiner Betrachtung der *crucial case studies* die Untersuchung anhand von „am wahrscheinlichsten" (*most likely*) und „am unwahrscheinlichsten" (*least likely*) Fällen vor. Unter *least likely cases* versteht man Fälle, die sich am schwierigsten mittels einer Theorie bestätigen lassen. Robert Michels (1989; zuerst 1911) beschritt einen solchen Weg, indem er von dem „ehernen Gesetz der Oligarchie" ausging, dass Organisationen immer eine Organisationshierarchie ausbilden, in der demokratische Aspekte ins Hintertreffen geraten. Um diese Theorie zu überprüfen, untersuchte er die Sozialdemokratische Partei Deutschlands zu Beginn des 20. Jahrhunderts, die mit organisationsdemokratischen Innovationen den etablierten Organisationsformen von Parteien einen Gegenpol entgegensetzen wollte. Wenn es also auch in der SPD zur Oligarchiebildung kommt, so Michels' Annahme, kann man von einem Gesetz der Oligarchie sprechen, welches in jeder Organisation auftritt.

Umgekehrt können Fälle untersucht werden, die vermutlich eine Theorie bestätigen (*most likely cases*). So betrachtet Michael Ross (2004) die Ursachen für Bürgerkriege, indem er verschiedene Hypothesen aus Theorien ableitet und dann die dazu passenden Fälle untersucht. Indem er die Erklärungskraft jeder einzelnen Theorie für die entsprechenden Fälle testet, kann er auch auf deren Defizite hinweisen und weitere Erklärungsvorschläge unterbreiten. Allerdings beruht diese Art von Untersuchungen auf einer Fallauswahl auf der abhängigen Variable, was in einem ernsten *selection bias* mündet. Dies wiederum zieht eine sehr begrenzte Verallgemeinerbarkeit solcher Untersuchungen nach sich und sollte in solchen Studien reflektiert werden.

Eine besondere Chance für theoriebestätigende und theoriewiderlegende Fallstudien besteht, wenn sich die Situation in einem Fall in kürzerer Zeit radikal ändert. Diese Situation wurde in Kapitel 8 anhand des *Before-After Research Designs* beschrieben und entspricht der Situation der Differenzmethode von John Stuart Mill, wie sie in Kapitel 5 dargelegt wurde. Beispiele für solche Quasi-Experimente sind unter anderen die deutsche Vereinigung oder die fundamentalen Wahlrechtsreformen in Neuseeland, Japan oder Italien. Anhand dieser Fälle können Theorien getestet werden, die mit den verschiedenen Wahlsystemen einhergehen. Es kann so untersucht werden, ob sich das italienische Parteiensystem durch die Einführung von Elementen eines Mehrheitswahlsystems stabilisiert, wie dies

[232] Deshalb ist oftmals die Präsentation der Ergebnisse wichtig für deren Wirkung. Allerdings führt dies auch zu populistischen Darstellungen und stilistisch brillanten Texten mit wenig wissenschaftlich fundierten Ergebnissen.

in der Literatur zum Einfluss von Wahlsystemen oftmals behauptet wird, oder ob sich das Parteiensystem Neuseelands von einem Zweiparteiensystem durch die Einführung der Verhältniswahl zu einem Vielparteiensystem entwickelt.

f. *Analysen abweichender Fälle (Deviant Case Analysis)*

Ein Bereich, in dem die analytische Kraft der Fallstudie den vergleichenden und statistischen Analysen überlegen ist, ist die Untersuchung von abweichenden Fällen. Abweichende Fälle sind in statistischen Analysen Störfaktoren, die entweder aus der Untersuchung ausgeschlossen werden müssen oder deren Abweichung abgeschwächt werden soll, um die statistischen Analysen nicht zu verfälschen. Im Gegensatz dazu können sich Fallstudien gerade auf solche abweichenden Fälle konzentrieren und detailliert betrachten, weshalb ein sonst bestehendes Muster für einen bestimmten Fall nicht zutrifft. Analysen abweichender Fälle besitzen somit unter Umständen einen hohen theoretischen Wert, da sie Theorien verfeinern oder möglicherweise die Grenzen von Theorien aufzeigen.

Zusammengefasst ist der theoretische Gewinn am stärksten bei den Analysen abweichender Fälle sowie bei den heuristischen hypothesengenerierenden Studien. Dabei unterscheiden sich beide Vorgehensweisen. Heuristische Fallstudien versuchen, neue Hypothesen zu schaffen, während die Analyse abweichender Fälle versucht, bestehende Hypothesen zu revidieren oder zu verfeinern. Der Nutzen sondierender Fallstudien erfüllt eher einen forschungspragmatischen Zweck, indem der Forschungsaufwand gering gehalten wird. Theoriebestätigende und theoriewiderlegende Fallstudien sind dabei implizit vergleichende Methoden, da sie eine spezifische Theorie anhand eines Falles untermauern oder erschüttern. Theoretisch orientierte, interpretierende und konfigurativ-idiographische Fallstudien haben selbst keinen theoretischen Nutzen. Allerdings dient auch eine theoretisch orientierte interpretierende Fallstudie implizit der Bestätigung von Theorien, wobei das Verhältnis zwischen Fällen und Theorien umgekehrt wird: In den zuvor genannten Fallstudien steht das theoretische Interesse am Anfang einer Untersuchung, und Fälle werden nach Maßgabe der Theorie ausgewählt, um theoretisch fruchtbar zu sein. Theoretisch orientierte, interpretative Fallstudien wählen dagegen Theorien aus, um Fälle zu erklären. Insbesondere die zuletzt genannte Strategie nimmt in der angewandten Politikwissenschaft einen dominanten Platz ein. In der forschungsorientierten Politikwissenschaft besitzen Fallstudien, die zur theoretischen Weiterentwicklung führen, einen höheren Stellenwert. Nur bei der konfigurativ-idiographischen Fallstudie besteht kein Verhältnis zwischen Theorie und Fall, womit sie aus dem Kanon nomothetischer Forschung gänzlich herausfällt.

Wenngleich an dieser Stelle die unterschiedlichen Zwecke von Fallstudien nacheinander aufgelistet wurden, bedeutet dies nicht, dass sie sich gegenseitig ausschließen. Im Gegenteil: Eine Fallstudie kann mehrere Zwecke gleichzeitig erfüllen. Demzufolge kann eine Fallstudie unter einer Prämisse begonnen werden und sich im Forschungsverlauf auf eine andere beziehen. So können zunächst deskriptive Studien später analytische Aspekte integrieren und schließlich Theorien unterstützen oder falsifizieren. Allerdings ist dieser Prozess nicht problemlos durchführbar, und die Abhängigkeit einer jeden Fallstudie vom Forscher verweist diese Art von Forschung immer in spezifische Grenzen.

Für alle Fallstudien, die eine Verbindung zwischen Theorie und Empirie suchen, gilt eine Hauptprämisse, die jeder Forscher zu Beginn der Untersuchung beantworten muss: Für was stellt der Fall einen Fall dar? Die Beantwortung dieser einfach anmutenden Frage macht den Kern einer jeden Fallstudie aus und entscheidet wesentlich über deren Qualität.

4 Exkurs: *Area Studies* und vergleichende Politikwissenschaft

Area studies[233] (Regionalstudien) beziehen sich auf bestimmte Regionen eines gemeinsamen Kulturkreises oder auch nur eines Landes. Das Forschungsinteresse gilt den regionalen Besonderheiten in ihren historischen und kulturellen Spezifika. Regionalstudien stellen länderspezifische Fallstudien dar. Dabei kann sich „Region" aber auch auf Erdteile beziehen (Europastudien, Afrikastudien etc.) oder eine Teilmenge (Schwarzafrika, Lateinamerika, Skandinavien, Mittelmeer- und Ostseeraum) bzw. eine Schnittmenge (*asian-pacific area*) darstellen. Die Betrachtung der Region geschieht bei diesen Studien oftmals vornehmlich als Einheit und gehört damit eigentlich stärker in den Bereich der internationalen Beziehungen und Politik. Wenngleich durchaus in diesen Studien Vergleiche angestellt werden, so spielt die vergleichende Methode dabei eine untergeordnete Rolle. Oftmals liegt bei diesen Studien das analytische Schwergewicht auf Interaktionen und Mustern gemeinsamer Entwicklung. Studien, die sich auf einzelne Länder (Länderstudien oder *country studies)* konzentrieren, stellen eine Sonderform dar, bei der ein Land im Mittelpunkt steht. Werden viele Länder einer Region unter Berücksichtigung der vergleichenden Methode untersucht, entsprechen sie meistens dem *most similar systems design* und können damit durchaus in den Bereich der vergleichenden Politikwissenschaft fallen.

Ein besonderes Interesse finden Regional- und Länderstudien in der praktischen Politikberatung. Ministerien, Politiker, aber auch Wirtschaftsunternehmen etc. lassen sich von regionalen oder Länderexperten beraten, um Konfliktpotenziale einzuschätzen oder Handels- und Absatzchancen etc. zu eruieren. Die amerikanische Regierung unterhielt eine Gruppe regionaler Fachleute mit ausdifferenzierter Expertise, um kriegerische Risiken und Chancen abzuschätzen. So standen Regionalstudien zur Zeit des „Kalten Krieges" hoch im Kurs (Katzenstein 2001). In den 1990er Jahren verloren sie jedoch stark an Bedeutung und es entwickelte sich eine Debatte über den zukünftigen Stellenwert der Regionalstudien für die Politikwissenschaft insgesamt (Harbeson u.a. 2001; Bates u.a. 1993). Momentan scheint der Stellenwert von Regionalstudien in der vergleichenden Politikwissenschaft neu bestimmt zu werden (Katzenstein 2001: 791).

Regional- und Länderstudien gehen forschungstechnisch zumeist idiographisch vor und gehören unter diesem Aspekt weniger in das genuine Gebiet der vergleichenden Politikwissenschaft. Im Allgemeinen gilt auch für Regionalstudien, was im Zusammenhang mit der Fallstudie gesagt wurde. Denn analytisch gesehen sind Regionalstudien länder- oder regionenspezifische Fallstudien.

---

[233] Der hier benutzte Begriff der *area studies* unterscheidet sich von dem des *area approach*, den Manfred G. Schmidt (1995: 65-66) und Dieter Nohlen (1994b: 29) benutzen. Beide Autoren sehen im *area approach* eine Strategie, Fälle für das *most similar systems design* zu identifizieren. Hierbei werden geographisch nahe liegende Länder gewählt, die sich vermutlich ähneln. Der *area approach* macht eine Teilmenge der *area studies* aus. Siehe zu dieser Strategie des *area approach* der Fallauswahl auch Kapitel 8.

Anders als Fallstudien zu spezifischen Ereignissen besitzen Regionalstudien unter Umständen einen besonderen analytischen Wert, erheben sie doch wesentliche Hintergrundinformationen eines Landes. Häufig gehen von Regional- und Länderstudien wesentliche Impulse für die vergleichende Politikwissenschaft aus. Dies wurde von namhaften Autoren für die post-kommunistischen Länder (Bunce 2001), Afrika (Hydén 2001), den mittleren Osten (Hudson 2001), Asien (Pye 2001) und Lateinamerika (O'Donnell 2001) beschrieben. Auch wurde eine solche Übertragung schon im Zusammenhang der Konzepte von *cleavages* und Demokratiemuster genannt. Des Weiteren entwarf Putnam (1993) das Konzept vom Sozialkapital anhand einer Länderstudie Italiens. Dies sind alles eindrucksvolle Beispiele für erfolgreiches *concept stretching*. Außerhalb Europas wurde die Modernisierungstheorie vor allem durch Afrikastudien weiterentwickelt (Apter 1955; 1961). Robert Bates (1981) entwickelte und testete die *rational choice*-Theorie anhand politischen Verhaltens in Afrika und bereitete damit den Weg für neue methodologische Vorgehensweisen (Bates u.a. 1998). Des Weiteren wurde das Konzept der politischen Kultur und der pfadabhängigen Entwicklung anhand des Kolonialismus beschrieben und verfeinert (Ekeh 1975; Mamdani 1996). Das Konzept der „informellen Politik" wurde in Asienstudien entwickelt und verdichtet (Dittmer u.a. 2000), sodass Lucian W. Pye (2001: 806) zu dem Ergebnis kommt, dass wir sicherlich mehr über informelle Netzwerke in einem geschlossenen System wie China wissen als in einem offenen System wie in den USA. Die lateinamerikanische Forschung hat wesentlich dazu beigetragen, die ethnozentristischen US-amerikanischen Entwicklungstheorien zu hinterfragen, indem sie die Dependenztheorie dagegen gesetzt hat, die aus diesem Zusammenhang entstanden ist (Cardoso/Faletto 1979).

Es ist also unbestritten, dass Regionalstudien eine wichtige Impulsquelle für die vergleichende Politikwissenschaft bilden. Ihr Stellenwert *innerhalb* der vergleichenden Politikwissenschaft ist jedoch weniger deutlich. Da Regionalstudien in der Regel nicht die vergleichende Methode anwenden, zählen sie meistens zum Bereich Internationale Politik.[234] Zwar mehren sich die Stimmen, die eine Synthese zwischen Regionalstudien und vergleichender Forschung sowie zwischen idiographischem und nomothetischem Vorgehen betonen (Kohli u.a. 1995: 15; Bates 2000: 31-32), doch darf dabei nicht verschwiegen werden, dass der Arbeitsaufwand und die Curricula mehr inhaltlichen und methodischen Stoff umfassen würden. Verlangen z.B. Regionalstudien neben dem historischen und kulturellen Studium auch intensive Sprachkenntnisse der Region, so liegt der Schwerpunkt der vergleichenden Methode auf dem Gebiet der Statistik und Ökonometrie. Das Resultat der Ausdifferenzierung der Spezialkenntnisse im Bereich der Regionalstudien bzw. vergleichenden Sozialforschung mündet daher zumeist nicht in einer Synthese, sondern in einer gegenseitigen Ignoranz. Allerdings werden wir in Kapitel 14 sehen, dass durchaus Bemühungen existieren, die beiden Forschungstraditionen gewinnbringend in Verbindung zu bringen.

5 Fallstudien und vergleichende Politikwissenschaft

Fallstudien können einen unterschiedlichen Status in vergleichenden Analysen einnehmen. Einmal können anhand einer Analyse eines Falles jene Theorieelemente identifiziert werden, die dann durch die vergleichende Methode auf mehrere Fälle übertragen und getestet

[234] Manche Teilgebiete und Lehrstühle werden mit der Denotation „Internationale Beziehungen und Regionalstudien" oder Ähnlichem bezeichnet.

werden. Diese „Servicefunktion“ der Fallstudie für die vergleichende – oder auch statistische – Methode wird vor allem durch heuristische und sondierende Fallstudien geleistet. Das oben genannte Beispiel zu den *cleavage*-Strukturen und die Demokratietypen von Rokkan und Lijphart belegen diesen Weg. Andererseits kann das Verhältnis zwischen Fallstudie und vergleichender Methode auch umgekehrt werden, indem die vergleichende Methode die Grundlage für besser erklärende Fallstudien schafft. Diese Auffassung geht davon aus, dass eine breit angelegte vergleichende Methode durch eine intensive Analyse ergänzt werden muss. Nach einer vergleichenden Untersuchung wird ein Fall ausgewählt, der anhand einer theorieorientierten Fallstudie interpretiert wird. Beispielhaft wurde dieser Weg von Daniel Bell (1999, zuerst 1973) in seinen Arbeiten zur Entstehung der Dienstleitungsgesellschaft beschritten. Ebenso ging Tocqueville (1985, zuerst 1835) in seiner klassischen Studie über die Demokratie in den USA von einem Vergleich der europäischen Verhältnisse aus.

In anderen Kontexten wird der Vergleich nicht benutzt, um die Vorbildfunktion eines Falles zu belegen, sondern um den Fall als eine Abweichung von der Normalität darzustellen. Diese Strategie wird insbesondere für die Untersuchung sozialer Phänomene angewendet, die von einem allgemein anzutreffenden Muster abweichen. In dieser Situation ist die intensive und flexible Behandlung von abweichenden Fällen einer statistischen oder vergleichenden Untersuchung überlegen. Ali Kazancigil (1994) untersuchte auf diese Art und Weise die Türkei als einen abweichenden Fall, der ein westliches Regierungssystem mit einer islamischen Religion verbindet (Fuller 2003). Jener abweichende Fall wirft dann Fragen zum Zusammenhang von Wirtschaft, Demokratie und Religion auf, die weit über den Fall der Türkei hinausreichen. Manfred G. Schmidt (1985) untersuchte die Arbeitsmarktpolitik der Schweiz, um zu erklären, warum dort, trotz anders gerichteter Vorzeichen, eine Vollbeschäftigungspolitik betrieben werden konnte.

Unter dem Aspekt der Ergänzung von Fallstudien und vergleichenden Analysen spricht also vieles für die Kombination verschiedener Untersuchungsstrategien. Allerdings sind wir auf den Anstieg der Anforderungen an den Forscher durch solche Kombinationen schon am Ende des Abschnitts über den Nutzen der *area studies* für die vergleichende Politikwissenschaft eingegangen. Ein weiterer Aspekt steht einer Synthese zwischen Fallstudie und vergleichender Analyse noch im Wege: Fallstudien gelangen oftmals zu Konzepten und Hypothesen am Ende ihrer Untersuchung. Vergleichende Analysen spezifizieren dagegen zu Beginn einer Untersuchung die wesentlichen Konzepte, um festzulegen, was wie in verschiedenen Kontexten (z.B. Ländern) verglichen werden kann (siehe auch Kapitel 14).

6 Fallinterne Vergleichsanalysen

Innovative Analysen innerhalb von Fallstudien stellen einen bedeutenden Beitrag dar, Fallstudien analytisch wertvoller zu gestalten (Bates u.a. 1998; Rueschemeyer 2003; George/ Bennett 2005). Sie bieten auch neue Möglichkeiten für vergleichende Fallstudien, die in diesem Zusammenhang im nächsten Kapitel näher dargestellt werden. In diesem Abschnitt wird zunächst auf die fallbezogenen Strategien eingegangen, wie z.B. das Aufspüren von Mustern innerhalb eines Falles (*pattern matching*), das Nachzeichnen von Entwicklungsprozessen (*process tracing*) und die Kombination von analytischen Kausalbeziehungen und detaillierter Darstellungsweise anhand analytischer Narrative (*analytical narratives*).

Pattern matching hilft bei der Identifizierung typischer Muster von Konstellationen von Variablen in der Fallstudie (Campbell 1975). Unter Rückgriff auf Theorien und der Berücksichtigung der Literatur kann es auf einen Forschungsgegenstand bezogen werden und entspricht in dieser Hinsicht der theorieorientierten, interpretativen bzw. heuristischen Fallstudie. Typische Muster wären etwa, wenn aus der Literatur abgeleitet werden kann, dass stabile sozialdemokratische Regierungsbeteiligung in der Zwischenkriegszeit nur dann entsteht, wenn sozialdemokratische Parteien ein Bündnis mit Bauernparteien eingehen, ihre Politik deradikalisieren (etwa die Aufgabe des Zieles der Verstaatlichung und der fundamentalen Umverteilung des gesellschaftlichen Reichtums) und sie nicht versuchen, die Bauernschaft für sich zu gewinnen (Luebbert 1991). Mit diesem Wissen kann nun die Regierungsbeteiligung der schwedischen sozialdemokratischen Arbeiterpartei in den 1930er Jahren untersucht werden.

Die Prozessfallstudie ist wahrscheinlich die gebräuchlichste Art der Fallstudie (Bartolini 1993: 141-142). Hier wird das untersuchte Ereignis, etwa eine Entscheidung oder eine Revolution, in seiner Genese kontextualisiert. Die Politikfeldanalyse, die den politischen Prozess in Phasen einteilt, wie sie in Kapitel 4 vorgestellt wurde, bedient sich in besonderem Maße dieser Prozessfallstudien. Die Analysestrategie des *process tracing* formalisiert dieses Verfahren, indem Kausalitätspfade eines Ereignisses nachgezeichnet werden (George/McKeown 1985; George/Bennett 2005: Kapitel 10). Im Gegensatz zum *pattern matching*, das vor allem entfaltete Muster untersucht, liegt der Schwerpunkt beim *process tracing* in der historischen Dimension. *Process tracing* kann innerhalb einer konfigurativ-idiographischen Fallstudie durchgeführt werden. Jedoch erhöht sich der theoretische Anspruch, wenn das *process tracing* theoriegeleitet durchgeführt wird, indem etwa eine *story line* offengelegt wird (Hajer 1995), wobei gezeigt wird, wie die ursächlichen Mechanismen auf das Ergebnis eingewirkt haben.

Der Vorteil des *process tracing* besteht darin, dass zeitlich weit auseinander liegende Ereignisse aufeinander bezogen werden können (Pierson 2004: Kap. 3). Dabei können Scheinkorrelationen durch die Prozessanalyse und Aquifinalitäten (mehrere Bedingungen führen zum gleichen Ergebnis) aufgedeckt werden. Die Forschungslogik, die hinter dem *process tracing* zu finden ist, besteht darin, dass der einzelne Fall in unterschiedliche Etappen aufgeteilt und für jeden Etappenschritt die Kausalität oder zumindest das Beziehungsgeflecht dargelegt und interpretiert wird. Damit werden innerhalb des Falls die Beobachtungspunkte erhöht, was einer gesteigerten Anzahl von „Beobachtungsfällen“ (streng gesprochen Beobachtung als Analyseeinheit) entspricht. Für die Verbindungsverhältnisse dieser einzelnen Beobachtungspunkte können entsprechende Hypothesen aus der Theorie abgeleitet werden. Falls sich die Hypothesen einer Theorie anhand vieler Beobachtungen bestätigen, ist diese Theorie glaubwürdiger als wenn der Fall anhand nur einer einzelnen Beobachtung erklärt wird (King u.a. 1994: Kapitel 6).

Das Ziel des *process tracing* besteht darin, durch die Interaktion zwischen Theorie und Empirie die Theorie verfeinern zu können. Das bedeutet, dass Hypothesen nicht primär durch die Empirie falsifiziert werden, sondern vielmehr dass die Theorie durch die Empirie modifiziert wird. Damit verbindet *process tracing* die Eigenschaften einer heuristischen mit einer *crucial* Fallstudie.

Es lassen sich verschiedene Varianten von *process tracing* anwenden, die eher formalisiert-analytisch oder deskriptiv sein können. Auch richtet sich die Art der angewandten Form des *process tracing* nach den vermuteten Kausalitätsmustern: ”*The challenge in using process-tracing is to choose a variant of it that fits the nature of the causal process embedded in the phenomenon being investigated.*" (George/Bennett 2005: 213; kursiv im Orginal).

Eine weitere Möglichkeit zur systematischen Strukturierung von Fallstudien besteht in analytischen Narrativen (Bates u.a. 1998). In diesem Ansatz werden analytische Verfahren aus der Wirtschafts- und Politikwissenschaft mit narrativen Verfahren aus der Geschichtswissenschaft kombiniert. Den narrativen Schwerpunkt bildet die Betrachtung von Prozessen, besonderen Ereignissen und Kontexten. Der analytische Aspekt besteht in expliziten und formalen Begründungskonzepten, die für die Darstellung und Erklärung der Ereignisse genutzt werden. Seine besondere Stärke erhält dieser Ansatz, wenn die qualitative narrative Methode mit einer hoch formalisierten Theorie kombiniert wird. Bates u.a. (1998: 12) wenden die hoch formalisierte *rational choice*-Theorie an. Damit ergibt sich eine Analyse „... between idiographic and nomothetic reasoning."

Um das Ereignis zu erklären, werden die Einzelentscheidungen dahingehend untersucht, ob sie in ein Gleichgewicht münden. Hierzu werden im Wesentlichen die folgenden Fragen untersucht: Würde ein rationaler Akteur sich in Anbetracht des zu erwartenden Verhaltens anderer Akteure so verhalten, wie er es im spezifischen Fall tut? Reflektiert sich die Auffassung über die Motive der anderen Akteure in deren Verhalten? Sind die Reaktionen optimale Entscheidungen in Anbetracht der Handlungsalternativen, Spielregeln und Informationen? Die konsistente Beantwortung dieser Fragen anhand der zugrunde liegenden Theorie überträgt das Narrativ in ein analytisches Narrativ: "Deductive theory thus becomes an engine of empirical discovery" (Bates u.a. 1998: 15). Dabei besteht eine Interaktion zwischen Theorie und Empirie, wie dies im Zusammenhang mit dem *process tracing* beschrieben wurde. Was das analytische Narrativ vom *process tracing* unterscheidet, ist die stärkere Betonung von Theorie (Bates u.a. 1998: 16). Im Gegensatz zum *process tracing,* in dem oftmals die einzelnen Schritte nicht theoriegeleitet dargestellt werden, spielt beim analytischen Narrativ die kontinuierliche Verbindung zwischen Theorie und Empirie eine bedeutende Rolle. Durch die Dokumentation dieser Schritte ist der Ansatz eher kritisierbar als das *process tracing*. Dabei gilt Kritisierbarkeit als ein Gütekriterium, da nur kritisierbare Sozialforschung auch überprüfbar ist.

Der Forschungsprozess durch analytische Narrative ist abgeschlossen, wenn alle empirisch überprüfbaren theoretischen „Gedankenspiele" durchgeführt wurden. Dabei besteht mehr Sicherheit bei der Falsifikation einer Theorie als bei derer Bestätigung am Fall. Um dieses Defizit zu reduzieren, werden in vielen Untersuchungen nicht nur eine, sondern mehrere Theorien auf den Fall bezogen. Aber selbst bei diesem Verfahren können mehrere Theorien unterschiedliche kohärente Erklärungen ergeben (Taylor 1985), was eine letztendliche Interpretation erschwert.

Trotz der dargestellten Defizite und Probleme, die die Vertreter dieser Ansätze durchaus selbst anerkennen, stellen die in diesem Abschnitt erläuterten Verfahren wesentliche Fortschritte von theoriegeleiteten Fallstudien dar.

7 Die Rolle des Forschers in Fallstudien

Das Argument der Subjektbezogenheit von Fallstudien soll abschließend nochmals in Bezug auf die Rolle des Forschers im Forschungsprozess zusammengefasst werden. Auf diese

Tatsache wurde schon an mehreren Stellen hingewiesen. Im Folgenden sollen jedoch noch einige wesentliche Punkte ergänzt werden.

Mehr als in allen anderen Formen der empirischen Sozialforschung steht der einzelne Forscher in der Fallstudienanalyse selbst im Zentrum des Forschungsprozesses. Dieser Umstand wird in Analysen mit anderen Ländern noch akuter, da der einzelne Forscher aus einem bestimmten Kulturkreis stammt und die heimischen intellektuellen Standards auf andere Kulturbereiche ausweitet (Ethnozentrismus). Dieser Aspekt ist manchmal sehr offensichtlich, gerade wenn es sich um Forschungsgebiete mit normativem Einschlag handelt, die beispielsweise Demokratisierung oder Emanzipation behandeln. Aber auch Studien über die Entwicklung des Wohlfahrtsstaates und Privatisierung lassen sich oftmals nicht von den Werten und Einstellungen des Forschers lösen. Gerade im Zusammenhang mit der Untersuchung des schwedischen Wohlfahrtsstaates häufen sich Länderstudien, die von „begeisterten" Nordamerikanern durchgeführt wurden (Milner 1990; Tilton 1990).[235]

Zusätzlich zu diesen mehr oder weniger expliziten normativen Standards bringen Forscher noch subtilere Vorurteile in die Falluntersuchung ein. So kann es deutschen Sozialwissenschaftlern schwer fallen, politische Systeme, die sich von dem deutschen unterscheiden, angemessen zu verstehen. Sind Monarchien ein Relikt aus der Vergangenheit und sollten deshalb mit Skepsis betrachtet werden? Häufig wird dabei impliziert, dass Republiken modernere Staatsformen darstellen als Monarchien. Allerdings ist es eine Tatsache, dass Staaten wie Schweden, Norwegen, Dänemark und die Niederlande Monarchien und sicherlich nicht weniger entwickelt sind als Irland oder die Türkei, die sich republikanisch nennen. Ein weiteres Beispiel ist mit der Einstellung gegenüber unterschiedlichen Wahlsystemen verknüpft. Ein unproportionales Wahlsystem, wie wir es in Großbritannien antreffen, lässt viele kontinental-europäische Politikwissenschaftler von einem „undemokratischen" Wahlsystem sprechen. Die Fünf-Prozent-Hürde wird dagegen nicht als manipulativ betrachtet, sondern oftmals als „vernünftiger" Kompromiss.

Diese offensichtlichen Beispiele verdeutlichen die Problematik der Subjektivität, aber es existieren ebenso zahlreiche Aspekte, die viel weniger evident sind und dazu führen, dass das fremde politische System nicht in seiner Eigenheit akzeptiert wird.

Ähnlich wie kulturelle Scheuklappen können – wie schon weiter oben erwähnt – auch theoretische Scheuklappen zu ähnlichen Fehlinterpretationen führen. Da nur der Forscher die Einhaltung von methodologischen Spielregeln in einer Fallstudie garantieren kann – es sei denn, es handelt sich um ein Forscherteam, was allerdings nicht sehr häufig in Fallstudien vorkommt ist die theoretische Festlegung mindestens genauso fatal für eine Fallstudie wie das unreflektierte Übertragen heimischer Standards auf ein anderes Land. Theorie ist ein zweischneidiges Schwert. Genauso wie theoretisch angeleitete Forschung gewisse Fragen aufwirft, so bietet sie uns auch gewisse Antworten an. Eine Theorierichtung (*garbage can model*; March/Olsen 1976) hat gerade diesen Umstand zum Ausgangspunkt gemacht und in provokativer Weise alt hergebrachte Lehrsätze auf den Kopf gestellt. So wird z.B. behauptet, dass Antworten Fragen suchen und Lösungen Probleme schaffen. Die Lektüre solcher Ansätze kann sicherlich hilfreich sein, die Scheuklappen, die jeder Forscher trägt, wenn nicht abzulegen, so doch wenigstens anzuerkennen. Denn solche Scheuklappen treten im Forschungsprozess häufiger auf, als allgemein vermutet wird. Gerade die vielen „kleinen Scheuklappen" machen das Arbeiten in der vergleichenden Politikwissenschaft schwer, denn die großen können eher identifiziert werden.

---

[235] Dieser Ethnozentrismus findet sich allerdings auch in vergleichenden Studien (s. Korpi 1978; 1983).

Auch die Wahl der Erhebungsmethoden wird häufig durch Scheuklappen bestimmt. Methoden, die der Forscher schon in einem anderen Kontext angewendet hat, werden auf neue Forschungsgegenstände übertragen. Es kann aber durchaus sein, dass ein anderer Forschungsgegenstand eine andere Forschungsstrategie erfordert. Die Vertrautheit mit einem Instrument führt in manchen Fällen dazu, dass weitere Methoden gar nicht beachtet werden. Dieses Verhalten ist häufiger bei schon etablierten Wissenschaftlern anzutreffen, die sich bereits auf „ihre" Erhebungsmethoden festgelegt haben, als bei Wissenschaftlern, die unvoreingenommener an neue Forschungsgegenstände herangehen oder erst am Beginn des Forschungsprozesses stehen.

Die oftmals erbitterten Grabenkämpfe um die Überlegenheit qualitativer oder quantitativer Erhebungsinstrumenten sind auch in diesem Kontext zu betrachten. Da die Hinterfragung der Forschungsstrategie mit der beruflichen Qualifikation oder der bisherigen Ausbildung verbunden ist, fühlt sich der einzelne Forscher in seiner gesamten Persönlichkeit angegriffen. Damit wird die Auseinandersetzung um die am besten geeignete Forschungsstrategie emotional aufgeladen und pragmatische Kriterien werden weniger betrachtet.

Fassen wir zusammen: Es sind die theoretischen, methodischen und ethnozentrischen Scheuklappen, die den Forschungsprozess wesentlich beeinflussen können. Aber gerade das Ablegen der nationalen Scheuklappen macht die Faszination des Forschungsprozesses in der vergleichenden Politikwissenschaft aus. Auch wenn dies zumeist zu Unbehagen und Orientierungsverlust führt, eröffnet es uns neue Sichtweisen, die Welt zu verstehen. Diese Scheuklappen, die tendenziell jede Untersuchung betreffen, sind in Fallstudien besonders bedeutsam. Sie müssen, wenn sie nicht überwunden werden können, so doch zumindest problematisiert und reflektiert werden.

Kapitel 12: Fallorientierte Vergleichsstudien

Fallorientierte Vergleichsanalysen können anhand mehrerer Kriterien klassifiziert werden. Zum einen existieren Studien, die Fälle atheoretisch, konfigurativ-idiographisch darstellen. Diese vergleichenden Fallstudien unterscheiden sich von den entsprechenden Einzelfallstudien darin, dass sich die Deskription auf mehrere Fälle bezieht. Eine weitere Art der nicht-kausal orientierten Vergleichsstudien sind die theorieorientierten Fallklassifikationen. Beide Arten von Studien lassen sich unter idiographisch vergleichenden Fallstudien subsumieren. Nomothetische fallorientierte Vergleichsstudien werden anhand ihres Messniveaus in nominale und ordinale Vergleichsstudien unterteilt. Hinzu kommen dann prozessorientierte vergleichende Fallstudien, deren Entwicklung gegenwärtig im Mittelpunkt der methodologischen Debatte der vergleichenden Politikwissenschaft steht. Schließlich sollen in diesem Kapitel auch die Kombinationsmöglichkeiten sowie deren Nutzen und Grenzen aufgezeigt werden. Doch sollen zuvor erst einmal die Phasen bei der Durchführung vergleichender Fallstudien dargestellt werden, die helfen können, Fallstudien stärker an allgemein wissenschaftliche Standards anzubinden.

1 Phasen bei der Durchführung von vergleichenden Fallstudien

Im Bereich der vergleichenden Fallstudienforschung hat Alexander George (George/Bennett 2005: Kapitel 3) die Methode des strukturiert-fokussierenden Vergleichs (*method of structured, focused comparison*) als eine Form des kontrollierten Vergleichs entwickelt. Die Logik dieses Verfahrens besteht darin, dass die gleichen Konzepte und Variablen in *allen* untersuchten Fällen systematisch erhoben und analysiert werden. Durch diese Strukturierung des Forschungsprozesses ist eine vergleichende Analyse von Fällen erst möglich. Des Weiteren besteht die Besonderheit dieses Verfahrens darin, dass die Untersuchung sich auf einen Teilaspekt konzentriert. Es soll also nicht der Fall in seinem Ganzen holistisch erfasst werden, sondern vielmehr sollen analytisch abgeleitete Aspekte in den Fällen verglichen werden. Um die Analysekraft des kontrollierten Vergleichs von Fallstudien am effektivsten ausnutzen zu können, schlägt er ein Drei-Phasen-Modell vor:

Die erste Phase besteht in der Entwicklung des Forschungsdesigns. Sie entscheidet über das Gelingen einer theorieorientierten Fallstudie. George (George/McKeown 1985; George/Bennett 2005: Kapitel 4) beschreibt fünf Aufgaben, die in dieser Phase bearbeitet werden müssen:

a. Zunächst sollte das Forschungsproblem und der Forschungsgegenstand deutlich spezifiziert werden. Dabei muss besonderes Augenmerk auf die Art des Phänomens gerichtet und bestimmt werden, zu welcher Klasse von Ereignissen die Studie gehört (für was der Fall ein Fall sein soll). Des Weiteren sind die existierenden Theorien, die das zu untersuchende Phänomen erfassen, zu beschreiben. Schließlich sollten unter diesem Aspekt jene Theorieelemente benannt werden, die eine Einschätzung oder Verfeinerung durch die eigene Studie erfahren sollen.
b. In einem zweiten Schritt werden die Elemente (Bedingungen und Variablen), die in einen kontrollierten Vergleich aufgenommen werden sollen, bestimmt: (i) Was ist die abhängige Variable? (ii) Welche unabhängigen und intervenierenden Variablen machen das theoretische Modell aus? (iii) Welche Variablen sollen zwischen den Fällen konstant gehalten werden, welche Variablen können variieren (erklärte Varianz)?
c. Im dritten Schritt sollen nun die konkreten Fälle ausgewählt werden. Das Universum (Grundgesamtheit, Population), aus dem die Fälle entnommen werden, muss klar definiert werden. Die Fälle sollten dabei dem gleichen Universum angehören, da sie ansonsten nicht vergleichbar sind.
d. Im vierten Schritt müssen Maßstäbe angegeben werden, in welcher Bandbreite die abhängigen und die unabhängigen Variablen hinsichtlich der Theorie variieren können. In einer dichotomen Form muss demzufolge beschrieben werden, in welcher Art und Weise das Auftreten eines Phänomens (unabhängige Variable) einen Einfluss auf die abhängige Variable besitzt.
e. Im letzten Schritt müssen die Bedingungen festgelegt werden, die erfüllt sein müssen, um ein adäquates Erfassen der Variablen zu ermöglichen. Dabei muss die Art der Information spezifiziert werden, die etwa aus einem Experteninterview erfasst werden soll und wie diese durch andere Informationsquellen (Dokumente, statistische Informationen, Literatur etc.) abgesichert und überprüft werden kann. Dabei spielt es eine wesentliche Rolle, dass die Informationen zwischen den Fällen vergleichbar sind.

Die fünf beschriebenen Aufgaben sind natürlich miteinander verwoben, und sicherlich wird die Erfüllung dieser Aufgaben nicht sofort beim ersten Versuch gelingen. Deshalb ist es wichtig, immer wieder zwischen theoretischer und empirischer Ebene zu wechseln, um das Forschungsdesign zu konkretisieren.

Die zweite Phase ist mit der Durchführung der Fallstudie, wie sie in der ersten Phase spezifiziert wurde, befasst. George und Bennett (2005: Kapitel 5) betonen im besonderen Maße, dass der Forscher alle möglichen Erklärungen für das Ergebnis eines Falles berücksichtigen muss. Dabei kann es sich herausstellen, dass eine bestimmte Theorie erklärungskräftiger ist als alle anderen konkurrierenden Theorien. Ist dies nicht der Fall, müssen alle Theorien, die eine gewisse Erklärungskraft besitzen, beibehalten werden. Anders als statistische Verfahren verfügen Fallstudien nicht über klare Kriterien, wie die Fakten eine Theorie unterstützen und ab wann eine Theorie in ausreichendem Maße unterstützt wird. Da der Forscher einer Fallstudie selbst über die Annahme oder Ablehnung einer Theorie richtet, muss er so offen wie möglich für alternative Erklärungsansätze sein, was erhebliche Selbstdisziplin voraussetzt.

Die dritte und letzte Phase, die George und Bennett (2005: Kapitel 6) für die Fallstudienforschung erwähnen, besteht in der Anbindung der empirischen Ergebnisse der konkreten Fallstudie an die theoretischen Implikationen. Sie betonen, dass die Theorie durch den ausgewählten, kontrollierten Bezug auf eine Theorie und die Erarbeitung von Typologien entwickelt werden kann. In diesem Sinn soll der Fall gleichzeitig als Bestätigung der angewendeten Theorie sowie als abweichender Fall betrachtet werden. Der Forscher soll dann die Argumente für beide Seiten zusammentragen und den Fall in diesem Spannungsverhältnis als theorieunterstützend oder theoriewiderlegend einschätzen. Dies ist sicherlich ein schwieriges Vorgehen. Es schärft jedoch die analytische Fähigkeit.

Um eine typologisierende Theorie zu entwickeln, die eben nicht auf Wahrscheinlichkeit beruht, sondern auf *kausaler Inferenz*, ist es notwendig, dass die Fälle zur gleichen Klasse gehören. Die kontrollierte vergleichende Fallstudie ist damit in der Lage, existierende Theorien zu präzisieren und zu verfeinern. Sie liegt damit zwischen einer pauschalen Annahme oder Ablehnung einer Hypothese und stellt somit keine Konkurrenz zur statistischen Methode dar, sondern sollte komplementär betrachtet werden.

Problematisch bei der vergleichenden Fallstudie ist, dass die Komplexität eines jeden Falles die Kausalverbindungen bei der Aufnahme eines weiteren Falles exponentiell ansteigen lässt, so dass die Forschungskapazität schon bald an ihre Grenzen stößt.[236]

Die vergleichende Fallstudie kombiniert also die eher formalisierte Vorgehensweise von statistischen Methoden, die kausale Beziehungen identifizieren, mit der eher informalen Vorgehensweise von Fallstudien, die konfigurative, historische Aspekte in den Vordergrund stellen. Damit ist die Analyse vergleichender Fallstudien im Spannungsfeld zwischen idiographischen und nomothetischen Forschungsstrategien angesiedelt. Um die analytischen Elemente einer vergleichenden Fallstudie zu stärken, sollen das *pattern matching*, *process tracing* und die narrative Analyse Anwendung finden, wie sie in Kapitel 11 dargestellt wurden.

2 Idiographisch vergleichende Fallstudien

Es existieren idiographische Analysestrategien, die vergleichend angelegt sind, die jedoch nicht den Vergleich als Methode zur Anwendung bringen. Diese von Lijphart (1971) und Smelser (1976) kaum beachteten Analysen können als kontrastierende (*contrast oriented comparative method*) und parallel-vergleichende theoretische Analysen (*parallel demonstration of theory*) bezeichnet werden (Skocpol/Somers 1980).[237]

Kontrastierende Untersuchungen

Kontrastierende Untersuchungen betrachten die untersuchten Fälle in ihrer Ganzheit und stellen die Eigenart der Einzelfälle heraus. Alexis de Tocquevilles (1985) klassische Studie zu den USA gehört in diese Kategorie der Fallstudien. Indem er eine allgemeine Darstellung des Gesellschaftssystems der USA den Verhältnissen in Europa, und hier vor allem in Frankreich, gegenüberstellt, hebt er die Besonderheit des amerikanischen Systems heraus.

[236] Charles Ragin (1987: 51) stellt fest, dass die Aufnahme eines weiteren Falles zu einem geometrischen Anstieg der möglichen Vergleiche führt. Die Aufnahme einer weiteren Kausalbedingung führt zu einem exponentiellen Anstieg der Vergleiche.

[237] Theda Skocpol und Margaret Somers (1980) betrachten unterschiedliche historisch-vergleichende Studien. Neben den genannten Forschungsmethoden gehen beide auch ausführlich auf die makro-kausalen Analysen ein, die sich stark an John Stuart Mills Konkordanz- und Differenzmethode orientieren.

Dieses induktive Vorgehen der atheoretischen (Lijphart 1971) bzw. konfigurativ-idiographischen (Eckstein 1975) Einzelfallstudie kann auch auf mehrere Fälle übertragen werden. In diesen Untersuchungen geht es weniger um die Darstellung von verallgemeinerbaren Aspekten zwischen Fällen als vielmehr um die Einzigartigkeit der einzelnen Fälle,[238] die oftmals durch den Vergleich mit Idealtypen oder durch kontrafaktische Gedankenspiele unterstrichen werden (Tetlock/Belkin 1996; George/Bennett 2005: 167-170). Klassische Studien in dieser Tradition sind etwa Clifford Geertz' Arbeit (1971) über religiöse Entwicklungen in Marokko und Indonesien oder Reinhard Bendix' Studie (1977; zuerst 1964) über die Entstehung von Nationen, die nicht auf die Entdeckung generalisierbarer Erkenntnisse zielen, sondern vielmehr die Grenzen allgemeiner Theorien aufzeigen. Verallgemeinerbare Elemente sind eher Zufallsprodukte der detaillierten Fallanalyse, und so kann gehofft werden, „... to stumble upon general truth while sorting through special cases" (Geertz 1971: 4). Zur Illustration der Eigenarten der Fälle sind klar unterscheidbare Fälle in die Untersuchung aufzunehmen. So betont Bendix (1977: 16-17), dass der europäische Feudalismus besser im Vergleich mit dem japanischen Feudalismus erfasst werden kann, als wenn die Untersuchung auf einen Kulturkreis beschränkt bliebe. Der analytische Schwerpunkt der kontrastierenden Vergleichsstudien besteht also darin, durch den Vergleich der einzelnen Fälle auf die spezifischen Eigenschaften des Einzelfalles aufmerksam zu machen.

Kontrastierende Untersuchungen dominieren die vergleichende Politikwissenschaft, obgleich der analytische Nutzen solcher Studien als sehr eingeschränkt einzuschätzen ist. Sicherlich ist es nicht schwierig, durch eine detaillierte Analyse eines Falles auf dessen Besonderheit aufmerksam zu machen und damit eine Theorie zu modifizieren oder gar zu falsifizieren. In einer solchen Perspektive ist jeder Fall, welcher sich von anderen Fällen unterscheidet, sogar jedes Individuum, eine Besonderheit. So sehr eine derartige Perspektive auch ihre Berechtigung hat, so sehr verschließt sie sich jedoch einer verallgemeinerbaren Perspektive, die notwendig ist, um über die untersuchten Fälle hinaus Schlussfolgerungen ziehen zu können.

Parallele Demonstration von Theorien

Die parallele Demonstration von Theorien benutzt die Strategie einer deduktiven Annäherung an den Forschungsgegenstand, indem zunächst eine Theorie formuliert wird. In einem nächsten Schritt wird diese Theorie anhand ausgewählter Fälle in ihrer Korrektheit betrachtet. Hier haben wir es mit einer vergleichenden Fallstudie zu tun, bei der die Logik der interpretativen (Lijphart) bzw. diszipliniert-konfigurativen Fallstudie (Eckstein) angewandt wird. Um eine breite Gültigkeit der Theorie zu erreichen, beziehen sich diese Untersuchungen auf recht unterschiedliche Fälle. Samuel Eisenstadt (1963) betrachtet so verschiedenartige Einheiten wie Ägypten, Babylon, das Inka- und das Azteken-Reich, China, Persien, das römische und byzantinische Reich, das antike Griechenland, bestimmte hinduistische und arabisch-moslemische Staaten, das osmanische Reich sowie verschiedene europäische Staaten in Raum und Zeit, um seine struktur-funktionalistische Theorie der Entstehung, Persistenz und des Verfalls von Weltreichen zu belegen. Er versucht, anhand dieser Fälle

[238] Wenngleich Tocqueville die Prinzipien der zukünftigen Entwicklung Europas in denen der USA vorhersah und Daniel Bell (1979) die Prinzipien einer Dienstleistungsgesellschaft anhand der USA explizierte, so stellen beide Autoren keine systematischen Analysen an, so dass diese Aussage überprüft werden könnte.

die Gültigkeit seiner Theorie mit Verweis auf die Ähnlichkeiten ihrer Verlaufsmuster nachzuweisen (siehe auch Perrow (1987) für eine Analyse „normaler Katastrophen").

Studien in der Tradition der Demonstration von Theorien gehen weit über empirielose theoretische Darstellungen hinaus, indem Kausaleffekte anhand der Identifikation von Musterzusammenhängen (*pattern matching*), Prozessdarstellungen (*process tracing*) oder narrativen Analysen (*analytical narratives*) illustriert werden (Kongruenzmethode). Allerdings können auch diese Untersuchungen niemals eine Theorie verifizieren, da die Fälle in erster Linie aus der Perspektive der „getesteten" Theorie ausgewählt wurden und widersprechende Fälle nicht auf Grundlage der Kontrolle ausgewählt sind, sondern um die Theorie in unterschiedlichen Kontexten darzustellen.

3 Nomothetisch vergleichende Fallstudien

Im Gegensatz zu idiographisch vergleichenden Fallstudien stehen in nomothetisch vergleichenden Fallstudien systematische Kausalinterpretationen im Vordergrund. Im Mittelpunkt des Forschungsinteresses stehen in diesen Studien Zusammenhänge zwischen einzelnen oder einer Kombination von Ursachen, deshalb weisen diese Studien eine stärkere Variablenorientierung auf als idiographische vergleichende Fallstudien. Allerdings behalten auch in diesen Studien die untersuchten Fälle einen wesentlichen Stellenwert. Diese Fallorientierung wird allein schon durch die positive Fallauswahl belegt, in der Fälle in die Untersuchung aufgenommen werden, denen ein besonderer Wert für die spezifische Analyse eingeräumt wird: "Case selection is arguably the most difficult step in developing a case research design." (George/Bennett 2005: 234).

Nomothetische oder „makro-kausale Analysen", wie diese Art von vergleichenden Fallstudien von Theda Skocpol und Margaret Somers (1980) genannt werden, lassen sich anhand von verschiedenen Kriterien unterscheiden (Mahoney 1999; 2003b): nach dem Messniveau und der Erfassung der Variablen zum einen in nominalen und ordinalen und zum anderen in prozessorientierten Vergleichsanalysen.

Nominale Vergleichsanalysen

Nominale Vergleichsanalysen arbeiten mit Variablen, die sich in ihren Werten dahingehend unterscheiden, dass sie entweder zutreffen (1) oder nicht zutreffen (0).[239] Dabei schließen sich die Werte gegenseitig aus, sie können also nur entweder 1 oder 0 annehmen. Zudem sind sie kollektiv erschöpfend, d.h. dass alle Fälle für die entsprechende Variable den Wert 1 oder 0 annehmen, also keine anderen Ausprägung. Diese Art von Untersuchungen werden auch „qualitativ" vergleichende Studien genannt, da die Analysen davon ausgehen, ob ein Fall eine bestimmte Eigenschaft (Qualität) besitzt oder nicht. Dieser Bezug auf „qualitative" Studien sollte nicht mit so genannten qualitativen Datenerhebungsmethoden verwechselt werden. Insbesondere Mills Konkordanz-, Differenz- und indirekte Differenzmethode,

---

[239] Diese Form der Variablenausprägung nennt man auch Dummy-Variable. Sie ist ein Fachausdruck der Statistik für eine binär (mit „1" und „0") kodierte Variable, wo der Wert „1" das Vorhandensein eines durch die Dummy-Variable gemessenen Merkmals annimmt und „0" alle sonstigen Fälle kennzeichnet (Schmidt 2004a: 177).

sowie die in Kapitel 14 vorgestellte qualitativ-vergleichende Analyse (QCA = *Qualitative Comparative Analysis*) basieren auf nominalen Vergleichen.

Nominale Kategorien haben in der vergleichenden Politikwissenschaft einen hohen Stellenwert, denn nicht immer können wir Gegenstände metrisch erfassen, oder eine kontinuierliche Erfassung erscheint unsinnig. Z.B. sind zusätzliche 100 Euro für jemanden, der 600 Euro im Monat zur Verfügung hat, sehr viel mehr wert als für jemanden, der auf etwa 2000 Euro im gleichen Zeitraum zurückgreifen kann. Deshalb wird in der vergleichenden Politikwissenschaft oftmals mit unterschiedlichen Dichotomien gearbeitet. So können wir Regime als Demokratien (1) und Nicht-Demokratien (0), Diktaturen (1) und Nicht-Diktaturen (0), Wahlsysteme als Verhältniswahlsystem (1) und Nicht-Verhältniswahlsystem (0) oder soziale Veränderungen als Revolutionen (1) und Nicht-Revolutionen (0) gegenüberstellen. Auch dienen nominale Kategorien dazu, zu Beginn einer Forschungsarbeit den Zusammenhang zwischen unabhängigen Variablen und dem Ereignis einschätzen zu können, um ihn dann eventuell mit spezifischeren und oftmals aufwändigeren Messinstrumenten zu erfassen. Das Ziel sollte immer sein, das für den Forschungsgegenstand sinnvollste höchste Messniveau anzuwenden.

Nominale Vergleiche besitzen eine deterministische Auffassung von Kausalzusammenhängen.[240] Die Stärke einer solchen Betrachtung liegt in der Eliminierung von potenziell erklärenden Faktoren, die *keinen* eindeutigen Einfluss besitzen. So stellt James Mahoney (2003b: 341-342) heraus, dass die Konkordanzmethode Mills hilft, unzutreffende notwendige Ursachen auszuschließen, und die Differenzmethode unzutreffende hinreichende Ursachen zu eliminieren (vgl. Kapitel 5). Durch die Reduktion der Anzahl möglicher Ursachen trägt die deterministisch-nominale Vergleichsanalyse dazu bei, sich auf die wesentlichen Variablen zu beziehen und hilft dadurch auf besonders effektive Weise, das Kriterium der wissenschaftlichen Effizienz (*parsimony*) zu erreichen. So identifizierte Theda Skocpol (1979) durch die Konkordanzmethode die wesentlichen Ursachen für die drei erfolgreichen Revolutionen in Frankreich, Russland (1917) und China. Gleichzeitig demonstrierte sie anhand der Differenzmethode, dass in England, Russland (1905), Deutschland, Preußen und Japan wesentliche Ursachen nicht gegeben waren und somit dort keine Revolution ausgelöst wurde (siehe Tabelle 12-1).

Anhand negativer Beispiele (keine Kovarianz) konnte Skocpol ihre Forschungsbemühungen auf Haupterklärungsfaktoren konzentrieren (siehe zu diesem Vorgehen auch Mahoney/Goertz 2004). Sie konnte die Variablen „Bedingungen des Staatszusammenbruches" und „Bedingungen für Bauernrevolten" mit Hilfe der Differenzmethode ausschließen, da beide Faktoren sowohl für erfolgte als auch nicht erfolgte Revolutionen auftreten. Allerdings argumentiert Skocpol, dass beide Ereignisse in ihrer Kombination als ein einzelner Faktor betrachtet werden müssen. Somit fällt England aus der Untersuchung der Länder heraus, für die eine erfolgreiche soziale Revolution erwartet werden kann. In dieser konfigurativen Betrachtungsweise bestehen Staatszusammenbruch und Bauernrevolte sowohl den Test der Konkordanz- als auch der Differenzmethode.

---

[240] Nur wenige Autoren behaupten, dass nominale Vergleiche nicht deterministisch sind (siehe etwa: Savolainen 1994; Berg-Schlosser 2003b: 122). Zur Kritik einer solchen Auffassung siehe: Lieberson (1994); Goldstone (1997). James Mahoney (1999: 1158, Fn 7) stellt fest, dass nur wenige nominale Vergleichsanalysen nicht in Verbindung mit deterministischen Aussagen stehen. Auch stellt er den Nutzen von deterministischen Aussagen heraus, wie im Text weiter ausgeführt wird.

Tabelle 12-1: Nominaler Vergleich in Skocpols Studie über soziale Revolutionen

	Hauptursachen		**Eliminierte Hauptursachen**		**Ergebnis**
	Bedingungen des Staatszusammenbruchs	*Bedingungen für Bauernrevolten*	*Relative Deprivation*	*Revolten städtischer Arbeiter*	*Soziale Revolution*
Frankreich	Ja	Ja	Ja	Ja	Ja
Russland (1917)	Ja	Ja	Ja	Ja	Ja
China	Ja	Ja	Ja	Nein	Ja
England	Ja	Nein	Ja	...	Nein
Russland (1905)	Nein	Nein	Ja	...	Nein
Deutschland	Nein	Nein	Ja	...	Nein
Preußen	Nein	Nein	Ja	...	Nein
Japan	Nein	Nein	Ja	...	Nein

Quelle: Mahoney (1999: 1159); eigene Übersetzung.

Dagegen kann relative Deprivation ausgeschlossen werden, da dieses Ereignis in den Fällen mit und ohne Revolution eintritt (Ausschluss durch die Differenzmethode). Eine Revolte städtischer Arbeiter kann ausgeschlossen werden, da dieses Ereignis nicht auf China zutrifft und somit keine notwendige Ursache darstellt (Ausschluss durch Konkordanzmethode).

Insgesamt sind nominale Vergleichsanalysen ein effizientes und nachvollziehbares Instrumentarium, um konkurrierende Erklärungen zu eliminieren, denn schon ein abweichender Fall führt zu der Aufgabe, diesen Erklärungspfad weiter zu verfolgen. Damit helfen nominale Vergleichsanalysen, unnötige Variablen zu eliminieren und lösen das Problem „zu viele Variablen, zu wenige Fälle“ in Untersuchungen mit geringer Fallzahl. Allerdings offenbart sich durch die deterministische Betrachtungsweise auch ein Problem, da eben schon ein Widerspruch zur Aufgabe der Variablen führt. So wird die Arbeiterrevolte aufgrund des chinesischen Falles ausgeschlossen. Das bedeutet, je mehr Fälle berücksichtigt werden, desto häufiger kann auch die Eliminierung weiterer Variablen nicht ausgeschlossen werden. Auch hängt dieses Verfahren sehr stark von den betrachteten Fällen ab, so dass die Fallauswahl sorgfältig nach analytischen Gesichtspunkten geschehen muss, um nicht der Willkürlichkeit Tür und Tor zu öffnen.

Eine Möglichkeit, die Determinanz der Eliminierung zu lockern und somit für den Vergleich vieler Fälle anwendbar zu machen, besteht darin, nominale Vergleichsanalysen probabilistisch anzuwenden (Mahoney 2003b: 344-347). Das bedeutet, dass nicht von notwendigen und hinreichenden Bedingungen ausgegangen wird, sondern von „fast immer“ notwendigen und hinreichenden Bedingungen. Das Problem besteht dann jedoch darin festzulegen, wo die Toleranzschwelle liegen soll. Charles Ragin (2000: 107-118) hat Tests vorgeschlagen, um einschätzen zu können, ob Ursachen „gewöhnlich“ notwendig oder hinreichend (bei einer 65-prozentigen Trefferquote) oder „fast immer“ hinreichend oder notwendig (bei einer Trefferquote von 80 Prozent) sind (siehe auch Kapitel 14).

Andererseits motivieren Abweichungen von erwarteten Mustern auch dazu, weitere Kausalfaktoren in die Untersuchung aufzunehmen, die eventuell als funktionale Äquivalente fungieren könnten. Auch kann der interaktive Einfluss von Erklärungsfaktoren betrachtet werden, wie dies im obigen Beispiel anhand des Falles England in Skocpols Untersuchung demonstriert wurde. Von daher ist auch in diesen Untersuchungen eine fruchtbare Interaktion zwischen Theorie und Empirie angelegt.

Ordinale Vergleichsanalysen

Ordinale Vergleichsanalysen erfassen die relevanten Variablen in Form von drei oder mehr Kategorien bis hin zu einer Rangskalierung. Anhand solcher Analysen, die auf Mills Methode der Begleiterscheinungsvarianz aufbauen, kann der Einfluss*grad* der Ursache auf ein Ereignis eingeschätzt werden. Damit entsprechen ordinale Vergleichsanalysen stärker den quantitativen linearen Erklärungsmodellen, z.B. einer Regressionsanalyse. Ordinale Vergleichsanalysen wenden nicht das deterministische Kriterium an, wodurch ein solcher Ansatz geeigneter ist, Ursachen differenziert zu erfassen. Auf der anderen Seite eignen sich ordinale Vergleichsanalysen weniger zur Eliminierung potenzieller Ursachen.

Ordinale Vergleichsanalysen stoßen bei geringen Fallzahlen auf fundamentale Probleme. Aufgrund der geringen Fallzahl kann oftmals nicht über einfache bivariate Analysen hinausgegangen werden. Außerdem sind solche Analysen von den Problemen des *selection bias*, Messfehlern und von adäquaten Theorieannahmen betroffen. Aus diesem Grund werden ordinale Vergleichsverfahren auch nur selten als alleinige Analysemethode in einer Untersuchung angewendet. Aus nominalen Vergleichen können ordinale Analysen abgeleitet werden, um dadurch die Ergebnisse zu verfeinern. Allerdings muss darauf geachtet werden, dass durch die Anwendung des höheren Skalenniveaus ein linearer Zusammenhang impliziert wird, der in nominalen Vergleichen nicht vorausgesetzt wird. So hat Skocpol ihre nominalen Variablen durch die Disaggregation dieser Variablen durch einen ordinalen Index verfeinert. Dieses Verfahren, das Skocpol narrativ in ihrer Analyse durchgeführt hat, hat Mahoney formal in einer Tabelle zusammengestellt.[241]

Wenn Tabelle 12-1 mit Tabelle 12-2 verglichen wird, kann in Annährung an Skocpols Argumentation davon ausgegangen werden, dass sie einen additiven Index für die beiden nominalen Variablen aus der ordinalen Disaggregation gewonnen hat. Für die Variable „Bauernrevolte“ erhalten alle Länder mit dem minimalen Wert (*score*) von 2 ein „Nein“ in der nominalen Ausprägung und alle darüber ein „Ja“. Wenngleich die Bedingungen in Russland und Frankreich bedeutend höher ausgeprägt waren, geht diese Information in der dichotomen Analyse verloren. Auch kommt dem Wert „schwaches Fürstentum“ in China eine besondere Bedeutung zu, denn das „Ja“ basiert auf einer relativ schwachen ordinalen Ausprägung.

[241] Wenngleich Mahoney in der tabellarischen Darstellung explizit auf die Quellen im Text von Skocpol eingeht, ist die Wertezuweisung – etwa 1 bis 4 für die eine und 1 bis 3 für die andere – willkürlich. Andere Gewichtungen könnten durchaus zu anderen Ergebnissen führen. Dies ist ein problematischer Aspekt in vielen vergleichenden Analysen mit ordinalen Schätzwerten und betrifft auch die in Kapitel 14 vorgestellten Verfahren.

Tabelle 12-2: Ordinaler Vergleich zur Erstellung nominaler Variablen in Skocpols Studie über soziale Revolutionen

	Bedingungen für den staatlichen Zusammenbruch*			**Score**	**Bedingungen für Bauernrevolten****		**Score**
	Internationaler Druck	*Nichtautonomer Staat*	*Landwirtschaftliche Zurückgebliebenheit*		*Bäuerliche Autonomie und Solidarität*	*Schwaches Fürstentum*	
Frankreich	2	3	3	8	2	3	5
Russland (1917)	4	2	2	8	3	3	6
China	3	3	4	10	1	2	3
England	2	4	1	7	1	1	2
Russland (1905)	2	2	2	6	3	3	6
Deutschland	1	2	1	4	1	1	2
Preußen	3	2	1	6	1	1	2
Japan	3	1	2	6	1	1	2

Quelle: Mahoney (1999: 1162); eigene Übersetzung mit Ergänzungen. * variiert zwischen 1 (niedrig) und 4 (hoch); ** variiert zwischen 1 (niedrig) und 3 (hoch).

Ähnlich lässt sich Skocpols zweite Schlüsselvariable erfassen. Alle Länder, die in der nominalen Messung von „staatlichem Zusammenbruch“ ein „Ja“ erhalten haben, haben zumindest einen Indexwert von sieben in der ordinalen Erfassung. Die ordinale Analyse ist differenzierter als die nominale, da sie z.B. darauf aufmerksam macht, dass, obgleich Frankreich und Russland den gleichen nominalen Wert für „Staatszusammenbruch“ erhalten, dieser in Russland 1917 viel stärker von internationalem Druck abhängig war als etwa in Frankreich. Man könnte sogar so weit gehen, dass dieser internationale Druck für die russische Revolution ausschlaggebend war, da sich sämtliche anderen Faktoren zwischen 1905 und 1917 nicht geändert hatten.

Ein weiteres Beispiel, in dem der Autor zunächst einen Zusammenhang aufgrund eines nominalen Vergleichs identifiziert und diesen dann anhand ordinaler Kategorien verfeinert, illustriert James Mahoney (2003b: 356-358) in Bezug auf das Vorgehen von Gregory Luebberts (1987; 1991) Studie zu politischen Regimen der Zwischenkriegszeit. Nachdem Luebbert einen perfekten nominalen Zusammenhang zwischen einer Allianz von liberalen Parteien und der Arbeiterschaft in der Zeit vor dem Ersten Weltkrieg und dem Auftreten und Ausbleiben von liberalen Regimen in der Zwischenkriegszeit in elf westeuropäischen Ländern feststellte, führt er eine ordinale Analyse durch, in der er diesen Zusammenhang weiter spezifiziert (siehe mehr hierzu unter Abschnitt 4 dieses Kapitels).

Prozessorientierte Vergleichsanalysen

Prozessanalysen können auf kausale Narrative (Sewell 1996) aufbauen, indem die Falleigenschaften durch eine detaillierte, historisch inspirierte Analyse disaggregiert werden. Im Gegensatz zu historischen Studien, die zumeist einer induktiven Vorgehensweise nachgehen, verfolgen politikwissenschaftliche Analysen den Prozess aus der Perspektive einer

Theorie. Für die Erfassung analytischer Konzepte spielen Aspekte wie *pattern matching* und *process tracing*, wie sie im vorherigen Kapitel beschrieben wurden, eine wesentliche Rolle. Darüber hinaus können anhand solcher Analysen auch die Pfadabhängigkeit und die zeitliche Verzögerung und Entwicklung, sowie die Existenz von Schwellenwerten, Sperrklingeneffekten und Äquifinalitäten beachtet werden (Hall 2003; Pierson 2004; George/Bennett 2005).

Kausalmechanismen sind unmittelbar nicht beobachtbare physische, soziale und psychologische Prozesse, durch die rational agierende Akteure kontextgebunden handeln (Hedström/Swedberg 1998; George/Bennett 2005: Kapitel 7). Diese Mechanismen werden durch abgestufte Kausalketten analytisch und durch die Zusammenhänge von Beobachtungspunkten empirisch erfasst.

Prozessorientierte Studien neigen jedoch stark zu deskriptiven Darstellungen, wie sie auch mit dem Begriff „narrative Analysen" erfasst werden. „Kausale Narrative" nehmen im stärkeren Maße analytische Aspekte auf, wie dies auch im vorherigen Kapitel anhand der „analytischen Narrative" beschrieben wurde. Vergleichende prozessorientierte Studien basieren darauf, ähnliche Kausalmechanismen in verschiedenen Fällen zu identifizieren und deren Funktionen in vergleichender Perspektive zu erfassen. Kausale Mechanismen sind letztendlich nicht beobachtbare Prozesse, die durch hypothetische Verbindungen von beobachtbaren Ereignissen wirken (Elster 1989: Kapitel 1; Hedström/Swedberg 1998: 13; Tilly 2001; George/Bennett 2005: 135-137).

Als Alternative zu den etablierten Verfahren, die vor allem auf der Logik der Regressionsanalyse beruhen und ein Ereignis auf Grund einer begrenzten Anzahl von Ursachen zu erklären suchen, schlägt Peter Hall (2003) eine „systematische Prozessanalyse" vor. Diese Methode, so Hall, wird der Ontologie der modernen vergleichenden Politikwissenschaft eher gerecht als etablierte Verfahren. Diese Ontologie beruht auf der Erklärung von sozialen und politischen Ereignissen als ein Resultat einer Kette von Entscheidungen, etwa in Form des *rational choice*-Ansatzes (Bates u.a. 1998) oder aufgrund lang anhaltender Pfadabhängigkeiten (Thelen 1999; 2000; 2003; 2004; Mahoney 2001; Pierson 2000a; 2004). In dieser Perspektive werden die Sequenzen, in denen ein Prozess sich entwickelt, wichtig für das Eintreten des Ereignisses. So ist es beispielsweise nicht unerheblich für das Ereignis y, ob der Prozess x vor oder nach dem Prozess w eintrat. Auch spielt es eine Rolle, ob ein Prozess in einer frühen formativen Periode stattfand oder erst später. Eine ununterbrochene sechsjährige sozialdemokratische Herrschaft in den 1930er Jahren hat einen tiefer reichenden Einfluss als sechs Jahre in den 1990ern. Dieser Unterschied wird in vielen etablierten quantitativen Analyseverfahren nicht berücksichtigt.

Als einen methodologischen Ansatz, mit dieser Ontologie umzugehen, schlägt Hall (2003) vor, zunächst jene Theorien zu identifizieren, die den Kausalitätsprozess des Ereignisses erfassen könnten. Sodann werden die wesentlichen Faktoren und Ereignisse (*events*), die diese Theorien vorhersagen, für eine empirische Analyse operationalisiert. Dabei werden nicht nur Variablenverbindungen der Art „x verursacht y" untersucht, sondern es sollten die hinter dieser Verbindung liegenden Prozesse bestimmt werden. Dabei gilt: Je adäquater eine Theorie für eine Untersuchung ist, desto mehr beobachtbare Zwischenschritte kann sie bestimmen (King u.a. 1994: Kapitel 6). Eine „gute Theorie" gibt Anhaltspunkte für möglichst viele Zwischenereignisse, die Sequenz des Auftretens dieser Ereignisse, sowie andere relevante Aspekte einer Kausalkette. In dieser Hinsicht lassen sich dann Verfahren des *pattern matching* und *process tracing* theoretisch ableiten und empirisch überprüfen. Der wesentliche Aspekt der Forschung der systematischen Prozessanalyse besteht darin, die aus der Theorie abgeleiteten Erwartungen mit den beobachtbaren und konzeptionalisierten Daten zu vergleichen.[242]

Anders als die analytischen Narrative, die im vorherigen Kapitel beschrieben wurden und die durchaus als Basis einer systematischen Prozessanalyse dienen können, betont Hall, dass sein Ansatz nicht eine Theorie favorisiert, wie dies anhand des *rational choice*-Ansatzes im analytischen Narrativ der Fall ist. Vielmehr betont er (2003: 393, Fn 17; siehe auch George/Bennett 2005) die Bedeutung, mehrere Theorien zu nutzen, die miteinander in Konkurrenz für die Erklärung der Ereignisse stehen. Nur durch die Interaktion zwischen den empirischen Bezügen der einzelnen Theorien lässt sich eine systematische Prozessanalyse durchführen. Das heißt: Die empirische Arbeit ist letztendlich durch den Vergleich dreier Elemente bestimmt: die favorisierte Theorie, die konkurrierenden Theorien und die empirischen Beobachtungen.

Der empirische Vergleich kann dabei innerhalb der Fälle und zwischen den Fällen stattfinden. Insbesondere wenn die identifizierten Muster und Abläufe sich sowohl innerhalb als auch zwischen den Fällen wiederfinden lassen, kann davon ausgegangen werden, dass die theoretische Erklärungskraft größer ist, als wenn sich die Theorie nur anhand eines Falles bewährt. Führt etwa die Etablierung einer sozialdemokratischen Regierung in Land X, über einen bestimmten Zeitraum betrachtet, in diesem Land zu mehr sozialer Gerechtigkeit, und stellt sich auch im internationalen Vergleich heraus, dass jene Länder mit einer sozialdemokratischen Regierung sozial gleicher sind als andere Länder, so ist die These „sozialdemokratische Regierungen forcieren soziale Gerechtigkeit“ stärker belegt, als wenn dieser Zusammenhang nur innerhalb eines Landes oder im Vergleich von Ländern belegt wird.

Die empirische Durchführung von systematischen Prozessanalysen ist vor allem für vergleichende Analysen besonders aufwändig. Etablierte Studien benutzen zumeist die narrative Form, die oftmals nicht dem Kriterium der wissenschaftlichen Effizienz genügt.[243] In Bezug auf die wesentliche Fachliteratur stellt James Mahoney (1999: 1164 und 1169) fest, dass Narrative ein hilfreiches Werkzeug für die Bewertung von Kausalität in Situationen sind, in denen zeitliche Abläufe, besondere Ereignisse und Pfadabhängigkeiten berücksichtigt werden müssen. Allerdings kann diese Art der Analyse zu ineffizienten Erklärung führen, die nur sehr schwer über den untersuchten Fall hinaus verallgemeinerbar sind. ”Hence, narrative may suffer from the problems associated with ‘idiographic’ explanations” (Mahoney 1999: 1169).

Mahoney sieht eine Möglichkeit, narrative Kausalanalysen durch deren Zusammenfassung in Diagrammform zu strukturieren und somit Informationen zu bündeln. So benutzt auch Theda Skocpol (1979) extensive narrative Analysen, um ihre Kausalzusammenhänge zu belegen und zu verfeinern. Mahoney fasst die wesentlichen kausalen Argumente, die Skocpol für die Bedingungen des Staatszusammenbruchs in Frankreich sieht, anhand eines Diagramms zusammen.

---

[242] Dabei bezieht sich der Nutzen einer Theorie nicht ausschließlich darauf, dass sie das Ergebnis eines Ereignisses korrekt wiedergibt – wenngleich dies durchaus einen wesentlichen Aspekt ausmacht –, sondern inwieweit die Theorie in der Lage ist, den Kausalprozess möglichst an vielen Beobachtungen zu bestimmen. Damit wird durchaus das Postulat der Effizienz (*parsimony*) von Theorien zu Gunsten der Validität zurückgenommen.

[243] Die meisten dieser Studien sind sehr lange, oftmals detailverliebte Monographien (Skocpol 1979 umfasst 407 Seiten, Collier/Collier 1991, 877 Seiten), so dass Mahoney (1999: 1187) feststellt: ”For some readers, the extensive investment of time and energy needed to hold together the full argument may prove too taxing.“

Abbildung 12-1: Formalisierte narrative Analyse der Bedingungen für den staatlichen Zusammenbruch in Frankreich nach Skocpol

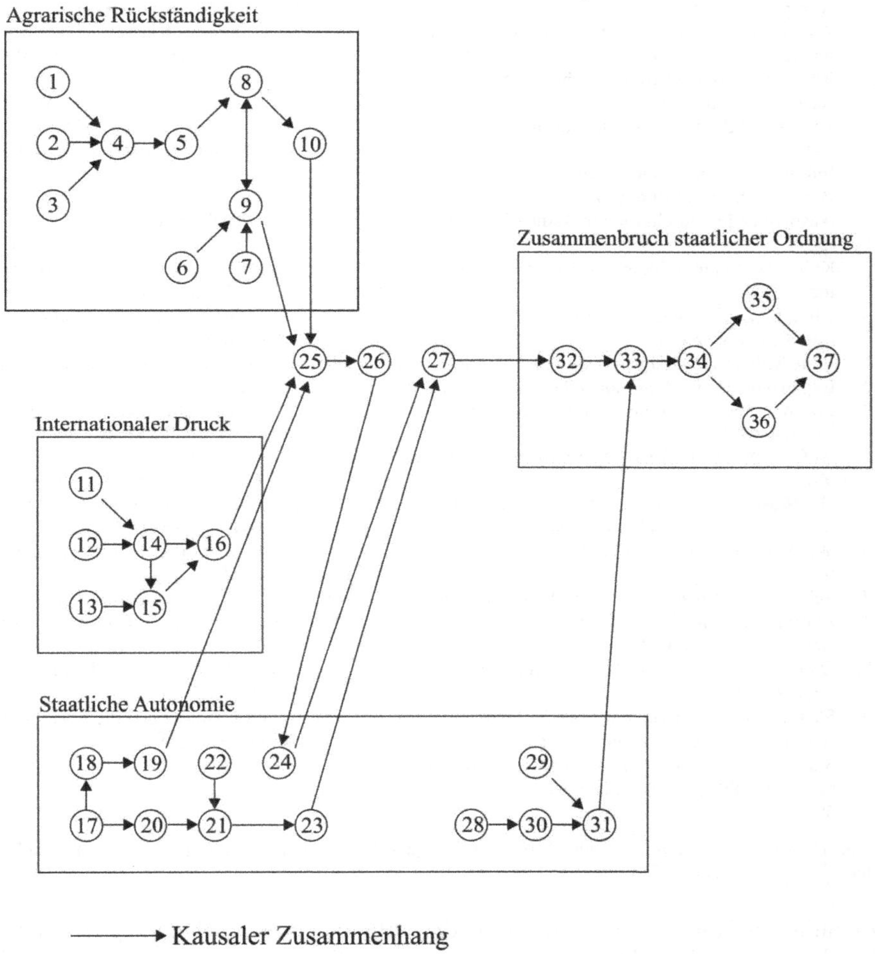

1. Eigentumsverhältnisse verhindern die Einführung neuer Agrartechniken (55)
2. Das Steuersystem verringert Innovationen im Agrarbereich (55)
3. Anhaltendes Wachstum verringert Innovationen im Agrarbereich (55)
4. Rückständigkeit der französischen Landwirtschaft gegenüber England (56)
5. Schwacher Binnenmarkt für Industriegüter (55-56)
6. Interne Transportprobleme (56)
7. Bevölkerungswachstum (56)
8. Ausbleibender Durchbruch im Industriesektor (56)
9. Keine Aufrechterhaltung des Wirtschaftswachstums (56)
10. Unvermögen, erfolgreich mit England konkurrieren zu können (56)
11. Erste Militärerfolge unter Ludwig XIV. (54)
12. Expansionistische Ambitionen des Staates (54)
13. Französische geographische Lage gegenüber England (60)
14. Aufrechterhaltung der Kriegsführung (54, 60, 63)
15. Der Staat muss sowohl der Armee als auch der Marine Ressourcen zukommen lassen (60)
16. Wiederholte Niederlagen im Krieg (54, 60, 61, 63)
17. Schaffung der absolutistischen Monarchie; dezentralisierte mittelalterliche Institutionen bestehen weiterhin fort (52-53)
18. Dominierende Klasse ist häufig von den Steuern befreit (60-61)
19. Staat ist mit Schwierigkeiten bei der Generierung von Krediten konfrontiert (61)
20. Sozial geschlossene dominierende Klasse basierend auf rechtlich geschütztem Reichtum (56-59; 61-62)
21. Dominierende Klasse besitzt das Recht, königliche Gesetze aufzuschieben (62)
22. Dominierende Klasse übt starke Kontrolle auf Ämter aus (61-62)
23. Dominierende Klasse verfügt über die Fähigkeit, Staatsreformen zu verhindern (61-64)
24. Dominierende Klasse leistet Widerstand gegen Finanzreformen (62)
25. Gravierende Finanzprobleme des Staates (63)
26. Staat versucht Steuer-/Finanzreformen durchzuführen (64)
27. Finanzreformen scheitern (63-65)
28. Rekrutierung von Militäroffizieren aus privilegierten Klassen (65)
29. Militäroffiziere erheben Klage gegen die Krone (65)
30. Militäroffiziere identifizieren sich als dominierende Klasse (65)
31. Militär ist nicht gewillt, den Widerstand der dominierenden Klasse zu unterdrücken (64-65)
32. Die Finanzkrise verschlimmert sich (64)
33. Druck zur Gründung der Generalständeversammlung (64)
34. König beruft die Generalständeversammlung ein (64)
35. Proteste im Volk häufen sich (66)
36. Konflikt zwischen den Mitgliedern der dominierenden Klasse in der Generalständeversammlung; Lähmung des alten Regimes (65)
37. Stadtrevolution; der alte Staat bricht zusammen (66-67)

Quelle und *Erklärungen*: Mahoney (1999: 1166-1167); eigene Übersetzung. Zahlen in Klammern beziehen sich auf Seitenzahlen in Skocpol (1979).

In der nominalen Zusammenfassung wurde diese Bedingung in hoch aggregierter Form als zutreffend erfasst (in Tabelle 12-1 mit „ja“). In der ordinalen Disaggregation wurde dies in Tabelle 12-2 durch drei Variablen beschrieben. Die narrative Analyse disaggregiert diese drei Variablen weiter in ihre historischen Elemente, in diesem Fall für ein Land und eine Variable 37 Elemente. Die graphische Darstellung stellt dabei noch nicht einmal wesentliche Rückkopplungsschleifen und Gewichtungen auf.

Der Vorteil der Kombination von narrativer und nominaler Analyse besteht darin, dass beispielsweise der Einfluss von Revolten städtischer Arbeiter nicht anhand eines Narratives untersucht wurde, da diese Variable anhand der nominalen Eliminierungsmethoden aus der weiteren Untersuchung ausgeschlossen wurde. Wäre dies nicht geschehen, wäre die narrative Analyse noch komplexer ausgefallen.

Das Diagramm zeigt, wie die ordinalen Variablen (landwirtschaftliche Rückständigkeit, internationaler Druck, Staatsautonomie) eine Kausalkette bilden und wie sie zu dem

Ergebnis „Staatszusammenbruch“ stehen. Es deutet ferner daraufhin, was die Schlüsselereignisse waren. So treffen drei Kausalketten in Punkt 25 zusammen und verursachen ein „bedeutendes Finanzproblem des Staates“, welches schließlich zum Staatszusammenbruch führt.

Die Informationsbündelung durch die graphische Zusammenfassung stößt natürlich an ihre Grenzen. So berücksichtigt das Diagramm nur 17 Seiten aus Skocpols Buch (1979: 51-67) und geht nicht auf den Variablenkomplex „Bedingungen für Bauernrevolten“ ein. Allerdings wäre eine vergleichende Analyse ohne eine solche Datenreduktion noch anspruchsvoller: “Yet, without such formal diagramming, the procedures through which analysts compare and contrast event-structure sequences across cases cannot be easily evaluated” (Mahoney 2003b: 367).[244]

In Bezug auf Peter Halls systematische Prozessanalyse müssten zunächst anhand von Theorien alternative Kausaldiagramme erstellt werden, die dann anhand empirischer Studien die eine oder die andere Theorie favorisieren. Dies deutet bereits den hohen Aufwand an, den man betreiben muss, um eine systematische Prozessanalyse durchführen zu können.

Vergleichende systematische Prozessanalysen schreiben der fallorientierten vergleichenden Methode einen hohen Stellenwert in der vergleichenden Politikwissenschaft zu. Sie gelten nicht nur als die nächst beste Lösung nach der statistischen Methode, sondern der prozessorientierte Vergleich zwischen Fällen und Theorien entspricht der aktuellen theoretischen Entwicklung und der Ontologie, soziale Prozesse durch Pfadabhängigkeit und lange Sequenzen besser zu erfassen als Kausalanalysen, die von einer geringen Anzahl von Variablen einen lineare und direkten Einfluss auf ein Ergebnis postulieren. Damit sehen Autoren, die eine prozessorientierte Analyse favorisieren (Hall 2003; Pierson 2004; Thelen 2004; George/Bennett 2005) in dieser Form des Vergleichs die eigentlich angebrachte Methode der modernen vergleichenden Politikwissenschaft.

4 Nutzen und Grenzen der Analysekombination

Die drei nomothetischen Analyseverfahren haben ihre Stärken und Schwächen und lassen sich nicht in die Kategorien „besser“ oder „schlechter“ einteilen. Je nach Forschungsinteresse lassen sich adäquate Ergebnisse mit Hilfe der einen oder anderen Methode erreichen. Dabei können die drei Ansätze wie folgt zusammengefasst werden: Nominale Vergleiche gelangen zu effizienten und deterministischen Ergebnissen, ordinale Vergleiche kommen zu weniger effizienten, aber auch weniger deterministischen Ergebnissen und prozessorientierte Vergleiche mit starken Narrativen neigen stark zu idiographischen und umfassenden Erklärungen. Damit stehen die unterschiedlichen Vergleichsmethoden einerseits in Widerspruch zueinander, andererseits scheinen sie sich jedoch auch zu ergänzen. Von daher ist es nicht überraschend, dass viele Studien mehrere dieser drei Vergleichsmethoden anwenden. In Kapitel 14 werden Studien vorgestellt, die quantitative Vergleichsmethoden mit einer dieser drei Strategien verbinden. In diesem Kapitel beschränke ich mich darauf, auf die Kombination der drei fallorientierten, nomothetischen Vergleichsmethoden näher einzugehen.

---

[244] Am gleichen Ort macht Mahoney jedoch auch auf den Forschungsbedarf in diesem Bereich aufmerksam: “The complex trade-off between the clarity of informal narrative presentations and the rigor of explicitly diagrammed narrative accounts warrant further attention from methodologists.”

Die wahrscheinlich am weitesten verbreitete Kombination ist der nominal-narrative Vergleich. Der Reiz dieser Kombination besteht darin, dass durch nominale Analysen die Untersuchung effizient auf die wesentlichen Faktoren gelenkt werden kann, die dann anhand von komplexen Informationen narrativ weiter ausgefüllt werden. In dieser Hinsicht können politikwissenschaftliche Analysen historisch informierte Erklärungen abgeben. Zumeist liegt bei solchen Studien der analytische Schwerpunkt auf dem nominalen Aspekt, sodass die narrativen Analysen um die nominalen Argumente kreisen und somit oftmals eine deterministische Argumentationsstruktur besitzen.

Studien, die eine solche Strategie verfolgten, sind unter anderen Herbert Kitschelts Arbeiten zur politischen Gelegenheitsstruktur für den Kernenergieprotest in Schweden, Deutschland, Frankreich und den USA (1983; 1986) oder zu Parteienstrategien in Osteuropa (u.a. 1999b). Auch Jack Goldstones (1991) Analysen von Revolutionen und Rebellionen stellen eine solche Kombination von Vergleichstypen dar, ebenso die Arbeit von John Dryzek u.a. (2003) über das Verhältnis von Umweltbewegungen und dem Staat. Wenngleich viele dieser Untersuchungen auch ordinale Vergleiche benutzen, basieren die Studien auf einer nominalen Analyse der Komplexitätsreduzierung und einer narrativen Analyse, um die übrig gebliebenen Kausalitäten umfassend darzustellen.

Insgesamt ist bei aller Kritik diese Art des Vergleichs äußerst vorteilhaft, werden doch nomothetische Aspekte der Variablenorientierung mit fundamentalen Fallkenntnissen angereichert. Die Fallzahl wird in diesem Untersuchungsdesign jedoch durch die „Kapazität" des Forschers, fundamentale Kenntnisse zu den Fällen zu erwerben, bestimmt. Selbst erfahrene Forscher und Forscherteams, die ein integrales Forschungsdesign verfolgen, beschränken sich bei der Fallzahl zumeist auf wenige Fälle (zumeist vier, in Ausnahmen mehr Fälle).

Die Kombination von ordinalen und narrativen Studien ist bei weitem seltener, obgleich solche Studien in der Lage sind, partiale Kausalitäten zu erfassen. Indem sie darauf hinweisen, dass Zusammenhänge nicht immer und überall gelten, machen sie oftmals auf ein Forschungsdefizit aufmerksam, welches weiterverfolgt werden muss. Das Problem solcher Studien besteht darin, dass die Erklärungen oftmals etwas beliebig und wenig effizient erscheinen. Ordinal-narrativ vergleichende Studien tendieren eher zur Anwendung quantitativer Vergleichsmethoden und werden deshalb erst in Kapitel 14 vorgestellt.

Auch eine nominal-ordinale Vergleichskombination ist relativ selten in der vergleichenden Politikwissenschaft anzutreffen. Solchen Analysen wird häufig vorgeworfen, dass sie nicht Prozesse und Entwicklungen in ihrer Genese betrachten und damit Geschichte als statisch konzeptionalisieren (*freezing history*; Burawoy 1989: 769-770). Allerdings haben auch nominal-ordinal vergleichende Studien ihre positiven Seiten. In seiner Zwischenkriegsstudie untersucht Luebbert (1991) die Entstehung von liberalen, faschistischen und sozialdemokratischen Regimen anhand einer Kombination nominaler und ordinaler Vergleichsstrategien. Er nutzt ordinale Vergleichsmethoden, um die Varianz innerhalb der von der nominalen Analyse identifizierten Typen von Kausalität zu spezifizieren. So kommt er anhand der nominalen Analyse zu dem Schluss, dass eine Allianz zwischen liberalen Kräften und der Arbeiterschaft vor dem Ersten Weltkrieg zu stabilen liberalen Regimen in der Zwischenkriegszeit führte. Dies trifft für die Schweiz, England und Frankreich zu. Tabelle 12-3 zeigt, dass dieser Zusammenhang perfekt ist (trifft auf alle Fälle zu). Eine rangskalierte, ordinale Analyse zeigt dann, dass dieser Zusammenhang bei einem differenzierten Messniveau doch nicht perfekt ist (Spearman r beträgt 0,92; signifikant auf dem 1 Prozentniveau). Insbesondere deuten die Werte von den Niederlanden und Belgien darauf hin, dass sie den liberalen Regimen der Schweiz, Englands und Frankreichs am nächsten kommen. Auch etablierten diese beiden Länder in der Zwischenkriegszeit politische Regime, die wesentliche Elemente von liberalen Regimen beinhalten und somit als ein besonderer Untertyp von liberalen Regimen gelten können.

Tabelle 12-3: Nominale und ordinale Vergleiche in Luebberts Zwischenkriegsstudie

	Allianz zwischen Liberalen und Arbeitern vor dem Ersten Weltkrieg (nominal)	**Liberales Zwischenkriegs-regime (nominal)**	**Allianz zwischen Liberalen und Arbeitern vor dem Ersten Weltkrieg (ordinal)**	**Liberales Zwischenkriegsregime (ordinal)**
Schweiz	Ja	Ja	11	10
England	Ja	Ja	10	11
Frankreich	Ja	Ja	9	9
Belgien	Nein	Nein	7,5	7,5
Niederlande	Nein	Nein	7,5	7,5
Dänemark	Nein	Nein	6	6
Italien	Nein	Nein	5	2
Norwegen	Nein	Nein	4	4,5
Spanien	Nein	Nein	3	3
Schweden	Nein	Nein	2	4,5
Deutschland	Nein	Nein	1	1

Quelle: Mahoney (2003b: 356-357); eigene Übersetzung.

Der Vorteil einer nominal-ordinalen Vergleichsstrategie liegt in der Möglichkeit, rigorose Hypothesentests durchzuführen. Auch bedarf eine solche Analyse keiner fundierten Kenntnis der Fälle über die genutzten Variablen hinaus. Von daher ist eine solche Methode relativ voraussetzungslos und universal, das heißt viele Forscher sind in der Lage, für die Forschungsfrage relevante Fälle zu untersuchen. Der Nachteil besteht darin, dass diese Studien nicht nur Geschichte als statisch, sondern auch viele andere Informationen als geronnene Quantitäten erfassen. Ähnlich der im nächsten Kapitel vorgestellten Analyseverfahren wird diesen Studien der Vorwurf des *number crunching* (Fliegenbeinzählerei) angelastet, da sie ohne detaillierte Fallkenntnis (Kultur, Sprache, holistische Erfassung des Forschungsgegenstandes) zu ihren Ergebnissen kommen.

Studien, die alle drei Strategien zu verbinden suchen, erhoffen sich damit sämtliche Vorteile dieser Methoden zu maximieren. Allerdings führen solche Untersuchungen zu einem vielschichtigen methodologischen Ansatz und zu hoch komplexen Erklärungen, die viele Angriffsflächen für Kritik liefern können.

James Mahoney (1999) identifiziert neben Skocpols (1979) Analyse noch Downings (1992) Studie über Militärrevolutionen und politischen Wandel, Ann Shola Orloffs (1993) Analyse über die Rentenpolitik in Großbritannien, Kanada und den USA, sowie Ruth und David Colliers (1991) Untersuchung über die Struktur der politischen Systeme in Lateinamerika als besonders typische Forschungsmonographien, in der alle drei Analysetechniken Anwendung finden. Aber auch manche der oben genannten nominal-ordinal kombinierenden Studien wie Dryzek u.a. (2003) und Goldstone (1991) bedienen sich durchaus ordinalen Vergleichen, sodass auch die Forschungsstrategie, alle Ansätze zu kombinieren, recht verbreitet ist.

Die folgende Tabelle fasst nochmals die charakteristischen Vor- und Nachteile der einzelnen Vergleichsmethoden sowie deren Kombinationen zusammen. Sie kann als Orientierung für fallorientierte Vergleichstudien mit kleiner Fallzahl dienen.

Tabelle 12-4: Vor- und Nachteile von verschiedenen makro-kausalen Vergleichsanalysen

	Vorteil	**Nachteil**
Nominale Strategie	Führt zu *parsimony* durch Eliminierung von Konkurrenzerklärungen	Determinismus
Ordinale Strategie	Ermöglicht das Erfassen von differenzierten Kausalmechanismen	Kann nicht eindeutig Konkurrenzerklärungen eliminieren
Prozessorientierte Strategie	Erfasst prozessuale Analyse von Zeitsequenzen	Neigt zu idiographischen Analysen
Kombination: Nominale und prozessorientierte Strategien	Entwickelt *parsimonious* Erklärungen mit historischen Detailanalysen	Erklärungen und Prozessanalysen neigen zum Determinismus
Kombination: Ordinale und prozessorientierte Strategien	Verbindet wahrscheinliche Kausalbewertungen mit historischen Details	Erklärungen erscheinen als willkürlich
Kombination: Nominale und ordinale Strategien	Differenziertes und logisch schlüssiges Kausalmodel	Keine historische Tiefe („*freezing history*")
Kombination: Nominale, ordinale und prozessorientierte Strategien	Gleicht die Schwächen einer einseitigen Analyseart aus	Komplexität der Erklärung untergräbt *parsimonious* Erklärungen

Quelle: Mahoney (1999: 1190); eigene Übersetzung und Ergänzungen.

5 Schluss

Auch wenn eine große Anzahl von Politologen im Vergleich weniger Fälle das genuine Feld der vergleichenden Politikwissenschaft sehen, besitzen solche Ansätze fundamentale Schwächen, die erst seit einigen Jahren intensiver behandelt werden. In der Vergangenheit haben vergleichende fallorientierte Studien ihren methodologischen Ansatz nur sehr selten expliziert und verbleiben oftmals in der Rubrik „idiographisch fallorientierte Vergleichsstudien".

Aber auch die Innovationen auf diesem Gebiet stehen noch an ihren Anfängen. Wenngleich die Überlegungen, die in diesem Kapitel ausgeführt wurden, einen unwidersprochenen Reiz für die empirische Arbeit besitzen, so stellen sich sämtliche Autoren nicht der Frage, wie die Reichweite ihrer Aussagen bemessen werden kann. Sie geben keine Hinweise zur Fallauswahl, weder in qualitativer (Welche Fälle?) noch in quantitativer (Wie viele Fälle?) Hinsicht. Überhaupt scheinen viele Verfahren lediglich für fallinterne Vergleiche geeignet zu sein, denn wir erfahren wenig darüber, wie z.B. narrative Analysen über Fälle hinweg verglichen werden sollen. Mahoney (2003b: 365-366) stellt deshalb fest: „However, the procedures through which analysts decide whether a narrative account lends support to a cross-case causal pattern have not been well specified." George und Bennett (2005: Kapitel 11) haben erste Überlegungen zu diesen Aspekten vorgelegt, in denen auf die Verbindung von fallinternen und vergleichenden Fallstudien durch typologisierende Theorien eingegangen wird. Wie in Kapitel 14 näher dargelegt, gehen diese Überlegungen von den hypothetischen Merkmalsräumen (Lazarsfeld 1937) aus. Durch die analytische Reduzierung der Merkmalsräume lassen sich dann spezifische Forschungsdesigns entwickeln, in denen Qualität und Status von Fällen für die interessierende Fragestellung eingeschätzt werden können. In einem solchen Forschungsdesign gehen *process tracing* und der Vergleich von typologischen Fallkonfigurationen Hand in Hand.

Wie auch immer, das Feld der vergleichenden fallorientierten Analysen ist eines der aktivsten, nicht zuletzt weil die bisher stetig an Bedeutung gewinnenden quantitativen Studien in ihrer Ontologie und damit auch Methode mehr und mehr hinterfragt werden (Hall 2003; Pierson 2004). Allerdings stellen die quantitativ variablenorientierten Studien weiterhin einen Schwerpunkt der vergleichenden Politikwissenschaft dar und sollen deshalb im nächsten Kapitel näher erläutert werden.

Kapitel 13: Makro-quantitative Analysemethoden der vergleichenden Politikwissenschaft

Neben Fallstudien oder primär fallorientierten Studien nehmen in der vergleichenden Politikwissenschaft makro-quantitativ vergleichende Ansätze einen bedeutenden Stellenwert ein (Jahn 2009a). Der Begriff makro-quantitativer Vergleich bezieht sich darauf, dass einerseits größere Analyseeinheiten wie Länder, Parteien, Revolutionen, Wahlen (makro) untersucht werden, die sich von Untersuchungen, die sich auf Individuen (mikro) beziehen, unterscheiden. Zum anderen findet in diesen Analysearten eine Quantifizierung der Informationen statt (quantitativ) (Gillespie 1971).[245] Dabei beziehen sich makro-quantitative Untersuchungen auf die Analyse von Variablenzusammenhängen und es hängt vom Forschungsdesign und den Analyseverfahren ab, in wie weit eine fallspezifische Betrachtung ergänzend hinzutritt. Insbesondere quantitativ-statistische Untersuchungen in der Tradition des *most similar systems designs* pflegen eine interaktive Analyse zwischen Variablen- und Fallorientierung und in diesem Bereich sind in den letzten Jahren entscheidende Fortschritte bezüglich der Kombination von Variablen- und Fallorientierung erzielt worden.

Die quantitativ-statistischen Ansätze sind von der Mystik der „harten" Wissenschaft umgeben. Mit den quantitativ, oftmals metrisch erfassten Informationen werden statistische Verfahren durchgeführt, die auch in den Naturwissenschaften und der Wirtschaftswissenschaft angewendet werden. Die Statistik selbst hat viel zum wissenschaftlichen, technischen und sozialen Fortschritt beigetragen.[246] Statistische Analysen zeichnen sich durch ihre Effizienz (*parsimony*) aus und die Wahrscheinlichkeitsrechnung ermöglicht es, von einer relativ kleinen Anzahl von Fällen auf große Populationen zu schließen. In der vergleichenden Politikwissenschaft werden jedoch statistische Verfahren nur selten hinsichtlich der schließenden Statistik verwandt. Vielmehr verbleiben Analysen in der vergleichenden Politikwissenschaft auf der Ebene der deskriptiven Statistik. Das bedeutet, dass die Berechnung mancher Parameter, wie etwa von Signifikanzniveaus, keine inhaltliche Bedeutung besitzt, sondern lediglich eine Orientierung für die Einschätzung der Stärke von Zusammenhängen darstellt.

Statistik erschöpft sich nicht im Zusammentragen von Informationen oder unkommentierter Darstellung von Fakten, sondern nimmt diese zum Ausgangspunkt, um durch bestimmte Berechnungen Aussagen zu treffen, die weit über die Datensammlung hinausrei-

[245] Da solche Untersuchungen die Daten zusammenfassen (aggregieren), werden sie auch Aggregatdatenanalysen genannt. Übersichtsaufsätze sind in deutscher Sprache in Pappi (1977), Schmidt (1995a), Jahn (2009a) und Widmaier (1997) zu finden.

[246] Als Übersicht zur Geschichte der Statistik und deren Einfluss in der Sozialwissenschaft siehe Gavin Kennedy (1985).

chen: „Zahlen ...", so Gavin Kennedy (1985: 35) „... sind, für sich genommen, wie schlafende Giganten, deren innere Kraft noch nicht geweckt wurde." Jedoch besteht in der statistischen Bearbeitung von Zahlen nicht nur das Potenzial zu effizientem und tiefer liegenden Erkenntnisgewinn, sondern auch die Möglichkeit zur Manipulation (Krämer 1991; 1994). Der Winston Churchill (1874-1965) zugewiesene Ausspruch „Never believe any statistic as long as you didn't forge it yourself." wie die Behauptung, dass Statistiken lügen (Huff 1954) sind bekannte Referenzen, die auf dieses Problem hinweisen.[247] Wie jedes effiziente Werkzeug kann Statistik sowohl von Nutzen sein als auch durch Missbrauch schaden. Eine gute statistisch-empirische Analyse besteht in der kreativen, theoriegeleiteten Interpretation von Zusammenhängen. Dabei dienen die statistischen Verfahren als Spielregeln; sie ersetzen jedoch nicht das Aufspüren von substantiellen Ergebnissen durch theoretische Anleitung.[248] Gary King (1986: 667) fasst den Nutzen von statistischen Verfahren in dem folgenden Satz sehr anschaulich zusammen: "Because of the systematic precision, we should realize by now that it is a lot harder (knowingly or not) to lie (and get away with it) with statistics than without them."

Ein weiterer Vorteil der statistischen Methode besteht darin, dass die Schlussfolgerungen einer statistischen Analyse vom spezifischen nationalen und kulturellen Kontext abstrahieren können (Janoski/Hicks 1994: 6-7; Perry/Robertson 2002: 37).[249] Es können also Schlussfolgerungen gezogen werden, die den Zusammenhang von Variablen – z.B. der Einfluss von Regierungen auf die Wirtschaft – erfassen und nicht beschreiben, dass dieser in Land X sich so, in Land Y anders und in Land Z wiederum anders darstellt. Die Abstraktion von Fällen ist in quantitativ-statistischen Untersuchungen wünschenswert. Somit entsprechen diese Studien dem Vorschlag, dass man die Namen von Ländern durch die Beziehungen von Variablen ersetzen sollte (Przeworski/Teune 1982: 26-30).

Eine wesentliche analytische Unterscheidung der quantitativen Makroanalysen besteht darin, inwieweit zwischen Fällen (*cross-section*) unterschieden wird und inwieweit die Analyse innerhalb eines Falles über einen gewissen Zeitraum (*time series*) erfolgt (Janoski/Hicks 1994: 13-21). Die etablierteste Analysetechnik des quantitativen Ländervergleichs bezieht sich auf den Vergleich einer für die vergleichende Politikwissenschaft relativ großen Anzahl von Fällen zu einem Zeitpunkt (Querschnittsanalyse, *cross-section analysis*), wobei die Regressionsanalyse die Hauptanalysetechnik darstellt. Auch die Längsschnittanalyse (*time-series analysis*) wendet vorwiegend die Regressionsanalyse an, weshalb in diesem Kapitel diese Analysetechnik für den Ländervergleich vorgestellt werden soll. Dabei wird sich die Darstellung an wesentlichen Aspekten für den Ländervergleich orientieren, der sich von Regressionsanalysen mit Individualdaten darin unterscheidet, dass die Fallzahl niedrig ist und die Fälle nicht unabhängig voneinander sind.[250]

---

[247] Der frühere britische Premierminister Benjamin Disraeli (1804-1881) hat gesagt: "There are three kinds of lies: Lies, damn lies and statistics."

[248] Perry und Robertson (2002: 483) haben dies sehr passend zusammengefasst: "Theory, sample, and measurement are the foundation of solid cross-national data analysis; statistics are properly their loyal servants, not their masters."

[249] Allerdings sehen manche, insbesondere idiographisch inspirierte Forscher, darin einen entscheidenden Nachteil.

[250] Die Darstellungen in diesem, wie im nächsten Kapitel können nur einen Überblick geben. Dabei wird auf die Prinzipien der einzelnen Verfahren eingegangen. Eine verfahrenstechnische Darstellung liegt jenseits dieser Einführung. Einführungen in die quantitativen Analyseverfahren in der vergleichenden Politikwissenschaft sind selten. Allerdings haben erst kürzlich Robert Perry und John Robertson (2002) eine umfassende Darstellung verfasst. Immer noch aktuell ist die Monographie von Edward Tufte (1974). Stärker statistisch orientierte Einführungen sind die Lehrbücher von Uwe Wagschal (1999b); Uwe Gehring und Cornelia Weins (2004) und Ulrich

Der Schwerpunkt der Darstellung der statistischen Verfahren liegt in der vergleichenden Politikwissenschaft, wie schon weiter oben erwähnt, auf der Analyse von Grundgesamtheiten. Es werden also keine Rückschlüsse von einer Stichprobe auf eine Grundgesamtheit gezogen. Damit kann auf die wahrscheinlichkeitsstatistischen Verfahren, mit denen von einer Stichprobe auf eine Grundgesamtheit geschlossen wird, verzichtet werden.[251] Indem eine Grundgesamtheit untersucht wird, beziehen sich diese Studien zumeist auf das *most similar systems design*. Denn die Auswahl der untersuchten Länder aus dem Universum aller Länder wird durch Homogenisierungskriterien durchgeführt. Eine Untersuchung aller Demokratien schließt alle nicht-Demokratien aus und schränkt damit die „weltweite" Varianz, die politische Systeme besitzen, ein. Durch die Anwendung des Homogenisierungskriteriums als Auswahlstrategie der Fälle ergibt sich jedoch das Problem, dass die dann untersuchten Länder wahrscheinlich stark miteinander interagieren. Ein wesentliches Kriterium einer statistischen Analyse besteht jedoch darin, dass die Fälle unabhängig voneinander sein sollen. Außerdem wird durch die Fallauswahl die Fallzahl reduziert. In Analysen mit einer Grundgesamtheit ist man also mit dem Problem der niedrigen Fallzahl sowie dem Galtonproblem konfrontiert (Janoski/Hicks 1994: 2). In neueren Analysen werden diese Probleme zunehmend berücksichtigt.

Die makro-quantitativen Analyseverfahren der vergleichenden Politikwissenschaft werden im Folgenden in fünf Bereichen dargestellt. Hauptaugenmerk erhält dabei die ländervergleichende Regressionsanalyse (Querschnittsanalysen). Eine solche Analyse kommt einem vergleichenden Schnappschuss gleich. Dynamische Prozesse bleiben weitgehend ausgeblendet und die Ergebnisse beziehen sich auf einen Zustandszeitpunkt. Im Kontext dieser Analysen werden Probleme, Diagnostiken und Lösungen dargestellt, die auch in den weiteren, in diesem Kapitel dargestellten Verfahren beachtet werden müssen. Im zweiten Schritt drehen wir die Analyselogik um und betrachten mehrere Zeitpunkte in einem Land. Eine solche Zeitreihenanalyse macht dynamische Aspekte deutlich, die in einer solchen Analyse besondere methodische Beachtung erfahren müssen. In den beiden darauf folgenden Abschnitten werden die beiden ersten Analysetechniken kombiniert. Einmal stellt der zusammengefasste („*gepoolte*") Länder- und Zeitvergleich (*time-series–cross-section analysis*; TSCS) eine Hauptanalyseform der gegenwärtigen quantitativen vergleichenden Politikwissenschaft dar. Zum anderen verfolgen Ereignisdatenanalysen dasselbe Ziel, benutzen jedoch als abhängige Variable das Eintreten (oder Ausbleiben) eines Ereignisses. In einem letzten Abschnitt wird noch auf die Besonderheiten eingegangen, die entstehen, wenn nicht die Grundgesamtheit selbst analysiert wird, sondern eine Stichprobe.

Kohler und Frauke Kreuter (2006). Kohler und Kreuters Buch gibt auch eine umfassende Einführung in die Grundbefehle von STATA (Version 9). Besonders hilfreich für die Durchführung von Regressionsanalysen ist darüber hinaus Christopher Achen (1982), sowie das Webbuch von Xiao Chen u.a. (www.ats.ucla.edu/stat/webbooks/reg/default.htm; 21.12.2004). Für neuste Entwicklungen und eine sehr umfassende Darstellung siehe auch: Greene (2005).

[251] Dennoch werden in solchen Studien auch die Signifikanzniveaus angegeben. Diese dienen in diesen Fällen als Beschreibung der Steuung bzw. Abweichung der Fälle von der Regressionsgraden. Sie können als ein Maß für die Reliabilität des verwendeten Indikators interpretiert werden.

1 Querschnittsanalysen

Querschnittsanalysen betrachten verschiedene Fälle (A, B, C, … N) zu einem Zeitpunkt und beziehen sich auf die Erklärung einer abhängigen Variable (Y) durch zwei oder mehrere unabhängige Variablen (X_1, X_2, X_3, … X_n). Im Wesentlichen wird eine abhängige Variable auf eine gewisse Anzahl von unabhängigen Variablen zurückgeführt (*regressio* = das Zurückführen) (King 1986: 667).

Die Regressionsanalyse ist die gebräuchlichste Analysetechnik in der vergleichenden makro-quantitativen Politikwissenschaft. Das Grundprinzip der Regressionsanalyse soll anhand der Sozialausgaben hoch entwickelter Industrienationen beschrieben werden, wobei auf technische Erklärungen weitgehend verzichtet wird (siehe hierzu Achen 1982; Wagschal 1999b: Kapitel 11; Backhaus u.a. 2005: Kapitel 1; Greene 2005) und lediglich auf die wesentlichen Aspekte für die Interpretation von Regressionsmodellen eingegangen wird.[252] Dabei werden die Schritte einer solchen Analyse durchgegangen und auf spezifische Aspekte hingewiesen. Die wesentlichen Schritte bestehen (a) in der Bestimmung der Grundgesamtheit und der Stichprobe, (b) in der Bildung von Hypothesen und der Operationalisierung von Variablen. Als nächster Schritt muss eine deskriptive Analyse der Variablen erfolgen, die einerseits die Ausprägungen der Variablen diskutiert und zum anderen deren Eignung für eine Regressionsanalyse testet. Hierzu dienen zum einen (c) die univariate Analyse der einzelnen Variablen und (d) die bivariate Analyse von Zusammenhängen. Nachdem diese Schritte durchgeführt wurden, schließt sich die Regression mit mehreren Variablen an (multiple Regression). Hierzu muss (e) ein für die Forschungsfrage brauchbares Modell ermittelt werden, welches wiederum die Grundbedingungen einer Regression erfüllen muss. Schließlich (f) wird noch auf den Aspekt der Regressionsdiagnostik eingegangen, der den Einfluss einzelner Fälle und die Robustheit der Ergebnisse untersucht. Dieser Schritt ist in der vergleichenden Politikwissenschaft besonders wichtig, da in diesem Bereich meistens mit einer kleinen Anzahl von Fällen gearbeitet wird, was bedeutet, dass jeder einzelne Fall eine hohe Auswirkung auf das Gesamtergebnis besitzen kann. Um jedoch allgemeine Ergebnisse zu erhalten, muss die Einwirkung einflussreicher Fälle erfasst und interpretiert werden. Dieser Schritt ist darüber hinaus von besonderer Bedeutung in der vergleichenden Politikwissenschaft, da dadurch – neben der Analyse von Variablenzusammenhängen – auch auf Fallspezifika eingegangen werden kann. Bei allen Schritten ist der Ausgangspunkt einer jeden statistischen Analyse die Theorie, die der Lösung der Fragestellung zugrunde liegt.

[252] Es existieren verschiedene Programme, mit denen statistische Analysen durchgeführt werden können. Zu den gebräuchlichsten zählen SPSS und STATA. Insbesondere STATA hat sich in den letzten Jahren zu dem anwendungseffizientesten Programm in der vergleichenden Politikwissenschaft entwickelt. Modellrechnungen werden deshalb mit STATA, Version 9, im Folgenden durchgeführt. Andere Programme, die auch Anwendung finden, sind SAS und R. Der Vorteil von R besteht darin, dass es kostenlos zur Verfügung steht (http://www.r-project.org/). Die anderen Programme kosten einige hundert Euro. Viele universitäre Rechenzentren sind in der Lage relativ günstige Lizenzen für Studierende anzubieten. Auch wenn es prinzipiell egal ist, welches Statistikprogramm Anwendung findet, so sei darauf hingewiesen, dass es auch vorkommen kann, dass verschiedene Programme zu unterschiedlichen Ergebnissen gelangen (Altman/McDonald 2001).

Bestimmung der Grundgesamtheit

Theoretische Aspekte sind zunächst für die Erfassung der Grundgesamtheit wesentlich, denn die Aussagen, die sich aus einer Analyse ergeben, haben lediglich für die untersuchte Grundgesamtheit einen Aussagewert. Im vorliegenden Fall soll das Niveau der Sozialausgaben in den am meisten entwickelten Ländern erfasst werden, damit wird jedoch explizit die Gültigkeit der Ergebnisse für andere Länder (Entwicklungsländer, islamische Staaten, Diktaturen, etc.) ausgeschlossen. Um dieses Kriterium zu operationalisieren, wurden jene Länder betrachtet, die (a) hochentwickelte Industriestaaten sind, die (b) etablierte Demokratien darstellen und zu denen (c) entsprechende Daten zur Verfügung stehen. Zur Definition der *Grundgesamtheit* benutzen wir Tabelle 8-1. Unter den Kriterien „hochentwickelt" und „etablierte Demokratien" (ED) finden sich 25 Länder. Für die Analyse von Sozialstaaten gehen wir jedoch von einer langen Phase der Entwicklung aus. Etwa sind die Weichen für moderne demokratische Sozialstaaten in den ersten Jahrzehnten der Zeit nach dem Zweiten Weltkrieg gestellt worden. Griechenland (1974), Portugal (1976) und Spanien (1977) legten jedoch erst in den 1970er Jahren ihre autoritäre Vergangenheit ab. Da wir davon ausgehen, dass heutige Sozialstaaten Resultat von langfristigen Pfadabhängigkeiten sind, werden diese drei Länder aus der Grundgesamtheit ausgeschlossen.[253] Für Island, Israel, Luxemburg und Malta verfügen wir nicht über genügend Daten, weshalb wir mit einer Grundgesamtheit von 18 Ländern arbeiten.[254]

Hypothesenbildung

Empirisch überprüfbare Hypothesen sollen aus Theorien abgeleitet werden. Allerdings existiert keine einheitliche Theorie des Wohlfahrtsstaates und so sind wir im Wesentlichen auf die fünf Erklärungsmodelle angewiesen, die in Kapitel 10 vorgestellt wurden. Wollen wir etwa die unterschiedliche Höhe der Sozialausgaben als Anteil am Bruttoinlandsprodukt erklären, so können die folgenden Hypothesen formuliert werden.[255]

---

[253] In diesem Punkt besteht Unstimmigkeit, und manche Autoren sehen die 25-jährige Demokratieerfahrung dieser Staaten als ausreichend an, sie in ihren Analysen zu berücksichtigen (Castles 1998; 2004; Obinger/Kittel 2003). Allerdings zeigt sich in deren Analysen, dass diese drei Staaten sich von den anderen deutlich unterscheiden. Castles (1998) weist sie einer eigenen südeuropäischen Staatenfamilie zu, wozu er Italien, trotz der geographischen Lage, nicht zählt (siehe auch Obinger/Wagschal 2001). Allerdings hat Castles dies auf Grundlage der Analyse von Obinger und Wagschal in seinen neuesten Publikationen (2004) verändert. Damit entstehen natürlich konzeptionelle Probleme, wenn das Konzept der Länderfamilie empirisch durch abhängige Variablen definiert wird und nicht durch eine historisch-kulturelle Ableitung, wie ursprünglich vorgesehen.

[254] Man könnte natürlich argumentieren, dass die Grundgesamtheit die Länder mit fehlenden Daten umfasst. Allerdings wäre es nicht leicht, eine geschichtete Auswahl aus den 18 Ländern zu begründen, die die vier ausgeschlossenen Länder berücksichtigt. Island, Luxemburg und Malta sind sehr kleine Länder (unter 500 000 Einwohner) und Israel ist von Kriegen und spezifischen Konflikten betroffen, was diese Länder als distinkt erscheinen lässt und es rechtfertigt die 18 Länder als Grundgesamtheit zu betrachten.

[255] Die folgenden Ausführungen stellen nur sehr grobe Diskussionen und Ableitungen von Hypothesen für eine exemplarische Analyse dar. Eine wissenschaftliche Abhandlung müsste die Literatur gründlicher aufarbeiten und elaboriertere Zusammenhänge und Konzepte erfassen und diese dann in zugespitzter Form als Hypothese formulieren. Auch sehen manche eine Gefahr in der statistischen Analyse, wenn viele Aspekte, wie in diesem Beispiel, anhand relativ ungesicherter Theorien untersucht werden (Achen 2002). Auch wenn dieser Einwand zutreffend ist, nimmt das etablierte Vorgehen in der statistisch orientierten vergleichenden Politikwissenschaft zumeist die Form an, wie sie hier exemplarisch dargestellt wird. Ein großes Problem der empirisch vergleichenden Politikwissenschaft besteht darin, dass nur sehr wenige handlungsanleitende Theorien in der Politikwissenschaft existieren.

Sozialausgaben sind eine Funktion des Reichtums bzw. des Problemdrucks eines Landes. Mit Problemdruck ist in diesem Fall Arbeitslosigkeit und der demographische Faktor, insbesondere die Anzahl von Rentnern gemeint. Daraus ergibt sich:

Hypothese 1 (Reichtum):
Je reicher ein Land, desto höher dessen Sozialausgaben.

Hypothese 2 (Druck):
Je größer der wirtschaftliche Druck (je höher die Arbeitslosigkeit und/oder je höher der Anteil von Rentnern) eines Landes, desto höher die Sozialausgaben.

Für eine institutionelle Erklärung der Sozialausgaben bedarf es einer Spezifizierung des Zusammenhangs. Etwa könnte vermutet werden, dass korporatistische Kompromisse zur Steigerung der Sozialausgaben geführt haben oder dass Konsensusdemokratien, im Gegensatz zu Mehrheitsdemokratien, als *gentler* und *kinder* Gesellschaften (Demokratiemuster) höhere Sozialausgaben tätigen.

Hypothese 3a (Institutionen):
Je korporatistischer das Land, desto höher die Sozialausgaben.

Hypothese 3b (Institutionen):
Konsensusdemokratien weisen höhere Sozialausgaben auf als Mehrheitsdemokratien.

Auch die Vetopunkte- bzw. -spieleransätze stellen institutionalistische Erklärungsmodelle dar, die oftmals in aktuellen Analysen als erklärende Variablen aufgenommen werden. Allerdings ist es mit diesem Konzept nicht leicht das Niveau der Sozialausgaben zu einem Zeitpunkt zu bestimmen, denn Vetospieler sind per Definition in der Lage politische Entscheidungen zu blockieren. Mit diesem Ansatz können wir nicht den Unterschied von Sozialausgaben zwischen den Ländern erklären, falls wir keine Informationen über die Vergangenheit besitzen. Deshalb sind diese Ansätze besser für Erklärungen des *Wandels* von Sozialausgaben geeignet. Dasselbe trifft für Theorieansätze zu, die eine Pfadabhängigkeit postulieren. Aus diesem Grund sind diese beiden Ansätze für einfache Querschnittsanalysen nicht ohne weiteres anwendbar. Eine problematische Strategie stellt auch die Modellierung von Pfadabhängigkeit durch die Aufnahme der zeitverzögerten (*lagged*) abhängigen Variable als unabhängige Variable da (Y_{t-1}). Eine solche Variable besitzt zumeist eine sehr hohe Erklärungskraft und bindet einen hohen Anteil an erklärter Varianz. Für andere Variablen besteht dann wenig Spielraum, noch einen signifikanten Wert zu erzielen. Christopher Achen (2000: 7) nennt zeitverzögerte abhängige Variablen deshalb kleptomanisch (siehe hierzu auch: King 1986: 677). Dies kann anhand des Einflusses von Parteien (Machtressourcenhypothese) dargestellt werden. Wenn sich nämlich herausstellt, dass Parteien keinen Einfluss auf das Niveau der Sozialausgaben besitzen, wenn eine zeitverzögerte abhängige Variable als Erklärungsfaktor dient (Obinger/Kittel 2003: 372), so sollte mitbedacht werden, dass in die zeitverzögerte abhängige Variable eine ganze Reihe von Faktoren einfließen, unter anderen auch der Effekt von Parteien. Somit erklären wir indirekt den Effekt von Parteien (und natürlich auch allen anderen nicht kontrollierbaren Variablen) durch die zeitverzögerte abhängige Variable. So darf es nicht wundern, wenn der isolierte Einfluss von Parteien dann keinen zusätzlichen direkten Einfluss ausübt.[256] Es besteht sogar ein Trend, dass je stärker eine einzelne Variable die zeitverzögerte Variable bestimmt, ihr individueller eigener Einfluss abnimmt. Darüber hinaus führt die Nutzung von zeitverzögerten abhängigen Variablen als Erklärungsfaktor zur Endogenität des Modells. Auf die Problematik, den Einfluss von Parteien auf die Höhe der Sozialausgaben zu erfassen, wird weiter unten nochmals eingegangen, nachdem die weiteren Hypothesen vorgestellt wurden. Andererseits hilft die Aufnahme des Ausgangsniveaus durch eine zeitverzögerte abhängige Variable die Einflussfaktoren zu bemessen, die eine Anpassung zwischen den Start- und Enddaten bedingen. Dieses Interesse leitete die Analyse von Herbert Obinger und Bernhard Kittel. Es bedarf also einer reiflichen Überlegung, wie ein entsprechendes Analysemodell aufgebaut werden muss, um die gewünschten Zusammenhänge zu analysieren.

Den Machtressourcenansatz testen wir hier lediglich in der Ausprägung der Parteiendifferenzhypothese und hier auch wiederum nur bezogen auf die Mobilisierung linker Kräfte.

Hypothese 4 (Links)
Je stärker linke Parteien in einem Land sind, desto höher die Sozialausgaben.

Schließlich wurde in Kapitel 10 über gegensätzliche Hypothesen zum Einfluss der Globalisierung und Vernetzung von Staaten auf die Staatstätigkeit eingegangen. Daraus lassen sich zwei Hypothesen ableiten:

Hypothese 5a: Effizienzhypothese
Mit zunehmender Globalisierung vermindern sich die Sozialausgaben.

Hypothese 5b: Kompensationshypothese
Mit zunehmender Globalisierung erhöhen sich die Sozialausgaben.

Diese beiden Hypothesen setzen einen Einfluss von Globalisierung voraus. Dieser Einfluss kann jedoch, gefiltert von staatlichen Institutionen etc., für die Länder unterschiedlich ausfallen und sich in einer globalen Analyse ausgleichen und zu nicht unmittelbar identifizierbaren Einflüssen führen. Von daher ist es auch sinnvoll zu fragen, ob Vernetzungsprozesse (d.h. Diffusion) überhaupt stattfinden. Damit ergänzen wir eine funktionale Analyse mit einer diffusionalen, wie sie in Kapitel 6 beschrieben wurde.

Hypothese 6 (Diffusion):
Je vernetzter die Staaten untereinander, desto ähnlicher sind ihre Sozialausgaben.

[256] Die Bestimmung der Zeitverzögerung ist in Querschnittsanalysen uneindeutiger als in gepoolten Zeitreihenanalysen, wo meistens ein *lag* von einem Jahr benutzt wird. In der Analyse von Herbert Obinger und Bernhard Kittel (2003) wurde ein *lag* von zehn Jahren benutzt. Dieser bezieht sich auf den Anfangspunkt der Datenreihe und wurde theoretisch nicht weiter abgeleitet. Aber auch in gepoolten Zeitreihenanalysen wäre zu fragen, inwieweit der *lag* von einem Jahr inhaltlich gestützt werden kann (Plümper u.a. 2005).

Theoretische Überlegungen sind auch für die Operationalisierung, die aus den Hypothesen abgeleiteten Indikatoren und Variablen notwendig, die an dieser Stelle nur exemplarisch durchgeführt werden können. Zwei Aspekte sollen betrachtet werden: (a) die Erfassung von Zeit in Querschnittsanalysen und (b) die Rolle der Diffusion.

Zeit spielt auch bei zeitinvarianten Querschnittsanalysen eine Rolle. Um Kausalität zumindest modellhaft adäquat zu erfassen,[257] sollte der Zeitpunkt der abhängigen Variable später liegen als die Erfassungszeitpunkte der unabhängigen Variable. Dies um so mehr, als sich die Variablen zeitlich verändern. So besitzen etwa manche unserer Variablen mehr oder weniger direkten Einfluss auf die abhängige Variable (siehe zu diesem Punkt mehr in nächsten Abschnitt). Die Rentenausgaben machen sich unmittelbar (oder um ein Jahr verzögert) bemerkbar. Für andere Variablen, wie Demokratiemuster, ist der aktuelle Zeitpunkt weniger markant, da diese Variable relativ unverändert bleibt. Für andere Variablen wiederum ist der Zeitfaktor komplizierter zu erfassen. Als Beispiel sei auf den Einfluss von Parteien eingegangen. Wird der Einfluss von Parteien als prozentualer Anteil einer Partei an Regierungsämtern (in Tagen pro Jahr) definiert, so bieten sich unterschiedliche Operationalisierungen an. Die einfache unmittelbare Reaktion des Parteieneffekts scheint unangebracht. Wechselt etwa die Regierung in Großbritannien im Jahr 1997, so kann das nicht bedeuten, dass die neue Regierung für die Sozialausgaben von 1998 verantwortlich ist. Deshalb wird die Variable Parteieneinfluss auch oftmals anders erfasst. Manfred G. Schmidt (2010: 362-369; 2002b: 169) gibt etwa die durchschnittliche Stärke für Parteien seit 1950 an. Huber und Stephens (2001: 55) messen die Bedeutung von Parteien durch einen kumulativen Index, indem die jährlichen Werte aufsummiert werden. Wenngleich hier der Umstand mit einfließt, dass langfristige Verläufe von Bedeutung sind, so ist doch zu fragen, ob der Einfluss einer zehnjährigen Regierungsbeteiligung von 1957 bis 1966 die gleiche Wirkung auf die heutigen Sozialausgaben besitzt, wie von 1990 bis 1999.

Im vorliegenden Beispiel wurde die Stärke der Linksparteien linear gewichtet für den Zeitraum, für den Daten zur Verfügung stehen. Die unabhängige Variable „Stärke linker Parteien" wurde für das Jahr 1960 mit 1 gewichtet, 1961 mit 2 und 1962 mit 3 bis 2000 mit 41. Um die Vergleichbarkeit mit anderen Maßzahlen zu erreichen, wurde für die Gesamtzahl durch die Summe der Gewichtung (903) geteilt. Damit hat der Einfluss der Regierungsbeteiligung im Jahr 2000 41-mal mehr Bedeutung als im Jahr 1960. Dieser Gedanke könnte für die Berücksichtigung von analytisch wichtigen Phasen (formativen Momenten) noch ausdifferenziert werden.

Der Einfluss der Globalisierung auf nationalstaatliche Politik steht gegenwärtig im Mittelpunkt des Interesses der vergleichenden Politikwissenschaft. Der etablierteste Indikator, um die Vernetzung von Nationalstaaten zu erfassen, besteht in der Berechnung der Handelsquote ((Export + Import) / Bruttoinlandsprodukt).[258] Allerdings geht dieser Indikator nur bedingt auf den Charakter der Globalisierung ein. Denn wie in Kapitel 6 dargestellt, handelt es sich bei Globalisierung um eine Diffusion. Diffusion kann jedoch nicht mit den gleichen Mitteln untersucht werden wie andere Faktoren, da sie nicht einer funktionalen, sondern einer difussionalen Logik unterliegt. Eine empirische Erfassung des Diffusionsgrades besteht darin, dass man die Interaktion der Staaten untereinander erfasst. Dies kann

[257] Wie an anderer Stelle schon betont wurde, lässt sich Kausalität letztendlich nicht durch empirische Analysen belegen. Im Zusammenspiel mit einer Theorie können Modelle lediglich so aufgebaut werden, dass manche Kausalbeziehungen wahrscheinlicher erscheinen als andere.

[258] Andere gängige Indikatoren sind Kapitalströme und Auslandsinvestitionen.

durch eine Verbindung von Ländern anhand ihrer Handelsbeziehungen erfolgen (Beck u.a. 2006; Franzese/Hays 2009; Plümper/Neumeyer 2010).[259] Interagieren Länder stark miteinander (hoher Handelsaustausch), so sind sie stark miteinander vernetzt und desto ähnlicher wird ihre Politik. Um diese Logik für unser Beispiel empirisch zu erfassen, wird die Sozialquote des Landes A mit der Sozialquote des Landes mit der höchsten Handelsbeziehung verbunden (B). Dabei wird die Sozialquote des Landes B anhand des gesamten Handels von Land A gewichtet. Entsprechend können dann weitere Länder, etwa die wichtigsten Handelspartner oder wie im vorliegenden Fall, alle anderen 17 Länder berücksichtigt werden.

Problematisch bei der Aufnahme einer solchen Diffusionsvariable ist, dass die Sozialausgaben von A mit den Sozialausgaben von B usw. geschätzt werden, aber auch die Sozialausgaben von B, mit jenen von A. Damit entsteht ein Endogenitätsproblem, welches als *simultaneity bias* bezeichnet wird. Besonders hohe Korrelationen dieser Variable sollten zur Vorsicht mahnen und man muss in konkreten Regressionsmodellen abwägen, ob man im Modell einen *omitted variable bias* zulassen will, wenn man die Diffusionsvariable nicht berücksichtigt oder einen *simultaneity bias*. Auf dieses Thema wird nochmals im Zusammenhang mit der gepoolten Zeitreihenanalyse eingegangen.

Die Erfassung der weiteren Hypothesen soll hier nur sehr kursorisch erfolgen, wenngleich auch hier weitere Aspekte mitberücksichtigt werden müssten. Die Operationalisierungen orientieren sich an etablierten Standards ähnlicher Untersuchungen. Der Reichtum einer Gesellschaft wurde durch das Bruttoinlandsprodukt pro Kopf erfasst, der Problemdruck (a) durch die Arbeitslosenquote und (b) den Rentneranteil, der Einfluss von institutionellen Faktoren wurde (a) durch die wirtschaftliche Integration als ein Annäherungsmaß für Korporatismus (Siaroff 1999) und (b) durch Lijpharts Konzept der Konsensusdemokratie erfasst. Dabei lässt sich das Konzept der Konsensusdemokratie nicht ohne weiteres messen. Wie in Kapitel 10 dargestellt wurde, operationalisiert Lijphart mehrere Konzepte, die für demokratische politische Systeme konstitutiv sind. Allerdings entsteht die Frage, wie diese Konzepte zusammenfassend dargestellt werden können. Analytisch geht Lijphart von der Unterscheidung von Konsensus- versus Mehrheitsdemokratie aus. Wie können diese Konzepte jedoch in einen Index, der für eine empirische Analyse notwendig ist, zusammengefasst werden? Einmal wäre es möglich die Werte der einzelnen Konzepte zu standardisieren und dann aufzusummieren (zur Standardisierung siehe weiter unten). Dabei würde jedes Konzept gleich gewichtet in einen Index einfließen. Angebrachter ist in einem solchen Zusammenhang jedoch eine *Faktorenanalyse*, die die einzelnen Elemente (Variablen) nach der Zugehörigkeit zum Gesamtkonzept gewichtet (Perry/Robertson 2002: Kapitel 14; Backhaus u.a. 2005: Kapitel 5). Darüber hinaus erfasst eine Faktorenanalyse die Dimensionalität von Variablen. Eine Form der Faktorenanalyse, die in der Tradition der explorativen Faktorenanalysen steht, bietet sich aus statistischen Gründen an, da diese frei ist von der Notwendigkeit, hohe Freiheitsgrade durch eine große Fallzahl zu erreichen (Lawley und Maxwell 1971: 15; Bollen 1989).[260] Technisch wird eine orthogonale Haupt-

[259] Diffusion kann auch anhand anderer Faktoren erfasst werden, wie diese in Kapitel 6 dargelegt wurde. Für eine Darstellung des Einflusses der Diffusion anhand geographischer Nähe, kultureller Kontakte und Handelsbeziehungen in Querschnittsanalysen siehe Beck/Gleditsch (2003: 10-11).

[260] Theorientestende konfirmatorische Faktorenanalysen bedürfen normalerweise einer bedeutend höheren Fallzahl (mehr als 100 oder 200 Fälle). Jedoch ist es auch möglich, konfirmatorische Faktorenanalysen für kleinere Fallzahlen durchzuführen (ca. 50). Kleine Fallzahlen bedeuten nicht, dass nur wenige Elemente in die Faktorenanalyse aufgenommen werden können. Im Gegenteil stellen Marsh und Hau (1999) heraus, dass eine größere Zahl von

komponentenanalyse (*principal components analysis*), die sich für Analysen mit kleiner Fallzahl etabliert hat, als Extraktionsmethode benutzt. Zur Identifizierung relevanter Faktoren wird ein „Eigenwert" höher als eins vorausgesetzt.[261]

Im konkreten Fall ergeben sich zwei Faktoren aus den zehn Konzepten, die Lijphart zur Bestimmung des Charakters von Demokratien benutzt.[262] Bei der Interpretation von Faktorenanalysen wird zunächst betrachtet, auf welchen Faktor die einzelnen Elemente am stärksten laden (diese sind in der Tabelle 13-1 fett markiert). Das Ergebnis zeigt, dass Lijpharts zwei Dimensionen auch für 18 Länder Gültigkeit besitzen. Für den ersten Faktor, den Lijphart als die Exekutive-Parteien Dimension bezeichnet, laden *minimal-winning* Einparteienkabinette, sowie die Anzahl der effektiven Parteien besonders hoch. Der zweite Faktor, der die föderativ-einheitsstaatliche Dimension umfasst, wird vor allem durch die Föderalismusvariable repräsentiert. Insgesamt erklären die beiden Faktoren zusammen etwa 70 Prozent der Varianz, was ein hoher Wert für zwei Faktoren ist.

Tabelle 13-1: Ergebnis einer Faktorenanalyse der Elemente etablierter Demokratien Lijpharts für 18 OECD-Länder

	1. Faktor	**2. Faktor**
Effektive Anzahl der Parteien	**-,887**	-,107
Minimal Winning Einparteienkabinett	**,942**	,040
Dominanz der Exekutiven	**,652**	,043
Disproportionalität	**,830**	-,071
Korporatismus	**,782**	-,024
Föderalismus	-,027	**,945**
Bikameralismus	,145	**,796**
Konstitutionelle Rigidität	-,238	**,847**
Juristischer Einfluss	,351	**,671**
Unabhängigkeit der Zentralbank	-,050	**,825**
Eigenwert (rotiert)	**3,603**	**3,395**
Erklärte Varianz	**36,027**	**33,949**

Extraktionsmethode: Hauptkomponentenanalyse. Rotationsmethode: Varimax mit Kaiser Normalisation.

Elementen gegenüber einer kleineren Anzahl zu besseren Ergebnissen in Faktorenanalysen mit kleiner Fallzahl führt. Wesentlich für konfirmatorische Faktoren mit einer kleinen Fallzahl ist die Bedingung, dass alle Faktoren gleichgeladen werden. Dies kann in Computerprogrammen veranlasst werden. Auch kann die Methode des *bootstrap* für Faktorenanalysen angewendet werden, die im Zusammenhang der Regressionsanalyse weiter unten dargestellt wird (Yung/Chan 1999).

[261] Studien die eine solche Faktorenanalyse mit geringer Fallzahl durchführen, sind neben Lijphart (1984; 1999) für 21 bzw. 36 Fälle, Lijphart und Crepaz (1991) für 18 Fälle und Hicks und Kenworthy (2003) für 18 Fälle. In SPSS findet man die Faktorenanalyse unter STATISTIK ⇒ DIMENSIONSREDUKTION. In Stata gibt man den Befehl **factor** ein. Darauf folgt die Variablenliste und, durch Komma abgetrennt **pcf mineigen(1)**, um den Eigenwert 1 einzugeben. Unmittelbar nach diesem Befehl wird durch **rotate, horst** die Varimax-Rotation abgerufen, wobei Stata die Horst (anstatt die Kaiser) Normalisation benutzt.

[262] Lijphart (1999: 245-246) führt eine Faktorenanalyse mit den 36 Ländern seiner Untersuchung durch. Eine Replikation mit 18 Ländern, die im folgenden Beispiel benutzt wird, gelangt zu drei Faktoren. Allerdings liegt der dritte Faktor nur sehr knapp über dem Grenzwert 1,0 (1,099), weshalb eine Zweifaktorenlösung gewählt wurde. Die bietet sich auch deshalb an, weil so das folgende Beispiel mit den Analysen Lijpharts besser vergleichbar ist.

Der Vorteil der Faktorenanalyse besteht darin, dass die Daten reduziert wurden: aus den zehn Komponenten demokratischer Systeme erhielten wir zwei Dimensionen. Für diese beiden Dimensionen können wir die Faktorwerte für jeden einzelnen Fall ermitteln. Diese Faktorwerte berücksichtigen die gewichtete Bedeutung der einzelnen Variablen für die einzelnen Dimensionen. Lijpharts Konzept kann nun also durch die beiden Faktorenwerte in eine quantitative Analyse einfließen.[263]

Im benutzten Beispiel gehen wir nicht von einer Hypothese aus, etwa die Regierungsparteien haben einen positiven Einfluss auf die Sozialausgaben (wobei positiv nicht „gut" bedeutet, sondern ein positiver Zusammenhang gemeint ist: steigt x, steigt auch y). Vielmehr wollen wir Faktoren der unterschiedlichen Sozialausgaben ermitteln und haben verschiedene Hypothesen aus unterschiedlichen Ansätzen abgeleitet. Um diese Frage zu beantworten, müssen wir ein geeignetes Modell ermitteln. Wenngleich uns die Statistiken dabei helfen, sind theoretische Überlegungen, Kenntnis der Literatur und Forschungserfahrung wichtig:[264] "... selection of a suitable regression to summarize a data set is an art, not a science. It cannot be reduced to any formal procedure. Perfect regression equations have a manageable number of variables, plausible coefficients, short confidence intervals, low prediction errors, and great ease of interpretation." (Achen 1982: 68). Von daher sind die Bemühungen an dieser Stelle von begrenztem Nutzen. Sie können auf gewisse Regeln hinweisen, die die erfahrene Forscherin jedoch begründet durchaus übergehen kann.

Das Auffinden eines geeigneten Modells stellt eine Interaktion zwischen Theorie und Datenanalyse dar. Dabei sollten sich die Analysen von theoretischen Vorüberlegungen lenken lassen. Wie strikt dieses Kriterium jedoch benutzt wird, hängt von der einzelnen Forscherin ab. Sehen manche eine Legitimation in der Aufnahme von Regressionsmodellen nur unter der klaren Prämisse, dass die entsprechende Variable von einer Theorie abgeleitet ist, mögen andere alle nur erdenklichen Variablen miteinander korrelieren. Brauchbare Strategien liegen zwischen diesen Polen (Tufte 1974: 146-148).[265]

Das Problem, ein geeignetes Modell für eine Forschungsfrage zu identifizieren, besteht darin, dass sich die einzelnen Variablen in Kombination mit anderen Variablen unterschiedlich verhalten. So können Variablen, die in bivariaten Analysen insignifikant sind, im Modell mit anderen Variablen signifikant werden und umgekehrt. Manchmal kann eine weitere Variable, die in die Regression aufgenommen wird, bisher stabile Zusammenhänge

---

[263] Es zeigt sich, dass für unsere Analyse der erste Faktor (Exekutive-Parteien-Dimension) aussagekräftiger ist als die föderativ-einheitsstaatliche Dimension. Deshalb wird im Folgen mit dem Faktorwert der ersten Dimension gearbeitet. Ähnlich verfährt auch Lijphart (1999: Kapitel 15 und 16) selbst in seinen Analysen des Einflusses von Demokratiemustern auf Politikfelder.

[264] Zwar bieten statische Programme Hilfen für die Identifizierung an, wie etwa die *stepwise regression*, in denen das Computerprogramm die Variablen nach deren Wichtigkeit aufnimmt (*forward*) oder ausschließt (*backward*), allerdings werden diese Verfahren gemeinhin als theorielos abgelehnt. "Stepwise regression is unwise regression." (Leamer 1985; Lewis-Beck 1978; King 1986: 669, Fn 6). Nur unter sehr spezifischen Bedingungen kann es sinnvoll sein, diese Verfahren zu benutzen.

[265] Gary King (1986: 669, Fn 6) fasst dies so treffend in dem Satz zusammen: "After all, the goal from learning from data is as noble as the goal of using data to confirm *a prior* hypothesis." Allerdings sollten die Zusammenhänge der Ergebnisse der Datenanalyse dann wieder an Theorien angeschlossen werden. Darüber hinaus sollten weniger theoretisch inspirierte Modelle sehr einfach sein. Achen (2002) schlägt als Regel vor, nicht mehr als drei Variablen in ein Modell gleichzeitig aufzunehmen (ART = *a rule of three*). Überhaupt wendet er sich gegen ein theoriearmes jedoch technisch hochkomplexes Vorgehen in der quantitativen Politikwissenschaft.

zerstören. Ist ein Modell nur unter sehr spezifischen Verhältnissen stabil, so sollte dies berichtet werden.[266]

Grundbedingung des Auffindens eines geeigneten Modells ist die intensive Vertrautheit mit dem Datensatz. Dies gelingt durch univariate (jede einzelne Variable individuell betrachten) und bivariate (den Zusammenhang zweier Variablen) Analysen.

Univariate Analysen

Zu der univariaten Analyse gehört, neben der Erfassung der (Normal-) Verteilung (Skewness; Kartosis; Quantile) und der Identifikation von abweichenden Werten, die für die Regression wichtig sind, die Ermittlung des Mittelwertes (arithmetisches Mittel, Median, Modus) und der Streuung (Range, Standardabweichung). Für die univariate Analyse sind auch graphische Darstellungen hilfreich (Histogramm, Verteilungskurve, *boxplots*, *stem & leaf plots*) (Cleveland 1993; Jacoby 1997; 1998; Gehring/Weins 2004: Kapitel 5; Johnson/Reynolds 2005: Kapitel 11; Kohler/Kreuter 2006: Kapitel 6). In der folgenden Abbildung finden sich diese Informationen für die abhängige Variable Sozialausgaben.

Abbildung 13-1: Graphische Darstellung der Sozialausgaben am Bruttoinlandsprodukt in 18 OECD-Ländern, 2001

Histogramm mit Normalkurve

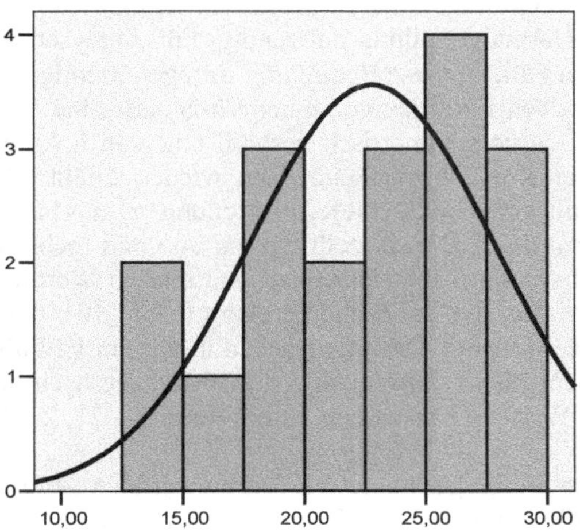

Stem-and-Leaf Plot

Frequency	Stem &	Leaf
2,00	1 .	34
4,00	1 .	6788
5,00	2 .	11344
7,00	2 .	5677889

Stem width: 10,00
Each leaf: 1 case(s)

[266] Die Suche nach einem Modell, in dem etwa ein Zusammenhang belegt werden soll, da die ganze Untersuchung diesen Zusammenhang zum Gegenstand hat, kann nicht damit enden, dass unter sehr spezifischen Bedingungen dieser Zusammenhang „bewiesen“ wird. Es findet sich (fast) immer ein Modell, indem der gewünschte Zusammenhang auftritt. Die Frage ist jedoch, wie stabil dieser Zusammenhang ist, wenn andere Bedingungen mitberücksichtigt werden.

Box Plot

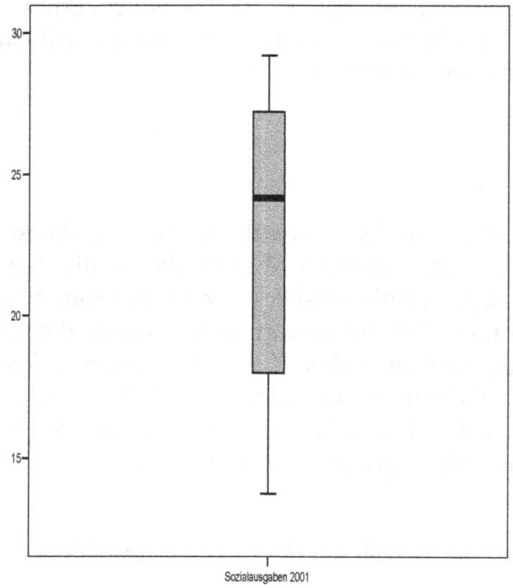

Normal Q-Q Plot

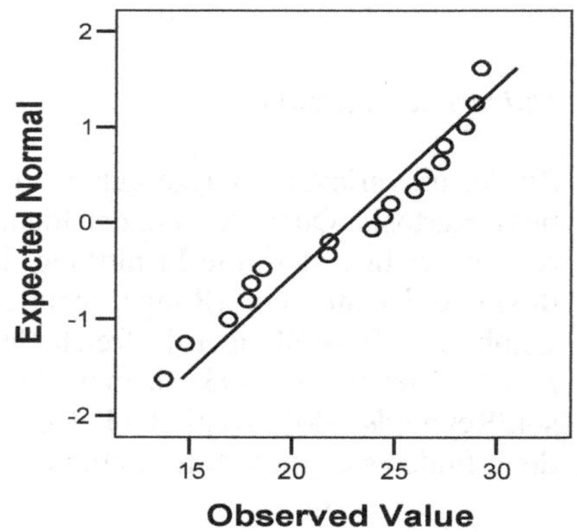

Das Histogramm stellt die Verteilung der Variablen „Sozialausgaben" dar. Für statistische Analysen, die von einer Stichprobe auf eine Grundgesamtheit schließen, ist eine Normalverteilung bzw. eine Annäherung an eine Normalverteilung notwendig. Für Analysen mit einer Grundgesamtheit, wie im vorliegenden Fall, ist diese Bedingung weniger wichtig. Die Verteilung gibt jedoch einen ersten deskriptiven Eindruck von einer Variablen. Eine Variable hat eine Normalverteilung, wenn die Kurve symmetrisch verläuft und von links her ansteigt, einen Höhepunkt in der Mitte der Kurve besitzt und dann wieder abfällt. Das Histogramm macht deutlich, dass wir es mit einer linksschiefen Verteilung zu tun haben. Deutlicher wird dies anhand des *stem & leaf plots*. Dieses stellt ein um 90 Grad rechtsgedrehtes Histogramm dar. Die linke Spalte bezeichnet die Häufigkeit, mit der ein Wert auftritt. In diesem Fall finden wir zwei Werte vor, die im Zehnerbereich (1. mal 10 = *stem width*) bis 15 und vier die zwischen 15 und 20 liegen. Die *stems* geben in diesem Fall also Fünferschritte wieder. Die Zahlen hinter dem Punkt (*leaves*) sind die Werte, die nach den *stems* stehen. Also besitzen die ersten fünf Werte mit dem *stem* 2, die Werte 21, 21, 23, 24 und 24 Prozent Sozialausgaben.

Wichtiger für die späteren Analysen ist die Frage, inwieweit Extremwerte (Ausreißer) die Berechnungen beeinflussen. Zur Identifikation von Ausreißern geben Kastendiagramme (*boxplot*) einen ersten visuellen Hinweis. Der *boxplot* stellt die Verteilung der Werte ohne Zahlenbezeichnungen dar und gibt einen visuellen Eindruck der Verteilung. Insbesondere ist der *boxplot* zur ersten Analyse von abweichenden und einflussreichen Werten sinnvoll. Er enthält die folgenden Informationen: Die schwarze Linie stellt den Median dar, zu dessen beiden Seiten 50 Prozent der Fälle (Beobachtungen) liegen. Innerhalb der *box* finden sich die oberen und unteren Quartile (also insgesamt 50 Prozent der Beobachtungen). Die Linien mit den Begrenzungen (*whiskers* = Katzenbart) stellen die größten Werte dar, die keine Ausreißer sind. Ist die *box* kurz und sind die *whiskers* eng beieinander, haben wir es mit einer steilen, dünnen Kurve zu tun. Liegen die *whiskers* weit auseinander, ist die Kurve flach. Die *boxplots* machen auch auf Ausreißer und Extremwerte aufmerksam. Ausreißer liegen 1,5 Kastenlängen vom 1. bzw. 3. Quartil, also dem oberen und unteren Ende der *box* entfernt und werden mit (o) dargestellt. Drei Kastenlängen entfernt liegen die sogenannten Extremwerte von dem 1. bzw. 3. Quartil entfernt und werden mit (*) bezeichnet. Ausreißer und vor allem Extremwerte stellen Probleme für die statistische Analyse dar und müssen behandelt werden (siehe weiter unten). Die Variable „Sozialausgaben" besitzt keine Ausreißer oder Extremwerte. Das *Q-Q* (Quantile-Quantile) *plot* stellt die Abweichung der beobachteten Werte von den erwarteten Werten dar. Je näher die Punkte an der Gerade sind, desto eher haben wir es mit einer Normalverteilung zu tun.

Die univariate Analyse der abhängigen Variable ist besonders wichtig, da eine Transformation der abhängigen Variable immer einen Einfluss auf die Interpretation der gesamten Regression zur Folge hat. Von daher sollte die abhängige Variable nicht leichtfertig transformiert werden. Um jedoch gültige Ergebnisse der Regression zu erhalten, müssen auch sämtliche in Betracht gezogenen unabhängigen Variablen einer univariaten Analyse unterzogen werden. Dies geschieht auf die gleiche Weise, wie dies für die abhängige Variable beschrieben wurde.

Um die *boxplots* für Abbildung 13-2 zu erstellen, wurden sämtliche Werte in Z-Werte transformiert. Z-Werte standardisieren die Variable so, dass der Mittelwert Null ist und die Standardabweichung 1. Z-Werte sind ein erster Schritt, Variablen vergleichbar zu gestalten und sie sind auch eine Voraussetzung, um Variablen zusammenzufassen (Perry/Robertson 2002: 111-118). Bei der Z-Transformation bleibt jedoch die Datenstruktur erhalten. Für die Prüfung der Normalverteilung individueller Variablen führen wir die Kolmogorov-Smirnov und Shapiro-Wilk Tests durch (Perry/Robertson 2002: 119-120). Beide Tests sollten nicht signifikante Ergebnisse (> .05) aufweisen (siehe Tabelle 13-2). Für die Handelsquote stellen wir sowohl Ausreißer (Irland und Belgien) als auch einen Verstoß gegen eine Normalverteilung fest. Deshalb soll diese Variable transformiert werden.[267] Die Transformation in den logarithmisierten Wert rückt die großen Werte überproportional an die anderen Werte heran, was im Fall der Variable „Handelsquote" erwünscht ist. Allerdings stellen wir bei einem *boxplot* mit der logarithmisierten Variable fest, dass nun die Länder mit einer geringen Handelsquote (Japan, USA) zu Ausreißern werden. Allerdings ist nun die Voraussetzung für die Normalverteilung gegeben, weshalb die logarithmisierte Handelsquote weiter verwendet wird. Bei der Tranformation von Variablen muss jedoch beachtet werden, dass sich dadurch die Interpretation des Zusammenhangs verändert. Eine Logarithmisierung verändert einen linearen Verlauf in einen kurvenlinearen, bei dem höhere Werte näher an die anderen Werte gerückt werden.

[267] Für die Transformation stehen die Quadrierung, die Wurzel, der Logarithmus, Kehrwert und andere Verfahren zur Verfügung (Hair u.a. 1998: 76-78). Ein sehr hilfreiches Verfahren in Stata ist der Stata-Befehl **ladder**, der verschiedene Transformationen durchrechnet und **gladder**, der die Verteilung dieser Tranformationen graphisch darstellt. Auch kann Stata dazu veranlasst werden eine Tranformation vorzuschlagen, die zu einer annähernd symmetrischen Verteilung führt. Bei diesem technischen Vorgehen sollte jedoch auf die Interpretierbarkeit der Transformation geachtet werden. Der Stata-Befehl ist **bcskew0**, gefolgt von einem neuen Variablennamen = Variablenname der zu tranformierenden Variable. Dabei können nur positive Werte benutzt werden.

Abbildung 13-2: *Boxplots* der Beispielvariablen

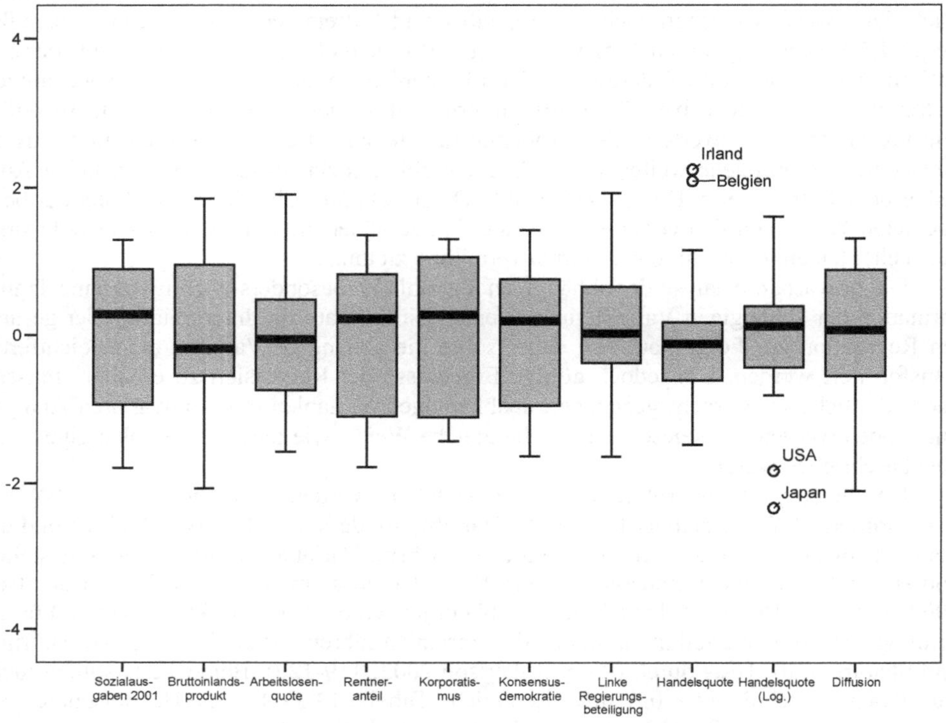

Insgesamt fasst Tabelle 13-2 die deskriptiven Statistiken für die unabhängigen Variablen und die abhängige Variable zusammen:

Tabelle 13-2: Deskriptive Statistiken der Beispielvariablen

Hypothese		H1	H2	H2	H3	H3	H4	H5	H5	H5
	Sozialausgaben 2001 (1)	BIP (2)	Arbeitslosenquote (3)	Rentneranteil (4)	Korporatismus (5)	Konsensusdemokratie (6)	Linke Regierungsbeteiligung (7)	Handelsquote (8)	Handelsquote Logarithmus (9)	Diffusion (10)
Australien	18,00	20240	6,6	12,30	2,44	-,67	48,26	45,6	1,66	11,94
Österreich	25,96	25220	3,7	15,50	4,63	,26	56,28	101,2	2,01	90,56
Belgien	27,23	24540	7,0	16,60	3,94	1,42	36,70	169,3	2,23	87,46
Kanada	17,81	21130	6,8	12,50	2,06	-1,07	,00	86,8	1,94	45,21
Dänemark	29,22	32280	4,7	14,79	4,81	1,45	50,20	81,7	1,91	88,42
Finnland	24,80	25130	9,8	15,00	4,56	1,66	40,16	76,5	1,88	65,30
Frankreich	28,45	24090	9,5	16,10	2,25	-,93	44,63	55,9	1,75	60,77
Deutschland	27,39	25120	7,9	17,20	4,13	,23	33,74	67,0	1,83	58,71
Irland	13,75	22660	4,2	11,20	3,00	,12	13,39	175,6	2,24	79,79
Italien	24,45	20160	10,5	17,70	3,38	1,16	29,04	55,6	1,75	58,48
Japan	16,89	35620	4,7	17,30	3,63	,85	3,96	20,1	1,30	,00
Niederlande	21,75	24970	2,7	13,60	4,00	1,16	26,40	129,6	2,11	74,83
Neuseeland	18,53	12990	6,0	11,80	2,38	-1,12	34,12	71,8	1,86	36,16
Norwegen	23,90	34530	3,5	15,21	4,63	,92	65,55	77,0	1,89	100,00
Schweden	28,92	27140	5,9	17,30	4,63	1,04	75,17	89,0	1,95	86,43
Schweiz	26,41	38140	2,0	15,80	4,13	1,87	28,57	88,0	1,94	89,40
Großbritannien	21,82	24430	5,5	15,66	2,38	-1,39	35,74	57,9	1,76	62,29
USA	14,78	34100	4,0	12,60	2,13	-,52	,00	26,2	1,42	17,54
Minimum	13,75	12990	2,0	11,20	2,06	-1,39	,00	20,1	1,30	,00
Maximum	29,22	38140	10,5	17,70	4,81	1,87	75,17	175,6	2,24	100,00
Mittelwert	22,7811	26249	5,833	14,8971	3,5035	,3578	34,5506	81,933	1,8569	61,8500
Median	24,1750	25045	5,700	15,3538	3,7813	,5550	34,9300	76,750	1,8851	63,7947
Std. Deviation	5,03877	6420	2,4418	2,08175	1,00971	1,06990	21,08730	41,8247	,23959	29,45191
Kurtosis	-1,177	-,060	-,528	-1,126	-1,651	-1,391	-,260	,986	,955	-,270
Skewness	-,416	,199	,464	-,411	-,222	-,301	-,048	,988	-,643	-,806
K-S Test	,853	,295	,948	,837	,549	,624	,932	,401	,744	,628
S-W Test	0,151	0,226	0,604	0,141	0,024	0,127	0,677	0,076	0,290	0,091

Quelle: Zeile 1, 3, 4, 7, 8, 9, 10 OECD-Daten entnommen von: Armingeon u.a. 2004 http://www.ipw.unibe.ch/mitarbeiter/ru_armingeon/CPD_Set_en.asp , Zeile 2 World Bank 2002, Zeile 5 Siaroff 1999, Zeile 6 Lijphart 1999, Zeile 9 eigene Berechnungen

Bivariate Analyse

Nach der univariaten Analyse folgt die bivariate Analyse. Keinesfalls sollten nur die Beziehungen zwischen den unabhängigen Variablen und der abhängigen Variable im Mittelpunkt stehen, sondern auch eine Analyse der Beziehungen zwischen den unabhängigen Variablen. Diese Analysen geben nach einiger Zeit ein Bild vom untersuchten Datensatz. Denn nur wenn der Datensatz in seiner Komplexität verstanden wird – und dazu zählen sämtliche Charakteristika und Beziehungen der Variablen –, können inhaltsvolle und adäquate multivariate Analysen durchgeführt werden. Bivariate Beziehungen werden durch Assoziationsmaße erfasst, die sich von dem Skalenniveau ableiten (z.B. Pearsons r für metrische Daten, Gamma für ordinal skalierte Daten, Lambda, Phi und Cramers V für nominal skalierte Daten; siehe Gehring/Weins 2004: Kapitel 7; Wagschal 1999b: Kapitel 10; Johnson/Reynolds 2005: Kapitel 12). Zur Unterstützung können auch hier graphische Verfahren genutzt werden, wobei vor allem Streudiagramme (*scatter plots*) besonders hilfreich sind. Aus Platzgründen werden an dieser Stelle lediglich jene Streudiagramme zwischen den unabhängigen Variable und der abhängigen Variable dargestellt, die letztendlich in das Modell aufgenommen wurden.

Abbildung 13-3 stellt ein Streudiagramm von drei unabhängigen Variablen mit der abhängigen Variable dar. Dabei ist die Linie die Regressionsgerade einer bivariaten Regression (Wagschal 1999b: Kapitel 11.1). R^2 (R *square*) ist ein Zusammenhangsmaß für die beiden Variablen, welches zwischen 0 und 1 variiert. Es wird deutlich, dass Japan einen abweichenden Fall in der bivariaten Beziehung zwischen der Sozialquote und dem Rentneranteil darstellt und Irland in der Beziehung Sozialquote und Diffusion. Diese beiden Fälle sollten eine erhöhte Aufmerksamkeit in der folgenden Analyse erhalten.

Die Betrachtung einer Korrelationsmatrix gibt uns weitere Aufschlüsse über unseren Datensatz (siehe Tabelle 13-3). Dabei wird jede Variable mit jeder Variablen korreliert. Einerseits können wir erkennen, welche Variablen bivariat mit der abhängigen Variable in Verbindung stehen und auf jeden Fall Kandidaten sind, die eine Beachtung in unseren Modellen finden sollten. An dieser Stelle sollten wir relativ großzügig mit der Einschätzung von bedeutenden Variablen sein. Als Orientierungsmaßstab habe ich im Beispiel ein Signifikanzniveau von 0,1 gewählt. Ein solcher Grenzwert lässt die Variablen „Rentneranteil", „Konsensusdemokratie", „Korporatismus", „Regierungsanteil linker Parteien" und „Diffusion" als einflussreiche Variablen erscheinen. Das heißt aber nicht, dass die anderen Variablen gänzlich vernachlässigt werden können. Es kann sich durchaus zeigen, dass Variablen, die in bivariaten Analysen nicht signifikant sind, sich in multivariaten Analysen als wesentlich herausstellen.

Die Korrelationsmatrix hilft darüber hinaus, die Zusammenhangsstruktur der unabhängigen Variablen zu identifizieren. Dies ist vor allem wesentlich, um hohe Korrelationen unter den unabhängigen Variablen zu identifizieren, die die Gefahr der Multikollinearität bergen. In unserem Datensatz sind Korporatismus und Konsensusdemokratie sowie Handelsquote und Diffusion eng miteinander verbunden. Das bedeutet, dass diese Variablenpaare einer besonderen Beachtung bedürfen, wenn wir sie gemeinsam in ein Regressionsmodell aufnehmen.

Abbildung 13-3: Streudiagramme der Beziehungen von Sozialausgaben zum Rentneranteil, zur Regierungsbeteiligung linker Parteien und zur Diffusion

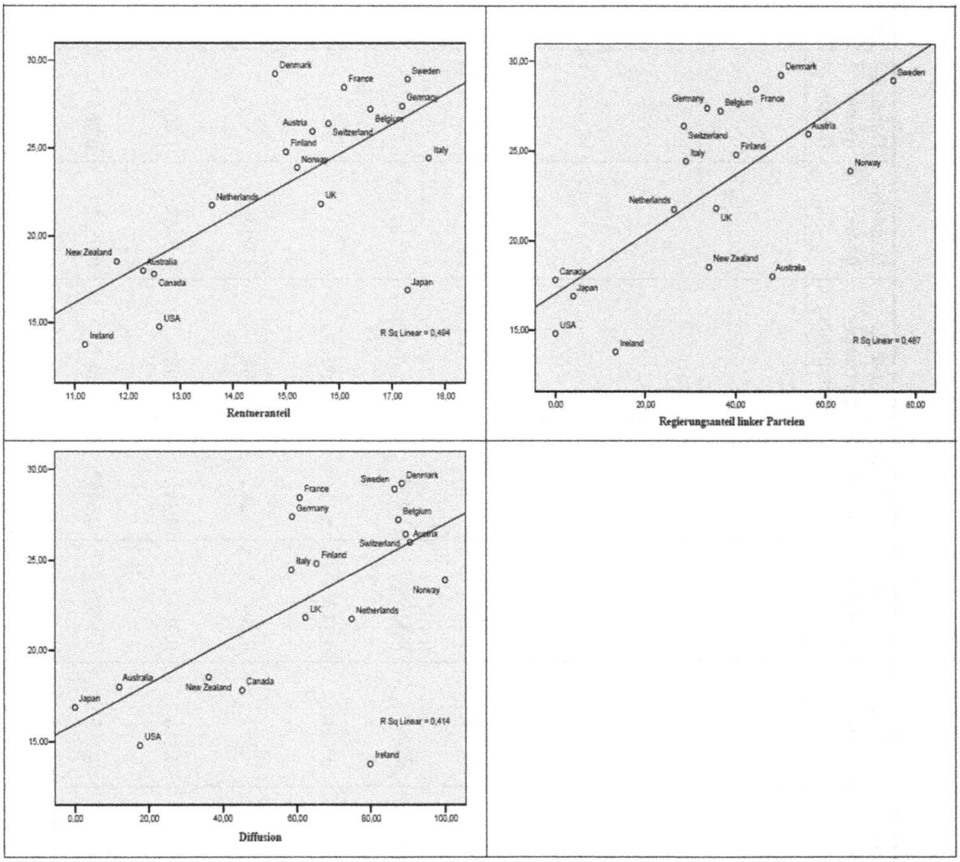

Tabelle 13-3: Korrelationsmatrix

	Sozialquote 2001	BIP	Arbeitslosenquote	Rentneranteil	Konsensusdemokratie	Korporatismus	Linke Regierungsbeteiligung	Handelsquote	Handelsquote (Log.)	Diffusion
Sozialquote 2001	1,000									
BIP	0,153	1,000								
Arbeitslosenquote	0,247	-0,529*	1,000							
Rentneranteil	0,703*	0,334	0,300	1,000						
Konsensusdemokratie	0,472*	0,501*	-0,131	0,468*	1,000					
Korporatismus	0,630*	0,432*	-0,200	0,506*	**0,845***	1,000				
Linke Reg.-beteiligung	0,698*	-0,033	0,067	0,344	0,237	0,555*	1,000			
Handelsquote	0,103	-0,205	-0,212	-0,197	0,304	0,282	0,088	1,000		
Handelsquote (Log.)	0,300	-0,289	-0,128	-0,156	0,280	0,346	0,290	0,936*	1,000	
Diffusion	0,644*	0,153	-0,200	0,245	0,492*	0,644*	0,566*	0,652*	**0,785***	1,000

Signifikanzniveau: * = 0,1

Das Regressionsmodell

In einem nächsten Schritt sollte ein geeignetes Modell nach den oben von Achen genannten Kriterien gefunden werden.[268] Statistische Orientierung bei der Suche nach einem geeigneten Modell geben uns die Signifikanzmaße der individuellen Variablen (t-Werte) und lassen uns die gemittelten Abweichungen der Schätzwerte von den tatsächlichen Werten erfassen (Standardfehler der Schätzung oder *standard error of the estimate*; SEE).[269] Der SEE hat gewisse Vorteile gegenüber dem korrigierten Determinationskoeffizient R^2, der jedoch in den meisten Analysen als alleiniges Maß des *goodness of fit* einer Regression berichtet wird (Achen 1982; King 1986; 1991b). Zum einen fasst der SEE die Summe der Abweichungen von geschätzten und beobachteten Werten in der Messeinheit der abhängigen Variablen zusammen. Damit können verschiedene Regressionsgleichungen mit unterschiedlichen Modellen verglichen werden. Zum anderen ist der SEE durch seinen ausschließlichen Bezug auf die Schätzwerte besser für eine erklärende Interpretation geeignet als das R^2, welches mehrere Aspekte vermischt.[270] Ein Modell ist umso effizienter, je geringer der SEE ausfällt. Das R^2 ist populär, da es einen Wert für die prozentuale erklärte Varianz angibt. In unseren Fall sind es ca. 80 Prozent der Varianz, was ein sehr hoher Wert ist.

Die t-Werte für die einzelnen Variablen sollten größer/gleich 2 bzw. niedriger/gleich -2 betragen, was bedeutet, dass die Standardfehler halb so groß sind wie der Koeffizient. Dies fällt in etwa mit einem Signifikanzniveau von 0,05 zusammen, ein Wert, der in den meisten Analysen als Grenzwert gilt. Genau genommen erfasst die Signifikanz den Umstand, dass mit einer fünfprozentigen Fehlerwahrscheinlichkeit der in einer Stichprobe gefundene Zusammenhang auch in der Grundgesamtheit zu finden ist. Das bedeutet, dass dieser Wert keine inhaltliche Bedeutung für die Analyse von Grundgesamtheiten besitzt. Allerdings kann er als Orientierungsmaß für die Güte einer Beziehung betrachtet werden. Hier sollte die Richtlinie nicht in einer rigorosen Fixierung auf dem Fünfprozentniveau bestehen (King 1986: 684; Braumoeller/Sartori 2004: 141). Bei großen Fallzahlen oder in gepoolten Zeitreihenanalysen hat sich ein oberer Wert für die Signifikanz bei 0,1 eingespielt.

Prinzipiell sollten alle möglichen Modelle durchgerechnet werden, um zu dem optimalen Modell zu gelangen. Dies kann aber sehr schnell zu einem sehr aufwendigen Prozess führen. Als eine „Abkürzung“, ein Regressionsmodell mit der höchsten Erklärungskraft zu erhalten (kleinste SEE), schlägt Achen (1982: 65) vor, zunächst alle in Betracht zu ziehenden Variablen in ein Regressionsmodell aufzunehmen. Sodann werden alle Variablen, die einen niedrigeren Relationswert von t-Wert dividiert durch den Standardfehler der Variable als 1,4 (die Quadratwurzel von 2) besitzen, aus dem Modell genommen. Dies wird wiederholt, bis keine Variable einen geringeren Wert als 1,4 annimmt. In einem nächsten Schritt

[268] Im Folgenden wird eine lineare OLS (*Ordinary Least Square*) Regression durchgeführt, die in den Sozialwissenschaften am häufigsten angewendet wird. Der Stata-Befehl hierfür ist: **reg** gefolgt von der abhängigen Variablen und dann den unabhängigen Variablen.

[269] Da die Summe aller Abweichungen Null ergibt, werden die einzelnen Abweichungswerte (Residuen) quadriert. Des Weiteren fließen in den Wert die Fall- (n) und Variablenanzahl (k) mit ein.

$$SEE = \sqrt{\frac{\sum_{i=1}^{n}\left(y_1 - \hat{y}\right)^2}{n-k-1}}$$

[270] Es kommt auf das Forschungsinteresse an, welcher Wert für eine Interpretation sinnvoll erscheint. Allerdings ist es in der vergleichenden Politikwissenschaft häufig so, dass die erwarteten Werte sinnvoller für eine Interpretation sind als oftmals verwendete Prognosewerte (King u.a. 2000: 350-351; Perry/Robertson 2002: 486-501).

werden alle Variablen wieder einzeln in das minimierte Regressionsmodell aufgenommen und nach der gleichen Regel behandelt. Nach dieser Regel erhalten wir ein Modell, in das der Rentneranteil, Arbeitslosenquote, Regierungsbeteiligung linker Parteien und Diffusion gehören. Dabei unterschreitet die Variable „Arbeitslosigkeit" aber im Gegensatz zu allen anderen Variablen deutlich den kritischen t-Wert von $\geq |2|$, so dass sie aus diesem Grund aus dem Modell ausgeschlossen wird. Damit erreichen wir ein Ergebnis, dass zwar einen etwas höheren Standardfehler (SEE) besitzt, dafür aber nur aus signifikanten Variablen besteht.

Schließlich können wir auch nochmals testen, ob die Handelsquote eine äquivalente Erklärungskraft wie Diffusion besitzt. Beide Variablen erfassen den Einfluss internationaler Prozesse auf nationalstaatliche Politik und korrelieren stark miteinander. Modelle mit beiden Variablen führen zu einer starken Erhöhung des SEE. Außerdem verlieren beide Variablen sehr deutlich an Erklärungskraft (t-Werte = 0,87 (Handelquote) und 0,38 (Diffusion)). Da beide Variablen stark miteinander korrelieren (was die Veränderung der insignifikanten t-Werte wohl verursacht), kann nur eine von beiden Variablen in das Modell aufgenommen werden. Deshalb wird in einem neuen Modell die Handelsquote anstatt der Diffusion betrachtet. Dieses Modell hat einen etwas höheren SEE als ein Modell mit der Variablen „Diffusion" und die Variable „Handelsquote" liegt mit einem positiven Wert knapp unterhalb des Signifikanzniveaus. Das bedeutet, dass internationale Effekte einen zuverlässig erkennbaren Einfluss auf die Sozialausgaben besitzen, egal ob sie über Diffusion oder Handelsquote gemessen werden. Allerdings besitzt die Variable „Diffusion" eine präzisere Erklärungskraft als die Handelsquote. Andererseits deutet die Handelsquote durch einen positiven Schätzwert an, dass eher die Kompensations- als die Effizienzhypothese gilt.

Die Möglichkeit, komplexe Sachverhalte zuverlässig in einer Regression zu analysieren, ist darüber hinaus von dem Verhältnis der Anzahl der Variablen zu der Anzahl der Fälle abhängig. Da bei einer Analyse der Grundgesamtheit keine Schlüsse auf eine Stichprobe gezogen werden, kann die Fallzahl klein sein, jedoch ist es besser, je mehr Fälle wir betrachten können. Für das Verhältnis der Variablenzahl, die in eine Regressionsgleichung aufgenommen werden können, und der Fallzahl existieren verschiedene Faustregeln. Uwe Wagschal (1999b: 234; 236) gibt an, dass mindestens zehn Freiheitsgrade für die Residuen übrig bleiben sollen. Diese berechnen sich nach der Fallzahl minus der Konstanten minus der Anzahl der Variablen (k). Also wären bei 18 Fällen maximal sieben Variablen in ein Modell aufzunehmen. Eine andere, konservativere und häufiger praktizierte, Faustregel besagt, dass die Variablenanzahl höchstens ein Drittel der Fallzahl minus 1 (Konstante) sein soll, was uns bei 18 Fällen auf fünf Variablen bringt. Das bedeutet, dass eine multivariate Analyse mit zwei Variablen mindestens neun Fälle umfassen muss.[271]

Welches Modell am geeignetsten ist, hängt von der Fragestellung ab. Besteht diese darin, eine Hypothese zu testen, etwa dass die Regierungsbeteiligung linker Parteien für den Ausbau des Sozialstaates (gemessen an der Sozialausgabenquote) verantwortlich ist, so muss natürlich die entsprechende Variable in das Modell aufgenommen werden. Sodann müssen weitere Variablen berücksichtigt werden, die einen Einfluss auf die abhängige Variable (Sozialausgabenquote) besitzen. Bei diesem Verfahren „kontrolliert" man den Einfluss linker Regierungsbeteiligung durch andere, für die Untersuchung weniger relevan-

[271] Edward Tufte (1974: 139-148) führt eine Regression, in die er zwei unabhängige Variablen aufnimmt, mit nur sieben Fällen durch. Indem er das Ergebnis auf Robustheit durch eine siebenmalige Replikation der Regression testet, wobei er jeweils einen Fall ausschließt, führt er gar eine Regression mit sechs Fällen durch.

te Faktoren.[272] In unserem Fall wollen wir pauschal wissen, welche Faktoren die Sozialausgaben erklären.

Anhand des „besten Ergebnisses“ für unsere Daten soll die Regressionsgleichung interpretiert werden. Die Regressionsgleichung lässt sich allgemein wie folgt aufstellen:

Prognosewert = Konstante + (Steigung * Wert der Variable X1) + (Steigung * Wert der Variable X2) ... usw. + unsystematischer Fehler (e), oder auch:

$$\hat{y} = \hat{a} + \hat{b}_1 x_1 + \hat{b}_2 x_2 + \ldots + \hat{b}_k x_k + e$$

In unserem Beispiel nimmt die Regressionsgleichung für die 18 OECD-Länder folgende Werte an:

Sozialausgaben = -1,72 + 1,22 * Rentner + ,08 * Linke + ,06 * Diffusion

Die Konstante (oder auch *intercept*) weist darauf hin, dass unter der Bedingung, dass alle unabhängigen Variablen den Wert 0 annehmen (also keine Rentner existieren, die linken Parteien null Prozent Regierungsbeteiligung erringen und keine Diffusion vorliegt) dies zu Sozialausgaben von -1,7 Prozent des Bruttoinlandsproduktes führt. Wie dieses Beispiel belegt, kann dieser Wert durchaus unrealistische Werte annehmen (allerdings sind die zugrunde liegenden Annahmen ja auch unrealistisch). Allgemein besitzt die Konstante keinen hohen Stellenwert in der Interpretation eines Regressionsmodells.[273]

Die Koeffizienten schätzen den Einfluss der unabhängigen Variablen auf die abhängige unter Berücksichtigung der anderen Variablen. Dabei wird immer davon ausgegangen, dass die anderen Variablen konstant gehalten werden. Das bedeutet, dass unter dieser Bedingung ein einprozentiger Anstieg des Rentneranteils zu einem Anstieg der Sozialausgaben um 1,2 Prozent führt. Und unter der Annahme, dass sich der Rentneranteil und der Grad der Diffusion nicht verändern, würde eine Steigerung von einem Prozent Regierungsbeteilung linker Parteien 0,08 Prozent höhere Sozialausgaben anfallen. So sollte Schweden mit 75,17-prozentiger Regierungsbeteiligung linker Parteien sechs Prozent mehr Sozialausgaben tätigen (75,17 * 0,08) als die USA und Kanada, die die Regierungsbeteiligung von linken Parteien nicht kennen. Insgesamt sollte Schweden nach dieser Modellgleichung ca. 30,5 Prozent Sozialausgaben tätigen (21,2 für Rentner + 6,1 für Regierungsbeteiligung linker Parteien + 4,9 für Diffusion – 1,7 für die Konstante); tatsächlich sind es 28,92 Prozent. Aus der Summe der Abweichungen aller Länder berechnet sich der oben dargestellte SEE (Standardfehler des Schätzers), der als Gütekriterium des Gesamtmodells dient.

Die dargestellte Formel mag suggerieren, dass der Anteil der Rentner einen überproportionalen Einfluss auf die Sozialausgaben besitzt und dass der Einfluss der Diffusion am geringsten ist. Diese Einschätzung berücksichtigt jedoch nicht die unterschiedliche Skalierung der Variablen. Betrachten wir die deskriptiven Statistiken der Variablen (Tabelle 13-2), erkennen wir, dass der Mittelwert der beiden anderen Variablen bedeutend höher liegt als für die Variable des Rentneranteils. Noch wichtiger ist der Unterschied der

[272] Das SEE (oder auch R^2) ist bei einer solchen Perspektive weniger wichtig, und nichtsignifikante Variablen, die zu konkurrierenden Einflussfaktoren gehören, können in einem solchen Modell durchaus verbleiben und interpretiert werden.

[273] Der Wert der Konstanten hängt von der Maßeinheit der Variablen ab, die in ein Modell aufgenommen werden. So wird der Wert der Konstanten 0, wenn alle Variablen zentriert werden.

Standardabweichung, der für die Regierungsbeteiligung der Linksparteien und die Diffusion etwa zehnmal höher ist als für den Rentneranteil. Um den individuellen Grad des Einflusses der Variablen einzuschätzen, müssen die Werte auf ihre Skalierung hin standardisiert werden. Ein erster Schritt solcher standardisierten Werte sind die so genannten Beta-Koeffizienten einer Regression. Allerdings weisen auch diese Werte eine gewisse Verzerrung auf, da sie nicht die Bedeutung der Variablen messen, sondern den Einfluss der unabhängigen Variablen auf die Streuung der abhängigen Variable (Achen 1982: 75; siehe auch Wagschal 1999b: 234/5). Als Alternative wird die *level importance* (Niveaueinfluss) vorgeschlagen, die sich aus der Multiplikation der partiellen Regressionskoeffizienten (B) mit dem arithmetischen Mittel der unabhängigen Variablen ergibt. Dieses Maß ist anschaulich, da die Summe der Werte den Mittelwert der abhängigen Variable ergeben. Für unser Regressionsmodell bestätigt sich der Eindruck, dass der Rentneranteil den weitaus höchsten Einfluss auf die Sozialausgaben besitzt (*level importance* (LI) = 18,23), allerdings besitzt Diffusion (3,51) einen stärkeren Einfluss als die Regierungsbeteiligung linker Parteien (2.79).[274] Eine weitere Art, den relativen Einfluss der Variablen zu ermitteln, besteht darin, die Variablen anhand der Z-Werte in die Regressionsgleichung aufzunehmen. Dies erschwert jedoch die inhaltliche Interpretation und manche stehen der Intepretation der relativen Stärke von Variablen skeptisch gegenüber (King 1986: 669-678).

Nachdem das geeignetste oder effizienteste Modell identifiziert worden ist, muss dieses einige Tests hinsichtlich der Erfüllung der Grundbedingungen eines linearen Regressionsmodels bestehen. Hierzu stehen Tests über die Voraussetzungsbedingungen einer Regression zur Verfügung. Im Folgenden werden sieben Grundbedingungen, die in Tabelle 13-4 aufgeführt werden, angegeben, die eine lineare Regression erfüllen muss.[275] Dabei werden die Tests zur Identifizierung von Abweichungen und eventuelle Lösungsvorschläge genannt. Allerdings kann nicht auf die Hintergründe der Probleme und Lösungen eingegangen werden, die in entsprechenden Abhandlungen nachgelesen werden müssen.[276]

[274] Zum Vergleich: die unstandardisierten B-Koeffizienten betragen 1,22 (Rentner), 0,081 für linke Regierungsbeteiligung und 0,056 für Diffusion. Die standardisierten Beta-Koeffizienten, die gemeinhin als Vergleichsmaß benutzt werden, betragen: 0,51; 0,34 und 0,33.

[275] Manche Autoren führen noch zwei weitere Bedingungen an: (a) keine Messfehler und (b) die Unabhängigkeit der Fälle (Hoffmann 2004: 10-20). Da der erste Aspekt nicht unmittelbar mit dem Regressionsmodel zu tun hat und sich auf Messprobleme bezieht, bleibt dieser an dieser Stelle unberücksichtigt. Der zweite Aspekt wurde im Zusammenhang von Diffusion diskutiert und wurde in unserem Modell explizit aufgenommen.

[276] Hair u.a.(1998); Wagschal (1999b); Hoffmann (2004: 10-17); Chen u.a. (2004); Kohler/Kreuter (2006); neben diesen statistischen Abhandlungen sind folgende substantielle Abhandlungen besonders aufschlussreich: Bollen/Jackman (1990); Granato u.a. (1996); Bernhard (1998).

Tabelle 13-4: Grundbedingungen für Regressionsmodelle

Bedingung	Problem	Identifikation des Problems	Lösung	Literatur
Linearität	Das Modell oder einzelne Variablen lassen sich nicht mit einer linearen Regression erfassen	F-Statistik > .05 Bi-variate Streudiagramme deuten auf nicht-lineare Zusammenhänge Partielle Residualplots	Tansformation von Variablen, Nicht-lineare Regressionsmodelle	Wagschal 1999b: 225-226 Hoffmann 2004: 11 Kohler/Kreuter 2006: 217-220
Homoskedastizität*	Heteroskedastizität: nicht-konstante Variation eines Residuums über die Werte der Vorhersagevariable, d.h. ungleiche Varianz der Residuen	Streudiagramme von Residuen und vorhergesagten Werten (Keilform <; >; <>) Breusch-Pagan/Cook-Weisberg Test < .05	Transformation der abhängigen Variable, WLS (*weighted least squares*) bzw. GLS (*generalized least squares*) Regression, Eliminierung von Variablen	Wagschal 1999b: 239-242 Kohler/Kreuter 2006: 230-232
Keine Autokorrelation zwischen den Fehlertermen*	Autokorrelation in Zeitreihen-analysen und Analysen mit einer zeitverzögerten abhängigen Variable	Durbin-Watson-Test Werte < 1.5 bzw. > 1.5, d.h. Werte um 2 deuten darauf hin, dass KEINE Autokorrelation vorliegt	Cochran-Orcutt oder Prais-Winsten Regression	Wagschal 1999b: 228-229 Kohler/Kreuter 2006: 232-233
Keine Multikollinearität	Unabhängige Variablen korrelieren hoch untereinander	Bivariate Korrelationsmatrix aller Variablen (Werte größer +/- .7) VIF (*variance inflation factor*) größer als 10; besonders wichtig beim Gebrauch von interaktiven Variablen	Zusammenfassung von hoch korrelierenden Variablen, Zentrierung von Variablen (Wert minus Mittelwert)	Wagschal 1999b: 236-239 Aiken/West 1991
Keine übersehenden (*omitted*) Variablen*	*Omitted variable bias* Wesentliche Variablen werden nicht berücksichtigt	Theorie Technisch: Ramsey Test < .05	Theorie, Aufnahme weiterer Variablen	Hoffmann 2004: 19 Kohler/Kreuter 2006: 229-230
Normalverteilung des Fehlerterms*	Falsch berechneter Interzept. Führt zu verzerrten Ergebnissen	Q-Q Diagramm Cameron-Trevedi Tests < .05 Kolmogorov-Smirnov Test < .05 Shapiro-Wilk Test < .05	Transformation der Variablen	Hoffmann 2004: 14 Cleveland 1993
Keine einflussreichen Fälle oder Ausreißer	einflussreiche Fälle und Ausreißer verfälschen die Ergebnisse	Standardisierte und studentisierte Residuen der einzelnen Fälle > 2.0 Cooks Distanzen > 4/n DFFITS > 2* $(k/n)^{1/2}$ DFBeta für einzelne Fälle > 1 Box Plots und av und lvr2 plots	Entsprechende Interpretationen, Robuste Regressionen, *bootstrap*, *Jackknife*, Transformation der Variablen, Ausschluss der Variable	Bollen/Jackman 1990 Tufte 1974: 146 Western 1995 Granato u.a. 1996 Bernhard 1998 Kohler/Kreuter 2001: 220-229 Wagschal 1999b: 242-245

Erklärung: * Bedingung für (*best linear unbiased estimators*) BLUE, was insbesondere für die Inferenz von einer Stichprobe auf die Grundgesamtheit wichtig ist.

Die Tests auf Linearität und Homoskedastizität beziehen sich in diesen Tests auf das Gesamtmodell und nicht, wie in den vorherigen Beschreibungen, auf einzelne Variablen. Denn Variablen, die in den uni- und bivariaten Analysen keine Auffälligkeit besitzen, können in der Interaktion mit anderen Variablen durchaus zu Problemfällen werden. In Tabelle 13-5 werden die wichtigsten Informationen der Regressionsschätzung zusammengefasst.

Tabelle 13-5: OLS Schätzung der Sozialausgabenquote 2001

	Koeffizient B	**Standard-fehler**	**T-Wert**	**Signifikanz**	**Beta**	**Level-Importance**		**VIF**	**1/VIF**
Konstante	-1,721	4,392	-0,39	0,701		-1,27			
Rentneranteil	1,224	,307	3,99	0,001	,506	18,23		1,14	0,878
Linke Regierungs-Beteiligung	,081	,036	2,27	0,040	,338	2,79		1,58	0,635
Diffusion	,056	,025	2,27	0,039	,328	3,51		1,48	0,676
							Mean VIF	1,40	

Standardfehler des Schätzers (SEE)	=	2,468	Linearität (Signifikanz des F-Werts)	=	0,000
R-Quadrat	=	0,803	Heteroskedastizität (Breusch-Pagan/Cook-Weisberg Test)	=	0,676
Korrigiertes R-Quadrat	=	0,760	Heteroskedastizität (Cameron/Trivedis IM-Test)	=	0,388
N	=	18	Skewness (Cameron/Trivedis IM-Test)	=	0,305
			Kurtosis (Cameron/Trivedis IM-Test)	=	0,363
			Total IM-Test (Cameron/Trivedis IM-Test)	=	0,374
			Omitted Variable (Ramsey Reset Test) (fitted values)	=	0,356
			Omitted Variable (Ramsey Reset Test) (unabhängige Variablen)	=	0,405

Die einzelnen Parameter und Prüfstatistiken deuten auf ein effizientes Modell ohne nennenswerte Abweichungen hin. Neben den Prüfstatistiken sollten Graphiken als Hilfsmittel benutzt werden, um die Adäquanz der Regressionsgleichung zu beurteilen (Cleveland 1993; Chen u.a. 2004). Insbesondere für die Erfassung der Heteroskedastizität bieten sich Streudiagramme zwischen den Residuen und den vorhergesagten oder angepassten Werten an (Abbildung 13-4).[277] Die Inspektion von Graphiken ist notwendig, da die Prüfstatistiken bei kleiner Fallzahl nicht unbedingt zuverlässige Ergebnisse erbringen. Auch dienen Graphiken dazu, den Datensatz besser kennen zu lernen. Allerdings ist es auch schwierig, für die Interpretation von Analysegraphiken strikte Anleitung zu geben, da jeder Datensatz sich anders darstellt. Auch für diese Testverfahren ist eine gewisse Erfahrung notwendig, die sich erst nach einer längeren Beschäftigung mit dem Datensatz einstellt. Aus Abbildung 13-4 läßt sich nicht zweifelsfrei erkennen, ob wir es mit Heteroskedastizität im vorliegenden Fall zu tun haben, da die Werte zwei aufeinander zukommenden Trichtern ähnlich sind (><). Heteroskedastizität liegt vor, wenn die Daten eine Trichterform in der einen (>) oder anderen (<) oder, wie in unserem Fall, von beiden Seiten erkennen lassen.

[277] Anhand einer solchen Graphik kann auch Nicht-Linearität, Ausreißer und Multikollinearität erfasst werden (Kohler/Kreuter 2006: 215-217). Eine solche Graphik wird in Stata erzeugt, indem nach dem Regressionsbefehl der Befehl **rvfplot** eingegeben wird.

Abbildung 13-4: Streudiagramm zwischen den Residuen und den angepassten Werten

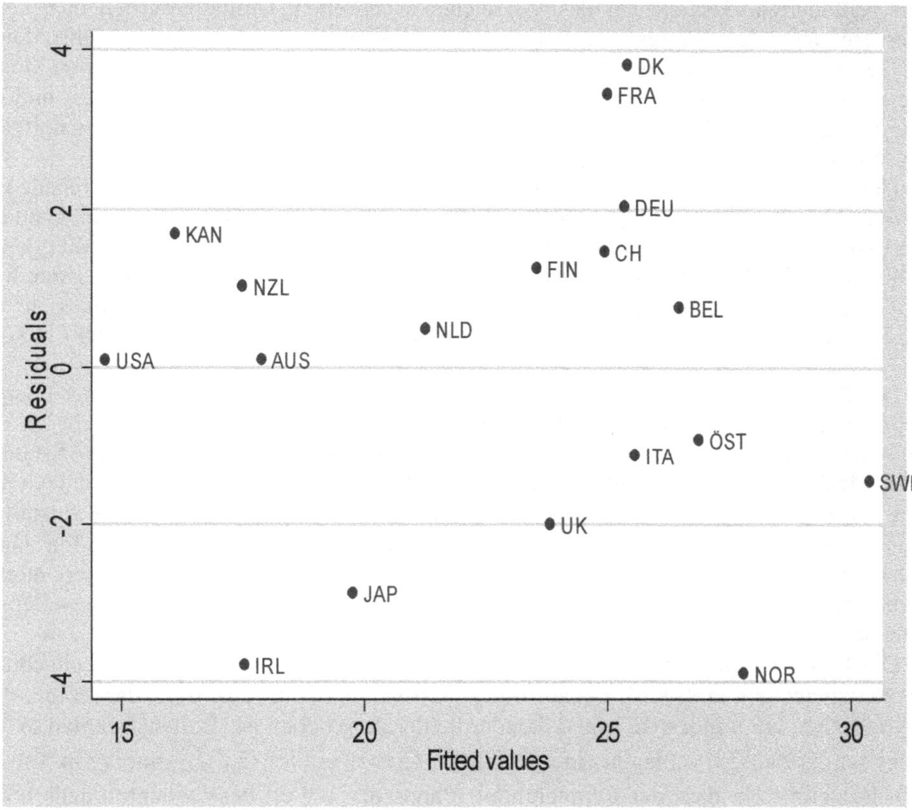

Regressionsdiagnostik

Um die Robustheit des Modells zu prüfen, soll hier näher auf die Regressionsdiagnostik eingegangen werden, da diese zu substantiellen Interpretationen führt und deshalb auch Sensitivitätsanalyse genannt wird. Das Ziel der Diagnostikanalysen besteht darin, die kritischen Fälle zu identifizieren und deren Einfluss zu diskutieren. Obgleich die Diagnostiken dazu dienen, abweichende Fälle zu identifizieren, wird durch sie eine intensive Falldiskussion ermöglicht, die die Regressionsanalyse durchaus fallsensibel macht.

Die Regressionsdiagnostik ist in Regressionen mit einer kleinen Fallzahl sehr wichtig, da oftmals schon ein Fall das Ergebnis stark beeinflussen kann. Das klassische Beispiel ist die Re-Analyse von Robert Jackman (1987; 1989) der Studie von Lange/Garrett (1985), wo dieser demonstrieren konnte, dass nur ein Fall für die Ergebnisse verantwortlich war. Lange und Garrett behaupteten, dass Linksregierungen zu höherem Wohlstand führten. Als Jackman jedoch den Fall Norwegen, der neben einer starken Präsenz linker Regierung auch das Nordseeöl besaß, aus der Analyse entfernte, brach die Korrelation zusammen (von einem R^2 von 0,365 auf 0,000). Levine und Renelt (1992) zeigten darüber hinaus, wie Regressionsschätzungen den Einfluss einzelner Variablen durch die Aufnahme anderer Variablen derart veränderten, dass sie gar das Vorzeichen wechselten. Deshalb werden in neueren ländervergleichenden Regressionsanalysen die Sensitivitätsanalysen durchgeführt. Diese Analysen haben auch den Vorteil aufzuzeigen, welche Länder von dem allgemeinen Muster abweichen. Dies kann dann weitere Einsichten hinsichtlich des Zusammenhanges und der Rolle der einzelnen Länder erbringen. Tabelle 13-6 fasst die Indikatoren der Sensibilitätsanalyse zusammen.

Der Einfluss von einzelnen Fällen kann anhand des Verhältnisses von Diskrepanz und *leverage* (Hebelwirkung) erfasst werden (Bollen/Jackman 1990). Die Diskrepanz kann auf Grund von standardisierten und studentisierten Residuen erfasst werden und deutet darauf hin, ob Ausreißer große Residuen generieren. Mit dem *leverage* wird für das gesamte Modell geprüft, ob einige wenige Werte der unabhängigen Variablen einen Einfluss auf die Modellrechnung ausüben. Der *leverage* wird durch Cooks-Distanzen und DFFITS erfasst.[278]

Die Regressionsdiagnostik weist darauf hin, dass Irland den Grenzwert einer übergebührlichen Diskrepanz überschreitet. Auch kommen Norwegen und Japan dicht an den Grenzwert heran. Inwieweit beeinflussen diese Fälle das Modell? Die Cooks-Distanzen machen deutlich, dass Irland und Japan einen übermäßigen Einfluss ausüben, und auch hier bleibt Norwegen nur sehr knapp unter dem Schwellenwert (|,22|). Die DFFITS verstärken diesen Eindruck und rücken auch Norwegen über den Toleranzwert von |,94|. Für Japan und Irland hatten wir schon Hinweise durch die partiellen Streudiagramme erhalten, dass es sich um abweichende Fälle handeln könnte, aber Norwegen war bisher nicht weiter als Ausreißer aufgefallen.

Die DFBETA der einzelnen Variablen erfassen den Effekt, wenn eine Beobachtung eines Parameters entfernt wird. Ein absoluter Wert von höher als eins weist darauf hin, dass der Koeffizient um mindestens einen Standardfehler verschoben ist (Bollen/Jackman 1990). Belsley u.a. (1980: 28) schlagen einen strikteren Grenzwert vor ($2 / \sqrt{n}$; kursiv in Tabelle 13-6). Es zeigt sich, dass der Rentneranteil Irlands den t-Wert des Gesamtmodells höher ausfallen lässt. Japans Rentneranteil übt einen gegenläufigen Einfluss aus (vgl. auch Tabelle 13-8). Spiegelbildlich verhält es sich mit dem Einfluss der Diffusionsvariable, die von beiden Ländern ausgeht. Anders als in Langes und Garretts Studie ist in unserem Datensatz Norwegen für einen hohen t-Wert von Linksparteien verantwortlich; im Gegensatz zu Irland und Japan, die den t-Wert nach unten ziehen. Eine besonders anschauliche Graphik, die Diskrepanz und den *leverage* der einzelnen Fälle zu erhalten, stellt ein entsprechendes Streudiagramm dar (siehe Abbildung 13-5).[279] Auf der Y-Achse wird der Einfluss (*leverage*) der Fälle abgebildet und auf der X-Achse das Ausmaß als Ausreißer (quadrierte Residuen).[280]

[278] In SPSS sind diese Werte durch den SAVE-Befehl unter REGRESSION zu erzeugen. Allerdings berechnet SPSS diese Werte anders als Stata und es müssen die standardisierten Werte benutzt werden. Zur unterschiedlichen Berechnungsart siehe Bollen/Jackman (1990: 264). In Stata muß der Befehl **PREDICT d, cooksd** bzw. **rstu, rstudent** oder **rsta, rstandard** eingegeben werden.

[279] In vielen Textbüchern werden partielle Residuenplots als geeignete Graphiken vorgeschlagen, die anhand des paarweisen Vergleichs zwischen den unabhängigen Variablen und der abhängigen Variable unter Beachtung der Beziehung zwischen den unabhängigen Variablen, auf abweichende Fälle aufmerksam machen. Aus Platzgründen wurde auf diese Abbildungen hier verzichtet.

[280] In Stata wird eine solche Graphik mit dem Befehl **vr2plot** nach einer Regression erstellt.

Tabelle 13-6: Regressionsdiagnostik und Fallgewicht

	Standardisierte Residuen	**Studentisierte Residuen**	**Cooks Distanzen**	**DFFITS**	**DFBeta Rentner**	**DFBeta Links**	**DFBeta Diffusion**
Australien	,059	,057	,001	,065	-,030	,047	-,051
Österreich	-,403	-,390	,006	-,152	,010	-,060	-,049
Belgien	,331	,320	,005	,134	,065	-,055	,079
Kanada	,789	,778	,052	,450	-,143	-,300	,105
Dänemark	1,642	1,761	,088	,637	-,165	,165	,276
Finnland	,522	,508	,004	,128	-,006	,031	-,005
Frankreich	1,462	1,531	,053	,481	,181	,181	-,157
Deutschland	,888	,881	,032	,357	,277	-,065	-,042
Irland	-1,971	**-2,235**	**,621**	**-1,786**	**1,126**	*,809*	**-1,063**
Italien	-,510	-,496	,016	-,246	-,206	,084	,008
Japan	-1,700	-1,839	**,801**	**-1,936**	**-1,208**	*,508*	**1,082**
Niederlande	,210	,203	,002	,075	-,030	-,031	,044
Neuseeland	,479	,465	,020	,272	-,198	,123	-,123
Norwegen	-1,783	-1,954	,213	**-1,012**	,223	*-,518*	-,314
Schweden	-,708	-,695	,053	-,452	-,110	-,315	,070
Schweiz	,653	,639	,023	,297	,082	-,184	,221
Großbritannien	-,842	-,833	,012	-,217	-,077	,008	,009
USA	,042	,041	,000	,024	-,006	-,009	-,008
Cut-off points:	> |2,0|	> |2,0|	> 4/n = ,22	> 2* $(k/n)^{1/2}$ = |,94|	> |1,0|	> |1,0|	> |1,0|

Abbildung 13-5: Streudiagramm zwischen *leverage* und quadrierten Residuen

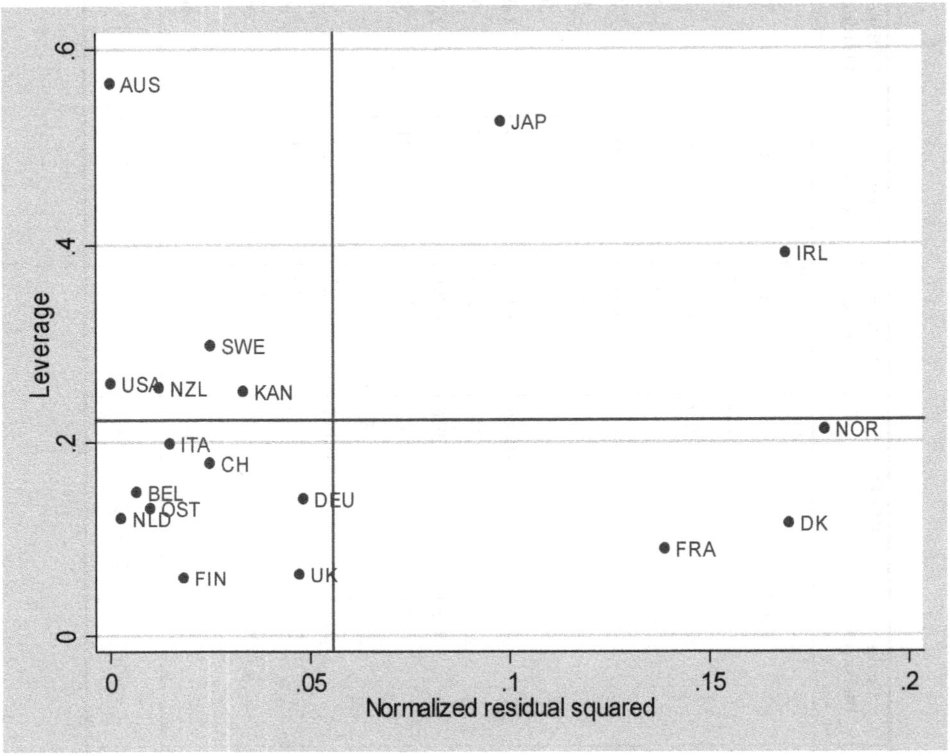

Die Fälle im unteren linken Quadranten sind unproblematisch. Länder, die sich im oberen linken Quadranten befinden, besitzen einen starken Einfluss, sind jedoch keine Ausreißer. In unserem Fall trifft dies vor allem für Australien zu. Länder im unteren rechten Feld sind Ausreißer, besitzen jedoch keinen überdurchschnittlichen Einfluss. In unserem Beispiel sind dies Frankreich, Dänemark und Norwegen. Problematisch sind Länder, die in beiden Dimensionen hohe Werte aufweisen und sich im oberen rechten Quadranten befinden. Dies sind Japan und Irland. Norwegen stellt einen Grenzfall dar.

Um festzustellen, inwieweit diese drei Fälle unser Modell beeinflussen, können mehrere Wege beschritten werden. Zunächst einmal können die einflussreichen Fälle aus der Analyse ausgeschlossen werden. Der Ausschluss von Fällen wird hier lediglich als Robustheitstest vorgeschlagen, denn die Eliminierung von Fällen verfälscht das Ergebnis (*selection bias*). Ziel einer Lösung des Problems einflussreicher Fälle sollte darin bestehen, den Grund dieses Einflusses aufzuspüren und diesen durch geeignete Maßnahmen (Variablentransformation, neue Variablen, Redefinition der Grundgesamtheit, etc.) zu modellieren. Eine Regression mit nur 15 Fällen bestätigt im Großen und Ganzen unser Modell, wenngleich die Variable Rentneranteil an Einfluss verliert.

Tabelle 13-7: Modelldiagnostik

	(a) Original Gleichung	(b) ohne Japan, Irland, Norwegen	(c) Japan, Irland, Norwegen Dummy	(d) Robuste Regression	(e) *Bootstrapping*	(f) *Jackknife*
Konstante	-1,721 (4,392)	1,708 (4,107)	-,431 (3,102)	3,719 (4,223)		-1,721 (5,344)
Rentner-anteil	1,224** (,307)	,991* (,335)	1,201*** (,216)	,791* (,295)	,991* (,361)	1,224* (,475)
Linke Regierungs-beteiligung	,081* (,036)	,067* (,029)	,066* (,025)	,064 (,034)	,067* (,032)	,081 (,039)
Diffusion	,056* (,025)	,077* (,026)	,061** (,017)	,089** (,024)	,077* (,026)	,056 (,032)
Japan, Irland, Norwegen Dummy			-4,361** (1,112)			

Ein anderer Weg besteht darin, die drei einflussreichen Fälle als *dummy* Variable in das Modell zusätzlich aufzunehmen (alle Länder erhalten den Wert 0 außer Japan, Irland und Norwegen, die den Wert 1 zugewiesen bekommen). Damit wird deren Varianzanteil aus der Gleichung herausgefiltert. Es zeigt sich, dass diese drei Länder durchaus einen signifikanten negativen Einfluss auf die Sozialquote besitzen, dass jedoch die anderen drei unabhängigen Variablen auch weiterhin signifikant bleiben. All diese Verfahren bestätigen die Robustheit unseres Modells. Allerdings werden die Ergebnisse weniger eindeutig, wenn wir jedes der drei Länder einzeln als *dummy* Variable in das Modell zusätzlich aufnehmen. Der Norwegen-*dummy* beeinflusst die Signifikanz der drei unabhängigen Variablen nicht, Irland hebt den signifikanten Einfluss von linker Regierungsbeteiligung und Japan hebt zusätzlich den signifikanten Einfluss von Diffusion auf. Dabei ist nur der Irland-*dummy* selbst signifikant. Dieses Ergebnis weckt erste Zweifel über die Robustheit unseres Modells.

Deshalb sollen nicht-parametrische Verfahren zur Anwendung kommen. Zum einen wird eine robuste Regression durchgeführt, die weniger anfällig gegen Annahmen der OLS-Regression, insbesondere hinsichtlich der Normalität der Verteilung ist (Western 1995; 1998; Kohler/Kreuter 2001: 236-238).[281] Der t-Wert der Variablen „Linksregierung" fällt von 2,27 auf 1,88 in der robusten Regression. Die anderen beiden Variablen bleiben signifikant, wenngleich der Rentneranteil an Erklärungskraft verliert und die Diffusion gewinnt. Mit gewissen Einschränkungen bestätigt eine robuste Regression unser Modell.

[281] Eine robuste Regression kann in Stata mit dem Befehl **rreg** – anstatt **reg** bei der normalen OLS Regression – erstellt werden, wobei zunächst die abhängige Variable eingegeben werden muss. Diese Art der robusten Regression gewichtet die großen Residuen, so dass die Ergebnisse einer robusten Regression gegenüber Ausreißern und einflussreichen Fällen weniger anfällig ist. Zu unterscheiden ist dieses Verfahren von Regressionen mit robusten Standardfehlern, wie sie mit der Option **robust** nach dem **reg**-Befehl und der Variablenliste, getrennt durch ein Komma, angeben werden kann. Mit diesem Verfahren werden die Standardfehler so berechnet, dass sie weniger anfällig gegenüber Verstößen der Homoskedastizität sind.

Ein weiteres Verfahren die Robustheit zu testen besteht im *bootstrap* (Mooney/Duval 1993; Mooney 1996; Stine 1989/90; Kohler/Kreuter 2006: 245-247).[282] *Bootstrap* bedeutet „Stiefellasche" und als Redewendung „sich an den eigenen Haaren aus dem Sumpf ziehen". Dieses Verfahren betrachtet das *sample* als Grundgesamtheit und „*re-sampled*" die Residuen mit einer vorgegeben Anzahl, üblicherweise 1000 Mal. Dies wird nicht durch einfache Multiplikation der Fälle erreicht, sondern durch Simulationstechniken (Monte Carlo), um die verborgene Verteilung der Daten einzuschätzen. *Bootstrap* ist eine Methode, bei der einige Fälle in einer Stichprobe extrapoliert werden, um die Stichprobengröße zu erhöhen. Durch *bootstrap* können die Koeffizienten und Standardfehler konstruiert werden. Wesentlich ist dabei, dass das Konfidenzintervall nicht null umfasst.[283] Dies trifft bei allen Variablen, bis auf die Variable Diffusion, nicht zu und alle Variablen liegen unter dem fünfprozentigen Signfikanzniveau.[284] Tabelle 13-7 fasst die Ergebnisse der unterschiedlichen Modelle diagnostisch zusammen.

Eine weitere sehr einfache Analyse, den Einfluss der einzelnen Fälle zu identifizieren, besteht darin, die Regression jeweils mit N-1 für alle Fälle zu berechnen. Tabelle 13-8 fasst die Ergebnisse dieses Verfahrens, das als *jackknife*-Methode bezeichnet wird, zusammen. Dieses Verfahren ist gegenüber kleinen Fallzahlen sehr sensibel und als Daumenregel wird empfohlen, mindestens dreimal - besser fünfmal - so viele Fälle zu untersuchen, wie Variablen in das Modell aufgenommen werden (Hair u.a. 1998: 274-275; 607).[285]

Auch bei dieser Analyse stellt sich heraus, dass die Ergebnisse relativ robust sind. Allerdings eröffnet das Wort „relativ" weitere Interpretationsspielräume. Wir sollten uns verdeutlichen, dass wir es mit einer Grundgesamtheit zu tun haben, die sich eben aus den untersuchten Ländern zusammensetzt. In jeder Gruppe existieren einflussreiche Fälle. Allerdings eröffnet uns die folgende Analyse die Möglichkeit zu bestimmen, wie einflussreich diese Fälle sind und in welche Richtung sie wirken. Jedoch sollte bei dieser Analyse beachtet werden, dass die Auslassung mehrerer Fälle den Einfluss einzelner Fälle aufheben können und somit sich dem ursprünglichen Ergebnis wieder annähert. Wie wir oben gesehen haben, bestätigt die Auslassung dreier einflussreicher Fälle unsere Ergebnisse, wogegen die Auslassung von einem bestimmten Fall diese zu widerlegen scheint.

[282] Der Befehl für die Analyse von bootstrap in Stata 9 ist: **bootstrap, reps(1000):** plus normaler Regressionsbefehl.

[283] Um das Konfidenzintervall zu berechnen, ist der Befehl **estat bootstrap, percentile** nach dem obigen *bootstrap* Befehl einzugeben.

[284] Allerdings zeigt sich bei mehrmaliger Anwendung der *bootstrap*, dass die Variable Diffusion manchmal knapp über den fünfprozentigen Signifikanzwert liegt. Das liegt daran, dass jedes Mal eine andere Stichprobe zufällig ausgewählt wird.

[285] In Stata kann der *jackknife*-Befehl mit **jackknife:**, gefolgt vom Regressionsbefehl, abgerufen werden. Sollen alle einzelnen Ergebnisse dargestellt werden, ist **jackknife, noi:** einzugeben.

Tabelle 13-8: *Jackknife*-Diagnostik

Ausgelassenes Land	Konstante			Rentneranteil			Linksregierung			Diffusion			SEE
	Koeff.	Stand.	T-Wert	Koeff.	Stand.	T-Wert	Koeff.	Stand.	T-Wert	Koeff.	Stand.	T-Wert	
Keines	-1,721	(-0,392)	4,392	1,224	(0,307)	3,987	0,081	(0,036)	2,250	0,056	(0,025)	2,240	2,468
Australien	-1,894	(-0,347)	5,465	1,234	(0,358)	**3,447**	0,079	(0,048)	**1,646**	0,057	(0,034)	1,676	2,561
Österreich	-1,766	(-0,390)	4,533	1,221	(0,317)	3,852	0,083	(0,037)	2,243	0,057	(0,026)	2,192	2,546
Belgien	-1,410	(-0,304)	4,643	1,204	(0,324)	3,716	0,083	(0,037)	2,243	0,054	(0,026)	2,077	2,551
Kanada	-2,721	(-0,587)	4,637	1,269	(0,316)	4,016	0,092	(0,039)	2,359	0,054	(0,025)	2,160	2,503
Dänemark	-2,081	(-0,507)	4,101	1,272	(0,287)	**4,432**	0,075	(0,033)	2,273	0,050	(0,023)	2,174	**2,301**
Finnland	-1,789	(-0,396)	4,515	1,226	(0,315)	3,892	0,080	(0,037)	2,162	0,056	(0,025)	2,240	2,536
Frankreich	-1,155	(-0,274)	4,212	1,171	(0,295)	3,969	0,075	(0,034)	2,206	0,060	(0,024)	2,500	2,357
Deutschland	-0,721	(-0,158)	4,571	1,139	(0,324)	**3,515**	0,083	(0,036)	2,306	0,057	(0,025)	2,280	2,488
Irland	2,610	(0,602)	**4,332**	0,920	(0,303)	**3,036**	0,055	(0,033)	**1,667**	0,079	(0,024)	**3,292**	**2,177**
Italien	-2,490	(-0,522)	4,774	1,289	(0,341)	3,780	0,078	(0,037)	2,108	0,056	(0,025)	2,240	2,537
Japan	-4,382	(-1,017)	**4,310**	1,567	(0,339)	**4,622**	0,064	(0,034)	**1,882**	0,031	(0,027)	**1,148**	**2,281**
Niederlanden	-1,865	(-0,405)	4,606	1,234	(0,312)	3,955	0,082	(0,037)	2,216	0,055	(0,056)	**0,982**	2,557
Neuseeland	-2,764	(-0,548)	5,046	1,287	(0,343)	3,752	0,076	(0,038)	2,000	0,059	(0,026)	2,269	2,540
Norwegen	-1,537	(-0,383)	4,008	1,162	(0,282)	**4,121**	0,098	(0,034)	**2,882**	0,063	(0,023)	**2,739**	**2,251**
Schweden	-2,403	(-0,524)	4,582	1,259	(0,317)	3,972	0,092	(0,040)	2,300	0,054	(0,025)	2,160	2,515
Schweiz	-1,323	(-0,292)	4,531	1,199	(0,316)	3,794	0,087	(0,038)	2,289	0,051	(0,027)	1,889	2,522
Großbritannien	-1,934	(-0,435)	4,448	1,248	(0,312)	4,000	0,080	(0,036)	2,222	0,056	(0,025)	2,240	2,495
USA	-1,780	(-0,372)	4,784	1,226	(0,322)	3,807	0,081	(0,038)	2,132	0,056	(0,026)	2,154	2,561
Durchschnitt	-1,743	(-0,382)	4,552	1,229	(0,317)	3,877	0,080	(0,037)	2,178	0,056	(0,027)	2,140	2,460
Standardabweichung	1,308	(0,296)	0,330	0,115	(0,019)	0,340	0,010	(0,003)	0,266	0,008	(0,007)	0,500	0,122
Mit *Jackknife* Standardfehlern	-1,721	(-0,32)	5,394	1,224	(0,475)	2,58	0,081	(0,039)	2,07	0,056	(0,032)	1,60	2,468

Erklärung: Abweichungen des standardisierten Koeffizienten und des SEE sind fett gedruckt.

Als ein Kriterium für die Einschätzung eines bedeutenden Einflusses wurde die Abweichung der t-Werte um eine Standardabweichung gewählt und nicht der Umstand, ob die Koeffizienten signifikant sind oder nicht.[286] Die größte Veränderung der Regressionsgleichung ergibt sich, wenn Japan aus der Analyse entfernt wird (vgl. mit DFBetas). Ohne Japan verliert sowohl der Einfluss von Linksregierungen als auch von Diffusion an Erklärungskraft, und die gesamte Erklärungskraft des Modells steigt deutlich (SEE wird kleiner). Dabei ist Japan ein Land mit einer niedrigen Sozialquote, kaum linker Regierungsbeteiligung und wenig Diffusion. Es ist also das Gegenteil vieler skandinavischer Länder, die eine hohe Ausprägung in allen Variablen besitzen. In die gleiche Richtung wie Japan wirkt Irland. Ohne Irland steigt die Effizienz des Ergebnisses sehr deutlich, und die Wirkung der Linksparteien nimmt ab, da auch Irland ein Land mit einer geringen Sozialquote und niedrigem linken Regierungsanteil ist. Auffällig ist auch die Veränderung des Einflusses der Diffusionsvariable, wenn die Niederlande nicht berücksichtigt werden. Ähnlich wie im Fall Australiens, wo der Erklärungsanteil von Linksregierungen stark abnimmt, ist die Erklärung der Modellveränderung für diese beiden Fälle nicht so auffällig, jedoch deutlich. Beide Länder besitzen unterdurchschnittliche Sozialquoten und überdurchschnittliche Werte für den Regierungsanteil von Linksparteien bzw. Diffusion, die gegen das Gesamtmodell sprechen. Umgekehrt ist die Wirkung Norwegens, das nur eine leicht überdurchschnittliche Sozialquote, jedoch einen deutlich überdurchschnittlichen Regierungsanteil linker Parteien *und* einen hohen Diffusionsgrad besitzt. Ohne Norwegen würde die Erklärungskraft der Linksparteien steigen und das Gesamtmodell effizienter werden.

Insgesamt können die Koeffizienten für die *Jackknife*-Methode einmal gemittelt werden oder ein Ergebnis mit *Jackknife*-Standardfehlern erstellt werden.[287] Die Analyse mit *Jackknife*-Standardfehlern deutet daraufhin, dass die Variable Difussion an Erklärungskraft deutlich verliert. Die Variable Linksregierungen ist in diesem Fall auch nicht mehr signifikant, jedoch sind die Standardfehler nicht mehr als halb so groß wie die Koeffizienten, was auf einen durchaus stabilen Zusammenhang hindeutet.

Insgesamt führt unsere exemplarische Untersuchung zu dem Ergebnis, dass die Hypothese 1 (Reichtum) und die Hypothesen 3a (Korporatismus) und 3b (Demokratiemuster), die den Einfluss von Institutionen testeten, abgelehnt werden. Die Indikatoren dieser Hypothesen erhielten keine eindeutige statistische Unterstützung und fielen eindeutig aus einem effizienten Modell heraus. Die Mobilisierungshypothese (4) findet dagegen Bestätigung, wenngleich auch sie fallabhängig ist. Dies trifft weniger deutlich auch für Hypothese 6 (Diffusion) zu, die deutlich macht, dass Diffusion unter den Ländern der OECD im Bereich der Sozialpolitik vorliegt. Allerdings kann keine eindeutige Aussage über die Richtung dieses Einflusses (5a oder 5b) getroffen werden, wenngleich Indizien dafür sprechen, dass die Kompensationshypothese größeren Zuspruch erhält als die Effizienzhypothese. Am deutlichsten und gesichertsten kann davon ausgegangen werden, dass der Rentneranteil einen wesentlichen Einfluss auf die Sozialquote der OECD-Länder besitzt. Bestätigt dieser Indikator die Druckhypothese 2, so trifft dies für den Druck, der durch Arbeitslosigkeit erzeugt wird, nicht zu.

---

[286] Hinsichtlich der Signifikanz der Einflüsse der einzelnen Variablen zeigt sich, dass der Rentneranteil immer einen hohen signifikanten Einfluss besitzt. Für den Einfluss der Linksregierungen liegt dieser in 12 von 18 Fällen im signifikanten Bereich und für die Diffusion bei 10 von 18.

[287] Letzteres wird von Stata ausgegeben und ist in Spalte (f) in Tabelle 13-7 sowie in der untersten Zeile in Tabelle 13-8 zu sehen.

Neben den in unserem Beispiel genannten Bedingungen spielen noch weitere Aspekte eine wesentliche Rolle, die bei einer Regressionsanalyse beachtet werden müssen. Besonders bedeutungsvoll ist die Berücksichtigung des Skalenniveaus der Variablen. Unabhängige Variablen sollten grundsätzlich metrisch skaliert sein. Nominale Variablen können als *dummy* Variablen in die Analyse einfließen. *Dummy* Variablen werden dichotom erfasst, etwa trifft zu = 1 und trifft nicht zu = 0 (Kohler/Kreuter 2006: 233-236; 302-304). Z.B. kann so die EU-Mitgliedschaft in ein Regressionsmodell aufgenommen werden. Haben wir es mit nominalen Variablen mit mehreren Ausprägungen zu tun, müssen daraus *dummy* Variablen gebildet werden. Etwa die Weltregionen könnten in einer Variablen „Kultur" in „westlich", „islamisch", „afrikanisch", „lateinamerikanisch" und „asiatisch" in die *dummy* Variable (a) „westlich" mit der Ausprägung „ja = 1" und „nein = 0"; (b) „islamisch" „ja = 1" und „nein = 0" usw. übertragen werden (siehe unter Punkt 5 in diesem Kapitel). Damit entstehen dann in diesem Beispiel vier Variablen (eine weniger als Ausprägungen der nominalen Variable, da sich diese implizit durch die 0 aller Variablen ergibt).[288] Die Konsequenz dieses Verfahrens besteht darin, dass sich die Anzahl der Variablen in dem Regressionsmodell deutlich erhöht.

Ordinal skalierte Variablen sollten nicht unreflektiert in ein Regressionsmodell aufgenommen werden. Esping-Andersen geht in seinem Konzept der drei Welten des Wohlfahrtsstaates zwar davon aus, dass das skandinavische Modell einen ausgeprägteren Wohlfahrtsstaat darstellt als der kontinentale und dieser wiederum als der liberale. Eine Variable „Wohlfahrtsstaat" mit den Ausprägungen 1, 2 und 3 in ein Regressionsmodell aufzunehmen würde zu verzerrten Ergebnissen führen. Angebrachter ist es, zwei *dummy* Variablen zu bilden (wobei sich die dritte wiederum aus der Nichterfüllung der anderen beiden ergibt): Sozialdemokratischer Wohlfahrtsstaat mit den Ausprägungen ja = 1 und nein = 0 und liberaler Wohlfahrtsstaat ja = 1 und nein = 0.

Ordinal skalierte Variablen können allerdings als Variablen benutzt werden, wenn ein metrisches Skalenniveau unterstellt wird (gleiche Abstände zwischen den Punkten, d.h. gleiche Bedeutung jedes Elements der Indices). Dies betrifft etwa die meisten Operationalisierungen von Vetopunkten (nicht jedoch den Vetospieleransatz von Tsebelis) oder den Index der wirtschaftlichen Offenheit von Dennis Quinn (1997). In diesen Variablen werden die Bedingungen aufsummiert, weshalb solche Variablen auch *Zählvariablen* genannt werden. Gary King (1986: 666, Fn 1) spricht im Zusammenhang mit der Aufnahme von solchen ordinalen Variablen in ein Regressionsmodell von kleinen Verstößen gegen die Bedingungen der Regression. Dabei nähert sich eine solche Variable dem metrischen Skalenniveau um so mehr an, je größer die Anzahl der ordinalen Stufen ist und je eher es sich um eine Normalverteilung handelt. Man sollte aber auf jeden Fall skeptisch werden, wenn Zählvariablen ein sehr hohes Signifikanzniveau erreichen. Falls in diesem Fall die ordinale Variable eine Schlüsselvariable darstellt, sollte das Konzept noch auf andere Weise erfasst werden. Ein Weg besteht darin, die Variable als nominalskaliert aufzufassen und in entsprechende *dummy* Variablen zu übersetzen.[289]

[288] In Stata können automatisch aus einer nominalen Variable mit vielen Ausprägungen mehrere *dummy* Variablen erstellt werden: **tabulate ALTE, gen (NEUE)**; wobei ALTE für den Variablennamen der nominalen Variable steht und NEUE der zu gebende neue Name der neuen Variable ist, der dann mit Nummern nach dem „_" für jede Ausprägung gebildet wird.

[289] Auch in diesem Verfahren steigt die Variablenzahl stark an. Allerdings könnte das Verfahren auch abgekürzt werden. Anstatt z.B. eine Variable mit 6 Ausprägungen in fünf *dummy* Variablen zu übersetzen, könnten auch größere Schritte genutzt werden. Etwa eine Variable „keine oder wenige Vetospieler" mit den Ausprägungen 1

Nominale, ordinale und Zählvariablen dürfen jedoch auf keinen Fall als abhängige Variable in ein Regressionsmodell aufgenommen werden! Soll dies geschehen, sind besondere Verfahren anzuwenden, die auf die Besonderheit der Verteilung der abhängigen Variable eingehen (Hoffmann 2004). So existieren relativ einfach durchzuführende Regressionsvariationen für dichotome abhängige Variablen (logistische und probabilistische) und ordinale abhängige Variablen (*ordered* logistische und probabilistische), wobei abhängige Zählvariablen eines anderen Verfahrens bedürfen (*poisson* und negative binominale Regressionen). Komplizierter sind die Verfahren für nominale Variablen mit mehreren Ausprägungen (multi-nominale logistische Regressionsmodelle).

Ein weiteres Problem für Regressionsanalysen, aber auch für andere Analysetechniken, besteht in fehlenden Werten (*missing values*). Dieses entsteht dadurch, dass für manche Variablen für einige Länder keine Daten zur Verfügung stehen. In den statistischen Analysen führen fehlende Werte entweder zum Ausschluss der Fälle aus der gesamten Analyse (*listwise exclusion*) oder aus jenen Analysen, in denen nicht komplette Daten vorliegen (*pairwise exclusion*). Der Vorteil der ersten Methode besteht darin, dass die Modelle vergleichbar sind, da die gleichen Fälle für alle Modelle berechnet werden. Man verliert jedoch einen Fall, wenn dieser für nur eine der untersuchten Variablen einen fehlenden Wert besitzt. Dies kann sich bei mehreren Variablen schnell aufsummieren. Die zweite Methode ist eher daran interessiert, die Fallzahl hoch zu halten. Allerdings ist gerade der letzte Weg nicht ratsam, da unterschiedliche Fälle unkontrolliert aus der Analyse entfernt werden.[290] Eine einfache Lösung, die von statistischen Programmen angeboten wird, besteht darin, den Mittelwert eines fehlenden Wertes zu nutzen. Aber auch dieses Verfahren führt zu stark verzerrten Ergebnissen. Ein anderer Weg besteht in der Regressions*imputation.* Hier werden hochkorrelierende Variablen benutzt und die fehlenden Werte werden durch die unstandardisierten erwarteten Werte der Regressionsgleichung ersetzt. Dieses Verfahren ist dann geeignet, wenn Variablen in bi- oder multivariaten Modellen sehr hoch korrelieren (vor allem Zeitvariablen) und wenn möglichst wenige Werte fehlen. Allerdings sollte bei diesem Verfahren auch darauf geachtet werden, dass die Variablen mit den aufgefüllten imputierten Werten künstlich stärker miteinander korrelieren und somit zu höheren Korrelationswerten führen können. Es können darüber hinaus noch besondere Verfahren genutzt werden, die dieses Problem minimieren, die allerdings nicht ganz voraussetzungslos sind (Graham/Schafer 1999; King u.a. 2001; Honaker u.a. 2001).

2 Zeitreihenanalysen

Die lineare OLS Regression kann auch für Analysen durchgeführt werden, die nicht Länder (oder andere geographische Einheiten) als Analyseeinheit betrachten, sondern Jahre oder andere Zeiteinheiten (Ostrom 1990; Janoski/Isaac 1994; Wooldridge 2000: Teil 2; Wooldridge 2002). Diese Untersuchungen umfassen in der vergleichenden Politikwissenschaft zumeist 20 bis 40 Jahre (viele Daten der IMF, OECD und Weltbank gehen teilweise

und 0 und eine Variable „viele Vetospieler" „ja" versus „nein." Hierbei ist natürlich der *cut-off* Punkt von hoher Bedeutung und sollte theoretisch begründet werden können.

[290] Der Einfluss des Ausschlusses von einzelnen Fällen wurde anhand der *Jackknife* Regressionsdiagnostik im obigen Beispiel dargelegt. Ist dieser Prozess unkontrolliert, kommt es in Studien mit kleinen Fallzahlen zu nichtinterpretierbaren Ergebnissen.

bis 1960 zurück). Allerdings existieren auch Ausnahmen wie Isaacs u.a. (1994) Untersuchung über Lohnarbeitsregime, die bis 1890 zurückreichen. In diesen Untersuchungen werden die Jahre zu den „Fällen" (= N). Im Zusammenhang mit Zeitreihenanalysen spricht man dann oftmals auch nicht von Fällen, sondern von Beobachtungen, und N steht für die Anzahl von Beobachtungen (*number of observations*). Auch hier existieren wiederum Analysen, die andere zeitabhängige Ereignisse untersuchen. Etwa analysierte Tufte (1974) Präsidentschaftswahlen in den USA, was in sieben Fällen (über knapp 30 Jahre) resultierte. Mosely (2003) benutzte Monate als Analyseeinheit, was zu 2.384 Beobachtungen führte. Problematisch ist dabei, dass neben der abhängigen Variable auch die benutzten unabhängigen Variablen in dieser Form erfasst werden müssen.

Zeitreihenanalysen gehören natürlich nicht zur ländervergleichenden Politikwissenschaft, solange nicht auch die Zeitreihen zwischen den Ländern verglichen werden. Allerdings gehört ein Zeitvergleich auch zur vergleichenden Methode. Darüber hinaus dienen die hier vorgestellten Analyseverfahren als Grundvoraussetzung für die weiter unten dargestellten Analysen, die eine Kombination von Zeitreihen- und Ländervergleichen darstellen. Bei der Nutzung von Zeiteinheiten als Analyseeinheit sind einige konzeptionelle und technische Aspekte zu beachten, die nicht im gleichen Maße in Querschnittsvergleichen eine Rolle spielen.

Konzeptionelle Aspekte: In der obigen ländervergleichenden Analyse sind wir schon kurz auf den Zeiteffekt eingegangen, indem wir die unabhängigen Variablen zeitverzögert (*lagged*) in das Modell aufgenommen haben. Dieser Weg ist eine Grundbedingung, um Kausalität zu erfassen. So können wir zwei Variablen wie folgt vergleichen:

(1) $Y_t = f(X_{t-1})$ oder (2) $X_t = f(Y_{t-1})$

Falls Modell (1) mehr Varianz erklärt als Modell (2), dann besitzen wir relativ konkrete Anhaltspunkte, dass Y nicht ursächlich für X ist. Von daher ist die Modellierung von Zeit ein wesentlicher Aspekt von Zeitreihenanalysen. Dabei wird in vielen Untersuchungen von einem zeitverzögerten Effekt von einem Jahr ausgegangen (X_{t-1}). Allerdings ist dies oft atheoretisch und unreflektiert. Viele Verzögerungen im Staatshaushalt (*budgetary lag*) wirken zwar nach einem Jahr, jedoch kann bei legislativen Zeitverzögerungen (*legislative lag*) die Zeitspanne zwischen einem und drei Jahre betragen, und wenn es um die Implementation (*implementation lag*) von Regierungsvorhaben geht, kann die Umsetzung des Planes und die Mobilisierung von Beamten ein bis fünf Jahre betragen (Janoski/Isaac 1994: 35-36). In manchen *policy*-Analysen war der Effekt erst zehn Jahre nach dem Erlass oder Gesetz erkennbar.[291]

Ein Nachteil von Zeitreihenanalysen besteht darin, dass viele politikwissenschaftlich relevante Variablen nicht oder nur sehr schwer in das Modell aufgenommen werden. Dies betrifft viele staatszentrierte Variablen, die im nationalen Kontext nur wenig variieren oder konstant sind. Lijpharts Konzept der Demokratiemuster, der Korporatismus- oder Föderalismusgrad sind z.B. solche Aspekte. Dafür können jedoch länderspezifische historische Aspekte wiederum sensibler in ein Modell aufgenommen werden. Etwa kann durch eine *dummy*-Variable der Einfluss der deutschen Wiedervereinigung auf verschiedene Politik-

---

[291] In Stata lassen sich Zeitverzögerungen sehr einfach modellieren, indem vor dem Variablennamen ein „l." geschrieben wird (**l.var**). Während dieser Befehl die Zeiteinheit um eins (etwa ein Jahr) verzögert, können andere Zeiteffekte durch entsprechende Zahlenwerte modelliert werden (l2.var = zwei Zeiteinheiten).

felder untersucht werden, oder es können Innovationen (internationale Abkommen, Entdeckung von Ressourcen) und Schocks (Ölpreisanstieg, Krieg) modelliert werden. Damit sind Zeitreihenanalysen „... the form of quantitative analysis most complementary to historical narrative" (Janoski/Isaac 1994: 44).

Technische Aspekte: Zeitreihenanalysen leiden mehr als Querschnittsanalysen unter Autokorrelation und Multikollinearität. Da Zeitreihendaten von einem Jahr zum anderen Jahr (oder anderen Zeiteinheit) in starker Beziehung stehen, muss dieser Aspekt in das Modell aufgenommen werden. Die Beziehung, dass etwa die Sozialausgaben des letzten Jahres mit den Sozialausgaben dieses Jahres korrelieren, nennt man Autokorrelation. Die Autokorrelation verstößt gegen die Bedingung, dass die Fälle unabhängig voneinander sind. Im Wesentlichen existieren drei Wege, diesem Problem zu begegnen: (a) Einmal kann eine zeitverzögerte abhängige Variable als unabhängige Variable in das Modell genommen werden. Wie in der Querschnittsregression schon deutlich gemacht wurde, zieht diese Variable einen sehr hohen Anteil an Varianz an (oftmals über 90 Prozent) und sollte nur benutzt werden, wenn inhaltliche Kausalgründe dafür sprechen (Achen 2000).[292] Falls eine *zeitverzögerte abhängige Variable* in das Modell aufgenommen wird, muss der Durbin-Watson Test (d-test) als „h-test" durchgeführt werden. Die zweite Möglichkeit (b) besteht darin, nicht die Niveauwerte zu benutzen, sondern die Differenzwerte von einem Jahr zum nächsten. Diese Modelle werden *first difference*-Modelle genannt und mit Δ (Delta) vor der Variablen angegeben.[293] Manche schlagen vor, dass alle Zeitreihenmodelle mit Differenzen arbeiten sollten (Cook/Campbell 1979). Allerdings muss hierbei beachtet werden, dass sie die Interpretation verändern und die Analysen eine Form von *stimulus-response*-Modellen annehmen, was manchmal seine Berechtigung hat, aber sicherlich nicht in jeder Situation. So vertritt etwa Edward Jennings (1983: 1232) die Position, dass *differencing* „... could undermine any attempt to detect relationships between levels of system components." Die dritte Art, dem Problem der Autokorrelation zu begegnen, besteht (c) in GLS (*generalized least squares*)-Verfahren, wie etwa einer Prais-Winsten Transformation. Alle Korrekturverfahren beeinflussen die Analyse auf eine bestimmte, zu erfassende Art und Weise, die in der Interpretation berücksichtigt werden müssen. Dabei hängt es von dem konkreten Datensatz ab, wie sich die verschiedenen Verfahren verhalten und es bedarf einer längeren Erfahrung, die spezifischen Einflüsse nachzuvollziehen. Es sollte auf jeden Fall mit verschiedenen Modellen und Verfahren experimentiert werden, bevor man zu einer abschließenden Interpretation kommt.

Ein weiteres Problem von Zeitreihenanalysen besteht darin, dass Variablen einen *Trend* besitzen. Etwa nimmt das Bruttoinlandsprodukt über einen längeren Zeitraum betrachtet ständig zu. Besitzt die abhängige Variable auch einen Trend, so korrelieren diese beiden Variablen hoch, wenngleich sie keinerlei inhaltliche Verbindung besitzen, außer dass beide Variablen ansteigen. Das Ergebnis der Regression ist in diesem Fall unzutreffend (*spurious regression*). Viele Variablen besitzen Trends. Die folgende Abbildung der standardisierten Werte zeigt deutlich, dass die Variablen „Arbeitslosenquote", „Rentneran-

[292] Eine andere Auffassung vertreten Beck und Katz (2004), die eine zeitverzögerte abhängige Variable generell als technisch vorteilhaft betrachten. Auch weisen sie darauf hin, dass eine AR1 Korrektur eine *implizite* verzögerte abhängige Variable darstellt. Allerdings stimmen sie mit Achen darüber überein, dass eine solche Variable *nicht* inhaltlich, etwa als Pfadabhängigkeit, interpretiert werden sollte.

[293] Auch dies ist in Stata leicht durchzuführen, indem ein „d." benutzt wird. Dies gilt für *first differencing* und höhere Grade können durch Zahlen bestimmt werden, z. B. **d2.var**. Auch können *lags* und *differences* kombiniert werden (**d.l.var**).

teil", sowie die abhängige Variable „Sozialquote" für die Bundesrepublik einen Trend aufweisen.[294]

Abbildung 13-6: Entwicklungstrends der Sozialquote, Arbeitslosenquote und des Rentneranteils in der Bundesrepublik Deutschland, 1980-2001.

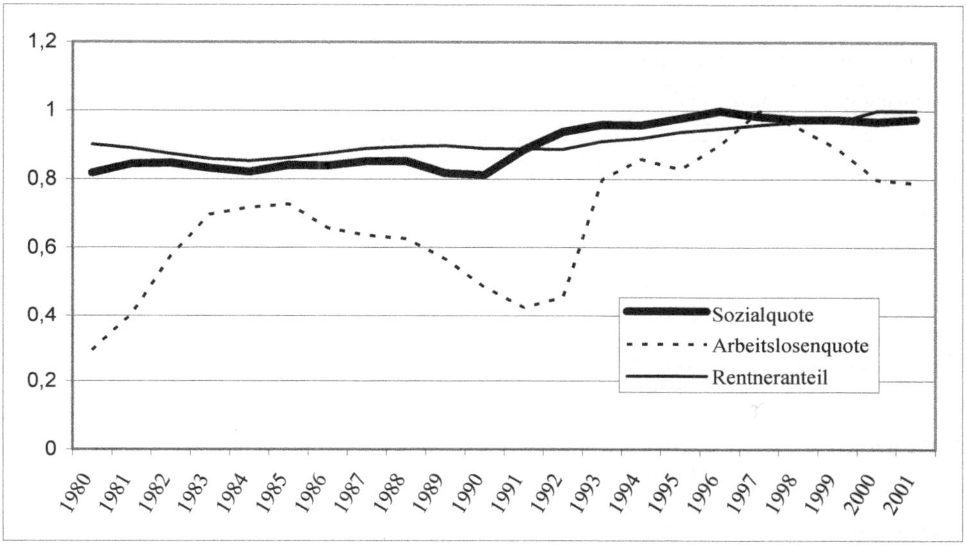

In Zeitreihenanalysen lässt sich dieses Problem relativ einfach lösen, indem eine Zeittrendvariable in das Modell aufgenommen wird (Wooldridge 2000: 335). Eine solche Variable zählt die Jahre lediglich durch.

Im Folgenden möchte ich den Einfluss auf die Sozialquote anhand der Daten für die Bundesrepublik Deutschland zwischen 1980 und 2001 darstellen. Es wird das gleiche Modell wie in der Querschnittsanalyse betrachtet, nur werden nun eine *dummy* Variable für die deutsche Vereinigung sowie die Zeittrendvariable aufgenommen.[295] In diesem Beispiel wurden mehrere Zeitverzögerungen für die unabhängigen Variablen ausprobiert. Es stellte sich heraus, dass die optimale Zeitverzögerung bei dem Rentneranteil bei einem Jahr liegt. Die Diffusion benötigt zwei Jahre, um einen optimalen Einfluss auszuüben. Um einen optimalen Einfluss der linken Regierungsbeteiligung zu erfassen, benötigen wir sogar eine Zeitverzögerung von sechs Jahren.[296]

---

[294] Die Daten wurden dem Datensatz von Klaus Armingeon u.a. (2004) (http://www.ipw.unibe.ch/mitarbeiter/ru_armingeon/CPD_Set_en.asp; 8. Januar 2005) entnommen. Dabei wurde für die Variable Rentneranteil der Wert für 1990 anhand des Durchschnittwertes von 1989 und 1991 ermittelt. Ebenso wurde der Wert für 1992 ermittelt, der in Armingeons Datensatz einen nicht zu erklärenden Ausreißer darstellt.

[295] Um diese Analysen in Stata durchführen zu können, muss die Variable, die die Jahre im Datensatz beinhaltet, mit **tsset** angekündigt werden. Sodann kann mit **reg** eine einfache Regression durchgeführt werden. Soll eine Prais-Winsten Regression berechnet werden, ist die mit dem Statabefehl **prais** zu erreichen. Nach der Variablenliste wird, mit Komma abgetrennt, noch der **twostep** Befehl eingegeben.

[296] Die Ermittlung dieser *lag*-Struktur ergab sich aus einer rein empirischen Analyse und dient hier nur illustrativen Zwecken. In einer fundierten Analyse sollten die *lag*-Strukturen theoretisch abgeleitet sein. Insbesondere der

Das Modell erfüllt sämtliche Kriterien, die im Zusammenhang mit dem Querschnittsmodell besprochen wurde. Allerdings liegt die Multikollinearität bedeutend höher. Der Durbin-Watson Test deutet daraufhin, dass wir es nicht mit einer seriellen Korrelation zu tun haben und eine einfache Regression durchführen können. Dennoch sollen die Ergebnisse auch mit einer Prais-Winsten Regression und einer zeitverzögerten Variable dargestellt werden (siehe Tabelle 13-9).

Tabelle 13-9: Verschiedene Regressionsmodelle für Zeitreihendaten

Unabhängige Variablen	OLS	OLS mit zeitverzögerter abhängiger Variable	Prais-Winsten Regression	OLS mit 1. Differenz
Zeitverzögerte abhängige Variable $_{t-1}$		,428*** (,084)		-,545*** (,070)
Rentner $_{t-1}$	1,476* (,565)	,547 (,386)	1,445* (,568)	,759+ (,398)
Linke Regierungsbeteiligung $_{t-6}$	,032** (,008)	,019** (,005)	,032** (,008)	,010* (,003)
Diffusion $_{t-2}$	,104* (,036)	,055* (,024)	,102* (,036)	,002 (,030)
Vereinigung	3,399*** (,454)	2,614*** (,313)	3,372*** (,460)	2,644*** (,300)
Zeittrendvariable	-,030 (,086)	-,028 (,052)	-,026 (,087)	
Konstante	-9,495 (10,037)	-,360 (6,291)	-8,902 (10,082)	12,157*** (1,655)
Korrigiertes R^2	,94	,98	,94	,83
SEE	,460	,276	,460	,292
Anzahl der Fälle	20	20	20	19

Abhängige Variable: Sozialausgabenquote 2001
Standardfehler in Klammern
Signifikanzniveaus: + < ,10; * < ,05; ** < ,01; *** < ,001
Die Durbin-Watson Statistik für das Prais-Winston Modell beträgt: 1.857462 für das Originalmodell und 1.851465 für das transformierte Modell.

Bei der Interpretation der Ergebnisse fallen der niedrige SEE und das sehr hohe R^2 auf. Diese Maßzahlen besitzen jedoch in Zeitreihenregressionen nicht den gleichen Stellenwert wie in Querschnittsregressionen und können vernachlässigt werden.[297] Die Ergebnisse

langen Zeitverzögerung der Parteienvariable sollte erhöhte Aufmerksamkeit geschenkt werden. Auch sollte sie inhaltlich in diesem Beispiel mit Vorsicht interpretiert werden.

[297] Möchte man diese Werte nutzen, müssen sie umgerechnet werden, was meistens zu einer gravierenden Reduktion der Werte führt (Wooldridge 2000: 238-340).

bestätigen den starken Einfluss des Rentneranteils auf die Sozialquote, und auch der linke Regierungsanteil und die Diffusion besitzen deutlich signifikante Einflüsse. Allerdings beinhaltet die lange Zeitverzögerung des linken Regierungsanteils die Schlussfolgerung, dass die Ergebnisse nur für die 1980er Jahre zutreffen, denn der Einfluss der rot-grünen Koalition bleibt unberücksichtigt. Um zu überprüfen, ob der Parteieneinfluss valide ist, wurde die Regression unter Berücksichtigung des christlich-demokratischen Anteils berechnet. Dabei wurde der linke Regierungsanteil wegen der hohen Korrelation zwischen beiden Variablen (r = -,998) nicht in das Modell aufgenommen. Es zeigt sich, dass der christdemokratische Regierungsanteil ähnlich hoch, jedoch negativ mit der Sozialquote korreliert. Das bedeutet, dass die Regierungsbeteiligung – stark zeitverzögert – einen bedeutenden Einfluss auf die Sozialquote ausübt.

Schließlich ist auch auf den sehr hohen Einfluss der deutschen Vereinigung auf die Sozialquote einzugehen. Diese Variable besitzt den höchsten t-Wert. Wenngleich wir den Zeittrend berücksichtigt haben, umfasst diese *dummy* Variable mehr als nur die Vereinigung. Wir können nicht unterscheiden, ob in diese Variable auch noch andere Aspekte einfließen, die die 1990er von den 1980er unterscheiden. Die Prais-Winsten Regression und eine Regression mit der um ein Jahr verzögerten abhängigen Variable kommen zu sehr ähnlichen Ergebnissen.[298] Allerdings verliert die Variable „Rentneranteil" im letzten Fall an Erklärungskraft.

Das Differenzmodell unterscheidet sich von den anderen Modellen, indem es nicht die Niveauwerte analysiert, sondern die Veränderung. Die Frage, die dieses Modell behandelt, besteht also darin, welche Faktoren die Veränderungsrate der Sozialquote in Deutschland in den letzten 20 Jahren beeinflussen. Die Berechnung des bisherigen Modells mit den Differenzen der bisherigen Variablen führt dazu, dass keine Variable signifikant ist. Das bedeutet, dass die Veränderungsraten von anderen Faktoren abhängig sind als die Niveauwerte. Deshalb wird das Modell in einer Hinsicht verändert, indem nämlich die um ein Jahr zeitverzögerten Niveauwerte aufgenommen werden. Dieses Modell bestätigt im Wesentlichen die bisherigen Analysen. Allerdings verliert die Variable Diffusion deutlich an Erklärungskraft und die Variable „Rentneranteil" büßt etwas an Erklärungskraft ein. Die hoch signifikante zeitverzögerte abhängige Variable deutet daraufhin, dass Länder mit einer hohen Sozialquote in besonders hohem Ausmaß die Sozialquote reduzieren.

Falls mehrere Länder in Zeitreihenanalysen verglichen werden, besteht das Problem, dass ein Modell für ein Land gelten kann, ein anderes Modell aber für ein anderes Land. Um festzustellen, ob das Modell über Länder hinweg Gültigkeit besitzt, kann ein F-Test durchgeführt werden.[299] Liegt der F-Wert höher als die F-Statistik, die aus entsprechenden Tabellen abgelesen werden kann, kann man die Nullhypothese ablehnen, dass beide Regressionsgleichungen äquivalent sind.

---

[298] Dabei fällt auf, dass die Prais-Winsten Regression in keinerlei Hinsicht die Autokorrelation vermindert und für unser Beispiel inadäquat ist.

[299] Der F-Test berechnet sich nach der folgenden Formel, wobei *pooled* der geschätzte Standardfehler ist, wenn beide Länder in einem Datensatz kombiniert analysiert werden:

$$F_{k,N+M-2k} = \frac{[ESS_{pooled} - (ESS_{Land\_A} + ESS_{Land\_B})]/k}{(ESS_{Land\_A} + ESS_{Land\_B})/(N+M-2k)}$$

N ist die Anzahl der Beobachtungen (z.B. Jahre) in Land A, M in Land B, k steht für die Parameter (Konstante plus Variablenanzahl).

3 *Time-series–cross-section analysis* (TSCS)

Stärker als Modellvergleiche von Regressionen über mehrere Länder modellieren *gepoolte* Zeitreihenanalysen und Ereignisdatenanalysen Zeit- und Ländereffekte. Diese beiden Arten von Datenanalysen stellen gegenwärtig den Standard in der quantitativen vergleichenden Politikwissenschaft dar (Plümper/Troeger 2009). Mit der Verbindung von Zeitreihen- und Ländervergleichen steigt jedoch die Komplexität der Analyse und die Anzahl der zu berücksichtigenden Fehler- und Verzerrungsquellen, sodass manche Autoren dieser Art von Analysen skeptisch gegenüber treten (Kittel 2005; Shalev 2006).

Der Vorteil von *gepoolten* Zeitreihenanalysen (*time-series–cross-section analysis*; TSCS) besteht einmal in der Erhöhung der Fallzahl (Beobachtungen). Denn werden 18 Länder über 20 Jahre untersucht, besitzen wir 360 Beobachtungen. Dies erhöht den zur Verfügung stehenden Freiheitsgrad einer Regressionsanalyse. Zum anderen lassen sich mit TSCS sowohl Veränderungen in der Zeitdimension als auch zwischen den Ländern erfassen, was in isolierten Zeitreihen- und Querschnittsanalysen nicht möglich ist. Die besondere Stärke von TSCS-Analysen besteht in der Erfassung von Zusammenhängen, die über Zeitperioden Gültigkeit besitzen. Damit tritt die Erklärung eines bestimmten Phänomens zum Zeitpunkt X zurück. Mit TSCS-Analyse lassen sich folglich vor allem nomothetische Zusammenhänge analysieren. Muss jedoch davon ausgegangen werden, dass sich die Zusammenhänge über Zeit systematisch wandeln, sollte dies in dem Modell berücksichtigt werden, da keine Parameterhomogenität besteht (siehe auch weiter unten).

Die Daten werden so organisiert, dass zunächst Fall A für jedes Jahr in die Spalte aufgenommen wird, dann Fall B usw. bis Fall N. Um allerdings eine TSCS durchführen zu können, kommt es auf die konkrete Modellspezifikation an (Hicks 1994; Wooldridge 2000; W. Enders 2004; Arellano 2003; Hsiao 2003). Im Allgemeinen hat sich in der vergleichenden Politikwissenschaft ein Standardverfahren durchgesetzt (Beck/Katz 1995; 1996; Beck 2001), welches allerdings gegenwärtig intensiv diskutiert und weiterentwickelt wird (Kittel 1999; Kittel/Winner 2005; Plümper u.a. 2005; Beck/Katz 2004). Dieses Standardverfahren berücksichtigt die vier potentiellen Probleme einer TSCS: (a) Autokorrelation, (b) Heteroskedastizität, (c) gleichzeitige Fehlerkorrelation durch gemeinsame externe Faktoren (Schocks) und (d) das gleichzeitige Auftreten von a und b. Diese Probleme werden behandelt, indem neben den interessierenden Variablen standardmäßig eine zeitverzögerte abhängige Variable als unabhängige Variable sowie Länder*dummies* und Jahres*dummies* in das Modell aufgenommen werden:

$$Y_{it} = a + b_0 Y_{it-1} + \sum b_i X_{it} + \sum b_j Länderdummies_{jit} + \sum b_{kj} Jahresdummies_{kit} + e_{it}$$

Allerdings bildet ein solches Modell viele politikwissenschaftlich relevante Fragestellungen nicht adäquat ab. Das wichtigste Problem besteht darin, dass die verzögerte abhängige Variable (Y_{t-1}) plus Länder- und Zeit*dummies* kaum noch Varianz für substantielle Variablen übriglassen. Die Problematik, die zeitverzögerte abhängige Variable (Y_{t-1}) als unabhängige Variable zu benutzen, wurde schon ausführlich diskutiert. Des Weiteren ist es problematisch, wenn eine zeitverzögerte abhängige Variable mit Länder*dummies* (*fixed effects*, FE) in Untersuchungen mit geringer Periodizität (kleines t) kombiniert wird (Baltagi 2001: 129-130; Kittel/Winner 2005: 278). Technisch betrachtet, kann die Korrelation zwischen Länder*dummies* und der zeitverzögerten abhängigen Variable zu Verzerrungen der Schätzer führen. Inhaltlich eliminieren Länder*dummies* den Effekt von relativ zeitinvarianten Variablen, wie Korporatismus, Föderalismus usw., weil sie mit diesen stark korrelieren. Darüber hinaus unterdrücken sie den Niveauwert einer Variable. Thomas Plümper u.a. (2005: 333) stellen heraus, dass in einem FE-Modell der Effekt eines fünfprozentigen Anstiegs der Regierungsbeteiligung linker Parteien identisch ist, egal ob dies bedeutet, dass der Anteil von 0 auf 5 oder von 45 auf 50 angestiegen ist. Damit ähneln solche Modelle Modellen, die Veränderungsraten (*first difference*) betrachten. Ein anderer Weg, solche Modelle zu berechnen, besteht darin, keine zeitverzögerte abhängige Variable zu benutzen, sondern die Autokorrelation durch eine Prais-Winsten-Transformation mit panelkorrigierten Standardfehlern zu behandeln. Bevor eine solche Analyse durchgeführt wird, muss jedoch anhand von F-Tests überprüft werden, ob eine einfache OLS-Regression unzureichend ist.[300] Alle diese Lösungen sind jedoch kein Ersatz dafür, dass inhaltliche Variablen angegeben werden sollten, die die Länderunterschiede in spezifischer und konkreter Art und Weise erfassen: „Eine zentrale Aufgabe politikwissenschaftlicher Analysen von Paneldaten ist daher der Versuch, die in der Ökonometrie weggerechneten Länderunterschiede zu operationalisieren und die *dummies* durch Variablen zu ersetzen.“ (Kittel 2005: 109).

Die Analyse von Zeit*dummies* dient dazu, unkontrollierte Zeiteffekte wie Schocks und andere Ereignisse, die alle Länder gleichermaßen betreffen, aufzufangen. Dies kann durchaus inhaltlich sinnvoll sein. Allerdings können auch hierbei Probleme entstehen, wenn die Jahres*dummies* zusammen mit einer zeitverzögerten abhängigen Variable in ein Modell aufgenommen werden (Achen 2000; Plümper u.a. 2005). Wenn etwa die abhängige Variable einen Trend besitzt, den die unabhängigen Variablen nicht besitzen, dann wird der Schätzer der zeitverzögerten abhängigen Variable, die ja auch diesem Trend folgt, sehr hoch ausfallen und die Schätzer der restlichen Variablen sehr niedrig. Im Prinzip sollten auch für die Zeit*dummies* substantielle Variablen gesucht werden. In der gegenwärtigen Praxis wird jedoch üblicherweise sowohl mit Zeit- als mit Länder*dummies* gearbeitet.

Diese unterschiedlichen Wege werden an dieser Stelle genannt, da keine allgemeine Regel angegeben werden kann, welches das geeignete Modell ist. Da, wie erwähnt, die verzögerte abhängige Variable und Länder*dummies* in das Modell aufgenommen wurden, da sie technische Probleme beseitigen, ist ihr Ausschluss aus dem Modell problematisch. Man sollte mehrere Modelle ausprobieren und beobachten, was sich im Ergebnis verändert und wie dies interpretiert werden kann. Oftmals haben wir es mit Dilemmata zu tun (Beck/Katz 2004).

In der neueren Forschung zu TSCS-Regressionen stehen weitere Aspekte im Mittelpunkt, die eher konzeptioneller Natur sind. Diese betreffen: die Modellierung von Zeitverzögerungseffekten, die Parameterheterogenität und die Modellierung von Diffusionsprozessen.

Die meisten TSCS-Analysen gehen von gleichen Zeitverzögerungseffekten für alle Fälle und Variablen aus. Oftmals werden alle Variablen mit einer Zeitverzögerung von einem Jahr modelliert (t_{-1}). Wie wir jedoch innerhalb des Rahmens der Zeitreihenanalyse gesehen haben, können die Zeitverzögerungen für verschiedene Variablen sehr unterschiedlich sein. Darüber hinaus können die Zeitverzögerungen für verschiedene Länder unter-

[300] Um eine TSCS-Regression in Stata durchzuführen, muss durch den Befehl **tsset** zunächst die Fallvariable und die Jahresvariable angekündigt werden. Mit dem Befehl **xtpcse** kann eine Regression mit *panel corrected standard errors* berechnet werden. Wenn nach der Variablenliste, getrennt durch ein Komma, (AR1) eingegeben wird, wird innerhalb des Panels eine Autokorrelation 1. Ordnung spezifiziert.

schiedlich ausfallen und dies kann sich dann wiederum auch über Zeit verändern. Plümper u.a (2005: 343-348) z.B. geben sich nicht damit zufrieden, dass linke Regierungsstärke anscheinend keinen Einfluss auf die staatlichen Ausgaben besitzt. Deshalb experimentieren sie mit verschiedenen Zeitverzögerungseffekten des Parteieneinflusses. Dabei beziehen sie sich vornehmlich auf eine Untersuchung von Garrett und Mitchell (2001), in der keinerlei Parteieneffekte identifiziert wurden. Plümper u.a. kommen – durch eine relativ untheoretische Aufspürung der *Lag*struktur - zu dem Ergebnis, dass eine optimale *Lag*struktur dann gegeben ist, wenn Australien, Österreich, Deutschland und Irland ein Einjahres*lag* erhalten, Italien und Dänemark ein zweijähriges, und die Niederlande und Finnland ein dreijähriges. In den anderen elf Ländern erkennen sie einen unmittelbaren Einfluss der Linksregierungen auf die staatlichen Ausgaben. Ein so gewichteter Linksparteieneinfluss lässt die anderen Koeffizienten relativ unberührt, steigert den Einfluss linker Regierungen jedoch um das vierzigfache und lässt diesen signifikant werden. Sicherlich liegt in der Erfassung von geeigneten und theoretisch abgeleiteten *Lag*struktur noch ein hoher Forschungsbedarf.

Bernhard Kittel (1999) weist des Weiteren auch noch darauf hin, dass der Einfluss der Variablen über Zeit nicht gleich ausfallen muss. Gepoolte Zeitreihenanalysen implizierten jedoch konstante Parameterwerte, zumindest in der Richtung (Parameterhomogenität). Ein atheoretisches Verfahren, solche Veränderungen zu erfassen, besteht in wiederholten Querschnittsanalysen (Kittel 1999: 238-242; Armingeon u.a. 2001).[301] Anspruchsvoller ist es, strukturelle Brüche theoretisch abzuleiten und anhand von Interaktionstermen (Multiplikation sämtlicher Variablen mit einer *dummy* Variable, die den Umbruch erfasst: zuvor 0; danach 1) zu modellieren (Allan/Scruggs 2004; Jahn 2006). Für die Durchführung eines solchen Modells müssen alle Grundvariablen der Interaktionsbegriffe in das Modell aufgenommen werden und deren Effekt wird durch die Addition des Grundeffekts und des Interaktionseffekts erfasst (siehe hierzu mehr unten 5.).

Schließlich spielt auch in TSCS-Analysen der internationale Einfluss eine Rolle, der anhand von Diffusionsanalysen, wie sie schon weiter oben angeben wurden, durchgeführt werden können (Franzese/Hays 2009). Für TSCS-Analysen nimmt dieses Verfahren jedoch eine etwas andere Form an. Es wird nicht nur eine nach den Handelsquoten gewichtete abhängige Variable benutzt (y), sondern diese wird für jedes Jahr berechnet. Es entsteht dann eine N x N x T Matrix (W) mit gewichteten Werten, die anhand des Koeffizienten ρ (rho) berechnet werden. Wie schon weiter oben angeführt, können solche Analysen zu einem Endogenitätsproblem führen, und wir haben es mit einem Dilemma zwischen *omitted variable* und *simultaneity bias* zu tun. Allerdings haben Modellrechnungen (Beck u.a. 2006) und umfangreiche Simulationsmodelle (Franzese/Hays 2004) gezeigt, dass dieses Modell relativ einfach mit normalen OLS-Regressionen, die die oben genannte „räumliche Verzögerung" (*spatial lag*) berücksichtigt (S-OLS), berechnet werden kann. Wesentlich ist in solchen Modellen, dass externe gemeinsame Schocks im Modell berücksichtigt werden.[302] Eine Daumenregel besteht darin, dass die Diffusionsvariable nicht zu *stark* korrelieren sollte, weil dies ein Anzeichen für eine Koeffizienteninflation ist (Jahn 2006).

[301] Dies kann in Anlehnung an die *Jackknife*-Strategie, die weiter oben im Kontext der Querschnittsanalysen dargestellt wurde, auch noch zusätzlich für alle Länder durchgeführt werden (Kittel 1999: 242-244).

[302] Franzese und Hays (2004: 55) kommen zu dem Ergebnis, dass einfache OLS Regressionen mit einem *spatial-lag*, was dem im Text beschriebenen Verfahren entspricht, für kleine Stichproben, moderate Diffusion und inperfekter Exogenität angebrachter ist, als komplizierte *maximum-likelyhood* oder zwei-Stufen Verfahren mit instrumentalisierten Variablen. Allerdings entstehen Probleme, wenn die Diffusion stark ist, da dann ρ inflationäre Werte annimmt.

Wie bei der Querschnitts- und Zeitreihenregression sind auch in TSCS-Analysen die Prüfverfahren und Diagnostiken zu beachten. Neben den bisher genannten Problemen tritt bei TSCS-Analysen das Problem der Nichtstationarität (*unit root*) auf. Nichtstationarität ist eine gleichgerichtete Entwicklung von Variablen, wie wir sie als Trend in den Zeitreihenanalysen identifiziert haben, nur dass sie jetzt auch über Länder hinweg wirkt und nicht durch eine Zeittrendvariable aufgefangen werden kann, wenngleich dies oftmals die Praxis darstellt: „Nichtstationarität ist in der Zeitreihenanalyse ein großes Problem, weil die gemeinsame generelle Tendenz von zwei nichtstationären Variablen ausreicht, um einen statistischen Zusammenhang herzustellen, auch wenn es keinen theoretischen Grund gibt, einen solchen zu erwarten." (Kittel 2005: 106). Dieses Problem kann durch relativ komplizierte Fehlerkorrekturmodelle (*error correction model*, ECM) oder ein Kointegrationsmodell behoben werden (Baltagi 2001: 247-253; Thome 2005: 271-279). Einfacher ist es jedoch, Differenzmodelle zu berechnen. Durch die Berechnung eines Differenzmodells verschiebt sich allerdings die Forschungsfrage und anstatt lang andauernder Prozesse werden kurzfristige Anpassungen untersucht. Ein weiterer Vorteil von Differenzmodellen besteht auch darin, dass diese nicht im gleichen Maße Zeiteffekte durch Jahres*dummies* auffangen müssen, wie Modelle, die mit Niveauwerten arbeiten. Jedoch muss dies durch entsprechende F-Tests validiert werden. In Tabelle 13-10 werden die gängigen Probleme, Tests zu deren Identifizierung und eventuelle Lösungen zusammengefasst.

Natürlich sind auch bei gepoolten Zeitreihenanalysen Robustheitstests notwendig, etwa die *jackknife*-Methode, in der jeweils ein Land bzw. ein Jahr aus der Analyse ausgelassen werden (Efron/Tibshirani 1993; Kittel 1999; Beck 2001; Kittel/Winner 2005: 285). Des Weiteren muss auf einflussreiche Fälle und Multikollinearität geachtet werden.

4 Ereignisdatenanalysen

Eine etwas anders gestaltete TSCS-Analyse ist die Ereignisanalyse in der vergleichenden Politikwissenschaft.[303] Auch diese Art der Regression ist relativ neuen Datums und findet erst in den letzten zehn Jahren vermehrt Anwendung in der vergleichenden Politikwissenschaft. Wesentlich für eine solche Analyse ist die Modellierung der abhängigen Variable als ein Ereignis, das zu einem bestimmten Zeitpunkt eintritt (Revolution, Transformation von Plan- zur Marktwirtschaft, Einführung von Gesetzen, etc.). Diese Modelle werden auch als Überlebensmodelle bezeichnet: Es wird untersucht, wie lange es dauert, bis ein Ereignis eintritt und unter welchen Umständen dies geschieht.[304] Ereignisanalysen besitzen vor allem zwei Vorteile gegenüber der herkömmlichen Regressionsanalyse (Strange 1994: 246). Einmal sind sie in der Lage, auch solche Fälle zu untersuchen, in denen das Ereignis nicht eintritt. Zum anderen kann sich der Zusammenhang zwischen zeitinvarianten unabhängigen Variablen im Zeitverlauf verändern. Dies ist in Regressionsanalysen lediglich durch relativ aufwändige Interaktionsterme zu modellieren. Die Ereignisdatenanalyse ist dafür geeignet, diese beiden Spezifikationen in das Modell aufzunehmen.

[303] Als allgemeine Einführung und als Überblick siehe etwa: Hoffmann (2004: Kapitel 7); Box-Steffensmeier/Jones (1997); Blossfeld/Rohwer (1995); Allison (1995). Spezieller für die Politikwissenschaft geeignet sind die Texte von King (1989b); Strange (1994); Beck u.a. (1998) und Box-Steffensmeier/Zorn (2002b).

[304] Der Name stammt daher, dass diese Modelle von Biostatistikern und Forschern aus der Medizin entwickelt wurden, die den Zeitraum zwischen Diagnose und Tod oder Therapiebeginn und Tod oder Gesundung untersuchten.

Tabelle 13-10: Ausgewählte Diagnostiken für Querschnitts- und Zeitreihenanalysen *(pooled cross-section/time series analysis)*

Diagnose	**Tests**	**Null-Hypothese**	**Stata-Befehl**	**Mögliche Lösung**
Nichtstationarität	Levin & Lin Test	H 0 = Nichtstationarität	levinlin	1. Differenz; Fehlerkorrekturmodell (*error correction model*)
	Im, Pesaran & Shin Test	H 0 = Nichtstationarität	ipshin	
	Hadri Test	H 0 = Stationarität	hadrilm	
Autokorrelation zwischen den Einheiten (*cross-section correlation*)	Breusch-Pagan Lagrange Multiplier Test	H 0 = Unabhängigkeit zwischen den Einheiten (*cross-sectional independence*)	xttest2 (für fixed effects Modelle) xttest0 (für random effects Modelle)	GLS (*generalized least squares*); Korrektur der Standardfehler in der Panelstruktur (*panel–corrected standard errors*)
Autokorrelation in der Zeitreihe (*serial correlation*)	Durbin-Watson Test	H 0 = keine Autokorrelation	dwatson (bei fixed effects Modellen Durbins M Test nutzen)	GLS; zeitverzögerte abhängige Variable ins Modell aufnehmen
	Baltagi-Li Lagrange Multiplier Test	H 0 = Autokorrelation	xtactest	
Heterogenität (Anstieg)	Lagrange Multiplier Test	H 0 = Homogenität	lmtest	RC (*random coefficients* model); SUR (*seemingly unrelated regression*); uneingeschränkte OLS; Multilevel Modelle
Heterogenität (Einheit)	Breusch-Pagan Test	H 0 = Heterogenität	hettest (bei einfachen Regressionsmodellen)	1. Differenz; *fixed effects*; *random effects*
	Hausman Test	H 0 = Homogenität	hausman	
Heteroskedastizität	White Test	H 0 = Homoskedastizität	white	GLS
	Likelihood-Ration Test	H 0 = Homoskedastizität	gwhet	
	Wald Test (mod. Lagrange-Multiplier Test)	H 0 = Homoskedastizität	xttest3	

Quelle: In Anlehnung an Seminarunterlagen von Bernhard Kittel 2003: *Pooled Time-Series, Cross-Section Analysis*, Essex Summer School.

Prinzipiell setzen Ereignisdatenanalysen die Zeit des Überlebens eines Falles, bis das Ereignis eintritt, zur Summe der beobachteten Überlebenszeitpunkte in Beziehung. Dieses Verhältnis wird als *hazard rate* (Übergangsrate) bezeichnet, und ein Fall befindet sich so lange im Risikobereich, so lange er nicht von dem Ereignis betroffen ist. Formal lässt sich das Modell wie folgt beschreiben:

$$h(t) = \lambda_0 (t) \exp(X_{it}\beta)$$

Mit h(t) wird die Übergangsrate bezeichnet, λ_0 (Lambda) ist eine unspezifizierte Übergangsgrundrate (*baseline hazard*) und X ist der Vektor der Kovariaten (unabhängige Variablen). Der β-Koeffizient erfasst den Einfluss der unabhängigen Variablen auf das Eintreten des Ereignisses.

Es werden nicht-parametrische und parametrische Verfahren unterschieden. Im ersten Fall werden die unabhängigen Variablen dichotom erfasst und Fragestellungen wie „Nicht-Demokratien sind stärker in Kriegen (Ereignis) involviert als Demokratien" untersucht. In einer solchen Analyse werden die Überlebensfunktionen, die Übergangsrate zumeist anhand von Graphiken analysiert. Parametrische Verfahren erlauben es, unabhängige Variablen in das Modell aufzunehmen, die über Zeit und zwischen den Fällen variieren. Solche Analysen bauen auf loglinearen Regressionsmodellen auf. Zu den bekanntesten gehören das rein parametrische Weibull-Modell und das semi-parametrische Cox-Modell. Falls die Daten den statistischen Verteilungskriterien entsprechen, sollte auf das Weibull-Modell zurückgegriffen werden. Das Cox-Modell ist weniger sensibel gegenüber Abweichungen von diesen Bedingungen.[305]

Ein wesentlicher Aspekt in Ereignisdatenanalysen besteht darin, dass auch Ereignisse modelliert werden können, die nicht in dem Untersuchungszeitraum eintraten, sondern schon zuvor oder danach. Dieses Phänomen wird mit „Zensierung" erfasst. Eine linke Zensierung liegt vor, wenn das Ereignis schon vor dem Analysebeginn stattgefunden hat und wir nicht wissen, wann es eingetreten ist, rechte Zensierung beschreibt den Zustand, dass das Ereignis innerhalb des Untersuchungszeitraums (noch) nicht eingetreten ist. Zensierung muss im Datensatz modelliert werden, um zuverlässige Ergebnisse zu erhalten (Yamaguchi 1991; Beck u.a. 1998: 1272-1273; Box-Steffensmeier/Zorn 2002a).

Die Ereignisdatenanalyse soll in Bezug auf die These des „liberalen Friedens" näher gebracht werden. Diese These umfasst zwei Hypothesen; eine politische und eine wirtschaftliche: (1) Demokratien führen weniger Kriege mit anderen Demokratien als mit weniger demokratischen Staaten, (2) Handelspartner sind weniger dazu geneigt, untereinander Kriege zu führen als Länder, die wenig Handel miteinander treiben (Russett 1993; Oneal/Russett 1997).

Für eine solche Analyse wird der Datensatz so aufgebaut, dass eine potentielle kriegerische Auseinandersetzung zweier Staaten (Dyade) als Analyseeinheit gilt und mit 1 (kriegerische Auseinandersetzung findet statt) und 0 (findet nicht statt) kodiert wird. Der im Folgenden benutzte Datensatz betrachtet 827 „politisch relevante" Dyaden über einen Zeitraum von 1950 bis 1985. „Politisch relevant" sind Konflikte zwischen Ländern, die geogra-

[305] Für ein aktuelles Beispiel der Anwendung des Weibull-Modells im Zusammenhang mit der Liberalisierung von Volkswirtschaften siehe Simmons/Elkins (2004). Martin und Vanberg (2004) haben ein solches Modell für die Verabschiedungszeit von Gesetzesentwürfen benutzt (siehe auch: Becker/Saalfeld 2004).

phisch nah beieinander liegen oder wenn Länder wichtige Staaten sind. Dies führt zu über 20.000 jährlichen Beobachtungen.

Der *Demokratiegrad* einer Dyade ergibt sich durch den Demokratiegrad des am wenigsten demokratisierten Landes der Dyaden anhand der *Polity III* Studie. Die *Handelsbeziehungen* werden durch den Handelsanteil am BIP des weniger handeltreibenden Landes der Dyade erfasst. Für einen einfachen Hypothesentest werden die beiden Variablen dichotomisiert. Als Grenzwert werden die jeweiligen Quintile benutzt: Gehören die Dyaden zu den 20 Prozent der demokratischsten und am stärksten Handel treibenden Ländern, so erhalten sie in den jeweiligen Variablen den Wert 1, ansonsten 0.

Die beiden Überlebensmodelle zeigen, dass Dyaden mit einem höheren Demokratiegrad deutlich weniger kriegerische Konflikte austragen als weniger demokratische Dyaden.[306] Selbst nach 35 Jahren haben annähernd 80 Prozent der Dyaden mit einer starken demokratischen Ausrichtung keine Kriege gegeneinander geführt. Für die weniger demokratischen Dyaden ereignete sich in dieser Zeit in fast 50 Prozent der Fälle ein Krieg. Für die Handelsbeziehungen sieht die Entwicklung anders aus. Zunächst ist kaum ein Unterschied zwischen der Konfliktrate von intensiv handeltreibenden und weniger intensiv handeltreibenden Dyaden deutlich. Konflikte, die nach ca. 12 Jahren eintreten, deuten sogar darauf hin, dass Handel eher mit kriegerischen Konflikten in einem positiven Verhältnis steht.

Um festzustellen, ob Demokratie oder Handel einen signifikanten Einfluss auf kriegerische Konflikte besitzen, lässt sich der Wilcoxon-Test anwenden.[307] Dieser zeigt, dass der Unterschied zwischen Demokratien und weniger demokratischen Ländern signifikant ist. Damit bestätigt sich, dass die politisch liberale Friedenshypothese auch für graduelle Unterschiede des Demokratiegrades gilt. Dagegen ist der Wilcoxon-Test für die Handelsrate insignifikant und deutet darauf hin, dass Handelsbeziehungen keinen pazifizierenden Einfluss besitzen. Dieser Befund widerlegt Oneals und Russetts Schlussfolgerung, steht jedoch mit der Re-Analyse von Beck u.a. (1998) und Box-Steffensmeier und Zorn (2002b), die weitere Kontrollvariablen berücksichtigen, im Einklang.[308]

---

[306] Für Ereignisdatenanalysen muss mit dem Befehl **stset** zunächst die Ereignisvariable definiert werden. In unserem Fall ist das „kriegerischer Konflikt". Mit dem Statabefehl **sts graph** wird eine Kaplan-Meier Überlebenskurve produziert. Wenn danach mit einem Komma abgetrennt **by** und in Klammern eine Kontrollvariable eingegeben wird, wie in unserem Fall „Demokratie" oder „Handel", werden die beiden Überlebenskurven wiedergegeben.

[307] Der Statabefehl für den Wilcoxon-Test ist **sts test VAR, wilcoxon**. Es existiert noch der *log-rank*-Test, der stärker als der Wilcoxon-Test die späteren Ereignisse gewichtet. Dieser Test ist knapp signifikant („04) und deutet darauf hin, dass der konfliktunterstützende Einfluss von Handelsbeziehungen in späteren Ereignissen von Bedeutung ist.

[308] Ein Cox-Modell wird mit dem Statabefehl **stcox** eingeleitet. Es folgt eine Variablenliste der erklärenden Variablen. Die abhängige Variable muss nicht angegeben werden, da sie mit **stset** definiert wurde. Mit dem Befehl **nohr** nach einem Komma werden die Koeffizienten anstatt der Übergangsrate angegeben. Mit **streg VAR, distribution(weibull)** wird ein Weibull-Modell berechnet.

Abbildung 13-7: Überlebenskurven von Demokratien und ihrer Handelspartner

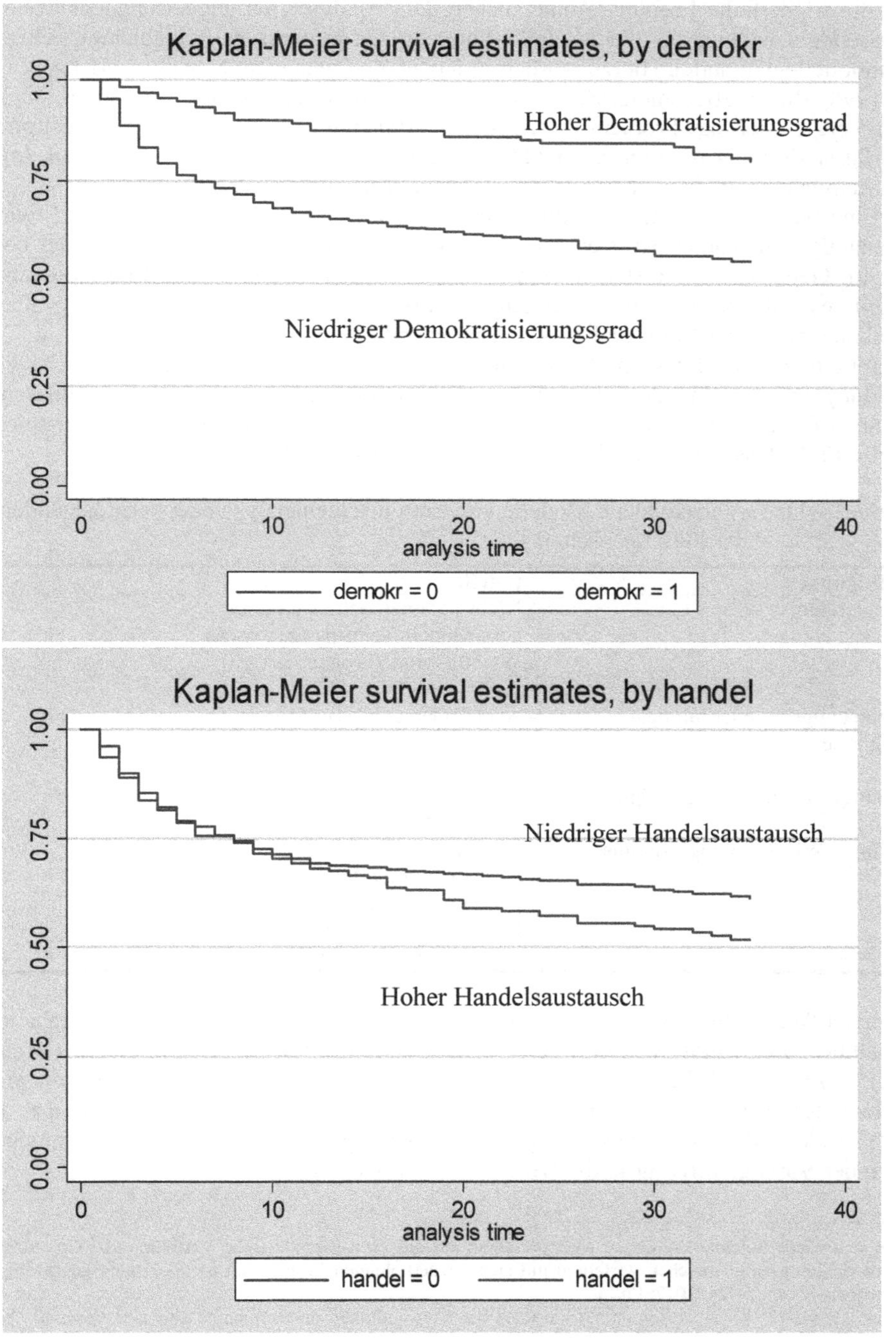

In der vergleichenden Politikwissenschaft haben sich in den letzten Jahren Verfahren etabliert, die wiederholte Ereignisse untersuchen. Die Analyse sich wiederholender Ereignisse ist besonders wichtig für die Modellierung von Lernprozessen, Pfadabhängigkeiten und institutionellem Wandel. Hierzu wurden in letzter Zeit geeignete Modelle entwickelt (Beck u.a. 1998; Box-Steffensmeier/Zorn 2002b). Für sich wiederholende Ereignisse (*repeated events*) ergibt sich das Problem der zeitlichen Abhängigkeit (Ereignis A zum Zeitpunkt t_1 beeinflusst Ereignis A′ zum Zeitpunkt t_2), weshalb Varianzkorrekturmodelle zur Anwendung kommen. Auch hierfür stehen verschiedene Verfahren zur Verfügung.[309]

Eine wesentliche Unterscheidung besteht darin, ob die Wiederholung der Ereignisse unabhängig voneinander ist, sich also zufällig ergibt, oder ob diese durcheinander bedingt sind. Im Gegensatz zur ersten Variante unterliegt ein Fall nicht dem Risiko des zweiten Ereignisses, solange es nicht vom ersten Ereignis betroffen war. Diese Einteilung ist analytisch-konzeptioneller Natur und muss entsprechend modelliert werden.

Innerhalb der bedingten Wiederholung ist nochmals eine weitere analytische Unterscheidung zu beachten, nämlich inwieweit die Analyse sich an der Dauer des Eintretens der einzelnen Ereignisse orientiert oder an dem Zeitraum, der zwischen den Ereignissen liegt. Tabelle 13-11 fasst die unterschiedlichen Modelle zusammen.

Tabelle 13-11: Verschiedene Modelle von Ereignisdatenanalysen der vergleichenden Politikwissenschaft

Bedingungen	**Modelle**
Einzelereignis	- Nicht-parametrische Verfahren - Cox-Modell (semi-parametrisch) - Weibull-Modell (parametrisch)
Unabhängige Wiederholungsereignisse	- AG (Andersen-Gill) - Modell
Zufällige Wiederholungsereignisse	- WLW (Wei-Lin-Weissfeld) - Modell
Bedingte Wiederholungsereignisse	- Dummies - PWP1 (Prentice-William-Peterson) - Modell (ereignisdauersensibel) - PWP2 (Prentice-William-Peterson) - Modell (zwischenergebnissensibel)

Ein erster Weg einer Modellierung von sich wiederholenden Ereignissen besteht in der Aufnahme von Zeit*dummies* und einer Zählvariable der vorherigen Ereignisse (Beck u.a. 1998).[310] Zwar wird dieser Weg als „primitiv“ erachtet, allerdings sei er besser, als das Problem der Abhängigkeiten von Ereignissen gänzlich zu ignorieren (Beck u.a. 1998: 1272). Andere Modelle berücksichtigen die Abhängigkeit von Ereignissen, indem sie Verfahren der Varianzkorrektur in die Berechnung aufnehmen.

309 Für sich wiederholende Ereignisse wird vor allem auf das semi-parametrische Verfahren von Cox aufgebaut. Die Entwicklung parametrischer Verfahren mit sich wiederholenden Ereignissen ist noch nicht ausgereift (Box-Steffensmeier/Zorn 2002b: 1072, Fn 2).

310 Beck u.a. (1998: 1269) weisen darauf hin, dass die Notwendigkeit der Aufnahme von Jahres*dummies* getestet werden muss (*Likelihood–Ratio*-Test), da ansonsten die Multikollinearität unnötig ansteigt.

Von den Modellen sich wiederholender Ereignisse ist das Varianzkorrekturmodell von Andersen und Gill (1982) das einfachste. Dieses AG-Modell geht von der Unabhängigkeit der Ereignisse aus, was jedoch oftmals bei sich wiederholenden Ereignissen nicht der Fall ist. Ein weiterer Aspekt dieses Modells besteht darin, dass es von einer Sequenz der Ereignisse ausgeht. Dies bedeutet, dass Ereignis k dem Ereignis k-1 folgt und k erst nach dem Eintreten von k-1 eintreten kann. Diese Bedingung der Sequenz wird im Modell von Wei, Lin und Weissfeld (WLW) (1989) aufgegeben. Allerdings wird davon ausgegangen, dass ein Ereignis ein weiteres Ereignis beeinflussen kann. Im Zusammenhang mit der Einführung umweltpolitischer Institutionen ist etwa die Situation plausibel, dass keine Sequenz der Einführung solcher Instrumente gegeben sein muss, dass diese allerdings voneinander abhängig sind. In diesem Fall bietet sich das WLW-Modell an.

Die Modelle von Prentice, William und Peterson (PWP) (1981) gehen davon aus, dass der Eintritt von Ereignissen von einander abhängig ist und dass diese in Sequenzen ablaufen. Für die meisten politikwissenschaftlichen Fragestellungen bieten sich die PWP-Modelle an. Dabei muss entschieden werden, ob man die Analyse anhand des Eintretens des ersten Ereignisses orientiert oder ob man die Intervalle zwischen den Ereignissen in den Vordergrund rückt. Im ersten Fall sind so genannte *carry over*-Effekte zu berücksichtigen, denn das zweite Risikointervall umfasst das erste Intervall und das dritte Risikointervall umfasst auch das erste und zweite Intervall, usw. Durch dieses Verfahren steigt die Anzahl (N) der Beobachtungen stark an. Diese Variante ist besonders ertragreich, wenn von Pfadabhängigkeiten, formativen Momenten und *legacies* theoretisch ausgegangen werden kann. Dies muss natürlich bei der Kodierung der Daten berücksichtigt werden (Box-Steffensmeier/Zorn 2002a). Rückt man die Intervalle zwischen den Ereignissen in den Vordergrund, so beginnt die „analytische Zeitrechnung“ nach jedem Ereignis erneut. In dieser Variante besitzen sequenzielle Ereignisse paarweise einen Effekt: Ereignis 1 auf Ereignis 2 und Ereignis 2 auf Ereignis 3, aber nicht Ereignis 1 auf Ereignis 3. Tabelle 13-12 fasst die unterschiedlichen Ergebnisse, zu denen man mit den verschiedenen Modellen gelangt, zusammen.

In diesem Modell fließen unterschiedliche Variablen ein, die von Oneal und Russett in ihrer Analyse benutzt wurden. Neben dem Demokratiegrad und der Handelsintensität fließen das Wirtschaftswachstum (des ärmeren Dyadenpartners), der Umstand, ob es sich um Nachbarländer handelt (*dummy*) oder ob beide Länder untereinander oder mit den USA verbündet sind sowie die Machtverhältnisse ein. Der letzte Faktor wurde anhand des Verhältnisses vom stärkeren zum schwächeren Dyadenpartner anhand von Daten des *Correlates of War*-Projektes erfasst.

Die zum Teil sehr unterschiedlichen Ergebnisse machen die Bedeutung der spezifischen Analyseverfahren deutlich. Während in einem *ordinary logit*-Modell sämtliche Variablen signifikant sind, verändert sich der Zusammenhang zwischen manchen unabhängigen Variablen deutlich. Modell 1 stellt das Ergebnis von Oneal und Russett dar, die postulieren, dass ein hoher Demokratisierungsgrad und intensive Handelsbeziehungen kriegerische Konflikte minimieren. In diesem Modell werden alle Ereignisse ohne zeitliche Diskriminanz in das Modell aufgenommen. Ein methodisch geeigneter Weg einer Analyse ohne Berücksichtigung der Abfolge von Ereignissen besteht in Modell 2, in dem lediglich das erste Ereignis untersucht wird.

Tabelle 13-12: Vergleich verschiedener Ereignisdatenmodelle zu dyadischen Konflikten (1950-1985)

	Logit (1)	**Cox (2)**	**Dummy (3)**	**AG (4)**	**WLW (5)**	**PWP1 (6)**	**PWP2 (7)**
Demo-kratie	-0,50*** (0,07)	-0,42** (0,13)	-0,55** (0,08)	-0,44** (0,12)	-0,44** (0,12)	0,16 (0,10)	0,10 (0,08)
Wachs-tum	-2,23** (0,85)	-2,20 (1,90)	-1,15 (0,92)	-3,23** (1,32)	-3,18** (1,30)	-3,78** (1,06)	-3,42** (1,24)
Bündnis	-0,82*** (0,08)	-0,45** (0,16)	-0,47*** (0,09)	-0,41** (0,17)	-0,41** (0,17)	0,14 (0,11)	-0,20* (0,09)
Nachbar-schaft	1,31*** (0,08)	1,05** (0,18)	0,70*** (0,09)	1,21** (0,18)	1,20** (0,18)	0,29** (0,11)	0,62** (0,10)
Macht-verhält-nis	-0,31*** (0,04)	-0,20** (0,08)	-0,30*** (0,04)	-0,21** (0,08)	-0,21** (0,08)	0,06* (0,03)	0,06* (0,03)
Handels-quote	-66,13*** (13,44)	-5,35 (13,74)	-12,67 (10,50)	-13,16 (13,83)	-13,00 (13,72)	6.00 (6,50)	0,81 (9,60)
N	20.983	17.158	20.036	20.448	163.584	20.448	20.448

Signifikanzniveaus: * < ,05; ** < ,01; *** < ,001
Quellen: Box-Steffensmeier/Zorn (2002b) und Beck u.a. (1998)

Ein Nachteil eines solchen Verfahrens besteht darin, dass nicht alle Ereignisse untersucht werden. Allerdings kann ein solches Verfahren angebracht sein, wenn eben nur ein einmaliges Ereignis untersucht werden soll. In einem solchen Modell verlieren Wachstum und Handelsbeziehungen den signifikanten Einfluss. Ein ähnliches Ergebnis hinsichtlich der Signifikanzniveaus der einzelnen erklärenden Variablen erhält man durch eine Aufnahme einer zeitlichen *dummy* Variable, wie von Beck u.a. (1998) vorgeschlagen. Modell 4 stellt die Ergebnisse eines AG-Modells dar, welches in einfacher Form sich wiederholende Ereignisse erfasst. Dieses Modell lässt sich auch einfach interpretieren. Etwa sagt der Koeffizient von -0,44 aus, dass Demokratie die durchschnittliche Konfliktrate um 36 Prozent reduziert [(exp(-0,44) – 1) * 100 = 36].

Das WLW-Modell kommt zu sehr ähnlichen Ergebnissen wie das AG-Modell. Dies liegt daran, dass beide Modelle die gleiche Zeitskala (Zeit seit Eintritt) benutzen. In diesem Beispiel scheint es kaum einen Unterschied zu machen, die *hazard baseline* zu variieren. Darüber hinaus muss darauf hingewiesen werden, dass sich die Koeffizienten eines WLW-Modells nicht umstandslos interpretieren lassen, da sie gewichtete Durchschnitte von Effekten über jedes der Konfliktereignisse sind.

Die letzten beiden Modelle geben die Ergebnisse der PWP-Modelle wieder. Das erste Modell geht dabei von der vergangenen Zeit seit Aufnahme der Dyade aus, und das zweite modelliert die Zwischenereigniszeiträume. Wenngleich diese beiden Modelle gewisse Ähnlichkeiten mit den anderen Modellen besitzen, weichen sie doch in mancherlei Hinsicht stark von diesen ab. Z.B. korrelieren nun der Demokratisierungsgrad (nicht signifikant) und die Variable „Machtverhältnisse" positiv. Dieses Ergebnis erscheint überraschend, es ist jedoch der Modellierung von sich wiederholenden Ereignissen geschuldet. Während in der Literatur oftmals festgestellt wurde, dass stärker demokratische Länder weniger Kriege führen, so ist auch belegt, dass Demokratien sich Kriege aussuchen, in denen sie eine hohe Chance besitzen zu siegen (Reiter/Stam 1998; Reed 2000; Reed/Clark 2000). Dies impliziert, dass die *baseline hazard rate* von einem zum anderen Ereignis variiert. Dies kann ein AG-Modell nicht erfassen, und da Demokratien gewinnbare Kriege führen, bewertet das WLW-Modell den Effekt von Demokratien übermäßig, weil in den höheren Konfliktschichten zunehmend ein geringerer Anteil von demokratischen Konflikten stattfindet. Somit ermöglichen nur PWP-Modelle, die diskreten Veränderungen der *baseline hazards* von einem Ereignis zum nächsten zu erfassen, darüber hinaus eine sequentielle Abfolge von Ereignissen zu modellieren und Erklärungsfaktoren von Ereignissen in ihrer Dynamik einzuschätzen.

Wenngleich Box-Steffensmeier und Zorn (2002b: 1089) die PWP-Modelle für die meisten politikwissenschaftlichen Fragestellungen als am geeignetsten ansehen, so muss betont werden, dass die Modellierung des geeigneten Modells sehr stark von theoretischen Vorüberlegungen über Sequenzen und Zeitintervalle abhängig ist.

5 Quantitativ-statistische Analysen mit einer Stichprobe

Abschließend soll in diesem Kapitel noch auf statistische Verfahren eingegangen werden, die von einer Stichprobe (*sample*) auf eine Grundgesamtheit schließen. Dies ist bei kleinen Stichproben (N = unter 50) oftmals nicht unproblematisch (Hoyle 1999; Mendenhall u.a. 2006: Kapitel 10). Im Grunde genommen sind die statistischen Verfahren mit einer Stichprobe mit den bisher besprochenen identisch. Es kommt jedoch noch der Schritt des Schließens von der Stichprobe auf die Grundgesamtheit hinzu. Gaben zuvor die Signifikanztests Orientierung für die Einschätzung der Stabilität eines Zusammenhanges, so stellen sie für die Inferenz von der Stichprobe auf die Grundgesamtheit die wesentlichen Prüfstatistiken. Die angesprochenen Bedingungen an die Daten (Normalität, Kontrolle der Ausreißer, etc.) sind für Analysen einer Stichprobe bedeutungsvoller, da die einzelnen Fälle repräsentativ für mehrere andere, nicht untersuchte Fälle sind. Stellen wir etwa in Untersuchungen einer Grundgesamtheit fest, dass Land X ein Ausreißer ist, so können wir zusätzliche Informationen für dieses Land als Erklärungsfaktoren mehr oder weniger umstandslos heranziehen. Geschieht dies in einer Stichprobe von Ländern, so müssen wir sicher sein, dass auch die anderen nicht in der Untersuchung repräsentierten Länder im gleichen Maße und aus den gleichen Gründen Ausreißer darstellen. Die Aufnahme zusätzlicher Informationen zur Erklärung des auffälligen Verhaltens wird damit ungleich komplexer.

Wesentlich für quantitativ-statistische Analysen ist der Hypothesentest von einer Stichprobe auf die Grundgesamtheit (Wagschal 1999b: Kapitel 14; Gehring/Weins 2004: Kapitel 12; Perry/Robertson 2002: Kapitel 8 und 9). In wissenschaftlichen Untersuchungen wird nicht die theoretisch abgeleitete Hypothese getestet, sondern deren Gegenteil die *Nullhypothese*, d.h. es wird angenommen, dass der Zusammenhang *nicht* zutrifft. Um die Nullhypothese zu testen, muss die Anwesenheit, Stärke und Richtung zwischen zwei Variablen getestet werden. Dabei können zwei Formen von Fehlern auftreten: Der Typ I-Fehler und der Typ II-Fehler (siehe Tabelle 13-13).

Der Typ I-Fehler (auch α-Fehler) tritt ein, wenn davon ausgegangen wird, dass der in der Stichprobe gefundene Zusammenhang auch in der Grundgesamtheit besteht, obwohl dies nicht zutrifft. Man lehnt also die Nullhypothese ab, obwohl diese zutrifft. Der Typ II-Fehler (auch β-Fehler) entsteht, wenn die Forschungshypothese abgelehnt wird, obgleich der Zusammenhang in der Grundgesamtheit existent ist. In diesem Fall wird also die Nullhypothese angenommen, obwohl man sie hätte ablehnen sollen.

Tabelle 13-13: Ablehnung und Annahme der Nullhypothese

Entscheidung:	**Nullhypothese trifft zu**	**Nullhypothese trifft nicht zu**
Ablehnung der Nullhypothese	Typ I-Fehler (α-Fehler) (Ablehnung der Nullhypothese, wenn dies nicht gerechtfertigt ist)	Richtige Entscheidung
Annahme der Nullhypothese	Richtige Entscheidung	Typ II-Fehler (β-Fehler) (Ablehnung der Forschungshypothese, wenn dies nicht gerechtfertigt ist)

Der Typ I-Fehler ist gravierender als der Typ II-Fehler, da in diesem Fall von einer Bestätigung der Forschungshypothese ausgegangen wird, obgleich dies nicht der Fall ist. Es wird also eine falsche Behauptung aufgestellt. Der Typ II-Fehler ist in der Regel weniger gravierend, da man lediglich einen Zusammenhang in der Grundgesamtheit nicht entdeckt, der tatsächlich vorhanden ist.

Hypothesentests werden anhand der Chi-Quadrattests für nicht-parametrische (nominal und ordinal skalierte Daten) und der t-Statistik, F-Statistik (und t-Statistik für individuelle Parameter in einem multivariaten Modell) für parametrische (Intervall- und Ratioskala) Daten durchgeführt. Da sich der Chi-Quadrat-Test auf die Anzahl der Merkmalsausprägungen und die Anzahl der Fälle bezieht, steht er meistens für Untersuchungen mit kleinem N nicht zur Verfügung.[311]

[311] Wenn beispielsweise zwei Variablen nur zwei Ausprägungen besitzen, entsteht eine Vierfeldertabelle, deren Zellen jeweils mit mindestens fünf Fällen besetzt sein sollten, um zuverlässige Ergebnisse zu erhalten. Das bedeutet, dass wir zumindest 20 Fälle untersuchen müssten. Falls die Kombinationen in ausdifferenzierten Kategorien erfasst werden, was oftmals der Fall ist, steigt die benötigte Fallzahl sehr schnell an.

Im Folgenden soll die nachstehende Fragestellung betrachtet werden: Besitzt der Modernisierungsgrad einen positiven Einfluss auf die soziale Gleichheit? Dieser Zusammenhang soll für sämtliche Gesellschaften der Welt getestet werden, wobei uns allerdings interessiert, ob kulturelle Aspekte diesen beeinflussen. Etwa kann davon ausgegangen werden, dass reiche westliche Gesellschaften egalitärer strukturiert sind als andere Länder. Allerdings könnte man auch vermuten, dass leistungsorientierte reiche Gesellschaften mehr Ungleichheit zulassen. Wie ist das Verhältnis zwischen Modernisierungsgrad und sozialer Gleichheit in anderen Kulturkreisen? Führt der Islam zu egalitären Gesellschaften im Gegensatz zu Ländern in Südamerika und in Afrika?

Eine solche Fragestellung kann durch interaktive Zusammenhänge in einer Regression untersucht werden (Kohler/Kreuter 2006: 236-240). Dabei ist darauf zu achten, dass die beiden Grundvariablen – etwa Modernisierungsgrad und Islam (sowie die anderen Kulturkreise) – im Regressionsmodell enthalten sind. Der gleichzeitige Einfluss beider Variablen wird durch deren Multiplikation erreicht. Somit ist unser Modell wie folgt aufgebaut:

$$Y(\text{Gleichheit}) = \beta_0 + \beta_1 \text{ Modernisierungsgrad (M)} + \beta_2 \text{ West } (\textit{dummy}) + \beta_3 \text{ Islam } (\textit{dummy}) + \beta_4 \text{ Lateinamerika } (\textit{dummy}) + \beta_5 \text{ Afrika } (\textit{dummy}) + \beta_6 \text{ M} * \text{West} + \beta_7 \text{ M} * \text{Islam} + \beta_8 \text{ M} * \text{Lateinamerika} + \beta_9 \text{ M} * \text{Afrika} + e.$$

Um ein repräsentatives Ergebnis für alle Gesellschaften der Welt zu erhalten, sollten alle Länder untersucht werden (Grundgesamtheit). Wegen mangelnder Daten sind wir jedoch auf eine Auswahl von Ländern angewiesen. Um die dargelegte Fragestellung zu bearbeiten, wird deshalb auf die Stichprobe von Perry und Robertson zurückgegriffen, die in Kapitel 8 vorgestellt wurde. Als abhängige Variable wird der GINI-Index verwendet, der soziale Ungleichheit erfasst. In der Stichprobe variieren die Länder auf einer Skala von 0 (totale Gleichheit = alle besitzen gleich viel) bis 100 (totale Ungleichheit = einer besitzt alles und die anderen nichts) zwischen 24,9 in Japan bis hin zu 59,3 in Südafrika. Egalitäre Länder sind in dieser Stichprobe auch die Tschechische Republik und Deutschland, dagegen gehören zu den ungleichen Gesellschaften Brasilien, Kolumbien, Chile und Simbabwe. Die USA steht hinter Ländern wie Tunesien, Marokko und Tansania auf Platz 30 von den 50 Ländern, was deutlich macht, dass hochentwickelte Länder nicht auch gleichzeitig egalitäre Gesellschaften darstellen. Für die folgende Analyse benutzen wir den logarithmisierten Wert des GINI-Index, da die Originaldaten keiner Normalverteilung entsprechen.

Die Variable „Modernisierungsgrad" wird anhand einer Faktorenanalyse aus fünf Variablen gebildet (Perry/Robertson 2002: Kapitel 15): (1) der Anteil der Beschäftigten im Dienstleistungssektor, (b) der Anteil der Menschen in höherer Ausbildung (tertiäre Ausbildung), (c) die Ausprägung der Geschlechtergleichheit, (d) der Zugang zum Internet und (e) der Urbanisierungsgrad.[312]

[312] Bei der empirischen Erfassung des Modernisierungsgrades einer Gesellschaft bestehen natürlich unterschiedliche Auffassungen, welche Faktoren berücksichtigt werden sollen, die an dieser Stelle nicht diskutiert werden können (Schmidt 2004a: 460-461).

Tabelle 13-14: Regressionsmodell mit Interaktionsterm

	Grundmodell			Interaktionsmodell mit Modernität		
	Koeffizienten und Standardfehler	Konfidenzintervall (95%)		Koeffizienten und Standardfehler	Konfidenzintervall (95%)	
Modernität	-,045* (,021)	-,087	-,004			
„westlich"	-,097 (,052)	-,203	,008	,095* (,041)	,013	,177
„islamisch"	,077 (,045)	-,014	,167	,125* (,056)	,012	,238
„lateinamerikanisch"	,142* (,063)	,015	,269	,107 (,123)	-,142	,356
„afrikanisch"	,175** (,050)	,074	,275	,151** (,048)	,055	,248
Konstante	1,552** (,019)	1,513	1,591			
Korrigiertes R^2	,52					
SEE	,068					
Anzahl der Fälle	50					

Abhängige Variable: GINI-Koeffizient (Logarithmus)
Standardfehler in Klammern
Signifikanzniveaus: * < ,05; ** < ,01

Die Ergebnisse der Regressionsanalyse (Tabelle 13-14) deuten daraufhin, dass der Modernisierungsgrad mit einer egalitären Gesellschaft zusammenfällt und vor allem lateinamerikanische und afrikanische Länder von großer Ungleichheit betroffen sind. Nur für den westlichen Kulturkreis erkennen wir – wenngleich nicht signifikant – eine Tendenz zu mehr Gleichheit in Relation zu den anderen Kulturkreisen. Soweit kann uns das Ergebnis optimistisch stimmen: Modernisierung führt zu mehr Gleichheit, und hochentwickelte Gesellschaften sind egalitärer. Davon abgeleitet könnte man davon ausgehen, dass sich modernisierende Gesellschaften egalitärer werden. Allerdings bestätigen die Ergebnisse nicht diese Vermutung. Im Gegenteil, der Modernisierungsgrad führt innerhalb der unterschiedlichen Kulturkreise (bis auf Lateinamerika) zu mehr Ungleichheit. Das bedeutet, dass ein höherer Modernisierungsgrad allein (das heißt kontrolliert für die anderen unabhängigen Variablen) einen egalisierenden Effekt besitzt, innerhalb der Kulturkreise gleicht sich dieser jedoch mit zunehmender Modernisierung aus. Nur in Lateinamerika wird die Ungleichheit nicht durch die Modernisierung der Gesellschaft forciert.

Inwieweit gilt dieses Ergebnis für die Grundgesamtheit? Zwei Werte geben Aufschluss über die Zuverlässigkeit der Schätzung. Einmal lässt sich anhand des SEE das gesamte Modell einschätzen. Der logarithmisierte GINI-Koeffizient besitzt einen Mittelwert von 1,59 und einen Wertebereich von einem Minimum von 1,39 bis zu einem Maximum von 1,77. Das Vertrauensintervall bestimmt sich dadurch, dass 95 bzw. 99 der Werte in einer bestimmten Bandbreite anzutreffen sind. Für das Gesamtmodell beträgt der Wert +/- zweimal den SEE (Wagschal 1999b: 224; Wooldridge 2000: 722). Das heißt, dass für 95 Prozent der Länder mit einem durchschnittlichen GINI-Koeffizienten dieser Bereich zwischen 1,45 und 1,73 liegt.

Für die einzelnen Regressionskoeffizienten der Variablen errechnet sich ein adäquates Vertrauensintervall, welches in Tabelle 13-14 wiedergegeben ist. Falls dieses Intervall die 0 umschließt, kann keine gesicherte Aussage über die Verbindung in der Grundgesamtheit getroffen werden. Ansonsten gibt das Konfidenzintervall den Wertebereich an, in dem sich 95 Prozent der Fälle befinden, wobei sich der partielle Regressionskoeffizient in der Mitte zwischen diesen beiden Werten befindet. Die Ergebnisse zeigen, dass wir für die drei Grundvariablen Modernisierung, Lateinamerika und Afrika von einem gesicherten Zusammenhang sprechen können. Dass der Modernisierungsgrad innerhalb der unterschiedlichen Kulturkreise zu mehr Ungleichheit führt, kann bis auf Lateinamerika als gesichert gelten.

Der Gesamteinfluss, der von der Interaktion beider Variablen ausgeht, setzt sich aus dem B-Koeffizienten der nicht dichotomisierten Variable (Modernität) plus dem B-Koeffizienten des Interaktionsterms zusammen. In allen Fällen zeigt sich, dass der gemeinsame Einfluss der interagierenden Variablen die Richtung des Zusammenhanges umkehrt (Wechsel des Vorzeichens). Vermindert Modernität Ungleichheit (-0,045), so resultiert die Veränderung innerhalb westlicher Gesellschaften (0,095) in einer absoluten Erhöhung der Ungleichheit (0,05). Am stärksten ist diese Gegentendenz der Modernität in afrikanischen Ländern (von -0,045 zu 0,106).

Interaktionsterme können auch für metrische Variablen in ein Regressionsmodell einfließen. Allerdings ist die detaillierte Interpretation nicht mehr ganz so einfach (Aiken/ West 1991; Wooldridge 2000: 190-191; für *dummies*: 224-232; Kohler/Kreuter 2006: 236-240; siehe angewandt z.B.: Wälti 2004).

6 Schluss

In diesem Kapitel wurden exemplarisch mehrere quantitativ-statistische Datenanalyseverfahren der vergleichenden Politikwissenschaft vorgestellt. Eine Intention der Darstellung verschiedener Verfahren bestand darin, aufzuzeigen, dass auch statistische Verfahren von vielen Aspekten abhängig sind, die nicht unmittelbar mit den Analyseverfahren zusammenhängen. Darüber hinaus sollte darauf hingewiesen werden, dass nicht ein optimales Verfahren für alle Forschungsfragen existiert. Im Gegenteil, die Optimierung eines Modells in einer Hinsicht impliziert oftmals eine Verletzung anderer Bedingungen. Deshalb sollte dieses Spektrum von Möglichkeiten und Dilemmata zumindest angedeutet werden. Achen (2002: 437) betont, dass Politikwissenschaftler keine Statistiker werden sollen und können. Trotzdem ist es ein Anliegen dieser Einführung, Studierende dazu zu motivieren, diese Verfahren anzuwenden. Auch wenn nicht gleich der optimale Weg gefunden wird – den es in statistischen Analysen wohl genau so wenig gibt, wie in qualitativen Untersuchungen; so soll die Latte der statistischen Anforderung nicht zu hoch gelegt werden. Ein ausgeglichenes Verhältnis zwischen statistischem Grundwissen, das ein blindes *number crunching* verhindert, und wissenschaftlich kreativer Spontanität, die formale Schranken überwinden hilft, ist anzustreben. Wenngleich die statistischen Verfahren erlernt werden sollen, die eine intensive Beschäftigung und Erfahrung mit den Verfahren verlangen, sollte nicht in jeder

Untersuchung das technische Optimum zur Anwendung kommen (Shalev 2006). Auch wenn der statistische Anspruch sich gegenwärtig durch die Anwendung komplexer Verfahren erhöht hat, besitzt die Querschnittsregressionsanalyse immer noch einen zentralen Stellenwert (Kittel/Winner 2005: 289) und sollte von jedem empirisch arbeitenden Politikwissenschaftler erlernt werden.

Natürlich existieren noch weitere statistische Verfahren, die in dieser Einführung nicht behandelt werden konnten. Vor allem die Clusteranalyse gehört zu den häufiger angewandten Analysetechniken in der vergleichenden Politikwissenschaft (eine gute Einführung bietet Wagschal 1999b: Kapitel 12). Seltener finden dagegen Varianz-, Kausal- (LISREL), *conjoint*- und Diskriminanzanalysen in der vergleichenden Politikwissenschaft Anwendung (Maddala 1983; Hair u.a. 1998; Backhaus u.a. 2005).

Es existieren auch Anstrengungen in der statistisch orientierten Politikwissenschaft, die Ergebnisse dieser Tradition griffiger zu präsentieren und somit auch für Wissenschaftler nutzbar zu machen, die selbst nicht ein aufwändiges statistisches Instrumentarium in ihren Arbeiten benutzen (King u.a. 2000).[313] Leider konnte aus Platzgründen nicht auf dieses Verfahren eingegangen werden, aber dem statistisch interessierten Wissenschaftler ist angeraten, nicht eine Mauer aus technischem Jargon gegenüber anders arbeitenden Wissenschaftlern aufzubauen. Umgekehrt sollten sich auch nicht statistisch arbeitende Politikwissenschaftler die Grundbegriffe und Strömungen der makro-quantitativen vergleichenden Politikwissenschaft aneignen. Oftmals entstehen auch in weniger quantitativ ausgerichteten Arbeiten sehr ähnliche Probleme (*selection bias, simultaneity bias*, Endogenität, etc.). Somit ist dem ehemaligen Vorsitzenden der Sektion Vergleichende Politikwissenschaft der Amerikanischen Politologenvereinigung, Michael Wallerstein (2001: 23), zuzustimmen, dass beide Seiten die Grundprämissen und Analysepotenziale der jeweils anderen Seite verstehen müssen, um nicht nur die Grenzen der eigenen Arbeit besser abstecken zu können, sondern auch um das Potenzial des wissenschaftlichen Fortschritts für die gesamte Disziplin auszuschöpfen.

Wir haben jetzt die beiden extremen methodischen Positionen der vergleichenden Politikwissenschaft kennen gelernt: die der Fallstudie und die der statistisch-orientierten Analysen vieler Länder oder Beobachtungen. Im nächsten Kapitel werden Ansätze vorgestellt, die einen Kompromiss zwischen diesen beiden Polen anstreben. Diese Methoden wurden in den letzten zwanzig Jahren entwickelt und sind bemüht, sowohl eine fallorientierte als auch eine variablenorientierte Analyse gleichzeitig durchzuführen.

---

[313] Neben dem Aufsatz von King u.a. (2000) existiert ein statistisches Programm (CLARIFY), welches anschauliche Analysen durchzuführen erlaubt und anhand einer Beschreibung von den Autoren vorgestellt wird (Tomz u.a. 2003).

Kapitel 14: Makro-qualitative und kombinierende Ansätze in der vergleichenden Politikwissenschaft

1. Kombinierende Untersuchungen
2. Die qualitativ vergleichende Analyse
3. *Fuzzy-set* Sozialwissenschaft
4. Der schrittweise multi-methodologische Ansatz
5. Zusammenfassung

Fallorientierte Studien unterscheiden sich komplementär von variablenorientierten Studien. Fallstudien versuchen durch detaillierte Analysen die Geschehnisse nachzuzeichnen und zu verstehen. Dabei bleiben verallgemeinerbare Schlussfolgerungen, die über den Fall hinaus gelten können, unterbelichtet. Dagegen interessiert sich die variablenorientierte Forschung gerade für die verallgemeinerbaren „Gesetze" und vernachlässigt dabei die Untersuchung der Besonderheit von einzelnen Fällen. Wie zuvor schon erwähnt, besteht ein Spannungsverhältnis zwischen der Erfassung von Komplexität und der Identifizierung von allgemeinen Regeln. Dieses Dilemma ist den meisten Sozialwissenschaftlern durchaus bewusst. Allerdings führt der hohe Arbeits- und Ressourcenaufwand nicht selten dazu, dass nur eine Strategie verfolgt werden kann.

Manche Studien versuchen jedoch diese beiden Forschungslogiken zu verbinden. Zum einen sind das Studien, die beide Strategien anwenden: eine mehr oder weniger umfangreiche statistische Analyse und eine oder mehrere Fallstudien zu exemplarischen Fällen. Andere Untersuchungen benutzen Fallstudien als Ausgangspunkt, um weiterführende Untersuchungen durchzuführen, die dann statistisch ausgewertet werden können. Entscheidend ist bei solchen Studien, inwieweit die vergleichende Methode auch tatsächlich angewandt wird. Denn häufig werden bei der Methodenkombination lediglich ein Fall oder wenige Fälle zur Illustration der statistischen Ergebnisse herangezogen. Am anspruchvollsten, aber auch am ressourcenintensivsten, ist die Verzahnung von Fallstudien und statistischen Analysen, in denen sich beide Strategien gegenseitig ergänzen.

Neben diesen kombinierenden Analysen haben sich in den letzten Jahrzehnten Forschungsstrategien herausgebildet, die nicht nur beide Methoden in einer Untersuchung kombinieren, sondern eine Synthese aus beiden Forschungslogiken entwickeln. Diese Methoden wenden die Logik des Vergleichs konsequent an und versuchen, die Vorteile von variablen- und fallorientierten Methoden zu maximieren. In diesem Kapitel werden sowohl die kombinierenden als auch die synthetisierenden Forschungsansätze näher dargestellt. Während die kombinierenden Untersuchungen keine neuen analytischen Techniken umfassen, basieren synthetisierende Analysen auf der logischen (Booleschen) Algebra. Um diese Analyseverfahren darzustellen, wird in diesem Kapitel stärker auf die *qualitativ* vergleichenden Analyse (*Qualitative Comparative Analysis; QCA*) und deren Weiterentwicklung in Form der *fuzzy-set* Sozialwissenschaft eingegangen (Rihoux/Ragin 2008).

1 Kombinierende Untersuchungen

In der Darstellung des Verhältnisses von Fallstudien und der vergleichenden Methode wurden in Kapitel 12 mehrere Optionen angesprochen. Bis auf die letzte Option gingen diese Beschreibungen von isolierten Forschungsstrategien in der jeweiligen Tradition aus. Die in diesem Kapitel beschriebenen Vorgehensweisen versuchen dagegen, die Logik der Fallstudie und die der variablenorientierten statistischen Methode in einer Untersuchung mehr oder weniger explizit zu verbinden. Diese Studien stellen demzufolge kombinierte Untersuchungen von Fallstudien und statistischen Methoden dar. Dabei unterscheiden sich die Untersuchungen in dem Grade, in dem sie die unterschiedlichen Logiken der fallorientierten und der variablenorientierten Vorgehensweise anwenden. Nachfolgend sollen drei Spielarten von fallorientierten und variablenorientierten kombinierenden Untersuchungen vorgestellt werden, die sich hinsichtlich ihrer Schwerpunktlegung auf Fallstudien bzw. statistische Analysen unterscheiden: fallorientierter Vergleich, illustrative Fallstudien und verzahnte Fall- und statistische Studien.

Fallorientierter Vergleich

Im fallorientierten Vergleich steht der Untersuchungsfall im Vordergrund. Anhand von Vergleichen, die mehr oder weniger systematisch mit anderen Fällen durchgeführt werden, wird der Fall in seinen Besonderheiten und seiner Durchschnittlichkeit dargestellt. Die Untersuchung von Edward Shorter und Charles Tilly (1974) entspricht einer fallorientierten Vergleichsstudie, die die Entwicklung von Streiks in Frankreich von 1830 bis 1968 untersuchen. In dieser Studie werden generelle Hypothesen zu kollektivem Verhalten und zum Streikverhalten am Beispiel Frankreichs untersucht. Die Ergebnisse, die anhand der Entwicklung Frankreichs gewonnen wurden, werden dann mit internationalen Entwicklungen in Verbindung gebracht. Dabei ergänzen sich die beiden Methoden. Fallorientierte Ergebnisse werden durch quantitative Analysen unterstützt und quantitative Ergebnisse im Licht von historischen Beschreibungen belegt. Obgleich Shorters und Tillys Untersuchung sich auf variablenorientierte Analysen stützen, um die historischen Daten zu untermauern, stellt ihre Untersuchung vor allem eine Fallstudie Frankreichs dar. Der variablenorientierte Vergleich mit anderen Ländern dient eher dazu, die Besonderheiten und Übereinstimmungen Frankreichs mit anderen Ländern zu identifizieren, als durch eine statistische Analyse verallgemeinerbare Aussagen zu gewinnen, die sich nicht über den französischen Fall erklären lassen. Wenngleich dennoch einige allgemeine Aussagen gemacht werden, etwa, dass ein Trend zu kürzeren und umfassenderen Streiks erkennbar ist, so zeigen die Autoren, dass Frankreich eher eine Ausnahme darstellt als ein Beispiel für universelle Entwicklungen.

Illustrative Fallstudien

Illustrative Fallstudien nehmen eine umgekehrte Perspektive ein. Zunächst werden anhand von quantitativen Verfahren Muster in der Grundgesamtheit der Untersuchung ermittelt, die dann anhand von spezifischen Fallstudien zu diesen Mustern illustriert werden (Coppedge 1999). Gøsta Esping-Andersen (1990) etwa beginnt seine Analyse mit einer statistischen variablenorientierten Untersuchung, in der sich ein Muster identifizieren lässt, dass sich moderne Industriegesellschaften in drei Kategorien von Wohlfahrtsstaaten einteilen lassen: in einen liberalen, einen konservativen und einen sozialdemokratischen (vgl. Kapitel 4). Er illustriert dieses Ergebnis mit drei Fallstudien, die jeweils für eine der Kategorien besonders repräsentativ sind: die USA, die Bundesrepublik Deutschland und Schweden. Jedes dieser Länder steht stellvertretend für eine Form des Wohlfahrtsstaates: die USA für den liberalen, die Bundesrepublik für den konservativen und Schweden für den sozialdemokratischen Wohlfahrtsstaat. Anhand dieser Fallstudien werden dann spezifische Aspekte, die die drei Welten ausmachen, präziser dargestellt.

Esping-Andersen bleibt vor allem der variablenorientierten Untersuchung verhaftet. Er nutzt die drei Fälle zur Illustration der Ergebnisse, die er aus der statistischen Untersuchung gewonnen hat. Zwar geben seine Fallstudien tiefere Einblicke in spezifische Gebiete, doch nutzt er die Fallstudie nicht, um mit deren Hilfe neue analytische Einsichten zu gewinnen, indem er etwa keine widersprüchlichen Fälle anhand der Logik der Fallstudie untersucht. Nichtsdestotrotz stellt diese Untersuchung eine vorbildliche variablenorientierte Untersuchung mit komplexen Fallstudien dar, die auf ihrem Forschungsgebiet – gerade wegen dieser kombinierten Forschungsstrategie – wegweisend ist. Eine ähnlich aufgebaute Studie ist die Untersuchung von Carles Boix (1998), der sich nach einer quantitativen Studie von 19 Ländern auf Spanien und Großbritannien konzentriert, um den Zusammenhang von Parteipolitik, Wirtschaftswachstum und sozialer Gleichheit zu untersuchen. Duane Swanks (2002) Untersuchung beschreitet ebenso einen solchen Weg, wie auch Kitschelt u.a. (1999b), die eine solche Strategie in ihrer Untersuchung zu den Parteiensystemen in postkommunistischen Ländern verfolgen. Nachdem sämtliche Länder dieser Region hinsichtlich ihrer vorkommunistischen Vergangenheit und des Transitionstyps untersucht werden und sich hier ein Muster identifizieren lässt (siehe Tabelle 3-6 in Kapitel 3), konzentriert sich die weitere Studie auf die Tschechische Republik (bürokratisch-autoritärer Kommunismus), Ungarn und Polen (national-gefälliger Kommunismus) sowie schließlich Bulgarien (patrimonialer Kommunismus). Wenngleich die Auswahl der Länder systematisch die jeweiligen kommunistischen Regimetypen abbildet, ist sie nicht umfassend in der Dimension des Regimewechseltypus und bleibt deshalb etwas willkürlich, was die Autoren durchaus an ihrem Untersuchungsdesign selbst bemängeln (Kitschelt u.a. 1999b: 42).

Verzahnte Fall- und statistische Studien

Schließlich finden sich jene Studien, die sich bemühen, die Logik sowohl des fallorientierten als auch des variablenorientierten Forschungsdesigns zugleich explorativ und hypothesenbestätigend anzuwenden. In diesen Studien wechseln sich Fallstudien und statistische Analysen ab, und durch jeden Analyseschritt entwickelt sich die Untersuchung weiter. Das bedeutet, dass durch die folgende Analyse nicht nur die Ergebnisse des anderen Verfahrens verifiziert oder illustriert werden, sondern dass neue Aspekte gefunden und diese dann wieder anhand des alternativen Analyseverfahrens weiterverfolgt werden.

Dietrich Rueschemeyer, Evelyne Huber Stephens und John D. Stephens (1992) verwenden in ihrer Untersuchung diese Strategie. Dabei identifizieren die Autoren allgemeine Zusammenhänge durch statistische Verfahren, die sie dann durch Fallstudien illustrieren und darüber hinaus weiter ausführen. Sie stützen sich hierbei auf den Vorteil der vergleichenden Fallstudienforschung gegenüber der statistischen Methode, da erstere in der Lage ist, gleiche Bedingungen mit unterschiedlichen Ergebnissen und gleiche Ergebnisse trotz unterschiedlicher Bedingungen zu untersuchen. Zu diesem Zweck werden zu unterschiedlichen Aspekten jene Fälle näher untersucht, die einen theoretischen Beitrag erbringen. Dieses sehr aufwändige Vorgehen versucht in besonders ausgeprägter Form, die Logik der Fallstudie und der Variablenforschung zu verknüpfen (siehe auch Huber/Stephens 2001). Der Arbeitsaufwand solcher Studien sollte nicht unterschätzt werden. So waren für die beiden Studien sieben (Rueschemeyer u.a. 1992: vii) bzw. rund zehn Jahre (Huber/Stephens 2001: xi-xii) enger Zusammenarbeit notwendig, um die Untersuchung zum Abschluss zu bringen. Durch die Verzahnung von statistischen und fallorientierten Analysen lässt sich diese Art der Untersuchung nur in begrenztem Maße arbeitsteilig bewerkstelligen. Für ein solches Forschungsdesign ist ein Forscherteam mit hinreichender Expertise auf dem Gebiet der statistischen Analysen, der Fallstudie und des Forschungsgegenstandes allgemein und länderspezifisch ratsam.

Erst kürzlich hat Evan Lieberman (2005) eine Anleitung gegeben, wie verzahnte Analysen (*nested analysis*) produktiv und systematisch durchgeführt werden können. Dabei geht er von einem Pfadmodell aus (siehe Abbildung 14-1).

Ausgangspunkt ist eine Analyse mit einer großen Fallanzahl (*Large-N Analysis*; LNA). Anhand dieser werden allgemeine (konkurrierende) Hypothesen getestet. Führen die Ergebnisse einer solchen Analyse zu robusten und zufrieden stellenden Ergebnissen, können diese durch eine modelltestende Analyse von wenigen Fällen (Mt-AkF: **M**odell**t**estende **A**nalyse mit einer **k**leinen **F**allzahl) überprüft werden. Um eine solche Analyse durchzuführen, sollen nur jene Fälle in Betracht gezogen werden, die die LNA gut erklären konnten. Die Mt-AkF dient dann der Überprüfung, ob die Zusammenhänge auch tatsächlich bestehen und es sich nicht lediglich um Scheinkorrelationen handelt. Ratsam ist es dabei, möglichst unterschiedliche Fälle für die Analyse zu benutzen. Dabei können die zu untersuchenden Fälle entweder bewusst oder zufällig ausgewählt werden.

Stimmen die Ergebnisse der LNA mit jenen der Mt-AkF überein, kann die Analyse beendet werden (Analyseende I). Die oben genannten statistischen Analysen mit illustrativen Fallstudien beschreiten einen solchen Weg. Stimmen die Ergebnisse der LNA und Mt-AkF nicht überein, sollten die Gründe hierfür gesucht werden. Liegt dies etwa an dem Spezifikum des Falls, der ein besonderes Ereignis darstellt und lediglich idiographisch behandelt werden kann, so ist auf die Besonderheit dieses Falls einzugehen. Für eine nomothetische Analyse sollten dann allerdings andere Fälle berücksichtigt werden, um zu verallgemeinerbaren Rückschlüssen zu gelangen. Lassen sich theoretische Defizite für die unterschiedlichen Ergebnisse finden, so kann entweder die Analyse mit einer Bezugnahme auf andere Theorien von vorn begonnen werden oder der Pfad der weiteren Modellentwicklung kann anhand von spezifisch hierfür ausgefällten Fallstudien eingeschlagen werden. In der zweiten Situation wird aus einer Mt-AkF eine Me-AkF.

Abbildung 14-1: Überblick eines verzahnten Analysemodells

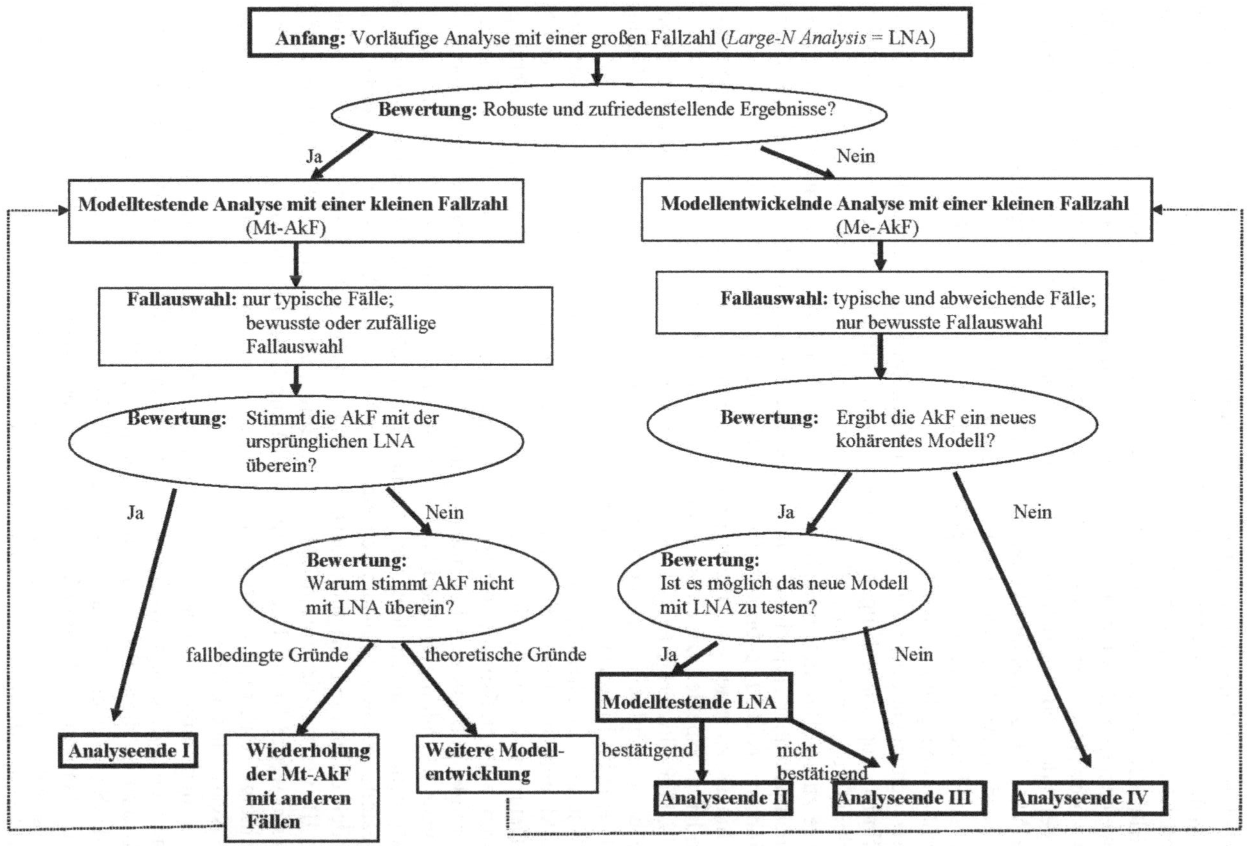

Quelle und *Erklärung*: Lieberman 2005: 437; eigene Übersetzung und Veränderungen.

Dieser Pfad der modellentwickelnden Analyse mit wenigen Fällen (Me-AkF: **M**odell**e**ntwickelnde **A**nalyse mit einer **k**leinen **F**allzahl) wird auch eingeschlagen, wenn die Ergebnisse der ersten LNA zu keinen robusten und zufrieden stellenden Ergebnissen geführt haben. Für die Me-AkF werden sowohl typische, das heißt dem Grundmuster entsprechende, als auch abweichende Fälle untersucht. Die zufällige Auswahl der Fälle verbietet sich hier, da sie darauf hinweisen würde, dass weder eine konkrete Theorie für die Erklärung des Phänomens gefunden wurde noch intuitiv eine Ahnung eines Zusammenhangs besteht. Führt auch die Me-AkF zu keinem kohärenten und überzeugenden Ergebnis kann die Analyse beendet werden (Analyseende IV). In diesem Fall besteht das Ergebnis in einem „Nicht-Ergebnis" und man kann lediglich postulieren, dass keine Erklärung für das zu untersuchende Phänomen gefunden wurde.

Untersuchungen, die zu keinem Ergebnis gelangen bzw. sämtliche Hypothesen falsifizieren, finden nur selten Eingang in die wissenschaftliche Debatte, da sie zumeist kein Publikationsforum finden. Fast alle wissenschaftlichen Zeitschriften lehnen es ab, negative Ergebnisse zu veröffentlichen (siehe auch Kapitel 11). Allerdings wäre es auch interessant, einen Überblick über Hypothesen zu erhalten, welche sich in der Forschung *nicht* bewährt haben. Indem „Nicht-Ergebnisse" (*non-results*) kein öffentliches Forum haben, kann es darüber hinaus zu einer einseitigen Betonung von „gesichertem Wissen" kommen, was, neben anderen Aspekten, zu einem *publication bias* führen kann (Sigelmann 1999; Gerber u.a. 2001). Die schwierige Frage, wie mit Nicht-Ergebnissen umgegangen werden kann, hat in manchen Disziplinen der Naturwissenschaften zu einer stärkeren Beschäftigung mit diesem Thema bis hin zur Gründung von speziellen Fachzeitschriften geführt.[314]

Falls jedoch ein alternatives Modell für die Erklärung des Forschungsgegenstandes aus der Me-AkF entwickelt werden konnte, so ist seine Eignung für einen Test in einer LNA zu prüfen. Denn falls es möglich ist, das Modell sowohl durch eine Fallstudienstrategie als auch durch eine statistische Analyse zu bestätigen, erhält es eine bei weitem größere Glaubwürdigkeit. In diesem Fall fungiert die LNA als modelltestende Strategie. Bewährt sich das neue Modell durch eine LNA, kann die Analyse beendet werden (Analyseende II). Das Analyseende II ähnelt dem Analyseende I und führt zu sehr robusten Ergebnissen, da die Fragestellung sowohl hinsichtlich einer LNA als auch AkF bestätigt wurde. Wird das neue Modell durch die LNA nicht bestätigt, ähnelt das Ergebnis eher der Situation in Analyseende III, wo auf die Vorläufigkeit bzw. Eingeschränktheit des Forschungsergebnisses hingewiesen werden muss. Lisa Martin (1992) und Evan Lieberman (2003) führen in ihren Untersuchungen eine modelltestende LNA durch, die nicht das neue Modell bzw. die neuen Erklärungsvariablen bestätigt.

Ist es nicht möglich, eine modelltestende LNA durchzuführen, sollten auf jeden Fall die Gründe dafür dargelegt werden. In einer solchen Situation kann dann auf weiteren Forschungsbedarf in diese Richtung hingewiesen und die Analyse beendet werden (Analyseende III). So beendete Michael Coppedge (2005) seine Analyse zum Zusammenbruch der demokratischen Entwicklung in Venezuela mit einer solchen Schlussfolgerung.

Der Vorteil einer verzahnten Analysestrategie besteht darin, dass sowohl qualitative und quantitative, als auch Fallstudienstrategien und makro-quantitative Strategien in einer Untersuchung Anwendung finden. Vorteilhaft bei dieser Strategie ist, dass die unterschied-

---

[314] Siehe etwa Massie (2003). Die Zeitschrift *Marine Ecology Progress Series* publizierte 1999 ein Sonderheft zu „negativen Ergebnissen" und 2004 wurde die Fachzeitschrift *Journal of Negative Results in Ecology and Evolutionary Biology* gegründet. Zum aktuellen Überblick siehe auch Lehrer (2005).

lichen Erkenntnisinteressen und Strategien qualitativer und quantitativer Forschung in die Analyse einfließen, was natürlich in einem Gegensatz zur Forderung von King u.a. (1994) steht, die qualitative Forschung an die Standards und Logik der quantitativen Forschung anzuknüpfen. Was einer solchen Strategie entgegensteht, ist der enorme Zeitaufwand, den diese Forschungsstrategie abverlangt. Vor allem Anfänger, die zuvor weder Fallstudien noch statistische Verfahren angewandt haben, oder Forscher, die keine sehr präzise Forschungsfrage besitzen, sollten vor der Anwendung dieses Verfahrens gewarnt werden.

Neben den Studien, die fall- und variablenorientierte Aspekte diachron berücksichtigen, d.h. zunächst die eine und dann die andere Perspektive einnehmen, sind neue Analysetechniken entwickelt worden, die bestrebt sind, beide Perspektiven synchron in die Analyse aufzunehmen. Diese synthetischen Methoden wurden in den letzten 25 Jahren vor allem von dem amerikanischen Soziologen Charles Ragin entwickelt und komplettieren langsam auch den Methodenkanon der vergleichenden Politikwissenschaft. Dabei entwickelte Ragin zunächst Ende der 1980er Jahre den qualitativ vergleichenden Ansatz, den er dann innerhalb einer Fuzzy-Set Sozialwissenschaft weiterentwickelte (für eine deutschsprachige Einführung siehe: Schneider/Wegemann 2007). Neben dem Ansatz von Ragin wird auf eine Variation dieser Analysetechnik eingegangen, die von dem Marburger Politikwissenschaftler Dirk Berg-Schlosser und der belgischen Sozialwissenschaftlerin Gisèle de Meur (1997) entwickelt wurde, die einen schrittweisen multi-methodologischen Ansatz erarbeiteten, um die Komplexität in kleinen N-Studien zu reduzieren.

2 Die qualitative vergleichende Analyse (QCA)

Synthetisierende Methoden versuchen innerhalb ein und derselben Analysetechnik sowohl die fallorientierte als auch die variablenorientierte Logik miteinander zu verknüpfen. Den Anspruch, den eine solche synthetisierende Strategie erfüllen muss, fasst Charles Ragin (1987: 82-84) anhand der folgenden Kriterienliste zusammen:

- Eine solche Strategie sollte eine große Menge von Fällen bearbeiten können. Vergleichenden Fallstudien wird vorgeworfen, dass sie eben nur auf die untersuchten Fälle zutreffen. Die Kapazität eines Forschers ist aber schnell erschöpft, wenn die Studie mehr als sechs oder acht Fälle umfassen soll. Dies muss jedoch erreicht werden, um eine repräsentative Fallzahl untersuchen zu können, die, je nach Analysefokus, in der vergleichenden Politikwissenschaft in der Regel zwischen einem Dutzend und ca. 50 Fällen beträgt.
- Eine synthetisierende Strategie sollte sich an der Logik der vergleichenden Methode im Sinne von John Stuart Mill orientieren, also ein quasi-experimentelles Forschungsdesign anwenden. Das bedeutet, dass eine solche Methode unterschiedliche Kombinationen von Bedingungen (Konfigurationen von unabhängigen Variablen) betrachten können muss.
- Auch sollte ein solcher Ansatz für eine theorieorientierte Datenreduktion offen sein, was sie näher an die variablenorientierte Forschung heranrückt.
- Die Forderung nach theorieorientierter Datenreduktion und Konzentration auf Variablen und deren Beziehungen wird jedoch ergänzt durch die Forderung, dass ein solcher Ansatz die Untersuchungsfälle in ihrer Ganzheit belässt und nicht die Fälle atomisiert

und in Variablen zerlegt. Es sollte also die Grundlage für eine qualitative, holistische Analyse bestehen, in der der Vergleich von ganzen Fällen als Bedingungen oder Konfigurationen (Kombination von Bedingungen) ermöglicht wird.

- Ein synthetischer Ansatz sollte auch verschiedene Erklärungsmodelle und Theorien miteinander vergleichen können.

In den letzten Jahren wurden gerade auf dem Gebiet der makro-qualitativen Untersuchungen beachtenswerte Innovationen erzielt, deren Analyselogik im Folgenden kurz zusammengefasst werden soll. Vergleichende makro-qualitative Verfahren sind bemüht, die Vorteile der Fallstudie und der statistischen Methode in einem Analyseschritt zu verbinden. Dabei ist allerdings nicht zu übersehen, dass diese Art der Methode auch die Nachteile dieser beiden Forschungsstrategien einschließt, sodass wir es mit Kompromissstrategien zu tun haben. Es muss jedoch darauf hingewiesen werden, dass die vergleichenden makro-qualitativen Verfahren auch substanziell neue Einsichten schaffen.

Der Begriff „Makro“ bezieht sich auf die Analyseebene, die aus Ländern oder anderen großen Untersuchungseinheiten besteht und im Gegensatz zu Mikroanalysen nicht die einzelne Person untersucht. Damit beziehen sie sich auf den gleichen Forschungsbereich wie makro-quantitative Studien. „Qualitativ“ bedeutet in diesen Untersuchungen, dass die Analyse lediglich qualitative Unterscheidungen wie „trifft zu“ – „trifft nicht zu“ erfasst. Es wird also nur die An- oder Abwesenheit eines Ereignisses in der Analyse hinterfragt, etwa ob in einem Land eine hohe Arbeitslosigkeit existiert oder nicht. In der makro-qualitativen Analyse muss also festgelegt werden, ab wann von einer hohen Arbeitslosigkeit gesprochen werden soll, z.B. ab 10 Prozent. In der Analyse wird dann nicht, wie in der statistischen Analyse, unterschieden, ob ein Land eine Arbeitslosenquote von 10,1 Prozent oder 25 besitzt. Qualitativ bedeutet hier also etwas anderes als qualitative Vorgehensweisen im Datenerhebungsprozess, wie etwa teilnehmende Beobachtungen, Tiefeninterviews und Ähnlichem, oder qualitative Interpretationen wie z.B. in der Hermeneutik.

Die qualitativ-komparative Analyse basiert auf der Booleschen Algebra – auch bekannt unter dem Namen logische Algebra[315] –, die Mitte des 19. Jahrhunderts von George Boole entwickelt wurde. Im Folgenden soll auf die Einzelheiten dieser Analysetechnik nicht näher eingegangen werden, vielmehr sollen deren Anwendungen und Analysepotenziale für die vergleichende Politikwissenschaft vorgestellt werden.[316]

Wie schon erwähnt, ist zunächst eine Grundbedingung der qualitativ-vergleichenden Methode, dass alle Variablen dichotomisiert werden. Das bedeutet, alle Variablen werden nur in der Art erfasst, ob sie zutreffen oder nicht.[317] Dies führt natürlich bei vielen Aspekten zu einem Informationsverlust, und es macht einen wesentlichen analytischen Schritt aus zu bestimmen, an welcher Stelle die Dichotomisierung einsetzen soll. Die Schwellenwerte können schablonenartig beim arithmetischen Mittel oder dem Median gesetzt werden, oder

[315] Ein weiterer Begriff ist auch Schaltalgebra. Die Schaltalgebra stammt aus der Elektronik und stellt den Funktionsverlauf von Schaltkreisen dar.

[316] Siehe zur technischen und inhaltlichen Umsetzung vor allem Ragin (1987), für die Grundlage der technischen Anwendung siehe auch Wagschal (1999b: Kapitel 13).

[317] Zwar können Variablen auch differenzierter erfasst werden, jedoch basiert auch dies auf mehreren Dichotomisierungen. Eine systematische Weiterentwicklung von QCA mit differenzierteren Ausprägungen der Variablen stellt die *Multi-Value Qualitative Comparative Analysis* dar, zu der ein kostenloses Software-Packet zur Verfügung steht (Cronqvist 2005a; 2005b: http://www.tosmana.net).

es können weniger symmetrische, theoretisch begründete Schnittstellen angesetzt werden, die im Zusammenhang von *fuzzy sets* noch genauer dargestellt werden.

Die Boolesche Addition und Multiplikation unterscheiden sich wesentlich von der herkömmlichen Algebra. Die Logik der Addition der Booleschen Algebra besteht darin, dass, wenn zu addierende Ausprägungen zutreffen, auch das Ergebnis zutrifft. Das heißt: 1 plus 1 ist 1 oder Variable A trifft zu und Variable B trifft zu, also trifft das Ergebnis F als Funktion der unabhängigen Variablen zu. Additionen in der Booleschen Algebra entsprechen dem logischen ODER. Also auch 1 plus 0 ist 1 und 0 plus 1 ist 1. Dies bedeutet, dass, ganz gleich welche der beiden Bedingungen erfüllt ist – oder beide zusammen –, das Ereignis eintrifft. Ein Beispiel wäre etwa die Bedingung, unter der eine Partei in den Deutschen Bundestag einzieht. Entweder gewinnt sie mehr als fünf Prozent der Zweitstimmen (A), oder sie erhält in drei Wahlbezirken das Direktmandat (B), in beiden Fällen –wenn sie mehr als fünf Prozent der Zweitstimmen und mindestens drei Direktmandate erhält – wird sie in den Bundestag mit Abgeordneten einziehen.

Die Boolesche Multiplikation unterscheidet sich fundamental von der normalen Multiplikation und entspricht dem logischen UND. In diesem Fall bedeutet das, dass F nur dann zutrifft, wenn auch A und B zutreffen. In allen anderen Kombinationen – A trifft zu, B aber nicht; A trifft nicht zu, aber B trifft zu; weder A noch B trifft zu – trifft F nicht zu. Als Beispiel können hier Wahlverfahren zum Präsidenten gelten, die sowohl verlangen, dass mehr als ein bestimmtes Quorum der Wähler sich an der Wahl beteiligen, als auch dass der gewählte Kandidat die Mehrheit der abgegebenen Stimmen erhält. Tritt eines der Ereignisse nicht ein, kommt es nicht zur Bestimmung eines Präsidenten. Aus diesem Grund etwa blieb das Präsidentenamt in Serbien nach drei Wahlen eineinhalb Jahre unbesetzt.

Das Ziel von QCA besteht darin Gleichungen aufzustellen, die darauf hinweisen, unter welchen Bedingungen eine Funktion (F), also ein Ereignis eintritt. Wenn wir eine Variable mit der Ausprägung „trifft zu" mit Großbuchstaben versehen, und eine mit der Ausprägung „trifft nicht zu" mit einem Kleinbuchstaben, dann ergibt sich z.B. die Funktion F aus ABC. Das heißt, wenn F zutrifft, treffen auch A, B und C zu. Am Ende der Gleichung steht also kein Produkt, sondern die Funktion von ABC. Es kann sich also auch F = AbC ergeben, wenn A und C anwesend sind und das Ereignis B nicht zutrifft. Beide Ausdrücke zusammen lassen sich dann als F = ABC + AbC zusammenfassen.

Ein weiterer wichtiger Aspekt ist die Boolesche Minimierung: Wenn zwei Boolesche Ausdrücke sich nur in einer kausalen Bedingung unterscheiden, aber das gleiche Ergebnis haben, dann kann jener Ausdruck eliminiert werden, der unterschiedliche Werte annimmt. In dem obigen Fall kann somit B wegfallen und es ergibt sich F = AC. Dies bedeutet, dass es zu F kommt, wenn A und C zutreffen. B nimmt eine ambivalente Position ein und wird deshalb als Erklärungsfaktor nicht berücksichtigt. Diese Berechnung mag für zwei Fälle nicht besonders imponierend sein, wenn aber zehn Variablen berücksichtigt werden, kann es zu 1024 (2^{10} bzw. 2^k) Kombinationsmöglichkeiten kommen.

Die Ergebnisse der qualitativ-vergleichenden Methode bestehen immer aus Ausprägungskombinationen von Fällen unter Eliminierung von ambivalenten Ausprägungen von Variablen. Dabei sind durchaus alternative Ergebnisse möglich, wenn verschiedene Ursachenkombinationen (Konfigurationen) zu dem gleichen Ergebnis geführt haben (Äquifinalität). Ein wesentlicher Aspekt dieser Analyse besteht darin, dass die Ausprägungskombinationen immer auf die konkreten Fälle bezogen sind. Damit ist eine Analyse, die sich zugleich auf die Ausprägung von Variablen und auf die dahinter stehenden Fälle bezieht, möglich.

Der Analysefokus von makro-qualitativen Studien ist anders gelagert als in makro-quantitativen Untersuchungen, weshalb mit beiden Ansätzen nicht synonyme Fragestellungen untersucht werden können (Katz u.a. 2005: 117).[318] Die makro-qualitative Methode konzentriert ihre Analyse auf notwendige und hinreichende Bedingungsfaktoren einerseits und auf die Behandlung von Diversität andererseits. Durch die Kombination von konfigurativen Bedingungen und der theorieangeleiteten Betrachtung von Diversität, die über die empirischen Fälle hinausreichen, gilt die makro-qualitative Methode als eine Methode, die Zusammenhänge entdeckt.

Eine Bedingung wird als notwendig erachtet, wenn die Bedingung zusammen mit dem Ereignis auftreten muss. Eine Bedingung gilt als hinreichend, wenn diese selbst das Ereignis hervorrufen kann. Während Notwendigkeit rückwärtsgewandt ist und von Ereignissen ausgeht, ist die hinreichende Bedingung vorwärtsgewandt und geht von den Bedingungsfaktoren aus (Ragin 1987: 99-101; Ragin 2000: 96-109). In der Notation der Booleschen Algebra lassen sich notwendige und hinreichende Bedingungen wie folgt erfassen:

$F = AC + Bc$ (keine der Bedingungen ABC ist notwendig oder hinreichend)
$F = AC + BC$ (C ist notwendig, aber nicht hinreichend; kann auch $F = C (A + B)$ notiert (faktorisiert) werden.
$F = AC$ (A und C sind notwendig, aber nicht hinreichend)
$F = A + Bc$ (A ist hinreichend, aber nicht notwendig)
$F = A$ (A ist notwendig und hinreichend)

Um die Analyse der makro-qualitativen Methode darzustellen und näher auf den Umgang mit Diversität einzugehen, wird ein Beispiel Ragins vorgestellt, in welchem er auf die Fragestellung von Stein Rokkan (1970; 2000: Kapitel IV) näher eingeht, in der er fragt, in wie weit die Russische Oktoberrevolution die Arbeiterbewegung in Europa gespalten hat. So spaltete sich etwa die Arbeiterbewegung in Deutschland, während sie in Österreich und der Schweiz weit weniger von Fragmentierungsprozessen betroffen war, obgleich beide Länder durch ihre Nachbarschaft sehr ähnlich sind. Rokkan ging davon aus, dass die existierende *Cleavage*struktur in den einzelnen Ländern für das Ergebnis ausschlaggebend war. Vor allem vier unabhängige Variablen, die den Charakter der nationalen *cleavages* in Europa erfassen, sind von besonderer Bedeutung:

1. Zum einen wird erfasst, ob der Staat eine nationale Kirche etablierte, oder ob er mit der katholischen Kirche verbunden blieb. Gelten Großbritannien und die skandinavischen Staaten als typische Länder, die eine protestantische Staatskirche einrichteten, so blieben die romanischen Länder der katholischen Kirche verhaftet. Deutschland, welches in nord-südlicher Richtung sich in diesem Aspekt stark unterscheidet, wird von Ragin den Ländern mit einer Staatskirche zugewiesen. Länder, die eine Staatskirche etablierten, werden in Tabelle 14-1 mit 1 kodiert.
2. Die zweite Variable erfasst, ob die Länder es zuließen, dass die katholische Kirche am Aufbau von Institutionen der Nationenbildung, vor allem im Erziehungsbereich, teil-

[318] Dennoch existieren einige Untersuchungen, die beide Methoden für den gleichen Forschungsgegenstand verwenden: siehe etwa: Kangas (1994); Hicks (1999); Pennings (2003a); Koenig-Archibugi (2004); Katz u.a. (2005).

nehmen konnte. In Ländern mit einer Staatskirche (Niederlande, Schweiz und Deutschland) führte dies zu einer tiefen religiösen Spaltung, während es in Ländern mit einer Orientierung an der katholische Kirche (Österreich, Irland, Belgien und Luxemburg) die staatliche Säkularisierung behinderte. Länder, die den Einfluss der katholischen Kirche zuließen, werden mit 1 kodiert.

3. Die dritte Variable bezieht sich auf die Präferenz des Staates, mit den städtischen industrialisierten und kommerzialisierten Akteuren enger zusammenzuarbeiten oder mit den ländlichen Interessen (wie etwa der Großgrundbesitzer). Die staatliche Allianz mit den Interessen der Landeigentümer wird mit 1 kodiert.
4. Die letzte Variable erfasst die Staatsgründung. Falls es sich um frühe Staatsgründungen handelt, wie in Spanien, Großbritannien, Frankreich und der Schweiz, wurde dies mit einer 1 kodiert. Späten Staatsgründungen (etwa Deutschland, Italien, Österreich, Finnland, Belgien) wurde der Wert 0 zugewiesen.

Insgesamt ergeben sich 16 mögliche Kombinationen (2^4) (Merkmalsraum), von denen 10 durch die untersuchten Länder empirisch abgedeckt werden. Tabelle 14-1 fasst die Daten für diese 16 Länder, sowie die empirisch nicht angetroffenen Kombinationen zusammen.

Tabelle 14-1: Rokkans Daten zur Spaltung der Arbeiterbewegung in Westeuropa

Land	**C**	**R**	**L**	**E**	**S**
Großbritannien	1	0	1	1	0
Dänemark	1	0	0	1	0
Schweden	1	0	0	1	0
Norwegen	1	0	0	0	1
Finnland	1	0	0	0	1
Island	1	0	0	0	1
Deutschland	1	1	1	0	1
Niederlande	1	1	0	1	0
Schweiz	1	1	0	1	0
Spanien	0	0	1	1	1
Frankreich	0	0	0	1	1
Italien	0	0	0	0	1
Österreich	0	1	1	0	0
Irland	0	1	1	0	0
Belgien	0	1	0	0	0
Luxemburg	0	1	0	0	0
N. e. F.	0	0	1	0	?
N. e. F.	0	1	0	1	?
N. e. F.	0	1	1	1	?
N. e. F.	1	0	1	0	?
N. e. F.	1	1	0	0	?
N. e. F.	1	1	1	1	?

Quelle und *Erklärung*: Ragin (1987: 129). C = Staatskirche; R = Integration der katholische Kirche bei der Bildung nationalstaatlicher Institutionen; L = Staatliche Unterstützung der Interessen der Landeigentümer; E = Frühe Staatenbildung; S = Gravierende Spaltung der Arbeiterbewegung als Folge der Russischen Revolution (abhängige Variable). N. e. F. = Nicht eingetretener Fall. 1 wenn zutreffend; ? = keine klare Voraussage möglich; sonst 0.

Um die Boolesche Algebra für die Analyse zu nutzen, müssen die Rohdaten in eine „Wahrheitstabelle“ (*truth table*) übersetzt werden (Tabelle 14-2).[319] Eine *truth table* fasst die Daten in den empirisch aufgefundenen Kombinationen zusammen. Für die weitere Analyse ist es unwesentlich, wie oft die einzelnen Kombinationen auftreten. Von daher gehören die letzten beiden Spalten nicht zur *truth table*, sondern dienen der Illustration, was allerdings in empirischen Analysen durchaus sinnvoll sein kann.

Tabelle 14-2: *Truth Table*

C	**R**	**L**	**E**	**S**	**N**	**Länder**
1	1	1	0	1	1	Deutschland
1	1	0	1	0	2	Niederlanden, Schweiz
1	0	0	0	1	3	Norwegen, Finnland, Island
1	0	1	1	0	1	Großbritannien
1	0	0	1	0	2	Dänemark, Schweden
0	1	1	0	0	2	Österreich, Irland
0	1	0	0	0	2	Belgien, Luxemburg
0	0	1	1	1	1	Spanien
0	0	0	1	1	1	Frankreich
0	0	0	0	0	1	Italien

Erklärung: siehe Tabelle 14-1. N = Anzahl der Fälle, die dieser Konfiguration entsprechen.

In dieser *truth table* sind keine widersprüchlichen Ergebnisse (*contradictions*) aufgetreten. Dies kann passieren, wenn eine Ursachenkombination sowohl zu dem Ereignis 0 als auch 1 für die abhängige Variable gelangen kann. Das Aufreten von Widersprüchen ist für eine effiziente Analyse hinderlich, da die Ergebnisse schnell unübersichtlich werden. Für die Lösung von widersprüchlichen Bedingungspfaden sind mehrere Wege möglich, etwa die Bestimmung von Schnittpunkten oder etwa die Einführung der Bedingung, dass eine bestimmte Anzahl von Konfigurationen für eine Ausprägung auftreten muss, um berücksichtigt zu werden.

Im nächsten Schritt wird die Analyse durchgeführt, die in der Minimierung der Kombinationen besteht. Dies kann zunächst lediglich für die empirisch aufgetretenen Kombinationen durchgeführt werden.[320] Das Ergebnis führt zu der Kombination, die auch durch Rokkans Analysen identifiziert wurden: S = Ce + cr.

---

[319] Für eine solche Analyse hat Charles Ragin ein Programm zur Verfügung gestellt, welches von seiner Internetseite kostenlos herunter geladen werden kann: http://www.u.arizona.edu/~cragin/ragin.htm. Auch finden sich auf diesen Seiten umfangreiche Anleitungen, die sowohl für die QCA-Analysen, die dort als *crisp-set analysis* bezeichnet werden, als auch für die *fuzzy-set analysis*, die im weiteren Verlauf dieses Kapitels dargestellt wird, genutzt werden können (Ragin/Giesel 2002). Um eine *truth table* zu erhalten, sind die folgenden Befehle einzugeben. Im Feld ANALYSE wird CRIP SET gewählt. Als Analysemethode wird QUINE gewählt. Sodann werden die abhängige Variable und die vier unabhängigen Variablen in die Maske eingetragen. Durch Wählen der Funktion LIST im unteren Teil des Menüs wird eine *truth table* erstellt.

[320] Um eine solche Analyse durchzuführen wird im Menü der *crisp-set analysis*, wo wir zuvor durch LIST die *truth table* erhalten haben, die Funktion SPECIFY gewählt. In dem folgenden Menü wird *positive cases* (1) als wahr (*true*) ausgewählt. Um nur die empirischen Ereignisse auszuwählen, müssen die nicht empirisch auftretenden Fälle (*remainders*) in der Analyse ignoriert werden. Hierzu wird in der Zeile *remainder* die Option *don't care* ausgewählt. (Unter der QUINE-Option führen *don't care* und *false* zu den gleichen Ergebnissen). Falls für widersprüchliche Fälle bestimmte Schnittpunkte ausgewählt werden sollen, werden diese durch die Option FREQUENCIES im Menü *crisp-set analysis* ausgewählt und eine entsprechende Option gewählt.

Dies bedeutet, dass die Arbeiterbewegung stärker in protestantischen Ländern (C) gespalten war, die auch gleichzeitig eine kurze Staatsgeschichte besitzen (e). Dies trifft auf Norwegen, Finnland, Island und Deutschland zu. Ein alternativer Weg (Konfiguration) liegt für katholische Länder (c) wie Spanien, Frankreich und Italien vor, die einen Konflikt zwischen Kirche und Staat zur Zeit der Nationenbildung (r) erfuhren. Mit diesen beiden Kombinationen von Bedingungsfaktoren sind sämtliche Fälle mit einer gespaltenen Arbeiterbewegung (S = 1) erklärt.

Die gleiche Analyse lässt sich für die Fälle durchführen, in denen die Arbeiterbewegung nach der Russischen Revolution nicht gespalten war (S = 0). Diese Analyse führt zu dem folgenden Ergebnis:[321] s = cR + CE.

Das Ergebnis ist fast spiegelbildlich zu dem positiven Ergebnis. In katholischen Ländern (c), in denen die Kirche beim Staatsaufbau integriert wurde, wie in Österreich, Irland, Belgien und Luxemburg (R), sowie in lang etablierten (E) protestantischen Ländern (C) wie Großbritannien, Dänemark, Schweden, den Niederlanden und der Schweiz blieb die Arbeiterbewegung von einer Spaltung verschont.

In den empirisch vorgefundenen Fällen fehlen noch sechs Kombinationsmöglichkeiten. Diese Kombinationen gehören jedoch auch zu der hypothetischen Diversität, die auftreten kann, wenn die Spaltung der Arbeiterbewegung als Folge der Russischen Revolution untersucht wird. Die Aufnahme von empirisch nicht unmittelbar erfassbarer Diversität macht einen innovativen Aspekt der QCA aus. Durch „Gedankenspiele“ und die gegenseitige Befruchtung von Theorie und Daten lassen sich die übrig gebliebenen Kombinationen (*remainders*) in unterschiedlichen Ausprägungen kodieren und deren Effekt auf die abhängige Variable einschätzen. Wenn eine gespaltene Arbeiterbewegung etwa als eine Besonderheit betrachtet wird, so lassen sich die übrigen sechs Kombinationen hypothetisch als solche betrachten, die *nicht* zur Spaltung der Arbeiterbewegung geführt haben. Wird eine solche Analyse durchgeführt, erhalten wir drei unterschiedliche Konfigurationen: S = rle + crE + CRLe.

Einmal existieren jüngere Staaten (e), die zum einen (1) durch eine geringe Integration der katholischen Kirche beim Staatsaufbau (r), sowie durch eine Bevorzugung städtischer Interessen (l) – zu diesen zählen Italien, Norwegen, Finnland und Island. Zum anderen finden sich (2) protestantische Länder (C) mit einer starken kirchlichen Integration (R) und mit einer Hinwendung zu ländlichen Interessen (L) – Deutschland. Die dritte Kombination besteht in älteren Staaten (E), die eine Spaltung der Arbeiterbewegung erfuhren und als katholische Länder (c) mit einer geringen Integration der katholischen Kirche beim Aufbau von staatlichen Institutionen zu zählen sind – wie z.B. Spanien und Frankreich.

Die beiden Kombinationen der Analyse der empirisch vorfindbaren Ereignisse finden sich auch in den letzten beiden Konfigurationen der um die hypothetischen Fälle ergänzten Gleichung wieder. Die zweite und dritte Kombination betont jedoch die Kombinationen von jungen und protestantischen, sowie von religiösen Konflikten betroffenen, katholischen Ländern stärker als in Rokkans ursprünglicher Interpretation. Ragin (1987: 131) sieht darin eine Verfeinerung von Rokkans Argument und die Identifikation des großen Gewichts der Geschichte religiösen Konflikts. Die ersten Konfigurationen der erweiterten Analyse widerlegen zum Teil jedoch auch Rokkans Schlussfolgerungen, indem sie aufzeigen, dass die Russische Revolution einen stärkeren Einfluss auf den Zusammenhalt der Arbeiterbewegung in Ländern mit weniger gefestigten *Cleavage*strukturen besaß als in etablierten. An-

[321] Für eine solche Analyse wird unter SPECIFY *negative cases* als *true* gewählt und *positive cases* als *exclude*.

derseits deutet die dritte Konfiguration darauf hin, dass *cleavages* wichtige Bedingungen für die Spaltung der Arbeiterbewegung darstellen. Ragin schließt daraus, dass die Konsequenzen der Russischen Revolution für die Arbeiterbewegung besonders gravierend waren in Ländern, wo die historisch bedingte Last auf die politischen Institutionen entweder relativ leicht oder sehr schwer war.

Wenn die empirische und erweiterte Analyse miteinander verglichen werden, ergibt sich, welche Implikationen Rokkans Analyse umfasste. Rokkan ging davon aus, dass Länder, die die Kombination CRle (jüngere protestantische Staaten mit einer Integration der katholischen Kirche beim Staatsaufbau und der Unterstützung städtischer Interessen) oder rLe (jüngere Staaten mit einer geringen Integration der katholischen Kirche beim Staatsaufbau und eine Hinwendung zu ländlichen Interessen) besitzen, eine gespaltene Arbeiterbewegung aufweisen. Natürlich existierten solche Länder nicht und Rokkan beabsichtigte nicht, sein Argument auf Länder außerhalb Europas auszudehnen. Allerdings würde eine solche Analyse Rokkans Schlussfolgerung anhand anderer Länder testen können (siehe etwa Geddes 2003: 148-173). Ragin (1987: 132) stellt in diesem Zusammenhang heraus, dass eine Boolesche Analyse die implizierten Annahmen einer Untersuchung offenlegen und damit zu weiterreichenden Ergebnissen kommen kann, da der Bereich der Möglichkeiten (Diversität) erhöht wird.

Die Boolesche Algebra kann nicht nur für die Identifikation von Kausalitäten benutzt werden, sondern auch für die Erstellung von Typologien, indem sie ähnlich einer Clusteranalyse angewendet wird (Ragin 1987: 149-160). Damit ergeben sich vielfältige Möglichkeiten diese Analysetechnik in der vergleichenden Politikwissenschaft anzuwenden.

Allerdings offenbaren sich bei der Anwendung dieser Methode auch größere Schwierigkeiten, denn oftmals ist es nicht einfach, die Ergebnisse in überschaubaren Konfigurationen abzubilden. Durch das häufige Auftreten von Widersprüchen (*contradictions*) verlieren die Ergebnisse schnell an Übersichtlichkeit (Ragin 1987: 113-118; Kangas 1994: 356). In manchen Situationen ist auch eine Minimierung nicht so effizient möglich, wie im vorliegenden Beispiel dargestellt. Wenn allerdings (fast) genauso viele Konfigurationen bestehen wie Fälle, ist eine solche Analyse sinnlos. Es muss also anhand eines konkreten Datensatzes genau untersucht werden, ob die Daten einer solchen Analyse zugänglich sind. Schließlich ist die Analyse sehr stark von der Kodierung der Optionen abhängig. Falls in unserem Beispiel Deutschland nicht als ein protestantisches sondern als ein katholisches Land kodiert wird, erreichen wir deutlich unterschiedliche Ergebnisse.[322] Für eine Analyse der empirischen Fälle erhalten wir die Lösung: S = re + cr (anstatt cr + Ce) und für eine Analyse mit den hypothetischen Fällen erhalten wir: S = rle + crE (anstatt rle + crE + CRLe). Diese Ergebnisse deuten darauf hin, dass die Trennung von kirchlichen und staatlichen Institutionen (r) in beiden Fällen eine notwendige Bedingung für die Spaltung der Arbeiterbewegung ist (findet sich in allen Konfigurationen). Für die empirischen Fälle bedeutet dies, dass dieses Ereignis entweder mit einer späten Staatengründung oder mit einem katholischen Staat zusammenfallen muss. Nehmen wir die hypothetischen Fälle noch hinzu, muss im ersten Fall noch die Hinwendung zu städtischen Interessen und im zweiten Fall ein etablierter Staat aufgenommen werden. Dieses Ergebnis betont noch stärker als in Ragins Beispiel

[322] Eine solche Einteilung Deutschlands trifft für die Zeit der Russischen Revolution wohl eher nicht zu, allerdings zeigen manche Arbeiten, dass Deutschland durchaus als katholisch kodiert werden kann (Castles 1998: 56). Auf jeden Fall hat auch Rokkan (2000: 375) das Deutsche Reich sowie die Niederlande und die Schweiz als protestantisch und katholisch gemischt bezeichnet.

die wesentliche Bedeutung von Religion. Allerdings weist es auch auf die Schwäche der Robustheit eines Booleschen Ergebnisses hin. Konfigurationen können sich fundamental ändern, wenn der Schnittpunkt nur minimal verändert wird. Um robuste Ergebnisse mit der QCA-Technik zu erzielen, müssen die Schnittpunkte deutlich analytisch bestimmbar sein und mehrere Analysen mit verschiedenen Schnittpunkten der unabhängigen und abhängigen Variablen durchgeführt werden. Am Ende solcher Tests sollten die Schnittpunkte auf keinen Fall analysetechnisch begründet, sondern auf deren theoretische Implikationen eingegangen werden. Positiv gewendet, bedeutet ein solches Vorgehen einen intensiven Diskurs mit den Daten (Ragin 1987: Kapitel 9; 2000: Kapitel 11). Die Dichotomisierung führt darüber hinaus jedoch weiterhin zu einem nicht zu unterschätzenden Informationsverlust. Dieses Problem hat Ragin (2000) in seiner neuen Analysetechnik von *fuzzy-sets* aufgenommen und versucht, durch eine neue Kategorisierung der Variablen auszugleichen.

3 *Fuzzy-set* Sozialwissenschaft

In seinem Werk zur *fuzzy-set* Sozialwissenschaft kehrt Ragin das Messproblem der QCA in einen Vorteil um. Ausgehend von „intelligenten Maschinen", die je nach Einsatzbedingungen die gleichen Funktionen mit unterschiedlichen Prämissen verrichten,[323] schlägt Ragin eine problemorientierte Skalierung der betrachteten Variablen vor. Er geht davon aus, dass eine mechanische metrische Skala nicht die qualitativen Sprünge erfassen kann, die wesentlich für die empirische Erfassung eines Konzepts sind (Ragin 2000: 153-171). So können arme Gesellschaften nicht einfach anhand des Bruttoinlandsprodukts erfasst werden, etwa dergestalt, dass ein Land, dessen Bruttoinlandsprodukt halb so hoch ist wie das eines anderen Landes, auch halb so arm ist. Vielmehr geht Ragin davon aus, dass Fälle dem Kriterium mehr oder weniger entsprechen. Sie können etwa ganz in die Kategorie (Set) fallen oder nur zu einem Teil oder gar nicht. Wesentlich ist der Scheitelpunkt, der ein armes Land von einem nicht armen Land unterscheidet, wobei ein nicht armes Land nicht schon ein reiches Land sein muss. Um diesen Sachverhalt zu erfassen, schlägt Ragin eine Skala zwischen 0 (fällt gar nicht in das Set) und 1 (fällt vollkommen in das Set) mit dem Scheitelwert 0,5 vor. Wie viele Orientierungspunkte auf der Skala existieren oder ob die Variablen „kontinuierlich" gemessen werden, richtet sich nach dem Erkenntnisinteresse (Ragin 2000: 156). Wenn wir z.B. davon ausgehen, dass das Bruttoinlandsprodukt pro Kopf aller Länder der Erde zwischen 40.000 USD und 450 USD variiert, so ist der Sprung zwischen 450 USD und 1.450 USD entscheidender für die Qualifikation als armes Land als der Sprung zwischen 20.000 und 21.450 USD. Deshalb könnten die Länder der Erde etwa zwischen 450 bis 999 USD als deutlich arm, zwischen 1.000 und 1.999 als mehr oder weniger arm, um 2.000 als Schnittstelle zwischen arm und nicht arm bezeichnet werden. Länder, die ein Bruttoinlandsprodukt pro Kopf zwischen 2.001 und 6.000 USD besitzen, sind demnach mehr oder weniger nicht arm, Länder mit mehr als 6.001 bis über 40.000 USD sind deutlich nicht arme Länder. Tabelle 14-3 fasst die unterschiedliche Erfassung anhand eines Fünf-Werte *Fuzzy-Sets* zusammen.

[323] Waschmaschinen verfügen zum Teil über eine *fuzzy-logic*, indem sie die Wassermenge nach dem Gewicht der Wäsche selbst regulieren. Siehe grundlegend auch: Klir u.a. (1997).

Tabelle 14-3: *Fuzzy*-Mitgliedschaft armer Länder

BIP pro Kopf	Fuzzy-Mitgliedschaft (M)	Verbale Bezeichnung der Mitgliedschaft
0-999	M = 1	deutlich arm
1.000-1.999	0,5 < M < 1 (z.B. M = 0,75)	mehr oder weniger arm
2.000	M = 0,5	weder noch
2.001-6.000	0 < M < 0,5 (z.B. M = 0,25)	mehr oder weniger nicht arm
6.001-40.000	M = 0	deutlich nicht arm

Bedeutsam ist dabei, dass die Klassifikation von reichen Ländern sich nicht unmittelbar aus der Klassifikation armer Länder ergibt. Reiche Länder könnten solche sein, die ein BSP pro Kopf zwischen 20.001 und über 40.000 USD besitzen (siehe Tabelle 14-4). Mehr oder weniger reich wären Länder mit einem BSP pro Kopf von 10.001 bis 20.000 USD. 10.000 USD könnten der Schnittpunkt sein und Länder mit 3.000 bis 9.999 USD sind mehr oder weniger nicht reich und Länder, die darunter liegen, gehören eindeutig nicht zu der Klasse der reichen Länder. Für Länder wie Deutschland, Österreich, die Schweiz etc. ergibt sich daraus, dass sie sowohl der Klasse der reichen Länder angehören als auch der Klasse der nicht armen Länder. Für die baltischen Staaten, deren BSP pro Kopf zwischen 6.000 und 8.300 USD liegt, weist diese Erfassung von armen und reichen Ländern jedoch darauf hin, dass sie weder in die Klasse der armen Länder noch in die Klasse der reichen Länder gehören. Wobei sie deutlich nicht arme Länder und mehr oder weniger nicht reiche Länder darstellen.

Tabelle 14-4: *Fuzzy*-Mitgliedschaft reicher Länder

BIP pro Kopf	Fuzzy-Mitgliedschaft (M)	Verbale Bezeichnung der Mitgliedschaft
20.001-40.000	M = 1	deutlich reich
10.001-20.000	0,5 < M < 1 (z.B. M = 0,75)	mehr oder weniger reich
10.000	M = 0,5	weder noch
3.000-9.999	0 < M < 0,5 (z.B. M = 0,25)	mehr oder weniger nicht reich
0-2.999	M = 0	deutlich nicht reich

Diese Skalierung, die für die Schnittpunkte einer weitgehenden theoretisch-analytischen Überlegung bedarf, ist für viele sozialwissenschaftliche Untersuchungen sehr relevant. So könnten Demokratien skaliert werden, inwieweit sie einer empirisch „perfekten" Demokratie (Polykratie) (M = 1) oder einer „defekten Demokratie" (0,75) entsprechen (Merkel

1999: 56). Dabei könnte man den empirisch nicht anzutreffenden Idealtyp mit 1 kodieren und die empirischen, realexistierenden Demokratien mit 0,9. Neben einem starken Theoriebezug verlangen *fuzzy-sets* aber auch eine intensive Fallkenntnis, um zu bestimmen, ob und in welchem Grad ein Fall in das entsprechende Set fällt. Die Notwendigkeit der Fallkenntnis rückt die *fuzzy-set* Analysen stärker an die Fallstudien, wenngleich durchaus festgehalten werden kann, dass *fuzzy-set* Analysen starke Affinität mit der variablenorientierten Regressionsanalysenlogik besitzt (Hall 2003: 389).

Allerdings wirken diese Klassifizierungen in vielerlei Hinsicht auch willkürlich und es werden umfangreiche Diskurse für eine geeignete Eichung der Messinstrumente benötigt (Jacobs 2003). Dieses Problem wurde bereits im Zusammenhang mit der Identifikation der Schnittpunkte dichotomer Variablen bei der QCA diskutiert. Es steigert sich bei der Identifikation von Schnittstellen und der Bestimmung der graduellen Setzuschreibung bei *fuzzy-sets*. Der Vorteil, den Ragin im Diskurs zwischen analytischen Konzepten und Skalierung sieht, kann schnell in Beliebigkeit abgleiten, denn im Gegensatz zur Nutzung offizieller Statistiken ist die Forscherin selbst für die Festlegung von Schnittstellen verantwortlich, was zu Problemen der Fehlervarianz führt, wie dies bereits im Zusammenhang mit den Fallstudien besprochen wurde. Dieses Problem ist umso bedeutender, als dass die Analysetechnik von *fuzzy-sets* sehr sensibel für unterschiedliche Klassifikationen ist. Dies liegt auch daran, dass Ragin in der *fuzzy-set* Analyse die deutliche Behandlung von Fällen anhand von Toleranzgrenzen von notwendigen und hinreichenden Bedingungen auflöst, um der Gefahr von widersprüchlichen Bedingungen (*contradictions*) entgegenzuwirken. Indem also gewisse Toleranzgrenzen für die Analyse zugelassen werden, die auch probabilistische Analysen zulassen, um konfigurative Zusammenhänge zu identifizieren, wird die Analyse intransparenter als die QCA. Dennoch hat Ragin instruktive Lösungswege für das Problem des Informationsverlustes der Dichotomisierung durch die Einführung von *fuzzy-sets* angegeben. Das Problem, robuste Ergebnisse zu erhalten, wurde durch diese Datenerfassungstechnik allerdings eher erhöht als vermindert.

Anhand eines Beispiels, welches sich auf den Ausbau des Wohlfahrtsstaates bezieht, soll die *fuzzy-set* Analyse näher dargestellt werden (Ragin 2000: 286-308). Die Fragestellung besteht darin, unter welchen Bedingungen Wohlfahrtsstaaten umfangreiche Sozialausgaben tätigen. Ich beziehe mich im Folgenden auf die von Ragin benutzten unabhängigen Variablen: starke Linksparteien, starke Gewerkschaften, Korporatismusgrad und soziokulturelle Homogenität. Tabelle 14-5 stellt die benutzten Rohdaten, die sich zum Teil durch Indexbildungen ergeben, und die *fuzzy-set* Daten dar.[324]

[324] Ich möchte mich hiermit bei Charles Ragin bedanken, der mir die Rohdaten für diesen Zweck zugänglich gemacht hat. Allerdings war es ihm nicht mehr möglich zu rekonstruieren, wie sich die Rohdaten aus den ursprünglichen Informationen, die sich auf Esping-Andersens (1990) Datensatz beziehen, ableiten lassen.

Tabelle 14-5: Rohdaten und *fuzzy-set* Daten

Land	Ausgaben (Roh)	Ausgaben (Fuzzy)	Linke Regierung (Roh)	Linke Regierung (Fuzzy)	Gewerk-schaften (Roh)	Gewerk-schaften (Fuzzy)	Korpora-tismus (Roh)	Korpora-tismus (Fuzzy)	Homogenität (Roh)	Homogenität (Fuzzy)
Australien	-2,70	0,26	6,94	0,25	51,40	0,40	1	0,17	0,75	0,25
Österreich	0,79	0,72	20,45	0,70	65,60	0,64	5	0,83	0,33	0,67
Belgien	1,30	0,79	13,53	0,54	71,90	0,84	5	0,83	0,71	0,29
Kanada	-2,57	0,26	0,00	0,00	31,20	0,06	0	0,05	1,26	0,10
Dänemark	1,90	0,86	25,13	0,85	69,80	0,81	5	0,83	0,14	0,86
Finnland	1,07	0,76	13,98	0,56	73,30	0,86	5	0,83	0,28	0,72
Frankreich	-0,33	0,57	3,10	0,12	33,20	0,10	2	0,33	0,69	0,31
Deutschland	0,34	0,68	10,86	0,43	39,60	0,20	4	0,67	0,70	0,30
Irland	0,22	0,67	2,79	0,11	63,10	0,63	4	0,67	0,16	0,84
Italien	0,17	0,64	2,52	0,10	50,60	0,39	3	0,50	0,45	0,55
Japan	-,65	0,52	0,00	0,00	31,00	0,04	2	0,33	0,09	0,95
Niederlanden	0,64	0,69	8,20	0,33	37,70	0,17	5	0,83	0,73	0,27
Neuseeland	-0,48	0,56	9,92	0,40	59,40	0,54	1	0,17	0,80	0,15
Norwegen	2,62	0,95	28,42	0,95	58,90	0,53	5	0,83	0,09	0,95
Schweden	2,71	0,98	29,62	0,98	82,40	1,00	6	0,95	0,30	0,70
Schweiz	-0,54	0,53	8,62	0,34	35,40	0,13	4	0,67	1,09	0,10
Großbritannien	0,12	0,63	16,16	0,61	48,00	0,34	3	0,50	0,80	0,15
USA	-4,07	0,09	0,00	0,00	24,50	0,04	0	0,05	1,37	0,05
Minimum	-4,07	0,09	0,00	0,00	24,50	0,04	0	0,05	0,09	0,05
Maximum	2,71	0,98	29,62	0,98	82,40	1,00	6	0,95	1,37	0,95
Mittelwert	0,0296	0,6200	11,1244	0,4039	51,5000	0,4289	3,33	0,5578	0,5967	0,4561
Median	0,1950	0,6550	9,2700	0,3700	51,0000	0,3950	4,00	0,6700	0,6950	0,3050
Standard-abweichung	1,77158	0,23394	9,63037	0,32402	17,37510	0,31619	1,910	0,30323	0,39342	0,31978

Die Rohdaten und die *fuzzy-set* Daten korrelieren sehr hoch miteinander (zwischen r = 0,999 und r = 0,951). Wesentlich ist jedoch, dass die *fuzzy-set* Daten so skaliert sind, dass 0,5 der Grenzwert ist, ob sie zu einem Set gehören oder nicht. Damit nimmt der Wert 0,5 einen Schwellenwert an, bei dem davon ausgegangen werden muss, dass der Fall weder ins Set gehört noch nicht gehört. Werte unter 0,5 gehören dann bis zum Wert 0 zunehmend nicht zum Set. Im Folgenden werden Ragins Darlegungen zu den einzelnen *fuzzy-set* Werten dargelegt.

Die abhängige Variable „generöser Wohlfahrtsstaat" wurde aus den Indikatoren „Dekommodifizieren" (Lockerung der Arbeitnehmer von Marktgesetzen durch Sozialprogramme) und „Liberalisierung" (der Grad zu dem Bedürftigkeitstests für die Anspruchnahme von Sozialleistungen durchgeführt werden) aus der Arbeit von Esping-Andersen (1990: 70) entnommen. Beide Variablen wurden z-standardisiert und aufsummiert, wobei Liberalisierung in der Ausprägungsrichtung umgekehrt wurde (Multiplikation mit -1). Die *fuzzy-set* Werte erreichen fast den Wert 1 (Maximum 0,98), was Ragin damit begründet, dass keines der Länder vollkommen dem Typ des generösen Wohlfahrtsstaates entspricht. Die anderen Werte sind dann proportional zum gemittelten Z-Wert der Rohwerte der beiden Variablen auf dem Bereich 0 bis 0,98 vergeben worden. Das bedeutet, dass nur drei Länder (Australien, Kanada, USA) nicht dem Set generöser Wohlfahrtsstaaten angehören.[325]

Die Stärke linker Parteien wurde auf Grundlage von Hubers u.a. (1993) kumulativen Indikator ermittelt. Die Werte, die zwischen 0 und 29,62 variieren, wurden auf *fuzzy-set* Werte übertragen, indem der Wert 0 beibehalten wurde und der höchste Wert wiederum 0,98 betrug. Damit fallen sieben Länder in das Set starker linker Parteien (Schweden, Norwegen, Dänemark, Österreich, Großbritannien, Finnland und Belgien).

Für die Variable „starke Gewerkschaften" wurden Daten zum gewerkschaftlichen Organisationsgrad benutzt (Visser/Ebbinghaus 1992).[326] In diesem Fall wurde der Wert 1 für einen Organisationsgrad von 82,4 Prozent vergeben. Ragin (2000: 293) gibt keine weitere Orientierung, wie er die anderen Werte vergeben hat, außer, dass die Rohdaten einen deutlich höheren Betrag aufweisen müssten als 50 Prozent, um in das Set der Länder mit starken Gewerkschaften zu gehören. So liegt Australien mit 51,4 Prozent noch deutlich außerhalb des Sets „starker Gewerkschaften" (*fuzzy-set* Wert = 0,4), während Norwegen mit 58,9 Prozent sich im Set befindet (*fuzzy-set* Wert = 0,53).

Das Korporatismusset erfasst Ragin anhand des ordinalen Fünfkategorienmaßes von Lehmbruch (1984: 65-66). Um nicht so viele 0,5er Werte zu erhalten und das Maß ausdifferenzierter zu gestalten, nutzt Ragin noch Informationen zum Zentralisierungsgrad von Gewerkschaften. Auf dieser Grundlage bildet er eine Siebener *fuzzy-set* Skala, deren Extremwerte jedoch nicht auf 0 und 1 festgelegt werden, sondern auf 0,05 und 0,95. Anhand der Informationen (Ragin 2000: 294) ist es nicht zweifelsfrei nachvollziehbar, wie die *fuzzy-set* Werte ermittelt wurden.

Das letzte Set legt die soziokulturelle Homogenität eines Landes fest, indem ein Index von religiöser und ethnischer Homogenität z-standardisiert und aufsummiert wurde.[327] In

[325] Wäre das arithmetische Mittel als Schnittstelle benutzt worden, dann wären noch Frankreich, Japan, Neuseeland und die Schweiz aus dem Set generöser Wohlfahrtsstaaten heraus gefallen. Beim Median kämen nochmals Italien und Großbritannien hinzu.

[326] Für eine aktuelle umfassende Darstellung der Entwicklung der Gewerkschaften und ein Datensatz auf CD siehe Ebbinghaus/Visser (2004).

[327] Ragin (2000: 204) gibt für diese Indices keine Quelle an.

diesem Fall werden die Extremwerte mit 0,05 und 0,95 festgelegt und die anderen Werte proportional zu den Rohwerten der zusammengefassten Indices vergeben. Damit fallen acht der 18 Länder in das Set homogener Gesellschaften.

Die Analyse der empirisch vorfindbaren Fälle verläuft im Wesentlichen in zwei Stufen. Zunächst wird getestet, ob notwendige Variablen existieren.[328] Hierzu müssen acht Tests (2^k), d.h. einmal für die positive und einmal für die negative Zugehörigkeit jeder Variable zu einem Set durchgeführt werden. In der folgenden Analyse hat Ragin einen Wahrscheinlichkeitstest mit 0,80 (fast immer notwendig) mit einem Signifikanzniveau von 0,05 durchgeführt.[329] Die Ergebnisse werden im Ausdruck unter der Rubrik notwendige und hinreichende Kausalanalyse dargestellt (siehe Tabelle 14-6).[330]

Tabelle 14-6: Notwendige Kausalanalyse

Variable	**Anzahl des Ereignisses**	**Beobachtbarer Anteil**
links	9	0,50
LINKS	2	0,11
Gewerkschaften	9	0,50
GEWERKSCHAFTEN	4	0,22
Korporatismus	6	0,33
KORPORATISMUS	6	0,33
Homogenität	9	0,50
HOMOGENITÄT	4	0,22

Anzahl der getesteten Fälle (Ereignis > 0): 18 (100.0% vom Total)
Methode: Wahrscheinlichkeit; Test Proportion: 0.80; *p < 0.05

0 notwendige Kausalitäten in der Analyse.

328 Eine sehr knappe Einführung in die *fuzzy-set* Analyse gibt Mathias Koenig-Archibugi (2003) im Hinblick auf seinen Beitrag zur EU Außen- und Sicherheitspolitik (Koenig-Archibugi 2004).

329 Ragin (2000: 107-119) gibt die folgende Wahrscheinlichkeitsproportion: 0,8 (trifft fast immer zu); 0,65 (trifft gewöhnlich zu); und 0,5 (trifft öfter zu als nicht). Auch empfiehlt er verschiedene Signifikanzniveaus (0,1; 0,05; 0,01), die zusammen mit der Wahrscheinlichkeitsproportion eine gewisse Anzahl von Ausnahmen erlauben (siehe auch Tabelle 4.9 in Ragin 2000: 114).

330 Um die Analyse im Programm durchzuführen ist zunächst FUZZY SETS zu wählen. Im nächsten Schritt ANALYSE. Sodann müssen die Variablen ausgewählt werden und die abhängige Variable bestimmt werden. Mit LIST wird eine Liste der aufgenommenen Variablen mit den *fuzzy-set* Werten dargestellt. Unter TEST lassen sich die Wahrscheinlichkeitsproportionen und Höhe des Signifikanzniveaus bestimmen. Die Voreinstellung liegt bei 0,8 und 0,05. Durch den Befehl RUN erhält man das Ergebnis. Mit dem Menü OUTPUT kann man in der mittleren Abteilung die Zwischenergebnisse aller hinreichenden Ergebnisse erhalten, bevor diese in der minimierten Form als Lösungsformel wiedergegeben werden. Unter GRAPHS ⇒ FUZZY ⇒ XY PLOT können leicht interpretierbare graphische Darstellungen von notwendigen und hinreichenden Bedingungen erstellt werden, die allerdings nicht ohne weiteres exportierbar sind. Leider ist das Programm sehr sensibel und stürzt oftmals ab. Auch können Daten schnell verloren gehen, weshalb sie in Form anderer Programme nochmals gesichert werden sollten.

Im vorliegenden Fall existieren keine notwendigen Bedingungen. Der höchste Wert, der erreicht wird, liegt bei 0,5 und ist weit von 0,8 entfernt.[331] Die Analyse von hinreichenden Bedingungen ist komplexer. Insgesamt werden in dem vorliegenden Beispiel 80 Kombinationen getestet (3^k-1), wovon nach Ragins Aussagen etwa 40 den Test bestehen. Im Prinzip sind die Tests jenen mit dichotomisierten Variablen gleich, jedoch bauen sie auf die jeweilige Setzugehörigkeit auf, was den Rechenprozess komplizierter gestaltet, die Interpretation allerdings nicht wesentlich berührt. Durch Minimierung werden die Lösungswege auf vier Konfigurationen reduziert:

LINKS
\+
GEWERKSCHAFTEN • HOMOGENITÄT
\+
KORPORATISMUS • HOMOGENITÄT
\+
GEWERKSCHAFTEN • KORPORATISMUS • homogenität

In dieser Darstellung bedeuten die großgeschriebenen Ausprägungen, dass die Bedingung zutrifft, kleingeschriebene Bedingungen weisen auf deren Abwesenheit hin. • bedeutet „und“ und + stellt „oder“ dar. Das Ergebnis ist also so zu interpretieren, dass generöse Wohlfahrtsstaaten dort entstehen, wo (a) eine starke linke Partei existiert. Alternativ entstehen solche Wohlfahrtsstaaten auch in homogenen Gesellschaften, die (b) starke Gewerkschaften besitzen oder (c) einen hohen Korporatismusgrad. Schließlich erfahren auch (d) heterogene Gesellschaften, die sowohl starke Gewerkschaften als auch einen hohen Korporatismusgrad besitzen, einen großzügigen Wohlfahrtsstaat. Da starke Linksparteien eine hinreichende Bedingung für einen generösen Wohlfahrtsstaat darstellen, bestehen auch alle Kombinationen mit starken Linksparteien den Test hinreichender Bedingungen.

Um eine fallorientierte Interpretation der Ergebnisse zu ermöglichen, müssen die Werte der Zusammenhangskonfigurationen, die den Test der hinreichenden Bedingungen bestanden haben, für die jeweiligen Fälle berechnet werden. Tabelle 14-7 fasst die Werte zusammen. Dabei werden die Werte, die nur eine Variable umfassen (linke Parteien) beibehalten. Bei den Kombinationen wird der niedrigste Wert benutzt, etwa GEWERKSCHAFTEN • HOMOGENITÄT führt für Japan zu 0,04. Für nicht zutreffende Bedingungen, wie homogenität in der zweiten Kombination, wird die Differenz zu 1 benutzt. Etwa ergibt sich der Wert 0,33 für Österreich aus 1 minus 0,67 = 0,33.

[331] Bei 18 Fällen und einer Wahrscheinlichkeitsproportion von 0,8 sowie einem Signifikanzniveau von 0,05 müssten alle 18 Fälle den entsprechenden Sets angehören. Wird auf eine Wahrscheinlichkeitsproportion von 0,5 und einem Signifikanzniveau von 0,1 heruntergegangen, müssten immer noch 13 Fälle in die entsprechenden Sets fallen (siehe Tabelle 4.9 in Ragin 2000: 114). Im vorliegenden Fall ist die höchste Zahl 9.

Tabelle 14-7: *Fuzzy*-Mitgliedschaften der Länder in den jeweiligen hinreichenden Zusammenhangsbeziehungen

Land	**L**	**G und K und ~H**	**G und H**	**K und H**	**Maximalwert des kausalen Zusammenhangs**	**Generöser Wohlfahrtsstaat**
Australien	0,25	0,17	0,25	0,17	0,25	0,26
Österreich	0,70	0,33	0,64	0,67	0,70	0,72
Belgien	0,54	0,71	0,29	0,29	0,71	0,79
Kanada	0,00	0,05	0,06	0,05	0,06	0,26
Dänemark	0,85	0,14	0,81	0,83	0,85	0,86
Finnland	0,56	0,28	0,72	0,72	0,72	0,76
Frankreich	0,12	0,10	0,10	0,31	0,31	0,57
Deutschland	0,43	0,20	0,20	0,30	0,43	0,68
Irland	0,11	0,16	0,63	0,67	0,67	0,67
Italien	0,10	0,39	0,39	0,50	0,50	0,64
Japan	0,00	0,04	0,04	0,33	0,33	0,52
Niederlande	0,33	0,17	0,17	0,27	0,33	0,69
Neuseeland	0,40	0,17	0,15	0,15	0,40	0,56
Norwegen	0,95	0,05	0,53	0,83	0,95	0,95
Schweden	0,98	0,30	0,70	0,70	0,98	0,98
Schweiz	0,34	0,13	0,10	0,10	0,34	0,53
Großbritannien	0,61	0,34	0,15	0,15	0,61	0,63
USA	0,00	0,04	0,04	0,05	0,05	0,09

Erklärung: L= starke Linksparteien; G und K und ~H = Gewerkschaften und Korporatismus, keine Homogenität; G und H = Gewerkschaften und Homogenität; K und H = Korporatismus und Homogenität.
Quelle: Ragin (2000: 298).

In der Spalte der höchsten Beziehungswerte wird der jeweils höchste Wert der vier Kausalanalysen eingetragen. Dieser Wert stellt dar, welcher Kombination ein Land vor allem entspricht. So entsprechen Finnland, Frankreich, Irland, Italien und Japan der Konfiguration eines homogenen, korporatistischen Landes. Dabei beansprucht Finnland zusätzlich noch für sich allein die Kombination starke Gewerkschaft und Homogenität. Belgien ist der einzige Fall, der seine Heterogenität durch relativ starke Gewerkschaften und ausgeprägten Korporatismus ausgleicht. Starke linke Parteien sind in den meisten Ländern dafür verantwortlich, dass diese einen generösen Wohlfahrtsstaat besitzen. Österreich, Dänemark, Norwegen, Schweden, Großbritannien und Neuseeland fallen deutlich in diese Kategorie. Für Deutschland, die Niederlande und die Schweiz ist diese Lösung auch die aussagekräftigste. Die Differenz zwischen dem höchsten Wert der Zusammenhangskombination und dem der abhängigen Variable ist in diesen drei Fällen jedoch besonders hoch und deutet auf deren Besonderheit hin.

Die *fuzzy-set* Analyse erlaubt auch Konfigurationen zu betrachten, die über die empirisch vorgefundenen Fälle hinaus gehen, wie dies schon weiter oben anhand der dichotomisierten QCA dargestellt wurde. Ragin (2000: 300-308; siehe auch Ragin/Sonnett 2005) gibt hilfreiche Anregungen, wie durch Vereinfachungsannahmen (*simplifying assumptions*) - die wir oben Implikationen genannt haben – über die empirischen Fälle hinaus Aussagen getroffen werden können. Dabei spielen wiederum theoretisch angeleitete Gedankenspiele eine wesentliche Rolle.[332]

Der Vorteil der *fuzzy-set* Analyse besteht vor allem darin, dass konfigurative Zusammenhänge erfasst werden können und dass Schlussfolgerungen über die analysierten Fälle hinaus getroffen werden können. Der wesentliche Unterschied zur QCA besteht darin, dass die Variablen differenzierter erfasst werden können und dass Wahrscheinlichkeitsbedingungen in die Berechnungen einfließen. Allerdings besitzt die *fuzzy-set* Analyse, wie die QCA, größere Schwierigkeiten hinsichtlich der Robustheit der Ergebnisse. Problematisch ist dabei vor allem die Festlegung der *fuzzy-sets*. Innerhalb der *fuzzy-set* Analysen wird immer wieder betont, dass Fallkenntnis und theoretische Reflektion für die Wertezuweisung im *fuzzy-set* notwendig ist. Allerdings besitzen wir in der Politikwissenschaft nicht so präzise Theorien, die eine sehr detaillierte Erfassung der Variablenausprägungen in *fuzzy-sets* erlauben. Ich habe mich in diesem Beispiel stark an die Vorgaben Ragins gehalten, da es schwierig ist, überzeugende *fuzzy-set* Werte zu bilden. In diesem Zusammenhang soll auf einige Unklarheiten in der Operationalisierung Ragins eingegangen werden. Es ist theoretisch noch nachvollziehbar, dass die Werte 0 und 1 für Idealtypen vorbehalten bleiben und nicht für die Analyse genutzt werden. Unklar ist dann jedoch, warum dies im Fall der Stärke der Gewerkschaften durchbrochen wird. Nicht nachvollziehbar ist auch die Entscheidung, die „real existierenden" Extremwerte einmal auf den Wertebereich 0 bis 0,98 (linke Parteien) und einmal auf den Bereich 0,05 und 0,95 (Korporatismus und Homogenität) zu beziehen. Es existieren keine Anhaltspunkte, warum das Spektrum von 0,05 bis 0,95, aber nicht etwa zwischen 0,1 bis 0,9 abzustecken ist. Auch bleibt verborgen, warum Ragin seine *fuzzy-set* Werte einmal auf kontinuierlichen Daten aufbaut und einmal auf einer ordinalen Siebenstufeneinteilung mit abgeflachten Extremwerten (Korporatismus).

Tabelle 14-8: Rohdaten und unterschiedliche *fuzzy-set* Intervalle für die Stärke linker Parteien

	Linke Regierungen (Roh)	**Linke Regierungen (Fuzzy Ragin)**	**Linke Regierungen (Fuzzy 1,0)**
Linke Regierungen (Roh)	1	0,995**	0,995**
Linke Regierungen (Fuzzy Ragin)	0,995**	1	1,000**
Linke Regierungen (Fuzzy 1,0)	0,995**	1,000**	1

** Korrelation ist auf dem 0,01 Niveau (2-tailed) signifikant.

[332] Vereinfachungsannahmen können identifiziert und ausgeschlossen werden, indem folgender Pfad ausgewählt wird: ANALYSE ⇒ FUZZY SETS ⇒ OPTIONS. Dann können die Vereinfachungsannahmen per Hand eingestellt werden. Hierzu bietet das Programm eine Liste, aus der dann die entsprechenden Vereinfachungsannahmen ausgewählt werden können, die aus der Untersuchung ausgeschlossen werden sollen.

Die Konsequenz nur kleiner Abweichungen kann gravierende Konsequenzen besitzen. So führt eine Rekodierung der Variable „Stärke linker Parteien“ auf einer Skala von 0 bis 1 anstatt von 0 bis 0,98 zu sehr unterschiedlichen Ergebnissen. Tabelle 14-8 zeigt die sehr hohe Übereinstimmung beider Kodierungen.

Die Rohdaten korrelieren mit Ragins sowie der 0 bis 1 Skala mit r = 0,995. Der statistische Zusammenhang zwischen Ragins Werte und der 0 bis 1 Skala ist 1.0. Dennoch erhalten wir mit dem 0 bis 1 *fuzzy-set* ein sehr unterschiedliches Ergebnis. Anstatt der vier oben berichteten Lösungen erhalten wir nun acht:

LINKE • gewerkschaften
+
LINKE • korporatismus
+
LINKE • KORPORATISMUS
+
LINKE • homogenität
+
LINKE • HOMOGENITÄT
+
GEWERKSCHAFTEN • HOMOGENITÄT
+
KORPORATISMUS • HOMOGENITÄT
+
GEWERKSCHAFTEN • KORPORATISMUS • homogenität

Dieses Ergebnis entsteht auch, wenn nur der Wert für die schwedischen Linksparteien von 0,98 auf 1 angehoben wird. Dieses Beispiel zeigt, dass die Robustheit der Ergebnisse unter Umständen nur schwer garantiert werden kann.

Wenngleich die Analyse anhand von *fuzzy sets* noch durchaus Defizite besitzt, so ist die Entwicklung auch in diesem Bereich intensiv und für viele Probleme werden Lösungsmöglichkeiten angegeben (Ragin 2008).[333]

4 Der schrittweise multi-methodologische Ansatz

Anders als die qualitativ-komparative Analyse, die alle Fälle gleichzeitig in die Analyse aufnimmt, wird im multi-methodologischen Ansatz von Dirk Berg-Schlosser und Gisèle de Meur in zwei Schritten vorgegangen (Berg-Schlosser 1999: 141-224; 2003b: 114-116; Berg-Schlosser/de Meur 1997).[334] Dieser orientiert sich an Mills „indirekter Differenzierungsmethode“ und betrachtet die Fälle einmal unter dem Aspekt der möglichst ähnlichen

---

[333] Einen Überblick und eine Darstellung der laufend aktuellen Entwicklungen zur qualitativen komparativen Analyse können unter einer interuniversitären Webseite abgerufen werden www.compasss.org. oder http://smalln. spri.ucl.ac.be/ (COMPASSS = **COMP**arative Methods fort he **A**dvancement of **S**ystematic Cross-Cases Analysis and **S**mall-n **S**tudies)

[334] Es existieren noch weitere Ausdifferenzierungen und ähnliche alternative Wege der synthetisierenden Analysemethoden, auf die an dieser Stelle nur hingewiesen werden kann. Siehe etwa Wagemann und Schneiders (2003) zwei Stufen Modell der *fuzzy-set* Analyse oder die *Multi-Value QCA* (Cronqvist 2005a).

Fälle und dann unter dem Aspekt der möglichst verschiedenen Fälle. Auch in diesem Ansatz werden die Ausprägungen der Variablen dichotomisiert und erhalten Werte wie 1 für „trifft zu" und 0 für „trifft nicht zu". In Bezug auf die abhängige Variable lassen sich die Variablen unter zwei Aspekten betrachten: Einmal konnten die Fälle eingeteilt werden in „verschiedene Systeme mit demselben Ergebnis" (*different systems with same outcome*, DS-SO) und zum anderen „in ähnliche Systeme mit unterschiedlichem Ergebnis" (*similar systems with different outcome*, SS-DO).[335] Hieraus ergeben sich dann drei denkbare Konstellationen, die wesentliche Einblicke in das Verhältnis von unabhängigen Variablen und abhängiger Variable ermöglichen:

1. Einmal werden die unterschiedlichsten Systeme unter der Ausprägung 1 (trifft zu) der abhängigen Variablen zusammengefasst.
2. Im nächsten Schritt werden die unterschiedlichsten Systeme unter der Ausprägung 0 (trifft nicht zu) betrachtet.
3. Schließlich werden alle ähnlichen Systeme mit unterschiedlicher Ausprägung der abhängigen Variablen aufgeführt.

Bei Schritt 1 und 2 werden alle Elemente eliminiert, die nicht für das Auftreten (1) bzw. das Ausbleiben (0) des Ereignisses verantwortlich sind. Damit reduzieren sich die Erklärungsfaktoren. Beim dritten Schritt werden alle verbleibenden Unterschiede unter „Kontrollierung" der gemeinsamen Schnittmenge als mögliche Kausalbedingungen für die unterschiedlichen Ereignisse (1; 0) betrachtet.

In diesem Zusammenhang ist es natürlich wesentlich, durch welche Verfahren Systeme als „unterschiedlich" oder „ähnlich" erfasst werden. Hierzu können Boolesche Distanzen benutzt werden, die auf den dichotomisierten Variablen basieren und die Unterschiede der Fälle bezüglich der Kombination der unabhängigen Variablen erfassen.

Der schrittweise multi-methodische Ansatz wendet die Logik des SS-DO und DS-SO bzw. die indirekte Differenzmethode der vergleichenden Fallstudie für Untersuchungen mit größerer Fallzahl an und überträgt damit die fallorientierte Analyselogik auf Studien mit großer Fallzahl. Dabei können dann systematische Differenzen und Übereinstimmungen im Millschen Sinne festgestellt werden, ohne jedoch die Interaktionen zwischen den Variablen zu erfassen. Die Analyseschritte führen auch nicht schematisch zu eindeutigen Ergebnissen, was gerade für den Anfänger die Verwirrung eher erhöht. Positiv gewendet kann man auch in diesem Verfahren, wie in den meisten anderen in diesem Kapitel dargestellten Verfahren auch, die zum Teil langwierige Anpassung des Analyseprozesses an den untersuchten Datensatz als Dialog zwischen Ideen und Analysen beschreiben.

5 Zusammenfassung

Untersuchungen, die die Fall- und die Variablenorientierung zusammenfassen, sind besonders wertvoll für die vergleichende Politikwissenschaft. Die Kumulation von Fallstudien

[335] Die genannten Autoren fügen den Analyseschritten noch den Zusatz *most* an. Dies mag im Zusammenhang der untersuchten Fälle innerhalb einer Untersuchung auch sinnvoll zu sein. Da sich die Autoren jedoch expliziet auf Mills Methoden beziehen und um keine Verwirrung mit der Terminologie in Kapitel 8 zu verursachen, lasse ich an dieser Stelle diesen Zusatz weg.

stellt dabei eine erste Form dar, die in einer weiter systematisierten Ausprägung in Form der Meta-Analyse durchgeführt werden kann, wie sie in Kapitel 6 vorgestellt wurde. Analysen, die stärker eine fall- und variablenorientierte Perspektive in einer Untersuchung integrieren, beschreiten einerseits den Weg, diese beiden Orientierungen zu kombinieren oder anderseits, diese beiden Aspekte in einem entsprechenden Analyseverfahren zu integrieren. Die Kombination von statistischer variablenorientierter Analyse und Fallstudie stellt einen sehr anspruchsvollen und ressourcenintensiven Schritt dar. Insbesondere wenn diese Verfahren nicht nur zur Fallklassifikation oder Illustration von Zusammenhängen benutzt, sondern verzahnt werden.

Innovativ sind die Entwicklungen im Bereich der Untersuchungen, die gleichzeitig eine Fall- und Variablenbetrachtung ermöglichen. Die synthetisierenden makro-qualitativ vergleichenden Methoden haben dabei neue Perspektiven erschlossen. Die *fuzzy-set* Analyse ist die neueste Variation in dieser jungen Tradition, die momentan weiterentwickelt wird (Ragin 2008). Ein Vorteil der makro-qualitativ vergleichenden Methoden besteht in der stärkeren Betonung der spezifischen Logik der vergleichenden Methode, weshalb sie in besonderem Maß für die vergleichende Politikwissenschaft geeignet sind. Wenngleich in der nomothetischen Tradition verhaftet, lässt dieses Verfahren eine stärkere Fallbezogenheit erkennen. Ein weiterer großer Vorteil besteht darin, dass diese Analyseverfahren mit einer relativ kleinen Fallzahl durchführbar sind und prozessorientierte Kausalmechanismen identifizieren (als Überblick siehe Mahoney 2010).

Gegenüber den Analysen im vorherigen Kapitel besitzt die *fuzzy-set* Analyse noch weitere Vorteile. Anders als in Regressionsanalysen spielen die Probleme der wenigen Freiheitsgrade, Multikollinearität und Heteroskedastizität in *fuzzy-set* Analysen keine Rolle. Da die Kombinationen von Variablen, d.h. die Konfigurationen auf die abhängige Variable bezogen werden, fällt die Anzahl der Variablen für die Zusammenhangsanalysen nicht ins Gewicht. In dieser Hinsicht ist die *fuzzy-set* Analyse für kleine Fallzahlen mit vielen Variablen gut geeignet. Eine hohe Anzahl von Variablen erhöht jedoch die Komplexität der Analyse und führt tendenziell auch zu einem vermehrten Auftreten von Widersprüchen.

Das Problem der Multikollinarität stellt sich in der *fuzzy-set* Analyse nicht, da die Einflüsse der Variablen nicht jeweils unter der *ceteris paribus*-Bedingung miteinander abgewogen, sondern in ihrer fallspezifischen Konfiguration betrachtet werden. So korrelieren die Variablen Linksparteien, gewerkschaftliche Stärke und Korporatismus im Beispiel der Sozialausgaben sehr stark miteinander (r über 0,7). Allerdings besitzen auch in *fuzzy-set* Analysen stark kovariierende unabhängige Variablen einen Einfluss und führen tendenziell zu bestimmten, oftmals übersichtlichen Ergebnissen.

Anders als Regressionsanalysen, in denen von Homoskedastizität ausgegangen wird und Heteroskedastizität korrigiert werden muss, ist die *fuzzy-set* Analyse in der Lage, konfigurative Zusammenhänge innerhalb der Beziehungen zwischen den Variablen zu erfassen. Dies ist ein wesentlicher Vorteil, wenn davon ausgegangen werden kann, dass der Einfluss der unabhängigen auf die abhängige Variable nicht gleich bleibend über sämtliche Variablenausprägungen wirkt.

Allerdings muss auch darauf hingewiesen werden, dass die makro-qualitativen Methoden gewisse Nachteile besitzen. Es ist zum Teil mit einem erheblichen Aufwand verbunden, brauchbare Ergebnisse zu erhalten. Es muss also ein intensiver Diskurs zwischen Daten und Datenanalyse stattfinden, um überschaubare Resultate zu erhalten. In diesem Zusammenhang muss darauf hingewiesen werden, dass sich manche Fragestellungen und vor allem auch manche Datensätze besser für diese Analysetechnik eignen als andere. Ein wesentliches Problem der QCA und *fuzzy-set* Analyse besteht in der mangelnden Robustheit der Ergebnisse.

Die klassischen quantitativen Analyseverfahren, wie die Regressionsanalysen, sind auch nicht so inflexibel, wie von Vertretern der qualitativen Makroanalyse behauptet wird (Wagemann/Schneider 2003; Katz u.a. 2005). Die Sensibilitätstests und Techniken, die in Kapitel 13 vorgestellt wurden, belegen dies. Auch ist die klassische Regressionsanalyse in der Lage, manche Aspekte zu modellieren, die bisher nicht in der *fuzzy-set* Analyse Beachtung gefunden haben. Etwa das Problem der Modellierung von Zeitverzögerungen und Diffusion haben in diese Forschung noch keinen Eingang gefunden. Es existieren jedoch schon erste Versuche eine *fuzzy-set* Regressionsanalyse zu entwickeln, die *fuzzy-set* Analysen für Zeitreihenanalysen ermöglichen würde (Pennings 2003b: 101).

Fuzzy-set Analysen, wie auch die makro-quantitativen Verfahren, besitzen darüber hinaus gemeinsame Probleme. Wenngleich in beiden Verfahren die Theorieorientierung als eine wesentliche Voraussetzung dargestellt wird, sind Theorien nicht in der Lage diese Probleme eigenständig zu lösen. Probleme, welche Variablen und Fälle in die Untersuchung Eingang finden sollen (*omitted variable* und *selection bias*), sind jedoch unabhängig von den Analysetechniken und können nur durch den Theoriebezug annäherungsweise gelöst werden.

Die Kombination von unterschiedlichen Analysetechniken am gleichen Datensatz kann sicherlich die Validität der Ergebnisse erhöhen. Neuere Studien sind bestrebt, verschiedene Analysemethoden in einer Untersuchung zu nutzen. Die Kombination von statistischen Methoden und Fallstudien wurde in diesem Kapitel schon genannt. Darüber hinaus wenden andere Studien eine Kombination von makro-quantitativen und makro-qualitativen Verfahren in vergleichenden Analysen an (Kangas 1994; Berg-Schlosser/Quenter 1996; Hicks 1999; Armingeon 1999; Pennings 2003a; Koenig-Archibugi 2004). Wenngleich dieser Weg helfen kann, um zuverlässige (robuste) Ergebnisse zu erhalten, so stellt er auch sehr hohe Ansprüche an die einzelne Forscherin. Auf jeden Fall sollten in einer Untersuchung verschiedene Wege beschritten werden, um fundierte Ergebnisse zu erhalten.

Kapitel 15: Schluss: Perspektiven und Ausblick

1. Schritte des wissenschaftlichen Arbeitens in der vergleichenden Politikwissenschaft
2. Aspekte des wissenschaftlichen Fortschritts
3. Die Zukunft der vergleichenden Politikwissenschaft

In diesem Schlusskapitel werden zunächst nochmals die wesentlichen Schritte des Forschungsprozesses zusammengefasst. Während im ersten Abschnitt die einzelnen Schritte innerhalb einer Untersuchung zusammengefasst werden, weist der zweite Abschnitt darauf hin, dass der Nutzen jeder einzelnen Untersuchung nur im Konzert mit anderen wissenschaftlichen Bestrebungen in der Disziplin erreicht werden kann. Damit soll auf die beschränkte Aussagekraft einzelner Untersuchungen aufmerksam gemacht und darauf hingewiesen werden, dass die vollständige Erfassung eines Forschungsgebietes niemals Ziel einer einzelnen Untersuchung sein kann. Das Wesen einer einzelnen Studie besteht darin, einen gezielten Teilaspekt aus einem Forschungsgebiet systematisch zu erfassen. Im letzten Abschnitt wird dann nochmals die Perspektive erweitert und auf zukünftige Herausforderungen und Entwicklungen der vergleichenden Politikwissenschaft hingewiesen.

1 Schritte des wissenschaftlichen Arbeitens in der vergleichenden Politikwissenschaft

Der Forschungsprozess, der in seinen Grundzügen bereits in Hausarbeiten und selbst bei der Vorbereitung von Referaten Anwendung findet, setzt sich aus mehreren ineinander greifenden Schritten zusammen. Wenngleich die wesentlichen Elemente eines Forschungsprojekts, die in diesem Buch behandelt und in Abbildung 15-1 nochmals zusammengefasst werden, logischerweise in einer gewissen Sequenz erfolgen, etwa Entwicklung der Forschungsfrage und des Forschungsdesigns, sodann die Operationalisierung der Variablen, die Datenerhebung, Datenanalyse und das Verfassen des Abschlussberichts, so muss zu Beginn eine Arbeit detailliert geplant werden. Ein solcher Plan ist notwendig, da die einzelnen Schritte miteinander verzahnt sind. Die Datenanalyse z.B. ist unmittelbar von der Datenerhebung und Operationalisierung abhängig. Bei der Datenerhebung muss bereits Klarheit über die Behandlung der Daten in der Analyse herrschen. In Projektarbeiten, die zwei bis drei Jahre andauern und zumeist mit einem Abschlussbericht von 70 bis 100 Seiten enden, umfasst der Forschungsantrag oftmals 30 Seiten. Dieses Beispiel zeigt, welch hoher Stellenwert der Planung eines Projekts zukommen sollte.

Abbildung 15-1: Wesentliche Elemente der vergleichenden empirischen Analyse

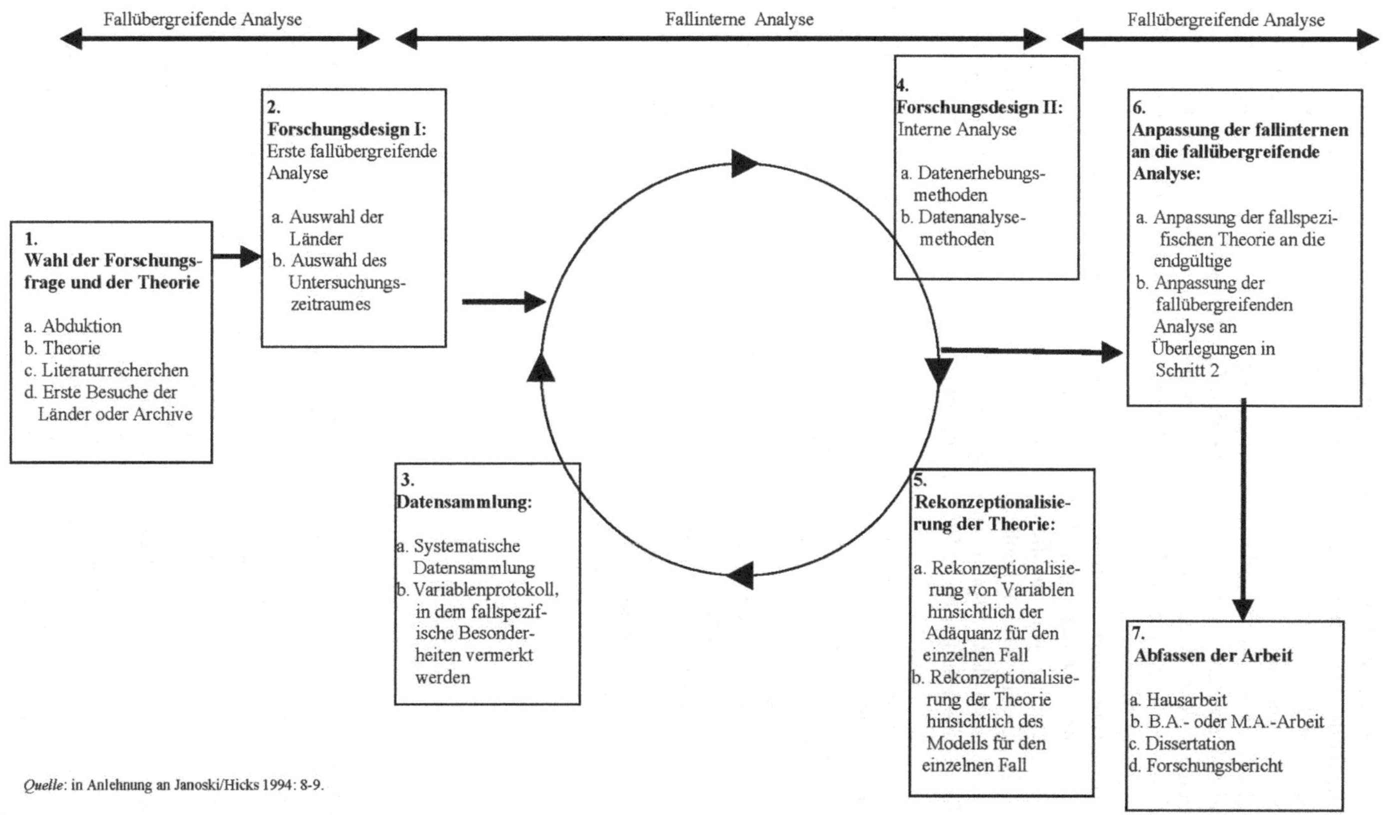

Quelle: in Anlehnung an Janoski/Hicks 1994: 8-9.

Bei der Planung eines Forschungsvorhabens spielt die Spezifizierung der Forschungsfrage *die* wesentliche Rolle. Die Forschungsfrage ist gleichsam die Eingangstür für alle weiteren Schritte. Solange die Forschungsfrage nicht eindeutig formuliert ist, ist jeder weitere Schritt sinnlos. Eine Forschungsfrage richtet den Fokus der Arbeit aus. Solange nur gesagt werden kann, „ich arbeite über Land x" oder „ich arbeite über Parteien", ist die Forschungsfrage nicht ausgereift. Statements wie „ich behandle den Einfluss sozialdemokratischer Parteien auf die Umweltpolitik in Westeuropa" oder „ich betrachte den Einfluss der Ressourcenabhängigkeit afrikanischer Staaten in Bezug auf deren Armutsrate" kommen einer handlungsleitenden Forschungsfrage schon näher.

Zur Durchführung empirischer Arbeiten auf unterschiedlichem Niveau (Referat, Haus-, B.A.-, M.A.-Arbeiten, Dissertation, Forschungsprojekte, Auftragsforschung etc.) liegen allgemeine Abhandlungen vor, auf die man vor einer solchen Arbeit unbedingt Bezug nehmen sollte.[336] In diesem Zusammenhang sollen hier die wesentlichen Schritte des Forschungsprozesses unter dem Aspekt der vergleichenden Forschung zusammengefasst werden. Zur Orientierung können diese Schritte anhand von Abbildung 15-2 dargestellt werden.

Jeder Forschungsprozess beginnt mit der Reflektion über die eigene Einstellung gegenüber dem Forschungsgegenstand. Gerade in der vergleichenden Politikwissenschaft spielen Vorurteile eine große Rolle, da andere Kulturen zunächst aus dem Blickwinkel der eigenen Kultur betrachtet werden (Ethnozentrismus). Die unreflektierte Betrachtung eines fremden Forschungsgegenstandes bezeichnet man als Abduktion.[337] In dieser ersten Phase des Forschungsprozesses werden die entscheidenden Weichen für die theoretische Anlehnung und die methodologische Umsetzung gestellt. Hierfür sind umfangreiche Literaturrecherchen notwendig. Im Fall einer eher qualitativen Untersuchung mit wenigen Ländern ist in dieser Phase ein erster Besuch der Untersuchungsländer angebracht. Variablenorientierte Forscher sollten sich mit entsprechenden Datenbanken vertraut machen und gegebenenfalls die Archive (OECD, EU, UN, etc.) aufsuchen oder mit ihnen Kontakt aufnehmen.

---

[336] Die Abhandlungen beziehen sich dabei auf verschiedene Aspekte. Die Stufen des Forschungsprozesses und seiner Planung werden in Alemann (1977) anschaulich beschrieben. Stärker auf Arbeitspraktiken in Studien bezogen, gehen die Einführungstexte von Schlichte (2005); Wagner (2001) und Simonis/Elbers (2003) auch auf die Durchführung von empirischen Arbeiten ein. Mit einem Fokus auf das Abfassen wissenschaftlicher Arbeiten behandeln etwa Plümper (2003b); Johnson/Reynolds (2005: Kapitel 14) und King (i.E.) wesentliche Schritte des Forschungsprozesses. Für die Darstellung quantitativer Studien ist Wooldridge (2000), insbesondere Kapitel 19, hilfreich. Darüber hinaus haben sich spezielle Publikationen zur Abfassung von M.A.-Arbeiten und Dissertationen etabliert (Dunleavy 2003; Hart 2005; Oliver 2004; Wellington u.a. 2005; siehe auch Eco 1993).

[337] Thomas Janoski und Alexander Hicks (1994: 22, Fn 5) betonen, dass der Forscher oftmals gewisse Stadien durchlebt. Zunächst kommt ihm die andere Kultur komisch vor. Vom Standpunkt der eigenen Kultur scheinen die politischen Prozesse ineffizient und unangebracht, ja teilweise lächerlich. In einer zweiten Phase „verliebt" sich der Forscher in die andere Kultur. Alles erscheint plötzlich irgendwie interessant, da die politischen Prozesse zum Teil weiterhin geheimnisvoll sind, entwickeln sie eine gewisse Attraktivität. (Oftmals geht dieser Prozess Hand in Hand mit Freundschaften bis hin zu Beziehungen und der Wunsch, den Partner besser kennen zu lernen, weckt das Interesse an der wissenschaftlichen Behandlung des anderen Landes). Erst in einer dritten Phase kann der Forscher sich ein ausgewogenes Bild von der anderen Kultur machen, indem er gewisse Vor- und Nachteile in ihr erkennt.

Abbildung 15-2: Ein Modell des Forschungsprozesses in der vergleichenden Politikwissenschaft

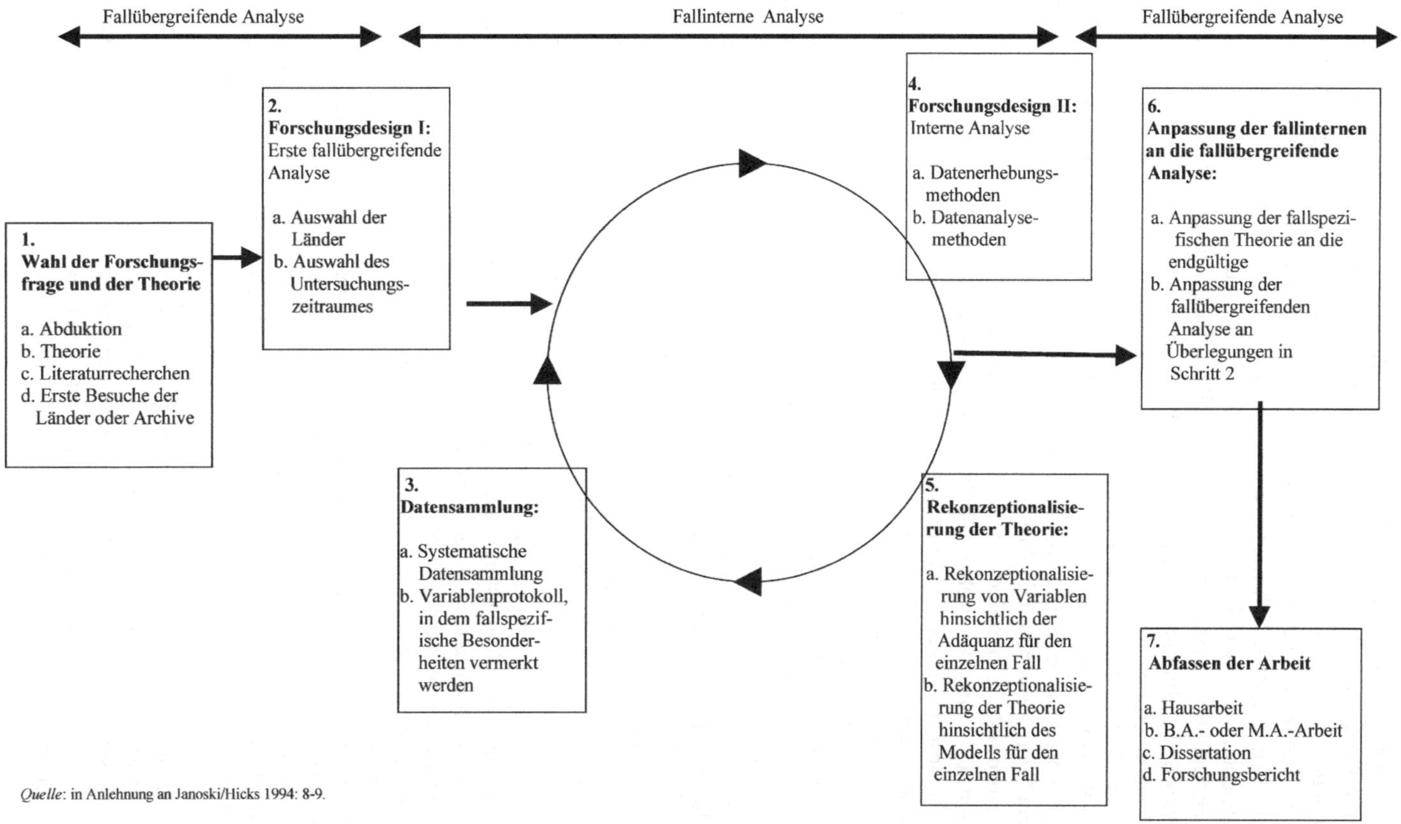

Quelle: in Anlehnung an Janoski/Hicks 1994: 8-9.

Im nächsten Schritt wird die Untersuchung strukturiert. Die wesentlichen Schritte hierbei sind die Festlegung der Untersuchungsländer und die des Untersuchungszeitraumes. Hierbei können die Kriterien von verschiedenen Fallauswahlen, die in Kapitel 8 dargestellt wurden, verwendet werden. Diese beiden Schritte stellen eine fallvergleichende Perspektive dar. In den nächsten Schritten werden Fallspezifika betrachtet, nicht jedoch ohne deren Vergleichbarkeit zwischen den Fällen aus dem Auge zu verlieren. Die analytisch-konzeptionelle Unterscheidung zwischen fallvergleichenden (Janoski und Hicks nennen sie *externe*) und fallimmanenten (*interne*) Arbeitsschritten ist von großer Bedeutung in einem vergleichenden Forschungsdesign.

Die Vorbereitung und Durchführung der Informations- bzw. Datenerhebung bildet den ersten Schritt der fallimmanenten Arbeit. Während in den ersten beiden Schritten die relevanten Variablen bestimmt worden sind, wird die Ausprägung für jeden einzelnen Fall in diesem Schritt erhoben. Die Arbeitsschritte dieser Phase müssen systematisch durchgeführt und unbedingt protokolliert werden. In qualitativen Untersuchungen ist ein Transkript anzulegen. Und wie in der eher quantitativen Analyse müssen Verfahren entwickelt werden, wie die Informationen zusammengefasst und aufbereitet werden können. Hierbei muss besonders beachtet werden, inwieweit für die gleichen Variablen in den verschiedenen Ländern unterschiedliche Definitionen zutreffen. Dies muss vermerkt werden und gegebenenfalls in den weiteren Analysen Beachtung finden.

Der vierte Schritt betrifft die Datenerhebungs- und Datenanalysemethoden, wie sie in Kapitel 6, 7, sowie Teil IV beschrieben worden sind. Dieser Schritt geht Hand in Hand mit Schritt 3 und der Kreis in Abbildung 15-2 deutet daraufhin, dass die Arbeitsschritte mit Schritt 5 in Verbindung stehen. Eine intensive fallinterne Analyse wird vor allem in vergleichenden Fallstudien betrieben werden, aber auch in quantitativen Zeitreihenanalysen spielt die fallimmanente Vergleichbarkeit der Variablen eine wichtige Rolle.

Im fünften Arbeitsschritt werden die ursprünglichen theoretischen und methodologischen Konzepte an die Fälle angepasst. Das Ergebnis dieses Schrittes kann in einer Anpassung und eventuellen Wiederholung oder Ergänzung von Schritt 3 und 4 bestehen. Während Schritt 5 auf die fallspezifische Anpassung abzielt, wird in der nächsten Phase auf die Vergleichbarkeit zwischen den Fällen Bezug genommen. Wenngleich Schritt 5 vor allem die fallspezifische Anpassung zum Gegenstand hat, ist diese Anpassung in Bezug auf die entsprechenden Anpassungen an die anderen Fällen orientiert.

In Schritt 6 werden die Konzepte hinsichtlich ihrer analytischen Stimmigkeit zwischen den Fällen betrachtet, wobei die Erkenntnisse aus der fallspezifischen Analyse auf die interfallspezifische Analyse übertragen werden. In dieser Phase können die Ähnlichkeiten und Unterschiede zwischen den Fällen eingeschätzt werden und in Bezug auf Schritt 2, nunmehr jedoch unterfüttert durch eine Datenanalyse, interpretiert werden. Während in eher fallstudienorientierten Arbeiten die Hauptanalyse in Schritt 5 erfolgt, stellt Schritt 6 den eigentlich bedeutungsvollen Analyseschritt in variablenorientierten Arbeiten dar.

Am Ende der Forschungsarbeit steht dann die Darstellung der Ergebnisse anhand von Texten oder Vorträgen. Dies sind bei Forschungsprojekten Abschlussberichte, bei Prüfungsarbeiten die B.A.- oder M.A.-Arbeit bzw. Dissertation und im Seminarzusammenhang die Hausarbeit oder das Referat. All diese Arbeiten sollten sorgfältig geplant und anschaulich verfasst werden. Letztendlich sind diese Arbeiten das einzige Produkt, das andere von der wissenschaftlichen Arbeit zu sehen bekommen (oder im Fall des Referats oder Vortrages zu hören bekommen). Nutzen Sie die Chance, diesen Teil der Arbeit ansprechend zu übermitteln. Mehrfache inhaltliche und stilistische Überarbeitungen gehören dabei zum Routineprogramm. Intensives Korrekturlesen ist unabdingbar für eine erfolgreiche schriftliche Arbeit. Referate und Vorträge müssen vorher mehrfach geübt werden. Auch der wünschenswerte mediale Einsatz (Folien, Tafel, Power Point-Präsentation etc.) muss souverän beherrscht werden. Dieser Teil der Arbeit ist integraler Bestandteil einer Forschungsarbeit, für den entsprechende Zeitressourcen zu reservieren sind.[338] Für den Anfänger sind Replikationen von publizierten Analysen besonders hilfreich, weil man etablierten Forschern über die Schulter schauen kann (King 2006).

Im nächsten Abschnitt soll der Fokus von der einzelnen Untersuchung abgewendet werden und diese im Kontext zum wissenschaftlichen Fortschritt innerhalb einer Disziplin dargestellt werden. Wie noch dargelegt wird, ist die einzelne wissenschaftliche Arbeit nur ein Mosaikstein im Komplex einer wissenschaftlichen Disziplin. Das bedeutet, dass man sich bei der Behandlung einer Forschungsfrage eingrenzen sollte und nicht den gesamten Forschungsbereich erklären soll. Diese „Bescheidenheit" fällt vielen Anfängern schwer. Umgekehrt sollte, eben wegen der Beschränkung der Aussagekraft der einzelnen Studie, viel Mühe verwandt werden, die eigene Arbeit in den allgemeinen disziplinären Diskurs einzubinden. Dies geschieht in zweierlei Hinsicht: Einmal muss zu Beginn der Untersuchung das Thema aus dem Komplex der Disziplin eingegrenzt werden. Die wesentliche, oftmals langjährige Forschungsarbeit spielt sich dann in einem eng abgesteckten Bereich ab. Am Ende der Forschungsarbeit in dem spezifischen Bereich sollen jedoch dann wieder die Ergebnisse an den allgemeinen wissenschaftlichen Diskurs angebunden werden. Die einzelne Forscherin muss also sowohl die wesentlichen allgemeinen politikwissenschaftlichen Werke kennen als auch die weniger bekannten spezifischen Arbeiten im engeren Forschungsbereich. Die Einbettung der eigenen Forschungsarbeit im disziplinären Kontext kann anhand der folgenden Trichterabbildung (Abbildung 15-3) dargestellt werden.

[338] Die Arbeitszeit für diesen Teil der Forschungstätigkeit wird fast immer unterschätzt. Oberflächlichkeiten in dieser Hinsicht gefährden das Gesamtergebnis. Gerade die ersten Arbeiten sollten nicht durch enge Zeitzwänge beeinträchtigt werden. Inhaltliche und stilistische Überarbeitungen sowie das Proben von Vorträgen muss mehrmals durchgeführt werden. Insgesamt sind für eine Hausarbeit mindestens drei bis fünf Tage für diesen Abschnitt zu veranschlagen. Für Vorträge benötigt man zwei Tage, für Magisterarbeiten eine Woche und für die Dissertation mehrere Monate. Abschlussberichte zu Forschungsarbeiten erfordern mehrere Wochen, wobei Teamarbeiten diese Zeiträume eher verlängern als verkürzen.

Abbildung 15-3: Wissenschaftliche Anschlussfähigkeit der eigenen Untersuchung an den disziplinären Diskurs

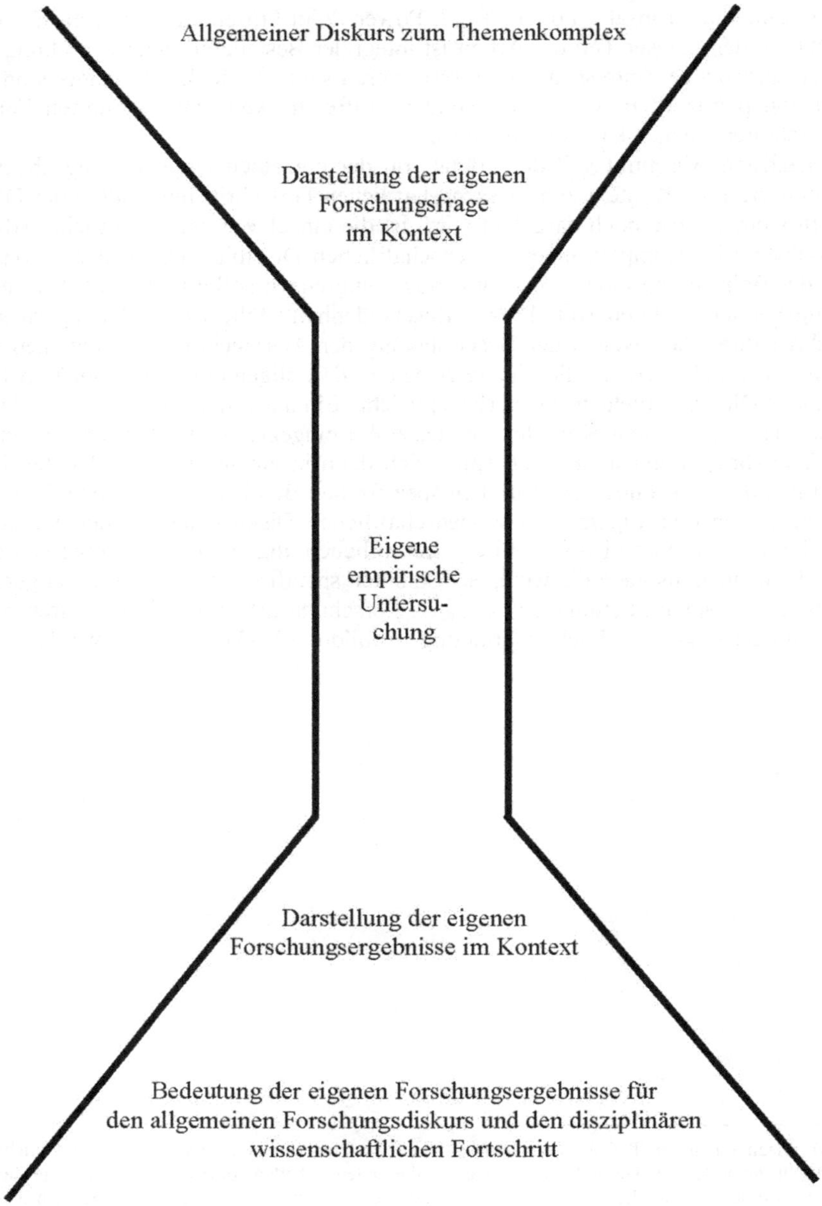

2 Aspekte des wissenschaftlichen Fortschritts

Wissenschaftlicher Fortschritt verläuft nicht gradlinig. Schon zu Beginn von Teil 3 wurde dargelegt, dass langfristige wissenschaftliche Entwicklungen sich oftmals nicht kontinuierlich ergeben, sondern in Schüben verlaufen. In diesem Abschnitt wird auf die prinzipiellen Grenzen von *einzelnen* wissenschaftlichen Untersuchungen eingegangen. Wissenschaftlicher Fortschritt vollzieht sich in der *scientific community* und die einzelne Untersuchung stellt in dieser Hinsicht einen Mosaikstein dar, dessen Erkenntniskraft nur im Gesamtbild einzuschätzen ist. Da einzelne wissenschaftliche Arbeiten lediglich über begrenzte Ressourcen verfügen, müssen viele folgenreiche Entscheidungen getroffen werden. Dabei beinhalten diese Entscheidungen oftmals auch Dilemmata zwischen unterschiedlichen wünschenswerten Zielen, die in der vergleichenden Politikwissenschaft erreicht werden sollen. Das Dilemma besteht dann eben darin, dass mit der Zielannährung an einen wünschenswerten Zustand gleichzeitig die Aufgabe eines anderen wünschenswerten Zieles verbunden ist. Die zahlreichen Dilemmata im Forschungsprozess, die nicht nur in der vergleichenden Politikwissenschaft, sondern auch in anderen Forschungszusammenhängen auftreten, schaffen aber auch Möglichkeiten, weil Potenziale freigelegt werden können, die neue Lösungen schaffen und damit bestimmte Dilemmata überwinden. Durch den logischen Aufbau der vergleichenden Methode haben diese Lösungen dann oftmals auch theoretische Implikationen, so dass die komparative Methode direkt zur Theorieentwicklung beiträgt.

Theorien: Orientierungshilfe und Irrlicht

Oftmals wurde in den vorausgegangenen Kapiteln von der Rolle der Theorie als Orientierungshilfe gesprochen. Es wurde festgestellt, dass Theorie wichtig für die Auswahl der Fälle und Variablen sowie für die Operationalisierung der Variablen und die Entwicklung von Modellen über die Zusammenhänge von Variablen ist. Diese Perspektive ist gewiss gültig und die interaktive Zusammenarbeit zwischen Theorie und Datenanalyse ist sicherlich der wesentliche Bestandteil einer jeden empirischen Untersuchung. Theorien sind die Instrumente, die uns eine Schneise in das Dickicht der Vielfalt sozialer und politischer Zusammenhänge schlagen. Theorien arbeiten also wie ein Kompass auf hoher See.

Doch gerade diese Rolle macht Theorien auch zu einem ambivalenten Werkzeug. Theorien weisen eben nur *einen* Weg durch das Dickicht. Auch wenn mehrere Theorien unterschiedliche Wege erschließen, ist es oftmals schwierig mehrere Wege gleichzeitig zu beschreiten. So stark Theorie uns also leitet, so blind macht sie uns auch für andere Sichtweisen. So werden in konkreten Untersuchungen lediglich solche Fakten – bewusst oder unbewusst – akzeptiert, die in das Gesamtbild passen. George und Bennett (2005: 217) nennen dieses Problem *confirmation bias*. Wenn der Kompass von magnetischen Feldern beeinflusst wird, wir uns aber auf ihn verlassen, so laufen wir mit offenen Augen ins Unglück. Ebenso verhält es sich mit der Theorie. Ist eine bestimmte Theorie nicht für eine bestimmte Forschungsfrage geeignet, dann laufen die empirischen Analysen ins Leere.

Die Komplexität von einzelnen Theorien macht es häufig unmöglich, mehrere Theorien zu verbinden. Denn auch Theorien sind nicht leicht erlernbar und treten in unterschiedlichen Facetten auf. Die Literatur allein zu einer Theorie ist oftmals so umfangreich, dass es Jahre dauert, sie zu beherrschen. Sollen nun zwei oder mehrere Theorien für eine Untersuchung verstanden werden, so erhöht sich der Lernaufwand entsprechend und man stößt schnell an Zeitgrenzen.

Diese Ressourcenbeschränkung führt dann auch oft dazu, dass so genannte Schulen entstehen. Innerhalb dieser Schulen bilden sich Anhänger heraus, die eine ähnliche Sichtweise entwickeln, die dann nicht mehr die Fähigkeit besitzen, alternative Perspektiven anzuerkennen (Almond 1990). Dieser Prozess ist menschlich und vielleicht nicht zu vermeiden. Denn hat man erst einmal enorme Ressourcen in eine Richtung investiert, hofft man natürlich auch, die Früchte ernten zu können. Plastisches Beispiel ist der tragische Umgang mit Sozialwissenschaftlern nach dem Umbruch in Europa. In Osteuropa und auch in der DDR herrschte der Marxismus-Leninismus vor und gesellschaftliche Abläufe wurden mit dem Wissenschaftlichen Marxismus erklärt. Heute ist diese sozialwissenschaftliche Annäherung diskreditiert und andere Theorien werden als brauchbarer angesehen. Allerdings ist es nicht leicht, sich auf neue Theoriegebäude einzustellen. Die Lerntheorie zeigt, dass es schwieriger ist, altes Wissen zu verlernen als neues zu erlernen (Hedberg 1981). Dies ist sicherlich ein gewichtiger Grund, warum in Ostdeutschland die ehemaligen Sozial- und Geisteswissenschaftler durch Kollegen, die im Westen ausgebildet wurden, ersetzt worden sind.

Aber auch auf weit weniger extremen Positionen herrscht das „Schuldenken“ vor, was teilweise auch notwendig ist. Denn innerhalb einer Schule kommt es zu Entwicklungen, die nur stattfinden können, wenn sich Anhänger dieser Schule zusammentun und weiterentwickeln. In der heutigen Politikwissenschaft dominieren der Rational Choice-Ansatz und der Neo-Institutionalismus. Viele Untersuchungen werden entweder in der einen oder anderen Perspektive durchgeführt, obgleich manchmal vielleicht eine Kombination beider Sichtweisen oder ein Bezug auf ganz andere Theorienkombinationen fruchtbarer wäre.

In einer gesamtdisziplinären Perspektive können neue Erkenntnisse nur durch den Wettstreit zwischen verschiedenen Methoden und Theorien stattfinden, wobei gerade die Defizite einer Theorie durch deren Kritik Innovationspotenzial freilegen. Deshalb ist es unabdingbare Voraussetzung, dass eine jede Untersuchung verdeutlicht, wo sie im Forschungsprozess ansetzt und inwieweit die Ergebnisse der einzelnen Untersuchung in diesen Forschungsprozess zurückfließen. Für die einzelne Forscherin bedeutet dies, dass sie den gegenwärtigen Forschungsgegenstand im Untersuchungsgebiet aufarbeitet und in spezifischer Perspektive für die eigene Untersuchung nutzt. Diese intellektuelle Leistung ist auch im Studium bei dem Verfassen von Prüfungsarbeiten, wie beispielsweise Haus-, B.A.-, M.A.- und Doktorarbeiten ein fundamentaler Bestandteil.

Methoden und Visionen

Es sind nicht nur die Theorien, die den Forschungsprozess und die Forschungsergebnisse entscheidend prägen, gleiches gilt auch für die Erhebungs- und Analysemethoden, die in einer Untersuchung zur Anwendung kommen. So wird z.B. ein Forscher, der statistische Analyseverfahren vorzieht, sich den Forschungsgegenstand auch unter dem Gesichtspunkt auswählen, inwieweit die zu behandelnden Informationen quantifizierbar sind. Neben der Wahl des Forschungsgegenstands lenkt die Methodenwahl auch die weitere Analyse, indem Prozesse und Aspekte, die nicht oder nur sehr umständlich quantifizierbar sind, gar nicht oder nicht adäquat in der Analyse berücksichtigt werden. Dies hat natürlich einen gravierenden Einfluss auf die Forschungsergebnisse. Denn es können gerade die nicht quantifizierbaren Einflüsse sein, die die Ausprägung des Forschungsgegenstands ausmachen.

Aber genauso verhält es sich mit Forschern, die dazu neigen, Fallstudien mit primär qualitativen Daten durchzuführen. Diese Untersuchungen tendieren dazu, teilweise verdeckte Prozesse zu interpretieren und ein großes Gewicht auf historische und kulturelle Aspekte zulegen. Solche Studien werden kaum globale oder makroanalytische Faktoren als Erklärung benutzen, da fast die ganze Energie auf eine Detailstudie des einzelnen Falles gelegt wird. Falls also gerade solche Faktoren ausschlaggebend für die Ausprägung oder die Entwicklung des Forschungsgegenstands der Untersuchung sind, werden sie vernachlässigt oder gar nicht berücksichtigt.

Jede methodologische Entscheidung schafft also auch „blinde Flecken", die nicht oder kaum in der Logik der ausgewählten Methode behoben werden können. Für die einzelne Forscherin ist es ebenso schwierig, selbst die Grenzen und die blinden Flecken zu entdecken, da es nicht immer gelingt, Abstand zu sich selbst und dem eigenen Forschungsgegenstand zu bekommen. Gerade in längeren Arbeiten, wie M.A.-Arbeiten oder Dissertationen, aber auch schon bei Hausarbeiten, kann es vorkommen, dass vieles aus der eigenen Persönlichkeit in die Forschung eingeht. Denn die vielen einzelnen im Forschungsprozess zu treffenden Entscheidungen sind individuelle Entscheidungen. Deshalb fühlen sich häufig Forscher persönlich angegriffen, wenn ein bestimmtes Konzept kritisiert wird.

Darüber hinaus besteht ein starker Zusammenhang zwischen Theorie und Methodenwahl. Theorien, die davon ausgehen, dass politische Ereignisse und politisches Verhalten eine Funktion von externen Faktoren wie wirtschaftlicher oder sozialer Wandel sind, werden zu statistischen Analysemethoden neigen. Umgekehrt neigen Theorien, die interne Faktoren als aussagekräftig für die Erklärung der Ausprägung des Forschungsgegenstandes anzusehen, wie etwa Gruppendynamiken, historische und kulturelle Faktoren, zu fallstudienorientierten Analysen. Allerdings bestehen auch hier Ausnahmen und gerade die Ansätze, die quantitative und qualitative Aspekte verbinden, führten zu neuen Einsichten in diesen Gebieten.

Ein weiterer Aspekt in diesem Zusammenhang besteht in der internen und externen Validität von fallorientierten und variablenorientierten Analysen. Im Allgemeinen verfügen die fallstudienorientierten Untersuchungen über ein hohes Maß an externer Validität. Dieser Umstand ist damit verbunden, dass die Ergebnisse aus Fallstudien unmittelbarer mit der politischen Praxis verbunden werden können. Statistische Analysen sind dagegen eher abstrakt, da sie ja von dem konkreten Fall abstrahieren, und besitzen ein hohes Maß an interner Validität. Damit haben diese Studien jedoch weniger unmittelbare Verbindung mit der politischen Praxis (George/Bennett 2005: 274).

Praxisrelevanz und Wissenschaftlichkeit

Sozialwissenschaftliche Forschung sollte natürlich für die praktische Politik relevant sein. Allerdings sollte man sich im Klaren darüber sein, dass wissenschaftliches Arbeiten einer anderen Logik unterworfen ist als politisches Agieren.[339] Es bedarf einer gewissen Anstrengung, die wissenschaftlichen Befunde für die praktische Politik zu übersetzen (George/Bennett 2005: Kapitel 12).

[339] Wissenschaftlich wurde dieser Aspekt besonders in Niklas Luhmanns (2001) Systemtheorie problematisiert.

Die Praxisanbindung ist für unterschiedliche Forschungsstrategien mit spezifischen Problemen behaftet. Wie am Schluss des letzten Absatzes schon erwähnt wurde, haben statistisch orientierte Arbeiten ein größeres Problem, die Ergebnisse unmittelbar für die praktische Politik zu übersetzen. Dies liegt neben dem höheren Abstraktionsniveau auch daran, dass diese Studien oftmals solche Variablen untersuchen (Föderalismus, Korporatismus, Sozialstruktur etc.), die nicht unmittelbar von Politikern verändert werden können. Fallstudienorientierte Untersuchungen benutzen dagegen des Öfteren Variablen, die von Politikern und anderen Praktikern besser beeinflussbar sind und besitzen damit schon unter diesem Aspekt eine größere Praxisnähe (George/Bennett 2005: 279).

Die Praxisrelevanz hat jedoch auch Konsequenzen für die einzelne Forscherin. Fallstudienorientierte Untersuchungen neigen oftmals dazu, einen Kontakt mit politischen oder gesellschaftlichen Organisationen aufzubauen, die mit der Behandlung von Themen, die mit dem Forschungsgegenstand zu tun haben, in Verbindung stehen. Dies ist in extremer Form so, wenn etwa der Auftragsgeber einer Untersuchung zu solchen Organisationen gehört. Für die zukünftige Karriere kann dieser Kontakt für die Forscherin hilfreich sein. Andererseits können durch die Praxisnähe gewisse wissenschaftliche Standards vernachlässigt werden, indem auf praktische Verwertungsinteressen der Untersuchung eingegangen wird oder die Erkenntnisse nicht durch die wissenschaftliche Literatur hinreichend reflektiert werden und somit relative *ad hoc*-Erklärungen abgegeben werden. Dies führt zu einer allgemeinen Tendenz, dass praxisorientierte Forschung es schwieriger hat, in anerkannten Zeitschriften der Sozialwissenschaften publiziert zu werden als formal wissenschaftstechnische Studien. Für eine Karriere als Wissenschaftlerin ist dies aber unabdingbar.

Auch erschweren politische Eingriffe in die Lehr- und Forschungsfreiheit und die thematische Ausrichtung ganzer Fakultäten oder gar Universitäten die Aufrechterhaltung wissenschaftlicher Standards. Politische Ziele sind – und sollten es auch sein – wissenschaftsfremde Elemente, die die Wissenschaft nicht steuern können und sollten. Im besten Fall werden damit kurzfristige Strukturunterstützungen erreicht, langfristig verliert die Forschung und Lehre den internationalen Anschluss, was zu langfristigen Wettbewerbsnachteilen führt.[340]

Der Vorteil der wissenschaftlichen Betrachtung von Problemen besteht darin, dass sie nicht mehr durch *ad hoc*-Erklärungen politische Probleme interpretieren, sondern diese durch wissenschaftliche Analysen erreichen. Der Erklärungshorizont wird fundierter. Vorteilhaft ist auch, dass eine einmal eingeübte wissenschaftliche Herangehensweise dann auch in anderen Kontexten eingesetzt werden kann. Dies ist sicherlich der Sinn des Studiums. Es soll Lernen gelernt werden, in diesem spezifischen Fall eben politikwissenschaftliches Lernen. Die konkreten Theorien und Methoden sind dabei austauschbar, die Elemente des politikwissenschaftlichen Lernens aber müssen verinnerlicht werden.

Natürlich läuft man Gefahr, dass die formalen Schritte im Forschungsprozess zum Selbstzweck werden. Gerade hoch formalisierte *rational choice*-Modelle oder statistische

[340] Politische Auftragsforschung hat selten einen hohen wissenschaftlichen Nutzen. Hier wird oftmals dazu tendiert, mit viel zu niedrigen Ressourcen bestimmte Probleme zu analysieren. Dabei wird die Wissenschaft unter einen Zeitdruck gesetzt, der keine guten wissenschaftlichen Resultate erbringen kann (Forschungsanträge sollen z.B. in Wochenfrist erstellt werden). Auch spielen oftmals (partei-) politische Interessen eine Rolle. Ähnlich verhält es sich tendenziell mit Forschung, die von der Europäischen Union gefördert wird. Die wenigen Ausnahmen, die zu guten sozialwissenschaftlichen Ergebnissen geführt haben, sind die „Machtstudien" in Norwegen (Olsen 1980) und Schweden (Petersson 1991) oder die Studie über Staatsversagen in den USA (zusammengefasst von King/Zeng 2001).

Analysen sind sehr voraussetzungsvoll hinsichtlich des formallogischen Vorgehens bzw. der mathematischen Vorkenntnisse. Es besteht sicherlich eine Tendenz des abfallenden Grenznutzens solcher Verfahren, denn letztendlich sind Daten der Sozialwissenschaften nicht im gleichen Maße präzise wie in den Naturwissenschaften. Ein Verzicht oder die pauschale Ablehnung solcher Verfahren führt oftmals zu so genannten „qualitativen Methoden“ oder zur Hinwendung zu Erklärungen, die auf dem „gesunden Menschenverstand“ beruhen. Allerdings wurde in den vorangegangenen Kapiteln hoffentlich deutlich, dass gute qualitative Studien weitaus anspruchsvoller sind als manchmal angenommen wird. Das Anliegen dieses Buches ist es, den Studierenden zu ermuntern, das Spektrum so weit wie möglich auszuschöpfen und sich auch an die statistischen Methoden heranzuwagen. Zwar scheint die Anwendung dieser Analyseverfahren einen höheren Schwellenwert zu besitzen, aber der Erwerb von Grundkenntnissen auf diesem Gebiet ist unabdingbar. Es ist besser, wenn im Studium mit möglichst vielen Theorien und Methoden gearbeitet wird, als wenn man sich auf wenige spezialisiert. Dies ist nicht nur unter dem Aspekt, sich ein weiteres Feld von Berufsmöglichkeiten zu erschließen, wichtig, sondern auch um die Welt in einem ganz anderen Licht zu betrachten. Berufsspezifische Studiengänge gehören in den Sozialwissenschaften zunehmend zur Vergangenheit. Die Chance besteht in einer fundierten Flexibilität, verschiedene politikwissenschaftliche Verfahren anzuwenden, um sich für viele Einsatzfelder attraktiv zu machen.

Das Besondere und das Allgemeine

Ein weiteres Dilemma der vergleichenden Politikwissenschaft ist die Konzentration auf das Besondere oder auf das Allgemeine. Das Besondere fordert oftmals unser Interesse heraus, und es ist auch ein wohlbekannter Umstand, dass spektakuläre Ereignisse besondere Aufmerksamkeit auf sich ziehen. Dies führt dazu, dass das Besondere gegenüber dem Allgemeinen überbetont wird. Allerdings wird damit dem Sachverhalt nicht Genüge getan, dass politische Prozesse meistens nicht durch das Besondere, sondern eher durch das Normale bestimmt werden. Die Betonung des Besonderen vernachlässigt das Verständnis der normalen politischen Abläufe.

Methodologisch spiegelt sich dieser Aspekt zum Teil auch in den unterschiedlichen Methoden wider. Ziel der statistischen Methode ist die Feststellung von allgemein gültigen Aussagen. In diesem Sinne hilft uns die statistische Analyse das Allgemeine zu erfassen. Allerdings tut sich die statistische Analyse schwer mit dem Besonderen umzugehen. Fälle, die zu sehr von der Norm (Normalverteilung) abweichen, werden in diesen Studien als „abweichende Fälle“ (*outliers*) bezeichnet und entweder ganz aus der Analyse entfernt oder so verändert, dass sie zumindest die statistischen Berechnungen nicht behindern.

Die größten Erkenntnisse lassen sich natürlich aus einer Untersuchung ableiten, die sowohl das Allgemeine als auch das Besondere berücksichtigt. Erst wenn die allgemeinen Abläufe erfasst werden, können besondere Situationen als solche erfasst werden. Und umgekehrt können Besonderheiten auf Grenzen der Verallgemeinerbarkeit hinweisen. Die Identifikation vom Allgemeinen und Besonderen und der produktive Umgang mit diesen Konzepten gehört zum wissenschaftlichen Repertoire politikwissenschaftlicher Forschung und gerade in dieser Hinsicht besitzt die vergleichende Methode ein besonders wegweisendes Potenzial.

Die Darstellung all dieser Dilemmata soll verdeutlichen, dass an vielen Stellen des Forschungsprozesses wichtige Entscheidungen zu treffen sind, die die Qualität der Studie und die Ergebnisse beeinflussen. Auch wenn mehrere Entscheidungsmöglichkeiten zur Option stehen, bedeutet das nicht, dass Entscheidungen beliebig getroffen werden können. Die Forscherin steht auf dem Prüfstand und muss ihre Entscheidungen legitimieren. Dabei sollen die einzelnen Entscheidungen nicht isoliert betrachtet werden, sondern im Hinblick auf eine adäquate und faire Behandlung der Fragestellung getroffen werden. Wichtig ist auch die Erkenntnis, dass nicht eine Untersuchung oder ein Untersuchungsdesign alle Fragen eines Bereichs beantworten kann. Wir bedürfen aller Methoden, um die blinden Flecken zu beleuchten. Deshalb spielt der wissenschaftliche Diskurs über Forschungsergebnisse, der neben Publikationen auch auf Fachtagungen stattfindet, eine sehr wichtige Rolle für den wissenschaftlichen Fortschritt. In diesem Diskurs, der auf den Ergebnissen einzelner Studien aufbaut und in seinen Erkenntnissen über diese Studien hinausreicht, werden neue Erkenntnisse gewonnen, die dann wieder in spätere empirische Untersuchungen einfließen.

Das bedeutet natürlich nicht, dass sich der Einzelne nicht die Mühe machen muss, alle Fehler in ihrer oder seiner Untersuchung zu vermeiden, da ja die *scientific community* diese in ihrem Diskurs erkennen und korrigieren würde. Vielmehr sollte sich die einzelne Forscherin wie eine Anwältin ihrer Untersuchung annehmen und die spezifische Studie so überzeugend wie möglich darstellen. Schlecht durchgeführte Studien schaden einer Sache, die nicht in gebührendem Maße im wissenschaftlichen Diskurs berücksichtigt werden kann.

3 Die Zukunft der vergleichenden Politikwissenschaft

Die Zukunft der vergleichenden Politikwissenschaft ist durch die gesellschaftspolitische und wissenschaftliche Entwicklung bestimmt. In beiden Bereichen haben Veränderungen und Entwicklungen stattgefunden, die heute noch nicht gänzlich einschätzbar sind, deren Einfluss aber schon jetzt allgegenwärtig ist.

Eine bedeutende, schon länger anhaltende aktuelle Entwicklung, die eine besondere Herausforderung für die vergleichende Politikwissenschaft darstellt, ist die zunehmende weltweite Ungleichheit. Während sich die meisten Weltregionen weiterentwickeln und zu größerem Wohlstand gelangen, scheint der afrikanische Kontinent von dieser Entwicklung abgekoppelt worden zu sein. Eine nachhaltige Entwicklung, wie sie von der Brundtlandkommission (*The World Commission on Environment and Development* 1987) gefordert wurde, umfasst nicht nur die Behandlung von Umweltproblemen, die auch weiterhin von außerordentlicher Bedeutung sind, sondern auch die Bewältigung von extremer Armut. In beiden Bereichen gibt es noch weitere Forschungsdefizite, wenngleich einige innovative Arbeiten in diesem Gebiet stattgefunden haben.

Zunehmende Ungleichheit betrifft jedoch auch moderne Gesellschaften, in denen der Klassenkonflikt und die soziale Frage[341] überwunden zu sein schienen. In diesen Kontext gehört auch die Frage, welche Aufgaben Politik und Staat übernehmen sollen. Dieser Themenkomplex lässt sich unter der Überschrift „Zukunft des Wohlfahrtsstaates“ erfassen.

---

[341] Als soziale Frage wird die Summe der ökonomischen Probleme und die rechtliche Schlechterstellung der Arbeiterschicht, die aus der industriellen Revolution resultieren und damit das bürgerliche Leben im 19. Jahrhundert, dem Zeitalter der Industrialisierung, prägen, bezeichnet.

Eine weitere Herausforderung betrifft die Zunahme des internationalen Megaterrorismus, der von der islamischen Welt ausgeht (Fuller 2003: Kapitel 5; Stern 2003). Ein besseres Verständnis nicht-westlicher Gesellschaften ist vor allem in der vergleichenden Untersuchung islamischer Länder dringend notwendig. Aber auch die Forschungsentwicklung staatlichen Handels hochindustrieller Gesellschaften steht vor neuen Herausforderungen. Insbesondere die quantitativ vergleichende Analyse bedarf eines adäquateren Umgangs mit unterschiedlichen Staatsstrukturen, der Modellierung von Zeiteffekten und Diffusion. Hierzu zählt der schon des Öfteren angesprochene Prozess der Globalisierung. Dieser Prozess ist mit oftmals gegenläufigen Entwicklungen verbunden. Zum einen bedeutet Globalisierung das Zusammenfassen von kleineren Einheiten. Politik kann nicht mehr nur mit Blick auf ein Land verstanden werden, sondern es entwickeln sich Tendenzen, die irgendwo in der Welt beginnen und sich dann weltweit durchsetzen. Dies betrifft nicht nur die Medienberichterstattung, sondern auch konkrete Politiken. So kann sich selbst die Sozialpolitik Schwedens, die über Jahrzehnte hinweg von der dortigen Sozialdemokratischen Arbeiterpartei betrieben wurde, nicht vor den neo-liberalen Einflüssen verschließen, die sich in einem vollkommen anderen kulturellen Kontext in den USA und Großbritannien entwickelt hatten, so dass selbst eine sozialdemokratische Regierung heute den Wohlfahrtsstaat drastisch restrukturiert.

Auf der anderen Seite, und zum Teil als Reaktion auf die Globalisierungstendenzen, gewinnen regionale und lokale Einheiten wieder an Bedeutung. Kommunen erfüllen zunehmend wichtige Aufgabenbereiche und regionale Identitäten gewinnen an Gewicht. So differenzierte sich das politische System Belgiens in den 1980er und 1990er Jahren aus, was dazu führte, dass sich ein stärkerer föderativer Staatsaufbau durchsetzte. In Italien bildeten sich starke regionale Parteien, wie etwa die Lega Nord, in Großbritannien haben Schottland und Wales größere Autonomie erhalten und in Spanien sind die Konflikte um Katalonien und das Baskenland weiterhin akut. Aber auch auf weniger spektakuläre Art und Weise bilden sich lokale Identitäten als Gegenpol zur Globalisierung.

Die Regionalisierung kann aber auch zu ethnischen Konflikten führen. Eine besonders grausame Form haben diese im ehemaligen Jugoslawien angenommen, aber wesentliche Potenziale solcher Konflikte sind auch in anderen Ländern erkennbar. Man muss hierzu nicht nach Afrika oder Sri Lanka schauen, denn auch in Europa werden ethnische Probleme zunehmend prekärer. Das Gebiet der ehemaligen Sowjetunion ragt dabei auf besonders ernst zu nehmende Art und Weise heraus. In diesem Feld ist die vergleichende Politikwissenschaft auf neue theoretische und analytische Konzepte angewiesen, die derartige Probleme besser verständlicher machen.

Konzeptionell verschärfen die genannten Tendenzen das Galton-Problem, welches unter verschiedenen Aspekten in vielen Kapiteln diskutiert wurde. So zeigen manche Studien, dass Regierungen nicht mehr in der Art regieren können, wie sie dies in den letzten Dekaden tun konnten. Einzelne Autoren sprechen dann auch vom Ende des Ländervergleichs, was bedeuten soll, dass Nationalstaaten durch ihre Vernetzung als unabhängige Fälle in einer vergleichenden Analyse ausgedient hätten (Zürn 2001). Wenngleich diese Auffassung auch kritisch diskutiert wird und auch neuere Studien durchaus noch die Bedeutung von nationalstaatlichen Unterschieden für Variationen in unterschiedlichen Kontexten verantwortlich machen, so ist sicherlich eine Internationalisierung und Globalisierung von Ökonomie und Politik unverkennbar. Jedoch bedeutet dies nicht die Aufgabe einer systematischen ländervergleichenden Forschung, sondern gerade die kreative Aufnahme solcher

Herausforderungen führt zu den spannendsten Entwicklungen des wissenschaftlichen Fortschritts in der vergleichenden Politikwissenschaft in den letzten Jahren (Simmons u.a. 2006; Jahn 2006; Braun/Gilardi 2006).

Die Vernetzung zwischen nationaler Politik und internationalen Einflüssen berührt ebenfalls das Verhältnis von vergleichender Politikwissenschaft und internationalen Beziehungen (Sbragia 1992; Grande/Risse 2000; Frieden/Martin 2002; Haynes 2005). Anders als die vergleichende Politikwissenschaft, die durch logische angelegte Vergleiche zu Ergebnissen kommt, konzentriert sich die Teildisziplin internationale Beziehungen oder internationale Politik auf die Verflechtungen einzelner Fälle. Während also bei der vergleichenden Politikwissenschaft der Fall, also oftmals das Land, die Analyseeinheit darstellt, ist dies in der internationalen Politik das Geflecht von Ländern. Eine Verbindung dieser beiden Subdisziplinen, die bisher bemerkenswert weit voneinander entfernt liegen, wird eine der zukünftigen Herausforderungen in der gesamten Politikwissenschaft darstellen (Solingen 2009).

Die wissenschaftlichen Entwicklungen auf dem Gebiet der vergleichenden Politikwissenschaft sind rasant und fundamental. Allein die Informationsbeschaffung, die bis vor einigen Jahren noch die Hauptaufgabe einer jeden vergleichenden Studie ausmachte, wird heute durch den Internetzugang wesentlich vereinfacht. Eher kann von einer Informationsüberflutung als von einem Mangel an Informationen gesprochen werden. In diesem Zusammenhang ist dann wieder die theorieangeleitete Forschung wesentlich, um sich in diesem Informationsdickicht zurechtzufinden. Daher ist eine wesentliche Aufgabe, Kriterien zu entwickeln, inwieweit die Informationen aus dem Internet für Forschungszwecke geeignet sind. Denn neben den offiziellen amtlichen Statistiken findet man viele nicht geprüfte Informationen im Internet. Hier muss der Forscher besondere Sorgfalt walten lassen, um die Validität der Informationen zu garantieren.

Weitere wissenschaftliche Entwicklungen lassen sich aber auch auf theoretischem und methodologischem Gebiet erwarten. Gerade hier waren die Entwicklungen der Vergangenheit rasant. Die meisten Theorien mittlerer Reichweite sind nicht älter als dreißig Jahre und viele Theorien, die ein längeres Leben haben, wurden grundsätzlich revidiert, was sich oftmals an dem Präfix „Neo" ablesen lässt. Am eindrucksvollsten ist aber die Entwicklung auf methodologischem Gebiet, die vor allem durch die Weiterentwicklung von Computerhardware und -software zu erklären ist. Besonders auf diesem Gebiet war die vergleichende Politikwissenschaft sehr innovativ, indem etablierte Verfahren verfeinert wurden, wie etwa die Anwendung der Regressionsanalyse in der vergleichenden Politikwissenschaft oder gar die Entwicklung ganz neuer Verfahren. Zur letzten Variante gehört die qualitativ-vergleichende Analyse, die erst 1987 von Charles Ragin vorgestellt wurde. Seither wurde diese Methode nicht nur weiterentwickelt oder ähnliche Ansätze vorgestellt, sondern die konzeptionellen Überlegungen dieser Methode haben auch Forscher, die weiterhin mit etablierten Methoden arbeiten, beeinflusst.

Neben der theoretischen und vor allem methodologischen Ausdifferenzierung sind aber auch Entwicklungen feststellbar, die eine Gemeinsamkeit des Forschungsprozesses erkennen, egal welcher methodologische oder theoretische Ansatz gewählt wird. Bei allen Vor- und Nachteilen der verschiedenen Forschungsstrategien wird keiner Methode die Existenzberechtigung abgesprochen. Allerdings existieren wissenschaftliche Standards, die für jede Art von Forschung Gültigkeit haben. Charles Ragin (1987) hat auf die Wichtigkeit der Überbrückung von Problemen der fall- und variablenorientierten Methoden hingewiesen und in einem modernen Klassiker haben die Altmeister Gary King, Robert O. Keohane und Sidney Verba (1994) die herausragende Bedeutung des Forschungsdesigns hervorgehoben. Deren Werk hat einen lebhaften Diskurs entfacht, dem sich weitere namhafte Wissenschaftler angeschlossen haben (Brady/Collier 2004; George/Bennett 2005). Dabei spielt weniger eine Rolle, ob so genannte qualitative oder quantitative Methoden Anwendung finden, oder ob eine fallstudienorientierte oder statistische Forschung betrieben wird. Vielmehr müssen fundamentale Bedingungen im Forschungsprozess eingehalten werden. Ich hoffe, dass sich diese Überzeugung bald auch in der deutschen Politikwissenschaft vermehrt durchsetzen wird und dass diese Einführung in die vergleichende Politikwissenschaft einen Beitrag hierzu leistet.

Anhang: Auswahl politikwissenschaftlicher Datensätze

In jüngster Zeit sind immer häufiger Datensätze auf den Webseiten von Autoren oder Organisationen zu finden, die für eigene Datenanalysen verwendet werden können. Insbesondere wenn gepoolte Zeitreihenanalysen durchgeführt werden sollen, sind diese Datensätze sehr hilfreich, da sie die mühsame Arbeit der Sammlung von Datenhandbüchern und die Konsultierung von periodisch erscheinenden Datendokumentationen sowie die Dateneingabe vereinfachen. Im Folgenden wird nur eine kleine Auswahl von Datensätzen dargestellt, die sich für erste Analysen besonders eignen. Diese Datensätze können mit Daten der OECD, Weltbank oder Vereinten Nationen verbunden werden und für viele relevante politikwissenschaftliche Fragestellungen genutzt werden.

Duane Swank hat einen Datensatz mit jährlichen Datenpunkten für 21 OECD-Staaten für den Zeitraum von 1959 bis 1999 erstellt, der sich hauptsächlich auf die Stärke politischer Parteien nach deren ideologischer Position konzentriert, wobei er die Klassifikation von Castles und Mair (1984) aufgreift. Zudem erstellt er einen diesbezüglichen Index für Regierungen, wobei hier die Parteien nach der Prozentzahl der Kabinettssitze gewichtet werden. Zusätzlich zu der Unterteilung nach Rechts, Links und Zentrum erfasst er auch die Gruppe der linkslibertären Parteien nach Kitschelt. Probleme ergeben sich bezüglich der Kategorisierung von Parteien über Zeit anhand einer Bewertung zu einem Zeitpunkt (bzw. FPÖ nach 1990). Zudem stimmen einige Zahlen bei der Verteilung der Kabinettssitze nicht mit offiziellen Quellen der Regierungen (bspw. Österreich) überein.
http://www.marquette.edu/polisci/Swank.htm

George Tsebelis (2000) hat einen Datensatz zur Überprüfung seiner Vetospieler-Theorie erstellt, der außer den Vereinigten Staaten und Griechenland alle hoch industrialisierten Staaten der OECD von 1945 bis 2000 enthält. Dabei verwendet Tsebelis Wahl- und Regierungsdaten sowie verschiedene ideologische Bewertungen der Parteien (Warwick 1994, Laver und Hunt 1992, Castles und Mair 1984 sowie Huber und Inglehart 1995) aufgrund derer Tsebelis seinen Vetospielerindex konstruiert. Leider ist der Datensatz nicht sehr übersichtlich und auch wenig transparent aufgebaut. Zudem leidet er an dem Mangel, dass die Vereinigten Staaten als einer der wichtigsten Akteure nicht in die Analyse eingeschlossen werden konnten.
http://www.polisci.ucla.edu/tsebelis/

Der von **Thomas Cusack** erstellte Datensatz (*Parties – Governments – Legislatures*) verbindet Daten zur Regierungs- und Parlamentszusammensetzung mit den ideologischen Werten auf der Basis der Auswertung von Wahlprogrammen durch Budge und Kollegen (2001). Die Daten zur Regierungszusammensetzung stammen von Woldendorp u.a. (2000), wobei diese allerdings umfangreich korrigiert wurden. Anhand der mitgelieferten Syntax können Zeitreihen für beliebige ideologische Werte erstellt werden. Probleme treten in der Syntax auf. (Im Fall der Oberhäuser wurden die Durchschnittswerte nicht addiert, sondern sie wurden noch einmal durch die Anzahl der Parteien geteilt, wodurch kein Vergleich

möglich ist). Ebenso machen ungenaue Beschriftungen im Datensatz (einige der Wohlfahrtsvariablen werden nicht wie beschrieben berechnet) und fragliche Zuordnungen von Parteien, die sich schon bei Budge u.a. (2001) finden, die Arbeit mit diesem ansonsten hervorragenden Datensatz etwas mühsam.
http://www.wz-berlin.de/mp/ism/people/misc/cusack/d_sets.en.htm

Klaus Armingeons Datensatz umfasst 23 Staaten der OECD für den Zeitraum von 1960 bis 2002. Dieser wurde kürzlich durch einen weiteren Datensatz zu 28 postkommunistischen Staaten ergänzt. Das Hauptaugenmerk des Datensatzes liegt auf den politischen Variablen. Hier fasst Armingeon gängige Konzepte aus der vergleichenden Politikwissenschaft, wie beispielsweise die ideologische Zusammensetzung von Regierungen nach Schmidt, den Korporatismus-Index von Siaroff und die institutionellen Variablen von Lijphart, zusammen. Dazu kommen neben Wahldaten auch demographische und sozioökonomische Variablen, die zumeist von der OECD stammen. Damit ist dies der umfassendste Datensatz für eine vergleichende Analyse, der auch leicht handhabbar ist.
http://www.ipw.unibe.ch/mitarbeiter/ru_armingeon/CPD_Set_en.asp

Der **PIP (Parties, Institutions, Preferences)**-Datensatz wird vom Lehrstuhl Vergleichende Regierungslehre der Universität Greifswald zusammengestellt und liefert Informationen zu analytischen Schlüsselkonzepten der vergleichenden Politikwissenschaft, die für gepoolte Zeitreihenanalysen angewendet werden können. Er deckt den Zeitraum von 1950 bis 2010 ab und umfasst gegenwärtig vor allem die etablierten Länder der OECD (eine Ausweitung auf die neuen EU-Mitgliedsländer ist in Bearbeitung). Neben den Daten werden auch die Syntaxen zur Berechnung der Indices zur Verfügung gestellt, so dass Nutzer Modifikationen vornehmen können. Die Darstellung der Daten und die analytischen Hintergründe werden in Publikationen dargelegt. Bisher liegen Daten zu programmatischen Parteienpositionen (Jahn 2011a), Vetospieler*ranges* (Jahn 2010) und Parteienkohärenz (Jahn/Oberst 2012) vor. Es sind weitere Indices zu programmatischen Regierungspositionen, den programmatischen Positionen der Institutionen der Europäischen Union, dem Korporatismusgrad etc. in Bearbeitung, die dann sukzessiv online gestellt werden.
http://comparativepolitics.uni-greifswald.de

Robert Franzeses vergleichender Datensatz umfasst 21 OECD-Staaten über einen Zeitraum von 1948 bis 1997. Er konzentriert sich hauptsächlich auf makroökonomische und wirtschaftsrelevante Daten zu Steuern, Schulden, dem Bruttoinlandsprodukt und Trade Openness. Daneben werden einige demographische Variablen (Altersverteilung), aber auch „klassische" politische Variablen (*effective number of parties*) sowie die Zusammensetzung und der ideologischer Durchschnittswert für Kabinette erhoben. Diese Daten bilden die Basis für das Buch *Macroeconomic Policies of Developed Democracies* (2002b). Wie bei Tsebelis wurde keine weitere Aufbereitung in der Struktur vorgenommen, was die Nutzung für Außenstehende relativ kompliziert gestaltet.
http://www-personal.umich.edu/~franzese/Publications.html

Der ***Freedom House-Index*** ist ein seit 1972 jährlich herausgegebener Bericht zur Bewertung der Freiheit in den Staaten der Erde sowie in ausgewählten Territorien. Der Index für das Jahr 2005 umfasst 192 Staaten. Für den Freedom House Index wird jedes Land an Hand

einer Liste von Fragen zu politischen Rechten und zivilen/bürgerlichen Freiheiten bewertet. Jedes Land erhält für jede der beiden Dimensionen einen Wert zwischen 1 bis 7, wobei 1 den höchsten Grad der Freiheit und 7 den niedrigsten repräsentiert. Das arithmetische Mittel dieser beiden Werte determiniert die Einordnung in die Kategorien „*free*", „*partly free*" und „*not free*". Im Jahre 2005 wurden 89 Staaten als frei, 54 als teilweise frei und 49 als nicht frei eingeschätzt.
http://www.freedomhouse.org

Das **Polity IV** Projekt, entwickelt von Ted Robert Gurr, Monty G. Marshall und Keith Jaggers, enthält jährliche Informationen über Regimeeigenschaften aller unabhängigen Staaten mit mehr als 500.000 Einwohnern von 1800 bis 2003. Erfasst werden (a) Wettbewerbsgrad der politischen Beteiligung, (b) Regulierung der politischen Partizipation, (c) Wettbewerbsgrad der Rekrutierung der Exekutiven, (d) Offenheit der Rekrutierung der Exekutiven und (e) Begrenzung der Regierungsspitze. Dabei werden die Staaten auf einer Demokratie- und einer Autokratieskala von 0 bis 10 und auf einer kombinierten Polity-Skala (der eigentliche Demokratieindex von Jaggers, Gurr und Marshall) von – 10 (autokratisch) bis + 10 (demokratisch) eingeordnet.
http://www.cidcm.umd.edu/inscr/polity/

Der von **Tatu Vanhanen** entwickelte **Polyarchy-Datensatz** erfasst zwei zentrale Aspekte demokratischer Regime: Wahlbeteiligung und Wahlwettbewerb. Diese beiden Teilaspekte fließen in den von Vanhanen konzipierten Demokratieindex ein, indem sie miteinander multipliziert werden und das Ergebnis durch 100 geteilt wird. Als demokratisch gelten Länder, in denen die Wettbewerbskomponente größer als 30 Prozent, Wahlbeteiligung größer als 10 Prozent und der Demokratieindex einen Wert größer als 5 auf der Skala von 0 bis 100 annimmt. Der Datensatz umfasst zurzeit 187 Länder für den Zeitraum von 1810-2000.
http://www.prio.no/page/Project_detail/Replication_Datasets/9649/42472.html

Der Datensatz **Governance Indicators 1996-2004** beinhaltet sechs Variablen für 209 Länder sechs Variablen zur Erfassung der Qualität der Regierungsform. Die Daten wurden in Zweijahresschritten 1996, 1998, 2000, 2002 und 2004 erhoben (Kaufmann u.a. 2004).
http://www.worldbank.org/wbi/governance/govdata/index.html

Die **Luxembourg Income Study (LIS)** erhebt mit nationalen Umfragen Informationen zu den jeweiligen Einkommensstrukturen für viele der hoch industrialisierten Länder. Die Daten werden für derzeit 29 Länder in Wellen erfasst und hinsichtlich ihrer zeitlichen und länderspezifischen Vergleichbarkeit bearbeitet. Die erste Welle fand Ende der 1970er Jahre statt. Für einige wenige Länder stehen sogar noch ältere Informationen zur Verfügung. Die bisher letzte, fünfte Welle fand um das Jahr 2000 statt. Problematisch an diesem Datensatz ist, dass nicht alle Länder zu allen Zeitpunkten erfasst werden und sich somit der Vergleich immer nur auf eine Auswahl beziehen kann oder mit Einschränkungen der Aussagekraft verbunden ist.
http://www.lisproject.org/

Das **Correlates of War (CoW)** Projekt wurde 1963 von J. David Singer initiiert, um systematische Daten über Häufigkeit, Eigenschaften und Ursachen von Kriegen und Konflikten für wissenschaftliche Analysen zu sammeln. In thematisch gegliederten Datensätzen werden Daten zu verschiedenen Aspekten kriegerischer Auseinandersetzungen ab 1816 weltweit erfasst. Die Homepage des Projektes bietet neben den projekteigenen Datensätzen und Forschungsberichten auch eine umfassende Linksammlung zu weiteren Datensätzen und Forschungseinrichtungen mit dem Schwerpunkt Konflikt und Krieg.
http://www.correlatesofwar.org

Das **Comparative Welfare States Data Set** wurde ursprünglich 1997 von Evelyne Huber, Charles Ragin und John D. Stephens zusammengestellt und erst kürzlich (April 2004) von David Brady, Jason Beckfield und John D. Stephens aktualisiert. Ähnlich wie bei den anderen Datensätzen werden hier jährlich erfasste Daten für unterschiedliche Bereiche der wohlfahrtsstaatlichen Politik und politische Hintergrundvariablen für die Nachkriegszeit zusammengetragen. Die Daten beziehen sich auf 18 OECD-Länder und behandeln Aspekte wie Lohn- und Einkommensdaten, Sozialausgaben, Arbeitsmarktstatistik und andere politische Daten, demographische Daten und wirtschaftliche Informationen.
http://www.lisproject.org/publications/welfaredata/welfareaccess.htm

Der Datensatz der **Study of the Parliamentary Passage of Legislation, 1981-1991** (SPPL Data Set) verfolgt die parlamentarische Behandlung von 1860 Gesetzen zur Sozial- und Arbeitsmarktpolitik in 18 westeuropäischen Ländern in der Zeit von 1981 bis 1991. Diese Daten wurden vor allem in Herbert Döring (1995a) und Herbert Döring und Mark Hallerberg (2004) verwendet. Dieser Datensatz eignet sich im besonderen Maße für eine intensive Analyse parlamentarischer Verfahren.
http://www.uni-potsdam.de/u/ls_vergleich/Lehrstuhl/doeringinfo.htm

Der Datensatz **Database of Political Institutions** (DPI) fasst für 177 Länder 113 politikwissenschaftlich relevante Variablen über einen Zeitraum von 25 Jahren (1975-2000) zusammen und wurde von Mitarbeitern der Weltbank (Beck u.a. 2001) zusammengestellt. Er ist frei verfügbar. Der Datensatz fasst neben der parlamentarischen Stärke einzelner Parteien auch die programmatische Ausrichtung von Präsidenten, Regierungs- und Oppositionsparteien sowie die Anzahl von Vetospielern zusammen. Wenngleich der Datensatz vereinzelt zu überprüfende Informationen beinhaltet (so wurde die SPD in den 1980er Jahren als Links, in den 1990er Jahren als zentristisch kodiert), stellt dieser Datensatz einen Einstieg für die Analyse vieler Länder dar. Kombiniert mit Daten der Weltbank lassen sich damit viele relevante Fragestellungen bearbeiten.
http://econ.worldbank.org/WBSITE/EXTERNAL/EXTDEC/0,,contentMDK:20352865~pagePK:64165401~piPK:64165026~theSitePK:469372,00.html

Die Daten zu verschiedenen programmatischen Positionen der politischen Parteien wurden von Kenneth Benoit und Michael Laver im Projekt **Party Policy in Modern Democracies** für 47 Länder im Zeitraum von 1999 bis 2004 erhoben. In diesem Zusammenhang ist eine Monographie der beiden Autoren unter dem folgenden Titel in Vorbereitung: *Party Policy in Modern Democracies*. London: Routledge.
http://www.politics.tcd.ie/ppmd/

Literaturverzeichnis

Aarebrot, Frank H./Bakka, Pal H. 2003: Die vergleichende Methode in der Politikwissenschaft, in: Berg-Schlosser, Dirk/Müller-Rommel, Ferdinand (Hg.), Vergleichende Politikwissenschaft. 4. Auflage, Opladen: Leske + Budrich (UTB), 57-76.

Abels, Gabriele/Behrens, Maria 2002: ExpertInnen-Interviews in der Politikwissenschaft. Geschlechtertheoretische und politikfeldanalytische Reflexion einer Methode, in: Bogner, Alexander/Littig, Beate/Menz, Wolfgang (Hg.), Das Experteninterview. Theorie, Methode, Anwendung. Opladen: Leske + Budrich, 173-190.

Achen, Christopher H. 1982: Interpreting and Using Regression. Newbury Park, CA: Sage.

Achen, Christopher H. 1986: The Statistical Analysis of Quasi-Experiments. Berkeley, CA: University of California Press.

Achen, Christopher H. 2000: Why Lagged Dependent Variables Can Suppress the Explanatory Power of Other Independent Variables. Unveröffentlichtes Manuskript, Annual Meeting of the Political Methodology Section of the American Political Science Association, Los Angeles: 20.-22. Juli.

Achen, Christopher H. 2002: Toward a New Political Methodology: Microfoundation and ART, in: Annual Review of Political Science 5, 423-450.

Achen, Christopher H./Shively, W. Phillips 1995: Cross-Level Inference. Chicago, IL: University of Chicago Press.

Achen, Christopher H./Snidal, Duncan 1989: Rational Deterrence Theory and Comparative Case Studies, in: World Politics 41, 2, 143-169.

Adams, Paul S. 2002: Corporatism and Comparative Politics: Is There a New Century of Corporatism?, in: Wiarda, Howard J. (Hg.), New Directions in Comparative Politics. 3. Auflage, Boulder, CO: Westview Press, 17-44.

Adcock, Robert/Collier, David 2001: Measurement Validity: A Shared Standard for Qualitative and Quantitative Research, in: American Political Science Review 95, 3, 529-546.

Adema, Willem 1997: What do Countries Really Spend on Social Policies? A Comparative Note, in: OECD-Economic Studies 28, 1, 153-167.

Adorno, Theodor W./Dahrendorf, Ralf/Pilot, Harald/Albert, Hans/Habermas, Jürgen/Popper, Karl R. 1980: Der Positivismusstreit in der deutschen Soziologie. 8. Auflage (zuerst 1969), Darmstadt: Luchterhand.

Ágh, Attila 1998: The Politics of Central Europe. London: Sage.

Aiken, Leona S./West, Stephen G. 1991: Multiple Regression: Testing and Interpreting Interactions. Newbury Park, CA: Sage.

Alber, Jens 1987: Vom Armenhaus zum Wohlfahrtsstaat: Analysen zur Entwicklung der Sozialversicherung in Westeuropa. 2. Auflage, Frankfurt am Main: Campus.

Alemán, Eduardo/Tsebelis, George 2005: The Origins of Presidential Agenda-Setting Power, in: Latin American Research Review 40, 2, 3-26.

Alemann, Heine von 1977: Der Forschungsprozess: Eine Einführung in die Praxis der empirischen Sozialforschung. Stuttgart: Teubner.

Alemann, Ulrich von 1983: Krisen der Arbeitsgesellschaft - Katharsis der Interessenvermittlung? Parteiensystem und soziale Bewegungen im ökonomisch-ökologischen Umbruch, in: Matthes, Joachim (Hg.), Krise der Arbeitsgesellschaft? Verhandlungen des 21. Deutschen Soziologentages in Bamberg 1982. Frankfurt am Main: Campus, 535-553.

Alemann, Ulrich von 1990: Parteien und Gesellschaft in der Bundesrepublik. Rekrutierung, Konkurrenz und Responsivität, in: Mintzel, Alf/Oberreuter, Heinrich (Hg.), Parteien in der Bundesrepublik Deutschland. Bonn: Bundeszentrale für politische Bildung, 84-125.

Alemann, Ulrich von (Hg.) 1995: Politikwissenschaftliche Methoden. Grundriss für Studium und Forschung. Opladen: Westdeutscher Verlag.

Alemann, Ulrich von (Hg.) 2005: Dimensionen politischer Korruption. Politische Vierteljahresschrift Sonderheft 35, Wiesbaden: Westdeutscher Verlag.

Alemann, Ulrich von/Forndran, Erhard 2002: Methodik der Politikwissenschaft. Eine Einführung in Arbeitstechnik und Forschungspraxis. 6. Auflage, Stuttgart: Kohlhammer.

Alemann, Ulrich von/Marschall, Stefan (Hg.) 2002: Parteien in der Mediendemokratie. Wiesbaden: Westdeutscher Verlag.

Alemann, Ulrich von/Tönnesmann, Wolfgang 1995: Grundriss: Methoden der Politikwissenschaft, in: Alemann, Ulrich von (Hg.), Politikwissenschaftliche Methoden. Grundriss für Studium und Forschung. Opladen: Westdeutscher Verlag, 17-140.

Alesina, Alberto/Perotti, Roberto 1994: The Political Economy of Budget Deficits. Cambridge, MA: National Bureau of Economic Research.

Alesina, Alberto/Roubini, Nouriel/Cohen, Gerald 1997: Political Cycles and the Macroeconomy. Cambridge, MA: The MIT Press.

Alesina, Alberto/Summers, Lawrence H. 1993: Central Bank Independence and Macroeconomic Performance: Some Comparative Evidence, in: Journal of Money, Credit and Banking 25, 2, 151-162.

Alesina, Alberto/Tabellini, Guido 1990: A Positive Theory of Fiscal Deficits and Government Debt, in: Review of Economic Studies 57, 3, 403-414.

Alford, Robert R. 1962: A Suggested Index of the Association of Social Class and Voting, in: Public Opinion Quarterly 26, 3, 417-425.

Alivizatos, Nicos 1995: Judges as Veto Players, in: Döring, Herbert (Hg.), Parliaments and Majority Rule in Western Europe. Frankfurt am Main / New York, NY: Campus / St. Martin's Press, 566-589.

Allan, James P./Scruggs, Lyle A. 2004: Political Partnership and Welfare State Reform in Advanced Industrial Societies, in: American Journal of Political Science 48, 3, 496-512.

Allison, Graham 1971: The Essence of Decision. Boston, MA: Little, Brown and Co.

Allison, Paul D. 1995: Survival Analysis Using the SAS System: A Practical Guide. Cary, NC: SAS Institute.

Almond, Gabriel A. 1956: Comparative Political Systems, in: Journal of Politics 18, 3, 391-409.

Almond, Gabriel A. 1960: Introduction: A Functional Approach to Comparative Politics, in: Almond, Gabriel A./Coleman, James S. (Hg.), The Politics of the Developing Areas. Princeton, NJ: Princeton University Press, 3-64.

Almond, Gabriel A. 1990: A Discipline Divided: Schools and Sects in Political Science. Newbury Park, CA: Sage.

Almond, Gabriel A./Coleman, James S. 1960: The Politics of the Developing Areas. Princeton, NJ: Princeton University Press.

Almond, Gabriel A./Powell, G. Bingham Jr. 1966: Comparative Politics: A Developmental Approach. Boston, MA: Little, Brown and Co.

Almond, Gabriel A./Powell, G. Bingham Jr. 1978: Comparative Politics: System, Process and Policy. 2. Auflage, Boston, MA: Little, Brown and Co.

Almond, Gabriel A./Powell, G. Bingham Jr./Strøm, Kaare/Dalton, Russell J. 2004: Comparative Politics Today: A World View. 8. Auflage, New York, NY: Longman + Pearson.

Almond, Gabriel A./Verba, Sidney 1963: The Civic Culture: Political Attitudes and Democracy in Five Nations. Princeton, NJ: Princeton University Press.

Almond, Gabriel A./Verba, Sidney 1980: The Civic Culture Revisited: An Analytic Study. Boston, MA: Little, Brown and Co.

Altman, Micah/McDonald, Michael 2001: Choosing Reliable Statistical Software, in: PS: Political Science and Politics 43, 3, 681-687.

Alvarez, Michael E./Garrett, Geoffrey/Lange, Peter 1991: Government Partisanship, Labor Organization and Macroeconomic Performance, 1967-1984, in: American Political Science Review 85, 2, 539-556.

Amenta, Edwin 2003: What We Know About the Development of Social Policy: Comparative and Historical Research in Comparative and Historical Perspective, in: Mahoney, James/Rueschemeyer, Dietrich (Hg.), Comparative Historical Analysis in the Social Sciences. Cambridge: Cambridge University Press, 91-130.

Andersen, Mikael S. 2000: Ecological Modernisation Capacity: Finding Patterns in the Mosaic of Case Studies, in: Young, Stephen C. (Hg.), The Emergence of Ecological Modernisation: Integrating the Environment and the Economy? London: Routledge, 107-132.

Andersen, Per K./Gill, Richard D. 1982: Cox's Regression Model for Counting Processes: A Large Sample Study, in: The Annals of Statistics 10, 4, 1100-1120.

Anderson, Lisa (Hg.) 1999: Transitions to Democracy. New York, NY: Columbia University Press.

Andretta, Massimiliano/della Porta, Donatella/Mosca, Lorenzo/Reiter, Herbert 2003: No Global - New Global: Identität und Strategien der Antiglobalisierungsbewegung. Frankfurt am Main: Campus.

Angeles, Peter A. 1981: Dictionary of Philosophy. New York, NY: Barnes & Noble Books.

Anton, Thomas 1980: Administered Politics. Elite Political Culture in Sweden. Boston, MA: Martinus Nighoff.

Appleby, R. Scott 2000: The Ambivalence of the Sacred: Religion, Violence, and Reconciliation. Lanham, MD: Rowman & Littlefield.

Apter, David E. 1955: The Gold Coast in Transition. Princeton, NJ: Princeton University Press.

Apter, David E. 1961: The Political Kingdom in Uganda. A Study in Bureaucratic Nationalism. Princeton, NJ: Princeton University Press.

Apter, David E. 1996: Comparative Politics, Old and New, in: Goodin, Robert E./Klingemann, Hans-Dieter (Hg.), A New Handbook of Political Science. Oxford: Oxford University Press, 372-397.

Arellano, Manuel 2003: Panel Data Econometrics. Advanced Texts in Econometrics. Oxford: Oxford University Press.

Arendes, Cord/Buchstein, Hubertus 2004: Politikwissenschaft als Universitätslaufbahn: Eine Kollektivbiographie politikwissenschaftlicher Hochschullehrer/-innen in Deutschland 1949-1999, in: Politische Vierteljahresschrift 45, 1, 9-31.

Armingeon, Klaus 1994: Staat und Arbeitsbeziehungen. Ein internationaler Vergleich. Opladen: Westdeutscher Verlag.

Armingeon, Klaus 1997: Karrierewege der Professoren und Professorinnen der Politikwissenschaft in der Schweiz, Österreich und Deutschland, in: Swiss Political Science Review 3, 2, 103-117.

Armingeon, Klaus 1999: Politische Reaktionen auf steigende Arbeitslosigkeit, in: Busch, Andreas/Plümper, Thomas (Hg.), Nationaler Staat und internationale Wirtschaft. Anmerkungen zum Thema Globalisierung. Baden-Baden: Nomos, 169-196.

Armingeon, Klaus 2002a: Interest Intermediation: The Cases of Consociational Democracy and Corporatism, in: Keman, Hans (Hg.), Comparative Democratic Politics. A Guide to Contemporary Theory and Research. London: Sage, 143-165.

Armingeon, Klaus 2002b: The Effects of Negotiation Democracy: A Comparative Analysis, in: European Journal of Political Research 41, 1, 81-106.

Armingeon, Klaus 2003a: Die politische Ökonomie der Arbeitslosigkeit, in: Obinger, Herbert/Wagschal, Uwe/Kittel, Bernhard (Hg.), Politische Ökonomie. Demokratie und wirtschaftliche Leistungsfähigkeit. Opladen: Leske + Budrich (UTB), 151-174.

Armingeon, Klaus 2003b: Parteien, Verbände und soziale Bewegungen, in: Münkler, Herfried (Hg.), Politikwissenschaft. Ein Grundkurs. Reinbek: Rowohlt, 447-489.

Armingeon, Klaus/Beyeler, Michelle/Binnema, Harmen 2001: The Changing Politics of the Welfare State. A Comparative Analysis of Social Security Expenditures in 22 OECD Countries, 1960-1998, Universität Bern: unveröffentlichtes Manuskript.

Armingeon, Klaus/Freitag, Markus 1997: Schweiz, Österreich, Deutschland. Die politischen Systeme im Vergleich. Ein sozialwissenschaftliches Datenhandbuch. Opladen: Leske + Budrich.

Armingeon, Klaus/Leimgruber, Philipp/Beyeler, Michelle/Menegale, Sarah 2004: Comparative Political Data Set 1960-2002, Bern: Institute of Political Science, University of Berne, http://www.ipw.unibe.ch/mitarbeiter/ru_armingeon/CPD_Set_en.asp, 13.10.2005.

Aron, Raymond 1959: Relativism in History, in: Meyerhoff, Hans (Hg.), The Philosophy of History in our Time: An Anthology. Garden City, NY: Doubleday, 153-162.

Arrow, Kenneth J. 1951: Social Choice and Individual Values. New York, NY: Wiley.

Arter, David 2000: From a "Peasant Parliament" to a "Professional Parliament"?: Change in the Icelandic Althingi, in: Journal of Legislative Studies 6, 2, 45-66.

Arts, Wil A./Gelissen, John 2002: Three Worlds of Welfare Capitalism or More? A State-of-the-Art Report, in: Journal of European Social Policy 12, 2, 137-158.

Asante, Clement E. 1997: Press Freedom and Development: A Research Guide and Selected Bibliography. Westport, CT: Greenwood Press.

Aspinwall, Mark/Schneider, Gerald 2000: Same Menu, Separate Tables. The Institutionalist Turn in Political Science and the Study of European Integration, in: European Journal of Political Research 38, 5, 1-36.

Atteslander, Peter 2003: Methoden der empirischen Sozialforschung. 10. Auflage, Berlin: de Gruyter.

Avruch, Kevin 1991: Introduction: Culture and Conflict Resolution, in: Avruch, Kevin/Black, Peter W./Scimecca, Joseph A. (Hg.), Conflict Resolution: Cross-Cultural Perspectives. New York, NY: Greenwood Press, 1-17.

Axelrod, Robert M. 1970: Conflict of Interest: A Theory of Divergent Goals with Applications to Politics. Chicago, IL: Markham.

Axelrod, Robert M. 1976: Structure of Decision: The Cognitive Maps of Political Elites. Princeton, NJ: Princeton University Press.

Axelrod, Robert M. 1997: The Complexity of Cooperation: Agent-Based Models of Competition and Collaboration. Princeton, NJ: Princeton University Press.

Babbie, Earl R. 2001: The Practice of Social Research. 9. Auflage, Belmont, CA: Wadsworth Thomson Learning.

Backhaus, Klaus/Erichson, Bernd/Plinke, Wulff/Weiber, Rolf 2005: Multivariate Analysemethoden. Eine anwendungsorientierte Einführung. 11. Auflage, Berlin: Springer.

Baltagi, Badi H. 2001: Ecometric Analysis of Panel Data. 2. Auflage, New York, NY: Wiley.

Baltz, Konstantin/König, Thomas/Schneider, Gerald 2005: Immer noch ein etatistischer Kontinent: Die Bildung nationaler Positionen zu EU-Verhandlungen, in: Eising, Rainer/Kohler-Koch, Beate (Hg.), Interessenpolitik in Europa. Baden-Baden: Nomos, 283-310.

Banaszak, Lee A./Beckwith, Karen/Rucht, Dieter 2003: Women's Movements Facing the Reconfigured State. New York, NY: Cambridge University Press.

Banks, Arthur S. 1971: Cross-Polity Time Series Data. Cambridge, MA: The MIT Press.

Banks, Arthur S./Textor, Robert B. 1971: A Cross-Polity Survey. Cambridge, MA: The MIT Press.

Barahona de Brito, Alexandra 1997: Human Rights and Democratization in Latin America: Uruguay and Chile. Oxford: Oxford University Press.

Barnes, Samuel H. 1997: Electoral Behavior and Comparative Politics, in: Lichbach, Mark I./Zuckerman, Alan S. (Hg.), Comparative Politics. Rationality, Culture, and Structure. Cambridge: Cambridge University Press, 115-141.

Barnes, Samuel H./Kaase, Max (Hg.) 1979: Political Action: Mass Participation in Five Western Democracies. Beverly Hills, CA: Sage.

Barrett, David B. (Hg.) 1982: World Christian Encyclopedia: A Comparative Study of Churches and Religions in the Modern World AD 1900 - 2000. Nairobi: Oxford University Press.

Barrett, David B./Kurian, George T./Johnson, Todd M. 2001: World Christian Encyclopedia: A Comparative Survey of Churches and Religions in the Modern World. 2. Auflage, Oxford: Oxford University Press.

Barro, Robert J. 1998: Getting It Right. Markets and Choices in a Free Society. 3. Auflage, Cambridge, MA: The MIT Press.

Bartolini, Stefano 1993: On Time and Comparative Research, in: Journal of Theoretical Politics 5, 2, 131-167.

Bartolini, Stefano 2000: The Political Mobilization of the European Left, 1860-1980: The Class Cleavage. Cambridge: Cambridge University Press.

Bartolini, Stefano/Caramani, Daniele /Hug, Simon 1998: Parties and Party Systems: A Bibliographic Guide to the Literature on Parties and Party Systems in Europe since 1945. London: Sage.

Bartolini, Stefano/Mair, Peter 1984: Party Politics in Contemporary Western Europe. London: Frank Cass.

Bartolini, Stefano/Mair, Peter 1990: Identity, Competition and Electoral Ability: The Stabilization of European Electorates 1885-1985. New York, NY: Cambridge University Press.

Bashevkin, Sylvia 1998: Women on the Defensive: Living through Conservative Times. Chicago, IL: University of Chicago Press.

Basinger, Scott J./Hallerberg, Mark 2004: Remodeling the Competition for Capital: How Domestic Politics Erases the Race to the Bottom, in: American Political Science Review 98, 2, 261-276.

Bates, Robert H. 1981: Markets and States in Tropical Africa: The Political Basis of Agricultural Policies. Berkeley, CA: University of California Press.

Bates, Robert H. 1988: Towards a Political Economy of Development: A Rational Choice Perspective. Berkeley, CA: University of California Press.

Bates, Robert H. 2000: Area Studies and the Discipline, in: Brown, Bernard E. (Hg.), Comparative Politics. Notes and Readings. 9. Auflage, Fort Worth, TX: Harcourt College, 28-31.

Bates, Robert H./Greif, Avner/Levi, Margaret/Rosenthal, Jean-Laurent/Weingast, Barry R. 1998: Analytic Narratives. Princeton, NJ: Princeton University Press.

Bates, Robert H./O'Barr, Jean F./Mudimbe, V. Y. 1993: Africa and the Disciplines. The Contributions of Research in Africa to the Social Sciences and Humanities. Chicago, IL: University of Chicago Press.

Bebler, Anton/Seroka, Jim (Hg.) 1990: Contemporary Political Systems. Classifications and Typologies. London: Lynne Rienner.

Beck, Nathaniel 2001: Time-Series-Cross-Section Data: What Have We Learned in the Past Few Years?, in: Annual Review of Political Science 4, 271-293.

Beck, Nathaniel/Gleditsch, Kristian 2003: Space is More than Geography. Unveröffentlichtes Manuskript, ECPR Joint Sessions of Workshops, Edinburgh: 28. März - 2. April.

Beck, Nathaniel/Gleditsch, Kristian S./Beardsley, Kyle C. 2006: Space is More than Geography: Using Spatial Econometrics in the Study of Political Economy, in: International Studies Quarterly i.E.

Beck, Nathaniel/Katz, Jonathan N. 1995: What to Do (and Not to Do) with Time-Series–Cross-Section Data, in: American Political Science Review 89, 3, 634-647.

Beck, Nathaniel/Katz, Jonathan N. 1996: Nuisance vs. Substance: Specifying and Estimating Time-Series–Cross-Section Models, in: Political Analysis 6, 1, 1-36.

Beck, Nathaniel/Katz, Jonathan N. 2004: Time-Series–Cross-Section Issues: Dynamics, 2004, New York, NY/ Pasadena, CA: New York University/California Institute of Technology, http://jkatz.caltech.edu/papers/ts.pdf, 11.07.2005.

Beck, Nathaniel/Katz, Jonathan N./Tucker, Richard 1998: Taking Time Seriously: Time-Series-Cross-Section Analysis with a Binary Dependent Variable, in: American Journal of Political Science 42, 4, 1260-1288.

Beck, Thorsten/Clarke, George/Groff, Alberto/Keefer, Philip/Walsh, Patrick 2001: New Tools and New Tests in Comparative Political Economy: The Database of Political Institutions, in: The World Bank Economic Review 15, 1, 165-176.

Beck, Ulrich 1986: Risikogesellschaft: Auf dem Weg in eine andere Moderne. Frankfurt am Main: Suhrkamp.

Beck, Ulrich 1988: Gegengifte: Die organisierte Unverantwortlichkeit. Frankfurt am Main: Suhrkamp.

Becker, Michael 2001: Klassische und moderne politische Philosophie, in: Mols, Manfred/Lauth, Hans-Joachim/Wagner, Christian (Hg.), Politikwissenschaft: Eine Einführung. 3. Auflage, Paderborn: Schöningh, 175-208.

Becker, Rolf/Saalfeld, Thomas 2004: The Life and Times of Bills, in: Döring, Herbert/Hallerberg, Mark (Hg.), Patterns of Parliamentary Behavior. Passage of Legislation Across Western Europe. Aldershot: Ashgate, 57-90.

Beer, Samuel H. 1982: Britain Against Itself: The Contradictions of Collectivism. London: Faber.

Behnke, Joachim 2001: Die politische Theorie des Rational Choice: Anthony Downs, in: Brodocz, André/Schaal, Gary S. (Hg.), Politische Theorien der Gegenwart II: Eine Einführung. 2. Auflage, Opladen: Leske + Budrich (UTB), 433-464.

Behnke, Joachim/Baur, Nina/Behnke, Nathalie 2006: Empirische Methoden der Politikwissenschaft. Paderborn: Schöningh (UTB).

Behrens, Maria 2003: Quantitative und qualitative Methoden der Politikfeldanalyse, in: Schubert, Klaus/Bandelow, Nils C. (Hg.), Lehrbuch der Politikfeldanalyse. München: Oldenbourg, 205-238.

Beichelt, Timm 2001: Demokratische Konsolidierung im postsozialistischen Europa: Die Rolle der politischen Insitutionen. Opladen: Leske + Budrich.

Bell, Daniel 1975: Die nachindustrielle Gesellschaft. Frankfurt am Main: Campus.

Bell, Daniel 1979: Die Zukunft der westlichen Welt. Kultur und Technologie in Widerstreit. Frankfurt am Main: Fischer.

Bell, Daniel 1999: The Coming of Post-Industrial Society. A Venture in Social Forecasting. 3. Auflage, New York, NY: Basic Books.

Belsley, David A./Kuh, Edwin/Welsch, Roy E. 1980: Regression Diagnostics: Identifying Influential Data and Sources of Collinearity. New York, NY: Wiley.

Bendel, Petra 1996: Parteiensysteme in Zentralamerika: Typologien und Erklärungsfaktoren. Opladen: Leske + Budrich.

Bendix, Reinhard 1977: Nation-Building and Citizenship: Studies of our Changing Social Order. Berkeley, CA: University of California Press.

Bennett, Andrew 2004: Case Study Methods: Design, Use, and Comparative Advantages, in: Sprinz, Detlef F./Wolinsky-Nahmias, Yael (Hg.), Models, Numbers, and Cases. Methods for Studying International Relations. Ann Arbor, MI: University of Michigan Press, 19-55.

Bentley, Arthur F. 1949: The Process of Government: A Study of Social Pressures. Evanston, IL: Principia Press of Illinois.

Berejikian, Jeffrey 1992: Revolutionary Collective Action and the Agent-Structure Problem, in: American Political Science Review 86, 3, 647-657.

Berelson, Bernard 1952: Content Analysis in Communication Research. New York, NY: Free Press.

Berg-Schlosser, Dirk 1998: Vergleichende europäische Politikwissenschaft - Ansätze einer Bestandsaufnahme, in: Politische Vierteljahresschrift 39, 4, 829-840.

Berg-Schlosser, Dirk 1999: Empirische Demokratieforschung. Exemplarische Analysen. Frankfurt am Main: Campus.

Berg-Schlosser, Dirk 2003a: Gegenstandsbereiche und Anwendungsgebiete der Politikwissenschaft, in: Münkler, Herfried (Hg.), Politikwissenschaft. Ein Grundkurs. Reinbek: Rowohlt, 55-76.

Berg-Schlosser, Dirk 2003b: Makro-qualitative vergleichende Methoden, in: Berg-Schlosser, Dirk/Müller-Rommel, Ferdinand (Hg.), Vergleichende Politikwissenschaft. 4. Auflage, Opladen: Leske + Budrich (UTB), 103-125.

Berg-Schlosser, Dirk/de Meur, Gisèle 1997: Reduction of Complexity for a Small-N Analysis - A Stepwise Multi-Methodological Approach, in: Comparative Social Research 16, 133-162.

Berg-Schlosser, Dirk/Mitchell, Jeremy (Hg.) 2000: The Conditions of Democracy in Europe 1919-39. Systematic Case Studies. London: Macmillan.

Berg-Schlosser, Dirk/Müller-Rommel, Ferdinand 2003a: Entwicklung und Stellenwert der vergleichenden Politikwissenschaft, in: Berg-Schlosser, Dirk/Müller-Rommel, Ferdinand (Hg.), Vergleichende Politikwissenschaft. 4. Auflage, Opladen: Leske + Budrich (UTB), 13-28.

Berg-Schlosser, Dirk/Müller-Rommel, Ferdinand 2003b: Perspektiven der vergleichenden Politikwissenschaft, in: Berg-Schlosser, Dirk/Müller-Rommel, Ferdinand (Hg.), Vergleichende Politikwissenschaft. 4. Auflage, Opladen: Leske + Budrich (UTB), 331-342.

Berg-Schlosser, Dirk/Müller-Rommel, Ferdinand (Hg.) 2003c: Vergleichende Politikwissenschaft. 4. Auflage, Opladen: Leske + Budrich (UTB).

Berg-Schlosser, Dirk/Quenter, Sven 1996: Makro-quantitative versus makro-qualitative Methoden in der Politikwissenschaft - Vorzüge und Mängel komparativer Verfahrensweisen am Beispiel der Sozialstaatstheorie, in: Politische Vierteljahresschrift 37, 1, 100-118.

Berg-Schlosser, Dirk/Stammen, Theo 1995: Einführung in die Politikwissenschaft. 6. Auflage, München: Beck.

Bergsdorf, Wolfgang 1980: Die vierte Gewalt: Einführung in die politische Massenkommunikation. Mainz: von Hase & Köhler.

Berlin, Isaiah 1995: Zwei Freiheitsbegriffe, in: Berlin, Isaiah (Hg.), Freiheit. Vier Versuche. Frankfurt am Main: Fischer, 197-256.

Bermbach, Udo 1991: Demokratietheorie und politische Institutionen. Opladen: Westdeutscher Verlag.

Bernauer, Thomas 2000: Staaten im Weltmarkt: Zur Handlungsfähigkeit von Staaten trotz wirtschaftlicher Globalisierung. Opladen: Leske + Budrich.

Bernauer, Thomas/Jahn, Detlef/Kuhn, Patrick/Walter, Stefanie 2013: Einführung in die Politikwissenschaft. 2. Auflage. Baden-Baden: Nomos. (i.E.).

Berndt, Uwe 2001: Ostmitteleuropa - neue Cleavages, neue Parteien, in: Eith, Ulrich/Mielke, Gerd (Hg.), Gesellschaftliche Konflikte und Parteiensysteme. Länder- und Regionalstudien. Wiesbaden: Westdeutscher Verlag, 157-171.

Bernhard, William 1998: A Political Explanation of Variations in Central Bank Independence, in: American Political Science Review 92, 2, 311-327.

Bernstein, Richard J. (Hg.) 1965: Perspectives on Peirce. Critical Essays on Charles Sanders Peirce. New Haven, CT: Yale University Press.

Bertelsmannstiftung 2004: Auf dem Weg zur marktwirtschaftlichen Demokratie: Bertelsmann Transformation Index 2003. Gütersloh: Bertelsmann Stiftung.

Betz, Hans-Georg/Immerfall, Stefan (Hg.) 1998: The Politics of the Right. Neo-Populist Parties and Movements in Established Democracies. New York, NY: St. Martin's Press.

Beyme, Klaus von 1966: Möglichkeiten und Grenzen der vergleichenden Regierungslehre, in: Politische Vierteljahresschrift 7, 1, 63-96.

Beyme, Klaus von 1984: Parteien in den westlichen Demokratien. 2. Auflage, München: Piper.

Beyme, Klaus von 1988: Der Vergleich in der Politikwissenschaft. München: Piper.

Beyme, Klaus von 1994: Systemwechsel in Osteuropa. Frankfurt am Main: Suhrkamp.

Beyme, Klaus von 2000a: Parteien im Wandel. Von den Volksparteien zu den professionalisierten Wählerparteien. Wiesbaden: Westdeutscher Verlag.

Beyme, Klaus von 2000b: Die politischen Theorien der Gegenwart. 8. Auflage, Wiesbaden: Westdeutscher Verlag.

Beyme, Klaus von 2003: Constitutional Engineering in Central and Eastern Europe, in: White, Stephen/Batt, Judy/Lewis, Paul G. (Hg.), Developments in Central and East European Politics 3. Basingstoke: Palgrave Macmillan, 190-210.

Beyme, Klaus von/Czempiel, Ernst-Otto /Kielmansegg, Peter Graf/Schmoock, Peter (Hg.) 1987: Politikwissenschaft: Eine Grundlegung. Stuttgart: Kohlhammer.

Biglaiser, Glen/DeRouen Jr., Karl 2004: The Expansion of Neoliberal Economic Reforms in Latin America, in: International Studies Quarterly 48, 3, 561-578.

Binder, Manfred 1996: Mögliche Erfolgsbedingungen der Schwefeldioxidminderung im internationalen Vergleich, in: Jänicke, Martin (Hg.), Umweltpolitik der Industrieländer: Entwicklung - Bilanz - Erfolgsbedingungen. Berlin: Sigma, 153-201.

Birchfield, Vicki/Crepaz, Markus M. 1998: The Impact of Constitutional Structures and Collective and Competitive Veto Points on Income Inequality in Industrialized Democracies, in: European Journal of Political Research 34, 6, 175-200.

Birle, Peter/Wagner, Christoph 2001: Vergleichende Politikwissenschaft: Analyse und Vergleich politischer Systeme, in: Mols, Manfred/Lauth, Hans-Joachim/Wagner, Christian (Hg.), Politikwissenschaft: Eine Einführung. 3. Auflage, Paderborn: Schöningh, 99-134.

Bjørklund, Tor 1982: The Demand for Referendum: When Does It Arise and When Does It Succeed?, in: Scandinavian Political Studies 5, 3, 237-259.

Black, Anthony 1984: Guilds and Civil Society in European Political Thought from the Twelfth Century to the Present. Ithaca, NY: Cornell University Press.

Blaikie, Norman W. 1991: A Critique of the Use of Triangulation in Social Research, in: Quality and Quantity 25, 2, 115-136.

Blais, André/Blake, Donald/Stéphane, Dion 1993: Do Parties Make a Difference? Parties and the Size of Government in Liberal Democracies, in: American Journal of Political Science 37, 1, 40-62.

Blais, André/Massicotte, Louise 2002: Electoral Systems, in: LeDuc, Lawrence/Niemi, Richard G./Norris, Pippa (Hg.), Comparing Democracies 2: New Challenges in the Study of Elections and Voting. London: Sage, 40-69.

Blalock Jr., Hubert M. 1968: The Measurement Problem: A Gap between the Languages of Theory and Research, in: Blalock Jr., Hubert M./Blalock, Ann B. (Hg.), Methodology in Social Research. New York, NY: McGraw-Hill, 5-27.

Blazyca, George 2003: Managing Transition Economies, in: White, Stephen/Batt, Judy/Lewis, Paul G. (Hg.), Developments in Central and East European Politics 3. Basingstoke: Palgrave Macmillan, 234-252.

Bleek, Wilhelm 2001: Geschichte der Politikwissenschaft in Deutschland. München: Beck.

Blondel, Jean 1968: Party Systems and Patterns of Government in Western Democracies, in: Canadian Journal of Political Science 1, 2, 180-203.

Blondel, Jean 1980: World Leaders. Heads of Government in the Postwar Period. London: Sage.

Blondel, Jean 1990: Comparative Government: An Introduction. 2. Auflage, New York, NY: Allan.

Blondel, Jean/Müller-Rommel, Ferdinand (Hg.) 1993: Governing Together: The Extent and Limits of Joint Decision-Making in Western European Cabinets. New York, NY: St. Martin's Press.

Blondel, Jean/Müller-Rommel, Ferdinand (Hg.) 1997: Cabinets in Western Europe. London: Macmillan.

Blondel, Jean/Müller-Rommel, Ferdinand (Hg.) 2001: Cabinets in Eastern Europe. Basingstoke: Palgrave.

Blossfeld, Hans-Peter/Rohwer, Götz 1995: Techniques of Event History Modelling: New Approaches to Causal Analysis. Mahwah, NJ: Lawrence Erlbaum Association.

Blumer, Herbert 1951: Elementary Collective Behaviour, in: McClung Lee, Alfred (Hg.), New Outline of the Principles of Sociology. New York, NY: Random House, 166-222.

Boeckh, Andreas 2003: Vergleichende Analysen peripherer Gesellschaften, oder: die Auflösung der Peripherie, in: Berg-Schlosser, Dirk/Müller-Rommel, Ferdinand (Hg.), Vergleichende Politikwissenschaft. 4. Auflage, Opladen: Leske + Budrich (UTB), 277-295.

Bogner, Alexander/Leuthold, Margit 2002: "Was ich dazu noch sagen wollte..." Die Moderation von Experten-Fokusgruppen, in: Bogner, Alexander/Littig, Beate/Menz, Wolfgang (Hg.), Das Experteninterview. Theorie, Methode, Anwendung. Opladen: Leske + Budrich, 155-172.

Bogner, Alexander/Littig, Beate/Menz, Wolfgang (Hg.) 2002: Das Experteninterview. Theorie, Methode, Anwendung. Opladen: Leske + Budrich.

Bogner, Alexander/Menz, Wolfgang 2002: Expertenwissen und Forschungspraxis: Die modernisierungstheoretische und die methodische Debatte um die Experten. Zur Einführung in ein unübersichtliches Problemfeld, in: Bogner, Alexander/Littig, Beate/Menz, Wolfgang (Hg.), Das Experteninterview. Theorie, Methode, Anwendung. Opladen: Leske + Budrich, 7-29.

Boix, Carles 1998: Political Parties, Growth and Equality: Conservative and Social Democratic Economic Strategies in the World Economy. Cambridge: Cambridge University Press.

Boli, John/Thomas, George M. 1999: Constructing World Culture: International Nongovernmental Organizations since 1875. Stanford, CA: Stanford University Press.

Bollen, Kenneth A. 1979: Political Democracy and the Timing of Development, in: American Sociological Review 44, 4, 572-587.

Bollen, Kenneth A. 1980: Issues in the Comparative Measurement of Political Democracy, in: American Sociological Review 45, 3, 370-390.

Bollen, Kenneth A. 1989: Structural Equations with Latent Variables. New York, NY: Wiley.

Bollen, Kenneth A. 1990: Political Democracy: Conceptual and Measurement Traps, in: Studies in Comparative International Development 25, 1, 7-24.

Bollen, Kenneth A. 1993: Liberal Democracy: Validity and Method Factors in Cross-National Measures, in: American Journal of Political Science 37, 4, 1207-1230.

Bollen, Kenneth A./Entwisle, Barbara/Alderson, Arthur S. 1993: Macrocomparative Research Methods, in: Annual Review of Sociology 19, 321-351.

Bollen, Kenneth A./Jackman, Robert W. 1990: Regression Diagnostics: An Expository Treatment of Outliers and Influential Cases, in: Fox, John/Long, J. Scott (Hg.), Modern Methods of Data Analysis. Newbury Park, CA: Sage, 257-291.

Bollen, Kenneth A./Paxton, Pamela 2000: Subjective Measures of Liberal Democracy, in: Comparative Political Studies 33, 1, 58-86.

Bonoli, Giuliano/Natali, David (Hg.) 2012: The Politics of the New Welfare State. Oxford: Oxford University Press.

Borre, Ole/Scarbrough, Elinor (Hg.) 1995: The Scope of Government. Oxford: Oxford University Press.

Börzel, Tanja A. 2003: Environmental Leaders and Laggards in Europe: Why there is (not) a Southern Problem. Aldershot: Ashgate.

Bos, Ellen 2004: Verfassungsgebung und Systemwechsel. Die Institutionalisierung von Demokratie im postsozialistischen Osteuropa. Wiesbaden: VS Verlag für Sozialwissenschaften.

Boulding, Kenneth E. 1962: Conflict and Defense: A General Theory. New York, NY: Harper & Row.

Bourgault, Louise Manon 1995: Mass Media in Sub-Saharan Africa. Bloomington, IN: Indiana University Press.

Bova, Russell 1991: Political Dynamics of the Post-Communist Transition: A Comparative Perspective, in: World Politics 44, 1, 113-138.

Bowler, Shaun/Grofman, Bernard 2000: Elections in Australia, Ireland, and Malta under the Single Transferable Vote: Reflections on an Embedded Institution. Ann Arbor, MI: University of Michigan Press.

Box-Steffensmeier, Janet M./Jones, Bradford S. 1997: Time is of the Essence: Event History Models in Political Science, in: American Journal of Political Science 41, 4, 1441-1461.

Box-Steffensmeier, Janet M./Zorn, Christopher J. 2002a: Appendix: Data Structure and Organization, Atlanta, GA: Emory University, http://www.emory.edu/POLS/zorn/data/, 02.06.2005.

Box-Steffensmeier, Janet M./Zorn, Christopher J. 2002b: Duration Models for Repeated Events, in: Journal of Politics 64, 4, 1069-1094.

Brady, Henry E./Collier, David 2004: Rethinking Social Inquiry: Diverse Tools, Shared Standards. Lanham, MD: Rowman & Littlefield.

Braibanti, Ralph 1966: Asian Bureaucratic Systems Emergent from the British Imperial System. Durham, NC: Duke University Press.

Bratton, Michael/Van de Walle, Nicolas 1997: Democratic Experiments in Africa: Regime Transitions in Comparative Perspective. Cambridge: Cambridge University Press.

Braumoeller, Bear F./Sartori, Anne E. 2004: The Promise and Perils of Statistics in International Relations, in: Sprinz, Detlef F./Wolinsky-Nahmias, Yael (Hg.), Models, Numbers, and Cases.

Methods for Studying International Relations. Ann Arbor, MI: University of Michigan Press, 129-151.

Braun, Dietmar (Hg.) 1999: Theorien rationalen Handelns in der Politikwissenschaft: Eine kritische Einführung. Opladen: Leske + Budrich.

Braun, Dietmar (Hg.) 2000: Federalism and Public Policy. Aldershot: Ashgate.

Braun, Dietmar/Gilardi, Fabrizio 2006: Taking "Galton's Problem" Seriously. Towards a Theory of Policy Diffusion, in: Journal of Theoretical Politics 18, i. E.

Bräuninger, Thomas 2004: A Partisan Model of Government Expenditure, in: Public Choice 30, 1-21.

Brettschneider, Frank 1995: Öffentliche Meinung und Politik. Eine empirische Studie zur Responsivität des Deutschen Bundestages. Opladen: Westdeutscher Verlag.

Brinton, Crane 1965: The Anatomy of Revolution. 2. Auflage, New York, NY: Random House.

Brodocz, André/Schaal, Gary S. (Hg.) 2002: Politische Theorien der Gegenwart: Eine Einführung. Opladen: Leske + Budrich (UTB).

Brown, Michael Barratt 1995: Africa's Choices: After Thirty Years of the World Bank. London: Penguin Books.

Brusis, Martin 2005: Governance Ratings as Useful Tools to Measure Democratic Performance in Central and Eastern Europe?, München: Center for Applied Policy Research (CAP), http://www.cap.lmu.de/download/2005/2005_Brusis_Governance.pdf, 29.08.2005.

Bryman, Alan 2001: Social Research Methods. Oxford: Oxford University Press.

Brysk, Alison 1994: The Politics of Human Rights in Argentina: Protest, Change, and Democratization. Stanford, CA: Stanford University Press.

Buchanan, James M./Wagner, Richard E. 1977: Democracy in Deficit: The Political Legacy of Lord Keynes. New York, NY: Academic Press.

Buchstein, Hubertus 2000: Öffentliche und geheime Stimmabgabe: Eine wahlrechtshistorische und ideengeschichtliche Studie. Baden-Baden: Nomos.

Budge, Ian/Klingemann, Hans-Dieter/Volkens, Andrea/Bara, Judith/Tanenbaum, Eric 2001: Mapping Policy Preferences: Estimates for Parties, Electors, and Governments, 1945-1998. Oxford: Oxford University Press.

Budge, Ian/Robertson, David/Hearl, Derek (Hg.) 1987: Ideology, Strategy and Party Change: Spatial Analyses of Post-War Election Programmes in 19 Democracies. Cambridge: Cambridge University Press.

Bunce, Valerie 2001: The Postsocialist Experience and Comparative Politics, in: PS: Political Science and Politics 34, 4, 793-795.

Burawoy, Michael 1989: Two Methods in Search of Science: Skocpol versus Trotzky, in: Theory and Society 18, 6, 759-805.

Burgoon, Brian 2001: Globalization and Welfare Compensation: Disentangling the Ties that Bind, in: International Organization 55, 3, 509-551.

Burkhart, Ross E./Lewis-Beck, Michael S. 1994: Comparative Democracy: The Economic Development Thesis, in: American Political Science Review 88, 4, 903-910.

Bürklin, Wilhelm 1995: Grundlagen empirischer Sozialforschung anhand der Umfrageforschung: Wer wählt warum die GRÜNEN?, in: Alemann, Ulrich von (Hg.), Politikwissenschaftliche Methoden. Grundriß für Studium und Forschung. Opladen: Westdeutscher Verlag, 141-200.

Burns, Tom R. 1994: Post-Parliamentary Democracy, Sacralities, Contradictions, and Transition of Modernity, in: Mongardini, Carlo/Ruini, Marieli (Hg.), Religio. Ruolo del Sacro, Coesione sociale e nuove Forme di Solidarietà nelle Società contemporanea. Rom: Bulzone Editore, 161-192.

Busch, Andreas 1995: Preisstabilitätspolitik. Politik und Inflationsraten im internationalen Vergleich. Opladen: Leske + Budrich.

Busch, Andreas 1999: Die Globalisierungsdebatte. Ein einführender Überblick über Ansätze und Daten, in: Busch, Andreas/Plümper, Thomas (Hg.), Nationaler Staat und internationale Wirtschaft. Anmerkungen zum Thema Globalisierung. Baden-Baden: Nomos, 13-40.

Busch, Andreas 2003: Staat und Globalisierung. Das Politikfeld Bankenregulierung im internationalen Vergleich. Wiesbaden: Westdeutscher Verlag.

Busch, Andreas/Plümper, Thomas (Hg.) 1999: Nationaler Staat und internationale Wirtschaft. Anmerkungen zum Thema Globalisierung. Baden-Baden: Nomos.

Butler, David/Ranney, Austin (Hg.) 1994: Referendums Around the World: The Growing Use of Direct Democracy. Washington, DC: AEI Press.

Caldwell, Malcolm 1977: The Worlds of Some Nations. London: Zed Press.

Calvert, Peter 2002: Comparative Politics. An Introduction. Harlow: Pearson Education.

Cameron, Charles M. 2000: Veto Bargaining: Presidents and the Politics of Negative Power. Cambridge: Cambridge University Press.

Cameron, David R. 1978: The Expansion of the Public Economy: A Comparative Analysis, in: American Political Science Review 72, 4, 1243-1261.

Cameron, David R. 1984: Social Democracy, Corporatism, Labour Quiescence and the Representation of Economic Interest in Advanced Capitalist Society, in: Goldthorpe, John H. (Hg.), Order and Conflict in Contemporary Capitalism. Oxford: Clarendon Press, 143–178.

Campbell, Angus/Converse, Philip E./Miller, Warren E./Stokes, Donald E. 1960: The American Voter. New York, NY: Wiley.

Campbell, Donald T. 1975: "Degrees of Freedom" and the Case Study, in: Comparative Political Studies 8, 2, 178-193.

Campbell, Donald T. 1977/1988: Descriptive Epistemology: Psychological, Sociological, and Evolutionary. Chicago, IL: University of Chicago Press.

Campbell, Donald T./Ross, H. Laurence 1968: The Connecticut Crackdown on Speeding: Time Series Data in Quasi-Experimental Analysis, in: Law and Society Review 3, 3, 33-53.

Campbell, Donald T./Stanley, Julian C./Gage, N. L. 1963: Experimental and Quasi-Experimental Designs for Research. Chicago, IL: Rand McNally.

Cantori, Louise J./Ziegler, Andrew H. (Hg.) 1988: Comparative Politics in the Post-Behavioral Era. Boulder, CO: Lynne Rienner.

Caporaso, James A. 1980: Dependency Theory: Continuities and Discontinuities in Development Studies, in: International Organization 34, 4, 605-628.

Cappelletti, Mauro/Kollmer, Paul J./Olson, Joanne M. 1989: The Judical Process in Comparative Perspective. Oxford: Clarendon Press.

Caramani, Daniele 2004: The Nationalization of Politics. The Formation of National Electorates and Party Systems in Western Europe. Cambridge: Cambridge University Press.

Cardoso, Fernando H. 1971: Politica e Desenvolvimento em Sociedades Dependentes. Rio de Janeiro: Biblioteca de Cièncias Sociais, Zahar Editores.

Cardoso, Fernando H. 1972: Dependent Capitalist Development in Latin America, in: New Left Review 74, July-August, 83-95.

Cardoso, Fernando H./Faletto, Enzo 1979: Dependency and Development in Latin America. Berkeley, CA: University of California Press.

Castells, Manuel 1996: The Information Age: Economy, Society, and Culture. Cambridge, MA: Blackwell.

Castles, Francis G. (Hg.) 1982: The Impact of Parties: Politics and Policies in Democratic Capitalist States. London: Sage.

Castles, Francis G. (Hg.) 1993: Families of Nations: Patterns of Public Policy in Western Democracies. Aldershot: Dartmouth.

Castles, Francis G. 1994: On Religion and Public Policy: Does Catholicism Make a Difference?, in: European Journal of Political Research 25, 1, 19-40.

Castles, Francis G. 1998: Comparative Public Policy: Patterns of Post-War Transformation. Cheltenham: Edward Elgar.

Castles, Francis G. 1999: Decentralization and the Post-War Political Economy, in: European Journal of Political Research 36, 5, 27-53.

Castles, Francis G. 2002: Policy Performance in the Democratic State: An Emergent Field of Study, in: Keman, Hans (Hg.), Comparative Democratic Politics. A Guide to Contemporary Theory and Research. London: Sage, 215-232.

Castles, Francis G. 2004: The Future of the Welfare State. Crisis Myths and Crisis Realities. Oxford: Oxford University Press.

Castles, Francis G./Mair, Peter 1984: Left-Right Political Scales: Some "Expert" Judgements, in: European Journal of Political Research 12, 1, 73-88.

Castles, Francis G./Mitchell, Deborah 1993: Worlds of Welfare and Families of Nations, in: Castles, Francis G. (Hg.), Families of Nations. Patterns of Public Policy in Western Europe. Aldershot: Dartmouth, 93-128.

Cerny, Philip 1994: The Dynamics of Financial Globalization: Technology, Market Structure, and Policy Response, in: Policy Sciences 27, 4, 319-342.

Cerny, Philip 1995: Globalization and the Changing Logic of Collective Action, in: International Organization 49, 4, 595-625.

Chazan, Naomi/Lewis, Peter/Mortimer, Robert A./Rotchild, Donald/Stedman, Stephen J. (Hg.) 1999: Politics and Society in Contemporary Africa. 3. Auflage, Boulder, CO: Lynne Rienner.

Chehabi, Houchang E./Linz, Juan J. 1998: Sultanistic Regimes. Baltimore, MD: Johns Hopkins University Press.

Chen, Xiao/Ender, Philip B./Mitchell, Michael/Wells, Christine 2004: Stata Web Books. Regression with Stata, Los Angeles, CA: University of California, Los Angeles, http://www.ats.ucla.edu/stat/stata/webbooks/reg/default.htm, 21.12.2004.

Chilcote, Ronald H. 1994: Theories of Comparative Politics: The Search for a Paradigm Reconsidered. 2. Auflage, Boulder, CO: Westview Press.

Chilcote, Ronald H. 2000: Theories of Comparative Political Economy. Boulder, CO: Westview Press.

Clark, Terry N./Lipset, Seymour M. (Hg.) 2001: The Breakdown of Class Politics. A Debate on Post-Industrial Stratification. Washington, DC: Woodrow Wilson Center Press/Johns Hopkins University Press.

Clark, Terry N./Lipset, Seymour M./Rempel, Michael 2001: The Declining Political Significance of Social Clas, in: Clark, Terry N./Lipset, Seymour M. (Hg.), The Breakdown of Class Politics. A Debate on Post-Industrial Stratification. Washington, DC: Woodrow Wilson Center Press/Johns Hopkins University Press, 77-104.

Clausewitz, Carl von 1966: Vom Kriege: Hinterlassenes Werk. 17. Auflage, Bonn: Dümmler.

Cleveland, William S. 1993: Visualizing Data. Summit, NJ: Hobart Press.

Cleves, Mario A./Gould, William W./Gutierrez, Roberto G. 2002: An Introduction to Survival Analysis Using Stata. College Station, TX: Stata Press.

Cohen, Morris R./Nagel, Ernst 1934: An Introduction to Logic and Scientific Method. New York, NY: Harcourt Brace and Company.

Cohn, Samuel 1993: When Strikes Make Sense - and Why: Lessons from Third Republic French Coal Miners. New York, NY: Plenum Press.

Coleman, James S. 1991: Grundlagen der Sozialtheorie. München: Oldenbourg.

Collier, David 1991: New Perspective on the Comparative Method, in: Rustow, Dankwart A./Erickson, Kenneth P. (Hg.), Comparative Political Dynamics: Global Research Perspectives. New York, NY: Harper Collins, 7-31.

Collier, David 1993: The Comparative Method, in: Finifter, Ada W. (Hg.), Political Science: The State of the Discipline II. Washington, DC: American Political Science Association, 105-119.

Collier, David 1995: Translating Quantitative Methods for Qualitative Researchers: The Case of Selection Bias, in: American Political Science Review 89, 2, 461-466.

Collier, David/Adcock, Robert 1999: Democracy and Dichotomies: A Pragmatic Approach to Choices about Concepts, in: Annual Review of Political Science 2, 537-565.

Collier, David/Levitsky, Steven 1997: Democracy with Adjectives: Conceptual Innovation in Comparative Research, in: World Politics 49, 3, 430-451.

Collier, David/Mahon, James E. 1993: Conceptual 'Stretching' Revisited: Adapting Categories in Comparative Analysis, in: American Political Science Review 87, 4, 845-855.

Collier, David/Mahoney, James 1996: Insights and Pitfalls. Selection Bias in Qualitative Research, in: World Politics 49, 1, 56-91.

Collier, David/Mahoney, James/Seawright, Jason 2004: Claiming Too Much: Warnings about Selection Bias, in: Brady, Henry E./Collier, David (Hg.), Rethinking Social Inquiry. Diverse Tools, Shared Standards. Lanham, MD: Rowman & Littlefield, 85-102.

Collier, Ruth B. 1999: Paths Towards Democracy. The Working Class and Elites in Western Europe and South America. Cambridge: Cambridge University Press.

Collier, Ruth B./Collier, David 1991: Shaping the Political Arena: Critical Junctures, the Labor Movement and Regime Dynamics in Latin America. Princeton, NJ: Princeton University Press.

Colomer, Josep M. 1995: Game Theory and the Transition to Democracy: The Spanish Model. Aldershot: Edward Elgar.

Colomer, Josep M. (Hg.) 2002: Political Institutions in Europe. 2. Auflage, London: Routledge.

Colomer, Josep M./Pascual, Margot 1994: The Polish Games of Transition, in: Communist and Post-Communist Studies 27, 3, 275-294.

Conway, Janet W. 2004: Identity, Place, Knowledge: Social Movements Contesting Globalization. Halifax, NS: Fernwood.

Cook, Thomas D./Campbell, Donald T. 1979: Quasi-Experimentation: Design and Analysis Issues for Field Settings. Chicago, IL: Rand McNally.

Cook, Thomas D./Cooper, Harris/Cordray, David S./Hartman, Heidi/Hedges, Larry W. 1992: Meta-Analysis for Explanations. New York, NY: Sage.

Coopers & Lybrand Global Tax Network 1998: 1998 International Tax Summaries. A Guide for Planning and Decisions. New York, NY: Wiley.

Coppedge, Michael 1999: Thickening Thin Concepts and Theories: Combining Large N and Small in Comparative Politics, in: Comparative Politics 31, 4, 465-476.

Coppedge, Michael 2005: Explaining Democratic Deterioration in Venezuela Through Nested Inference, in: Hagopian, Frances/Mainwaring, Scott P. (Hg.), The Third Wave of Democratization in Latin America: Advances and Setbacks. Cambridge: Cambridge University Press, 289-316.

Coppedge, Michael/Reinicke, Wolfgang H. 1990: Measuring Polyarchy, in: Studies in Comparative International Development 25, 1, 51-72.

Costain, Anne N. 1992: Inviting Women´s Rebellion: A Political Process Interpretation of the Women´s Movement. Baltimore, MD: Johns Hopkins University Press.

Costner, Herbert L. 1969/70: Theory, Deduction, and Rules of Correspondence, in: American Journal of Sociology 75, 2, 245-263.

Cotgrove, Stephen F. 1982: Catastrophe or Cornucopia: The Environment, Politics, and the Future. Chichester: Wiley.

Cox, Terry 2003: Changing Societies: Class and Inequality in Central and Eastern Europe, in: White, Stephen/Batt, Judy/Lewis, Paul G. (Hg.), Developments in Central and East European Politics 3. Basingstoke: Palgrave Macmillan, 234-252.

Craiutu, Aurelian/Jennings, Jeremy 2004: The Third Democracy: Tocqueville´s Views of America after 1840, in: American Political Science Review 98, 3, 391-404.

Crepaz, Markus M. 1995: Explaining National Variations in Air Pollution Levels: Political Institutions and their Impact on Environmental Policy Making, in: Environmental Politics 4, 3, 391-414.

Crepaz, Markus M. 2002: Global, Constitutional, and Partisan Determinants of Redistribution in Fifteen OECD Countries, in: Comparative Politics 34, 2, 169-188.

Crepaz, Markus M./Moser, Ann W. 2004: The Impact of Collective and Competitive Veto Points on Public Expenditures in the Global Age, in: Comparative Political Studies 37, 3, 259-285.

Creswell, John W. 2008: Research Design: Qualitative, Quantitative and Mited Method Approaches. 3. Auflage, Thousand Oaks, CA: Sage.

Cronqvist, Lasse 2005a: Introduction to Multi-Value Qualitative Comparative Analysis (MVQCA). Marburg: Universität Marburg.

Cronqvist, Lasse 2005b: Tosmana - Tool for Small-N Analysis. Version 1.2001. Marburg: Universität Marburg.

Crouch, Colin 1993: Industrial Relations and European State Traditions. Oxford: Clarendon Press.

Cukierman, Alex 1992: Central Bank Strategy, Credibility, and Independence: Theory and Evidence. Cambridge, MA: The MIT Press.

Cusack, Thomas R. /Fuchs, Susanne 2003: Parteien, Institutionen und Staatsausgaben, in: Obinger, Herbert/Wagschal, Uwe/Kittel, Bernhard (Hg.), Politische Ökonomie. Demokratie und wirtschaftliche Leistungsfähigkeit. Opladen: Leske + Budrich (UTB), 321-354.

Cutright, Philips 1963: National Political Development: Its Measurement and Social Correlates, in: Polsby, Nelson W./Denther, R.A./Smith, P.A. (Hg.), Political and Social Life. Boston, MA: Houghton Mifflin, 569-582.

Cutright, Philips 1965: Political Structure, Economic Development, National Social Security Programs, in: American Journal of Sociology 70, 5, 537-550.

Cutright, Philips/Wiley, James A. 1969: Modernization and Political Representation: 1927-1966, in: Studies in Comparative International Development 5, 2, 23-44.

Czada, Roland 2002: Demokratietypen, institutionelle Dynamik und Interessensvermittlung: Das Konzept der Verhandlungsdemokratie, in: Lauth, Hans-Joachim (Hg.), Vergleichende Regierungslehre: Eine Einführung. Wiesbaden: Westdeutscher Verlag, 292-318.

Da Graça, John V. 2000: Heads of States and Government. London: Macmillan.

Daalder, Hans (Hg.) 1987: Party Systems in Denmark, Austria, Switzerland, the Netherlands and Belgium. London: Pinter.

Daase, Christopher 2003: Krieg und politische Gewalt: Konzeptionelle Innovation und theoretischer Fortschritt, in: Hellmann, Gunther/Wolf, Klaus D./Zürn, Michael (Hg.), Die neuen Internationalen Beziehungen: Forschungsstand und Perspektiven in Deutschland. Baden-Baden: Nomos, 161-208.

Dahl, Robert A. 1956: A Preface to Democratic Theory. Chicago, IL: University of Chicago Press.

Dahl, Robert A. 1961: Who Governs? Democracy and Power in an American City. New Haven, CT: Yale University Press.

Dahl, Robert A. 1971: Polyarchy: Participation and Opposition. New Haven, CT: Yale University Press.

Dahl, Robert A. 1982: Dilemmas of Pluralist Democracy. Autonomy versus Control. New Haven, CT: Yale University Press.

Dahl, Robert A. 1989: Democracy and its Critics. New Haven, CT: Yale University Press.

Dahl, Robert A. 1999: Can International Organizations be Democratic? A Sceptical View, in: Shapiro, Ian/Hacker-Cordón, Casiano (Hg.), Democracy's Edges. Cambridge: Cambridge University Press, 19-37.

Dahl, Robert A. 2000: On Democracy. New Haven, CT: Yale University Press.

Dahl, Robert A./Shapiro, Ian/Cheibub, José A. 2003: The Democracy Sourcebook. Cambridge, MA: The MIT Press.

Dahl, Robert A./Tufte, Edward R. 1974: Size and Democracy. Stanford, CA: Stanford University Press.

Dahrendorf, Ralf 1959: Class and Class Conflict in Industrial Society. Stanford, CA: Stanford University Press.

Dalton, Russell J. 1992: Alliance Patterns of the European Environmental Movement, in: Rüdig, Wolfgang (Hg.), Green Politics 2. Edinburgh: Edinburgh University Press, 59-85.

Dalton, Russell J. 1994: The Green Rainbow: Environmental Groups in Western Europe. New Haven, CT: Yale University Press.

Dalton, Russell J. 2002: Political Cleavages, Issues, and Electoral Change, in: LeDuc, Lawrence/Niemi, Richard G./Norris, Pippa (Hg.), Comparing Democracies 2: New Challenges in the Study of Elections and Voting. London: Sage, 189-209.

Dalton, Russell J. 2003: Vergleichende Wertewandelforschung, in: Berg-Schlosser, Dirk/Müller-Rommel, Ferdinand (Hg.), Vergleichende Politikwissenschaft. 4. Auflage, Opladen: Leske + Budrich, 151-165.

Dalton, Russell J. 2005: Citizen Politics: Public Opinion and Political Parties in Advanced Industrial Democracies. Washington, DC: CQ Press.

Dalton, Russell J./Kuechler, Manfred (Hg.) 1990: Challenging the Political Order: New Social and Political Movements in Western Democracies. Cambridge: Polity Press.

Daly, Herman E./Cobb, John B. Jr. 1994: For the Common Good: Redirecting the Economy toward Community, the Environment, and a Sustainable Future. Boston, MA: Beacon Press.

Damgaard, Erik/Mattson, Ingvar 2004: Conflict and Consensus in Committees, in: Döring, Herbert/Hallerberg, Mark (Hg.), Patterns of Parliamentary Behavior: Passage of Legislation Across Western Europe. Aldershot: Ashgate, 113-140.

Danziger, James N. 1996: Understanding the Political World. A Comparative Introduction to Political Science. 3. Auflage, New York, NY: Longman.

Danziger, James N. 2005: Understanding the Political World. A Comparative Introduction to Political Science. 7. Auflage, New York, NY: Longman.

Davies, James C. 1962: Toward a Theory of Revolution, in: American Sociological Review 27, 1, 5-19.

Davies, James C. 1971: Towards a Theory of Revolution, in: Davies, James C. (Hg.), When Men Revolt and Why. New York, NY: Free Press, 134-147.

de Marchi, Scott 2005: Computational and Mathematical Modeling in the Social Sciences. Cambridge: Cambridge University Press.

de Schweinitz, Karl 1964: Industrialization and Democracy: Economic Necessities and Political Possibilities. New York, NY: Free Press.

de Swaan, Abram 1973: Coalition Theories and Cabinet Formations. A Study of Formal Theories of Coalition Formation Applied to Nine European Parliaments after 1918. Amsterdam: Elsevier.

de Wolff, Jessica 1998: The Political Economy of Fiscal Decisions: The Strategic Role of Public Debt. Heidelberg: Physica-Verlag.

Deacon, David/Bryman, Alan/Fenton, Natalie 1998: Collision or Collusion? A Discussion and Case Study of the unplanned Triangulation of Quantitative and Qualitative Research Methods, in: International Journal of Social Research Methodology: Theory and Practice 1, 1, 47-63.

della Porta, Donatella 2000: Social Capital, Beliefs in Government, and Political Corruption, in: Pharr, Susan J./Putnam, Robert D. (Hg.), Disaffected Democracies: What's Troubling the Trilateral Countries? Princeton, NJ: Princeton University Press, 202-228.

della Porta, Donatella/Kriesi, Hanspeter/Rucht, Dieter (Hg.) 1999: Social Movements in a Globalizing World. Basingstoke: Macmillan.

della Porta, Donatella/Mény, Yves 1997: Democracy and Corruption in Europe. London: Pinter.

della Porta, Donatella/Rucht, Dieter 1995: Left-Libertarian Movements in Context: Comparison of Italy and West-Germany, 1965-1990, in: Jenkins, J. Craig/Klandermans, P. Bert (Hg.), The Politics of Social Protest. Comparative Perspectives on States and Social Movements. London: UCL Press, 229-272.

Delury, George E. (Hg.) 1999: World Encyclopedia of Political Systems & Parties. New York, NY: Facts on File.

Denscombe, Martyn 1998: The Good Research Guide for Small-Scale Social Research Projects. Buckingham: Open University Press.

Denzin, Norman K. 1970: Strategies of Multiple Triangulation, in: Denzin, Norman K. (Hg.), The Research Act. A Theoretical Introduction to Sociological Methods. New York, NY: McGraw-Hill, 297-313.

Derbyshire, J. Denis/Derbyshire, Ian 1996: Political Systems of the World. 2. Auflage, New York, NY: St. Martin's Press.

Derichs, Claudia/Heberer, Thomas 2003: Einführung in die politischen Systeme Ostasiens: VR China, Hongkong, Japan, Nordkorea, Südkorea, Taiwan. Opladen: Leske + Budrich.

Deth, Jan W. van 1995: Introduction: The Impact of Values, in: Deth, Jan W. van/Scarbrough, Elinor (Hg.), The Impact of Values. Oxford: Oxford University Press, 1-18.

Deth, Jan W. van (Hg.) 1998: Comparative Politics. The Problem of Equivalence. London: Routledge.

Deth, Jan W. van 2003: Vergleichende politische Partizipationsforschung, in: Berg-Schlosser, Dirk/Müller-Rommel, Ferdinand (Hg.), Vergleichende Politikwissenschaft. 4. Auflage, Opladen: Leske + Budrich, 167-188.

Deth, Jan W. van/Scarbrough, Elinor (Hg.) 1995: The Impact of Values. Oxford: Oxford University Press.

Deutsch, Karl W. 1963: The Nerves of Government: Models of Political Communication and Control. New York, NY: Free Press.

di Palma, Giuseppe 1990: To Craft Democracies: An Essay on Democratic Transitions. Berkeley, CA: University of California Press.

Diamond, Larry J. 1993: Political Culture and Democracy in Developing Countries. Boulder, CO: Lynne Rienner.

Diamond, Larry J. 1999: Developing Democracy: Toward Consolidation. Baltimore, MD: Johns Hopkins University Press.

Diamond, Larry J. 2002: Consolidating Democracies, in: LeDuc, Lawrence/Niemi, Richard G./Norris, Pippa (Hg.), Comparing Democracies 2: New Challenges in the Study of Elections and Voting. London: Sage, 210-227.

Diekmann, Andreas 2001: Empirische Sozialforschung: Grundlagen, Methoden, Anwendung. Reinbek: Rowohlt.

Dilthey, Wilhelm 1922: Wilhelm Diltheys gesammelte Schriften. Band 3: Studien zur Geschichte des deutschen Geistes. Leipzig: Teubner.

DiMaggio, Paul J./Powell, Walter W. 1983: The Iron Case Revisited: Institutional Isomorphism and Collective Rationality in Organizational Fields, in: American Sociological Review 48, 1, 147-160.

Dion, Douglas F. 1998: Evidence and Inference in Comparative Case Study, in: Comparative Politics 30, 2, 127-145.

Dittmer, Lowell/Fukui, Haruhiro/Lee, Peter N. 2000: Informal Politics in East Asia. Cambridge: Cambridge University Press.

Dodd, Lawrence C. 1976: Coalitions in Parliamentary Government. Princeton, NJ: Princeton University Press.

Dogan, Mattei 2001: Paradigms in Social Sciences, in: Smelser, Neil J./Baltes, Paul B. (Hg.), International Encyclopedia of the Social and Behavioral Sciences. 11023-11027.

Dogan, Mattei/Pélassy, Dominique 1990: How to Compare Nations: Strategies in Comparative Politics. 2. Auflage, Chatham, NJ: Chatham House.

Donati, Paolo 1992: Political Discourse Analysis, in: Diani, Mario/Eyerman, Ron (Hg.), Studying Collective Action. London: Sage, 136-167.

Döring, Herbert 1994: Parlament und Regierung, in: Gabriel, Oscar W./Brettschneider, Frank (Hg.), Die EU-Staaten im Vergleich. Strukturen, Prozesse, Politikinhalte. Bonn: Bundeszentrale für politische Bildung, 336-358.

Döring, Herbert (Hg.) 1995a: Parliaments and Majority Rule in Western Europe. Frankfurt am Main / New York, NY: Campus / St. Martin's Press.

Döring, Herbert 1995b: Time as a Scarce Resource: Government Control of the Agenda, in: Döring, Herbert (Hg.), Parliaments and Majority Rule in Western Europe. Frankfurt am Main / New York, NY: Campus / St. Martin's Press, 223-247.

Döring, Herbert 2004: Controversy, Time Constraint, and Restrictive Rules, in: Döring, Herbert/Hallerberg, Mark (Hg.), Patterns of Parliamentary Behavior. Passage of Legislation Across Western Europe. Aldershot: Ashgate, 141-168.

Döring, Herbert/Hallerberg, Mark (Hg.) 2004: Patterns of Parliamentary Behavior. Passage of Legislation Across Western Europe. Aldershot: Ashgate.

dos Santos, Theotônio 1970: The Structure of Dependence, in: American Economic Review 60, 2, 231-236.

Downing, Brian M. 1992: The Military Revolution and Political Change: Origins of Democracy and Autocracy in Early Modern Europe. Princeton, NJ: Princeton University Press.

Downs, Anthony 1968: Ökonomische Theorie der Demokratie. Tübingen: Mohr.

Downs, George W./Rocke, David M. 1995: Optimal Imperfection? Domestic Uncertainty and Institutions in International Relations. Princeton, NJ: Princeton University Press.

Dryzek, John S./Downes, David/Hunold, Christian/Schlosberg, David/Hernes, Hans-Kristian 2003: Green States and Social Movements: Environmentalism in the United States, United Kingdom, Germany, and Norway. New York, NY: Oxford University Press.

Dryzek, John S./Holmes, Leslie T. 2002: Post-Communist Democratization. Political Discourses Across Thirteen Countries. Cambridge: Cambridge University Press.

Duchacek, Ivo D. 1987: Comparative Federalism: The Territorial Dimension of Politics. Lanham, MD: University Press of America.

Dunleavy, Patrick 2003: Authoring a PhD. How to Plan, Draft, Write and Finish a Doctoral Thesis or Dissertation. New York, NY: Palgrave.

Durkheim, Émile 1976: Regeln der Soziologischen Methode. 4. Auflage, Neuwied: Luchterhand.

Durkheim, Émile 1977: Über soziale Arbeitsteilung: Studie über die Organisation höherer Gesellschaften. Frankfurt am Main: Suhrkamp.

Duverger, Maurice 1959: Die politischen Parteien. Tübingen: Mohr.

Duverger, Maurice 1980: A New Political System Model: Semi-Presidential Government, in: European Journal of Political Research 8, 2, 165-187.

Easton, David 1953: The Political System: An Inquiry into the State of Political Science. New York, NY: Knopf.

Easton, David 1965: A Framework for Political Analysis. Englewood Cliffs, NJ: Prentice-Hall.

Easton, David 1975: A Re-Assessment of the Concept of Political Support, in: British Journal of Political Science 5, 3, 435-457.

Easton, David 1979: A Systems Analysis of Political Life. Chicago, IL: University of Chicago Press.

Ebbinghaus, Bernhard/Visser, Jelle 2004: Trade Unions in Western Europe since 1945. 2. Auflage, Basingstoke: Palgrave Macmillan.

EBRD European Bank for Reconstruction and Development 1999: Transition Report 1999. Ten Years of Transition. London: EBRD.

Eckstein, Harry 1971: The Evaluation of Political Performance: Problems and Dimensions. Beverly Hills, CA: Sage.

Eckstein, Harry 1975: Case Study and Theory of Political Science, in: Greenstein, Fred I./Polsby, Nelson W. (Hg.), Handbook of Political Science. Reading, MA: Addison-Wesley, 79-137.

Eckstein, Harry F. 1988: A Culturalist Theory of Political Science, in: American Political Science Review 82, 3, 789-804.

ECLA United Nations Economic Commission for Latin America 1956: Study of Inter-American Trade. New York, NY: United Nations.

ECLA United Nations Economic Commission for Latin America 1963: Towards a Dynamic Development Policy in Latin America. New York, NY: United Nations.

Eco, Umberto 1993: Wie man eine wissenschaftliche Abschlussarbeit schreibt. 6. Auflage, Heidelberg: C.F. Müller (UTB).

Eder, Klaus 1988: Die Vergesellschaftung der Natur. Studien zur sozialen Evolution der praktischen Vernunft. Frankfurt am Main: Suhrkamp.

Eder, Klaus 1993: The New Politics of Class. Social Movements and Cultural Dynamics in Advanced Societies. London: Sage.

Eder, Klaus 1995: Die Institutionalisierung sozialer Bewegungen. Zur Beschleunigung von Wandlungsprozessen in fortgeschrittenen Industriegesellschaften, in: Müller, Hans-Peter/Schmid, Michael (Hg.), Sozialer Wandel. Modellbildung und theoretische Ansätze. Frankfurt am Main: Suhrkamp, 267-290.

Efron, Bradley/Tibshirani, Robert J. 1993: An Introduction to the Bootstrap. New York, NY: Chapman & Hall.

Eisenbürger, Gert 2004: Nur eine Fussnote der Geschichte? Zum 25. Jahrestag der Revolution in Grenada, in: Lateinamerika Nachrichten 358, http://lateinamerikanachrichten.de/?/artikel/170.html, 28.08.2005.

Eisenführ, Franz/Weber, Martin 1994: Rationales Entscheiden. Berlin: Springer.

Eisenstadt, Samuel N. 1963: The Political Systems of Empires. London: Free Press.

Eising, Rainer/Kohler-Koch, Beate (Hg.) 2005: Interessenpolitik in Europa. Baden-Baden: Nomos.

Eisinger, Peter 1973: The Condition of Protest Behavior in American Cities, in: American Political Science Review 67, 1, 11-28.

Eith, Ulrich/Mielke, Gerd 2001: Gesellschaftliche Konflikte und Parteiensysteme. Länder- und Regionalstudien. Wiesbaden: Westdeutscher Verlag.

Ekeh, Peter 1975: Colonialism and the Two Publics in Africa: A Theoretical Statement, in: Comparative Studies in Society and History 17, 1, 91-112.

Elder, Neil/Thomas, Alastair H./Arter, David 1988: The Consensual Democracies: Government and Politics of the Scandinavian States. Oxford: Blackwell.

Elgie, Robert (Hg.) 1999: Semi-Presidentalism in Europe. New York, NY: Oxford University Press.

Elgie, Robert (Hg.) 2001: Divided Government in Comparative Perspective. Oxford: Oxford University Press.

Elkins, Zachary 2000: Gradations of Democracy? Empirical Tests of Alternative Conceptualizations, in: American Journal of Political Science 44, 2, 293-300.

Elkins, Zachary/Simmons, Beth 2005: On Waves, Clusters, and Diffusion: A Conceptual Framework, in: The Annals of the American Academy of Political and Social Science 598, 1, 33-51.

Ellwein, Thomas 1966: Einführung in die Regierungs- und Verwaltungslehre. Stuttgart: Kohlhammer.

Elman, Colin/Elman, Miriam F. 2001: Bridges and Boundaries: Historians, Political Scientists, and the Study of International Relations. Cambridge, MA: The MIT Press.

Elster, Jon 1989: Nuts and Bolts for the Social Sciences. Cambridge: Cambridge University Press.

Elster, Jon/Offe, Claus/Preuss, Ulrich K. 1998: Institutional Design in Post-Communist Societies: Rebuilding the Ship at Sea. Cambridge: Cambridge University Press.

Ember, Carol R./Ember, Melvin 2001: Cross-Cultural Research Methods. Lanham, MD: AltaMira Press.

Emizet, Kisangani N. 1999: Political Cleavages in a Democratizing Society: The Case of the Congo, in: Comparative Political Studies 32, 2, 185-228.

Emminghaus, Christoph 2003: Politische Parteien im Demokratisierungsprozess. Struktur und Funktion afrikanischer Parteiensysteme. Opladen: Leske + Budrich.

Enders, Jürgen 2004: Higher Education, Internationalisation, and the Nation-State: Recent Developments and Challenges to Governance Theory, in: Higher Education 47, 3, 361-382.

Enders, Walter 2004: Applied Econometric Time Series. 2. Auflage, Hoboken, NJ: Wiley.

Esping-Andersen, Gøsta 1985: Politics Against Markets: The Socialdemocratic Road to Power. Princeton, NJ: Princeton University Press.

Esping-Andersen, Gøsta 1990: The Three Worlds of Welfare Capitalism. Princeton, NJ: Princeton University Press.

Esping-Andersen, Gøsta 1999: Social Foundations of Postindustrial Economies. Oxford: Oxford University Press.

Esping-Andersen, Gosta (Hg.) 2002: Why We Need a New Welfare State. Oxford: Oxford University Press.

Esping-Andersen, Gøsta/Kersbergen, Kees van 1992: Contemporary Research on Social Democracy, in: Annual Review of Sociology 18, 187-208.

Esposito, John L./Voll, John O. 1996: Islam and Democracy: Religion, Identity and Conflict Resolution in the Muslim World. New York, NY: Oxford University Press.

Esser, Frank 2003: Gut, dass wir verglichen haben. Bilanz und Bedeutung der komparativen politischen Kommunikationsforschung, in: Esser, Frank/Pfetsch, Barbara (Hg.), Politische Kommunikation im internationalen Vergleich. Grundlagen, Anwendungen, Perspektiven. Wiesbaden: Westdeutscher Verlag, 437-494.

Esser, Frank/Pfetsch, Barbara (Hg.) 2003: Politische Kommunikation im internationalen Vergleich: Grundlagen, Anwendungen, Perspektiven. Wiesbaden: Westdeutscher Verlag.

Esser, Hartmut 1999: Soziologie. Allgemeine Grundlagen. 3. Auflage, Frankfurt am Main: Campus.

Etzioni, Amitai 1975: Die aktive Gesellschaft: Eine Theorie gesellschaftlicher und politischer Prozesse. Opladen: Westdeutscher Verlag.

Eulau, Heinz 1963: The Behavioral Persuasion in Politics. New York, NY: Random House.

Evans, Peter B./Rueschemeyer, Dietrich/Skocpol, Theda 1985: Bringing the State Back in. Cambridge: Cambridge University Press.

Eyerman, Ron/Jamison, Andrew 1991: Social Movements: A Cognitive Approach. University Park, PA: Pennsylvania State University Press.

Eythórsson, Grétar/Jahn, Detlef 2003: Das politische System Islands, in: Ismayr, Wolfgang (Hg.), Die politischen Systeme Westeuropas. 3. Auflage, Opladen: Leske + Budrich (UTB), 167-186.

Falcetti, Elisabetta/Lysenko, Tatiana /Sanfey, Peter 2005: Reforms and Growth in Transition: Reexamining the Evidence, London: European Bank for Reconstruction and Development Working Paper No. 90, http://www.ebrd.com/pubs/econo/WP0090.pdf, 11.08.2005.

Fallows, James 1995: Looking at the Sun: The Rise of the New East Asian Economic and Political System. New York, NY: Pantheon.

Falter, Jürgen W. 1982: Der 'Positivismusstreit' in der amerikanischen Politikwissenschaft. Entstehung, Ablauf und Resultate der sogenannten Behavioralismus-Kontroverse in den Vereinigten Staaten 1945-1975. Opladen: Westdeutscher Verlag.

Falter, Jürgen W./Klein, Markus/Schumann, Siegfried 1994: Politische Konflikte, Wählerverhalten und Struktur des Parteienwettbewerbs, in: Gabriel, Oscar W./Brettschneider, Frank (Hg.), Die EU-Staaten im Vergleich. Strukturen, Prozesse, Politikinhalte. Bonn: Bundeszentrale für politische Bildung, 194-220.

Farell, David M. 1996: Campaign Strategies and Tactics, in: LeDuc, Lawrence/Niemi, Richard G./Norris, Pippa (Hg.), Comparing Democracies. Elections and Voting in Global Perspective. London: Sage, 160-183.

Farrell, David M. 2001: Electoral Systems: A Comparative Introduction. Basingstoke: Palgrave Macmillan.

Faulstich, Werner 1991: Medientheorien. Einführung und Überblick. Göttingen: Vandenhoeck & Ruprecht.

Faure, Andrew M. 1994: Some Methodological Problems in Comparative Politics, in: Journal of Theoretical Politics 6, 3, 307-322.

Faust, Jörg/Lauth, Hans-Joachim 2001: Politikfeldanalyse, in: Mols, Manfred/Lauth, Hans-Joachim/Wagner, Christian (Hg.), Politikwissenschaft: Eine Einführung. 3. Auflage, Paderborn: Schöningh, 289-314.

Fearon, James D. 1991: Counterfactuals and Hypothesis Testing in Political Science, in: World Politics 43, 2, 169-195.

Fearon, James D. 2003: Ethnic and Cultural Diversity by Country, in: Journal of Economic Growth 8, 195-222.

Filippov, Mikhail/Ordeshook, Peter/Shvetsova, Olga 2004: Designing Federalism: A Theory of Self-Sustainable Federal Institutions. Cambridge: Cambridge University Press.

Fiorina, Morris P. 1996: Divided Government. 2. Auflage, Needham Heights, MA: Simon & Schuster.

Fish, M. Steven 1998: The Determinants of Economic Reform in the Post-Communist World, in: East European Politics and Societies 12, 1, 31-78.

Flam, Helena (Hg.) 1994: States and Anti-Nuclear Movements. Edinburgh: Edinburgh University Press.

Flora, Peter 1986: Growth to Limits: The Western European Welfare States since World War II. Berlin: de Gruyter.

Flora, Peter/Heidenheimer, Arnold J. (Hg.) 1987: The Development of Welfare States in Europe and America. New Brunswick, NJ: Transactions Books.

Foran, John F. (Hg.) 1997: Theorizing Revolutions. London: Routledge.

Forstmoser, Peter (unter Mitarbeit von Hans-Ueli Vogt) 2003: Einführung in das Recht. 3. Auflage, Bern: Stämpfli.

Foweraker, Joe 1989: Making Democracy in Spain: Grassroots Struggle in the South, 1955-1975. Cambridge: Cambridge University Press.

Foweraker, Joe/Landman, Todd 1997: Citizenship Rights and Social Movements: A Comparative and Statistical Analysis. Oxford: Oxford University Press.

Foweraker, Joe/Landman, Todd/Harvey, Neil 2003: Governing Latin America. Cambridge: Cambridge University Press.

Fraenkel, Ernst 1964: Deutschland und die westlichen Demokratien. Stuttgart: Kohlhammer.

Frank, Andre Gunder 1967: Capitalism and Underdevelopment in Latin America; Historical Studies of Chile and Brazil. New York, NY: Monthly Review Press.

Franzese, Robert J. 2002a: Electoral and Partisan Cycles in Economic Policies and Outcomes, in: Annual Review of Political Science 5, 369-421.

Franzese, Robert J. 2002b: Macroeconomic Policies of Developed Democracies. Cambridge: Cambridge University Press.

Franzese, Robert J./Hays, Jude C. 2004: Empirical Modelling Strategies for Spatial Interdependence: Omitted-Variable vs. Simultaneity Biases. mimeo.

Franzese, Robert J./ Hays, Jude C. 2009: Empirical Modeling of Spatial Interdependence in Time-Series Cross-Sections, in: Pickel, Susanne/Pickel, Gert/Lauth, Hans-Joachim/Jahn, Detlef (Hg.) Methoden der vergleichenden Politik- und Sozialwissenschaft. Neue Entwicklungen und Anwendungen. Wiesbaden: VS-Verlag

Franzmann, Simon/Kaiser, André 2006: Locating Political Parties in Policy Space. A Reanalysis of Party Manifesto Data, Party Politics (im Erscheinen).

Frenkel, Max 1984: Föderalismus und Bundesstaat, Band 1: Föderalismus. Bern: Lang.

Frey, Bruno S./Kirchgässner, Gebhard 1994: Demokratische Wirtschaftspolitik: Theorie und Anwendung. München: Vahlen.

Frieden, Jeffry A. 1991a: Debt, Development and Democracy. Princeton, NJ: Princeton University Press.

Frieden, Jeffry A. 1991b: Invested Interests: The Politics of National Economic Policies in a World of Global Finance, in: International Organization 45, 4, 425-451.

Frieden, Jeffry A./Martin, Lisa L. 2002: International Political Economy: Global and Domestic Interactions, in: Katznelson, Ira/Milner, Helen V. (Hg.), Political Science: The State of the Discipline. New York, NY: Norton, 118-146.

Friedman, Jonathan 1974: Marxism, Structuralism, and Vulgar Marxism, in: Man 9, 3, 444-469.

Friedrich, Carl Joachim 1953: Der Verfassungsstaat der Neuzeit. Berlin: Springer.

Friedrichs, Jürgen 1981: Methoden empirischer Sozialforschung. 9. Auflage, Opladen: Westdeutscher Verlag.

Fritz, Kurt von 1954: The Theory of the Mixed Constitution in Antiquity: A Critical Analysis of Polybius' Political Ideas. New York, NY: Columbia University Press.

Früh, Werner 2001: Inhaltsanalyse. Theorie und Praxis. 5. Auflage, Konstanz: UVK Medien.

Fuchs, Dieter 2000: Typen und Indizes demokratischer Regime. Eine Analyse des Präsidentialismus und des Veto-Spieler-Ansatzes, in: Lauth, Hans-Joachim/Pickel, Gert/Welzel, Christian (Hg.), Demokratiemessung. Konzepte und Befunde im internationalen Vergleich. Wiesbaden: Westdeutscher Verlag, 27-38.

Fuchs, Dieter 2002: Die politische Theorie der Systemanalyse: David Easton, in: Brodocz, André/Schaal, Gary S. (Hg.), Politische Theorien der Gegenwart. Opladen: Leske + Budrich, 345-369.

Fukuyama, Francis 1992: The End of History and the Last Man. New York, NY: Free Press.

Fukuyama, Francis 1995: Trust: Social Virtues and the Creation of Prosperity. New York, NY: Free Press.

Fulcher, James 1991: Labour Movements, Employers and the State. Oxford: Clarendon Press.

Fuller, Graham E. 2003: The Future of Political Islam. Basingstoke: Palgrave.

Gaber, Rusanna 2000: Demokratie in quantitativen Indizes: Ein mehr oder eindimensionales Phänomen, in: Lauth, Hans-Joachim/Pickel, Gert/Welzel, Christian (Hg.), Demokratiemessung: Konzepte und Befunde im internationalen Vergleich. Wiesbaden: Westdeutscher Verlag, 112-131.

Gabriel, Oscar W./Brettschneider, Frank (Hg.) 1994: Die EU-Staaten im Vergleich. Strukturen, Prozesse, Politikinhalte. Bonn: Bundeszentrale für politische Bildung.

Gallagher, Michael/Laver, Michael/Mair, Peter 2001: Representative Government in Modern Europe. 3. Auflage, Boston, MA: McGraw-Hill.

Galtung, Johan 1971: A Structural Theory of Imperialism, in: Journal of Peace Research 8, 2, 81-117.

Gamson, William A. 1975: The Strategy of Social Protest. Homewood, IL: Dorsey Press.

Gamson, William A. 1988: Political Discourse and Collective Action, in: Klandermans, Bert /Kriesi, Hanspeter/Tarrow, Sidney (Hg.), From Structure to Action: Comparing Social Movement Research across Cultures. Greenwich, CT: JAI Press, 219-244.

Gamson, William A. 1992: Talking Politics. Cambridge: Cambridge University Press.

Gamson, William A./Modigliani, Andre 1987: The Changing Culture of Affirmative Action. Greenwich, CT: JAI Press.

Ganghof, Steffen 2004: Wer regiert in der Steuerpolitik? Einkommenssteuerreform zwischen internationalem Wettbewerb und nationalen Verteilungskonflikten. Frankfurt am Main: Campus.

Gantzel, Klaus Jürgen/Schwinghammer, Torsten (Hg.) 1995: Die Kriege nach dem Zweiten Weltkrieg 1945 bis 1992. Daten und Tendenzen. Münster: Lit-Verlag.

Garrett, Geoffrey 1998: Partisan Politics in the Global Economy. Cambridge: Cambridge University Press.

Garrett, Geoffrey 2000: The Causes of Globalization, in: Comparative Political Studies 33, 6/7, 941-991.

Garrett, Geoffrey/Mitchell, Deborah 2001: Globalization, Government Spending and Taxation in the OECD, in: European Journal of Political Research 39, 2, 145-177.

Gärtner, Manfred 1989: Makroökonomik bei endogenem Regierungsverhalten. Vom politischen Konjunkturzyklus zur zeitlichen Inkonsistenz optimaler Pläne, in: Wirtschaftswissenschaftliches Studium (WiSt) 12/89, 602-608.

Gastil, Raymond D. 1988: Freedom in the World: Political Rights and Civil Liberties, 1987-1988. New York, NY: Freedom House.

Gates, Scott/Humes, Brian D. 2000: Games, Information, and Politics: Applying Game Theoretic Models to Political Science. Ann Arbor, MI: University of Michigan Press.

Geddes, Barbara 1990: How the Cases You Choose Affect the Answers You Get: Selection Bias in Comparative Politics, in: Stimson, James A. (Hg.), Political Analysis. Band 2. Ann Arbor, MI: University of Michigan Press, 131-150.

Geddes, Barbara 1994: Politician's Dilemma: Building State Capacity in Latin America. Berkeley, CA: University of California Press.

Geddes, Barbara 1999: What Do We Know About Democratization After Twenty Years, in: Annual Review of Political Science 2, 115-144.

Geddes, Barbara 2002: The Great Transformation in the Study of Politics in Developing Countries, in: Katznelson, Ira/Milner, Helen V. (Hg.), Political Science. The State of the Discipline. New York, NY: Norton, 342-370.

Geddes, Barbara 2003: Paradigms and Sand Castles: Theory Building and Research Design in Comparative Politics. Ann Arbor, MI: University of Michigan Press.

Geertz, Clifford 1971: Islam Observed. Religious Development in Morocco and Indonesia. Chicago, IL: University of Chicago Press.

Geertz, Clifford 1973a: Religion as a Cultural System, in: Geertz, Clifford (Hg.), The Interpretation of Cultures. Selected Essays. New York, NY: Basic Books, 87-126.

Geertz, Clifford 1973b: Thick Description: Toward an Interpretive Theory of Culture, in: Geertz, Clifford (Hg.), The Interpretation of Cultures. Selected Essays. New York, NY: Basic Books, 3-30.

Geertz, Clifford 1980: Negara: The Theatre State in Nineteenth-Century Bali. Princeton, NJ: Princeton University Press.

Gehler, Monique 2000: Un continent se meurt. La tragédie du SIDA en Afrique. Paris: Stock.

Gehring, Uwe W./Weins, Cornelia 2004: Grundkurs Statistik für Politologen. 4. Auflage, Wiesbaden: VS Verlag für Sozialwissenschaften.

Gelissen, John 2002: Worlds of Welfare, Worlds of Consent? Public Opinion on the Welfare State. Leiden: Brill.

Genschel, Philipp 2003: Globalisierung als Problem, als Lösung und als Staffage, in: Hellmann, Gunther/Wolf, Klaus Dieter/Zürn, Michael (Hg.), Die neuen internationalen Beziehungen: Forschungsstand und Perspektiven in Deutschland. Baden-Baden: Nomos, 429-464.

George, Alexander L./Bennett, Andrew 2005: Case Studies and Theory Development in the Social Sciences. Cambridge, MA: The MIT Press.

George, Alexander L./McKeown, Timothy J. 1985: Case Studies and Theories of Organizational Decision Making, in: Coulam, Robert F./Smith, Richard A. (Hg.), Advances in Information Processing in Organizations, Volume II: Research on Public Organizations. Greenwich, CT: JAI Press, 21-58.

Gerber, Alan S./Green, Donald P./Nickerson, David 2001: Testing for Publication Bias in Political Science, in: Political Analysis 9, 4, 385-392.

Gerbner, George/Marvanyi, George 1977: The Many Worlds of the World's Press, in: Journal of Communication 27, 1, 52-66.

Gerring, John E. 1998: Party Ideologies in America 1828-1996. Cambridge: Cambridge University Press.

Gerring, John E. 2001: Social Science Methodology: A Criterial Framework. Cambridge: Cambridge University Press.

Gerring, John E. 2004: What Is a Case Study and What Is It Good for?, in: American Political Science Review 98, 2, 341-354.

Gerring, John E. 2005: Causation: A Unified Framework for the Social Sciences, in: Journal of Theoretical Politics 17, 2, 163-198.

Gerring, John 2007: Case Study Research. Principles and Practice. Cambridge: Cambridge University Press.

Gerth, Hans Heinrich/Wright Mills, Charles 1958: From Max Weber: Essays in Sociology. New York, NY: Oxford University Press.

Giddens, Anthony 1994: Beyond Left and Right: The Future of Radical Politics. Oxford: Polity Press.

Giddens, Anthony 1995: Strukturation und sozialer Wandel, in: Müller, Hans-Peter/Schmid, Michael (Hg.), Sozialer Wandel: Modellbildung und theoretische Ansätze. Frankfurt am Main: Suhrkamp, 151-191.

Gillespie, John V. 1971: An Introduction to Macro-Cross-National Research, in: Gillespie, John V./Nesvold, Betty A. (Hg.), Macro-Quantitative Analysis. Conflict, Development, and Democratization. London: Sage, 13-27.

Gilpin, Robert 2003: A Realist Perspective on International Governance, in: Held, David/McGrew, Anthony (Hg.), Governing Globalization: Power, Authority and Global Governance. Cambridge: Polity Press, 237-248.

Gitlin, Todd 1980: The Whole World Is Watching: Mass Media in the Making and Unmaking of the New Left. Berkeley, CA: The University of California Press.

Glaser, Barney G./Strauss, Anselm L. 1979: Die Entdeckung gegenstandbezogener Theorie: Eine Grundstrategie qualitativer Sozialforschung, in: Hopf, Christel/Weingarten, Elmar (Hg.), Qualitative Sozialforschung. Stuttgart: Klett-Cotta, 91-111.

Gläser, Jochen/Laudel, Grit 2004: Experteninterviews und qualitative Inhaltsanalyse als Instrumente rekonstruierender Untersuchungen. Wiesbaden: VS Verlag für Sozialwissenschaften.

Gleditsch, Nils P./Wallensteen, Peter/Eriksson, Mikael/Sollenberg, Margareta/Strand, Havard 2002: Armed Conflict 1946-2001. A New Dataset, in: Journal of Peace Research 39, 5, 615-637.

Glover, Judith 1996: Epistemological and Methodological Considerations in Secondary Analysis, in: Hantrais, Linda/Mangen, Stephen (Hg.), Cross-National Research Methods in the Social Sciences. London: Pinter, 28-38.

Gochman, Charles S./Maoz, Zeev 1984: Military Interstate Disputes, 1816-1976, in: Journal of Conflict Resolution 18, 588-615.

Goertz, Gary/Starr, Harvey 2003: Necessary Conditions: Theory, Methodology, and Applications. Landham, MD: Rowman & Littlefield.

Goertz, Gary 2005: Social Science Concepts: A User's Guide. Princeton: Princeton University Press.

Goetz, Klaus (i.E.): Time and Political Power in the EU. Oxford: Oxford University Press (in Vorbereitung).

Goffman, Erving 1974: Frame Analysis. An Essay on the Organization of Experience. Cambridge, MA: Harvard University Press.

Goldstone, Jack A. 1991: Revolution and Rebellion in the Early Modern World. Berkeley, CA: University of California Press.

Goldstone, Jack A. 1997: Methodological Issues in Comparative Macrosociology, in: Comparative Social Research 16, 107-120.

Goldstone, Jack A. 2001: Towards a Fourth Generation of Revolutionary Theories, in: Annual Review of Political Science 4, 139-187.

Goldstone, Jack A. 2003: Comparative Historical Analysis and Knowledge Accumulation in the Study of Revolution, in: Mahoney, James/Rueschemeyer, Dietrich (Hg.), Comparative Historical Analysis in the Social Sciences. Cambridge: Cambridge University Press, 41-90.

Goldthorpe, John H. (Hg.) 1984: Order and Conflict in Contemporary Capitalism. Oxford: Oxford University Press.

Goldthorpe, John H. 1997: Current Issues in Comparative Macrosociology: A Debate on Methodological Issues, in: Comparative Social Research 16, 1-26.

Goldthorpe, John H. 2001: Class and Politics in Advanced Industrial Societies, in: Clark, Terry N./Lipset, Seymour M. (Hg.), The Breakdown of Class Politics. A Debate on Post-Industrial Stratification. Washington, DC: Woodrow Wilson Center Press /Johns Hopkins University Press, 105-120.

Gollwitzer, Heinz (Hg.) 1977: Europäische Bauernparteien im 20. Jahrhundert. Stuttgart: Fischer.

González Casanova, Pablo 1969: Internal Colonialism and National Development, in: Horowitz, Irving L./Castro, Josué de/Gerassi, John (Hg.), Latin American Radicalism. A Documentary Report on Left and Nationalist Movements. New York, NY: Random House, 118-139.

Goodwin, Jeff 1994: Toward a New Sociology of Revolutions, in: Theory and Society 23, 6, 731-766.

Goodwin, Jeff 2001: No Other Way Out: States and Revolutionary Movements, 1945-1991. Cambridge: Cambridge University Press.

Gorges, Michael J. 1996: Euro-Corporatism? Interest Intermediation in the European Community. Lanham, MD: University Press of America.

Götting, Ulrike 1998: Transformation der Wohlfahrtsstaaten in Mittel- und Osteuropa. Eine Zwischenbilanz. Opladen: Leske + Budrich.

Gourevitch, Peter A. 1989: Keynesian Politics: The Political Sources of Economic Policy Choices, in: Hall, Peter A. (Hg.), The Political Power of Economic Ideas: Keynesianism Across Nations. Princeton, NJ: Princeton University Press, 87-106.

Graham, John W./Schafer, Joseph L. 1999: On the Performance of Multiple Imputation for Multivariate Data with Small Sample Size, in: Hoyle, Rick H. (Hg.), Statistical Strategies for Small Sample Research. Thousand Oaks, CA: Sage, 1-29.

Granato, Jim/Inglehart, Ronald/Leblang, David 1996: The Effect of Cultural Values on Economic Development: Theory, Hypotheses and some Empirical Tests, in: American Journal of Political Science 40, 1, 607-631.

Grande, Edgar/Risse, Thomas 2000: Bridging the Gap. Konzeptionelle Anforderungen an die politikwissenschaftliche Analyse von Globalisierungsprozessen, in: Zeitschrift für Internationale Beziehungen 7, 2, 235-266.

Green, Andy/Wolf, Alison/Leney, Tom 1999: Convergence and Divergence in European Education and Training Systems, Institute of Education, University of London: unveröffentlichtes Manuskript.

Green, Donald P./Gerber, Alan S. 2002: Reclaiming the Experimental Tradition in Political Science, in: Katznelson, Ira/Milner, Helen V. (Hg.), Political Science. The State of the Discipline. New York, NY: Norton, 805-832.

Greene, William H. 2005: Econometric Analysis. 5. Auflage, Upper Saddle River, NJ: Pearson Education (Prentice Hall).

Greenstein, Fred I. 1975: Personality and Politics, in: Greenstein, Fred I./Polsby, Nelson W. (Hg.), Handbook of Political Science. Reading, MA: Addison-Wesley, 1-92.

Greenwood, Justin 2003: Interest Representation in the European Union. Basingstoke: Palgrave Macmillan.

Greenwood, Justin/Aspinwall, Mark (Hg.) 1998: Collective Action in the European Union. Interests, and the New Politics of Associability. London: Routledge.

Griffiths, Ieuan Ll 1995: The African Inheritance. London: Routledge.

Grilli, Vittorio/Masciandaro, Donato/Tabellini, Guido 1991: Political and Monetary Institutions and Public Financial Policies in the Industrial Countries, in: Economic Policy 13, October, 341-392.

Grofman, Bernard (Hg.) 2001: Political Science as Puzzle Solving. Interests, Identities and Insitutions in Comparative Politics. Ann Arbor, MI: University of Michigan Press.

Grofman, Bernard/Lijphart, Arend 1994: Electoral Laws and their Political Consequences. 2. Auflage, New York, NY: Agathon Press.

Grosser, Alfred 1973: Politik erklären: Unter welchen Voraussetzungen? Mit welchen Mitteln? Zu welchen Ergebnissen? München: Hanser.

Grossman, Gene M./Helpman, Elhanan 2002: Interest Groups and Trade Policy. Princeton, NJ: Princeton University Press.

Gruber, Lloyd 2000: Ruling the World: Power Politics and the Rise of Supranational Institutions. Princeton, NJ: Princeton University Press.

Gschwend, Thomas/Frank Schimmelfennig (Hg.) 2007: Forschungsdesign in der Politikwissenschaft. Frankfurt a. M. und New York. Campus.

Guggenberger, Bernd/Offe, Claus (Hg.) 1984: An den Grenzen der Mehrheitsdemokratie. Politik und Soziologie der Mehrheitsregel. Opladen: Westdeutscher Verlag.

Guillén, Mauro F. 2001: Is Globalization Civilizing, Destructive or Feeble? A Critique of Five Key Debates in the Social Science Literature, in: Annual Review of Sociology 27, 235-260.

Gunther, Richard/Mughan, Anthony (Hg.) 2000: Democracy and the Media: A Comparative Perspective. Cambridge: Cambridge University Press.

Gurevitch, Michael/Blumler, Jay G. 2003: Der Stand der vergleichenden politischen Kommunikationsforschung: Ein eigenständiges Feld formiert sich, in: Esser, Frank/Pfetsch, Barbara (Hg.), Politische Kommunikation im internationalen Vergleich. Grundlagen, Anwendungen, Perspektiven. Wiesbaden: Westdeutscher Verlag, 371-392.

Gurr, Ted Robert 1968: A Causal Model of Civil Strife: A Comparative Analysis Using New Indices, in: American Political Science Review 62, 4, 1104-1124.

Gurr, Ted Robert 1970: Why Men Rebel. Princeton, NJ: Princeton University Press.

Gurr, Ted Robert 1993: Why Minorities Rebel: A Global Analysis of Communal Mobilization and Conflict since 1945, in: International Political Science Review 14, 2, 161-201.

Gurr, Ted Robert 2000: Peoples Versus States: Minorities at Risk in the New Century. Washington, DC: United States Institute of Peace Press.

Gurr, Ted Robert 2011: Why Men Rebel. Fortieth Anniversary Edition. Boulder, CO: Paradigm.

Gurr, Ted Robert/McClelland, Muriel 1971: Political Performance. A Twelve-Nation Study. Beverly Hills, CA: Sage.

Haas, Ain/Stack, Steven 1983: Economic Development and Strikes: A Comparative Analysis, in: The Sociological Quarterly 24, 1, 43-58.

Habermas, Jürgen 1973: Legitimationsprobleme im Spätkapitalismus. Frankfurt am Main: Suhrkamp.

Habermas, Jürgen 1981a: New Social Movements, in: Telos 49, Fall, 33-37.

Habermas, Jürgen 1981b: Theorie des kommunikativen Handelns Band 1: Handlungsrationalität und gesellschaftliche Rationalisierung; Band 2: Zur Kritik der funktionalen Vernunft. Frankfurt am Main: Suhrkamp.

Habermas, Jürgen 1991: Strukturwandel der Öffentlichkeit. Untersuchungen zu einer Kategorie der bürgerlichen Gesellschaft. 2. Auflage, Frankfurt am Main: Suhrkamp.

Haftendorn, Helga 1990: Theorie der Internationalen Beziehungen, in: Woyke, Wichard (Hg.), Handwörterbuch Internationale Politik. 4. Auflage, Opladen: Leske + Budrich (UTB), 480-494.

Haggard, Stephan 1990: Pathways from the Periphery: The Politics of Growth in the Newly Industrializing Countries. Ithaca, NY: Cornell University Press.

Hague, Rod/Harrop, Martin 2004: Political Science. A Comparative Introduction. 4. Auflage, New York, NY: Palgrave.

Hair, Joseph F./Anderson, Rolph E./Tatham, Ronald L./Black, William C. 1998: Multivariate Data Analysis. 5. Auflage, Upper Saddle River, NJ: Prentice Hall.

Hajer, Maarten A. 1995: The Politics of Environmental Discourse. Ecological Modernization and the Policy Process. Oxford: Oxford University Press.

Hall, Peter A. 1989: The Political Power of Economic Ideas: Keynesianism Across Nations. Princeton, NJ: Princeton University Press.

Hall, Peter A. 1993: Policy Paradigms, Social Learning, and the State: The Case of Economic Policymaking in Britain, in: Comparative Politics 25, 3, 275-296.

Hall, Peter A. 1997: The Role of Interests, Institutions, and Ideas in Comparative Political Economy of Industrialized Nations, in: Lichbach, Mark I./Zuckerman, Alan S. (Hg.), Comparative Politics: Rationality, Culture, and Structure. Cambridge: Cambridge University Press, 174-207.

Hall, Peter A. 2003: Aligning Ontology and Methodology in Comparative Politics, in: Mahoney, James/Rueschemeyer, Dietrich (Hg.), Comparative Historical Analysis in the Social Sciences. Cambridge: Cambridge University Press, 373-404.

Hall, Peter A./Soskice, David W. 2001: An Introduction to Varieties of Capitalism, in: Hall, Peter A./Soskice, David W. (Hg.), Varieties of Capitalism: The Institutional Foundations of Comparative Advantage. Oxford: Oxford University Press, 1-68.

Hall, Peter A./Taylor, Rosemary C. R. 1996: Political Science and the Three New Institutionalisms, in: Political Studies 44, 5, 936-955.

Hallin, Daniel/Papathanassopoulos, Stylianos 2002: Political Clientelism and the Media: Southern Europe and Latin America in Comparative Perspective, in: Media, Culture & Society 24, 2, 175-195.

Halperin, Sandra 1997: In the Mirror of the Third World: Capitalist Development in Modern Europe. Ithaca, NY: Cornell University Press.

Hamburger, Henry J. 1979: Games as Models of Social Phenomena. New York, NY: Freeman.

Hanley, David (Hg.) 1994: Christian Democracy in Europe. London: Pinter.

Harbeson, John W./McClintock, Cynthia/Dubin, Rachel 2001: "Area Studies" and the Discipline: Towards New Interconnections, in: PS: Political Science and Politics 34, 4, 787-788.

Harff, Barbara 2003: No Lessons Learned from the Holocaust? Assessing Risks of Genocide and Political Mass Murder since 1955, American Political Science Review, 97 (1): 57-73.

Harkness, Janet A. /de Vijer, Fons J. van /Mohler, Peter Ph. 2003: Cross-Cultural Survey Methods. Hoboken, NJ: Wiley.

Hart, Christopher 2005: Doing Your Masters Dissertation. London: Sage.

Hartmann, Jürgen 1995: Vergleichende Politikwissenschaft: Eine Einführung. Frankfurt am Main: Campus.

Hartmann, Jürgen 2003: Geschichte der Politikwissenschaft. Opladen: Leske + Budrich (UTB).

Harvey, Neil 1998: The Chiapas Rebellion: The Struggle for Land and Democracy. Raleigh, NC: Duke University Press.

Hasenclever, Andreas 2002: Sie bewegt sich doch. Neue Erkenntnisse und Trends in der quantitativen Kriegsursachenforschung, in: Zeitschrift für Internationale Beziehungen 9, 2, 331-364.

Hayner, Priscilla B. 1994: Fifteen Truth Commissions - 1974-1994: A Comparative Study, in: Human Rights Quarterly 16, 4, 597-655.

Haynes, Jeffrey 2005: Comparative Politics in a Globalizing World. Cambridge: Polity Press.

Heckathorn, Douglas 1984: Mathematical Theory Construction in Sociology: Analytic Power, Scope, and Accuracy as Trade-Offs, in: Journal of Mathematical Sociology 10, 295-323.

Hedberg, Bo 1981: How Organizations Learn and Unlearn, in: Nystrom, Paul C./Starbuck, William H. (Hg.), Handbook of Organizational Design. Oxford: Oxford University Press, 3-27.

Hedström, Peter/Swedberg, Richard (Hg.) 1998: Social Mechanisms: An Analytical Approach to Social Theory. Cambridge: Cambridge University Press.

Heidenheimer, Arnold J. 1992: Government and Higher Education in Unitary and Federal Political Systems, in: Clark, Burton R./Neave, Guy R. (Hg.), The Encyclopedia of Higher Education. Oxford: Pergamon, 924-934.

Heinze, Rolf G. 1981: Verbändepolitik und "Neokorporatismus": Zur politischen Soziologie organisierter Interessen. Opladen: Westdeutscher Verlag.

Held, David/McGrew, Anthony 2000: The Global Transformations Reader: An Introduction to the Globalization Debate. Cambridge: Polity Press.

Held, David/McGrew, Anthony/Goldblatt, David/Perraton, Jonathan 1999: Global Transformations: Politics, Economics and Culture. Stanford, CA: Stanford University Press.

Held, David/McGrew, Anthony G./Keohane, Robert O. 2003: Governing Globalization: Power, Authority and Global Governance. Cambridge: Polity Press.

Helliwell, John F. 1994: Empirical Linkages between Democracy and Economic Growth, in: British Journal of Political Science 24, 2, 225-248.

Helms, Ludger 2001: Die Kartellparteien-These und ihre Kritiker, in: Politische Vierteljahresschrift 42, 4, 698-708.

Hempel, Carl Gustav 1952: Fundamentals of Concept Formation in Empirical Science. Chicago, IL: University of Chicago Press.

Hempel, Carl Gustav 1977: Aspekte wissenschaftlicher Erklärung. Berlin: de Gruyter.

Héritier, Adrienne (Hg.) 1993: Policy-Analyse. Kritik und Neuorientierung. Politische Vierteljahresschrift Sonderheft 24, Opladen: Westdeutscher Verlag.

Héritier, Adrienne/Kerwer, Dieter/Knill, Christoph/Lehmkuhl, Dirk/Teutsch, Michael/Douillet, Anne-Cécile (Hg.) 2001: Differential Europe: The European Union Impact on National Policymaking. Lanham, MD: Rowman & Littlefield.

Hermanson, Ann-Sofie/Jahn, Detlef 1998: The State of the Environment in West Europe, in: Jabbra, Joseph G./Dwivedi, Onkar P. (Hg.), Governmental Response to Environmental Challenges in Global Perspective. Amsterdam: IOS Press, 109-124.

Heyden, Goran 2001: Africanists' Contribution to Political Science, in: PS: Political Science and Politics 34, 4, 787-800.

Heywood, Paul/Pujas, Véronique/Rhodes, Martin 2002: Political Corruption, Democracy, and Governance in Western Europe, in: Heywood, Paul/Jones, Erik/Rhodes, Martin (Hg.), Developments in West European Politics 2. New York, NY: Palgrave, 184-200.

Hibbs, Douglas A. 1973: Mass Political Violence: A Cross-national Causal Analysis. New York, NY: Wiley.
Hibbs, Douglas A. 1977: Political Parties and Macroeconomic Policy, in: American Political Science Review 71, 4, 1467-1487.
Hibbs, Douglas A. 1987: The Political Economy of Industrial Democracies. Cambridge, MA: Harvard University Press.
Hicks, Alexander M. 1994: Introduction to Pooling, in: Janoski, Thomas/Hicks, Alexander M. (Hg.), The Comparative Political Economy of the Welfare State. Cambridge: Cambridge University Press, 169-188.
Hicks, Alexander M. 1999: Social Democracy and Welfare Capitalism: A Century of Income Security Politics. Ithaca, NY: Cornell University Press.
Hicks, Alexander M./Kenworthy, Lane 2003: Varieties of Welfare Capitalism, in: Socio-Economic Review 1, 1, 27-61.
Hicks, Alexander M./Swank, Duane 1984: On the Political Economy of Welfare State Expansion: A Comparative Analysis of 18 Advanced Capitalist Democracies, 1960-1971, in: Comparative Political Studies 17, 1, 81-119.
Hicks, Alexander/Zorn, Christopher 2005: Economic Globalization, the Macro Economy, and Reversals of Welfare: Expansion in Affluent Democracies, in: International Organization 59: 631-662.
Hinich, Melvin J./Munger, Michael C. 1997: Analytical Politics. Cambridge: Cambridge University Press.
Hirschman, Albert O. 1970: Exit, Voice and Loyalty: Responses to Decline in Firms, Organizations, and States. Cambridge, MA: Harvard University Press.
Hirschman, Albert O. 1973: Journeys Toward Progress. Studies of Economic Policy-Making in Latin America. New York, NY: Norton.
Hirschman, Albert O. 1982: Rival Interpretation of Market Society: Civilizing, Destructive, or Feeble?, in: Journal of Economic Literature 20, 4, 1463-1484.
Hitzler, Ronald 1994: Expertenwissen: Die institutionalisierte Kompetenz zur Konstruktion von Wirklichkeit. Opladen: Westdeutscher Verlag.
Hix, Simon 2004: A Global Ranking of Political Science Departments, in: Political Studies Review 2, 293-313.
Hix, Simon 2005: The Political System of the European Union. 2. Auflage, Basingstoke: Palgrave.
Hix, Simon/Høyland, Bjørn 2011: The Political System of the European Union. Houndmills: Palgrave.
Hobbes, Thomas 1984: Leviathan: Oder Stoff, Form und Gewalt eines kirchlichen und bürgerlichen Staates. Frankfurt am Main: Suhrkamp.
Höffe, Otfried 2001: Aristoteles: Politik. Berlin: Akademie-Verlag.
Hoffmann, John P. 2004: Generalized Linear Models. An Applied Approach. Boston, MA: Pearson.
Hofmann, Werner 1954: Die volkswirtschaftliche Gesamtrechnung. Berlin: Duncker & Humblot.
Holland, Paul 1986: Statistics and Causal Inference, in: Journal of the American Statistical Association 81, 396, 945-960.
Holler, Manfred/Illing, Gerhard 2003: Einführung in die Spieltheorie. Berlin: Springer.
Holm, John D. 1996: Development, Democracy, and Civil Society in Botswana, in: Leftwich, Adrian (Hg.), Democracy and Development. Cambridge: Polity Press, 97-113.
Holmes, Stephen 1993: A Forum on Presidential Power, in: East European Constitutional Review 2/3, 4/1, 36-39.
Holt, Robert T./Richardson Jr., John M. 1970: Competing Paradigms in Comparative Politics, in: Holt, Robert T./Turner, John E. (Hg.), The Methodology of Comparative Research. New York, NY: The Free Press, 21-71.
Holt, Robert T./Turner, John E. 1970: The Methodology of Comparative Research. New York, NY: Free Press.

Holtz-Bacha, Christina 2004: Political Communication Research Abroad: Europe, in: Kaid, Lynda L. (Hg.), Handbook of Political Communication Research. Mahwah, NJ: Lawrence Erlbaum Associates, 463-477.

Holzinger, Katharina/Knill, Christoph/Peters, Dirk/Rittberger, Berthold/Schimmelfennig, Frank/Wagner, Wolfgang (Hg.) 2005: Die Europäische Union. Theorien und Analysekonzepte. Paderborn: Schöningh (UTB).

Holzinger, Katharina/Knill, Christoph/Arts, Bas 2008: Environmental Policy Convergence in Europe. The Impact of International Institutions and Trade. Oxford: Oxford University Press.

Honaker, James/Joseph, Anne/King, Gary/Scheve, Kenneth/Singh, Naunihall 2001: Amelia: A Program for Missing Data (Windows version), Cambridge, MA: Harvard University, http://Gking. Harvard.edu, 02.08.2005.

Hooghe, Lisbeth/Marks, Gary 2001: Multi-Level Governance and European Integration. Lanham (MD): Rowman & Littlefield.

Hopkins, Terence K./Wallerstein, Immanuel Maurice 1982: World-Systems Analysis: Theory and Methodology. Beverly Hills, CA: Sage.

Horowitz, Shale A. 2004: Structural Sources of Post-Communist Market Reform: Economic Structure, Political Culture, and War, in: International Studies Quarterly 48, 4, 755-778.

Hotelling, Harold 1929: Stability in Competition, in: The Economic Journal 39, 1, 41-57.

Houghton, David Patrick 1998: Analogical Reasoning and Policymaking: Where and When Is It Used?, in: Policy Sciences 31, 3, 151-176.

Howard, Christopher 1997: The Hidden Welfare State: Tax Expenditures and Social Policy in the United States. Princeton, NJ: Princeton University Press.

Hoyle, Rick H. (Hg.) 1999: Statistical Strategies for Small Sample Research. Thousand Oaks, CA: Sage.

Hradil, Stefan/Immerfall, Stefan (Hg.) 1997: Die westeuropäischen Gesellschaften im Vergleich. Opladen: Leske + Budrich.

Hsiao, Cheng 2003: Analysis of Panel Data. Cambridge: Cambridge University Press.

Huber, Evelyne/Ragin, Charles C./Stephens, John D. 1993: Social Democracy, Christian Democracy, Constitutional Structure and the Welfare State, in: American Journal of Sociology 99, 3, 711-749.

Huber, Evelyne/Stephens, John D. 2001: Development and Crisis of the Welfare State: Parties and Policies in Global Markets. Chicago, IL: University of Chicago Press.

Huber, John/Inglehart, Ronald 1995: Expert Interpretations of Party Space and Party Locations in 42 Societies, in: Party Politics 1, 1, 73-111.

Huber, John D./ Gabel, Metthew 2000: Putting Parties in Their Place: Inferring Party Left-Right Ideological Positions from Party Manifesto Data, in: Amercan Jornal of Political Science 44: 94-103.

Hudson, Michael C. 2001: The Middle East, in: PS: Political Science and Politics 34, 4, 801-804.

Huff, Darrell 1954: How to Lie with Statistics. New York, NY: Norton.

Hug, Simon/Tsebelis, George 2004: Veto Player and Referendums around the World, in: Journal of Theoretical Politics 14, 4, 465-515.

Hunt, William/W., Crane Wilder/Wahlke, John C. 1964: Interviewing Political Elites in Cross-Cultural Comparative Research, in: American Journal of Sociology 70, 59-68.

Hunter, John E./Schmidt, Frank L. 2004: Methods of Meta-Analysis: Corrrecting Error and Bias in Research Findings. Thousand Oaks, CA: Sage.

Huntington, Samuel P. 1968: Political Order in Changing Societies. New Haven, CT: Yale University Press.

Huntington, Samuel P. 1991: The Third Wave: Democratization in the Late Twentieth Century. Norman, OK: University of Oklahoma Press.

Huntington, Samuel P. 1996: The Clash of Civilizations and the Remaking of World Order. New York, NY: Simon & Schuster.

Hyden, Goran 2001: Africanists' Contribution to Political Science, in: PS: Political Science and Politics 34, 4, 797-800.

IMF International Monetary Fund 2004: Government, Finance, Statistics. Database and Browser, CD-Rom. Washington, DC: IMF.

IMF International Monetary Fund 2005: Government, Finance, Statistics. Database and Browser, CD-Rom. Washington, DC: IMF.

Inglehart, Ronald 1977: The Silent Revolution: Changing Values and Political Styles among Western Publics. Princeton, NJ: Princeton University Press.

Inglehart, Ronald 1981: Post-Materialism in an Environment of Insecurity, in: American Political Science Review 75, 4, 880-900.

Inglehart, Ronald 1998: Modernisierung und Postmodernisierung: Kultureller, wirtschaftlicher und politischer Wandel in 43 Gesellschaften. Frankfurt am Main, New York, NY: Campus.

Inglehart, Ronald (Hg.) 2003: Human Values and Social Change: Findings from the Values Surveys. Leiden: Brill.

Inglehart, Ronald/Welzel, Christian 2002: Political Culture and Democracy, in: Wiarda, Howard J. (Hg.), New Directions in Comparative Politics. New York, NY: Westview Press, 141-164.

Inglehart, Ronald/Welzel, Christian 2003: Democratic Institutions and Political Culture: Misconceptions in Addressing the Ecological Fallacy, in: Comparative Politics 35, 4, 61-79.

Inglot, Thomasz 2008: Welfare States in East Central Europe, 1919-2004. Cambridge: Cambridge University Press.

Isaac, Larry W./Carlson, Susan M./Mathis, Mary P. 1994: Quality of Quantity in Comparative/Historical Analysis: Temporally Changing Wage Labor Regimes in the United States and Sweden, in: Janoski, Thomas/Hicks, Alexander M. (Hg.), The Comparative Political Economy of the Welfare State. Cambridge: Cambridge University Press, 93-135.

Ishiyama, John T. 1997: Transitional Electoral Systems in Post-Communist Eastern Europe, in: Political Science Quarterly 112, 1, 95-115.

Ismayr, Wolfgang (Hg.) 2002: Die politischen Systeme Osteuropas. Opladen: Leske + Budrich (UTB).

Ismayr, Wolfgang (Hg.) 2003: Die politischen Systeme Westeuropas. 3. Auflage, Opladen: Leske + Budrich (UTB).

Iversen, Torben 1999: Contested Economic Institutions: The Politics of Macroeconomics and Wage Bargaining in Advanced Democracies. Cambridge: Cambridge University Press.

Iversen, Torben/Cusack, Thomas R. 2000: The Causes of Welfare State Expansion: Deindustrialization or Globalization?, in: World Politics 52, 3, 313-349.

Jachtenfuchs, Markus/Kohler-Koch, Beate (Hg.) 2003: Europäische Integration. 2. Auflage, Stuttgart: Leske + Budrich (UTB).

Jackman, Robert W. 1973: On the Relation of Economic Development to Democratic Performance, in: American Journal of Political Science 17, 3, 611-621.

Jackman, Robert W. 1985: Cross-National Statistical Research and the Study of Comparative Politics, in: American Journal of Political Science 29, 1, 161-182.

Jackman, Robert W. 1987: The Politics of Economic Growth in Industrial Democracies, 1974-80: Leftist Strength or North Sea Oil?, in: Journal of Politics 49, 1, 242-256.

Jackman, Robert W. 1989: The Politics of Economic Growth, Once Again, in: Journal of Politics 51, 3, 646-661.

Jackson, Robert J. /Jackson, Doreen 2000: An Introduction to Political Science. Comparative and World Politics. Scarborough, Ontario: Prentice Hall Allyn and Bacon Canada.

Jackson, Timm/Stymne, Susann 1996: Sustainable Economic Welfare in Sweden. A Pilot Index 1950 - 1992. Stockholm: Environment Institute.

Jacobs, Jörg 2003: Des Kaisers neue Kleider? Fuzzy-Set-Sozialwissenschaft und die Analyse von mittleren Ns, in: Pickel, Susanne /Pickel, Gert /Lauth, Hans-Joachim/Jahn, Detlef (Hg.), Vergleichende politikwissenschaftliche Methoden. Wiesbaden: Westdeutscher Verlag, 135-150.

Jacoby, William G. 1997: Statistical Graphics for Visualizing Univariate and Bivariate Data. Thousand Oaks, CA: Sage.

Jacoby, William G. 1998: Statistical Graphics for Visualizing Multivariate Data. London: Sage.

Jaggers, Keith/Gurr, Ted Robert 1995: Tracking Democracy´s Third Wave with the Polity III Data, in: Journal of Peace Research 32, 4, 469-482.

Jahn, Detlef 1993a: New Politics in Trade Unions: Applying Organizational Theory to the Ecological Discourse on Nuclear Energy in Sweden and Germany. Aldershot: Dartmouth.

Jahn, Detlef 1993b: The Rise and Decline of New Politics and the Greens in Sweden and Germany, in: European Journal of Political Research 24, 3, 177-194.

Jahn, Detlef 1998: Environmental Performance and Policy Regimes: Explaining Variations in 18 OECD-Countries, in: Policy Sciences 31, 2, 107-131.

Jahn, Detlef 1999: Der Einfluss von Cleavage-Strukturen auf die Standpunkte der skandinavischen Parteien über den Beitritt zur Europäischen Union, in: Politische Vierteljahresschrift 40, 4, 565-590.

Jahn, Detlef 2000: Die Lernfähigkeit politischer Systeme. Zur Institutionalisierung ökologischer Standpunkte in Schweden und der Bundesrepublik Deutschland. Baden-Baden: Nomos.

Jahn, Detlef 2002a: Die politischen Systeme Skandinaviens, in: Jahn, Detlef/Werz, Nikolaus (Hg.), Politische Systeme und Beziehungen im Ostseeraum. München: Olzog, 33-56.

Jahn, Detlef 2002b: Koalitionen in Dänemark und Norwegen: Minderheitsregierungen als Normalfall, in: Kropp, Sabine/Schüttemeyer, Suzanne S./Sturm, Roland (Hg.), Koalitionen in West- und Osteuropa. Opladen: Leske + Budrich, 219-247.

Jahn, Detlef 2002c: Die lokale Agenda 21 im Ostseeraum, in: Jahn, Detlef/Werz, Nikolaus (Hg.), Politische Systeme und Beziehungen im Ostseeraum. München: Olzog, 205-218.

Jahn, Detlef 2003a: Das politische System Schwedens, in: Ismayr, Wolfgang (Hg.), Die politischen Systeme Westeuropas. 3. Auflage, Opladen: Leske + Budrich (UTB), 93-130.

Jahn, Detlef 2003b: Environmental Pollution and Economic Performance in Eastern and Western Europe: Parallels and Differences. Unveröffentlichtes Manuskript, ECPR Joint Sessions of Workshops, Edinburgh: 28. März - 4. April.

Jahn, Detlef 2003c: Globalisierung als Galtons Problem in der Vergleichenden Politikwissenschaft, in: Pickel, Susanne/Pickel, Gert/Lauth, Hans-Joachim/Jahn, Detlef (Hg.), Vergleichende politikwissenschaftliche Methoden: Neue Entwicklungen und Diskussionen. Wiesbaden: Westdeutscher Verlag, 59-86.

Jahn, Detlef 2005a: Fälle, Fallstricke und die komparative Methode in der vergleichenden Politikwissenschaft, in: Kropp, Sabine/Minkenberg, Michael (Hg.), Vergleichen in der Politikwissenschaft. Wiesbaden: VS Verlag für Sozialwissenschaften, 55-75.

Jahn, Detlef 2005b: Globalization as Galton's Problem: The Impact on Environmental Pollution over Four Decades. Unveröffentlichtes Manuskript, International Studies Association (ISA), Honolulu, HI: 1.-5. März.

Jahn, Detlef 2006: Globalization as "Galton's Problem:" The Missing Link in the Analysis of the Diffusion Patterns in Welfare State Development, in: International Organization 60, 2, 401-431.

Jahn, Detlef 2009a: Die Aggregatdatenanalyse in der vergleichenden Politikwissenschaft, in: Pickel, Susanne/Pickel, Gert/Lauth, Hans-Joachim/Jahn, Detlef (Hg.) Methoden der vergleichenden Politik- und Sozialwissenschaft. Neue Entwicklungen und Anwendungen. Wiesbaden: VS-Verlag, 173-196.

Jahn, Detlef 2009b: Globalisierung als Galtonsproblem: Regionale und temporale Diffusionsschübe, in: Pickel, Susanne/Pickel, Gert/Lauth, Hans-Joachim/Jahn, Detlef (Hg.) Methoden der vergleichenden Politik- und Sozialwissenschaft. Neue Entwicklungen und Anwendungen. Wiesbaden: VS-Verlag Wiesbaden: VS-Verlag, 87-112.

Jahn, Detlef 2010: The Veto Player Approach in Macro-Comparative Politics, in: Thomas König, George Tsebelis, and Marc Debus (Hg.) Reform Processes and Policy Change: Veto players and Decision-Making in Modern Democracies. Berlin: Springer Publisher, 43-68.

Jahn, Detlef 2011a: Conceptualizing Left and Right in Comparative Politics: Towards a Deductive Approach, in: Party Politics, 17 (6): 745-765.

Jahn, Detlef 2011b: Vergleichende Politikwissenschaft. Elemente der Politik. Wiesbaden: VS-Verlag.

Jahn, Detlef 2012: Bringing Time into Time-Series—Cross-Section Analysis: The Optimalized Lag Approach. Vortrag bei den ECPR Workshops in Antwerpen, April 2012.

Jahn, Detlef 2013a: The Impact of Climate on Atmospheric Emissions: Constructing an Index of Heating Degrees for 21 OECD Countries from 1960-2005, Weather, Climate and Society, 5 (2) (April 2013), 97–111.

Jahn, Detlef 2013b: The Three Worlds of Environmental Politics, in: Duit, Andreas (Hg.) Mapping the Politics of Ecology: The Comparative Study of Environmental Governance. Cambridge (Mass.): MIT Press (i.E.).

Jahn, Detlef i.E.: The Impact of Climate on Atmospheric Emissions: Constructing an Index of Heating Degrees for 21 OECD Countries from 1960-2005, in: Weather, Climate, and Society i.E.

Jahn, Detlef/Henn, Matt 2000: The "New" Rhetoric of New Labour in Comparative Perspective: A Three-Country Discourse Analysis, in: West European Politics 23, 1, 26-46.

Jahn, Detlef/Kuitto, Kati 2005: Socio-Economic Performance of Central Eastern European Democracies. Unveröffentlichtes Manuskript, ECPR Joint Sessions of Workshops, Granada: 14. -19. April.

Jahn, Detlef/Kuitto, Kati/Oberst, Christoph 2006: Das Parteiensystem Finnlands, in: Niedermayer, Oskar/Stöss, Richard/Haas, Melanie (Hg.), Die Parteiensysteme Westeuropas. Wiesbaden: VS Verlag für Sozialwissenschaften, S. 135-159.

Jahn, Detlef/Kuitto, Kati 2011: Taking Stock of Policy Performance in Central and Eastern Europe: Policy Outcomes between Policy Reform, Transitional Pressure and International Influence, in: European Journal of Political Research. 50 (6): 719-748.

Jahn, Detlef/Müller-Rommel 2010: Political Institutions and Policy Performance: A Comparative Analysis of Central and Eastern Europe, in: Journal of Public Policy, 30 (1): 23-44.

Jahn, Detlef/Oberst, Christoph 2012: Ideological Party Cohesion in Macro-Comparative Politics: The Nordic Social Democratic Parties from a Comparative Perspective, in: Scandinavian Political Studies (online first: Doi: 10.1111/j.1467-9477.2012.00287.x).

Jahn, Detlef/Storsved, Ann-Sofie 1995: Legitimacy through Referendum? The Nearly Successful Domino-Strategy of the EU-Referendums in Austria, Finland, Sweden and Norway, in: West European Politics 18, 3, 18-37.

Jahn, Detlef/Welker, Bertram/Daedlow, Katrin 2004: Umweltbelastung als globales Phänomen, DFG-Zwischenbericht. Institut für Politikwissenschaft: Universität Greifswald.

Jamison, Andrew 2001: The Making of Green Knowledge: Environmental Politics and Cultural Transformation. Cambridge: Cambridge University Press.

Janda, Kenneth 1980: Political Parties: A Cross-National Survey. New York, NY: Free Press.

Jänicke, Martin/Mönch, Harald/Binder, Manfred 1996: Umweltindikatorenprofile im Industrieländervergleich: Wohlstandsniveau und Problemstruktur, in: Jänicke, Martin (Hg.), Umweltpolitik der Industrieländer: Entwicklung - Bilanz - Erfolgsbedingungen. Berlin: Sigma, 113-131.

Jänicke, Martin/Weidner, Helmut (Hg.) 1997: National Environmental Policies. A Comparative Study of Capacity-Building. Berlin: Springer.

Janoski, Thomas/Hicks, Alexander M. 1994: Methodological Innovations in Comparative Political Economy: An Introduction, in: Janoski, Thomas/Hicks, Alexander M. (Hg.), The Comparative Political Economy of the Welfare State. Cambridge: Cambridge University Press, 1-30.

Janoski, Thomas/Isaac, Larry W. 1994: Introduction to Time-Series Analysis, in: Janoski, Thomas/Hicks, Alexander M. (Hg.), The Comparative Political Economy of the Welfare State. Cambridge: Cambridge University Press, 31-53.

Janowitz, Morris 1977: Military Institutions and Coercion in the Developing Nations. Chicago, IL: University of Chicago Press.

Jasper, James M. 1997: The Art of Moral Protest: Culture, Biography, and Creativity in Social Movements. Chicago, IL: University of Chicago Press.

Jennings, Edward T. 1983: Racial Insurgency, the State and Welfare Expension, in: American Journal of Sociology 88, 6, 1220-1236.

Jenson, Jane 1989: Paradigms and Political Discourse: Protective Legislation in France and the United States before 1914, in: Canadian Journal of Political Science 22, 2, 235-258.

Jenssen, Anders Todal/Pesonen, Pertti/Gilljam, Mikael (Hg.) 1998: To Join or not to Join: Three Nordic Referendums on Membership in the European Union. Oslo: Scandinavian University Press.

Jick, Todd D. 1983: Mixing Qualitative and Quantitative Research Methods: Triangulation in Action, in: Van Maanen, John (Hg.), Qualitative Methodology. Beverly Hills, CA: Sage, 135-148.

Johnson, Janet B./Reynolds, H. T. 2005: Political Science Research Methods. 5, Washington, DC: Congressional Quarterly Press.

Jones, Mark P. 1995: Electoral Laws and the Survival of Presidential Democracies. Notre Dame, IN: Unversity of Notre Dame Press.

Joppke, Christian 1991: Social Movements During Cycles of Issue-Attention, in: British Journal of Sociology 42, 1, 43-60.

Jörgens, Helge 1996: Die Institutionalisierung von Umweltpolitik im internationalen Vergleich, in: Jänicke, Martin (Hg.), Umweltpolitik der Industrieländer: Entwicklung - Bilanz - Erfolgsbedingungen. Berlin: Sigma, 59-112.

Jun, Uwe/Höhne, Benjamin (Hg.) 2012: Parteienfamilien: Identitätsbestimmend oder nur noch Etikett? Leverkusen: Verlag Barbara Budrich.

Jungar, Ann-Cathrine 2000: Surplus Majority Government. A Comparative Study of Italy and Finland. Uppsala: Uppsala University Library.

Kaase, Max 1998: Politische Kommunikation: Politikwissenschaftliche Perspektiven, in: Jarren, Otfried/Sarcinelli, Ulrich/Saxer, Ulrich (Hg.), Politische Kommunikation in der demokratischen Gesellschaft: Ein Handbuch mit Lexikonteil. Wiesbaden: Westdeutscher Verlag, 97-113.

Kaase, Max/Neidhardt, Friedhelm 1990: Politische Gewalt und Repression. Ergebnisse von Bevölkerungsumfragen, in: Schwind, Hans-Dieter/Baumann, Jürgen/Lösel, Friedrich (Hg.), Ursachen, Prävention und Kontrolle von Gewalt. Analysen und Vorschläge der Unabhängigen Regierungskommission zur Verhinderung und Bekämpfung von Gewalt (Gewaltkommission). Berlin: Duncker & Humblot, Band IV.

Kaase, Max/Newton, Kenneth 1995: Beliefs in Government. Oxford: Oxford University Press.

Kaase, Max/Schulz, Winfried 1989: Massenkommunikation: Theorien, Methoden, Befunde. Sonderheft 30, Opladen: Westdeutscher Verlag.

Kahler, Miles 2002: The State of the State in World Politics, in: Katznelson, Ira/Milner, Helen V. (Hg.), Political Science. The State of the Discipline. New York, NY: Norton, 56-83.

Kaid, Lynda L. (Hg.) 2004: Handbook of Political Communication Research. Mahwah, NJ: Lawrence Erlbaum Associates.

Kaiser, André 1997: Types of Democracy: From Classical to New Institutionalism, in: Journal of Theoretical Politics 9, 4, 419 - 444.

Kaiser, André 1998: Vetopunkte der Demokratie: Eine Kritik neuer Ansätze der Demokratietypologie und ein Alternativvorschlag, in: Zeitschrift für Parlamentsfragen 29, 3, 525-541.

Kaiser, André 2000a: Pfadabhängigkeit und Lernen: Die Dynamik der neuseeländischen Institutionenformen, in: Kaiser, André (Hg.), Regieren in Westminster-Demokratien. Baden-Baden: Nomos, 157-177.

Kaiser, André (Hg.) 2000b: Regieren in Westminster-Demokratien. Baden-Baden: Nomos.

Kalathil, Shanthi/Boas, Taylor C 2001: The Internet and State Control in Authoritarian Regimes: China, Cuba, and the Counterrevolution. Global Policy Program Nr. 21, Washington, DC: Carnegie Endowment for International Peace.

Kamali, Mohammad Hashim 1991: Principles of Islamic Jurisprudence. Cambridge: Islamic Texts Society.

Kamarck, Andrew M. 1976: The Tropics and Economic Development: A Provocative Inquiry into the Poverty of Nations. Baltimore, MD: Johns Hopkins University Press.

Kangas, Olli 1994: The Politics of Social Security: On Regressions, Qualitative Comparison, and Cluster Analysis, in: Janoski, Thomas/Hicks, Alexander M. (Hg.), The Comparative Political Economy of the Welfare State. Cambridge: Cambridge University Press, 346-364.

Kant, Immanuel 1983: Kritik der reinen Vernunft, Teil 2. Darmstadt: Wissenschaftliche Buchgesellschaft.

Karl, Terry Lynn/Schmitter, Philippe C. 1991: Modes of Transition in Latin America, Southern and Eastern Europe, in: International Social Science Journal 43, 128, 269-284.

Karvonen, Lauri/Kuhnle, Stein (Hg.) 2001: Party Systems and Voter Alignments Revisited. London: Routledge.

Katz, Aaron/Hau, Mathias vom/Mahoney, James 2005: Fuzzy-Set Analysis and Statistical Analysis as Rival Tools. Explaining Long-Run Development in Spanish America, in: Kropp, Sabine/Minkenberg, Michael (Hg.), Vergleichen in der Politikwissenschaft. Wiesbaden: VS Verlag für Sozialwissenschaften, 116-139.

Katz, Mark N. (Hg.) 2001: Revolution: International Dimensions. Washington, DC: CQ Press.

Katz, Richard S. 1997: Democracy and Elections. New York, NY: Oxford University Press.

Katz, Richard S./Mair, Peter 1995: Changing Models of Party Organization and Party Democracy. The Emergence of the Cartel Party, in: Party Politics 1, 1, 5-28.

Katzenstein, Peter J. 1985: Small States in World Markets: Industrial Policy in Europe. Ithaca, NY: Cornell University Press.

Katzenstein, Peter J. 2001: Area and Regional Studies in the United States, in: PS: Political Science and Politics 34, 4, 789-791.

Katznelson, Ira 1997: Structure and Configuration in Comparative Politics, in: Lichbach, Mark I./Zuckerman, Alan S. (Hg.), Comparative Politics: Rationality, Culture, and Structure. Cambridge: Cambridge University Press, 81-112.

Katznelson, Ira/Milner, Helen V. 2002: American Political Science: The Discipline´s State and the State of Discipline, in: Katznelson, Ira/Milner, Helen V. (Hg.), Political Science. The State of the Discipline. New York, NY: Norton, 1-32.

Kaufman, Robert R./Segura-Ubiergo, Alex 2001: Globalization, Domestic Politics and Social Spending in Latin America. A Time-Series Cross-Section Analysis, 1973-97, in: World Politics 53, 4, 553-587.

Kaufmann, Daniel /Kraay, Aart/Mastruzzi, Massimo 2004: Governance Matters III: Governance Indicators for 1996-2002, New York, NY: World Bank Policy Research Working Paper 3106, http://www.worldbank.org/wbi/governance/pdf/govmatters3_wber.pdf, 02.08.2005.

Kaviraj, Sudipta 1996: Dilemmas of Democratic Development in India, in: Leftwich, Adrian (Hg.), Democracy and Development. Cambridge: Polity Press, 114-138.

Kazancigil, Ali 1994: The Deviant Case in Comparative Analysis, in: Dogan, Mattei/Kazancigil, Ali (Hg.), Comparing Nations: Concepts, Strategies, Substance. Oxford: Blackwell, 213-238.

Keane, John 1991: The Media and Democracy. Cambridge: Polity Press.

Keating, Michael/Loughlin, John 1997: The Political Economy of Regionalism. London: Frank Cass.

Keck, Margaret E./Sikkink, Kathryn 1998: Activists Beyond Borders: Advocacy Networks in International Politics. Ithaca, NY: Cornell University Press.

Keefer, Philip 2004: What Does Political Economy Tell Us About Economic Development - And Vice Versa, in: Annual Review of Political Science 7, 247-272.

Kegley, Charles W. Jr./Wittkopf, Eugene 2004: World Politics. Trend and Transformation. New York, NY: Thompson Wadsworth.

Kendall, Willmoore/Carey, George W. 1968: The "Intensity" Problem and Democratic Theory, in: American Political Science Review 62, 1, 5-24.

Kennedy, Gavin 1985: Einladung zur Statistik. Frankfurt am Main: Campus.

Kenworthy, Lane 2003: Quantitative Indicators of Corporatism, International Journal of Sociology 33 (3): 10-44.

Keohane, Robert O./Milner, Helen V. (Hg.) 1996: Internationalization and Domestic Politics. Cambridge: Cambridge University Press.

Kersbergen, Kees van 1995: Social Capitalism: A Study of Christian Democracy and the Welfare State. London: Routledge.

Kersbergen, Kees van/Becker, Uwe 2002: Comparative Politics and the Welfare State, in: Keman, Hans (Hg.), Comparative Democratic Politics. A Guide to Contemporary Theory and Research. London: Sage, 185-214.

Khadduri, Majid 1984: The Islamic Conception of Justice. Baltimore, MD: Johns Hopkins University Press.

Khong, Yuen Foong 1992: Analogies at War: Korea, Munich, Dien Bien Phu, and the Vietnam Decisions of 1965. Princeton, NJ: Princeton University Press.

Kimmel, Adolf 1994: Verfassungsrechtliche Rahmenbedingungen: Grundrechte, Staatszielbestimmungen und Verfassungsstrukturen, in: Gabriel, Oscar W./Brettschneider, Frank (Hg.), Die EU-Staaten im Vergleich. Opladen: Westdeutscher Verlag, 23-51.

King, Gary 1986: How Not to Lie with Statistics: Avoiding Common Mistakes in Quantitative Political Science, in: American Journal of Political Science 30, 3, 666-687.

King, Gary 1989a: Unifying Political Methodology: The Likelihood Theory of Statistical Inference. Cambridge: Cambridge University Press.

King, Gary 1989b: Event Count Models for International Relations: Generalizations and Applications, in: International Studies Quarterly 33, 123-147.

King, Gary 1991: "Truth" Is Stranger than Prediction, More Questionable than Causal Inference, in: American Journal of Political Science 35, 4, 1047-1053.

King, Gary 1995: Replication, Replication, in: PS: Political Science and Politics 28, 3, 444-452.

King, Gary 1997: A Solution to the Ecological Inference Problem: Reconstructing Individual Behavior from Aggregate Data. Princeton, NJ: Princeton University Press.

King, Gary, 2006: Publication, Publication, in: PS: Political Science and Politics 39: 119-125.

King, Gary/Honaker, James/Joseph, Anne/Scheve, Kenneth 2001: Analyzing Incomplete Political Science Data: An Alternative Algorithm for Multiple Imputation, in: American Political Science Review 95, 1, 49-69.

King, Gary/Keohane, Robert O./Verba, Sidney 1994: Designing Social Inquiry: Scientific Inference in Qualitative Research. Princeton, NJ: Princeton University Press.

King, Gary/Laver, Michael 1993: Party Platforms, Mandates, and Government Spending, in: American Political Science Review 87, 3, 744-747.

King, Gary/Tomz, Michael/Wittenberg, Jason 2000: Making the Most of Statistical Analyses: Improving Interpretation and Presentation, in: American Journal of Political Science 44, 2, 341-355.

King, Gary/Zeng, Langche 2001: Improving Forecast of State Failure, in: World Politics 53, 4, 623-658.

King, Gary/Zeng, Langche 2005: When Can History be our Guide? The Pitfalls of Counterfactual Inference, Cambridge, MA/San Diego, CA: Harvard University/University of California, http://gking.harvard.edu/files/counterf.pdf, 02.08.2005.

Kirchheimer, Otto 1965: Der Wandel des westeuropäischen Parteisystems, in: Politische Vierteljahresschrift 6, 1, 20-41.

Kirchner, Emil J. (Hg.) 1988: Liberal Parties in Western Europe. Cambridge: Cambridge University Press.

Kitschelt, Herbert 1983: Politik und Energie: Energie-Technologiepolitiken in den USA, der Bundesrepublik Deutschland, Frankreich und Schweden. Frankfurt am Main: Campus.

Kitschelt, Herbert 1985: Materiale Politisierung der Produktion. Gesellschaftliche Herausforderungen und institutionelle Innovationen in fortgeschrittenen kapitalistischen Gesellschaften, in: Zeitschrift für Soziologie 14, 3, 188-208.

Kitschelt, Herbert 1986: Political Opportunity Structures and Political Protest: Anti-Nuclear Movements in Four Democracies, in: British Journal of Political Science 16, 1, 57-85.

Kitschelt, Herbert 1994: The Transformation of European Social Democracy. Cambridge: Cambridge University Press.

Kitschelt, Herbert 1997: European Party Systems. Continuity and Change, in: Rhodes, Martin/Heywood, Paul/Wright, Vincent (Hg.), Developments in West European Politics. Basingstoke: Macmillan, 131-150.

Kitschelt, Herbert 2000: Verfassungsdesign und postkommunistische Wirtschaftsreform, in: Hinrichs, Karl /Kitschelt, Herbert/Wiesenthal, Helmut (Hg.), Kontingenz und Krise. Institutionenpolitik in kapitalistischen und postsozialistischen Gesellschaften. Claus Offe zu seinem 60. Geburtstag. Frankfurt am Main: Campus, 157-188.

Kitschelt, Herbert 2001: Post-Communist Economic Reform. Causal Mechanism and Concomitant Properties. Unveröffentlichtes Manuskript, Annual Meeting of the American Political Science Association, San Francisco, CA: 29. August - 3. September.

Kitschelt, Herbert/Lange, Peter/Marks, Gary/Stephens, John 1999a: Continuity and Change in Contemporary Capitalism, in: Kitschelt, Herbert/Lange, Peter/Marks, Gary/Stephens, John (Hg.), Continuity and Change in Contemporary Capitalism. Cambridge: Cambridge University Press, 427-460.

Kitschelt, Herbert/Mansfeldova, Zdenka/Markowski, Radoslaw/Tóka, Gábor 1999b: Post-Communist Party Systems: Competition, Representation, and Inter-Party Cooperation. Cambridge: Cambridge University Press.

Kitschelt, Herbert/McGann, Anthony J. (Hg.) 1997: The Radical Right in Western Europe: A Comparative Analysis. Ann Arbor, MI: University of Michigan Press.

Kittel, Bernhard 1999: Sense and Sensitivity in Pooled Analysis of Political Data, in: European Journal of Political Research 35, 2, 225-253.

Kittel, Bernhard 2003: Seminarunterlagen zu Pooled Time-Series-Cross-Section Analysis. University of Essex: Essex Summer School in Social Science Data Analysis and Collection.

Kittel, Bernhard 2005: Pooled Analysis in der ländervergleichenden Forschung: Probleme und Potenziale, in: Kropp, Sabine/Minkenberg, Michael (Hg.), Vergleichen in der Politikwissenschaft. Wiesbaden: VS Verlag für Sozialwissenschaften, 96-115.

Kittel, Bernhard/Winner, Hannes 2005: How Reliable is Pooled Analysis in Political Economy? The Globalization-Welfare State Nexus Revisited, in: European Journal of Political Research 44, 1, 269-293.

Kleinnijenhuis, Jan/Pennings, Paul 2000: Die Messung von Parteipositionen auf der Basis von Parteiprogrammen, Medienberichterstattung und Wahrnehmung durch Wähler, in: Deth, Jan W. van/König, Thomas (Hg.), Europäische Politikwissenschaft: Ein Blick in die Werkstatt. Frankfurt am Main: Campus, 57-86.

Klingemann, Hans-Dieter 1995: Party Positions and Voters Orientations, in: Klingemann, Hans-Dieter/Fuchs, Dieter (Hg.), Citizens and the State. Oxford: Oxford University Press, 183-205.

Klingemann, Hans-Dieter/Fuchs, Dieter (Hg.) 1995: Citizens and the State. Oxford: Oxford University Press.

Klingemann, Hans-Dieter/Hofferbert, Richard I./Budge, Ian 1994: Parties, Policies, and Democracy. Boulder, CO: Westview Press.

Klingman, David 1980: Temporal and Spatial Diffusion in the Comparative Analysis of Social Change, in: American Political Science Review 74, 1, 123-137.

Klir, George J./Clair, Ute St./Yuan, Bo 1997: Fuzzy Set Theory: Foundations and Applications. Upper Saddle River, NJ: Prentice Hall.

Knill, Christoph/Lehmkuhl, Dirk 2004: Die Europäisierung nationaler Staatstätigkeit: Erkenntnisse aus der vergleichenden Policy-Forschung, in: Holtmann, Everhard (Hg.), Staatsentwicklung und Policyforschung: Politikwissenschaftliche Analysen der Staatstätigkeit. Wiesbaden: VS Verlag für Sozialwissenschaften, 141-165.

Knodt, Michèle/Kohler-Koch, Beate 2000: Deutschland zwischen Europäisierung und Selbstbehauptung. Frankfurt am Main: Campus.

Knutsen, Oddbjøen 1995: Party Choice, in: Deth, Jan W. van/Scarbrough, Elinor (Hg.), The Impact of Values. Oxford: Oxford University Press, 461-491.

Knutsen, Oddbjøen /Scarbrough, Elinor 1995: Cleavage Politics, in: Deth, Jan W. van/Scarbrough, Elinor (Hg.), The Impact of Values. Oxford: Oxford University Press, 492-523.

Koenig-Archibugi, Mathias 2003: Methodological Annex to "Explaining Government Preferences for Institutional Change in EU Foreign and Security Policy", London: London School of Economics, http://personal.lse.ac.uk/koenigar/fuzzy.htm, 08.07.2005.

Koenig-Archibugi, Mathias 2004: Explaining Government Preferences for Institutional Change in EU Foreign and Security Policy, in: International Organization 58, 1, 137-174.

Kohler, Ulrich/Kreuter, Frauke 2001: Datenanalyse mit Stata. Allgemeine Konzepte der Datenanalyse und ihre praktische Anwendung. München: Oldenbourg.

Kohler, Ulrich/Kreuter, Frauke 2006: Datenanalyse mit Stata. Allgemeine Konzepte der Datenanalyse und ihre praktische Anwendung. 2. Auflage, München: Oldenbourg.

Kohler-Koch, Beate (Hg.) 2003: Linking EU and National Governance. Oxford: Oxford University Press.

Kohler-Koch, Beate/Conzelmann, Thomas/Knodt, Michèle 2004: Europäische Integration - Europäisches Regieren. Wiesbaden: VS Verlag für Sozialwissenschaften.

Kohler-Koch, Beate/Eising, Rainer (Hg.) 1999: The Transformation of Governance in the European Union. London: Routledge.

Kohli, Atul/Evans, Peter B./Katzenstein, Peter J./Przeworski, Adam/Rudolph, Susanne Hoeber /Scott, James C./Skocpol, Theda 1995: The Role of Theory in Comparative Politics: A Symposium, in: World Politics 48, 1, 1-49.

König, Thomas/Rieger, Elmar/Schmitt, Hermann (Hg.) 1996: Das europäische Mehrebenensystem. Frankfurt am Main: Campus.

Konsell, Annica 1997: Policy Innovation in the Garbage Can: the EU´s Fifth Environmental Action Porgramme, in: Liefferink, Duncan/Andersen, Mikael Skou (Hg.), The Innovation of EU Environmental Policy. Kopenhagen: Scandinavian University Press, 40-80.

Kopecky, Petr 2003: Structures of Representation: The New Parliaments of Central and Eastern Europe, in: White, Stephen/Batt, Judy/Lewis, Paul G. (Hg.), Developments in Central and East European Politics 3. Basingstoke: Palgrave Macmillan, 133-152.

Kopstein, Jeffrey S./Reilly, David A. 2000: Geographic Diffusion and the Transformation of the Postcommunist World, in: World Politics 53, 1, 1-37.

Kornai, János/Haggard, Stephan/Kaufman, Robert R. 2001: Reforming the State. Fiscal and Welfare Reform in Post-Socialist Countries. Cambridge: Cambridge University Press.

Körner, Peter 2004: Militärregime, in: Mabe, Jacob E. (Hg.), Das kleine Afrika-Lexikon. Bonn: Bundeszentrale für politische Bildung, 127-129.

Korpi, Walter 1978: The Working Class in Welfare Capitalism: Work, Unions and Politics in Sweden. London: Routledge & K. Paul.

Korpi, Walter 1983: The Democratic Class Struggle. London: Routledge & K. Paul.

Korpi, Walter 1989: Power, Politics, and State Autonomy in the Development of Social Citizenship: Social Rights during Sickness in Eighteen OECD Countries since 1930, in: American Sociological Review 54, 3, 309-329.

Korpi, Walter/Palme, Joakim 2003: New Politics and Class Politics in the Context of Austerity and Globalization: Welfare State Regress in 18 Countries 1975-1995, in: American Political Science Review 97, 3, 425-446.

Kraemer, Ulrike Sabrina/Schneider, Gerald 2003: Faire Formeln. Psychologische und prozedurale Einflussfaktoren auf die Lösung von distributiven Konflikten, in: Kölner Zeitschrift für Soziologie und Sozialpsychologie 55, 1, 55-78.

Krämer, Walter 1991: So lügt man mit Statistik. Frankfurt am Main: Campus.

Krämer, Walter 1994: So überzeugt man mit Statistik. Frankfurt am Main: Campus.

Krasner, Stephen D. 1983: International Regimes. Ithaca, NY: Cornell University Press.

Krebiehl, Keith 1998: Pivotal Politics: A Theory of U.S. Lawmaking. Chicago, IL: University of Chicago Press.

Krieger, Joel 1993: The Oxford Companion to Politics of the World. New York, NY: Oxford University Press.

Kriesi, Hanspeter 1989: The Political Opportunity Structure of the Dutch Peace Movement, in: West European Politics 12, 3, 295-312.

Kriesi, Hanspeter 2007: Vergleichende Politikwissenschaft. Teil I: Grundlagen. Baden-Baden: Nomos.

Kriesi, Hanspeter 2008: Vergleichende Politikwissenschaft. Teil II: Institutionen und Länderbeispiele. Baden-Baden: Nomos.

Kriesi, Hanspeter/Koopmans, Ruud/Duyvendak, Jan Willem/Giugni, Marco G. 1992: New Social Movements and Political Opportunities in Western Europe, in: European Journal of Political Research 22, 2, 219-244.

Kriesi, Hanspeter/Koopmans, Ruud/Duyvendak, Jan Willem/Giugni, Marco G. 1995: New Social Movements in Western Europe. A Comparative Analysis. Minneapolis, MN: University of Minnesota Press.

Kriesi, Hanspeter/Praag, Philipp jr. van 1987: Old and New Politics: The Dutch Peace Movement and the Traditional Political Organizations, in: European Journal of Political Research 15, 3, 319-346.

Krippendorff, Klaus 2004: Content Analysis: An Introduction to its Methodology. 2. Auflage, Thousand Oaks, NJ: Sage.

Kropp, Sabine/Minkenberg, Michael (Hg.) 2005: Vergleichen in der Politikwissenschaft. Wiesbaden: VS Verlag für Sozialwissenschaften.

Kropp, Sabine/Schüttemeyer, Suzanne S./Sturm, Roland (Hg.) 2002: Koalitionen in West- und Osteuropa. Opladen: Leske + Budrich.

Krumwiede, Heinrich-Wilhelm/Waldmann, Peter (Hg.) 1998: Bügerkriege: Folgen und Regulierungsmöglichkeiten. Baden-Baden: Nomos.

Kuckartz, Udo 2005: Einführung in die computergestützte Analyse qualitativer Daten. Wiesbaden: VS Verlag für Sozialwissenschaften.

Kuhn, Thomas S. 1976: Die Struktur wissenschaftlicher Revolutionen. Frankfurt am Main: Suhrkamp.

Kuitto, Kati 2012: Emerging Patterns of Welfare Policies in Central and Eastern Europe. Post-Communist Welfare States in the European Context. Dissertation, Universität Greifswald.

Kuitto, Kati 2011: More than just Money: Patterns of disaggregated Welfare Expenditure in the enlarged Europe, in: Journal of European Social Policy, 21 (4): 348-364.

Kuitto, Kati/Jahn, Detlef/Düpont, Nils 2012: Welfare Policy Institutions in the enlarged European Union: Convergence, Divergence or Persistence? Greifswald Comparative Politics Working Paper No. 1/2012 (http://comparativepolitics.uni-greifswald.de).

Kurian, George Thomas (Hg.) 1998: World Encyclopedia of Parliaments and Legislatures. 2 Bände, Washington, DC: Congressional Quarterly.

Kurzer, Paulette 1993: Business and Banking: Political Change and Economic Integration in Western Europe. Ithaca, NY: Cornell University Press.

Kuznets, Simon 1955: Economic Growth and Income Inequality, in: American Economic Review 445, 1-28.

Laakso, Markku/Taagepera, Rein 1979: "Effective" Number of Parties: A Measurement with Application to West Europe, in: Comparative Political Studies 12, 1, 3-27.

Lachmann, Richard 1997: Agents of Revolution: Elite Conflicts and Mass Mobilization from Medici to Yeltsin, in: Foran, John F. (Hg.), Theorizing Revolutions. London: Routledge, 73-101.

Ladrech, Robert/Marlière, Philippe 1999: Social Democratic Parties in the European Union: History, Organization, Policies. Basingstoke: Macmillan.

Ladwig, Bernd 2004: Freiheit, in: Göhler, Gerhard/Iser, Mattias/Kerner, Ina (Hg.), Politische Theorie. 22 umkämpfte Begriffe zur Einführung. Wiesbaden: VS Verlag für Sozialwissenschaften, 83-100.

Lafferty, William M./Meadowcroft, James (Hg.) 2000: Implementing Sustainable Development. Strategies and Initiatives in High Consumption Societies. Oxford: Oxford University Press.

Laitin, David D. 1988: Political Culture and Political Preferences, in: American Political Science Review 82, 2, 589-593.

Laitin, David D. 2002: Comparative Politics: The State of the Subdiscipline, in: Katznelson, Ira/Milner, Helen V. (Hg.), Political Science. The State of the Discipline. New York, NY: Norton, 630-659.

Lakatos, Imre 1978: The Methodology of Scientific Research Programmes. Cambridge: Cambridge University Press.

Landes, David S. 1999: The Wealth and Poverty of Nations: Why Some are so Rich and Some so Poor. New York, NY: Norton.

Landes, Ronald G. 1995: The Canadian Polity. A Comparative Introduction. Scarborough, Ontario: Prentice Hall.

Landfried, Christine 1988: Constitutional Review and Legislation: An International Comprison. Baden-Baden: Nomos.

Landman, Todd 1999: Economic Development and Democracy: The View from Latin America, in: Political Studies 47, 4, 607-626.

Landman, Todd 2000: Organisation und Einfluss: Die grüne Bewegung aus vergleichender Perspektive, in: Deth, Jan W. van/König, Thomas (Hg.), Europäische Politikwissenschaft: Ein Blick in die Werkstatt. Frankfurt am Main: Campus, 224-248.

Landman, Todd 2003: Issues and Methods in Comparative Politics. An Introduction. 2. Auflage, London: Routledge.

Lane, Jan-Erik 1987: Bureaucracy and Public Choice. London: Sage.

Lane, Jan-Erik/Ersson, Svante O. 1996: Comparative Politics: An Introduction and New Approach. Cambridge: Polity Press.

Lane, Jan-Erik/Ersson, Svante O. 1999: Politics and Society in Western Europe. 4. Auflage, London: Sage.

Lane, Jan-Erik/Ersson, Svante O. 2000: The New Institutional Politics. Performance and Outcomes. London: Routledge.

Lane, Jan-Erik/Ersson, Svante O. 2003: Democracy: A Comparative Approach. London: Routledge.

Lane, Jan-Erik /McKay, David/Newton, Kenneth (Hg.) 1997: Political Data Handbook: OECD Countries. Oxford: Oxford University Press.

Lange, Peter 1984: Unions, Workers, and Wage Regulation: The Rational Basis of Consent, in: Goldthorpe, John H. (Hg.), Order and Conflict in Contemporary Capitalism. New York, NY: Oxford University Press, 98-123.

Lange, Peter/Garrett, Geoffrey 1985: The Politics of Growth: Strategic Interaction and Economic Performance in the Advanced Industrial Democracies, 1974-1980, in: Journal of Politics 47, 3, 792-827.

LaPalombara, Joseph 1974: Politics Within Nations. Englewood Cliffs, NJ: Prentice-Hall.

Laqueur, Walter 1998: The New Face of Terrorism, in: The Washington Quarterly 21, 4, 169-178.

Lasswell, Harold 1950: National Security and Individual Freedom. New York, NY: McGraw-Hill.

Lasswell, Harold/Lerner, Daniel/Pool, Ithiel de Sola 1952: The Comparative Study of Symbols. Stanford, CA: Stanford University Press.

Lauth, Hans-Joachim (Hg.) 2002: Vergleichende Regierungslehre: Eine Einführung. Wiesbaden: Westdeutscher Verlag.

Lauth, Hans-Joachim 2003: Typologien in der vergleichenden Politikwissenschaft: Überlegungen zum Korrespondenzproblem, in: Pickel, Susanne/Pickel, Gert/Lauth, Hans-Joachim/Jahn, Detlef

(Hg.), Vergleichende politikwissenschaftliche Methoden. Wiesbaden: Westdeutscher Verlag, 37-58.

Lauth, Hans-Joachim 2004: Demokratie und Demokratiemessung. Eine konzeptionelle Grundlegung für den interkulturellen Vergleich. Wiesbaden: VS Verlag für Sozialwissenschaften.

Lauth, Hans-Joachim/Pickel, Gert/Welzel, Christian (Hg.) 2000: Demokratiemessung: Konzepte und Befunde im internationalen Vergleich. Wiesbaden: Westdeutscher Verlag.

Lauth, Hans-Joachim/Wagner, Christoph 2002: Gegenstand, grundlegende Kategorien und Forschungsfragen der "Vergleichenden Regierungslehre", in: Lauth, Hans-Joachim (Hg.), Vergleichende Regierungslehre: Eine Einführung. Wiesbaden: Westdeutscher Verlag, 15-40.

Laver, Michael (Hg.) 2001: Estimating Policy Positions of Political Actors. London: Routledge.

Laver, Michael/Garry, John 2000: Estimating Policy Positions from Political Texts, in: American Journal of Political Science 44, 3, 619-634.

Laver, Michael/Hunt, W. Ben 1992: Policy and Party Competition. New York, NY: Routledge.

Laver, Michael/Schofield, Norman 1990: Multiparty Government: the Politics of Coalition in Europe. Oxford: Oxford University Press.

Laver, Michael/Shepsle, Kenneth A. 1996: Making and Breaking Governments. Cabinets and Legislatures in Parliamentary Democracies. Cambridge: Cambridge University Press.

Lawley, Derrick Norman/Maxwell, Albert Ernest 1971: Factor Analysis as a Statistical Method. London: Butterworths.

Lawson, Kay/Merkl, Peter H. (Hg.) 1988: When Parties Fail. Emerging Alternative Organizations. Princeton, NJ: Princeton University Press.

Lazarsfeld, Paul F. 1937: Some Remarks on the Typological Procedure in Social Research, in: Zeitschrift für Sozialforschung 6, 119-139.

Lazarsfeld, Paul F./Berelson, Bernard/Gaudet, Hazel 1944: The People's Choice: How the Voter Makes Up His Mind in a Presidential Campain. New York, NY: Duelle, Sloan and Pearce.

Leamer, Edward E. 1985: Sensitivity Analysis Would Help, in: American Economic Review 75, 308-313.

Lechner, Frank J./Boli, John (Hg.) 2000: The Globalization Reader. Malden, MA: Blackwell.

LeDuc, Lawrence 2002: Referendums and Initiatives: The Politics of Direct Democracy, in: LeDuc, Lawrence/Niemi, Richard G./Norris, Pippa (Hg.), Comparing Democracies 2: New Challenges in the Study of Elections and Voting. London: Sage, 70-87.

LeDuc, Lawrence/Niemi, Richard G./Norris, Pippa (Hg.) 2002: Comparing Democracies 2: New Challenges in the Study of Elections and Voting. London: Sage.

Lehmbruch, Gerhard 1977: Liberal Corporatism and Party Government, in: Comparative Political Studies 10, 1, 91-126.

Lehmbruch, Gerhard 1984: Concertation and the Structure of Corporatist Networks, in: Goldthorpe, John H. (Hg.), Order and Conflict in Contemporary Capitalism. Oxford: Clarendon Press, 60-80.

Lehner, Franz/Widmaier, Ulrich 2002: Vergleichende Regierungslehre. 4. Auflage, Opladen: Leske + Budrich.

Lehrer, David 2005: What is Spurious? An Inquiry Across Methods. Unveröffentlichtes Manuskript, ECPR General Conference, Budapest: 8.-11. September.

Leibfried, Stephan/Pierson, Paul 1995: European Social Policy: Between Fragmentation and Integration. Washington, DC: Brookings Institution.

Leibfried, Stephan/Pierson, Paul (Hg.) 2001: Welfare States Future. Cambridge: Cambridge University Press.

Leiserson, Michael 1970: Coalition Governments in Japan, in: Groennings, Sven/Kelley, E. W./Leiserson, Michael (Hg.), The Study of Coalition Behavior: Theoretical Perspectives and Cases from Four Continents. New York, NY: Holt, Rinehart, and Winston, 80-102.

Lepsius, M. Rainer 1995: Institutionenanalyse und Institutionenpolitik, in: Nedelmann, Birgitta unter Mitarbeit von Koepf, Thomas (Hg.), Politische Institutionen im Wandel. Kölner Zeitschrift für Soziologie und Sozialpsychologie Sonderheft 35, Opladen: Westdeutscher Verlag, 392-403.

Lepszy, Norbert 2003: Das politische System der Niederlande, in: Ismayr, Wolfgang (Hg.), Die politische Systeme Westeuropas. 3. Auflage, Opladen: Leske + Budrich (UTB), 349-387.
Lerner, Daniel 1958: The Passing of Traditional Society: Modernizing the Middle East. Glencoe, IL: The Free Press of Glencoe.
Lessenich, Stephan/Ostner, Ilona (Hg.) 1998: Welten des Wohlfahrtskapitalismus: Der Sozialstaat in vergleichender Perspektive. Frankfurt am Main: Campus.
Levi, Margaret 1997: A Model, a Method, and a Map: Rational Choice in Comparative and Historical Analysis, in: Lichbach, Mark I./Zuckerman, Alan S. (Hg.), Comparative Politics: Rationality, Culture, and Structure. Cambridge: Cambridge University Press, 19-41.
Levi, Margaret 2000: The Economic Turn in Comparative Politics, in: Comparative Political Studies 33, 6, 822-844.
Levi, Margaret 2002: The State and the State of the State, in: Katznelson, Ira/Milner, Helen V. (Hg.), Political Science. The State of the Discipline. New York, NY: Norton, 33-55.
Levine, Daniel H. 1989: Venezuela: The Nature, Sources, and Prospects of Democracy, in: Diamond, Larry/Linz, Juan J./Lipset, Seymour M. (Hg.), Democracy in Developing Countries. Volume 4: Latin America. Boulder, CO: Lynne Rienner, 247-289.
Levine, Ross/Renelt, David 1992: A Sensitivity Analysis of Cross-Country Growth Regressions, in: American Economic Review 82, 942-963.
Lewin, Leif 1992: Samhället och de organiserade intressena. Stockholm: Norstedts Juridik.
Lewin, Leif 1994: The Rise and Decline of Corporatism: The Case of Sweden, in: European Journal of Political Research 26, 1, 59-79.
Lewis, Paul G. 2000: Political Parties in Post-Communist Eastern Europe. London: Routledge.
Lewis, Paul G. 2003: Political Parties, in: White, Stephen/Batt, Judy/Lewis, Paul G. (Hg.), Developments in Central and East European Politics 3. Basingstoke: Palgrave Macmillan, 153-172.
Lewis-Beck, Michael S. 1978: Stepwise Regression: A Caution, in: Political Methodology 5, 2, 213-240.
Li, Quan/Reuveny, Rafael 2003: Economic Globalization and Democracy: An Empirical Analysis, in: British Journal of Political Science 33, 1, 29-54.
Li, Quan/Reuveny, Rafael 2009: Democracy and Economic Openness in an Interconnected System. Cambridge: Cambridge University Press.
Lichbach, Mark I. 1995: The Rebel's Dilemma. Ann Arbor, MI: University of Michigan Press.
Lichbach, Mark I. 1997: Social Theory and Comparative Politics, in: Lichbach, Mark I./Zuckerman, Alan S. (Hg.), Comparative Politics: Rationality, Culture, and Structure. Cambridge: Cambridge University Press, 239-276.
Lichbach, Mark I./Zuckerman, Alan S. 1997a: Research Traditions and Theory in Comparative Politics: An Introduction, in: Lichbach, Mark I./Zuckerman, Alan S. (Hg.), Comparative Politics: Rationality, Culture, and Structure. Cambridge: Cambridge University Press, 3-16.
Lichbach, Mark I./Zuckerman, Alan S. (Hg.) 1997b: Comparative Politics: Rationality, Culture, and Structure. Cambridge: Cambridge University Press.
Lieberman, Evan S. 2001: Causal Inference in Historical Institutional Analysis: A Specification of Periodization Strategies, in: Comparative Political Studies 34, 9, 1011-1035.
Lieberman, Evan S. 2003: Race and Regionalism in the Politics of Taxation in Brazil and South Africa. Cambridge: Cambridge University Press.
Lieberman, Evan S. 2005: Nested Analysis as a Mixed-Method Strategy for Comparative Research, in: American Political Science Review 99, 3, 435-452.
Lieberson, Stanley 1985: Making it Count: The Improvement of Social Research and Theory. Berkeley, CA: University of California Press.
Lieberson, Stanley 1992: Small N's and Big Conclusions: An Examination of the Reasoning in Comparative Studies based on a Small Number of Cases, in: Ragin, Charles C./Becker, Howard Saul (Hg.), What is a Case? Exploring the Foundations of Social Inquiry. Cambridge: Cambridge University Press, 105-118.

Lieberson, Stanley 1994: More on the Uneasy Case for Using Mill-Type Methods in Small-N Comparative Studies, in: Social Forces 72, 4, 1225-1237.

Lijphart, Arend 1968: The Politics of Accommodation. Pluralism and Democracy in the Netherlands. Berkeley, CA: University of California Press.

Lijphart, Arend 1971: Comparative Politics and the Comparative Method, in: American Political Science Review 65, 3, 682-693.

Lijphart, Arend 1975: The Comparable-Cases Strategy in Comparative Research, in: Comparative Political Studies 8, 2, 158-177.

Lijphart, Arend 1984: Democracies. Patterns of Majoritarian and Consensus Government in Twenty-One Countries. New Haven, CT: Yale University Press.

Lijphart, Arend (Hg.) 1992: Parliamentary versus Presidential Government. Oxford: Oxford University Press.

Lijphart, Arend 1994a: Electoral Systems and Party Systems: A Study of Twenty-seven Democracies, 1945-1990. Oxford: Oxford University Press.

Lijphart, Arend 1994b: Democracies: Forms, Performance, and Constitutional Engineering, in: European Journal of Political Research 25, 1, 1-17.

Lijphart, Arend 1999: Patterns of Democracy. Government Forms and Performance in Thirty-Six Countries. New Haven, CT: Yale University Press.

Lijphart, Arend/Crepaz, Markus M.L. 1991: Corporatism and Consensus Democracy in Eighteen Countries: Conceptual and Empirical Linkages, in: British Journal of Political Science 21, 2, 235-256.

Lindner, Wolf 2003: Das politische System der Schweiz, in: Ismayr, Wolfgang (Hg.), Die politischen Systeme Westeuropas. 3. Auflage, Opladen: Leske + Budrich (UTB), 487-520.

Lindström, Ulf 2001: From Post-Communism to Neo-Communism? The Reconstitution of the Party Systems of East-Central Europe, in: Karvonen, Lauri/Kuhnle, Stein (Hg.), Party Systems and Voter Alignments Revisited. London: Routledge, 216-237.

Linz, Juan J. 1969: Ecological Analysis and Survey Research, in: Dogan, Mattei/Rokkan, Stein (Hg.), Quantitative Ecological Analysis in the Social Science. Cambridge, MA: The MIT Press, 91-132.

Linz, Juan J. 1975: Totalitarian and Authoritarian Regimes, in: Greenstein, Fred I./Polsby, Nelson W. (Hg.), Handbook of Political Science. Reading, MA: Addison-Wesley, 175-411.

Linz, Juan J./Stepan, Alfred 1978: The Breakdown of Democratic Regimes: Crisis, Breakdown and Reequilibration. Baltimore, MD: Johns Hopkins University Press.

Linz, Juan J./Stepan, Alfred 1996: Problems of Democratic Transition and Consolidation: South America, Southern Europe, and Post-Communist Europe. Baltimore, MD: Johns Hopkins University Press.

Linz, Juan J./Stepan, Alfred/Gunther, Richard 1995: Democratic Transition and Consolidation in Southern Europe, with Reflections on Latin America and Eastern Europe, in: Gunther, Richard/Diamandourous, Nikiforos P./Puhle, Hans-Jürgen (Hg.), The Politics of Democratic Consolidation. Southern Europe in Comparative Perspective. Baltimore, MD: Johns Hopkins University Press, 77-123.

Linz, Juan J./Valenzuela, Arturo (Hg.) 1994: The Failure of Presidential Democracy. 2 Bände, Baltimore, MD: Johns Hopkins University Press.

Lipset, Seymour Martin 1959: Some Social Requisites of Democracy: Economic Development and Political Legitimacy, in: American Political Science Review 53, 1, 69-105.

Lipset, Seymour Martin 1994: The Social Requisites of Democracy Revisited, in: American Sociological Review 59, 1, 1-22.

Lipset, Seymour Martin 2001: Cleavages, Parties and Democracy, in: Karvonen, Lauri/Kuhnle, Stein (Hg.), Party Systems and Voter Alignments Revisited. London: Routledge, 3-9.

Lipset, Seymour Martin/Rokkan, Stein 1967: Cleavage Structures, Party Systems, and Voter Alignments: An Introduction, in: Lipset, Seymour Martin/Rokkan, Stein (Hg.), Party Systems and Voter Alignments: Cross-National Perspectives. New York, NY: Free Press, 1-64.

Lipsky, Michael 1968: Protest as a Political Resource, in: American Political Science Review 62, 3, 1144-1158.
Locke, Richard M./Thelen, Kathleen 1995: Apples and Oranges Revisited: Contextualized Comparison and the Study of Comparative Labor Politics, in: Politics and Society 23, 3, 337-367.
Locke, Richard M./Thelen, Kathleen 1998: Problems of Equivalence in Comparative Politics: Apples and Oranges Again, in: APSA-CP 9, 1, 9-12.
Loewenberg, Gerhard 2005: Comparative Politics Textbooks: A Review, in: APSA-CP 16, 1, 26-29.
Loewenstein, Karl 1969: Verfassungslehre. 2. Auflage, Tübingen: Mohr.
Lohmann, Susanne 1994: The Dynamics of Informational Cascades: The Monday Demonstrations in Leipzig, East Germany, 1989-91, in: World Politics 47, 1, 42-101.
Longley, Lawrence D./Olson, David M. (Hg.) 1991: Two Into One: The Politics and Processes of National Legislative Cameral Change. Boulder, CO: Westview Press.
Longley, Lawrence D./Peirce, Neal R. 1999: The Electoral College Primer 2000. New Haven, CT: Yale University Press.
Lowell, A. Lawrence 1896: Governments and Parties in Continental Europe. Boston, MA: Houghton Mifflin.
Luebbert, Gregory M. 1987: Social Foundations of Political Order in Interwar Europe, in: World Politics 39, 4, 449-478.
Luebbert, Gregory M. 1991: Liberalism, Fascism or Social Democracy: Social Class and the Political Origins of Regimes in Interwar Europe. New York, NY: Oxford University Press.
Luhmann, Niklas 2001: Soziale Systeme: Grundriß einer allgemeinen Theorie. 9. Auflage, Frankfurt am Main: Suhrkamp.
Luhmann, Niklas 2004: Ökologische Kommunikation: Kann die moderne Gesellschaft sich auf ökologische Gefährdungen einstellen? 4. Auflage, Wiesbaden: VS Verlag für Sozialwissenschaften.
Lundqvist, Lennart 1980: The Hare and Tortoise: Clean Air Policies in the United States and Sweden. Ann Arbor, MI: University of Michigan Press.
Lustick, Ian A. 1996: History, Historiography, and Political Science: Multiple Historical Records and the Problem of Selection Bias, in: American Political Science Review 90, 3, 605-618.
Luthardt, Wolfgang 1994: Direkte Demokratie: Ein Vergleich in Westeuropa. Baden-Baden: Nomos.
Luthardt, Wolfgang/Waschkuhn, Arno 1997: Plebiszitäre Komponennten in der repräsentativen Demokratie: Entwicklungsstand und Perspektiven, in: Klein, Ansgar/Schmalz-Bruns, Rainer (Hg.), Politische Beteiligung und Bürgerengagement: Möglichkeiten und Grenzen. Bonn: Bundeszentrale für politische Bildung,
Luther, Kurt Richard/Müller-Rommel, Ferdinand 2002: Political Parties in the New Europe. Political and Analytical Challenges. Oxford: Oxford University Press.
Lutz, Burkart 1984: Der kurze Traum immerwährender Prosperität. Eine Neuinterpretation der industriell-kapitalistischen Entwicklung im Europa des 20. Jahrhunderts. Frankfurt am Main: Campus.
Machiavelli, Niccolò 2001: Der Fürst. Frankfurt am Main: Insel Verlag.
Macridis, Roy C. 1955: The Study of Comparative Government. New York, NY: Random House.
Macridis, Roy C. 1968: Modern European Governments. Cases in Comparative Policy Making. Englewood Cliffs, NJ: Prentice-Hall.
Macridis, Roy C. 2000: Comparative Analysis: The Search for Focus, in: Brown, Bernard E. (Hg.), Comparative Politics. Notes and Readings. 9. Auflage, Fort Worth, TX: Harcourt College, 20-28.
Maddala, Gangadharrao S. 1983: Limited-Dependent and Qualitative Variables in Ecometrics. Cambridge: Cambridge University Press.
Maddison, Angus 1991: Dynamic Forces in Capitalist Development: A Long-Run Comparative View. Oxford: Oxford University Press.

Maddison, Angus 1995: Monitoring the World Economy, 1820-1992. Paris: OECD.

Maddison, Angus 2001: The World Economy: A Millennial Perspective. Paris: OECD.

Maddison, Angus 2003: The World Economy: Historical Statistics. Paris: OECD.

Mahoney, James 1999: Nominal, Ordinal, and Narrative Appraisal in Macrocausal Analysis, in: American Journal of Sociology 104, 4, 1154-1196.

Mahoney, James 2001: Legacy of Liberalism. Path Dependence and Political Regimes in Latin America. Baltimore, MD: Johns Hopkins University Press.

Mahoney, James 2003a: Knowledge Accumulation in Comparative Historical Research: The Case of Democracy and Authoritarianism, in: Mahoney, James/Rueschemeyer, Dietrich (Hg.), Comparative Historical Analysis in the Social Sciences. Cambridge: Cambridge University Press, 131-174.

Mahoney, James 2003b: Strategies of Causal Assessment in Comparative Historical Analysis, in: Mahoney, James/Rueschemeyer, Dietrich (Hg.), Comparative Historical Analysis in the Social Sciences. Cambridge: Cambridge University Press, 337-372.

Mahoney, James 2010: After KKV. The New Methodology of Qualitative Research, in: World Politics, 62 (1): 120-147.

Mahoney, James/Goertz, Gary 2004: The Possibility Principle: Choosing Negative Cases in Comparative Research, in: American Political Science Review 98, 4, 653-669.

Mahoney, James/Rueschemeyer, Dietrich 2003a: Comparative Historical Analysis Achievements and Agendas, in: Mahoney, James/Rueschemeyer, Dietrich (Hg.), Comparative Historical Analysis in Social Science. Cambridge: Cambridge University Press, 1-38.

Mahoney, James/Rueschemeyer, Dietrich (Hg.) 2003b: Comparative Historical Analysis in the Social Sciences. Cambridge: Cambridge University Press.

Mainwaring, Scott/Brinks, Daniel/Pérez-Liñán, Aníbal 2001: Classifying Political Regimes in Latin America, 1945-1999, in: Studies in Comparative International Development 36, 1, 37-64.

Mainwaring, Scott/Scully, Timothy R. (Hg.) 1995: Building Democratic Institutions: Party Systems in Latin America. Stanford, CA: Stanford University Press.

Mair, Peter 1990: The West European Party System. Oxford: Oxford University Press.

Mair, Peter 1996: Comparative Politics: An Overview, in: Goodin, Robert E. /Klingemann, Hans-Dieter (Hg.), A New Handbook of Political Science. Oxford: Oxford University Press, 309-335.

Mair, Peter 1997: Party System Change. Approaches and Interpretations. Oxford: Clarendon Press.

Mair, Peter 2001: Searching for the Positions of Political Actors: A Review of the Approaches and Critical Evaluation of Expert Surveys, in: Laver, Michael (Hg.), Estimating the Policy Position of Political Actors. London: Routledge, 10-30.

Mair, Peter 2002: Comparing Party Systems, in: LeDuc, Lawrence/Niemi, Richard G./Norris, Pippa (Hg.), Comparing Democracies 2: New Challenges in the Study of Elections and Voting. London: Sage, 88-107.

Mamdani, Mahmood 1996: Citizen and Subject: Contemporary Africa and the Legacy of Late Colonialism. Princeton, NJ: Princeton University Press.

Manheim, Jarol B./Rich, Richard C./Willnat, Lars 2002: Empirical Political Analysis. Research Methods in Political Science. New York, NY: Addison Wesley Longman.

Mannheim, Karl 1929: Die Bedeutung der Konkurrenz im Gebiet des Geistigen. Verhandlungen des Sechsten Deutschen Soziologentages vom 17. bis 19. September 1928 in Zürich. Tübingen: Mohr.

Manow, Philip 2002a: Was erklärt politische Patronage in den Ländern Westeuropas? Defizite des politischen Wettbewerbs oder historisch-formative Phasen der Massendemokratisierung, in: Politische Vierteljahresschrift 43, 1, 20-45.

Manow, Philip 2002b: "The Good, the Bad, and the Ugly". Esping-Andersens Wohlfahrtsstaatstypologie und die konfessionellen Grundlagen des westlichen Sozialstaats, in: Kölner Zeitschrift für Soziologie und Sozialpsychologie 54, 2, 203-225.

March, James G./Olsen, Johan P. 1976: Ambiguity and Choice in Organizations. Bergen: Universitetsforlaget.

March, James G./Olsen, Johan P. 1984: The New-Institutionalism: Organizational Factors in Political Life, in: American Political Science Review 78, 3, 734-749.

March, James G./Olsen, Johan P. 1989: Rediscovering Institutions: Organizational Factors in Political Life. New York, NY: Free Press.

March, James G./Olsen, Johan P. 1994: Democratic Governance. New York, NY: Free Press.

Marradi, Alberto S. 1990: On Classification, in: Bebler, Anton/Seroka, Jim (Hg.), Contemporary Political Systems: Classifications and Typologies. Boulder, CO: Lynne Rienner, 11-43.

Marsh, Herbert W./Hau, Kit-Tai 1999: Confirmatory Factor Analysis: Strategies for Small Sample Sizes, in: Hoyle, Rick H. (Hg.), Statistical Strategies for Small Sample Research. Thousand Oaks, CA: Sage, 252-284.

Marshall, Monty G./Jaggers, Keith 2000: Polity IV Project, College Park, MD: University of Maryland, http://www.cidcm.umd.edu/inscr/polity/, 31.08.2005.

Martens, Kerstin 2002: Alte und neue Global Players - eine Begriffsklärung, in: Frantz, Christiane (Hg.), Zivilgesellschaft international: Alte und neue NGOs. Opladen: Leske + Budrich, 25-49.

Martens, Kerstin 2005: NGOs and the United Nations. Institutionalization, Professionalization and Adaption. Basingstoke: Palgrave Macmillan.

Martens, Kerstin/Wolf, Klaus Dieter 2006: Trojan Horses and Boomerangs: The Internationalisation of Education Policy in the OECD and the EU, Universität Bremen/TU Darmstadt: unveröffentlichtes Manuskript.

Martin, Cathie Jo 1995: Nature or Nurture? Sources of Firm Preference for National Health Reform, in: American Political Science Review 89, 4, 898-913.

Martin, Lisa L. 1992: Coercive Cooperation: Explaining Multilateral Economic Sanctions. Princeton, NJ: Princeton University Press.

Martin, Lanny W./Vanberg, George 2004: Policing the Bargain: Coalition Governments and Parliamentary Scrutiny, in: American Journal of Political Science 48, 1, 13-27.

Marx, Anthony W. 2003: Faith in Nation. Exclusionary Origins of Nationalism. New York, NY: Oxford University Press.

Marx, Karl 1979: Das Kapital. Kritik der politischen Ökonomie. Marx und Engels Werke (MEW) Band 23, Berlin: Dietz.

Marx, Karl/Engels, Friedrich 1959: Manifest der kommunistischen Partei. Marx und Engels Werke (MEW) Band 4, Berlin: Dietz, 459-493.

Marx, Karl/Engels, Friedrich 1961: Zur Kritik der Politischen Ökonomie. Marx und Engels Werke (MEW) Band 13, Berlin: Dietz.

Maslow, Abraham 1954: Motivation and Personality. New York, NY: Harper.

Massey, Alexander 1999: Methodological Triangulation, or How to Get Lost Without Being Found Out, in: Massey, Alexander/Walford, Geoffrey (Hg.), Explorations in Methodology, Studies in Educational Ethnography. Stamford, CT: JAI Press, 183-197.

Massie, Barry M. 2003: Editorial: Negative, Neutral, and Discordant Results: What Should an Editor Do?, in: Journal of Cardiac Failure 9, 2, 77-79.

Massing, Otwin 1970: Vergleichende Regierungslehre (Comparative Government) - Zur Konvergenz von Soziologie und Politikwissenschaft, in: Kress, Gisela/Senghaas, Dieter (Hg.), Politikwissenschaft: eine Einführung in ihre Probleme. 2. Auflage, Frankfurt am Main: Europäische Verlags-Anstalt, 286-323.

Mattson, Ingvar/Strøm, Kaare 1995: Parliamentary Committees, in: Döring, Herbert (Hg.), Parliaments and Majority Rule in Western Europe. Frankfurt am Main / New York, NY: Campus / St. Martin's Press, 249-307.

Mattson, Ingvar/Strøm, Kaare 2004: Committee Effects on Legislation, in: Döring, Herbert/Hallerberg, Mark (Hg.), Patterns of Parliamentary Behavior. Passage of Legislation Across Western Europe. Aldershot: Ashgate, 91-112.

Maxwell, Kenneth 1995: The Making of Portuguese Democracy. Cambridge: Cambridge University Press.

Mayer, Lawrence C. 1989: Redefining Comparative Politics: Promise Versus Performance. Newbury Park, CA: Sage.

Mayer, Lawrence C./Burnett, John H./Ogden, Suzanne 1996: Comparative Politics: Nations and Theories in a Changing World. Upper Saddle River, NJ: Prentice Hall.

Mayhew, David 1993: Divided We Govern: Party Control, Lawmaking, and Investigations, 1946-1990. New Haven, CT: Yale University Press.

Mayring, Philipp 2003: Qualitative Inhaltsanalyse: Grundlagen und Techniken. 8. Auflage, Weinheim: Beltz (UTB).

Mazey, Sonia/Richardson, Jeremy (Hg.) 1993: Lobbying in the European Community. Oxford: Oxford University Press.

McAdam, Doug 1982: The Political Process and the Development of Black Insurgency. Chicago, IL: University of Chicago Press.

McAdam, Doug/Tarrow, Sidney/Tilly, Charles 1996: To Map Contentious Politics, in: Mobilization 1, 1, 17-34.

McAdam, Doug/Tarrow, Sidney/Tilly, Charles 1997: Towards an Integrated Perspective on Social Movements and Revolutions, in: Lichbach, Mark I./Zuckerman, Alan S. (Hg.), Comparative Politics: Rationality, Culture, and Structure. Cambridge: Cambridge University Press, 142-173.

McAdam, Doug/Tarrow, Sidney G./Tilly, Charles 2001: Dynamics of Contention. New York, NY: Cambridge University Press.

McCargo, Duncan 2003: Media and Politics in Pacific Asia. London: Routledge.

McCarthy, John D./Zald, Mayer N. 1977: Resource Mobilization and Social Movements: A Partial Theory, in: American Journal of Sociology 82, 6, 1212-1241.

McCormick, John 2001: Comparative Politics in Transition. Fort Worth, TX: Harcourt College.

McDermott, Rose 2002: Experimental Methods in Political Science, in: Annual Review of Political Science 5, 31-64.

McDonald, Michael D./Mendes, Silvia M. 2000: Der Politikraum von Parteienprogrammen, in: Deth, Jan W. van/König, Thomas (Hg.), Europäische Politikwissenschaft: ein Blick in die Werkstatt. Frankfurt am Main: Campus, 22-56.

Meadowcroft, James 2013: Comparing Environmental Performance, in: Duit, Andreas (Hg.) Mapping the Politics of Ecology: The Comparative Study of Environmental Governance. Cambridge (Mass.): MIT Press (i.E.).

Meinefeld, Werner 1995: Realität und Konstruktion: Erkenntnistheoretische Grundlagen einer Methodologie der empirischen Sozialforschung. Opladen: Leske + Budrich.

Melucci, Alberto 1989: Nomads of the Present: Social Movements and Individual Needs in Contemporary Society. London: Hutchinson Radius.

Mendenhall, William/Beaver, Robert J./Beaver, Barbara M. 2006: Introduction to Probability and Statistics. 12. Auflage, Belmont, CA: Thomson.

Mény, Yves/Rhodes, Martin 1997: Illicit Governance: Corruption, Scandals and Fraud, in: Rhodes, Martin/Heywood, Paul/Wright, Vincent (Hg.), Developments in West European Politics. Basingstoke: Macmillan, 95-113.

Merkel, Wolfgang 1999: Systemtransformation: Eine Einführung in die Theorie und Empirie der Transformationsforschung. Opladen: Leske + Budrich.

Merkel, Wolfgang 2003: Transformation politischer Systeme, in: Münkler, Herfried (Hg.), Politikwissenschaft. Ein Grundkurs. Reinbek: Rowohlt, 207-245.

Merkel, Wolfgang/Sandschneider, Eberhard/Segert, Dieter (Hg.) 1996: Systemwechsel 2. Die Institutionalisierung der Demokratie. Opladen: Leske + Budrich.

Merkl, Peter H. 1980: Western European Party Systems: Trends and Prospects. New York, NY: Free Press.

Merten, Klaus 1983: Inhaltsanalyse: Einführung in Theorie, Methode und Praxis. Opladen: Westdeutscher Verlag.

Merton, Robert K. 1996: On Sociological Theories of the Middle Range, in: Merton, Robert K./Sztompka, Piotr (Hg.), On Social Structure and Science. 3. Auflage, Chicago, IL: University of Chicago Press, 41-51.

Merton, Robert K./Kendall, Patricia L. 1979: Das fokussierte Interview, in: Hopf, Christel/Weingarten, Elmar (Hg.), Qualitative Sozialforschung. Stuttgart: Klett-Cotta, 171-204.

Meuser, Michael/Nagel, Ulrike 1991: ExpertInneninterviews - vielfach erprobt, wenig bedacht. Ein Beitrag zur qualitativen Methodendiskussion, in: Garz, Detlef/Kraimer, Klaus (Hg.), Qualitativ-empirische Sozialforschung: Konzepte, Methoden, Analysen. Opladen: Westdeutscher Verlag, 441-471.

Meuser, Michael/Nagel, Ulrike 2002: ExpertInneninterviews - vielfach erprobt, wenig bedacht. Ein Beitrag zur qualitativen Methodendiskussion, in: Bogner, Alexander (Hg.), Das Experteninterview. Theorie, Methode, Anwendung. Opladen: Leske + Budrich, 71-93.

Meyer, David S./Tarrow, Sidney (Hg.) 1997: The Social Movement Society: Contentious Politics for a New Century. Lanham, MD: Rowan and Littlefield.

Michels, Robert 1989: Zur Soziologie des Parteiwesens in der modernen Demokratie, (zuerst 1911). Stuttgart: Kröner.

Migdal, Joel S. 1997: Studying the State, in: Lichbach, Mark I./Zuckerman, Alan S. (Hg.), Comparative Politics: Rationality, Culture, and Structure. Cambridge: Cambridge University Press, 208-235.

Migdal, Joel S. 2001: State in Society: Studying How States and Societies Transform and Constitute One Another. Cambridge: Cambridge University Press.

Mill, John S. 1872: System der deductiven und inductiven Logik. Eine Darlegung der Grundsätze der Beweislehre und der Methoden wissenschaftlicher Forschung. Band 3. Leipzig: Fues'.

Mill, John S. 1890: A System of Logic, Ratiocinative and Inductive: Being a Connected View of the Principles of Evidence and the Methods of Scientific Investigation. 8. Auflage, New York, NY: Harper and Brothers.

Miller, William L./White, Stephen/Heywood, Paul 1998: Values and Political Change in Post-communist Europe. Basingstoke: Macmillan.

Milner, Henry 1990: Sweden: Social Democracy in Practice. Oxford: Oxford University Press.

Milner, Henry 2002: Civic Literacy: How Informed Citizens Make Democracy Work. Hanover, NH: University Press of New England.

Milner, Helen V. 1988: Resisting Protectionism. Princeton, NJ: Princeton University Press.

Milner, Helen V./Judkins, Benjamin 2004: Partisanship, Trade Policy, and Globalization: Is There a Left-Right Divide on Trade Policy?, in: International Studies Quarterly 48, 1, 95-120.

Milton, Andrew K. 2000: The Rational Politician: Exploiting the Media in New Democracies. Aldershot: Ashgate.

Mincheva, Lyubov G./Gurr, Ted Robert (Hg.) 2013: Crime-Terror Alliances and the State. Ethnonationalist and Islamist Challenges to Regional Security. London: Routledge.

Minkenberg, Michael 2002: Religion and Public Policy. Institutional, Cultural, and Political Impact on the Shaping of Abortion Policies in Western Democracies, in: Comparative Political Studies 35, 2, 221-247.

Minkenberg, Michael/Willems, Ulrich (Hg.) 2003: Politik und Religion. Politische Vierteljahresschrift Sonderheft 33, Wiesbaden: VS Verlag für Sozialwissenschaften.

Mitchell, Neil J. /McCormick, James M. 1988: Economic and Political Explanations of Human Rights Violations, in: World Politics 40, 4, 476-498.

Mitchell, Ronald/Bernauer, Thomas 2004: Beyond Story-Telling: Designing Case Study Research in International Environmental Policy, in: Sprinz, Detlef F./Wolinsky-Nahmias, Yael (Hg.), Models, Numbers, and Cases. Methods for Studying International Relations. Ann Arbor, MI: University of Michigan Press, 81-106.

Mitchell, Ronald B. 2002: International Environment, in: Carlsnaes, Walter/Risse, Thomas/Simmons, Beth A. (Hg.), Handbook of International Relations. London: Sage, 500-516.

Moaddel, Mansoor 1992: Ideology as Episodic Discourse: The Case of the Iranian Revolution, in: American Sociological Review 57, 3, 353-379.

Molina, Oscar/Rhodes, Martin 2002: Corporatism: The Past, Present and Future of a Concept, in: Annual Review of Political Science 5, 305-331.

Mols, Manfred 2001: Politik als Wissenschaft: Zur Definition, Entwicklung und Standortbestimmung einer Disziplin, in: Mols, Manfred/Lauth, Hans-Joachim/Wagner, Christian (Hg.), Politikwissenschaft: eine Einführung. 3. Auflage, Paderborn: Schöningh, 25-66.

Montesquieu, Charles-Louis de 1994: Vom Geist der Gesetze. Stuttgart: Reclam.

Moody, Joseph N. 1953: Church and Society. Catholic Social and Political Thought and Movements, 1789-1950. New York, NY: Arts.

Moon, Chung-In/Kim, Yong-Cheol 1996: A Circle of Paradox: Development, Politics and Democracy in South Korea, in: Leftwich, Adrian (Hg.), Democracy and Development. Cambridge: Polity Press, 139-167.

Mooney, Christopher Z. 1996: Bootstrap Statistical Inference: Examples and Evaluations for Political Science, in: American Journal of Political Science 40, 2, 570-602.

Mooney, Christopher Z./Duval, Robert 1993: Bootstrapping: A Nonparametric Approach to Statistical Inference. Newbury Park, CA: Sage.

Moore, Barrington 1966: The Social Origins of Dictatorship and Democracy: Lord and Peasant in the Making of the Modern World. Boston, MA: Beacon Press.

Morel, Nathalie/Palier, Bruno/Palme, Joakim (Hg.) 2012: Towards a Social Investment Welfare State? Ideas, Policies and Challenges. Bristol: The Policy Press.

Morris, Morris David 1979: Measuring the Condition of the World's Poor. New York, NY: Pergamon.

Morrow, James D. 1994: Game Theory for Political Scientists. Princeton, NJ: Princeton University Press.

Morton, Rebecca B. 1999: Methods and Models: A Guide to the Empirical Analysis of Formal Models in Political Science. Cambridge: Cambridge University Press.

Moser, Peter 2000: The Political Economy of Democratic Institutions. Cheltenham: Edward Elgar.

Mosley, Layna 2003: Global Capital and National Governments. Cambridge: Cambridge University Press.

Mueller, Dennis C. 1996: Constitutional Democracy. Oxford: Oxford University Press.

Muller, Edward N./Seligson, Mitchell A. 1987: Inequality and Insurgency, in: American Political Science Review 81, 2, 425-451.

Müller, Wolfgang C./Strøm, Kaare (Hg.) 1997: Koalitionsregierungen in Westeuropa. Bildung, Arbeitsweise und Beendigung. Wien: Signum.

Müller, Wolfgang C./Strøm, Kaare (Hg.) 2004: Coalition Governments in Parliamentary Democracies. Oxford: Oxford University Press.

Müller-Rommel, Ferdinand 1993: Grüne Parteien in Westeuropa. Entwicklungsphasen und Erfolgsbedingungen. Opladen: Westdeutscher Verlag.

Müller-Rommel, Ferdinand (Hg.) 2001: Sozialwissenschaften. Berlin: Springer.

Müller-Rommel, Ferdinand/Fettelschoss, Katja/Harfst, Philipp 2004: Party Government in Central Eastern European Democracies: A Data Collection (1990-2003), in: European Journal of Political Research 43, 6, 869-893.

Münch, Richard 1992: Dialektik der Kommunikationsgesellschaft. Frankfurt am Main: Suhrkamp.

Munck, Gerardo L. 2002: Rational Choice Theory in Comparative Politics, in: Wiarda, Howard J. (Hg.), New Directions in Comparative Politics. 3. Auflage, Boulder, CO: Westview Press, 165-188.

Munck, Gerardo L. 2003: Vergleichende Demokratieforschung, in: Berg-Schlosser, Dirk/Müller-Rommel, Ferdinand (Hg.), Vergleichende Politikwissenschaft. 4. Auflage, Opladen: Leske + Budrich (UTB), 129-150.

Munck, Gerardo L./Verkuilen, Jay 2002: Conceptualizing and Measuring Democracy: Evaluating Alternative Indices, in: Comparative Political Studies 35, 1, 5-34.

Muno, Wolfgang 2010: Politik im Netz. Eine Zusammenstellung von Web-Adressen, in: Lauth, Hans-Joachim (Hg.), Vergleichende Regierungslehre: Eine Einführung. Wiesbaden: Westdeutscher Verlag, 450-454.

Muno, Wolfgang 2010b: Umweltpolitik, in: Lauth, Hans-Joachim (Hg.), Vergleichende Regierungslehre: Eine Einführung. Wiesbaden: VS-Verlag, 349-372, 3. Auflage.

Nagel, Ernst 1959: The Logic of Historical Analysis, in: Meyerhoff, Hans (Hg.), The Philosophy of History in our Time: An Anthology. Garden City, NY: Doubleday, 203-215.

Namenwirth, J. Zvi/Weber, Robert Philip 1987: Dynamics of Culture. Boston, MA: Allen & Unwin.

Naschold, Frieder 1969: Organisation und Demokratie: Untersuchung zum Demokratisierungspotential in komplexen Organisationen. Stuttgart: Kohlhammer.

Nasr, Seyyed Hossein 2002: The Heart of Islam. Enduring Values for Humanity. New York, NY: Harper.

Naßmacher, Hiltrud 1991: Vergleichende Politikforschung: Eine Einführung in Probleme und Methoden. Opladen: Westdeutscher Verlag.

National Bureau of Statistics of China 2004: China Statistical Yearbook 2004. China Statistics Press.

Neidhardt, Friedhelm 1985: Einige Ideen zu einer allgemeinen Theorie sozialer Bewegungen, in: Hradil, Stefan (Hg.), Sozialstruktur im Umbruch. Opladen: Leske + Budrich, 193-204.

Neidhardt, Friedhelm/Rucht, Dieter 1991: The Analysis of Social Movements: The State of the Art and Some Perspectives for Further Research, in: Rucht, Dieter (Hg.), Research on Social Movements. The State of the Art in Western Europe and the USA. Boulder, CO: Westview Press, 421-464.

Neidhardt, Friedhelm/Rucht, Dieter 1993: Auf dem Weg in die "Bewegungsgesellschaft"? Über die Stabilisierbarkeit sozialer Bewegungen, in: Soziale Welt 44, 3, 305-326.

Nettl, John Peter 1968: The State as a Conceptual Variable, in: World Politics 20, 4, 559-592.

Neubauer, Deane E. 1967: Some Conditions of Democracy, in: American Political Science Review 61, 4, 1002-1009.

Neumann, Sigmund (Hg.) 1956: Modern Political Parties. Approaches to Comparative Politics. 5. Auflage, Chicago, IL: University of Chicago Press.

Neumann, Sigmund 1957: Comparative Politics: A Half-Century Appraisal, in: Journal of Politics 19, 3, 369-390.

Neumayer, Eric 2003: Are Left-Wing Party Strength and Corporatism Good for the Environment? Evidence from Panel Analysis of Air Pollution in OECD Countries, in: Ecological Economics 45, 2, 203-220.

Newton, Kenneth/Norris, Pippa 2000: Confidence in Public Institutions: Faith, Culture, or Performance, in: Pharr, Susan J./Putnam, Robert D. (Hg.), Disaffected Democracies: What's Troubling the Trilateral Countries? Princeton, NJ: Princeton University Press, 52-73.

Niedermayer, Oskar 1997: Vergleichende Umfrageforschung, in: Berg-Schlosser, Dirk/Müller-Rommel, Ferdinand (Hg.), Vergleichende Politikwissenschaft. 3. Auflage, Opladen: Leske + Budrich, 89-102.

Niedermayer, Oskar/Sinnott, Richard (Hg.) 1995: Public Opinion and Internationalized Governance. Oxford: Oxford University Press.

Niedermayer, Oskar/Stöss, Richard/Haas, Melanie 2006: Die Parteiensysteme Westeuropas. Wiesbaden: VS Verlag für Sozialwissenschaften.

Niedermayer, Oskar/Widmaier, Ulrich 2003: Quantitativ vergleichende Methoden, in: Berg-Schlosser, Dirk/Müller-Rommel, Ferdinand (Hg.), Vergleichende Politikwissenschaft. 4. Auflage, Opladen: Leske + Budrich, 77-102.

Nieuwbeerta, Paul 2001: The Democratic Class Struggle in Postwar Societies. Traditional Class Voting in Twenty Countries 1945-1990, in: Clark, Terry N./Lipset, Seymour M. (Hg.), The Breakdown of Class Politics. A Debate on Post-Industrial Stratification. Washington, DC: Woodrow Wilson Center Press/Johns Hopkins University Press, 121-135.

Nkrumah, Kwame 1965: Neo-Colonialism: The Last Stage of Imperialism. London: Thomas Nelson and Sons.

Nohlen, Dieter 1994a: Vergleichende Methode, in: Kriz, Jürgen/Nohlen, Dieter/Schultze, Rainer-Olaf (Hg.), Lexikon der Politik: Politikwissenschaftliche Methoden. Band 2. München: C.H. Beck, 507-517.

Nohlen, Dieter 1994b: Area Approach, in: Nohlen, Dieter (Hg.), Lexikon der Politik, Band 2: Politikwissenschaftliche Methoden. München: Beck, 29-30.

Nohlen, Dieter 1998: Bounded Rationality, in: (Hg.), Lexikon der Politik, Band 7. München: Beck, 81.

Nohlen, Dieter 2000: Wahlrecht und Parteiensystem. 3. Auflage, Opladen: Leske + Budrich (UTB).

Nohlen, Dieter/Kasapovic, Mirjana 1996: Wahlsysteme und Systemwechsel in Osteuropa. Genese, Auswirkungen und Reform politischer Institutionen. Opladen: Leske + Budrich.

Nohlen, Dieter/Nuscheler, Franz 1992: Handbuch der Dritten Welt. 3. Auflage, Bonn: Dietz.

Nordhaus, William D. 1975: The Political Business Cycle, in: Review of Economic Studies 42, 2, 169-190.

Norris, Pippa 2000: A Virtuous Circle: Political Communications in Post-Industrial Societies. New York, NY: Cambridge University Press.

Norris, Pippa 2002: Campaign Communications, in: LeDuc, Lawrence/Niemi, Richard G./Norris, Pippa (Hg.), Comparing Democracies 2. New Challenges in the Study of Election and Voting. London: Sage, 127-147.

Norris, Pippa 2003: Globale politische Kommunikation: Freie Medien, Gutes Regieren und Wohlstandsentwicklung, in: Esser, Frank/Pfetsch, Barbara (Hg.), Politische Kommunikation im internationalen Vergleich: Grundlagen, Anwendungen, Perspektiven. Wiesbaden: Westdeutscher Verlag, 135-178.

Nugent, Daniel 1993: Spent Cartridges of Revolution: An Anthropological History of Namiquipa, Chihuahua. Chicago, IL: University of Chicago Press.

Nugent, Neill 2002: The Government and Politics of the European Union. 5. Auflage, Basingstoke: Palgrave Macmillan.

Nullmeier, Frank/Wiesner, Achim 2003: Policy-Forschung und Verwaltungswissenschaft, in: Münkler, Herfried (Hg.), Politikwissenschaft. Ein Grundkurs. Reinbek: Rowohlt, 286-324.

Oatley, Thomas 1999: How Constraining Is Capital Mobility? The Partisan Hypothesis in an Open Economy, in: American Journal of Political Science 43, 4, 1003-1027.

Obinger, Herbert 2001: Demokratie und Wirtschaftswachstum. Theoretische Ansätze und empirische Befunde des quantitativen internationalen Vergleichs, in: Zeitschrift für Internationale Beziehungen 8, 2, 321-344.

Obinger, Herbert/Kittel, Bernhard 2003: Parteien, Institutionen und Wohlfahrtsstaat: Politisch-institutionelle Determinanten der Sozialpolitik in OECD-Ländern, in: Obinger, Herbert/Wagschal, Uwe/Kittel, Bernhard (Hg.), Politische Ökonomie. Demokratie und wirtschaftliche Leistungsfähigkeit. Opladen: Leske + Budrich, 355-384.

Obinger, Herbert/Leibfried, Stephan/Castles, Francis G. (Hg.) 2005: Federalism and the Welfare State. New World and European Experiences. Cambridge: Cambridge University Press.

Obinger, Herbert/Wagschal, Uwe 2001: Families of Nations and Public Policy, in: West European Politics 24, 1, 99-114.

Obinger, Herbert/Wagschal, Uwe/Kittel, Bernhard (Hg.) 2003: Politische Ökonomie. Demokratie und wirtschaftliche Leistungsfähigkeit. Opladen: Leske + Budrich (UTB).

O'Connor, Julia S./Olsen, Gregg M. (Hg.) 1998: Power Resources Theory and the Welfare State: A Critical Approach. Toronto: Toronto University Press.

O'Donnell, Guillermo A. 1996: Illusions about Consolidation, in: Journal of Democracy 7, 2, 34-51.

O'Donnell, Guillermo A. 2001: Latin America, in: PS: Political Science and Politics 34, 4, 809-811.

O'Donnell, Guillermo A./Schmitter, Philippe C. 1986: Transitions from Authoritarian Rule. Baltimore, MD: Johns Hopkins University Press.

O'Donnell, Guillermo A./Schmitter, Philippe C./Whitehead, Laurence (Hg.) 1986a: Transitions from Authoritarian Rule: Southern Europe. Baltimore, MD: Johns Hopkins University Press.

O'Donnell, Guillermo A./Schmitter, Philippe C./Whitehead, Laurence (Hg.) 1986b: Transitions from Authoritarian Rule: Latin America. Baltimore, MD: Johns Hopkins University Press.

O'Donnell, Guillermo A./Schmitter, Philippe C./Whitehead, Laurence (Hg.) 1986c: Transitions from Authoritarian Rule: Comparative Perspectives. Baltimore, MD: Johns Hopkins University Press.

OECD 1997: Economic Performance and the Structure of Collective Bargaining, in: OECD (Hg.), Employment Outlook. OECD: Paris, 63-92.

OECD 1999: Benefit Systems and Work Incentives. Paris: OECD.

OECD 2001: World Development Indicators. Paris: OECD.

OECD 2002a: Bildung auf einen Blick. OECD-Indikatoren 2002. Paris: OECD.

OECD 2002b: Education at a Glance. Paris: OECD.

OECD 2002c: Financing Education. Analysis of the World Education Indicators. Paris: OECD.

OECD 2003a: Bildung auf einen Blick. OECD-Indikatoren 2003. Paris: OECD.

OECD 2003b: OECD Economic Outlook. Paris: OECD.

OECD 2003c: Revenue Statistics 1965-2002. Paris: OECD.

Offe, Claus 1972: Strukturprobleme des kapitalistischen Staates. Aufsätze zur politischen Soziologie. Frankfurt am Main: Suhrkamp.

Offe, Claus 1981: The Attribution of Public Status to Interest Groups, in: Berger, Suzanne D. (Hg.), Organizing Interests in West Europe. Cambridge: Cambridge University Press, 123-158.

Offe, Claus 1985: New Social Movements: Challenging the Boundaries of Institutional Politics, in: Social Research 52, 4, 817-868.

Offe, Claus 1990: Reflections on the Institutional Self-Transformation of Movement Politics: A Tentative Stage Model, in: Dalton, Russell J./Kuechler, Manfred (Hg.), Challenging the Political Order: New Social and Political Movements in Western Democracies. Cambridge: Polity Press, 232-251.

Offe, Claus 1994: Der Tunnel am Ende des Lichts: Erkundungen der politischen Transformation im Neuen Osten. Frankfurt am Main: Campus.

Ohmae, Kenichi 1995: The End of the Nation State: The Rise of Regional Economies. New York, NY: Free Press.

Okun, Arthur M. 1962: Potential Output: Its Measurements and Significance. American Statistical Association: Proceedings of the Business and Economic Section, Washington, DC.

Okun, Arthur M. 1975: Equality and Efficiency: The Big Tradeoff. Washington, DC: Brookings Institution.

Oliver, Paul 2004: Writing Your Thesis. London: Sage.

Olsen, Johan P. (Hg.) 1980: Meninger og makt. Bergen: Universitetsforlaget.

Olson, Mancur 1991: Aufstieg und Niedergang von Nationen: Ökonomisches Wachstum, Stagflation und soziale Starrheit. 2. Auflage, Tübingen: Mohr.

Olson, Mancur 1992: Die Logik des kollektiven Handelns: Kollektivgüter und die Theorie der Gruppen. 3. Auflage, Tübingen: Mohr.

Oneal, John R./Russett, Bruce 1997: The Classical Liberals were Right: Democracy, Interdependence, and Conflict, 1950 - 1985, in: International Studies Quarterly 41, 2, 267-294.

Opp, Karl-Dieter 1989: The Rationality of Political Protest: A Comparative Analysis of Rational-Choice Theory. Boulder, CO: Westview Press.

Opp, Karl-Dieter/Wippler, Reinhard (Hg.) 1990: Empirischer Theorienvergleich. Erklärungen sozialen Verhaltens in Problemsituation. Opladen: Westdeutscher Verlag.

Ordeshook, Peter 1986: Game Theory and Political Theory: An Introduction. Cambridge: Cambridge University Press.

O'Reilly, Robert F. 2005: Veto Points, Veto Players, and International Trade Policy, Comparative Political Studies 38: 652-675.

Orloff, Ann Shola 1993: The Politics of Pensions: A Comparative Analysis of Canada, Great Britain and the United States, 1880-1940. Madison, WI: University of Wisconsin Press.

Osgood, Charles E. 1967: The Measurement of Meaning. Urbana, IL: University of Illinois Press.

Osgood, Charles E./Saporta, Sol/Nunnally, Jum 1956: Evaluative Assertion Analysis, in: Litera 3, 47-102.

Østergaard, Bernt S. (Hg.) 1997: The Media in Western Europe: The Euromedia Handbook. 2. Auflage, London: Sage.

Ostrom, Charles W. 1990: Time Series Analysis: Regression Techniques. 2. Auflage, Newbury Park, CA: Sage.

Øyen, Else 1990: The Imperfection of Comparison, in: Øyen, Else (Hg.), Comparative Methodology. Theory and Practice in International Social Research. London: Sage, 1-18.

Padgett, Stephen/Paterson, William E. 1991: A History of Social Democracy in Postwar Europe. London: Longman.

Paige, Jeffery M. 1975: Agrarian Revolution: Social Movements and Export Agriculture in the Underdeveloped World. New York, NY: Free Press.

Panebianco, Angelo 1988: Political Parties: Organization and Power. Cambridge: Cambridge University Press.

Pappi, Franz Urban 1977: Aggregatdatenanalyse, in: Koolwijk, Jürgen van/Wieken-Mayser, Maria (Hg.), Techniken der empirischen Sozialforschung. Band 2. München: Oldenbourg, 78-110.

Pappi, Franz Urban 2003: Theorien, Methoden und Forschungsansätze, in: Münkler, Herfried (Hg.), Politikwissenschaft. Ein Grundkurs. Reinbek: Rowohlt, 77-100.

Pareto, Vilfredo 1906: Manuale di Economia Politica. Mailand: Societa Editrice.

Parker, Geoffrey 1998: Geopolitics: Past, Present and Future. London: Pinter.

Parsa, Misagh 2000: States, Ideologies, and Social Revolutions: A Comparative Analysis of Iran, Nicaragua, and the Philippines. Cambridge: Cambridge University Press.

Parsons, Talcott 1937: The Structure of Social Action. New York, NY: Free Press.

Parsons, Talcott 1951: The Social System. Glencoe IL: Free Press.

Parsons, Wayne 1995: Public Policy: An Introduction to the Theory and Practice of Policy Analysis. Aldershot: Edward Elgar.

Passé-Smith, John T. 2003a: Could It Be the World Is Already Rich? A Comparison of RGDP/pc and GNP/p Measures, in: Seligson, Mitchell A./Passé-Smith, John T. (Hg.), Development and Underdevelopment. The Political Economy of Global Inequality. Boulder, CO: Lynne Rienner, 41-59.

Passé-Smith, John T. 2003b: The Persistence of the Gap Between Rich and Poor Countries, 1960-1998, in: Seligson, Mitchell A./Passé-Smith, John T. (Hg.), Development and Underdevelopment. The Political Economy of Global Inequality. Boulder, CO: Lynne Rienner, 17-32.

Patzelt, Werner J. 2003: Einführung in die Politikwissenschaft: Grundriß des Faches und studiumbegleitende Orientierung. 5. Auflage, Passau: Wissenschafts-Verlag Rothe.

Patzelt, Werner J. 2005: Wissenschaftstheoretische Grundlagen sozialwissenschaftlichen Vergleichens, in: Kropp, Sabine/Minkenberg, Michael (Hg.), Vergleichen in der Politikwissenschaft. Wiesbaden: VS Verlag für Sozialwissenschaften, 16-54.

Paxton, Pamela 2000: Women's Suffrage in the Measurement of Democracy: Problems of Operationalization, in: Studies in Comparative International Development 35, 3, 92-111.

Payne, J. Mark/Zovatto G., Daniel/Carrillo Flórez, Fernando/Allamand Zavala, Andrés 2002: Democracies in Development: Politics and Reform in Latin America. Washington, DC: Inter-American Development Bank/International Institute for Democracy and Electoral Assistance.

Paz, Octavio 1982: Mexico and the U.S.: Ideology and Reality, Time, 20. Dezember, S. 42.

Pedersen, Mogens N. 1979: The Dynamics of European Party Systems: Changing Patterns of Electoral Volatility, in: European Journal of Political Research 7, 1, 1-26.

Pedler, Rinus/Van Schendelen, Marius P.C.M. (Hg.) 1994: Lobbying the European Union: Companies,Trade Associations, and Issue Groups. Ashgate: Dartmouth.

Peeler, John A. 1992: Elite Settlements and Democratic Consolidation: Colombia, Costa Rica, and Venezuela, in: Higley, John/Gunther, Richard (Hg.), Elites and Democratic Consolidation in Latin America and Southern Europe. Cambridge: Cambridge University Press, 81-112.

Pelinka, Anton 2005: Vergleich politischer Systeme. Wien: Böhlau (UTB).

Pennings, Paul 2003a: Beyond Dichotomous Explanations: Explaining Constitutional Control of the Executive with Fuzzy-Sets, in: European Journal of Political Research 42, 4, 541-567.

Pennings, Paul 2003b: The Methodology of the Fuzzy-Set Logic, in: Pickel, Susanne/Pickel, Gert/Lauth, Hans-Joachim/Jahn, Detlef (Hg.), Vergleichende politikwissenschaftliche Methoden. Wiesbaden: Westdeutscher Verlag, 87-103.

Pennings, Paul/Keman, Hans/Kleinnijenhuis, Jan 1999: Doing Research in Political Science: An Introduction to Comparative Methods and Statistics. London: Sage.

Pennings, Paul/Lane, Jan-Erik (Hg.) 1998: Comparing Party System Change. London: Routledge.

Pérez-Díaz, Víctor M. 1993: The Return of Civil Society: The Emergence of Democratic Spain. Cambridge, MA: Harvard University Press.

Perrow, Charles 1987: Normale Katastrophen. Die unvermeidbaren Risiken der Großtechnik. Frankfurt am Main: Campus.

Perry, Robert L./Robertson, John D. 2002: Comparative Analysis of Nations: Quantitative Approaches. Boulder, CO: Westview Press.

Persson, Torsten/Svensson, Lars E. O. 1989: Why a Stubborn Conservative Would Run a Deficit: Policy with Time-Inconsistent Preferences, in: Quaterly Journal of Economics 104, 2, 325-345.

Peters, B. Guy 1991: The Politics of Taxation: A Comparative Perspective. Cambridge, MA: B. Blackwell.

Peters, B. Guy 1998: Comparative Politics: Theory and Methods. Basingstoke: Macmillan.

Peters, B. Guy 2000: The Future of Governing: Four Emerging Models. Lawrence, KS: University Press of Kansas.

Peters, B. Guy 2001: The Politics of Bureaucracy. 5. Auflage, London: Routledge.

Peterson, Paul/Greene, Jay P. 1994: Why Executive-Legislative Conflict in the United States Is Dwindling, in: British Journal of Political Science 24, 1, 33-55.

Petersson, Olof 1991: Democracy and Power in Sweden, in: Scandinavian Political Studies 14, 2, 173-191.

Petticrew, Mark/Roberts, Helen 2006: Systematic Reviews in the Social Sciences: A Practical Guide. Oxford: Blackwell.

Pfadenhauer, Michaela 2002: Auf gleicher Augenhöhe reden: Das Experteninterview - ein Gespräch zwischen Experte und Quasi-Experte, in: Bogner, Alexander/Littig, Beate/Menz, Wolfgang (Hg.), Das Experteninterview. Theorie, Methode, Anwendung. Opladen: Leske + Budrich, 113-130.

Pfaller, Alfred/Gough, Ian/Therborn, Göran 1991: Can the Welfare State Compete? A Comparative Study of Five Advanced Capitalist Countries. London: Macmillan.

Pfeffer, Jeffrey/Salancik, Gerald R. 1978: The External Control of Organizations: A Resource Dependence Perspective. New York, NY: Harper and Row.

Pfetsch, Barbara/Esser, Frank 2003: Politische Kommunikation im internationalen Vergleich: Neuorientierung in einer veränderten Welt, in: Esser, Frank/Pfetsch, Barbara (Hg.), Politische Kommunikation im internationalen Vergleich. Grundlagen, Anwendungen, Perspektiven. Wiesbaden: Westdeutscher Verlag, 9-31.

Pickel, Gert 2001: Legitimität von Demokratie und Rechtsstaat in den osteuropäischen Transitionsstaaten zehn Jahre nach dem Umbruch, in: Becker, Michael /Lauth, Hans-Joachim/Pickel, Gert (Hg.), Rechtsstaat und Demokratie: theoretische und empirische Studien zum Recht in der Demokratie. Wiesbaden: Westdeutscher Verlag, 299-327.

Pickel, Susanne 2002: Vertrauen in die Demokratie im Ostseeraum, in: Jahn, Detlef/Werz, Nikolaus (Hg.), Politische Systeme und Beziehungen im Ostseeraum. München: Olzog, 117-134.

Pickel, Susanne/Pickel, Gert 2006: Politische Kultur- und Demokratieforschung im internationalen Vergleich. Eine Einführung. Wiesbaden: VS Verlag für Sozialwissenschaften.

Pickel, Susanne/Pickel, Gert /Lauth, Hans-Joachim/Jahn, Detlef (Hg.) 2003: Vergleichende politikwissenschaftliche Methoden: Neue Entwicklungen und Diskussionen. Wiesbaden: Westdeutscher Verlag.

Pickel, Susanne/Pickel, Gert/Lauth, Hans-Joachim/Jahn, Detlef (Hg.) 2009: Methoden der vergleichenden Politik- und Sozialwissenschaft. Neue Entwicklungen und Anwendungen. Wiesbaden: VS-Verlag.

Pierre, Jon 2000: Debating Governance. Oxford: Oxford University Press.

Pierson, Christopher 1991: Beyond the Welfare State? The New Political Economy of Welfare. Cambridge: Polity Press.

Pierson, Paul 1994: Dismantling the Welfare State? Reagan, Thatcher, and the Politics of Retrenchment. Cambridge: Cambridge University Press.

Pierson, Paul 1996: The New Politics of the Welfare State, in: World Politics 48, 2, 143-179.

Pierson, Paul 2000a: Increasing Returns, Path Dependence, and the Study of Politics, in: American Political Science Review 94, 2, 251-267.

Pierson, Paul 2000b: Three Worlds of Welfare State Research, in: Comparative Political Studies 33, 6, 791-821.

Pierson, Paul (Hg.) 2001: The New Politics of the Welfare State. Oxford: Oxford University Press.

Pierson, Paul 2003: Big, Slow-Moving, and … Invisible: Macro-Social Processes and Contemporary Political Science, in: Mahoney, James/Rueschemeyer, Dietrich (Hg.), Comparative Historical Analysis in the Social Sciences. Cambridge: Cambridge University Press, 177-207.

Pierson, Paul 2004: Politics in Time. History, Institutions, and Social Analysis. Princeton, NJ: Princeton University Press.

Pierson, Paul/Skocpol, Theda 2002: Historical Institutionalism in Contemporary Political Science, in: Katznelson, Ira/Milner, Helen V. (Hg.), Political Science. The State of the Discipline. New York, NY: Norton, 693-721.

Plasser, Fritz/Pribersky, Andreas (Hg.) 1996: Political Culture in East Central Europe. Aldershot: Avebury.

Plümper, Thomas 2001: Die Politik wirtschaftlichen Wachstums in autoritären Staaten, in: Politische Vierteljahresschrift 42, 1, 79-100.

Plümper, Thomas 2003a: Die positive Politische Ökonomie demokratisch verfasster Staaten: Eine Einführung in Mikrofundierung und Modelle, in: Obinger, Herbert/Wagschal, Uwe/Kittel, Bernhard (Hg.), Politische Ökonomie: Demokratie und wirtschaftliche Leistungsfähigkeit. Opladen: Leske + Budrich (UTB), 9-45.

Plümper, Thomas 2003b: Effizient Schreiben: Leitfaden zum Verfassen von Qualifizierungsarbeiten und wissenschaftlichen Texten. München: Oldenbourg.

Plümper, Thomas 2003c: Publikationstätigkeit und Rezeptionserfolg der deutschen Politikwissenschaft in internationalen Journalen, 1990-2002, in: Politische Vierteljahresschrift 44, 4, 529-544.

Plümper, Thomas/Martin, Christian 2003: Democracy, Government Spending, and Economic Growth. A Political-Economic Explanation of the Barro-Effect, in: Public Choice 107, 27-50.

Plümper, Thomas/Troeger, Vera/Manow, Philip 2005: Panel Data Analysis in Comparative Politics: Linking Method to Theory, in: European Journal of Political Research 44, 2, 327-354.

Plümper, Thomas/Troeger, Vera 2009: Fortschritte in der Paneldaten-Analyse: Alternativen zum de facto Beck-Katz-Standard, in: Pickel, Susanne/Pickel, Gert/Lauth, Hans-Joachim/Jahn, Detlef (Hg.) Methoden der vergleichenden Politik- und Sozialwissenschaft. Neue Entwicklungen und Anwendungen. Wiesbaden: VS-Verlag, 263-276.

Plümper, Thomas/Neumeyer, Eric 2010: Model Specification in the Analysis of Spatial Dependence, in: European Journal of Political Research, 40 (3): 418-442.

Plutarch 1991: Von großen Griechen und Römern: 5 Doppelbiographien. München: dtv.

Poe, Steven C. /Tate, C. Neal 1994: Repression of Human Rights to Personal Integrity in the 1980s: A Global Analysis, in: American Political Science Review 88, 4, 853-872.

Poe, Steven C. /Tate, C. Neal/Keith, Linda Camp 1999: Repression of Human Rights to Personal Integrity Revisited: A Global Cross-National Study Covering the Years 1976-1993, in: International Studies Quarterly 43, 2, 291-313.

Poferl, Angelika/Schilling, Karin/Brand, Karl-Werner 1997: Umweltbewußtsein und Alltagshandeln. Eine empirische Untersuchung sozial-kultureller Orientierungen. Opladen: Leske + Budrich.

Poguntke, Thomas 2000: Parteiorganisation im Wandel : Gesellschaftliche Verankerung und organisatorische Anpassung im europäischen Vergleich. Wiesbaden: Westdeutscher Verlag.

Poguntke, Thomas 2003: International vergleichende Parteienforschung, in: Berg-Schlosser, Dirk/Müller-Rommel, Ferdinand (Hg.), Vergleichende Politikwissenschaft. 4. Auflage, Opladen: Leske + Budrich (UTB), 189-206.

Pollack, Detlef 1990: Das Ende einer Organisationsgesellschaft: Systemtheoretische Überlegungen zum gesellschaftlichen Umbruch in der DDR, in: Zeitschrift für Soziologie 19, 4, 292-307.

Pontusson, Jonas 1995: From Comparative Public Policy to Political Economy: Putting Institutions in Their Place and Taking Interests Seriously, in: Comparative Political Studies 28, 1, 117-147.

Pontusson, Jonas/Swenson, Peter 1996: Labor Markets, Production Strategies, and Wage Bargaining Institutions: The Swedish Employer Offensive in Comparative Perspective, in: Comparative Political Studies 29, 2, 223-250.

Popkin, Samuel L. 1979: The Rational Peasant: The Political Economy of Rural Society in Vietnam. Berkeley, CA: University of California Press.

Popper, Karl R. 1994: Logik der Forschung. 10. Auflage, Tübingen: Mohr.

Porst, Rolf 2000: Praxis der Umfrageforschung. 2. Auflage, Stuttgart: Teubner.

Porter, Bruce D. 1994: War and the Rise of the State: The Military Foundations of Modern Politics. New York, NY: Free Press.

Posner, Daniel N. 2005: Institutions and Ethnic Conflict in Africa. New York, NY: Cambridge University Press.

Powell, G. Bingham 1982: Contemporary Democracies: Participation, Stability, and Violence. Cambridge, MA: Harvard University Press.

Powell, G. Bingham 2000: Elections as Instruments of Democracy: Majoritarian and Proportional Visions. New Haven, CT: Yale University Press.

Powell, G. Bingham 2004: Political Representation in Comparative Politics, in: Annual Review of Political Science 7, 273-296.

Powell, G. Bingham/Whitten, Guy D. 1993: A Cross-National Analysis of Economic Voting: Taking Account of the Political Context, in: American Journal of Political Science 37, 2, 391-414.

Prentice, R. L./Williams, B. J. /Peterson, A. V. 1981: On the Regression Analysis of Multivariate Failure Time Data, in: Biometrika 68, 2, 373-379.

Prittwitz, Volker von 2001: Umweltpolitologie, in: Müller-Rommel, Ferdinand (Hg.), Sozialwissenschaften. Berlin: Springer, 21-42.

Prunier, Gerard 1997: The Rwanda Crisis: History of a Genocide. London: Hurst.

Przeworski, Adam 1986: Some Problems in the Study of the Transition to Democracy, in: O'Donnell, Guillermo A./Schmitter, Philippe C./Whitehead, Laurence (Hg.), Transitions from Authoritarian Rule: Prospects for Democracy. Baltimore, MD: Johns Hopkins University Press, 47-63.

Przeworski, Adam 1987: Methods of Cross-National Research, 1970-83. An Overview, in: Dierkes, Meinolf/Weiler, Hans N. (Hg.), Comparative Policy Research: Learning from Experience. Aldershot: Gower, 31-49.

Przeworski, Adam 1991: Democracy and the Market: Political and Economic Reforms in Eastern Europe and Latin America. Cambridge: Cambridge University Press.

Przeworski, Adam 1992: The Games of Transition, in: Mainwaring, Scott/O'Donnell, Guillermo A./Valenzuela, J. Samuel (Hg.), Issues in Democratic Consolidation: The New South American Democracies in Comparative Perspective. Notre Dame, IN: University of Notre Dame Press, 105-152.

Przeworski, Adam/Alvarez, Michael E./Cheibub, José Antonio/Limongi, Fernando 2000: Democracy and Development: Political Institutions and Well-Being in the World, 1950-1990. Cambridge: Cambridge University Press.

Przeworski, Adam/Limongi, Fernando 1997: Development and Democracy, in: Hadenius, Axel (Hg.), Democracy's Victory and Crisis. Cambridge: Cambridge University Press, 163-194.

Przeworski, Adam/Teune, Henry 1982: The Logic of Comparative Social Inquiry. Malabar, FL: Krieger.

Putnam, Robert D. 1967: Towards Explaining Military Intervention in Latin American Politics, in: World Politics 20, October, 83-110.

Putnam, Robert D. 1988: Diplomacy and Domestic Politics: The Logic of Two-Level Games, in: International Organization 42, 3, 427-460.

Putnam, Robert D. 2000: Bowling Alone: The Collapse and Revival of American Community. New York, NY: Simon & Schuster.

Putnam, Robert D. (Hg.) 2001: Gesellschaft und Gemeinsinn. Sozialkapital im internationalen Vergleich. Gütersloh: Verlag Bertelsmann Stiftung.

Putnam, Robert D. (Hg.) 2002: Democracies in Flux. The Evolution of Social Capital in Contemporary Society. Oxford: Oxford University Press.

Putnam, Robert D. (unter Mitarbeit von Leonardi, Robert und Nanetti, Raffaella) 1993: Making Democracy Work: Civic Traditions in Modern Italy. Princeton, NJ: Princeton University Press.

Pye, Lucian W. 1985: Asian Power and Politics: The Cultural Dimensions of Authority. Cambridge, MA: Belknap Press.

Pye, Lucian W. 2001: Asia Studies and the Discipline, in: PS: Political Science and Politics 34, 4, 805-807.

Quinn, Dennis 1997: The Correlates of Change in International Financial Regulation, in: American Political Science Review 91, 3, 531-551.

Rabinowitz, George/MacDonald, Stuart E./Listhaug, Ola 1991: New Players in an Old Game: Party Strategy in Multiparty Systems, in: Comparative Political Studies 24, 2, 147-185.

Radcliffe-Brown, Alfred Reginald 1952: Structure and Function in Primitive Society: Essays and Addresses. Glencoe, IL: Free Press.

Rae, Douglas W. 1967: The Political Consequences of Electoral Laws. New Haven, CT: Yale University Press.

Ragin, Charles C. 1987: The Comparative Method: Moving Beyond Qualitative and Quantitative Strategies. Berkeley, CA: University of California Press.

Ragin, Charles C. 1992: Introduction: Cases of "What is a Case?" in: Ragin, Charles C./Becker, Howard Saul (Hg.), What is a Case? Exploring the Foundations of Social Inquiry. Cambridge: Cambridge University Press, 1-17.

Ragin, Charles C. 2000: Fuzzy-Set Social Science. Chicago, IL: University of Chicago Press.

Ragin, Charles C. 2008: Redesigning Social Inquiry: Fuzzy Sets and Beyond. Chicago: Chicago University Press.

Ragin, Charles C./Becker, Howard S. (Hg.) 1992: What is a Case? Exploring the Foundations of Social Inquiry. Cambridge: Cambridge University Press.

Ragin, Charles C./Giesel, Helen M. 2002: Users´s Guide. Fuzzy Set / Qualitative Comparative Analysis 1.1. Tucson, AZ: Department of Sociology: University of Arizona.

Ragin, Charles C./Sonnett, John 2005: Between Complexity and Parsimony: Limited Diversity, Counterfactual Cases, and Comparative Analysis, in: Kropp, Sabine/Minkenberg, Michael (Hg.), Vergleichen in der Politikwissenschaft. Wiesbaden: VS Verlag für Sozialwissenschaften, 180-197.

Raschke, Joachim 1977: Organisierter Konflikt in westeuropäischen Parteien. Vergleichende Analyse parteiinterner Oppositionsgruppen. Opladen: Westdeutscher Verlag.

Raschke, Joachim 1988: Soziale Bewegungen: Ein historisch-systematischer Grundriß. Frankfurt am Main: Campus.

Ray, James Lee 1997: The Democratic Path to Peace, in: Journal of Democracy 8, 49-64.

Reed, William 2000: Unified Statistical Model of Conflict Onset and Escalation, in: American Journal of Political Science 44, 1, 84-93.

Reed, William/Clark, David H. 2000: War Initiators and War Winners: The Consequences of Linking Theories of Democatic War Success, in: Journal of Conflict Resolution 44, 3, 378-395.

Reiter, Dan/Stam III., Allan C. 1998: Democracy, War Initiation and Victory, in: American Political Science Review 92, 2, 377-389.

Richardson, Dick/Rootes, Chris (Hg.) 1995: The Green Challenge: The Development of Green Parties in Europe. London: Routledge.

Richardson, Jeremy (Hg.) 1982: Policy Styles in Western Europe. London: George Allen & Unwin.

Rickert, Heinrich 1921: Die Grenzen der naturwissenschaftlichen Begriffsbildung: Eine logische Einleitung in die historischen Wissenschaften. 4. Auflage, Tübingen: Mohr.

Rieger, Elmar/Leibfried, Stephan 2001: Grundlagen der Globalisierung: Perspektiven des Wohlfahrtsstaates. Frankfurt am Main: Suhrkamp.

Riescher, Gisela/Ruß, Sabine/Haas, Christoph M. 2010: Zweite Kammern. 2. Auflage München: Oldenbourg.

Rihoux, Benoît/Ragin, Charles C. (Hg.) 2008: Configurational Comparative Methods: Qualitative Comparative Analysis (QCA) and Related Techniques. Thousand Oaks (CA): Sage.

Riker, William H. 1962: The Theory of Political Coalitions. New Haven, CT: Yale University Press.

Riker, William H. 1975: Federalism, in: Greenstein, Fred I./Polsby, Nelson W. (Hg.), Handbook of Political Science. Reading, MA: Addison-Wesley, 93-172.

Risse, Thomas/Ropp, Stephen C./Sikkink, Kathryn (Hg.) 1999: The Power of Human Rights: International Norms and Domestic Change. Cambridge: Cambridge University Press.

Risse-Kappen, Thomas 1995: Bringing Transnational Relations Back: Introduction, in: Risse-Kappen, Thomas (Hg.), Bringing Transnational Relations Back. Non-State Actors, Domestic Structures, and International Institutions. Cambridge: Cambridge University Press, 3-36.

Rittberger, Volker 1993: Regime Theory and International Relations. Oxford: Clarendon Press.

Robinson, William S. 1950: Ecological Correlations and the Behavior of Individuals, in: American Sociological Review 15, 3, 351-357.

Rodney, Walter 1972: How Europe Underdeveloped Africa. London: Bogle-l'Ouverture.

Rodrik, Dani 1997: Has Globalization Gone Too Far? Washington, DC: Institute of International Economics.

Rogowski, Ronald 1989: Commerce and Coalitions. Princeton, NJ: Princeton University Press.

Rogowski, Ronald 2004: How Inference in Social (but not the Physical) Sciences Neglects Theoretical Anomaly, in: Brady, Henry E./Collier, David (Hg.), Rethinking Social Inquiry. Diverse Tools, Shared Standards. Lanham, MD: Rowman & Littlefield, 75-84.

Rokkan, Stein 1961: Mass Suffrage, Secret Voting, and Political Participation, in: Europäisches Archiv für Soziologie 2, 1, 132-152.

Rokkan, Stein 1966: Norway: Numerical Democracy and Corporate Pluralism, in: Dahl, Robert Alan (Hg.), Political Oppositions in Western Democracies. New Haven, CT: Yale University Press, 70-115.

Rokkan, Stein 1970: Citizens, Elections, Parties: Approaches to the Comparative Study of the Processes of Development. Oslo: Universitetsforlaget.

Rokkan, Stein 1994: Die Entstehung und Entwicklung der nordeuropäischen Demokratien, in: Pappi, Franz Urban/Schmitt, Hermann (Hg.), Parteien, Parlamente und Wahlen in Skandinavien. Frankfurt am Main: Campus, 31-55.

Rokkan, Stein 2000: Staat, Nation und Demokratie in Europa. Die Theorie Stein Rokkans aus seinen gesammelten Werken. Übersetzt von Peter Flora, Frankfurt am Main: Suhrkamp.

Rokkan, Stein/Valen, Henry 1964: Regional Contrasts in Norwegian Politics, in: Allardt, Erik/Littunen, Yrjö (Hg.), Cleavages, Ideologies and Party Systems: Contributions to Comparative Political Sociology. Helsinki: Academy Bookstore, 162-238.

Rokkan, Stein/Verba, Sidney/Viet, Jean/Almasy, Elina (Hg.) 1969: Comparative Survey Analysis. The Hague: Mouton.

Roller, Edeltraut 2002: Leistungsprofile von Demokratien. Eine theoretische und empirische Analyse für westliche Demokratien, 1974-1995, in: Fuchs, Dieter/Roller, Edeltraut/Weßels, Bernhard (Hg.), Bürger und Demokratie in Ost und West: Studien zur politischen Kultur und zum politischen Prozess. Wiesbaden: Westdeutscher Verlag, 547-571.

Roller, Edeltraut 2004: Performanz, in: Göhler, Gerhard/Iser, Mattias/Kerner, Ina (Hg.), Umkämpfte Begriffe. Eine Einführung in die politische Theorie der Gegenwart. Wiesbaden: VS Verlag für Sozialwissenschaften, 297-314.

Roller, Edeltraut 2005: The Performance of Democracies. Political Institutions and Public Policy. Oxford: Oxford University Press.

Rosamond, Ben 2000: Theories of European Integration. Basingstoke: Palgrave Macmillan.

Rose, Chris 1990: The Dirty Man of Europe: The Great British Pollution Scandal. London: Simon und Schuster.

Rose, Richard 1991: Comparing Forms of Comparative Analysis, in: Political Studies 39, 3, 446-462.

Rose, Richard 2000: International Encyclopedia of Elections. London: Macmillan.

Rose, Richard/Davis, Phillip L. 1984: Inheritance in Public Policy: Change without Choice in Britain. New Haven, CT: Yale University Press.

Rose-Ackerman, Susan 1999: Corruption and Government: Causes, Consequences, and Reforms. Cambridge: Cambridge University Press.

Rosenau, James N./Czempiel, Ernst-Otto (Hg.) 1992: Governance without Government: Order and Change in World Politics. Cambridge: Cambridge University Press.

Roskin, Michael G. 1998: Countries and Concepts. An Introduction to Comparative Politics. New Jersey, NJ: Prentice Hall.

Ross, Marc H. 1993: The Management of Conflict: Interpretations and Interests in Comparative Perspective. New Haven, CT: Yale University Press.

Ross, Marc H. 1997: Culture and Identity in Comparative Political Analysis, in: Lichbach, Mark I./Zuckerman, Alan S. (Hg.), Comparative Politics: Rationality, Culture, and Structure. Cambridge: Cambridge University Press, 42-80.

Ross, Marc H. /Homer, Elizabeth L. 1976: Galtons's Problem in Cross National Research, in: World Politics 29, 1, 1-28.

Ross, Michael L. 2004: How Do Natural Resources Influence Civil War? Evidence from Thirteen Cases, in: International Organization 58, 1, 35-67.

Rostow, W. W. 1971: Politics and the Stages of Growth. Cambridge: Cambridge University Press.

Rostow, W. W. 1990: The Stages of Economic Growth: A Non-Communist Manifesto. 3. Auflage, Cambridge: Cambridge University Press.

Rothstein, Bo 1987: Corporatism and Reformism: The Social Democratic Institutionalization of Class Conflict, in: Acta Sociologica 30, 3/4, 295-311.

Rothstein, Bo 1996: The Social Democratic State: Bureaucracy and Social Reforms in Swedish Labor Market and School Policy. Pittsburgh, PA: Pittsburgh University Press.

Roubini, Nouriel/Sachs, Jeffrey D. 1989a: Political and Economic Determinants of Budget Deficits in the Industrial Democracies, in: European Economic Review 33, 5, 903-33.

Roubini, Nouriel/Sachs, Jeffrey D. 1989b: Government Spending and Budget Deficits in the Industrial Countries, in: Economic Policy 8, 1, 100-132.

Rüb, Friedbert W. 2001: Schach dem Parlament! Regierungssysteme und Staatspräsidenten in den Demokratisierungsprozessen Osteuropas. Wiesbaden: Westdeutscher Verlag.

Rucht, Dieter 1993: Parteien, Verbände und Bewegungen als Systeme politischer Interessenvermittlung, in: Niedermayer, Oskar/Stöss, Richard (Hg.), Stand und Perspektiven der Parteienforschung in Deutschland. Opladen: Westdeutscher Verlag, 251-275.

Rucht, Dieter 1994a: Modernisierung und neue soziale Bewegungen: Deutschland, Frankreich und USA im Vergleich. Frankfurt am Main: Campus.

Rucht, Dieter 1994b: Öffentlichkeit als Mobilisierungsfaktor für soziale Bewegungen, in: Neidhardt, Friedhelm (Hg.), Öffentlichkeit, öffentliche Meinung, soziale Bewegungen. Opladen: Westdeutscher Verlag, 337-358.

Rucht, Dieter 1996: Wirkungen von Umweltbewegungen: Von den Schwierigkeiten einer Bilanz, in: Forschungsjournal Neue Soziale Bewegungen 9, 4, 15-27.

Rucht, Dieter/Koopmans, Ruud/Neidhardt, Friedhelm 1999: Acts of Dissent: New Developments in the Study of Protest. Lanham, MD: Rowman & Littlefield.

Rüdig, Wolfgang (Hg.) 1990: Anti-Nuclear Movements: A World Survey of Opposition to Nuclear Energy. Harlow: Longman.

Rudolph, Lloyd I./Rudolph, Susanne Hoeber 1967: The Modernity of Tradition: Political Development in India. Chicago, IL: University of Chicago Press.

Rudra, Nita 2004: Openness, Welfare Spending, and Inequality in the Developing World, in: International Studies Quarterly 48, 3, 683-709.

Rueschemeyer, Dietrich 2003: Can One or Few Cases Yield Theoretical Gain, in: Mahoney, James/Rueschemeyer, Dietrich (Hg.), Comparative Historical Analysis in the Social Sciences. Cambridge: Cambridge University Press, 305-336.

Rueschemeyer, Dietrich/Huber Stephens, Evelyne/Stephens, John D. 1992: Capitalist Development and Democracy. Cambridge: Polity Press.

Rummel, Rudolph J. 1997: Death by Government. New Brunswick, NJ: Transaction Books.

Rummel, Rudolph J. 2004: Death by Government, Hawaii, HI: University of Hawaii, http://www.hawaii.edu/powerkills/, 02.08.2005.

Russett, Bruce 1993: Grasping the Democratic Peace. Princeton, NJ: Princeton University Press.

Saalfeld, Thomas 1997: Professionalisation of Parliamentary Roles in Germany: An Aggregate Level Analysis, 1949-94, in: Müller, Wolfgang C./Saalfeld, Thomas (Hg.), Members of Parliament in Western Europe: Roles and Behaviour. London: Cass, 32-54.

Saalfeld, Thomas 2007: Parteien und Wahlen. Baden-Baden: Nomos.

Sabatier, Paul A./Jenkins-Smith, Hank C. (Hg.) 1993: Policy Change and Learning. An Advocacy Coalition Approach. Boulder, CO: West View Press.

Said, Edward W. 1978: Orientalism. New York, NY: Pantheon Books.

Sainsbury, Diane 1996: Gender, Equality, and Welfare States. Cambridge: Cambridge University Press.

Sainsbury, Diane 1999: Gender and Welfare State Regimes. Oxford: Oxford University Press.

Sanford, Jonathan E. 1971: Political Development and Economic Change: A Radical Interpretation of Almond's and Powell's Development Approach, in: Journal of International and Comparative Studies 4, 1, 1-36.

Sarcinelli, Ulrich (Hg.) 1998: Politikvermittlung und Demokratie in der Mediengesellschaft: Beiträge zur politischen Kommunikationskultur. Bonn: Bundeszentrale für politische Bildung.

Sarkees, Meredith R./Wayman, Frank W./Singer, J. David 2003: Inter-State, Intra-State, and Extra-State Wars: A Comprehensive Look at their Distribution over Time 1816-1997, in: International Studies Quarterly 47, 1, 49-70.

Särlvik, Bo 1983: Coalition Politics and Policy Output in Scandinavia. Sweden, Denmark and Norway, in: Bogdanor, Vernon (Hg.), Coalition Government in Western Europe. London: Heinemann, 97-152.

Sartori, Giovanni 1970: Concept Misformation in Comparative Politics, in: American Political Science Review 64, 4, 1033-53.

Sartori, Giovanni 1976: Parties and Party Systems: A Framework for Analysis. Cambridge: Cambridge University Press.

Sartori, Giovanni 1984: Guidelines for Concept Analysis, in: Sartori, Giovanni (Hg.), Social Science Concepts: A Systematic Analysis. Beverly Hills, CA: Sage, 15-85.

Sartori, Giovanni 1987: The Theory of Democracy Revisited. Chatham, NJ: Chatham House.

Sartori, Giovanni 1991: Comparing and Miscomparing, in: Journal of Theoretical Politics 3, 3, 243-257.

Sartori, Giovanni 1997: Comparative Constitutional Engineering. An Inquiry into Structures, Incentives and Outcomes. 2. Auflage, New York, NY: New York University Press.

Savolainen, Jukka 1994: The Rationality of Drawing Big Conclusions Based on Small Samples: In Defense of Mill's Methods, in: Social Forces 72, 4, 1217-1224.

Sbragia, Alberta M. 1992: Euro-politics: Institutions and Policymaking in the "New" European Community. Washington, DC: Brookings Institution.

Scarrow, Susan E. 2002: Perspectives on Political Parties: Classic Readings. New York, NY: Palgrave Macmillan.

Scharpf, Fritz W. 1985: Die Politikverflechtungs-Falle. Europäische Integration und deutscher Föderalismus im Vergleich, in: Politische Vierteljahresschrift 26, 4, 323-356.

Scharpf, Fritz W. 1994: Games Real Actors Could Play: Positive and Negative Coordination in Embedded Negotiations, in: Journal of Theoretical Politics 6, 1, 27-53.

Scharpf, Fritz W. 1994: Optionen des Föderalismus in Deutschland und Europa. Frankfurt am Main: Campus.

Scharpf, Fritz W. 2000: Interaktionsformen: Akteurzentrierter Institutionalismus in der Politikforschung. Opladen: Leske + Budrich.

Scharpf, Fritz W./Mayntz, Renate 1995: Der Ansatz des akteurszentrierten Institutionalismus, in: Mayntz, Renate/Scharpf, Fritz W. (Hg.), Gesellschaftliche Selbstregelung und politische Steuerung. Frankfurt am Main: Campus, 39-72.

Scharpf, Fritz W./Schmidt, Vivien A. 2000a: Welfare and Work in the Open Economy. Volume I: From Vulnerability to Competitiveness. Oxford: Oxford University Press.

Scharpf, Fritz W./Schmidt, Vivien A. 2000b: Welfare and Work in the Open Economy. Volume II: Diverse Responses to Common Challenges. Oxford: Oxford University Press.

Scheuch, Erwin K. 1966: Cross-National Comparison Using Aggregate Data: Some Substantive and Methodological Problems, in: Merritt, Richard L./Rokkan, Stein (Hg.), Comparing Nations: The Use of Quantitative Data in Cross-National Research. New Haven, CT: Yale University Press, 131-167.

Scheuch, Erwin K. 1990: The Development of Comparative Research: Towards Causal Explanations, in: Øyen, Else (Hg.), Comparative Methodology. Theory and Practice in International Social Research. London: Sage, 19-37.

Schlangen, Walter/von Stähr, Gerda 1980: Politik - Politikwissenschaft - Politische Bildung, in: Schlangen, Walter (Hg.), Politische Grundbegriffe. 2. Auflage, Stuttgart: Kohlhammer, 13-40.

Schlichte, Klaus 2002: Neues über den Krieg? Einige Anmerkungen zum Stand der Kriegsforschung in den Internationalen Beziehungen, in: Zeitschrift für Internationale Beziehungen 9, 1, 113-137.

Schlichte, Klaus 2005: Einführung in die Arbeitstechniken der Politikwissenschaft. 2. Auflage, Wiesbaden: VS Verlag für Sozialwissenschaften.

Schmid, Josef 2002: Wohlfahrtsstaaten im Vergleich. Soziale Sicherung in Europa: Organisation, Finanzierung, Leistungen und Probleme. 2. Auflage, Opladen: Leske + Budrich (UTB).

Schmidt, Manfred G. 1980: CDU und SPD an der Regierung: Ein Vergleich ihrer Politik in den Ländern. Frankfurt am Main: Campus.

Schmidt, Manfred G. 1982: Wohlfahrtsstaatliche Politik unter bürgerlichen und sozialdemokratischen Regierungen. Ein internationaler Vergleich. Frankfurt am Main: Campus.

Schmidt, Manfred G. 1985: Der schweizerische Weg zur Vollbeschäftigung. Eine Bilanz der Beschäftigung, der Arbeitsmarktpolitik und der Arbeitslosigkeit. Frankfurt am Main: Campus.

Schmidt, Manfred G. 1986: Politische Bedingungen erfolgreicher Wirtschaftspolitik. Eine vergleichende Analyse westlicher Industrieländer (1960 - 1985), in: Journal für Sozialforschung 26, 3, 251-273.

Schmidt, Manfred G. 1993: Theorien in der international vergleichenden Staatstätigkeitsforschung, in: Héritier, Adrienne (Hg.), Policy-Analyse. Kritik und Neuorientierung. Politische Vierteljahresschrift Sonderheft 24, Opladen: Westdeutscher Verlag, 317-393.

Schmidt, Manfred G. 1995a: Vergleichende Politikforschung mit Aggregatdaten: Inwieweit beeinflussen Parteien Regierungspolitik?, in: Alemann, Ulrich von (Hg.), Politikwissenschaftliche Methoden. Grundriss für Studium und Forschung. Opladen: Westdeutscher Verlag, 327-356.

Schmidt, Manfred G. 1995b: Wörterbuch zur Politik. Stuttgart: Kröner.

Schmidt, Manfred G. 1996: When Parties Matter: A Review of the Possibilities and Limits of Partisan Influence on Public Policy, in: European Journal of Political Research 30, 2, 155-83.

Schmidt, Manfred G. 1997: Vergleichende Policy-Forschung, in: Berg-Schlosser, Dirk/Müller-Rommel, Ferdinand (Hg.), Vergleichende Politikwissenschaft: Ein einführendes Studienhandbuch. 3. Auflage, Opladen: Leske + Budrich (UTB), 207-22.

Schmidt, Manfred G. 1998a: Das politische Leistungsprofil der Demokratien, in: Greven, Michael Th. (Hg.), Demokratie - eine Kultur des Westens? 20. wissenschaftlicher Kongreß der Deutschen Vereinigung für Politische Wissenschaft [vom 13. bis 18. Oktober 1997 in Bamberg]. Opladen: Leske + Budrich, 181-200.

Schmidt, Manfred G. 1998b: Sozialpolitik in Deutschland: Historische Entwicklung und internationaler Vergleich. 2. Auflage, Opladen: Leske + Budrich.

Schmidt, Manfred G. 2001a: Einleitung, in: Schmidt, Manfred G. (Hg.), Wohlfahrtsstaatliche Politik: Institutionen, politischer Prozess und Leistungsprofil. Opladen: Leske + Budrich, 7-29.

Schmidt, Manfred G. 2001b: Ursachen und Folgen wohlfahrtsstaatlicher Politik: Ein internationaler Vergleich, in: Schmidt, Manfred G. (Hg.), Wohlfahrtsstaatliche Politik: Institutionen, politischer Prozess und Leistungsprofil. Opladen: Leske + Budrich, 33-53.

Schmidt, Manfred G. (Hg.) 2001c: Wohlfahrtsstaatliche Politik: Institutionen, politischer Prozess und Leistungsprofil. Opladen: Leske + Budrich.

Schmidt, Manfred G. 2002a: Political Performance and Types of Democracy: Findings from Comparative Studies, in: European Journal of Political Research 41, 1, 147-63.

Schmidt, Manfred G. 2002b: The Impact of Political Parties, Constitutional Structures and Veto Players on Public Policy, in: Keman, Hans (Hg.), Comparative Democratic Politics. A Guide to Contemporary Theory and Research. London: Sage, 166-184.

Schmidt, Manfred G. 2002c: Warum Mittelmaß? Deutschlands Bildungsausgaben im internationalen Vergleich, in: Politische Vierteljahresschrift 43, 1, 3-19.

Schmidt, Manfred G. 2003a: Vergleichende Analyse politischer Systeme, in: Münkler, Herfried (Hg.), Politikwissenschaft. Ein Grundkurs. Reinbek: Rowohlt, 172-206.

Schmidt, Manfred G. 2003b: Vergleichende Policy-Forschung, in: Berg-Schlosser, Dirk/Müller-Rommel, Ferdinand (Hg.), Vergleichende Politikwissenschaft. 4. Auflage, Opladen: Leske + Budrich (UTB), 261-276.

Schmidt, Manfred G. 2004a: Wörterbuch zur Politik. 2. Auflage, Stuttgart: Kröner.

Schmidt, Manfred G. 2004b: Wohlfahrtsstaatliche Politik in jungen Demokratien, in: Croissant, Aurel/Erdmann, Gero/Rüb, Friedbert W. (Hg.), Wohlfahrtsstaatliche Politik in jungen Demokratien. Wiesbaden: VS Verlag für Sozialwissenschaften, 43-64.

Schmidt, Manfred G. 2010: Demokratietheorien. Eine Einführung. 5. Auflage, Wiesbaden: VS-Verlag.

Schmidt, Manfred G./Ostheim, Tobias/Siegel, Nico A./Zohlnhöfer, Reimut 2007: Der Wohlfahrtsstaat: Eine Einführung in den historischen und internationalen Vergleich. Wiesbaden: VS-Verlag.

Schmidt, Manfred G./Siegel, Nico A./Ostheim, Tobias 2003: Wohlfahrtstaatliche Politik: Theorien und Methoden, http://www.politikon.org/inhalt/le1/print.htm, 10.11.2004.

Schmidt, Vivien A. 2002: The Futures of European Capitalism. Oxford: Oxford University Press.

Schmitt-Beck, Rüdiger 2000: Politische Kommunikation und Wählerverhalten. Ein internationaler Vergleich. Wiesbaden: Westdeutscher Verlag.

Schmitter, Philippe C. 1972: Paths to Political Development in Latin America, in: Chalmers, Douglas A. (Hg.), Changing Latin America. New Interpretations of its Politics and Society. New York, NY: Academy of Political Science, 83-105.

Schmitter, Philippe C. 1974: Still the Century of Corporatism, in: Review of Politics 36, 1, 85-131.

Schmitter, Philippe C. 1981: Interest Intermediation and Regime Governability in Contemporary Western Europe and North America, in: Berger, Suzanne D. (Hg.), Organizing Interests in Western Europe: Pluralism, Corporatism, and the Transformation of Politics. Cambridge: Cambridge University Press, 287-330.

Schmitter, Philippe C. 2003: The Quality of Democracy: The Ambiguous Virtues of Accountabiltiy, European University Institute, Florenz: unveröffentlichtes Manuskript.

Schneider, Carsten Q./Wagemann, Claudius 2007: Qualitative Comparative Analysis (QCA) und Fuzzy Sets: Ein Lehrbuch für Anwender und jene, die es werden wollen. Leverkusen: Barbara Budrich.

Schönbach, Klaus 1998: Politische Kommunikation: Publizistik- und kommunikationswissenschaftliche Perspektiven, in: Jarren, Otfried/Sarcinelli, Ulrich/Saxer, Ulrich (Hg.), Politische Kommunikation in der demokratischen Gesellschaft: Ein Handbuch mit Lexikonteil. Wiesbaden: Westdeutscher Verlag, 114-137.

Schraeder, Peter J. 2004: African Politics and Society. A Mosaic in Transformation. Belmont, CA: Wadsworth.

Schubert, Klaus 1991: Politikfeldanalyse. Eine Einführung. Opladen: Leske + Budrich.

Schubert, Klaus/Bandelow, Nils C. (Hg.) 2003: Lehrbuch der Politikfeldanalyse. München: Oldenbourg.

Schulze, Günther G./Ursprung, Heinrich W. 1999: Globalisierung contra Nationalstaat? Ein Überblick über die empirische Evidenz, in: Busch, Andreas/Plümper, Thomas (Hg.), Nationaler Staat und internationale Wirtschaft: Anmerkungen zum Thema Globalisierung. Baden-Baden: Nomos, 41-89.

Schumann, Siegfried 2000: Repräsentative Umfrage: Praxisorientierte Einführung in empirische Methoden und statistische Analyseverfahren. 3. Auflage, München: Oldenbourg.

Schumpeter, Joseph A. 1987: Kapitalismus, Sozialismus und Demokratie. 6. Auflage, Tübingen: Francke (UTB).

Schuon, Frithjof 1994: Understanding Islam. Bloomington, IN: World Wisdom Books.

Schüttemeyer, Suzanne S. 2003: Vergleichende Parlamentarismusforschung, in: Berg-Schlosser, Dirk/Müller-Rommel, Ferdinand (Hg.), Vergleichende Politikwissenschaft. 4. Auflage, Opladen: Leske + Budrich (UTB), 207-227.

Schüttemeyer, Suzanne S./Sturm, Roland 1992: Wozu Zweite Kammern? Zur Repräsentation und Funktionalität Zweiter Kammern in westlichen Demokratien, in: Zeitschrift für Parlamentsfragen 23, 3, 517-536.

Scott, James C. 1976: The Moral Economy of the Peasant: Rebellion and Subsistence in Southeast Asia. New Haven, CT: Yale University Press.

Scott, James C. 1985: Weapons of the Weak: Everyday Forms of Peasant Resistance. New Haven, CT: Yale University Press.

Scruggs, Lyle A. 1999: Institutions and Environmental Performance, in: British Journal of Political Science 29, 1, 1-31.

Scruggs, Lyle A. 2003: Sustaining Abundance: Environmental Performance in Industrial Democracies. Cambridge: Cambridge University Press.

Scruggs, Lyle 2004: Welfare State Entitlements Data Set: A Comparative Institutional Analysis of Eighteen Welfare States, Version 1.1.

Segert, Dieter/Stöss, Richard/Niedermayer, Oskar (Hg.) 1997: Parteiensysteme in postkommunistischen Gesellschaften Osteuropas. Opladen: Westdeutscher Verlag.

Selbin, Eric 1993: Modern Latin American Revolutions. Boulder, CO: Westview Press.

Seligson, Mitchell A. 2002: The Renaissance of Political Culture or the Renaissance of the Ecological Fallacy?, in: Comparative Politics 34, 3, 273-292.

Seligson, Mitchell A./Passé-Smith, John T. (Hg.) 2003: Development and Underdevelopment. The Political Economy of Global Inequality. Boulder, CO: Lynne Rienner.

Sellers, Jefferey M. 2002: Governing from Below. Urban Regions and Global Economy. Cambridge: Cambridge University Press.

Semetko, Holli A. 1996: The Media, in: LeDuc, Lawrence/Niemi, Richard G./Norris, Pippa (Hg.), Comparing Democracies. Elections and Voting in Global Perspective. London: Sage, 254-279.

Sewell, William 1996: Three Temporalities: Towards a Eventful Sociology, in: McDonald, Terrence J. (Hg.), The Historic Turn in the Human Sciences. Ann Arbor, MI: Michigan University Press, 245-280.

Shalev, Michael 2006: Limits and Alternatives to Multiple Regression in Comparative Research, in: Comparative Social Research 25, i. E.

Shepsle, Kenneth A. 1991: Models of Multiparty Electoral Competition. Chur: Harwood Academic.

Shepsle, Kenneth A./Cohen, Ronald N. 1990: Multiparty Competition, Entry, and Entry Deterrence in Spatial Models of Elections, in: Enelow, James/Hinich, Melvin J. (Hg.), Advances in the Spatial Theory of Voting. Cambridge: Cambridge University Press, 12-45.

Shonfield, Andrew 1969: Modern Capitalism: The Changing Balance of Public and Private Power. London: Oxford University Press.

Shorter, Edward/Tilly, Charles 1974: Strikes in France, 1830-1968. London: Cambridge University Press.

Shugart, Matthew Soberg/Carey, John M. 1992: Presidents and Assemblies: Constitutional Design and Electoral Dynamics. Cambridge: Cambridge University Press.

Shweder, Richard A./LeVine, Robert Alan 1984: Culture Theory: Essays on Mind, Self, and Emotion. Cambridge: Cambridge University Press.

Siaroff, Alan 1999: Corporatism in 24 Industrial Democracies: Meaning and Measurement, in: European Journal of Political Research 36, 6, 175-205.

Siaroff, Alan 2000: Comparative European Party Systems: An Analysis of Parliamentary Elections since 1945. New York, NY: Garland.

Siaroff, Alan 2003: Spurious Majorities, Electoral Systems and Electoral System Change, in: Commonwealth and Comparative Politics 41, 2, 143-160.

Siegel, Nico A. 2001: Jenseits der Expansion? – Sozialpolitik in westlichen Demokratien 1975-1995, in: Schmidt, Manfred G. (Hg.), Wohlfahrtsstaatliche Politik. Institutionen, Prozesse und Leistungsprofil. Opladen: Leske + Budrich, 54-89.

Siegel, Nico A. 2002a: Baustelle Sozialpolitik: Konsolidierung und Rückbau im internationalen Vergleich. Frankfurt am Main: Campus.

Siegel, Nico A. 2002b: Sozialpolitik, in: Lauth, Hans-Joachim (Hg.), Vergleichende Regierungslehre. Eine Einführung. Wiesbaden: Westdeutscher Verlag, 345-365.

Sigelman, Lee 1999: Publication Bias Reconsidered, in: Political Analysis 8, 2, 201-210.

Sigelman, Lee/Simpson, Miles 1977: A Cross-National Test of the Linkage between Economic Inequality and Political Violence, in: Journal of Conflict Resolution 21, 1, 105-128.

Sikkink, Kathryn 1991: Ideas and Institutions: Developmentalism in Brazil and Argentina. Ithaca, NY: Cornell University Press.

Simmons, Beth A./Dobbin, Frank/Garrett, Geoffrey 2006: Introduction: The International Diffusion of Liberalism, in: Simmons, Beth A./Dobbin, Frank/Garrett, Geoffrey (Hg.), International Organization: Special Issue on International Diffusion of Liberalism. Cambridge: Cambridge University Press, i. E.

Simmons, Beth A./Elkins, Zachary 2004: The Globalization of Liberalization: Policy Diffusion in the International Ecological Economy, in: American Political Science Review 98, 1, 171-189.

Simone, Vera 2001: The Asian Pacific: Political and Economic Development in a Global Context. 2. Auflage, New York, NY: Longman.

Simonis, Georg/Elbers, Helmut 2003: Studium und Arbeitstechniken der Politikwissenschaft. Opladen: Leske + Budrich.

Sivan, Emmanuel 1985: Radical Islam: Medieval Theology and Modern Politics. New Haven, CT: Yale University Press.

Skidmore, Thomas E./Smith, Peter H. 2001: Modern Latin America. 5. Auflage, New York, NY: Oxford University Press.

Skocpol, Theda 1973: A Critical Review of Barrington Morres' Social Origins of Dictatorship and Democracy, in: Politics and Society 4, 1, 1-34.

Skocpol, Theda 1979: States and Social Revolutions: A Comparative Analysis of France, Russia, and China. Cambridge: Cambridge University Press.

Skocpol, Theda 1992: Protecting Soldiers and Mothers: The Political Origins of Social Policy in the United States. Cambridge, MA: Belknap Press of Harvard University Press.

Skocpol, Theda 2003: Doubly Engaged Social Science: The Promise of Comparative Historical Analysis, in: Mahoney, James/Rueschemeyer, Dietrich (Hg.), Comparative Historical Analysis in the Social Sciences. Cambridge: Cambridge University Press, 407-428.

Skocpol, Theda/Somers, Margaret 1980: The Use of Comparative History in Macrosocial Inquiry, in: Comparative Studies in Society and History 22, 2, 174-197.

Smelser, Neil J. 1976: Comparative Methods in the Social Sciences. Englewood Cliffs, NJ: Prentice-Hall.

Smith, Brian C. 2003: Understanding Third World Politics. Theories of Political Change and Development. Basingstoke: Palgrave Macmillan.

Smith, Gordon R. 1976: The Functional Properties of Referendum, in: European Journal of Political Research 4, 1, 1-23.

Smith, Gordon R. 1984: Politics in Western Europe: A Comparative Analysis. 4. Auflage, New York, NY: Holmes & Meier.

Smith, Jackie G./Chatfield, Charles/Pagnucco, Ron 1997: Transnational Social Movements and Global Politics: Solidarity Beyond the State. Syracuse, NY: Syracuse University Press.

Smith, Tony 2002: The Dependency Approach, in: Wiarda, Howard J. (Hg.), New Directions in Comparative Politics. Boulder, CO: Westview, 45-62.

Snidal, Duncan 2004: Formal Models of International Politics, in: Sprinz, Detlef F./Wolinsky-Nahmias, Yael (Hg.), Models, Numbers, and Cases. Methods for Studying International Relations. Ann Arbor, MI: University of Michigan Press, 227-264.

Snow, David A./Benford, Robert D. 1988: Ideology, Frame Resonance, and Participant Mobilization, in: Klandermans, P. Bert/Kriesi, Hanspeter/Tarrow, Sidney (Hg.), International Social Movements Research, Vol. 1. Greenwich, CT: JAI Press, 197–217.

Snow, David A./Benford, Robert D. 1992: Master Frames and Cycles of Protest, in: Morris, Aldon D./Mueller, Carol McClurg (Hg.), Frontiers in Social Movement Theory. New Haven, CT: Yale University Press, 133-155.

Solingen, Etel 2009: The Global Context of Comparative Politics, in: Lichbach, Mark Irving/Zuckerman, Alan S. (Hg.) Comparative Politics. Rationality, Culture, and Structure. Cambridge: Cambridge University Press.

Somjee, A.H. 2002: Non-Western Theories of Development: Critiques and Explorations, in: Wiarda, Howard J. (Hg.), New Directions in Comparative Politics. 3. Auflage, Boulder, CO: Westview Press, 119-140.

Sontheimer, Kurt 1971: Vergleichende Politikwissenschaft, in: Reinisch, Leonhard (Hg.), Politische Wissenschaft heute: 12 Beiträge. München: Beck, 111-120.

Soskice, David W. 1999: Divergent Production Regimes: Coordinated and Uncoordinated Market Economies in the 1980s and 1990s, in: Kitschelt, Herbert/Lange, Peter/Marks, Gary/Stephens, John (Hg.), Continuity and Change in Contemporary Capitalism. Cambridge: Cambridge University Press, 101-134.

Sprinz, Detlef F. 2003: Internationale Regime und Institutionen, in: Hellmann, Gunther/Wolf, Klaus Dieter/Zürn, Michael (Hg.), Die neuen Internationalen Beziehungen: Forschungsstand und Perspektiven in Deutschland. Baden-Baden: Nomos, 251-273.

Sprinz, Detlef F./Wolinsky-Nahmias, Yael (Hg.) 2004: Models, Numbers, and Cases. Methods for Studying International Relations. Ann Arbor, MI: University of Michigan Press.

Spruyt, Hendrik 2002: The Origins, Development, and Possible Decline of the Modern State, in: Annual Review of Political Science 5, 127-149.

Stark, David/Bruszt, László 1998: Postsocialist Pathways. Transforming Politics and Property in East Central Europe. Cambridge: Cambridge University Press.

Starr, Harvey 1994: Revolution and War: Rethinking the Linkage between Internal and External Conflict, in: Political Research Quarterly 47, 2, 481-507.

Steffani, Winfried 1979: Strukturtypen präsidentieller und parlamentarischer Regierungssysteme, in: Steffani, Winfried (Hg.), Parlamentarische und präsidentielle Demokratie: strukturelle Aspekte westlicher Demokratien. Opladen: Westdeutscher Verlag, 37-60.

Steffani, Winfried 1980: Pluralistische Demokratie: Studien zur Theorie und Praxis. Opladen: Leske + Budrich.

Steffani, Winfried 1995: Semi-Präsidentialismus: Ein eigener Systemtyp? Zur Unterscheidung von Legislative und Parlament, in: Zeitschrift für Parlamentsfragen 26, 4, 621-641.

Steinmo, Sven 1993: Taxation and Democracy: Swedish, British, and American Approaches to Financing the Modern State. New Haven, CT: Yale University Press.

Steinmo, Sven/Thelen, Kathleen/Longstreth, Frank 1992: Structuring Politics: Historical Institutionalism in Comparative Analysis. Cambridge: Cambridge University Press.

Stepan, Alfred/Skach, Cindy 1993: Constitutional Frameworks and Democratic Consolidation: Parlamentarism and Presidentialism, in: World Politics 46, 1, 1-22.

Stephens, John D. 1979: The Transition from Capitalism to Socialism. Urbana, IL: University of Illinois Press.

Stern, Jessica 2003: Terror in the Name of God: Why Religious Militants Kill. New York, NY: Ecco.

Stewart, David W./Kamins, Michael A. 1993: Secondary Research: Information Sources and Methods. 2. Auflage, Newbury Park, CA: Sage.

Stimson, James A. 1999: Party Government and Responsiveness, in: Przeworski, Adam/Stokes, Susan Carol/Manin, Bernard (Hg.), Democracy, Accountability, and Representation. Cambridge: Cambridge University Press, 197-221.

Stinchcombe, Arthur L. 1968: Constructing Social Theories. New York, NY: Harcourt Brace and World.

Stine, Robert 1989/90: An Introduction to Bootstrap Method, in: Sociological Methods and Research 18, 2/3, 243-291.

Stobbe, Alfred 1994: Volkswirtschaftliches Rechnungswesen. 7. Auflage, Berlin: Springer.

Stocking, George W. 1984: Functionalism Historicized: Essays on British Social Anthropology. Madison, WI: University of Wisconsin Press.

Stone, Randall W. 2004: The Political Economy of IMF Lending in Africa, in: American Political Science Review 98, 4, 577-591.

Stotsky, Janet G./WoldeMariam, Asegedech 1997: Tax Effort in Sub-Saharan Africa, Washington, DC: IMF Working Paper 97/107, http://www.imf.org/external/pubs/ft/wp/wp97107.pdf, 31.08.2005.

Strange, David 1994: Introduction to Event History Method, in: Janoski, Thomas/Hicks, Alexander M. (Hg.), The Comparative Political Economy of the Welfare State. Cambridge: Cambridge University Press, 245-253.

Strange, Susan 1996: The Retreat of the State. The Diffusion of Power in the World Economy. Cambridge: Cambridge University Press.

Streeck, Wolfgang 1981: Gewerkschaftliche Organisationsprobleme in der sozialstaatlichen Demokratie. Königstein: Athenäum.

Streeck, Wolfgang 1987: Vielfalt und Interdependenz. Überlegungen zur Rolle von intermediären Organisationen in sich ändernden Umwelten, in: Kölner Zeitschrift für Soziologie und Sozialpsychologie 39, 4, 471-495.

Stretton, Hugh 1969: The Political Science: General Principles of Selection in Social Sciences and History. London: Routledge.

Strøm, Kaare 1990: Minority Government and Majority Rule. Cambridge: Cambridge University Press.

Strøm, Kaare/Müller, Wolfgang C./Bergman, Torbjörn 2008: Cabinets and Coalition Bargaining. The Democratic Life Cycle in Western Europe. Oxford: Oxford University Press.

Strouse, James C./Claude, Richard P. 1976: Empirical Comparative Rights Research: Some Preliminary Tests of Development Hypotheses, in: Claude, Richard P. (Hg.), Comparative Human Rights. Baltimore, MD: Johns Hopkins University Press, 51-67.

Sturm, Roland 2003: Das politische System Großbritanniens, in: Ismayr, Wolfgang (Hg.), Die politischen Systeme Westeuropas. 3. Auflage, Opladen: Leske + Budrich (UTB), 225-262.

Sturm, Roland 2004: Staatstätigkeit im europäischen Mehrebenensystem - Der Beitrag der Policy-Forschung zur Analyse von EU-Governance-Prozessen, in: Holtmann, Everhard (Hg.), Staatsentwicklung und Policyforschung: Politikwissenschaftliche Analysen der Staatstätigkeit. Wiesbaden: VS Verlag für Sozialwissenschaften, 117-132.

Suksi, Markku 1993: Bringing in the People: A Comparison of Constitutional Forms and Practies of Referendum. Dordrecht: Martinus Nijhoff.

Sunstein, Cass R. 2001: Designing Democracy: What Constitutions Do. Oxford: Oxford University Press.

Swank, Duane 2002: Global Capital, Political Institutions, and Policy Change in Developed Welfare States. Cambridge: Cambridge University Press.

Swenson, Peter 1989: Fair Shares. Ithaca, NY: Cornell University Press.

Swenson, Peter 1991: Bringing Capital Back in, or Social Democracy Reconsidered: Employer Power, Cross-Class Alliances, and Centralization of Industrial Relations in Denmark and Sweden, in: World Politics 43, 4, 513-544.

Szalai, Alexander/Petrella, Riccardo 1977: Crossnational Comparative Survey Research. Theory and Practice. Oxford: Pergamon Press.

Sztompka, Piotr 1993: The Sociology of Social Change. Oxford: Blackwell.

Szymanski, Albert 1972: Malinowski, Marx, and Functionalism, in: The Insurgent Sociologist, 2, 35-43.

Taagepera, Rein 1996: STV in Transitional Estonia, in: Representation 34, 1, 29-36.

Taagepera, Rein 2008: Making Social Science More Scientific. The Need for Predictive Models. Oxford: Oxford University Press.

Taagepera, Rein/Grofman, Bernard 1985: Rethinking Duverger´s Law: Predicting the Effective Number of Parties in Plurality and PR Systems - Parties Minus Issues Equals One, in: European Journal of Political Research 13, 4, 341-352.

Taagepera, Rein/Recchia, Steven P. 2002: The Size of Second Chambers and European Assemblies, in: European Journal of Political Research 41, 2, 165-185.

Taagepera, Rein/Shugart, Matthew Soberg 1989: Seats and Votes. The Effects and Determinants of Electoral Systems. New Haven, CT: Yale University Press.

Take, Ingo 2002: NGOs im Wandel. Von der Graswurzel auf das diplomatische Parkett. Wiesbaden: Westdeutscher Verlag.

Taras, Ray 1997: Postcommunist Presidents. Cambridge: Cambridge University Press.

Taras, Ray 2003: Executive Leadership: Presidents and Governments, in: White, Stephen/Batt, Judy/Lewis, Paul G. (Hg.), Developments in Central and East European Politics 3. Basingstoke: Palgrave Macmillan, 115-132.

Tarrow, Sidney 1983: Struggling to Reform. Ithaca, NY: Western Societies Program Occasional Paper No. 15, Cornell University.

Tarrow, Sidney 1989: Democracy and Disorder: Protest and Politics in Italy, 1965-1975. Oxford: Clarendon Press.

Tarrow, Sidney 1991a: Kollektives Handeln und Politische Gelegenheitsstruktur in Mobilisierungswellen: Theoretische Perspektiven, in: Kölner Zeitschrift für Soziologie und Sozialpsychologie 43, 4, 647-670.

Tarrow, Sidney 1991b: Struggle, Politics, and Reform: Collective Action, Social Movements, and Cycles of Protest. Ithaca, NY: Center for International Studies, Cornell University.

Tarrow, Sidney 1994: Power in Movement. Social Movements, Collective Action and Politics. New York, NY: Cambridge Univesity Press.

Tarrow, Sidney 2004: Bridging the Quantitative-Qualitative Divide, in: Brady, Henry E./Collier, David (Hg.), Rethinking Social Inquiry: Diverse Tools, Shared Standards. Lanham, MD: Rowman & Littlefield, 171-180.

Tate, C. Neal/Vallinder, Torbjörn 1995: The Global Expansion of Judicial Power. New York, NY: New York University Press.

Taylor, Charles Lewis 1985: Philosophy and the Human Sciences. Cambridge: Cambridge University Press.

Taylor, Charles Lewis/Jodice, David A. (Hg.) 1983: World Handbook of Political and Social Indicators. 3. Auflage, New Haven, CT: Yale University Press.

Taylor, Helen 1998: Squaring the Circle. Towards a Valid Values Dimension for South Africa. Stellenbosch: University of Stellenbosch.

Taylor, Michael 1988: Rationality and Revolutionary Collective Action, in: Taylor, Michael (Hg.), Rationality and Revolution. Cambridge: Cambridge University Press, 63-97.

Teichler, Ulrich 2004: The Changing Debate on Internationalisation of Higher Education, in: Higher Education 48, 1, 5-26.

Tetlock, Philip/Belkin, Aaron 1996: Counterfactual Thought Experiments in World Politics: Logical, Methodological, and Psychological Perspectives. Princeton, NJ: Princeton University Press.

Tetzlaff, Rainer/Engel, Ulf/Mehler, Andreas 1995: Afrika zwischen Dekolonisation, Staatsversagen und Demokratisierung. Hamburg: Institut für Afrikakunde.

Tetzlaff, Rainer/Jakobeit, Cord 2005: Das nachkoloniale Afrika: Politik, Wirtschaft, Gesellschaft. Wiesbaden: VS Verlag für Sozialwissenschaften.

Teune, Henry 1990: Comparing Countries: Lessons Learned, in: Øyen, Else (Hg.), Comparative Methodology. Theory and Practice in International Social Research. London: Sage, 38-62.

Tews, Kerstin/Busch, Per-Olof/Jörgens, Helge 2003: The Diffusion of New Environmental Policy Instruments, in: European Journal of Political Research 42, 4, 569-600.

The Heritage Foundation 2000: 2000 Index of Economic Freedom. New York, NY: Wall Street Journal.

The World Bank 2002: World Development Indicators. Washington, DC: The World Bank.

The World Bank 2005: World Development Indicators. Washington, DC: The World Bank.

The World Commission on Environment and Development 1987: Our Common Future [Brundtland-Report]. Oxford: Oxford University Press.

The World Resources Institute/The United Nations Environment Programme/The United Nations Development Programme/The World Bank 1996: World Resources. A Guide to the Global Environment: The Urban Environment 1996-97. Oxford: Oxford University Press.

Theen, Rolf H. W./Wilson, Frank L. 1996: Comparative Politics. An Introduction to Seven Countries. Upper Saddle River, NJ: Prentice Hall.

Thelen, Kathleen 1994: Beyond Corporatism: Toward a New Framework for the Study of Labor in Advanced Capitalism, in: Comparative Politics 27, 1, 107-124.

Thelen, Kathleen 1999: Historical Institutionalism and Comparative Politics, in: Annual Review of Political Science 2, 369-404.

Thelen, Kathleen 2000: Timing and Temporality in the Analysis of Institutional Evolution and Change, in: Studies in American Political Development 14, 1, 102-109.

Thelen, Kathleen 2003: How Institutions Evolve: Insight from Comparative-Historical Analysis, in: Mahoney, James/Rueschemeyer, Dietrich (Hg.), Comparative Historical Analysis in the Social Sciences. Cambridge: Cambridge University Press, 208-240.

Thelen, Kathleen 2004: How Institutions Evolve: The Political Economy of Skills in Germany, Britain, Japan and The United States. New York, NY: Cambridge University Press.

Therborn, Göran 1977: The Rule of Capital and the Rise of Democracy, in: New Left Review 103, 2, 3-42.

Thies, Cameron G. 2004: State Building, Interstate and Intrastate Rivalry: A Study of Post-Colonial Developing Country Extractive Efforts, 1975-2000, in: International Studies Quarterly 48, 1, 53-72.

Thomaß, Barbara/Tzankoff, Michaela (Hg.) 2001: Medien und Transformation in Osteuropa. Wiesbaden: Westdeutscher Verlag.

Thome, Helmut 1999: Party Mandate Theory and Time-Series Analysis: A Methodological Comment, in: Electoral Studies 18, 4, 569-585.

Thome, Helmut 2005: Zeitreihenanalyse. Eine Einführung für Sozialwissenschaftler und Historiker. München: Oldenbourg.

Thompson, Edward P. 1966: The Making of the English Working Class. 3. Auflage, London: Gollancz.

Thompson, Edward P. 1971: The Moral Economy of the English Crowd in the Eighteenth Century, in: Past and Present 50, 1, 76-136.

Thomson, Alex 2000: An Introduction to African Politics. London: Routledge.

Thomson, Robert/Stockman, Frans N./Achen, Christopher H./König, Thomas (Hg.) 2008: The European Union Decides. Cambridge: Cambridge University Press.

Tilly, Charles 1978: From Mobilization to Revolution. Englewood Cliffs, NJ: Prentice-Hall.

Tilly, Charles 1993: European Revolutions 1492-1992. Oxford: Blackwell.

Tilly, Charles 2001: Mechanisms in Political Process, in: Annual Review of Political Science 4, 21-41.

Tilly, Charles 2004: Contention and Democracy in Europe, 1650-2000. Cambridge: Cambridge University Press.

Tilton, Tim 1990: The Political Theory of Swedish Social Democracy. Through the Welfare State to Socialism. Oxford: Clarendon Press.

Tocqueville, Alexis de 1978: Der alte Staat und die Revolution. München: dtv.

Tocqueville, Alexis de 1985: Über die Demokratie in Amerika. Stuttgart: Reclam.

Toffler, Alvin 1980: The Third Wave. London: Collins.

Tömmel, Ingeborg 2006: Das politische System der EU. 2. Auflage, München: Oldenbourg.

Tomz, Michael/Wittenberg, Jason/King, Gary 2003: Clarify: Software for Interpreting and Presenting Statistical Results, Cambridge, MA: Harvard University, http://Gking.Harvard.edu, 02.08.2005.

Topf, Richard 1995: Beyond Electoral Participation, in: Klingemann, Hans-Dieter/Fuchs, Dieter (Hg.), Citizens and the State. Oxford: Oxford University Press, 52-91.

Touraine, Alain 1971: The Post-Industrial Society. Tomorrow's Social History: Classes, Conflicts and Culture in the Programmed Society. New York, NY: Random House.

Touraine, Alain 1977: The Self-Production of Society. Chicago, IL: University of Chicago Press.

Touraine, Alain 1981: The Voice and the Eye: An Analysis of Social Movements. Cambridge: Cambridge University Press.

Touraine, Alain/Wieviorka, Michel/Dubet, François 1987: The Workers' Movement. Cambridge: Cambridge University Press.

Touval, Saadia 1972: The Boundary Politics of Independent Africa. Cambridge, MA: Harvard University Press.

Trautmann, Günter/Ullrich, Hartmut 2003: Das politische System Italiens, in: Ismayr, Wolfgang (Hg.), Die politischen Systeme Westeuropas. 3. Auflage, Opladen: Leske + Budrich (UTB), 553-608.

Traxler, Franz 1998: Der Staat in den Arbeitsbeziehungen. Entwicklungstendenzen und ökonomische Effekte im internationalen Vergleich, in: Politische Vierteljahresschrift 39, 2, 235-260.

Treisman, Daniel 2000: The Causes of Corruption: A Cross-National Study, in: Journal of Public Economics 76, 3, 399-457.

Truman, David 1951: The Governmental Process: Political Interests and Public Opinion. New York, NY: Knopf.

Tsebelis, George 1990: Nested Games: Rational Choice in Comparative Politics. Berkeley, CA: University of California Press.
Tsebelis, George 1995: Decision Making in Political Systems: Veto Players in Presidentialism, Parliamentarism, Multicameralism, and Multipartyism, in: British Journal of Political Science 25, 3, 289-325.
Tsebelis, George 1999: Veto Players and Law Production in Parliamentary Democracies: An Empirical Analysis, in: American Political Science Review 93, 3, 591-608.
Tsebelis, George 2000: Veto Players and Institutional Analysis, in: Governance 13, 4, 441-474.
Tsebelis, George 2002: Veto Players. How Political Institutions Work. Princeton, NJ: Princeton University Press.
Tsebelis, George/Chang, Eric C. C. 2004: Veto Players and the Structure of Budgets in Advanced Industrialized Countries, in: European Journal of Political Research 43, 3, 449-476.
Tsebelis, George/Money, Jeannette 1997: Bicameralism. Cambridge: Cambridge University Press.
Tucker, Joshua A. 2002: The First Decade of Post-Communist Elections and Voting: What Have We Studied, and How Have We Studied It?, in: Annual Review of Political Science 5, 271-304.
Tufte, Edward R. 1974: Data Analysis for Politics and Policy. Englewood Cliffs, NJ: Prentice-Hall.
Tufte, Edward R. 1978: Political Control of the Economy. Princeton, NJ: Princeton University Press.
Tylor, Edward E. 1889: On a Method for Investigating the Development of Institutions Applied to the Laws of Marriage and Descent, in: Journal of the Royal Anthropological Institute 18, February, 245-72.
Uleri, Pier Vincenzo 1996: Introduction, in: Gallagher, Michael/Uleri, Pier Vincenzo (Hg.), The Referendum Experience in Europe. London: Macmillan, 1-19.
UNDP United Nations Development Program 1999: Human Development Report. New York, NY: Oxford University Press.
UNDP United Nations Development Program 2004: Human Development Report. New York, NY: Oxford University Press.
United States Census Bureau 2003: Statistical Abstract of the United States: 2003. 123, Washington, DC: US Department of Commerce.
United States Census Bureau 2004/2005: Statistical Abstract of the United States, Washington, DC: US Census Bureau, http://www.census.gov/prod/www/statistical-abstract-04.html, 02.08.2005.
Van de Walle, Nicolas 2001: African Economies and the Politics of Permanent Crisis, 1979-1999. Cambridge: Cambridge University Press.
Vanden, Harry E./Prevost, Gary 2002: Politics of Latin America: The Power Game. New York, NY: Oxford University Press.
Vanhanen, Tatu 1984: The Emergence of Democracy. A Comparative Study of 119 States, 1850-1979. Helsinki: Finnish Society of Sciences and Letters.
Vanhanen, Tatu 1990: The Process of Democratization. A Comparative Study of 147 States, 1980-1988. New York, NY: Crane Russak.
Vanhanen, Tatu 1997: Prospects of Democracy: A Study of 172 Countries. London: Routledge.
Vanhanen, Tatu 2000: A New Dataset Compared with Alternative Measurements of Democracy, in: Lauth, Hans-Joachim/Pickel, Gert/Welzel, Christian (Hg.), Demokratiemessung: Konzepte und Befunde im internationalen Vergleich. Wiesbaden: Westdeutscher Verlag, 184-206.
Vanhanen, Tatu 2003: Democratization: A Comparative Analysis of 170 Countries. London: Routledge.
Vanhanen, Tatu 2004: Climate and Democracy. Unveröffentlichtes Manuskript, Annual Meeting of the American Political Science Association, Chicago, IL: 2. - 5. September.
Véliz, Claudio 1980: The Centralist Tradition of Latin America. Princeton, NJ: Princeton University Press.
Verba, Sidney 1967: Some Dilemmas in Comparative Research, in: World Politics 20, 1, 111-127.
Vermeulen, C. J. J./de Ruijter, Arie 1975: Dominant Epistemological Presuppositions in the Use of Cross-Cultural Survey Method, in: Current Anthropology 16, 1, 9-29.

Visser, Jelle/Ebbinghaus, Bernd 1992: Making the Most of Diversity? European Integration and Transnational Organization of Labour, in: Greenwood, Justin/Grote, Jürgen R./Ronit, Karsten (Hg.), Organized Interests and the European Community. London: Sage, 206-237.

Vogel, David 1986: National Styles of Regulation: Environmental Policy in Great Britain and the United States. Ithaca, NY: Cornell University Press.

Volkens, Andrea 2001: Manifesto Research Since 1979: From Reliability to Validity, in: Laver, Michael (Hg.), Estimating the Policy Positions of Political Actors. London: Routledge, 33-49.

Wachendorfer-Schmidt, Ute (Hg.) 2000: Federalism and Political Performance. London: Routledge.

Wackernagel, Mathis/Chad, Monfreda/Deumling, Diana 2002: Ecological Footprints of Nations. November 2002 Update. Oakland, CA: Redefining Progress.

Wade, Robert H. 2001: The Rising Inequality of World Income Distribution, Washington, DC: IMF Finance and Development 38, 4, http://www.imf.org/external/pubs/ft/fandd/2001/12/wade.htm, 02.08.2005.

Wagemann, Claudius/Schneider, Carsten Q. 2003: Fuzzy-Set Qualitative Comparative Analysis (fs/QCA): Ein Zwei-Stufen-Modul, in: Pickel, Susanne/Pickel, Gert/Lauth, Hans-Joachim/Jahn, Detlef (Hg.), Vergleichende politikwissenschaftliche Methoden. Wiesbaden: VS Verlag für Sozialwissenschaften, 105-134.

Wagner, Adolph 1911: Staat (in nationalökonomischer Sicht), in: Conrad, Johannes/Elster, Ludwig/Lexis, Wilhelm/Loening, Edgar (Hg.), Handwörterbuch der Staatswissenschaft. Jena: Fischer, 727-739.

Wagner, Christoph 2001: Die Praxis wissenschaftlicher Arbeit, in: Mols, Manfred/Lauth, Hans-Joachim/Wagner, Christian (Hg.), Politikwissenschaft: Eine Einführung. Paderborn: Schöningh, 431-465.

Wagschal, Uwe 1999a: Schranken staatlicher Steuerungspolitik: Warum Steuerreformen scheitern können, in: Busch, Andreas/Plümper, Thomas (Hg.), Nationaler Staat und internationale Wirtschaft. Anmerkungen zum Thema Globalisierung. Baden-Baden: Nomos, 223-247.

Wagschal, Uwe 1999b: Statistik für Politikwissenschaftler. München: Oldenbourg.

Wagschal, Uwe 2001: Deutschlands Steuerstaat und die vier Welten der Besteuerung, in: Schmidt, Manfred G. (Hg.), Wohlfahrtsstaatliche Politik: Institutionen, politischer Prozess und Leistungsprofil. Opladen: Leske + Budrich, 121-162.

Wagschal, Uwe 2003a: Die politische Ökonomie der Besteuerung, in: Obinger, Herbert/Wagschal, Uwe/Kittel, Bernhard (Hg.), Politische Ökonomie: Demokratie und wirtschaftliche Leistungsfähigkeit. Opladen: Leske + Budrich (UTB), 259-288.

Wagschal, Uwe 2003b: Wer ist Schuld an den Schulden? Zur Politischen Ökonomie der Staatsverschuldung, in: Obinger, Herbert /Wagschal, Uwe/Kittel, Bernhard (Hg.), Politische Ökonomie: Demokratie und wirtschaftliche Leistungsfähigkeit. Opladen: Leske + Budrich (UTB), 289-320.

Wagschal, Uwe/Obinger, Herbert 2000: Der Einfluss der Direktdemokratie auf die Sozialpolitik, in: Politische Vierteljahresschrift 41, 3, 466-497.

Waisman, Carlos H. 1989: Argentina: Autarkic Industrialization and Illegitimacy, in: Diamond, Larry/Linz, Juan J./Lipset, Seymour Martin (Hg.), Democracy in Developing Countries. London: Adamantine Press, 59-109.

Wallerstein, Immanuel Maurice 1980: The Modern World-System. New York, NY: Academic Press.

Wallerstein, Michael 2001: Bridging the Quantitative/Non-Quantitative Divide, in: APSA-CP 12, 2, 1-2, 23.

Walsh, Correa M. 1915: The Political Science of John Adams. A Study in the Theory of Mixed Government and the Bicameral System. New York, NY: G. P. Putnam's Sons.

Walt, Stephen M. 1992: Revolution and War, in: World Politics 44, 3, 321-368.

Walt, Stephen M. 1996: Revolution and War. Ithaca, NY: Cornell University Press.

Wälti, Sonja 2004: How Multilevel Structures affect Environmental Policy in Industrialized Countries, in: European Journal of Political Research 43, 4, 599-634.

Ware, Alan 1996: Political Parties and Party Systems. Oxford: Oxford University Press.
Warwick, Paul V. 1994: Government Survival in Parliamentary Democracies. Cambridge: Cambridge University Press.
Warwick, Paul V. 1994: Government Survival in Parliamentary Democracies. Cambridge: Cambridge University Press.
Waschkuhn, Arno 2003: Die politischen Systeme Andorras, Liechtensteins, Monacos, San Marinos und des Vatikans, in: Ismayr, Wolfgang (Hg.), Die politischen Systeme Westeuropas. 3. Auflage, Opladen: Leske + Budrich (UTB), 697-712.
Weaver, David/McCombs, Maxwell/Shaw, Donald L. 2004: Agenda-Setting Research: Issues, Attributes, and Influences, in: Kaid, Lynda L. (Hg.), Handbook of Political Communication Research. Mahwah, NJ: Lawrence Erlbaum Associates, 257-282.
Weaver, Donald H/Buddenbaum, Judith Mitchell/Fair, Jo Ellen 1985: Press Freedom, Media, and Development, 1950-1979: A Study of 134 Nations., in: Journal of Communication 35, 2, 104-117.
Weaver, R. Kent/Rockman, Bert A. 1993: Do Institutions Matter? Government Capabilities in the United States and Abroad. Washington, DC: Brookings Institution.
Webb, Eugene J./Campbell, Donald T./Schwartz, Richard D./Sechrest, Lee 1966: Unobtrusive Measures: Nonreactive Research in the Social Sciences. 2nd, Chicago, IL: Rand McNally.
Weber, Max 1976: Wirtschaft und Gesellschaft. Grundriss der verstehenden Soziologie. 5. revidierte Auflage besorgt von Johannes Winckelmann (Studienausgabe), Tübingen: Mohr.
Weber, Max 1988: Gesammelte Aufsätze zur Wissenschaftslehre. 7. Auflage, Tübingen: Mohr.
Weber, Max 2000: Die protestantische Ethik und der "Geist" des Kapitalismus. 3. Auflage, Weinheim: Beltz Athenäum.
Weber, Robert Philip 1985: Basic Content Analysis. Beverly Hills, CA: Sage.
Weede, Erich 1986: Verteilungskoalitionen, Staatstätigkeit und Stagnation, in: Politische Vierteljahresschrift 27, 2, 222-236.
Weede, Erich 2000: Asien und der Westen. Politische und kulturelle Determinanten der wirtschaftlichen Entwicklung. Baden-Baden: Nomos.
WEF World Economic Forum 2002: Pilot Environmental Performance Index (EPI) 2002. New Haven, CT: Yale Center for Environmental Law and Policy.
WEF World Economic Forum 2005: Environmental Sustainability Index: Benchmarking National Environmental Stewardship. New Haven, CT: Yale Center for Environmental Law and Policy.
Wei, Lee-Jen/Lin, Danyn Y./Weissfeld, Lisa A. 1989: Regression Analysis of Multivariate Incomplete Failure Time Data by Modelling Marginal Distributions, in: Journal of the American Statistical Association 84, 408, 1065-1073.
Weick, Karl E. 1985: Der Prozeß des Organisierens. Frankfurt am Main: Suhrkamp.
Weick, Karl E./Bougon, Michel G. 1986: Organizations as Cognitive Maps: Charting Ways to Success and Failure, in: Sims, Henry P./Gioia, Dennis A. (Hg.), The Thinking Organization. San Francisco: Jossey-Bass, 103-135.
Weidenfeld, Werner (Hg.) 2004: Europa-Handbuch. Band 1: Die Europäische Union – Politisches System und Politikbereiche. Band 2: Staatenwelt Europas. 3. aktualisierte und überarbeitete Auflage. Gütersloh: Verlag Bertelsmann Stiftung.
Weidner, Helmut/Jänicke, Martin 2002: Capacity Building in National Environmental Policy. A Comparative Study of 17 Countries. Berlin: Springer.
Weingast, Barry R. 2002: Rational-Choice Institutionalism. New York, NY: Norton.
Weir, Margeret 1992: Politics and Jobs. Princeton, NJ: Princeton University Press.
Weissbrodt, David/Bartolomei, Maria Luisa 1991: The Effectiveness of International Human Rights Pressures: The Case of Argentina, 1976-1983, in: Minnesota Law Review 75, 1009-1035.
Wellington, Jerry J./Bathmaker, Ann-Marie /Hunt, Cheryl /McCulloch, Gary /Sikes, Pat 2005: Succeeding with Your Doctorate. London: Sage.

Welzel, Christian 2001: Wissenschaftstheoretische und methodische Grundlagen, in: Mols, Manfred/Lauth, Hans-Joachim/Wagner, Christian (Hg.), Politikwissenschaft: Eine Einführung. 3. Auflage, Paderborn: Schöningh, 395-430.

Welzel, Christian 2003: Irrtümer bei der Interpretation des 'ökologischen Fehlschlusses'. Zur Aussagekraft aggregierter Umfragedaten, in: Pickel, Susanne/Pickel, Gert/Lauth, Hans-Joachim/Jahn, Detlef (Hg.), Vergleichende Politikwissenschaftliche Methoden: Neue Entwicklungen und Diskussionen. Wiesbaden: Westdeutscher Verlag, 177-199.

Werz, Nikolaus 2005: Lateinamerika. Eine Einführung. Baden-Baden: Nomos.

Weßels, Bernhard 1991: Erosion des Wachstumsparadigmas: Neue Konfliktstrukturen im politischen System der Bundesrepublik? Opladen: Westdeutscher Verlag.

Wessels, Wolfgang 2003: Das politische System der Europäischen Union, in: Ismayr, Wolfgang (Hg.), Die politischen Systeme Westeuropas. 3. Auflage, Opladen: Leske + Budrich (UTB), 779-817.

Western, Bruce 1995: Concepts and Suggestions for Robust Regression Analysis, in: American Journal of Political Science 39, 3, 786-817.

Western, Bruce 1998: Causal Heterogeneity in Comparative Research: A Bayesian Hierarchical Modelling Approach, in: American Journal of Political Science 42, 4, 1233-1259.

Westle, Bettina 2005: "Identität und Äquivalenz". Der Vergleich in der internationalen Survey-Forschung, in: Kropp, Sabine/Minkenberg, Michael (Hg.), Vergleichen in der Politikwissenschaft. Wiesbaden: VS Verlag für Sozialwissenschaften, 140-167.

Whitefield, Stephen 2002: Political Cleavages and Post-Communist Politics, in: Annual Review of Political Science 5, 181-200.

Wiarda, Howard J. 1997: Corporatism and Comparative Politics: The Other Great "Ism". New York, NY: M.E. Sharpe.

Wiarda, Howard J. 1999: Non-Western Theories of Development: Regional Norms Versus Global Trends. Fort Worth, TX: Harcourt College.

Wiarda, Howard J. 2000: Introduction to Comparative Politics: Concepts and Processes. 2. Auflage, Fort Worth, TX: Harcourt College.

Wiarda, Howard J. 2001: The Soul of Latin America. The Cultural and Political Tradition. New Haven, CT: Yale University Press.

Wiarda, Howard J. 2002a: Introduction: New Directions in Comparative Politics, in: Wiarda, Howard J. (Hg.), New Directions in Comparative Politics. 3. Auflage, Boulder, CO: Westview Press, 1-16.

Wiarda, Howard J. (Hg.) 2002b: New Directions in Comparative Politics. 3. Auflage, Boulder, CO: Westview Press.

Wiarda, Howard J. 2002c: Towards the Future: Old and New Directions in Comparative Politics, in: Wiarda, Howard J. (Hg.), New Directions in Comparative Politics. 3. Auflage, Boulder, CO: Westview Press, 211-224.

Wibbels, Erik 2000: Federalism and the Politics of Macroeconomic Policy and Performance, in: American Journal of Political Science 44, 4, 687-702.

Wickham-Crowley, Timothy 1993: Guerrillas and Revolution in Latin America. Princeton, NJ: Princeton University Press.

Widmaier, Ulrich 1997: Vergleichende Aggregatdatenanalyse: Probleme und Perspektiven, in: Berg-Schlosser, Dirk/Müller-Rommel, Ferdinand (Hg.), Vergleichende Politikwissenschaft. Ein einführendes Studienhandbuch. Opladen: Leske + Budrich, 87-102.

Widmaier, Ulrich/Gawrich, Andrea/Becker, Ute 1999: Regierungssysteme Zentral- und Osteuropas: Ein einführendes Lehrbuch. Opladen: Leske + Budrich.

Wiesenthal, Helmut 1981: Die konzertierte Aktion im Gesundheitswesen: Ein Beispiel für Theorie und Politik des modernen Korporatismus. Frankfurt am Main: Campus.

Wieviorka, Michel 1992: Case Studies: History or Sociology?, in: Ragin, Charles C./Becker, Howard S. (Hg.), What is a Case? Exploring the Foundations of Social Inquiry. Cambridge: Cambridge University Press, 159-172.

Wilensky, Harold L. 1975: The Welfare State and Equality: Structural and Ideological Roots of Public Expenditures. Berkeley, CA: University of California Press.

Wilensky, Harold L. 2002: Rich Democracies: Political Economy, Public Policy, and Performance. Berkeley, CA: University of California Press.

Wilson, Frank L. 2002: The Study of Political Institutions, in: Wiarda, Howard J. (Hg.), New Directions in Comparative Politics. 3. Auflage, Boulder, CO: Westview Press, 189-210.

Windelband, Wilhelm 1894: Geschichte der Naturwissenschaft. Straßburg: Heitz & Mündel.

Windhoff-Héritier, Adrienne 1987: Policy-Analyse. Eine Einführung. Frankfurt am Main: Campus.

Windzio, Michael/Sackmann, Reinhold/Martens, Kerstin 2005: Types of Governance in Education - A Quantitative Analysis. Bremen: TransState Working Papers, Sonderforschungsbereich 597, Universität Bremen.

Winkler, Jürgen 2002: Parteien und Parteiensysteme, in: Lauth, Hans-Joachim (Hg.), Vergleichende Regierungslehre. Wiesbaden: Westdeutscher Verlag, 213-238.

Winship, Christopher/Mare, Robert D. 1992: Models for Sample Selection Bias, in: Annual Review of Sociology 18, 327-350.

Wintermann, Ole 2006: Vom Retrenchment zur Krisenreaktionsfähigkeit. Ein empirischer Vergleich der Wohlfahrtsstaaten Schweden und Deutschland 1990-2000. Wiesbaden: VS Verlag für Sozialwissenschaften.

Woldendorp, Jaap/Keman, Hans/Budge, Ian 2000: Party Government in 48 Democracies (1945-1998): Composition, Duration, Personnel. Dordrecht: Kluwer Academic.

Wolf, Eric 1969: Peasant Wars of the Twentieth Century. New York, NY: Harper and Row.

Womack, John 1969: Zapata and the Mexican Revolution. New York, NY: Knopf.

Wooldridge, Jeffrey M. 2000: Introductory Econometrics: A Modern Approach. Cincinnati, OH: South-Western College.

Wooldridge, Jeffrey M. 2002: Econometric Analysis of Cross Section and Panel Data. Cambridge, MA: The MIT Press.

Woyke, Wichard 2003: Das politische System Belgiens, in: Ismayr, Wolfgang (Hg.), Die politischen Systeme Westeuropas. 3. Auflage, Opladen: Leske + Budrich (UTB), 389-414.

Woyke, Wichard/Steffens, Udo 1980: Stichwort - Wahlen: Ein Ratgeber für Wähler, Wahlhelfer und Kandidaten. Leverkusen: Leske + Budrich.

Yamaguchi, Kazuo 1991: Event History Analysis. Newbury Park, CA: Sage.

Yergin, Daniel/Stanislaw, Joseph 1998: The Commanding Heights: The Battle Between Government and the Marketplace That is Remaking the Modern World. New York, NY: Simon & Schuster.

Yin, Robert K. 2002: Applications of Case Study Research. 2. Auflage, London: Sage.

Yin, Robert K. 2003: Case Study Research. Design and Method. 3. Auflage, London: Sage.

Young, Crawford 1994: The African Colonial State in Comparative Perspective. New Haven, CT: Yale University Press.

Yung, Yiu-Fai/Chan, Wai 1999: Statistical Analyses Using Bootstrapping: Concepts and Implementation, in: Hoyle, Rick H. (Hg.), Statistical Strategies for Small Sample Research. Thousand Oaks, CA: Sage, 82-105.

Zamir, Itzhak/Zysblat, Allen (Hg.) 1996: Public Law in Israel. Oxford: Clarendon Press.

Zanger, Sabine C. 2000: A Global Analysis of the Effect of Regime Changes on Life Integrity Violations, 1977-1993, in: Journal of Peace Research 37, 2, 217-233.

Zervakis, Peter-Alexander 2003: Das politische System Griechenlands, in: Ismayr, Wolfgang (Hg.), Die politischen Systeme Westeuropas. 3. Auflage, Opladen: Leske + Budrich (UTB), 687-730.

Zevin, Robert B. 1992: Are World Financial Markets more Open? If so, why and with what Effects?, in: Banuri, Tariq/Schor, Juliet (Hg.), Financial Openness and National Autonomy: Opportunities and Constraints. Oxford: Clarendon Press, 43-83.

Ziegler, Nicholas 1997: Governing Ideas: Strategies for Innovation in France and Germany. Ithaca, NY: Cornell University Press.

Zielonka, Jan (Hg.) 2001: Democratic Consolidation in Eastern Europe. 2 Bände, Oxford: Oxford University Press.

Ziemer, Klaus 2003: Wahlen in postsozialistischen Staaten. Opladen: Leske + Budrich.

Zimmermann, Ekkart 1999: Politische Gewalt: Rebellion, Revolution, Krieg, in: Albrecht, Günter/Groenemeyer, Axel/Stallberg, Friedrich W. (Hg.), Handbuch Soziale Probleme. Opladen: Westdeutscher Verlag, 556-574.

Zimmermann, Ekkart 2003: Vergleichende Krisen- und Konfliktforschung, in: Berg-Schlosser, Dirk/Müller-Rommel, Ferdinand (Hg.), Vergleichende Politikwissenschaft. 4. Auflage, Opladen: Leske + Budrich (UTB), 297-328.

Zohlnhöfer, Reimut 2003: Der Einfluss von Parteien und Institutionen auf die Wirtschafts- und Sozialpolitik, in: Obinger, Herbert /Wagschal, Uwe/Kittel, Bernhard (Hg.), Politische Ökonomie: Demokratie und wirtschaftliche Leistungsfähigkeit. Opladen: Leske + Budrich (UTB), 47-80.

Zohlnhöfer, Reimut 2009: Globalisierung der Wirtschaft und finanzpolitische Anpassungsreaktion in Westeuropa. Baden-Baden: Nomos.

Zöllner, Detlev 1963: Öffentliche Sozialleistungen und wirtschaftliche Entwicklung. Ein zeitlicher und internationaler Vergleich. Berlin: Duncker & Humblot.

ZUMA Zentrum für Umfragen, Methoden und Analysen 2003: System sozialer Indikatoren für die Bundesrepublik Deutschland: Schlüsselindikatoren 1950-2001. Mannheim: ZUMA.

Zürn, Michael 1998a: Regieren jenseits des Nationalstaates: Globalisierung und Denationalisierung als Chance. Frankfurt am Main: Suhrkamp.

Zürn, Michael 1998b: The Rise of International Environmental Politics: A Review of Current Research, in: World Politics 50, 4, 617-649.

Zürn, Michael 2001: Politik in der postnationalen Konstellation. Über das Elend des methodologischen Nationalismus, in: Landfried, Christine (Hg.), Politik in einer entgrenzten Welt: 21. wissenschaftlicher Kongress der Deutschen Vereinigung für Politische Wissenschaft. Köln: Verlag Wissenschaft und Politik, 181-203.

Zürn, Michael 2002: From Interdependence to Globalization, in: Carlsnaes, Walter/Risse, Thomas/Simmons, Beth A. (Hg.), Handbook of International Relations. London: Sage, 235-254.

Sachregister

Personenregister